Schulbezogene Motivierungspraktiken von Eltern

Erich Steiner

Schulbezogene Motivierungspraktiken von Eltern

Verbale Wert- und Kontrollzuschreibungen gegenüber Kindern beim Übertritt in die Sekundarstufe I

Erich Steiner
Zürich, Schweiz

Die Open-Access-Version dieser Publikation wurde vom Schweizerischen Nationalfonds zur Förderung der wissenschaftlichen Forschung unterstützt.

ISBN 978-3-658-33061-3   ISBN 978-3-658-33062-0 (eBook)
https://doi.org/10.1007/978-3-658-33062-0

Die Deutsche Nationalbibliothek verzeichnet diese Publikation in der Deutschen Nationalbibliografie; detaillierte bibliografische Daten sind im Internet über http://dnb.d-nb.de abrufbar.

© Der/die Herausgeber bzw. der/die Autor(en) 2021. Dieses Buch ist eine Open-Access-Publikation.
Open Access Dieses Buch wird unter der Creative Commons Namensnennung 4.0 International Lizenz (http://creativecommons.org/licenses/by/4.0/deed.de) veröffentlicht, welche die Nutzung, Vervielfältigung, Bearbeitung, Verbreitung und Wiedergabe in jeglichem Medium und Format erlaubt, sofern Sie den/die ursprünglichen Autor(en) und die Quelle ordnungsgemäß nennen, einen Link zur Creative Commons Lizenz beifügen und angeben, ob Änderungen vorgenommen wurden.
Die in diesem Buch enthaltenen Bilder und sonstiges Drittmaterial unterliegen ebenfalls der genannten Creative Commons Lizenz, sofern sich aus der Abbildungslegende nichts anderes ergibt. Sofern das betreffende Material nicht unter der genannten Creative Commons Lizenz steht und die betreffende Handlung nicht nach gesetzlichen Vorschriften erlaubt ist, ist für die oben aufgeführten Weiterverwendungen des Materials die Einwilligung des jeweiligen Rechteinhabers einzuholen.
Die Wiedergabe von allgemein beschreibenden Bezeichnungen, Marken, Unternehmensnamen etc. in diesem Werk bedeutet nicht, dass diese frei durch jedermann benutzt werden dürfen. Die Berechtigung zur Benutzung unterliegt, auch ohne gesonderten Hinweis hierzu, den Regeln des Markenrechts. Die Rechte des jeweiligen Zeicheninhabers sind zu beachten.
Der Verlag, die Autoren und die Herausgeber gehen davon aus, dass die Angaben und Informationen in diesem Werk zum Zeitpunkt der Veröffentlichung vollständig und korrekt sind. Weder der Verlag, noch die Autoren oder die Herausgeber übernehmen, ausdrücklich oder implizit, Gewähr für den Inhalt des Werkes, etwaige Fehler oder Äußerungen. Der Verlag bleibt im Hinblick auf geografische Zuordnungen und Gebietsbezeichnungen in veröffentlichten Karten und Institutionsadressen neutral.

Planung/Lektorat: Stefanie Eggert
Springer VS ist ein Imprint der eingetragenen Gesellschaft Springer Fachmedien Wiesbaden GmbH und ist ein Teil von Springer Nature.
Die Anschrift der Gesellschaft ist: Abraham-Lincoln-Str. 46, 65189 Wiesbaden, Germany

*Brigitte, Irina und Maira in Liebe und
Dankbarkeit gewidmet.*

Dank

Die vorliegende Studie ist als Dissertation im Rahmen des vom Schweizerischen Nationalfonds SNF[1] unterstützten Forschungsprojekts «TRANSITION – Elterliche Unterstützung und motivational-affektive Entwicklung beim Übertritt in die Sekundarstufe I» entstanden. Die in Kooperation zwischen der Pädagogischen Hochschule Zürich (Prof. em. Dr. Alex Buff) und dem Institut für Erziehungswissenschaft der Universität Zürich (Prof. em. Dr. Kurt Reusser) ausgerichtete quantitativ und qualitativ angelegte Längsschnittstudie (vgl. Buff, Reusser, Dinkelmann & Steiner, 2008) befasste sich im Kern mit der Frage, wie sich das Zusammenspiel zwischen Merkmalen elterlicher schulbezogener Unterstützung und den für das Lern- und Leistungshandeln des Kindes zentralen motivational-affektiven Eigenschaften spezifisch unter den Bedingungen der Statuspassage des Übertritts von der Primar- in die Sekundarstufe gestaltet.

Im qualitativ ausgerichteten Projektteil, von Prof. em. Dr. Kurt Reusser verantwortet und vom Autor operativ geleitet, wurde bei einer Teilstichprobe von 20 Eltern-Kind-Paaren sowie den zehn Klassenlehrkräften, auf die sich die Kinder verteilten, noch handlungs- und beobachtungsnaher erhoben, wie sie die Monate vor dem Übertrittsentscheid erlebten und gestalteten – und zwar spezifisch bei einem unklaren Übertrittsentscheid. Dazu wurden die Kinder und jeweils ein Elternteil zusätzlich zu den schriftlichen Befragungen zu Beginn und nach dem Übertrittsentscheid in längeren leitfadengestützten face-to-face-Interviews sowie dazwischen entlang von übertrittsrelevanten Ereignissen (zwei Mathematikprüfungen, das Halbjahreszeugnis, das Übertrittsgespräch) mittels kürzerer telefonischer Leitfadeninterviews getrennt befragt. Allen Eltern, Kindern, Klassenlehrkräften

---

[1] SNF-Projektnummer: 100014-122409

und weiteren beteiligten Personen der Volksschule des Kantons Zürich sei an dieser Stelle ein herzliches Dankeschön für ihren großen Einsatz in einer für sie belasteten Zeit ausgerichtet!

Über die rund achtmonatige Erhebungszeit wurden die Befragten jeweils von den gleichen Interviewenden betreut. Sie haben viel dazu beigetragen, dass sämtliche Befragten bis zu jenem letzten retrospektiven Interview dabeigeblieben sind, auf das sich die vorliegende Studie stützt: Mein Dank für die sorgfältig ausgeführten Interviews, Transkriptionen und Falldokumentationen gebührt Elisabeth Baumgartner-Ritter, Anne Blass-Ziegler, Franziska Bühlmann, Nicolas Rüttimann, Martin Warth, Angela Wyder und den unten genannten Personen, die sich auch an den weiteren Projektetappen beteiligt haben.

Die vorliegende Studie bildet das Kernstück des qualitativen Projektteils, der eine Reihe von Forschungsarbeiten, Konferenzbeiträge, eine Tagung sowie viele freundschaftliche Verbindungen hervorgebracht hat. Die in den verschiedenen Teilstudien eingesetzten inhaltsanalytischen Analyseinstrumente wurden im Zuge der vorliegenden Arbeit vom Autor zusammen mit den jeweiligen Forscherinnen und Forscher entwickelt und erprobt. Für die vielen Denkanregungen, konstruktiven Auseinandersetzungen, Recherchen, Umformulierungen, Hängepartien und Glücksmomente bei der Entwicklung der Kategoriensysteme aber auch für die Sorgfalt und den langen Atem im Rahmen der Analysen der umfangreichen Interviews sei folgenden Personen in der Reihenfolge der Dauer ihrer Mitarbeit ganz herzlich gedankt: Fabiola Curschellas, Emanuele Godenzi, Franziska Good, Gabriela Fürrer Auf der Maur, Anneliese Elmer, Eva Ulmann, Guido Bertozzi, Silvia Tönz, Ilya Semenov, Rahel Haymoz sowie Michael Zaugg.

Ein besonderer Dank gebührt folgenden Personen, von denen ich viel gelernt und mit denen ich zahlreiche bereichernde Stunden verbracht habe: Prof. em. Dr. Kurt Reusser für die unzähligen inhaltlichen Anstöße, den hohen Grad an Autonomie und die jahrelange von Wertschätzung und Vertrauen geprägte Zusammenarbeit. Prof. em. Dr. Alex Buff für die unkomplizierte, lösungsorientierte und inhaltlich stets aufschlussreiche Unterstützung meines Projekts. Prof. Dr. Fritz C. Staub für seine Bereitschaft, die Funktion des Zweitgutachters zu übernehmen und sich mit seiner großen Expertise gewinnbringend in das vorliegende Projekt einzubringen. Dr. Iris Dinkelmann, der operativen Leiterin des quantitativen Projektteils der TRANSITION-Studie, für die freundschaftliche Zusammenarbeit und die vielen wertvollen Gespräche über Projektbelange und theoretische sowie methodische Fragen. Den langjährigen Kolleginnen und Kollegen des Lehrstuhls Pädagogische Psychologie und Didaktik am Institut für Erziehungswissenschaft der Universität Zürich, besonders Dr. Urs Grob für seine Expertise und Unterstützung in forschungstechnischen und statistischen Fragen, Christina Hartmann für die administrative Begleitung, Prof. Dr. Christine Pauli, Iris Tanner, Dr. Debbie Mandel, Dr. Boris Eckstein, Dr. Rita Stebler, Dr. Ueli Halbheer, Dr. Edina Krompák und namentlich Dr. Katriina Vasarik Staub für das inhaltliche Mitdenken im Rahmen von Alltagsgesprächen, von Besprechungen und Forschungskolloquien. Dr. Judith Sidler sei herzlich gedankt für die Übersetzung des Abstracts und Brigitte Wirth für das sorgfältige Lektorat des gesamten Textes.

Hervorgehoben gehört an dieser Stelle der wertvolle Beitrag, den Zoe Dellios zum Gelingen der vorliegenden Studie geleistet hat: Sie hat in allen Phasen am qualitativen Teil des Forschungsprojekts mitgearbeitet und ist im Verlauf der Datenerhebung, spätestens aber in der Phase der Code-Entwicklung und Datenanalyse eine zentrale Mitarbeiterin gewesen, die ihr Wissen und ihre Tatkraft in vielen Arbeitsstunden eingebracht hat. Herzlichen Dank für die großartige Zusammenarbeit.

Zürich
im August 2020

Zusammenfassung

Eltern üben mit ihren vorgelebten und ihren sprachlich vermittelten Einstellungen, Aspirationen und Leistungserwartungen einen starken Einfluss auf die Überzeugungen ihres Kindes aus, was in Schule, Unterricht und Karriere wichtig sei und inwiefern es diesen Aufgaben und Anforderungen gewachsen sei (z. B. Baumert & Maaz, 2006; Buff, Reusser, Dinkelmann & Steiner, 2011; Pomerantz & Grolnick, 2017; Simpkins, Fredricks & Eccles, 2015b; Wild, E. & Hollmann, 2018). Wie von Erwartungs-Wert-Modellen der Lern- und Leistungsmotivation beschrieben, bestimmt die Beschaffenheit und das Zusammenspiel dieser sog. Wert- und Kontrollüberzeugungen des Kindes maßgeblich, mit welcher Motivation es seine schulischen Aufgaben in Angriff nimmt, wie verstehensorientiert, kontinuierlich und beharrlich es sie bearbeitet und welchen Lernerfolg es schließlich dabei erzielt (vgl. Pekrun, 2006; Wigfield, Eccles, et al., 2015). Seine Ursachenzuschreibungen, namentlich der Anteil, den es sich selbst an den Erfolgen oder Misserfolgen zumisst, wirken sodann wiederum auf die kontroll- und wertbezogenen Wahrnehmungen und Überzeugungen des Kindes zurück (vgl. Graham & Taylor, 2016; Weiner, 2012).

Immer wieder zeigt sich in Einklang mit den Postulaten der Selbstbestimmungstheorie (vgl. Connell & Wellborn, 1991; Ryan & Deci, 2016), dass für die Entwicklung dieser für die Motivation des Kindes zentralen schulbezogenen Überzeugungen und Einschätzungen nicht nur ein strukturgebender, sondern auch autonomieförderlicher sowie emotional zugewandter Unterstützungsstil vonseiten der Eltern notwendig ist (vgl. Grolnick & Slowiaczek, 1994; vgl. Lorenz & Wild, 2007; Neuenschwander et al., 2005; Skinner, E. A., Johnson & Snyder, 2009). Da die diesbezüglichen Untersuchungen fast ausschließlich auf quantitativen Designs beruhen, ist allerdings wenig dazu bekannt, wie Eltern konkret vorgehen, wenn sie ihr Kind zu motivieren versuchen (vgl. Wigfield, Eccles, Schiefele, Roeser & Davis-Kean, 2006, S. 976).

Unklar ist insbesondere, wie sie ihre verbalen Praktiken gestalten, mit denen sie ihr Kind zu veränderten Bedeutsamkeitswahrnehmungen und angemesseneren Kontrolleinschätzungen bezüglich schulischer Aktivitäten und Ziele zu bewegen suchen. Je älter die Kinder werden und je dringlicher den Eltern eine veränderte Einstellung und Motivation gegenüber den schulischen Aufgaben erscheint, desto stärker dürften sie versuchen, ihre eigenen lern- und leistungsbezogenen Wahrnehmungen, Wünsche und Überzeugungen dem Kind gegenüber sprachlich explizit zu formulieren. Namentlich im Kontext einer unischeren Grundschulempfehlung bzw. einer unsicheren Zuteilung zum erwünschten Bildungsgang der Sekundarstufe I dürften sie sich dazu veranlasst sehen, in verstärktem Maß zu diesen verbal-appellativen Unterstützungsformen zu greifen.

Der Übertritt von der Primar- in die gegliederte Sekundarstufe I wird nicht nur von der Bildungsforschung, sondern auch von den Eltern als Weichenstellung in der Bildungskarriere von Kindern erkannt (vgl. Maaz, Hausen, McElvany & Baumert, 2006). Die Mehrheit der Eltern dürfte hierzulande vor allem mit Blick auf die beruflichen Perspektiven des Kindes bestrebt sein, dieses, wenn nicht im Gymnasium, dann zumindest in der anforderungs- und prestigereicheren Abteilung der Sekundarschule zu platzieren (vgl. Ditton & Krüsken, 2006). Lässt sich das Kind aufgrund seiner bisherigen Leistungsergebnisse nicht klar einem der Bildungsgänge zuordnen, so die Grundannahme der vorliegenden Studie, dürften viele Eltern nicht nur über eine intensivere Kommunikation mit der Klassenlehrkraft versuchen, deren Empfehlung für den aspirierten Schultyp zu erreichen (vgl. Neuenschwander et al., 2005). Im Rahmen von Hausaufgaben und Gesprächen mit dem Kind über dessen schulische Leistungen und berufliche Pläne dürften sie zusätzlich darum bemüht sein, diesbezügliche motivationale Orientierungen so zu beeinflussen, dass sein Lernverhalten und seine Noten schließlich den Anforderungen genügen, welche für den aspirierten Schultyp notwendig sind.

Angesiedelt im Bildungssystem des Kantons Zürich, das den Lehrkräften einen vergleichsweise großen Einfluss auf den Übertrittsentscheid zugesteht, wurden im Rahmen des Forschungsprojekts «TRANSITION: Elterliche Unterstützung und motivational-affektive Entwicklung beim Übertritt in die Sekundarstufe I» (Buff et al., 2008) 20 Eltern und deren Kinder, bei denen erhebliche Unsicherheit bezüglich der Zuteilung bestand, durch die letzten acht Monate vor dem Übertrittsentscheid begleitet. In einer Reihe von Interviews wurden sie getrennt voneinander hinsichtlich ihrer lern- und leistungsbezogenen Überzeugungen und Erwartungen sowie bezüglich der schulbezogenen Prozesse und Gespräche in der Familie befragt.

Basierend auf dem letzten ausführlichen und retrospektiv angelegten Interview mit den Eltern verfolgte die vorliegende Studie das Ziel, die verschiedenen Formen, die deren Motivierungshandeln gegenüber dem Kind im Kontext des unklaren Übertrittsentscheids angenommen hatte, möglichst facettenreich zu beschreiben und hinsichtlich seiner Bedingungen, Potentiale und Schwierigkeiten zu beurteilen. Im Zentrum standen solche Interviewpassagen, in denen die Eltern eigene schulbezogene Bedeutsamkeitszuschreibungen und evaluative Feedbacks gegenüber ihrem Kind schilderten. Diese «wert- und kontrollbezogenen elterlichen Regulationen» wurden entlang des von Kuckartz (2010, S. 99–107) beschriebenen Verfahrens der «Typologischen Analyse» in mehreren Schritten in jeweils unterschiedlicher Nähe zum Originaltext mittels inhaltsanalytischen und deskriptiv-quantitativen Methoden untersucht.

Im Fokus der Analysen standen die folgenden Fragestellungen: 1.) Wie gestalten die 20 Eltern ihre verbalen Bedeutsamkeitszuschreibungen – «messages about their own values» (Jacobs & Eccles, 2000, S. 427) –, mit denen sie ihre Kinder von einer veränderten Sicht und einem veränderten Handeln in Bezug auf schulische Ziele zu motivieren suchen? 2.) Wie gestalten sie ihre evaluativen Feedbacks, mit denen sie als «interpreters of reality» (Jacobs & Eccles, 2000, S. 426) auf die Attributionsprozesse ihrer Kinder und somit auf deren Kontrollüberzeugungen mit Bezug auf schulische Ziele Einfluss nehmen? 3.) Welcher individuelle Stil des verbal-appellativen Motivierens lässt sich bei denjenigen 18 Eltern feststellen, die nicht nur hinsichtlich der verbalen Gestaltungsmerkmale ihrer wert- und kontrollbezogenen Botschaften, sondern auch bezüglich der kommunikativen und affektiven Charakteristiken ihrer Appelle an das Kind in der unsicheren Übertrittszeit untersucht wurden? 4.) Welche Typologie verbal-appellativen Motivierungshandelns im Kontext eines unklaren Übertrittsentscheids lässt sich schließlich aus den individuellen Stilen der Elternteile gewinnen und mit welchen Bedingungsmerkmalen, Chancen und Risiken sind die einzelnen Handlungstypen verbunden?

Bezüglich der Fragestellungen 1 und 2 nach den Gestaltungsmerkmalen der Wert- und Kontrollregulationen zeigt sich, dass die 20 Eltern hauptsächlich schulische Ziele vor dem Kind zur Sprache brachten, die selbstregulative Aspekte beim häuslichen Lernen oder aber den Übertritt selbst thematisierten: Konkret wurden insbesondere Ressourcenstrategien (Zeiteinteilung, Prioritätensetzung und Nutzung von Hilfsquellen), metakognitive Strategien (Selbständigkeit, Vollständigkeit und Sorgfalt) sowie motivationale Aspekte (Engagement, Anstrengung, Wille und Persistenz) evaluiert und als bedeutsam gekennzeichnet. Die Bedeutung dieser schulischen Ziele wurde den Kindern in erster Linie mit Rollenanforderungen und Erwartungen des sozialen Umfeldes – also mit der Wesentlichkeit eines konformen Handelns – verdeutlicht, z. B: «Es ist bedeutsam, dass du ein größeres Engagement bei Hausaufgaben zeigst, weil du das als Schülerin einfach musst». Auch Zweckmäßigkeitsargumente, die einen beratenden Charakter haben und dem Kind einen größeren Entscheidungsspielraum gewähren (z. B.: «Es ist bedeutsam, dass du ein größeres Engagement im Unterricht zeigst, weil du so deine Chancen auf den Übertritt in die erwünschte Abteilung der Sekundarschule erhöhst»), wurden häufig eingesetzt, allerdings wiesen diese meist eine negative Valenz auf: Die Eltern warnten ihre Kinder vor den aversiven Konsequenzen, falls diese ein bestimmtes schulisches Handlungsziel nicht beachteten: «Es ist bedeutsam, dass du in Mathematik ein größeres Engagement zeigst, weil du sonst den Übertritt in die erwünschte Abteilung nicht schaffst». Die untersuchten Eltern agierten in ihren Wertregulationen also vornehmlich mit Argumenten, die Pflicht und Zwang andeuteten oder Angst vor den negativen Folgen erzeugten.

Großmehrheitlich berichteten die Eltern sodann auch von negativen evaluativen Feedbacks, die sie ihren Kindern bezüglich der genannten Handlungs- und Leistungsziele gegeben hatten. In fast jeder zweiten Kontrollregulation setzen sie dazu mindestens ein attributionales Argument ein, welches das stabile negative Handeln des Kindes thematisierte (z. B.: «Du hast die Hausaufgabenerledigung schlecht im Griff, weil du ständig nur gerade so viel machst wie nötig»). Ebenfalls benutzen sie oft auch Argumente, die das variable negative Handeln des Kindes (z. B: «weil du manchmal noch zu wenig intensiv arbeitest») oder aber variable negative Bedingungen, die sie bei ihm wahrnahmen, thematisierten (z. B.: «weil du noch den unreifen Denkmodus eines Kindes aufweist»). Deutlich wird, dass die Eltern einerseits grundsätzlich darum bemüht waren, das aus ihrer Sicht ungenügende Lern- und Leistungshandeln klar zu benennen, dabei aber darauf achteten, den Selbstwert und die Zuversicht ihrer Kinder nicht zu untergraben, insofern als sie vornehmlich Argumente einsetzten, die diesen eine willentliche Beeinflussbarkeit oder eine geringe zeitliche Stabilität des ungenügenden Handelns signalisierten.

Zur Beantwortung der Forschungsfrage 3 nach dem individuellen Stil des verbalen Motivierens, den die 18 Eltern während der Übertrittszeit praktiziert hatten, wurden jeweils alle deren wert- und kontrollbezogenen Episoden gemeinsam einem höher-inferenten Rating bezüglich der folgenden sieben Qualitätsdimensionen unterzogen und in Fallprofilen zusammengefasst: Betonung von Wesentlichkeit, Betonung positiver Aspekte, Betonung internaler Aspekte, zugeschriebener Kontrolle, Diskursivität, Assertivität sowie emotionale Zuwendung. Die Hauptkomponentenanalyse, der die Profile unterzogen wurden, offenbarte, dass sich die 18 Eltern mit Blick auf die Forschungsfrage 4 nach drei grundlegenden Dimensionen ihres verbalen Motivierungshandelns gruppieren ließen: nach dem Grad ihrer Normorientierung, nach dem Grad ihrer Kindorientierung und nach dem

Grad ihrer Durchsetzungsorientierung. Vier Typen des verbal-appellativen Motivierungshandelns während der unsicheren Übertrittszeit konnten schließlich in der Stichprobe unterschieden werden: A) Diskursives Warnen vor den Folgen (fünf Eltern), B) Unverbindliches, beschwichtigendes Hinweisen auf die Notwendigkeiten (vier Eltern), C) Ungeschminktes und schonungsloses Vermitteln der negativen leistungsbezogenen Einschätzung (drei Eltern) sowie D) Standfestes, diskursives Überzeugenwollen mittels gewinnender Argumente (sechs Eltern). Die Charakteristika der einzelnen Motivierungstypen und die Zusammenhänge, die zwischen ihnen und einzelnen Merkmalen der Eltern-Kind-Dyaden festgestellt werden konnten, werden ebenso diskutiert, wie die Auswirkungen, die sie auf die Lern- und Leistungsmotivation der Kinder haben mochten. Zum Schluss werden pädagogische Folgerungen zum verbalen schulbezogenen Motivieren von Eltern und weiteren Erziehenden formuliert.

Schlagwörter: Eltern, schulbezogene Unterstützung, Übertritt, Wertüberzeugungen, Kontrollüberzeugungen, Motivierung, Wert-Regulation, Kontroll-Regulation, emotionale Zuwendung

Abstract

Parents' attitudes and expectations in respect to school and careers, communicated both through their words and through their actions, exert a strong influence on their children's beliefs of what is important and how capable they are of achieving these things (e.g. Baumert & Maaz, 2006; Buff et al., 2011; Pomerantz & Grolnick, 2017; Simpkins et al., 2015b; Wild, E. & Hollmann, 2018). As shown through expectancy-value theories of achievement motivation, the nature and the interplay of these so-called value and control beliefs determine to a large degree how children are motivated to tackle their school tasks. These beliefs also determine the degree of cognitive activity children apply, how persistent they are in pursuing their learning endeavors, and how successful they are (Pekrun, 2006; Wigfield, Eccles, et al., 2015). The causes they attribute to their successes or failures will in turn have an effect on their control and value perceptions and beliefs (Graham & Taylor, 2016; Weiner, 2012).

As has been shown time and again by research on self-determination (vgl. Connell & Wellborn, 1991; Ryan & Deci, 2016), for these crucial motivational beliefs to develop in a favorable manner, parenting styles must provide structure and emotional support, yet allow for a certain degree of autonomy (e.g. Grolnick & Slowiaczek, 1994; Lorenz & Wild, 2007; Neuenschwander et al., 2005; Skinner, E. A. et al., 2009). However, these studies, which to date almost exclusively rely on quantitative designs, say only very little about how parents proceed in practice in order to motivate their children on a daily basis (see Wigfield et al., 2006, S. 976).

In particular, little is understood about how parents communicate verbally so that their children will adapt to the value appraisals they consider appropriate, or to create more adequate control appraisals within the child in respect to school-related activities and goals. The older their children become, the more the parents are likely to deem a change in their attitude and motivation to be urgent. And, in turn, the parents' attempts to verbally articulate their own convictions probably become more pronounced. Especially in respect to a child's pending teacher recommendation to the desired type of secondary school, parents may increasingly feel the need to resort to such verbal forms of support.

Both educational researchers and parents consider the transition from primary school to secondary school to be crucial in determining the path of a child's educational career (Maaz et al., 2006). Most parents in Switzerland seem to want to place their child if not in a 'Gymnasium' then at least in the more challenging and more prestigious track of secondary school (Ditton & Krüsken, 2006). If the results of a child's school performance are ambiguous, and thus make a clear placement in one of the streams difficult, many parents will probably attempt to attain the desired recommendation by increasing their communication with the child's main teacher (Neuenschwander et al., 2005). The basic assumption of this study is that they will also communicate more with the child: while helping with homework assignments, and by discussing his or her school work and future career plans, parents will likely attempt to steer the child towards developing motivational beliefs that will improve his or her study habits, and eventually will increase his or her chances of being placed on the desired track.

Teachers in the education system in the canton of Zurich have a relatively large influence on a child's transition recommendation. Within the framework of the research project «TRANSITION: Parental support and motivational-affective development during the transition to lower secondary education» (Buff et al., 2008), 20 parents and their children were interviewed. The children chosen for this study were similar inasmuch as it was not at all clear which secondary school track would be best for them. Researchers tracked them during the eight months preceding the final decision. In a number of interviews, parents and children were asked separately about their convictions and hopes regarding the child's studies, and about how the family usually deals with school-related issues.

Based on the final interview with the parents, which was detailed, and which reviewed the entire process, this study aims to analyze the many ways in which the parents' attempted to motivate their children in light of the pending teacher recommendation. The study focuses in particular on passages in the interviews in which parents described their own verbal value interventions and their evaluative feedback to the child. Following the 'typological analysis' method described by Kuckartz (2010, S. 99–107) and in varying degrees of closeness to the original text, these «value and control related parental regulations» were analysed with the help of Qualitative Content Analysis and descriptive quantitative methods.

Abstract

The focus was on the following questions: 1) How do parents design their «messages about their own values» (Jacobs & Eccles, 2000, S. 427) with which they attempt to motivate their children to change their views and to develop a different type of action in respect to school-related goals? 2) How do they frame their evaluative feedback through which they serve as «interpreters of reality» (Jacobs & Eccles, 2000, S. 426) regarding their children's attribution processes and thus influence their children's control beliefs in respect to scholastic goals? 3) Which individual style of verbally motivating children is displayed by those 18 parents who were analysed not only in respect to the verbal characteristics in their value and control related messages, but also in respect to communicative and affective characteristics in their appeals to their child? 4) When faced with uncertain transition decisions, which typology of verbal motivational practices can be deduced from the individual styles of parents, and with which conditions, opportunities, and risks are these types associated?

In respect to questions 1 and 2 about design characteristics of value and control regulations, it can be said that the 20 parents examined in this study mainly addressed those scholastic goals in front of the child, which pertained to the self-regulative aspects of studying at home or the transition itself. In particular, parents evaluated resource strategies (time management, the setting of priorities and the use of aids of various kinds), metacognitive strategies (self-reliance, completeness and diligence) as well as motivational aspects (commitment, effort, volition and persistence) and regarded them as significant. They illustrated the significance of these scholastic goals mainly with the help of «essentiality arguments» by referring to the requirements of their child's role as a student, and by stressing the importance of complying with the expectations of his or her social environment; e.g. «Showing greater commitment while doing homework is crucial, it is part of being a student.» Parents frequently also employed «utility arguments» which have an advising character and allow the child to make his or her own decision (e.g. «When you are more engaged in class you increase your chances of being referred to the desired secondary school track»). However, these arguments mostly manifested a negative valence: The parents warned the children of aversive consequences if they did not pay attention to a certain scholastic goal: «It is important that you show greater commitment in math because otherwise you won't be placed in the desired track». The parents thus operated mainly with the help of arguments that hinted at obligation and constraint or which created fear of negative consequences.

A majority of the parents also reported having provided negative evaluative feedback to their children in respect to school-related activities and goals. In almost every second control regulation they employed at least one attributional argument which addressed stable negative actions by their child (e.g. «You are not doing well with your homework because you never do more than the minimum required amount.»). They also often used arguments which point out variable negative actions of the child (e.g. «because you sometimes don't work hard enough») or variable negative conditions they perceived (e.g. «because you are still displaying the immature modes of thinking typical of a child»). It becomes clear that, on the one hand, the parents made an effort to clearly label the kind of behaviour that, from their point of view, was unsatisfactory, but, on the other hand, also made sure not to undermine their children's sense of self-worth and confidence. They did this by mainly using arguments that signalled that their children's insufficient actions seemed to be a matter of commitment and effort or/and have a limited temporal stability.

In order to answer question 3 about the individual style of verbal encouragement, which the 18 parents had practiced during the time of transition, all value and control related episodes were subjected to a higher-inferent rating in respect to the following seven quality dimensions, and (accordingly) combined into individual styles of verbally motivating children: (i) emphasis of essentiality, (ii) emphasis of positive aspects, (iii) emphasis of internal aspects, (iv) ascribed control, (v) discursivity, (vi) assertiveness and (vii) warmth. The Principal Component Analysis applied to the 18 individual styles revealed that in respect to question 4 the 18 parents can be grouped according to the three basic dimensions of their verbal motivating practices: the degree of their norm orientation, the degree of their child orientation, and the degree of their implementation orientation. Four types of verbal motivating practices during the uncertain transition period could finally be distinguished in the sample: A) discursive warning of consequences (five parents), B) non-committal, appeasing pointing out of obligations (four parents), C) blunt and unsparing conveying of negative appraisals in respect to achievements (three parents) and D) firm and discursive attempts at convincing the child with the help of winning arguments (six parents). The characteristics of these types of verbal motivating practices and their associations with individual attributes of the parent-child dyads are discussed, as well as the possible impact on the children's motivation to learn. In conclusion, suggestions for parents and other educators on how to best verbally motivate a child for school-related goals will be made.

Keywords: Parents, school-related involvement, transition, value beliefs, control beliefs, value regulation, control regulation, emotional support

Inhaltsverzeichnis

1	**Einleitung**	1
1.1	Ausgangslage: Das Unbehagen der Eltern mit Blick auf das anstehende Übertrittsverfahren	3
1.2	Der Untersuchungsgegenstand: Elterliche Motivierungspraktiken in der Phase vor dem Übertrittsentscheid	11
1.2.1	Verbal-appellative Kontrollregulationen der Eltern (evaluative Feedbacks)	16
1.2.2	Verbal-appellative Wertregulationen der Eltern (Bedeutsamkeitszuschreibungen)	17
1.3	Aufbau des Theorieteils	20
2	**Elterliches schulbezogenes Unterstützungshandeln**	25
2.1	Handlungstheoretische Grundlegung	28
2.2	Erläuterung des Begriffs der elterlichen schulbezogenen Unterstützung	35
2.2.1	Elterliche Unterstützung in der Schule des Kindes	38
2.2.2	Häusliche schulbezogene Unterstützung der Eltern	43
2.2.2.1	Häusliche Kompetenzförderung	44
2.2.2.2	Formen der häuslichen Unterstützung in der parental involvement-Forschung	46
2.2.2.3	Elterliche Unterstützung bei Hausaufgaben	48
2.2.2.4	Die Bedeutung elterlicher schulbezogener Erwartungen und Aspirationen und des Stils ihrer Vermittlung für die Motivation und das Engagement des Kindes	51

2.3 Elterliche schulbezogene Unterstützung – Kommentierung der Erkenntnisse vor dem Hintergrund der vorliegenden Studie 61

3 Elterliches Unterstützungshandeln und der Übertritt in die Sekundarstufe I 67
3.1 Entscheidungstheoretischer Ansatz zur Erklärung herkunftsabhängiger Bildungsmuster 72
    3.1.1 Primäre und sekundäre Effekte der familiären Herkunft – Boudons Rational-Choice-Theorie 73
    3.1.2 Empirische Befunde zu den Kernpostulaten der Theorie 75
3.2 Institutionelle Rahmenbedingungen für das elterliche Handeln beim Übertritt 80
    3.2.1 Befunde zu den Schullaufbahnempfehlungen der Lehrkräfte der Primarstufe 83
    3.2.2 Befunde zu differentiellen Lernumwelten in Abhängigkeit des zugewiesenen Schultyps der Sekundarstufe I 87
3.3 Institutionelle Rahmenbedingungen – Kommentierung der Erkenntnisse mit Blick auf das Übertrittsverfahren der Volksschule des Kantons Zürich und der teilnehmenden Eltern 89

4 Familiale Ressourcen und elterliches Unterstützungshandeln 119
4.1 Die Bedeutung des kulturellen Kapitals – Bourdieus kulturtheoretischer Ansatz 125
    4.1.1 Empirische Befunde zur Bedeutung kultureller Praxen zur Aufklärung des schulbezogenen Einflusses der Familie 130
    4.1.2 Habitus und elterliche Überzeugungen 132
4.2 Charakteristika der Familie und elterliches Unterstützungshandeln – Befundlage 140
    4.2.1 Sozialstrukturelle Merkmale der Familie und psychologische Merkmale der Eltern 141
        4.2.1.1 Demografische Charakteristika 141
        4.2.1.2 Bildungsbezogene Überzeugungen der Eltern 145
4.3 Ökonomische, kulturelle und soziale Ressourcen der an der Studie beteiligten Familien 152

5 Elterliche Kontroll- und Wertregulationen und die Lernmotivation des Kindes ... 171
5.1 Bedürfnisse, Motive und das Risiko-Wahlmodell von Atkinson (1957) ... 172
5.2 Persönliche Ziele ... 176
5.3 Subjektive Kontrolleinschätzungen ... 180
5.3.1 Kontrollüberzeugungen ... 183
5.3.2 Kompetenzüberzeugungen ... 185
5.3.2.1 Selbstwirksamkeit: «Wie sicher bin ich mir, dass ich es machen kann?» ... 186
5.3.2.2 Fachliches Fähigkeitsselbstkonzept: «Wie gut bin ich auf diesem Gebiet?» ... 187
5.3.3 Kausalitätsüberzeugungen ... 191
5.3.3.1 Ursachenzuschreibungen – Weiners attributionale Theorie der Leistungsmotivation (1986) ... 193
5.3.3.2 Empirische Befunde zur Funktionalität von Attributionen und von attributionalem Feedback ... 200
5.4 Unterschiedliche Kontrollkonstrukte: Implikationen für die Analyse elterlicher evaluativer Feedbacks gegenüber dem Kind ... 206
5.4.1 Die Darbietung attributionaler Argumente durch die Eltern: Ein Kategoriensystem ... 209
5.5 Subjektive Werteinschätzungen ... 216
5.5.1 Die Theorie des Subjective Task Value von Eccles, Wigfield et al. (1992, 2005) ... 217
5.5.1.1 Intrinsic value: «Weil es mich interessiert und Spaß macht!» ... 218
5.5.1.2 Attainment value: «Weil ich es für mich als wichtig erachte!» ... 220
5.5.1.3 Utility value: «Weil es nützlich ist» ... 224
5.5.1.4 Perceived Cost: «Weil es mit Mühen, Hindernissen und/oder negativen Gefühlen verbunden ist» ... 228
5.6 Unterschiedliche Task Values: Implikationen für die Analyse elterlicher Bedeutsamkeitszuschreibungen gegenüber dem Kind ... 232

	5.6.1	Die Vermittlung von Task Values: Ein Kategoriensystem	239
	5.6.2	Die Vermittlung von Task Values: Welche Strategien sind erfolgsversprechend?	242
		5.6.2.1 Die Dimension Valenz der Wertaussage	243
		5.6.2.2 Die Dimension Lokus	244
		5.6.2.3 Die Dimension Aufgabenwert	246
5.7		Die Bedeutung des Kommunikationsmodus und der Beziehungsqualität für die Internalisierung von kontroll- und wertbezogenen Botschaften durch das Kind	261
5.8		Elterliche Wert- und Kontrollregulationen im Kontext eines unklaren Übertrittsentscheids: Fragestellungen und Aufbau der empirischen Untersuchung	267

6 Untersuchungsdesign 273

6.1	Das Setting der Erhebungen des qualitativen Projetteils	274
6.2	Stichprobe	278
6.3	Die Interviews G2 mit den Elternteilen	279
	6.3.1 Der Leitfaden und die Durchführung des Interviews	281
	6.3.2 Die Transkription und Anonymisierung der Interviewdaten	284
6.4	Auswertungsstrategien	291
	6.4.1 Analyseschritt A: Basiscodierung	292
	6.4.1.1 Selektion von Textsegmenten mit Aussagen zur emotionalen Zuwendung nach Erfolgen und Misserfolgen	294
	6.4.1.2 Selektion von Textstellen mit Aussagen zu verbalen Wert- und Kontrollregulationen	297
	6.4.1.3 Ausschluss von Fällen für die Analysen, die den elterlichen Motivierungsstil fokussieren	302
	6.4.2 Analyseschritt B: Dimensionalisierung der interessierenden Konstrukte und Feincodierung der wert- und kontrollbezogenen Episoden	306
	6.4.2.1 Kategoriensysteme für die Feincodierung wertbezogener Episoden	309
	6.4.2.2 Kategoriensysteme für die Feincodierung kontrollbezogener Episoden	314

6.4.3 Analyseschritt C: Fallspezifische Ratings bezüglich ausgewählter Dimensionen des elterlichen verbalen Motivierungshandelns 320
    6.4.3.1 Kategoriensysteme zur höher-inferenten Einschätzung des elterlichen Stils der Wertzuschreibung 323
    6.4.3.2 Kategoriensystem zur höher-inferenten Einschätzung des elterlichen Stils der Kontrollzuschreibung 326
    6.4.3.3 Kategoriensysteme zur höher-inferenten Einschätzung des elterlichen Kommunikationsstils bei Wert- und Kontrollregulationen 329
    6.4.3.4 Kategoriensystem zur höher-inferenten Einschätzung der emotionalen Zuwendung der Elternteile gegenüber dem Kind 332
6.4.4 Analyseschritt D: Typenbildung mittels Dimensionsreduktion und Clusteranalyse 335
    6.4.4.1 Dimensionsreduktion mittels explorativer Faktorenanalyse 338
    6.4.4.2 Gruppierung der Elternteile gemäß ihrem Stil verbaler Motivierung mit k-means Clustering 341
    6.4.4.3 Konfigurations- und Zusammenhangsanalysen bezüglich Merkmalen der Eltern, des Kindes und der Familie und den Typen des elterlichen verbalen Motivierens 344

7 Ergebnisse 351
7.1 Gestaltungsmerkmale der verbalen Bedeutsamkeitszuschreibungen der Eltern 352
  7.1.1 Lern- und leistungsbezogene Ziele, auf die die elterlichen Wertregulationen fokussieren 354
    7.1.1.1 Ziele im Bereich personaler Kompetenzen 373
    7.1.1.2 Ziele im Bereich aktivitäts- und umsetzungsorientierter Kompetenzen 375
    7.1.1.3 Ziele im Bereich fachlich-methodischer Kompetenzen 378

		7.1.1.4	Ziele im Bereich sozial-kommunikativer Kompetenzen	381
		7.1.1.5	Leistungsziele	383
		7.1.1.6	Zusammenfassung I: In elterlichen Wertregulationen fokussierte Ziele	383
	7.1.2	In elterlichen Wertregulationen vorgebrachte Begründungen		387
		7.1.2.1	Positiv-valente Argumente zur Verdeutlichung des Werts	406
		7.1.2.2	Negativ-valente Argumente zur Verdeutlichung des Werts	409
		7.1.2.3	Zusammenfassung II: In elterlichen Wertregulationen vorgebrachte Begründungen	412
	7.1.3	Die Bedeutsamkeit schulischer Ziele aus der Sicht der Eltern		417
		7.1.3.1	Die Bedeutsamkeit von Zielen im Bereich aktivitäts- und umsetzungsorientierter Kompetenzen	418
		7.1.3.2	Die Bedeutsamkeit von Zielen im Bereich fachlich-methodischer Kompetenzen	420
		7.1.3.3	Die Bedeutsamkeit von Leistungszielen	421
		7.1.3.4	Die Bedeutsamkeit von Zielen im Bereich personaler Kompetenzen	421
		7.1.3.5	Die Bedeutsamkeit von Zielen im Bereich sozial-kommunikativer Kompetenzen	422
		7.1.3.6	Zusammenfassung III: Die Gestaltung der Bedeutsamkeitszuschreibungen durch die Eltern	423
7.2	Gestaltungsmerkmale der evaluativen Feedbacks der Eltern			432
	7.2.1	Lern- und leistungsbezogene Ziele, auf die die elterlichen Kontrollregulationen fokussieren		434
		7.2.1.1	Ziele im Bereich personaler Kompetenzen	443
		7.2.1.2	Ziele im Bereich aktivitäts- und umsetzungsorientierter Kompetenzen	445
		7.2.1.3	Ziele im Bereich fachlich-methodischer Kompetenzen	446
		7.2.1.4	Ziele im Bereich sozial-kommunikativer Kompetenzen	448

	7.2.1.5	Leistungsziele	449
	7.2.1.6	Zusammenfassung IV: In elterlichen Kontrollregulationen fokussierte Ziele	450
7.2.2		In elterlichen Kontrollregulationen vorgebrachte Begründungen	454
	7.2.2.1	Negativ-valente Argumente zur Verdeutlichung der Kontrolle	472
	7.2.2.2	Positiv-valente Argumente zur Verdeutlichung der Kontrolle	477
	7.2.2.3	Zusammenfassung V: In elterlichen Kontrollregulationen vorgebrachte Begründungen	480
7.2.3		Der Grad an Kontrolle schulischer Ziele aus der Sicht der Eltern	487
	7.2.3.1	Positiv-valente Kontrollregulationen	488
	7.2.3.2	Negativ-valente Kontrollregulationen	490
	7.2.3.3	Graduelle Unterschiede zugeschriebener Kontrolle	492
	7.2.3.4	Zusammenfassung VI: Die Gestaltung der evaluativen Feedbacks durch die Eltern	495

7.3 Elternspezifische Stilelemente des verbal-appellativen otivierungshandelns während der unsicheren Übertrittsphase 508

7.3.1	Elternspezifischer Stil der wertbezogenen Argumentation	509
7.3.2	Elternspezifische Zuschreibung von Kontrolle während der Übertrittsphase	529
7.3.3	Elternspezifischer Kommunikationsmodus	549
7.3.4	Emotionale Zuwendung	564
7.3.5	Zusammenfassung VII: Elternspezifischer Stil des verbalen Motivierens während der Übertrittsphase	585

7.4 Eine Typologie des schulbezogenen verbalen Motivierens von Eltern im Kontext eines unklaren Übertrittsentscheids 587

7.4.1	Grundlegende Dimensionen des elterlichen verbalen Motivierens	631
7.4.2	Vier Typen des elterlichen verbal-appellativen Motivierungshandelns im Kontext eines unklaren Übertrittsentscheids	641

7.4.3 Zusammenhänge zwischen Merkmalen der
Eltern-Kind-Dyaden und den Typen des elterlichen
verbal-appellativen Motivierungshandelns im
Kontext des unklaren Übertrittsentscheids 659
    7.4.3.1 Merkmale der Elternteile 660
    7.4.3.2 Merkmale der Kinder 666
    7.4.3.3 Merkmale der Familien 667

8 Zusammenfassung und Diskussion der Ergebnisse 675
8.1 Gestaltungsmerkmale von elterlichen Wert- und
Kontrollregulationen 676
    8.1.1 Fokussierte schulbezogene Ziele der elterlichen
Wertregulationen 677
    8.1.2 In den elterlichen Wertregulationen eingesetzte
Argumente 680
    8.1.3 Fokussierte schulbezogene Ziele der elterlichen
Kontrollregulationen 683
    8.1.4 In den elterlichen Kontrollregulationen eingesetzte
Argumente 686
8.2 Die vier Typen des verbal-appellativen
Motivierungshandelns bei einem unklaren Übertritt:
Bedingungen, Chancen, Risiken 689
    8.2.1 Motivierungstyp 1: Diskursives Warnen vor den
Folgen 690
    8.2.2 Motivierungstyp 2: Unverbindliches,
beschwichtigendes Hinweisen auf die
Notwendigkeiten 697
    8.2.3 Motivierungstyp 3: Ungeschminktes und
schonungsloses Vermitteln der negativen
leistungsbezogenen Einschätzung 703
    8.2.4 Motivierungstyp 4: Standfestes, diskursives
Überzeugenwollen mittels gewinnender Argumente 709
8.3 Schlussfolgerungen für die Forschung 713
    8.3.1 Mit leitfadengestützten Interviews verbale
Handlungen von Eltern erfassen 713
    8.3.2 Mit verschiedenen deskriptiven Methoden
Selbstberichte eigenen verbalen Handelns auswerten 717
        8.3.2.1 Analyseschritt A: Basiscodierung 717

8.3.2.2 Analyseschritt B: Schaffung von Frames
und von Kategoriensystemen zur Analyse
der Wert- und Kontrollregulationen 718
8.3.2.3 Analyseschritte C und D: Ratings
zur Bestimmung des individuellen
Motivierungsstils und Schaffung einer
Taxonomie 720
8.4 Schlussfolgerungen und Empfehlungen für die
pädagogische Praxis 721

Literaturverzeichnis 731

Abbildungsverzeichnis

Abbildung 2.1	Strukturmodell elterlichen schulbezogenen Unterstützungshandelns	37
Abbildung 4.1	Das Modell motivations- und leistungsbezogener Sozialisation im Elternhaus von Eccles et al. (aus Simpkins et al., 2015a, S. 617)	142
Abbildung 5.1	Schematische Darstellung des Kompetenzsystems (Adaptiert nach Skinner, E. A., 1995, S. 20)	182
Abbildung 5.2	Handlungs-Kontroll-theoretisches Modell (Adaptiert nach Skinner, E. A. et al., 1988, S. 118)	184
Abbildung 5.3	Kategoriensystem «Elterliche Strategien der verbalen Kontrollvermittlung» (sog. «kontrollbezogene Begründungstypen»)	212
Abbildung 5.4	Kategoriensystem «Elterliche Strategien der verbalen Wertvermittlung» (sog. «wertbezogene Begründungstypen»)	241
Abbildung 6.1	Überblick über die Erhebungen und die Erhebungszeitpunkte im qualitativen Projektteil der TRANSITION-Studie	276
Abbildung 6.2	Verlauf der Silhouettenwerte in Abhängigkeit der Clusterzahl	344
Abbildung 7.1	Zielbereiche und ihr Auftreten in lern- und leistungsthematischen Wertregulationen Zielbereiche	373
Abbildung 7.2	Anzahl Argumente pro Begründungstyp in lern- und leistungsthematischen Wertregulationen	405

Abbildung 7.3	Anzahl der Wertregulationen geordnet nach Kombination des Zielbereichs und des Begründungstyps	419
Abbildung 7.4	Zielbereiche und ihr Auftreten in lern- und leistungsthematischen Kontrollregulationen	443
Abbildung 7.5	Anzahl Argumente pro Begründungstyp in lern- und leistungsthematischen Kontrollregulationen	471
Abbildung 7.6	Anzahl der Kontrollregulationen geordnet nach Kombination des Zielbereichs und der Begründungstypen	493
Abbildung 7.7	Faktorwerte der 18 Elternteile bezüglich der drei grundlegenden Dimensionen verbalen Motivierens bei einem unklaren Übertritt	637
Abbildung 7.8	Ausprägungen der vier Clusterzentren auf den drei grundlegenden Dimensionen	642
Abbildung 7.9	Visualisierung der vier Cluster mit den Positionen der Clusterzentren und der Elternteile im dreidimensionalen Raum	644

Tabellenverzeichnis

Tabelle 2.1	Sechs Kerndimensionen elterlichen Verhaltens, Definitionen und ähnliche Konstrukte (Skinner, E. A. et al., 2009, S. 186)	59
Tabelle 3.1	Möglicher Zeitablauf «Übertritte aus der Primarstufe» (Bildungsdirektion Kanton Zürich, 2013a, S. 11)	97
Tabelle 3.2	Überblick über die Ausprägungen von neun übertrittsbezogenen Aspekten bei den untersuchten Elternteilen zu den Zeitpunkten G1 oder G2	101
Tabelle 4.1	Charakteristika der an der Studie teilnehmenden Elternteile	154
Tabelle 4.2	Charakteristika der nicht an der Studie teilnehmenden Elternteile («Partner*innen»)	155
Tabelle 4.3	Charakteristika der Familien	156
Tabelle 4.4	Charakteristika des Kindes	157
Tabelle 4.5	Generelle bildungsbezogene oder spezifisch kindbezogene Überzeugungen der teilnehmenden Elternteile	158
Tabelle 5.1	Beispiele von Ursachenzuschreibungen nach einem Misserfolg im dreidimensionalen Klassifikationsschema nach Weiner (1994, S. 271): Lokus, Stabilität und Kontrollierbarkeit	198
Tabelle 5.2	Matrix zur Recodierung der positiv- und negativ-valenten Begründungstypen in Bezug auf ihre Kontrollförderlichkeit	214
Tabelle 6.1	Fragenkatalog des Leitfadens für das Interview G2 mit den Elternteilen	285

Tabelle 6.2	Überblick über die Analyseschritte	293
Tabelle 6.3	Überblick über die Segmentgröße der emotionsbezogenen Handlungsepisoden	295
Tabelle 6.4	Überblick über die Anzahl und Größe der als wert- und kontrollbezogene Handlungsepisoden codierten Textsegmente	304
Tabelle 6.5	Kategoriensystem «Thema der Gesprächssequenz, in der die Wertregulation auftrat»	310
Tabelle 6.6	Kategoriensystem «Zielbereiche, auf die sich die Wertregulationen beziehen»	312
Tabelle 6.7	Kategoriensystem «Thema der Gesprächssequenz, in der die Kontrollregulation auftrat»	315
Tabelle 6.8	Kategoriensystem «Zielbereiche, auf die sich die Kontrollregulationen beziehen»	317
Tabelle 6.9	Kategoriensystem zur «Einschätzung des Grads an Wesentlichkeit, mit dem die Elternteile in der Regel die Bedeutsamkeit schulischer Ziele begründet haben»	325
Tabelle 6.10	Kategoriensystem zur «Einschätzung des Grads an positiver Valenz, den die Elternteile in der Regel in ihre wertbezogenen Argumente gelegt haben»	326
Tabelle 6.11	Kategoriensystem zur «Einschätzung des Grads an Kindbezug, den die Elternteile in der Regel in ihre wertbezogenen Argumente gelegt haben»	327
Tabelle 6.12	Kategoriensystem zur «Einschätzung des Stils elterlicher Kontrollzuschreibung»	330
Tabelle 6.13	Kategoriensystem zur «Einschätzung der Diskursivität der elterlichen Wert- und Kontrollregulationen»	333
Tabelle 6.14	Kategoriensystem zur «Einschätzung der Assertivität der elterlichen Wert- und Kontrollregulationen»	334
Tabelle 6.15	Kategoriensystem zur «Einschätzung des Grads an emotionaler Zuwendung, den die Elternteile bei schulischen Erfolgen und Misserfolgen des Kindes gezeigt haben»	336
Tabelle 7.1	Ziele, welche die Elternteile in lernthematischen Wertregulationen fokussierten	356
Tabelle 7.2	Ziele, welche die Elternteile in leistungsthematischen Wertregulationen fokussierten	367

Tabelle 7.3	Begründungen, welche die Elternteile in lernthematischen Wertregulationen vorbrachten	389
Tabelle 7.4	Begründungen, welche die Elternteile in leistungsthematischen Wertregulationen vorbrachten	398
Tabelle 7.5	Ziele, welche die Elternteile in lernthematischen Kontrollregulationen fokussierten	436
Tabelle 7.6	Ziele, welche die Elternteile in leistungsthematischen Kontrollregulationen fokussierten	440
Tabelle 7.7	Begründungen, welche die Elternteile in lernthematischen Kontrollregulationen vorbrachten	456
Tabelle 7.8	Begründungen, welche die Elternteile in leistungsthematischen Kontrollregulationen vorbrachten	463
Tabelle 7.9	Grad an zugeschriebener Kontrolle – abgeleitet aus den 140 attributionalen Argumenten der 104 evaluativen Feedbacks	496
Tabelle 7.10	Elternspezifische Stilelemente der Argumentation bei Bedeutsamkeitszuschreibungen	512
Tabelle 7.11	Elternspezifischer Stil der Zuschreibung von Kontrolle	533
Tabelle 7.12	Elternspezifischer Kommunikationsstil bei Wert- und Kontrollregulationen	552
Tabelle 7.13	Elternspezifische emotionale Zuwendung nach einem Erfolg oder Misserfolg	566
Tabelle 7.14	Elternspezifischer Stil des verbalen Motivierens während der Übertrittszeit	588
Tabelle 7.15	Wertematrix der Hauptkomponentenanaylse nach der Rotation mit der Varimax-Methode, Absolutwerte >.340	632
Tabelle 7.16	Clusterzugehörigkeit der 18 Elternteile mit Distanzangabe zum jeweiligen Clusterzentrum und individuellen Ausprägungen bei den sieben Stilvariablen	643
Tabelle 7.17	Schulabschluss der Elternteile und Clusterzugehörigkeit, Kreuztabelle mit beobachteten und erwarteten Zellhäufigkeiten	662

Tabelle 7.18	Wahrgenommener wert- und kontrollbezogener Regulationsbedarf beim Kind und Clusterzugehörigkeit, Kreuztabelle mit beobachteten und erwarteten Zellhäufigkeiten	664
Tabelle 7.19	Soziokulturelles Milieu des Wohnorts Elternteile und Clusterzugehörigkeit, Kreuztabelle mit beobachteten und erwarteten Zellhäufigkeiten	668
Tabelle 7.20	Übersicht über die vier Typen des verbal-appellativen Motivierungshandelns und deren Konfiguration bezüglich der drei Merkmale, zu denen ein signifikanter Zusammenhang besteht	670

Einleitung

I: Was geht Ihnen spontan durch den Kopf, wenn Sie «Sek A» hören?
S11: Ja, Militär eigentlich (lacht) – kommt mir gerade in den Sinn – nein es ist so – es ist eine wahnsinnige Einteilung, dieses Sek A-Sek B, es ist ein wahnsinniger Wert auf diesen Einteilungen. Also für mich ist Sek A das, was man muss, und Sek B ist das, wo du nachher völlig unglücklich bist (lacht) – einfach Sek B ist wirklich, dann findest du- bist du nachher irgendwie ein Handwerker, der mit vierzig seinen Rücken kaputt hat und irgendwie beruflich einfach sehr beschränkt ist. Also das ist das, was- also ich persönlich habe ja die Sek B gar nicht so schlimm gesehen, aber nachher sagst du das anderen Müttern- (Seufzen): «Auf keinen Fall ins B, auf keinen Fall». Das sei ganz schlimm. Das kommt auch sehr von den Eltern aus. Also es ist eine wahnsinnige Schubladisierung und der Gedanke ist schon der, dass es leichter ist, wenn du in der Sek A bist und dann in die Sek B zurückfällst als – viel schwieriger ist es, wenn du im B beginnst und dann ins A müsstest, das ist zehnmal schwieriger. Deshalb schaut man, dass man ins A kommt. Weil im B – du schaffst es vielleicht nach einem Vierteljahr noch ins A, aber nach einem Jahr noch ins A – oder dann musst du eben ein Jahr zurück oder irgendwie so, das stelle ich mir viel schwieriger vor. (S11, Interview G1, 01:00:47)

So fällt die Antwort einer Mutter aus, die während Monaten unsicher gewesen war, welcher Abteilung der Sekundarschule ihr Sohn nach dem Übertritt zugewiesen werden würde, auf die Frage, was ihr spontan zur «Sek A» – so wird die Abteilung A («mit erweiterten Anforderungen») in der gegliederten Sekundarstufe I der Volksschule des Kantons Zürich umgangssprachlich bezeichnet[1] – in den Sinn komme. Lachend spricht sie die Armee an und stellt damit die Verbindung zwischen der Schule und einer staatlichen Institution her, die gemeinhin mit klarer hierarchischer Struktur, engen Verhaltenserwartungen und entsprechend geringer Entscheidungsfreiheit und Zwang für das Individuum gleichgesetzt wird. Weiter bringt die Mutter zum Ausdruck, dass sie sich von ihrem sozialen Bezugsfeld habe überzeugen lassen, dass es für ihr Kind nur die Abteilung A als Option gebe, um bezüglich seiner beruflichen Zukunft nicht «unglücklich» zu werden. Auch glaubt sie, dass es zentral sei, dass das Kind auf Anhieb in die angesprochene Abteilung A eingeteilt werde, da ihrer Meinung nach ein Aufstieg aus der weniger anforderungsreichen Abteilung B bedeutend schwieriger zu bewerkstelligen sei. Sie spricht von «wahnsinniger Einteilung» und «wahnsinnigem Wert» derselben und bringt damit ihre Ambivalenz diesem Verfahren gegenüber zum Ausdruck, dem sie und ihr Kind sich zu unterwerfen gezwungen sahen, dem sie aber nach anfänglichem Zögern auch Vorschub leistete, indem sie die «wahnsinnige Schubladisierung» akzeptierte und die Notwenigkeit einer Orientierung auf die Abteilung A angesichts der gesellschaftlichen Gegebenheiten anerkannte. Wie hoch die Identifikation mit dem Ziel eines Übertritts in die Abteilung A ihres Kindes ist, dürfte sich nicht zuletzt darin zeigen, dass die Mutter in der obigen Sequenz zunehmend so spricht, als ob sie selbst und nicht lediglich ihr Sohn in der Sekundarstufe I mit Aufstiegs- und Abstiegsszenarien konfrontiert sei bzw. so, als ob sie ihren Sohn vor sich habe, dem sie nun die Dringlichkeit dieses Ziels zu verdeutlichen versuche: «Deshalb schaut man, dass man ins A kommt».

Die zitierte Äußerung beinhaltet Elemente der Realitätswahrnehmung, wie sie von allen Eltern von Kindern mit unklarem Übertrittsentscheid zum Ausdruck gebracht wurden, als sie von uns in der Vorbereitung auf den qualitativ ausgerichteten Teil des Forschungsprojekts «TRANSITION – Elterliche Unterstützung

---

[1] Im Schulsystem des Kantons Zürich wechseln die Kinder nach der 6. Klasse der Primarstufe (8. Schuljahr) entweder ins Langgymnasium, das sechs Jahre dauert, oder in eine der beiden Abteilungen A (Sekundarschule mit erweiterte Anforderungen) und B (Sekundarschule mit Grundanforderungen) der dreijährigen Sekundarstufe, wobei die einzelnen Sekundarschulen die Möglichkeit haben, in höchstens drei Fächern (Deutsch, Mathematik, Englisch oder Französisch) zusätzlich abteilungsübergreifende Anforderungsstufen (I, II, III) einzurichten. Die Abteilung A und die Anforderungsstufe I sind jeweils am kognitiv anspruchsvollsten. In einzelnen vorstädtischen und ländlichen Schulgemeinden existiert mit der Abteilung C sodann neben den genannten Abteilungen nach wie vor noch ein zweiter Sekundarschultyp mit Grundanforderungen. Der Zugang zum Langgymnasium nach dem 8. Schuljahr, ebenso wie der Zugang zum Kurzgymnasium nach dem 10. oder 11. Schuljahr, erfolgt über zentrale Aufnahmeprüfungen (vgl. Bildungsdirektion Kanton Zürich, 2013a, S. 12).

und motivational-affektive Entwicklung beim Übertritt in die Sekundarstufe I» (vgl. Buff et al., 2008) im September 2008 kontaktiert wurden. Angefragt, ob sie zusammen mit ihrem Kind bereit wären, nicht nur an den quantitativen Erhebungen teilzunehmen, sondern sich auch noch mit zwei längeren face-to-face-Gesprächen und acht telefonisch durchgeführten Interviews durch das 6. Schuljahr bis zum Übertrittsentscheid begleiten zu lassen, bekundeten bereits in den Sondierungsgesprächen die meisten der rund 50 kontaktierten Eltern ein großes Interesse an einer Teilnahme. In Anbetracht dessen, dass sich ihre Kinder mit einem Notenschnitt zwischen 4.0 und 4.5^2 in den Kernfächern nicht klar einem Leistungsprofil der gegliederten Sekundarstufe I zuordnen ließen (vgl. Abschnitt 4.3), die Klassenlehrkräfte bereits im Verlauf der 5. Klasse den meisten Eltern gegenüber zum Ausdruck gebracht hatten, dass sie unter Umständen für eine Zuteilung zur Abteilung B plädieren könnten, und vor dem Hintergrund, dass in der Volksschule des Kantons Zürich der Zuteilungsentscheid zu einem der Schultypen der Sekundarstufe I weitgehend in den Händen der Klassenlehrkraft sowie weiterer schulischer Akteure liegt und den Eltern eine primär konsultative Rolle zuweist (vgl. Abschnitt 3.3), bekundeten alle Eltern in ähnlicher Weise ihr Unbehagen bezüglich der Auswirkungen, die das Verfahren auf ihr Kind und das Leben ihrer Familien in den kommenden Monaten haben werde.

1.1 Ausgangslage: Das Unbehagen der Eltern mit Blick auf das anstehende Übertrittsverfahren

Wirft man einen Blick auf die ersten Interviews zu Beginn der Erhebungsphase (Interviews G1, vgl. Abschnitt 6.1), die wir im Rahmen des Forschungsprojekts rund einen Monat später mit den zwanzig letztlich in die Stichprobe aufgenommenen Elternteilen (vgl. Abschnitt 6.2) geführt haben, so wird die Ausgangslage deutlich, wie sie sich in den Augen der Eltern präsentiert, und es lassen sich mehrere Bedingungsfaktoren ausmachen, auf denen ihr Unbehagen zu Beginn der Erhebungszeit gründet.

---

^{2}Wie in den meisten kantonalen Bildungssystemen der Schweiz erhalten die Schülerinnen und Schüler der Volksschule des Kantons Zürich zweimal jährlich ein Zeugnis (vor den Sportferien Ende Januar und zum Ende des Schuljahres Mitte Juli). Noten werden ab der zweiten Klasse der Primarstufe erteilt. Die Notenskala erstreckt sich zwischen den Werten 1 und 6: Noten unter 4 sind ungenügend, 4 = genügend, 5 = gut, 6 = sehr gut. Nebst den Leistungen in den Kernfächern werden auch das Arbeits- und Lernverhalten sowie das Sozialverhalten bewertet (vgl. Bildungsdirektion Kanton Zürich, 2018).

Mehrere unsicherheitserzeugende Faktoren lassen sich an der Ausgestaltung des Schulsystems des Kantons Zürich festmachen. Wie jedes gegliederte Bildungswesen zwingt es durch seine Struktur und seine Vorgaben die beteiligten Akteure, Lehrkräfte, Eltern und Kinder, Abwägungen und Beurteilungen vorzunehmen und Entscheidungen hinsichtlich des weiteren Bildungsweges zu treffen (vgl. Becker, R. & Lauterbach, 2016, S. 13). Etliche Eltern äußern zu diesem Zeitpunkt grundsätzliche Vorbehalte gegenüber einer allfälligen Zuteilung ihres Kindes zur Abteilung B und begründen dies mit einem erschwerten Berufseinstieg nach der Sekundarstufe I. So meint zum Beispiel die Mutter M11 auf die Frage, welche Bedeutung der Übertritt in die Abteilung A für sie und ihre Tochter habe:

> M11: [...] Ich will, dass sie sich wohl fühlt. Aber ich finde, dass-. Wenn sie Sek B oder so macht, hat sie da vorne weniger Chancen. Ich habe mehr Angst um ihre Zukunft (unverst.). Ich möchte einfach, dass sie sich wohl fühlt. Also, das Gymnasium ist mir nicht wichtig. Einfach, dass sie bessere Chancen hat, als nachher einfach-, ja-. (unverst.) so. [...] (Interview G1, 00:52:44)

Während sie wohl aufgrund der Leistungsergebnisse und des Lernverhaltens des Kindes nicht aufs Gymnasium aspiriert, ist es ihr mit Blick auf die zukünftigen beruflichen Chancen – namentlich bei der Lehrstellensuche – wichtig, dass ihre Tochter nicht in die Abteilung B eingeteilt wird.

Andere Eltern der Stichprobe haben bei älteren Kindern Erfahrungen sammeln können, die die These einer Benachteiligung der Sek-B-Schülerinnen und Schüler bei der Stellensuche zu bestätigen scheinen. So meint etwa die Mutter D12 auf dieselbe Frage:

> D12: Ja, also ich finde das sehr gut, weil es auch für den Beruf später einfacher ist, eine Lehrstelle finden zu können. Ich fände es schon gut. [...] Ja, seine ältere Schwester [die die Abteilung B besucht] hat eben leider noch nichts gefunden. Viele haben eben schon- ja sie müsste vielleicht eine Zwischenlösung machen. Ja, man merkt es eben schon, die mit Sek B haben es schwieriger. [...]. (Interview G1, 00:53:24)

Dass auch einzelne Lehrkräfte u. a. im Rahmen von Informationsveranstaltungen entsprechende Befürchtungen der Eltern bestätigen, zeigt die folgende Aussage des Vaters V12:

1.1 Ausgangslage: Das Unbehagen der Eltern mit Blick ...

V12: Unsere Angst ist es ein wenig- auch wenn er einen handwerklichen Beruf lernen möchte, mit dem haben wir überhaupt kein Problem, er soll das machen, was ihn mal befriedigt. Aber ich denke einfach auch mit Absprache- bei dieser Infoveranstaltung war ich, da haben dann so Sek-B-Lehrer gesagt, es sei manchmal frustrierend, wenn einer, der handwerkliches Talent hätte, eine Bewerbung mache und der Lehrstelleninhaber, der zukünftige Lehrmeister- die würden eben auch schon die handwerklichen Berufe sortieren, wenn es genügend Sek-A-Schüler habe, dann würden sie die [Bewerbungen der] Sek-B-Schüler zur Seite legen. Wir haben einfach die Befürchtung, dass die Lehrstellensuche sich erschwert mit einem Sek-B-Zeugnis. (Interview G1, 00:41:16)

Als weiteren Vorbehalt gegen eine Zuweisung zur anforderungsärmeren Abteilung B wird die Zusammensetzung der Schülerschaft in diesem Schultyp vorgebracht. Solcherlei negative Kompositions- bzw. Peergruppeneffekte (vgl. Baumert, Stanat & Watermann, 2006; Becker, D. & Birkelbach, 2017, S. 182) befürchtet zum Beispiel die Mutter V11:

V11: Eigentlich- immer schon habe ich ihm [dem Sohn] gesagt- ich habe gerne, wenn er in die Sek A kommt. Ich weiß, er hat eigentlich auch das Potential. Ich habe ihm immer gesagt: «Wenn du das nicht schaffst, dann schicke ich dich in eine Privatschule». Jetzt nicht, weil ich finde, unbedingt Sek A, sondern, weil ich einfach weiß, was da [in der Sek B] auch passieren kann. Dass er dort abhängen kann mit anderen Kindern, die vielleicht nicht so toll sind. Er braucht eigentlich Kinder, an denen er sich messen kann. Wo er miteifern kann. Ich habe einfach auch Bedenken. (Interview G1, 00:36:47)

Die Abteilung A wird dahingegen nicht nur angestrebt, weil sich dort die leistungsstärkeren Kinder treffen und weil sich mit dem Besuch dieses Schultyps das Spektrum wählbarer Berufsausbildungen erhöht, sondern auch weil Eltern diese Abteilung als Sprungbrett ins Kurzgymnasium wahrnehmen. Während die progymnasiale Stufe (das sog. «Untergymnasium», welches ein Teil des sechsjährigen Bildungsganges «Langgymnasium» bildet[3]), die im Schulsystem des

---

[3]Die Sekundarstufe I (9. bis 11. Schuljahr) der öffentlichen Schule besteht im Kanton Zürich zum Erhebungszeitpunkt aus der Sekundarschule, dem Untergymnasium sowie weiteren förderorientierten Bildungsgängen (Kleinklassen). Die *Sekundarschule* ist dem Volksschulamt angegliedert. Das dreijährige *Untergymnasium,* welches Teil des Bildungsgangs «Langgymnasium» bildet, wird von den Gymnasien ausgerichtet, welche von der Verwaltungseinheit

Kantons Zürich nicht von den Sekundarschulen, sondern von den Gymnasien ausgerichtet wird (vgl. Bildungsdirektion Kanton Zürich, 2013b), zum jetzigen Zeitpunkt außerhalb der Reichweite des Kindes zu liegen scheint, erhoffen sich einzelne Eltern, dass ihr Kind nach zwei Jahren in der Abteilung A der Sekundarschule reif sein könnte, die Aufnahmeprüfung für das vierjährige Kurzgymnasium zu bestehen. So meint die Mutter R11 auf die Frage nach der Bedeutung eines erfolgreichen Übertritts in die Abteilung A:

> R11: Ja, eine sehr große, weil von der Sek A hat sie dann auch die besseren Möglichkeiten, weil sie strebt dann schon an, aufs Kurzzeitgymnasium [sic] zu gehen nach der zweiten Sek. Also das hat sie schon mal gesagt. Wie es sich bis dahin weiterentwickelt, wie sie es sich dann überlegt- ja, aber das haben wir jetzt so mal ins Auge gefasst. (Interview G1, 00:47:47)

Unbehagen erzeugt bei den befragten Elternteilen zu diesem Zeitpunkt aber nicht nur der von vielen als bedrohlich wahrgenommene Schultyp Abteilung B, sondern auch die Umstände in den aktuellen Primarschulklassen[4] ihrer Kinder. So merkt z. B. die Mutter S12 an:

> S12: Es ist einfach eine wahnsinnige Unruhe. Eine Unruhe empfinde ich. Es ist eine Unruhe zwischen den Kindern und es ist einfach – ich nehme es so wahr: Jeder will ein bisschen der Beste sein. [...] Ich merke einfach, es ist so ein Druck. [...] (Interview G1, 00:50:00)

Übertritte bringen Abschiede und Neukonfigurationen von Schulklassen mit sich und stellen erhöhte Anforderungen an die sozial-kommunikativen Kompetenzen der Kinder. Es gilt, sich sozial neu zu orientieren und zu positionieren, frische Freundschaftsbande zu knüpfen, im günstigen Fall eines gemeinsamen Übertritts bestehende Freundschaften im Kontext der neuen Klasse zu aktualisieren oder

---

des *Mittelschul- und Berufsbildungsamts der Bildungsdirektion* verantwortet werden. Im hier interessierenden Schuljahr 2008/09 besuchten von den gesamthaft 37'637 Schülerinnen und Schüler der Sekundarstufe I 41.5 % die Sekundarschule mit erweiterten Ansprüchen (Abteilung A), 37.7 % die Sekundarschule mit Grundansprüchen (31.9 % Abteilung B, 5.8 % Abteilung C), 16.8 % das Untergymnasium und 4.0 % andere Schultypen (Bildungsdirektion Kanton Zürich, 2009).

[4] Die sechs Jahre dauernde Grundschule wird in der Schweiz als *Primarschule* bezeichnet und unterteilt sich in die je drei Jahre dauernde *Unter- und Mittelstufe*.

1.1 Ausgangslage: Das Unbehagen der Eltern mit Blick ... 7

aber Wege zu finden, diese im Rahmen gemeinsamer Freizeitaktivitäten weiterzupflegen (vgl. Brademann & Helsper, 2010; Chassé & Rahn, 2005; Krüger, H.-H., Köhler, Pfaff & Zschach, 2007). Im November 2008, also rund neun Monate vor dem eigentlichen Übertrittsentscheid, ist bei vielen Kindern aufgrund ihrer stabilen Leistungsbilanz schon klar, in welcher Abteilung sie sich nach dem Wechsel mit hoher Wahrscheinlichkeit wiederfinden werden. Erhöhte Unsicherheit besteht in den Klassen zu diesem Zeitpunkt vor allem bei zwei Gruppen von Schülerinnen und Schülern: Denjenigen, die im Frühjahr des darauffolgenden Jahres an der Aufnahmeprüfung fürs Langgymnasium teilnehmen möchten, und denjenigen, die sich aufgrund ihrer Leistungen und ihres Lernverhaltens nicht klar der Abteilung A oder B zuordnen lassen und auf die sich das Interesse der vorliegenden Studie richtet. Der Umstand, dass spezifische Peers, die man etwas mehr oder weniger mag, bereits klar in einer bestimmten Abteilung verortet werden können, mag für etliche Kinder durchaus ein Motiv sein, auf einen bestimmten Schultyp zu aspirieren. Weiter sind die Kinder in der Klasse, in der Freizeit und zu Hause auch an kommunikativen Prozessen beteiligt, in denen die Bedeutung der verschiedenen Schultypen verhandelt wird. So meint die Mutter S11 auf die Frage nach der Wichtigkeit eines Übertritts in die Abteilung A für ihren Sohn:

S11: Ich glaube, am meisten wegen der Freunde ist ihm das wichtig, weil er weiß, dass von seiner Klasse, so glaube ich, nur etwa zwei Jungen gemäß Vorzeugnis ins B eingetragen sind. Vielleicht auch, weil wir so sagen: «Ach, B ist nicht gut», und irgendwie alle Erwachsenen rundum, die du fragst, sagen: «Oh nein, ins B!» [...] (Interview G1, 00:49:02)

Ebenso sehen einige wenige Eltern in der Zusammensetzung der aktuellen Klasse ihres Kindes einen Grund für ihre Beunruhigung. Sie befürchten das, was in der empirischen Bildungsforschung als Bezugsgruppeneffekte (z. B. Baumert et al., 2006; Becker, D. & Birkelbach, 2017; Köller, 2004; Marsh & Parker, 1984) bezeichnet wird (vgl. Abschnitt 3.2.2), und vermuten, dass die Klassenlehrkraft die Leistungen ihrer Tochter oder ihres Sohnes zu ungünstig bewerte, weil das Leistungsniveau der Klasse überdurchschnittlich hoch sei. So meint z. B. die Mutter S11:

S11: Es hat auch mit dieser Situation zu tun, einfach, dass wir finden, dass so junge Leute – und dann werden sie eingeteilt, und wir hätten Angst davor, was passiert, weil wir haben das Gefühl, dass sie [die Klassenlehrkraft] ein sehr hohes Level in der Klasse hat, und wenn er jetzt ins B kommt und von anderen Klassen andere ins B, welche weiter unten sind, und er dann nachlässt und dass er dann irgendwie ganz die Motivation – dass er das nicht aufholt nachher, in die Sek A zu wechseln, und ja. [...] *(Interview G1, 00:47:03)*

Alle Elternteile äußern zu diesem Zeitpunkt mehr oder weniger deutlich die Meinung, dass es wichtig sei, dass ihr Kind in den nächsten Monaten einen zusätzlichen Effort leiste, um seine Noten zu verbessern oder um den gegenwärtig günstigen Notenschnitt zu halten, so dass eine optimale Zuteilung in Reichweite liege. Allerdings treiben die Eltern mit Blick auf dispositionale und manifeste Eigenschaften ihres Kindes Fragen zur Realisierbarkeit dieser Ziele um[5]. Während der letzten Jahre haben sie kindspezifische Überzeugungen und Erwartungen hinsichtlich dessen schulbezogenen Handlungsmustern und dessen Leistungsfähigkeit aufgebaut, und sie fragen sich nun, ob ihr Kind in den kommenden Monaten und nach einem allfälligen Übertritt in die Abteilung A mit den erhöhten Anforderungen an seine Selbstregulation zurechtkomme.

Etliche Elternteile sind skeptisch. Sie argumentieren entwicklungsbezogen und stellen die Reife des Kindes in Frage, wähnen es bereits in der Pubertät, stellen Funktionsstörungen oder seinen geringen Erfahrungshorizont in Rechnung oder nehmen es bereits zu diesem Zeitpunkt als gestresst und schlecht mit dem vorherrschenden Leistungsdruck zurechtkommend wahr. So diagnostiziert in den folgenden Ausschnitten der Vater Z22 bei seiner Tochter noch fehlendes Interesse an gewissen schulischen Inhalten, die Mutter M12 nimmt ihren Sohn als «faul» wahr, die Mutter S11 impliziert, dass ihr Sohn den Ernst der Lage noch nicht erkenne bzw. zu erkennen vermöge und die Mutter H12 vermutet, dass ihr

---

[5] In einigen Schulgemeinden des Kantons besteht mit der Abteilung C noch ein zweiter Schultyp der «Sekundarschule mit Grundansprüchen». Im hier interessierenden Schuljahr 2008/09 besuchten rund 5.8 % der insgesamt 37'637 Schülerinnen und Schüler der Sekundarstufe I diesen Bildungsgang, wobei ausländische Kinder und Jugendliche mit 54.0 % den Hauptanteil an der Schülerschaft inne hatten (Abteilung A: 13.2 %, Abteilung B: 31.1 %) und die Jungen mit einem Anteil von 59.0 % klar in der Mehrzahl waren (Abteilung A: 48.2 %, Abteilung B: 53.8 %) (vgl. Bildungsdirektion Kanton Zürich, 2009, S. 9). Dass ein Besuch der Abteilung B in einer dreigegliederten Sekundarschule als weniger einschneidend empfunden wird, da es eine noch anspruchsärmere Abteilung gibt, zeigt die folgende Passage aus dem Interview mit der Mutter D11, deren Tochter unter der Aufmerksamkeitsdefizitstörung A(DS) leidet:
D11: Nein, ich glaube nicht, [dass Sek B etwas Dramatisches für K01 wäre]. <u>Sek C wäre eher dramatisch</u>. Auch darüber hat sie letzthin gesprochen, und aber nicht so negativ. Weil sie hat dann eigentlich gemeint: „Weißt du, die haben dann- sie können viele kreative Dinge machen. Und ihnen wird mit vielen Dingen noch geholfen." Und ich habe ihr dann geantwortet, dass ich nicht glaube, dass es ein Thema ist. [...] (Interview G1, 01:19:36)

1.1 Ausgangslage: Das Unbehagen der Eltern mit Blick ...

Sohn zu viel Druck erlebe und/oder ihn Probleme im Zusammenhang mit ihrer Trennung vom Vater belasteten:

> Z22: Der Tiefgang fehlt, genau. Sie ist fleißig und sie macht die Aufgaben. An dem liegt es nicht. Einfach, das tiefgründige Interesse an einem Thema oder in einem Fach, das fehlt noch. [...] Es ist ja im Zusammenhang mit dem Zeugnis, mit den Noten und so. «K18 das ist deine Zukunft. **Im A hast du einfach eine größere Auswahl an Berufen»**, so gehen wir schon auf sie zu. Aber es dünkt mich auch, für sie ist das noch- «Ja, ja erzählt ihr nur, das ist schon gut, aber das ist irgendwann einmal». (Interview G1, 00:40:35)
>
> M12: (...) Ich sage so wie er jetzt ist in der Schule, schafft er es in die Sek A. Aber ich weiß, er ist ein- eben, jetzt kommt das wieder mit dieser Lernerei, dass er das- da sehe ich Bedenken oder- er ist so ein Fauler, der (unverst.) – den stresst das und dann- deswegen haben wir manchmal Streit [...] (Interview G1, 00:48:19)
>
> S11: Ich habe das Gefühl- er möchte es irgendwie noch nicht ganz wahrhaben. So kommt es mir vor. Er möchte vielleicht schon- er denkt: «Wenn ich mich jetzt ein bisschen engagiere, komme ich schon in die Sek A, aber es muss noch nicht, hat noch Zeit.» Ich weiß nicht, wo er steht mit seinem Kopf. Das frage ich mich manchmal auch. Aber... es nervt mich manchmal auch ein bisschen, **wenn ich sage: «K03, wach auf!»** (lacht) [...] Er muss ja kein Weltmeister werden. Er muss sich ja weiß Gott nicht übermäßig engagieren – er muss mir keine Sechsen [in der Schweiz die höchste Note] nach Hause bringen. **Aber ich sage: «K03, du bist fähig, Fünfen nach Hause zu bringen. Warum kommst du manchmal mit einer Viereinhalb oder Vier nach Hause? Nur weil du es ein bisschen locker genommen hast?»** Er: «Ja, ja, das nächste Mal dann». Das gibt es nicht. Hätte er mindestens Probleme, würde ich das akzeptieren, immerhin eine Vier, nicht wahr. Wenn er jetzt so einer wäre. Deswegen nervt es mich, wenn <u>auch</u> die Lehrerin und der Lehrer sagten: «Du kannst es, aber du willst es einfach nicht wahrhaben». (Interview G1, 00:40:52)
>
> H12: Ich weiß es nicht [, ob es die Abteilung A oder B sein wird]. Ich kann es nicht sagen. Es ist beides möglich. Je nachdem auch, ob er sich jetzt auch wieder etwas auffängt. Vorher war einmal im Gespräch, (unverst.) knapp in die Sek A. Und in den zwei Fächern Mathematik und Französisch eher in der B-Stufe. Aber die Hauptklasse Sek A. Aber jetzt im Moment gerade-. Eben, seit zwei Monaten ist es wirklich massiv heruntergekommen. Also, die Noten. Also von einer 4.5- ich weiß den Durchschnitt jetzt nicht. In der [letzten Mathematik-] Prüfung war es einfach auf einer 3. Einmal hatte er sogar überhaupt keine Note.

Ich habe das Gefühl, (unverst.), dass er einfach nicht konzentriert ist. Aber woran es liegt, kann ich jetzt nicht sagen. Ist es der Druck? Er verträgt Druck auch nicht so. Vielleicht hat es eben noch mit uns privat daheim zu tun, mit dem Vater. Ich weiß es nicht. (…) Es kann auch sein, dass alles etwas zu viel ist. Wie ich vorher schon gesagt habe, der Sport und das Thai-Boxen und die Schule und die Hausaufgaben und jetzt dann noch Nachhilfe. Vielleicht ist es auch einfach etwas viel für ihn. Ich werde (unverst.) da versuchen, irgendwie eine gewisse Ruhe reinzubringen. (Interview G1, 00:59:50)

In allen vier Ausschnitten rücken sich die Eltern in ihren Erzählungen selber ins Blickfeld und offenbaren, wie sie auf das von ihnen als unzulänglich empfundene schulbezogene Verhalten des Kindes zu reagieren versuchen oder in den kommenden Wochen zu handeln beabsichtigen. Es wird sichtbar, dass ihr Unbehagen schließlich auch dem eigenen Handeln gegenüber gilt: Im Kontext einer Entscheidungssituation, die an sie und ihre Familie von außen herangetragen worden ist und die sie zu einer Fähigkeitsdiagnose, zu einem Abwägen von Aspirationen und kurzfristigen Erfolgserwartungen sowie zu einer längerfristigen Prognose der Leistungsentwicklung des Kindes zwingt (vgl. Becker, R., 2000; Boudon, 1974; Breen & Goldthorpe, 1997; Esser, 1999b), versuchen die Eltern in alltäglichen schulbezogenen häuslichen Situationen auf das Denken und Fühlen des Kindes einzuwirken und dessen kognitive bzw. affektiv-motivationalen Prozesse so zu beeinflussen, dass sich in dessen Lern- und Leistungshandeln möglichst nachhaltig etwas zum Besseren wendet. Wie die Elternteile Z22 und S11 in den obigen Beispielen, merken sie dabei aber auch, dass das Kind ihre Appelle und Rückmeldungen mitunter in nur geringem Maß internalisiert. Sie versuchen wie die Mutter S11, mit erneuten Aufforderungen zu ihm durchzudringen und müssen manchmal zur Kenntnis nehmen, dass das Ganze in einen Streit mündet wie im Beispiel des Elternteils M12. Bisweilen fragen sie sich wie die Mutter H12, ob sie zu viel Druck ausgeübt und das Wohlbefinden des Kindes aus den Augen verloren haben. Solche Erfahrungen machen den Eltern sodann auch die Kosten bewusst, die mit ihren Aspirationen für sie und ihr Kind verbunden sind, sei es in Bezug auf zeitliche und finanzielle aber auch auf physische und psychische Ressourcen. So berichtet die Mutter S12 im folgenden Ausschnitt von belastenden Momenten bereits zu Beginn der 6. Klasse ihres Sohnes:

I: Diskutieren Sie denn den Übertritt mit Ihrem Sohn?
S12: Ja, haben wir schon ziemlich oft darüber diskutiert (lacht).
I: Und wie spielt sich das dann ab?

S12: Ja, dass wir eben- also das letzte Mal nach dieser Rechnungsprüfung **war ich ziemlich auf 180 (lacht) und habe gesagt: «also so geht das nicht weiter, also jetzt müssen wir irgendetwas machen»**. Das war ein Abend – ich habe dann auch nicht mehr geschlafen und so; es hat mich total beschäftigt, vor allem, weil ich- ja, man ist ja auch so ausgeliefert, nicht wahr, man kann ja dann nicht irgendwie reagieren. Und- nein, **wir diskutieren mit ihm, dass das wichtig ist für die Zukunft, und dass man halt arbeiten muss**, obwohl – er ist ja selbständig, er macht es, aber eben, vielleicht – ich weiß es nicht – vielleicht zu wenig. Das kann ich zu wenig einschätzen. (Interview G1, 00:53:32)

1.2 Der Untersuchungsgegenstand: Elterliche Motivierungspraktiken in der Phase vor dem Übertrittsentscheid

In den obigen Ausschnitten aus Interviews, die mit den Elternteilen zu Beginn der Erhebungszeit im Oktober 2008, rund acht Monate vor dem definitiven Übertrittsentscheid geführt wurden, geben die Eltern nicht nur ihre Wahrnehmungen, Interpretationen, Bewertungen und Befürchtungen bezüglich der Anforderungen des Übertrittsverfahrens und des Handelns des Kindes preis, sondern berichten ebenso von ihrem eigenen kommunikativen Handeln gegenüber dem Kind und deuten Gespräche mit den Lehrkräften an. Unterzieht man die fett hervorgehobenen Passagen, in denen sie ihr Handeln schildern, einer eingehenderen Analyse, so wird sichtbar, dass die Elternteile einerseits recht unspezifisch und global über das eigene bzw. gemeinsame Handeln sprechen – z. B. in der Sequenz des Elternteils M12: «wir haben Streit», was auf beiden Seiten mehrere Teilhandlungen umfasst, die nicht näher beschrieben werden – und dabei zuweilen auch lediglich Absichtserklärungen formulieren wie in der Sequenz des Elternteils H12: «Ich werde versuchen, da Ruhe hineinzubringen». In anderen Sequenzen wird aber auch ersichtlich, dass die Elternteile Z22, S11 und S12 der interviewenden Person kurz einen episodischen Einblick in die von ihnen erinnerte Situation geben und insbesondere ihr sprachliches Handeln in Form einer direkten oder indirekten Rede modellieren:

Z22: **«K18, das ist deine Zukunft. Im A hast du einfach eine größere Auswahl an Berufen», so gehen wir schon auf sie zu.** [...]
S11: [...] es nervt mich manchmal auch ein bisschen, **wenn ich sage: «K03, wach auf!»** [...] **Ich sage: «K03, du bist fähig, Fünfen nach Hause zu bringen.**

Warum kommst du manchmal mit einer Viereinhalb oder Vier nach Hause? Nur weil du es ein bisschen locker genommen hast?» [...] Deswegen nervt es mich, wenn auch die Lehrerin und der Lehrer sagten: «Du kannst es, aber du willst es einfach nicht wahrhaben».
S12: [...] das letzte Mal nach dieser Rechnungsprüfung **war ich ziemlich auf 180 (lacht) und habe gesagt: «also so geht das nicht weiter, also jetzt müssen wir irgendetwas machen»**. [...] und- nein, **wir diskutieren mit ihm, dass das wichtig ist für die Zukunft, und dass man halt arbeiten muss**, obwohl – er ist ja selbständig, er macht es, aber eben, vielleicht – ich weiß es nicht – vielleicht zu wenig [...]

Zum einen versuchen die Elternteile in allen drei Ausschnitten, ihr Kind zu einer bestimmten Sichtweise (Z22) oder zu einer veränderten Arbeitshaltung zu bewegen, indem sie folgende normative Botschaften in Sprache fassen:

Z22: «K18, werde dir bewusst, dass du die Abteilung A erreichen solltest, weil du so zukünftig eine größere Auswahl an Berufen haben wirst»
S11: «K03, werde dir endlich bewusst, dass es wichtig ist, dich ernsthaft auf Prüfungen vorzubereiten und im Minimum die Note 5 zu erreichen»
S12: «Es ist für deine Zukunft wichtig, dass du dein Verhalten änderst und gewissenhaft an den mathematischen Inhalten arbeitest»

Zum anderen vermitteln die Elternteile nicht nur implizit[6], sondern auch explizit evaluative Botschaften darüber, inwiefern das Kind über bestimmte relevante Kompetenzen verfüge:

S11: «K03, du bist fähig, Fünfen zu schreiben» und «K03, du schätzt den Ernst der Situation unzureichend ein»
S12: «Du arbeitest auf unzureichende Weise an den Mathematikaufgaben»

In letzteren Episoden erfahren wir ferner etwas über den Kontext der Regulationsversuche – diese finden im Rahmen von Gesprächen über unbefriedigende

---

[6]Der Umstand, dass sich die Eltern veranlasst sehen, normative Botschaften zu vermitteln, impliziert bereits, dass das Kind in ihren Augen einen bestimmten Aspekt unzureichend beherrscht, z. B. in der Sequenz von Z22.

1.2 Der Untersuchungsgegenstand: Elterliche Motivierungspraktiken ...

Prüfungsresultate statt – und erhalten Hinweise in welcher Tonalität und Prägnanz sie vermittelt wurden: «es nervt mich» und «wach auf!» in der Sequenz von S11 und «ich war auf 180» und «also so geht das nicht weiter!».

Solche Stellen sind typische Vertreter von Episoden häuslichen verbalen Handelns der Eltern, wie sie in der vorliegenden empirischen Studie im Fokus des Forschungsinteresses stehen: Schilderungen der Elternteile von kommunikativen Ereignissen, die einen Einblick in ihre Motivierungspraktiken gewähren, und zwar spezifisch unter den skizzierten anforderungsreichen Bedingungen eines unsicheren Übertrittsentscheids.

Wie die empirische Bildungsforschung in den letzten Jahrzehnten zeigen konnte, spielt das Elternhaus denn auch insbesondere beim Aufbau der motivationalen Orientierungen von Schülerinnen und Schülern eine maßgebliche Rolle (Frome & Eccles, 1998; Pekrun, 2001; Pomerantz, Grolnick & Price, 2005; Simpkins et al., 2015b). In Einklang mit den Postulaten der Erwartungs-Wert-Theorie der Lern- und Leistungsmotivation (vgl. Eccles-Parsons et al., 1983; Wigfield, Tonks & Lutz Klauda, 2016) zeigt sich im Rahmen von quantitativen Studien immer wieder, dass hohe und realistische Erwartungen («level the child is realistically expected to attain»), Aspirationen («the educational level they hope their child attains») (Goldenberg, Gallimore, Reese & Garnier, 2001, S. 548) und schulbezogene Ziele der Eltern jene produktiven motivationalen Orientierungen beim Kind zu induzieren vermögen, welche mit einem hohen Lernengagement und einer günstigen Leistungsentwicklung einhergehen (vgl. Pomerantz et al., 2005; Rowe, Ramani & Pomerantz, 2016; Simpkins et al., 2015b). Unter «motivationalen Orientierungen» werden im Licht der Erwartungs-Wert-Theorie generalisierte Kontroll- und Wert-Überzeugungen der Schülerinnen und Schüler verstanden, die angesichts situativ anstehender Aufgaben determinieren, welche Antworten sie auf die beiden motivationsbestimmenden Fragen «Inwiefern habe ich die vorliegende Aufgabe im Griff?» und «Warum will ich diese Aufgabe in Angriff nehmen?» geben (vgl. Wigfield et al., 2006).

Kontrollüberzeugungen bezeichnen die generalisierten Vorstellungen einer Person davon, inwieweit sie in spezifischen Domänen über die notwendigen Mittel zur Beeinflussung des eigenen Handelns und der Handlungsergebnisse verfügt (vgl. Preiser & Sann, 2010, S. 387; Skinner, E. A., 1996). Positive Einschätzungen eigener fachlicher und überfachlicher Kompetenzen zur Erreichung der anvisierten Ziele sagen vor allem in hohem Maß die Leistungsergebnisse bzw. die Leistungsentwicklung vorher (vgl. Eccles & Wigfield, 2002; Hattie, 2009; Hulleman, Barron, Kosovich & Lazowski, 2016; Schunk, Meece & Pintrich, 2014; Usher, 2016; Wigfield, Eccles, et al., 2015).

Weitere wichtige Determinanten individueller Lernmotivation und Handlungsentscheidungen sind Wertorientierungen und Wertüberzeugungen (vgl. Eccles & Wigfield, 2002), zu denen u. a. Motive, Zielorientierungen sowie personale Interessen, aber auch Aspirationen zu zählen sind. Diese motivationalen Tendenzen beeinflussen laut Eccles (2005), welchen subjektiven Wert (subjective task value) das Individuum in Aufgaben und Aktivitäten erkennt: «[…] task value is a quality of the task that contributes to the increasing or decreasing probability that an individual will select it» (Eccles, 2005, S. 109).

Den Wert bzw. die Bedeutsamkeit (ähnlich: Anreiz oder Valenz), die das Kind im Abgleich mit seinen Wertüberzeugungen und Zielen in einer Aufgabe wahrnimmt, bestimmt im Zusammenspiel mit seinen Kontrolleinschätzungen, inwiefern und in welcher Qualität es sich mit Lern- und Leistungsaktivitäten beschäftigen wird (vgl. Kapitel 5). Positive Effekte auf das Lernhandeln und die Lernergebnisse sind vor allem dann zu erwarten, wenn der Aufgabe ein intrinsischer Wert (intrinsic value) oder persönliche Wichtigkeit (attainment value) zugeschrieben wird. Stehen Nützlichkeits- oder Kostenüberlegungen (utility value/cost) im Vordergrund, so sind zumindest kurzfristig lern- und leistungsförderliche Effekte zu erwarten (man rafft sich auf und beschäftigt sich zur Sicherstellung erwünschter Konsequenzen oder zur Verhinderung negativer Folgen so ausgiebig wie nötig mit dem Gegenstand). Der Einsatz nachhaltiger Lernstrategien scheint gemäß der Befundlage vor allem dann gegeben, wenn das Interesse des Individuums am Gegenstand geweckt wird, es dabei Spaß und Freude empfindet und eine Relevanz darin erkennt, sei es, weil es die Aktivität mit seinem Selbstverständnis bzw. seiner Identität in Verbindung bringt oder weil es sie als instrumentell zur Erreichung von zukünftigen Zielen (z. B. Karrierezielen) erachtet. In empirischen Studien (zsf. Hulleman et al., 2016; Wigfield, Eccles, et al., 2015; Wigfield et al., 2016) zeigt sich, dass Werteinschätzungen in erster Linie den Einfluss der Kontrolleinschätzungen auf zukünftige Leistungsergebnisse vermitteln, die Leistungen bzw. die Leistungsentwicklung aber selber kaum zu prädiktieren vermögen (vgl. Abschnitt 5.5.1.4). Subjektive Bedeutsamkeitszuschreibungen erweisen sich generell als starke Prädiktoren für das individuelle Interesse an Fächern und die Wahl bestimmter Aktivitäten und Bildungsgänge sowie das Engagement und die Persistenz bei der Aufgabenbearbeitung (z. B. Durik, Vida & Eccles, 2006; Eccles & Harold, 1991; Harackiewicz, Durik, Barron, Linnenbrink-Garcia & Tauer, 2008; Trautwein et al., 2012; Updegraff, Eccles, Barber & O'Brien, 1996).

Gemäß dem «Modell motivations- und leistungsbezogener Sozialisation im Elternhaus» von Eccles und Kolleg*innen (Jacobs & Eccles, 2000, S. 416; Simpkins, Fredricks & Eccles, 2015a, S. 617) nehmen die Eltern auf der Grundlage

1.2 Der Untersuchungsgegenstand: Elterliche Motivierungspraktiken ...

ihrer eigenen generellen und kindspezifischen Überzeugungen über eine Reihe verschiedener Verhaltens- und Handlungsweisen Einfluss auf die leistungsbezogenen Selbstwahrnehmungen und Wertzuschreibungen ihres Kindes (für den deutschen Sprachraum vgl. auch Helmke & Weinert, 1997; Neuenschwander et al., 2005; Wild, E. & Lorenz, 2010): So leben sie ihm über die ganze Kindheit hindurch über ihr Modellverhalten vor, welche akademisch-schulischen Aktivitäten sie selber beherrschen, schätzen und weiterentwickeln. Indem sie es zu mehr oder weniger bildungsbezogenen Freizeitaktivitäten ermuntern und ihm Zugang verschaffen zu Spielzeug, Musikinstrumenten, Software, Sportgeräten u.ä., bedeuten sie ihm nicht nur, worin sie seine Talente erkennen und welchen Wert sie diesen Aktivitäten zuweisen, sondern geben ihm auch die Möglichkeit, seine Fähigkeiten in Relation zu anderen Kindern zu messen, Erfolgs- und Misserfolgserfahrungen zu machen und den gewinnbringenden Effekt des Übens zu erfahren. Ferner können Eltern im Rahmen von gemeinsamen häuslichen schulbezogenen Aktivitäten aber auch ihre Erwartungen, Aspirationen, Wertüberzeugungen und Ziele vermitteln, indem sie diese explizit deklarieren, kausale Attributionen gegenüber dem Kind vornehmen, ihm Belohnungen versprechen sowie verbalsprachlich oder aber mittels Mimik, Gestik und prosodischen Mitteln ihr Lob oder ihren Tadel zum Ausdruck bringen.

Gerade vor schulischen Laufbahnentscheiden in gegliederten Schulsystemen, und namentlich dann, wenn das Kind die Zuteilung durch die Klassenlehrkraft für den aspirierten Schultyp der Sekundarstufe I nicht zu erreichen droht, dürften die Eltern verstärkt versuchen, im Rahmen von schulbezogenen häuslichen Aktivitäten wie Hausaufgaben oder Prüfungsvorbereitungen sowie im Rahmen gemeinsamer Gespräche über Unterrichtsereignisse, Leistungsergebnisse oder aber über den anstehenden Übertritt auf dessen Kontroll- und Wert-Einschätzungen Einfluss zu nehmen und es zu einem in ihren Augen zielkonformeren Handeln zu motivieren.

Sie dürften sich dem Kind in dieser auch für sie herausfordernden Situation – so die Ausgangsthese dieser Arbeit – in verstärkterem Maß als «interpreters of reality» (Jacobs & Eccles, 2000, S. 426) anbieten und in Form von sprachlichen Appellen die Bedeutung laufender schulischer Aktivitäten und Ziele hervorstreichen und mittels evaluativer Feedbacks die Qualität seiner Lernleistungen einschätzen. Die dem Kind dabei mehr oder weniger explizit dargebotenen Begründungen dürften Ausdruck ihrer eigenen task values und Ursachenzuschreibungen sein, die sich gemäß dem empirisch stetig besser untermauerten erwartungswerttheoretischen «Modell motivations- und leistungsbezogener Sozialisation im Elternhaus» (Jacobs & Eccles, 2000, S. 416; Simpkins et al., 2015a, S. 617) (vgl.

Abbildung 4.1) direkt aus ihren kindspezifischen Überzeugungen (kindbezogenen Kompetenz- und Wertwahrnehmungen, kindbezogenen Leistungserwartungen und Aspirationen), aber auch aus ihren generelleren Überzeugungen speisen wie eigenen Geschlechtsrollenstereotypen, schulbezogenen Selbstwirksamkeitsüberzeugungen und impliziten Intelligenztheorien (vgl. Pomerantz, Moorman Kim & Cheung, 2012) (vgl. Abschnitt 4.2).

1.2.1 Verbal-appellative Kontrollregulationen der Eltern (evaluative Feedbacks)

Eltern wirken der Befundlage zufolge mit ihren Feedbacks insbesondere dann förderlich auf die Kontrollüberzeugungen des Kindes ein, wenn sie ihm gegenüber Vertrauen in seine Fähigkeiten ausdrücken und sich optimistisch bezüglich seiner Kompetenzentwicklung zeigen (vgl. Bandura, 1997; Schunk & DiBenedetto, 2016; Schwarzer & Jerusalem, 2002). Sie tun dies namentlich dadurch, dass sie unzureichende Lernhandlungen und Handlungsergebnisse gegenüber dem Kind nicht auf schlecht-kontrollierbare, stabile, internale Faktoren wie fehlende Begabung und Intelligenz zurückführen (vgl. Abschnitt 5.3.3.1), sondern daran bemessen, inwieweit diese seinem geringen Engagement und seinen mangelhaften Lernstrategien geschuldet sind – also möglichst willentlich beeinflussbaren internalen Faktoren (vgl. Perry & Hamm, 2017; Weiner, 2005).

Damit die Eltern in ihrer Kontrollregulationsabsicht erfolgreich sein können – das Kind also die evaluative Botschaft des Elternteils tatsächlich internalisiert und seine lern- und leistungsbezogenen Selbstwahrnehmungen anpasst –, ist es wichtig, dass die Eltern von ihm als glaubwürdige Beurteiler wahrgenommen werden (vgl. Bandura, 1997, S. 105), indem sie realistische Aussagen machen und generell einen Kommunikationsmodus wählen, der wertschätzend-warm, positive Handlungsaspekte betonend und dialogisch-interaktiv gestaltet ist (vgl. Bandura, 1997, S. 104; Eccles, 2007, S. 676; Schunk et al., 2014, S. 153) (vgl. Abschnitt 5.7).

Auf der Grundlage von episodischen Schilderungen sprachlicher Eltern-Kind-Interaktionen aus den Interviews, die mit den Elternteilen am Ende der Erhebungszeit nach erfolgtem Übertrittsentscheid geführt wurden und einen retrospektiven Fokus über die vergangenen acht Monate aufwiesen (Interviews G2, vgl. Abbildung 6.1), wird in der vorliegenden Studie in einem ersten, fallübergreifenden, niedrig-inferenten Auswertungsschritt möglichst textnah inhaltsanalytisch untersucht,

1.2 Der Untersuchungsgegenstand: Elterliche Motivierungspraktiken ...

a) bezüglich welcher schulischen Ziele die 20 Elternteile laut ihrer Erzählungen ihren Kindern evaluatives Feedback («verbal-appellative Kontrollregulationen») gegeben haben und
b) wie kontrollförderlich diese kompetenzbezogenen Feedbacks mit Blick auf die von den Elternteilen vorgebrachten Begründungen gestaltet waren.

Ferner soll in einem zweiten, fallspezifischen, höher-inferenten Auswertungsschritt auf der Basis von Ratings der Stil der verbal-appellativen Kontrollregulationen ermittelt werden, den 18 der 20 Elternteile[7] nach eigenen Aussagen in den acht Monaten praktiziert haben.

1.2.2 Verbal-appellative Wertregulationen der Eltern (Bedeutsamkeitszuschreibungen)

Wie die elterlichen wertbezogenen Appelle beschaffen sein sollten, ist im Vergleich zu evaluativen Feedbacks unklarer und bei weitem weniger erforscht (vgl. Hulleman & Barron, 2016, S. 163–164; Lazarides, Harackiewicz, Canning, Pesu & Viljaranta, 2015, S. 54) (vgl. Abschnitt 5.6.2). Grundsätzlich dürften Eltern ihre wertbezogenen Appelle an das Kind mehr oder weniger explizit mit den task values begründen, die sie persönlich in der Aktivität bzw. im Handlungsziel erkennen. Dabei gilt es allerdings herauszustreichen, dass elterliche Appelle als Fremdregulationen etwas von außen an das Kind Herangetragenes sind: «[...] parents may influence their children's values and choices in many ways; however, both researchers and parents have trouble defining the optimal levels of encouragement, reward, and guidance when trying to initiate or maintain a child's value for an activity» (Jacobs & Eccles, 2000, S. 420).

Die Schwierigkeit liegt darin, dass Ziele, denen die Eltern einen hohen Wert zuweisen – Ziele also, die sie als wichtig bezeichnen würden und die für sie gemäß der Typologie von Eccles somit einen attainment value aufweisen – für die Kinder keineswegs die gleiche Wichtigkeit besitzen müssen. Dies trifft u. a. gerade auch für Rollenanforderungen zu: So unterstreicht eine Mutter im wertbezogenen Appell «Es ist bedeutsam, dass du unaufgefordert deine Hausaufgaben erledigst, weil du das als angehende Oberstufenschülerin einfach musst» die Relevanz des Handlungsziels «selbständig Hausaufgaben machen» mit einer Begründung, die zum Ausdruck bringt, dass sie darin eine Notwendigkeit bzw.

---

[7] Wie in Abschnitt 6.4.1.3 näher erörtert wird, wurden die Elternteile S12 und Z21 aufgrund zu weniger Textstellen nicht in die *stilbezogenen* Analysen einbezogen.

Wesentlichkeit erkennt, die sich aus der Rolle des Kindes als fortgeschrittene Schülerin ergibt. Eine Bedeutsamkeit, die die Mutter vermutlich aufgrund ihres Erfahrungshorizonts tatsächlich längst anerkannt und als Gewissheit in ihr Selbst integriert hat – oder aber im Zeichen der erzieherischen Situation vordergründig wenigstens vorgibt, getan zu haben. Die Intention, die in ihrem verbalen Handeln erkennbar wird, besteht darin, das Kind auf die Wichtigkeit bzw. jenen attainment value aufmerksam zu machen, den sie persönlich im selbständigen Erledigen von Hausaufgaben erkennt, und es aufzufordern, dies handlungswirksam in sein Denken zu übernehmen.

Anders sieht es im folgenden Beispiel einer verbalen Ansprache aus: «Es ist bedeutsam, dass du dich möglichst oft im Unterricht meldest, weil du so deine mündlichen Noten aufbessern kannst». Hier bietet die Mutter ihrer Tochter eine Begründung an, die das Ziel lediglich als Mittel zu einem anderen lohnenden Ziel erscheinen lässt, womit die Bedeutsamkeit des Handlungsziels «sich aktiv im Unterricht einbringen» im Instrumentellen liegt – im Vergleich zum ersten Beispiel also als etwas, das das Kind zur Verbesserung seiner Noten so machen kann oder auch nicht (vgl. Abschnitt 5.5). Obwohl im ersten Appell der Mutter einem Ziel höchsten Wert zugewiesen wird, der vom Kind unbedingt internalisiert werden sollte und von ihm zu etwas Selbstverständlichem, mit selbstbestimmt-extrinsischer Motivation Verbundenem[8] (vgl. Ryan & Deci, 2016) werden sollte, erscheint der Appell durch die ausgedrückte Unumgänglichkeit in der Diktion von Ryan und Deci (2016) als äußerst fremdreguliert-extrinsisch (vgl. Abschnitt 5.5). Im zweiten Beispiel verhält es sich gerade umgekehrt: Inhaltlich rückt die Wertregulation die Zweckmäßigkeit des Zielverhaltens in den Mittelpunkt und stellt eine Belohnung (external reward) in Form besserer Noten in Aussicht. Die Wertregulation verzichtet weitgehend auf das Element des Zwangs und kommt als Ratschlag daher, den das Kind befolgen sollte, aber nicht unbedingt befolgen bzw. sich zu eigen machen muss. Lange hat man angenommen, externale Belohnungen würden die intrinsische Motivation untergraben. Diese dichotome Sichtweise ist heute nicht mehr haltbar (vgl. Lepper & Henderlong, 2000). Einer Studie von Grolnick, Ryan und Deci (1991) zufolge üben Belohnungen nur dann negative Effekte

---

[8]Wild, E. und Walper (2015, S. 234) betonen, kann von «gelungener Sozialisation» erst gesprochen werden könne, wenn Kinder die an sie herangetragenen Erwartungen und Wertvorstellungen internalisieren. Dieser Internalisierungsprozess steht im Fokus der Selbstbestimmungstheorie der Motivation (vgl. Ryan & Deci, 2016), die postuliert, dass external-fremdregulierte Verhaltensformen, dann internalisiert werden und zu internal-selbstregulierten werden, wenn dies mit dem Erleben eines hohen Grades von sozialer Eingebundenheit, von Eigenkompetenz und namentlich von Autonomie einhergeht (vgl. Abschnitte 5.5.1.2 und 5.5.1.3).

auf die intrinsische Motivation aus, wenn sie dem Kind den Eindruck geben, nicht mehr selbstgesteuert bzw. autonom vorgehen zu können und sein Verhalten von außen kontrolliert werde. In mehreren Studien konnten sie sodann belegen, dass Kinder, deren Eltern in stärkerem Maß «autonomy-oriented techniques» als «controlling, power-assertive techniques» (vgl. Abschnitt 2.2.2.4) einsetzen, in stärkerem Maß internalisierte leistungsbezogene Wertüberzeugungen aufwiesen (vgl. Grolnick & Ryan, 1989). Ferner zeigte sich, dass die Wahrnehmung des Kindes, wonach sich die Eltern autonomieunterstützend verhielten, nicht nur den Grad der Internalisation[9] leistungsbezogener Wertüberzeugungen, sondern auch von kompetenzbezogenen Kontrollüberzeugungen prädiktierte (vgl. Grolnick et al., 1991). Vor diesem Hintergrund kann angenommen werden, dass Eltern bei wertbezogenen Appellen dem Kind gegenüber möglichst autonomiewahrend und grundsätzlich als Ratgeber auftreten sollten und namentlich die auf einen attainment value zielenden Appelle mit einem dialogisch-iterativen, wenig direktiven und emotional zugewandten Kommunikationsverhalten koppeln sollten (vgl. Jacobs & Eccles, 2000), das von Intersubjektivität und Ko-Konstruktion geprägt ist (vgl. Reusser & Pauli, 2015) (vgl. Abschnitte 2.2.2.4 und 5.7).

Analog zum Vorgehen bei den verbal-appellativen Kontrollregulationen werden vor diesem Hintergrund die in den retrospektiven Interviews G2 (vgl. Abbildung 6.1) von den Elternteilen geschilderten Episoden, in denen sie gegenüber ihrem Kind Bedeutsamkeitseinschätzungen von Lern- und Leistungszielen vorgenommen haben, folgenden Analysen zugänglich gemacht: In einem ersten, fallübergreifenden niedrig-inferenten Auswertungsschritt werden die Episoden wiederum möglichst textnah einer Inhaltsanalyse unterzogen. Es soll dabei untersucht werden,

a) bezüglich welcher schulischen Ziele die 20 Elternteile laut ihrer Erzählungen gegenüber ihren Kindern Bedeutsamkeitseinschätzungen («verbal-appellative Wertregulationen») vornehmen und
b) mit welchen Argumenten die Elternteile ihre Kinder von der Bedeutsamkeit der Ziele, mit Blick auf den subjective task value, den sie diesen selber zuordnen, zu überzeugen suchen.

---

[9]*Internalisation* wird von Grolnick (2003, S. 54) im Kontext der *Organismic Integration Theory* (vgl. Ryan & Deci, 2002) als Prozess bezeichnet, «through which individuals acquire beliefs, attitudes, and behavioral regulations from external sources and progressively transform those external regulations into personal attributes, values, or regulatory styles».

Anders als bei der Analyse der Argumente der elterlichen Kontrollregulationen, bei der auf das etablierte, sich für subjektive und intersubjektive Zuschreibungen eignende dreidimensionale Klassifikationssystem kausaler Attributionen nach Weiner (1985, 2005) zurückgegriffen werden konnte (vgl. Abschnitt 5.4.1), musste für die Untersuchung der wertbezogenen Argumente auf der Basis der intramentalen Konzeption des Subjective Task Value (vgl. Eccles, 2005) daten- und theoriegestützt ein Klassifikationssystem entwickelt werden, welches sich auf die intersubjektiven Bedeutsamkeitszuschreibungen applizieren lies. Das Klassifikationssystem wird im Theorieteil im Abschnitt 5.6.1 eingehende erläutert und im empirischen Teil zur niedrig-inferenten Codierung der Argumente eingesetzt (vgl. auch Abschnitt 6.4.2).

Wie schon bei der Analyse der elterlichen Kontrollregulationen wird auch hier in einem zweiten, fallspezifischen, höher-inferenten Auswertungsschritt auf der Grundlage von Ratings ermittelt, welche individuellen Stile der verbal-appellativen Wertregulation sich bei den 18 untersuchten Elternteilen[10] für den Zeitraum der acht Monate vor dem Übertrittsentscheid identifizieren lassen.

Im dritten und letzten Auswertungsschritt steht schließlich die Frage im Mittelpunkt, wie sich die 20 Elternteile auf der Grundlage der herausgearbeiteten Charakteristika ihrer verbalen Kontroll- und Wertregulationen bezüglich ihres Motivierungsstils gruppieren lassen, den sie während der Phase des unsicheren Übertrittsentscheids gegenüber ihren Kindern praktiziert haben.

Die ermittelten Motivierungsstile sollen zum Abschluss der Studie hinsichtlich ihrer Erscheinungsformen, aber namentlich auch hinsichtlich ihrer Potentiale und Problematiken am Beispiel einzelner Eltern-Kind-Dyaden diskutiert werden.

1.3 Aufbau des Theorieteils

In den bisherigen Erläuterungen wurde deutlich, dass sich das Interesse in der vorliegenden Untersuchung auf spezifische verbale Praktiken der Eltern richtet, bei denen sie vor dem Hintergrund ihrer lern- und leistungsbezogenen Erwartungen, Werte, Aspirationen und Ziele, die Intention verfolgen, das Kind zu veränderten Sicht- und Handlungsweisen zu bewegen. Die empirische, primär quantitativ ausgerichtete Forschung zum elterlichen schulbezogenen Engagement (parental

---

[10] Aufgrund zu geringer Textstellenzahlen wurden in die fallspezifischen Analysen, die auf die Identifizierung von charakteristischen *Stil*elementen des verbalen Motivierens während der Übertrittszeit ausgerichtet waren, nur 18 der 20 Elternteile einbezogen (vgl. Fußnote 7).

1.3 Aufbau des Theorieteils

involvement in schooling) hat in den letzten Jahrzehnten eine Reihe von Qualitätsmerkmalen elterlichen Handelns herausgearbeitet, die sich motivationssteigernd auf das Kind auswirken. Eine wachsende Zahl von Untersuchungen belegt, dass hierfür namentlich das Ausmaß an Autonomiegewährung, an adaptiver, geringinvasiver Strukturgebung sowie an Zuwendung von maßgeblicher Bedeutung ist (zsf. Pomerantz, Moorman & Litwack, 2007; Wild, E. & Lorenz, 2010). Es fehlen aber weitgehend Arbeiten, die beobachtungsnah und am konkreten Handeln orientiert untersuchen, wie die Eltern im Alltag vorgehen, wenn sie versuchen, die Motivation von Heranwachsenden im Kontext von Lern- und Leistungssituationen zu beeinflussen. Besonders fehlen solche Studien für den hier interessierenden Zeitabschnitt des Übertritts in die Sekundarstufe I, der von der Bildungsforschung als zentrale «Gelenkstelle von Bildungsverläufen» (Maaz et al., 2006, S. 300) erachtet wird. So beklagen beispielsweise Becker und Lauterbach (2016, S. 14), dass es weitestgehend unklar sei, «wie der Prozess der intergenerationalen Transmission von Bildungschancen über die Vermittlung von Kenntnissen, Fertigkeiten und Fähigkeiten, Orientierungen und Einstellungen der Eltern an ihre Kinder (etwa die Leistungsbereitschaft) vonstatten» gehe und sprechen in Anlehnung an Müller (1975, S. 132) von einem «Familienresidualeffekt» und einer diesbezüglichen «Blackbox».

Während die oben bereits skizzierten Fragestellungen und angedeuteten Analyseverfahren für die Untersuchung des elterlichen Motivierungshandelns am Ende des theoretischen Teils (vgl. Abschnitt 5.8) bzw. im Methodenteil nochmals detaillierter erläutert werden, wird im Folgenden ein Überblick über den Aufbau des theoretischen Teils der Studie gegeben.

In Kapitel 2 wird der Versuch unternommen, elterliches schulbezogenes Handeln zunächst unabhängig von der Übertrittsproblematik begrifflich fassbar zu machen. Das elterliche Handeln orientiert sich einerseits an den Charakteristika des Kindes, andererseits an den Vorgaben und Zielen der gesellschaftlichen Institution Schule und ihrer Akteure. Zum besseren Verständnis des «systemischen Beziehungsgeflechts» (Föllig-Albers & Heinzel, 2007, S. 307), in dem sich die Hauptakteure Eltern, Kind und Klassenlehrkraft befinden, wird zuerst die soziale und psychologische Aspekte des Handelns integrierende «Allgemeine Handlungstheorie» Hartmut Essers (1999a) erläutert und dann mit Blick auf Angebots-Nutzungsmodelle der Unterrichtsqualität der Begriff der elterlichen schulbezogenen Unterstützung definiert. In einem nächsten Schritt wird die Befundlage zum Zusammenhang zwischen verschiedenen Formen elterlicher Unterstützung und der Lernleistung von Schülerinnen und Schülern dargestellt und erläutert, warum es wichtig ist, nebst Leistungsgrößen insbesondere auch motivationale Orientierungen und das unterrichtsbezogene Engagement der Kinder in den Blick zu nehmen, wenn es um die Beurteilung der Effektivität des elterlichen schulbezogenen Handelns geht. Abschließend wird in diesem Kontext die Bedeutung von verbal-appellativen Kontroll- und Wertregulationen, der beiden in der vorliegenden Studie im Zentrum stehenden elterlichen Unterstützungsformen, herausgearbeitet.

In Kapitel 3 wird dem Umstand Aufmerksamkeit geschenkt, dass sich die vorliegende Studie mit Motivierungsversuchen spezifisch im Kontext eines unsicheren Übertrittsentscheids befasst. Biografische Übergänge, so fassen Kramer, Helsper, Thiersch und Ziems (2009, S. 23) die Situation zusammen, sind «Schnittstellen individueller biografischer Verläufe und sozialer Strukturen, markieren Brüche und sind ein Nadelöhr für gesellschaftlichen Erfolg oder Misserfolg». In den eingangs erörterten Interviewausschnitten wurde bereits manifest, dass Eltern sich dessen bewusst sind und sich «findig, kreativ, reflektiert und überlegt» (Esser, 1999a, S. 238) mit dem vom Bildungssystem erzwungenen Institutionswechsel am Ende der 6. Klasse zu arrangieren suchen. Deutlich wurde in den Ausschnitten aber auch, dass die Eltern potentiell nachteilige Effekte des schulischen Selektionsverfahrens auf die Berufschancen und auf die kognitive und soziale Entwicklung für ihre Kinder befürchten. Angestoßen durch die Ergebnisse von PISA2000[11], die für die gegliederten, relativ früh selektionierenden in den deutschsprachigen Ländern eine nach wie vor enge Koppelung zwischen sozialer Herkunft und Bildungserfolg offenlegten (OECD, 2001), hat hierzulande eine rege Forschungstätigkeit zur Ergründung der Ursachen eingesetzt. Dabei sind zwei hauptsächliche – mitunter verquickte Forschungslinien zu verzeichnen (zsf. Kramer et al., 2009): Die eine sucht Erklärungen in institutionellen Zusammenhängen und untersucht, wie sich die Struktur und die Vorgaben des Bildungssystems auf das individuelle Nutzungsverhalten auswirkt, die zweite hebt auf das Entscheidungsverhalten der Individuen ab und fokussiert auf die rationalen Kosten-Nutzen-Kalküle der Eltern, aber auch – und hier liegt der Schwerpunkt in diesem Kapitel – der schulischen Entscheidungsträger (Lehrkräfte, Schulleitungen, Schulbehörden). Dazu wird eingangs des Kapitels der theoretische Ansatz zur Entstehung von Bildungsentscheidungen von Raymond Boudon (1974, 1980) vorgestellt, bevor empirische Arbeiten und Befunde aus der soziologisch und pädagogisch-psychologisch ausgerichteten Forschung zu Effekten von Übertrittsverfahren auf die Bildungsbeteiligung und den Bildungserfolg erläutert werden. Das Kapitel wird abgeschlossen mit einer Vorstellung des für die vorliegende Studie relevanten Übertrittsverfahrens der Volksschule des Kantons Zürich und

---

[11] PISA – Programme for International Student Assessment

1.3 Aufbau des Theorieteils

einer (datenbasierten) Einschätzung davon, inwiefern dieses Verfahren die 20 teilnehmenden Elternteile in ihrem Motivierungshandeln beeinflusst haben dürfte.

Das Kapitel 4 legt den Fokus auf die sozialstrukturellen Merkmale des Elternhauses sowie die psychologischen Ressourcen der Eltern und erörtert, inwiefern diese das Unterstützungshandeln sowie die Entwicklung fachlicher Kompetenzen und motivationaler Orientierungen beim Kind beeinflussen. Auf der Basis des kulturtheoretischen Ansatzes von Pierre Bourdieu (1984, 1996a) wird die Bedeutung des kulturellen Kapitals und des Habitus für das schulische Lernen und Leisten des Kindes erläutert und dargelegt, warum es laut neuerer Forschung zentral ist, neben strukturellen Bedingungen des Elternhauses insbesondere prozessuale Merkmale zur Erklärung des Bildungserfolgs heranzuziehen. Auf der Grundlage des «Modells motivations- und leistungsbezogener Sozialisation im Elternhaus» von Eccles und Kolleg*innen (Jacobs & Eccles, 2000, S. 416; Simpkins et al., 2015a, S. 617) wird sodann die Befundlage zu den Zusammenhängen zwischen generellen bildungsbezogenen Überzeugungen von Eltern, demografischen Merkmalen der Familie und dem elterlichen schulbezogenen Handeln dargestellt. Das Kapitel schließt mit einer Übersicht über demografische Merkmale der 20 teilnehmenden Familien sowie über ausgewählte generelle bildungsbezogene Überzeugungen der Elternteile, die dem Modell von Eccles zufolge einen Einfluss auf deren Motivierungshandeln ausgeübt haben dürften.

Kapitel 5 nimmt zuerst die Schülerinnen und Schüler in den Blick und fokussiert die innerpsychischen, namentlich motivational-affektiven Prozesse, die in Lern- und Leistungssituationen zum Tragen kommen. Im Zentrum der ersten Abschnitte steht die Darstellung der erwartungs-werttheoretischen Konzeption des Zusammenspiels von Persönlichkeitsmerkmalen, Überzeugungen sowie der Wahrnehmung von Merkmalen des Lehr-Lern-Kontextes und dessen Auswirkungen auf das Lern- und Leistungshandeln, wie er von Eccles und Kolleg*innen postuliert wird (zusf. Wigfield et al., 2006). Besondere Aufmerksamkeit wird dabei der Bedeutung von Kontroll- und Wertüberzeugungen geschenkt. Daran anschließend richtet sich der Blick schließlich auf das elterliche verbale Motivationshandeln. Detailliert wird auf die oben im Abschnitt 1.2 kurz skizzierten Konstrukte der elterlichen Kontroll- und Wertregulation eingegangen. Im Hinblick auf die Analyse und Interpretation elterlicher evaluativer Feedbacks gilt ein besonderes Augenmerk Bernard Weiners (1985, 2012) Konzeption der Attribution von Lern- und Leistungsergebnissen, den Auswirkungen bestimmter Attributionsmuster auf kognitive und motivational-affektive Prozesse sowie Befunden zur Fremdregulation entsprechender Ursachenzuschreibungen. Im Hinblick auf die Analyse der elterlichen Bedeutsamkeitszuschreibungen wird sodann Jacquelynne S. Eccles' Konzept des Subjective Task Value (vgl. Eccles, 2005; Wigfield &

Eccles, 1992) eingehend erläutert. Besondere Beachtung erfahren dabei auch hier die postulierten Möglichkeiten und Befunde zur verbalen Fremdbeeinflussung der entsprechenden kognitiven Prozesse im Kontext von Lern- und Leistungssituationen. Wie unter 1.2.2 bereits angedeutet, erscheint es zur Einschätzung der Wirkung verbaler Kontroll- und Wertregulationen auf Heranwachsende unumgänglich, nicht nur die elterlichen Botschaften, sondern auch die kommunikative Qualität, mit der die Eltern ihre Appelle («Merk dir das und handle entsprechend!») anbringen, in die Analyse einzubeziehen. In dieser Hinsicht widmet sich der letzte Abschnitt des Kapitels der Frage, unter welchen Bedingungen sich Kinder im Übergang zum Jugendalter mit erhöhter Wahrscheinlichkeit von den elterlichen Kontroll- und Wertbotschaften überzeugen lassen dürften. Für eine nachhaltige Internalisation, so wird mit Blick auf die Befundlage argumentiert, sollten die Eltern auf eine Weise mit ihren Kindern kommunizieren, die deren Bedürfnissen nach Selbstbestimmung, Kontrolle und sozialer Eingebundenheit entgegenkommt (vgl. Connell & Wellborn, 1991; Jacobs & Eccles, 2000; Pomerantz & Grolnick, 2017; Ryan & Deci, 2016; Skinner, E. A. et al., 2009). Der Theorieteil wird mit einer Darstellung der Forschungsfragen abgeschlossen.

Open Access Dieses Kapitel wird unter der Creative Commons Namensnennung 4.0 International Lizenz (http://creativecommons.org/licenses/by/4.0/deed.de) veröffentlicht, welche die Nutzung, Vervielfältigung, Bearbeitung, Verbreitung und Wiedergabe in jeglichem Medium und Format erlaubt, sofern Sie den/die ursprünglichen Autor(en) und die Quelle ordnungsgemäß nennen, einen Link zur Creative Commons Lizenz beifügen und angeben, ob Änderungen vorgenommen wurden.

Die in diesem Kapitel enthaltenen Bilder und sonstiges Drittmaterial unterliegen ebenfalls der genannten Creative Commons Lizenz, sofern sich aus der Abbildungslegende nichts anderes ergibt. Sofern das betreffende Material nicht unter der genannten Creative Commons Lizenz steht und die betreffende Handlung nicht nach gesetzlichen Vorschriften erlaubt ist, ist für die oben aufgeführten Weiterverwendungen des Materials die Einwilligung des jeweiligen Rechteinhabers einzuholen.

Elterliches schulbezogenes Unterstützungshandeln 2

I: Und dann haben Sie noch das Unterstützen erwähnt. Was muss ich mir darunter vorstellen?
H11: Ja, verschiedene Arten von Unterstützung. Emotionell, auch, auch-. Wenn sie in Mathematik Probleme hat, dass wir etwas lösen können. Oder-. Ja, jemanden anrufen-. Verschiedene Unterstützungen. Für sie da zu sein. Immer. Ja. [...] Unterstützen, dass sie merkt, dass sie nicht alleine ist, wenn sie ein Problem hat. Das heißt auch im Leben allgemein, nicht nur in Kleinigkeiten oder-. Ja. (...) Das ist beim Kind auch wichtig oder. Dass es weiß, dass es irgendwo hingehört. Und dass, ja-. Jemand es gerne hat, es liebhat, nicht wahr. (Interview G2, 00:11:18)

Der Ausdruck «Elterliche schulbezogene Unterstützung» wurde für die vorliegende Studie in Anlehnung an den Terminus «Stützsysteme» gewählt, der sich in sog. Angebots-Nutzungsmodellen in der Schul- und Unterrichtsforschung (vgl. Fend, 2006, 2008; Helmke, 2017; Reusser & Pauli, 2010) findet und da zusätzliche Ressourcen bezeichnet, die den Akteuren auf den verschiedenen Ebenen des Bildungssystems auf der Angebots- und auf der Nutzungsseite zur Verfügung stehen. So können Lehrkräfte zur Optimierung ihres «Angebotshandelns» beispielsweise auf diverse didaktische, schulpsychologische, sonder- und sozialpädagogische Stützangebote zurückgreifen und den Schülerinnen und Schülern stehen insbesondere ihre Familienmitglieder, aber auch Peers und schulinterne und externe Nachhilfeangebote stützend zur Optimierung der «Nutzungsqualität»(Fend, 2008, S. 22) zur Seite. Damit wird deutlich, dass «Unterstützen» ein Tun bezeichnet, das auf ein anderes Tun bezogen ist, welches eigentlich im Fokus steht. Laut Duden besitzt der Ausdruck zwei Bedeutungskerne: a) jemandem materiell oder «mit Rat und Tat» «bei etwas behilflich sein» und b) «sich für jemandes Angelegenheiten o. Ä. einsetzen und dazu beitragen, dass jemand/etwas Fortschritte macht, Erfolg hat».

«Unterstützen» impliziert mit anderen Worten einen Aktor und einen Koaktor (vgl. Aebli, 1993, S. 122–127): den Unterstützer und den Unterstützten[1]. Letzterer befindet sich in einer Situation, die er nicht selbst bewältigen kann[2], sondern in der er auf zusätzliche Ressourcen angewiesen ist, die ihm der Unterstützer zur Verfügung stellt, indem er a) gemäß dem ersten Bedeutungskern mit ihm direkt in Transaktion tritt – er seine materiellen und immateriellen Güter also direkt an den Bedürftigen übergibt – und/oder b) gemäß dem zweiten Bedeutungskern bei einem zweiten Koaktor zugunsten des Bedürftigen seinen Ressourceneinsatz leistet, sich für ihn bei diesem «einsetzt» und ihm so im besten Fall zu einem «Fortschritt» oder «Erfolg» (Duden) verhilft. Dabei wird deutlich, dass dieser Dritte in einer Machtposition ist, insofern als er einerseits den «Angelegenheiten» (Duden) des Unterstützten «Fortschritt» und «Erfolg» zuerkennen kann, andererseits dem Unterstützenden Gehör schenken kann, wenn dieser sich für den Bedürftigen einsetzt. Machtasymmetrie wird durch die erste Wortdefinition aber auch zwischen dem Unterstützenden und dem Unterstützten impliziert: Sofern der Unterstützte die zusätzlichen Ressourcen, die der Unterstützer kontrolliert, auch wirklich begehrt, von seiner Seite also ein Transaktionsinteresse besteht, liegt auch hier eine klassische Machtkonstellation vor (vgl. Esser, 2000c, S. 385–410).

Überträgt man diese Überlegungen auf die Situation, in der sich Eltern mit ihren Kindern im Kontext des Schulsystems befinden, so wird klar, dass hier beide Bedeutungskerne des Verbs «unterstützen» relevant sind: Eltern können a) mittels direkter Hilfestellungen, die sie zu Hause realisieren, versuchen, das Handeln ihres Kindes in Schule und Unterricht zu fördern und können b) ebenso den Versuch unternehmen, über die Kommunikation mit der Klassenlehrkraft und weiteren Akteuren des Schulsystems zugunsten des Kindes Einfluss zu nehmen. In welchem Ausmaß und in welcher Qualität sie das eine und/oder andere tun, dürfte davon abhängen,

---

[1] Wenn immer möglich werden in der vorliegenden Arbeit beide Geschlechtsformen oder aber eine geschlechtsneutrale Bezeichnung verwendet. In Einzelfällen, in denen die Verwendung geschlechtsneutraler oder beider Geschlechtsformen dem Lese- und Verstehensfluss zu abträglich ist (wie in der vorliegenden Passage) wird zwar auf die weibliche Form verzichtet, ist aber mitgemeint.

[2] Eine Dysfunktionalität liegt dann vor, wenn der Unterstützungsbedarf lediglich vom Aktor, nicht aber vom rezipierenden Koaktor wahrgenommen wird (vgl. *Autonomieunterstützung* vs. *Strukturgebung* vs. *Zwang*, Abschnitt 2.2.2.4).

- ob sie überhaupt ein Problem mit Bezug auf die schulische Situation ihres Kindes wahrnehmen und somit einen Bedarf für einen Ressourceneinsatz ihrerseits erkennen,
- für wie bedeutsam sie dieses Problem halten,
- wie sie ihre eigenen Ressourcen zur erfolgreichen Bearbeitung des Problems unter den gegebenen situativen Bedingungen einschätzen und
- welche alternativen Ressourcen sie als zugänglich und allenfalls als nützlich erkennen.

Ob und wie das Kind oder die Lehrkraft die elterlichen Ressourcen überhaupt nutzen, dürfte von deren korrespondierenden Einschätzungen abhängen:

- Nehmen sie ihrerseits einen Bedarf wahr? Falls ja,
- welche Dringlichkeit einer Problemlösung erkennen sie?
- Wie schätzen sie ihre eigenen Ressourcen zur effektiven Bearbeitung des Problems ein und
- worin besteht für sie allenfalls der Mehrwert der elterlichen Ressourcen unter den gegebenen Bedingungen? – Soll darauf zugegriffen werden? Ist die Situation so, dass die Eltern einbezogen werden müssen? Gäbe es Alternativen?

Die Skizze möglicher Gedanken der unmittelbar Beteiligten verdeutlicht, dass elterliche schulbezogene Unterstützung als genuin soziales Handeln konzipiert werden muss, das von wechselseitigen Wahrnehmungs- und Entscheidungsprozessen sowie von institutionellen Bedingungen geprägt wird. Bevor die Situation noch detaillierter aus verschiedenen Blickwinkeln ausgelotet wird, soll im Folgenden Hartmut Essers «Allgemeine Handlungstheorie» (1999a) erläutert werden, die als soziologische Theorie einerseits die sozialen und institutionellen Bedingungen des Handelns genau in den Blick zu nehmen vermag und andererseits gesellschaftliche Phänomene (wie beispielsweise die sozialen Disparitäten bei der Bildungsbeteiligung und dem Bildungserfolg hierzulande) als aggregierter Effekt des Handelns von Akteuren konzipiert. Das Besondere besteht darin, dass es Essers Theorie nicht, wie die meisten anderen soziologischen Akteurstheorien, bei relativ unspezifischen Aussagen über bestimmte «Handlungsorientierungen» der Akteure bewenden lässt, sondern detailliert zu erklären sucht, wie es zur Handlungsselektion beim Individuum kommt. Den Erklärungsansatz hierfür findet er in der ursprünglich aus der Ökonomie stammenden Wert-Erwartungs-Theorie, die in der Soziologie seit den Arbeiten von Raymond Boudon (1974) zu Bildungsentscheidungen breit diskutiert wurde und von Esser auch mit Blick auf den Einfluss, den Erwartungs-Wert-Konzeptionen in den letzten sechzig Jahren in der Psychologie entfaltet haben (z. B. Atkinson, 1957; Eccles-Parsons et al., 1983; Lewin, 1926; Pekrun, 2006; Tolman, 1932), als zentralen Mechanismus der Handlungswahl in seine Theorie integriert wurde[3]. Als soziologische Theorie unterlässt es seine Konzeption zwar, das Zusammenspiel zwischen Persönlichkeitsmerkmalen, individuellen Überzeugungen und den Entscheidungsprozessen genauer zu modellieren[4], dafür werden aber die Informationsverarbeitungsprozesse, die bei der Situationsanalyse und Handlungswahl ablaufen, in einem Maß detailliert erklärt, wie dies motivationspsychologische Erwartungs-Wert-Theorien (vgl. Kapitel 5) in der Regel nicht leisten. Ebenso wird bei Esser deutlich, wie sich «aufgeklärte» (Becker, R., 2017b, S. 111) sozialwissenschaftliche Rational Choice-Theorien, wie beispielsweise diejenige von Boudon (1974, 1980) (vgl. Abschnitt 3.1.1), von klassischen ökonomischen Rational Choice-Ansätzen unterscheiden.

Essers Handlungstheorie bietet sich wegen dieser integrierten Sicht auf individuelle und kollektiv-gesellschaftliche Prozesse sowie wegen ihrer Anschlussfähigkeit an sozialkognitive Motivations- und Entscheidungstheorien an dieser Stelle zur Darstellung des gemeinsamen Menschenbildes an, welches den verschiedenen soziologischen und psychologischen erwartungswert-theoretischen Konzeptionen zugrunde liegt, die im Verlauf der kommenden Kapitel noch eingehender erläutert werden[5].

2.1 Handlungstheoretische Grundlegung

Der klassische Strukturfunktionalismus in der Tradition von Talcott Parsons (1991) konzipierte den Handelnden im Kern als Vollzieher sozialer Normen bzw. institutioneller Vorgaben, der mit seinem Handeln gleichzeitig die Funktion erfüllt, die gesellschaftliche Ordnung zu sichern. Der Schlüsselbegriff hierbei ist derjenige der sozialen Rolle. Mit jeder gesellschaftlichen Position sind soziale Normen, Erwartungen und Handlungsmuster verbunden, die das Individuum nach dem klassischen soziologischen Menschenbilde des homo sociologicus (Dahrendorf, 2006) im Prozess der Sozialisation entweder freiwillig in sein Wertesystem

---

[3] Esser sieht sich denn auch mitunter mit dem Vorwurf der «Psychologisierung der Soziologie» konfrontiert (z. B. Kron, 2004).
[4] Zu weiteren Schwächen soziologischer Erwartungs-Wert-Theorien aus psychologischer Perspektive vgl. Maaz et al. (2006, S. 315).
[5] Vgl. auch Fends Würdigung der Theorie Essers und des Beitrags, den dessen Handlungsmodell zur Entwicklung einer «Neuen Theorie der Schule» geleistet habe (Fend, 2006, S. 151–152).

2.1 Handlungstheoretische Grundlegung

übernimmt, weil sie von ihm als bewährt anerkannt werden, oder aber sich nur notgedrungen vordergründig zu eigen macht und befolgt, weil es bei Abweichungen Sanktionen befürchtet oder bei konformem Verhalten Belohnungen erwartet:

> Soziale Rollen sind ein Zwang, der auf den Einzelnen ausgeübt wird – mag dieser als eine Fessel seiner privaten Wünsche oder als ein Halt, der ihm Sicherheit gibt, erlebt werden. Dieser Charakter von Rollenerwartungen beruht darauf, dass die Gesellschaft Sanktionen zur Verfügung hat, mit deren Hilfe sie die Vorschriften zu erzwingen vermag. Wer seine Rolle nicht spielt, wird bestraft; wer sie spielt, wird belohnt, zumindest aber nicht bestraft. (Dahrendorf, 2006, S. 40–41)

Der Zwang, von dem Dahrendorf spricht, ist Ausdruck eines Systems von Werten, das in einer geteilten symbolischen Ordnung, einer Kultur, konsensuell existiert und in Form von wechselseitigen Erwartungen strukturierend auf die Handlungsentscheidungen des Einzelnen einwirkt. Handeln heißt für Parsons (1991) vor diesem Hintergrund, sich bei der Auswahl der Ziele und der Mittel zur Erreichung der eigenen Interessen immer bewusst zu machen, was von einem erwartet wird, und sich an den gesellschaftlich-kulturell gebotenen Handlungsoptionen zu orientieren: «This fundamental relationship between need-dispositions of the personality, role-expectations of the social system and internalized-institutionalized [sic] value-patterns of the culture is the fundamental nodal point of the organization of systems of action» (Parsons, 1991, S. 363).

Gegen eine solche Sichtweise, in welcher der Mensch als «als passive Marionette undurchsichtiger normativer und struktureller Kräfte» (Giddens, 1988, S. 287) erscheint, und der wie Esser (1999a, S. 236) meint, insbesondere eine «explizite und präzise Selektionsregel für das Handeln» fehle, wenden sich die Vertreter der Theorie des Rational Choice. Sie postulieren, dass a) soziale Phänomene von den Handlungen der Individuen her erklärt werden müssten und b) diese Handlungen ihrerseits auf subjektiven rationalen Handlungsentscheidungen basierten (vgl. Diefenbach, 2009, S. 239). Orientiert an der Moralphilosophie David Humes (1978, 2006) wird rationales Handeln als zweckgerichtetes, intentionales Tun des Menschen konzipiert, das seinen eigenen Interessen, Zielen und Bedürfnissen dient, wobei Rationalität auf die Selektion zwischen Handlungsalternativen bezogen ist, auf den Prozess also, in dem wahrgenommene Handlungsoptionen nach deren Nutzen und Kosten beurteilt werden (Nutzenorientierung) und diejenige ausgewählt wird, die den höchsten Nutzen und die geringsten Kosten erwarten lässt (Maximierungsorientierung) (vgl. Jäger & Meyer, 2007, S. 107).

Die Handlungsalternativen werden mit anderen Worten von deren Konsequenzen her beurteilt. Von einem Nutzen wird dann gesprochen, wenn sich der Nutzenwert der Konsequenz im positiven Bereich befindet, von Kosten, wenn der Nutzenwert einer Handlungskonsequenz negativ ausfällt. In die Entscheidung für oder gegen eine bestimmte Handlungsoption fließt nebst der Einschätzung ihres Werts zur Erreichung eines Ziels auch ein, mit welcher Wahrscheinlichkeit dieses Ziel mit ihr erreicht werden kann. Entlang der beiden Grundmaximen: «Versuche dich vorzugsweise an solchen Handlungen, deren Folgen nicht nur wahrscheinlich, sondern Dir gleichzeitig auch etwas wert sind! Und meide ein Handeln, das schädlich bzw. zu aufwendig für Dich ist und/oder für Dein Wohlbefinden keine Wirkung hat!» (Esser, 1999b, S. 284, Hervorhebungen im Original), wird die Person aufgrund anthropologischer und evolutionärer Voraussetzungen (vgl. Esser, 1999a, S. 219–229) schließlich diejenige Handlung auswählen, die – soweit für sie ersichtlich – mit der höchsten Wahrscheinlichkeit zu derjenigen Konsequenz führt, die für sie subjektiv den höchsten Wert aufweist (vgl. Diefenbach, 2009, S. 245). Dieser Erwartungs-Wert-Zusammenhang ist der handlungstheoretische Kern aller Rational Choice-Ansätze und fungiert in der Soziologie als Subjective Expected Utility Theory (SEU) und in der Psychologie als Expectancy-Value Theory[6].

Handeln als zielgerichtetes Tun bedeutet in der Terminologie von James S. Coleman (1990, S. 27–29), einem der wichtigsten Exponenten der Theorie der rationalen Wahl, immer der Einsatz von Ressourcen zur Produktion von solchen Ressourcen, die einem subjektiv als wichtig oder interessant erscheinen, aber von einem (noch) nicht kontrolliert werden. Wie Esser daran anschließend festhält, können Ressourcen «alle möglichen materiellen und immateriellen Dinge, aber auch gewisse Ereignisse, Zustände, Eigenschaften und Leistungen sein, an denen ein Akteur Interesse finden und die er unter Kontrolle haben oder bekommen kann» (Esser, 1999b, S. 38). Interesse und Kontrolle sind die beiden Größen, welche die Beziehung zwischen dem Akteur und den Ressourcen ausmachen:

> Das Interesse leitet sich aus den grundlegenden Bedürfnissen und aus den Präferenzen, den Bewertungen also, ab: aus dem allgemeinen Bedürfnis nach physischem Wohlergehen und dem nach sozialer Anerkennung. [...] Die Kontrolle bezeichnet den Grad

---

[6]Im deutschen Sprachraum haben sich je nach wissenschaftlicher Disziplin die beiden Bezeichnungen «Wert-Erwartungstheorie» (Soziologie) und «Erwartungs-Wert-Theorie» (Psychologie) eingebürgert (vgl. Maaz et al., 2006). In der vorliegenden Studie wird aus Gründen der größeren Gewichtung psychologischer Ansätze fortan einheitlich der Terminus «Erwartungs-Wert-Theorie» bzw. «Erwartungs-Wert-Modell» verwendet.

2.1 Handlungstheoretische Grundlegung

der Verfügbarkeit einer Ressource für den Einsatz im Handeln. Dieser Grad der Verfügbarkeit spiegelt sich in den subjektiven Erwartungen, die betreffende Ressource für eine bestimmte Handlung auch einsetzen zu können. Etwas technischer ausgedrückt: Die Ressourcen, die ein Akteur kontrolliert, sind der feasible set der Opportunitäten, die ihm in einer Situation zur Verfügung stehen. Sie sind das Kapital, das Budget, mit dem ein Akteur rechnen kann. (Esser, 1999a, S. 342, Hervorhebungen im Original)

Nun ist es allerdings so, dass viele Ziele nur mit Hilfe von anderen Akteuren erreichbar sind und die Kontrolle über Ressourcen folglich nur erlangt werden kann, wenn das Prinzip der Kooperation zum Tragen kommt. Esser sieht hierin im Einklang mit Coleman das grundlegende Moment der Sozietät des Menschen: Dem «Auseinanderfallen von Kontrolle über Ressourcen und von Interesse an Ressourcen» (Esser, 1999a, S. 342). Interdependenz zwischen den Akteuren ist die Folge dieses Umstandes: Akteur A kontrolliert Ressourcen, an denen Akteur B interessiert ist und umgekehrt[7]. Dabei ist es so, dass Interdependenzen kaum je ganz symmetrisch sind. Macht kommt dann ins Spiel, wenn ein Akteur über mehr Ressourcen die Kontrolle ausübt, die den anderen interessieren. Mit jeder Änderung bei Kontrolle und Interesse verändert sich die Machtkonstellation zwischen den Akteuren: «Relativ mächtiger ist ... nicht nur derjenige, der mehr interessante Ressourcen kontrolliert, sondern auch derjenige, der das geringere Interesse an den Ressourcen hat, die der andere unter Kontrolle hat» (Esser, 1999a, S. 347).

Während Kooperation also in einer Bündelung von Gütern zur Erreichung gemeinsam interessierender Ressourcen mündet und oft mit einer «Integration [der] Orientierungen und des Handelns und schließlich des gesamten sozialen Systems, in das sie eingebettet sind» (Esser, 1999b, S. 146) einhergeht, liegt ein Konflikt dann vor, wenn die Akteure die Kontrolle über die gleichen Ressourcen beanspruchen, mit denen sie ein starkes Interesse verbinden. Von einem Kontroll-Konflikt (oder Konkurrenz) kann laut Esser (Esser, 1999a, S. 348) dann gesprochen werden, wenn die Akteure um die Kontrolle einer Ressource streiten, und von einem Interessen-Konflikt dann, wenn sie mit der Ressource, deren Kontrolle sie inne haben, divergierende Interessen verbinden. Im letzteren Fall streiten die Akteure also um die Bewertung der Ressource.

Die grundsätzliche Unausgeglichenheit der Verteilung von Interessen und Kontrolle, welche Kooperation, aber auch Konflikte erzeugt, wird auf der gesellschaftlichen Ebene in erster Linie mittels Institutionen, d. h. «in den Erwartungen

---

[7]Autonomie und Dependenz bezeichnen Grenzfälle der Verteilung von Interesse und Kontrolle: Autonomie ist gegeben, wenn ein Akteur über alle interessierenden Ressourcen auch die vollständige Kontrolle besitzt. Im Falle der Dependenz hat ein Akteur A die Güter unter Kontrolle, die einen Akteur B interessieren, dieser selber kontrolliert aber keine Ressourcen, die Akteur A interessieren (vgl. Esser, 1999a, S. 343–347).

der Akteure verankerte und sozial verbindliche Regeln des Tuns» (Esser, 2000b, S. 7), reguliert.

> Verfassungen, Normen, Regeln, Konventionen, das Recht ganz allgemein sowie der Staat mit seinem Verwaltungsstab und dem Gewaltmonopol – für alle Fälle – gehören zu solchen Institutionen. [...] Wie auch immer aber Institutionen entstanden sind: Ihr Bestehen ist niemals abgesichert. Immer stehen sie in Konkurrenz zu anderen Regelungen und Vorschriften. Dekrete, Verträge und Gewohnheiten können sich ändern. Und immer kostet ihre Durchsetzung etwas: Die Abweichungen müssen sozial kontrolliert und sanktioniert werden, die Mitglieder der Gesellschaft müssen entsprechend sozialisiert werden und die einschränkenden Wirkungen und Zumutungen jeder Institution müssen ertragen werden. (Esser, 1999a, S. 356–357)

Genauso wie einem Akteur in einer sozialen Situation Handlungsmöglichkeiten eröffnet werden, werden seine Handlungsalternativen auch eingeschränkt. Restriktionen für die Selektion von Alternativen ergeben sich für die Akteure aber nicht nur in Form von institutionellen Vorgaben, sondern auch in «natürlicher» Hinsicht, indem sie nur begrenzt über Energie, räumliche, zeitliche und kognitive Ressourcen verfügen, emotional nur begrenzt belastbar sind und auf den Umstand Rücksicht nehmen müssen, dass nicht gleichzeitig zwei Handlungen ausgeführt werden können (vgl. Esser, 1999a, S. 220)

Esser will die Beziehung zwischen kollektiven Phänomenen und individuellen Handlungen umfassend rekonstruieren und konzipiert dazu sein u. a. an Colemans (1990, S. 1–23) Makro-Mikro-Makro-Schema orientierten «Modell der sozialen Erklärung» (vgl. Esser, 1999a, S. 91–111; Esser, 1999b, S. 15–20), welches aus drei Erklärungsschritten[8] besteht.

Bei der Verbindung zwischen der sozialen Situation und dem individuellen Akteur spricht er von der «Logik der Situation» (Makro-Mikro-Verbindung). Bevor der Akteur überhaupt handeln kann, muss sein kognitives System die Situation erfassen. In Anlehnung auf das auf Minsky (1975) zurückgehende kognitionspsychologische Konstrukt des Frames als «a data-structure for representing a stereotyped situation» (S. 211) spricht Esser (2001, S. 261–264) davon, dass ein Framing der Situation, ein Orientierungsprozess, vorgenommen werde, mit dessen Hilfe ein Akteur die Handlungsbedingungen erfasse, Zielprioritäten festlege und sich in der sozialen Situation hinsichtlich ihrer Opportunitäten und Restriktionen verorte. Demnach wird ein mentales Modell aktiviert, das hinsichtlich der wahrgenommenen Situation die beste Passung aufweist und das gleichzeitig «in typisierter Form die spezielle inhaltliche Definition der Situation,

---

[8]Diese bilden in der soziologischen Untersuchung gleichzeitig auch die Analyseschritte.

2.1 Handlungstheoretische Grundlegung

insbesondere aber das Oberziel, um das es in der betreffenden Situation geht» enthält, wobei «das Oberziel ... den funktionalen, kulturellen oder normativen Code des Frames» festlegt (Esser, 2001, S. 263, Hervorhebungen im Original). Ebenso wird laut Esser in dieser Phase geprüft, ob bereits ein passendes Skript, ein mentales Modell einer typischen Handlungssequenz (vgl. Schank & Abelson, 1977), für den entsprechenden Frame der Situation im eigenen Repertoire verfügbar ist. Liegt ein Match zwischen den in der Situation wahrgenommenen und den im mentalen Modell erwarteten Objekten vor, kommt es zu keinen kognitiven Aktivitäten höheren Bewusstheitsgrades und die im Modell angelegte Handlungssequenz gelangt zur Ausführung. Esser erklärt so insbesondere normbefolgendes Handeln, wie es im Rollenkonzept des Strukturfunktionalismus angelegt ist: Individuen halten sich dann an die Selektionen, die innerhalb des Frames überhaupt möglich sind. Der Akteur kann nun allerdings immer auch − «finding und resourceful, wie er von seiner Natur her ja im Prinzip ist» (Esser, 1999a, S. 247) − nach Handlungsalternativen suchen, für die diese Restriktionen nicht gelten. Im Einklang mit der Psychologie des Problemlösens, wo von einem Problem dann gesprochen wird, wenn sich der Handelnde dem Ungenügen seiner Handlungs-, seiner Operationspläne oder seiner Wahrnehmung hinsichtlich eines Handlungs-, Operations- oder Verstehensziels bewusst wird (vgl. Aebli, 1994, S. 13–19) postuliert er, dass in einem solchen Fall − einem Mismatch also − Informationsverarbeitungsprozesse eingeleitet würden und je nach Einschätzung der Bedeutsamkeit, des erforderlichen Aufwands und der zur Verfügung stehenden Opportunitäten unterschiedlich elaborierte, aufwändige und systematische Heuristiken zur Interpretation und Anpassung des Situationsmodells sowie des Handlungsprogramms selektiert würden. Wie reflektiert dies geschieht, unterliegt nach Ansicht Essers also ebenfalls der Selektionsregel der Erwartungs-Wert-Theorie: «Die Erwartungen und Bewertungen beziehen sich auf die Sicht der Situation aus der Perspektive des Akteurs. Die subjektiven Erwartungen und Bewertungen von Konsequenzen spiegeln die Alltagstheorien und die − immer institutionell vermittelten − grundlegenden Ziele der Menschen wider» (Esser, 1999a, S. 247)[9].

Die Selektionsregel der Erwartungs-Wert-Theorie stellt aber insbesondere auch bei der «Logik der Selektion» das Kernelement dar. In diesem zweiten Schritt der soziologischen Erklärung geht es darum zu rekonstruieren, warum die Akteure

---

[9]Esser versteht Entscheidungen prinzipiell nicht als willentlich und bewusst vorgenommene Entschlüsse. Kron (2004, S. 190) erläutert dies so: «Esser dehnt den Entscheidungsbegriff soweit aus, dass nur noch die Auswahl selbst die Entscheidung trägt. Findet eine Auswahl statt, wurde entschieden. Nur so kann auch z. B. der Organismus ‚entscheiden', welche Informationen er abspeichert und welche nicht, etwa wenn Verhaltensweisen verstärkt werden».

so handeln, wie sie es konkret tun (Mikro-Mikro-Verhältnis zwischen Akteur und Handlung). Die in der Situationsanalyse erkannten Handlungsalternativen werden demnach nun hinsichtlich ihrer Konsequenzen evaluiert und immer diejenige ausgewählt, die subjektiv gesehen die «beste Kosten-Nutzen-Bilanz» (Jäger & Meyer, 2007, S. 112) aufweist, d. h. den größten zu erwartenden Nutzen bzw. die geringsten Kosten nach sich zieht. Rationalität liegt nach Esser bei der Situationswahl (Framing) und bei der Handlungswahl vor, nicht aber in ihrem Ergebnis. Menschen unterlaufen Fehler beim Abschätzen der Handlungskonsequenzen – besonders beim sozialen Handeln, wo nach dem Prinzip der doppelten Kontingenz (vgl. Parsons & Shils, 1954, S. 16) das eigene Handeln und das Handeln der anderen Akteure wechselseitig aufeinander bezogen sind. Sicherheit bei der Entscheidung (d. h. eine Eintrittswahrscheinlichkeit $p = 1$ oder $p = 0$) genauso wie der Fall des Risikos ($0 < p < 1$), wo die Wahrscheinlichkeit des Eintretens zwar nicht sicher, aber präzise feststeht, dürften in sozialen Situationen kaum je gegeben sein. Wahrscheinlicher ist Ungewissheit ($p = ?$), vor allem aber Ambiguität, d. h. «die Streuung der Einschätzung des Risikos um ein bestimmtes p als Mittelwert der Erwartungen» (Esser, 1999b, S. 255). Hierin unterscheidet sich das Modell von Esser denn auch wesentlich von demjenigen des klassischen ökonomischen Rational Choice-Ansatzes, dem das Menschenbild des homo oeconomicus zugrunde liegt: sichere Erwartungen aufgrund perfekter Information ist im Sozialen genauso unrealistisch wie die Annahme stabiler persönlicher Bewertungsmuster (stabile Präferenzordnungen) ohne Rücksicht auf situative Bedingungen (vgl. Diefenbach, 2009, S. 242; Esser, 1999a, S. 236–237; Fend, 2006, S. 151). Wie bei der Situationseinschätzung, wo höhere Bewusstseinsprozesse im Sinne einer Kosten-, Nutzen- und Wahrscheinlichkeitskalkulation nur bei nicht-genügenden Frames und Skripts einsetzen, findet eine reflektierte Ziel-Mittel-Einschätzung bei der Handlungswahl lediglich dann statt, wenn vom Akteur Probleme wahrgenommen werden. Ansonsten laufen die Entscheidungsprozesse hoch automatisiert ab (zum Konzept der Habits als Mittel zur Reduktion des Reflexionsaufwands, vgl. Esser, 1990).

Mit dem dritten Schritt seines Erklärungsmodells, der Logik der Aggregation, stellt Esser schließlich die Verbindung zwischen dem Handeln der Akteure und den kollektiven Phänomenen, die sich daraus ergeben, her (Mikro-Makro-Verbindung). Mittels «Transformationsregeln» (vgl. Esser, 2000a, S. 13–29) modelliert Esser, wie aus dem Zusammenwirken der individuellen Handlungen und Handlungsfolgen gesellschaftliche Phänomene bzw. kollektive Zustände wie z. B. die Maturand*innen-Quote, der Bildungserfolg von Jugendlichen aus privilegierten Schichten, die Organisation der schulischen Grundausbildung im Kanton Zürich etc. emergieren.

Für die vorliegende Studie, die das wechselseitige Handeln der Individuen, die inneren Prozesse und dessen Effekte auf der Mikroebene fokussiert, kann die Erläuterung des Erklärungsmodells von Esser an dieser Stelle zu einem Schluss kommen. Im Folgenden wird nun auf der Grundlage des Erarbeiteten eine Definition des Begriffs «Elterliche schulbezogene Unterstützung» vorgenommen.

2.2 Erläuterung des Begriffs der elterlichen schulbezogenen Unterstützung

Wie können die Kernpostulate der Handlungstheorie Essers nun für die Modellierung der sozialen Situation nutzbar gemacht werden, in der sich die Eltern mit ihrem Kind und dessen Klassenlehrkraft[10] in der Phase vor dem Übertrittsentscheid befinden?

Die vorliegende Studie folgt dem Menschenbild, welches Esser im Anschluss an Arbeiten von Lindenberg (1985) seiner Theorie zugrunde legt. Es ist dies das Konzept des «Resourceful-Restricted-Expecting-Evaluating-Maximizing-Man» (RREEMM-Modell): Übersetzt auf die hier interessierenden Hauptakteure, die Eltern, bedeutet das,

a) dass sie ihre Interessen, Aspirationen und Ziele, ihre kognitiven Fähigkeiten und affektiv-motivationalen Dispositionen sowie zeitlichen und materiellen Ressourcen in die jeweiligen sozialen Situationen mit dem Kind und der Klassenlehrkraft einbringen,
b) dass sie grundsätzlich resourceful, das heißt «findig, kreativ, reflektiert und überlegt» (Esser, 1999a, S. 238) Handlungsmöglichkeiten (Opportunitäten) in der jeweiligen Situation zu erkennen suchen,
c) dass sie aber immer zugleich auch situative Einschränkungen in Form von Normen, institutionellen Regeln und Gesetzen sowie in Form von Erwartungen und begrenzten Ressourcen ihrer Koakteure Kind und Lehrkraft vorfinden bzw. vorzufinden glauben (restricted),
d) dass sie «immer eine ‚Wahl' haben» (Esser, 1999a, S. 238, Hervorhebung im Original), d. h. routiniert-habitualisiert auf die Situation einwirken oder

---

[10]Die Klassenlehrkraft ist im Übertrittsverfahren der Volksschule des Kantons Zürich in der Regel die Hauptansprechperson der Eltern. Der Einfachheit halber wird im Folgenden deshalb jeweils sie erwähnt, obwohl immer auch weitere schulische Akteure der Mikro- und Mesoebene, wie z. B. weitere Fach- und Förderlehrpersonen, Mitglieder der Schulleitung und Schulbehörden, je nach Phase des Verfahrens mal mehr, mal weniger direkt mitbeteiligt sind.

reflektiert verschiedene Handlungsalternativen abwägen können und sich ggf. auch für ein Nichts-Tun entscheiden können,
e) dass diese Selektionen immer aus dem kognitiven Zusammenspiel von Konsequenzerwartungen (expecting) und Bewertungen der Handlungsalternativen (evaluating) bestehen, wobei die Eltern schließlich mit Blick auf die eigenen Ziele diejenigen wählen, welche die günstigsten Ergebnisse erwarten lassen (maximizing).

Auf dieser Grundlage und mit Blick auf die eingangs gemachten Aussagen zu den zwei Bedeutungskernen des Terminus «unterstützen» – jemandem materiell oder mit Rat und Tat behilflich sein sowie sich für jemandes Angelegenheit bei jemandem andern einsetzen – definiert sich elterliche schulbezogene Unterstützung in der vorliegenden Studie folgendermaßen:

Elterliche schulbezogene Unterstützung bezeichnet ein an den Zielen und Bedingungen des Schulsystems orientierter Ressourceneinsatz der Eltern, der darauf gerichtet ist, die von ihnen als bedeutsam beurteilten Kompetenzen und Laufbahnschritte beim Kind zu fördern und/oder das Denken und Handeln der schulischen Akteure im Interesse des Kindes zu optimieren.

Die Definition bestimmt elterliche Unterstützung als Ressourcenallokation der Eltern für den schulischen Lebensbereich ihrer Kinder und unterscheidet, wie dies seit Jahren in der angelsächsischen parental involvement-Forschung gebräuchlich ist, zwischen einer Unterstützung zuhause («involvement based at home») und einer solchen in der Schule («involvement based at school») (Pomerantz et al., 2007, S. 374). Elterliches schulbezogenes Unterstützen wird hier somit als mehrdimensionales domänenspezifisches Handeln der Eltern bestimmt, das sich einigermaßen klar von anderen kindbezogenen Handlungsfeldern trennen lässt und auf Verhaltensänderungen bei den Mitakteuren Kind und Klassenlehrkraft (sowie weiterer von ihnen als bedeutsam erachteten Funktionsträgern des Schulsystems) abzielt. Die intendierte Wirkung dieses sozialen Handelns besteht mit anderen Worten in einer irgendwie gearteten, subjektiv von den Eltern als Optimierung bewerteten Veränderung des Denkens und Handelns der beiden Akteure Kind und Klassenlehrkraft. Je nach ihren persönlichen Werten, Zielen, Aspirationen und selbsteingeschätzten Kompetenzen, aber auch je nach wahrgenommenen situativen Handlungsspielräumen sowie interpersonalen Erwartungen und Forderungen der beiden primären Handlungspartner, obliegt es grundsätzlich den Eltern zu entscheiden, welche Ressourcen sie in welcher Form und in welchem Umfang in welche aus ihrer Sicht lohnenswerten Aspekte in den beiden Handlungssphären Elternhaus und Schule investieren wollen.

2.2 Erläuterung des Begriffs der elterlichen schulbezogenen ...

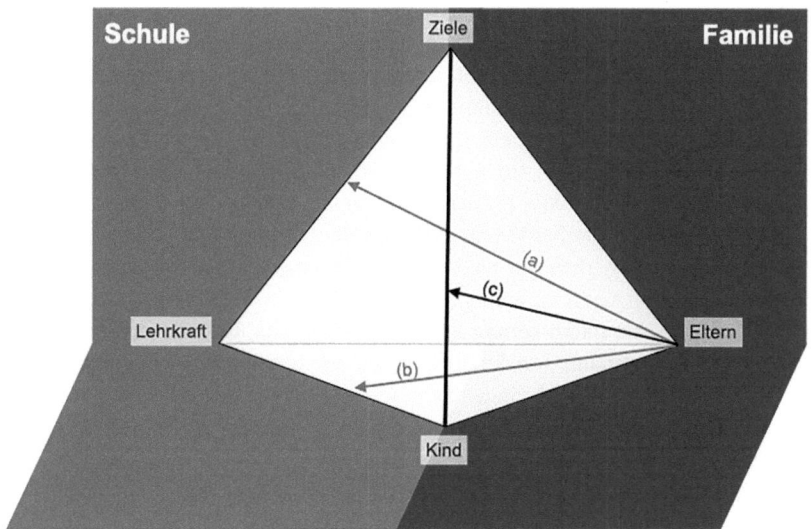

Abbildung 2.1 Strukturmodell elterlichen schulbezogenen Unterstützungshandelns

Abbildung 2.1 illustriert die Stoßrichtungen des möglichen Ressourceneinsatzes der Eltern, indem es die Denkfigur des Didaktischen Dreiecks (z. B. Bönsch, 2006, S. 149–159; Fuchs, 2008, S. 1026–1027; kritisch bei Gruschka, 2002, S. 87; prominent bei Reusser, 2008), die seit langem zur Beschreibung des «Zusammenspiel[s] der drei wichtigsten Faktoren didaktischer Prozesse des Unterrichts» (Schröder, 2001, S. 75) verwendet wird[11], um den Pol der Eltern erweitert und so drei Ansatzpunkte für das elterliche Handeln in den beiden Handlungssphären Schule (Interaktion mit der Klassenlehrkraft) und Familie/Elternhaus (Interaktion mit dem Kind) sichtbar werden lässt (s. die Graphen a, b und c). Das Modell hat eine primär heuristische Funktion. Der hohe Grad der Idealisierung der tatsächlichen Verhältnisse wird nicht zuletzt daraus ersichtlich, dass die anvisierten Bildungsziele der drei Akteure in Wirklichkeit nie deckungsgleich sind. Daneben birgt das Modell aber auch eine normative Funktion: So verweist gerade die

---

[11] Das Didaktische Dreieck wird gewöhnlich von den drei Kategorien *Lernende/r, Lehrkraft* sowie *Bildungsgegenstand* bzw. *Bildungs- und Erziehungsziele* gebildet.

im Modell gewählte Darstellung gemeinsam geteilter Bildungs- und Erziehungsziele[12] auf die Wichtigkeit einer möglichst hohen Ziel- (und Mittel-)Kongruenz zwischen den Eltern und den Lehrkräften im Sinne «konsistenter Botschaften an das Kind über die Bedeutsamkeit von Bildungszielen» (Epstein, 1990, S. 100, Übersetzung E.S.) und einer dafür notwendigen Partnerschaftlichkeit zwischen beiden Akteuren (vgl. Ho & Vasarik Staub, 2019; Neuenschwander, 2013; Neuenschwander et al., 2005; Sacher, 2014; Stange, 2012) (vgl. Kapitel 3).

Die wenigen empirischen Studien, die im deutschsprachigen Raum zur Thematik der Zusammenarbeit der beiden Sozialisationsinstanzen existieren, deuten darauf hin, dass es dann zu einem partnerschaftlichen Verhältnis zwischen den Lehrkräften und den Eltern kommt, wenn die Beziehung insbesondere von wechselseitiger Informiertheit, von kindbezogenen Abstimmungen von Erwartungen und Wahrnehmungen, von gelingender Koordination pädagogischer Maßnahmen sowie von gegenseitigem Vertrauen geprägt ist, wobei es aus der Sicht beider Akteure die Lehrkräfte sind, von denen die Initiative zur Zusammenarbeit erwartet wird (vgl. Neuenschwander et al., 2005, S. 182–207; Sacher, 2006). Ein Umstand, der damit zusammenhängen dürfte, dass der elterliche Beitrag eben lediglich als unterstützend in einem Handlungsfeld wahrgenommen wird, das primär von den schulischen Akteuren im Rahmen der institutionellen Vorgaben gestaltet wird.

2.2.1 Elterliche Unterstützung in der Schule des Kindes

«Involvement based at school» bedingt denn auch die direkte Kommunikation der Eltern mit schulischen Akteuren (Pomerantz et al., 2007, S. 374). Der Graph (a) in Abbildung 2.1 repräsentiert den Versuch der Eltern im Rahmen persönlicher Gespräche, auf die Zieldefinition von Lehrkräften und deren Ressourcenallokation zugunsten des Kindes Einfluss zu nehmen. Lehrkräften obliegt es, Zielvorgaben des Bildungssystems – «rechtliche Vorgaben, Lehrpläne, Prüfungsanforderungen und [einzel-]schulische Vereinbarungen» (Fend, 2008, S. 37) – in ein Angebot an die Schülerinnen und Schüler zu übersetzen, das sich laut Reusser (2008, S. 225) durch hohe «personale und kulturelle Signifikanz der Inhalte», durch

---

[12]Bildungs- und Erziehungsziele können mit Klieme et al. (2007, S. 20) als «relativ allgemein gehaltene Aussagen darüber [verstanden werden], welche Wissensinhalte, Fähigkeiten und Fertigkeiten, aber auch Einstellungen, Werthaltungen, Interessen und Motive die Schule vermitteln soll». Bildungsziele geben allerdings nur «recht generelle Erwartungen wieder, […] die in Form von Kompetenzanforderungen» (S. 21) auf den verschiedenen Ebenen des Bildungssystems konkretisiert werden müssen (nationale Bildungsstandards, um Kompetenzmodelle ergänzte Lehrpläne, angepasste Diagnose- und Evaluationsmittel etc.).

2.2 Erläuterung des Begriffs der elterlichen schulbezogenen ...

eine hohe «Lernaufgabenqualität» sowie eine kohärenz- und interessestiftende «Lehrstofforganisation» auszeichnet. Mit Blick auf die Allokations- und Selektionsfunktion der Schule (vgl. Fend, 2006, S. 50) obliegt es ihnen ferner, reflektierte und transparente Diagnose-, Prüf- und Auswahlverfahren zu gestalten, die sich an wissenschaftlichen Gütekriterien und den Vorgaben des jeweiligen Übertrittsverfahrens orientieren (z. B. Pohlmann, 2009; Schrader, 2014; Terhart, 2014). Je nach Opportunitätsstrukturen, die das jeweilige Schulsystem bzw. die schulischen Akteure mit ihren rekontextualisierten Verfahren den Eltern anbieten (Anzahl und Art der Gesprächsgefäße, Einfachheit des Zugangs zu Lehrkräften bei Gesprächsbedarf; vgl. Abschnitt 3.2), und je nach eigenen motivationalen Orientierungen (Selbstwirksamkeitsüberzeugungen, Wertüberzeugungen und Aspirationen; vgl. Abschnitt 4.2.1.2), können die Eltern im Rahmen von Gesprächen[13] mit der Klassenlehrkraft namentlich vor einem schulischen Übergang versuchen, ein klareres Bild von deren anvisierten Lern- und Leistungszielen, deren Unterrichtsprogramm, deren Kriterien der Leistungsbeurteilung sowie von deren Beurteilung des Kompetenzstandes des eigenen Kindes zu gewinnen. Eltern können in solchen Gesprächen ihre eigenen Standpunkte und Sichtweisen einbringen, ihre Ziele und Aspirationen deutlich machen und so die Wahrnehmung der Lehrkraft bezüglich ihres Kindes in ihrem Sinne zu optimieren versuchen.

Da es sich bei Unterricht und Schule aus der Sicht der Eltern um ein Exosystem[14] handelt, an dem sie laut Sacher (2012, S. 235) «in peripheren Bereichen» wie Schulfeiern, Klassenausflügen u. ä., «kaum aber in größerer Nähe zum ‚Kerngeschäft' – im Regelunterricht, im Nachhilfe- und Förderunterricht oder bei der schulischen Hausaufgabenbetreuung» direkt partizipieren, wird es ihnen lediglich in Gesprächen mit den Lehrkräften gelingen, formativ auf die Gestaltung der «Interaktions-, Beziehungs- und Lernhilfequalität» (Reusser, 2008, S. 225) zwischen den Lehrkräften und ihrem Kind (bzw. dessen Klasse) Einfluss zu nehmen, wie von Graph (b) in Abbildung 2.1 symbolisiert. Eltern können sich direkt bei den Lehrkräften über instruktions- und beziehungsbezogene Aspekte informieren,

---

[13] Eltern nicht nur versuchen, im Rahmen von Gesprächen die Zielsetzungen einzelner Lehrkräfte ihres Kindes auf der Mikroebene mitzugestalten, sondern können je nach Gestalt des jeweiligen Bildungssystems im Rahmen von Elterngremien oder im Rahmen von Schulaufsichtsbehörden und politischer Gremien auf der Meso- und Makroebene versuchen, Einfluss auf Entscheidungsprozesse, Zielsetzungen und Mittelallokationen zu nehmen. Epstein (1990, S. 114) bezeichnet solcherlei elterliches Engagement als «involvement in governance and advocacy».

[14] «Unter Exosystem verstehen wir einen Lebensbereich oder mehrere Lebensbereiche, an denen die sich entwickelnde Person nicht selbst beteiligt ist, in denen aber Ereignisse stattfinden, die beeinflussen, was in ihrem Lebensbereich geschieht, oder die davon beeinflusst werden.» (Bronfenbrenner, 1993, S. 42)

um aus erster Hand aus deren Perspektive – und nicht lediglich aus derjenigen des Kindes – Aufschluss über deren handlungsleitenden Maximen und Überzeugungen sowie über deren Sicht auf konkrete unterrichtliche Ereignisse zu gewinnen. Andererseits können sie auch versuchen, die kognitiven, sozialen und emotionalen Bedürfnisse ihres Kindes zu verbalisieren, seine Wahrnehmung von Ereignissen in Unterricht und Schule zu schildern und so in seinem Interesse auf die kindbezogene Kommunikation, Beziehung sowie Lernunterstützung und -beratung der Lehrkraft (vgl. Reusser, 2008, S. 228–229) optimierend Einfluss zu nehmen.

Wie die Eltern bei diesen Einflussnahmen konkret vorgehen, ist bisher weitgehend unerforscht. Nimmt man die vorderhand inkonsistente Befundlage[15] zur Forschung um das parental involvement based at school und um die «Bildungs- und Erziehungspartnerschaft» (school family partnership) (Sacher, 2014; Sacher, Berger & Guerrini, 2019) in den Blick, so zeigt sich vor allem deutlich, dass primär Eltern mit hohem Bildungs- und Sozialkapital von sich aus das Gespräch zu den Lehrkräften suchen und sich aktiv in der Schule einbringen (vgl. Abschnitt 4.2.1), indem sie sich z. B. in den Elterngremien engagieren (vgl. Sacher, 2012). Eltern mit niedrigem sozioökonomischem Status und/oder Alleinerziehende sind weniger präsent und scheinen auf die Initiierung der Kommunikation durch die Schule angewiesen zu sein (vgl. Sacher, 2012; Sheldon & Epstein, 2005). Ferner gibt es Hinweise dafür, wonach es Eltern aus bildungsnahem Milieu tatsächlich gelingt, direkten Einfluss auf die Leistungsbeurteilung

---

[15]Die mitunter widersprüchliche Befundlage liegt vor allem daran, dass bisher nur wenige längsschnittliche Studien vorliegen. Bei Kontrolle der (Vor-)Leistungen des Kindes deuten bestehende längsschnittliche Studien darauf hin, dass das (verstärkte) elterliche Engagement in der Schule prädiktiv für einen Leistungszuwachs zumindest in der Primarstufe ist (vgl. Dearing, Kreider, Simpkins & Weiss, 2006; Grolnick, Kurowski, Dunlap & Hevey, 2000; Gutman & Eccles, 1999; Izzo, Weissberg, Kasprow & Fendrich, 1999; Simpkins et al., 2015a). Pomerantz et al. (2007, S. 379) kommentieren: «definitive conclusions about the causal role of parents' involvement on the school front await experimental designs manipulating parents' involvement». Bezüglich bestehender querschnittlicher Studien beklagen Fan und Chen (2001, S. 17) und Wilder (2014, S. 378) vor allem die uneinheitlichen, vielfältigen Operationalisierungen von *parental involvement* generell sowie besonders von spezifischen Unterstützungskomponenten. Ebenso weisen sie darauf hin, wie unterschiedlich die Zielvariable Leistung in den zugrundeliegenden Studien erhoben und gemessen werden (Noten in Kernfächern, Notenschnitt im Zeugnis, standardisierte Leistungstests, Ratings von Lehrkräften etc.) (vgl. auch Sacher, 2012). In den Metaanalysen bei Jeynes (2005, 2007) finden sich keine Effekte elterlicher Partizipation in der Schule auf die Leistungsentwicklung der Kinder, in den Metaanalysen von Hill und Tyson (2009) ist ein moderat positiver Effekt zu verzeichnen, Hattie (2009, S. 68) berichtet auf der Basis einer Metaanalyse von Rosenzweig (2001) von geringen Effektstärken von je $d = 0.14$ für *participation in school activities* und *communication with school and teachers*.

der Lehrkräfte auszuüben, insofern als sich je nach sozialem Hintergrund des Elternhauses deutliche Unterschiede zwischen Zeugnisnoten und den Ergebnissen standardisierter Leistungstests zugunsten der Kinder aus privilegiertem Elternhaus belegen lassen (vgl. Abschnitt 4.1.1). So zeigen auch Neuenschwander und Kolleg*innen (2005, S. 235) in einer groß angelegten Studie im Kanton Bern, dass Kinder bei gleichen Testleistungen von den Lehrkräften besser benotet wurden, wenn die Eltern hohe Bildungserwartungen aufwiesen (Item: Erwartung höchster Schulabschluss) und wenn diese gute Leistungen des Kindes internal auf dessen Fähigkeiten und Interessen attribuierten. Umgekehrt erhielten Lernende bei gleichen Testergebnissen schlechtere Benotungen durch die Lehrkraft, wenn deren Eltern gute Noten mit geringer Aufgabenschwierigkeit – also mit einer external stabil unkontrollierbaren Ursache – begründeten. Wie die Autor*innen festhalten, könne über die Wirkmechanismen allerdings nur spekuliert werden: «Vielleicht werden diese Erwartungen und Ursachenzuschreibungen von den Eltern direkt oder [auch nur] indirekt über das Kind kommuniziert und von der Lehrperson bei der Benotung berücksichtigt» (Neuenschwander et al., 2005, S. 235). Trotz fehlender empirisch abgesicherter Aussagen über die Wirkpfade und deren Effektstärken, erscheint die These plausibel, wonach erfolgsorientierte Eltern, die selber oft einen hohen beruflichen Status aufweisen (vgl. Neuenschwander, Vida, Garrett & Eccles, 2007; Shumow & Miller, 2001), ihre kindbezogenen Aspirationen, Erwartungen und günstigen Attributionsmuster in Gesprächen mit den Lehrkräften genauso zum Ausdruck bringen, wie sie dies auch ihrem Kind gegenüber tun (vgl. Neuenschwander et al., 2005, S. 243). Es ist sodann ebenso plausibel, dass dieser Umstand das Kind in den Augen der Lehrkraft leistungsmäßig in einem besseren Licht erscheinen lässt und sich dies im Sinne des Pygmalioneffekts (vgl. Rosenthal & Jacobson, 1968) nicht nur auf die Leistungsbewertung der Lehrkraft, sondern auch auf deren Lernbegleitung mit all ihren Facetten positiv auswirkt[16]. Ähnliches vermutet Jeynes, der in zwei seiner Metaanalysen (2003, 2005) den Einfluss verschiedener Größen elterlichen Engagements auf unterschiedliche Leistungsmaße (Notendurchschnitt im Zeugnis, standardisierte Leistungstests sowie Ratings der Klassenlehrkräfte bezüglich Lern- und Leistungsverhalten und motivationalen Orientierungen) bei amerikanischen Schüler*innen der Primarstufe und Sekundarstufe I untersuchte. Wie sich zeigte, resultierte zwar bei allen Arten der Leistungsmessung ein signifikanter positiver Effekt, der von elterlichen schulbezogenen Unterstützungen (general parental involvement) ausging, allerdings fiel dieser Effekt in beiden Studien am schwächsten bei den standardisierten Leistungstests und (erwartungsgemäß) am stärksten bei den Ratings der Lehrkräfte

---

[16]Kritisch zum Pygmalioneffekt bzw. zu *self-fulfilling prophecies*: Jussim und Harber (2005)

aus. Von diesen Befunden ausgehend, weist Jeynes (2003) auf die möglicherweise bedeutende Rolle hin, die eine positive Wahrnehmung der Lehrkräfte des elterlichen Handelns in der Schule – die Zeit, die diese dafür einsetzen können und wollen, die geteilten Ziele und Werte, die sichtbar werden – auf ihre Wahrnehmung und Einschätzung des Kindes haben könnte:

> It is likely that teacher ratings may be affected by teacher perceptions of the level of cooperation exhibited by the child and the family as a whole. To the extent that parental involvement may be the major component of that perceived cooperation, teachers may view children and their families more positively as a result of that perceived cooperation. [...] Teachers [...] may feel inclined to reward good motives by the child and the family. Teacher ratings are more likely than other academic measures to reflect (a) a positive relationship between the parent and the teacher; (b) a sense of teamwork between the parent and the teacher, due to increased communication between the two; and (c) an acknowledgment by the teacher of parental efforts. (Jeynes, 2003, S. 213–214)

Die Chancenungleichheit, die aus den skizzierten Zusammenhängen für Kinder aus weniger privilegierten Elternhäusern manifest wird – «Zusammenarbeit von Eltern mit Lehrpersonen verstärkt faktisch [geradezu] die Chancenungleichheit» (Neuenschwander et al., 2005, S. 242), weil offenbar vor allem Kinder aus bildungsnahem Milieu profitieren –, wird in Abschnitt 3.1 bezüglich schulischer Übergänge unter dem Stichwort «Herkunftseffekte» noch genauer erörtert werden.

Die in Abschnitt 4.1 näher erläuterte Kapitalientheorie Bourdieus (1984, 1998) und deren Postulat kommunikativer Passungsprobleme, die sich für Familien mit geringem sozialen und kulturellen Kapital in der «mittelschichtsorientierten» Schule (vgl. Rolff, 1997, S. 134) ergeben, bildet dahingegen einen Ansatz zur Erklärung der Befunde in der gleichen Studie (Neuenschwander et al., 2005, S. 229–233), wonach Eltern aus tieferen Schichten und/oder mit Migrationshintergrund sich zwar sehr interessiert an der Zusammenarbeit mit der Schule zeigen und ebenso eine generell höhere Zufriedenheit mit deren Informationspolitik bekunden als Eltern aus höheren Schichten, für eine aktive Partizipation aber offenbar auf eine «Willkommenskultur» der Schule (Sacher, 2014) angewiesen sind. So scheinen Eltern aus höheren Schichten über höhere Erwartungen hinsichtlich der Häufigkeit und der Gestaltung der Informationen über Unterricht und Erziehung in der Schule zu verfügen, sich in ihrem sozialen Netz auch anderweitig die notwendigen Informationen und Hilfestellungen verschaffen zu können und die dafür relevanten Kommunikationstechniken zu beherrschen, die sie bei Bedarf angstfreier auf die Lehrkräfte zugehen lassen. Schulen und Lehrkräfte sind demnach aufgefordert, im Zeichen der Chancengerechtigkeit selbstinitiiert den Kontakt besonders zu Eltern sozial benachteiligter Kinder zu suchen.

2.2.2 Häusliche schulbezogene Unterstützung der Eltern

Bezüglich der Effekte auf das Lernen und Leisten sowie das Sozialverhalten von Schülerinnen und Schülern ist vor allem gesichert, dass vom Unterstützungshandeln im Elternhaus – «involvement based at home» – die bedeutend stärkeren Wirkungen ausgehen als von den oben erläuterten relativ unterrichtsfernen elterlichen Aktivitäten in der Schule (vgl. Fan & Chen, 2001; Jeynes, 2007; Sheldon & Epstein, 2005; Shumow & Miller, 2001). Dies leuchtet auch unmittelbar ein, zieht man in Betracht, dass das Kind in diesem Mikrosystem[17] der direkte Interaktionspartner der Eltern ist, mit dem sie die konkreten unterrichts- und schulbezogenen Angelegenheiten erörtern und bearbeiten können. Wie der Graph c in Abbildung 2.1 signalisiert und es in der obigen Begriffsdefinition zum Ausdruck kommt, richtet sich das schulbezogene häusliche Handeln der Eltern darauf, die Lernprozesse des Kindes so zu regulieren, dass dieses die von ihnen als zentral erachteten schulischen Bildungsziele erreicht. Die Beschränkung auf die schulische Domäne grenzt denn auch dieses elterliche Handeln von ihrem übrigen erzieherischen Handeln ab: Während in Erziehungsprozessen immer die Situation vorliegt, dass «Erwachsene versuchen, in den Prozess des Werdens heranwachsender Persönlichkeiten [...] einzugreifen, um Lernvorgänge zu unterstützen oder in Gang zu bringen, die zu Dispositionen und Verhaltensweisen führen, welche von den Erwachsenen als seinsollend oder erwünscht angesehen werden» (Brezinka, 1971, S. 26), sind es hier nur jene Dispositionen und Laufbahnziele im Blickfeld der Eltern, die gemäß ihrer Wahrnehmung eine hohe Passung mit ihren eigenen Bildungszielen sowie denjenigen der Lehrkräfte aufweisen. Namentlich im Kontext von Übertrittsverfahren dürften es die meisten Eltern als wichtig erachten, die Leistungserwartungen der schulischen Akteure zu kennen und mit dem Kind auf die Erfüllung derselben hinzuarbeiten. Wie in Kapitel 3 noch näher zu erörtern sein wird, erwächst der Institution Schule mit der gesellschaftlich abgesicherten Selektions- und Allokationsfunktion (vgl. Fend, 2006, S. 50) eine

---

[17] «Ein Mikrosystem ist ein Muster von Tätigkeiten und Aktivitäten, Rollen und zwischenmenschlichen Beziehungen, die die in Entwicklung begriffene Person in einem gegebenen Lebensbereich mit den ihm eigentümlichen physischen und materiellen Merkmalen erlebt.» (Bronfenbrenner, 1993, S. 38)

wirkmächtige Ressource, die den von ihr definierten Bildungszielen bzw. Kompetenzanforderungen ein hohes Gewicht gibt und die Eltern und das Kind zu Handlungsanpassungen zwingt (vgl. Pekrun, 2001, S. 86–87).

2.2.2.1 Häusliche Kompetenzförderung

In der obigen Definition elterlichen schulbezogenen Unterstützungshandelns wird mit dem Kompetenzbegriff operiert. Bei aller definitorischen Vielfalt, die mit der «fast inflationären Verwendung» (Arnold & Lindner-Müller, 2012, S. 229) des Terminus im Kontext der großen internationalen und nationalen Schulleistungsstudien wie PISA, IGLU/PIRLS[18], DESI[19] sowie der Einführung von Bildungsstandards (Klieme et al., 2007; Oelkers & Reusser, 2008) einhergeht, lassen sich Kompetenzen im Kern als «Leistungsdispositionen» (Hartig & Klieme, 2006, S. 129, Hervorhebung im Original) bezeichnen, die anders als das Konstrukt allgemeine Intelligenz einen klaren Anwendungsbezug aufweisen, somit relativ bereichsspezifisch sind, aber dennoch «über ähnliche Situationen generalisierbar sind» (Hartig & Klieme, 2006, S. 129). Weinert (2001) hat die Dimensionen Funktionalität, Domänenspezifität und Transferierbarkeit in seine wegweisende Definition eingebracht, indem er darauf verwies, dass es sich bei Kompetenzen um Wissen handle, das hauptsächlich im Rahmen von Problemlöseprozessen aufgebaut bzw. gelernt werde und sich immer wieder in neuen Problemlösesituationen bewähren müsse[20]:

> Dabei versteht man unter Kompetenzen die bei Individuen verfügbaren oder durch sie erlernbaren kognitiven Fähigkeiten und Fertigkeiten, um bestimmte Probleme zu lösen, sowie die damit verbundenen motivationalen, volitionalen und sozialen Bereitschaften und Fähigkeiten, um die Problemlösungen in variablen Situationen erfolgreich und verantwortungsvoll nutzen zu können. (Weinert, 2001, S. 27–28)

Kompetenz erscheint in Weinerts Sichtweise ähnlich wie bei Chomsky[21] als latentes Konstrukt, das von den jeweils situativen Ausprägungen der Performanz unterschieden werden muss, welche allein der Beobachtung zugänglich

---

[18] IGLU – Internationale Grundschul-Lese-Untersuchung, deutscher Ableger von PIRLS – Progress in International Reading Literacy Study
[19] DESI – Deutsch-Englisch-Schülerleistungen-International
[20] Oelkers und Reusser (2008, S. 26) machen darauf aufmerksam, dass dem Kern des Kompetenzbegriffs Weinerts die Konstrukte der *Handlungs-, Operations- und Begriffsschemata* Aeblis (1993, 1994) gleichgesetzt werden können.
[21] Chomsky (1983) unterscheidet zwischen allgemeinem Sprachvermögen (= Kompetenz) und aktueller Sprachverwendung (= Performanz). Nur im hypothetischen Konstrukt des *idealen Sprechers/Hörers* ist Performanz identisch mit Kompetenz.

2.2 Erläuterung des Begriffs der elterlichen schulbezogenen ...

sei. Die verschiedenen Kompetenzkonzeptionen unterscheiden sich denn auch gerade in ihren Aussagen, in welchem Grad das manifeste Verhalten in der Problemlösesituation der jeweiligen Kompetenz entspricht bzw. wie scharf die Trennung zwischen Kompetenz und Performanz zu ziehen ist (vgl. Maag Merki, 2009, S. 495). Während beispielsweise Grob und Maag Merki (2001, S. 60) in Anlehnung an Chomsky und Weinert von Kompetenzen als «Performanzpotentialen» sprechen, die als solche eben keinen «deterministischen», sondern «wahrscheinlichkeitstheoretischen Charakter» aufwiesen, und «notwendige, aber nicht hinreichende Voraussetzungen für das Erzeugen besagten Bewältigungsverhaltens [...] in konkreten [Problem-]Situationen» darstellten, beziehen sich die oben genannten *large scale*-Leistungsvergleichsstudien, aber auch die Konzeption von Bildungsstandards (vgl. Klieme et al., 2007) auf ein Kompetenzmodell, das auf den kognitiven Fähigkeiten der Individuen beruht, «konkrete Anforderungssituationen eines bestimmten Typs zu bewältigen» (S. 72). So werden «verschiedene Kompetenzen und Teilkompetenzen [...] v. a. nach den Inhalten der interessierenden Situationen, der relevanten Aufgaben und den zur Lösung dieser Aufgaben zu bewältigenden Anforderungen definiert» (Hartig & Klieme, 2006, S. 131). Das manifeste Handeln der Schülerinnen und Schüler wird dabei mehr oder weniger ihren Kompetenzen gleichgesetzt (vgl. Maag Merki, 2009, S. 495). Die in den Leistungstests der genannten Vergleichsstudien verwendeten Kompetenzmodelle beschränken sich sodann ganz auf kognitive Aspekte und verzichten darauf, motivational-affektive und soziale Aspekte einzubeziehen (vgl. Bos, Voss & Goy, 2009).

Für die vorliegende Studie, die u. a. untersucht, welche schulbezogenen Verhaltensweisen des Kindes im Kontext eines unsicheren Übertritts in den Fokus der elterlichen Wert- und Kontrollregulationen geraten, wurde zur Kategorisierung des Verhaltens der Kinder, das sich auf eine breite Auswahl schulischer Anforderungssituationen bezieht, auf das Klassifikationssystem von Kompetenzen nach Erpenbeck und von Rosenstiel (2003) zurückgegriffen (vgl. Abschnitt 6.4.2.1). In diesem werden Kompetenzen als «Dispositionen selbstorganisierten Handelns» (S. XV) aufgefasst und vier Kompetenzklassen unterteilt (Erpenbeck & von Rosenstiel, 2003, S. XVI, Hervorhebungen E.S.):

> **Personale Kompetenzen:** [...] die Dispositionen einer Person, reflexiv selbstorganisiert zu handeln, d. h. sich selbst einzuschätzen, produktive Einstellungen, Werthaltungen, Motive und Selbstbilder zu entwickeln, eigene Begabungen, Motivationen, Leistungsvorsätze zu entfalten und sich im Rahmen der Arbeit und außerhalb kreativ zu entwickeln und zu lernen.

Aktivitäts- und umsetzungsorientierte Kompetenzen: […] die Dispositionen einer Person, aktiv und gesamtheitlich selbstorganisiert zu handeln und dieses Handeln auf die Umsetzung von Absichten, Vorhaben und Plänen zu richten – entweder für sich selbst oder auch für andere und mit anderen […]. Diese Dispositionen erfassen damit das Vermögen, die eigenen Emotionen, Motivationen, Fähigkeiten und Erfahrungen und alle anderen Kompetenzen – personale, fachlich-methodische und sozial-kommunikative – in die eigenen Willensantriebe zu integrieren und Handlungen erfolgreich zu realisieren.

Fachlich-methodische Kompetenzen: […] die Dispositionen einer Person, bei der Lösung von sachlich-gegenständlichen Problemen geistig und physisch selbstorganisiert zu handeln, d. h. mit fachlichen und instrumentellen Kenntnissen, Fertigkeiten und Fähigkeiten kreativ Probleme zu lösen, Wissen sinnorientiert einzuordnen und zu bewerten; das schließt Dispositionen ein, Tätigkeiten, Aufgaben und Lösungen methodisch selbstorganisiert zu gestalten, sowie die Methoden selbst kreativ weiterzuentwickeln.

Sozial-kommunikative Kompetenzen: […] die Dispositionen, kommunikativ und kooperativ selbstorganisiert zu handeln, d. h. sich mit anderen kreativ auseinander- und zusammenzusetzen, sich gruppen- und beziehungsorientiert zu verhalten und neue Pläne, Aufgaben und Ziele zu entwickeln.

Die Autoren merken an, dass diese Kompetenzklassen einen breiten Rahmen vorgeben und in ähnlicher Form immer wieder benutzt würden (z. B. Weinert, 2001, S. 28), wenn eine «grundlegende Taxonomie von Kompetenzen» (Erpenbeck & von Rosenstiel, 2003, S. XVI, Hervorhebung im Original) angestrebt werde. Erst mit der «Zuordnung von Einzel- und Teilkompetenzen» (Erpenbeck & von Rosenstiel, 2003, S. XVI) zu diesen vier Kategorien würden sich jeweils die Ausdifferenzierungen ergeben. Deutlich wird, dass sich nebst sozialen Kompetenzen auch emotionale, motivationale und volitionale Konstrukte wie beispielsweise Selbstkompetenzen und persönliche Wertorientierungen (Kategorie: Personale Kompetenzen) oder Persistenz (Kategorie: Aktivitäts- und umsetzungsorientierte Kompetenzen) klar zuweisen lassen, was das Klassifikationssystem für die Analyse des elterlichen Unterstützungshandelns attraktiv macht (vgl. Abschnitt 6.4.2.1 und Abschnitt 6.4.2.2).

2.2.2.2 Formen der häuslichen Unterstützung in der parental involvement-Forschung

Der Zweck bzw. das «Oberziel» (Esser, 2001, S. 263) des häuslichen schulbezogenen Ressourceneinsatzes der Eltern, worauf die einzelnen situativen, immer auf einen konkreten «Gegenstand» bezogenen Förderhandlungen bei ihren Kindern letztlich abzielen, besteht darin, sicherzustellen, dass das Kind ein möglichst

2.2 Erläuterung des Begriffs der elterlichen schulbezogenen ...

hohes Maß jener Kompetenzen erwirbt, welche sie selber als primäre Bildungsziele oder als instrumentell zur Erreichung von solchen definieren und von denen sie Gewissheit oder auch nur die Vermutung haben, dass die Schule sie vorsieht, fördert und misst oder auch nur im Rahmen der «grammar of schooling» – ihrer habituellen kulturellen Handlungsmuster – erwartet (vgl. Tyack & Tobin, 1994). In der angelsächsischen parental involvement-Forschung sind eine ganze Reihe von Formen und Facetten elterlicher häuslicher Unterstützung vorgeschlagen und hinsichtlich ihrer Leistungsförderlichkeit untersucht worden. In ihrer Synthese von neun Metaanalysen[22] zum Effekt von parental involvement auf academic achievement, die in den letzten 15 Jahren in den USA, Kanada und Australien durchgeführt wurden, arbeitet Wilder (2014, S. 388–390) acht Kernkonzepte des home-based involvement heraus, die in den neun Metaanalysen im Fokus standen:

- Eltern-Kind-Kommunikation über die Schule (parent-child communication about school)
- Prüfen, ob es Hausaufgaben gibt bzw. ob und wie sie erledigt wurden (checking homework)
- Hilfestellungen bei Hausaufgaben geben (homework assistance)
- Leistungserwartungen und Bildungsaspirationen (education expectations and aspirations)
- Regeln für Schularbeiten und Freizeitaktivitäten einführen und durchsetzen, Ablenkungen ausschalten (home-supervision)
- Gemeinsame Lektüre (reading with children)
- Erziehungsstil (parenting style)
- Elterliche Überzeugungen mit Bezug auf Unterricht und Schule (parental attitudes toward education)

Im Vergleich der neueren Metaanalysen zeigt sich, dass generell eine starke positive Beziehung zwischen den beiden Konstrukten parental involvement based at home und academic achievement besteht (Wilder, 2014, S. 392). Zwar erweist sich elterliche Unterstützung z. B. in den Studien von Jeynes (2007) und namentlich in der auf Hausaufgaben bezogenen Metaanalyse von Patall et al. (2008) auf der Primarstufe als besserer Prädiktor bezüglich der Leistungsentwicklung als auf der Sekundarstufe I und zeigen sich je nach ethnischer Zugehörigkeit der Kinder und Jugendlichen bei bestimmten involvement-Komponenten signifikantere Effekte,

---

[22]Fan und Chen (2001); Jeynes (2003), Jeynes (2005), Erion (2006), Jeynes (2007), Senechal und Young (2008), Patall, Cooper und Robinson (2008), Hill und Tyson (2009), Jeynes (2012)

doch erweist sich die häusliche schulbezogene Unterstützung der Eltern generell über alle untersuchten Schulstufen und ethnischen Hintergründe der Familien hinweg als positiv mit den verschiedensten Formen von Leistungsmaßen[23] der Kinder und Jugendlichen verknüpft (Wilder, 2014, S. 393).

Zwischen den einzelnen Formen bestehen allerdings zum Teil deutliche Unterschiede hinsichtlich ihrer Effektstärke auf die Leistung. Ebenso zeigen sich bezüglich einzelner Formen auch Inkonsistenzen in der Befundlage über die Metaanalysen hinweg. Dies gilt besonders für die elterliche Unterstützung bei Hausaufgaben.

2.2.2.3 Elterliche Unterstützung bei Hausaufgaben

Hausaufgaben sind Aufgaben, die von den Schülerinnen und Schülern außerhalb der Unterrichtsstunden – meist zu Hause – erledigt werden sollen und von den Lehrkräften hauptsächlich mit der Intention aufgegeben werden, behandelte Inhalte zu vertiefen und zu üben, neue Informationen zu sammeln sowie aktivitäts- und umsetzungsbezogene Kompetenzen wie Selbständigkeit, Persistenz, aber auch planmäßiges Vorgehen und andere Arbeitstechniken zu fördern (vgl. Lipowsky, 2012; Nilshon, 1999, S. 13–14). Wie sich auf der Basis theoretisch fundierter, längsschnittlich und mehrebenenanalytisch angelegter Studien (u. a. Lipowsky, Rakoczy, Klieme, Reusser & Pauli, 2004; Trautwein, 2007; Trautwein, Köller & Baumert, 2001; Trautwein, Lüdtke, Schnyder & Niggli, 2006) in den letzten Jahren im deutschsprachigen Raum gezeigt hat (Niggli, Trautwein, Schnyder, Lüdtke & Neumann, 2007; Wild, E. & Lorenz, 2010, S. 119–120), scheinen weder die – «multideterminierte» und auf der Basis von Selbstberichten kaum reliabel zu messende (Trautwein, 2008, S. 565) – Zeit, die Schülerinnen und Schüler in die Bearbeitung ihrer Hausaufgaben investieren noch der Umfang

---

[23] Bezüglich der Leistungsmaße zeigen sich in den Metaanalysen generell stärkere Beziehungen, wenn Leistung *global* (z. B. Notendurchschnitt im Zeugnis) und nicht domänenspezifisch (z. B. an Mathematiknoten oder -testergebnissen gemessen) erfasst wird. Dies gilt allerdings nicht für die Unterstützungskomponente «Leistungserwartungen der Eltern», hier scheint die Beziehung in der Regel stärker zu sein, wenn spezifische Noten- oder Testleistungen herangezogen werden, was für die Domänenspezifität dieses Konstrukts spricht. Sodann scheinen allgemein stärkere Assoziationen zu Lehrpersonenratings und Noten als zu Ergebnissen von standardisierten Leistungstests zu verzeichnen zu sein. Wild (2004, S. 43) weist auf das grundsätzliche Problem hin, dass in Metaanalysen, die vornehmlich auf querschnittlich angelegten Studien basierten, Leistungsmaße als *Outcome*-Variablen herangezogen würden, ohne dass deren Multideterminiertheit mit der Kontrolle der Effekte, die von Unterrichts- und Schulmerkmalen ausgehen, Rechnung getragen werden könne. Eine ausführliche methodische Kritik speziell der auf Hausaufgaben fokussierten meist amerikanischen Metaanalysen findet sich bei (vgl. Trautwein & Köller, 2003).

2.2 Erläuterung des Begriffs der elterlichen schulbezogenen ...

der Hausaufgaben (durchschnittliche Bearbeitungszeit in der Klasse), sondern die Häufigkeit und Regelmäßigkeit der Hausaufgabenerledigung, das Engagement bei der Bearbeitung (Anstrengung und Konzentration) sowie die prozessorientierte Einbindung von Hausaufgaben in den Unterricht (u. a. Diskussion von Lösungswegen) bedeutsam für eine günstige Leistungsentwicklung zu sein. Was die Rolle der Eltern bei Hausaufgaben betrifft, so zeigt sich in Wilders Metasynthese (2014, S. 392), dass keine positive Korrelation zwischen der elterlichen Hilfestellung bei Hausaufgaben und der Leistung der Kinder und Jugendlichen in den untersuchten Metaanalysen besteht bzw. dass elterliche Hilfestellungen in den Studien von Hill und Tyson (2009) und von Jeynes (2005) sogar negativ mit der Lernleistung assoziiert sind. Widersprüchliche Befunde zeigen sich ebenso für die Komponenten checking homework und home supervision. Damit wird das Bild bestätigt, das sich in den letzten Jahren immer wieder in (Meta-)Studien gezeigt hat. So berichtet auch Hattie (2009), bei dessen Metaanalyse parental involvement gesamthaft eine förderliche mittlere Effektstärke von $d = 0.51$ ausweist, von einer moderaten mittleren Effektstärke für elterliche Hilfe bei Hausaufgaben ($d = 0.38$) und lediglich von einer geringen mittleren Effektstärke von $d = 0.18$ für Strukturierungsversuche (home supervision), wozu auch das Monitoring von Hausaufgaben zählt (vgl. Hattie, 2009, S. 70). Negative Effekte seien immer dann festzustellen, wenn dem elterlichen Handeln ein «surveillance approach» (Hattie, 2009, S. 68) zugrunde liege. Es sind ähnliche Befunde, die sich in den meist auf querschnittlich angelegten Einzelstudien und auf Leistung als Zielvariable beruhenden Metaanalysen schon länger zeigen (vgl. Patall et al., 2008, S. 1092) und vermutlich damit erklärt werden können, dass es vielen Eltern, je nach eigenem Bildungshintergrund und Domäne in fachlich-inhaltlicher Hinsicht mit zunehmender Klassenstufe immer schlechter gelingen dürfte, dem Kind adäquate Hilfestellungen zu geben (vgl. Scott-Jones, 1995, S. 96–99). Ebenso dürften – wie dies längsschnittlich angelegte Studien nahelegen (z. B. Pomerantz & Eaton, 2001) – Eltern gerade dann, wenn die Leistungen des Kindes nicht ihren Erwartungen entsprechen, selber aktiv werden, und im positiven Fall einen «socratic approach» (Lepper & Woolverton, 2002, S. 152) wählen, indem sie im Sinne eines kontingenten Scaffoldings (vgl. Wood, Bruner & Ross, 1976; Wood & Middleton, 1975) das Problemlösehandeln des Kindes in adaptiver Form nur bei jenen Aspekten unterstützen, die es nicht selber meistern kann (vgl. Vygotskij, 2002) und dann bemüht bleiben, nur so viele und so deutliche Hinweise zu geben wie nötig (zsf. Belland, 2014; Collins & Kapur, 2014; Reiser & Tabak, 2014; Reusser & Pauli, 2015). Experimentelle Studien zeigen, dass ein solches Vorgehen von Eltern konsistent positiv mit dem nachfolgenden Meistern ähnlicher Problemlöseaufgaben durch das Kind allein assoziiert ist (zusf. Pino-Pasternak & Whitebread, 2009).

Gelingendes Tutoring dieser Art bedingt allerdings nicht nur, dass die Eltern über das notwenige fachliche Wissen verfügen, sondern ebenso darauf bedacht sind, neben den kognitiven Aspekten stets auch die sozioemotionale Dimension im Auge zu behalten:

> [… the] best tutors are those who are concerned simultaneously with student's learning on the one hand and their motivation on the other. […] And, when they are at their best, […] they are producing both high levels of student interest and attention and extensive learning in a quite limited period. (Lepper & Woolverton, 2002, S. 151–152, Hervorhebung im Original)

Vermutlich liegen hierin die zwei Hauptgründe, warum es zur inkonsistenten Befundlage in den Metaanalysen zur elterlichen Hausaufgabenunterstützung kommt: Im negativen Fall sind Eltern bezüglich des Fachwissens überfordert und wenn sie sich aufgrund der unbefriedigenden Leistungen ihres Kindes zu einem verstärkten Engagement bei Hausaufgaben entschließen, wählen sie Erklärungsansätze und Lösungsstrategien, die nur geringe Kongruenz zu denjenigen der Lehrkräfte aufweisen. Dabei zeigen sie sich ungeduldig und enttäuscht, ob der Frustration und der Demotivation des Kindes beim gemeinsamen Arbeiten, reagieren genervt, äußern Kritik, drohen mit Strafe und erhöhen den Druck – kurz sie handeln unter Umständen in einem direktiven und zugleich wenig diskursiven Kommunikationsmodus, was wieder zu Reaktanz auf Seiten des Kindes führen dürfte. Tatsächlich berichten Eltern und Kinder immer wieder von Konflikten und Streit im Kontext von Hausaufgaben (und ungenügenden Noten) (vgl. Fuhrer, 2009, S. 266; Moroni, Dumont & Trautwein, 2016; Neuenschwander et al., 2005, S. 60–62; Niggli et al., 2007; Ulich, 1993, S. 144; Zaugg, 2014, S. 118–119) und verschiedentlich wird darauf verwiesen, dass solcherlei einmischendes Verhalten bei Hausaufgaben gerade mit Anbruch der Pubertät, wenn Kinder und Jugendliche in gesteigertem Maß Unabhängigkeit von den Eltern und Selbstbestimmtheit suchten, besonders dysfunktional sein dürfte:

> Thus, although providing guidelines for homework behavior or providing direct help with homework may be an effective form of involvement for elementary students, as students reach adolescence, it may be important that parents gradually withdraw from the homework process and shift their involvement more to support of the child's own autonomous efforts. (Patall et al., 2008, S. 1089)

2.2.2.4 Die Bedeutung elterlicher schulbezogener Erwartungen und Aspirationen und des Stils ihrer Vermittlung für die Motivation und das Engagement des Kindes

Damit wird deutlich, dass auf Seiten der Eltern der Stil ihres schulbezogenen Handelns sowie Haltungen und Überzeugungen dem Kind und den schulbezogenen Zielen gegenüber (vgl. Abbildung 2.1), die diesem Handeln zugrunde liegen, entscheidender und einflussreicher sein dürften als das Ausmaß ihres instruktionalen Handelns im Rahmen von Hausaufgaben: «[...] how parents become involved determines in large parts the success of their involvement» (Pomerantz et al., 2007, S. 373). So erweisen sich denn auch die kindbezogenen Leistungserwartungen und Bildungsaspirationen (education expectations and aspirations) – bemerkenswerterweise im engeren Sinne kognitive Konstrukte und keine behavioralen (vgl. Abschnitt 4.2) – sowie der elterliche Unterstützungsstil in den neueren Arbeiten zum parental involvement als die bei weitem effektstärksten Konstrukte hinsichtlich der schulbezogenen Merkmale des Kindes. Jeynes (2005) schreibt dazu im Kommentar seiner Metaanalyse:

> One definite pattern that emerged is that some of the most potent facets of parental involvement are some of the more subtle aspects of family support. Most notably parental expectations and style each demonstrated a strong relationship with scholastic outcomes. Thus, it was not particular actions such as attending school functions, establishing household rules, and checking student homework that yielded the statistically significant effect sizes. Rather, variables that reflected a general atmosphere of involvement produced the strongest results. Parental expectations and style may create an educationally oriented ambience, which establishes an understanding of a certain level of support and standards in the child's mind. (Jeynes, 2005, S. 262)

«Expectations» verweisen auf die kindbezogene Wahrnehmungen und Überzeugungen der Eltern und «style» verweist auf deren typische, relativ stabilen Merkmale im Umgang mit dem Kind (vgl.Hock, 2008, S. 492; Simpkins et al., 2015a, S. 617). Beide Konstrukte charakterisieren die jeweilige Beziehung zwischen den Eltern und dem Kind und sind geprägt von der dialektischen Spannung, die zwischen Erziehenden und Erzogenen grundsätzlich besteht: «Auf der einen Seite [steht] derjenige/diejenige mit Überlegenheitsmerkmalen des Alters-, Wissens- und Erfahrungsvorsprungs, [...] auf der anderen Seite derjenige/diejenige mit den Unterlegenheitsmerkmalen des Jüngerseins, des recht vorläufigen Wissens, der mangelnden Lebenserfahrung und mit einem Status minor behaftetes» (Bönsch, 2006, S. 151), der/die aber ein sich entwickelndes Subjekt ist, das im Sinne des in Abschnitt 2.1 dargelegten Menschenbildes des «Resourceful-Restricted-Expecting-Evaluating-Maximizing-Man» (Esser, 1999a,

S. 238) auf der Grundlage seiner Persönlichkeitsmerkmale und Erfahrungen seinen eigenen Interessen, Aspirationen und Zielen nachgeht und seine Akzeptanz der «angebotenen» Werte und Orientierungen nicht zuletzt davon abhängig macht, ob sie in einer seinen Bedürfnissen nach Selbstbestimmung, sozialer Anerkennung und Selbstwirksamkeit entgegenkommenden Art und Weise vermittelt werden (vgl. Ryan & Deci, 2002; Vansteenkiste, Lens & Deci, 2006). Was im Strukturmodell (vgl. Abbildung 2.1) idealisierend als symmetrische Beziehung dargestellt ist, ist in der Erziehungswirklichkeit wegen der genannten «Vorsprünge» (Bönsch, 2006, S. 153) der älteren Generation immer grundlegend asymmetrisch. Doch müssen sich die Eltern in dieser Sichtweise, immer wieder der Intentionen und des Sinnzusammenhangs des Kindes in den jeweiligen Situationen bewusst werden (vgl. Mollenhauer, 1972, S. 126–133), um ihre erzieherischen Ziele nachhaltig zu erreichen, und daran anknüpfen – was Dialog, «Ko-Konstruktion» (Reusser & Pauli, 2015) oder «diskursive Auseinandersetzung» (Oelkers, 2009, S. 255), aber auch Infragestellung eigener Positionen und das Aushalten und Klären von Missverständnissen und Mehrdeutigkeiten beinhaltet. In der Spannung zwischen «'Freiheit und Bindung', 'Bewahren und Verändern', 'Planung und Offenheit', 'Führen oder Wachsenlassen', 'Gewährenlassen und Fordern', 'Vertrautheit und Distanz', 'Individualität und Soziabilität'» (Bönsch, 2006, S. 163) ist es gemäß den Postulaten der empirisch orientierten Forschung um Erziehungsstile (zusf. Baumrind, 1989; Hock, 2008; Tausch & Tausch, 1998) wichtig, auf häusliche Praktiken zu setzen, die von gegenseitigem Abstimmen, Aushandeln und Erklären geprägt sind und bei denen weder der «Einsatz von elterlicher Autorität» noch die «Berücksichtigung von kindlichen Bedürfnissen» einseitig überhandnimmt (Hurrelmann, 2006, S. 162).

Nach einer kurzen ersten Erörterung der Bedeutung von elterlichen schulbezogenen Erwartungen und Aspirationen (vgl. auch Kapitel 5) wird im Folgenden die «Kommunikations- […] und Beziehungskultur» (Reusser, 2008, S. 228) zwischen den Eltern und Kindern noch genauer in den Blick genommen und Kernkomponenten eines (motivations-)förderlichen elterlichen Handlungsstils herausgearbeitet.

Als klar einflussreichste Komponente elterlicher häuslicher Unterstützung erweist sich in den Metaanalysen die Kategorie elterliche Leistungserwartungen und Bildungsaspirationen (Fan & Chen, 2001; Hill & Tyson, 2009; Jeynes, 2005, 2007). Hattie (2009) berichtet für die beiden Konstrukte zusammengenommen eine sehr hohe mittlere Effektstärke auf Schulleistungen von $d = 0.80$. Mit dem Konstrukt Erwartungen werden prinzipiell «Annahmen oder Hypothesen» (Greitemeyer, Fischer & Frey, 2006, S. 336) «about events or behaviors that will occur

2.2 Erläuterung des Begriffs der elterlichen schulbezogenen ...

or that will be revealed in the future» (Hoorens, 2012, S. 142) bezeichnet. Beziehen sich behaviorale Erwartungen auf das Selbst, spricht man von intrapersonellen Erwartungen (vgl. Abschnitt 5.3). Handelt es sich wie im vorliegenden Fall um Annahmen über das Verhalten oder die Kompetenzen anderer, ist von interpersonellen Erwartungen die Rede (vgl. Dresel & Lämmle, 2017, S. 124). Erwartungen können einen deskriptiven Charakter aufweisen, wenn sie zum Ausdruck bringen, was gemäß der Ansicht des Individuums mit einer bestimmten Wahrscheinlichkeit eintreffen wird, oder sie können normativer Natur sein, wenn sie mit einer präskriptiven Konnotation zum Ausdruck bringen, was «for logical, social, or moral reasons» (Hoorens, 2012, S. 142) passieren sollte[24]. Aspirationen, die ebenfalls intra- und interpersoneller Form sein können, bezeichnen demgegenüber die Ziele, die mit der Hoffnung verbunden sind, dass man sie selber erreicht oder dass andere sie erreichen (vgl. Goldenberg et al., 2001, S. 548).

Da Erwartungen und Aspirationen kognitive Konstrukte und nicht eigentliche Verhaltens- oder Handlungsweisen bezeichnen, sind sie in einigen Metaanalysen mit der Komponente Eltern-Kind-Kommunikation über Schule vermengt (vgl. Abschnitt 2.2.2.2). So fassen z. B. Hill und Tysen die beiden Facetten des parental involvements unter der Kategorie der academic socialization zusammen:

> Academic socialization includes parents' communication of their expectations for achievement and value for education, fostering educational and occupational aspirations in their adolescents, discussing learning strategies with children, and making preparations and plans for the future, including linking material discussed in school with students' interests and goals. (Hill & Tyson, 2009, S. 754)

Die Definition betont die Bedeutung der Externalisierung elterlicher Werte, Aspirationen und Erwartungen mit nahem Bezug zu den Inhalten, Fragen und Ereignissen, mit denen das Kind in Unterricht und Schule konfrontiert ist. Ebenso wird allein schon im Terminus «socialisation» deutlich, dass diese die schulische Realität des Kindes interpretierenden und gewichtenden kommunikativen Ereignisse zwischen Eltern und Kind zwar auch, aber nicht ausschließlich in genuin schulbezogenen Aktivitäten wie Hausaufgaben oder Prüfungsvorbereitungen vorkommen können, sondern in jeglichen gemeinsamen häuslichen Aktivitäten.

---

[24]Normative Erwartungen sind denn auch eng verbunden mit persönlichen Normen bzw. Werten (vgl. Rokeach, 1973; Rokeach, 1979). Wenn in der vorliegenden Arbeit von «Erwartungen» gesprochen wird, so sind in der Regel intra- oder interpersonelle *deskriptive,* mit Kontroll-Überzeugungen verbundene zukunftsgerichtete Annahmen gemeint. Wenn der normative Aspekt im Vordergrund steht, wird von «Wert-Überzeugungen» oder «Wert-Zuschreibungen» bzw. vom *subjective task value* gesprochen (vgl. Abschnitt 5.5.1).

Elterliche Haltungen und Überzeugungen können explizit in Gesprächen thematisiert (vgl. Kapitel 5) oder aber subtiler über elterliche Modellierungsleistungen (vgl. Bandura, 1992) sowie über non-verbale Reaktionen auf ein bestimmtes Verhalten des Kindes im Sinne des Operanten Konditionierens (vgl. Skinner, B. F., 1989) vermittelt werden. Während Kinder im ersteren Fall beobachten und erschließen, was ihren Eltern offenbar wichtig und teuer ist, weil diese Zeit und andere Ressourcen darauf verwenden, nehmen sie dies im letzteren Fall durch die für sie als angenehm oder unangenehm empfundenen Konsequenzen unmittelbar wahr und passen ihr Denken und Verhalten entsprechend an (vgl. Abschnitt 5.6.2).

Damit ist auch angesprochen, dass sich bezüglich der Effekte der Blick nicht primär auf die Leistungsmaße, sondern auf motivationale Orientierungen und das Engagement des Kindes richten sollte (vgl. Patall et al., 2008, S. 1093). Eine Forderung, die in der Involvement-Forschung ab den 80er-Jahren des letzten Jahrhunderts unter dem Eindruck der Selbstbestimmungstheorie von Deci und Ryan (1993) durch die Arbeitsgruppe um Wendy S. Grolnick (z. B. Grolnick, 2003; Grolnick et al., 1991; Grolnick & Slowiaczek, 1994) sowie im Anschluss an die Erwartungs-Wert-Theorie der Lern- und Leistungsmotivation durch Jacquelynne und ihre Arbeitsgruppe (z. B. Eccles & Harold, 1996; Frome & Eccles, 1998) erhoben und mit entsprechenden theoretischen Modellen und empirischer Forschung untermauert wurde (vgl. Abschnitt 4.2). Kathleen Hoover-Dempsey und ihre Mitarbeitenden (2001), die die Forderung unter dem Eindruck der unbefriedigenden Befundlage zum parental involvement in homework ebenfalls aufnahmen, schreiben:

> Ultimately, however, a solitary emphasis on student achievement is unfortunate. Parents' homework involvement behaviors are more logically related to proximal student outcomes (e.g., attitudes about homework, perceptions of personal competence) than to student performance on summary assessments of achievement. The power of these proximal variables rests in the reality that student achievement ultimately depends not only on parents' behaviors, but on variables that are often (and increasingly, across the course of development) outside of parents' control (e.g., classroom instruction, student decisions to use skills, knowledge and related strategies in learning tasks). Thus, the most critical outcomes associated with parental involvement in homework may be found in the attitudes, ideas, and behaviors enacted by students in the course of school learning [...]. (Hoover-Dempsey et al., 2001, S. 204)

Der Ansatz Grolnicks (vgl. Grolnick & Ryan, 1989) zur Klassifikation von Qualitätsdimensionen elterlichen Hausaufgabenverhaltens hat über die Jahre eine breite Rezeption, u. a. auch in deutschsprachigen Ländern, gefunden (u. a. Buff, Reusser & Dinkelmann, 2017; Exeler & Wild, 2003; Lorenz & Wild, 2007;

Niggli et al., 2007; Wild, E., Rammert & Siegmund, 2006; Wild, E. et al., 2005). Die Dimensionen basieren auf den Postulaten der Selbstbestimmungstheorie und entsprechender u. a. im Unterricht gewonnener Befunde (Ryan & Deci, 2000b, 2002; Vansteenkiste, Ryan & Deci, 2008), wonach jene Situationen mit positiver Lernmotivation, günstigem Lernhandeln und Wohlbefinden einhergehen, welche vom Individuum als in Einklang mit seinen Grundbedürfnissen nach Autonomie, Kompetenz und sozialer Eingebundenheit erlebt werden. Die Dimensionen elterlichen Unterstützungshandelns bei Hausaufgaben werden vor diesem Hintergrund danach beurteilt, inwieweit sie den genannten Grundbedürfnissen des Kindes entgegenkommen. Ellen A. Skinner und Kolleg*innen (2009) haben in einer Übersichtsarbeit die in der Zwischenzeit auf dieser theoretischen Grundlage ebenso wie die ähnlich konzipierten, aber in den letzten Jahrzehnten im Kontext der Erziehungsstilforschung (z. B. Baumrind, 1967, 1991; Weiss & Schwarz, 1996) vorgeschlagenen Qualitätsmerkmale elterlichen Verhaltens in einer Übersicht zusammengetragen und zu sechs Kerndimensionen verdichtet (vgl. Tabelle 2.1). In Einklang mit der bisherigen – konsistenten – Befundlage in beiden Forschungslinien korrelierten die drei Merkmale Wärme, Struktur, Autonomieunterstützung in zwei von den Autorinnen durchgeführten Studien[25] positiv mit motivationalen Aspekten (perceived academic competence, self-worth) mit Engagement (commitment to school, mastery) und negativ mit problematischem Verhalten (substance use, problem behaviors). Ebenso erwartungsgemäß verhielt es sich bezüglich der genannten Zielgrößen genau umgekehrt mit den drei Dimensionen Ablehnung, Chaos und Zwang (vgl. Skinner, E. A. et al., 2009, S. 221)[26].

---

[25] Die Studien werden von Skinner, E. A. et al. (2009) im gleichen Artikel erörtert wie die in Tabelle 2.1 dargestellte Übersicht über die Kernkonstrukte.

[26] Die Autorinnen halten fest, dass die sechs Qualitätsmerkmale im Rahmen von «traditional bipolar models» (Skinner, E. A. et al., 2009, S. 196) jeweils als entgegengesetzte Pole auf den drei Dimensionen *elterliche Wärme und* Anteilnahme (Wärme vs. Zurückweisung), *elterliche Strukturgebung* (Struktur vs. Chaos) sowie *elterliche Autonomieunterstützung* (Autonomieförderung vs. Zwang) konzipiert würden. Strukturanalysen auf der Basis der Daten zweier unabhängiger Erhebungen bei Müttern und Vätern sowie bei Jugendlichen belegten, dass diese sechs Merkmale allerdings besser als *eigenständige, unterscheidbare Dimensionen* konzipiert werden sollten, insofern als sich auf diese Weise eine signifikant bessere Passung mit der Eltern- und Jugendlichen-Einschätzungen unterliegenden Dimensionalität aufwiesen, als wenn sie jeweils als gegenüberliegende Pole konzipiert würden. Die Korrelationen, die zwischen den positiven Merkmalen *Wärme, Struktur* und *Autonomieunterstützung* sowie zwischen den negativen Merkmalen *Zurückweisung, Chaos* und *Zwang* in den beiden Teilstudien auftraten, sprächen ferner für die Aggregation dieser Skalen, wie dies in der Vergangenheit in der *parenting*-Forschung z. B. mit den Erziehungsstilen *autoritativ* oder *autoritär* vorgenommen worden sei. Ferner deute der Umstand, dass die sechs Merkmale unterschieden werden können, auf die Validität von Typologien elterlichen Verhaltens hin, die Baumrind (1991)

Unterstützungsstile sind Aggregationen aus diesen Dimensionen. In zwei Studien mit Eltern und ihren Kindern – einmal zum Thema Mathematikhausaufgaben mit 300 Drittklässlern (Wild, E. & Remy, 2002) und eine weitere mit dem Fokus auf Chemiehausaufgaben mit 215 Siebtklässlern im Gymnasium (Exeler & Wild, 2003) – zeigte die Forschungsgruppe um Elke Wild, dass zwar nur ein kleiner- Teil der Eltern mit Blick auf die Postulate der Selbstbestimmungstheorie klar dysfunktionale Unterstützungsstile praktiziert (vernachlässigend oder überbehütend), aber ebenso wenige einen optimalen Unterstützungsstil an den Tag legen, der von ihnen als «strukturierende Begleitung» (autonomieunterstützend, strukturierend, emotional-zugewandt und prozessorientiert) bezeichnet wird. Die große Mehrheit (über 70 %) der Eltern und Kinder berichten sowohl vom Einsatz förderlicher wie auch hinderlicher Formen – u. a. geringe Prozessorientierung im Sinne des oben beschriebenen kontingenten Scaffoldings bis hin zu einschränkendem, überkontrollierendem Vorgehen der Eltern. Wild und Remy (2002, S. 285) glauben, dass mit erhöhtem Leistungsdruck vor dem Übertritt in die Sekundarstufe I «mit einer Verstärkung kontrollierender und einer Verringerung emotional- und autonomieunterstützender Reaktionen» der Eltern zu rechnen sei (vgl. auch Grolnick, Price, Beiswenger & Sauck, 2007). Sie stützen ihre Vermutung darauf, dass bei den Drittklässlern, die rund ein Jahr vor dem Übertritt stehen, bereits ein Zusammenhang zwischen der Leistungsfähigkeit und dem Ausmaß der von ihnen berichteten ($r = -.37*$) gegenüber der von den Eltern ($r = -.23*$) berichteten intrusiven Kontrolle (Zwang) beobachtbar sei. In ihrer längsschnittlich angelegten Studie zum Hausaufgabenverhalten von Eltern im Fach Chemie bestätigten sich sodann bei Kontrolle der Leistungsfähigkeit und der sozialen Herkunft die gemäß den Postulaten der Selbstbestimmungstheorie erwarteten Zusammenhangsmuster zwischen elterlichen Verhaltensmerkmalen bzw. Einstellungen und motivationalen Merkmalen der Kinder: Schülerinnen und Schüler, die sich von ihren Eltern bei Hausaufgaben emotional, autonomieförderlich und prozessorientiert unterstützt fühlten, berichteten zu den beiden nächsten Messzeitpunkten über ein höheres individuelles Interesse und höhere identifizierte Motivation, Aufgabenorientierung und Anstrengung im Fach Chemie. Nahmen die Kinder Leistungsdruck, überhöhte Ansprüche und ein produktorientierter Umgang mit Hausaufgaben in Chemie wahr, ging dies nachfolgend mit höherer externaler Motivation und einer ausgeprägteren Abneigung gegenüber dem Fach einher (vgl. Exeler & Wild, 2003).

---

oder Weiss und Schwarz (1996) vorgebracht hätten: «If autonomy support (supportive control) can be distinguished from structure (assertive control) and coercion (directive control), then different combinations of these features can be used to characterize different types of parenting. [...] Of course, typologies could demarcate parenting styles even more clearly if they incorporated all six dimensions» (Skinner, E. A. et al., 2009, S. 196).

2.2 Erläuterung des Begriffs der elterlichen schulbezogenen ...

Niggli et al. (2007) können in einer längsschnittlich und mehrebenenanalytisch angelegten Studie mit 1'444 Achtklässlern im Fach Französisch als Fremdsprache zeigen, dass Schülerinnen und Schüler aus Bildungsgängen mit tieferem Anforderungsgrad sowie leistungsschwächere Jugendliche (Halbjahresnoten) über signifikant mehr problematische Unterstützungsformen (intrusive Kontrolle und Streit) berichten. Längsschnittlich zeigte sich ferner, dass schlechte Französischnoten des Kindes mit zunehmender Einmischung durch die Eltern einherging und diese wiederum mit einer Verschlechterung der Testleistungen verknüpft war. In Einklang mit den Postulaten der Selbstbestimmungstheorie vermuten die Autorinnen und Autoren, die oben bereits skizzierte negative Dynamik zwischen unbefriedigenden Leistungen, problematischem elterlichem Unterstützungsverhalten und Reaktanz der Jugendlichen, die ihre Bedürfnisse nach Autonomie- und Kompetenzerleben durch die unerbetene Hilfe beeinträchtigt sehen dürften. Bemerkenswerterweise war bei Kontrolle von Bildungsgang und Schulleistung ein deutlicher Geschlechtseffekt zu verzeichnen: Jungen berichteten über signifikant mehr intrusive Kontrolle und über Streit bei Hausaufgaben und wiesen auch längsschnittlich ein ungünstigeres Verlaufsmuster auf als die Mädchen. In einer im Rahmen der TRANSITION-Studie durchgeführten längsschnittlichen Untersuchung (3 Erhebungszeitpunkte zwischen der 1. und 6. Klasse, 4 Erhebungszeitpunkte zwischen der 6 und 7. Klasse) zeigen Dinkelmann und Buff (2016) auf der Basis der Daten von 457 Kindern und ihren Eltern mit Hilfe von Strukturgleichungsmodellen, dass die von Eltern berichtete intrusive Kontrolle[27] erwartungsgemäß einen negativen Effekt auf mathematikbezogene Kompetenzüberzeugungen der Kinder und – vermittelt über dieselben – auf die Leistungen in Mathematik ausübte. Elterliche selbsteingeschätzte Wärme beim Unterstützen (warmth, vgl. Tabelle 2.1) erwies sich als positiver Prädiktor für die Kompetenzüberzeugungen sowie den intrinsischen Wert, den die Kinder der Mathematik zuschrieben, allerdings nur, wenn die Kinder das Unterstützungsverhalten der Eltern selber als emotional zugewandt empfanden. Ebenfalls vermittelt über die kindperzipierte Wärme sowie über dessen Kompetenzüberzeugungen erwies sich das selbsteingeschätzte warm-emotionale Verhalten der Eltern positiv prädiktiv bezüglich des Leistungsverlaufs des Kindes in Mathematik.

In der Zwischenzeit kann auf der Grundlage einer großen Zahl von Studien vor allem als gesichert gelten, dass autonomieunterstützendes Handeln der Eltern (autonomy support) mit positiven Formen bzw. günstigen Verläufen bezüglich der Motivation (Wert- und Kontrollüberzeugungen, Selbstwert), des Lernengagements und der Selbstregulation sowie bezüglich der Leistung des Kindes assoziiert ist. Die Verhaltensform, die Skinner et al. (2009) als Zwang (coercion) bezeichnen und durch die Facetten unerbetene, intrusive Hilfestellungen und

---

[27]Bei Kontrolle der vorangehenden Leistung, der Lernmotivation, der Intelligenz und des Geschlechts (vgl. Dinkelmann & Buff, 2016).

Überwachung sowie unflexible durch Strafe oder Strafandrohungen unterstrichene Regeldurchsetzung gekennzeichnet sehen[28] (vgl. Tabelle 2.1) – ist dahingegen mit ungünstigen motivationalen und behavioralen Aspekten verbunden: «[…] when children perceive their parents as controlling, they are more likely to experience extrinsic motivation for learning, which is related to more negative motivational and academic outcomes. […] the results are consistent across […] a wide range of ages and indicators of school motivation […]» (Grolnick, Friendly & Bellas, 2009, S. 284). In ihrem Forschungsüberblick betonen Grolnick et al. (2009, S. 284) sodann, dass es für die beiden Unterstützungsformen zumindest starke Hinweise für den oben dargestellten reziproken Einfluss zwischen Kind- und Eltern-Verhalten gibt: Eltern reagieren auf Kinder, die sie als kompetent wahrnehmen, autonomieförderlich und im umgekehrten Fall stärker intrusiv und überwachend.

Abschliessend soll nun noch der Kerndimension Strukturgebung grösseres Augenmerk geschenkt werden, die für die vorliegende Studie über elterliche Motivierungsversuche von besonderem Interesse sein dürfte, insofern als sie das «richtige» Informieren des Kindes über wünschbares und erwartetes Verhalten thematisiert.

Elterliche Strukturgebung (structure, vgl. Tabelle 2.1) – konzeptionell und empirisch in der Vergangenheit laut Grolnick und Pomerantz (2009) oft mit Zwang bzw. intrusive control vermischt und entsprechend inkonsistente Befunde verursachend – wird von ihnen in Einklang mit Skinner et al. (2009) «as a relatively orthogonal dimension» (S. 67) zu elterlichem Zwang als elterliche «guidance» (S. 65) konzipiert:

> When parents are structuring, they highlight the relations between actions and outcomes through clear and consistent guidelines, expectations, and rules for children; they also provide children with predictable consequences for and clear feedback about their actions. (Grolnick & Pomerantz, 2009, S. 67)

Farkas und Grolnick (2010) zeigen auf der Basis einer kombinierten Interview- und Fragebogenstudie mit 75 Siebt- und Achtklässlern und ihren Eltern[29], dass Strukturgebung unabhängig von Autonomieunterstützung vs. Zwang ist, einen

---

[28] Vgl. auch Grolnick und Pomerantz (2009, S. 167): «parents' pressure, intrusiveness, and dominance in relation to children's feelings and thoughts as well as their behavior».

[29] Die Autorinnen sprechen wegen der geringen Anzahl an Proband*innen und der Limitierungen, die sich daraus für die Faktoranalysen und andere statistische Prüfverfahren ergaben, von einer «Exploration» und wollen die Ergebnisse bis zur Prüfung an einem grösseren Sample als «Hypothesen» verstanden wissen (Farkas & Grolnick, 2010, S. 277).

Tabelle 2.1 Sechs Kerndimensionen elterlichen Verhaltens, Definitionen und ähnliche Konstrukte (Skinner, E. A. et al., 2009, S. 186, Übersetzung und leichte Adaption E.S.)

Dimension	Definition	ähnliche Konstrukte
Wärme (warmth)	Ausdruck von Liebe, Zuneigung, Fürsorglichkeit und Freude. Anerkennung und emotionale Verfügbarkeit. (Expression of love, affection, caring, and enjoyment. Appreciation, emotional availability.)	approving, acceptance, love, support, supportive control, positive involvement, closeness, connection, child-centered
Ablehnung (rejection)	Aktive Abneigung, Aversion und Feindseligkeit. Barsch, überreagierend, auffahrend, kritisch, ablehnend. (Active dislike, aversion, and hostility. Harsh, over-reactive, irritable, critical disapproving.)	deprecation, hostility, harsh, disapproval, negativity, cold, derogation, critical, over-reactivity, aversion, irritability, dislike, irritable explosive discipline
Struktur-gebung (structure)	Zurverfügungstellung von Informationen über mögliche Mittel zur Zielerreichung. Berechenbar, konsistent. Klare Erwartungen, verbindliche (altersgemäße) Verhaltensanforderungen. (Provision of information about pathways to reach desired outcomes. Predicable, consistent. Clear expectations, firm maturity demands.) «[E]xtent to which parents provide clear and consistent guidelines, expectations, and rules for child behavior.» (Grolnick & Ryan, 1989, S. 144)	demandingness, firm control, behavioral control, contingent responsiveness, behavior contingency, directive, strictness, supervision, organization, regulation, rule-setting, regularity of routine, household organization, assertive control
Chaos (chaos)	Sich in den Prozess der Zielerreichung einmischen oder Verschleiern möglicher Mittel zur Erreichung von Zielen. Unstetig, widersprüchlich, erratisch, unberechenbar, willkürlich oder unzuverlässig. (Interferes with or obscures the pathways from means to ends. Noncontingent, inconsistent, erratic, unpredictable, arbitrary, or undependable.)	Permissiveness, non-directive, lax control, laxness, unpredictable, undependable, non-contingent, erratic, casual, under-controlled, laissez faire, inconsistent discipline

(Fortsetzung)

Tabelle 2.1 (Fortsetzung)

Dimension	Definition	ähnliche Konstrukte
Autonomie-unterstützung (autonomy support)	Erlaubnis zur Rede- und Handlungs- bzw. Entscheidungsfreiheit. Das Kind ermuntern, seine eigenen Präferenzen und Meinungen wahrzunehmen, zu akzeptieren und wertzuschätzen. (Allow freedom of expression and action. Encourage child to attend to, accept, and value genuine preferences and opinions.) «[D]egree to which parents value and use techniques which encourage independent problem-solving, choice, and participation in decisions.» (Grolnick & Ryan, 1989, S. 144)	psychological autonomy, freedom, responsiveness, democratic permissiveness, non-directive, autonomy-granting, supportive control
Zwang (coercion)	Einschränkender, überkontrollierender, aufdringlicher, autokratischer Stil. Strikter Gehorsam wird verlangt. (Restrictive overcontrolling intrusive autocratic style. Strict obedience is demanded.) «[E]xternally dictating outcomes, and motivating […] through punitive disciplinary techniques, pressure, or controlling rewards.» (Grolnick & Ryan, 1989, S. 144)	arbitrary control, demandingness, restrictiveness, autocratic, psychological control, controllingness, inflexible rigid discipline, intrusive support, strict control, over-restrictive, over-controlling, power assertion, intrusiveness, intrusive control

eigenständigen Beitrag zur Vorhersage der Motivation und Lernleistung leistet sowie aus mehreren Facetten besteht, die in unterschiedlichem Maß mit verschiedenen motivationalen und behavioralen Aspekten beim Kind assoziiert sind (S. 268–269):

a) durch Kommunizieren klarer und beständiger Regeln, Orientierungshilfen und Erwartungen (clear and consistent rules, guidelines und expectancies),
b) durch klares und konsistentes Aufklären über Handlungsfolgen und Konsequenzen (predictability),
c) durch aufgabenbezogenes, konstruktives Feedback darüber, inwiefern das Kind die Erwartungen erfüllt (task-focused information feedback),
d) durch das Schaffen von Angeboten, die es dem Kind ermöglichen, die Erwartungen und Ziele auch zu erfüllen (z. B. genug Zeit für die Hausaufgabenerledigung sowie eine adaptive Fremdregulation, wenn die Erwartung besteht, dass das Kind die Hausaufgaben vollständig erledigt) (provision of opportunities to meet expectations),

e) durch Aufklären über die Gründe für Regeln und Erwartungen (provision of rationales for rules and expectations),
f) durch aktives Annehmen der Führungsrolle in der Familie durch Expertise beim gemeinsamen Treffen von Entscheidungen (authority).

Überblickt man die Liste, so offenbaren sich eine Reihe von Qualitätsmerkmalen der Kommunikation von unterrichts-, lern- und laufbahnbezogenen Werten, Zielen, Aspirationen und Erwartungen, bei denen augenscheinlich die assertive Funktion des Informierens und (Er-)Klärens[30] im Vordergrund steht: Die Eltern als «interpreters of reality» (Jacobs & Eccles, 2000, S. 426) deklarieren, klären auf, deuten, melden zurück, argumentieren, schlagen vor, gewichten, beziehen Positionen – immer mit der Absicht, die Aufmerksamkeit, die Rezeption, Verständlichkeit und Einsicht aufseiten des Kindes zu erhöhen. Dass dies nicht primär unidirektional im Sinne von Zwang (coersion), sondern dialogisch-partizipativ gedacht ist, wird in der Liste insbesondere bei c), d) und e) deutlich. Ebenso deutlich wird die Abgrenzung von Chaos (vgl. Tabelle 2.1) (vgl. Grolnick & Pomerantz, 2009, S. 67) mit Blick auf den Inhalt dessen, was mitgeteilt wird (Erwartungen und Bedeutsamkeiten), und ebenso die Art, wie es kommuniziert wird (stringent, berechenbar, klar) (vgl. Abschnitt 5.7).

2.3 Elterliche schulbezogene Unterstützung – Kommentierung der Erkenntnisse vor dem Hintergrund der vorliegenden Studie

Elterliches schulbezogenes Unterstützungshandeln wird in der vorliegenden Studie auf der Grundlage der Postulate der Theorie der rationalen Wahl Essers als «ein an den Zielen und Bedingungen des Schulsystems orientierter Ressourceneinsatz der Eltern» bezeichnet, «der darauf gerichtet ist, die von ihnen als bedeutsam beurteilten Kompetenzen und Laufbahnschritte beim Kind zu fördern und/oder das Denken und Handeln der schulischen Akteure im Interesse des Kindes zu optimieren» (vgl. Abschnitt 2.2). Mit Blick auf das Erkenntnisinteresse der vorliegenden Studie, elterliches motivationsbezogenes Handeln bei einem unsicheren Übertritt des Kindes zu beschreiben, zu kategorisieren sowie zu beurteilen, beruht die Definition auf der Intentionalität des elterlichen Tuns

---

[30] Searle (1979, S. 12): «The point or purpose of the assertive class [of speech acts] is to commit the speaker (in varying degrees) to something's being the case, to the truth of the expressed position. All of the members of the assertive class are assessable on the dimension of assessment which includes true and false.»

und grenzt «Unterstützungshandeln» von Bildungsleistungen der Eltern ab, die von ihnen laut Bourdieu (1984, 1998) auf der Grundlage ihres akkumulierten kulturellen Kapitals und ihres Habitus im Rahmen sozialisatorischer Alltagsprozesse weitgehend beiläufig und unbewusst erbracht werden (vgl. Bourdieu, 1983, S. 187) (vgl. hierzu Abschnitt 4.1.2). Mit dem in der Definition hervorgehobenen Schulbezug des elterlichen Handelns, wird dieses sodann auch vom übrigen erzieherischen Handeln der Eltern abgegrenzt, wenngleich, wie im letzten Kapitel erläutert, ähnliche Handlungsqualitäten wie sie von der Erziehungsstilforschung in den letzten Jahrzehnten herausgearbeitet wurden, darüber entscheiden dürften, wie erfolgreich es Eltern gelingt, die schulische Entwicklung ihres Kindes zu beeinflussen. In der Forschung um parental involvement hat sich in den letzten Jahren nach langjähriger Konzentration auf Leistungsmaße und einer widersprüchlichen Befundlage besonders bezüglich der elterlichen Hausaufgabenbegleitung (vgl. Abschnitt 2.2.2.3) die Erkenntnis durchgesetzt, dass Eltern generell primär einen Einfluss auf fachübergreifende Kompetenzen im personalen, motivational-volitionalen sowie im sozial-kommunikativen Bereich ausüben und folglich (zusätzlich) «proximalere» Variablen der Motivation und des Lernengagements des Kindes in den Blick genommen werden sollten. In Einklang mit den Postulaten der Selbstbestimmungstheorie (vgl. Ryan & Deci, 2000b; Ryan & Deci, 2002; Vansteenkiste et al., 2008) prädiktieren auf dieser Grundlage jene elterlichen Verhaltensweisen positive Formen der Lernmotivation (u. a. produktive Wert- und Kontrollüberzeugungen), günstige Merkmale des Lernhandelns und des Wohlbefindens, die den Bedürfnissen des Kindes nach Autonomie, Kompetenzerleben und sozialer Eingebundenheit entgegenkommen (vgl. Skinner, E. A. et al., 2009, S. 190): Elterliche Wärme (warmth) erweist sich als speziell förderlich für das Zugehörigkeitsgefühl (bzw. für die Bindung zwischen Kind und Eltern, vgl. Kapitel 4) von Kindern, Ablehnung (rejection) hat einen gegenteiligen Effekt. Elterliche Strukturierung (structure) erweist sich besonders wichtig für Kontrollüberzeugungen des Kindes, während Chaos (chaos) einen gegenteiligen Effekt ausübt. Elterliche Autonomieunterstützung (autonomy support) bildet sodann die Grundlage dafür, dass sich Kinder als selbstbestimmt in ihren Entscheiden und Handlungen erleben, wohingegen Zwang (coercion) diesbezüglich einen unterminierenden Effekt zeitigt.

Für die vorliegende Studie, die die elterlichen Bemühungen, mittels expliziten Bedeutsamkeitszuschreibungen und evaluativen Feedbacks positiv auf die Kontroll- und Wert-Überzeugungen ihrer Kinder einzuwirken, nicht nur beschreiben und klassifizieren, sondern auch bezüglich ihrer Förderlichkeit beurteilen will, sind die sechs Kerndimensionen elterlichen Verhaltens aber insofern von besonderer Bedeutung, als sie die Einschätzung davon erlauben, wie die wert-

2.3 Elterliche schulbezogene Unterstützung – Kommentierung ...

und kontrollbezogenen Botschaften der Elternteile von den Kindern wohl rezipiert werden dürften. Ob die (externalen) elterlichen Appelle das Potential haben, vom Kind angenommen und handlungswirksam internalisiert zu werden, dürfte nicht nur von der Plausibilität der transportierten Botschaft der Wert- oder Kontrollregulation («Es ist bedeutsam, dass du…, weil du…» bzw. «Du hast … gut/schlecht im Griff, weil du…») abhängen, sondern – so postuliert es die Selbstbestimmungstheorie und belegen es zahlreiche Befunde (zsf. Grolnick & Ryan, 1989; Pomerantz & Grolnick, 2017; Wigfield, Eccles, et al., 2015, S. 24–25) – auch von der Art und Weise des Appellierens sowie von der Wahrnehmung der Beziehung zum appellierenden Elternteil (vgl. für eine eingehende Erläuterung Abschnitt 5.7). Der elterliche Stil der Vermittlung wirkt demnach – wie Darling und Steinberg (1993) postulieren – direkt oder vermittelt über die «Offenheit für elterliche Einflussnahmen» («the child's openness to parental socialization», S. 493) moderierend auf den Einfluss der Botschaft ein, die diese auf das Kind entfaltet. Wie Skinner und Kolleginnen (2009) schreiben:

> The key notion is that interacting with parents who support children's fundamental psychological needs serves an energetic function. Children are motivated to constructively engage with parents, to cooperate with the parental agenda, and to internalize the behaviors and values promulgated by parents. In other words, they are ready to be socialized. In contrast, children who interact with parents who are hostile, chaotic, and coercive become disaffected from parent – child interactions, and can be sullen, submissive, oppositional, or apathetic. In other words, they resist socialization. (Skinner, E. A. et al., 2009, S. 190)

Ebenso von großer Bedeutung für die vorliegende Studie ist der Umstand, dass elterliche Erwartungen an die Kompetenz des Kindes sowie elterliche Aspirationen mit Blick auf Leistungsmaße der Kinder die bei weitem effektstärksten elterlichen Konstrukte bezüglich der schulbezogenen Unterstützung sind. Während interpersonelle behaviorale Erwartungen die Überzeugungen und Einschätzungen der Eltern davon bezeichnen, welches Kompetenzniveau ihr Kind realistischerweise erreichen wird, bezeichnen Aspirationen elterliche Hoffnungen bezüglich des Kompetenzniveaus, welches das Kind erreichen soll (vgl. Goldenberg et al., 2001, S. 548). Wie in Abschnitt 4.2 im Rahmen der Vorstellung des «Modells motivations- und leistungsbezogener Sozialisation im Elternhaus» (vgl. Abbildung 4.1) noch näher erörtert wird, reflektieren beide interpersonellen Kognitionen einerseits vergangene Erfahrungen der Eltern mit dem Kind, andererseits aber auch ihre impliziten Theorien (z. B. über die Veränderlichkeit von intellektuellen Fähigkeiten), ihre Stereotype (z. B. geschlechtsspezifische

Begabungen) und – wie Hoorens (2012, S. 144) hervorstreicht – auch die Projektionen ihres eigenen Verhaltens (z. B. zeigt sich, dass Individuen ihre eigenen sozialen Werte wie Individualismus, Altruismus oder Wettbewerbsorientierung in geteilten Situationen auch von ihrem Gegenüber erwarten). Dass Erwartungen die subjektive Realität formen, zeigt sich etwa im «Placebo-Effekt» (treatment belief effect) oder bezogen auf interpersonale Erwartungen im «Pygmalion-Effekt» (self-fulfilling prophecies) bzw. im sog. demand effect in experimentellen Untersuchungssettings, in denen Menschen (und Tiere) sich offenbar konform zur Erwartung des signifikanten Gegenübers verhalten (Hoorens, 2012). Psychologisch erklärt wird dieser Umstand mit dem Zusammenspiel zwischen dem erwartungsgeleiteten Verhalten der signifikanten Anderen – hier der Eltern – auf der einen Seite und dem entsprechend den wahrgenommenen demand characteristics angepassten Verhaltensweisen der Rezipienten – hier der Kinder – auf der anderen Seite (vgl. Bandura, 1992; Bandura, 1997, S. 86–106). Bezogen auf die Effekte der breit untersuchten Erwartungen von Lehrkräften auf das Lern- und Leistungsverhalten von Schülerinnen und Schülern halten Wigfield et al. (2006) in ihrer Forschungsübersicht fest:

> These person-specific expectations may be one of the most direct social influences on students' feelings of competence in classrooms. The research indicates that teacher-expectancy effects are mediated by the ways in which teachers interact with the students for whom they have high versus low expectations [...]. Whether the effects are positive or negative depends on the exact nature of these interactions. For example, a teacher can respond to low expectation by providing the kinds of help and structure that increase the student's sense of competence and ability to master the material being presented. Alternatively, the teacher can respond in ways that communicate low expectations and little hope that the student will be able to master the material. In the latter case, the students' own sense of competence should decrease and the student should disengage from the classroom's learning agenda as much as is possible. [...] What is critical is how these perceptions translate into the teachers' actual behavioral interactions with each of the students in the class. (Wigfield et al., 2006, S. 976)

Dass das beschriebene Zusammenspiel zwischen den interpersonellen Erwartungen und den intrapersonellen Kompetenzüberzeugungen gleichermaßen auch in der Familie stattfindet, konnten Buff et al. (2011) im Rahmen der TRANSITION-Studie bei 459 Kindern und ihren Eltern längsschnittlich (1. Klasse, 3. Klasse und 6. Klasse) belegen. Es zeigte sich, dass sich die elterlichen kindbezogenen Erwartungen (bzw. «kindbezogenen Kompetenzüberzeugungen») stark auf Leistungsinformationen der Schule in Form von Noten, aber auch auf Geschlechtsstereotype («Jungen sind besser in Mathematik als Mädchen») sowie – bei Kontrolle der Leistungen – auf die Kompetenzüberzeugungen der Kinder selber abstützten,

2.3 Elterliche schulbezogene Unterstützung – Kommentierung …

sich nicht nur über alle Messzeitpunkte als relevante Prädiktoren der Kompetenzüberzeugungen der Kinder erwiesen, sondern mit diesen zusammen auch jeweils die nachfolgenden Leistungen beeinflussten. Wie sich die elterlichen Erwartungen, Aspirationen und Ziele in «into [...] actual behavioral interactions» mit dem Kind «übersetzen» (Wigfield et al., 2006, S. 976), wie Eltern dies konkret sprachlich tun und welche kompetenzbezogenen Erwartungen und Ziele sie Kindern namentlich in der zugespitzten Leistungssituation eines unklaren Übertrittsentscheids nahebringen möchten, ist kaum erforscht und wird im Zentrum der vorliegenden Untersuchung stehen.

Bevor in Kapitel 4 der Frage nachgegangen wird, inwiefern die soziale Herkunft der Eltern deren schulbezogene Orientierungen und Überzeugungen sowie deren Motivierungshandeln prädiktiert und inwiefern sich für das Kind daraus allenfalls Benachteiligungen für seine Bildungskarriere und seine gesellschaftliche Teilhabe ergeben, widmet sich das folgende Kapitel 3 dem Kontext vor dessen Hintergrund sich die hier interessierende familiale Kommunikation abspielt: schulischen Übertritten, deren Organisation sowie allfälligen Benachteiligungen, die sich daraus für Kinder und Eltern allenfalls ergeben.

Open Access Dieses Kapitel wird unter der Creative Commons Namensnennung 4.0 International Lizenz (http://creativecommons.org/licenses/by/4.0/deed.de) veröffentlicht, welche die Nutzung, Vervielfältigung, Bearbeitung, Verbreitung und Wiedergabe in jeglichem Medium und Format erlaubt, sofern Sie den/die ursprünglichen Autor(en) und die Quelle ordnungsgemäß nennen, einen Link zur Creative Commons Lizenz beifügen und angeben, ob Änderungen vorgenommen wurden.

Die in diesem Kapitel enthaltenen Bilder und sonstiges Drittmaterial unterliegen ebenfalls der genannten Creative Commons Lizenz, sofern sich aus der Abbildungslegende nichts anderes ergibt. Sofern das betreffende Material nicht unter der genannten Creative Commons Lizenz steht und die betreffende Handlung nicht nach gesetzlichen Vorschriften erlaubt ist, ist für die oben aufgeführten Weiterverwendungen des Materials die Einwilligung des jeweiligen Rechteinhabers einzuholen.

Elterliches Unterstützungshandeln und der Übertritt in die Sekundarstufe I

3

I: Wenn Sie jetzt einen Tipp abgeben müssten: Wo wird Ihre Tochter im nächsten Schuljahr sein? Sek A oder Sek B?
H11: Sek A. Also, ich werde alles daran setzen-. Ich werde noch streiten mit Leuten (I: lacht). Ich bin bereit. (lacht) Nein, Sek A. Auf jeden Fall. (unverst.) Eben, das System hier erlaubt nichts anderes. Und jetzt so oder so mit den Reformen von Sek B und C. Ich bin überhaupt nicht einverstanden, weil die Kinder der Sek B das alles tragen müssen. Die ganzen Probleme tragen sie und man weiß nicht, wie das nach vorne ausgeht. Sie sind einfach die Versuchskaninchen da, und ich will meine Tochter in der Sek A haben. Es gibt nichts anderes. Es gibt keine andere Möglich, ich sehe-. Für mich-, die Zukunft meiner Tochter- für mich gibt es keine andere Möglichkeit. Weil sie nachher keine Lehrstelle bekommt- […] Ich finde, es gibt keine andere Möglichkeit. (Interview G1, 00:47:37)

Die Akteure Kind, Eltern und Klassenlehrkraft befinden sich in einem «systemischen Beziehungsgeflecht» (Föllig-Albers & Heinzel, 2007, S. 307), das durch die institutionellen Strukturen der Schule geprägt wird (vgl. Abbildung 2.1). Der sozialökologischen Theorie Bronfenbrenners (1993) zufolge ist das Kind mit dem Schuleintritt Mitglied in zwei Mikrosystemen: demjenigen der Familie und demjenigen der Schule. Die beiden Lebensbereiche sind geprägt durch spezifische «Tätigkeiten, Aktivitäten, Rollen und zwischenmenschliche Beziehungen» (Bronfenbrenner, 1993, S. 38) und bergen je nach Grad der Anschlussfähigkeit der ihnen inhärenten kulturellen Muster Chancen oder Risiken für die Entwicklung des Kindes (vgl. Bourdieu, 1983, 2001). Zum Mesosystem, das die Wechselbeziehungen zwischen den beiden Mikrosystemen umfasst (vgl. Bronfenbrenner, 1993, S. 41–42), gehören für das Kind insbesondere schulische Aktivitäten, die zu Hause stattfinden wie Hausaufgaben und Prüfungsvorbereitungen (vgl. Wild, E. & Hofer, 2002, S. 217). Für die Eltern bilden Schule und Unterricht ein «Exosystem», d. h. ein Lebensbereich, an dem sie in der Regel nicht direkt teilhaben, mit dem sie aber durch ihr Kind verbunden sind und aus dem die Erwartung an sie erwächst, dass sie im Rahmen des im Schweizerischen Zivilgesetzbuch formulierten Erziehungsauftrags (Art. 302 Abs. 3 ZGB) zusammenarbeiten und im Lebensbereich Familie unterstützend auf das Kind einwirken. Ein Mesosystem stellt die Schule für die Eltern dar, wenn sie direkt mit den Lehrkräften kommunizieren – etwa bei Elternabenden, im Rahmen von Schulbesuchstagen oder informelleren telefonischen Gesprächen (vgl. Wild, E. & Hofer, 2002, S. 217). Aus der Sicht der Lehrkräfte bildet umgekehrt die Familie des Kindes ein Exobereich und wird lediglich im Rahmen von Interaktionen mit den Eltern zu einem Mesosystem. In welchem Maß und in welcher Form Eltern und Lehrkräfte «grenzüberschreitend» kommunizieren, ist in der Schulgesetzgebung geregelt. Diese gibt den Akteuren allerdings immer nur einen institutionellen Rahmen vor für deren «Rekontextualisierungen», d. h. für deren Situationsdeutungen und für die Handlungskonsequenzen, die sie daraus ziehen (vgl. Fend, 2006, 2008). Bronfenbrenner (1993, S. 207) postuliert, dass Mesosysteme für das Kind umso entwicklungsförderlicher seien, je persönlicher, müheloser und umfangreicher die Kommunikation zwischen den Lebensbereichen sei und je stärker diese von «gegenseitigem Vertrauen, positiver Orientierung und Zielübereinstimmung» geprägt sei.

Eine ganze Reihe von Autoren haben demgegenüber hervorgehoben, dass das Verhältnis zwischen Elternhaus und Schule eher durch Misstrauen, gegensätzlichen Interessen, fehlende Interaktion und nicht selten durch Konflikte gekennzeichnet sei als durch partnerschaftliche Merkmale (vgl. Ditton, 1987; Krumm, 2010; Neuenschwander et al., 2005; Pekrun, 1997, 2001; Solzbacher, 2011; Ulich, 1993). Die Schwierigkeiten dürften daher rühren, dass der Familie mit der Schule ein «institutioneller Akteur» (Fend, 2006, S. 169) gegenübersteht, der auf der Basis von gesetzlichen Rahmenvorgaben in professionalisierter Weise einen öffentlichen Auftrag ausführt, der mit Sanktionsmöglichkeiten ausgestattet ist und der Aufgaben gegenüber der nachwachsenden Generation wahrnimmt, die vor der Einführung der Schulpflicht weitgehend unangetastet in den Händen der Eltern lagen (vgl. Fuhrer, 2009, S. 265). Zwar akzeptieren hierzulande die allermeisten Eltern[1] das Primat der Schule bezüglich der Qualifikationsfunktion, der institutionalisierten Weitergabe von Wissen und Fertigkeiten einer

---

[1] Vgl. die Diskussion um das «Home-Schooling» bzw. die «Home-Education» (vgl. Spiegler, 2008).

3 Elterliches Unterstützungshandeln und der Übertritt ...

Kultur (Fend, 2006, S. 50), und sie scheinen grundsätzlich bereit, die Schule diesbezüglich im Rahmen ihrer Möglichkeiten durch die Optimierung der häuslichen Lernumwelt, bei den Hausaufgaben und ggf. in Form der Organisation von Nachhilfe zu unterstützen (Neuenschwander et al., 2005, S. 57–65). Doch bereits bei der Integrations- und Enkulturationsfunktion, der Aufgabe der Schule, zu gesellschaftlich angemessenen Arbeits- und Lern- und Leistungsbereitschaften sowie politischen, sozialen und ethischen Orientierungen zu erziehen (Fend, 2006, S. 50), treten je nach Werten, Gewohnheiten und Regeln des Elternhauses beträchtliche Divergenzen zwischen Eltern und schulischen Akteuren auf (Neuenschwander et al., 2005, S. 57–65), wie dies z. B. immer mal wieder in der öffentlichen Diskussion um das Kopftuchtragen in der Schule, um den Sexualkundeunterricht oder aber um das Einhalten der von der Schule festgelegten Ferientage sichtbar wird.

Ulich (1993, S. 21–22) und Fuhrer (2009, S. 271–272) nennen eine Reihe von Gegebenheiten der Institution Schule, die prägenden Einfluss auf die Beziehungen zwischen Eltern und Kindern oder zwischen Eltern und Lehrkräften ausüben:

– Die Schulpflicht ist für Kinder und Eltern bindend und bringt für die Familienmitglieder mit den damit einhergehenden zeitlichen Vorgaben, den Klassen- und Stufenwechseln Veränderungen, Belastungen und u. a. berufliche Zwänge mit sich (vgl. auch Neuenschwander et al., 2005, S. 56).
– Kontakte zwischen Eltern und Lehrkräften sind vorstrukturiert, indem sie normalerweise im Schulhaus zustande kommen, die Lehrkräfte die terminlichen Zeitfenster festlegen und sich die Eltern meist in einer bittenden Position vorfinden, insofern als ihnen daran gelegen ist, dass ihr Kind von den schulischen Akteuren differenziert und facettenreich wahrgenommen wird. Tatsächlich dürften hierzulande noch immer viele schulische Akteure die Eltern allenfalls als «lästige Kritiker», nicht aber «als Partner und wichtige Ressource für die Weiterentwicklung von Schule wahrnehmen», wie Reusser (2015) vermutet. Elterngespräche (noch deutlicher manifest im Terminus «Elternsprechstunden») bergen dadurch Abhängigkeits- oder Unterlegenheitserfahrungen. Ulich (1993, S. 21) gibt ferner zu bedenken, dass auch positive Bestätigungen, die Eltern von «guten» Schülerinnen und Schülern durch Lehrkräfte erfahren, im Kern «eine Form von Abhängigkeit» darstellt, insofern als Eltern auf günstige Beurteilungen durch die Schule angewiesen sind.
– Die schulischen Leistungsanforderungen bestimmen nicht nur die schulinternen Aktivitäten des Kindes, sondern spielen über Hausaufgaben, Prüfungsvorbereitungen sowie über Prüfungs- und Zeugnisnoten auch eine große Rolle in seiner häuslichen Lebenswelt. Die Beziehung zwischen Kindern und Eltern

dürfte in nicht unerheblichem Maß davon mitbestimmt sein, wie sie einander im Kontext dieser Tätigkeiten erleben: So berichten beide Seiten in einer von Zaugg (2014) im Rahmen der TRANSITION-Studie durchgeführten Analyse der Wahrnehmungen und Beurteilungen von Eltern und Kindern beim gemeinsamen Bearbeiten von Hausaufgaben von Spaß und Freude, aber auch von Frust und Streit (vgl. Abschnitt 2.2.2.3). Eine «eingeengte und reduzierte» Beziehungsqualität resultiert laut Ulich (1993, S. 22) ferner, wenn die Eltern ihre Anerkennung und Zuneigung zu ausgeprägt an Leistungsergebnisse des Kindes koppeln, so zusätzlichen Druck aufbauen und das Kind den Leistungscharakter der Schule noch stärker erfahren lassen (vgl. Abschnitt 2.2.2.3 und Abschnitt 5.7).

Die grundsätzliche Machtasymmetrie, die zwischen den Institutionen Familie und Schule besteht, gründet denn auch insbesondere auf der Selektions- bzw. Allokationsfunktion der Schule, deren gesellschaftlichen Aufgabe, die Schülerinnen und Schüler auf der Basis einer möglichst objektiven Leistungsmessung und -beurteilung auf Bildungs- und Berufslaufbahnen bzw. soziale Positionen zu verteilen (vgl. Fend, 2006, S. 50).

Die staatlich abgesicherte Befugnis zur Ausstellung von Qualifikationsnachweisen und Zugangsberechtigungen stellt eine Ressource der Schule dar, die Eltern zu einer Suche nach Handlungsoptionen zu Entscheidungen und zu Handlungsoptimierungen zwingt, angesichts ihres Interesses, den Familienstatus und die Lebenschancen ihres Kindes zu wahren und zu mehren (vgl. Pekrun, 2001, S. 86–87). Der Übertritt von der Primarstufe zur Sekundarstufe I wird in dieser Hinsicht nicht nur von der empirischen Bildungsforschung als besonders wegweisend für die Ausbildungslaufbahn von Jugendlichen und deren spätere sozioökonomische Position als Erwachsener erachtet (z. B. Baumert, Maaz & Trautwein, 2009; Becker, R., 2010; Becker, R. & Lauterbach, 2016; Ditton & Krüsken, 2010; Maaz & Nagy, 2010), sondern dürfte auch von den meisten Eltern als Schlüsselstelle für die kurz- oder längerfristige Zukunft ihres heranwachsenden Kindes wahrgenommen werden, insofern als sie um bildungsökonomische Befunde wissen, wonach höhere Bildungszertifikate und erweiterte bzw. spezialisierte Kompetenzen mit höherem Einkommen (z. B. Boockmann & Steiner, 2006) und geringerem Arbeitslosigkeitsrisiko (z. B. Kerckhoff, Raudenbush & Glennie, 2001; Kettunen, 1997) einhergehen. Sie dürften den Übertritt als Stelle in der Biografie ihres Kindes wahrnehmen, an der sie als Erziehungsberechtigte in gesteigertem Maße mit der Frage konfrontiert sind, welche schulischen und beruflichen Aspirationen sie für ihr Kind hegen und inwiefern sich diese Wünsche angesichts dessen Leistungen und Persönlichkeitsmerkmalen im Kontext der familialen Ressourcen sowie der jeweils vorliegenden strukturellen Gegebenheiten des Schul- und Berufsbildungssystems realisieren lassen. Wie Becker und Lauterbach (2016) schreiben, dürfte denn auch der Einfluss der Eltern auf die Bildungsbiografie ihres Kindes an dieser Stelle besonders groß sein:

> Diese [elterlichen Entscheidungs-]Prozesse am Ende der Primarschulzeit sind bedeutsam. Denn insbesondere am Ende der Primarschule erfolgt für den Übergang auf die weiterführenden Schullaufbahnen die bedeutsamste, mit weitreichenden Konsequenzen versehene Bildungsentscheidung. Allerdings ist dieser Wechsel von der Primarstufe auf die Sekundarstufe I stärker als die anderen Bildungsentscheidungen vom Willen der Eltern beeinflusst, während bei späteren Wechseln der Schulart oder bei einem vorzeitigen Abgang von der Schule die Schulleistungen und die Motivation des Kindes wichtig sind [...]. (Becker, R. & Lauterbach, 2016, S. 12)

Inwiefern und wie Eltern in den Wochen und Monaten vor dem Übertritt gegenüber dem Kind handeln, auf welche Weise und in welchem Umfang sie es für schulische Ziele zu motivieren versuchen, dürfte maßgeblich von ihrer laufenden Lagebeurteilung und ihrem aus diesem Entscheidungsprozess hervorgegangenen Übertrittsziel abhängen (vgl. Kleine, Paulus & Blossfeld, 2009). Ähnliche Einschätzungs- und Beurteilungsprozesse sowie Handlungsmodifikationen laufen auch aufseiten der Klassenlehrkräfte ab, die sich je nach institutionellen Vorgaben ebenfalls gezwungen sehen, mehr oder weniger bindende Schullaufbahnentscheide zu fällen (vgl. Pohlmann, 2009). Während beide Parteien sich wohl um eine bestmögliche Entscheidung bemühen werden, divergieren die Bedingungen dafür allerdings beträchtlich: Eltern treffen eine Entscheidung für ihr Kind und die Klassenlehrkraft für eine Schülerin bzw. einen Schüler unter anderen. Während Eltern sich ganz auf die Partikularinteressen der Familie und ihres Kindes konzentrieren können, müssen die Lehrkräfte nicht nur die Interessen des Kindes und der Eltern, sondern ebenso diejenigen des Schulsystems – u. a. die Aufrechterhaltung der Anforderungsprofile der jeweiligen Bildungsgänge oder die Einhaltung von allenfalls festgelegten Teilnehmendenquoten pro Bildungsgang – in ihre Überlegungen miteinbeziehen (vgl. Ditton, 2016, S. 291).

Der Umstand, dass sich das deutsche, aber auch das schweizerische Bildungssystem in der PISA-Studie im internationalen Vergleich trotz der Bildungsexpansion seit den 60er-Jahren des letzten Jahrhunderts als nach wie vor besonders selektiv erwiesen hat und sich hinsichtlich des Geschlechts, namentlich aber der kulturellen und sozialen Herkunft bedeutsame Unterschiede bezüglich des Bildungserfolgs und der Bildungsteilhabe finden lassen (vgl. Baumert & Schümer, 2001, S. 381–393; Coradi Vellacott, Hollenweger, Nicolet & Wolter,

2003; Ramseier & Brühwiler, 2003a; SKBF, 2018, S. 98–103), hat die Thematik der Chancengerechtigkeit bzw. der Educational Equity[2] erneut in Blickfeld der aktuellen Bildungspolitik und empirischen Bildungsforschung gerückt (vgl. Fend, 2004). Es stellt sich die Frage, inwiefern die frühe Sortierung der Kinder auf unterschiedlich anforderungsreiche Schultypen in beiden Bildungssystemen sowie das Entscheidungsverhalten der beteiligten Akteure an diesem Übergang für die bestehenden Unterschiede im Bildungserfolg bei den 15-Jährigen mitverantwortlich zeichnet und inwiefern Kindern tatsächlich, wie von den Eltern in den Interviewausschnitten in Abschnitt 1.1 befürchtet, Entwicklungsbenachteiligungen aus dem Besuch des weniger anspruchsvollen Bildungsgangs erwachsen könnten.

3.1 Entscheidungstheoretischer Ansatz zur Erklärung herkunftsabhängiger Bildungsmuster

Zur Klärung, wie an diesem Übergang schulische mit individuellen und familialen Faktoren zusammenspielen, werden neben dem kulturtheoretischen Ansatz Pierre Bourdieus (1984, 1996a) vor allem institutionelle Erklärungsansätze sowie entscheidungstheoretische Modelle herangezogen (vgl. Kramer et al., 2009, S. 12). Eine eigentliche Schlüsselstellung kommt dabei Raymond Boudons Ansatz (1974) zu, insofern als sich seine Unterscheidung zwischen einem primären und sekundären Effekt der sozialen Herkunft in der soziologischen und pädagogisch-psychologischen Bildungsforschung als erklärungsmächtig erwiesen hat, und die beiden anderen genannten Ansätze bis zu einem gewissen Grad zu integrieren vermag (vgl. Ditton, 2016, S. 283; Maaz et al., 2006). Während der primäre Effekt, der auf dem kulturellen Kapital der Herkunftsfamilie beruht und in unterschiedlichen schulischen Leistungen der Kinder zum Ausdruck kommt, im Zusammenhang mit der Transmission von Überzeugungen von Eltern auf ihre Kinder in Abschnitt 4.1 noch näher thematisiert werden wird, steht im Folgenden vor allem der sekundäre Effekt, nämlich das unterschiedliche Entscheidungsverhalten von Eltern und der schulischen Akteure in Abhängigkeit der sozialen

---

[2] Auf den Diskurs um die Begriffe *equality (Chancengleichheit)* und *equity* kann hier nicht näher eingegangen werden (Überblick z. B. bei Kappus, 2015). In der vorliegenden Arbeit wird im Zuge der Definition der OECD (2007) letzterer Terminus verwendet, der «als Umschreibung von Chancengerechtigkeit» (SKBF, 2014, S. 19) international gebräuchlich ist und auf den beiden Dimensionen *Fairness* («personal and social circumstances such as gender, socio-economic status or ethnic origin should not be an obstacle to educational success») und *Inklusion* («a minimum standard of education for all») (OECD, 2007, S. 29) beruht.

Position der Familie im Fokus. Nach der Darstellung der Theorie wird die Befundlage zu den zentralen Postulaten derselben dargestellt.

3.1.1 Primäre und sekundäre Effekte der familiären Herkunft – Boudons Rational-Choice-Theorie

Mit seinem mikrosoziologischen Ansatz zur Erklärung der Genese und Reproduktion von ungleichen Bildungschancen gab Boudon die Initialzündung für einen Forschungszweig, der Laufbahnentscheide an verschiedenen Übergängen des Bildungssystems selbst zum Forschungsgegenstand erhebt. Ursprünglich ausgehend vom Modell des homo oeconomicus postulieren Boudon und eine Reihe von Forschenden (u. a. Becker, R., 2000; Breen & Goldthorpe, 1997; Esser, 1999b; Müller-Benedict, 2007), deren eigene Konzeptionen an derjenigen Boudons anschließen (vgl. Lauterbach, 2011, S. 298), dass sozial ungleiche Bildungschancen das aggregierte Ergebnis aus dem Zusammenspiel von leistungsbezogenen Mechanismen des Schulsystems sowie von zwischen den Sozialschichten variierenden Entscheiden von Eltern hinsichtlich ihrer Investitionen in die Bildung ihres Kindes seien (vgl. Becker, R., 2017b, S. 111; Kramer et al., 2009, S. 25). Diese Entscheide beruhen demnach in der Regel auf komplexen Problemlöseprozessen, die von Nutzenkalkül und Realisierungserwartungen getragen sind und je nach sozialer Lage mit einem unterschiedlichen Maß an Unsicherheit einhergehen, welche sich aus dem ungleichen Kenntnisstand bezüglich der tatsächlich zur Verfügung stehenden Bildungsoptionen, der Kompetenzen des Kindes sowie der zu erwartenden Kosten und Renditen ergibt (vgl. Becker, R., 2017b, S. 113). Laut Boudon muss bei der Reproduktion sozialer Ungleichheit über das Schulsystem zwischen primären und sekundären Effekten der Schichtzugehörigkeit differenziert werden: Primäre Effekte bezeichnen die langfristigen Wirkungen des sich deutlich zwischen den Sozialschichten/Klassen unterscheidenden kulturellen Kapitals der Familie, welche sich in schichtspezifischen Unterschieden im schulischen Leistungspotential, in den schulischen Leistungen und schließlich in differenziellen Ausleseergebnissen manifestieren: «The lower the social status, the poorer the cultural background – hence the lower the school achievement, and so on. These are what we have called the primary effects of stratification» (Boudon, 1974, S. 29). Der primäre Effekt ist demnach, wie Becker (2017b, S. 115–116) es formuliert, «nichts anderes, als die Korrelation des sozialen Status des Elternhauses mit dem kulturellen Niveau und der sozialen Distanz zur höheren Bildung». Als Erklärungsansatz für das sozial differenzielle Lernen wird vorwiegend derjenige Bourdieus (vgl. Abschnitt 4.1) herangezogen, der den Lernerfolg als Ergebnis der klassenbezogen unterschiedlichen Verfügbarkeit über ökonomisches, kulturelles und soziales Kapital der Herkunftsfamilie und Passungsprozessen im Schulsystem konzipiert (vgl. Sackmann, 2013, S. 111; Stocké, 2011, S. 74).

Als sekundären Effekte bezeichnet Boudon demgegenüber die von der Sozialschicht und der jeweiligen temporären sozialen Lage abhängigen Unterschiede in den subjektiven Kosten-Nutzen-Abwägungen verschiedener Bildungswege und den darauf basierenden Entscheid der Eltern (aber auch der schulischen Akteure) für einen bestimmten Bildungsgang. Auf der Social Position Theory von Keller und Zavalloni (1964) aufbauend, postuliert Boudon (1974, S. 29–36), dass die subjektiv eingeschätzten langfristigen Kosten und die aspirierten Bildungsabschlüsse immer in Relation zur sozialen Position des Elternhauses gesehen werden müssten: Im Bestreben, einen Statusabstieg in der nächsten Generation zu vermeiden, müssten die höheren und mittleren Schichten Ressourcen für die Bildung ihrer Kinder bereitstellen, während die Familien tieferer Sozialschichten diesbezüglich nicht zwingend auf ein Investment in die höhere Bildung ihrer Kinder angewiesen seien (vgl. Becker, R., 2017b, S. 118; Lauterbach, 2011, S. 299). Ein nach Schicht unterschiedlicher Nutzen ergibt sich demnach insbesondere aus dem Motiv des Statuserhalts: «Je höher der soziale Status des Elternhauses ist, desto höher ist die angestrebte Bildungslaufbahn» (Becker, R., 2017b, S. 118). Boudon gibt in diesem Kontext zu bedenken, dass das Nichterfüllen schichtspezifischer Erwartungen für die Kinder und ihre Familien mit sozialen Kosten verbunden sein kann:

> Thus, not choosing a prestigious curriculum may represent a high social cost for a youngster from a middle-class family if most of his friends have chosen it; but choosing the same course may represent a high cost for al lower-class youngster if most of his friends have not. Also, a given decision may have different returns from the viewpoint of family solidarity. Following a prestigious curriculum may serve to reinforce family solidarity for a middle-class youngster and to weaken it for a lower-class youth. (Boudon, 1974, S. 30)

Mit Blick auf die monetären Kosten und den Zeithorizont ist vor allem die soziale Distanz entscheidend, die es zur Erreichung eines höheren Bildungsabschlusses zu überwinden gilt: Da Familien höherer Schichten meist auch ein größeres anschlussfähiges Bildungskapital aufweisen, das sie in der Regel im Rahmen der familialen Sozialisation über die Jahre kontinuierlich an ihre Kinder weitergegeben haben, und sie zudem eher als die unteren Schichten

3.1 Entscheidungstheoretischer Ansatz zur Erklärung ...

über die ökonomischen Ressourcen verfügen, die zur Bewältigung der anfallenden Investitions-, Opportunitäts- und Transaktionskosten notwendig sind, welche sich mit einer ausgedehnteren Bildungslaufbahn einstellen, fällt die Nutzen-Kosten-Kalkulation an den Übergangsstellen bei ihnen eher zugunsten höherer Bildungsangebote aus. Ausgehend von ihrer sozialen Position müssen die Eltern und Kinder unterer Sozialschichten dahingegen vergleichsweise «höhere Aspirationsniveaus haben, mehr Ressourcen aufbringen und sich mehr anstrengen, damit sie sich für die höhere Bildung entscheiden» (Becker, R., 2017b, S. 119). Das Risiko, das mit einer längeren Schulkarriere verbunden ist, erscheint für sie größer, die eigentlichen Aspirationen[3] aber schätzt Boudon (1974, S. 23) in Einklang mit Keller und Zavalloni nicht per se zwingend als geringer ein als bei Familien höherer Schichten, es falle ihnen aber eben schwerer, den allenfalls ins Auge gefassten Nutzen zu realisieren:

> We should thus be prepared to find class-determined variations in aspirations not because the individual class members are more or less ambitious but because the classes themselves are nearer to some goals than to others. The class-accessibility of a given goal will affect its saliency for that class independently from its saliency for the individuals within it. (Keller & Zavalloni, 1964, S. 60)

Laut der Thesen Boudons resultieren die schichtspezifisch variierenden Bildungsmuster zusammengefasst also aus dem Wechselspiel zwischen a) den unterschiedlichen schulischen Ausgangspositionen von Kindern (differenzielle Kompetenzniveaus und motivationale Orientierungen) und dem Umgang damit im Schulsystem, b) den unterschiedlichen Belastungen durch die anfallenden Kosten einer weiterführenden Ausbildung (divergierende Ressourcen für eine längere Bildungslaufbahn) sowie c) den Unterschieden in den erwarteten Bildungsrenditen (differenzielle Aspirationsniveaus) (vgl. Ditton, Krüsken & Schauenberg, 2005, S. 286; Sackmann, 2013, S. 118).

3.1.2 Empirische Befunde zu den Kernpostulaten der Theorie

In die Bildung des Kindes – und wohl auch in ein forciertes Unterstützen vor dem unsicheren Übertrittsentscheid – wird so lange investiert, so die Annahme dieser erwartungs-werttheoretischen Konzeption, wie die erwarteten Kosten den

---

[3]Lange und Xyländer (2011, S. 57) sprechen hierbei von «zeitstabilen Präferenzen», über die alle Eltern verfügten: «sie wünschen sich [für ihre Kinder] z. B. alle eine gute Ausbildung, hohes Einkommen, berufliches Fortkommen oder ein gutes Leben».

erwarteten Nutzen der Bildungsanstrengungen nicht überschreiten, und so lange, wie die Wahrscheinlichkeit der Zielerreichung angesichts der schulischen Leistungen des Kindes hoch bleibt. In dieser Art lassen sich empirische Befunde (z. B. Stocké, 2007) erklären, wonach sich Eltern aus höheren Schichten eher für weiterführende Bildungsgänge und Eltern aus tieferen Schichten eher dagegen entscheiden, obwohl ihre Kinder über gleiche Leistungsergebnisse und gleiche Erfolgserwartungen verfügen. Becker und Lauterbauch (2016, S. 15–17) zeigen auf der Grundlage bereits älterer Paneldaten des Konstanzer Forschungsprojekts «Bildungsverläufe in Arbeiterfamilien» (Details in Becker, R., 2000, S. 458–459) in Einklang mit den theoretischen Postulaten Boudons, dass Mittelschichtsfamilien, die besonders vom intergenerationalen Statusverlust bedroht sind, sich eher für das Gymnasium als für die Realschule entscheiden, wenn die Bildungsmotivationen größer oder gleich den eingeschätzten Investitionsrisiken sind, und dass der Besuch der Hauptschule für sie im Prinzip keine Option darstellt. Unterschichtsfamilien entscheiden sich dahingegen in signifikanter Weise vornehmlich für die Realschule, wenn die Bildungsmotivationen größer sind als die Investitionsrisiken. Die Hauptschule kommt für diese Familien nur in Frage, wenn die Investitionsrisiken deutlich höher sind als die Bildungsmotivationen. Eltern aus der Oberschicht sehen für ihre Kinder generell das Gymnasium vor, die Realschule stellt nur bedingt eine Option und die Hauptschule gar keine Option für sie dar.

Damit zeigt sich, dass die überwiegende Mehrheit der Eltern auch in den unteren Schichten mittlerweile eine Hauptschullaufbahn für ihr Kind zu vermeiden sucht. Bildungsmotivationen bzw. -aspirationen wandeln sich über die Generationen hinweg (vgl. Kleine et al., 2009, S. 105). Ditton und Krüsken (2006) halten als Ergebnis einer (längsschnittlichen) Befragung von Eltern bei 27 bayrischen Grundschulklassen vor dem Übertritt fest, dass die große Mehrheit einen Realschulabschluss mittlerweile «als die Mindestnorm» (Ditton & Krüsken, 2006, S. 367) erachtet und hierfür vor allem berufliche Perspektiven als Begründung anführt. Berufliche Chancen erweisen sich generell als wichtigstes Kriterium für die aspirierte Schulform bei den Eltern. 87 % der Befragten glauben, dass mit dem Hauptschulabschluss schlechte oder sehr schlechte berufliche Aussichten verbunden seien. Das Gymnasium wird in dieser Hinsicht unabhängig von der Sozialschicht als erstrebenswert erachtet: 97 % der Eltern glauben, dass gute oder sehr gute berufliche Perspektiven mit einem Besuch dieser Schulform einhergingen. Bezüglich des Realschulabschlusses sind 91 % der Eltern schichtübergreifend der Meinung, dass damit gute oder sehr gute (10 %) berufliche Chancen verbunden seien. Allerdings konnten die Autor*innen einen additiven Effekt in Abhängigkeit des sozialen Status der Eltern nachweisen: «Je höher die

3.1 Entscheidungstheoretischer Ansatz zur Erklärung ...

soziale Position, umso mehr werden die Chancen, die sich durch den Besuch der Hauptschule und Realschule eröffnen, in Zweifel gezogen; die Unterschiede zwischen den drei Schularten bleiben hierbei aber bestehen.» (Ditton & Krüsken, 2006, S. 358). Für die Schweiz scheint keine vergleichbare Studie zu bestehen, doch kann angesichts der kulturellen und sozialstrukturellen sowie den berufssystembezogenen Ähnlichkeiten angenommen werden, dass sich bezüglich der drei Schultypen der Sekundarstufe I ein ähnliches Muster in den elterlichen Aspirationen belegen ließe.

Boudon (1974, S. 67–100) versteht Bildungslaufbahnen mit Blick auf die Schulsysteme Deutschlands, Frankreichs, der Schweiz und Schwedens über die Kindheit, die Jugend bis ins Erwachsenenalter «als sequenzieller Entscheidungsprozess mit wiederkehrenden, weitgehend festgelegten Entscheidungspunkten» (Lauterbach, 2011, S. 300) und simuliert, wie bei gleichen Schulleistungen der Kinder die Wahrscheinlichkeit im Schulsystem zu verbleiben schichtspezifisch variiert. In seiner Simulation wird ersichtlich, dass den sekundären Herkunftseffekten eine höhere relative Bedeutung zukommt als den primären Effekten bzw. dass mit jedem weiteren Übertritt in der Bildungskarriere und somit jedem weiteren Entscheid, ob der Jugendliche bzw. Erwachsene im Bildungssystem verbleiben oder ausscheiden solle, der Einfluss des kulturellen Kapitals – also des primären Herkunftseffekts – abnimmt und der Einfluss ökonomischer Erwägungen – also des sekundären Herkunftseffekts – zunimmt.

Neuere empirische Studien scheinen diese Annahme Boudons für Deutschland zu bestätigen, zumindest für Kinder und Jugendliche ohne Migrationshintergrund (vgl. Becker, R. & Lauterbach, 2016, S. 12): Bei Kontrolle der schulischen Leistungen nimmt mit zunehmendem Bildungsübergang das relative Gewicht der Bildungsentscheidung in Abhängigkeit der Schichtzugehörigkeit gegenüber primären Herkunftseffekten zu (vgl. Becker, R., 2009; Neugebauer, 2010). Müller-Benedict (2007) zeigt allerdings auf der Basis von PISA-Daten, dass beim ersten Übergang von der Primar- in die Sekundarstufe I dem primären Herkunftseffekt, also Prozessen des sozial differenziellen Lernens, annähernd das gleiche Gewicht wie dem sekundären Effekt zukommt, wobei dies vor allem aus dem Beitrag der Kinder aus Familien unterer sozialen Schichten mit Migrationshintergrund resultiert. Mit Hilfe der Daten der IGLU-E-Studie belegen Becker und Schubert (2011) sodann, dass beim Vergleich von Kindern mit oder ohne Migrationshintergrund der primäre Effekt bezüglich der Nachteile eine größere Rolle spielt, während beim Vergleich von einheimischen Kindern unterschiedlicher sozialer Herkunft der sekundäre Effekt im Vordergrund steht. Mit Bezug auf Befunde, wonach die Bedeutung des primären Effekts bei den Migrantenkindern mit hoher Wahrscheinlichkeit der Ressourcenlage der Familie und kaum systematischen Diskriminierungen durch die Lehrkräfte bei der Übertrittsempfehlung geschuldet sein dürfte (z. B. Becker, R. & Beck, 2012) – es also vornehmlich deren Eltern sind, die vor dem Hintergrund eigener sprachlicher, kultureller und sozialer Ressourcen sowie mit Blick auf die Schulleistungen ihres Kindes sich mit tieferen Schultypen zufriedengeben – stellen Becker und Lauterbach (2016, Hervorhebung im Original) die These auf, «[dass] – bei gegebenen Rahmenbedingungen des Bildungssystems und über den Bildungsverlauf gesehen – zentrale soziale Mechanismen der Bildungsungleichheit vor allem auf schichtspezifischen Bildungsentscheidungen [der Eltern beruhen], in welche auch (sozial differente) Schulleistungen und herkunftsbedingte Bildungserfolge einfließen». Dabei betonen sie allerdings, dass diese elterlichen Entscheidungen vom Bildungssystem «erzwungen» seien und gerade der Umstand, dass sich die Eltern in Deutschland (ebenso in der Schweiz) relativ früh für den Bildungsweg ihres Kindes entscheiden müssten, möglicherweise für «die Struktur, das Ausmaß und die Dauerhaftigkeit von Bildungsungleichheiten» verantwortlich zeichne. Sie fassen die sich aus der Befundlage ergebenden Gesetzmäßigkeiten wie folgt zusammen:

> Je stärker ein Bildungssystem stratifiziert ist, je mehr Bildungshürden auf dem Weg zur höheren Bildung überwunden werden müssen, je segmentierter und je undurchlässiger die Bildungswege sowie je breiter die Bildungsangebote an den einzelnen Übergangsstellen im Bildungssystem sind, desto schwerer wiegen sekundäre Herkunftseffekte bei der Entstehung und Reproduktion sozialer Ungleichheit von Bildungschancen. Je rigider die leistungsbezogenen Sortier- und Selektionsleistungen des Bildungssystems sind, desto größer sind die Gewichte primärer Herkunftseffekte bei den Übergangsstellen im Bildungssystem. (Becker, R. & Lauterbach, 2016, S. 13)

In diesem Zusammenhang stellt sich auch die Frage, welche Rolle die Verbindlichkeit der Übertrittsempfehlung (vgl. auch Abschnitt 3.2.1) durch die Grund- bzw. Primarschule für das Gewicht primärer und sekundärer Herkunftseffekte birgt. Auf den ersten Blick lassen die bisherigen Ausführungen vermuten, dass in Schulsystemen mit unverbindlicher Empfehlung vor allem den schichtspezifischen elterlichen Aspirationen und somit sekundären Herkunftseffekten ein stärkeres Gewicht zukommt, wohingegen in Systemen mit verbindlichem Lehrpersonenurteil die schulischen Leistungen des Kindes und somit primäre Herkunftseffekte im Vordergrund stehen dürften. Übertrittsregelungen mit größerem Einfluss der Lehrkraft wären im Sinne der Chancengerechtigkeit demnach vorzuziehen. Die Studien von Gresch, Baumert und Maaz (2010) und Dollmann (2011) scheinen diese Vermutung zu bestätigen. Eine neuere umfangreiche Untersuchung von

3.1 Entscheidungstheoretischer Ansatz zur Erklärung ...

Roth und Siegert (2015), die sich auf der Basis des Mikrozensus auf eine repräsentative Stichprobe sowie den langen Zeitraum von 1976 bis 2010 stützt und ferner auf die repräsentativen Daten von Niedersachsen und Nordrheinwestfalen zurückgreift, zweier Bundesländer, die einen Systemwechsel zu unverbindlichen Übergangsempfehlungen vollzogen haben, lassen sich dahingegen im Ländervergleich keine nachhaltigen Effekte der Verbindlichkeit auf die soziale Ungleichheit in der Mitte der Sekundarstufe I belegen. Auch bei den beiden Bundesländern, bei denen ein Vorher-Nachher-Vergleich durchgeführt wurde, konnten keine den Annahmen entsprechenden Effekte festgemacht werden: «Eltern aus oberen sozialen Schichten scheint es somit unabhängig vom Ausmaß der Verbindlichkeit der Übergangsempfehlungen besser als Eltern aus unteren sozialen Schichten zu gelingen, ihre Kinder vorteilhaft im Bildungssystem zu platzieren» (Roth & Siegert, 2015, S. 133). Der plausibelste Erklärungsansatz hierfür dürfte in einem forcierten Unterstützungshandeln von Eltern mit erhöhtem kulturellen, sozialen und ökonomischen Kapital zu suchen sein: Die drohende Nicht-empfehlung bzw. -zuweisung zum angestrebten Schultyp dürfte die Eltern vor dem definitiven Entscheid dazu treiben, in den Kompetenzerwerb ihrer Kinder Zeit und/oder Geld zu investieren oder aber die entscheidungstragenden Lehrkräfte in ihrem Sinne zu beeinflussen (vgl. Neugebauer, 2010, S. 209–210; Roth & Siegert, 2015, S. 133–134). Während in Ländern mit freier Elternentscheidung sekundäre Herkunftseffekte ausschlaggebend seien, so die Folgerung von Becker und Lauterbach (2016, S. 12), seien es in denjenigen mit bindenden Lehrpersonenempfehlungen die primären Herkunftseffekte[4].

Da die vorliegende Studie in einem Bildungssystem durchgeführt wurde, welches die Eltern mittels gemeinsamer Gespräche zwar laufend in den Erwägungsprozess der Klassenlehrkraft einbezieht, das aber hinsichtlich der konkreten Einteilung der Kinder auf die Bildungsgänge letztlich auf stark bindende Empfehlungen der Primarlehrperson setzt (vgl. Abschnitt 3.3), werden im Folgenden strukturelle und prozessuale Bedingungen von Bildungsinstitutionen, die maßgebliche Kontextbedingungen für das Entscheidungs- und Unterstützungshandeln der Eltern darstellen dürften, eingehend erläutert und bezüglich der empirischen Befundlage erörtert.

---

[4]Wie Tiedemann und Billmann-Mahecha (2010, S. 650) herausstreichen, folgen die Eltern grundsätzlich auch in den Bundesländern, in denen die Schulwahl letztlich ihnen überlassen ist, mehrheitlich den Grundschulempfehlungen der Lehrkräfte.

3.2 Institutionelle Rahmenbedingungen für das elterliche Handeln beim Übertritt

Wenn sich Eltern über die Realisierungschancen ihrer Übertrittsaspirationen Gedanken machen, so dürften sie nicht nur die schulische Performanz ihres Kindes und ihre eigenen Fähigkeiten zur Lern- und Motivationsunterstützung in den Blick nehmen, sondern sich auch vergegenwärtigen, a) wie die regionale Sekundarstufe I konkret ausgestaltet ist und welche Ausbildungspfade sich mit dem Besuch ihrer Angebote im Anschluss öffnen oder schließen sowie b) wie das Übertrittsverfahren organisiert ist und welche Mitspracherechte dieses ihnen zugesteht. Mit beiden Aspekten werden in der Bildungsforschung und Bildungspolitik Probleme im Hinblick auf die Chancengerechtigkeit (educational equity[5]) und/oder die Effizienz (vgl. Hanushek & Wößmann, 2006, S. 63) verbunden, die den Eltern u. a. wegen der medialen Bewirtschaftung des Themas nicht verborgen bleiben (vgl. Vasarik Staub, 2015).

Während die Ressourcen des Elternhauses und das Unterstützungs- bzw. Entscheidungsverhalten der Eltern ihren eigenen Beitrag zur Erklärung von sozialen Disparitäten beitragen, so ist unbestritten, dass gerade in Deutschland und der Schweiz auch die strukturellen und/oder prozessualen Merkmale der Schule einen maßgeblichen Beitrag dazu leisten, indem sie «herkunftsbedingte Kompetenzunterschiede nivellieren oder verstärken» (Wild, E. & Lorenz, 2010, S. 46). Insbesondere die in deutschsprachigen Ländern praktizierte Verteilung der Schüler/-innen auf unterschiedliche Anforderungsstufen beim Übergang von der Primarschule in die Sekundarstufe I wurde nach dem ersten PISA-Durchgang als schulsystembasierter Faktor identifiziert, der bei gleichen leistungsbezogenen Eingangsvoraussetzungen der Kinder zu einem Auseinanderdriften der Bildungsergebnisse entlang der sozialen Herkunft beiträgt (vgl. OECD, 2001, S. 233). Obwohl zwischen den Kantonen bzw. Bundesländern z. T. beträchtliche Unterschiede zwischen der Art der Homogenisierung von Leistungsgruppen und der Anzahl an Anforderungsstufen bestehen, so kann das verhältnismäßig frühe Selektionieren und Zuteilen zu unterschiedlichen Anforderungsstufen bzw. Schultypen

---

[5]Auf den Diskurs um die Begriffe *equality (Chancengleichheit)* und *equity (Chancengerechtigkeit)* kann hier nicht näher eingegangen werden (zsf. z. B. Kappus, 2015). In der vorliegenden Arbeit wird in Zuge der Definition der OECD (2007) letzterer Terminus verwendet, der «als Umschreibung von Chancengerechtigkeit» (SKBF, 2014, S. 19) international gebräuchlich ist und auf den beiden Dimensionen *Fairness* («personal and social circumstances such as gender, socio-economic status or ethnic origin should not be an obstacle to educational success») und *Inklusion* («a minimum standard of education for all») (OECD, 2007, S. 29) beruht.

3.2 Institutionelle Rahmenbedingungen für das elterliche Handeln ...

der Sekundarstufe I als gemeinsames Charakteristikum in den beiden Ländern bezeichnet werden (Baumert, Trautwein & Artelt, 2003, S. 261). Als Prototyp[6] dieser Art des expliziten Trackings der Schüler/-innen[7] in aufsteigend anspruchsvolle Schultypen stellt sich die dreigliedrige Aufteilung in Realschule, Sekundarschule und Gymnasium in der Schweiz bzw. in Hauptschule, Realschule und Gymnasium in Deutschland dar. Nach einmal erfolgter Einteilung im hierarchisch gestuften System macht sich ein Kanalisierungseffekt bemerkbar: Die überwiegende Mehrzahl der Schüler/-innen verbleibt bis zum Ende der obligatorischen Schulzeit am zugeteilten Ort. So stellen Ditton und Krüsken (2010, S. 35) mit Blick auf entsprechende Daten des deutschen Bildungsberichts 2008 und Neuenschwander (2007) auf der Basis eigener Analysen der Schüler*innen-Daten der Kantone Bern und Zürich im Jahr 2002/03 fest, dass Wechsel trotz Möglichkeiten erhöhter Durchlässigkeit zwischen den Schulformen relativ selten stattfinden – laut Neuenschwander (2007, S. 83–84) lediglich 4 % bis 6 % der Schüler*innen in den Kantonen Bern und Zürich – und wenn Wechsel erfolgen, es sich häufiger um Abwärtsbewegungen vom höheren in den tieferen Bildungsgang handelt.

Gerechtfertigt wird die vertikale Gliederung der Sekundarstufe I mit der Annahme, dass es der Schule so besser gelinge, ein der Leistungsfähigkeit und den spezifischen Bedürfnissen der jeweiligen Gruppenmitglieder angepasstes Angebot bereitzustellen (Baumert, Trautwein, et al., 2003, S. 267). Damit diese Verteilung nach Maßgabe meritokratischer Prinzipien gerecht vonstattengeht, sind das Schulsystem und seine Akteure gefordert, unter Ausschluss von «Benachteiligungen gruppenspezifischer Differenzen» (Gomolla, 2010, S. 61) – z. B. hinsichtlich

---

[6]In Realität existieren in Deutschland und der Schweiz eine Vielzahl von gegliederten, integrierten und gemischten Strukturmodellen (vgl. Ditton, 2016, S. 286; Neuenschwander, 2010). Die klassische Dreigliedrigkeit trifft mittlerweile in beiden Ländern für die Mehrzahl der Bundesländer bzw. Kantone nicht mehr zu. Baumert, Trautwein, et al. (2003, S. 265) betonen, dass heute in Deutschland von einer «Zweigliedrigkeit» bis hin zu einer «Fünfgliedrigkeit» gesprochen werden muss. Die Gesamtschule, die in der Bundesrepublik in den 1970er Jahren als Ersatz für das gegliederte System konzipiert wurde (vgl. Fend, 2006, S. 40), wird lediglich von 10 % der Schülerschaft der Sekundarstufe I besucht (vgl. Maaz, Trautwein, Lüdtke & Baumert, 2008, S. 101). In der Schweiz weisen 23 von 26 kantonalen Schulsystemen eine Form von Gliederung auf. Diese reicht von zwei bis vier Schultypen (vgl. SKBF, 2018, S. 83–84).

[7]Nach Maaz et al. (2008, S. 100) kann bei der Gruppierung von Lernenden auf dem Schulniveau zwischen *implicit* und *explicit between-school tracking* unterschieden werden: Bei Ersterem ergibt sich die Auswahl der Schülerschaft insbesondere durch die soziale Zusammensetzung des Wohngebiets, in der die Schule steht (typisch für das staatliche High School-System der USA). Bei Letzterem kommt sie in einem Selektionsakt zustande, der auf Leistungs- und Verhaltensdaten des Kindes zurückgreift (vgl. auch Chmielewski, Dumont & Trautwein, 2013).

der ethnischen und sozialen Herkunft, des Geschlechts, religiöser und politischer Werte und der Sprache – eine möglichst adäquate (prognostische) Einschätzung der Leistungsfähigkeit des Kindes auf der Basis seiner bereits erbrachten Leistungen vorzunehmen. Auch wenn man den Schulsystemen in beiden Ländern durchaus das Ziel einer chancengerechten Zuweisung nach Leistung, Fähigkeit und Anstrengung zubilligen mag, so stellen sich für das Entscheidungsverfahren selbst, wie Ditton (2016, S. 282) herausstreicht, «eine Fülle schwieriger Probleme und strittiger Fragen, z. B. nach der Art und erforderlichen Höhe der Leistungen, deren objektiver Feststellung und Bewertung sowie nicht zuletzt […] danach, wer diese Entscheidung auf welcher Grundlage letztlich zu treffen hat». Selbst wenn man ihnen keine «intentionale Diskriminierung» unterstellen mag (Gomolla, 2010, S. 72), so führt die Komplexität dieses auf einer Diagnose beruhenden und auf eine Prognose des Schulerfolgs hinauslaufenden Verfahrens bei den Akteuren auf allen Ebenen des Schulsystems (sowie bei den Eltern selber) im Sinne der Chancengerechtigkeit zu mannigfaltigen Fehlern und Unzulänglichkeiten, die dann in die Reproduktion von Bildungsungleichheit und auseinanderdriftenden Leistungen entlang der sozialen Position der Herkunftsfamilie münden.

Auch wenn der spezifische Beitrag, den Lehrkräfte und Schulen zur engen Koppelung zwischen sozialer Herkunft und Bildungserfolg leisten, vor allem wegen der nach wie vor geringen Zahl an Längsschnittstudien nur annäherungsweise zu fassen ist (vgl. Ditton, 2016, S. 294), so weist vieles darauf hin, dass vor allem diejenigen Prozesse im Bildungssystem genauer in den Blick genommen werden müssen, die in den beiden folgenden Thesen von Maaz et al. (2008) thematisiert werden, wenn man diesen Beitrag zu ermessen versucht:

Erstens unterscheiden sich [auch] die Entscheidungsprozesse [der schulischen Akteure] an Übergangspunkten im Schulsystem je nach sozialer Herkunft der Schüler/-innen, was zu einer Unterrepräsentation von Schüler*innen aus tieferen sozialen Milieus in den anspruchsvollen Schultypen der Sekundarstufe I führt.

Zweitens stellen die Schultypen der Sekundarstufe I differentielle Entwicklungsmilieus dar, mit höheren Lernraten in den anspruchsvollen Schultypen. (Maaz et al., 2008, S. 99; Übersetzung E.S.)

In den folgenden beiden Kapiteln werden die beiden Thesen auf der Grundlage neuerer Befunde erörtert.

3.2.1 Befunde zu den Schullaufbahnempfehlungen der Lehrkräfte der Primarstufe

Wie oben bereits dargelegt, kann davon ausgegangen werden, dass die Ursachen für die sozialen Disparitäten bei den Bildungsergebnissen in hohem Maß in individuellen Bildungsentscheidungen im Bildungssystem zu suchen sind und sich dabei erstens die nach der Herkunft unterschiedlichen Schulleistungen der Schülerinnen und Schüler und zweitens die Bildungsaspirationen der Eltern als zentrale Prädiktoren für die Zuteilung zu einem Sekundarschultyp erweisen, wobei die elterlichen Aspirationen zwar von den Leistungsergebnissen des Kindes beeinflusst, aber nicht determiniert werden (vgl. Baumert & Schümer, 2001, S. 358). Da in den meisten Bundesländern die Eltern über die definitive Zuteilung ihres Kindes entscheiden, spielen die Lehrkräfte und die sog. Grundschulempfehlungen hierbei vor allem eine vermittelnde Rolle.

Bezieht man die Grundschulempfehlungen selber in die Untersuchung ein, so offenbart sich allerdings, dass auch die Bildungsempfehlungen der Lehrkräfte in Abhängigkeit der sozialen Lage der Familie des Kindes erfolgen. Im Rahmen der IGLU-Studie[8], welche ihre Messungen zum Zeitpunkt des Übertrittsentscheids am Ende der 4. Klassenstufe ansetzte, zeigte sich, dass bei gleicher Lesekompetenz Kinder der beiden höchsten Sozialschichten eine 2.68- bzw. 1.76-fach größere Chance hatten, eine Empfehlung fürs Gymnasium zu erhalten als Kinder aus den untersten drei Sozialschichten (vgl. Bos et al., 2004, S. 213). Ebenso konnten Kinder eher mit einer Empfehlung für anforderungs- und prestigereichere Schultypen rechnen, wenn beide Eltern in Deutschland geboren wurden – hier lag eine 1.66-fach erhöhte Chance gegenüber Kindern mit zwei im Ausland geborenen Elternteilen vor (vgl. Bos et al., 2004, S. 211). Auch in der LAU-Studie[9] bestätigte sich zum Messzeitpunkt unmittelbar nach dem Übertritt eine enge Koppelung zwischen den Empfehlungen fürs Gymnasium und dem Bildungsstatus des Elternhauses: Kindern von Vätern mit Abitur erhielten zu 69.8 % eine Gymnasialempfehlung und dann absteigend, von Vätern mit Fachhochschulreife zu 51.3 %, mit Realschulabschluss zu 40.2 %, mit Hauptschulabschluss zu 26.2 bis hin zu von Vätern ohne Schulabschluss von lediglich 15.7 % (vgl. Lehmann, Peek & Gänsfuß, 1997, S. 51–52).

Mit einer multiplen Regressionsanalyse wurde in der LAU-Studie sodann die Bedeutsamkeit verschiedener Einflussfaktoren auf die Gymnasialempfehlung der

---

[8]IGLU – Internationale Grundschul-Lese-Untersuchung, deutscher Ableger von PIRLS – Progress in International Reading Literacy Study
[9]LAU – Lernausgangslagen an Hamburger Schulen

Lehrkräfte ermittelt (vgl. Lehmann et al., 1997, S. 53): Die Deutschnote hatte mit Abstand das höchste relative Gewicht ($\beta = -.41$), gefolgt von den in Leistungstests ermittelten allgemeinen Schulleistungen des Kindes ($\beta = -.20$), der Mathematiknote ($\beta = -.15$) und dem Beruf des Vaters ($\beta = -.11$). Den auf den ersten Blick geringen eigenständigen Effekt der sozialen Herkunft auf die Empfehlung der Klassenlehrkraft kommentiert Ditton (2016, S. 297) mit der Anmerkung, dass es bemerkenswert sei, dass bei Kontrolle von Noten und Leistungen, die je schon einen Herkunftsanteil trügen (primäre Herkunftseffekte, die in Form unterschiedlicher schulbezogener Unterstützung über die Grundschulzeit auf die Leistungen bzw. Noten wirken; vgl. Abschnitt 4.1), überhaupt noch ein Effekt der sozialen Herkunft feststellbar sei.

Dass Lehrkräfte bei ihrer Entscheidungsfindung offensichtlich zu einem erheblichen Teil die (Unterstützungs-)Verhältnisse des Elternhauses in den Blick nehmen, wurde in der LAU-Studie einerseits im Umstand deutlich, dass Kinder von Vätern mit niedrigen Schulabschlüssen eine 4.5-fach niedrigere Chance hatten[10] fürs Gymnasium vorgeschlagen zu werden, insbesondere aber dadurch, dass unterschiedliche Standards (Lehmann et al., 1997, S. 52–53) bezüglich der Leistungsanforderungen an Kinder unterschiedlicher sozialer Gruppen sichtbar wurden: Kinder aus unteren Schichten und von alleinerziehenden Müttern müssen höheren Leistungsanforderungen genügen, um eine Empfehlung für die anspruchsvolleren Schultypen zu erhalten als Kinder aus privilegierten Elternhäusern bzw. aus Zwei-Eltern-Haushalten.

Allerdings erwiesen sich die Lehrkräfte, wie in Abschnitt 3.1.2 bereits angesprochen, bei ihren Empfehlungen gesamthaft aber weniger sozial selektiv als die Eltern bei ihren Schulentscheidungen (bzw. Bildungsaspirationen). Mittels einer Diskriminanzanalyse ließ sich zeigen, dass für die elterliche Entscheidung für oder gegen das Gymnasium in absteigendem Maß die folgenden Komponenten bedeutsam waren (vgl. Lehmann et al., 1997, S. 56–57): die Empfehlung der Lehrkräfte ($skd^{11} = .65$), der Bildungsabschluss des Vaters ($skd = .26$), die Deutschnote ($skd = -.23$), die Mathematiknote ($skd = -.18$) und die in Leistungstests ermittelten allgemeinen Schulleistungen des Kindes ($skd = .14$). Der Befund einer höheren sozialen Selektivität elterlicher Bildungsaspirationen gegenüber den Übertrittsempfehlungen der Lehrkräfte zeigte sich gleichermaßen auch

---

[10] Bemerkenswerterweise liegt ein noch größerer Effekt vor, wenn man die Bildungsabschlüsse der *Mütter* betrachtet: Wenn die Mutter keinen Bildungsabschluss besaß, war die Chance gegenüber einem Kind von einer Mutter mit Abitur um das 6.5-fache vermindert.

[11] standardisierter kanonischer Diskriminationskoeffizient

in einer in Bayern durchgeführten Studie von Ditton et al. (2005): Auch hier orientierten sich die Klassenlehrkräfte bei ihren Empfehlungen in viel höherem Maß an den fachlichen Leistungen als dies die Eltern bei ihren Bildungsaspirationen taten. Die Autoren der Studie konstatierten in den Empfehlungen aber dennoch einen sozialen Bias zugunsten der Kinder aus privilegierten Elternhäusern, die auch hier eine erhöhte Chance auf eine Gymnasialempfehlung hatten, und zu Ungunsten der Kinder aus unteren Schichten, die weit eher mit einer Empfehlung für die Hauptschule rechnen mussten. Ebenso empfahlen die Lehrkräfte einem Jungen eher den Übertritt in die Hauptschule als einem Mädchen (vgl. Ditton et al., 2005, S. 297).

Im Rahmen der IGLU-Studie konnten ferner auch beträchtliche Leistungsüberschneidungen bei den Empfehlungen hinsichtlich der drei Schultypen ausgemacht werden, sowohl was die mathematischen Kompetenzen als auch die Lesekompetenz betraf. Namentlich bei der Realschulempfehlung gelang den Lehrkräften die distinkte Trennung zwischen den Leistungsgruppen mit Blick auf die Ergebnisse der von den Studienautor*innen durchgeführten Leistungstests in unzureichendem Maße (vgl. Bos et al., 2004, S. 195–199): Während beim unteren und oberen Kompetenzbereich bei Mathematik und Lesen deutlich mehr als ein Drittel der Kinder ihren Leistungen entsprechend nicht für den angemessenen Schultyp empfohlen wurden, waren es beim mittleren Kompetenzbereich sogar weniger als die Hälfte der Kinder (vgl. die großen Leistungsüberlappungen in den kantonalen Schulsystemen der Schweiz gemäss den Befunden der Forschungsgemeinschaft PISA Deutschschweiz/FL: z. B. Bauer & Ramseier, 2011, S. 38–42; Brühwiler, Abt Gürber & Buccheri, 2011, S. 44–46; Moser & Angelone, 2011, S. 25–30).

In Deutschland wie auch in der Schweiz stellen die Noten in den beiden Kernfächern Deutsch und Mathematik ein wichtiges Kriterium für die Übertrittsempfehlung bzw. den Übertrittsentscheid der Klassenlehrkräfte dar. Wie vielfach postuliert und belegt (vgl. Ingenkamp, 1993, S. 31; Köller, 2002; Kronig, 2007; vgl. Lintorf, 2012; Neumann, Milek, Maaz & Gresch, 2010; Rheinberg, 2001; Rhyn & Moser, 2002) verbindet sich mit Noten vor allem das Problem des Referenzgruppeneffekts: Lehrkräfte orientieren sich zur Beurteilung der individuellen Leistungen an der Klassenleistung, was bewirkt, dass die gleiche Leistung in leistungsschwächeren Klassen besser bewertet wird als in leistungsstärkeren Klassen. Noten sind somit über Klassen, Schulen und Schultypen hinweg nicht vergleichbar. Den Lehrkräften scheint dabei aber die Rangplatzzuordnung der Schüler in der Klasse – oder zumindest die Zuordnung zur tiefen, mittleren und hohen Leistungsgruppe – recht adäquat zu gelingen. In einer Arbeit von Neumann et al. (2010) zeigte sich, dass die durchschnittliche Leistung der Klasse einen Einfluss auf die Zuteilung ausübte: Bei vergleichbaren Leistungstestergebnissen hatten die

Schüler*innen aus leistungsstarken Klassen geringere Chancen auf einen Übertritt ins Gymnasium als solche aus leistungsschwächeren Klassen. Wie erwartet werden kann, machte sich dabei auch der Einfluss der sozialen Zusammensetzung der Klasse bemerkbar: Mit steigendem Anteil von Schüler*innen, deren Eltern ein Abitur besaßen, nahm die Chance auf eine Gymnasialzuteilung zu. Nicht nur die durchschnittliche Klassenleistung, sondern auch die soziale Komposition der Klasse wirkte sich dabei sowohl über den Zuteilungswunsch der Eltern als auch die Lehrpersonenempfehlung auf die tatsächliche Zuteilung zu einem Schultyp aus. Als wichtigste Größe für das übertrittsbezogene Verhalten der Eltern und Lehrkräfte erwiesen sich in vertieften Analysen die referenzgruppenabhängigen Noten in der Grundschule. In der IGLU-Studie zeigten sich ähnlich wie bei den Übertrittsempfehlungen auch bei den Schulnoten in Deutsch und Mathematik zwar deutlich versetzte, jedoch wiederum deutlich überlappende Kurven (vgl. Bos et al., 2004, S. 206). Die Notenwerte[12] korrelierten mit den getesteten Leistungen zu $r = -.56$ für Lesen/Deutsch und $r = -.55$ für Mathematik. Die Übertrittsempfehlung der Lehrkraft korrelierte mit der Note in Deutsch zu $r = -.76$ und zu $r = -.72$. Die Korrelationen erhöhten sich leicht auf $r = -.81$, wenn die Noten von Deutsch und Mathematik kombiniert wurden (vgl. Bos et al., 2004, S. 204). Wie bei der LAU-Studie erwiesen sich auch in der IGLU-Studie bei simultaner Schätzung die Deutschnote ($ß = -.43$) und in etwas geringerem Maß die Mathematiknote ($ß = -.31$) als die von den Lehrkräften bei der Übertrittsempfehlung am stärksten gewichteten Merkmale. Die mit den Tests erfassten Lese- ($ß = .06$) und Mathematikkompetenzen ($ß = .03$) spielten darüber hinaus genauso wenig eine entscheidende Rolle, wie das Geschlecht des Kindes ($ß = -.02$), seine Anstrengungsbereitschaft ($ß = .05$) oder seine Leistungsangst ($ß = -.02$). Einzig dem sozioökonomischen Status des Elternhauses kommt auch hier ein größeres Gewicht zu ($ß = -.12$), hinter dem die Rolle des Merkmals «Migrationsgeschichte der Herkunftsfamilie» ($ß = .02$), wie in anderen Studien auch (z. B. Ditton et al., 2005), kaum mehr zum Tragen kommt.

---

[12] Die Höchstnote ist 1.0.

3.2.2 Befunde zu differentiellen Lernumwelten in Abhängigkeit des zugewiesenen Schultyps der Sekundarstufe I

Auch für die zweite der oben formulierten Thesen, wonach die Kinder sich nach dem Übertritt je nach Schultypen in differentiellen Lern- und Entwicklungsumgebungen wiederfänden und diejenigen, die einem anspruchsvolleren Schultyp zugeteilt wurden, höhere Lernraten erzielten, gibt es einige empirische Evidenz. Das Vorhandensein einer sich während der Sekundarstufe I öffnenden Leistungsschere zwischen den Bildungsgängen kann für Deutschland als gesichert gelten und für die Schweiz gibt es zumindest erste Hinweise dafür (z. B. Baumert et al., 2006; Baumert, Trautwein, et al., 2003; Becker, M., Lüdtke, Trautwein & Baumert, 2006; Köller & Baumert, 2001; Maaz et al., 2008; Neumann et al., 2007; Ramseier & Brühwiler, 2003b; Schümer, 2004). Neumann et al. (2007) bilanzieren die Befundlage für die Bundesrepublik, die sich gemäß ihrer eigenen Studie ganz ähnlich in der Schweiz zumindest für die Bildungssysteme der Kantone Fribourg und Wallis zeigt:

> Im Bereich der Fachleistungen vollzieht sich die Öffnung der Leistungsschere in der Sekundarstufe I vor allem zwischen dem Gymnasium auf der einen sowie Haupt-, Real- und Gesamtschule auf der anderen Seite [...]. Neben den Fachleistungen scheinen sich die differenziellen Entwicklungsbedingungen auch – und zum Teil in gegenläufiger Richtung – auf die Herausbildung motivationaler, sozialer und selbstregulativer Kompetenzen auszuwirken. (Neumann et al., 2007, S. 400)

Was das fachliche Lernen betrifft, wirken sich die offenbar vorliegenden unterschiedlichen Gelegenheitsstrukturen so aus, dass bei Kontrolle der individuellen Eingangsvoraussetzungen im Gymnasium die höchsten und im Bildungsgang mit dem geringsten Anspruchsniveau die niedrigsten Leistungszuwächse zu verzeichnen sind[13]. Als Erklärung für diesen Umstand werden Kompositions- und Institutionseffekte angeführt, die mit der Bildungsgangzuweisung einhergehen.

---

[13] Für die Entwicklung von Persönlichkeitsmerkmalen ist die Befundlage weniger eindeutig. So sinken die schulischen und fachspezifischen Selbstkonzepte (vgl. Abschnitt 5.3.2.2) häufig bei den Schüler*innen der anspruchsvolleren Bildungsgänge nach dem Übertritt, während sie bei denjenigen in Bildungsgängen mit geringerem Anspruchsniveau steigen. Dieser Umstand wird mit Bezugsgruppeneffekten bzw. mit dem «Big-fish-little-pond-Effekt» (vgl. Baumert et al., 2006; Köller, 2004; Marsh & Parker, 1984) erklärt: Während sich bei ersteren mit dem Übertritt in die leistungshomogenere Gruppe die relative Leistungsposition verschlechtert, steigt sie bei Letzteren (Übersicht über die Befundlage bei Marsh, Xu & Martin, 2012, S. 441–449)

Kompositionseffekte beruhen auf der unterschiedlichen Zusammensetzung der Schülerschaft in den Schultypen bzw. in Schulen nach dem Übertritt und bezeichnen alle Einflüsse, die sich daraus für die Leistungs- und Persönlichkeitsentwicklung der Schüler*innen zusätzlich zu ihren bestehenden Kompetenzen ergeben (vgl. Baumert et al., 2006, S. 101; Neumann et al., 2007, S. 402). Das Fähigkeitsniveau, die soziale und ethnisch-kulturelle Zusammensetzung (u. a. Migrationserfahrungen, kulturelle Vertrautheit der Schüler*innen), aber auch lernbiografische Belastungen (u. a. Klassenwiederholungen) und schwierige Familienverhältnisse in der Schülerschaft sind Kontextmerkmale von Klassen und Schulen, so vermuten Baumert et al. (2006, S. 125–126), die ihren Einfluss vermittelt über soziale Vergleichsprozesse sowie kollektive Leistungs- und Verhaltensnormen unter den Schüler*innen sowie über entsprechende Anpassungen der Unterrichtsgestaltung durch die Lehrkräfte auf die individuellen Lern- und Verarbeitungsprozesse entfalten. Wie sich in etlichen der vorgenannten Studien gezeigt hat, lassen sich Unterschiede in den Lern- und Entwicklungsbedingungen in der gegliederten Sekundarstufe I aber nicht allein mit der Komposition der Schülerschaft erklären. Unter Berücksichtigung der Schülerzusammensetzung fanden sich in den Studien zusätzlich substanzielle Effekte der Schultypzugehörigkeit. Im Falle der Studie von Neumann et al. (2007) mit Fokus auf der Entwicklung des Französischen als Zweitsprache im Verlauf der 8. Klasse bei zwei repräsentativen Samples in den Kantonen Fribourg und Wallis, war dieser Effekt der spezifischen institutionellen Bedingungen sogar stärker ausgeprägt. Solcherlei institutionelle Effekte dürften ebenso auf strukturelle Spezifika der Schultypen (u. a. unterschiedliche Lehrpläne, Lehrmittel, Stundentafeln) wie insbesondere auch auf prozessuale Unterschiede in Form von schultypspezifischen Unterrichtspraktiken der Lehrkräfte zurückzuführen sein. Tatsächlich gibt es Hinweise für schultypspezifische Handlungsmuster von Lehrkräften der Sekundarstufe I: So zeigen Kunter et al. (2005) für das Fach Mathematik, dass deutsche Gymnasiallehrkräfte großen Wert auf das Anregen von Verstehensprozessen legen und entsprechend aktivierende und selbstregulationsförderliche Aufgabensettings realisieren, dabei aber fachlich schwächere Schüler*innen tendenziell zu stark sich selbst überlassen und es an notwendiger individueller Lernunterstützung fehlen lassen. Demgegenüber scheinen die Lehrkräfte der weniger anforderungsreichen Bildungsgänge in der Sekundarstufe I deutlich mehr Wert auf das geführte Einüben von standardisierten fachlichen Prozeduren zu legen, weniger Problemlöseaufgaben einzusetzen, dabei aber in höherem Maß eine von den Schüler*innen als positiv wahrgenommene individuelle Unterstützung zu realisieren (vgl. Kunter et al., 2005, S. 517–518). Das unterschiedliche unterrichtliche Handeln der Lehrkräfte dürfte vermutlich nicht nur an der unterschiedlichen Zusammensetzung der Schülerschaft liegen und als adaptive Antwort auf die vorgefundenen kognitiven und motivationalen Bedingungen zu verstehen sein, sondern ebenso auf bildungsgangspezifischen Berufsbildern sowie didaktischen und erzieherischen Überzeugungen der Lehrkräfte beruhen und auf unterschiedliche Qualifikationsprofile und kulturelle Unterschiede der jeweiligen Lehramtsausbildung zurückzuführen sein (vgl. Kunter et al., 2005, S. 518; Neumann et al., 2007, S. 416).

3.3 Institutionelle Rahmenbedingungen – Kommentierung der Erkenntnisse mit Blick auf das Übertrittsverfahren der Volksschule des Kantons Zürich und der teilnehmenden Eltern

Wie lassen sich diese Befunde aus der Sicht von Eltern interpretieren, die mit ihrer Familie in einem Gebiet mit gegliederter Sekundarstufe I leben und deren Kind sich aufgrund seiner bisherigen Noten nicht klar einem Profil der angebotenen Bildungsgänge zuordnen lässt? Welches sind zusammengefasst die Bedingungen, auf die sie sich laut der Übertrittsforschung mit der Wahl für einen bestimmten Schultypus in einer klassisch dreigliedrigen Sekundarstufe I einstellen müssen?

Für die Wahl des jeweils tieferen der in Frage kommenden Schultypen spricht bei diesen Kindern primär der förderliche Effekt auf das fachbezogene Fähigkeitsselbstbild (vgl. Abschnitt 5.3.2.2), der davon zu erwarten ist. Schüler/-innen, die sich in der Primar- bzw. Grundschule im Mittelfeld des Notenspektrums (Prädikate «genügend» oder «befriedigend») bewegt haben, können nach dem Übertritt infolge des Referenzgruppeneffekts mit einer günstigeren Bewertung ihrer Leistungen rechnen. So zeigte sich denn auch im Rahmen der quantitativ ausgerichteten Untersuchungen der TRANSITION-Studie, dass das Fähigkeitsselbstkonzept im Fach Mathematik von der 6. zur 8. Klasse zwar bei den Schüler/-innen aller Schulstufen kontinuierlich sinkt, der Effekt jedoch bei denjenigen am dramatischsten ausfällt, die nach der 6. Klasse ins Gymnasium übergetreten sind. Die zum Zeitpunkt der 6. Klasse noch deutlich unterschiedlichen Mittelwerte in der mathematikbezogenen Fähigkeitseinschätzung entlang der späteren Schultypeneinteilung sind nur zwei Jahre später weitgehend verschwunden und haben sich, wohl vornehmlich durch den big-fish-little-pond-Effekt verursacht, auch bei den Gymnasiastinnen und Gymnasiasten auf dem Niveau der Schülerinnen und Schüler der beiden anderen Schultypen eingependelt (vgl. Buff & Dinkelmann, 2012).

Ebenfalls für die Wahl des tieferen der in Frage kommenden Bildungsgänge spricht allenfalls der Umstand, dass Lehrkräfte dieser Schultypen generell ein größeres Maß an individueller Lernbetreuung zur Verfügung zu stellen scheinen und das Kind tendenziell mit einer geringeren Zahl an Lehrkräften rechnen muss. So werden Schweizer Gymnasiast/-innen von einer ganzen Reihe von eigentlichen Fachlehrpersonen unterrichtet, während in den anderen Schultypen das Prinzip der Klassenlehrkräfte stärker verankert ist und die Jugendlichen in mehreren Fächern von der gleichen Lehrkraft unterrichtet werden.

Mit einer Wahl des niedrigeren Bildungsganges sind nebst einer positiven Entwicklung des Fähigkeitsselbstbilds des Kindes und einer bedarfsgerechteren Betreuung durch weniger Bezugspersonen aber auch eine Reihe von Risiken und Nachteile in Rechnung zu stellen:

Die leistungsbezogene Homogenisierung der Lerngruppen, die mit dem Übertritt intendiert ist, geht hierzulande mit einer sozialen Segregation einher. In der Folge treffen sich namentlich im tiefsten Schultyp diejenigen Schüler/-innen mit einer schwierigen Bildungsbiografie. So dürfte sich mit absteigendem Anforderungsgrad des Bildungsganges gleichsam ein «negativer Matthäuseffekt» daraus ergeben, dass in den homogenisierten Klassen die gegenseitige sprachliche und fachlich-methodische Stimulation und Unterstützung unter den Schüler/-innen geringer bzw. weniger elaboriert ausfällt als in jenen Klassen höherer Bildungsgänge, in denen der Anteil Jugendlicher mit entsprechender Begabung und/oder langjähriger Förderdung im Elternhaus größer ist (vgl. Abschnitt 4.1).

In den tieferen Bildungsgängen verfügen sodann nicht nur die Klassenwiederholenden, sondern nach der Logik eines leistungsorientierten Beurteilungssystems ein substanzieller Anteil der Schülerschaft über Erfahrungen von langjährig schlechten Bewertungen eigener Leistungen mit entsprechend problematischen Fähigkeitsselbstbildern und negativen Wertüberzeugungen hinsichtlich einzelner Fächer oder global der Schule gegenüber (vgl. Kapitel 5). Im Zuge dieser problematischen motivationalen Voraussetzungen ist neben einem verminderten Engagement vieler Schüler/-innen im Unterricht mit einem erhöhten Maß an Störungen und den damit einhergehenden negativen Auswirkungen auf die effektiv zur Verfügung stehende Lernzeit während des Unterrichts (time on task) zu rechnen. Lehrkräfte dürften in diesen Klassen durchschnittlich denn auch einen größeren Anteil des Unterrichts für pädagogische bzw. erzieherische Aufgaben aufwenden, als dies in anforderungsreicheren Bildungsgängen in der Regel der Fall ist (vgl. Helmke, 2017, S. 184–187).

In längerfristiger Perspektive sind ferner die eingeschränkteren beruflichen und schulischen Anschlussoptionen und generell verminderten Verdienstmöglichkeiten zu nennen, die mit dem Besuch tieferer Bildungsgänge der Sekundarstufe I einhergehen. Zwar sind sowohl in der Bundesrepublik als auch in der Schweiz in den letzten Jahrzehnten Bemühungen des Gesetzgebers zu verzeichnen, die

3.3 Institutionelle Rahmenbedingungen – Kommentierung ...

Durchlässigkeit im Bildungswesen und die Vielfalt an Bildungswegen zu erhöhen (vgl. Criblez, 2015; Döbert, 2015; Kost, 2013; SKBF, 2018, S. 32), doch dürften sich möglichst direkte Pfade zu höheren Bildungsgängen zumindest mit Blick auf die aufzuwendenden zeitlichen und monetären Ressourcen lohnen (vgl. Cattaneo & Wolter, 2018).

Sodann hat die dargestellte Befundlage auch offenbart, dass die Eltern neben diesen eher strukturellen Bedingungsfaktoren in Einklang mit den Postulaten Bourdieus (vgl. Abschnitt 4.1) je nach eigenem ökonomischen, sozialen, vor allem aber kulturellen Kapital und entsprechendem Habitus mit einem unterschiedlichen Beratungs- und Ausleseverhalten der beteiligten Akteure der «mittelschichtsorientierten» Schule (vgl. Rolff, 1997, S. 134) rechnen müssen. So gibt es klare Hinweise, dass es Eltern mit einem basalen Bildungsabschluss sowie alleinerziehenden Eltern grundsätzlich deutlich schwerer fällt, die Klassenlehrkraft davon zu überzeugen, ihr Kind für den höheren Bildungsgang zu empfehlen. Die Aufgabe einer leistungsbezogenen Einteilung der Schülerschaft erfordert von den Grundschullehrkräften eine Prognose dessen, wie die einzelnen Kinder auf der anschließenden Schulstufe mit den erhöhten Anforderungen an die fachlichen, personalen und sozialen Kompetenzen umgehen können. Für ihre Zuteilungsempfehlung scheinen die Lehrkräfte denn auch ihre leistungsbezogenen Erwartungen an das Kind sowie den Eindruck, den sie von der familialen bzw. außerschulischen Unterstützungssituation des Kindes gewonnen haben, besonders stark zu gewichten (vgl. Neuenschwander, 2014). Wie sich auch in mehreren Interviews im Rahmen der TRANSITION-Studie gezeigt hat, plädieren Lehrkräfte «zum Wohle des Kindes», aber auch mit Blick auf das eigene professionelle Renommee bei den Kolleg/-innen der Sekundarstufe I (vgl. Fürrer Auf der Maur, 2012, S. 181) im Zweifelsfall für den «sicheren» tieferen Bildungsgang mit geringeren Anforderungen an die Selbstregulationsfähigkeiten der Jugendlichen und mutmaßlich intensiverer, adaptiverer und persönlicherer Betreuung durch die Lehrkräfte. Vor allem «in Grenzfällen [...], wenn man 'auf der Kippe steht'», so vermuten Lange und Xyländer (2011, S. 61), scheint der familiale Hintergrund «das Zünglein an der Waage» zu spielen: In einer explorativen Interviewstudie zur Gatekeeper-Funktion von schulischen Akteuren im Zusammenhang mit der Sekundarschulempfehlung befragte Hollstein (2007) insgesamt 15 Klassenlehrkräfte und Schulleitende zu ihrem Vorgehen und zu den Kriterien, die sie für die Empfehlung heranziehen. Als bei weitem dominantestes Zuschreibungs- und Deutungsmuster trat dabei jenes hervor, das die Autorin als «das Kind im Kontext sehen» tituliert, und das sich aus fünf miteinander verknüpften Argumentationsschritten zusammensetzt (vgl. Hollstein, 2007, S. 63–64):

(1) Es wird ein Hinweis darauf gegeben, dass es sich bei den Schülerinnen und Schülern um Grenzfälle handelt, die von den Schulleistungen her nicht klar zuweisbar sind und bei denen sich die Frage stellt, ob sie es in der weiterführenden Schule «wirklich packen» (S. 63).
(2) Bei den betroffenen Schülerinnen und Schülern wird der Blick auf das soziale Umfeld gelenkt und Vermutungen darüber angestellt, über welche Unterstützung das Kind im Bedarfsfall verfügen würde.
(3) Es wird betont, dass man das Kind vor Belastungen und Misserfolgen schützen möchte. Dabei wird die Wahrscheinlichkeit eines Erfolgs artikuliert und Gedanken darüber angestellt, was ein Scheitern in Form einer Rückstufung in einen niedrigen Schultyp für das Kind bedeuten würde («packt der das von der Frustrationstoleranz?», S. 63).
(4) Darauf wird das Argument vorgebracht, dass es im Übrigen kein Nachteil darstelle, die niedrige Schulform zu besuchen, sondern «nur ein Umweg» (S. 63). Dies ist begleitet von Vermutungen über die Durchlässigkeit des Systems.
(5) Sodann wird nochmals betont, dass man dem Kind Misserfolge ersparen möchte und die Entscheidungen «zum Wohle des Kindes» (S. 64) getroffen würden.

Hollstein (2007, S. 64) unterstreicht, dass die Lehrkräfte hierbei subjektiv zweifelsfrei um das Kindswohl bemüht seien. Das Problem bestehe aber darin, dass die Datenlage die Argumentation nicht zu stützen vermöge, insofern als rund 80 % der Kinder, die trotz der Realschulempfehlung ein Gymnasium besuchten, in diesem auch reüssieren würden und als die Durchlässigkeit des Bildungssystems zwar größer geworden sei, aber auf dem genannten «Umweg» meist wiederum diejenigen Jugendlichen Erfolg hätten, die aus besser gestellten Familien stammten. Damit tritt das Problem zutage, dass viele Lehrkräfte ihre folgenreiche Entscheidung auf der Basis von Vermutungen und Überzeugungen vorzunehmen scheinen, die von der wissenschaftlichen Befundlage nicht oder kaum gestützt werden. Auch Ditton et al. (2005) zeigen sich überzeugt, dass es sich bei dem geschilderten milieu- und schichtspezifischen Vorgehen der Lehrkräfte zwar um ein ungerechtes, aber in den wenigsten Fällen ein gezielt diskriminierendes Vorgehen handeln dürfte. Vielmehr trete hier angesichts der gegebenen strukturellen Bedingungen des Schulsystems ein durchaus rationales Handeln zutage: «Sowohl Eltern in ihren Bildungsaspirationen als auch Lehrkräfte in ihren Bildungsempfehlungen antizipieren die größeren Ressourcen der Angehörigen der oberen sozialen Schichten, um den Schulerfolg absichern zu können» (Ditton et al., 2005, S. 287).

Alleinerziehende und/oder Eltern aus weniger privilegierten Schichten, die ihr dem mittleren Leistungsniveau angehörendes Kind in den höheren Bildungsgang

3.3 Institutionelle Rahmenbedingungen – Kommentierung …

eingeteilt sehen möchten, müssen vor diesem Hintergrund mit grundsätzlichen Vorbehalten seitens der Lehrkräfte rechnen und sind somit gut beraten, in den Monaten vor dem Entscheid in Wort und Tat die Passung mit den förderbezogenen Erwartungen der Klassenlehrkraft sicherzustellen.

Letzterer Punkt verweist wiederum auf die Bedeutung der Entscheidungskompetenzen, die der Gesetzgeber den beteiligten Akteuren im jeweiligen Übertrittsverfahren zuweist. Zum Abschluss dieses Kapitels sollen in dieser Hinsicht die Bedingungen des Übertrittsverfahrens der Volksschule des Kantons Zürich erörtert werden – demjenigen Bildungssystem, an dessen Vorgaben sich die Kinder, Eltern und Klassenlehrkräfte der vorliegenden Untersuchung zu orientieren hatten.

Im föderalen System der Schweiz unterliegt die Gestaltung der obligatorischen Grundausbildung von Kindern und Jugendlichen laut der Bundesverfassung weitgehend der Schulhoheit der Kantone (Art. 62 BV). Abgesehen vom Kanton Tessin[14] dauert die Sekundarstufe I in allen Kantonen drei Jahre und schließt an die acht Jahre umfassende Primarstufe an, die wiederum aus zwei Jahren Kindergarten bzw. Eingangsstufe sowie 6 Jahren Primarschule (1. bis 6. Klasse) besteht (vgl. EDK, 2017). In allen Kantonen erfolgt der Übergang zwischen der Primar- und Sekundarstufe auf der Basis eines formalen Verfahrens, dessen Dreh- und Angelpunkt die Beurteilungen und Empfehlungen der Primarschule bilden (vgl. Criblez, 2015, S. 812). Während in der Bundesrepublik Deutschland die Festlegung des Bildungsweges und die Wahl der Schulform entsprechend ihrem Erziehungsrecht (Art. 6 Abs. 2 GG) den Eltern zusteht und die schulischen Akteure laut dem Schulaufsichtsrecht des Staates (Art. 7 Abs. 1 GG) während des Wahlprozesses primär eine beratende und informierende Funktion haben und erst im Falle einer aus ihrer Sicht unsachgemäßen Wahl eines zu anspruchsvollen Schultyps allenfalls korrigierend Einfluss nehmen können[15] (vgl. Gresch et al., 2010, S. 201–202), liegt in der Schweiz zumindest der endgültige Zuteilungsentscheid gemäß den kantonalen Promotionsverordnungen in der Regel in den Händen der Schule (vgl. Neuenschwander, 2011, S. 132). So sind es

---

[14]Die «scuola media» des Tessins dauert 4 Jahre und schließt an die entsprechend um ein Jahr verkürzte Primarstufe an.

[15]Die Bundesländer machen in unterschiedlichem Maß Gebrauch ihres Rechts auf Korrektur des Elternwunsches (der sog. «negativen Auslese»): Einige Länder wie z. B. Hessen und Hamburg fügen sich nach Abschluss der Beratungsphase ganz dem Elternwunsch, andere Bundesländer wie z. B. Baden-Württemberg oder Sachsen sehen für den Fall der Wahl eines anspruchsvolleren Bildungsganges als von der Grundschule empfohlen Eignungsprüfungen vor. Der Verbindlichkeitsgrad der Grundschulempfehlung ist in diesen Ländern somit faktisch deutlich höher (vgl. Gresch et al., 2010, S. 202).

in den meisten Kantonen die Schulaufsichtsbehörden (Schulkommission, Schulpflege, Schulinspektorat, Schulrat, o. ä.), die den Zuteilungsentscheid fällen, in einigen Kantonen aber auch die Schulleitungen oder aber allein die Klassenlehrkräfte bzw. die «Lehrerkonferenzen» (EDK, 2016). In den meisten Kantonen dient eine Form der «ganzheitlichen Beurteilung», in die die Leistungen des Kindes in den Kernfächern sowie seine überfachlichen Kompetenzen einfließen, als Entscheidungsgrundlage (EDK, 2016b). Diese Beurteilung wird meist durch die Klassenlehrkraft der 6. Klasse in schriftlicher Form erstellt. In einzelnen Kantonen stützt sich der Entscheid aber auch lediglich auf die Zeugnisnoten, in anderen werden die Ergebnisse von Übertrittstests bei der Entscheidung mitberücksichtigt, die im Laufe der 6. Klasse durchgeführt werden (vgl. EDK, 2014, S. 3). Die Eltern und die betroffenen Schülerinnen und Schüler sind in den allermeisten Kantonen wenigstens in konsultativer Form in den Beurteilungsprozess einbezogen, zumindest werden sie aber über die Gründe der Zuweisung informiert (EDK, 2016a).

Zwischen den 26 Kantonen unterscheidet sich die Struktur der Sekundarstufe I zum Teil erheblich und bei der Mehrzahl lassen sich innerhalb ihres Bildungssystems zusätzlich nochmals unterschiedliche Strukturmodelle ausmachen, die es den kommunalen bzw. regionalen Schulbehörden erlauben, ein Modell zu wählen, das sie hinsichtlich mehrerer Kriterien (u. a. Schülerzahlen) für angemessen halten. Der Bildungsbericht Schweiz 2014 verzeichnet drei Grundmodelle, aus denen sich die jeweiligen kantonalen Strukturmodelle zusammensetzen (SKBF, 2014, S. 88) und nur bei 10 Kantonen in Reinform vorkommen (reine zwei- oder dreigliedrige Modelle finden sich nur noch in 7 Kantonen):

a) Integriertes Modell: Nicht selektionierte Stammklassen mit anforderungsdifferenzierten bzw. leistungsorientierten Niveaukursen
b) Kooperatives Modell: Auf zwei Typen von Stammklassen aufgeteilte Gesamtpopulation der Schülerinnen und Schüler sowie anforderungsdifferenzierte bzw. leistungsorientierte Niveaukurse
c) Geteiltes Modell: 2 bis 4 Schultypen laufen getrennt mit separaten Klassen, Lehrpersonen und Lehrplänen/Lehrmitteln. (SKBF, 2014, S. 88)

So lässt sich etwa das in der vorliegenden Studie interessierende Zürcher Modell der Sekundarstufe I als geteilt und kooperativ beschreiben: Nach der Primarstufe wechseln die Kinder entweder ins Langgymnasium, das sechs Jahre dauert,

3.3 Institutionelle Rahmenbedingungen – Kommentierung ... 95

oder in eine der drei Abteilungen A, B oder C[16] der dreijährigen Sekundarstufe, wobei die einzelnen Sekundarschulen die Möglichkeit haben, in höchstens drei Fächern (Deutsch, Mathematik, Englisch oder Französisch) zusätzlich abteilungsübergreifende Anforderungsstufen (I, II, III) einzurichten. Die Abteilung A und die Anforderungsstufe I sind jeweils am kognitiv anspruchsvollsten. Der Zugang zum Langgymnasium erfolgt über eine zentrale Aufnahmeprüfung, bei der die Erfahrungsnoten aus der 6. Klasse in den Kernfächern Deutsch und Mathematik mitberücksichtigt werden (vgl. Bildungsdirektion Kanton Zürich, 2013a, S. 12). Die Zuteilung zu einer der drei Abteilungen A, B oder C erfolgt gemäß Volkschulgesetz (Art. 32 Abs. 3 VSG) und Volkschulverordnung (Art. 33 Abs. 3 VSV) auf der Grundlage einer Gesamtbeurteilung, in der die Klassenlehrkraft die Beobachtungen und Beurteilungen möglichst aller Lehrkräfte des Kindes aufbereitet und zusammenfasst. Die Zuteilung zu einer der drei Anforderungsstufen I, II und III (sofern solche denn geführt werden) wird auf der Basis der Gesamtleistungen im betreffenden Fach vorgenommen (vgl. Bildungsdirektion Kanton Zürich, 2013a, S. 10). Laut einer Informationsschrift der Bildungsdirektion des Kantons Zürich zuhanden der Lehrkräfte (auch für die Eltern im Internet zugänglich) stehen folgende Aspekte im Brennpunkt der Gesamtbeurteilung:

- Die Gesamtleistungen in den einzelnen Fächern
- Das Arbeits- und Lernverhalten und das Sozialverhalten
- Die Begabungen und Neigungen und den Entwicklungsstand eines Kindes
- Andere beurteilungsrelevante Faktoren wie gesundheitliche oder familiäre Belastungen oder eine eventuelle Mehrsprachigkeit sowie erhaltene Förderung.
(Bildungsdirektion Kanton Zürich, 2013a, S. 5)

Derselben Schrift zufolge handelt es sich bei der Gesamtbeurteilung um «wohlfundierte Einschätzungen von Lehrpersonen über das Potential und die Lernleistungen ihrer Schülerinnen und Schüler in allen Fächern und nicht nur um das arithmetische Mittel aus einigen Prüfungen in den Fächern Mathematik und Deutsch». Charakteristisch seien ihre «prognostische Funktion» und dass sie «in Prosa verfasst» sei (Bildungsdirektion Kanton Zürich, 2013a, S. 5). Die Gesamtbeurteilung ist somit die zentrale Grundlage im Entscheidungsprozess, der sich

---

[16]Die Anzahl der geführten Abteilungen kann von den Schulpflegen der Einzelgemeinde festgelegt werden (Bildungsdirektion Kanton Zürich, 2007). In der Regel führen die Gemeinden lediglich die beiden Abteilungen A (erweiterte Anforderungen) und B (Grundanforderungen). Drei Abteilungen der Sekundarstufe werden nur noch in wenigen (primär ländlichen) Gemeinden geführt.

während der sechsten Klasse über mehrere Monate hinziehen kann und gemäß den gesetzlichen Vorgaben des Kantons (Art. 32 VSG und Art. 39 VSV) gesprächsorientiert bzw. als «Konsensverfahren zwischen Schülerin/Schüler und Eltern, Klassenlehrperson und Schulleitung» (Bildungsdirektion Kanton Zürich, 2013a, S. 7) verlaufen soll. Laut der Volksschulverordnung (Art. 39 Abs. 1 VSV) sind die Schulen dazu verpflichtet, im Minimum ein Übertrittsgespräch durchzuführen, anlässlich dessen die «Entscheide betreffend den Übertritt [...] vorbereitet werden» und «an dem wenigstens die Klassenlehrperson und ein Elternteil teilnehmen». Falls in diesem Gespräch keine Einigung zustande kommt, so soll laut Gesetzgeber eine weitere Gesprächsrunde stattfinden, zu welcher neben den bisher Beteiligten zusätzlich die Schulleitung der Primarschule sowie eine Lehrkraft der Sekundarstufe I stoßen sollen (Art. 39 Abs. 2 VSV). Kommt es auch in diesem Gespräch zu keiner Einigung, fällt die zuständige Schulpflege gemäß Artikel 34 Abs. 3 sowie Artikel 39 Abs. 3 der Volksschulverordnung auf der Grundlage der Akten, der Anhörung der Beteiligten und ggf. nach der Konsultation weiterer Fachpersonen anlässlich einer Promotionssitzung die Entscheidung und teilt das Kind endgültig in eine der angebotenen Abteilungen der Sekundarstufe I ein. Weder die Schulleitung noch die Schulpflege dürfen zur Stützung ihrer Entscheide Leistungstests oder andere spezielle Prüfungen veranlassen (vgl. Bildungsdirektion Kanton Zürich, 2013a, S. 11).

In der oben genannten Informationsbroschüre der Bildungsdirektion zuhanden der Schulen wird der «mögliche Zeitablauf» visualisiert (vgl. Tabelle 3.1). Deutlich wird in der Übersicht, dass es weitgehend den einzelnen Schulen bzw. den Lehrkräften überlassen bleibt, wie sie «konsensuell» definieren und wie intensiv sie folglich die Eltern im Vorfeld des Übertrittsgesprächs über das gesetzlich festgelegte Minimum hinaus im Rahmen zusätzlicher Standortgespräche informieren, anhören und in ihren Abwägungsprozess einbinden. Die Bildungsdirektion fordert in der Erläuterung von Schritt 2 («Bis Mitte Februar», vgl. Tabelle 3.1) die Klassenlehrkräfte auf, «das Gespräch mit den Eltern betreffend die Zuteilung [...] zu suchen» und besonders „mit Eltern von Kindern, bei denen die zukünftige Schullaufbahn bzw. die Zuteilung zu den Abteilungen der Sekundarstufe noch unsicher ist", einen „intensive[n] Kontakt" zu pflegen (Bildungsdirektion Kanton Zürich, 2013a, S. 10). Sie gibt den schulischen Akteuren in der Broschüre weiter zu bedenken, dass obwohl das Schulsystem mittlerweile «durchlässig» und die Möglichkeit vorhanden sei, dass Schüler*innen bei entsprechenden Leistungen die Abteilung oder die Anforderungsstufe während der Sekundarstufe I wechseln oder nach dem zweiten oder dritten Jahr ins Kurzeitgymnasium übertreten könnten, die Einstufung aber dennoch «eine entscheidende Weichenstellung» sei und mit «großer Sorgfalt» zu erfolgen habe. Verdeutlicht wird die Verantwortung, die

3.3 Institutionelle Rahmenbedingungen – Kommentierung ...

Tabelle 3.1 Möglicher Zeitablauf «Übertritte aus der Primarstufe» (Bildungsdirektion Kanton Zürich, 2013a, S. 11)

Schritt	Zeitpunkt	Tätigkeiten
1	Im ersten Quartal	→ Information der Eltern über die Organisation der Sekundarstufe und der einzelnen Schultypen. Hinweis auf Informationsabende der Gymnasien
2	Bis Mitte Februar	→ Standortgespräch der Klassenlehrperson mit Eltern und Erziehungsberechtigten betreffend die zukünftige Schullaufbahn ihres Kindes (bei Uneinigkeit die Schritte 3 bis 5 befolgen)
3	Bis Ende März	→ Elterngespräch → Zustellung der Übertritts-/Zuteilungsempfehlung der Klassenlehrperson → [Übertritts-]Gespräch mit den Eltern/Erziehungsberechtigten in Anwesenheit des betroffenen Kindes → Bei Einigkeit Einteilung/Zuteilung in die Sekundarstufe auf dem Korrespondenzweg
4	im April	→ Bei Uneinigkeit zweites Elterngespräch mit der Klassenlehrperson, einem Mitglied der Schulleitung und einer Lehrperson der Sekundarstufe → Bei Einigkeit Einteilung/Zuteilung in die Sekundarstufe auf dem Korrespondenzweg → Bei Uneinigkeit Weiterleitung der Akten an die Schulpflege
5	Mai/Juni	→ Promotionssitzung [der Schulpflege] – Definitive Zuteilungen

mit der Aufgabe einhergeht, mit einem Hinweis auf die Gefahren institutioneller Diskriminierung:

> Dabei gilt es zu beachten, dass Kinder aus Migrationsfamilien oder bildungsfernen Milieus nicht benachteiligt werden. Ihnen fehlt unter Umständen die Unterstützung des Elternhauses sowohl beim Lernen als auch im Rahmen des Zuteilungsverfahrens. Lehrpersonen müssen wissen, dass hier die Gefahr der institutionellen Diskriminierung droht: Allzu schnell geht die Tendenz bei solchen Kindern Richtung Abteilung B oder gar C – der Weg ins Gymnasium wird schon gar nicht geprüft. Die Statistiken sprechen hier eine deutliche Sprache. Die verantwortungsbewusste Lehrperson wird Gegensteuer geben und sich sehr genau überlegen, ob nicht doch die Abteilung A möglich wäre! (Bildungsdirektion Kanton Zürich, 2013a, S. 4)

Aus der Perspektive der Eltern kann an dieser Stelle festgehalten werden, dass das Zürcher Übertrittsverfahren ihnen zumindest eine konsultative Funktion zugesteht. Die Klassenlehrkräfte sind dazu verpflichtet, die elterlichen Wahrnehmungen der Entwicklung des Kindes sowie die elterlichen Schullaufbahnwünsche zur Kenntnis zu nehmen, sich mit ihnen argumentativ und datenbasiert auseinanderzusetzen und ihre Übertrittsempfehlung in mindestens einem Gespräch detailliert zu erläutern. Von solchen Vorgaben abgesehen wird den Schulen bzw. den betroffenen Klassenlehrkräften aber große Gestaltungsfreiheit zugestanden. Die übergeordnete kantonale Behörde beschränkt sich auf die oben genannten Apelle und das Einfordern der gesetzlich geforderten Mindestzahl an Gesprächen und verzichtet offenkundig darauf, detailliertere Qualitätskriterien für die Zusammenarbeit mit den Eltern während der Übertrittsphase zu definieren. Wie sich in einer Studie von Fürrer Auf der Maur (2012) im Rahmen des qualitativ ausgerichteten Projektteils der TRANSITION-Studie gezeigt hat, unterscheiden sich die zehn Klassenlehrkräfte, denen sich die 20 Elternteile des Samples der vorliegenden Studie gegenüber sahen, hinsichtlich ihrer Haltung gegenüber der elterlichen Mitsprache zum Teil stark und involvierten die Eltern entsprechend unterschiedlich in den Entscheidungsprozess. Selbst innerhalb der gleichen Schuleinheit scheint die Varianz bei den Klassenlehrkräften bezüglich des Vorgehens und bezüglich des Wertes, den sie der Zusammenarbeit mit den Eltern zumessen, beträchtlich zu sein. So unterschieden sich die drei Lehrkräfte (Z10, Z20 und Z30) des Schulhauses Z u. a. hinsichtlich der Anzahl der formellen Gespräche, hinsichtlich ihrer Bereitschaft für informelle Gespräche und hinsichtlich der Gewichtung einzelner Aspekte der Gesamtbeurteilung[17]. Sodann kann aus Eltern-Sicht auch

---

[17] Fürrer Auf der Maur (2012) identifiziert unter den zehn Klassenlehrkräften drei Entscheidungsstile: Der *Entscheidungsstil 1*, «*Aufwändiger Entscheidungsfindungsprozess in enger Kooperation mit den Eltern*», fand sich bei fünf Lehrkräften (D10, H10, Z20, R10 und V10). Die drei sehr erfahrenen und zwei jungen Lehrkräfte beschrieben alle «die Eltern als Partner, [...] äußerten viel Verständnis für die Situation der Eltern», selbst wenn sie schwierige Gespräche mit diesen erwarteten und «empfanden ihr Verhältnis zu den Eltern als angenehm» (S. 98). Nebst den Noten und dem Arbeitsverhalten benannten alle fünf Lehrkräfte weitere Kriterien, die sie in ihre Entscheidung einfließen ließen, wie das die Richtlinien für die Gesamtbeurteilung auch vorsahen (S. 98) und alle meinten, dass es für sie vor allem wichtig sei, dass sich die Kinder «auf der zugeteilten Stufe wohlfühlten» (S. 99). *Der Entscheidungsstil 2, «Entscheidungsfindungsprozess gemäß den grundlegenden Vorgaben mit sachlich-distanzierter Haltung gegenüber den Eltern»* fand sich bei den drei Lehrkräften R12, Z10 und Z30, die alle über langjährige Berufserfahrung verfügten. Mit Blick auf die Eltern berichteten alle drei Lehrkräfte von einem freundlichen, aber «sachlich-distanzierten Verhältnis» (S. 104) und kennzeichneten sich dadurch, dass sie mit dem Hinweis auf ihren Expertenstatus den Übertrittsentscheid als kaum mit den Eltern verhandelbar erachteten. Mit Ausnahme von Z30 erachteten die Lehrkräfte vor allem den Notenschnitt als zentrales Kriterium und hoben vor

3.3 Institutionelle Rahmenbedingungen – Kommentierung ...

festgehalten werden, dass der Gesetzgeber den Schulbehörden den Letztentscheid zugesteht (vgl. Schritt 5, Tabelle 3.1). Der im Volkschulgesetz (Art. 32 Abs. 1 VSG) verankerte Grundsatz eines gemeinsamen Entscheids zwischen Lehrkräften, Schulleitung und Eltern wird im gleichen Absatz relativiert, indem im Zweifelsfall der Schule das Recht erteilt wird, den definitiven Entscheid zu fällen[18]. Auch der Umstand, dass sich die Eltern im Falle der Uneinigkeit beim Übertrittsgespräch in einem Folgegespräch (Schritt 4, Tabelle 3.1) mit zusätzlichen schulischen Akteuren konfrontiert sehen (Schulleitung der Primarstufe sowie eine Lehrkraft der Sekundarstufe I), dürfte bei vielen Eltern Unterlegenheitsgefühle auslösen und sie davon abhalten, das Verfahren weiter zu eskalieren. Entsprechende Aussagen ließen sich in Interviews identifizieren, die für das Teilprojekt von Haymoz (2014) im Rahmen von TRANSITION unmittelbar nach dem Übertrittsgespräch mit den Eltern des Samples der vorliegenden Studie durchgeführt wurden. So bekundeten insbesondere die Elternteile M11 und S12, deren Aspirationen für die Abteilung A von der Lehrkraft abschlägig beantwortet wurden, das Gefühl der Hilflosigkeit und die Wahrnehmung eigener Unterlegenheit u. a. angesichts der rechtlichen Hürden (vgl. Haymoz, 2014, S. 60–65). Mit Blick auf den damit erwartbaren Aufwand entschieden sie sich dafür, den Entscheid für die Abteilung B zu akzeptieren und trösteten sich damit, dass auf der Sekundarstufe I während mehreren Zeitpunkten ein Wechsel des Schultyps möglich sei.

Tatsächlich sehen Volksschulgesetz (Art. 32 VSG) und Volksschulverordnung (Art. 40 VSV) des Kantons Zürich vor, dass sog. «Umstufungen» in andere Abteilungen oder in eine andere Anforderungsstufe in der 1. Klasse der Sekundarstufe zu drei Terminen möglich sind (Ende November, Mitte April sowie Anfang des

---

allem die Nützlichkeit eines Übertritts in die Abteilung A für die spätere Berufswahl hervor, Z30 nannte aber auch «den Aspekt des sich Wohlfühlens» (S. 105). Dem *Entscheidungsstil 3*, *«Eingeschränkter Entscheidungsfindungsprozess in kritischer Distanz zu den Eltern»*, ließen sich zwei Lehrkräften zuordnen (M10, S10). Diese gaben an, «die Zusammenarbeit mit den Eltern im Übertritt nicht befürworten zu können, den Entscheid alleine zu fällen und die Eltern teilweise als ihnen feindselig gegenüberstehend wahrzunehmen». Als «allein ausschlaggebendes Entscheidungskriterium» nannten die beiden Lehrkräfte den Notenschnitt 4.5, wobei «für die Nichtzuteilung zur Sek A [...] von ihnen [auch] mangelnde Begabung/Intelligenz erwähnt [wurde]» (S. 111). Die beiden Lehrkräfte betonten ferner bei einer zu hohen oder zu tiefen Zuteilung Kostenaspekte für das Kind, «warnten vor Überforderung» und wollten die Kinder «vor Misserfolgserlebnissen auf der Oberstufe [...] bewahren» (S. 111).

[18] Art 32 Abs. 1 VSG im Wortlaut: «Über die Promotion in die nächste Klasse, den Übertritt in die nächste Stufe und über den Wechsel innerhalb der Sekundarstufe entscheiden die betroffenen Lehrkräfte, die Schulleitung und die Eltern gemeinsam. Kann keine Einigung erzielt werden, entscheidet die Schulpflege, bei Übertritten in die Sekundarstufe die für die Oberstufe zuständige Schulpflege.»

Schuljahres) und danach jeweils zu zwei Zeitpunkten (Ende Januar und Anfang des Schuljahres). Die Umstufungen, die für die Schüler*innen keinen zeitlichen Verlust zur Folge haben, können auf Antrag der Klassenlehrkraft oder aufgrund eines Gesuchs der Eltern erfolgen (vgl. Bildungsdirektion Kanton Zürich, 2013a, S. 9). Auf der Grundlage einer von der Klassenlehrkraft erstellten Gesamtbeurteilung und eines Gesprächs, an dem auch der/die Jugendliche beteiligt ist, erfolgt hier der Beschluss durch die Eltern, die bisherige Klassenlehrkraft und die Schulleitung gemeinsam. Kommt keine Einigung zustande, entscheidet wiederum die Schulpflege über die Auf- oder Abstufung, wobei auch hierzu keine zusätzlichen Tests oder Prüfungen durchgeführt werden dürfen (vgl. Bildungsdirektion Kanton Zürich, 2013a, S. 9). Neueren Zahlen der Bildungsdirektion (2016, S. 40) zufolge haben etwas weniger als 12 % der Jugendlichen, die im Jahr 2009 in die Sekundarstufe I eingetreten sind, bis zum Abschluss der Sekundarschule einen Wechsel zwischen den Abteilungen A, B oder C vollzogen. Dabei wurden rund 7 % der Eingetretenen in den weniger anspruchsvollen Bildungsgang abgestuft und rund 5 % aufgestuft. Im langjährigen Trend finden aber immer mehr Aufstufungen statt: «Bezogen auf alle Jugendlichen mit einem Abteilungswechsel ist der Anteil derjenigen mit einer Aufstufung in dieser Zeitspanne [2003–2014] von 39 auf 47 Prozent gewachsen. Dementsprechend hat der Anteil Jugendlicher mit einer Abstufung in eine weniger anspruchsvolle Abteilung von 61 auf 53 Prozent abgenommen.» (Bildungsdirektion Kanton Zürich, 2016, S. 39). Mädchen werden nicht nur häufiger als Jungen in die Abteilung A eingeteilt (vgl. Abschnitt 1.1, Fußnote 5), sie sind vergleichsweise auch weniger von Abstufungen betroffen (4.3 % vs. 6.3 % bei der Kohorte der 2011 Eingetretenen). Keine Unterschiede bezüglich des Geschlechts sind bei den Aufstufungen zu verzeichnen (vgl. Bildungsdirektion Kanton Zürich, 2016, S. 42). Auch Kinder mit nicht-deutscher Erstsprache werden mit deutlich erhöhter Wahrscheinlichkeit in die Abteilungen B und C eingeteilt und erleben vergleichsweise häufiger einen Abteilungswechsel als ihre Kolleginnen und Kollegen deutscher Erstsprache. Dabei sind sie vor allem bei den Aufstufungen überproportional vertreten (8 % vs. 4.3 %). Dies könnte darauf hindeuten, so die Autor*innen der Dokumentation, dass «Schülerinnen und Schüler mit nicht-deutscher Erstsprache beim Übertritt in die Sekundarstufe I in Bezug auf ihre Fähigkeiten zu pessimistisch eingestuft» würden und dieser nicht optimale Entscheid dann «im weiteren Schulverlauf auf Sekundarstufe I korrigiert werden» müsse (Bildungsdirektion Kanton Zürich, 2016, S. 43).

Von den Kindern der Stichprobe des qualitativen Projektteils von TRANSITION stiegen bereits zum ersten Umstufungstermin auf der Sekundarstufe zwei Schüler von der Abteilung B in die Abteilung A auf (die beiden Jungen S12 und V12). Ein Kind der Stichprobe, der Junge H12, wurde demgegenüber ebenfalls

3.3 Institutionelle Rahmenbedingungen – Kommentierung …

Tabelle 3.2 Überblick über die Ausprägungen von neun übertrittsbezogenen Aspekten bei den untersuchten Elternteilen zu den Zeitpunkten G1 oder G2

Elternteile	D11	D12	E11	E12	H11	H12	M11	M12	R11	R12	S11	S12	V11	V12	Z11	Z12	Z21	Z22	Z31	Z32
Erwartete Zuteilung zur Abteilung der Sekundarschule, Zeitpunkt G1	B	A/B	A/B	A	A	A/B	A/B	A/B	A	B	A/B	B	A	B	A	B	A/B	A	G	B
Aspirierte Abteilung derSekundarschule, Zeitpunkt G1	B*	A*	A	A	A	A	A*	A*	A	B	A	A	A	A	A*	B*(A)	A*	A*	G*	B*
Valenz der unmittelbaren Zuteilung zur aspirierten Abteilung, Zeitpunkt G1 (3 = sehr hoch, 2 = hoch, 1 = tief)	3	2	3	3	3	2	2	1	3	1	3	3	3	3	3	2	2	3	2	2
Kontrolleinschätzung bez. unmittelbarer Zuteilung zur aspirierten Abteilung G1 (2 = hoch, 1 = tief)	2	1	1	2	2	1	1	1	2	2	1	1	2	1	2	2	1	2	2	2
Definitiv zugeteilte Abteilung derSekundarschule, Zeitpunkt G2	B	A	A	A	A	A	B	B	A	B	A	B	A	B	A	B	A	A	A	B
Durch Eltern wahrgenommene Informiertheit bez. Übertritt, Zeitpunkt G2 (2 = hoch, 1 = tief)	2	2	2	2	2	2	2	2	2	2	1	1	2	2	1	2	1	1	2	2
Elterliches Vertrauen in die Klassenlehrkraft, Zeitpunkt G2 (2 = hoch, 1 = tief)	1	2	2	2	2	2	2	2	2	2	1	1	2	2	1	2	1	2	2	2

(Fortsetzung)

Tabelle 3.2 (Fortsetzung)

Elternteile	D11	D12	E11	E12	H11	H12	M11	M12	R11	R12	S11	S12	V11	V12	Z11	Z12	Z21	Z22	Z31	Z32
Übereinstimmung bez. Zuteilung, Zeitpunkt G2 (2 = hoch, 1 = tief)	2	2	2	2	2	2	1	2	2	2	2	1	2	2	1	2	2	2	2	2
Konfliktwahrnehmung von Eltern und Klassenlehrkraft, Zeitpunkt G2 (2 = hoch, 1 = tief)	2	1	1	1	1	1	1	1	1	1	2	2	1	1	2	1	1	1	1	1

* an den Wohnorten dieser Elternteile existieren zum Untersuchungszeitpunkt noch drei Abteilungen der Sekundarschule (A, B und C)

3.3 Institutionelle Rahmenbedingungen – Kommentierung ...

zum ersten Umteilungstermin von der Abteilung A in die Abteilung B abgestuft[19]. In allen drei Fällen bestand auf Anhieb ein Einverständnis zwischen den Kindern, den Eltern und den Klassenlehrkräften der Sekundarstufe hinsichtlich dieser Maßnahme[20].

Zum Schluss dieses Abschnitts soll anhand der aus den Interviews G1 und G2 extrahierten Daten schließlich noch der Frage nachgegangen werden, inwiefern das Übertrittsverfahren und das konkrete Handeln der jeweiligen Lehrkraft das schulbezogene Motivierungshandeln der Elternteile im untersuchten Zeitraum zwischen den beiden Interviews beeinflusst haben dürfte. Zur Einschätzung möglicher Effekte werden die Werte der neun in Tabelle 3.2 aufgeführten Kategorien herangezogen. Die Ausprägungen der ersten vier Kategorien wurden auf der Grundlage von Antworten der Elternteile auf die Fragen des Abschnitts D des Leitfadens G1 (vgl. Abschnitt 6.1, Abbildung 6.1) ermittelt. Die Ausprägungen der letzten vier Kategorien wurden aus der im Rahmen des TRANSITION-Projekts durchgeführten Studie von Good (2014) übernommen. Die Grundlage für diese Codierungen bildeten die Antworten auf die Fragen des Abschnitts D aus den Interviewleitfäden G2 für die Eltern- sowie für die Lehrpersoneninterviews (vgl. Abschnitt 6.3.1, Tabelle 6.1)[21].

---

[19]In einem mit der TRANSITION-Studie verbundenen Projekt untersucht Godenzi (2011) im Rahmen von vergleichenden Fallstudien auf der Basis von längsschnittlichen Interviewdaten wie u. a. die beiden Jungen S12 und von H12 den Übertritt von der Primar- in die Sekundarstufe sowie die Auf- bzw. Abstufung innerhalb der Sekundarstufe erlebt und bewältigt haben (Fallgeschichten «Fabian Schmid» und «Andrin Morina»).

[20]Vgl. auch Fußnote 10 für Details zum Leistungsstand der drei Jungen H12, S12 und V12 in den Fächern Mathematik und Deutsch kurz vor dem Übertrittsentscheid.

[21]Es handelt sich hierbei um Codierungen, die entweder vom Autor oder von Franziska Good (2014) sowie jeweils einer zweiten Person vorgenommen wurden. Im Folgenden werden die Codieranweisungen wiedergegeben und die jeweiligen Werte der Interrater-Reliabilität *(Cohens Kappa)* ausgewiesen:

Erwartete Zuteilung zu Abteilung der Sekundarschule *($\kappa = 0.93$)*: Die explizite Antwort auf die Frage «Wird Ihr Kind im nächsten Schuljahr die Sekundarschule A oder B besuchen» wird in Form von *A, B* (oder *G* für Gymnasium) festgehalten. Wenn Unsicherheit, Zweifel oder Einschränkungen erkennbar sind (z. B. «also ich hoffe, dass er in die Sek A kommt, aber er muss sich gerade in Mathematik noch ein bisschen engagieren»), wird *A/B* codiert.

Aspirierte Abteilung der Sekundarschule *($\kappa = 1.00$)*: Explizite Antworten auf die Frage «Welche Bedeutung hat es für Sie, dass er/sie den Übertritt in die Sekundarschule A schafft» sowie alle Äußerungen auf die Fragen im Abschnitt D, die den Wunsch der Elternteile erkennbar machen (z. B. «ich denke, dass es schön wäre fürs weitere Leben, dass sie es in die Sek A schafft»), werden codiert: Ausprägungen *A, B* (und *G*).

In den Interviews G1, die zu Beginn der Erhebungszeit durchgeführt wurden, zeigten sich die Elternteile bezüglich der Durchlässigkeit der Sekundarschule eher kritisch und richteten ihr Augenmerk vor allem auf den Aspekt der Gliedrigkeit des Schulsystems (vgl. die Interviewausschnitte in Abschnitt 1.1). Dem Umstand, dass in der Sekundarstufe I mit dem neuen Volksschulgesetz 2006 ein bildungsgangübergreifendes leistungsdifferenziertes Förderangebot in Form unterschiedlicher Anforderungsstufen in Deutsch, Mathematik, Englisch oder Französisch eingeführt wurde, ist durch die Eltern in den Interviews kaum näher Aufmerksamkeit geschenkt worden. Wenn die Thematik angesprochen wurde, dann wurden Vorbehalte geäußert und ein eher geringer Informationsgrad zu Sinn

Valenz der unmittelbaren Zuteilung zur aspirierten Abteilung *($\kappa = 0.81$)*: Explizite Antworten auf die Frage «Welche Bedeutung hat es für Sie, dass er/sie den Übertritt in die Sekundarschule A schafft» sowie alle Äußerungen auf die Fragen im Abschnitt D, die die persönliche Bedeutung einer Zuteilung zum genannten und unter aspirierte Abteilung codierten Sekundarschultyp erkennbar machen. Drei Ausprägungen: 3 = sehr hoch, wenn sprachlich explizit die hohe Wichtigkeit betont wird (z. B. «Ja, eine *sehr große* [Bedeutung], weil von der Sek A hat sie dann auch die besseren Möglichkeiten»/«[Abteilung] A *sowieso*»); 2 = hoch, wenn die Bedeutung sprachlich explizit, aber ohne ausdrückliche Betonung, bekundet wird (z. B. «Ich fände es gut. Es ist nicht ein Zwang. Wenn es nicht geht, dann geht es nicht. Aber ich fände es schade, wenn er es nicht packen würde.»; 1 = tief, wenn der Elternteil mit Verweis auf das Kindswohl die eigenen Aspirationen explizit einschränkt (z. B. «Ich würde mich natürlich sehr freuen, wenn er in die Sek A kommen würde, selbstverständlich. Ich würde mich aber nicht freuen, [...] wenn ich weiß, er stünde dort auf der Kippe mit den Noten oder was auch immer, das [...] würde mich furchtbar traurig machen»).
Kontrolleinschätzung bez. unmittelbarer Zuteilung zur aspirierten Abteilung *($\kappa = 0.90$)*: Aussagen in den Antworten auf die Fragen des Teils D werden mit Blick auf explizite Einschätzungen oder aber aufgrund sprachlicher Indikatoren durch Inferenz codiert: 2 = hoch, wenn der Elternteil sich aufgrund der Leistungen des Kindes und/oder entsprechender Äußerungen der Klassenlehrkraft sehr sicher ist/scheint, dass das Kind für die gewünschte Abteilung empfohlen wird (z. B. «Wenn ich [die Lehrerin] interpretieren möchte, dann ist unsere Tochter 60–70 Prozent im A und zu 30–40 im B»); 1 = tief, wenn der Elternteil sich aufgrund der Leistungen des Kindes und/oder entsprechender Äußerungen bzw. fehlender Äußerungen der Klassenlehrkraft unsicher ist/scheint, dass das Kind für die gewünschte Abteilung empfohlen wird (z. B. «[Ich] weiß es nicht. Ich kann es nicht sagen. Es kann beides möglich sein. Je nachdem auch, wie er sich jetzt auch wieder etwas auffängt. Vorher war es einmal im Gespräch, [...] knapp in die Sek A. [...] Aber jetzt-»).
Durch Eltern wahrgenommene Informiertheit bez. Übertritt *($\kappa = 0.74$)*: «[...] Bekundungen der Eltern, wie gut sie sich während des Übertrittsverfahrens durch die Lehrperson informiert fühlten. Die Ausprägung '[...] hoch' weist auf einen hohen Grad an wahrgenommener Informiertheit hin und beinhaltet diesbezüglich ein zum Ausdruck gebrachtes grundsätzlich positives Grundgefühl. Die Gründe dafür sind unterschiedlich: Einige Eltern finden, dass die Lehrperson (meistens) transparent informierte, andere Eltern äußern, dass sie sich (z. T. zusätzlich zum Engagement der Lehrperson) von sich aus an die Lehrperson

3.3 Institutionelle Rahmenbedingungen – Kommentierung ...

und Zweck des Angebots wurde offenkundig, wie die folgenden drei Ausschnitte aus den Interviews mit den Müttern V11, S12 und Z32 illustrieren:

V11: Ich bin sehr skeptisch. Weil sie jetzt auch das System umstellen, dass es jetzt nur noch Sek A und B gibt und die verschiedenen Leistungsstufen. Ich habe große Bedenken für meinen Sohn, ob er in diesem System klarkommt. [...] Ich habe einfach auch Bedenken. Jetzt habe ich ihm gesagt, wir schauen mal, wie das erste Jahr geht, da mit diesen Leistungsstufen. Aber ich bin extrem skeptisch. Ich trau-
I: Was macht Sie skeptisch?

---

wandten, was für sie selbstverständlich ist. Wiederum andere Eltern erzählen schließlich, dass sie von der Lehrperson in der Zeit des Übertrittsverfahrens außer in den obligatorischen Gesprächen nichts gehört hätten, was sie – offenbar auf Grundlage geringer Ansprüche und Erwartungen – positiv werten. Zu einer '[...] tiefen' wahrgenommenen Informiertheit gehört, dass die Lehrperson aus der Perspektive der Eltern zu wenig informierte. Als Reaktion darauf ergriffen die Eltern deshalb entweder selber die Initiative, um ihr Bedürfnis an Informationen zu befriedigen, obwohl sie dies negativ finden, weil es aus ihrer Sicht Aufgabe der Lehrperson gewesen wäre. Oder die Eltern kontaktierten die Lehrperson nicht, weshalb ihnen Informationen fehlten. Eine 'eher tiefe' wahrgenommene Informiertheit geht mit einem zum Ausdruck gebrachten negativen Grundgefühl einher.» (Good, 2014, S. 153)

Elterliches Vertrauen in die Klassenlehrperson *($\kappa = 0.88$)*: «Elterliches Vertrauen wird als 'hoch' attribuiert, wenn der Begriff 'Vertrauen' (als Nomen oder Verb) von den Eltern direkt genannt wird oder wenn Vertrauen indirekt zum Ausdruck kommt in Äußerungen, die das Erfüllen elterlicher Erwartungen durch die Lehrperson, ihre Verlässlichkeit oder Fairness gegenüber dem Kind sowie Ressourcenorientiertheit betreffen. Eltern gestehen aufgrund des stabilen Verhaltens über längere Zeit der Lehrperson ihren professionellen Raum zu und verzichten auf Kontrollen. Das Vertrauen wird demgegenüber als 'tief' eingestuft, wenn die Eltern den Begriff 'Misstrauen' bzw. 'wenig/kein Vertrauen' benützen oder wenn sie Vertrauen indirekt äußern, indem sie ausdrücken, dass die Lehrperson Aufgaben, welche die Eltern der Lehrperson zuschreiben, nicht erledigt, dass sich die Lehrperson nicht an Absprachen hält und dass sie eine einseitige, defizitorientierte Sicht auf das Kind vertritt.» (Good, 2014, S. 153–154)

Übereinstimmung bez. Zuteilung *($\kappa = 1$)*: «[...] bildet den Übereinstimmungsgrad von Eltern und Lehrperson bezogen auf die Zuteilung zur Sek A oder Sek B ab. Eine hohe Übereinstimmung zeigt sich bei Einigkeit von Eltern und Lehrperson hinsichtlich der Zuteilung des Kindes zu einem Sekundarschultyp, sei dies die Sek A oder die Sek B; ein tiefer Grad an Übereinstimmung herrscht, wenn beide Akteure Uneinigkeit bezogen auf den anvisierten Sekundarschultyp zum Ausdruck bringen.» (Good, 2014, S. 150)

Konfliktwahrnehmung von Eltern und Klassenlehrperson *($\kappa = 0.86$)*: «[...] stellt dar, ob die Beziehung zwischen den Eltern und der Lehrperson während des Übertrittsverfahrens von den Akteuren eher als konfliktreich oder als konfliktarm wahrgenommen und beschrieben wird, und beinhaltet jene Äußerungen beider Akteure, welche sich auf die Dauer des gesamten Übertrittsverfahrens beziehen. [...] Der Konflikt-Ausprägung '[...]

V11: Weil es dann ja so verschiedene Anforderungsprofile gibt, wo es dann ständig einen Wechsel gibt. Es ist dann nicht einfach eine Klasse, sondern er kann dann ja in verschiedenen Gruppen sein und das kann auch immer wieder wechseln. Ich finde das nicht toll. [...] (Interview G1, 00:37:09)
I: Haben Sie das Gefühl, dass Ihre Tochter eine Sek A oder eine Sek B besuchen wird?
S12: Eine A sowieso. Aber wir wollen ja die [Anforderungsstufe] 1. Es gibt ja A, B, C und 1, 2, 3 und sie können in jedem Fach ein anderes Level haben. Das ist ja jetzt ganz neu. Also meine «Balletteuse» (lacht) von nebenan. Die ist eine gute Freundin von mir und was die mir erzählt, da wird mir schlecht. Da muss ich sagen: «Habt ihr alle einen Schaden? Also gibt es noch etwas anderes?» Also Sek A, Level 2 würde auch reichen. Also die machen in den ersten zwei Wochen machen die die Repetition des Französischunterrichts. Und tschüss und dann geht es weiter. [...] Also Sie können zum Beispiel – das ist auch so etwas, das versteht [niemand]. Der Klassenlehrer wusste es auch noch nicht, er musste sich auch orientieren. Es kann sein, dass es in der Sek A – jetzt reden wir vom A. Dann sind Sie vielleicht im Rechnen in der [Anforderungsstufe] eins, dann sind Sie im Französisch in der Drei und im Deutsch in der Zwei. Und dann haben sie – das versuchen sie jetzt neu zu machen. So wie in der Highschool einen Spind in den Gängen und dort schmeißen sie alle Bücher rein und dann rennen sie wie die Irren im ganzen Schulhaus umher. (Interview G1, 00:52:02)
I: Und welche Bedeutung hat es für Sie selber, dass ihre Tochter in die Sek A kommen würde?
Z32: Ich finde es gut [, dass sie die Abteilung B anstrebt]. In die Sek A, dahin kann sie immer noch. Weil es gibt drei verschiedene- In der ersten Oberstufe gibt es verschiedene Sachen, die sie dann- In der Mathe und in Deutsch- dass sie sich da prüfungsweise sogar steigern können. So können sie zwei Fächer in der Sek A machen und den Rest in der Sek B. Also dann ist es hin und her- Dann hat sie beides: Sek A und B.
I: Das wären wie Niveauklassen, die- oder -unterricht, den sie machen.
Z32: Ja, genau. Das ist- sagen wir einmal: Sie steigert sich in der ersten, fängt an sich zu steigern, macht den Knopf- das Knöpflein auf, oder. Und es ist im

---

hoch' wurden Aussagen zugeordnet, welche einen Konflikt ansprechen, der sich als zentral und prägend für die Beziehung zwischen den Eltern und der Lehrperson zeigt. Die Ausprägung '[...] tief' weist darauf hin, dass die Eltern wie die Lehrperson keinen Konflikt wahrnehmen und von Einigkeit berichten oder nur Uneinigkeit bezogen auf Aspekte herrscht, welchen die Akteure eine geringe Bedeutung zumessen.» (Good, 2014, S. 152)

3.3 Institutionelle Rahmenbedingungen – Kommentierung ...

Rechnen gut. Dann kann sie im Rechnen, in der Mathe in die Sek A. Und der Rest in die Sek B. Also, es ist so eine- Runterfallen kann sie nicht mehr. Also kann sie nicht. Sie kann eher sich dann steigern. (Interview G1, 00:54:18)

Alle Elternteile sind zu diesem Zeitpunkt – rund acht Monate vor dem Übertrittsentscheid – vorwiegend mit der Frage beschäftigt, ob es angesichts der Leistungen und Persönlichkeitsmerkmale des Kindes sowie der Zuteilungskriterien der jeweiligen Klassenlehrkraft wohl für den angestrebten Bildungsgang reichen könnte. Wie in Tabelle 3.2 die Zeile Aspirierte Abteilung der Sekundarschule verdeutlicht, nennen auf den ersten Blick immerhin 4 der 20 Elternteile die Abteilung B der Sekundarschule als Übertrittsziel für ihr Kind (D11, R12, Z12, Z32). Bei genauerem Hinsehen zeigt sich allerdings, dass die Schulen in den Wohnorten der Eltern D11, Z12 und Z32 drei Abteilungen der Sekundarschule führen (Abteilung A, B und C) und dass somit auch diese Eltern nicht den anforderungsärmsten und mit geringstem Ansehen verbundenen Bildungsgang für ihr Kind anstreben, der zur Verfügung steht. Alle vier Elternteile begründen ihre Aspirationen für die Abteilung B mit dem Kindswohl, welches sie auf der Basis der bisherigen Leistungen in der Primarstufe bzw. der Persönlichkeitsmerkmale bei einem Übertritt in die Abteilung A gefährdet sähen. Wie sich in Tabelle 3.2 in der Zeile Kontrolleinschätzung bez. unmittelbarer Zuteilung zur aspirierten Abteilung zeigt, erwarten zu diesem Zeitpunkt alle vier Elternteile, dass ihr Kind aufgrund der gezeigten Leistungen in den gewünschten Sekundarschultyp eingeteilt wird – was sich zum Zeitpunkt G2, an dem die retrospektiven Interviews durchgeführt wurden, mittlerweile auch bewahrheitet hatte (vgl. Tabelle 3.2, Zeile definitiv zugeteilte Abteilung der Sekundarschule). Die Effekte, die im untersuchten Zeitraum zwischen G1 und G2 spezifisch vom Übertrittsverfahren auf das Motivierungshandeln dieser Eltern ausgegangen sind, dürften als eher gering einzuschätzen sein, da sie sich die angesichts der geringen Diskrepanz zwischen Aspiration und Realisierungschance (vgl. Tabelle 3.2, Zeile Kontrolleinschätzung bez. unmittelbarer Zuteilung zur aspirierten Abteilung) keinem massiv erhöhten Druck ausgesetzt gefühlt haben dürften. Abgesehen von der Mutter D11 bewerten die Elternteile retrospektiv zum Zeitpunkt G2 auch die Zusammenarbeit mit der Klassenlehrkraft als problemlos (vgl. die Werte der vier letzten Zeilen in Tabelle 3.2). Das geringe Vertrauen von D11 zur Lehrkraft und die auch von der Klassenlehrerin als konfliktreich eingeschätzte Beziehung ist bei genauerem Hinsehen nicht übertrittsspezifischen Aspekten zuzuschreiben (die wahrgenommene Informiertheit ist denn auch hoch, vgl. Tabelle 3.2), sondern dem Umstand, dass D11 der Lehrkraft vor allem vorwirft, Abmachungen im Zusammenhang mit der ADS-Problematik ihrer Tochter nicht einzuhalten (z. B. dafür sorgen, dass das Kind bei Prüfungen zwecks Ausschluss von störenden Umweltreizen in einer Ecke des Schulzimmers sitzen und einen Kopfhörer tragen darf).

Auf den ersten Blick könnte man aufgrund der Tabelle 3.2 vermuten, dass auch die Elternteile S12, H11, R11, V11, Z22 die Zeit vor dem Übertrittsentscheid einigermaßen ruhig angehen könnten (vgl. in der Tabelle 3.2 die Werte der Kategorien erwartete Zuteilung zur Abteilung der Sekundarschule und aspirierte Abteilung der Sekundarschule). Sie alle zeigen sich zum Zeitpunkt G1 recht sicher, dass ihr Kind die Zuteilung in die gewünschte Abteilung B erreichen wird (vgl. Tabelle 3.2, Kategorie Kontrolleinschätzung bez. unmittelbarer Zuteilung zur aspirierten Abteilung) – was sich zum Zeitpunkt G2 dann auch so bestätigt (vgl. Kategorie definitiv zugeteilte Abteilung). Auch bezüglich der Zusammenarbeit mit der Lehrkraft während der untersuchten Phase der Entscheidungsfindung zeigen sie sich mit geringfügigen Abweichungen beim Elternteil Z22 äußerst zufrieden. Einige haben von den Klassenlehrkräften zu diesem Zeitpunkt bereits Signale erhalten, dass sie ihr Kind in der Abteilung A sehen (z. B. S12), andere nehmen die Klassenlehrkraft als offen gegenüber den Sichtweisen von Eltern wahr und hoffen, diese mit guten Argumenten und einem vehementen Einsatz für die gewünschte Zuteilung überzeugen zu können (vgl. den Interviewausschnitt der Mutter H11 zu Beginn dieses Hauptkapitels). Allen vier Elternteilen sind aber auch sehr hohe Valenzwerte bezüglich einer Zuteilung zur aspirierten Abteilung gemeinsam und sie dürften generell über hohe Bildungsaspirationen für ihre Kinder verfügen (die Mutter R11 spricht z. B. im Interview explizit ihren Wunsch an, dass die Tochter wenn nicht das Lang- so doch wenigstens nach der 8. Klasse das Kurzgymnasium besuche). Es darf bei allen vier Eltern angenommen werden, dass ihre hohen Aspirationen nicht nur bei Übertritten, sondern über die ganze Schulzeit mit deutlichen Wert- und kontrollbezogenen Regulationen verbunden sind, wenn diese Eltern den Eindruck haben, die fachlichen und überfachlichen Kompetenzen ihres Kindes würden sich nicht erwartungskonform entwickeln.

Die Mutter Z31 zeigt abgesehen von ihren Zuteilungserwartungen und ihren diesbezüglichen Aspirationen zum Zeitpunkt G1 durchgängig die gleichen Ausprägungen wie die eben beschriebene Gruppe. Als einziger Elternteil gab sie im Interview G1 die Bildungsaspiration Langgymnasium für ihren Sohn an und zeigte sich zu diesem Zeitpunkt recht sicher, dass er die entsprechenden Aufnahmeprüfungen wegen seiner Stärken in Mathematik auch bestehen würde. Als Grund für ihren ausgeprägten Wunsch, dass der Sohn das Gymnasium besuchen sollte, nannte sie in diesem Interview vor allem das sehr schlechte Ansehen, das die Sekundarschule des Wohnorts genieße und die negativen Erfahrungen, die ihre ältere Tochter mit deren Lehrkräften schon gemacht habe. Sie betonte, dass sie ihren Sohn gegebenenfalls lieber in einer Privatschule anmelden würde,

3.3 Institutionelle Rahmenbedingungen – Kommentierung ...

als ihn in die örtliche Sekundarschule übertreten zu lassen. Der Klassenlehrer, der die überfachlichen Kompetenzen sowie die Leistungen des Kindes in den beiden geprüften Fächern Mathematik und Deutsch weit weniger positiv einschätzte und dem Forschungsteam gegenüber zum Ausdruck gebracht hatte, dass er den Eltern vorschlagen werde, den Sohn in die Abteilung B einzuteilen, hielten die Eltern bis zum Übertrittsgespräch im Dunkeln über ihre Aspirationen, die privat organisierten Prüfungsvorbereitungsstunden und die bereits erfolgte Prüfungsanmeldung. Die Klassenlehrkraft wiederum, überrascht durch die eingangs des Gesprächs gemachten Bekenntnisse der Eltern, änderte flugs ihre Empfehlung und schlug dem anwesenden Kind und den Eltern die Abteilung A vor – falls die Aufnahmeprüfung nicht von Erfolg gekrönt sein sollte. Nachdem Ende März 2009 klar war, dass der Sohn das Ziel einer Aufnahme ins Langgymnasium nicht erreicht hatte und er nun nach dem Willen der Eltern doch die Sekundarschule am Wohnort besuchen sollte, entspannte sich die Situation so weit, dass sowohl die Klassenlehrkraft als auch der Elternteil Z31 im Interview G2 rückblickend die Zusammenarbeit während der Übertrittszeit als überwiegend positiv einschätzten (vgl. die Werte der letzten vier Zeilen in Tabelle 3.2). Da den hohen übertrittsbezogenen Aspirationen eher taktische Überlegungen denn Bildungswünsche zugrunde gelegen haben mögen, kann einerseits vermutet werden, dass sich das Motivierungshandeln der Eltern nach der Aufnahmeprüfung und dem Erreichen der Empfehlung für die Abteilung B wieder seinem bisherigen Niveau angeglichen hat oder aber – falls die Bildungsaspirationen der Eltern tatsächlich hoch sind und sie durch das Prüfungsergebnis erfahren haben, dass sie mit ihrer Einschätzung des Kompetenzstandes des Sohns falsch lagen – auch mittelfristig verändert haben.

Auch die Mutter Z11 zeigt sich zum Zeitpunkt G1 recht überzeugt, dass ihre Tochter die von den Eltern sehr gewünschte Abteilung A erreichen würde. Sie nimmt – wie sich im Rückblick zeigt – die Signale der Lehrkraft, wonach diese das Kind aufgrund der Leistungen und der überfachlichen Kompetenzen eher in der Abteilung B sieht, zu wenig ernst und zeigt sich optimistisch, dass die Tochter mit ihrer Unterstützung die Noten noch etwas verbessern könne und das Ziel erreiche. Anlässlich des Übertrittsgesprächs eröffnet die Klassenlehrkraft den Eltern und dem Kind allerdings, dass sie dieses definitiv für die Abteilung B empfehle. Die Eltern weigern sich, den Zuteilungsantrag zu unterzeichnen und deuten an, dass sie das vom Übertrittsverfahren vorgesehene zweite Gespräch mit der Schulleitung und einer Lehrkraft der Sekundarstufe I beantragen würden (vgl. Tabelle 3.1). Wie sie im Interview G2 andeutungsweise zum Ausdruck bringt, mit der Absicht den zusätzlichen administrativen Aufwand zu vermeiden, entscheidet sich die Klassenlehrerin daraufhin, klein beizugeben, und teilt den Eltern in einem

Telefongespräch ein paar Tage später mit, dass sie mit Vorbehalten, die sie auf dem Formular deklarieren werde, bereit sei, den Zuteilungsantrag für die Abteilung A ihren Wünschen gemäß zu unterzeichnen. Im retrospektiven Interview G2 äußert die Mutter Kritik an der Klassenlehrerin:

> I: Was hätte die Klassenlehrerin bezogen auf den Übertritt aus Ihrer Sicht besser machen können?
> Z11: (…) Besser. Hm. Ja. (…) Ja, sie hätte sicher mal das Kind ein bisschen mehr unterstützen können. Dann am, am- Vielleicht auch mit den Eltern mal sprechen und sagen: «so, das gäbe es. Oder man könnte jetzt das noch machen oder so.» Eben einfach ein bisschen mehr Unterstützung. Und nicht einfach nur an diesen Elterngesprächen die ganze Zeit immer nur: «Ja, K15 macht nichts. K15 ist faul. Wissen Sie, sie ist eben eine bequeme.» Also das ist absolut, äh, destruktiv. Und nichts Konstruktives. Also wir hätten schon erwartet, dass sie ein bisschen mehr- Ja. So etwas einbringt. Ich meine, schlussendlich ist sie mit diesen Kindern auch- hm, etwa 7 Stunden am Tag zusammen, nicht wahr? Und doch hatten wir immer das Gefühl, sie schätzt einfach K15 auch total falsch ein. Ja. Sie kennt sie überhaupt nicht wirklich. Das ist ja das Verrückte. Eben das, das zeigt uns auch, eben sie hat eigentlich eben keine, äh, Basis, eigentlich. Keine Vertrauensbasis gegenüber dem Kind. Sondern es ist einfach ein Name und eine Note und das und das Fach ist sie gut. Das ist sie nicht gut. Und sie macht mit oder sie macht nicht mit. Und damit hat es sich dann schlussendlich. Viel mehr ist dann nicht. Ist schade. (Interview G2, 01:06:01)

Gefragt, was sie im Rückblick anders machen würde, meint die Mutter Z11:

> Z11: Ja. Ich glaube, ich hätte meine Tochter schon vorher irgendwie in einen, in einen, äh, Stützunterricht geschickt. Oder Nachhilfeunterricht. Und so gemacht, dass sie wirklich super Noten nach Hause hätte bringen können, mit der Mathe und gleich irgendwie zum Trotz für die Klassenlehrerin, dass sie sieht: doch, dass- Sie kann es nämlich doch. Und es liegt nicht nur am Kind, dass, dass es nicht gut ist in der Schule. Sondern es liegt auch zu 50 Prozent am Lehrer. (Interview G2, 01:03:24)

Aufgrund der bis zum Übertrittsgespräch offenbar falschen Sicherheit, es würde für eine Zuteilung der Tochter zur Abteilung A wenig im Weg stehen, kann vermutet werden, dass der Elternteil sein Motivierungshandeln gegenüber dem Kind während der Phase der Entscheidungsfindung im Vergleich zu vorher kaum verändert hat.

3.3 Institutionelle Rahmenbedingungen – Kommentierung ...

Bedeutend stärker dürfte die Übertrittsproblematik die Elternteile D12, S11, H12, M11 und Z21 in ihrem Denken und Handeln beeinflusst haben. Diesen Elternteilen war zum Zeitpunkt G1 unklar, in welche Abteilung ihr Kind eingeteilt würde, allen war es aber wichtig oder sehr wichtig, dass ihr Kind die Abteilung A erreicht, und alle verfügten aufgrund der in letzter Zeit veränderten Leistungsergebnisse ihres Kindes (nach unten und nach oben) sowie unklarer oder zu diesem Zeitpunkt noch nicht abgegebener Einschätzungen der Klassenlehrkraft über einen niedrigen Sicherheitsgrad bezüglich der Übertrittsempfehlung. Abgesehen von Z21 fühlten sich die Eltern aber zum Zeitpunkt G2 gut durch die Lehrkraft informiert und bezeugten Vertrauen in deren Handeln während der Übertrittsphase. Alle berichten zum Zeitpunkt G2 sodann von einer gelungenen, konfliktarmen Zusammenarbeit mit der Klassenlehrkraft während der Phase der Entscheidungsfindung und mit Ausnahme des Vaters M11 erfüllen sich deren Wünsche einer Zuteilung ihres Kindes zur Abteilung A. Beim Vater M11 handelt es sich um einen zum Erhebungszeitpunkt stellenlosen Vater, der mit seiner Familie als Flüchtling aus dem kurdischen Nordirak in die Schweiz gekommen ist. Seine älteste Tochter besucht bereits die Abteilung B der Sekundarschule und die Erfahrungen der schwierigen Stellensuche lassen es ihm als wichtig erscheinen, dass sein Sohn möglichst der Abteilung A zugeteilt wird. Um die Kompetenzen des Sohnes in Deutsch zu verbessern, haben er und seine Frau den Sohn bei einem privaten Institut für einen zusätzlichen Deutschkurs angemeldet, den dieser in der Freizeit besucht und den die Eltern selber finanzieren. Die Unsicherheit und Hoffnung bezüglich der Leistungsentwicklung des Sohnes, aber auch bezüglich des Handelns der Lehrkraft, die der Vater im folgenden Ausschnitt aus dem Interview G1 zum Ausdruck bringt, sind exemplarisch für die Äußerungen der Elternteile dieser Gruppe zu diesem Zeitpunkt:

I: Als Sie mit dem Lehrer gesprochen haben, haben Sie auch über den Übertritt gesprochen, ob Ihr Sohn in die Sek A oder B geht?
M11: Ja, er hat gesagt, dass mein Sohn sicher nicht in die Sek C geht. Aber ich finde, dass er jetzt in die Sek B kommt, aber vielleicht, wenn er mehr Gas gibt, und besser wird, geht er vielleicht in die Sek A. Aber wenn es so bleibt, Sek B.
I: Wieso meinen Sie, dass Ihr Sohn jetzt in die Sek B kommt?
M11: Ich möchte nicht Sek B. Und ich sehe, wenn er so lernt, wie in diesen ein bis zwei Monaten, dann sagt vielleicht auch sein Lehrer, dass mein Sohn- weil er ist sicher in diesen ein, zwei Monaten nicht schlecht. Und ich sehe meinen Sohn, wenn er etwas machen möchte, dann macht er. Aber wenn er es nicht gerne macht oder er keine Lust hat, das ist das Problem. Aber ich habe auch

ihm gesagt, er solle die anderen Kollegen anschauen und die Leute, welche in die Sek A gehen, dass es danach besser ist für den Beruf, für eine Stelle, für alles. Und ich habe ihm gesagt, dass auch wenn er in die Sek A geht, ich ihm ein Laptop gebe als Geschenk. (I: Hat das für Sie eine Bedeutung, dass Ihr Sohn in die Sek A geht?) Ich habe gesagt, wenn du in die Sek A kommst, kaufe ich dir ein Laptop als Geschenk. Und, aber ich habe gesagt, ich sehe die ein, zwei Monate nicht schlecht. (I: Und was denkt Ihr Sohn, ist Sek A für ihn wichtig?) Ja, das stimmt. Und ich habe gesagt, dass wenn ihm dieser Deutschkurs nicht gefällt, müsse er nicht gehen. Und er hat gesagt, er möchte das machen, das sei gut so.
I: Findet Ihr Sohn es auch wichtig, dass er die Sek A schafft? 00:20:54–0
M11: Ja, sicher. (Interview G1, 00:21:00)

Anders als die anderen Kinder der Gruppe, wird der Sohn nicht in die Abteilung A eingeteilt. Ein Entscheid, der die Eltern enttäuscht, den sie aber mit der Hoffnung, dass ihr Sohn in der Sekundarschule doch noch einen Wechsel vollziehen könne, akzeptieren.

Wie bereits erwähnt, zeigt sich die Mutter Z21 zum Zeitpunkt G2 unzufrieden über die Informationsleistungen der Klassenlehrkraft während des gesamten Übertrittsverfahrens und bringt zum Ausdruck, dass sie von dieser mehr Initiative bezüglich der Kontaktsuche sowie mehr Interesse für die Belange der Familie während dieser Zeit erwartet hätte:

I: Wie haben sie die Zusammenarbeit mit der Frau L09 erlebt?
Z21: Zusammenarbeit? Ich habe einfach das Gefühl gehabt, dass zwischen Lehrer und Eltern nichts gewesen ist.
I: Im Grunde genommen keine Zusammenarbeit?
Z21: Ja.
I: Was hätten sie sich denn für eine Zusammenarbeit gewünscht?
Z21: Vielleicht mehr Informationen oder Gespräche, weil ich das vom anderen Lehrer her gekannt habe. Ich habe mich immer für ein Gespräch angemeldet. Wir hatten Gespräche, aber ich bin zur Lehrerin, weil ich sonst nichts von ihr gehört hätte, denke ich.
I: Was hätte die Frau L09 besser machen können?
Z21: Die Eltern sicher informieren oder eben mit Gesprächen.
I: Sie zum Gespräch bitten?
Z21: Ja, ja.

3.3 Institutionelle Rahmenbedingungen – Kommentierung ...

I: Wie würden sie die Haltung von Frau L09 gegenüber dem Übertrittsverfahren beurteilen?
Z21: Die Haltung? Ich bin ein wenig böse, aber ich empfinde das so- als kalt. Kalt in dem Sinn gleichgültig, ich weiß es nicht. Wir kennen sie ja noch nicht so lang, aber ich habe einfach das Gefühl gehabt. Ich weiß nicht, einfach ja. Wie ein wenig gleichgültig. Ich weiß nicht, ich empfinde jetzt das ein wenig so. Vielleicht ist es auch böse von mir, ich weiß es nicht. Eben es war einfach nichts da und das hat mir gefehlt, der Kontakt und die Informationen.
I: Von ihrer Seite her?
Z21: Ja, auf jeden Fall. Wir Eltern, klar ist es auch unsere Arbeit, also wir müssen ja. Es geht ja um unser Kind. Aber ich finde, es muss auch etwas vom Lehrer kommen und eben ich habe das Gefühl. Ich weiß auch nicht, ich habe das Gefühl, sie ist gleichgültig.
I: Hat sich die Beziehung zwischen ihnen und der Klassenlehrerin in den letzten Monaten verändert?
Z21: Nein, nein, nein ich finde, man kann gut mit ihr reden, wenn man dort ist. (Interview G2, 00:51:21)

Es kann vermutet werden, dass die Kombination aus hohem Aspirationsniveau für die Abteilung A, variablen Leistungsergebnissen des Kindes sowie unzureichender Informationspraktiken der Lehrkraft wegen des damit einhergehenden geringen Sicherheitsempfindens des Elternteils deutliche Effekte auf deren Motivierungshandeln ausgeübt hat. Die abschließende Einschätzung des Elternteils Z21 über die zurückliegenden Monate dürfte exemplarisch für die gesamte Gruppe sein:

I: Wenn Sie zusammen mit Ihrer Tochter das anschauen, wie hat sie es erlebt, Sie beide zusammen?
Z21: Sie hat es wahrscheinlich als sehr stressig erlebt und wieder mit diesem Druck einfach. Da ist es wirklich um alles gegangen. (Interview G2, 00:48:42)

Auch sehr unsicher bezüglich der Zuteilung ihres Sohnes äußert sich zum Zeitpunkt G1 die Mutter M12. Während sie in der Vergangenheit glaubte, die Klassenlehrkraft sehe ihren Sohn in der Abteilung A, hat sich dieses Bild in den letzten Monaten vor dem Interview G1 verändert.

I: Hat es denn bisher Gespräche gegeben zum Übertritt mit Herr L04? 00:56:27-8

M12: Ja, also er hat gesagt, dass eine halbe Note dem K08 noch fehle und dass er ihn eigentlich in der Sek A sieht (...) und eben das ist das, als er mich das letzte Mal angerufen hat. Eben, dass er merke, dass mein Sohn noch mehr aus sich rausholen könne. Und ich habe ihm gesagt, ich wäre froh, wenn er ihn ein bisschen förderte und so, also das sei für mich vollkommen in Ordnung. [...] (Interview G1, 00:57:08)

Sie selber nimmt ihren Sohn bei Hausaufgaben als demotiviert wahr bzw. bezeichnet ihn im retrospektiven Interview G2 als «faul». Sie – und in noch stärkerem Maß ihr Mann – stellen das Kindswohl aber klar vor ihre Bildungsaspirationen:

I: Also was für eine Bedeutung hat es denn für Sie, dass er die Zuteilung zur Sek A erreicht? 00:50:39–4
M12: Ich würde mich natürlich sehr freuen, wenn er in die Sek A kommen würde, selbstverständlich. Ich würde mich aber nicht freuen, dass – also, wenn er gezwungenermaßen in die Sek A käme. Also, wenn ich weiß, er stünde dort auf der Kippe mit den Noten oder was auch immer, das – das würde mich furchtbar traurig machen, weil ich finde, er geht eigentlich sehr gerne in die Schule. Er ist schon immer gerne in die Schule gegangen, auch wegen den Kindern und und- das fände ich schade, das würde mich traurig machen, wenn mein Kind unglücklich wäre und so ein Stress- also, Du musst und musst, Du musst – ich würde mich freuen, aber ja, und mein Mann ist da noch ein bisschen legerer [lässiger, ungezwungener] (lacht). Der ist total leger, der ist gar nicht ich, ja, ja, ja. (Interview G1, 00:51:31)

In Anbetracht dessen, dass sich die Eltern mit einer Zuweisung in die Abteilung B mit Blick auf das Wohlbefinden ihres Sohnes abzufinden bereit sind und sie auch die Zusammenarbeit mit der Lehrkraft retrospektiv als tadellos empfunden haben, kann vermutet werden, dass die Mutter M12 ihren Sohn während des untersuchten Zeitraums kaum über das übliche Maß hinaus – sie deutet an, dass sie ihn durchaus bei Hausaufgaben ständig etwas antreibt – motiviert hat.

Auffallend unzufrieden mit dem übertrittsbezogenen Handeln der Lehrkraft sind die beiden Mütter S11 und S12, deren Söhne die gleiche Klassenlehrerin (S10) haben. Beide Elternteile haben sehr hohe übertrittsbezogene Aspirationen für die Abteilung A, bekunden aber zu diesem Zeitpunkt, dass sie eher geringe Realisierungschancen sähen, was einerseits den variablen Leistungsergebnissen ihrer Söhne, vor allem aber den Aussagen der Lehrerin anlässlich des Halbjahreszeugnisses geschuldet sei, wonach sie zur Abteilung B tendiere. Während S11 daraufhin Nachhilfe für ihren Sohn bei einem nahen Verwandten organisiert und

3.3 Institutionelle Rahmenbedingungen – Kommentierung ...

gemeinsam mit ihrem Mann in mehreren informellen (z. T. telefonisch geführten) Gesprächen ihre Aspirationen zu verdeutlichen sucht, verstärkt S12 ihre Unterstützungsleistungen im Rahmen von Hausaufgaben und Prüfungsvorbereitungen. Während der Sohn von S11 zur Freude der Eltern schließlich in die Abteilung A eingeteilt wird, akzeptiert die Mutter S12 mehr zähneknirschend als überzeugt, die Zuteilung zur Abteilung B. Sie vermutet im folgenden Ausschnitt aus dem Interview G2, dass ihr Sohn in die Abteilung B eingeteilt wurde, weil er sich in einer leistungsstarken Klasse befunden habe. Tatsächlich ist er einer der beiden Jungen des Samples, der während der 7. Klasse eine Aufstufung in die Abteilung A erlebt hat:

> S12: Also es hat recht Aufregung gebracht in die Familie hinein, richtige Diskussionen auch, zum Teil richtigen Druck auch, und ich denke mir, man müsste das vielleicht – ja, wenn das zwei Lehrer z. B. wären, dann hätte man zwei Meinungen, die vielleicht zusammenkämen, die dann vielleicht auch neutraler wären. Oder ich denke mir – ich habe das auch Frau L06 gesagt – ich meine, K12 ist mein erster Sohn, der jetzt dieses Verfahren durchmacht. und ich kann nicht wirklich sagen, im Vergleich zu den anderen Kindern ist er ein A- oder ist er ein B-Schüler, und ich denke mir, wenn wir vielleicht noch eine andere Meinung dazu hätten, würde man das als Eltern vielleicht auch eher akzeptieren. Also ich denke mir, als Eltern möchte man ja eh immer das Beste, und ich sehe jetzt einfach im K12 – das ist aber meine Meinung, ich sehe ihn nicht wirklich als typischen Sek B-Schüler. Also wenn ich jetzt andere Kinder sehe, die jetzt in der Sek B sind, und deshalb war das relativ schwer für mich zu akzeptieren. Sicher, Frau L06 hat eine sehr starke Klasse, also eben es gehen ja bald alle ins Gymi und Sek A und so, und deshalb würde es mich eigentlich interessieren, ja so – Oder ob man das irgendwie öffentlich – vielleicht halt wieder mit einer Prüfung, oder zwei Prüfungen-
> I: Aufnahmeprüfung meinen Sie?
> S12: Eine Aufnahme- oder dass man zum Teil – das habe ich jetzt auch schade gefunden – ich hatte diese Möglichkeit noch, heute hat man das ja gar nicht mehr, dass man eine Aufnahmeprüfung machen kann. Es muss ja nicht nur eine einzelne – ich meine, bei einer Prüfung kann man wirklich auch mal einen schlechten Tag haben, aber dass man halt vielleicht zwei Prüfungen macht, plus noch die Noten oder so, von den Vornoten oder so – Ich weiß nicht, also es ist einfach nicht ganz transparent auch. Sicher, beim zweiten Kind ist das sicher total anders, aber beim ersten, da schwimmt man. (Interview G2, 01:20:20)

Die Mutter S12 gibt den Druck zu erkennen, dem sie sich und der Rest der Familie ausgesetzt sahen. Ihre Empfindung, die Situation nicht ganz im Griff zu haben, dürfte bedeutenden Einfluss auf das Motivierungshandeln des Elternteils ausgeübt haben. Ähnlich dürfte es sich auch bei der Mutter S11 verhalten. Auch sie spricht von Stress, kann der Situation aber nach erfolgreichem Abschluss Positives abgewinnen:

> I: Was meinen Sie denn zusammengefasst zum Übertrittsverfahren, wie Sie es jetzt zusammen mit Ihrem Sohn und Ihrem Mann seit letztem November erlebt haben? 01:15:59–7
> S11: Ja, es war ein großer Stress, aber es hat sich gelohnt, und es hat K11 sehr gutgetan, also es hat ihm sehr gutgetan. Er hat wie einen Schritt mehr aufgetan und Selbstsicherheit bekommen, und das Ganze, dass er sich Mühe gegeben hat und dann auch etwas schafft und dass wir den Onkel als Nachhilfelehrer beigezogen haben, das hat alles Sinn gemacht, das war einfach – Es war ein Stress, den wir hatten, aber es ist okay. Manchmal muss man halt auch ein wenig Stress im Leben haben, das gehört auch dazu. (Interview G2, 01:16:40)

Deutlichen Einfluss auf das Motivierungshandeln dürfte das Übertrittsverfahren auch beim Vater V12 ausgeübt haben, des einzigen Studienteilnehmers, der selber ein Gymnasium besucht hat. Bei sehr hohen Aspirationen für die Abteilung A erwartet er bereits zum Zeitpunkt G1, dass der Sohn aufgrund dessen, dass dieser kaum bereit sei, sich stärker für bessere Leistungsergebnisse einzusetzen, in die Abteilung B eingeteilt werde. Die Klassenlehrerin, deren übertrittsbezogenes Handeln V12 im Interview G2 ausdrücklich lobt, hatte den Eltern und dem Kind zu diesem Zeitpunkt bei einem Gespräch bereits eröffnet, dass die Leistungen eher für diese Abteilung sprächen:

> I: Was denken Sie im Moment A oder B, was eher?
> V12: Eher B. Und in diesem Gespräch, das hat auch die Klassenlehrerin eigentlich so gesagt, da war K14 dabei, dass es wahrscheinlich eher so aussehen würde wie Sek B. Und irgendwie hat man das Gefühl, er hat sich mit dem abgefunden und für ihn ist sowieso klar, er will nicht Akademiker werden. Er will irgendetwas Handwerkliches machen und hat das Gefühl, ja was will ich da. Er hat dann auch mitbekommen, er hat uns auch schon gesagt, seine Lehrerin hätte gesagt, man sei besser- wichtig sei am richtigen Ort zu sein und dort mitzukommen. Und drum findet er das ein kühner Gedanke, sich anstrengen zu wollen um mit Mühe und Not in die Sek A zu kommen. Ich denke er findet Sek B, das ist richtig, da muss er nicht riesigen Aufwand betreiben. Und das ist das was uns eigentlich nicht so passt. Wir probieren ihm immer zu sagen: «Du aber stell dir vor, es würde reichen für die Sek A. Und es wäre ja dann doch nicht so schlimm. Es wäre- hättest einfach die breitere Palette von Lehrstellen und so weiter zur Verfügung.» (Interview G1, 00:39:18)

3.3 Institutionelle Rahmenbedingungen – Kommentierung ...

Im retrospektiven Interview G2 schildert der Elternteil V12 kurz sein Motivierungshandeln in der Phase der Entscheidungsfindung und deutet an, wie das Zusammenspiel zwischen Aspirationsniveau und wahrgenommener Realisierungschance, aber auch das Bemühen, die Entscheidung des Kindes zu würdigen, dieses Handeln beeinflusst hat:

> I: Jetzt haben Sie und K14 die Phase hinter sich, bei der es um den Übertritt gegangen ist. Wissen jetzt, wie es nach den Sommerferien weitergeht. Wenn Sie jetzt so an die letzten Monate zurückdenken, welche Erlebnisse kommen Ihnen da spontan in den Sinn?
> V12: Das sind schon die vermehrten Gespräche über seine Zukunft. Wir haben eigentlich diesen Übertritt und die Einstufung immer so in Verbindung gebracht mit seinem späteren Leben. Dass er nicht uns einen Gefallen macht, wenn er in eine möglichst gute Stufe raufkommt. Wir haben verstanden, dass er es schon begriffen hat. Er hat sich natürlich auch extrem aufgelehnt: «Aber ihr habt auch gesagt, ich werde am besten mal ein Handwerker und ein Handwerker muss ja wirklich nicht-», einfach so mit seinen Ausreden und Ausflüchten und so weiter. Eine Zeitlang hatten wir ja auch das Gefühl, mit ein wenig Druck und so sollte die Sek A drin liegen. Irgendwann haben wir zusammen mit der Lehrerin gesehen, es reicht nicht. Es reicht zum jetzigen Zeitpunkt sicher nicht. Auf eine Art hat sich die Lage dann ein wenig entspannt, es gab weniger Konflikte und man musste ihn nicht ständig schütteln. Ja das sind so die Sachen. Und als dann die Einstufung auch fest war, wurde es K14 auf eine Art auch wohler. Er wusste dann, jetzt ist es entschieden, jetzt bin ich dort. [...] (Interview G2, 01:00:00)

Während die Eltern in einer ersten Phase «Druck» zu machen versuchen, haben die sie das «Schütteln» des Kindes zu jenem Zeitpunkt abgebaut, als ihnen mit Hilfe der Lehrkraft bewusstwurde, dass sie ihr Ziel einer Einstufung in die Abteilung A nicht erreichen würden. Bei ihrem Sohn handelt es sich um das zweite Kind, das im Verlauf des ersten Jahres in der Sekundarschule von der Abteilung B in die Abteilung A wechseln konnte.

Das folgende Kapitel legt den Fokus nun auf die Eltern selber und den Einfluss, den deren bildungsbezogene Erfahrungen und Überzeugungen auf ihre Kinder auszuüben vermögen. Es geht der Frage nach, inwiefern die sozialen und kulturellen Hintergründe von Eltern deren schulbezogene Wertorientierungen und Kontrollüberzeugungen sowie deren Motivierungshandeln prädiktieren und inwiefern daraus für das Kind allenfalls Benachteiligungen für seine Bildungslaufbahn und seine gesellschaftliche Teilhabe erwachsen.

Open Access Dieses Kapitel wird unter der Creative Commons Namensnennung 4.0 International Lizenz (http://creativecommons.org/licenses/by/4.0/deed.de) veröffentlicht, welche die Nutzung, Vervielfältigung, Bearbeitung, Verbreitung und Wiedergabe in jeglichem Medium und Format erlaubt, sofern Sie den/die ursprünglichen Autor(en) und die Quelle ordnungsgemäß nennen, einen Link zur Creative Commons Lizenz beifügen und angeben, ob Änderungen vorgenommen wurden.

Die in diesem Kapitel enthaltenen Bilder und sonstiges Drittmaterial unterliegen ebenfalls der genannten Creative Commons Lizenz, sofern sich aus der Abbildungslegende nichts anderes ergibt. Sofern das betreffende Material nicht unter der genannten Creative Commons Lizenz steht und die betreffende Handlung nicht nach gesetzlichen Vorschriften erlaubt ist, ist für die oben aufgeführten Weiterverwendungen des Materials die Einwilligung des jeweiligen Rechteinhabers einzuholen.

Familiale Ressourcen und elterliches Unterstützungshandeln 4

V12: […] Wir sind, glaube ich, schon noch eine relativ vernünftige Familie, die da nicht ein großes Theater aus dem Zeug [dem Übertritt] macht. Wir denken auch daran, es ist ja auch ein Prozess und im Moment, wie wir das gehört haben, können sie ja nachher auch noch irgendwo gefördert werden und so weiter. Ja, unser Ziel war es nie, dass wir da zwei Akademiker züchten. Ich denke auch, das Leben besteht nicht aus Schule und Beruf alleine. Es gibt so viele andere wichtige Dinge auch. Das versuchen wir ihnen auch mitzugeben, auf eine Art. Wobei auch klar ist, dass Schule wichtig ist. Zum Teil eben auch- das haben wir auch zusammen diskutiert und finden wir ziemlich bedenklich. Dass selbst für eine handwerkliche Lehrstelle, dass auch heute die Noten und Zeugnisse sehr stark beachtet und gewichtet werden. Und das, das hat er schon auch ein wenig gemerkt. Das haben wir probiert zu erklären, warum man eben versuchen muss, sich ein wenig zusammenzunehmen und das Beste zu geben in dieser Schulzeit. (Interview G2, 01:00:00)

Auch wenn der alltägliche Sprachgebrauch suggeriert, dass Schule und Elternhaus mit Blick auf die kindliche Entwicklung über gänzlich getrennte Funktionen und Zuständigkeiten verfügten – in der Schule lernen die Kinder und ihre Lehrkräfte lehren sie, in der Familie entwickeln sich die Kinder und ihre Eltern erziehen sie, spielen und leben mit ihnen (vgl. Krumm, 2010, S. 117) – so ist unbestritten, dass die Eltern einen wesentlichen Beitrag zur schulischen Entwicklung ihres Kindes leisten. Auch wenn mit dem Eintritt in die Schule und mit zunehmendem Alter außerfamiliale Akteure wie Lehrkräfte und Peers markant an Einfluss gewinnen, so bleibt die Bedeutung der Eltern (und der Familie) für die Lern- und Leistungsentwicklung laut Pekrun (2001, S. 89) aus mindestens drei Gründen bestehen:

– Transmission des Genotyps

© Der/die Autor(en) 2021
E. Steiner, *Schulbezogene Motivierungspraktiken von Eltern*,
https://doi.org/10.1007/978-3-658-33062-0_4

Biologische Eltern nehmen durch die Weitergabe ihrer Gene auf schulrelevante Merkmale Einfluss, namentlich auf Intelligenz und motivational-affektive Dispositionen. Mit Blick auf die Befunde der zahlreichen in den vergangenen Jahrzehnten durchgeführten populationsgenetischen Analysen (namentlich in Form einer Vielzahl von Zwillings- und Adoptionsstudien) geht die Verhaltensgenetik heute davon aus, dass ein bedeutsamer Anteil der kognitiven, aber auch affektiven interindividueller Unterschiede auf vererbte biologische Faktoren zurückzuführen ist. Der genetische Anteil der Varianz von Intelligenz im Verhältnis zu Umweltfaktoren wird in westlichen Staaten bei Kindern auf 20 %, bei Jugendlichen auf 40 %, bei Erwachsenen auf 60 % und bei älteren Erwachsenen auf 80 % veranschlagt (Plomin & Deary, 2015, S. 99). Dabei ist aber zu beachten, dass sich die Prozentwerte jeweils nur auf die Varianz einer Stichprobe beziehen, sie jeweils in Abhängigkeit der Umweltvarianz gesehen werden müssen und es sich somit keinesfalls um «Naturkonstanten» handelt (Stern & Neubauer, 2016, S. 24). Die Werte deuten an, dass ein komplexes Zusammenspiel zwischen genetischen Faktoren und Umwelteinflüssen besteht. Menschen scheinen je älter und selbstbestimmter sie werden, zunehmend Umwelten gemäß ihrem Genotyp aktiv aufzusuchen und zu gestalten. Ebenso scheinen sie aber je jünger sie sind, darauf angewiesen zu sein, dass sie in einem Umfeld leben, welches ihnen im Sinne von «nature via nurture» (Ridley, 2003) Erfahrungen ermöglicht, die sie ihr vererbtes Potential entfalten lässt, indem die biologischen Eltern ihnen ihrem Genotyp entsprechende Bedingungen und Aktivitäten anbieten bzw. die nicht-biologischen Eltern auf eine ihrem Genotyp entsprechende Art auf sie reagieren (vgl. Helmke & Schrader, 2010, S. 93; Helmke & Weinert, 1997, S. 119).

– Einfluss auf Entwicklungsprozesse im Vorschulalter
Vor der Einschulung des Kindes nimmt primär das Elternhaus Einfluss auf die Entwicklung seiner selbstbezogenen Kognitionen sowie seiner motivational-affektiven und sozialen Dispositionen. Eltern wirken somit weit früher als die Schule, zu einem Zeitpunkt, wenn sich viele dieser lern- und leistungsrelevanten dispositionalen Merkmale in «kritischen Entwicklungsphasen»[1] befinden und «von erheblicher Entwicklungsdynamik gekennzeichnet» sind (Pekrun, 2001, S. 89), durch ihr Verhalten und ihr Handeln auf diese persönlichkeitsbezogenen Prozesse ein. Wie die Arbeitsgruppe um Carol S. Dweck z. B. zeigen konnte (zusf. Dweck & Master, 2009), reagieren Vorschulkinder, die

---

[1] Vgl. Wigfield, Eccles, et al. (2015) zu Theorie- und Befundlage bezüglich der Entwicklung wert- und kontrollbezogener Überzeugungen im Verlauf der Grundschulzeit und während der Sekundarstufe I.

zuhause einen harschen, überkontrollierenden Erziehungsstil (coercion, vgl. Abschnitt 2.2.2.4) erleben, überdurchschnittlich negativ auf Misserfolge. Solcherlei frühe elterliche Reaktionen auf Erfolge und Misserfolge, so meinen Wigfield, Eccles, et al. (2015), «can set children on different motivational pathways moving forward» (S. 4) (vgl. Abschnitt 5.3.2.2). Ebenso ist das Elternhaus in dieser Zeit auch die primäre Quelle für den Erwerb jenes deklarativen und prozeduralen Wissens, an das Unterricht und Schule anschließen und das bis zu einem gewissen Grad von den schulischen Akteuren erwartet wird (vgl. Schneewind, 2010, S. 188–190). Nebst basalen mathematischen, naturwissenschaftlichen, sportlichen und ästhetisch-gestalterischen Kenntnissen und Verfahren gehören dazu insbesondere grundlegende sprachliche Wissensbestände sowie diskursive Fertigkeiten (vgl. Busse & Helsper, 2008, S. 469). Sprachliche Sozialisationsmuster, die zu Hause erlernt wurden (home-based literacy practices), dürften eine wichtige Basis für das Erlernen der Rollen und Handlungen des Unterrichtsdiskurses bieten (school-based literacy practices) (vgl. O'Connor & Michaels, 1993; Rogoff, 2003, S. 20–39). Je größer die Passung diesbezüglicher Fähigkeiten und motivationaler Orientierungen des Kindes mit den entsprechenden Erwartungen und Angeboten der Lehrkräfte ausfällt, desto reibungsloser dürfte der Übergang in die Schulzeit gelingen (vgl. Michaels, 2006; Wells, 2006).
– Anhaltend primäre Bezugspersonen
Gemäß der Bindungstheorie (Ainsworth, Blehar, Waters & Wall, 1978; Bowlby, 2009) können Eltern dadurch, dass sie in der frühen Kindheit «verfügbar sind, feinfühlig auf die Signale des Kindes reagieren und liebevoll und bereitwillig auf das Kind eingehen, wenn es Schutz, Trost oder Hilfe sucht» (Bowlby, 2009, S. 25), beim Kind die Ausbildung des Verhaltensmusters einer sicheren Bindung[2] begünstigen. Ist das entsprechende emotionale Band zwischen Eltern und ihren Kindern einmal etabliert – und tatsächlich verfügen

---

[2] In der Bindungsforschung werden aktuell vier charakteristische Bindungsmuster unterschieden (vgl. Berk, 2005, S. 256; Lohaus, Vierhaus & Maass, 2010, S. 97–99): *sichere Bindung* (die Bezugsperson wird vom Kind als sichere Basis genutzt, zu der bei Verunsicherungen zurückgekehrt wird, das Kind freut sich nach der Trennung über das Wiedersehen und sucht den Körperkontakt; Häufigkeit in Deutschland: ca. 58 %, in Nordamerika: 65 %), *unsicher vermeidende Bindung* (indifferente Reaktion bei Anwesenheit oder Absenz der Bezugsperson, Meiden von Interaktionen und Nähe bei Wiedersehen; Häufigkeit in Deutschland: ca. 35 %, in Nordamerika: 20 %), *unsicher-ambivalente (resistente) Bindung* (unzuverlässige Erfahrungen mit der Bezugsperson, Klammern des Kindes an die Bezugsperson, Wut, Stress und Aggression bei Trennungen und Wiedersehen; Häufigkeit in Deutschland: 8 %, in Nordamerika: 10–15 %), *desorganisiert-desorientierte Bindung* (meist aufgrund besonders ungünstiger Interaktionserfahrungen, u. a. sexuellen Misshandlungen, das Kind zeigt höchst

Kinder in westlich-entwickelten Gesellschaften laut Berk (2005, S. 256) großmehrheitlich über sichere Bindungen –, so bleiben die Eltern laut der aktuellen Befundlage zur Langzeitstabilität von Bindungsmustern (vgl. Waters, Merrick, Treboux, Crowell & Albersheim, 2000) in der Regel auch während der Schulzeit namentlich in schwierigen Situationen die zentralen Bezugspersonen, die ihnen die notwendige soziale, psychische und emotionale Sicherheit im Sinne einer «refuling base» (Bodenmann, 2016, S. 88) bieten.

Mit dem Eintritt in die Schule sieht sich das Kind – wie Parsons (1968, S. 179) es ausdrückt – gezwungen, «sich von den primären emotionalen Bindungen an seine Familie» zu emanzipieren, «eine Ebene gesellschaftlicher Werte und Normen» zu verinnerlichen, «die eine Stufe höher liegt als jene, die ihm nur durch seine Familie vermittelt wird» und sich mit «der differentiellen Bewertung des Leistungserfolgs» sowie mit der Tatsache der «Selektion und Verteilung der menschlichen Ressourcen entsprechend dem Rollensystem der Erwachsenen» abzufinden. Die meisten Kinder und Jugendlichen dürften das familiale Beziehungssystem angesichts dieser Aufgaben in der Regel als Rückzugsort erleben, als «Ökologie der Sicherheit» (Schneewind, 2010, S. 191). Während ihre Beziehungen zu den Lehrkräften von den universalistischen Orientierungen geprägt sind, die in der leistungsorientierten öffentlichen Erwachsenenwelt gelten (vgl. Ecarius, Köbel & Wahl, 2011, S. 106–107; Tillmann, 2000, S. 128), sind es in ihren Beziehungen zu den Eltern die partikularistischen Orientierungen, die mit Privatheit, Stabilität und Intimität einhergehen (vgl. Schneewind, 2010, S. 21–34). Die Interaktionen zwischen Eltern und Kinder dürften somit im Regelfall eine weit höhere Dichte aufweisen als diejenige mit den Lehrkräften und dürften auch in qualitativer Hinsicht weit persönlicher und emotionaler ausfallen. Pekrun (2001) konstatiert, dass Eltern denn auch über eine «regelmäßig größere Emotionsmacht» (S. 89) als Lehrkräfte und Mitschüler*innen verfügten – Einflussmöglichkeiten, die sie bei der Verfolgung ihrer schulbezogenen Ziele und Aspirationen für das Kind geltend machen könnten (vgl. Abschnitt 5.6).

Helmke (2017) spricht vor diesem Hintergrund von einer «überragenden Wichtigkeit» des Elternhauses (S. 80) für die Entwicklung der individuellen kognitiven,

---

widersprüchliche Verhaltensweisen gegenüber der Bezugsperson bei Wiedersehen, Verhaltensformen lassen sich keinem anderen Muster zuordnen; Häufigkeit in Deutschland: 5 %, in Nordamerika: 5–10 %).

konativen und motivational-affektiven Lernvoraussetzungen, die definieren, inwiefern ein Kind das schulische Lernangebot nutzt und entsprechende Leistungen erbringen kann.

Historisch rückte vor allem die als Coleman-Report bekannt gewordene Studie «Equality of Educational Opportunity» (Coleman, J. S. et al., 1966) die Bedeutung des Elternhauses für den Bildungserfolg von Kindern ins Blickfeld von Wissenschaft, Politik und Öffentlichkeit. Coleman und seine Mitarbeitenden konnten der Grundlage von Befragungen, Leistungstests und Dokumentenanalysen bei einer nationalen, rund 5 % der Schülerschaft der öffentlichen Schulen in den USA umfassenden Stichprobe (ca. 600.000 Schülerinnen und Schüler aus 4000 Schulen) u. a. zeigen, dass die Ressourcen der Familie (namentlich der Bildungsgrad und die Bildungsaspirationen der Eltern) mit einem Anteil von 10 bis 25 % den größten Beitrag zur Aufklärung von Schulleistungsunterschieden zwischen den ethnischen bzw. sozialen Gruppen leisteten – einen größeren als alle anderen, insbesondere schulischen Faktoren (u. a. Merkmale der Lehrkräfte, curriculare Merkmale, Ausgaben pro Schüler*in, Größe der Schulklasse) (vgl. Coleman, J. S. et al., 1966, S. 299–302; Mayer, 1998, S. 184). Auch wenn in der Folge die Coleman'schen Befunde vereinfachend und unzutreffend immer wieder so dargestellt wurden, wonach der Schule bzw. den Lehrkräften und ihrem Handeln kaum Bedeutung für den Bildungserfolg von Schülerinnen und Schülern zukomme und im Grunde genommen vor allem die sozioökonomischen oder soziokulturellen Merkmale des Elternhauses entscheidend seien, so dämpfte die Studie und ähnlich gelagerte Nachfolgestudien (Jencks & Bartlett, 1979; Wang, Haertel & Walberg, 1993) die vorab geäußerte Erwartung von Bildungspolitik und -verwaltung, wonach sich mit einer besseren materiellen Ausstattung und einer gleichmäßigeren Verteilung der Mittel auf die Schulen höhere und regional/sozial ausgeglichenere schulische Leistungen erzeugen ließen. Ebenso setzte sich aber auch die Erkenntnis durch, dass die Lernvoraussetzungen der Schülerinnen und Schüler (kognitive und sprachliche Fähigkeiten, Motivation und Selbstwirksamkeitsüberzeugungen) – «das, was die Schule als 'Input' geliefert bekommt» (Ditton, 2017, S. 275) – und somit der familiale Hintergrund bzw. die «häuslichen Vorgänge» (Jencks, Smith, Krappmann & Abel, 1973, S. 275), nebst der sozialen Zusammensetzung der Schulen und der Qualität der konkreten Lehr-Lern-Prozesse im Unterricht maßgebend für den Bildungserfolg sind (vgl. Ditton, 2017).

In jüngerer Zeit sind es die großen internationalen Vergleichsstudien, die auf markante, noch immer bestehende Unterschiede zwischen den Schülerinnen und Schülern aus privilegierten Familien und denjenigen aus Familien der unteren Sozialschicht bezüglich deren Leistungen und motivationalen Orientierungen beim Lesen, in Mathematik, in Naturwissenschaften sowie beim Problemlösen[3] und somit auf die Bedeutung der Ressourcenallokation im Elternhaus hinweisen. Auch wenn sich die Konzeptionen zur Erhebung des soziokulturellen Hintergrunds sowie das Ausmaß der sozialen Disparitäten über die jeweils teilnehmenden Länder hinweg z. T. stark unterscheiden, so ergibt sich dennoch ein konsistentes Bild, wonach a) die Leistungen von Jugendlichen und Kindern systematisch mit deren Sozialschichtzugehörigkeit zusammenhängen, b) dieser Zusammenhang zugunsten der Kinder und Jugendlichen aus privilegierten Familien ausfällt und c) die Koppelung hierbei aber nicht so eng ist, dass von einem deterministischen Verhältnis zwischen der sozialen Herkunft und dem Schulerfolg gesprochen werden kann (vgl. Ehmke & Jude, 2010, S. 234). Einerseits gibt es jeweils genügend Kinder und Jugendliche mit sehr guten Leistungsergebnissen aus unteren sozialen Schichten und umgekehrt (vgl. u. a. Baumert & Schümer, 2001, S. 387; Rost, J., Prenzel, Carstensen, Senkbeil & Groß, 2004, S. 61), andererseits zeigt sich, dass es einigen Staaten bei vergleichbarer Sozialstruktur mittels ihres Schulsystems offenbar besser gelingt, die primären Herkunftseffekte (vgl. Abschnitt 3.1.1) zu verringern als anderen, zu denen u. a. auch Deutschland und die Schweiz gehören (vgl. Wendt et al., 2012, S. 188). Beides verweist darauf, dass zum Verstehen und Erklären der Prozesse, wie Bildungserfolg zustande kommt bzw. wie soziale Disparitäten sich intergenerationell vererben, in die kulturellen und sozialen Praktiken Einblick genommen werden muss, mit denen die Akteure in Familie und Schule Kinder bei der Entwicklung ihrer fachlichen Kompetenzen sowie motivational-affektiven Bereitschaften und selbstbezogenen Überzeugungen unterstützen und durch die Bildungsinstitutionen ins Erwachsenenleben begleiten. So kann «ein Schüler [...] aus oberen Sozialschichten nicht von vornherein besser lesen, weil er in der Regel Eltern hat, die selber Akademiker sind» (Wendt et al., 2012, S. 61), sondern insbesondere dadurch, dass diese ihn an die entsprechenden gesellschaftlichen Werte und Bildungsziele heranzuführen vermögen, denen die Schule (ebenfalls) eine hohe Bedeutung beimisst, und sie ihm jene kulturell geprägten Mittel weitergeben, die sie selber im Rahmen ihrer Sozialisation im Elternhaus und während ihrer Ausbildung internalisiert haben.

In diesem Kontext hat sich in den letzten Jahren – spätestens mit den vertieften Analysen in der PISA-Studie, die auf komplexeren Strukturmodellen

---

[3]Vgl. z. B. Yang (2003) für die *TIMMSS (Third International Mathematics and Science Study)*, Yang und Gustafsson (2004) für die *RLS (Reading Literacy Study)*, Wendt, Stubbe und Schwippert (2012) für die *IGLU bzw. PIRLS 2011 (Internationale Grundschul-Lese-Untersuchung/Progress in International Reading Literacy Study)* und Ehmke und Jude (2010) für *PISA 2000–2009*, Müller und Ehmke (2016) *(Programme for International Student Assessment)*.

beruht haben (z. B. Watermann & Baumert, 2006) – auch in der quantitativ arbeitenden Sozialforschung die Erkenntnis durchgesetzt, dass zur Erklärung des Einflusses des sozialen Hintergrunds auf den Bildungserfolg von Kindern nicht allein auf die Familienkonstellation und die sozioökonomische Lage der Eltern – meist an der beruflichen Stellung und an den erreichten Bildungsabschlüssen der Eltern gemessen – abgestellt werden kann, sondern dass dazu Modelle entwickelt und Einflussgrößen erhoben werden müssen, die näher an die angesprochenen Vermittlungs- und Entscheidungsprozesse heranreichen (vgl. Watermann & Baumert, 2006, S. 63–64). Hierbei hat sich die Kapitaltheorie Bourdieus (1983) mit ihrem Postulat einer herausgehobenen Bedeutung struktureller und prozessualer Aspekte des kulturellen Kapitals für den Bildungserfolg des Kindes als zentral erwiesen. Im Folgenden wird dieser kulturtheoretische Erklärungsansatz erläutert und die angesprochenen diesbezüglichen Befunde aus Vertiefungsstudien von PISA 2000 namentlich für die deutschsprachigen Länder kurz erläutert (vgl. Baumert, Watermann & Schümer, 2003). Abschließend wird das Konzept des Habitus – «ein in klassenspezifischer Sozialisation erworbenes System von Dispositionen und Schemata, das [dem Individuum] als Beurteilungs-, Wahrnehmungs- und Handlungsmatrix» dient (Becker, R., 2017a, S. 540) – mit Blick auf den Untersuchungsgegenstand des elterlichen verbalen Motivierungshandelns näher erörtert und mit dem Konstrukt des Belief (Überzeugung) in Beziehung gebracht, dem in der pädagogisch-psychologischen Forschung um die häusliche Sozialisation eine Schlüsselstellung zukommt.

4.1 Die Bedeutung des kulturellen Kapitals – Bourdieus kulturtheoretischer Ansatz

Bourdieus Theorie der kulturellen Reproduktion besagt im Kern, dass sich in modernen, auf meritokratischen Prinzipien beruhenden Gesellschaften die Aufrechterhaltung sozialer Disparitäten nicht allein mit der ungleichen Verfügbarkeit von ökonomischem Kapital erklären lassen, sondern im Volumen und im Zusammenspiel von mindestens drei Kapitalformen zu suchen sind, über die Familien bzw. Individuen verfügen. Er unterscheidet zwischen dem ökonomischen, dem sozialen und dem kulturellen Kapital, wobei die Kapitalarten grundsätzlich ineinander überführbar sind. Das ökonomische Kapital repräsentiert insbesondere das Einkommen und Eigentum, das «unmittelbar und direkt in Geld konvertierbar ist» (Bourdieu, 1983, S. 185) und zeichnet sich dadurch aus, dass es sich verhältnismäßig leicht in die anderen Kapitalarten transformieren lässt (Bourdieu, 1983, S. 195). Das soziale Kapital bezeichnet das Handlungspotential bzw. die

Macht, die sich aus «dem Besitz eines dauerhaften Netzes von mehr oder weniger institutionalisierten Beziehungen gegenseitigen Kennens oder Anerkennens» ergibt (Bourdieu, 1983, S. 190, Hervorhebung im Original). Mit anderen Worten beruht diese Ressource auf der Zugehörigkeit zu mehr oder weniger institutionalisierten Gruppen, insbesondere zur Familie. Soziales Kapital generiert «Sicherheit wie Kreditwürdigkeit in sozialen Beziehungen» (Bourdieu, 1983, S. 188), bedingt dabei aber die Pflege stetiger Interaktion bzw. den «materiellen und/oder symbolischen» Austausch zwischen den Mitgliedern (Bourdieu, 1996a, S. 63), in der sich die Anerkennung gegenseitig immer wieder bestätigt. Die Zugehörigkeit zu gesellschaftlich institutionalisierten Gruppen wie Vereinen, Verbänden, Parteien, Schulen oder auch Nationen ist nicht nur mit einem gemeinsamen Namen, sondern mit zahlreichen Institutionalisierungsakten verbunden, die die Mitgliedschaft nach innen und außen sowie für das betroffene Individuum selber erkenn- und ausweisbar macht. Der Einzelne verfügt in dem Maße über soziales Kapital, in dem es ihm gelingt, ein umfangreiches Beziehungsnetz mit Individuen aufzubauen und zu pflegen, die nicht nur über ökonomisches und kulturelles Kapital verfügen, sondern auch bereit sind, dieses in die Beziehung einzubringen (vgl. Bourdieu, 1996a, S. 64–66).

Insbesondere aber im kulturellen Kapital, dem Verfügen über gesellschaftlich nachgefragte Umgangs- und Denkformen, kulturelle Güter und Praktiken sowie Bildungstitel, erkennt Bourdieu eine besondere Bedeutung für die Aufrechterhaltung bestehender Machtverhältnisse. Auf der Basis empirischer Analysen der französischen Gesellschaft der 60er- und 70er-Jahre des letzten Jahrhunderts kommt er zum Schluss, dass die soziale Position eines Individuums in der gesellschaftlichen Hierarchie mittels einer nach primär ökonomischen Differenzen vorgenommenen Zuordnung zu Klassen oder Schichten nur unzureichend bestimmt werden könne, sondern um die kulturelle Dimension erweitert werden müsse (Bourdieu, 1996a, S. 128). Deutlicher als die quantifizierbaren ökonomischen machten die qualitativ-symbolischen Differenzen in Form von «Kleidung, Sprache oder Akzent und vor allem die 'Manieren', Geschmack und Bildung» (Bourdieu, 2015, S. 60), die feinen, aber laut Bourdieu entscheidenden Unterschiede aus, die am klarsten die Verortung in der Sozialstruktur ermöglichten und «als Mittel im Kampf um gesellschaftliche Positionen» (Ecarius et al., 2011, S. 85) eingesetzt werden könnten. Die entsprechenden kulturellen Kompetenzen und Güter werden im Zuge der primären Sozialisation im Elternhaus ab der frühen Kindheit aufgebaut bzw. intergenerational vererbt und bestimmen auf der Basis von gesellschaftlichen und individuellen – meist unbewusst im Rahmen milieuspezifischen Wahrnehmungs- und Denkmustern ablaufenden – Ausleseprozessen die Art und den Grad der Teilhabe an der herrschenden bürgerlichen Kultur.

4.1 Die Bedeutung des kulturellen Kapitals – Bourdieus ...

Dem Bildungssystem kommt laut Bourdieu bei diesem Reproduktions- und Positionierungsprozess eine entscheidende Rolle zu. Über die ganze schulische Laufbahn, aber namentlich bei Übergängen würden Kinder und Jugendliche nicht allein nach ihren Leistungen bewertet, sondern immer auch hinsichtlich ihres vererbten kulturellen Kapitals: «[Das Bildungswesen] trennt [...] mit Hilfe einer Reihe von Auslesevorgängen die Besitzer von ererbtem kulturellem Kapital von Nichtbesitzern. Und da die Unterschiede der Befähigung von den durch das ererbte Kapital bedingten sozialen Unterschieden nicht zu trennen sind, trägt es zur Aufrechterhaltung der bestehenden sozialen Unterschiede bei» (Bourdieu, 1998, S. 36). Kinder aus Familien mit geringerem sozioökonomischem und soziokulturellem Status, deren kulturelles Kapital, insbesondere deren Habitus (vgl. Abschnitt 4.1.2), eine geringe Passung zur Anforderungsstruktur der Schule, einer Institution der oberen Mittelschichten, aufweist, werden hinsichtlich der schulischen Bewertungs- und Ausleseprozesse gleich behandelt wie Kinder, die aus Elternhäusern dieser Sozialklassen stammen, die aufgrund ihrer privilegierten, mit Zeit und/oder Geld verbundenen Stellung passendes kulturelles Kapital zu vererben vermögen (vgl. Becker, R., 2017a, S. 540; Fuss, 2006, S. 92–93): «Um den Preis der Energie, die auf den Ausleseprozess verausgabt werden muss, erhält [das Bildungswesen] die bestehende Ordnung aufrecht, das heißt den Abstand zwischen den mit ungleichen Quantitäten von kulturellem Kapital versehenen Schülern» (Bourdieu, 1998, S. 36). Indem die Schule alle Kinder «in ihren Rechten und Pflichten» gleichbehandelt, obwohl sie faktisch ungleiche Ausgangsbedingungen haben, begünstigt sie die Kinder aus privilegierten Elternhäusern (vgl. Bourdieu, 2001, S. 39). Mit Blick auf seine Statusallokation entfaltet sich die Bedeutung der Sozialisationsprozesse im Elternhaus für das Kind demnach erst im Zusammenspiel mit den entsprechenden Prozessen im Bildungssystem:

> Die Familie ist eine sehr wichtige Übertragungsinstanz, die das Schulsystem ablöst, indem es die familiale Vermittlung ratifiziert. Das Schulsystem wird sagen: «dieses Kind ist mathematisch begabt», ohne die fünf Mathematiker in seinem Stammbaum zu sehen. Oder es ist in Brasilianisch oder Französisch nicht begabt, ohne zu sehen, dass es aus einem Immigrantenmilieu kommt. Das Schulsystem trägt also dazu bei, kulturelles Erbe, das von der Familie gekommen war, als schulischen Verdienst zu ratifizieren, zu sanktionieren und zu transformieren. (Bourdieu, 2001, S. 175)

Spätestens durch die Verteilung von Bildungszertifikaten, die auf dem Arbeitsmarkt unterschiedlich nachgefragt sind, trägt das Bildungswesen laut Bourdieu zur Konservierung der bestehenden sozialen Verhältnisse bei (vgl. Becker, R., 2017a, S. 544). Von Bourdieu als «institutionalisiertes Kulturkapital» bezeichnet, fungieren solche Bildungspatente und akademischen Titel als gesellschaftliche

Anerkennung des von einem Individuum tatsächlich (oder bisweilen nur nominell) besessenen kulturellen Kapitals. Die dauerhaften und rechtlich abgesicherten Titel ermöglichen die Vergleichbarkeit ihrer Inhaber, garantieren die Kompetenz derselben, ohne dass sie sich wie Autodidakten ständig beweisen müssen, übertragen ihnen einen in ökonomisches Kapital konvertierbaren Wert und ermöglichen es ihnen, bei Vakanzen die Nachfolge anderer Titelträger anzutreten (vgl. Bourdieu, 1983, S. 190; 2001, S. 118–119).

Der Bildungstitel ist die objektivierte Form jener zweiten und wichtigsten Manifestation des kulturellen Kapitals, die von Bourdieu als «inkorporiertes Kulturkapital» bezeichnet wird und von ihm mit Bildung (bzw. frz. culture) gleichgesetzt wird (vgl. Bourdieu, 2001, S. 113). Wie es der Name andeutet, zeichnet sich diese Form des kulturellen Kapitals dadurch aus, dass sie körpergebunden ist und im Unterschied zu kulturellen Gütern wie Bücher, Kunstgegenstände, Musikinstrumente, Spielzeuge und Maschinen – der dritten Form kulturellen Kapitals, derjenigen des «objektivierten Kulturkapitals» – vom Individuum persönlich in einem Zeit kostenden Verinnerlichungsprozess aktiv erarbeitet werden muss und nicht durch Schenkung, Kauf oder Vererbung erworben werden kann. Inkorporiertes Kulturkapital ist in dem Maße vergänglich, wie es sein Träger und dessen Gedächtnis sind (vgl. Bourdieu, 1983, S. 114).

Die Familie ist «the site of social Reproduction» (Bourdieu, 1996b, S. 22, Hervorhebung E. S.), insofern als hier insbesondere das inkorporierte Kapital in der alltäglichen Kommunikation erworben wird und seine Prägung erfährt. Dem Kind erscheinen die sozialen und kulturellen Praktiken, aber auch die gesellschaftlichen Möglichkeiten und Grenzen der Familie von Anfang an als Normalität oder Selbstverständlichkeit, obwohl sie laut Bourdieu keineswegs frei gewählt, sondern genuin klassenspezifischen[4] Logiken folgen. Es ist dieses unreflektierte

---

[4]Soziale Klassen sind bei Bourdieu «Klassen gemeinsamer Lebenslagen» (Fuss, 2006, S. 48), die sich nicht nur hinsichtlich des Kapitalvolumens, sondern insbesondere hinsichtlich des Verhältnisses zwischen ökonomischem und kulturellem Kapital unterscheiden, über das sie verfügen. Für die französische Gesellschaft der 60er- und 70er-Jahre des 20. Jahrhunderts identifiziert er Klassen mit hohem ökonomischem und hohem kulturellem Kapital (z. B. Freie Berufe mit Hochschulabschluss, Führungskräfte in der Privatwirtschaft, Hochschullehrkräfte), Klassen mit geringem ökonomischem und geringem kulturellem Kapital (z. B. Hilfsarbeiter, Landarbeiter) sowie solche mit niedrigem ökonomischem, aber hohem kulturellem Kapital (z. B. Künstler, Studierende) und solche mit umgekehrten Kapitalverhältnissen (z. B. Handwerker, Kleinkaufleute). Im Rahmen seiner kultursoziologischen Analyse zeigt Bourdieu ferner, dass die sozialen Klassen jeweils mit einem spezifischen Habitus verknüpft sind (Bourdieu, 1984, S. 211–219). «Soziale Klasse» ist denn auch mit dem Begriff des «sozialen Milieus» (vgl. Hradil, 2006, S. 278; Vester, von Oertzen, Geiling, Hermann & Müller, 2002) bzw. des «Lebensstils» (Hradil, 2005) eng verbunden (vgl. Vester et al., 2002).

4.1 Die Bedeutung des kulturellen Kapitals – Bourdieus ... 129

«privilege of being comme il faut» (Bourdieu, 1996b, S. 23), mit denen die Familie im Rahmen sozialisatorischer Prozesse die bestehenden sozialen Ordnungen reproduziert:

> This privilege is, in reality, one of the major conditions of the accumulation and transmission of economic, cultural and symbolic privileges. The family plays a decisive role in the maintenance of the social order, through social as well as biological reproduction, i. e. reproduction of the structure of the social space and social relations. It is one of the key sites of the accumulation of capital in its different forms and its transmission between the generations. It safeguards its unity for and through this transmission. It is the main «subject» of reproduction strategies. (Bourdieu, 1996b, S. 23)

Die Transmission des kulturellen Kapitals in der Familie, die soziale Vererbung, kann sich nach Ansicht Bourdieus ohne bewusst intendierte Erziehungsmaßnahmen seitens der Eltern vollziehen (vgl. Bourdieu, 1983, S. 187), prägt aber die Persönlichkeitsentwicklung des Individuums und entfaltet so seine Wirkung über das ganze Leben. Notwendig zur Transmission ist vor allem ein Zeitinvestment der Eltern und anderer Familienmitglieder und dass sie – im Sinne sozialen Kapitals – als Interaktionspartner und Modelle zur Verfügung stehen. Entscheidend ist für Bourdieu die Eigenleistung des Kindes. Dabei ist zu beachten, dass der Term Verinnerlichung die Tragweite der Inkorporation des kulturellen Kapitals nur unzureichend zu fassen vermag, wenn dabei lediglich kognitive Prozesse verstanden werden. Geformt wird durch die vorgefundenen Bedingungen der ganze Körper und nicht nur der Geist: «Erfahrungen, Verletzungen, Wachstum, Arbeit wie Freizeit, Essen wie Hungern hinterlassen ihre Spuren, nicht nur sichtbar, sondern in Zuständen und Prägungen des Körpers, die nicht allein zentralnervlicher Art sind» (Spranger, 2011, S. 34). Für Bourdieu ist «Inkorporation» wörtlich zu verstehen. Das seit der frühen Kindheit akkumulierte kulturelle Kapital wird zu einem festen körperlichen Bestandteil des Individuums, zu seinem Habitus, zu einem Besitz der «gewissermaßen [...] in Fleisch und Blut übergeht» (Fuss, 2006, S. 53) und von einem «Haben» zu einem «Sein» wird (Bourdieu, 1983, S. 187). Die Identifikation sei mitunter so umfassend, dass Erwachsene (bzw. Lehrkräfte) dann dem Missverständnis anheimfielen, wonach der eigene Habitus (bzw. derjenige ihrer Schülerinnen und Schüler) etwas Angeborenes bzw. genetisch Vererbtes sei, und dann von «natürlichen Begabungen» sprächen (Bourdieu, 2001, S. 41).

4.1.1 Empirische Befunde zur Bedeutung kultureller Praxen zur Aufklärung des schulbezogenen Einflusses der Familie

Obgleich Bourdieu sich selbst nur rudimentär mit den tatsächlichen Prozessen der Weitergabe und Aneignung des kulturellen Kapitals in den Familien beschäftigt hat, so sind seine Thesen bezüglich dieser Kapitalsorte sowie bezüglich ihres Zusammenspiels mit den anderen Kapitalien in der Familien- und Bildungsforschung rege rezipiert worden (vgl. Lange & Xyländer, 2011, S. 48). Qualitativ ausgerichtete Forschende weisen mit Bezug auf Bourdieus Postulate seit längerem darauf hin, dass kulturelle Denk- und Handlungsmuster von Familien einbezogen werden müssen, wenn der Einfluss der Herkunft auf den Bildungserfolg und den Kompetenzerwerb erklärt werden soll (z. B. Lareau, 1996, S. 275–278). Seit der ersten PISA-Studie wird auch in der quantitativ ausgerichteten Bildungsforschung der soziale Hintergrund vermehrt nicht mehr allein durch die sozioökonomische Stellung der Eltern (gemessen über deren berufliche Tätigkeit und Einkommen und/oder deren Bildungsabschluss) erhoben, sondern über eine mehrdimensionale Konzeption, die sowohl strukturelle als auch prozessuale Merkmale aller drei Kapitalsorten umfasst. (vgl. Baumert & Maaz, 2006). Auf diesbezüglichen PISA-Daten aus dem Jahr 2000 hat die Arbeitsgruppe um Baumert ein Strukturmodell zum Zusammenhang von sozialer Herkunft und der Bildungsbeteiligung bzw. des Kompetenzerwerbs entwickelt (vgl. Watermann & Baumert, 2006), das im Falle der strukturellen Dimension des ökonomischen Kapitals auf Indizes des sozioökonomischen Status zurückgreift und bei der prozessualen Dimension dieser Kapitalsorte das konsumtive Verhalten der Familie (Investitionen in Wohlstandsgüter) einbezieht. Beim kulturellen Kapital wird in struktureller Hinsicht auf dem Bildungsniveau (höchster Bildungsabschluss in der Familie) und in prozessualer Hinsicht auf den kulturbezogenen Familienalltag (Familiensprache, Investitionen in Kulturgüter wie Bücher und Theaterbesuche) aufgesetzt. Beim sozialen Kapital wird der Migrationsstatus der Familie auf der strukturellen Ebene und die sozial-kommunikativen Praktiken (Gesprächsintensität in der Familie, Diskussionen über kulturelle Sachverhalte) einbezogen. Wie Baumert, Watermann, et al. (2003) auf dieser Basis für die alten und neuen Bundesländer zeigen können, lassen sich bei einer simultanen Berücksichtigung von strukturellen und prozessualen Merkmalen Gewinne in der Varianzaufklärung von über 15 % erzielen, als wenn nur die Strukturmerkmale sozioökonomische Stellung, Migrationsstatus und Verweildauer in Deutschland mit der Lesekompetenz in Beziehung gesetzt werden: «Die Kopplung zwischen Merkmalen der familiären Lebensverhältnisse und schulischem Kompetenzerwerb wird [folglich] systematisch und bedeutsam unterschätzt, wenn ausschließlich Strukturmerkmale berücksichtigt werden» (Baumert, Watermann, et al., 2003, S. 63). Dabei zeigte sich, dass die Effekte der sozioökonomischen Stellung und des Bildungsabschlusses primär über die kulturellen Praktiken in der Familie vermittelt sind[5]. Dem Bourdieu'schen Konstrukt des kulturellen Kapitals, so die Autoren, komme demnach eine hohe Konstruktvalidität zu, da es selbst bei einer äußerst sparsamen Operationalisierung einen hohen Anteil des tatsächlich vorherrschenden Zusammenhangs zwischen der sozialen Herkunft und der Bildungsbeteiligung bzw. dem Kompetenzerwerb der nachfolgenden Generation zu erklären vermöge (vgl. Baumert, Watermann, et al., 2003, S. 68).

Aus psychologischer Sicht wird die oben dargestellte sparsame Operationalisierung des prozessualen Merkmals des kulturellen Kapitals der Komplexität des Bourdieu'schen Konstrukts des Habitus aber (selbstredend) nur bedingt gerecht. Der Begriff des Habitus verweist auf mentale Ressourcen des Elternhauses, die alltagssprachlich mitunter als «Weltbilder», «Sichtweisen», «Geisteshaltung», «Grundeinstellung» o. ä. bezeichnet werden und in der Psychologie als Schemata, Frames, Haltungen (attitudes) oder aber als Überzeugungen (beliefs) firmieren. Laut der Erwartungs-Wert-Theorie von Eccles und Kolleg*innen (vgl. Wigfield, Eccles, et al., 2015) sind es diese kognitiven Ressourcen, die die Situationswahrnehmung und das Handeln von Individuen beeinflussen und steuern. In Unterstützungssituationen werden die Eltern ihr Kind und die jeweilige Aufgabe demnach auf der Basis seiner soziokulturell geformten Überzeugungen wahrnehmen und einschätzen, ein Handlungsziel bestimmen und schließlich bestimmte Unterstützungsformen wählen. Beim schulbezogenen verbalen Motivieren des Kindes dürften diese mentalen Gebilde, die das bezeichnen, was das Individuum aufgrund seiner Erfahrungen für wichtig und richtig hält, die Eltern nicht

---

[5]Watermann und Baumert (2006) konnten das Mediationsmodell auch an internationalen Daten von PISA 2000 empirisch bestätigen: Trotz z. T. beträchtlichen Unterschieden im sozialen Gradienten ließ sich über alle Länder hinweg eine große Konsistenz der vermittelnden Wirkung der familialen Prozessmerkmale auf die Leseleistung belegen. Mit Ausnahme weniger Länder (Dänemark und Polen) wiesen dabei die kulturellen Praktiken der Familien den stärksten Effekt auf. In Deutschland, Österreich und der Schweiz war das Muster des Zusammenspiels zwischen den strukturellen und prozessualen Merkmalen dasselbe: Die kulturelle Praxis der Familie hatte auch hier den stärksten Effekt auf die Leseleistung. Die kommunikative Praxis wies auf der Prozessebene den zweitstärksten und die konsumtive Praxis den geringsten Effekt auf. Auf der Strukturebene hatte der Migrationsstatus den stärksten und durchgängig negativen Effekt, der sozioökonomische Index den zweitstärksten und der höchste Bildungsabschluss in der Familie einen geringen, vernachlässigbaren Effekt auf die Leseleistung.

nur bei der Entscheidung, in die schulbezogenen Prozesse beim Kind einzugreifen, und bei Wahl der Mittel und der Kommunikationsmodi beeinflussen (vgl. Abschnitt 2.2.2.4). Vielmehr dürften die Eltern ihre Überzeugungen oft auch als Argumente explizit versprachlichen, wenn sie mit ihren Wertregulationen versuchen, dem Kind die Bedeutsamkeit eines bestimmten schulischen Ziels zu verdeutlichen, oder wenn sie mit ihren Kontrollregulationen deutlich machen wollen, inwiefern ein Erfolg oder ein Misserfolg erwartbar sei bzw. gewesen sei (vgl. Kapitel 5). Nach einer detaillierteren Erörterung und Bewertung des Habitus-Konzepts Bourdieus wird im Folgenden auf das Schlüsselkonzept der elterlichen Überzeugungen (parental beliefs) eingegangen und die diesbezügliche Befundlage erläutert, wie sie sich im Licht der Forschung um das von Eccles und Kolleg*innen vorgebrachte «Modell motivations- und leistungsbezogener Sozialisation im Elternhaus» (vgl. Simpkins et al., 2015a, S. 617) darstellt.

4.1.2 Habitus und elterliche Überzeugungen

Mit Habitus wird bei Bourdieu ein «System dauerhafter Dispositionen» (Bourdieu, 1976, S. 143) bezeichnet, welches, die «zur Natur gewordene und damit als solche vergessene Geschichte» (Bourdieu, 1987, S. 105) eines Individuums repräsentiert und als «Beurteilungs-, Wahrnehmungs- und Handlungsmatrix» (Becker, R., 2017a, S. 540) den Raum seines Denkens und Handelns absteckt:

> Der Begriff Habitus bezeichnet im Grunde eine recht simple Sache: wer den Habitus einer Person kennt, der spürt oder weiß intuitiv, welches Verhalten dieser Person versperrt ist. Wer z. B. über einen kleinbürgerlichen Habitus verfügt, der hat eben auch, wie Marx einmal sagt: Grenzen seines Hirns, die er nicht überschreiten kann. Deshalb sind für ihn bestimmte Dinge einfach undenkbar, unmöglich, gibt es Sachen, die ihn aufbringen oder schockieren. (Bourdieu, 1989b, S. 26–27)

Die nicht angeborenen Dispositionen entwickeln sich im Rahmen der Sozialisationsbedingungen, die mit dem Aufwachsen in einer spezifischen Position in der Gesellschaft verbunden sind. Die klassenspezifischen Praktiken in der Familie, «die Pflichten und Zwänge, die Möglichkeiten und Unmöglichkeiten» (Spranger, 2011, S. 35) bzw. die jeweils verfügbaren Zugänge zu Handlungsfeldern, Objekten und Kapitalien, erzeugen bzw. konditionieren die typischen Habitusformen (vgl. Bourdieu, 1987, S. 98), die sich nebst den oben bereits genannten symbolischen Ausdrucksformen auch in den «scheinbar automatischsten Gebärden und unbedeutendsten Körpertechniken – der Art zu gestikulieren oder zu gehen, sich zu setzen oder zu schneuzen [sic], beim Sprechen oder Essen den Mund zu bewegen»

4.1 Die Bedeutung des kulturellen Kapitals – Bourdieus ...

manifestieren (Bourdieu, 1984, S. 727). Die von Bourdieu ebenfalls zum Habitus geschlagenen Wahrnehmungs- und Bewertungsschemata bringen es ferner u. a. in Form eines «gesellschaftlichen Ordnungssinns» oder des «Geschmacks» mit sich, dass die Individuen, «spüren oder [...] erahnen», was auf sie «mit einer bestimmten sozialen Position voraussichtlich zukommt und was nicht», was ihnen «entspricht und was nicht» und sie «auf die praktischen Handlungen, Aktivitäten und Güter» hinlenkt, die «ihnen [...] entsprechen, zu ihnen 'passen'» (Bourdieu, 1984, S. 728).

Zusammengefasst konzipiert Bourdieu mit dem Habitus einen Begriff, der das gesamte kulturell-symbolische Erleben und Sich-Ausdrücken einer Person umfasst und dabei immer klassen- bzw. milieuspezifisch ist und bleibt – «die Körper gewordene soziale Ordnung» (Bourdieu, 1984, S. 740). Er bezeichnet Dispositionen, die primär in der kindlichen Sozialisation im Rahmen der Teilhabe an Praktiken erworben wurden, welche von den Habitusformen der jeweiligen Sozialagenten geprägt wurden, und nun das Wahrnehmen und Denken strukturieren und das Feld der Interessen und Handlungsstrategien abstecken, denen das Individuum folgt.

Tendenziell tritt dabei eine deterministische Position zutage, insofern als die Herkunftsfamilie und deren soziale Praxis über Konditionierungs- und Zuschreibungsprozesse Handlungs- und Orientierungsmuster bei Heranwachsenden hervorbringen, die über die ganze Lebensspanne wirksam bleiben. Bourdieu hat wohl dem Vorwurf des Determinismus Vorschub geleistet, indem er sich verschiedentlich explizit auf Leibnitz' Diktum berufen hat, wonach Menschen «in Dreiviertel [ihrer] Handlungen Automaten» (vgl. Bourdieu, 1984, S. 740) seien und das Denken und Handeln von Menschen grundlegend durch die Struktur der Lebensbedingungen gestaltet würden. Individuen würden sich verhältnismäßig selten ihrer situativen und gesellschaftlichen Begrenzungen bewusst und prüften die Opportunitäten in den jeweiligen Situationen mittels Kosten-Nutzen-Erwägungen (vgl. Bourdieu, 1987, S. 98). Bourdieu betont allerdings auch, dass er weder einen deterministischen Strukturalismus noch einen voluntaristischen Konstruktivismus, sondern vielmehr die vermittelnde Position eines «konstruktivistischen Strukturalismus» vertrete (Bourdieu & Schwibs, 1992, S. 135). So stecke der Habitus zwar die Grenzen der Wahrnehmungs-, Denk- und Handlungsmöglichkeiten ab, lege diese aber nicht eigentlich fest:

> Aber innerhalb dieser seiner Grenzen ist [der Mensch] durchaus erfinderisch, sind seine Reaktionen keineswegs immer voraussehbar. Die Analogie von Lebensstil und künstlerischem Stil gewinnt von hier aus ihren Sinn: Der Stil der Epoche ist genau diese spezifische Kunst des Erfindens, so dass man zwar nie genau weiß, was ein Künstler

schaffen wird, aber doch vorweg schon die Grenzen kennt, in denen er schöpferisch tätig sein wird. Das Gleiche gilt für jeden von uns: Wir alle sind frei innerhalb von Grenzen. Und wir können uns zusätzliche Freiheit dadurch schaffen, dass wir uns diese Grenzen bewusst machen [sic]. (Bourdieu, 1989b, S. 27)

In diesem Licht erscheint der Habitus zwar als stabil, aber nicht als unveränderlich. Bourdieu meint denn auch, dass der Habitus immer in Relation zu den Handlungsfeldern begriffen werden müsse: In gewohnten Handlungsfeldern, «dann, wenn die inkorporierten Erwartungsstrukturen auf Strukturen von Chancen stoßen, die mit den Erwartungen objektiv übereinstimmen» (Bourdieu, 1989a, S. 407), aktualisiere und verstärke er sich – ein Zustand, der für das Individuum mit Wohlbefinden einhergehen dürfte. In ungewohnten Handlungsfeldern, dann «wenn das Erwartungsniveau, die Anspruchslage sich erhöht oder aber sinkt» (Bourdieu, 1989a, S. 407), verändern sich die habitualisierten Dispositionen genauso, wie sie ursprünglich gebildet wurden: Primär über Konditionierungen und Modelllernen – allerdings sind auch diese Modifikationsprozesse begrenzt durch die sozialen, kulturellen und ökonomischen Bedingungen des jeweiligen Erfahrungsfeldes, in welches das Individuum vorgestoßen ist. Die notwendigen Lernprozesse sind für das Individuum vergleichsweise aufwändig, gehen mit Unsicherheit einher und erfordern Zeit. Insofern ist dem Habitus, wie Ecarius et al. (2011) schreiben, ein gewisses Maß an Trägheit inhärent:

> Im Allgemeinen reagiert der Habitus sehr inflexibel auf neue Situationen, die er handlungspraktisch zu bearbeiten nicht (ausreichend) in der Lage ist – ob dies nun ungewohnt auftretende Ereignisse im Alltag sind, auf die es zu reagieren gilt, oder neue Anforderungen im Zuge von Modernisierungsprozessen, mit der soziale Milieus und ihre Mitglieder konfrontiert sind. Dennoch ist er prinzipiell veränderlich und bereit, auf veränderte gesellschaftliche Konstellationen […] und auf neue Bedingungen in seiner Laufbahn zu reagieren […]. (Ecarius et al., 2011, S. 91)

Damit wird deutlich, dass auch Bourdieu dem Individuum grundsätzlich Entscheidungsfreiheit zugesteht. Die Frage stellt sich, wie sich seine Theorie im Vergleich zur eingangs ausführlich dargelegten «aufgeklärten» (Becker, R., 2017b, S. 111) Rational Choice-Theorie von Esser positioniert (vgl. Abschnitt 2.1).

Gemeinsam ist beiden Theorien, dass sie auf die Mikro-Ebene fokussieren und dabei die individuellen Handlungsentscheidungen aber gleichzeitig als durch die gesellschaftlichen Bedingungen der Makroebene beschränkt begreifen. Bei Bourdieu wirkt die Makro-Ebene stets in Form der dem Individuum zur Verfügung stehenden Kapitalien (Ausmaß und Zusammensetzung derselben) sowie der Verfasstheit des jeweiligen Habitus auf die Mikro-Ebene ein, wobei dieser die

4.1 Die Bedeutung des kulturellen Kapitals – Bourdieus ...

Situationsinterpretation dermaßen dominiert, dass ein rationales Abwägen meist hinfällig ist (vgl. Schütte, 2013, S. 41). Bourdieu gelingt es so zu erklären, wie die große Konstanz sozialer Disparitäten trotz – oder gerade wegen – des beständigen sozialen Wandels zustande kommt (Ecarius et al., 2011, S. 90). Wie Fuss (2006, S. 50) anmerkt, trifft die Metapher des «sozialen Autopiloten» den Sachverhalt aber besser als diejenige des von Bourdieu bei Leibnitz entlehnten «Automaten», der die Vorstellung kausaler Determiniertheit des Handelns evoziert. So lange sich Individuen in für sie alltäglichen Situationen befinden – für Bourdieu sind dies für die Klassenlage typische Situationen –, solange scheint es funktional zu sein, die Steuerung gewissermaßen den Wahrnehmungs- und Handlungsprogrammen zu überlassen. Das Individuum fühlt sich dann sprichwörtlich «wohl in seiner Haut» und handelt spontan und routiniert nach seiner Manier. Je stärker sich aber in einer Situation die Passung mit den Wahrnehmungs- und Handlungsschemata als mangelhaft erweist, ein komplexeres, ill-defined Problem vorliegt (vgl. Reusser, 2005), welches ressourcenträchtigere Nachdenkens- und Entscheidungsprozesse notwendig macht, desto geringer dürfte der Einfluss des Habitus sein und desto stärker dürfte das Individuum mit seinem Willen und der Fähigkeit reflektiert Ziele zu setzen gewissermaßen die Steuerung wieder übernehmen. Sozialgruppenspezifisches Verhalten, etwa in Form von «Jargon», dürfte dann ganz bewusst und kontrolliert eingesetzt werden – um den Anforderungen der ungewohnten sozialen Situation aus der Sicht des Individuums zu genügen oder aber um sich bewusst von einer als etabliert empfundenen Mehrheits- bzw. Erwachsenenkultur abzugrenzen.

In Essers Theorie der rationalen Wahl, in der auf der Mikro-Ebene das individuelle Handeln stets als mehr oder weniger routiniertes Problemlösen verstanden wird, ist einerseits die allgemeine Entscheidungsregel operativ, wonach Menschen «immer eine 'Wahl' haben» (Esser, 1999a, S. 238, Hervorhebung im Original), andererseits auch die Selektionsregel, gemäß welcher ein Akteur mehr oder weniger bewusst jene Handlungsoption wählen wird, die gemäß seiner subjektiven Interpretation der äußeren Umstände sowie seiner Dispositionen hinsichtlich der Konsequenzen die günstigsten Ergebnisse erwarten lassen. Im Extremfall sieht der Akteur aufgrund der von ihm subjektiv wahrgenommenen gesellschaftlichen Bedingungen keine Wahlalternative, wodurch dem Individuum die Selektion der entsprechenden Handlungsoption zwingend erscheint (vgl. Abschnitt 2.1). Beim Abwägungsprozess greift es auf Frames und Habits zurück, welche erfahrungsbasiert und somit ähnlich wie der Habitus immer auch gesellschaftlich geformt sind. Im Unterschied zu diesem, der im Prozess der Inkorporation weitgehend unbewusst erworben und modifiziert wird, kann im Reframing-Prozess, den Esser detailliert skizziert, bei einem Mismatch zwischen Frame und wahrgenommenen situativen Bedingungen aber auch bewusst nach alternativen Situationsdeutungen bzw. Handlungsoptionen gesucht werden. Mit anderen Worten ist es dem Individuum in Essers Ansatz bei Bedarf möglich, intentional, «findig, kreativ, reflektiert und überlegt» (Esser, 1999a, S. 238) alternative kognitive Schemata zu entwickeln und sich dieses Lernprozesses bewusst zu sein (vgl. Schütte, 2013, S. 66).

Während sich der Soziologe Esser in seinem Erwartungs-Wert-Ansatz zur Modellierung der mentalen Prozesse des Akteurs vorwiegend schematheoretischer Konstrukte bedient, die in der Wissenspsychologie verschiedentlich bezüglich ihrer Vagheit – gerade auch bezüglich des Verhältnisses zwischen unbewussten und bewussten Informationsverarbeitungsprozessen – kritisiert wurden (vgl. Mandl, Friedrich & Hron, 1988, S. 124–135) operieren Eccles und Kolleg*innen in ihren motivationspsychologischen, das mentale Geschehen differenziert modellierenden Erwartungs-Wert-Konzeptionen mit dem Begriff des Belief, der im deutschen Sprachraum meist mit «Überzeugung» übersetzt wird.

In seinem Aufsatz über das Konstrukt des teacher belief schreibt Pajares (1992, S. 307) einleitend, dass Überzeugungen gemeinhin als beste Indikatoren für die Entscheidungen gelten würden, die Individuen im Verlauf ihres Lebens treffen, und stellt gleichzeitig fest, dass es sich um ein «messy construct» handle, insofern als der Term Belief auch im wissenschaftlichen Kontext selten trennscharf von anderen Kategorien wie z. B. derjenigen der attitude oder der implicit theory abgehoben werde. Unklar, so meint er, sei aber insbesondere die Abgrenzung vom Begriff des Wissens (knowledge) und diese lasse sich theoretisch auch nur schwer bewerkstelligen. Tack (2006) begründet diesen Umstand damit, dass «real existierendes menschliches Wissen nie den strengen Anforderungen idealisierten Wissens genügt, und dass man kaum davon ausgehen kann, dass Menschen mit ihrem Wissen (im strengen Sinne) anders umgehen als mit ihrem vermeintlichen Wissen (von dem sie lediglich überzeugt sind)» (S. 495). Reusser und Pauli (2014) konstatieren, dass auch wenn sich keine kategoriale Grenze zwischen den beiden Konstrukten ziehen ließe, Einigkeit darüber bestehe, «dass sich das Konzept [der Überzeugung] auf mentale Zustände bezieht, in denen subjektive Bewertungen eine Rolle spielen» (S. 643). Laut Rokeach (1976) handelt es sich bei einer Überzeugung bzw. einem Belief um «a simple proposition, conscious or unconscious, inferred from what a person says or does, capable of being preceded by the phrase, 'I believe that …'» (S. 113). Mit anderen Worten sind Überzeugungen von Menschen, die diesen nur zum Teil in einem deklarativen Sinne bewusst und mental zugänglich sind, von außen lediglich über deren verbales oder nonverbales Verhalten erschließbar und bedürfen stets der Interpretation (vgl. Rokeach, 1976, S. 2). Überzeugungen können deskriptive (z. B. «Mein Sohn ist bis 16 Uhr in der Schule»), evaluative («Ich war nie gut in Mathematik») oder normativ-präskriptive

4.1 Die Bedeutung des kulturellen Kapitals – Bourdieus ...

Aussagen («Meine Tochter muss regelmäßig an die Hausaufgaben erinnert werden, damit sie diese auch wirklich macht») über die physische, psychische oder soziale Realität sein (vgl. Rokeach, 1976, S. 113). Als Propositionen weisen Überzeugungen sodann einen Gegenstandsbezug auf, sind also «intentional stets auf etwas gerichtet» (Reusser & Pauli, 2014, S. 644). Dabei kann die Aussage über die Welt generellen Charakter haben kann («Kinder sind...») oder sich auf spezifische Aspekte und Elemente («mein Kind ist...») beziehen. Überzeugungen lassen sich ferner danach unterscheiden, ob sie selbst- oder fremdbezogen sind und stehen laut Rokeach (1976, S. 2) nicht für sich alleine, sondern sind im Überzeugungssystem (belief system) eines Menschen immer «in some organized psychological but not necessary logical form» vernetzt mit anderen. Überzeugungen gruppieren sich in komplexer Form um die jeweiligen Objekte, Personen, Situationen oder Konzepte, auf die sie sich beziehen («Der Übertritt ist ...», «Mein Sohn sieht sich dabei vor die Wahl gestellt, ...», «Ich glaube, dass sich unsere Beziehung wegen des Übertritts ...» etc.) (vgl. Rokeach, 1976, S. 116). Solche Cluster von Überzeugungen – «belief about constructs» (Pajares, 1992, S. 316, Hervorhebungen im Original), bilden oftmals «theorieförmige, quasilogische Strukturen im Sinne rekonstruierbarer, mehr oder weniger elaborierter semantischer Netzwerke» (Reusser & Pauli, 2014, S. 644), die in verschiedenen wissenschaftlichen Disziplinen als subjektive Theorien bezeichnet werden.

Stehen weniger Wenn-Dann-Beziehungen, sondern summative, emotional eingefärbte und zeitlich stabile Bewertungen in den aus Überzeugungen gebildeten Clustern im Vordergrund, handelt es sich um eine attitude bzw. Einstellung, die das Individuum dem Objekt gegenüber hegt: «Attitudes [...] imply positive/approach tendencies or negative/avoidance tendencies and involve summaries of the value of the object» (Olson & Kendrick, 2012, S. 230). Am Beispiel des folgenden Interviewausschnitts der Mutter S11 lässt sich dies illustrieren:

> I: Inwiefern haben Ihre eigenen schulischen und beruflichen Erfahrungen in den letzten Monaten, in denen es um die Übertrittsentscheidung ging, eine Rolle gespielt?
> S11: Ja, dass sie mir mehr leid tun heute, also ich denke, bei uns war das alles irgendwie viel weniger – also sie tun mir eigentlich leid. Der ganze Druck, sie tun mir leid, weil ich finde, sie sind jetzt in der sechsten, sie sind noch nicht in der Sek, und irgendwie in der Primarschule, finde ich einfach, sollte man noch ein wenig unbeschwert – schon, nachher hast du die Sek, wo ein Druck kommt, und ich finde, die Primarschule müsste definitiv ein bisschen mehr sein, wie wir sie gehabt haben. Ich finde es verrückt, wenn irgendwie ein Elfjähriger sich schon Gedanken machen muss, ich muss jetzt in die Sek kommen, damit ich dann nachher in eine Schule, damit ich dann nachher einen Beruf – Also ich habe doch mit elf nicht über einen Beruf nachgedacht, und welche Schule ich machen muss, damit ich nachher – ich wusste ja gar nicht, was ich wollte, und irgendwie finde ich das absurd, das finde ich sehr traurig, ja. (Interview G2, 01:37:52)

Die Mutter äußert eine Reihe von Beliefs zur Übertrittsentscheidung und bringt mit ihren summativen bewertenden Aussagen ihre negative Einstellung dem Konzept gegenüber zu erkennen. Mühelos lassen sich die Implikationen erahnen, die ihre Wert-Überzeugungen in motivationaler Hinsicht beim Übertritt ihres jüngeren Kindes haben mögen (vgl. Abschnitt 5.5). Olson und Kendrick (2012) heben die handlungserleichternde Funktion von attitudes hervor, die Rokeach (1976, S. 120) als «predisposition to respond» bezeichnet:

> Such precomputed summary judgments of attitude objects are functional in that they help prepare the individual for action so that one does not need to deliberately make important decisions from scratch every time a behavioral opportunity arises. In other words, because people know what they like and dislike, they can spend less time pondering what to buy and consume, for whom to vote, how to behave, and with whom to affiliate. They need only consult their attitudes toward the relevant object and act in accordance with it. Indeed, attitudes have been considered 'ready aids' for sizing up the world and how to live in it, and it is difficult to imagine how people could function without having a grasp of the things that benefit and sustain them and things that could potentially hinder or harm them. (Olson & Kendrick, 2012, S. 230)

Überzeugungen können unterschiedlich stark und stabil und in solchen Netzwerken entsprechend eher zentral oder peripher sein. Orientiert an der Metapher des Atommodells postuliert Rokeach (1976, S. 3), dass je zentraler und wichtiger eine Überzeugung sei, desto resistenter sie sich auch gegenüber Veränderungen und Zweifeln erweise. Die Zentralität einer Überzeugung definiert sich laut Rokeach über die Menge ihrer Verbindungen (connectedness), die sie mit anderen Überzeugungen eingeht: «the more a given belief is functionally connected or in communication with other beliefs, the more implications and consequences it has for other beliefs and, therefore, the more central the belief» (Rokeach, 1976, S. 5). Überzeugungen, die sich auf das Selbst bzw. die Identität beziehen (existential beliefs) und denen «subjektiv bedeutsame Prämissen der Welt- und Selbstsicht [des] Individuums zugrunde liegen» (Reusser & Pauli, 2014, S. 645), sind grundsätzlich zentraler, vernetzter mit anderen Überzeugungen, somit veränderungsresistenter und haben weitreichende Konsequenzen für das ganze Überzeugungssystem, falls sie sich verändern. Unter den existenziellen Überzeugungen sind wiederum diejenigen besonders stark vernetzt und entsprechend resistent, welche mit anderen Menschen einer sozialen Gruppe geteilt werden (shared beliefs: «I believe, and everyone else who could know believes it too») (vgl. Rokeach, 1976, S. 5–6). Ferner haben Überzeugungen, die auf selbstgemachten Erfahrungen mit dem Objekt beruhen (underived beliefs), funktional mehr Verbindungen und Konsequenzen, da sie u. a. wegen des «I saw it

4.1 Die Bedeutung des kulturellen Kapitals – Bourdieus ...

with my own eyes»-Phänomens (Pajares, 1992, S. 318) stärker mit dem Selbst verbunden sind, als Überzeugungen, die auf der Basis von (instruktionalen) Überzeugungsbemühungen anderer geformt wurden (underived beliefs). Reusser und Pauli (2014, S. 645) verweisen denn auch auf die Schwierigkeiten, vor die man sich gestellt sieht, wenn man von außen solcherlei «tiefsitzenden und erfahrungsgesättigten» Überzeugungen und Einstellungen zu verändern sucht. Vergleichbar mit den Prozessen, wie sie die Conceptual Change-Forschung (Posner, Strike, Hewson & Gertzog, 1982; Vosniadou, 2013) beschreibt, seien diese mentalen Umstrukturierungen langwierig, komplex und mitunter konfliktreich:

> Damit häufig zuerst kognitiv [...] angebahnte Umstrukturierungen auf die Handlungsebene durchdringen, müssen [dem Individuum] alternative Wahrnehmungsmuster, Strategien, Routinen und Handlungsmittel objektiv und subjektiv (durch Lernen) verfügbar gemacht und [von diesem] als verständlich, einleuchtend und produktiv wahrgenommen werden [...]. (Reusser & Pauli, 2014, S. 645)

In Kapitel 5, in dem die Prozesse zur Beeinflussung schulbezogener Kontroll- und Wert-Überzeugungen des Kindes durch die Eltern im Zentrum stehen, wird der Frage vertiefter nachgegangen, unter welchen Bedingungen sich die Wahrscheinlichkeit erhöht, dass Kinder die Botschaften der elterlichen Bedeutungszuschreibungen und evaluativen Feedbacks, die ihrerseits Ausdruck von deren entsprechenden wert- und kontrollbezogenen Beliefs sind, in ihr Überzeugungssystem integrieren und dann im besten Fall handlungswirksam werden lassen (vgl. Abschnitt 5.7). Gestalten sich solche elterlichen Einflussnahmen auf die noch verhältnismäßig fluiden motivationalen Orientierungen des Kindes – nicht zuletzt durch die Leistungserfahrungen in der Schule und die mitunter konkurrierenden Sichtweisen von Lehrkräften und Peers – oft bereits schwierig, so dürfte dies umso mehr gelten, wenn man versucht, generelle bildungsbezogene Überzeugungen der Eltern – z. B. ihre Wert-Überzeugungen gegenüber bestimmten Fächern, ihre epistemologischen Überzeugungen, aber auch ihre unterstützungsbezogenen Selbstwirksamkeitsüberzeugungen – etwa im Rahmen von familialen Leseförderungsprogrammen zu beeinflussen (van Steensel, McElvany, Kurvers & Herppich, 2011; Villiger Hugo, Niggli, Wandeler & Kutzelmann, 2011). Im Folgenden stehen diese psychologischen Ressourcen im Zentrum, die – wie von Bourdieu beschrieben – aus jahrelangen Erfahrungen in den jeweiligen sozialen, kulturellen und ökonomischen Opportunitätsstrukturen gewonnen wurden. Auf der Grundlage des «Modells motivations- und leistungsbezogener Sozialisation im Elternhaus» von Eccles und Kolleg*innen (vgl. Simpkins et al., 2015a, S. 617) wird die Befundlage dazu herausgearbeitet, wie ausgewählte elterliche bildungsbezogene Überzeugungen mit demografischen Charakteristika der Familie sowie mit elterlichen motivationsbezogenen Unterstützungsformen interagieren.

4.2 Charakteristika der Familie und elterliches Unterstützungshandeln – Befundlage

Obwohl antezedente Bedingungen elterlichen schulbezogenen Engagements – mit Ausnahme kindspezifischer Leistungserwartungen und Aspirationen (vgl. Abschnitt 2.2.2.4) – weit weniger im Fokus der Forschung zum parental involvement in schooling (vgl. Abschnitt 2.2) standen als dessen Konsequenzen (Pomerantz, Moorman Kim, et al., 2012, S. 433), ist man über die Jahre auch stetig der Frage nach den sozialen und psychologischen Faktoren nachgegangen, die das Handeln der Eltern positiv zu beeinflussen vermögen. Antworten auf die Frage «What drives parents' involvement?» (Pomerantz, Moorman Kim, et al., 2012, S. 427) gelten als Schlüssel für die Konzeption der oben angesprochenen eltern- und familienbezogenen Unterstützungsprogramme und Beratungsangebote, insofern als sie Hinweise zu den Ursachen für Problemlagen im Bereich schulbezogener häuslicher Unterstützungspraktiken geben (vgl. Pomerantz et al., 2007, S. 400).

Abbildung 4.1 stellt das von Jacquelynne S. Eccles mit ihren Mitarbeitenden erstmals in den 80er-Jahren des letzten Jahrhunderts vorgelegte «Modell motivations- und leistungsbezogener Sozialisation im Elternhaus» dar, welches bei Wigfield et al. (2006, S. 969) unter der Bezeichnung Model of parental influences on children's motivation and achievement firmiert[6] und im Lauf der Zeit mit den Fortschritten in Theoriebildung und Befundlage sowie im Bereich statistischer Analysemöglichkeiten kontinuierlich angepasst wurde (vgl. z. B. Barber & Eccles, 1992, S. 117; Eccles, 1989, S. XY; Jacobs & Eccles, 2000, S. 416; Simpkins et al., 2015a, S. 617; Wigfield, Eccles, et al., 2015, S. 22). Es visualisiert die vor dem Hintergrund der Erwartungs-Wert-Theorie der Leistungsmotivation (vgl. Kapitel 5) als relevant erachteten Komponenten der Sozialisation im Elternhaus

---

[6]Das Modell firmiert über die Jahre unter verschiedenen Namen und Ausführungen. Simpkins et al., 2015a, S. 617, deren Version in Abbildung 4.1 dargestellt ist, bezeichnen es z. B. als «Model of parents' influence on children's achievement related to self-perception, values, and behaviors», Jacobs und Eccles (2000, S. 407) kurz als «Parental socialization model». In der vorliegenden Arbeit wird die englische Bezeichnung von Wigfield et al. (2006, S. 969) bzw. die vom Autor ins Deutsche übersetzte Fassung «Modell motivations- und leistungsbezogener Sozialisation im Elternhaus» benutzt.

sowie die Pfade, auf denen diese ihren Einfluss auf das Unterstützungshandeln der Eltern (Box E, F, G) und auf die motivationale Orientierung bzw. das Lern- und Leistungshandeln des Kindes entfalten (Box H).

Wie Wigfield, Eccles, et al. (2015, S. 21–22) festhalten, sind einige Komponenten und deren Zusammenspiel mittlerweile recht breit erforscht. Das gilt insbesondere für die Beziehung exogener Faktoren (Box A und B) mit generellen elterlichen Beliefs (Box C) und/oder mit Child Outcomes (Box H). In einigen Studien werden sodann zusätzlich Aspekte des Unterstützungshandelns der Eltern (Box E, F, G) in die Analyse miteinbezogen. Im Folgenden wird der Forschungsstand zur Frage erörtert, wie sozial-strukturelle Merkmalen der Familien, generelle bildungsbezogene Überzeugungen der Eltern sowie Merkmale des Kindes das Unterstützungshandeln der Eltern beeinflussen.

Forschungsergebnisse zu kindspezifischen elterlichen Überzeugungen (Box D) – die, wie bereits in Abschnitt 2.2.2.4 bezüglich Erwartungen und Aspirationen erörtert, situativer und veränderlicher sein dürften als die generellen bildungsbezogenen Überzeugungen in Box C – und deren Zusammenspiel mit dem konkreten elterlichen Motivierungshandeln (Box G) sowie den Kontroll- und Wert-Überzeugungen des Kindes (Box H) werden in Kapitel 5 berichtet.

4.2.1 Sozialstrukturelle Merkmale der Familie und psychologische Merkmale der Eltern

4.2.1.1 Demografische Charakteristika

Pomerantz, Moorman Kim, et al. (2012, S. 428) halten in ihren Übersichtsartikeln zum Stand der Involvement-Forschung fest, dass der sozioökonomische Status (SES)[7] (vgl. Abbildung 4.1, Box A) einer Familie generell nicht nur die Schulleistungen des Kindes prädiktiert, sondern auch die Qualität und Quantität des elterlichen Engagements in der Schule (involvement based at school, vgl. Abschnitt 2.2.1): So zeigte sich zum Beispiel nach Zahlen des amerikanischen National Center for Education Statistics aus dem Jahr 2008, dass je schlechter Eltern bezüglich ihres Einkommens und ihres Bildungsstandes gestellt seien, desto geringer die Wahrscheinlichkeit sei, dass sie an Elternabenden oder Schulbesuchstagen teilnähmen, sich an Eltern-Kind-Projekten im Unterricht beteiligten

---

[7] Wie in Abschnitt 4.1.1 erwähnt ist der Sozioökonomische Status (SES) ein Kompositionsmaß zur Bestimmung der sozialen Position bzw. Schichtzugehörigkeit und wird namentlich aus Angaben zum *Einkommen*, dem *Bildungsabschluss* und *dem Berufsprestige* gebildet.

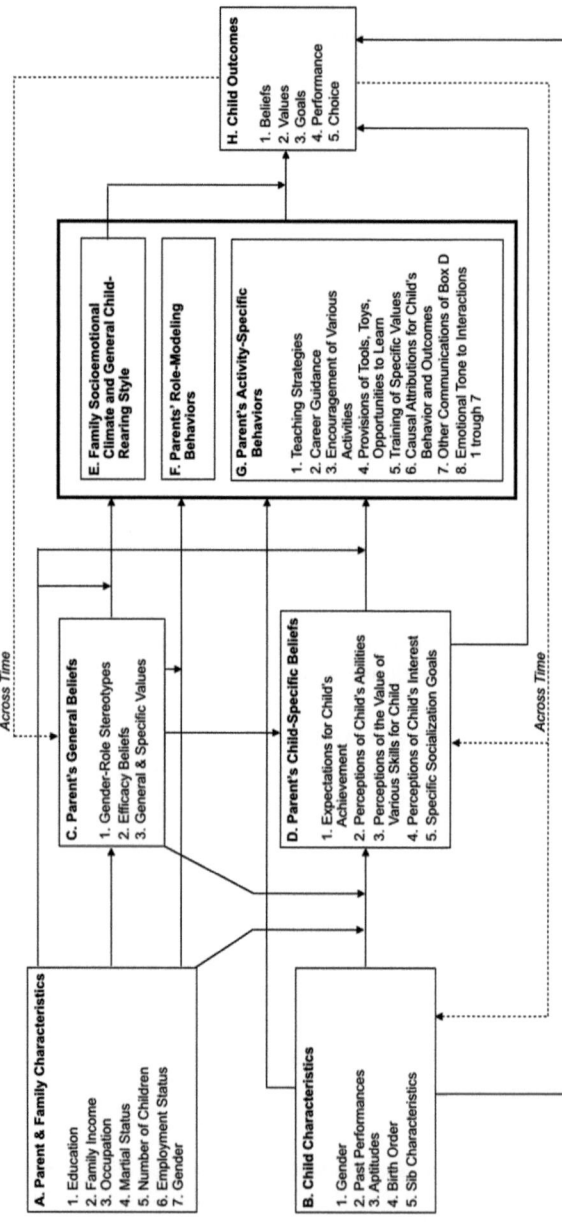

Abbildung 4.1 Das Modell motivations- und leistungsbezogener Sozialisation im Elternhaus von Eccles et al. (aus Simpkins et al., 2015a, S. 617; mit freundlicher Genehmigung von © Guilford Publications, Inc. 2020. All Rights Reserved)

4.2 Charakteristika der Familie und elterliches ... 143

oder sich zur Wahl für Elterngremien stellten. Auch beim häuslichen schulbezogenen Engagement (involvement based at home, vgl. Abschnitt 2.2.2) sowie bildungsbezogenen Überzeugungen zeigen sich entlang des SES in den meisten Studien signifikante Unterschiede: Je tiefer Einkommen und erzielter Bildungsabschluss der Eltern sind, desto geringer fällt ihre schulbezogene Unterstützung aus und desto problematischer sind die Opportunitätsstrukturen der häuslichen Lernumgebung (vgl. Mahoney, Vandell, Simpkins & Zarrett, 2009) und die praktizierten Unterstützungsformen aus lern- oder motivationspsychologischer Sicht zu beurteilen (z. B. Davis-Kean, 2005; Englund, Luckner, Whaley & Egeland, 2004; Halle, Kurtz-Costes & Mahoney, 1997; Keith et al., 1998; Melby, Conger, Fang, Wickrama & Conger, 2008; Shumow & Miller, 2001). Etliche Studien belegen, dass dabei vor allem der Bildungsabschluss der Eltern ein signifikanter Prädiktor nicht nur für das Unterstützungshandeln und die dabei praktizierten Kommunikationsmodi (vgl. Deslandes, Potvin & Leclerc, 1999; Klebanov, Brooks-Gunn & Duncan, 1994), sondern auch für die unterstützungsbezogenen Selbstwirksamkeitsüberzeugungen der Eltern (vgl. Abschnitt 5.3.2.1), für deren schulbezogene Rollendefinition sowie die Höhe und/oder die Realitätsnähe der Leistungserwartungen sind (vgl. Alexander, Entwisle & Bedinger, 1994; Davis-Kean, 2005; Gill & Reynolds, 1998; Shumow & Lomax, 2002; Singh et al., 1995). In der Studie von Davis-Kean (2005) mit Daten der Eltern von 868 acht- bis zwölfjährigen Kindern, in der das elterliche Engagement in gemeinsames Lesen, gemeinsames Spiel (Sport, Games, Puzzles, Basteln) sowie warmes zugewandtes Elternverhalten (u. a. positive feelings, warmth, respond, praise) aufgeschlüsselt wurde und das Einkommen und der Bildungsstand der Eltern getrennt in die Analyse einflossen, zeigten sich beim Einkommen zwar kleine positive direkte Effekte auf die elterlichen Bildungserwartungen, aber keine direkten auf die drei Formen der Unterstützung. Der Bildungsgrad der Eltern hatte bei der Gruppe der European Americans, nicht aber bei den African Americans einen kleinen, aber signifikanten Einfluss auf den elterlichen Kommunikationsmodus (zugewandtes, warmes Verhalten), aber nicht auf die anderen Unterstützungsformen. Bei beiden Kohorten erwiesen sich die elterlichen Bildungserwartungen als der zentrale Prädiktor für alle drei Formen der Unterstützung, am stärksten für das gemeinsame Lesen und den Kommunikationsmodus. Damit zeigt sich konform zum Mediationsmodell in Abbildung 4.1, dass der Bildungsstand, noch stärker aber das Einkommen der Eltern, indirekt – vermittelt über ihre bildungsbezogenen Überzeugungen (Box C) – mit ihrem Unterstützungshandeln assoziiert sein können und verschiedene Formen elterlicher Unterstützung differentiell mit demografischen und sozialen Charakteristika der Eltern verbunden zu sein scheinen. Aus einer Studie von Grolnick, Benjet, Kurowski und Apostoleris (1997) mit 209 Müttern und ihren

Kindern in der 4. oder 5. Klasse (über 80 % European American, je zu ungefähr einem Drittel ober-, mittel- oder unterschichtszugehörig, urbaner Kontext), die in Mehrebenenanalysen u. a. die Effekte familialer und elterlicher Variablen auf drei Formen elterlicher Unterstützung untersuchte, geht hervor, dass sich aus einer Reihe demografischer Faktoren der SES (Einkommen und Bildungsstand) auch bei Einbezug von psychografischen Merkmalen der Eltern (u. a. Selbstwirksamkeitsüberzeugung, Wahrnehmung des Kindes als schwierig) als starker Prädiktor für das school involvement (z. B. Teilnehme an Elternabenden und Besuchstagen) und das cognitive involvement (kognitiv stimulierende häusliche Aktivitäten, Lernunterstützung), nicht aber für das personal involvement (elterliche Kommunikation über schulische Angelegenheiten) erwies. Demnach dürften sich Eltern gewöhnlich unabhängig von ihrem sozialen Hintergrund und ihrem Bildungsstand für das schulische Leben und Wohlbefinden ihres Kindes interessieren und diese Aspekte auch regelmäßig zur Sprache bringen.

Grolnick und Slowiaczek (1994) zeigen in einer Studie mit 302 11- bis 14-jährigen Schülerinnen und Schülern und deren 18 Lehrkräfte ferner, dass verschiedene Formen der Unterstützung nicht nur mit dem Bildungsstand und dem Einkommen differenziell verbunden sein können, sondern auch mit dem Geschlecht der Eltern: So erwies sich der Bildungsstand zwar sowohl bei den Vätern als auch den Müttern als Prädiktor für deren kognitiv-intellektuelles und deren personales Unterstützungsverhalten (Autonomieförderung, Wärme und Struktur, Box E, vgl. Abschnitt 2.2.2.3), nur aber bei den Vätern für deren Engagement in der Schule (Beteiligung an Elternabenden und Schulbesuchstagen, Gespräche mit Lehrkräften).

Aus mehreren Studien geht sodann hervor, dass weitere Merkmale der beruflichen und sozialen Situation der Eltern gerade bei jenen Unterstützungsformen einen Einfluss ausüben, die ein stärkeres zeitliches Investment verlangen: Wie Green, Walker, Hoover-Dempsey und Sandler (2007) belegen, sind Eltern, die von Zeitmangel und Stress bezüglich ihrer Arbeitsstelle und/oder ihren familiären Pflichten berichten, sowohl in der Primar- als auch in der Sekundarstufe im häuslichen Bereich, aber insbesondere auch direkt in der Schule weniger involviert als andere Eltern. Dass dies gerade auf Ein-Eltern-Haushalte – meist handelt es sich konkret um Single-Mütter-Haushalte – zutrifft, belegen u. a. auch Benner, Graham und Mistry (2008): Unabhängig vom Bildungsstand der Mutter berichten Jugendliche der Sekundarstufe I aus Ein-Eltern-Haushalten über weniger schulbezogene Unterstützung als solche aus Zwei-Eltern-Haushalten (vgl. auch Deslandes et al., 1999). Auch in der oben bereits erwähnten Studie von Grolnick et al. (1997), die drei elterliche Unterstützungsformen unterscheidet, erweist sich das Merkmal Single-Mutter-Haushalt als prädiktiv, allerdings nur für school involvement, was Aktivitäten in der Schule umfasst, nicht aber für das cognitive involvement (kognitiv stimulierende häusliche Aktivitäten, Lernunterstützung) und das personal involvement (elterliche Kommunikation über schulische Angelegenheiten). Pomerantz, Moorman Kim, et al. (2012) vermuten mit Blick auf eine Studie von Sheldon (2002), die bei Kontrolle von Hintergrundfaktoren und elterlichen Überzeugungen belegen konnte, dass die Größe des sozialen Netzwerks der Eltern das Ausmaß und die Qualität deren schulbezogenen Engagements zu Hause und direkt in der Schule vorauszusagen vermag und dass gerade Single-Eltern oft nur marginal über ein solches Netzwerk mit anderen Eltern der Schule ihres Kindes verfügen. Vermutlich fehlt ihnen wiederum die notwendige Zeit zum Aufbau und zur Pflege solcher Kontakte, die das eigene Unterstützungshandeln offenbar befördern.

Zusammengefasst präsentiert sich in diesen auf psychologischen Modellen basierenden Studien das Bild, dass strukturelle Merkmale des ökonomischen, kulturellen und sozialen Kapitals von Eltern und Familien zwar mit dem elterlichen Unterstützungshandeln verknüpft sind, sich die Wirkungen dieser Merkmale aber insbesondere indirekt über die generellen und kindspezifischen elterlichen Überzeugungen und die Opportunitätsstrukturen im Umfeld des Kindes entfalten (vgl. Simpkins et al., 2015a, S. 619; Wigfield et al., 2006, S. 970). Ferner liegt die Vermutung nahe, dass diese demografischen Merkmale in komplexer Weise untereinander und mit verschiedenen Unterstützungsformen und Überzeugungen zusammenspielen (vgl. Eccles, 2007, S. 671).

4.2.1.2 Bildungsbezogene Überzeugungen der Eltern

Wie oben aber bereits deutlich wurde, müssen auch generelle bildungsbezogener Überzeugungen der Eltern (parents' general beliefs, vgl. Abbildung 4.1, Box C) genauer in den Blick genommen werden, wenn man deren Unterstützungshandeln sowie deren Interpretation des Lern- und Leistungsverhaltens des Kindes zu verstehen versucht. Nebst wertbezogenen Überzeugungen der Eltern hinsichtlich bestimmter schulischer und außerschulischer Bildungsdomänen (v. a. Mathematik und Erstsprache bzw. Sport und Musik) standen in der bisherigen Forschung vor allem drei Gruppen genereller bildungsbezogener Überzeugungen im Fokus: Geschlechtsrollen-Stereotype, Selbstwirksamkeitsüberzeugungen sowie Einstellungen gegenüber dem Lernen und Leisten (u. a. schulbezogene Rollendefinitionen von Eltern und implizite Fähigkeitstheorien und Zielorientierungen) (vgl. Gonida, Karabenick, Makara & Hatzikyriakou, 2014; Jacobs & Eccles, 2000; Pomerantz, Moorman Kim, et al., 2012; Simpkins et al., 2015a, S. 618; 2015b). Wie das Model of parental influences on children's motivation and achievement in Abbildung 4.1 illustriert, kann davon ausgegangen werden, dass solche generellen

Überzeugungen a) direkt das elterliche Unterstützungshandeln prägen (z. B. «Ich glaube, dass ich meinem Kind bei seinen Mathematikhausaufgaben kaum eine Hilfe sein kann, deshalb lasse ich es besser gleich», «Ich mag Mathematik und verwickle meine Kinder immer wieder in Rätsel von der Art jener Textaufgaben, die sie in der Schule haben»), b) auch die kindspezifischen Überzeugungen (Box D) direkt beeinflussen (z. B. «Jungen sind besser in Mathematik als Mädchen, also erwarte ich bei meinem Sohn weniger Probleme in diesem Fach als bei meiner älteren Tochter») sowie c) einen moderierenden Einfluss auf die Interpretation von Leistungsergebnissen und anderen Merkmalen des Kindes ausüben (Einfluss auf die Beziehung zwischen Box B und Box D: z. B. «Ich glaube, dass jeder Mensch ein bestimmtes Leistungspotential für ein Fach aufweist. Mein Sohn hat in letzter Zeit schlechte Noten in Mathematik nach Hause gebracht – vermutlich muss er sich damit abfinden, dass sich seine Noten nun auf diesem Niveau einpendeln»).

Einige Befunde zu den postulierten Zusammenhängen gibt es mit Bezug auf genderspezifische Überzeugungen von Eltern. So zeigen z. B. Bleeker und Jacobs (2004), dass Mütter, die glaubten, Jungen seien generell besser in Mathematik als Mädchen, tiefere Erwartungen gegenüber ihren Töchtern bezüglich mathematischer Fähigkeiten aufwiesen als Mütter, die diese Überzeugung nicht teilten. In einer weiteren Studie zeigen die beiden Forscherinnen (Jacobs & Bleeker, 2004), dass die untersuchten Eltern unabhängig von der Note des Kindes ihren Söhnen eher mathematik- oder naturwissenschaftsbezogene Spielzeuge kauften als ihren Töchtern. Demnach führen die stereotypen Überzeugungen hinsichtlich geschlechtsspezifischer Begabungen dazu, dass Eltern ihren Söhnen und Töchtern unterschiedliche Opportunitätsstrukturen zum Einüben entsprechender Fertigkeiten zur Verfügung stellen – offenbar oft auch unabhängig vom Interesse der Kinder: «The gender-differentiated provision of math-related toys and activities is especially surprising in light of the fact that our regression analyses revealed that girls are significantly more interested in math and science than are boys» (Jacobs & Bleeker, 2004, S. 16). Während Jungen ein stimulierenderes Angebot an Spielzeugen zur Verfügung gestellt wurde, verhielt es sich bei der Hausaufgabenunterstützung in Mathematik allerdings gerade umgekehrt: Im Schnitt berichteten sowohl Mütter wie auch Väter von häufigeren diesbezüglichen Hilfestellungen bei Mädchen als bei Jungen. Die Autorinnen der Studie interpretieren den Befund so, dass auch hierbei die Überzeugung die Hauptrolle spielen dürfte, wonach Mädchen in dieser Domäne weniger begabt seien und deshalb mehr Hilfe benötigten (Jacobs & Bleeker, 2004, S. 16). Nebenbei stützt dies auch Befunde (Überblick bei Hoover-Dempsey & Sandler, 1995, S. 28), wonach Eltern sich stärker in der

4.2 Charakteristika der Familie und elterliches ...

Pflicht sehen, das Kind bei Hausaufgaben zu unterstützen, wenn sie zur Überzeugung gelangen, dass ihr Kind Hilfe benötigt (Box D) – und diese mitunter gegen den Wunsch des Kindes auch aufdrängen (vgl. Jacobs & Bleeker, 2004, S. 17). Im Anschluss an die Theorie Banduras (1997) bezeichnet der Term elterliche schulbezogene Selbstwirksamkeitsüberzeugungen das Vertrauen der Eltern in ihre Fähigkeiten, das eigene Kind erfolgreich bezüglich seiner schulischen Entwicklung zu unterstützen (vgl. auch Abschnitt 5.3.2.1). Neben dieser globalen Operationalisierung sind in der Forschung eine Reihe von spezifischeren behavioralen Aspekten des home-based- und des school-based involvements untersucht worden, auf die sich diese Kontrollüberzeugungen richten können: u. a. fachliche Schwierigkeiten im Kontext von Hausaufgaben erfolgreich beheben, motivationale Probleme des Kindes meistern, das Kind gegenüber negativen Peer-Einflüssen abschirmen, das Kind in Gesprächen mit den Lehrkräften erfolgreich unterstützen können (vgl. Eccles & Harold, 1993, S. 572; Grolnick et al., 1997, S. 542; Hoover-Dempsey & Sandler, 1997, S. 19; Shumow & Lomax, 2002, S. 128). Wie bereits oben angedeutet, korrelieren solcherlei Selbstwirksamkeitsüberzeugungen meist deutlich mit der Höhe des Schulabschlusses der Eltern (u. a. Coleman, P. K. & Karraker, 1997; Hoover-Dempsey, Bassler & Brissie, 1992; Seefeldt, Denton, Galper & Younoszai, 1998) bzw. mit der Einschätzung eigener Fähigkeiten in schulischen Domänen (Green et al., 2007): Demnach scheint zu gelten: Je länger die schulische Ausbildung der Eltern dauerte, desto wirksamer nehmen sie sich bei schulbezogenen Hilfestellungen auf der Primar- und Sekundarstufe I wahr, desto persistenter zeigen sie sich beim Unterstützen des Kindes und desto sicherer fühlen sie sich in Gesprächen mit schulischen Akteuren (vgl. Bandura, Barbaranelli, Caprara & Pastorelli, 1996; Grolnick et al., 1997; Hoover-Dempsey et al., 1992; Hoover-Dempsey et al., 2001; Seefeldt et al., 1998). Allerdings weisen die Befunde mehrerer (neuerer) Studien darauf hin, dass nach Formen des Unterstützungshandelns unterschieden werden muss: elterliche Selbstwirksamkeitsüberzeugungen erweisen sich in diesen Studien zwar als moderater Prädiktor für das Unterstützungshandeln zu Hause, aber nicht für das elterliche Engagement in der Schule (Anderson & Minke, 2007; Green et al., 2007; Hoover-Dempsey et al., 1992). In der Studie von Deslandes und Bertrand (2005) mit 770 Eltern von Schülerinnen und Schülern der Sekundarstufe I in Quebec zeigt sich neben diesem Befund ferner, dass sich bei Kontrolle von Familien- und Kindmerkmalen die Selbstwirksamkeitsüberzeugungen der Eltern mit jedem Schuljahr als weniger prädiktiv für die Entscheidung erweisen, das Kind zu unterstützen. Während Überzeugungen bezüglich der erfolgreichen Einflussnahme bei Hausaufgaben (u. a. «I feel successful about my efforts to help my adolescent learn») erst im dritten Jahr der Sekundarstufe I keinen Beitrag mehr zur Varianzaufklärung leisten, ist dies bei Überzeugungen zum persönlichen Einfluss im Vergleich zu anderen signifikanten Akteuren (u. a. «Other adolescents have more influence on my adolescent's motivation to do well in school than I do») bereits nach einem Jahr der Fall. Während sich explizite Einladungen durch Lehrkräfte und vor allem Anfragen des Kindes in dieser Studie durchgängig als stärkste Prädiktoren für das Engagement zeigten, erwies sich die schulbezogene Rollenkonstruktion des Elternteils – genauer deren unterstützungsbezogene Wert-Überzeugungen (z. B. «It's important that I let someone at school know about things that concern my teenager» und «I make it my business to stay on top of things at school») lediglich in der 7. Klasse als Prädiktor für deren Engagement zu Hause und in der Schule. In der 9. Klasse, also vor dem Übertritt ins Berufsleben, prädiktierte die Rollendefinition der Eltern wieder deren Engagement, nun allerdings nur jenes in der Schule. Auch in der oben bereits erwähnten Studie von Sheldon (2002) mit 195 Müttern zur Bedeutung von elterlichen Netzwerken an der Schule wurden neben der Selbstwirksamkeit sowie der perzipierten Beteiligungserwartung anderer Eltern auch die schulbezogenen Rollenkonstruktionen der Eltern erhoben, hier jedoch über die Einschätzung elterlicher Verantwortlichkeiten (z. B. «It is parents' responsibility to help their child understand his or her homework», «… to keep track of their child's progress in school», oder «… to contact the teacher before academic problems»). Wie sich zeigte, erwiesen sich diese bei Einbezug von Background-Variablen, der erhobenen elterlichen Beliefs sowie Angaben zur Netzwerkgröße als starker Prädiktor für das Unterstützungshandeln zu Hause und in der Schule: Je wichtiger demnach die Eltern ihre Rolle im schulischen Kontext erachteten, desto stärker waren sie zu Hause und in der Schule des Kindes engagiert – wobei das soziale Umfeld und dessen Erwartungen vor allem beim involvement based at school von Bedeutung war. Eine Reihe anderer Studien stützen diesen Befund (vgl. Chrispeels & Rivero, 2001; Drummond & Stipek, 2004; Grolnick et al., 1997): Generell zeigt sich, dass Eltern, die sich in einer aktiven Rolle sehen, initiativer und umfassender am schulischen Leben ihres Kindes beteiligen als solche, die ihre Rolle eher als beobachtend-passiv definieren, und dass die elterlichen Rollenkonstruktionen, ähnlich wie bei der Formation von Selbstwirksamkeitsüberzeugungen (vgl. Abschnitt 5.3.2.1), von Erfolgserfahrungen, dem Modellverhalten vergleichbarer Eltern sowie insbesondere durch aktive Einladungen durch das Kind, die Lehrkräfte und andere Eltern beeinflusst waren (vgl. Green et al., 2007, S. 533; Hoover-Dempsey et al., 2005, S. 108; Whitaker & Hoover-Dempsey, 2013).

Pomerantz, Moorman Kim, et al. (2012, S. 429) vermuten auf der Basis einer eigenen experimentellen Studie, dass sich Überzeugungen von Eltern bezüglich der Veränderbarkeit von intellektuellen Fähigkeiten auf ihre Interpretation der

4.2 Charakteristika der Familie und elterliches ...

Leistungen ihres Kindes (vgl. Abbildung 4.1, moderierender Einfluss von Box C auf die Beziehung zwischen Box B und D), ihre Wahl von kindspezifischen Zielen (Box B) sowie direkt auf ihr Unterstützungshandeln auswirken. Ursprünglich arbeiteten Dweck und Leggett (1988) die Bedeutung solcher «impliziter Intelligenztheorien» für Kinder heraus: Im Kontext der Goal Orientation Theory (vgl. Dweck, 1986; Nicholls, 1984) und der Attributionsforschung (vgl. Hong, Chiu, Dweck, Lin & Wan, 1999) (vgl. Abschnitt 5.3.3.1) stellten sie fest, dass die Überzeugungen der Schülerinnen und Schüler davon, wie stabil ihre eigenen intellektuelle Fähigkeiten seien, konsistent deren Zielorientierungen und deren Attributionsmuster vorhersagten. Diejenigen, die eine Stabilitätstheorie (entity theory of intelligence) vertraten und intellektuelle Fähigkeiten als von Geburt an fixierte und unkontrollierbare Eigenschaft begriffen, wiesen in der Regel eine performance goal orientation auf und waren darauf bedacht, sich vor anderen als kompetent zu erweisen (bzw. die vermeintlichen Defizite nicht manifest werden zu lassen). Ebenso tendierten sie dazu, ihre Misserfolge mit einem Mangel an Talent zu erklären. Diejenigen Kinder, die demgegenüber eine Veränderbarkeitstheorie (incremental theory of intelligence) vertraten und meinten, dass Intelligenz eine wandelbare, nicht zum Vornherein festgelegte und somit eine willentlich steigerbare Größe sei, wiesen in der Regel eine mastery goal orientation auf, waren darauf fokussiert, die eigenen Kompetenzen in der jeweiligen Domäne zu verbessern und tendierten dazu, Misserfolge auf fehlende Anstrengung und mangelhafte Vorgehensweisen zurückzuführen (vgl. Blackwell, Trzesniewski & Dweck, 2007; Dweck & Leggett, 1988; Hong et al., 1999):

> Although both entity and incremental theorists may see ability and effort as relevant causes of performance, the implicit theory they hold may orient them to assign unequal weights to these causes. Whereas entity theorists would weight ability relatively more heavily, incremental theorists would view effort as relatively more important. In the face of failure, incremental theorists would then be more likely than entity theorists to exert effort to remedy the skills they lack. (Hong et al., 1999, S. 589)

Analog dazu nahmen bereits Hoover-Dempsey und Sandler (1995) an, dass auch das schulbezogene Unterstützungshandeln der Eltern in starkem Maß davon beeinflusst sei, ob sie ein incremental mindset oder ein entity mindset aufwiesen:

> Incremental theorists' learning goals would motivate them to increase the child's competence as well as their own. These goals would enable parents to focus on gaining new ideas about helping children, maintain relative openness about their own perceived shortcomings, construe errors and difficulties (their own and their children's) as part of a learning process, and to encourage children not only to do the work assigned but to

think about the issues and principles underlying specific assignments-that is, reaching toward higher levels of competence. (Hoover-Dempsey & Sandler, 1997, S. 24)

Hoover-Dempsey und Sandler (1997) vermuteten also nicht nur positive Effekte einer impliziten Veränderbarkeitstheorie auf die elterliche Motivation sich zu engagieren – die damit einhergehende Mastery-Zielorientierung macht dies wahrscheinlich –, sondern auch günstige Effekte auf deren konkretes motivationsbezogenes Unterstützungsverhalten (u. a. beim Kind auf eine Mastery-Zielorientierung hinwirken, auf die Bedeutung von Anstrengung und Lernstrategien hinweisen und ihm gegenüber gerade so viel Hilfestellung leisten wie notwendig, vgl. Abschnitt 2.2.2.3) sowie produktive Effekte auf deren eigene diesbezügliche Kompetenzentwicklung[8]. Demgegenüber vermuteten sie, dass Eltern mit einer impliziten Stabilitätstheorie aufgrund ihrer performance goal orientation wichtig sein dürfte, dass das eigene Kind in Leistungssituationen seine Kompetenz beweist und keine Schwächen zeigt bzw. diese verbirgt. Entsprechend problematisch dürfte deren Unterstützungshandeln gerade dann ausfallen, wenn sie Probleme im schulbezogenen Handeln des Kindes wahrnehmen. Ihr Motivierungshandeln dürfte eine deutliche Fokussierung auf das Leistungsereignis bzw. dessen Ergebnis aufweisen, eher kontrollierend-invasiv ausfallen und von sichtbarem Frust und Ungeduld begleitet sein – nicht zuletzt bei denjenigen, die sich selber als hilflos wahrnehmen, weil sie sich selber eine tiefe Kompetenz hinsichtlich schulischer Belange zuschreiben. Ebenso kann vermutet werden, dass gerade diese Eltern in der Logik ihres entity mindsets eher darauf bedacht sein könnten, ihre missliche Situation gegenüber schulischen Akteuren zu verbergen (vgl. Hoover-Dempsey & Sandler, 1997, S. 25).

Yamamoto und Holloway (2010) machen in ihrem Forschungsüberblick ferner auf die Auswirkungen der beiden mindsets auf das elterliche Attributionsverhalten bei Erfolgen und Misserfolgen des Kindes aufmerksam:

Parents who attribute achievement outcomes primarily to ability or intelligence expect performance to be stable because ability tends to be viewed as a stable entity that is difficult for the individual to change [...]. For parents with this belief system, past performance is likely to be seen as a reliable indicator of future attainment. Those who believe that students' effort – a more controllable and unstable commodity – is the primary cause of achievement are more likely to think that future performance can potentially be different from that of the past if the student changes the amount of effort they put into their schoolwork. (Yamamoto & Holloway, 2010, S. 197)

---

[8]Dies könnte laut Hoover-Dempsey und Sandler (1997, S. 24) erklären, warum es immer wieder Eltern gibt, die trotz tiefem Bildungsstand über hohe unterstützungsbezogene Selbstwirksamkeitsüberzeugungen verfügen.

4.2 Charakteristika der Familie und elterliches ...

Es ist plausibel anzunehmen, dass die implizite Intelligenztheorie der Eltern nicht nur die Ursachensuche bei eigenen Erfolgen und Misserfolgen beeinflusst, sondern auch die Interpretation des Leistungshandelns des Kindes. Die von den elterlichen mindsets geformten Kausalattributionen dürften nicht nur die kindspezifischen Leistungserwartungen, Ziele und Aspirationen der Eltern (Abbildung 4.1, Box D) beeinflussen, sondern dem Kind in gemeinsamen Gesprächen auch explizit mitgeteilt bzw. implizit über Gesten der Anerkennung oder über Frustrationsbekundungen übermittelt werden (vgl. Abbildung 4.1, Box G) und so dessen eigene Ursachenzuschreibung und Kontrollüberzeugungen beeinflussen (vgl. Abschnitt 5.3).

Anders als bei Schülerinnen und Schülern (Überblick bei Wigfield, Eccles, et al., 2015, S. 6–7, 11–13), wurden die Auswirkungen impliziter Intelligenztheorien und Zielorientierungen von Eltern auf ihr Handeln erst sporadisch erforscht. In der oben angesprochenen Studie forderten Moorman und Pomerantz (2010) 79 Mütter auf, verschiedene Problemlöseaufgaben mit ihren Grundschulkindern zu meistern. Vorab wurde rund die Hälfte der Mütter mit vermeintlichen Forschungsbefunden zur Unveränderbarkeit von intellektuellen Fähigkeiten bekannt gemacht und die andere Hälfte mit ausführlichen Informationen über deren Veränderbarkeit versorgt. Die solcherlei induzierten incremental mindsets oder entity mindsets der Mütter zeigten die vermuteten Effekte während des gemeinsamen Problemlösens: Mütter mit einer Stabilitätstheorie ließen während der Problembearbeitung deutlich ein Elternverhalten erkennen, das Moorman und Pomerantz (2010, S. 1357) als «nicht-konstruktiv» erachten: Ihr Verhalten war stärker performanz-orientiert (u. a. «demonstrating how to solve the problems but not teaching children how to do so»), deutlicher kontrollierend-invasiv (u. a. «regulate children's behavior through such practices as directives, commands, orders [...], or taking over») und klarer mit dem Ausdruck negativer Emotionen («frustration, annoyance, hostility, or negative feedback») verbunden als dasjenige von Müttern mit einer Veränderlichkeitstheorie. Die Befunde deuten darauf hin, dass vor allem jene Kinder und Jugendlichen eine problematische Konstellation vorfinden, deren Eltern über ein entity mindset verfügen, und von diesen als defizitär hinsichtlich ihrer schulischen Kompetenzen wahrgenommen werden und/oder selbst geringe schulbezogene Kontroll-Überzeugungen aufweisen. Wie in Abschnitt 5.3 noch zu zeigen sein wird, sind es gerade diese Kinder, die vermehrt auf motivationale Probleme beim selbstregulierten häuslichen Lernen stoßen und entsprechend auf Unterstützungsformen der Eltern angewiesen wären, die selbstzugeschriebene Erfolge ermöglichen und von Verständnis und Ermutigungen geprägt sind. Studien, die auf Zielorientierungen der Eltern fokussieren, bestätigen die vermuteten Zusammenhänge: Eltern, die für ihr Kind eine performance goal-orientation hegen, engagieren sich seltener bei mathematik- und lesebezogenen Aktivitäten zuhause und zeigen sich beim gemeinsamen Arbeiten eher kontrollierend-invasiv und gestresst. Eltern, die eine mastery goal orientation aufweisen, betonen demgegenüber die Bedeutung von Anstrengung (vs. Begabung), engagieren sich häufiger bei schulbezogenen häuslichen Aktivitäten und zeigen sich dabei eher autonomieförderlich, strukturgebend und emotional-zugewandt (vgl. Abbildung 4.1, Box E) (vgl. Aunola, Nurmi, Onatsu-Arvilommi & Pulkkinen, 1999; Kinlaw, Kurtz-Costes & Goldman-Fraser, 2001; Muenks, Miele, Ramani, Stapleton & Rowe, 2015; Stipek, Milburn, Clements & Daniels, 1992).

Zusammengefasst präsentiert sich bezüglich genereller bildungsbezogener Überzeugungen der Eltern das Bild, dass die Forschung mit den hier erörterten Konstrukten eine Reihe von relevanten Größen identifiziert hat, die einen Beitrag zum Verstehen davon leisten, wie Eltern das schulbezogene Handeln ihrer Kinder – ebenso wie Einflussnahmen von Lehrkräften (vgl. Green et al., 2007) und anderen Personen ihres näheren sozialen und kulturellen Umfelds – interpretieren und wie sie ihrerseits versuchen, Einfluss auf die Motivation und das Lern- und Leistungsverhalten des Kindes zu gewinnen. Dabei wurde aber augenfällig, dass bis anhin querschnittlich angelegte Studien mit entsprechend korrelativen Verfahren überwiegen und es kaum längsschnittliche sowie experimentelle Studien gibt, die über die Richtung der Einflüsse Auskunft geben könnten (vgl. Pomerantz, Moorman Kim, et al., 2012, S. 433). Auch gibt es wenige Studien, die mehrere der hier erläuterten Beliefs gemeinsam in ihrem Zusammenspiel mit Merkmalen des Kindes und verschiedenen Formen des Unterstützungshandelns in den Blick nehmen (vgl. Yamamoto & Holloway, 2010, S. 208). Ferner wurde deutlich, dass europäische bzw. im deutschen Sprachraum entstandene Studien zu den genannten generellen bildungsbezogenen Überzeugungen bislang weitgehend fehlen und die Befundlage mit wenigen Ausnahmen auf die soziale und kulturelle Situation in den USA beschränkt bleibt.

4.3 Ökonomische, kulturelle und soziale Ressourcen der an der Studie beteiligten Familien

Zum Abschluss dieses Hauptkapitels richtet sich die Aufmerksamkeit wiederum auf die 20 Elternteile, deren Motivierungshandeln in der vorliegenden Studie untersucht wurde. Nachdem in Abschnitt 3.3 bereits deren kindbezogene Einschätzungen und Überzeugungen – namentlich deren kindspezifische Zuteilungserwartungen und Aspirationen – thematisiert wurden (vgl. Tabelle 3.2), welche sich im «Modell motivations- und leistungsbezogener Sozialisation im

4.3 Ökonomische, kulturelle und soziale Ressourcen ...

Elternhaus» der Box D (Parents' child-specific beliefs) zuordnen lassen (vgl. Abbildung 4.1), so wird nun mit Hilfe einer Reihe von Datenpunkten die Ressourcenlage der Elternteile und ihrer Familien klarer umrissen. Konkret werden Merkmale der Elternteile (vgl. Tabelle 4.1 und Tabelle 4.5), ihrer Partnerinnen und Partner (vgl. Tabelle 4.2), der ganzen Familie (vgl. Tabelle 4.3) sowie der Kinder (vgl. Tabelle 4.4) dargestellt, die sich im Modell von Eccles und Kolleg*innen (vgl. Abbildung 4.1) in der Box A (Parent and family characteristics), in der Box B (Child characteristics) sowie in der Box C (Parents' general beliefs) verorten lassen und somit mehr oder weniger direkt auf das Motivierungshandeln der Elternteile ausgewirkt haben dürften. Die Mehrheit dieser Daten wurde im Rahmen des qualitativen Projektteils der TRANSITION-Studie mit Hilfe eines Kurzfragebogens erhoben, den die teilnehmenden Elternteile im Anschluss an den ersten Interviewtermin (Interview G1, vgl. Abbildung 6.1) im November 2008 ausgefüllt hatten. Daten zur sozialen Position der Familien wurden im Rahmen der Zürcher Längsschnittstudie (vgl. Angelone, Keller & Moser, 2013; Moser, Buff, Angelone & Hollenweger, 2011; Moser & Hollenweger, 2008; Moser, Stamm & Hollenweger, 2005), in die sich die TRANSITION-Studie eingliederte (vgl. Kapitel 6), mittels eines Elternfragebogens zum Zeitpunkt der ersten Lernstandserhebung im Jahr 2003 ermittelt. Die Angaben zu den subjektiven Fähigkeitstheorien der Elternteile (vgl. Tabelle 4.5) entstammen sodann dem Eltern-Datensatz der ersten Erhebungswelle vom Herbst 2008 des quantitativ ausgerichteten Projektteils der TRANSITION-Studie (vgl. Dinkelmann, Buff, Steiner & Reusser, 2013)[9].

In der sich über acht Monate erstreckenden Erhebungszeit wurde im qualitativen Projektteil der TRANSITION-Studie jeweils derjenige Elternteil befragt, den die Eltern zu Beginn der Erhebungszeit als denjenigen benannt hatten, der im Verlauf des vorangegangenen Jahres stärker in das häusliche schulbezogene Lernen des Kindes involviert gewesen war (vgl. Abschnitt 6.2). Wie Tabelle 4.1 offenbart, waren dies mit Ausnahme der Väter M11, V12 und Z22 bei den allermeisten Familien die Mütter. 14 Elternteile gaben im studieninternen Fragebogen

---

[9]Bei der Darstellung der Personendaten wird dem «Sparsamkeitsgebot» (vgl. Deutsche Gesellschaft für Erziehungswissenschaft (DGfE), 2006, S. 34) insofern Folge geleistet, als nur solche Daten berücksichtig werden, von denen aufgrund des «Modells motivations- und leistungsbezogener Sozialisation im Elternhaus» (Simpkins et al., 2015a, S. 617) angenommen werden kann, dass sie in der späteren Gesamtdarstellung einzelner Fälle einen Beitrag zur Erklärung der Motivierungshandelns der Elternteile leisten. Bei einzelnen Kategorien, wie z. B. dem Herkunftsland und den ausgeübten Berufen, wird ferner jeweils die Oberkategorie genannt, sodass der Kontext des Denkens und Handelns der Akteure bei gleichzeitig möglichst hohem Anonymisierungs- und Pseudonymisierungsgrad erkennbar bleibt.

Tabelle 4.1 Charakteristika der an der Studie teilnehmenden Elternteile

ID	D11	D12	E11	E12	H11	H12	M11	M12	R11	R12	S11	S12	V11	V12	Z11	Z12	Z21	Z22	Z31	Z32
Geschlecht	Mutter	Mutter	Mutter	Mutter	Mutter	Mutter	Vater	Mutter	Mutter	Mutter	Mutter	Mutter	Mutter	Vater	Mutter	Mutter	Mutter	Vater	Mutter	Mutter
Muttersprache	andere West-europ. Sprache	CH-Deutsch	andere süd-europ. Sprache	CH-Deutsch	andere Latein-amerik. Sprache	CH-Deutsch	andere nah/östl. Sprache	CH-Deutsch	andere mittel-europ. Sprache	CH-Deutsch	CH-Deutsch	CH-Deutsch	CH-Deutsch	CH-Deut-sch	CH-Deutsch	CH-Deutsch	andere süd-europ. Sprache	CH-Deutsch	CH-Deutsch	CH-Deutsch
berufl. Tätigkeit*	HF/Sektor 3	HF/in Weiter-bildung	HF/Sektor 3	Sektor 3 HF	HF/Sektor 3	Sektor 3/HF	auf Stellensu-che	HF/Sektor 3	HF/Sektor 3	auf Stellensu-che / HF	HF/Sektor 3	HF/Sektor 3	Sektor 3/HF	Sektor 1 HF	Sektor 3/HF	Sektor 3 (selbst.)	Sektor 3/HF	Sektor 2	HF/Sektor 3	HF/Sektor 3
wöchtl. außerhäusl. Arbeitsstunden	10	15	18	40	25	30	4	10	17	0	10	8	32	50	20	42	24	42	9	8
berufl. Ausbildung**	(selbstä-ndig)	(Weiterbi-ldung)	(angest-ellt)	(ange-stellt)	(angest-ellt)	(anges-tellt)	(auf Stellen-suche)	(anges-tellt)	(angest-ellt)	(auf Stellen-suche)	(anges-tellt)	(anges-tellt)	(ange-stellt)	(selb-stän-dig)	(anges-tellt)	(selbstä-ndig)	(anges-tellt)	(selbstä-ndig)	Berufs-lehre	(ange-stellt)
berufl. Ausbildung**	FH	Berufs-lehre	interne Ausbil-dung	Berufs-lehre	angel-ernt	Berufs-lehre	angel-ernt	Berufs-lehre	Berufs-lehre	Berufs-lehre	Berufs-lehre	Berufs-lehre	HFS	Mei-ster	Berufs-lehre	Berufs-lehre	Berufs-lehre	Berufs-lehre	Berufs-lehre	ange-lernt
alleinerziehend	nein	nein	nein	nein	nein	ja	nein	nein	nein	ja	nein	nein	nein	nein	nein	nein	nein	nein	nein	nein
Schulabschluss	FH-Reife im Herkunfts-land	SekA	SekA im Herkunfts-land	SekB	SekA im Herkunfts-land	SekA	Sek im Herkunfts-land	SekB	Sek B im Herkunfts-land	SekA	SekA	SekB	SekA	gymn. Matura	SekB	SekA	SekB	SekB	SekB	SekB

* berufl. Tätigkeit: HF = Hausfrau und Mutter; Wirtschaftssektor 1: Land- und Forstwirtschaft; Wirtschaftssektor 2: Industrie, Handwerk und Energieversorgung. Wirtschaftssektor 3: Dienstleistungen
** berufl. Ausbildung: FH = Fachhochschule; HFS = Höhere Fachschule

4.3 Ökonomische, kulturelle und soziale Ressourcen …

Tabelle 4.2 Charakteristika der nicht an der Studie teilnehmenden Elternteile («Partner*innen»)

ID	D11	D12	E11	E12	H11	H12	M11	M12	R11	R12	S11	S12	V11	V12	Z11	Z12	Z21	Z22	Z31	Z32
Geschlecht	Vater	Vater	Vater	Vater	Vater	Vater	Mutter	Vater	Vater	Vater	Vater	Vater	Vater	Mutter	Vater	Vater	Vater	Mutter	Vater	Vater
Muttersprache	CH-Deutsch	CH-Deutsch	andere süd-europ. Sprache	CH-Deutsch	CH-Deutsch	andere südostasiatische Sprache	andere nahöst. Sprache	CH-Deutsch	andere mittel-europ. Sprache	keine Angabe	andere süd-europ. Sprache	andere süd-europ. Sprache	andere süd-europ. Sprache	CH-Deutsch	CH-Deutsch	CH-Deutsch	andere süd-europ. Sprache	CH-Deutsch	CH-Deutsch	CH-Deutsch
berufl. Tätigkeit*	Sektor 2	im Staatsdienst	Sektor 3	Sektor 2	Sektor 3	Sektor 3	HF	Sektor 2	auf Stellensuche	keine Angabe	Sektor 3	Sektor 3	Sektor 3	Sektor 1/HF	Sektor 3	im Staatsdienst	Sektor 2	HF	Sektor 3	Sektor 3
wöchtl. außer häusl. Arbeitsstunden	50	42	42	45	42	keine Angabe	0	42	0	keine Angabe	40	42	50	30	45	42	42	0	42	42
	(selbständig)	(angestellt)	(angestellt)	(angestellt)	(angestellt)	(selbständig)	HF	(angestellt)	auf Stellensuche	(selbständig)	(selbständig)	(angestellt)	(selbständig)	(selbständig)	(selbständig)	(angestellt)	(angestellt)	HF	(angestellt)	(angestellt)
berufl. Ausbildung**	Meister	Berufslehre	HFS	HFS	HFS	keine	keine	Berufslehre	FH	keine Angabe	Universität (äquiv.) im Herkunftsland	Sek im Herkunftsland	keine	Berufslehre	Berufslehre	Berufslehre, HFS	firmeninterne Ausbildung	Berufslehre	Berufslehre	Berufslehre
Schulabschluss	Sek A	Sek A	Sek A	Sek B	Sek A	Grundschule	Grundschule	Sek B	Matura (äquiv.) im Herkunftsland	k.A.	Matura (äquiv.) im Herkunftsland	Sek im Herkunftsland	Sek C	Sek A	Sek A	Sek B	Sek im Herkunftsland	Sek A	Sek A	Sek B

* berufl. Tätigkeit: HF = Hausfrau und Mutter; Wirtschaftssektor 1: Land- und Forstwirtschaft; Wirtschaftssektor 2: Industrie, Handwerk und Energieversorgung, Wirtschaftssektor 3: Dienstleistungen
** berufl. Ausbildung: FH = Fachhochschule; HFS = Höhere Fachschule

Tabelle 4.3 Charakteristika der Familien

ID	D11	D12	E11	E12	H11	H12	M11	M12	R11	R12	S11	S12	V11	V12	Z11	Z12	Z21	Z22	Z31	Z32
Lernvoraussetzungen	privilegiert	eher unterprivilegiert	eher privilegiert	eher privilegiert	eher privilegiert	eher unterprivilegiert	unterprivilegiert	unterprivilegiert	privilegiert	eher unterprivilegiert	privilegiert	eher unterprivilegiert	eher privilegiert	eher privilegiert	eher privilegiert	eher unterprivilegiert	unterprivilegiert	eher privilegiert	eher unterprivilegiert	eher unterprivilegiert
Migrationsstatus	Kind und ein Elternteil in CH geb.	alle in CH geb.	Kind und ein Elternteil in CH geb.	alle in CH geb.	Kind und ein Elternteil in CH geb.	Kind und ein Elternteil in CH geb.	Kind und Eltern im Ausland geb. (Fluchterfahrung)	alle in CH geb.	Kind und Eltern im Ausland geb.	alle in CH geboren	Kind und ein Elternteil in CH geb.	Kind und ein Elternteil in CH geb.	Kind und ein Elternteil in CH geb.	alle in CH geb.	alle in CH geb.	alle in CH geboren	Kind und ein Elternteil in CH geb.	alle in CH geb.	alle in CH geb.	alle in CH geb.
Wohnort: soziokulturelles Milieu	vorstädtisch	vorstädtisch	ländlich	ländlich	städtisch	städtisch	vorstädtisch	vorstädtisch	vorstädtisch	vorstädtisch	vorstädtisch	vorstädtisch	städtisch	städtisch	ländlich	ländlich	ländlich	ländlich	ländlich	ländlich

4.3 Ökonomische, kulturelle und soziale Ressourcen …

Tabelle 4.4 Charakteristika des Kindes

ID	D11	D12	E11	E12	H11	H12	M11	M12	R11	R12	S11	S12	V11	V12	Z11	Z12	Z21	Z22	Z31	Z32
Kürzel in Transkripten	K01	K02	K03	K04	K05	K06	K07	K08	K09	K10	K11	K12	K13	K14	K15	K16	K17	K18	K19	K20
Geschlecht	Mädchen	Junge	Junge	Mädchen	Mädchen	Junge	Junge	Junge	Mädchen	Mädchen	Junge	Junge	Junge	Junge	Mädchen	Mädchen	Mädchen	Mädchen	Junge	Mädchen
Alter zu Studienbeginn (11.2008)	11;8	11;10	12;3	12;4	12;4	12;1	12;4	12;3	11;9	11;1	12;3	12;4	12;1	12;3	11;9	12;1	11;8	11;11	12;3	12;5
Anzahl Geschwister	1	1	1	1	1	2	4	0	0	1	1	1	2	1	2	1	1	1	1	2
Anz. ältere Geschwister	1	1	1	0	0	0	3	0	0	1	0	0	1	0	2	1	1	1	1	2
Noten in Mathematik	3.5	4.5	4.5	5.0	4.5	4.0	4.0	4.0	4.0	3.5	4.5	4.0	5.0	4.5	3.5	3.5	4.5	4.5	4.5	4.0
Noten in Deutsch	4.5	4.5	4.5	4.5	4.5	4.5	4.0	4.0	4.5	4.5	4.5	4.5	4.5	4.0	4.5	4.0	4.5	4.5	4.5	4.0
lernbeeinträchtigende körperliche Merkmale	ADS – ohne Medikation							chronische Gelenkschmerzen				leichte Legasthenie	ADS – mit Medikation	leichte Legasthenie						

Tabelle 4.5 Generelle bildungsbezogene oder spezifisch kindbezogene Überzeugungen der teilnehmenden Elternteile

ID	D11	D12	E11	E12	H11	H12	M11	M12	R11	R12	S11	S12	V11	V12	Z11	Z12	Z21	Z22	Z31	Z32
Veränderbarkeit Begabung in Mathematik (1=überhaupt nicht, 4=stimmt genau)	2.50*	2.50	2.75	3.00*	2.50*	2.75	2.75*	2.50*	2.75	3.25	2.25	3.00	2.25	2.75	3.50	3.00*	2.25	4.00*	2.00	3.00*
Kompensierbarkeit geringer Begabung in Mathematik durch Anstrengung (1=überhaupt nicht, 4=stimmt genau)	1.50*	1.75	2.25	3.25*	2.75*	2.25	2.50*	2.00*	1.75	2.00	2.00	2.50	2.50	2.25	2.75	2.50*	2.75	2.25*	2.00	2.25*
Wahrgenommener wert- und kontrollbezogener Regulationsbedarf (1=tief, 2=eher tief, 3=eher hoch, 4=hoch)	4	4	4	4	4	3	2	2	4	2	2	4	2	4	4	3	2	4	2	3

* Fragebogen von beiden Elternteilen des Kindes gemeinsam ausgefüllt

4.3 Ökonomische, kulturelle und soziale Ressourcen ...

Schweizerdeutsch als Muttersprache an, die Mütter D11, S11, H11, R11 und Z11 sowie der Vater M11 wiesen eine andere Erstsprache auf. Auch diese Elternteile fühlten sich des Deutschen oder Schweizerdeutschen so mächtig, dass sie an den Interviews ohne Übersetzer*in teilnehmen konnten.

Alle Mütter gaben im studieninternen Fragebogen mindestens als zweite Berufsbezeichnung «Hausfrau (und Mutter)» an. Wie Tabelle 4.1 verdeutlicht, geht lediglich die Mutter R12 zum Zeitpunkt der Befragung keiner außerhäuslichen beruflichen Tätigkeit nach, sondern war auf Stellensuche. Mutter D12 war während der Erhebungszeit mit einer Weiterbildung beschäftigt, die unter der Woche mit täglichen Präsenzzeiten in einem Institut verbunden war. Die drei Mütter D11, Z12 und Z31 besaßen je eine eigene kleine Firma ohne Angestellte im Körperpflege- oder Therapiebereich. Bei den drei teilnehmenden Vätern war M11 zum Erhebungszeitpunkt auf Stellensuche, V11 beruflich selbständig und Z22 leitete ein Team von zehn Mitarbeitenden. Mit Ausnahme des Vaters V12 (landwirtschaftlicher Sektor), arbeiteten alle im Dienstleistungssektor: als Pfleger*in, Therapeut*in oder medizinische(r) Praxisassistent*in, als Kellner*in, als Friseur*in, als Sachbearbeitende, als Produktionsassistent*in, als Techniker*in, als Verkäufer*in oder Verkaufsberater*in, als Katechet*in oder Sozialarbeiter*in. Die vier Elternteile S12, V12, Z12 und Z22 arbeiteten in einem Vollzeit-Pensum, die anderen berufstätigen Elternteile gingen wöchentlich zwischen 4 und 30 Stunden einer außerhäuslichen Beschäftigung nach (M = 21.8 Stunden, SD = 13.9 Stunden). Insgesamt waren elf der 20 teilnehmenden Elternteile unter 20 Stunden außerhäuslich beschäftigt, was in der Schweiz üblicherweise einer Teilzeitbeschäftigung mit einem Arbeitspensum von weniger als 50 % entspricht (Elternteile D11, D12, S11, M11, M12, R11, R12, S11, S12, Z31, Z32). Fünf Elternteile (H11, H12, V11, Z11, Z21) waren zwischen 50 und 100 % außerhäuslich beschäftigt.

14 Elternteile hatten eine Berufslehre absolviert, wobei Vater V12 seine Ausbildung mit einer Meisterprüfung abgeschlossen hatte. Die Mütter D11 und V11 hatten ihre berufliche Ausbildung im Rahmen eines Studiums an einer höheren Fachschule bzw. einer Fachhochschule abgeschlossen. Die vier Elternteile S11, H11, M11 und Z32 verfügten über keine formale berufliche Ausbildung, sondern wurden über innerbetriebliche Kurse (Mutter S11) oder on the job angelernt. Wirft man einen Blick auf die Daten zur Schulbildung, so zeigt sich, dass lediglich die beiden Elternteile D11 und V22 in der Sekundarstufe I einen Bildungsgang besucht hatten, der ihnen später Zugang zu einer Hochschule ermöglichte bzw. ermöglicht hätte. V22 hat in der Schweiz das Langgymnasium besucht, welches er mit der Matura abgeschlossen hat. Danach hat er eine Berufslehre sowie besagte Ausbildung zum Meister absolviert. D11 hat in einem westeuropäischen Land einen Schultyp besucht, der nach dem Abschluss den Zugang zur Fachhochschule

ermöglicht. In einer solchen hat sie in ihrem Herkunftsland anschließend eine medizinisch-therapeutische Ausbildung gemacht und abgeschlossen. Neun Elternteile haben eine Sekundarschule mit Grundansprüchen besucht (in Tabelle 4.1 als «Sekundarschule B» oder als «Sek (B) im Herkunftsland» bezeichnet). Es sind dies die Elternteile S12, M11, M12, S12, Z11, Z21, Z22, Z31, Z32). Die neun Elternteile H11, H12, R11, R12, S11, Z12, D12, S11, V11 haben eine Sekundarschule mit erweiterten Ansprüchen (in Tabelle 4.1 als «Sek A» oder als «Sek A im Herkunftsland» bezeichnet) besucht.

Zwei Elternteile bezeichneten sich im studieninternen Fragebogen als «alleinerziehend». Einerseits ist dies die zur Erhebungszeit stellenlose Mutter R12, andererseits die Mutter H12, die während 30 Wochenstunden außerhaus arbeitet und währenddessen ihre drei Kinder von den in der Nachbarschaft lebenden Tageseltern betreuen lässt.

Falls der Partner bzw. die Partnerin ebenfalls im gleichen Haushalt wohnte, haben die teilnehmenden Elternteile im studieninternen Fragebogen auch Auskunft über dessen bzw. deren kulturelle Herkunft sowie bildungsbezogene und berufliche Situation Auskunft gegeben.

Wie Tabelle 4.2 illustriert, ist bei einer fehlenden Angabe (der alleinerziehenden Mutter R12) Schweizerdeutsch bei acht Partnern nicht die Erstsprache: Die Väter S11, S11, S12, V11 und Z21 sprechen eine Sprache südeuropäischen Ursprungs, der von der Familie getrennt lebende Vater H12 wurde in einer südostasiatischen Sprache, die Mutter M11 in einer nahöstlichen Sprache und der Vater R11 in einer anderen mitteleuropäischen Sprache sozialisiert. Damit haben die Eltern in sechs Familien eine unterschiedliche Erstsprache (D11, H11, H12, S11, S12, V11). In vier weiteren Familien sprechen beide Elternteile nicht Schweizerdeutsch als Erstsprache (S11, M11, R11, Z21). Mit Ausnahme der Familie M11, in der nur die Erstsprache der Eltern gesprochen wird, kommunizieren die Eltern in allen Familien sowohl in der Erstsprache als auch in Deutsch bzw. Schweizerdeutsch mit ihren Kindern.

Von den Partnerinnen und Partnern waren zum Erhebungszeitpunkt lediglich der Vater R11 stellenlos und meist zuhause. Als Hausfrauen ohne Zweitstelle waren auch die beiden Mütter M11 und Z22 zuhause anwesend. Die übrigen Partnerinnen und Partner waren fast ausnahmslos in Vollzeitpensen außerhaus tätig: Die Mutter V12 im land- und forstwirtschaftlichen Sektor, die Väter D11, S12, M12 und Z21 im industriellen und handwerklichen Wirtschaftssektor, die beiden Väter D12 und Z12 im Staatsdienst und die neun Väter S12, H11, H12, S11, S12, V11, Z11, Z31 und Z32 im Dienstleistungssektor. Konkret waren die Partnerinnen und Partner als Sacharbeiter*in, Projektleiter*in, als Polizist*in, Fluglotse/Fluglotsin, Gebäudereiniger*in, Werbetexter*in, Informatiker*in, Auto-

4.3 Ökonomische, kulturelle und soziale Ressourcen ...

oder Feinmechaniker*in, Kaufmann bzw. Kauffrau, Bauer bzw. Bäuerin und Elektriker*in außerhäuslich beschäftigt. Die fünf Väter D11, H12, S11, V11, Z11 besitzen ihre eigene Firma, die Mutter V12 führt mit ihrem Mann zusammen einen Betrieb.

Zehn Partnerinnen und Partner (D11, D12, M12, V11, V12, Z11, Z12, Z22, Z31, Z32) haben eine Berufslehre absolviert. Der Vater D11 hat seine Ausbildung mit einer Meisterprüfung abgeschlossen, die Väter S11, S12, H11 und Z12 verfügen über den Abschluss einer höheren Fachschule, der Vater R11 hat ein Studium an einer Fachhochschule abgeschlossen und der Vater S11 eines an einer Universität in seinem Herkunftsland. Die zwei Väter S12 und Z21, beide mit Migrationshintergrund, haben an firmeninternen Ausbildungsgängen teilgenommen. Über keine berufliche Ausbildung verfügen die Väter H12 und V11, die beide einen eigenen Betrieb führen, sowie die Mutter und Hausfrau M11. Alle drei Personen haben einen Migrationshintergrund. Der insgesamt besseren beruflichen Ausbildung der Partner und Partnerinnen ging bereits eine im Schnitt leicht anspruchsvollere schulische Grundausbildung der mehrheitlich Männer umfassenden Gruppe voraus: Die beiden Väter R11 und V11 haben im Herkunftsland ein Gymnasium besucht, die sechs Väter D11, D12, S11, H11, Z22, Z31 sowie die Mutter V12 haben eine Sekundarschule mit erweiterten Ansprüchen abgeschlossen (in Tabelle 4.2 als «Sek A» bezeichnet). Eine Sekundarschule mit Grundansprüchen haben die acht Väter S12, M12, S12, V11, Z11, Z12, Z21 sowie Z32 absolviert. Der Vater H11 und die Mutter M11 haben in ihrem Herkunftsland lediglich die Grundschule besucht.

Insgesamt gibt es in der Stichprobe somit vier Familien, in denen mindestens ein Elternteil über eine Matura oder einen äquivalenten Abschluss der Sekundarstufe II verfügt: D11, R11, S11 und V12. Die Väter der Familien D11 und V12 weisen zudem eine höhere Fach- oder Berufsausbildung auf. Die Mutter D11, der Vater R11 sowie der Vater S11 haben ein Fachhochschul- oder ein Universitätsstudium abgeschlossen. In neun Familien (D12, S11, H11, H12, R11, V11, Z12, Z22 und Z31) hat mindestens ein Elternteil eine Sekundarschule mit erweiterten Ansprüchen («Sek A») besucht. In sieben Familien (S12, M11, M12, S12, Z11, Z21 und Z32) ist eine Sekundarschule mit Grundansprüchen («Sek B») der höchste Bildungsgang, den die beiden Elternteile im Rahmen ihrer regulären Schulzeit besucht haben. Mit Ausnahme der Familie M11, die aus einem Kriegsgebiet des Nahen Ostens in die Schweiz geflüchtet ist, hat in allen Familien wenigstens ein Elternteil mindestens eine firmeninterne Ausbildung, meist aber eine Berufslehre absolviert.

Tabelle 4.3 illustriert weitere Charakteristiken der teilnehmenden Familien. Deren sozioökonomische Situation wurde bereits im Rahmen der Zürcher Längsschnittstudie (vgl. Angelone et al., 2013; Moser et al., 2011; Moser & Hollenweger, 2008; Moser et al., 2005) über einen Elternfragebogen erhoben. Als Indikator für das ökonomische Kapital der rund 2000 an dieser Studie teilnehmenden Familien wurde die Wohnungsgröße (Anzahl Zimmer ohne Bad und Küche) durch die Anzahl der Mitglieder des Haushalts dividiert. Das kulturelle Kapital wurde über die höchste Schulbildung der beiden Elternteile sowie die Anzahl Bücher im Haushalt ermittelt. Mittels einer z-Transformation wurde aus diesen Indikatoren ein Index gebildet, welcher zur besseren Interpretation entlang der Quartile in gleich große Gruppen unterteilt wurde. Die vier Gruppen beschreiben die Lernvoraussetzungen, welche die Kinder in ihren Familien vorfanden (vgl. Moser & Hollenweger, 2008, S. 132–133). Aus dem Sample der 20 in der vorliegenden Studie im Fokus stehenden Familien finden sich im ersten Quartil, das «sozial benachteiligende Lernvoraussetzungen» beschreibt, die beiden im gleichen Ort wohnhaften Familien M11 und M12. Im zweiten Quartil, demjenigen «sozial eher benachteiligender Lernbedingungen», befinden sich die acht Familien D12, H12, R12, S12, Z12, Z21, Z31 und Z32. Im dritten Quartil, demjenigen «eher privilegierter Lernvoraussetzungen», ordnen sich die sechs Familien S11, S12, H11, V11, Z11 und Z22 ein und im vierten Quartal mit «privilegierten Lernvoraussetzungen» die vier Familien D11, R11, S11, V12. Mit anderen Worten befindet sich die Hälfte der untersuchten Kinder mit Blick auf die bildungsbezogenen Sozialisationsbedingungen in einer günstigen und die andere Hälfte in einer eher ungünstigen Lage.

Die kulturelle Vielfalt, die sich in der sprachlichen Situation in den Familien schon offenbarte, widerspiegelt sich auch in den im studieninternen Fragebogen erhobenen Daten zu Migrationserfahrungen in den Familien. Bei der Hälfte der teilnehmenden Familien sind beide Elternteile und das Kind in der Schweiz geboren (D12, S12, M12, R12, V12, Z11, Z12, Z22, Z31, Z32), bei weiteren acht Familien ist ein Elternteil im Ausland geboren (D11, S11, H11,H12, S11, S12, V11, Z21) und bei zwei Familien sind beide Elternteile und das Kind nach dessen Geburt in die Schweiz eingewandert (M11, R11). Die Familien D11, D12, M11, M12, R11, R12 sowie S11 und S12 leben in steuergünstigen Gemeinden in Stadtnähe, die eine multiethnische Wohnbevölkerung sowie viele z. T. international tätige Dienstleistungsunternehmen aufweisen. Die Familien E11, E12 sowie die Familien Z11, Z12, Z21, Z22, Z31 und Z32 leben dahingegen in eher ländlichen Gemeinden mit einer verhältnismäßig hohen Steuerquote, die in einem größeren Radius um die Stadt Zürich liegen und nebst einem hohen Anteil an kleineren und mittleren Industriebetrieben auch große landwirtschaftlich genutzte Zonen

4.3 Ökonomische, kulturelle und soziale Ressourcen ...

besitzen. Die Familien H11, H12 sowie V11 und V12 leben, wenn auch nicht in unmittelbarer Zentrumsnähe, so doch innerhalb der Grenzen der Stadt Zürich in einem urbanen Umfeld.

Wie Tabelle 4.4 zeigt, waren die Kinder, je zehn Mädchen und zehn Jungen, zu Studienbeginn im Schnitt knapp 12 Jahre alt (M = 144.5 Monate, SD = 4.0 Monate). 13 Kinder (D11, D12, S11, S12, H11, R12, S11, S12, V12, Z12, Z21, Z22 und Z31) hatten ein Geschwister, vier Kinder (H12, V11, Z11 und Z32) hatten zwei Geschwister, der Junge M11 hatte vier Geschwister und die Kinder M12 und R11 waren Einzelkinder. Zwölf Kinder hatten ältere Geschwister, die ihre Erfahrungen mit dem Übertritt in die Sekundarstufe I in die Familie tragen konnten: D11, D12, S11, M11, R12, V11, Z11, Z12, Z21, Z22, Z31 und Z32.

Der Leistungsstand des Kindes in den Hauptfächern Mathematik und Deutsch ist eine Größe, die das schulbezogene Denken und Handeln der Eltern gerade im Kontext des Übertritts stark beeinflussen dürfte (vgl. Abbildung 4.1, ebenso Abschnitt 3.1). In Tabelle 4.4 sind die diesbezüglichen Notenwerte des letzten Zeugnisses vor dem Übertrittsentscheid dargestellt, welches die Kinder Ende Januar 2009 innerhalb der Erhebungszeit erhalten haben (vgl. Abschnitt 6.1). In Mathematik bewegen sich die Zeugnisnoten zwischen 3.5 und 5.0 und liegen im Schnitt etwas über der 4.0 (M = 4.2, SD = 0.5). Ungenügend sind die Kinder D11, R12, Z11 und Z12. Notenwerte von 5.0 weisen die beiden Kinder S12 und V11 auf. Im Fach Deutsch bestehen die Zeugnisnoten der 20 Kinder entweder aus einer 4.0 (bei den Kindern M11, M12, V12, Z12 und Z32) oder einer 4.5 (übrige 15 Kinder) (M = 4.4, SD = 0.2)[10].

Körperliche Merkmale des Kindes, die sich direkt lernhinderlich oder solche die sich wegen den damit verbundenen Schmerzen indirekt leistungsschwächend auswirken, dürften weitere Faktoren sein, die die kindspezifischen Überzeugungen der Eltern sowie ihr Unterstützungshandeln unmittelbar beeinflussen (vgl. Abbildung 4.1). In den Interviews G1 und G2 (vgl. Abschnitt 6.1) thematisierten

---

[10]Die später der Abteilung B zugeteilten acht Kinder erreichten in diesem Halbjahreszeugnis folgende Noten in *Mathematik und Deutsch*: D11 *(3.5, 4.5)*, M11 *(4.0, 4.0)*, M12 *(4.0, 4.0)*, R12 *(3.5, 4.5)*, S12 *(4.0, 4.5)*, V12 *(4.5, 4.0)*, Z12 *(3.5, 4.0)*, Z32 *(4.0, 4.0)*. Deutlich wird bei der Stichprobe der 20 Kinder, dass bei einem Summenwert der Mathematik- und Deutschnote von 9.0 und mehr die Klassenlehrkraft klar für eine Zuteilung zur Abteilung A und bei einem Summenwert unter 8.0 klar für eine Zuteilung zur Abteilung B plädierte. Kinder, die den Summenwert 8.0 aufwiesen, wurden von ihnen ebenfalls der Abteilung B zugeteilt, allerdings erreichten es die Eltern Z11, dass die betreffende Lehrkraft auf ihren Entscheid zurückkam und einer Zuteilung zur Abteilung A zustimmte. Zwei der drei Kinder mit dem Summenwert 8.5 (S12 und V12) wurden der Abteilung B zugeteilt und wurden in der 7. Klasse in die Abteilung A «aufgestuft», das dritte Kind, der Junge H12, wurde der Abteilung A zugeteilt und in der siebten Klasse dann in die Abteilung B «abgestuft» (vgl. Abschnitt 3.3).

fünf Elternteile solche lernbeeinträchtigenden körperlichen Merkmale ihres Kindes, die zum Zeitpunkt des Übertrittsverfahrens gemäß ihren Aussagen allerdings in unterschiedlichem Maß virulent waren. Die Mutter D11 berichtet im Interview G1 ausführlich über die ADS-Problematik ihrer Tochter und die Anzeichen von Schulverweigerung, die ihre Tochter in den vorangegangenen Jahren gezeigt hatte:

D11: Unsere Tochter ist ein ADS-Kind. Das wurde eigentlich erst in ihrem 9. Lebensjahr nachgewiesen. Wir haben eigentlich immer gewusst, dass etwas nicht in Ordnung ist. Sie hat ein ADS mit einer sehr großen sozialen Komponente, das heißt, dass sie sich in großen Gruppen sehr schlecht bewegen kann. Und wir wissen das seit dem Ende ihres 9. Lebensjahres, das ist noch nicht so wahnsinnig lange. Und dann ist sie noch in der Schule in eine ganz unruhige Gruppe gekommen, was natürlich ihr Lernverhalten enorm beeinträchtigt. Und seit sie zehn Jahre alt ist, haben wir eine Psychologin, die sie betreut. Und schulisch wird sie eigentlich auch erst im Notfall Betreuung bekommen. Sie hat mehr IF-Stunden [IF = Individuelle Förderung] gehabt. [...]
Und sonst, kann es für K01 von der einen zur anderen Stunde sehr verschieden aussehen. Sie kann wochenlang mit Freude in die Schule gehen und dann nach Hause kommen und sagen: «Ich gehe da nicht mehr hin!».
I: Was ist denn der Grund, wenn so was passiert? 00:18:01–8
D11: Sie hat einen menschlichen Konflikt, wenn sie dann manchmal doch wieder aus der Gruppe gestoßen wird, was sie dann trotzdem trifft. Oder dass sie etwas versucht hat, das misslingt. Dass sie denkt, sie kann mitmachen, und dann rausgeworfen wird. Enttäuschungsreaktion. Aber es ist auch schon mal vorgekommen, dass die Lehrerin die Ursache war, dass sie ihr etwas vorgeworfen hat, vielleicht etwas unüberlegt, und K01 das sehr persönlich auffasst. Und sie ist dann tatsächlich kaum in die Schule zu bekommen, bis es sich wieder etwas gelegt hat.
I: Und was heißt das, wie muss ich mir das vorstellen, dass sie kaum mehr in die Schule zu bringen ist?
D11: Dass sie dann nach Hause kommt und nicht mehr wegwill. 00:18:41–8
I: Und Sie müssen sie dann am nächsten Tag überreden oder- 00:18:47–4
D11: Nein, so dass ich sie beinahe mit Gewalt unter den Arm nehmen und sagen muss: «Das ist nicht der richtige Weg, zu fliehen!» Und sie ist schon ein bisschen ein Fluchttier. Das haben wir in der Schule mittlerweile geregelt. Weil das war letztes Jahr- sie war zweimal einfach verschwunden. Und sie findet hier in der Umgebung zum Glück immer Unterschlupf. Ich bin nämlich auch zum Teil berufstätig und nicht immer zu Hause. Unsere Kinder haben keine Schlüssel, weil ich das nicht eine gute Lösung finde. Und sie ist dann zweimal bei einer Nachbarin aufgekreuzt. Dieses Jahr ist sie tatsächlich auch einmal am Morgen um elf Uhr- nein nach der Zehn-Uhr-Pause nach Hause geflüchtet und hat niemanden zu Hause vorgefunden. Zum Glück hat sie zu einer Nachbarin nach Hause gefunden und eine Stunde später bin ich dann auch nach Hause gekommen. Und sie hat mich dann auch angerufen. Da wollte sie dann nach dem Mittag überhaupt nicht mehr zur Schule gehen. Da musste ich tatsächlich durchgreifen (lacht), aber mit einem Kind, das fast schon so groß ist wie du selbst, ist es schwierig. Danach haben wir dann ein Schulgespräch gehabt und nun hat sie Fluchtpersonen, das heißt, dass sie zur Schulleiterin oder zum Schulsozialarbeiter kann. [...] (Interview G1, 00:21:00)

4.3 Ökonomische, kulturelle und soziale Ressourcen ...

Die Mutter M12 berichtet von den gelegentlich auftauchenden entzündlichen Gelenkschmerzen ihres Sohnes, die von einer Juvenilen idiopathischen Arthritis herrühren und mit großen Schmerzen verbunden sind:

> M12: Im Moment läuft es wieder recht gut, ich bin sehr erstaunt, also, also unser Sohn hat ja eine leichte Form von Arthritis und das hat ihn vor dem letzten Jahr, da hat er ganz starke Schübe gehabt und dann ist es in der Schule recht runtergegangen. Er hat dann viel verpasst, bis wir es dann endlich kapiert haben- weil sie haben immer gesagt, das seien Wachstumsstörungen und- bis ich dann selber mal gefunden habe, jetzt ist fertig. Dann sind wir ins Kinderspital gefahren und dann ist es also recht – er ist sehr ein guter Schüler gewesen, ein bombastischer Schüler. Von da an ist es abwärts gegangen, und jetzt kommt es wieder, jetzt macht er gute Noten, jetzt auf einmal hat er wieder wie den Knopf aufgemacht, jetzt wissen wir auch mit dieser ganzen Krankheitsgeschichte oder- ja, jetzt leben wir einfach damit, nicht wahr.
> I: Also es hat sich nicht verändert, jetzt geht es ihm einfach sonst in der Schule besser, obwohl die Arthritis immer noch da ist?
> M12: Ja, das ist natürlich schon da oder, es geht natürlich nicht, es geht wahrscheinlich nie weg, nicht wahr. [...] (Interview G1, 00:10:24)

Die Mutter S12 berichtet von der diagnostizierten Lese-Rechtschreibstörung ihres Sohnes. Sie meint allerdings, dass diese zum Zeitpunkt des Übertritts kaum mehr handlungshinderlich sei. Der Ausschnitt stammt aus dem Interview G2, zum Zeitpunkt als klar war, dass ihr Sohn in die Abteilung B eingeteilt wird:

> Als ein Thema war, das war in der zweiten Klasse, als man uns sagte, dass wir unseren Sohn abklären lassen müssten wegen Legasthenie – Ende zweite Klasse war das, glaube ich, oder dritte sogar. Dann sind wir zum Schulpsychologischen Dienst gegangen und haben das abklären lassen, und dann hieß es, ja er hätte Legasthenie. Und jetzt habe ich aber eher das Gefühl – also wenn ich jetzt sein Deutsch anschaue, dann denke ich mir nicht, dass er Legasthenie hat. Weil ich Legasthenie habe und deshalb weiß – also mit den «ie» oder «eu» und solche Sachen – da hat er überhaupt keine Mühe mehr. Und dann haben sie uns auch so: «Ja, klärt das ab, macht» – das Größte war dann eben noch, dass sie uns gesagt haben, wir müssten uns selber anmelden, und dann habe ich das gemacht, und dann hieß es dort, nein, nein, das müsste von der Lehrerin aus kommen. Da habe ich auch gedacht, also da wird einem etwas an den Kopf geworfen, und dabei wissen die nicht einmal, wie das funktioniert. Das hat mich sehr gestört, und jetzt im Nachhinein – Wir haben das dann auch seiner jetzigen Klassenlehrerin gesagt, eben dass er Legasthenie hätte, und [...], und ich habe jetzt – gerade im Deutsch, wenn ich jeweils seine Rechtschreibung anschaue – sicher macht er auch Fehler, aber also ich habe nicht das Gefühl, dass das Legasthenie ist. (Interview G2, 00:26:34)

Die Mutter V11 berichtet im Interview G2 von der ADS-Diagnose ihres Sohnes, die bereits einige Monate vor Beginn des Übertrittsverfahrens erfolgt war und seither mit einer Medikation einherging. Die Mutter bringt zum Ausdruck, dass sich dadurch die schulische Situation ihres Sohnes – auch leistungsmäßig – seither stark gebessert habe:

> V11: Es gab mal eine Phase, aber das ist jetzt weniger auf die jetzige Klassenlehrerin bezogen, bevor wir herausfanden, warum unser Sohn in der Schule Mühe hat, stand er oft als der da- er hat ja immer alles vergessen. Er hat doch, ich weiß nicht wie viele Turnsäcke und Badesäcke ich irgendwie wieder neu besorgen musste, weil es nicht mehr zurückkam. Und so hatte er auch umgekehrt, wenn er Sachen nicht nach Hause gebracht hat, hat wieder das gefehlt, als Aufgaben wieder das Buch und das- und ständig sind wir den Sachen nachgerannt. Überall, nicht die Lehrerin, aber vom Hort und er hatte so einen Förderlehrer, überall wurde zurückgemeldet «K13 du musst besser schauen, besser studieren, du musst dich konzentrieren» und ich sagte ihm am Morgen Dinge, er ging da raus und bis er oben war, hatte er es schon vergessen. Es ist nicht, weil es ihn nicht interessiert. Er hat es vergessen! Und alle sagten immer, «jetzt musst du doch, wir haben dir doch gesagt» und so. Ich wusste immer, so unterschwellig, eigentlich, er macht's nicht extra. Es ist nicht aus Mamaliebe, dass ich alles schön- ich wusste immer, er kann nichts dafür. Und es ist ja eigentlich auch, seit er die Diagnose ADS hat und Ritalin nimmt, hat es sich aufgelöst in Minne. Es ist nichts mehr davon da. Und das ärgert mich manchmal auch, wenn diese Kinder einfach so einen negativen Stempel aufgedrückt bekommen.
> I: Seit wann nimmt er das Ritalin? Seit wann ist er abgeklärt?
> V11: So in der 4. Klasse haben wir es abgeklärt. Vielleicht so zu Beginn der 5. Klasse nimmt er Ritalin.
> I: Und da hat sich das gebessert?
> V11: Ja. Die schulischen Leistungen und alles. Hat sich enorm gebessert. (Interview G2, 00:17:22)

Der Junge V12 besucht zum Zeitpunkt der Erhebungen Therapiestunden in seiner Schule, um seine Lese-Rechtschreibstörung zu bearbeiten. Sein Vater berichtet im Interview G1 kurz davon:

> I: Haben Sie auch schon Nachhilfe in Anspruch genommen für Ihren Sohn?
> V12: Nein in dem Sinne für Hausaufgaben nicht. Er ist einmal, anfänglich in der ersten Klasse, war er in der Logopädie, aber- nein, doch,. Er hat immer noch- wir haben so einen leisen Verdacht, so für, er hat teilweise Mühe Wörter zu erfassen- jetzt fällt mir gerade das Wort nicht ein. Mit dem Deutsch (I: Legasthenie). Legasthenie, genau. Er hat jetzt so eine Speziallehrerin. Bei der ist er eine Stunde pro Woche, und die mit Absprache mit der Klassenlehrerin, glaube ich, so ein wenig probiert, seine Schwierigkeiten ein bisschen auszubügeln. (Interview G1, 00:34:52)

Zum Abschluss dieser Übersicht über die Ressourcenlage der 20 teilnehmenden Familien soll im Folgenden schließlich noch den subjektiven Theorien der Elternteile zur Veränderbarkeit intellektueller Fähigkeiten sowie ihrer Wahrnehmung des Bedarfs an Wert-und Kontrollregulation bei ihrem Kind größeres Augenmerk

4.3 Ökonomische, kulturelle und soziale Ressourcen ...

geschenkt werden, insofern als diesen Aspekten für den Untersuchungsgegenstand der vorliegenden Arbeit eine besondere Bedeutung zukommen dürfte. Wie in Abschnitt 4.2.1.2 dargestellt, kann davon ausgegangen werden, dass die diesbezüglichen Überzeugungen der Eltern nicht nur deren Zieltendenzen beeinflusst – ein entity mindset geht mit einer performance goal-orientation und ein incremental mindset mit einer mastery goal-orientation und entsprechenden selbst- und kindbezogenen Handlungsweisen einher –, sondern auch die Basis für Begründungen dafür bilden, mit denen sie sich und ihren Kindern gegenüber dessen Erfolge und insbesondere Misserfolge erklären. Wie Hong et al. (1999) zeigen konnten, attribuieren Individuen mit einer Veränderbarkeitstheorie Misserfolge mit erhöhter Wahrscheinlichkeit auf unzureichende Strategien, noch lückenhaftes Fachwissen oder fehlende Anstrengung, während Individuen mit einer Stabilitätstheorie Misserfolge auf fehlende Fähigkeit, Talent oder Begabung zurückführen.

Im Rahmen des quantitativen Projektteils der TRANSITION-Studie wurden in der ersten Erhebungswelle (entspricht dem Zeitpunkt G1 der Leitfadeninterviews im Herbst 2008) mittels mehrerer Fragebogenitems u. a. auch die impliziten Intelligenztheorien der Elternteile erhoben. Wie in Tabelle 4.5 ersichtlich ist, ließen sich daraus zwei Skalen bilden, die unterschiedliche Dimensionen des Konstrukts zum Ausdruck bringen. Die erste, «Veränderbarkeit von Begabung in Mathematik» (Cronbach's $\alpha = 0.73$, M = 2.64, SD = 0.54, theoretischer Range: 1 = «stimmt überhaupt nicht» bis 4 = «stimmt genau») (vgl. Dinkelmann et al., 2013, S. 64–65), bildete ab, in welchem Ausmaß die befragten 457 Eltern glaubten, dass sich Begabung in Mathematik durch Wissenszuwachs bzw. geeignete didaktische Maßnahmen und Lernen verändern lasse[11]. Die zweite Skala, «Kompensierbarkeit geringer Begabung in Mathematik» (Cronbach's $\alpha = 0.73$, M = 2.20, SD = 0.57, theoretischer Range: 1 = «stimmt überhaupt nicht» bis 4 = «stimmt genau») (vgl. Dinkelmann et al., 2013, S. 66–67), erfasste dahingegen, inwiefern die befragten Eltern glaubten, dass Schülerinnen und Schüler durch ein erhöhtes persönliches Engagement bzw. willentliche Anstrengung und genügenden Einsatz ihre geringe Begabung im Fach Mathematik wettmachen könnten. Die diesbezüglichen Werte der 20 Elternteile, die in acht Fällen den Fragebogen gemeinsam mit ihren Partner*innen ausgefüllt hatten, zeigen, dass die fünf Elternteile D11, D12, M12, S11 und Z31 der Meinung waren, dass Begabung – zumindest für Mathematik, die von vielen mit der Fähigkeit zum logischen

---

[11] Wortlaut der vier Items: «Durch geeignete Maßnahmen lässt sich die Begabung für Mathematik beeinflussen», «Begabung für Mathematik ist nichts Fixes, sondern kann sich verändern» «Man kann zwar neue Dinge lernen, aber die Begabung für Mathematik verändert sich dadurch nicht wirklich» (umgepolt) sowie «Begabung für Mathematik ist etwas, das kaum verändert werden kann» (umgepolt) (Dinkelmann et al., 2013, S. 64).

Denken assoziiert wird – weder durch Wissensvermittlung und Lernen noch durch willentliche Anstrengung veränderbar sei. Deutlich überdurchschnittlich vertreten vor allem die vier Mütter D11 und Z31 sowie D11 und S11 eine diesbezügliche Stabilitätstheorie. Die Mutter M12 weicht nur leicht von der durchschnittlichen Meinungsausprägung ab. Zehn Elternteile geben dahingegen eine Veränderbarkeitstheorie zu erkennen: S11, S12, H12, M12, S12, V12, Z11, Z12, Z22 und Z32. Besonders ausgeprägt tritt ein solcherlei incremental mindset bei der Mutter S12 und dem Vater V12 auf. Der Vater Z22 hat bei den Items der ersten Skala, die auf Veränderung durch Wissensvermittlung und Lernen abhebt, sogar durchgängig mit der höchsten Ausprägung geantwortet. Bezüglich der Aussagen der zweiten Skala, die Kompensation durch volitionale Prozesse beim Kind betont, ist er aber wie fast alle Elternteile deutlich skeptischer bzw. durchschnittlicher in seiner Meinung. Lediglich die Elternteile S12, H11, V11 und Z21 sind stärker der Überzeugung, dass geringe mathematische Begabung durch eine größere Anstrengung des Kindes kompensiert werden könne als dass Begabung durch Wissenszuwachs veränderbar sei. Deutlich umgekehrter Meinung sind die beiden Mütter R11 und R12.

Im Zuge der höher-inferenten Ratings, die im vorliegenden Forschungsprojekt für mehrere Aspekte des Motivierungshandelns der individuellen Elternteile vorgenommen wurden («Analyseschritt C», vgl. Abschnitt 6.4.3) für eine ausführliche Erläuterung), beurteilten jeweils drei Rater*innen unabhängig voneinander auf der Basis der Originaläußerungen mit Hilfe einer vierstufigen Einschätzungsskala[12] den von den Elternteilen gegenüber der interviewenden Person ausgedrückten Bedarf an Fremdregulation, den sie bei ihrem Kind mit Blick

---

[12] Die Codieranweisungen lauteten folgendermaßen:

Elterliche Wahrnehmung des wert- und kontrollbezogenen Regulationsbedarfs beim Kind: Aussagen in den extrahierten Wert- und Kontrollepisoden werden mit Blick auf explizite Einschätzungen oder aber aufgrund sprachlicher Indikatoren durch Inferenz codiert: 1 = geringer Bedarf, wenn der Elternteil zum Ausdruck bringt, dass seine Regulation selten oder eigentlich nicht mehr notwendig sei (Indikatoren: «ganz selten», «kaum mehr», «eigentlich nicht mehr» etc.); 2 = eher geringer Bedarf, wenn der Elternteil zum Ausdruck bringt, dass seine Regulation manchmal notwendig sei (Indikatoren: «hin und wieder», «was wir selten noch haben» etc.); 3 = eher hoher Bedarf, wenn der Elternteil zum Ausdruck bringt, dass seine Regulation immer mal wieder notwendig sei (Indikatoren: «das Thema, das einfach immer wieder kommt», «hin und wieder muss man ihm schon sagen, ...» etc.); 4 = hoher Bedarf, wenn der Elternteil zum Ausdruck bringt, dass seine Regulation immer wieder sehr notwendig sei (Indikatoren: «das Thema, das einfach immer da ist», «ich muss ihr nochmals und nochmals sagen, ...» etc.). Interrater-Übereinstimmung bei 16 eingeschätzten Fällen: *Fleiss' κ = 0.75.*

4.3 Ökonomische, kulturelle und soziale Ressourcen ...

auf dessen Wert- und Kontrollüberzeugungen wahrnahmen. Wie sich zeigte (vgl. Tabelle 4.5), brachten die zehn Elternteile D11, D12, E11, E12, H11, R11, S12, V12, Z11 und Z22 (50 % overall) zum Ausdruck, dass bei ihrem Kind ein hoher Bedarf (4) an schulbezogenen Wert- und Kontrollregulationen notwendig sei. Die drei Elternteile H12, Z12 und Z32 (15.0 % overall) bekundeten einen eher hohen Bedarf (3). Ein eher geringer Bedarf (2) an solchen Interventionen wurde sodann von den sieben Elternteilen M11, M12, R12, S11, V11, Z21 sowie Z31 (35.0 % overall) beim eigenen Kind wahrgenommen.

Das abschließende Kapitel des Theorieteils richtet den Fokus nun auf das verbale Motivierungshandeln von Eltern und dessen Gelingensbedingungen. Gemäß erwartungswert-theoretischer Konzeptionen ergeben sich motivationale Zustände in einer Lern- und Leistungssituation aus dem Zusammenspiel der subjektiven Einschätzung eigener Kontrolle (bzw. der Erfolgserwartung) und des Wertes, welchen man der betreffenden Aktivität zuschreibt. Wollen Eltern ihr Kind verbal motivieren, sind sie dazu angehalten, mittels kontroll- und wertbezogener Appelle günstig auf diesen Einschätzungsprozess einzuwirken. Das Kapitel erörtert die Genese von Kontroll- und Wertkognitionen, deren Zusammenspiel und Auswirkungen auf das Lernen und Leisten von Kindern sowie die Effekte, die verschiedene Arten evaluativer Feedbacks (verbale Kontrollregulationen) und Bedeutsamkeitszuschreibungen (verbale Wertregulationen) der Eltern auf diese Prozesse haben dürften.

Open Access Dieses Kapitel wird unter der Creative Commons Namensnennung 4.0 International Lizenz (http://creativecommons.org/licenses/by/4.0/deed.de) veröffentlicht, welche die Nutzung, Vervielfältigung, Bearbeitung, Verbreitung und Wiedergabe in jeglichem Medium und Format erlaubt, sofern Sie den/die ursprünglichen Autor(en) und die Quelle ordnungsgemäß nennen, einen Link zur Creative Commons Lizenz beifügen und angeben, ob Änderungen vorgenommen wurden.

Die in diesem Kapitel enthaltenen Bilder und sonstiges Drittmaterial unterliegen ebenfalls der genannten Creative Commons Lizenz, sofern sich aus der Abbildungslegende nichts anderes ergibt. Sofern das betreffende Material nicht unter der genannten Creative Commons Lizenz steht und die betreffende Handlung nicht nach gesetzlichen Vorschriften erlaubt ist, ist für die oben aufgeführten Weiterverwendungen des Materials die Einwilligung des jeweiligen Rechteinhabers einzuholen.

Elterliche Kontroll- und Wertregulationen und die Lernmotivation des Kindes

5

I: [...] Was muss ich mir darunter vorstellen, wenn Sie sagen, es gehöre zu Ihrer Rolle, Ihrer Tochter «den Weg zu zeigen»?
H11: Ja. Einfach-. Seit sie klein war-. Während sie aufwächst, musst du [ihr] zeigen, wie man die Dinge macht und wie sie ist oder wie man das sehen muss. Und nachher-. Es wird immer anspruchsvoller im Leben, oder-. Sie muss sich [dauernd] entscheiden. [...] Ja, und wir Eltern zeigen den Weg: «Du gehst in die Schule und jetzt machst du dein Leben». Und: «K05, du musst in die Schule gehen. Weil [...] später machst du es so und so. Und es kommt darauf an, was du später werden möchtest, also musst du jetzt schon [damit] anfangen». Ja. Schauen, dass sie-. Mehr oder weniger den richtigen Weg wählt. Nicht einfach auf der Straße sitzt und die ganze Zeit nichts macht. [...] (Interview G2, 00:10:22)

Motivationstheorien widmen sich der Frage, warum Menschen (und Tiere) sich so verhalten, wie sie es tun (vgl. Graham & Weiner, 2012, S. 367; Wigfield, Muenks & Rosenzweig, 2015, S. 9). Pintrich (2003, S. 669) meint, dass sich diesbezügliche Konzeptionen vor allem mit zwei Aspekten beschäftigen würden, nämlich damit, «what gets individuals moving (energization) and toward what activities or tasks (direction [...])». Motivationstheorien erläutern demnach, wie die Energetisierung des Individuums – das, was es in einer bestimmten Situation zum Tun und Handeln bewegt und antreibt (lat. movere) – zustande kommt, und warum es sich dabei auf bestimmte Ziele, unter mehreren möglichen, ausrichtet. Schunk et al. (2014, S. 5) definieren Motivation ferner als «the process whereby goal-directed activities are instigated and sustained» und weisen damit darauf hin, dass Motivationstheorien heute nicht nur die Genese von zielgerichteten Aktivitäten erklären, sondern auch, unter welchen Umständen diese aufrechterhalten und schließlich beendet werden. Indem es innere kognitive und affektive Prozesse beschreibt, ist

© Der/die Autor(en) 2021
E. Steiner, *Schulbezogene Motivierungspraktiken von Eltern*,
https://doi.org/10.1007/978-3-658-33062-0_5

Motivation ein genuin hypothetisches Konstrukt (vgl. Möller, 2008, S. 263). Motivationale Zustände und Prozesse müssen denn auch von außen über kognitions- und affektbezogene Aussagen von Menschen oder über die Beobachtungen der Intensität und der Persistenz des Engagements, das sie in ihren Aktivitäten an den Tag legen, erschlossen werden (vgl. Wigfield, Eccles, et al., 2015, S. 1).

Wie kommen Energetisierung und Zielausrichtung zustande? Seit Beginn des letzten Jahrhunderts suchen Motivationstheorien Antworten auf diese Frage, indem sie die Wechselbeziehung zwischen irgendwie gearteten inneren personalen Faktoren und äußeren Merkmalen der Situation zu konzipieren versuchen.

Bevor Motivationstheorien erörtert werden, die im Zuge der kognitiven Wende entstanden sind und auf erfahrungsbasierten Überzeugungen und Situationswahrnehmungen als den zentralen inneren Faktoren der Motivationsgenese abheben, stehen im folgenden Abschnitt die Konstrukte Bedürfnisse und Motive im Zentrum. Die beiden dispositionalen Konstrukte waren während Jahrzehnten die maßgeblichen intrapersonalen Größen in der (Leistungs-)Motivationsforschung und gewinnen in den letzten Jahren u. a. im Zuge eines verstärkten Interesses an affektiv-emotionalen Prozessen wieder an Bedeutung (vgl. Pintrich, 2003, S. 670; Wigfield, Eccles, et al., 2015, S. 2). Besondere Aufmerksamkeit wird hierbei John W. Atkinsons motiv-theoretischem Risiko-Wahl-Modell (1957) zuteil, welches die Grundlagen für die heutigen erwartungswert-theoretischen Ansätze der Lern- und Leistungsmotivation gelegt hat (vgl. Trautwein et al., 2012, S. 763; Wigfield et al., 2016, S. 55).

5.1 Bedürfnisse, Motive und das Risiko-Wahlmodell von Atkinson (1957)

Bis in die Mitte des letzten Jahrhunderts richtete sich das Interesse der etablierten Motivationsforschung auf tiefliegende, dem Bewusstsein nur begrenzt zugängliche dispositionale Merkmale von Menschen in Form von Trieben und Bedürfnissen zur Erklärung deren zielgerichteten Verhaltens:

> [...] goal-directed behavior is [seen as] a joint product of the individual's internal need ([e.g.] hunger [...]) and situational incentives ([e.g.] food-related cues) that allow the expression of this need. This also means that individuals with a stronger need become more motivated by the same incentive cue than individuals with a weaker need. (Schultheiss, Strasser, Rösch, Kordik & Graham, 2012, S. 650)

Die jeweils aktuelle Motivation resultiert demnach aus der Aktivierung von Bedürfnissen sowie Merkmalen der wahrgenommenen Situation (vgl. Rheinberg, 2006, S. 70), wobei diese Bedürfnisse wie im vorliegenden Beispiel dranghaft-primärer Art – auf die Behebung eines physiologischen Mangels ausgerichtet – oder eher sekundärer Art – auf die Entwicklung des Selbst hin orientiert – sein können (vgl. Covington, 1992; Maslow & Murphy, 1954; Vansteenkiste et al., 2008). Grundlegend ist in diesem Zusammenhang die Unterscheidung zwischen Approach und Avoidance: Individuen sind vom Bedürfnis geleitet, Reize, die als angenehm (appetitiv, positiv-valent) empfunden werden, aufzusuchen bzw. den Kontakt zu ihnen zu bewahren, und Reize, die als aversiv (negativ-valent) wahrgenommen werden, zu meiden (vgl. Feltman & Elliot, 2012). An den Begriff des Bedürfnisses schließt sich derjenige des Motivs an. Von Atkinson (1957, S. 360) als «a disposition to strive for a certain kind of satisfaction, as a capacity for satisfaction in the attainment of a certain class of incentives» definiert, bezeichnen Motive stabile affektive, perzeptive und evaluative Präferenzen eines Individuums (vgl. Rothermund & Eder, 2011, S. 91) für bestimmte situationale Anreize bzw. für spezifische Typen von Handlungssituationen (vgl. Rheinberg, 2006, S. 62). Motive sind genuin bereichsübergreifende und implizite Konstrukte, deren individuelle Charakteristika sich in der frühen Kindheit ausprägen (vgl. Haase & Heckhausen, 2012, S. 483):

> Motives are implicit in the sense that they are rooted in specialized brain systems developed over evolutionary time spans, operate outside of a person's conscious awareness and therefore have to be assessed indirectly, such as by content coding of verbal material. Such indirect motive measures predict a large array of motivational phenomena, ranging from physiological and neural responses to incentive stimuli, to economic success and political action, but frequently fail to overlap with people's explicit declarations of their motivational needs and goals. (Schultheiss et al., 2012, S. 652)

Von zentraler Bedeutung in Unterricht, Schule und Familie ist neben dem Macht- und dem Anschlussmotiv (vgl. Schmalt & Heckhausen, 2010; Sokolowski & Heckhausen, 2010) namentlich das Leistungsmotiv: Als leistungsmotiviert gilt ein Verhalten dann, wenn sich das Individuum «einem Tüchtigkeitsmaßstab verpflichtet fühlt» (Brunstein & Heckhausen, 2010, S. 145) und ohne direkten äußeren Anstoß Präferenzen für das Aufsuchen kompetenzrelevanter Situationen erkennen lässt[1] (vgl. Conroy, 2017, S. 26; Haase & Heckhausen, 2012, S. 483):

---

[1] Bewertung der eigenen Leistung kann dabei an unterschiedlichen Maßstäben bzw. Bezugsnormen erfolgen (vgl. Klauer & Leutner, 2012, S. 196–197; Rheinberg & Fries, 2018,

Eine Person mit einem stark ausgeprägten Leistungsmotiv nimmt in einer Handlungssituation eher wahr, dass man hier etwas besser oder schlechter machen kann, sie sieht viel häufiger Gelegenheiten, ihre Tüchtigkeit zu erproben und zu steigern und erlebt diese Gelegenheiten auch als anregender und wichtiger, als wenn sie stattdessen ein stark ausgeprägtes Machtmotiv besässe. [...] Das Motiv ist also so etwas wie eine spezifisch eingefärbte Brille, die ganz bestimmte Aspekte von Situationen auffällig macht und als wichtig hervorhebt [...]. (Rheinberg, 2006, S. 62–63)

Wie Atkinson (1957) in seiner für die aktuellen Theorien der Lern- und Leistungsmotivation wegweisenden erwartungs-werttheoretischen Konzeption darlegt, sind mit dem Bemessen der eigenen Tüchtigkeit die beiden Affekte der Hoffnung auf Erfolg («hope of success», S. 366) und der Angst zu scheitern («fear of failure», S. 366) verbunden, die von ihm als integrale Bestandteile des Leistungsmotivs verstanden werden, insofern sie ebenso zeitstabil wie dieses seien und interindividuell jeweils domänenübergreifend einer der beiden Affekte dominiere (vgl. Dresel & Lämmle, 2017, S. 95). So unterscheiden sich laut Atkinson Menschen dispositional darin, in welche Richtung sie sich in Leistungssituationen ausrichten: Erfolgszuversichtliche Menschen («person[s] whose motive to achieve is stronger than [their] motive to avoid failure», S. 368) sind bestrebt, in Leistungssituationen sich dem erwünschten (appetitiven oder positiv-valenten) Zustand anzunähern, der mit Stolz über das Ergebnis («pride in accomplishment», S. 360) verbunden ist, und lassen sich bei der Bearbeitung der Aufgabe von der Hoffnung bzw. Erwartung auf Erfolg leiten:

> An expectancy is a cognitive anticipation, usually aroused by cues in a situation, that performance of some act will be followed by a particular consequence. The strength

---

S. 56–57). Der intraindividuelle Längsschnittvergleich («Bin ich besser geworden?») wird als *persönliche Bezugsnorm*, der interindividuelle Querschnittsvergleich («Wo stehe ich im Vergleich zu andern?») als *soziale Bezugsnorm* und der lernzielbezogene Vergleich («Wo stehe ich in Relation zum angestrebten Handlungsergebnis?») als *sachliche oder kriteriale Bezugsnorm* bezeichnet. Zuerst orientiert an der Erzielung von einfachen Handlungseffekten, dann mit einem zunehmenden Fokus auf die *Aufgabenschwierigkeit* und begleitet von den Emotionen Freude und Frustration, entwickelt sich in der frühen Kindheit das Leistungsmotiv. Mit fortschreitender kognitiver Reifung und aufgrund der Reaktionen von Bezugspersonen werden zunehmend *Kompetenzüberlegungen* angestellt und *Anspruchsniveaus* bei der Aufgabenwahl definiert. Während zunächst das eigene Können im Sinne der persönlichen Bezugsnorm im Zentrum steht, wird das eigene Handeln spätestens mit Eintritt in die Schule auch am sozialen Maßstab bemessen – was sich in den Emotionen Stolz und Scham manifestiert (vgl. Haase & Heckhausen, 2012, S. 484; Holodynski & Oerter, 2008, S. 550–553; Pekrun & Perry, 2014, S. 121). Während für die Entwicklung des Leistungsmotivs von Kindern Belohnungen und Anerkennung wichtig sind, spielen sie für das ausgebildete – als Disposition konzipierte – Leistungsmotiv von Erwachsenen keine Rolle mehr (vgl. Rothermund & Eder, 2011, S. 105).

5.1 Bedürfnisse, Motive und das Risiko-Wahlmodell von Atkinson (1957)

of an expectancy can be represented as the subjective probability of the consequence, given the act. (Atkinson, 1957, S. 360)

Misserfolgsängstliche («person[s] who [are] more strongly disposed to be fearful of failure», S. 369) zeigen in Leistungssituationen eine dispositionale Ausrichtung darauf, den unerwünschten (negativ-valenten) Zustand des Sich-Schämens zu vermeiden, der sich bei einem allfälligen Misserfolg einstellt («shame and humiliation as a consequence of failure», S. 360) und lassen sich bei der Bearbeitung von einer Aufgabe von der damit verbundenen Angst bzw. Erwartung des Scheiterns leiten. Atkinson zufolge ist die in einer Leistungssituation erlebte Motivation das Produkt aus dem Grad der Erfolgserwartung (subjektive Wahrscheinlichkeit, die Aufgabe bewältigen zu können) und dem Grad des subjektiven Erfolgsanreizes, die beide eine gewisse minimale Ausprägung aufweisen müssen. In seinem Modell der Risiko-Wahl postuliert Atkinson nun, dass Menschen bei einer freien Aufgabenwahl eigentlich diejenigen wählen müssten, die ein aus ihrer Sicht mittleres Anspruchsniveau aufwiesen. Anforderungen, die subjektiv als schwierig oder als einfach eingeschätzt würden, motivieren das Individuum nämlich daher nicht zum Handeln, weil im ersteren Fall die Erfolgswahrscheinlichkeit und in letzterem Fall der Anreiz zu gering sei. Er argumentiert, dass Aufgaben, die subjektiv als anforderungsreich, aber nicht als zu schwierig eingeschätzt werden («tasks of intermediate difficulty», S. 363), angesichts der umgekehrten Proportionalität zwischen Anreizwert und Erfolgserwartung eigentlich mit dem maximalen Erfolgsversprechen verbunden seien (vgl. Atkinson, 1957, S. 367). Atkinson betont nun allerdings, dass dies nur für erfolgszuversichtliche Individuen gelte. Misserfolgsängstliche würden die angemessenen Aufgaben mittleren Anforderungsniveaus dahingegen in der Regel meiden und solche wählen, die sie subjektiv als einfach oder aber als schwierig taxierten. Da die Bearbeitung mittelschwieriger, eigentlich sinnvoller Aufgaben die eigene Tüchtigkeit am klarsten transparent macht, wirkten sie für die Betroffenen am bedrohlichsten. Mit der Wahl von einfachen oder von sehr schweren, bis zu einem gewissen Grad spekulativen Aufgaben ließe sich dahingegen die befürchtete Konfrontation mit der eigenen Inkompetenz verhindern, indem sich nämlich im ersteren Fall ein sicherer Erfolg einstelle und im letzteren Fall Rückschlüsse auf die eigene Tüchtigkeit nicht nahelägen (vgl. Atkinson, 1957, S. 366). Wie Brunstein und Heckhausen (2010, S. 163–183) in ihrer detaillierten Zusammenfassung der Befundlage zu Atkinsons Postulaten darlegen, bestätigt sich zwar das abweichende Wahl- und Leistungsverhalten von Misserfolgsängstlichen, doch konnte das von ihm vermutete Motivationsmuster (maximale Motivation bei Aufgaben tiefen und hohen Anforderungsgrades sowie minimale Motivation bei mittlerem Anforderungsgrad) nie zweifelsfrei bestätigt werden. Das Modell als Ganzes fand bezüglich der Aufgabenwahl und der Ausdauer bei der Aufgabenbearbeitung gute Bestätigung. Die Leistungsmenge dürfte demnach von der Motivationsstärke abhängig sein, bezüglich der Leistungsqualität scheint dies allerdings nur sehr bedingt zu gelten, was sich damit erklären lässt, dass hier – wie Atkinson in späteren Arbeiten selber zeigte – neben der Motivation auch das Fach- und Methodenwissen des Individuums eine entscheidende Rolle spielt (vgl. Brunstein & Heckhausen, 2010, S. 181–183). Als grundsätzliche Einschränkungen der Aussagekraft des Modells haben sich aber insbesondere die zwei Aspekte erwiesen, die damit zusammenhängen, dass es sich dabei um eine Theorie handelt, die auf dem Motivkonzept beruht. In einer Leistungssituation ist demnach allein das (implizite) Motiv, die persönliche Tüchtigkeit zu beweisen, maßgeblich – nach dem Motto «je schwieriger, desto attraktiver» (Heckhausen & Heckhausen, 2010, S. 454). Andere Anreize (z. B. Lob, Anerkennung, Tadel), die mit einem Leistungsergebnis verbunden sein können, spielen in diesem Ansatz keine Rolle. Entscheidend sind die Affekte Stolz und Scham (vgl. Rothermund & Eder, 2011, S. 109–110). Wie sich empirisch gezeigt hat, besteht die von Atkinson postulierte negative Korrelation zwischen Erwartung und Wert nur bei diesem spezifischen affektiven Anreiz (Stolz) (vgl. Dresel & Lämmle, 2017, S. 97–98). Beim Vorliegen anderer subjektiver Aufgabenanreize (z. B. situationales Interesse bzw. intrinsischer Wert oder instrumenteller Aufgabenwert) (vgl. Abschnitt 5.5.1) zeigt sich dahingegen konsistent ein positiver Zusammenhang zwischen der Erwartungs- und der Wert-Komponente (z. B. Battle, E. S., 1966; Eccles & Wigfield, 1995; Feather, 1988; Trautwein et al., 2012). Ein zweites Problem ergibt sich aus der Bereichsunabhängigkeit des Konstrukts Leistungsmotiv, auf das sich Atkinsons Theorie stützt. Wie Dresel und Lämmle (2017, S. 96) anmerken, erweisen sich Instrumente, welche die Leistungsmotivation (auch) bereichsspezifisch erheben, regelmäßig als prädiktiver für das tatsächliche Verhalten als solche, die (lediglich) domänenunspezifische diesbezügliche Daten erfassen (vgl. Elbe, Wenhold & Müller, 2015). Dies verweist allgemein darauf, dass die Effekte, die von Bedürfnissen und Motiven auf das leistungsbezogene Handeln ausgehen, über subjektive, auf die Situation bezogene Gedankengänge der Lernenden vermittelt werden (vgl. Pintrich, 2003, S. 670).

5.2 Persönliche Ziele

Mit der kognitiven Wende in der Psychologie ist der «trait approach to motivation» (Graham & Weiner, 2012, S. 370) und der damit verbundene Fokus auf

5.2 Persönliche Ziele

weitgehend unbewusste, domänenunspezifische, stabil den Menschen antreibende Bedürfnisse und Motive als Hauptuntersuchungseinheiten (vgl. Pintrich, 2003, S. 680–681) denn auch abgelöst worden von der sozial-kognitiven Sichtweise (vgl. Bandura, 1986), die das Subjekt in Wechselwirkung mit seiner spezifischen sozialen und kulturellen Umwelt in den Blick nimmt und die Kontext- und Erfahrungsgebundenheit seines Wahrnehmens, Interpretierens und Handelns betont. Diese psychologische Akteurstheorie (vgl. Abschnitt 2.1) portraitiert den Menschen als «self-organizing, proactive, self-regulating, and self-reflecting» (Bandura, 2006, S. 164). In Theorie und Forschung zur Lern- und Leistungsmotivation stehen seither explizite, für Bewusstsein und Sprache zugängliche persönliche Ziele[2] sowie selbst- und aufgabenbezogene Überzeugungen und Situationseinschätzungen im Zentrum, die zur Erklärung von Ausdauer, Engagement und Erfolg beim Kompetenzerwerb in Schule, Unterricht, Elternhaus und Freizeit herangezogen werden (vgl. Wigfield, Eccles, et al., 2015, S. 2).

Schultheiss et al. (2012, S. 653) definieren persönliche Ziele als «subjectively meaningful representations of anticipated end-states delineating what a person wants to achieve, maintain, or avoid in his or her current life situation». Solche Repräsentationen von erwünschten Handlungsfolgen können durch Eltern, Lehrkräfte und andere Bezugspersonen von außen ans Individuum herangetragen, gemeinsam mit anderen in partizipativen Situationen entwickelt (vgl. Abschnitt 2.2.2.3) oder von ihm selber generiert werden (vgl. Locke & Latham, 2006, S. 265), wobei sich besonders in ersterem Fall die Frage stellt, unter welchen Bedingungen diese fremdinitiierten Ziele internalisiert und handlungswirksam werden (vgl. Abschnitt 5.6.2).

Als subjektiv repräsentierte Soll-Werte sind Ziele laut Kleinbeck (2010, S. 285) die eigentlichen «Dreh- und Angelpunkte» der Handlungsregulation, insofern als sie das Individuum in der prädezisionalen Phase (vgl. Rubikon-Modell; Achtziger & Gollwitzer, 2010, S. 311) zu Handlungen anregen und es in der präaktionalen Phase in Richtung des angestrebten Ergebnisses planen und und die nötigen Mittel organisieren lassen. Ebenso dienen sie in den aktionalen und postaktionalen Phasen als Orientierungshilfe, indem sie in Relation zu handlungsbezogenem Feedback (vgl. Abschnitt 5.4) laufend zur Bewertung des bisher Erreichten bzw. zur Erfolgs-Misserfolgseinschätzung herangezogen werden:

> Eine Diskrepanz [zwischen Ergebnissen und Zielen] fordert zur Ursachenforschung heraus und stellt die Weichen für das weitere Vorgehen. Entweder kommt es zu einem

---

[2] Ziele höherer Hierachiestufen werden mitunter auch als «explizite Motive» bezeichnet (vgl. Haase & Heckhausen, 2012, S. 484).

erneuten Zielerreichungsversuch mit verstärktem Einsatz persönlicher Leistungsvoraussetzungen (Steigerung von Anstrengung und Ausdauer) bzw. veränderten Handlungsstrategien oder zur Senkung der Zielhöhe bis hin zur Zielaufgabe. (Kleinbeck, 2010, S. 287)

Ziele können danach unterschieden werden, ob sie das Handlungsergebnis betreffen oder sich auf den Prozess beziehen (Kleinbeck, 2010, S. 289). Ergebnis- bzw. Leistungsziele sind Endpunkte von Handlungen (z. B. das Ziel, «den Übertritt in die Abteilung A zu schaffen»). Sind sie erreicht, können diese aufgegeben werden. Die Handlungsrelevanz eines Prozess- bzw. Lernziels bleibt dahingegen längerfristig erhalten, insofern als dieses auf die stetige Kompetenzerweiterung gerichtet ist (z. B. «das Beste geben, zu dem man fähig ist») (vgl. Abschnitt 2.2).

Ziele werden sodann als hierarchisch organisierte Konstrukte des Selbstkonzepts eines Individuums verstanden. Handlungsziele – bei der Aufgabe, eine schriftliche Hausarbeit zu verfassen, könnten diese beispielsweise die Menge, die inhaltliche Qualität, die sprachliche Qualität und die Termintreue betreffen – lassen sich einerseits weiter in konkrete Teilziele unterteilen, andererseits zu übergeordneten Zielklassen im Sinne von persönlichen Standards und Zielorientierungen (vgl. Abschnitt 4.2.1.2) im Umgang mit Leistung, Wissenserwerb und Zusammenarbeit zusammenführen (vgl. Kleinbeck, 2010, S. 288).

Zuoberst in der Zielhierarchie stehen schließlich allgemeine menschliche Werte wie Verantwortungsbewusstsein, Wahrheitstreue etc. (vgl. Rokeachs Konzeption terminaler Werte, Abschnitt 5.5.1.2), die als «guiding principles for the lives of individuals (personal values) and social groups or society as a whole (social values)» dienen (Schultheiss et al., 2012, S. 653). Solcherlei gesellschaftlich geformte und sozial vermittelte Normen (vgl. Abschnitt 2.1), aber auch individuelle Ausprägungen von Zielorientierungen bzw. Bezugsnormen sowie Bedürfnisse und Motive, verleihen einzelnen Handlungszielen anderen gegenüber Gewicht bzw. Priorität. Handelnde müssen also in der Phase der Entscheidungsfindung, aber stetig auch während der aktionalen Phase, eine Wahl darüber treffen, welche möglichen Ziele sie vorziehen und gegenüber welchen sie sich abschirmen möchten. Nebst weitgehend automatisierten Prozessen geringer Bewusstheit umfasst dies auch Problemlöseprozesse, in denen allein oder mit Hilfe anderer darüber räsoniert wird, warum dem einen oder anderen Ziel einen höheren Wert beigemessen werden sollte (vgl. Abschnitt 5.6).

So sind Menschen im Alltag durch komplexe situative Anforderungen sowie durch ihre Vorlieben ständig damit konfrontiert, mehrere Handlungsziele gleichzeitig verfolgen zu müssen bzw. verfolgen zu wollen. Gelingt dies in einer

5.2 Persönliche Ziele

Situation nicht – a) weil die gleichen kognitiven Verarbeitungsmodi bei der Aktivität involviert sind (z. B. die Sprachproduktion beim Führen eines Telefonats und dem gleichzeitigen Schreiben), b) weil mit der Verfolgung eines höher gelagerten Ziels andere ebenso stark gewichtete außer Reichweite gelangen (z. B. die Ziele, eine Hausarbeit den eigenen Ansprüchen gerecht zu verfassen und intensiv am Leben der eigenen Familie zu partizipieren) oder c) weil die eigenen Ziele nicht kompatibel mit denjenigen von Bezugspersonen sind (z. B. das Ziel des Kindes am Sonntagabend Hausaufgabenhilfe von den Eltern zu bekommen und deren Ziel, einen ruhigen Filmabend zu genießen) –, so liegt ein Zielkonflikt vor, der laut Kleinbeck (2010, S. 299) durch die angesprochene Höherbewertung eines der beiden Handlungsziele (mittels des Abwägens der Bedeutsamkeit auf höheren Ebenen der Zielhierarchie, vgl. Abschnitt 5.5.1.4), durch die serielle Bearbeitung der beiden Ziele oder durch Kompromisse (um beide Ziele gemeinsam zu verfolgen) gelöst werden kann.

Zentral ist dabei, dass das Individuum auch die zur Verfügung stehenden Mittel (means) in den Blick nimmt, mit denen die Ziele (ends) erreichbar scheinen. Meist führen verschiedene Teilhandlungen bzw. Aktivitäten zum gleichen Ziel auf einer höheren Hierarchieebene, wodurch immer auch diese Aktivitäten sowie die dabei beteiligten Personen, Verfahren und Gegenstände hinsichtlich ihrer Bedeutsamkeit («Wie angenehm?», «Wie interessant?», «Wie wichtig?», «Wie nützlich?», «Wie unangenehm oder nachteilig?») für die Erreichung des Ziels eingeschätzt werden (vgl. Higgins, 2007). Die in Abschnitt 5.5.1 näher zu erläuternde Theorie des Subjective Task Value von Jacquelynne S. Eccles und Kolleg*innen (vgl. Eccles, 2005; Wigfield & Eccles, 1992) bezieht sich auf diesen Umstand, insofern als sie verschiedene Funktionalitäten beschreibt, die Lernende in Aktivitäten bzw. Aufgaben erkennen, und erklärt, wie diese den Wunsch des Individuums beeinflussen, sich den Aufgaben zu widmen und sie zu bearbeiten (vgl. Wigfield et al., 2016, S. 57). Es sind demnach bestimmte Merkmale der Aufgaben – nebst dem Handlungsziel und seinen Folgen insbesondere die zur Zielerreichung erforderlichen Teilhandlungen sowie die dabei beteiligten Personen und Gegenstände –, die einer (situativen) Bedeutsamkeits- bzw. Werteinschätzung unterzogen werden, indem sie mit (generelleren) subjektiven Wert-Überzeugungen abgeglichen werden (analog zum in Abschnitt 4.2 erläuterten Zusammenspiel zwischen situativen und generelleren Überzeugungen bei der elterlichen Handlungsentscheidung).

Motivieren bedeutet im Kontext des unterrichtlichen und häuslichen Lernens und Unterstützens folglich, die sozialen, inhaltlichen, methodischen und personalen Aufgabenmerkmale und Ziele (laufend) so zu gestalten, dass das Kind vor, während und nach der Bearbeitung eine möglichst aktivierende Funktionalität in ihnen erkennt (vgl. auch Abschnitt 2.2.2.3). Oft wird das Kind allerdings «den

Sinn» eines Ziels «nicht sehen», aus der Sicht der Lehrkräfte und/oder der Eltern zielführende Mittel und Strategien außer Acht lassen oder ablehnen sowie ein Leistungsergebnis nicht angemessen gewichten. Die Erziehenden greifen in solchen Situationen zu verbalen Wertregulationen und versuchen das Kind mithilfe von Argumenten, die getragen sind von ihren eigenen wertbezogenen Überzeugungen (vgl. Abbildung 4.1), von der Bedeutsamkeit des Ziels bzw. der Aufgabe zu überzeugen. In den Abschnitten 5.6 bis 5.6.2 wird diese Form der elterlichen Unterstützung näher erläutert.

5.3 Subjektive Kontrolleinschätzungen

In Einklang mit den Annahmen der Erwartungs-Wert-Konzeption Atkinsons stellt sich dem Individuum bei der Zielsetzung und der Zielverfolgung allerdings nicht nur die Frage nach dem Wollen, sondern immer auch nach dem Können. Einerseits unterscheidet sich je nach Situation die Distanz zwischen dem wahrgenommenen Ist-Zustand und dem erwünschten Soll-Zustand – nicht jedes Ziel ist gleich hoch gesteckt und kann mit gleicher Sicherheit erreicht werden (ends-expectations) –, andererseits stellt sich die Frage, inwiefern einem die nötigen Mittel (means-expectations) zur Verfügung stehen, die es zur erfolgreichen Überbrückung der Distanz (means-ends-expectations) braucht (vgl. Bargh, Gollwitzer & Oettingen, 2010, S. 268).

Günstige Kontrollkognitionen – erfahrungsabhängige generalisierte Überzeugungen sowie situative Einschätzungen zum eigenen Einfluss über Situationen, Handlungen und Handlungsergebnisse (vgl. Flammer, 2015, S. 504; Perry, Chipperfield & Stewart, 2010, S. 43; Preiser & Sann, 2010, S. 349) – haben sich unter Labor- und Feldbedingungen in einer Vielzahl von entscheidungs-, motivations- und emotionspsychologischen Studien als starke Prädiktoren für das psychische und körperliche Wohlbefinden von Individuen bzw. für das Ausmaß und die Qualität ihres Handelns erwiesen:

> [...] across the life span, from earliest infancy to oldest age, individual differences in perceived control are related to a variety of positive outcomes, including health, achievement, optimism, persistance, motivation, coping self-esteem, personal adjustment, and success and failure in a variety of life domains. (Skinner, E. A., 1996, S. 549)

Mit Blick auf die Lern- und Leistungsentwicklung von Kindern und Jugendlichen bilanzieren Wigfield, Eccles, et al. (2015) die Befundlage zu – wie sie es nennen – «competence-related beliefs» (S. 3) mit den Worten:

5.3 Subjektive Kontrolleinschätzungen

In general, when children answer [the] question ['can I do the task'] affirmatively, they try harder, persist longer, perform better, and are motivated to select more challenging tasks. (Wigfield, Eccles, et al., 2015, S. 3)

Auch Perry, Hladkyj, Pekrun und Pelletier (2001), die über zwei Semester den Einfluss wahrgenommener persönlicher Kontrolle (z. B. «I have a great deal of control over my academic performance in my psychology course», «The more effort I put into my courses, the better I do in them») auf eine breite Palette kognitiver, motivational-affektiver und behavioraler Konstrukte bei 524 Hochschulstudierenden untersucht haben, konstatieren positive Zusammenhänge mit einer Vielzahl derselben:

High-academic-control students exerted more effort, reported less boredom and anxiety, were more motivated, used self-monitoring strategies more often, felt more in control of their course assignments and of life in general, believed they performed better, and obtained higher final grades. (Perry et al., 2001, S. 776)

Mit Blick auf die Kausalitäten und die Stärke der Zusammenhänge fassen Linnenbrink-Garcia und Patall (2016) die Befundlage sodann wie folgt zusammen:

Expectancies for success most strongly predict performance, even when previous performance is controlled, and generally precede and predict students' values [...], though possibly less so for females [...]. (Linnenbrink-Garcia & Patall, 2016, S. 92)

So klar die überragende Bedeutung von subjektiven kompetenz- bzw. erfolgsbezogenen Einschätzungen und Überzeugungen für die Erklärung des Lernengagements, der dabei erlebten Emotionen und des erzielten Ergebnisses zutage tritt, so deutlich wird in den zitierten Stellen auch, wie vielgestaltig die Erwartungs- bzw. Kontrollkomponente über die Jahre geworden ist. Noch stärker als die Wert-Komponente (vgl. Abschnitt 5.5.1) ist sie aus einer ganzen Reihe unterschiedlicher theoretischer Perspektiven bearbeitet worden (z. B. Perry et al., 2010; Skinner, E. A., 1996; Usher, 2016). Dabei sind einzelne Dimensionen des Konstrukts zwar kontextualisiert und inhaltlich ausdifferenziert, aber oft mit ähnlichen oder den bereits bestehenden Termini versehen worden. Ferner sind umgekehrt inhaltlich weitgehend deckungsgleiche Begriffe lediglich terminologisch neu gefasst worden (vgl. Marsh et al., 2012, S. 432; Murphy & Alexander,

2000, S. 5), so dass, wie Usher (2016) meint, eine Situation entstanden sei, die sie als «downright confusing» (S. 146) bezeichnet[3].

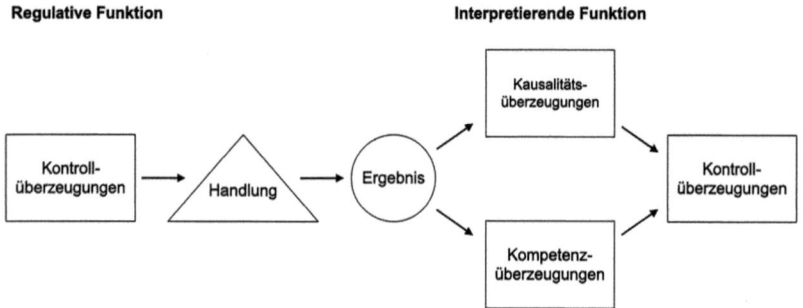

Abbildung 5.1 Schematische Darstellung des Kompetenzsystems (Adaptiert nach Skinner, E. A., 1995, S. 20; mit freundlicher Genehmigung von © SAGE Collage 2020. All Rights Reserved)

Mit der Absicht, die verschiedenen Kontroll-Konstrukte zu ordnen und auf der Basis der Prämisse, wonach Menschen ein angeborenes Bedürfnis haben, sich als kompetente und wirksame Akteure in ihrer sozialen und physischen Umwelt wahrzunehmen, die erwünschte Zustände hervorbringen können und unerwünschte zu vermeiden vermögen, versteht die Arbeitsgruppe um Ellen A. Skinner (Skinner, E. A., 1995, 1996; Skinner, E. A., Chapman & Baltes, 1988) die verschiedenen Kontroll-Konstrukte als Facetten eines kompetenzbezogenen Überzeugungssystems (competence system), welches die Aufgabe hat, das Handeln eines Individuums mit Blick auf die jeweiligen Ziele zu evaluieren und zu regulieren:

---

[3]Skinner (1996, S. 549) macht zwei Gruppen von kontrollbezogenen Konstrukten aus: In der ersten Gruppe taucht der Term *control* in deren Bezeichnung auf. Dazu gehören z. B. *«personal control, sense of control, locus of control, cognitive control, agenda control, vicarious control, illusory control, outcome control, primary control, secondary control, action control, decisional control, predictive control, informational control, and proxy control»*. In der zweiten Gruppe wird der Term *control* zwar nicht für die Benennung des Konstrukts verwendet, inhaltlich scheinen aber große Überschneidungen mit den Konstrukten der ersten Gruppe zu bestehen. Zu diesen Konstrukten gehören u. a. *«helplessness, efficacy, agency, capacity, mastery, effectance, effectiveness, autonomy, self-determination, competence, contingency, causal attributions, explanatory style, responsibility, blame, probability of success, and outcome expectancy»*.

5.3 Subjektive Kontrolleinschätzungen

Hence, all theories of perceived control are attempts to map the competence system. These theories have in common that they try to explain how control experiences contribute to the construction of beliefs, and how these beliefs in turn promote or undermine effective interactions. The theories differ in the specific part of that process on which they focus. (Skinner, E. A., 1995, S. 20)

Wie die schematisierte Darstellung einer Handlungssequenz illustriert (vgl. Abbildung 5.1), kommen Kontroll-Kognitionen im Kompetenzsystem im Rahmen zielorientierter Interaktionen mit der Umwelt zweierlei Funktionen zu: a) vor oder während des Handelns dienen sie der Regulation der Intensität und Qualität dieses Handelns und b) nach dem konkreten Handeln – bzw. in Handlungspausen, wenn auf das bisher Erreichte zurückgeblickt wird – werden sie zur Interpretation und Evaluation der (Teil-)Ergebnisse herangezogen. Die dabei erzielten Konklusionen zum Einfluss interner und externer Faktoren gehen wiederum in die Kontrollüberzeugungen ein und werden über diese vermittelt handlungswirksam (vgl. Abschnitt 5.3.3.1). Die Sequenz wird stetig durchlaufen und «funktioniert [...] wie ein sich selbst verstärkendes System» (Köller & Möller, 2010, S. 772). Im Folgenden werden die drei in Abbildung 5.1 genannten Gruppen von Überzeugungen (Kontroll-, Kausalitäts- und Kompetenzüberzeugungen) im Kontext von Lern- und Leistungssituationen näher beleuchtet. Mit Blick auf die im Rahmen der vorliegenden Studie durchzuführende Analyse von elterlichen evaluativen Feedbacks ist es unerlässlich, dass die drei Kategorien von kontrollbezogenen Überzeugungen und ihre Subkategorien inhaltlich klar voneinander abgegrenzt werden, aber ebenso deutlich zutage tritt, in welcher Relation sie zueinander stehen. Dies wird in den folgenden Abschnitten mit Hilfe des in Abbildung 5.2 dargestellten Handlungs-Kontroll-theoretische Modell von Skinner et al. (1988) vorgenommen.

5.3.1 Kontrollüberzeugungen

Kontrollüberzeugungen bzw. situationsspezifische Kontrolleinschätzungen (control beliefs / control appraisals) (vgl. Abbildung 5.1) drücken das Ausmaß der Sicherheit aus, mit der Schülerinnen und Schüler vor oder während ihres Lernhandelns glauben, das Lernziel bzw. bestimmte Klassen von Lernzielen erreichen zu können (vgl. Köller & Möller, 2010, S. 771). Wie das in Abbildung 5.2 dargestellte Handlungs-Kontroll-theoretische Modell von Skinner, E. A. et al. (1988) verdeutlicht, steht bei solchen Kognitionen der Bezug zwischen dem/der Handelnden und der Aufgabe bzw. dem Ergebnis im Vordergrund: «Wie sehr habe

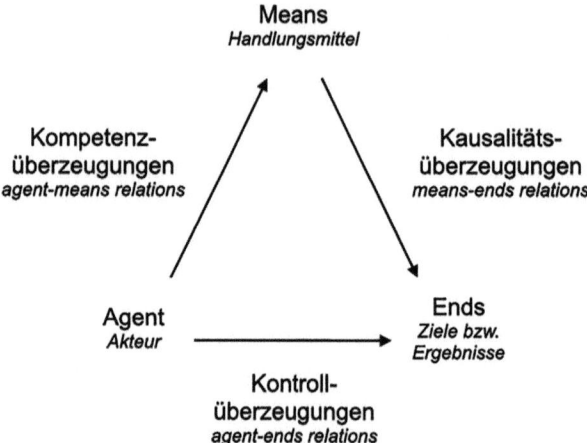

Abbildung 5.2 Handlungs-Kontroll-theoretisches Modell (Adaptiert nach Skinner, E. A. et al., 1988, S. 118; mit freundlicher Genehmigung von © American Psychological Association 2020. All Rights Reserved)

ich die Aufgabe im Griff?». In der Fachliteratur existiert eine Reihe von Begriffen, die im Kern auf den subjektiv wahrgenommenen Einfluss des Handelnden auf das Handlungsergebnis, auf die «agent-ends relations» fokussieren: u. a. sense of control, subjective control, perceived control, control expectancy (vgl. Skinner, E. A., 1995, S. 553). In der Erwartungs-Wert-Theorie von Eccles und Kolleg*innen erfasst das Konstrukt expectancy for success («How well do you expect to do in reading/English next year?») (Durik et al., 2006) diese Dimension und in der Kontroll-Werttheorie der Lern- und Leistungsemotionen von Pekrun die sog. subjective control (vgl. Pekrun, 2006, S. 318). Wird die Wahrscheinlichkeit als hoch eingeschätzt, eine Aufgabe bewältigen bzw. den erwünschten Zielzustand erreichen zu können, so liegt beim Individuum eine zuversichtliche Erwartung bzw. Emotionen wie Hoffnung und (Vor-)Freude (vgl. Pekrun, 2006, S. 320) vor. Wird die Wahrscheinlichkeit der erfolgreichen Handlungsdurchführung hingegen als gering eingeschätzt, herrscht die Emotion Hoffnungslosigkeit vor sowie ein Verhalten das von Rückzug, Verhinderung, Passivität und Apathie im Sinne des learned-helplessness-Konzepts gekennzeichnet ist (vgl. Peterson, Maier & Seligman, 1993; Seligman, 1975). Kontrollüberzeugungen sind laut Skinner (1995, S. 32) zwar die «primary regulatory beliefs» im Kompetenzsystem eines Menschen, allerdings schwingen dabei immer mehr oder weniger deutlich Überzeugungen zur Effektivität verschiedener Mittel zur Zielerreichung (Kausalitätsüberzeugungen) sowie zur persönlichen Verfügbarkeit solcher Mittel (Kompetenzüberzeugungen) mit: z. B. «Ich habe das Ziel bzw. die Aufgabe im Griff, weil ich die zielführenden Strategien kenne und einzusetzen weiß».

5.3.2 Kompetenzüberzeugungen

Kompetenzüberzeugungen (vgl. Abbildung 5.2) sind Kognitionen eines Individuums darüber, inwiefern ihm persönlich die notwendigen kognitiven, motivational-volitionalen und sozialen Ressourcen zur Verfügung stehen, um seine Wünsche und Ziele als Handlungen realisieren zu können (Flammer, 2015, S. 504). Gedankliche Prozesse, welche die «agent-means relations»(Skinner, E. A., 1996, S. 553) fokussieren, evaluieren mit anderen Worten das Vorhandensein eigenen Wissens aber auch eigener Tüchtigkeit, um die Anforderungen, die eine Aufgabe oder Situation stellt, zu bewältigen. Im Englischen wird hierzu zwischen *ability* und *capability* unterschieden:

> Though small, a distinction exists between the meaning of 'ability' and 'capability'. Ability, which comes from the Latin habilis, refers to a skill or competence in doing or performing that has already been acquired. Capability refers to the potential to develop a skill or competency in the future or to perform a given task under varying conditions. I judge myself as able to write; however, I may not judge myself as capable of writing a novel this summer. In other words, capability depends in part on one's ability but also on other cognitive and motivational variables, such as effort and persistence, and on one's assessment of contextual demands. […]. A person's beliefs therefore reflect both actuality and potentiality […]. (Usher, 2016, S. 147, Hervorhebungen im Original)

Usher macht hier auf zwei Dimensionen des Selbst (vgl. Harter, 2006) aufmerksam, die von zwei unterschiedlichen Theoriefamilien mit zwei unterschiedlichen Konstrukten bearbeitet werden: Fragen nach dem Handlungspotential (capability) stehen beim Konstrukt der Selbstwirksamkeit (self-efficacy expectations), von Albert Bandura (1986, 1997) im Rahmen der sozialkognitiven Theorie entwickelt, im Vordergrund. Fragen nach der *actuality*, der Gegebenheit von Kompetenzen in bestimmten Domänen (ability), in denen gehandelt werden soll, verweisen auf das Fähigkeitsselbstbild (ability self-concept), das in der Selbstkonzept-Theorie (vgl. Shavelson, Hubner & Stanton, 1976) im Zentrum steht.

5.3.2.1 Selbstwirksamkeit: «Wie sicher bin ich mir, dass ich es machen kann?»

Definiert als «people's beliefs about their capabilities to produce designated levels of performance that exercise influence over events that affect their lives» (Bandura, 1994, S. 71) bezeichnen Selbstwirksamkeitserwartungen das subjektive Vertrauen, mit den eigenen fachlichen und überfachlichen Kompetenzen selbstreguliert spezifische Aufgaben bzw. bestimmte Aufgabenklassen zielführend bearbeiten zu können (vgl. Bong & Skaalvik, 2003, S. 5; Gaskill & Woolfolk Hoy, 2002, S. 186; Wigfield, Eccles, et al., 2015, S. 7), auch wenn diese als herausfordernd, mehrdeutig und schlecht-strukturiert erscheinen[4]. Das Konstrukt verweist somit auf gedankliche «can do statements» (Usher, 2016, S. 148) des Individuums, welches sich dabei in erster Linie an einem in vergangenen Handlungserfahrungen gebildeten persönlichen «goal mastery standard» (Zimmerman, Schunk & Di Benedetto, 2017, S. 317) orientiert: z. B. «Ich bin sicher, dass ich den ganzen Abend eisern arbeiten kann, auch wenn andere mich zum Fernsehen einladen», «Wenn ein Problem auftaucht, kann ich es aus eigener Kraft meistern» (Schwarzer & Jerusalem, 2002, S. 39–40). Wie sich im leistungsthematischen Bereich mittlerweile in hunderten von Studien gezeigt hat, erweisen sich Einschätzungen eigener Selbstwirksamkeit unabhängig vom Alter, der Schulform, dem Unterrichtsfach und dem Fähigkeitsniveau als starker Prädiktor für die Initiierung von Lernhandlungen, für die Wahl des Schwierigkeitsgrads von Aufgaben, für den Grad der Anstrengung bei der Aufgabenbearbeitung, für die Handlungspersistenz angesichts von Hindernissen und zwischenzeitlichen Misserfolgen und ebenso für Leistungsergebnisse, wo sich die Zusammenhänge im Bereich zwischen r = .50 und r = .70 bewegen (vgl. die Übersichtsdarstellungen bei Klassen & Usher, 2010; Schunk & Di Benedetto, 2015; Schunk & Pajares, 2009). Dem Zusammenspiel der Variablen Selbstwirksamkeit, Zielorientierungen, Lernstrategien und Leistungsergebnisse wurde u. a. in einer Studie von Liem, Lau und Nie (2008) in Singapur bei 1475 Neuntklässlern im Fach Englisch nachgegangen. Theoriekonform erwies sich die Selbstwirksamkeitserwartung bei Kontrolle des Vorwissens, vermittelt über die Zielorientierung und selbstregulative Prozesse, als substanzieller Prädiktor des Leistungszuwachses: Hohe Selbstwirksamkeit war mit günstigeren Zielorientierungen (d. h. erhöhte

---

[4]Pekrun (2006) zieht es vor, hierbei von *Handlungskontrolle (action control)* zu sprechen: Der Ausdruck «self-efficacy expectancy» sei missverständlich, insofern als er entgegen der inhaltlichen Ausgestaltung des Konstrukts durch Bandura «the overall agency of an individual, including his or her efficacy to produce outcomes» signalisiere, statt einfach «appraisals of being able to produce an action» (S. 318).

Lernzielorientierung bzw. stärkere Annäherungs-Leistungszielorientierung) assoziiert. Diese wiederum gingen mit der Wahl von förderlichen Lernstrategien (deep learning) einher, welche sodann direkt mit einem Leistungszuwachs in einem Englischtest verbunden waren. Wie dies Abbildung 5.1 andeutet, stehen Selbstwirksamkeitseinschätzungen und Leistungsergebnisse in bidirektionaler Beziehung: Erfolge und Bewältigungserfahrungen sind nicht nur eine Folge von erhöhten Selbstwirksamkeitseinschätzungen, sondern als «enactive mastery experience» (Bandura, 1997, S. 80), vermittelt über Interpretationsprozesse (vgl. Abschnitt 5.3.3.1), gleichzeitig auch die bei Weitem wichtigsten Informationsquellen des Individuums zur Ermittlung der eigenen Fähigkeit, Ziele selbstgesteuert zu erreichen. Aber auch die Beobachtung erfolgreicher Problemlöseprozesse anderer, die das Individuum als ähnlich kompetent einschätzt wie sich selbst (vicarious experience), die Überzeugungsversuche und evaluativen Feedbacks anderer («Ich bin sicher, dass du das kannst») (social persuasion, vgl. Abschnitt 5.7) sowie die eignen physiologisch-affektiven Reaktionen – z. B. erhöhte Herzfrequenz und Angst vor Leistungsereignissen (physiological and affective states) – erweisen sich wie von Bandura (1997, S. 79–115) postuliert, je als einzelnes oder in Kombination als Prädiktoren für Selbstwirksamkeitseinschätzungen (vgl. Chen & Usher, 2013).

5.3.2.2 Fachliches Fähigkeitsselbstkonzept: «Wie gut bin ich auf diesem Gebiet?»

Das Konstrukt Fähigkeitsselbstkonzept (self-concept of ability, academic self-concept) umfasst Einschätzungen und Überzeugungen eines Individuums hinsichtlich seiner akademischen Kompetenzen. Gedanklich beschäftigt sich dieses dabei mit der Höhe, der Differenziertheit oder der Variabilität[5] seiner schulischen Fähigkeiten: «Ich bin ein sehr begabter Schüler», «Mathematik bereitet mir keine Schwierigkeiten, aber für Sprachen besitze ich einfach keine Begabung» bzw. «Für Physik fehlt mir die Begabung, daran wird sich auch nichts mehr ändern» (Stiensmeier-Pelster & Schöne, 2008, S. 63). Ausgehend von der Definition von Shavelson et al. (1976) wird das Fähigkeitsselbstkonzept (FSK) als hierarchisches und multidimensionales Konstrukt verstanden (vgl. Marsh & Craven, 2006; Marsh et al., 2012): So können sich die Aussagen über eigene Fähigkeiten wie im ersten Beispiel in globaler Art auf das Gesamt schulischer Anforderungen oder aber spezifischer auf Domänen in unterschiedlichem Differenzierungsgrad beziehen (Bereichsspezifisches FSK: sprachlich-philosophisch

---

[5]Vgl. hierzu die Ausführungen zu impliziten Fähigkeits- oder Intelligenztheorien in Abschnitt 4.2.

vs. mathematisch-naturwissenschaftlich / Fächerspezifisches FSK: z. B. Englisch vs. Geschichte / Inhaltsspezifisches FSK: z. B. Grammatik vs. Literaturanalyse / Aufgabenspezifisches FSK: z. B. Vokabellernen vs. Textbearbeitung etc.) (Stiensmeier-Pelster & Schöne, 2008, S. 63). Das globale akademische Selbstkonzept bildet wiederum zusammen mit den Selbstkonzepten, die mit Bezug zu anderen Lebenssphären gebildet wurden (u. a. social self-concept, physical self-concept), das generelle Selbstkonzept eines Individuums. Shavelson et al. (1976) postulierten, dass je höher in der Hierarchie die einzelnen Facetten der Selbstkonzepte angesiedelt seien, desto stabiler und desto bedeutsamer diese für den Selbstwert (self-esteem, self-worth) seien, «the overall evaluation of one's worth or value as a person» (Harter, 2006, S. 509) (vgl. Abschnitt 4.1.2 und Abschnitt 5.5.1.4). In der empirischen Forschung zum Fähigkeitsselbstkonzept der letzten dreißig Jahre (zsf. Marsh et al., 2012) steht vor allem die Höhe der von den Lernenden wahrgenommenen Fähigkeiten im Zentrum. Dabei zeigt sich eine ausgeprägte Domänen- und Aufgabenspezifität: Obwohl Leistungen in Mathematik und Sprache hoch korreliert sind, erweisen sich das mathematische Selbstkonzept und das sprachliche Selbstkonzept konsistent als zwei kaum korrelierte, distinkte Facetten, was die postulierte streng hierarchische Ordnung des akademischen Selbstkonzepts zumindest für die höheren Strukturebenen in Frage stellt (vgl. Möller & Trautwein, 2015, S. 184). Gleichzeitig erweisen sich das mathematische und sprachliche Selbstkonzept als substanzielle Prädiktoren für Leistungsmaße auf beiden Gebieten, wobei die Stärke des Zusammenhangs in dem Maß, wie diese fach- und aufgabenspezifisch erhoben werden, zunimmt (vgl. Marsh & Craven, 2006; Marsh, Hau, Artelt, Baumert & Peschar, 2009; Valentine, DuBois & Cooper, 2004). Das Internal/External-Frame-of-Reference-Modell (I/E-Modell) von Marsh (1986b) erklärt diese z. T. paradoxen Befunde damit, dass die Schülerinnen und Schüler ihre Fachleistungen einerseits im sozialen Vergleich beurteilen (sich also an einem externalen Bezugsrahmen orientieren) und daraus ihr Bild der eigenen Fähigkeiten in den spezifischen Fächern entwickeln («Wie gut bin ich in Mathematik?»). Andererseits nutzen sie aber auch einen internalen Bezugsrahmen und stellen dimensionale Vergleiche an: «Wie gut bin ich in Mathematik im Vergleich zu Deutsch?». Wie die hohe Korrelation zwischen sprachlichen und mathematischen Leistungen vermuten lässt, kontrastieren die Schülerinnen und Schüler dabei ihre Leistungen in beiden Domänen offenbar über Gebühr: Nach der Logik «The better I am at mathematics, the poorer I am at verbal subjects relative to my good math skills» (Marsh et al., 2012, S. 439) werden Stärken und Schwächen in der einen oder der anderen Domäne gedanklich in übertriebener Weise betont (selbst wenn die Schülerinnen und Schüler im sozialen Vergleich nicht besonders gut oder schlecht abschneiden), was die mitunter sogar

5.3 Subjektive Kontrolleinschätzungen

negativen Assoziationen zwischen dem mathematischen und sprachlichen Fähigkeitsselbstkonzept erklären mag. Empirisch ist das I/E-Modell in der Zwischenzeit sehr gut belegt: U.a. zeigten Möller, Pohlmann, Köller und Marsh (2009) in ihrer Metaanalyse von 69 Datensets (125'308 Schülerinnen und Schüler), dass modellkonform mathematische und sprachliche Leistungen hoch (.67), die entsprechenden Selbstkonzepte aber kaum korreliert waren (.10). Ebenso wiesen die Pfad-Koeffizienten zwischen den Leistungen und den Fähigkeitsselbstkonzepten im gleichen Fach jeweils positive Werte (.61 für Mathematik, .49 für Sprache) und für das jeweils andere Fach negative Werte auf (-21 für Leistungen in Mathematik und sprachliches Fähigkeitsselbstkonzept, -27 für sprachliche Leistungen und mathematisches Selbstkonzept). Dieses Zusammenhangsmuster zeigte sich in der Metaanalyse über Altersgruppen, Länder und das Geschlecht hinweg und unabhängig davon, ob Notenwerte oder Testleistungen herangezogen wurden. Ferner konnte theoriekonform belegt werden, dass das I/E-Modell lediglich für fachliche Selbstkonzepte Gültigkeit beanspruchen kann, nicht aber für das Konstrukt der Selbstwirksamkeit. So scheint die Genese von fachbezogenen Selbstkonzepten in hohem Maß auf querschnittlichen sozialen und dimensionalen Vergleichen zu beruhen, während Selbstwirksamkeitsüberzeugungen, wie von Bandura (1997, S. 80–81) postuliert, vor allem längsschnittlich aus Mastery-Erfahrungen resultieren. Wie bei den Selbstwirksamkeitsüberzeugungen ist auch bei fachlichen Kompetenzüberzeugungen davon auszugehen, dass sie in einem reziproken und sich wechselseitig verstärkenden Verhältnis zu Fachleistungen stehen: So zeigt sich in den letzten Jahren sowohl für den self-enhancement-Ansatz – bei Kontrolle bisheriger Leistungen führen hohe fachliche Selbstkonzepte über entsprechend produktives Lernhandeln zu subsequent guten bzw. sich günstig entwickelnden Fachleistungen und umgekehrt – als auch für den skill-development-Ansatz – die Leistungsergebnisse führen vermittelt über soziale Vergleichsprozesse (u.a big-fish-in-little-pond-Effekt, vgl. Abschnitte 3.2.2 und 3.3) und Attributionsprozesse (vgl. Abschnitt 5.3.3.1) zu entsprechenden Fähigkeitsselbstkonzepten – sowie für die Kombination der beiden Ansätze (vgl. Marsh & Craven, 2006) deutliche empirische Evidenz (Überblick bei Marsh et al., 2012, S. 436–439). Mittlerweile besteht sodann Einigkeit darüber, dass – anders als ursprünglich von Shavelson et al. (1976) angenommen – der Selbstwert (self-esteem, self-worth bzw. general self-concept) als globale Einstellung gegenüber sich selbst – «I am a worthwhile person» (Harter, 2006, S. 509) – ebenso wenig mit Leistungsmaßen verknüpft ist wie nicht-akademische Komponenten des Selbstkonzepts (vgl. Marsh et al., 2012, S. 432–434). Zwar messen gerade Menschen mit hohem Selbstwert jenen

Fähigkeitsbereichen hohen Wert bei, in denen sie sich auch als fähig wahrnehmen, allerdings prädiktieren diese domänenspezifischen Wichtigkeitsratings den globalen Selbstwert der Person kaum (z. B. Marsh, 1986a).

Die Charakteristik einer «extrem domain specificity» fachlicher Selbstkonzepte, die Marsh et al. (2012, S. 427) konstatieren, widerspiegelt sich in der Erwartungs-Wert-Theorie von Eccles, Wigfield und Kolleg*innen: Wie die Wert-Komponente konzipieren sie auch die Erwartungskomponente domänen- bzw. aufgabenspezifisch. Empirisch hat sich dabei gezeigt (vgl. insb. Eccles & Wigfield, 1995), dass Fähigkeitsüberzeugungen (ability perceptions), also gegenwartsbezogene Assessments eigener Kompetenzen zur Aufgabenmeisterung (z. B. «How good at math are you?»; S. 224) und Erfolgserwartungen (expectancy perceptions), also zukunftgerichtete Assessments der Wahrscheinlichkeit der Zielerreichung (z. B. «How well do you think you will do in your math course this year?»; S. 224) zwar konzeptionell unterschiedlich sind – bei ersterer handelt es sich um ein agent-means- bei letzterer um ein agent-ends-Konstrukt –, sich empirisch aber als hochgradig korreliert erweisen:

> However, […] empirical work has shown that children and adolescents do not distinguish between these two different levels of beliefs. Apparently, even though these constructs can be theoretically distinguished from each other, in real-world achievement situations they are highly related and empirically indistinguishable. (Eccles & Wigfield, 2002, S. 119)

Als Folge davon werden in Untersuchungen Items zu beiden Facetten oft zu einer generellen expectancy for success-Skala kombiniert, die aber klar domänenspezifisch ist (vgl. Barron & Hulleman, 2015, S. 504; vgl. Graham & Weiner, 2012, S. 372). Eine große Zahl von längsschnittlichen Studien, die ability beliefs entlang dieser task-spezifischen Konzeption erhoben (zusf. Wigfield, Eccles, et al., 2015, S. 5; Wigfield et al., 2016, S. 60–61), belegen zumindest in westlichen Ländern konsistent einen Einbruch des durchschnittlichen Fähigkeitsselbstkonzepts bezüglich einer breiten Palette von schulischen Domänen ungefähr um das achte Lebensjahr und einen zweiten beim Übergang zur Sekundarstufe I (z. B. Buff & Dinkelmann, 2012; Fredricks & Eccles, 2002; Jacobs, Lanza, Osgood, Eccles & Wigfield, 2002; Pesu, Aunola, Viljaranta & Nurmi, 2016). Äußern sich Kinder in der frühen Kindheit im Durchschnitt recht optimistisch hinsichtlich ihrer Fähigkeiten, so scheinen sie einerseits entwicklungsbedingt zunehmend realistischer zu werden (erkennbar daran, dass die Korrelationen zu objektiven Leistungsmaßen zunehmen), andererseits dürften, wie oben bereits näher erläutert, soziale Vergleiche mit den Peers sowie Leistungsrückmeldungen von Lehrkräften und Eltern

5.3 Subjektive Kontrolleinschätzungen

zunehmenden Einfluss auf ihre Fähigkeitseinschätzungen entfalten. So zeigen z. B. Spinath und Spinath (2005) in einer Studie mit 595 Kindern in Deutschland, dass die (allgemeinen) schulischen Selbstkonzepte der Kinder über die vierjährige Grundschulzeit zunehmend stärker – zwar auch mit Intelligenzmaßen – in höherem Grad aber mit den kindbezogenen Fähigkeitseinschätzungen ihrer Eltern und vor allem mit den durch ihre Lehrkraft erteilten Noten in Mathematik, Deutsch und im Sachfachunterricht assoziiert waren (wobei Spinath und Spinath in Einklang mit diesbezüglichen Befunden von Frome und Eccles (1998) vermuten, dass das elterliche Feedback als Mediator zwischen den Evaluationen der Lehrkraft und den Fähigkeitsselbstkonzepten der Kinder fungiert). Wie Wigfield, Eccles, et al. (2015, S. 5) in ihrer Zusammenfassung der Befundlage schreiben, zeigt sich sodann, dass bei der Gruppe derjenigen Kinder, die tiefe Notenwerte aufweisen, der Einbruch der domänenspezifischen Fähigkeitsselbstkonzepte generell am deutlichsten ausfällt. Wie oben bereits erläutert (vgl. Abschnitte 3.2.2 und 3.3), tritt in Bildungssystemen mit einem explicit between-school tracking – der leistungsbezogenen Verteilung der Lernenden auf verschiedene Schultypen – allerdings ein anderes Muster zutage: Erklärbar mit dem big-fish-little-pond-Effekt brechen hier im Mittel die fachlichen Selbstkonzepte der Schüler*innen der anspruchsvollsten Schultypen stärker ein bzw. erhöhten sich diese bei den Lernenden im anforderungsärmsten Bildungsgang sogar (z. B. Chmielewski et al., 2013). Längsschnittlich angelegte Studien belegen ferner, dass sich die domänenspezifischen Fähigkeitsüberzeugungen über die Schuljahre stabilisieren. Bereits in der der Mitte der Primarstufe korrelieren sie bereits hoch über die Zeit (z. B. Buff et al., 2011; Spinath & Steinmayr, 2008). Wigfield und Kolleg*innen vermuten, dass der Stabilitätsgrad bereits in der frühen Jugendzeit beträchtlich sein dürfte, was Interventionen zunehmend schwieriger mache (vgl. Wigfield, Eccles, et al., 2015, S. 6).

5.3.3 Kausalitätsüberzeugungen

Kausalitätsüberzeugungen (vgl. Abbildung 5.2) sind subjektive Kognitionen über den tatsächlichen oder lediglich vermuteten Einfluss verschiedener Mittel auf erwünschte oder unerwünschte Ergebnisse (vgl. Skinner, E. A., 1996, S. 552).

Bei solchen auf «means-ends relations» bezogene Kognitionen[6] geben sich Lernende rückwärtsgerichtet, beim Vorliegen von Leistungsergebnissen (vgl. Abbildung 5.1), Antworten auf die Fragen nach den möglichen Ursachen für einen Erfolg oder Misserfolg («Erfolg trat ein, weil in der Situation das zielführende Mittel A zur Verfügung stand»). Vorwärtsgerichtet, im Zuge der Initiierung von Handlungen, beinhalten sie Antworten auf die Frage nach dem Vorhandensein von effektiven Mitteln («Erfolg kann erwartet werden, weil in der Situation das zielführende Mittel vorliegt») (vgl. Pekrun, 1988, S. 67–70). Ausgehend vom locus of control-Konzept von Rotter (1982) stand in der Forschung zur Lern und Leistungsmotivation über Jahre die Frage im Zentrum, welche Klassen von Ursachen Individuen zur Erklärung von Leistungsergebnissen heranziehen (und welche ihnen unterliegenden kausalen Dimensionen für die differenziellen Effekte auf das nachfolgende Handeln und das emotionale Erleben verantwortlich sind. Gemäß Rotter unterscheiden Menschen zwischen einflussreichen Mitteln, die außerhalb und innerhalb ihrer selbst liegen:

> When a reinforcement is perceived by the subject as following some action of his own but not being entirely contingent upon his action, then, in our culture, it is typically perceived as the result of luck, chance, fate, as under the control of powerful others, or as unpredictable because of the great complexity of the forces surrounding him. When the event is interpreted in this way by an individual, we have labeled this a belief in external control. If the person perceives that the event is contingent upon his own behavior or his own relatively permanent characteristics, we have termed this a belief in internal control. (Rotter, 1966, S. 1, zit. nach Rotter, 1982, S. 266, Hervorhebungen im Original)

Kausalitätsüberzeugungen basieren demnach wesentlich auf dem Glauben von Menschen, wonach ganze Klassen von Lebenssituationen entweder durch eigenes Handeln bzw. durch eigene Persönlichkeitsmerkmale internal kontrolliert oder durch äußere Instanzen wie einflussreiche Individuen oder mehr oder weniger durchschaubare Strukturen external kontrolliert seien (vgl. Preiser & Sann, 2010, S. 387). Zu letzteren gehören sog. Situations-Ergebnis-Erwartungen (situation-outcome expectancies) (vgl. Pekrun, 1988, S. 67–77; Pekrun, 2006, S. 318): Ein Individuum kann mit Blick auf die in einer Situation zur Verfügung stehenden Mittel und die zu erreichenden Ergebnisse zum Schluss kommen, dass sich letztere auch ohne eigenes Handeln einstellen (z. B. «Ich habe fleißige und fähige Mitarbeitende, die das Projekt auch ohne mein Dazutun zu einem erfolgreichen

---

[6]Breit rezipierte *means-ends*-Konstrukte sind u. a. «attributions», «contingency judgements», «locus of control», «response-outcome expectancies» oder «strategy beliefs» (vgl. Skinner, E. A., 1995, S. 553).

Ende bringen»), oder aber die Situation so beschaffen ist, dass sich negative Ergebnisse ergeben, wenn keine Gegenmaßnahmen ergriffen werden (z. B. «Wenn ich für dieses Examen nicht genug Zeit zum Lernen aufwende, werde ich durchfallen»). Im ersten Fall, in dem sich ein günstiges Ende auch ohne eigenes Handeln einstellt, dürfte die subjektive Kontrolle (bzw. die Erfolgserwartung) des Individuums hoch sein, im zweiten Fall, in dem eigenes Handeln zur Bewältigung der Aufgabe notwendig ist, stellt sich ihm die Frage nach den internalen Mitteln, und deren Funktionalität zur Erreichung des Ziels (vgl. unten: Kompetenzüberzeugungen). Im Anschluss an das locus of control-Konzept wurde eine Vielzahl von kausalen Dimensionen, die verschiedenen Klassen von Mitteln unterliegen, postuliert und empirisch bezüglich ihrer differentiellen Effekte geprüft: u. a. zeitliche Stabilität, Kontrollierbarkeit, Intentionalität, Globalität und Kontingenz (vgl. Skinner, E. A., 1996, S. 552). Im Lehr-Lern-Kontext hat Bernard Weiners Attributional Theory of Achievement Motivation and Emotion (1986, 1994, 2012), die differenzielle Wirkungen von Erfolgen und Misserfolgen in erster Linie in den drei Kausaldimensionen Lokus, Stabilität und Kontrollierbarkeit festmacht, bei Weitem am meisten Resonanz gefunden. Die Konzeption wird wegen ihrer Zweckmäßigkeit zur Erklärung von Wirkungen elterlichen evaluativen Feedbacks in den folgenden beiden Kapiteln näher beleuchtet.

5.3.3.1 Ursachenzuschreibungen – Weiners attributionale Theorie der Leistungsmotivation (1986)

Attributionen bezeichnen «Ursachen, die Individuen zur Erklärung von Ereignissen, Handlungen und Erlebnissen (genereller: Effekten) in verschiedenen Lebensbereichen heranziehen» (Försterling, 1986, S. 23) und sind damit grundsätzlich rückwärtsgerichtete means-ends-Kognitionen (z. B. «Ich habe an der Prüfung einen Misserfolg errungen, weil ich mich zu schlecht vorbereitet habe»). Mit Blick auf den zeitlichen Ablauf im von Skinner (1995, S. 20) skizzierten Kompetenzsystem (vgl. Abbildung 5.1) evaluiert das Individuum gemäß Weiner nach Abschluss einer Handlung zuerst, wie das Ergebnis zu bewerten ist (Erfolg oder Misserfolg), bevor es sich vor allem bei negativen, ungewöhnlichen und unerwarteten sowie wichtigen Ergebnissen (vgl. Möller & Köller, 2000; Stiensmeier-Pelster & Heckhausen, 2010, S. 396; Wong & Weiner, 1981) warum-Fragen stellt und eine Suche nach den Ursachen einleitet. Welche konkrete Ursache das Individuum schließlich in der causal search findet, hängt von seinen Leistungserfahrungen und den Informationen ab, die ihm – u. a. aus dem Feedback anderer – zum spezifischen Handlungsergebnis zur Verfügung stehen, aber auch davon, wie es diese Informationen mit Hilfe kausaler Schemata, also Überzeugungen zu Ursache-Wirkungs-Zusammenhängen, entlang des

Kovariationsprinzips (vgl. Kelley, 1973; Kelley & Michela, 1980)[7] sowie unter dem Einfluss selbstwertdienlicher Verzerrungen (vgl. unten) und anderen Analysefehlern[8] kombiniert (vgl. Schunk et al., 2014, S. 90; Weiner, 1994). Je nach subjektiv wahrgenommenen Gründen empfindet es leistungsbezogene Emotionen, zieht Schlüsse darüber, inwieweit ähnliche Handlungen in Zukunft realisierbar und wünschbar seien bzw. wie hoch die eigene Kontrolle über das Ereignis zu veranschlagen sei (vgl. Weiner, 1985, S. 565).

Hervorzuheben gilt, dass sich Attributionstheorien somit nicht damit befassen, was die tatsächlichen Ursachen von Ereignissen und Handlungen sind, sondern auf die subjektiven idiosynkratischen Erklärungen und Begründungen fokussieren[9], mit denen Individuen sich selbst oder anderen gegenüber operieren: «Attribution Theory is primarily concerned with naive psychological theories, that is, how 'the man on the street' explains his own or other individuals' behaviours and behavioural outcomes; therefore attribution theory makes ‚naive psychology' its topic» (Försterling, 2001, S. 4). Wie es die Darstellung des Kompetenzsystems in Abbildung 5.1 nahelegt, üben die konkreten Zuschreibungen sodann keinen direkten Einfluss auf die Motivation und das Handeln aus, sondern beeinflussen diese Prozesse indirekt über ihre Wirkung auf Kontrollüberzeugungen bzw. Ziele, Wertüberzeugungen und Emotionen (Perry & Hamm, 2017, S. 62; Schunk et al., 2014, S. 81).

Leistungsergebnisse, die in den rund sechzig Jahren seit Fritz Heiders Monografie «The Psychology of Interpersonal Relations» (1958) die Dreh- und Angelpunkte der Forschung zu Attributions- und attributionalen Prozessen[10]

---

[7]Bei einer strikt rationalen Vorgehensweise in der kausalen Suche müssten Individuen laut Kelley (1973, S. 159) auf folgende drei Informationsquellen fokussieren: auf die *Distinktheit* (Wie spezifisch reagiert ein Akteur auf einen bestimmten Stimulus?), auf den *Konsensus* (Reagieren *andere* auch in ähnlicher Weise auf diesen Stimulus?) und auf *die Konsistenz* (Ist die Reaktion des Akteurs auf diesen Stimulus *zu verschiedenen Zeitpunkten* die gleiche?). Ist z. B. die Distinktheit und der Konsensus niedrig, die Konsistenz aber hoch, wird mit hoher Wahrscheinlichkeit auf dispositionale Merkmale bzw. auf die Begabung der Person als Ursache geschlossen (vgl. Möller, 2018, S. 30).
[8]Gemäß Ross (1977) neigen Menschen dazu, bei andern den Einfluss dispositionaler Faktoren auf deren Verhalten zu über- und denjenigen situationaler Faktoren zu unterschätzen (*fundamental attribution error*). Laut Jones und Nisbett (1971) zeigen sie sodann die Tendenz, das eigene Handlungsergebnis auf externale und das Handlungsergebnis anderer auf internale Faktoren zurückzuführen (*actor-observer effect*).
[9]Weiner (1994, S. 270) spricht von «phänomenologischer Kausalität», die das Beschäftigungsfeld von Attributionstheorien darstellten.
[10]*Attributionstheorien* untersuchen die Frage, unter welchen Bedingungen verschiedene Kausalzuschreibungen zustande kommen: Welche Informationen werden hinzugezogen? Wie

5.3 Subjektive Kontrolleinschätzungen

waren, werden von Menschen mitunter auf ihre stabilen und zeitweiligen affektivmotivationalen Zustände, auf die Schwierigkeit der Domäne bzw. der Aufgaben, auf die Hilfe oder Beeinträchtigung durch andere Menschen sowie auf Glück oder Pech zurückgeführt (vgl. Schunk et al., 2014, S. 97; Weiner, 1994, S. 269–274). Zumindest im westlichen Kulturkreis, so Graham und Taylor (2016), werden Erfolge und Misserfolge in schulischen Leistungssituationen aber meistens den Ursachenfaktoren Fähigkeit/Begabung sowie konstanter oder zeitweiser Anstrengung zugeschrieben:

> When explaining achievement outcomes, individuals attach the most importance to their perceived competence and how hard they try. That is, when someone succeeds, he or she probably infers that 'I tried hard' or 'I am smart' and if the person does not succeed, he or she is likely to conclude that 'I did not try hard enough' or 'I am not very smart!' (Graham & Taylor, 2016, S. 13)

Die inhaltlich vielgestaltigen Ursachen, die Menschen als Erklärungen heranziehen, entfalten ihre Wirkung auf Kontroll- und Wertkognitionen bzw. Emotionen[11] über eine Reihe von Charakteristika, die ihnen gemeinsam sind – «the basic properties of these causes» – und wie diese gemeinhin interpretiert werden (Weiner, 1985, S. 549). In seiner attributionalen Theorie intrapersonalen Verhaltens postuliert Weiner (1985, 2005, 2012), dass hierbei insbesondere drei Kausaldimensionen relevant seien:

- Die Dimension Lokus (causal locus), von Heider (1958) bzw. Rotter (1982) übernommen (vgl. Abschnitt 5.3.3), bezieht sich auf die Verortung der Ursache und besteht aus den beiden Polen internal und external («weil es an mir liegt» vs. «weil es an den äußeren Umständen bzw. anderen Personen liegt»).
- Die Dimension Stabilität (causal stability) verweist auf die Veränderlichkeit der Ursachen: Sie treten entweder zeitlich stabil oder variabel auf («weil ich

---

werden die Informationen bei der Zuschreibung gewichtet? *Attributionale Theorien* widmen sich demgegenüber der Frage, welche Wirkung bestimmte Ursachenzuschreibungen auf das darauffolgende Handeln und Erleben des Individuums entfalten (vgl. Schunk et al., 2014, S. 83; Stiensmeier-Pelster & Heckhausen, 2010, S. 390).

[11] In der Attributionstheorie Weiners, die sich im weiteren Sinne als Erwartungs-Wert-Theorie versteht (vgl. Weiner, 2012, S. 136–140), erscheint die Wert-Komponente nicht als detailliert ausgearbeitete Komponente, sondern wird in den *Emotionen* eingefangen, die spontan durch die Ergebnisse *(Freude, Trauer)* oder durch die Ursachenzuschreibungen evoziert werden: *Stolz, Scham, Schuld* etc. In Kombination mit den Erfolgserwartungen prädiktieren die Emotionen behaviorale Aspekte: Das Wahlverhalten, das Engagement, die Persistenz sowie Leistungsergebnisse (vgl. Schunk et al., 2014, S. 105).

ständig so bin oder handle» bzw. «weil die Umstände immer so sind» vs. «weil ich manchmal so bin oder handle» bzw. «weil die Umstände dieses Mal so waren»).

- Die Dimension Kontrollierbarkeit (causal controllability) bezieht sich auf die volitionale Beeinflussbarkeit des Ursachenfaktors: Lässt sich der Grund für das Ergebnis durch das Individuum ändern («weil es durch mich beeinflussbar ist» vs. «weil es nicht meinem Willen unterliegt»)?[12] Kontrollierbarkeit ist, wie Weiner erkennt, nicht gänzlich unabhängig von der Lokus- und Stabilitätsdimension:

> Ist zum Beispiel eine Ursache sowohl internal als auch stabil (wie Fähigkeit), dann wird sie in der Regel auch als unkontrollierbar angesehen. Es gibt jedoch einige Ursachenfaktoren (wie z.B. momentane Stimmung und Müdigkeit), welche internal und variabel sind, jedoch nicht unter willentlicher Kontrolle stehen, während Anstrengung zwar ebenfalls internal und instabil, aber kontrollierbar ist. Daher scheint es vernünftig, Kontrollierbarkeit als dritte Dimension der Kausalität zu berücksichtigen. (Weiner, 1994, S. 271)

Jede Ursache lässt sich entlang der drei Kausaldimensionen im Achtfelderschema Weiners (1994, S. 271) (vgl. Tabelle 5.1) einordnen:

> For example, ability is typically perceived as internal, stable, and uncontrollable. When we attribute our failure to low ability, we tend to see this as a characteristic of ourselves, enduring over time, and beyond personal control. Effort, on the other hand, is also internal, but unstable and controllable. Failure attributed to insufficient effort indicates a personal characteristic that is modifiable by one's own volitional behavior. (Graham & Taylor, 2016, S. 13)

Ursachen der jeweils gleichen Zelle, so unterschiedlich sie inhaltlich sein mögen, führen gemäß Weiner stets zu denselben psychologischen Konsequenzen (vgl. Weiner, 1985, S. 566).

Die Dimension Lokus übt vor allem einen Einfluss auf den Selbstwert (selfworth, self-esteem) und entsprechende Emotionen aus (vgl. Abschnitt 5.3.2.2

---

[12] Weiner grenzt *Kontrollierbarkeit* von *Intentionalität* ab, die verschiedentlich auch als Kausaldimension vorgeschlagen wurde (vgl. Weiner, 1985, S. 566). Intentionalität impliziere *ein Bedürfnis* oder *ein Wunsch*, Kontrollierbarkeit dahingegen nicht. Dass es sich um zwei getrennte Dimensionen handle, sei zum Beispiel an der folgenden Aussage erkennbar: «Ich will mit dem Trinken aufhören, aber ich kann mich nicht kontrollieren». Die Absicht sei vorhanden, die Kontrollierbarkeit aber gering (vgl. Weiner, 1994, S. 271). Das Beispiel macht deutlich, dass sich der Ausdruck *Steuerbarkeit* als Synonym für *Kontrollierbarkeit* anbietet (vgl. Stiensmeier-Pelster & Heckhausen, 2010, S. 392).

und 5.5.1.4): Erfolge, die internal eigenen Fähigkeiten, Persönlichkeitsmerkmalen, eigener Anstrengung und Aufmerksamkeit oder dem eigenen Strategieeinsatz zugeschrieben werden, evozieren in höherem Maß die aktivierende Emotion Stolz (pride), als wenn diese external auf die situativen Umstände oder das Handeln anderer zurückgeführt werden. Umgekehrt werden die negativ-valenten aktivierenden Emotionen Scham und Schuld intensiver erlebt, wenn Misserfolge internalen Faktoren zugeschrieben werden (vgl. Graham & Taylor, 2016, S. 18; Pekrun & Perry, 2014, S. 121). Zur Steigerung, aber auch zum Schutz des Selbstwerts (vgl. Covington, 1992, S. 74–103) weisen Individuen bereits bei der intrapersonalen Ursachensuche einen hedonic bzw. self-serving bias (vgl. Miller & Ross, 1975) auf – sie zeigen die Tendenz, Erfolge eher internal und Misserfolge eher external zuzuschreiben –, und setzen bei Misserfolgen zum Zweck der Gesichtswahrung gegenüber Kommunikationspartnern mitunter auf die Strategie, externale Aspekte als ursächlich zu deklarieren – z. B. «leistungsstarke Klasse», «Einstellung der Lehrkraft» (vgl. Tabelle 5.1) (ausführlicher: vgl. Abschnitt 5.5.1.4). Gleichermaßen setzen auch Dritte – z. B. Lehrkräfte, Eltern oder Peers – die sich des self-serving bias in der Ursachenzuschreibung des Gegenübers durchaus bewusst sind (vgl. McAllister, 1996) zur Gesichtswahrung, zur Selbstwertförderung und zum Trost das Mittel einer Attribuierung auf externale Ursachen ein («Du solltest auch nicht außer Acht lassen, dass diese Aufgaben sehr schwer waren, der Notenschnitt war tief»). Mitunter weigern sie sich allerdings auch, affirmativ auf die selbstwertdienliche Rechtfertigungsstrategie des Betroffenen einzutreten («Nein, es lag an deiner fehlenden Anstrengung!») (vgl. Schunk et al., 2014, S. 106).

Die Dimension Stabilität wirkt sich vor allem auf die Kontrollüberzeugungen bzw. die Erfolgserwartung des Individuums aus (vgl. Weiner, 1985, S. 566). Werden Erfolge oder Misserfolge auf einen stabilen Faktor attribuiert (Fähigkeit, Talent oder habituelle Handlungsmuster, vgl. Tabelle 5.1), so ist die Wahrscheinlichkeit hoch, dass sie wieder auftreten, was im Erfolgsfall mit Zuversicht bzw. der positiv-valenten, aktivierenden Emotion Hoffnung (hope) und im Misserfolgsfall mit der negativ-valenten, deaktivierenden Emotion Hoffnungslosigkeit (hopelessness) bzw. bei gehäuftem Auftreten mit erlernter Hilflosigkeit (learned helplessness) einhergeht (vgl. Abschnitt 5.3.1). Wird auf variable Faktoren wie Anstrengung, insbesondere aber auf unkontrollierbare Ursachen wie Glück und Pech oder Krankheit (vgl. Tabelle 5.1) attribuiert, so schwankt das Individuum zwischen Hoffnung (hope) und Ängstlichkeit (anxiety), zwei aktivierenden, aber entgegengesetzt valenten emotionalen Zuständen und entsprechenden Folgen für

Tabelle 5.1 Beispiele von Ursachenzuschreibungen nach einem Misserfolg im dreidimensionalen Klassifikationsschema nach Weiner (1994, S. 271): Lokus, Stabilität und Kontrollierbarkeit (vgl. Perry & Hamm, 2017, S. 63; Adaptionen E.S.)

	internal		external	
	stabil	variabel	stabil	variabel
kontrollierbar	weil ich mich wie immer zu wenig vorbereitet habe	weil ich mich nicht auf diese Prüfung vorbereitet habe	weil die Lehrerin etwas gegen mich hat	weil meine Freunde mir dieses Mal nicht geholfen haben
unkontrollierbar	weil ich für dieses Fach völlig untalentiert bin	weil ich an jenem Tag Migräne hatte	weil ich in einer sehr leistungs-starken Klasse bin	weil ich dieses Mal einfach Pech mit den Prüfungsaufgaben hatte

Lernen und Leisten[13] (vgl. Graham & Taylor, 2016, S. 18; Pekrun, 2006, S. 320; Pekrun & Perry, 2014, S. 121; Weiner, 1985, S. 566).

Die Dimension Kontrollierbarkeit löst beim Individuum Folgerungen zur Verantwortlichkeit (responsibility inferences) für ein Ergebnis aus: «One is responsible (able-to-respond) for not expending effort, but not for lacking aptitude, which cannot be changed merely by willpower» (Weiner, 2012, S. 145). Fühlt man sich selber verantwortlich, werden die oben bereits angesprochenen selbstgerichteten Emotionen Scham (shame) und Schuld (guilt) empfunden, werden

---

[13] Pekrun und Kolleg*innen (vgl. Pekrun, Frenzel, Goetz & Perry, 2007; Pekrun & Götz, 2006; Pekrun & Perry, 2014; Pekrun & Stephens, 2010) postulieren in der *Control-Value Theory of Achievement Emotions,* dass die Charakteristiken von Emotionen folgende Wirkungen auf die Leistungsmotivation entfalten: *Positiv aktivierende Emotionen* sind motivationsförderlich, weil sie handlungsverstärkend *(Freude),* wertsteigernd *(Stolz)* oder kontrollförderlich *(Hoffnung)* wirken. *Negativ deaktivierende Emotionen* sind motivationshinderlich, weil sie mit geringen Kontrollüberzeugungen *(Hoffnungslosigkeit)* oder geringen Anreizen *(Langeweile)* assoziiert sind. *Positiv deaktivierende Emotionen* wie z. B. *Erleichterung* vermindern die unmittelbare Leistungsbereitschaft, können sich aber verstärkend bezüglich eines längerfristigen Engagements auswirken. Negativ aktivierende Emotionen wie z. B. *Ängstlichkeit* und *Scham* untergraben die Interessenbildung bzw. die intrinsische Motivation, evozieren aber eine starke extrinsische Motivation, vorangegangene Misserfolge nicht erneut zu erleben. Mit anderen Worten sind positiv deaktivierende Emotionen und negativ aktivierende Emotionen bedeutend komplexer und variabler in ihrer Wirkung auf die Leistungsmotivation als erstere (vgl. Pekrun & Perry, 2014, S. 132).

5.3 Subjektive Kontrolleinschätzungen

dahingegen andere für einen Erfolg oder Misserfolg verantwortlich gemacht, werden die fremdgerichteten Emotionen Dankbarkeit (gratitude) bzw. Ärger (anger) evoziert (vgl. Graham & Taylor, 2016, S. 22; Pekrun, 2006; Weiner, 1985, S. 565). Ursachen für einen Misserfolg in unkontrollierbaren Ursachen finden («ich bin unbegabt», «ich hatte Migräne», «ich bin in einer leistungsstarken Klasse», «ich hatte Pech», vgl. Tabelle 5.1) bedeutet ein Referieren auf strukturelle und somit schwer veränderbare Faktoren in einem selber oder in der Umwelt («so bin ich halt» bzw. «so ist/war es halt») und reduziert nicht nur die persönliche Verantwortlichkeit für das Ergebnis, sondern auch die Motivation, etwas daran zu ändern («es bringt ja doch nichts»). Willentlich beeinflussbare Ursachen für Misserfolge, so zeigt sich bei einem Blick auf Tabelle 5.1, sind dahingegen solche, die auf das eigene oder das Handeln anderer – also prozessuale Aspekte – verweisen. Selbst wenn man das hinderliche Handeln anderer bzw. die zugrundeliegenden Überzeugungen und Haltungen verantwortlich macht («weil die Lehrerin etwas gegen mich hat und mich benachteiligt», «weil meine Freunde mir dieses Mal nicht geholfen haben»), besteht hierbei die Möglichkeit, im Sinne von «volitional change» (Weiner, 2012, S. 144) aktiv auf diese Prozesse Einfluss zu nehmen und die Bedingungen des zukünftigen Leistungsereignisses zu optimieren (sich z. B. an die Lehrerin wenden und den Eindruck einer ungerechten Behandlung ansprechen bzw. vor der nächsten Prüfung früh die Peers kontaktieren, um Termine für das gemeinsame Lernen festzulegen)[14].

Wie Weiner (2012) im Rahmen seiner attributionalen Theorie interpersonalen Verhaltens postuliert, übt die Dimension Kontrollierbarkeit wegen des impliziten Aspekts der Verantwortlichkeit denn auch bei der Attribuierung von Erfolg und Misserfolg durch Dritte einen entscheidenden Einfluss auf deren emotionale und behaviorale Reaktion aus: Kommen sie in ihrer kausalen Suche nach einem Misserfolg des Kindes zum Schluss, dass das Ergebnis an dessen fehlenden Anstrengung, also an einer willentlich kontrollierbaren Ursache, lag und erkennen sie keine lindernden Umstände, so machen sie das Kind verantwortlich und reagieren mit Ärger, einer Emotion, die wiederum ablehnende Verhaltensweisen, Tadel und Strafe begünstigt. Mitgefühl oder Mitleid und entsprechende Verständnisbekundungen und Hilfsangebote durch das soziale Umfeld resultieren dahingegen bei einer Zuschreibung des Misserfolgs auf nichtkontrollierbare Ursachen wie fehlende Begabung (vgl. Graham & Taylor, 2016, S. 22; Weiner, 2012).

---

[14]Zur Kontroverse um die Frage, ob eine Ursache, die außerhalb einer Person angesiedelt sei, durch diese kontrollierbar sei, vgl. Schunk et al. (2014, S. 101).

5.3.3.2 Empirische Befunde zur Funktionalität von Attributionen und von attributionalem Feedback

Die Befunde empirischer Studien im Bereich der Lern- und Leistungsmotivation, die in den letzten vierzig Jahren entstanden sind, stützen generell die Annahmen der intra- und interpersonalen Attributionstheorie Weiners bezüglich der Konsequenzen der drei Kausaldimensionen auf Kontrollkognitionen und Emotionen sowie subsequent auf Engagement, Persistenz und Leistung (zsf. Dresel, 2004, S. 46–65; Graham & Taylor, 2016; Stiensmeier-Pelster & Heckhausen, 2010, S. 417–421; Weiner, 1986, 2012). Namentlich Unterschiede in der Stabilität und der Kontrollierbarkeit, die Individuen bei Anstrengungs- und Fähigkeitsattributionen wahrnähmen, so fassen Perry und Hamm (2017) zusammen, seien bewiesenermaßen für eine Reihe von motivationalen und behavioralen Folgen in Leistungssituationen verantwortlich:

> Although both causes are internal, ascribing poor performance to low ability (stable, uncontrollable) decreases motivation, whereas low effort (unstable, controllable) increases motivation. Lack of effort, bad strategy, or poor note taking are controllable causes often ascribed for failure, but because they can be altered by trying harder, using a better strategy, or taking clearer notes, they can increase motivation and performance. External (uncontrollable) causes, such as bad luck, poor teaching, or test difficulty, may create less negative affect and are less harmful to pride and self-esteem, but they are likely to impair motivation nonetheless. (Perry & Hamm, 2017, S. 63)

Bezüglich der Funktionalität einer Ursachenzuschreibung auf Fähigkeit oder Anstrengung im Hinblick auf kommende Lern- und Leistungssituationen – demjenigen Aspekt, der mit Blick auf elterliche evaluative Feedbacks besonders interessiert – fällt die Befundlage im Misserfolgsfall recht eindeutig aus (vgl. Dresel, 2004, S. 64–65; Dresel & Lämmle, 2017, S. 114): Je stärker bei einem Misserfolg nicht nur auf variable Faktoren attribuiert wird, sondern auf solche, die auch kontrollierbar sind, desto höher fällt generell die Erfolgserwartung aus. Die Attribution auf fehlende Anstrengung oder ungenügenden Strategieeinsatz kann nach Misserfolgen sodann vor dem Absinken des fachlichen Fähigkeitsselbstkonzepts und des Selbstwerts bewahren (z. B. Skaalvik, 1994), wohingegen die wiederholte Attribution auf fehlende Fähigkeit bzw. Begabung in einer (zu) pessimistischen Einschätzung eigener Handlungsmöglichkeiten bzw. in Hilf- und Hoffnungslosigkeit resultieren kann (vgl. Stiensmeier-Pelster & Heckhausen, 2010, S. 420–421). Die Zuschreibung eines Misserfolgs auf externale Ursachen (z. B. Pech), wirkt sodann tatsächlich selbstwertwahrend. Allerdings besteht Einigkeit darüber, dass

5.3 Subjektive Kontrolleinschätzungen

solche Attributionsmuster, «[...] als wenig motivationsförderlich bezeichnet werden [sollten], da sie keine zukünftigen Anstrengungen implizieren» (Dresel, 2004, S. 64).

Aus dieser Befundlage lassen sich bei Misserfolgen mit Blick auf die schematische Darstellung des Kompetenzsystems von Skinner (1995, S. 20) (vgl. Abbildung 5.1) zwei generelle Attributions-Emotions-Motivations-Performanz-Pfade (attribution-based paths) ausmachen (vgl. Perry & Hamm, 2017), die sich hinsichtlich ihrer Funktionalität deutlich unterscheiden:

- Auf dem maladaptiven Pfad wird ein Misserfolg auf die unkontrollierbare, stabile, internale Ursache fehlende Begabung/Fähigkeit zurückgeführt, was mit einer geringen Kontrolleinschätzung und entsprechenden negativen Emotionen und unliebsamen Effekten auf den Selbstwert einhergeht, woraus wiederum ungünstige motivationale Zustände und entsprechend ungenügende Bemühungen resultieren, welche letzten Endes in erneute Misserfolge münden (vgl. Perry & Hamm, 2017, S. 71). Letztere wirken dann wiederum ungünstig-stabilisierend auf die Attributionsprozesse zurück (vgl. Kelley & Michela, 1980).
- Auf dem adaptiven Pfad wird ein Misserfolg auf kontrollierbare, variable Faktoren – fehlende Anstrengung, schlechte Strategien oder geringe Aufmerksamkeit – attribuiert, was mit erhöhten Kontrolleinschätzungen («ich kann es in den Griff kriegen») und entsprechenden Affekten einhergeht, die wiederum zu günstigeren motivationalen Zuständen führen, welche die Wahrscheinlichkeit eines Erfolgs und günstige Folgerungen bei der kausalen Suche erhöhen (vgl. Perry & Hamm, 2017, S. 71).

Experimentelle oder quasiexperimentelle Studien zu Reattributionstrainings (attributional retraining programs) – im Labor oder in Schule und Unterricht durchgeführte Interventionen, die darauf abzielen, betroffene Kinder, Jugendliche (zsf. Schunk et al., 2014, S. 115–119) oder junge Erwachsene (zsf. Perry & Hamm, 2017) mittels verbalem oder schriftlichem attributionalem Feedback oder videobasierten Modellierungstechniken von einem maladaptiven Pfad abzubringen –, belegen nicht nur, dass mittels solchen Feedbacks erfolgreich von außen in den Zuschreibungsprozess Einfluss genommen und ein funktionaler Attributionsstil mit den genannten Konsequenzen initiiert werden kann, sondern auch, unter welchen Bedingungen solche Interventionen die intendierten Wirkungen entfalten (zsf. Dresel, 2004, S. 66–89; Ziegler & Finsterwald, 2008). Wie die Übersichtsdarstellung bei Perry und Hamm (2017) zeigt, erweisen sich in

Misserfolgssituationen zumindest bei Universitätsstudierenden folgende vier attributionsbasierten Interventionsstrategien (a, b, c oder d) bezüglich ausgewählter Kriterien als wirksam:

- Zur Förderung eines Attributionsstils, der nach Misserfolgen generell auf kontrollierbaren Ursachen (internal oder external sowie stabil oder variabel) oder aber auf internal, variabel und kontrollierbaren Ursachen beruht, erwiesen sich die Strategien a) Betonen kontrollierbarer Ursachen (ungenügende Anstrengung, schlechte Lernstrategien, fehlende Aufmerksamkeit) oder b) das Herunterspielen unkontrollierbarer Ursachen sowie c) die Kombination aus beidem als erfolgreich (vgl. Perry & Hamm, 2017, S. 76).
- Zur Förderung günstiger emotionaler Zustände (z. B. mehr Lernfreude, Hoffnung oder Stolz, weniger Langeweile, Scham oder Hilflosigkeit) erwiesen sich nach erlebten Misserfolgen bzw. bei ursprünglich pessimistischen Studierenden a) das Betonen kontrollierbarer Ursachen sowie c) die Kombination aus Betonen kontrollierbarer Ursachen und gleichzeitigem Herunterspielen unkontrollierbarer Ursachen als produktiv (vgl. Perry & Hamm, 2017, S. 76).
- Signifikant bessere Testergebnisse oder Noten als die Kontrollgruppe sowie positive Effekte auf die Persistenz ließen sich in Feldstudien, die sich z. T. über mehrere Semester erstreckten, bei wenig zuversichtlichen Studierenden durch die Strategien a) Betonen kontrollierbarer Ursachen sowie c) Kombination aus Betonen kontrollierbarer Ursachen und gleichzeitigem Herunterspielen unkontrollierbarer Ursachen nachweisen. In mehreren Laborstudien konnten sodann Leistungsgewinne nachgewiesen werden, wenn die Strategie d) dimensionale Eigenschaften der Ursachen verändern («Fähigkeit ist unstabil und kann durch beharrliche Anstrengung verbessert werden!») eingesetzt wurde (vgl. Perry & Hamm, 2017, S. 77).

Auf der Basis ihrer Metaanalyse von 58 attributionsbezogenen Interventionsstudien, die zwischen 1980 und 2006 durchgeführt wurden, werfen Ziegler und Finsterwald (2008) ferner ein Licht auf die Frage, welche spezifische Ursachenangabe sich bei Feedback, das auf kontrollierbare internale Gründe abhebt, als besonders produktiv herausstellt. Sie kommen zum Schluss, dass sich bei Misserfolgen speziell «[…] das attributionale Feedback, nicht ausreichende beziehungsweise falsche Lernstrategien angewandt zu haben, als sehr positiv [erweist]» (Ziegler & Finsterwald, 2008, S. 425). Schunk et al. (2014) raten bezüglich dieser Frage auf der Basis eigener Forschung (vgl. Schunk, 1984; Schunk & Rice, 1996), vor allem darauf zu achten, ein akkurates Feedback zu geben, um in den Augen der Lernenden glaubwürdig zu erscheinen (vgl. Abschnitt 5.7):

5.3 Subjektive Kontrolleinschätzungen

One suggestion is to attribute all failures to low effort and encourage students to make this low effort attribution. This often is good advice; it communicates to students that they can do better because effort is an unstable, internal, and controllable cause that students can change. However, there are occasions when students work hard and still perform poorly because they lack the skills or knowledge for the task. In these situations, students know they worked hard, and to be told by the teacher [or the parent] to keep trying harder can be frustrating and lead to a discounting of [this person's] feedback. It would be more accurate to point out to students the skills or knowledge that they lack, communicate that skills and knowledge can be learned, and then teach these skills and knowledge. (Schunk et al., 2014, S. 118)

Auch Dresel (2004, S. 78–79) rät aufgrund von Befunden, wonach die ausschließliche Darbietung von Anstrengungsattributionen nach Misserfolgen von begrenzter Effektivität sei, weniger die Quantität, sondern die Qualität der Anstrengung zu betonen und im Sinne einer Strategievermittlung zusätzlich zum Feedback Hinweise zu geben, wie die Qualität des Lernens gesteigert werden könnte.

Im Erfolgsfall ist die Handlungsfunktionalität von Fähigkeits- und Anstrengungsattributionen weit weniger eindeutig (vgl. Dresel, 2004, S. 64–65). Während Einigkeit darüber besteht, dass bei Erfolgen die Ursache grundsätzlich bei internalen Faktoren festgemacht werden sollte – externale Zuschreibungen zeitigen in diesem Fall weder auf den Selbstwert noch auf Kontrollüberzeugungen positive Effekte –, und sich Attributionen auf Fähigkeit und Begabung grundsätzlich positiv auf das Fähigkeitsselbstbild auswirken, ist bis dato ungeklärt, ob wegen des Aspekts der Unkontrollierbarkeit dieses Ursachenfaktors mit einer reduzierten Anstrengungsbereitschaft zu rechnen ist. Nimmt man Erfolge als stabil wahr, kann man seinen Aufwand vor Leistungsereignissen reduzieren und braucht keine Ressourcen in die Entwicklung ausgefeilterer Lern- und Arbeitsstrategien zu investieren. Dies könnte sich gerade nach Übertritten im Kontext von Bezugsgruppeneffekten negativ auswirken, wenn sich Kinder und Jugendliche in Folge der Selektion in einer leistungshomogeneren Klasse wiederfinden, in der nun ein Anforderungsniveau herrscht, welches von ihnen ein erhöhtes Engagement und entsprechende selbstregulativen Techniken verlangt (vgl. Abschnitt 3.2). Auch bezüglich der affektiven Konsequenzen von Fähigkeits- vs. Anstrengungsursachen sind die Befunde uneindeutig, wie Dresel festhält: «[Es] kann lediglich als gesichert gelten, dass Fähigkeitszuschreibungen ein Gefühl von Kompetenz und Anstrengungsattributionen ein Gefühl von Tüchtigkeit auslösen» (Dresel, 2004, S. 65). Anders als Fähigkeitsattributionen gelten Anstrengungsattributionen bei einem Erfolg gemeinhin aber als selbstwertgefährdend («Ich bin im Vergleich zu meinen Klassenkameradinnen und -kameraden leider jemand, der für einen Erfolg ständig hartes Arbeiten nötig hat»).

Grundsätzlich, so wird deutlich, dürfte also die Art der Verknüpfung der beiden Ursachenfaktoren in der kausalen Suche zentral sein (vgl. Dresel, 2004, S. 65; Kelley, 1973): Problematisch erscheinen auf der Basis des eben Geschilderten vor allem kompensatorische Verknüpfungen («Ich habe mich für diesen Erfolg im Vergleich zu meinen Klassenkamerad*innen stark bemühen müssen, also bin ich wohl nicht so begabt» bzw. «Ich musste mich im Vergleich zu meinen Klassenkamerad*innen kaum anstrengen. Da ich offenbar so begabt bin, ist besondere Anstrengung auch weiterhin nicht notwendig»). Bei positiv kovariierenden Verknüpfungen («wegen meinen durch Anstrengung besser gewordenen Fähigkeiten» bzw. «wegen meinen Fähigkeiten, die sich durch Anstrengung noch laufend erweitern») − wenn Individuen also eine incremental theory of intelligence bzw. eine mastery goal orientation (vgl. Blackwell et al., 2007; Hong et al., 1999) erkennen lassen (vgl. Abschnitt 4.2.1.2), dürften dahingegen weder der negative Effekt, den Fähigkeitsattributionen potentiell auf die Anstrengungsbereitschaft ausüben, noch die selbstwertgefährdenden Implikationen, die mit Anstrengungsattributionen nach Erfolgen einhergehen, eine Rolle spielen (vgl. Dresel & Ziegler, 2006, S. 51).

In seiner Studie zu attributionalem Feedback, welches 545 Siebtklässler*innen im Rahmen der Bearbeitung einer Mathematiklernsoftware in sechs Sitzungen dargeboten wurde, konnte Dresel (2004) belegen, dass wenn kontinuierlich entweder nur Begabungs- oder nur Anstrengungsfeedbacks erfolgten, der jeweils andere Ursachenfaktor im Sinne kompensierender Verknüpfungen in stärkerem Maße abgewertet wurde, als dies bei rein internen Attribuierungen der Schülerinnen und Schüler der Fall war. Die Tatsache, dass jemand einem gegenüber immer wieder betont, dass man begabt sei oder aber, dass man sich sehr anstrenge, scheint demnach die Tendenz eines einseitigen Attribuierungsstils zu verstärken.

Die vorliegenden Befunde implizieren [...], dass zwischen Selbstattribuierungen und der Verarbeitung von Fremdattributionen spezifische Unterschiede bestehen, die gerade daraus resultieren, dass Beobachter in der Regel nur die wichtigste von ihnen wahrgenommene Ursache mitteilen, während eigene Handlungen durch multiple Bedingungen erklärt werden. (Dresel, 2004, S. 205)

Bemerkenswerterweise zeigte sich in der Studie auch, dass sich bei der Darbietung von lediglich einem der beiden Ursachenfaktoren die oben angesprochenen negativen Effekte einstellten: Kontinuierliches Fähigkeitsfeedback führte bereits kurzfristig zu einer Anstrengungsreduktion und, vermittelt über subsequent eingetretene Misserfolge, längerfristig (Posttest nach zwei Wochen sowie

5.3 Subjektive Kontrolleinschätzungen

Follow-up nach sechs Monaten) zu ungünstigen Kontroll- und Wertkognitionen sowie entsprechenden Emotionen. Die postulierten selbstwertgefährdenden Effekte von stetigen Anstrengungsfeedbacks manifestierten sich längerfristig in fehlenden Zuwächsen beim mathematikbezogenen Fähigkeitsselbstkonzept sowie in Abwertungen von mathematischen Aktivitäten. Schülerinnen und Schüler, die ausschließlich Fähigkeitsattributionen nach Erfolgen erhielten, gaben den Rückmeldungen ferner höheres Gewicht und bauten die Ursachenzuschreibung in stärkerem Maß in ihren Attributionsstil ein, als solche, die lediglich Anstrengungsattributionen erhielten. Dresel meint, dass dies dafür spreche, dass bei Fremdattributionen im Sinne eines self-enhancements (vgl. Abschnitte 5.3.2.2 und 5.5.1.4) vor allem die selbstwertdienlichen Ursachen in den eigenen Attributionsstil übernommen würden (vgl. Dresel, 2004, S. 205).

Attributionales Feedback nach Erfolgen, so lässt sich daraus schließen, sollte also sowohl aus fähigkeits- als auch aus anstrengungsbezogener Information bestehen. Die Sequenzierung der beiden Ursachenzuschreibungen dürfte dabei aber zentral sein. Bei einer intermittierenden Darbietung, also der zufälligen Fremdzuschreibung mal der einen, mal der anderen Ursache, ergeben sich gemäß der Studien von Dresel (2004) und Schunk (1983) keine vorteilhafteren Effekte als bei der ausschließlichen Darbietung lediglich eines der beiden Faktoren. Vielmehr gibt es Hinweise, dass es ratsam ist, eine Feedbackstrategie zu wählen, bei der Erfolge zeitlich separiert zu Beginn der Beschäftigung mit einem neuen Lernbereich erst mit Anstrengung und mit fortschreitendem Wissenserwerb schließlich mit Fähigkeit erklärt werden. Wie Dresel belegen kann, ist diese Sequenzierungsform derjenigen mit der umgekehrten Reihenfolge deutlich überlegen:

Die Sequenzierungsform, die mit der Darbietung von Anstrengungsattributionen einsetzte, war jener, bei der Erfolge zunächst mit Fähigkeitsattributionen kommentiert wurden, in der unmittelbaren und vor allem in der langanhaltenden Wirkung deutlich überlegen. Schüler(innen), denen nach frühen Erfolgen bei der Bearbeitung [der Mathematiklernsoftware] Erklärungen durch ihre hohen ·Anstrengungen nahegelegt wurden, nahmen diese Attribution im Mathematikunterricht nach Erfolg und Misserfolg in stärkerem Ausmaß vor, sahen Misserfolge stärker als Ausnahmefall an, verfügten über höhere Kontrollüberzeugungen und bewerteten mathematische Aktivitäten höher als Schüler(innen), deren Erfolge zu Beginn des Trainings auf ihre hohen Fähigkeiten zurückgeführt wurden. (Dresel, 2004, S. 202)

In der Studie von Dresel und Ziegler (2006) ließen sich mit der Feedbacksequenz «Anstrengung-Fähigkeit» – und wiederum nur mit dieser Kombination – unmittelbare und über sechs Monate stabil bleibende Förderwirkungen bezüglich des fachlichen Selbstkonzepts, der Kontrollüberzeugungen sowie bezüglich der Hilflosigkeit feststellen. Insbesondere gelang es mit dieser Feedbacksequenz aber auch, kurzfristig und langfristig signifikante Trainingseffekte im Bereich der impliziten Fähigkeitstheorie der jugendlichen Proband*innen zu erzielen: Die Fremdattribution von Anfangserfolgen auf Anstrengung und das Zurückführen des Meisterns der zunehmend komplexer werdenden Problemstellungen auf Fähigkeit scheint in den Augen der Lernenden demnach nicht nur eine hohe Plausibilität und Glaubwürdigkeit zu besitzen, sondern auch die Sicht zu fördern, wonach Fähigkeit etwas durch Anstrengung Modifizierbares sei.

Jemandem gegenüber Vertrauen in dessen Kompetenz auszudrücken und Zweifel und Kritik zurückzuhalten dürfte gerade für Personen von großer Bedeutung sein, die sich in einer schwierigen Lage wähnen. Entsprechende Befunde zusammenfassend meint Bandura (1997, S. 101), jemanden in einer solchen Situation zu ermutigen, sich ihm gegenüber verbal, gestisch und mimisch optimistisch auszudrücken («Ich bin sicher, dass du das kannst»), erleichtere es dem Adressaten, auf die eigenen Stärken zu fokussieren, Selbstzweifel zurückzudrängen und einen zusätzlichen Effort zu leisten.

5.4 Unterschiedliche Kontrollkonstrukte: Implikationen für die Analyse elterlicher evaluativer Feedbacks gegenüber dem Kind

In der vorliegenden Studie stehen Interventionen in Form elterlicher «Kontrollregulationen» bzw. «evaluativer Feedbacks» – mit Kluger und DeNisi (1996, S. 235) verstanden als «actions taken by an external agent to provide information regarding some aspect(s) of one's task performance» – im Fokus. Ausgelöst a) durch Leistungsergebnisse des Kindes (z. B. die Note in einer Mathematikprüfung zu Satzaufgaben oder die Anzahl gelöster Aufgaben im Rechenbuch etc.), b) durch Beobachtungen des Verhaltens des Kindes im Rahmen des häuslichen schulbezogenen Lernens (z. B. «Sie ist genervt und trödelt in ihrem Zimmer herum, statt auf die anstehende Englischprüfung zu lernen») oder c) durch Schilderungen des Kindes hinsichtlich seiner Emotionen und Handlungen im Kontext von Lern- und Leistungssituationen (z. B. «Mama, ich fürchte mich vor der anstehenden Prüfung») bzw. d) durch Schilderungen Dritter (z. B. «Deine Lehrerin meinte, du würdest dich im Unterricht zu wenig melden...») evaluieren die Eltern vor dem Hintergrund ihrer bildungsbezogenen Überzeugungen, kindspezifischen Erwartungen generellen und Aspirationen (vgl. Abschnitte 2.2.2.4 und 4.2.1.2) in den interessierenden Handlungsepisoden die Situation, indem sie ihrem Kind

5.4 Unterschiedliche Kontrollkonstrukte: Implikationen für die Analyse ...

gegenüber einen bestimmten aus ihrer Sicht bedeutsamen Aspekt hervorheben und eine Aussage dazu machen, inwieweit es diesen Aspekt beherrsche bzw. unter Kontrolle oder «im Griff» (Frenzel & Stephens, 2017, S. 38) habe.

Allerdings werden solcherlei kontrollbezogenen Aussagen sprachlich vielfältig realisiert, was vom Kind und den Forschenden Interpretationsleistungen abverlangt. Während in den betreffenden Sequenzen die Intention des Elternteils, dem Kind evaluatives Feedback zu geben, meist auf Anhieb zu erkennen ist, fällt es auf den ersten Blick nicht immer ebenso leicht zu entscheiden, auf welchen Aspekt der Elternteil in seinem Feedback genau abzielt. Dies lässt sich an der folgenden, bereits in Abschnitt 1.2 kurz erläuterten Sequenz der Mutter S11 illustrieren:

S11: […] es nervt mich manchmal auch ein bisschen, wenn ich sage: «K03, wach auf!» […] **Ich sage: «K03, du bist fähig, Fünfen nach Hause zu bringen. Warum kommst du manchmal mit einer Viereinhalb oder Vier nach Hause? Nur weil du es ein bisschen locker genommen hast?»** […] Deswegen nervt es mich, wenn auch die Lehrerin und der Lehrer sagten: **«Du kannst es, aber du willst es einfach nicht wahrhaben».** (Interview G1, 00:40:52)

Die zweite eingeschobene direkte Rede (Ich sage: «K03, du bist fähig, …) ist explizit kompetenz- bzw. kontrollbezogen und besteht aus mehreren Teilaussagen: «du bist fähig, Fünfen[15] nach Hause zu bringen», «du kommst manchmal mit einer Viereinhalb oder einer Vier nach Hause» sowie «es liegt daran, dass du jeweils zu wenig ernsthaft lernst». Der Folgesatz macht deutlich, dass die beiden letzten Aussagen zwar als Fragen formuliert waren, es sich dabei aber um rhetorische Fragen handelt, mit denen die Mutter ihren Aussagen mehr Prägnanz verleihen möchte. Ferner gibt es in der Sequenz noch eine dritte direkte Rede, in der sich die Mutter auf Aussagen der Lehrkraft bezieht, welche sie inhaltlich teilt: «du kannst es (Fünfen schreiben)», «du schätzt die Bedeutung eines solchen Handelns unzureichend ein».

Worin besteht die kontrollbezogene Botschaft bzw. bestehen die kontrollbezogenen Botschaften, die der Elternteil dem Kind in dieser Episode vermitteln will? Gemäß der Systematisierung von Kontroll-Konstrukten Skinners (1996) gilt es, im Sinne der agent-ends relation (vgl. Abbildung 5.2) das Situationselement zu suchen, auf das der Elternteil hier mit seiner Aussage abzielt: Was ist es, was das Kind in den Blick nehmen soll? Worüber möchte der Elternteil dem Kind ein aus seiner Sicht angemessenes Bild dazu vermitteln, inwiefern es diesen Aspekt «im Griff» habe? Um dies zu analysieren, müssen das Kind und die Forschenden

---

[15] Die Note 5 entspricht in der Schweiz dem Prädikat «gut» (vgl. Fußnote 3).

die Teilaussagen so in Beziehung setzen, dass eine stringente Botschaft erkennbar wird.

Diese könnte in einem ersten Schritt so lauten: «Merke dir, du bist fähig, gute Noten nach Hause zu bringen, aber manchmal bringst du nur mäßige oder knapp genügende Noten nach Hause, was daran liegt, dass du das Lernen zu locker nimmst». Ersetzt man die Wendung nach Hause bringen mit den situationsnaheren Verben hervorbringen oder schreiben, so entsteht daraus der Satz: «Du bist fähig, gute Noten zu schreiben, aber manchmal bringst du nur mäßige oder knapp genügende Ergebnisse hervor, was daran liegt, dass du das Lernen immer mal wieder zu locker nimmst».

Bei der ersten Teilaussage «Du bist fähig, gute Noten zu schreiben» äußert der Elternteil einerseits einen agent-means belief bzw. eine kompetenzbezogene Überzeugung, wobei es sich um eine globale selbstwirksamkeitsbezogene Aussage handelt, insofern als keine spezifische Domäne genannt wird und das eigentlich vorhandene Potential einer erfolgreichen Handlungsdurchführung thematisiert wird («du kannst deine Intentionen grundsätzlich erfolgreich umsetzen»).

Legt man den Fokus der Aussage stärker auf den Aspekt des genannten Ergebnisses («du kannst Fünfen schreiben»), so tritt die agent-ends-Dimension dieser Aussage stärker hervor, die im nächsten Teilsatz aber eingeschränkt wird («du bringst manchmal Viereinhalben und Vieren hervor». Der Aspekt, auf den die Mutter mit ihrer kontrollbezogenen Aussage mit hoher Wahrscheinlichkeit abzielt, aber nicht wörtlich so formuliert, dürfte hier in der Stabilität der Erbringung guter Leistungen liegen: «Du hast das Erbringen stabil guter Leistungen nicht im Griff».

Im nächsten Teilsatz wird ferner die Kausalitätsüberzeugung, also der means-ends belief, aber indirekt auch ein weiterer agent-means belief der Mutter deutlich: «weil du es manchmal mit dem Lernen zu locker nimmst». Das Nicht-im-Griff-haben der – eigentlich möglichen – Zielerreichung liegt mit anderen Worten am unsteten und unzureichenden Erarbeiten des betreffenden Wissens.

Formalisieren lassen sich die bisherigen Analyseschritte in folgendem Frame: «Merke dir: Du hast … [den schulischen task X] [in bestimmten Maß (nicht)] im Griff, weil du … [vom Elternteil vorgebrachte attributionale Argumente Y und Z].»

Im Rahmen des Codierens oblag es den analysierenden Personen, das vom jeweiligen Elternteil in der kontrollbezogenen Handlungsepisode Gemeinte möglichst nah an der Originaläußerung in der geschilderten Weise in die mit eckigen Klammern versehenen offenen Stellen dieses Frames einzufügen (vgl. Abschnitt 1.2 und Abschnitt 6.4.2). So wurden die sprachlich vielfältigen Stellen im Hinblick auf die Inhaltsanalyse in ein einheitliches Format gebracht, das die relevante Information bezüglich ihres propositionalen Gehaltes deutlich hervortreten ließ (vgl. Linke, Nussbaumer, Portmann, Willi & Berchtold, 2004, S. 210–216). Für das vorliegende Beispiel resultiert bisher demnach die geframte Aussage:

«Merke dir: Du hast das Erbringen stabil guter Leistungen [in bestimmtem Maß] nicht im Griff, weil du dir das notwendige Wissen immer mal wieder nur unzureichend erarbeitest.»

5.4.1 Die Darbietung attributionaler Argumente durch die Eltern: Ein Kategoriensystem

Nun stellt sich aus der Sicht des Kindes (und der Forschenden) die Frage, wie sehr der Elternteil glaubt, dass es den betreffenden, offenbar wichtigen Lern- und Leistungsaspekt «im Griff» – bzw. wie im vorliegenden Beispiel – «nicht im Griff» habe. Für das Kind dürfte diese Information zentral sein, gibt sie ihm doch Hinweise dazu, wie zuversichtlich oder pessimistisch es bezüglich des Meisterns aktueller oder zukünftiger Lern- oder Leistungssituationen sein kann.

Im Kontext der Befunde zu den Effekten von Attributionen bzw. von attributionalem Feedback auf Kontrolleinschätzungen und -überzeugungen (vgl. Abschnitt 5.3.3.2) wird deutlich, dass hierfür die im Weil-Satz formulierten Gründe bzw. deren konkrete Konfiguration hinsichtlich der Stabilitäts-, der Kontrollierbarkeits- und der Lokus-Dimension dem Kind (und den Forschenden) die entscheidenden Hinweise geben.

Dies lässt sich zuerst an zwei wenig komplexen Begründungstypen (vgl. Abbildung 5.3) illustrieren: So signalisiert der Elternteil, wie in Abschnitt 5.3.3 unter dem Stichwort *situation-outcome expectancy* angesprochen, beispielsweise eine hohe Kontrolle, wenn er mit Aussagen zur Situation operiert, die durch stabile Bedingungen gekennzeichnet sind und per se mit hoher Wahrscheinlichkeit ein für das Kind günstiges, also positiv-valentes Ergebnis zeitigen: z. B. «weil du eine Lehrerin hast, die dir immer gut gesinnt ist» bzw. «weil vor den Ferien keine Zeit mehr ist, eine Prüfung durchzuführen». Obwohl in diesem Fall die Kontrollierbarkeit, also die willentliche Beeinflussbarkeit durch das Kind, gering ist, signalisiert der Elternteil, wenn er mit einem Weil-Satz operiert, der positiv-valente stabile Bedingungen in der Situation oder bei Handlungspartnern anspricht, dass es die entsprechende schulische Aktivität oder das Leistungsereignis «gut im Griff habe» und folglich zuversichtlich sein könne. Unter der Bedingung, dass das Kind dem elterlichen evaluativen Feedback Glauben schenkt (vgl. Abschnitt 5.3.3.2 und 5.7) und den elterlichen Appell zur Internalisierung des Feedbacks («Merke dir!»)

ernst nimmt, erzeugen die Eltern mit dem Einsatz diese Begründungstyps die aktivierende Emotion Hoffnung (vgl. Pekrun, 2006, S. 320; Pekrun & Perry, 2014, S. 121; Weiner, 1985, S. 566). Umgekehrt dürfte die signalisierte Kontrolle sehr tief sein («du hast es sehr schlecht im Griff»), wenn der Elternteil stabil ungünstige durch das Kind nicht willentlich beeinflussbare Bedingungen – im Sinne einer negativen situation-outcome expectancy – ins Feld führt: z. B. «weil dir in unserer Familie niemand bei diesen Mathematikhausaufgaben helfen kann». In diesem Fall wird dem Kind bedeutet, dass bezüglich einer aktuellen schulischen Aktivität oder eines anstehenden Leistungsereignisses kein Grund für Zuversicht bestehe. Falls das Kind das im Weil-Satz eingesetzte Argument für glaubwürdig bzw. zutreffend hält, dürften die Eltern bei ihm zumindest Angst erzeugen, und falls es für sich selber keine Argumente aufbringt, die seine (Netto-)Kontrolleinschätzung zu erhöhen vermögen (z. B. «ich könnte wohl morgen vor dem Unterricht mit meinen Freunden noch etwas auf die Mathematikprüfung lernen») gar die negativ deaktivierende Emotion Hoffnungslosigkeit evozieren (vgl. Pekrun, 2006, S. 320; Pekrun & Perry, 2014, S. 121; Weiner, 1985, S. 566).

Wie hoch oder tief ist nun der signalisierte Kontrollgrad im Beispiel der oben erörterten Handlungsepisode der Mutter S11 zu veranschlagen? Die in den Frame übertragene Aussage lautet bisher: «Merke dir: Du hast das Erbringen stabil guter Leistungen [in bestimmtem Maß] nicht im Griff, weil du dir das notwendige Wissen immer mal wieder nur unzureichend erarbeitest.» Im Weil-Satz wird hier das «unzureichende» Handeln des Kindes angesprochen, was die im Hauptsatz signalisierte Kontrolle ins Negative wendet: «Du hast es nicht im Griff». Der Grad des «Nicht-im-Griff-Habens» bemisst sich nun an den Ausprägungen, die die drei Kausaldimensionen Lokus, Stabilität und Kontrollierbarkeit aufweisen: Das vom Elternteil hervorgebrachte negativ-valente Argument beruht auf einem internalen Aspekt («etwas Unzureichendes, das in dir liegt»), der aber willentlich beeinflussbar ist («dein unzureichendes, aber grundsätzlich veränderbares Lernen) und wenigstens nicht ständig, sondern lediglich variabel auftritt («dein unzureichendes manchmal auftretendes Lernen»). Vor allem der Umstand, dass der vorgebrachte negative Grund durch das Kind veränderbar ist und schon jetzt nicht ständig auftritt, dürfte dem Kind signalisieren, dass der Elternteil nicht der Meinung ist, dass Grund für Hoffnungslosigkeit bezüglich des in der Kontrollregulation thematisierten Zielaspekts – hier das Erbringen stabil guter Leistungen – bestehe, und mit anderen Worten zwar nur ein geringes Maß an «nicht-im-Griff-Haben» vorliege, aber dennoch Anlass bestehe, sich deswegen Sorgen zu machen:

«Merke dir: Du hast das Erbringen stabil guter Leistungen eher schlecht im Griff, weil du dir das notwendige Wissen immer mal wieder nur unzureichend erarbeitest.»

5.4 Unterschiedliche Kontrollkonstrukte: Implikationen für die Analyse ...

Wie in den obigen drei Beispielen deutlich wird, wurde in der Analyse des Datenmaterials (vgl. Abschnitt 7.2.3.3) eine ordinalskalierte Codierung des vom Elternteil signalisierten Maßes an vorhandener Kontrolle («du hast es im Griff) und nicht-vorhandener Kontrolle («du hast es nicht im Griff») gewählt und mit den wertenden Ausdrücken «gut» und «schlecht» ausgedrückt: «Du hast es eher gut – gut – sehr gut im Griff» bzw. «du hast es eher schlecht – schlecht – sehr schlecht im Griff»[16].

Abbildung 5.3 illustriert das an Weiners Klassifikationsschema orientierte und an den Daten entwickelte Kategoriensystem zur Codierung der von den Eltern in ihren Kontrollregulationen angeführten Argumente. Entlang der vier Dimensionen Lokus, Stabilität, Kontrollierbarkeit sowie Valenz des Arguments mit jeweils zwei Ausprägungen bilden sich 16 Begründungstypen, welche die von der Attributionsforschung herausgearbeiteten Konsequenzen auf die Kontrollüberzeugungen und das emotionale Erleben der Kinder entfalten dürften (vgl. Abschnitt 5.3.3.1 und 5.3.3.2).

Die meisten Elternteile, die an der vorliegenden Studie teilnahmen, mögen zwar immer mal wieder den Eindruck gehabt haben, ihre Kinder hätten bezüglich spezifischer unterrichts- und übertrittsbezogener Aspekte unrealistisch hohe Kontrollüberzeugungen, und es sei nötig, diesbezüglich mittels entsprechender Feedbacks korrektiv Einfluss zu nehmen («Merke dir: Du hast das angemessene Einschätzen deiner Fähigkeiten in ... schlecht im Griff, weil du ...»). In Anbetracht dessen, dass die 20 Kinder aber nicht zuletzt wegen ihren bisherigen Fachleistungen[17] in der Erhebungsphase mit einem unklaren Übertrittstatus konfrontiert waren und alle wenigstens zeitweise in erhöhtem Maß von Selbstzweifeln, Unsicherheit und Druck geplagt sein mochten, ist davon auszugehen, dass ein adaptives kontrollbezogenes Handeln der Eltern in dieser Phase generell darin bestand,

a) Aspekte, die ihren Zielvorstellungen bereits entsprachen («du hast es im Griff»), gegenüber dem Kind affirmativ durch den Verweis auf internale und stabile Faktoren – sich laufend weiterentwickelnde Fähigkeiten, stetiger Einsatz produktiver Strategien, stetige Anstrengung und Aufmerksamkeit – zu verstärken, und

---

[16] Im Ergebnisteil wird hierfür mitunter auch der Ausdruck «Zugeschriebene Kontrolle» mit den Wertelabels *eher hoch – hoch – sehr hoch* sowie *eher tief – tief – sehr tief* verwendet (vgl. Abschnitt 7.2.3.3)

[17] Die mittleren Zeugnisnoten der 20 Kinder lagen während der Erhebungsphase in Mathematik bei $M = 4.2$ (SD = 0.5) und in Deutsch bei $M = 4.4$ (SD = 0.2) (vgl. Abschnitt 4.3, Tabelle 4.4).

			Lokus			
			internal (beim Kind **K** liegend)		external (bei andern bzw. in der Situation **A** liegend)	
			Stabilität			
			stabil (**s**)	variabel (**v**)	stabil (**s**)	variabel (**v**)
willentliche Beeinflussbarkeit	hoch (dem Handeln **H** unterliegend)	positiv (+)	**KHs+** «weil du ständig günstig handelst»	**KHv+** «weil du ab und zu günstig handelst»	**AHs+** «weil ein anderer ständig zu deinen Gunsten handelt»	**AHv+** «weil ein anderer manchmal zu deinen Gunsten handelt»
			Ankerbeispiel: «..., weil du bemüht bist, dein eigenes Ziel nie aus den Augen zu verlieren» (Z21)	Ankerbeispiel: «..., weil du dich anstrengst, wenn du willst» (M11)	Ankerbeispiel: «..., weil dir die Lehrkraft immer einen Wochenplan zur Verfügung stellt» (S12)	Ankerbeispiel: «..., weil wir Eltern uns diesbezüglich für dich bei der Lehrkraft einsetzen» (D12)
		negativ (−)	**KHs−** «weil du ständig ungünstig handelst»	**KHv−** «weil du ab und zu ungünstig handelst»	**AHs−** «weil ein anderer ständig zu deinen Ungunsten handelt»	**AHv−** «weil ein anderer manchmal zu deinen Ungunsten handelt»
			Ankerbeispiel: «..., weil du immer mal wieder vorgibst, mehr zu üben, als du tatsächlich übst» (S11)	Ankerbeispiel: «..., weil du dich manchmal nicht so vorbereitest, dass du den Stoff verstanden hast» (Z32)	Ankerbeispiel: «..., weil die Lehrkraft bez. der Anforderungen von Prüfungen ständig ungenau informiert» (Z32)	Ankerbeispiele: «..., weil du manchmal von deiner Banknachbarin abgelenkt wirst» / «..., weil ich (Elternteil) ab und zu keine Zeit habe, dir zu helfen»
	tief (Bedingungen **B** unterliegend)	Valenz des Arguments / positiv (+)	**KBs+** «weil du generell günstige Merkmale aufweist»	**KBv+** «weil du ab und zu günstige Bedingungen aufweist»	**ABs+** «weil ein anderer / die Situation generell günstige Merkmale aufweist»	**ABv+** «weil ein anderer / die Situation ab und zu günstige Bedingungen aufweist»
			Ankerbeispiel: «..., weil du gereift bist (und dich deshalb nicht mehr dauernd ablenken lässt)» (S11)	Ankerbeispiel: «..., weil du momentan einen Notenschnitt von 4.5 hast» (D12) Achtung: Zustand (passiv, «es passiert mit dir...») wird in Originalaussage betont! Falls im Sinne von «du hast dir die Note erkämpft»: KHv+ codieren!	Ankerbeispiele: «..., weil dir die Lehrerin entspricht (gut zu dir passt)» (M12) / «..., weil das Verfahren zum Glück so angelegt ist, dass die Lehrkraft auf ihren Entscheid zurückkommen kann» (D12)	Ankerbeispiel: «..., weil die Lehrkraft an manchen Tagen (zu deinem Glück) zerstreut ist»
		negativ (−)	**KBs−** «weil du generell ungünstige Merkmale aufweist»	**KBv−** «weil du ab und zu ungünstige Bedingungen aufweist»	**ABs−** «weil ein anderer/die Situation generell ungünstige Merkmale aufweist»	**ABv−** «weil ein anderer/die Situation ab und zu ungünstige Bedingungen aufweist»
			Ankerbeispiel: «..., weil du ein extremer Minimalist bist» (H12)	Ankerbeispiel: «..., weil du jetzt noch kindlich denkst (und dich entsprechend verhältst)» (H11)	Ankerbeispiel: «..., weil du keine Vergleichsmöglichkeiten in der Familie hast» (D12)	Ankerbeispiel: «..., weil es manchmal Streit unter den Mädchen gibt» (M11)

Abbildung 5.3 Kategoriensystem «Elterliche Strategien der verbalen Kontrollvermittlung» (sog. «kontrollbezogene Begründungstypen»)

5.4 Unterschiedliche Kontrollkonstrukte: Implikationen für die Analyse ...

b) Aspekte, die ihren Zielvorstellungen noch nicht entsprachen («du hast es nicht im Griff»), gegenüber dem Kind durch den Verweis auf kontrollierbare und variable Faktoren – vor allem auf sporadisch noch auftretendes ungünstiges eigenes Handeln – zuversichtlichkeitsstiftend, aber auch gesichtswahrend in produktive Bahnen zu lenken (vgl. Abschnitt 5.3.3.2).

Für die dazu notwendige Graduierung der in einem ersten Analyseschritt lediglich dichotom codierten Kontrollzuschreibungen («du hast es im Griff» vs. «du hast es nicht im Griff») wurde die in Tabelle 5.2 dargestellte Recodierungsmatrix geschaffen. Jedem der acht positiv-valenten und acht negativ-valenten Begründungstypen wurde gemäß den folgenden Überlegungen das in der dritten Spalte angegebene Gewicht hinsichtlich seines kontrollförderlichen Potentials beigemessen:

Bei positiv-valenten Kontrollaussagen («du hast es mehr oder weniger gut im Griff») sind in erster Linie die Kausaldimensionen Lokus und Stabilität von hoher Relevanz für das Kind. Die Zuversicht, auch weiterhin erfolgreich zu sein, steigt umso mehr an, als sich dieses selbst als Urheber des Erfolgs (internal) erkennt und/oder sich ihm die erfolgsversprechenden Umstände als invariant darstellen.

Bei der Graduierung der Begründungstypen wurden demzufolge die Ausprägungen internal und stabil jeweils mit einem Punkt «positiv gewichtet» (vgl. Tabelle 5.2, dritte Spalte). Und aus den Summen der positiven Gewichte pro Begründungstyp resultierte schließlich die Zuordnung zu den drei Abstufungen «sehr gut im Griff», «gut im Griff» und «eher gut im Griff». Bei negativ-valenten Kontrollaussagen («du hast es mehr oder weniger schlecht im Griff») erweisen sich demgegenüber alle drei Kausaldimensionen von Bedeutung für den zugeschriebenen Grad an Kontrolle: Die Hoffnung, in absehbarer Zeit erfolgreich zu sein, bleibt umso geringer, je stärker das Kind äußere Faktoren (external) als Urheber des Misserfolgs sieht, es die negativen Faktoren als invariant (stabil) erachtet und es strukturelle Merkmale (unkontrollierbar) als verantwortlich für die ungünstige Situation zu erkennen glaubt. Entsprechend wurden bei der Graduierung der negativen Begründungstypen die Ausprägungen external, stabil und unkontrollierbar je mit einem Punkt «negativ gewichtet» (vgl. Tabelle 5.2, dritte Spalte). Analog zum Vorgehen bei den positiv-valenten Kontrollaussagen wurden die negativen Begründungstypen entlang ihrer summierten negativen Gewichte den Abstufungen «eher schlecht im Griff», «schlecht im Griff» und «sehr schlecht im Griff» zugeordnet.

Im abschließenden Abschnitt 5.7 wird der einleitende Teil des Frames «Merke dir!» im Zentrum stehen, der auf die appellative Funktion solcher evaluativen Feedbacks aufmerksam macht. Damit die Wahrscheinlichkeit steigt, dass das

Tabelle 5.2 Matrix zur Recodierung der positiv- und negativ-valenten Begründungstypen in Bezug auf ihre Kontrollförderlichkeit

Ausprägung der Kontroll-Aussage (Ausmaß des «Im-Griff-Habens»)	Begründungstyp	Erläuterung: Dem Kind mit dem Begründungstyp vermittelte Botschaft / Gewichtung in Punkten*
sehr gut im Griff	KHs+	durch **dein eigenes** günstiges **stabiles** Handeln (**positives Gewicht: 2**)
	KBs+	durch **stabile** günstige Merkmale, die **du** besitzt (**positives Gewicht: 2**)
gut im Griff	KHv+	durch **dein** manchmal günstiges Handeln (**positives Gewicht: 1**)
	KBv+	durch den manchmal günstigen Zustand, in dem **du dich** befindest (**positives Gewicht: 1**)
	ABs+	durch **stabil** günstige Bedingungen, die du vorfindest (**positives Gewicht: 1**)
	AHs+	durch das günstige Handeln anderer, das du **stabil** vorfindest (**positives Gewicht: 1**)
eher gut im Griff	AHv+	durch das günstige Handeln anderer, das du manchmal vorfindest (**positives Gewicht: 0**)
	ABv+	durch günstige Bedingungen, die du manchmal vorfindest (**positives Gewicht: 0**)
eher schlecht im Griff	KHv–	durch dein manchmal (noch!) ungünstiges Handeln (**negatives Gewicht: 0**)
schlecht im Griff	KBvz–	durch den manchmal (noch) ungünstigen **Zustand**, in dem du dich befindest (**negatives Gewicht: 1**)
	KHs–	durch **dein eigenes** manchmal ungünstiges **stabiles** Handeln (**negatives Gewicht: 1**)
	AHv–	durch das ungünstige Handeln **anderer**, das du manchmal (noch) vorfindest (**negatives Gewicht: 1**)

(Fortsetzung)

5.4 Unterschiedliche Kontrollkonstrukte: Implikationen für die Analyse ...

Tabelle 5.2 (Fortsetzung)

Ausprägung der Kontroll-Aussage (Ausmaß des «Im-Griff-Habens»)	Begründungstyp	Erläuterung: Dem Kind mit dem Begründungstyp vermittelte Botschaft / Gewichtung in Punkten*
sehr schlecht im Griff	KBs–	durch **stabile** ungünstige **Merkmale**, die du besitzt **(negatives Gewicht: 2)**
	ABv–	durch ungünstige **Bedingungen**, die du manchmal (noch) **vorfindest (negatives Gewicht: 2)**
	AHs–	durch das ungünstige Handeln **anderer**, das du **stabil** vorfindest **(negatives Gewicht: 2)**
	ABs–	durch **stabil** ungünstige **Bedingungen**, die du **vorfindest (negatives Gewicht: 3)**

* Positive Gewichte: je einen Punkt für eine internale («du selber»/«bei dir») und/oder stabile («ständig») Ausprägung des Begründungstypus; negative Gewichte: je einen Punkt für eine externale («andere Personen»/«die Situation, die du vorfindest») und/oder stabile («ständig») und/oder unkontrollierbare («die Bedingungen»/«der Zustand») Ausprägung des Begründungstyps.

Kind die kontrollbezogene Botschaft der Eltern ernsthaft erwägt und nachhaltig in sein Überzeugungssystem integriert, dürfte nicht nur entscheidend sein, für wie akkurat, glaubwürdig und selbstwertdienlich es die elterlichen Argumente im Vergleich zu den Ergebnissen seiner eigenen kausalen Suche einschätzt (vgl. Abschnitt 5.3.3.2), sondern auch, welche Merkmale der Kommunikationsstil bzw. die Beziehungsqualität zwischen den Eltern und Kindern aufweist (vgl. auch Abschnitt 2.2.2.4).

Wie sich noch zeigen wird, dürfte letzteres in vermutlich noch höherem Maß für die Internalisation von elterlichen Wertzuschreibungen gelten. In den folgenden Kapiteln wird nun ein Licht auf die Wertkomponente geworfen und die Rolle erörtert, die verschiedene Facetten derselben gemäß erwartungswert-theoretischen Konzeptionen im Lern- und Leistungsgeschehen spielen. Wie bei den vorangehenden Kapiteln zur Kontrollkomponente leiten diese Erörterungen über zur Beschäftigung a) mit den Wirkungen, die verschiedene verbale Wertzuschreibungen der Eltern auf das schulbezogene Denken und Handeln ihrer Kinder entfalten, und b) mit der Gestaltung eines Frames, mit dem sich – analog zum skizzierten Vorgehen bei den Kontrollregulationen – die elterlichen Schilderungen eigener verbaler Wertzuschreibungen im Hinblick auf die nachfolgenden Analysen nach bestimmten, theoretisch relevanten Merkmalen vereinheitlichen lassen.

5.5 Subjektive Werteinschätzungen

«Wert» tritt in Atkinsons formalisiertem Risiko-Wahl-Modell (vgl. Abschnitt 5.1) als Anreizwert einer Leistungssituation (incentive value of success) in Erscheinung, der letztlich allein in der Schwierigkeit der Zielerreichung gründet: Je schwieriger die Aufgabe ist, desto reiz- bzw. wertvoller ist sie, insofern als damit im Kontext des Leistungsmotivs positiv-valente affektive Konsequenzen – «pride in accomplishment» (Atkinson, 1957, S. 360) – antizipiert werden. Wird die Aufgabe aber vor dem Hintergrund vergangener Misserfolgserfahrungen mit ähnlichen Situationen als zu schwierig wahrgenommen, ist auch die Wahrscheinlichkeit des Scheiterns und damit das Erleben von negativ-valenten affektiven Zuständen (Scham) hoch, was es zu vermeiden gilt. Die beiden motivationalen Zustände drückt Atkinson (1957, S. 362) mathematisch aus, indem er den wahrgenommenen positiven Anreizwert I_s als invers zur subjektiv eingeschätzten Erfolgswahrscheinlichkeit P_s definiert (also: $I_s = 1 - P_s$) und den Anreizwert

Misserfolg zu vermeiden, I_f, als negativ zur Erfolgswahrscheinlichkeit operationalisiert $(I_f = -P_s)$[18]. Abgesehen davon, dass die Wertkomponente so lediglich im Kontext von affektiven, weitgehend unbewussten Motiven (achievement motive bzw. motive to avoid failure) gedacht wird, verschwindet sie mit dieser Operationalisierung über die Aufgabenschwierigkeit im Prinzip aus dem Blickfeld. Atkinsons einflussreiche Konzeption habe damit eine Konstellation geschaffen, so meinen Eccles und Wigfield (1995, S. 216), die vermutlich entscheidend dazu beigetragen habe, dass der Wert-Komponente in Theorie und Forschung weit weniger Aufmerksamkeit zugekommen sei als der Kontroll- bzw. Erwartungskomponente.

5.5.1 Die Theorie des Subjective Task Value von Eccles, Wigfield et al. (1992, 2005)

Namentlich mit Bezug zu Arbeiten von Rokeach (1973) und Feather (1988, 1992) stellt die Forschungsgruppe um Eccles und Wigfield dieser formalisierten Sicht einen Ansatz entgegen, der «Wert» nicht primär als genuin motivationales und lediglich auf den Schwierigkeitsgrad einer Aufgabe bezogenes, sondern als kognitives Konstrukt versteht – sie sprechen von Wert-Überzeugungen (value beliefs) –, das sich auf verschiedene Funktionalitäten einer Aufgabe bzw. einer Domäne bezieht (im Sinne von zugeschriebenen «Bedeutsamkeiten»), welche von den Lernenden sowohl auf der Basis ihrer impliziten motivationalen Orientierungen und Bedürfnissen als auch auf der Grundlage ihrer Ziele und selbstbezogenen Überzeugungen erkannt werden:

> [...] task values are determined by characteristics of the task as well as broader needs and values of the individual. These broader needs and values serve as the primary antecedents of the value individuals have for specific tasks, and Eccles et al. proposed four major antecedents of children's achievement values for different activities: their self-schema and goals, the relative perceived cost or benefit of doing the activity compared to doing other activities, the previous affective experiences individuals have had with different activities, and the perceptions of the values of their parents, teachers, and peers. (Wigfield & Eccles, 1992, S. 289)

---

[18] Ist die Erfolgswahrscheinlichkeit hoch (z. B. $P_s = .90$), so ist der positive Anreiz tief ($I_s = .10$). Ist die Erfolgswahrscheinlichkeit hoch (z. B. $P_s = .90$), so ist das Gefühl der Erniedrigung bei einem Misserfolg – also der negative Anreizwert bzw. die Kosten – auch hoch ($I_f = -.90$) (vgl. Atkinson, 1957, S. 362). Wie Wigfield und Eccles (1992, S. 281) schreiben, bezeichnet der *incentive value of success* Atkinsons damit im Kern den *difficulty value* einer Aufgabe.

Individuen, so die grundlegende Annahme, engagieren sich bei denjenigen Aufgaben, denen sie hohen Wert zuweisen, und vermeiden diejenigen, denen sie geringen Wert zuschreiben (Simpkins et al., 2015b; Wigfield & Cambria, 2010). Eccles, Wigfield und Kolleg*innen (vgl. Eccles, 2005; Wigfield & Eccles, 1992) haben vier unterschiedliche Bedeutsamkeiten vorgeschlagen und hinsichtlich ihrer Faktorstruktur validiert (vgl. Eccles & Wigfield, 1995), die Lernende in zur Verfügung stehenden Mitteln und anvisierten Zielen erkennen und die sich dann im Zusammenspiel mit Erfolgserwartungen auf die Wahl der Aktivität, auf das Engagement und die Persistenz bei deren Bearbeitung sowie auf die Leistungen auswirken: *intrinsic value, attainment value, utility value* und *cost*.

5.5.1.1 Intrinsic value: «Weil es mich interessiert und Spaß macht!»

Als intrinsischen Wert bezeichnen Eccles et al. das Vergnügen (enjoyment), welches ein Individuum in der Beschäftigung mit einer Aktivität verbindet oder das Interesse (interest), das es einem mit der Aufgabe verbundenen Aspekt entgegenbringt. Die Enjoyment-Facette ist laut Eccles (2005, S. 111) vergleichbar mit dem Flow-Konstrukt (vgl. Csikszentmihalyi, 1988) bzw. demjenigen der intrinsischen Motivation in der Selbstbestimmungstheorie (vgl. Ryan & Deci, 2002, 2016; Vansteenkiste et al., 2006). Als Flow wird der Zustand bezeichnet, den Individuen erleben, wenn sie sich einer intrinsisch motivierten Aktivität widmen. Kennzeichen dieser Erfahrung sind u. a. eine vollumfängliche Absorbierung mit der Tätigkeit und ein «loss of reflective self-consciousness» (vgl. Nakamura & Csikszentmihalyi, 2009, S. 90). Die Bedeutung der Aktivität ergibt sich für die Handelnden aus dem Spaß, den diese ihnen bereitet. Intrinsische Motivation bezeichnet in der Selbstbestimmungstheorie denn auch «the doing of an activity for its inherent satisfactions rather than for some separable consequence» (Ryan & Deci, 2000a, S. 56) – eine Handlungsbereitschaft, die insbesondere dann gegeben ist, wenn Lernende in der betreffenden Situation Möglichkeiten erkennen, sich als selbstbestimmt und kompetent zu erleben (vgl. Ryan & Moller, 2017, S. 215)[19]. Die zweite Facette von intrinsic value reflektiert die Forschungsarbeiten um das Interessekonstrukt. Interesse bezeichnet in der Pädagogischen Psychologie «eine besondere, durch bestimmte Merkmale herausgehobene [affektive und kognitive] Beziehung einer Person zu einem Gegenstand» (Krapp, 2018, S. 287), wobei dieser Gegenstand im schulischen Kontext ein konkretes Objekt, ein bestimmter Inhalt, eine ganze Objektklasse, ein Fach oder eine spezifische Aktivität sein kann.

---

[19]Der Prototyp intrinsisch motivierten Handelns erkennt die Arbeitsgruppe um Deci und Ryan im spontanen und proaktiven Explorieren, das kleine Kinder in Bezug auf neue und herausfordernde Aspekte ihrer Umwelt realisieren (vgl. Ryan & Deci, 2000b, S. 70).

5.5 Subjektive Werteinschätzungen

Solcherlei besondere Person-Objekt-Relationen lassen sich denn auch danach unterscheiden, ob sie ähnlich wie *flow* plötzlich zustandsartig als situationales Interesse (situational interest) auftreten (z. B. wenn man von bestimmten Merkmalen eines Musikstücks gefesselt wird), oder ob sie als individuelles Interesse (individual interest) sich langsam aus situationalem Interesse entwickelnd (vgl. Hidi & Renninger, 2006), aber relativ dauerhaft im Sinne einer stabilen dispositionalen positiv-valenten Orientierung gegenüber bestimmten Domänen (z. B. die Songs von Nick Cave, Free Jazz etc.) in Erscheinung treten (vgl. Krapp, Hidi & Renninger, 1992; Schiefele, 2009). Die konzeptionelle Ähnlichkeit zwischen den Konstrukten *situational interest* und *intrinsic value* besteht namentlich darin, dass sich die situative kognitive und affektive Beziehung direkt auf Objekte (Gegenstände und Aktivitäten) richtet und nicht auf die Funktion, die diesen Objekten in Relation zu anderen Objekten oder Ereignissen zukommt (vgl. Eccles, 2005, S. 111; Schunk et al., 2014, S. 53). Im Zentrum der Aufmerksamkeit der Lernenden stehen die Mittel (means) (vgl. Abbildung 5.2), deren Ergründen, Verstehen und Beherrschen selbst zum Ziel wird: z. B. «I enjoy puzzling over mathematics problems», «When I'm working on a mathematics problem, I sometimes don't notice time passing», «If I can learn something new in mathematics/English, I'm prepared to use my free time to do so» (Trautwein et al., 2012, S. 777). Analytisches, relationierendes Nachdenken darüber, warum man sich mit einer Sache beschäftigen soll, ist somit zweitrangig. Der intrinsic value, den ein Individuum in einer Aufgabe erkenne, so Eccles (2005), beruhe vor allem auf seinen dispositionalen Persönlichkeitsmerkmalen und dem affektiven Erinnerungen prägender Erfahrungen mit denselben in der Vergangenheit:

> The attraction to, or enjoyment of, particular types of activities are undoubtedly linked to core aspects of the self, such as temperament, personality, motivational orientations. It is also likely to be linked to both genetic propensities and to classical learning associated with either positive or negative emotional experiences during initial encounters with particular activities. (Eccles, 2005, S. 111)

Intrinsic value scheint zumindest in der Primar- und Sekundarstufe I vor allem ein wichtiger Prädiktor für Aktivitäten zu sein, bei denen eine freie Auswahl besteht, etwa für die Kurs- oder Fächerentscheidung sowie für die Wahl von Freizeitaktivitäten (z. B. Durik et al., 2006). Sodann gibt es vor allem aus Laborstudien zur Textverarbeitung Hinweise, dass das Einschätzen eines Textes als interessant (situationales Interesse) mit erhöhter Aufmerksamkeit und Konzentration, produktiverer Informationsverarbeitung sowie besseren Behaltensleistungen einhergeht (vgl. Hulleman, Godes, Hendricks & Harackiewicz, 2010, S. 250;

Krapp, 2018, S. 289). Ebenso zeigt sich in einzelnen Studien, dass erhöhtes situationales Interesse und *enjoyment* mit höherer Persistenz, z. B. beim Lesen anspruchsvoller Texte, assoziiert sind (vgl. Fulmer & Tulis, 2013). In etlichen (nicht-experimentellen) Studien wird aber deutlich, dass der intrinsic value (eine Aufgabe interessant finden), anders als der utility value (eine Aufgabe als nützlich zur Erlangung zukünftiger Ziele erkennen), sich meist nicht als relevanter Prädiktor für Leistungsergebnisse erweist (zsf. Hulleman et al., 2016; Johnson & Sinatra, 2013). Wie Cole, Bergin und Whittaker (2008) beispielsweise in einer Studie mit 1005 amerikanischen College-Studierenden zur Vorbereitung auf *low stakes tests* belegen, vermochte das allein Interesse, in den Mathematik-, Englisch-, Naturwissenschafts- und Sozialwissenschaftstests gut abzuschneiden, die Testleistungen im Gegensatz zur perzeptierten Wichtigkeit (attainment value) und zur perzeptierten Nützlichkeit eines guten Abschneidens (utility value) nicht zu prädiktieren: «interest to do well on the exam without appropriate levels of importance to do well is not conducive to test performance» (Cole et al., 2008, S. 621).

5.5.1.2 Attainment value: «Weil ich es für mich als wichtig erachte!»

Mit attainment value – in Deutsch oft als Relevanz oder Wichtigkeit bezeichnet – verbinden Eccles et al. den Wert, den eine Aktivität für das Individuum hat, «because engaging in it is consistent with one's self-image» (Eccles, 2005, S. 109). Der Wert des Meisterns einer Aufgabe liegt in diesem Fall darin, dass diese bestimmte Elemente aufweist, in denen Lernende Gelegenheiten erkennen, vor sich und anderen bestimmte zentrale Aspekte ihres Selbst unter Beweis zu stellen oder zu widerlegen (Eccles & Wigfield, 2002, S. 119). Je zentraler der betreffende Aspekt für die persönliche oder soziale Identität sei, so Eccles et al., desto wichtiger dürfte dem Individuum die Aktivität erscheinen (vgl. Eccles, 2005, S. 109). Anders als bei intrinsic value, steht hier die means-ends-Relation im Fokus: Die Aktivität erscheint dem Individuum als Mittel zum Zweck, allerdings handelt es sich bei letzterem nicht um ein vergleichsweise marginales Ziel wie beim utility value (vgl. Abschnitt 5.5.1.3), sondern um eines, das von ihm mit seinen grundlegenden Bedürfnissen und Wert-Überzeugungen in Verbindung gebracht wird – Aspekte also, die es als identitätsstiftend wahrnimmt: z. B. «Mathematics is important to me personally», «It is important to me personally to be a good mathematician» (Trautwein et al., 2012, S. 777). Konzeptionell schließen Eccles et al. hierbei namentlich an den Arbeiten von Rokeach (1973) und Feather (1988, 1992) zu Wert-Systemen an.

Rokeach (1979) definiert Werte als «core conceptions of the desirable within every individual and society», als proskriptive Überzeugungen (vgl.

5.5 Subjektive Werteinschätzungen

Abschnitt 4.1.1), die als Kriterien dienen, «to guide not only action but also judgment, choice, attitude, evaluation, argument, exhortation, rationalization, and, one might add, attribution of causality» (S. 2). Rokeach (1973, S. 7) unterscheidet zwischen terminalen Werten (terminal values) – es handelt sich dabei um Überzeugungen über die ultimativen menschlichen Lebensziele («desirable end states of existence») – und instrumentellen Werten (instrumental values), den erstrebenswerten Verhaltensweisen («modes of conduct») zur Erreichung der terminalen Werte. Während zu den terminalen Werten selbst- oder gesellschaftsbezogene Aspekte wie Weisheit, Freiheit, Selbstachtung oder soziale Anerkennung gehören, umfassen instrumentelle Werte moral- oder kompetenzbezogene Verhaltensmodi wie Ehrlichkeit, Verantwortlichkeit, Fähigkeit oder Intellektualität[20]. Laut Rokeach bilden diese im Rahmen der Sozialisation erlernten breiten Wertüberzeugungen in Form von persönlichen Wertsystemen – «hierarchical organizations along a continuum of importance» (Rokeach, 1973, S. 25) – in jeglichen Lebenssituationen relativ stabile Standards für die in ihnen stattfindenden kognitiven, affektiven und behavioralen Prozesse. Instrumentelle Werte, so Rokeach (1973, S. 14) wirkten hierbei motivierend, weil das Individuum sie als Mittel zur Erreichung der erwünschten Endziele erkenne. Terminale Werte seien ihrerseits motivierend, «because they represent the super goals beyond immediate, biologically urgent goals» (Rokeach, 1973, S. 14). Sie bildeten Ziele, die wir zwar dauernd erstrebten, aber im Gegensatz zu instrumentellen Werten nie ganz erreichten: «[...] we seem doomed to strive for these ultimate goals without quite ever reaching them» (Rokeach, 1973, S. 14).

Feather (1988, 1992) schloss bei der Konzeption seines Erwartungs-Wert-Modells der Leistungsmotivation an Rokeachs Überlegungen zu instrumentellen

---

[20]Das von Rokeach entwickelte Messinstrument *The Value Survey* (vgl. Rokeach, 1973) erfasst je 18 Items für die beiden Wert-Kategorien. Terminale Werte: *a comfortable life, an exciting life, a sense of accomplishment, a world at peace, a world of beauty, equality, family security, freedom, happiness, inner harmony, mature love, national security, pleasure, salvation, self-respect, social recognition, true friendship, wisdom.* Instrumentelle Werte: *ambitious, broadminded, capable, cheerful, clean, courageous, forgiving, helpful, honest, imaginative, independent, intellectual, logical, loving, obedient, polite, responsible, self-controlled* (Rokeach, 1973, S. 28). Die Kritik an dieser Liste von Zielen und Verhaltensmodi bezieht sich vor allem auf deren Theorielosigkeit: Die genannten Wert-Ausdrücke stehen unrelationiert nebeneinander (vgl. Rohan, 2000, S. 260). Eine eigentliche Theorie über die Struktur des Wertsystems hat Schwartz (1992) vorgelegt: Hier positionieren sich die zehn Wert-Typen («motivational types of values») *self-direction, stimulation, hedonism, achievement, power, security, conformity, tradition, spirituality, benevolence* und *universalism* (Schwartz, 1992, S. 4–7) entlang der beiden bipolaren Dimensionen *openness to change – conservation* und *self-enhancement – self-transcendence*, zwei laut Schwartz (1992, S. 44) grundlegenden Problemen, die der Mensch lösen müsse.

Werten an, indem er postulierte, dass diese maßgeblich determinierten, welchen Wert Individuen verschiedenen Aufgaben zumessen würden. Im Zusammenspiel mit der Erfolgserwartung, so meint er mit Blick auf Atkinsons Arbeiten, würden diese «task values» die Wahl, die Persistenz und das Ergebnis in Leistungssituationen prädiktieren. In einer Untersuchung zu den Studiengangsentscheidungen (enrollment decisions) von 444 angehenden Universitätsstudierenden konnte er zeigen (vgl. Feather, 1988), dass ein hoher task value und hohe Erfolgserwartungen für Mathematik mit der Entscheidung für ein naturwissenschaftliches Fach assoziiert waren und ein hoher task value und hohe Erfolgserwartungen für Englisch mit einer Entscheidung für ein geistes- oder sozialwissenschaftliches Fach einhergingen, wobei die subjektiven Werte und Erfolgserwartungen für die beiden Fächer anders als von Atkinson postuliert jeweils positiv korreliert waren (vgl. Abschnitt 5.1). Ferner zeigte sich, dass die task values für die beiden Fächer mit drei unterschiedlichen Wert-Profilen einhergingen, die Feather aus den instrumentellen Werten Rokeachs faktorenanalytisch gebildet hatte: Das Wert-Profil restrictive control (hohe Relevanz-Ratings für die instrumentellen Werte clean, obedient, polite, responsible und self-controlled) ebenso wie das Wert-Profil intellectual orientation (hohe Relevanz-Ratings für intellectual und logical) erwiesen sich als starke Prädiktoren für hohe task values bezüglich Mathematik und das Wert-Profil prosocial concern (hohe Relevanz-Ratings für forgiving, helpful und loving) für hohe task values bezüglich Englisch. In Pfadanalysen zeigte sich sodann durchgängig, dass die persönlichen Wert-Profile die Kurswahl nicht direkt, sondern stets vermittelt über die task values beeinflusst hatten. Die breiten, generalisierten instrumentellen Werte Rokeachs scheinen demnach vor allem auf die Bewertung von Situationen bzw. Aufgaben einen Einfluss zu entfalten, nicht aber auf das konkrete Handeln selbst (zumindest nicht auf das Wahlverhalten): Schülerinnen und Schüler zum Beispiel, die konsistentes, reflektiertes und rationales Vorgehen (mode of behavior bei den beiden instrumentellen Werten intellectual und logical) als ihren persönlichen Wesenszug erachten, erkennen offenbar in mathematikbezogenen Situationen und Aufgaben – anders als in sprach–bezogenen – einen höheren Wert, und erst Letzteres scheint sie entsprechend aufsuchend handeln zu lassen (vgl. Eccles, 2005, S. 110). Die «extreme domain specificity», die Marsh et al. (2012, S. 427) bezüglich der persönlichen Kompetenzzuschreibung konstatierten, scheint sich auch hinsichtlich der Wertzuschreibung zu bestätigen (vgl. Abschnitt 5.3.2.2).

Eccles, Wigfield und Kolleginnen orientieren sich bei der Konzeption des attainment value aber nicht nur an Arbeiten, die auf persönlichen Werten und Zielen beruhen, sondern verweisen auch auf konzeptionelle Ähnlichkeiten zu selbstbestimmt-extrinsischen Motivationsformen der Selbstbestimmungstheorie,

5.5 Subjektive Werteinschätzungen

die mit (sekundären) Bedürfnissen operiert. Namentlich das im Rahmen der Organismic Integration Theory (vgl. Deci & Ryan, 1985; Ryan & Deci, 2002, 2016) postulierte Konstrukt der integriert regulierten Motivation (integrated regulation) weist konzeptionelle Ähnlichkeit zu demjenigen des attainment value auf. Eine integrierte extrinsische Motivation liegt laut der Selbstbestimmungstheorie dann vor, wenn der Wert zwar nicht in der Handlung selbst, sondern in den Folgen liegt, aber die diesen Folgen zugeschriebenen Werte, welche ursprünglich in äußerer Regulation vermittelt wurden, in der Zwischenzeit vom Individuum so sehr ins eigene Selbst internalisiert worden sind, dass sie als selbstbestimmt empfunden werden: «It results when identifications have been evaluated and brought into congruence with the personally endorsed values, goals, and needs that are already part of the self» (Ryan & Deci, 2002, S. 18). Obwohl solcherlei Handlungen einen instrumentellen Charakter hätten, so würden sie in ähnlich hoher Qualität ausgeführt wie intrinsisch motivierte, meinen Ryan und Deci (2000b, S. 62), da ihnen ein hoher Grad an Willentlichkeit bzw. internale Verursachung (internal locus of causality) zugrunde liege und damit dem Bedürfnis nach Autonomieerleben entsprochen werde (vgl. Abschnitt 5.5.1.1).

Dem Konstrukt attainment value, das demnach eine Vielzahl von unterschiedlichen persönlichen Bedürfnissen und Werten mit Bezug zu ihrer gemeinsamen Relevanz für die Bestätigung des Selbstbildes integriert (vgl. Barron & Hulleman, 2015, S. 504), unterliegen zusammengefasst folgende Annahmen:

> Individuals seek to confirm their possession of those characteristics central to their self-image; (2) various tasks provide differential opportunities for such confirmation; (3) individuals place more value on those tasks that either provide the opportunity to fulfill their self-image or are consistent with their self-image and long-range goals; and (4) individuals are more likely to select tasks with high subjective value than tasks with lower subjective value. (Eccles, 2005, S. 111)

Eccles, Wigfield und Kolleginnen sehen diese Zusammenhänge namentlich auch bezogen auf die geschlechtliche Identität von Menschen bestätigt. Aktivitäten und Aufgaben, die dem eigenen Bild von Maskulinität und Femininität widersprechen, dürften einen tiefen, solche, die ihm entsprechen, einen hohen attainment value aufweisen. Wie die Forschungsgruppe verschiedentlich zeigen konnte (zusf. Simpkins et al., 2015b, S. 20–21), werden schulische Domänen, aber auch Freizeitaktivitäten entlang von Geschlechtsnormen und -stereotypen bewertet. Über verschiedene Altersgruppen hinweg zeigt sich insbesondere bezüglich Sport und Lesen ein konsistenter Unterschied im attainment value zwischen den Geschlechtern: Während Jungen sportlichen Aktivitäten generell höhere Relevanz zuweisen als Mädchen, ist es beim häuslichen Lesen sowie in sprachlichen Fächern umgekehrt (z. B. Andre, Whigham, Hendrickson & Chambers, 1999; Fredricks & Eccles, 2002; Jacobs et al., 2002; Wigfield et al., 1997). Weniger eindeutig ist die Befundlage bezüglich der persönlichen Relevanz, die dem Fach Mathematik zugewiesen wird. Während in einigen Studien der Wert von Mathematik von Jungen höher veranschlagt wird als von Mädchen (z. B. Andre et al., 1999), zeigen sich anders als beim mathematikbezogenen Fähigkeitsselbstkonzept in etlichen Studien keine statistisch relevanten Unterschiede (vgl. Fredricks & Eccles, 2002; Jacobs et al., 2002). Generell erweist sich der einer Aufgabe zugeschriebene attainment value nicht nur für die Wahl von Bildungsgängen, sondern auch für das Engagement und die Persistenz bei der Aufgabenbearbeitung sowie (subsequent) für Testleistungen als prädiktiv (z. B. Battle, A. & Wigfield, 2003; Cole et al., 2008; Johnson & Sinatra, 2013; Simons, Dewitte & Lens, 2003; Wigfield et al., 1997).

5.5.1.3 Utility value: «Weil es nützlich ist»

Utility value – die Zweckmäßigkeit oder Instrumentalität – bezeichnet den Wert, den ein Individuum einer Aufgabe zur Realisierung längerfristiger Ziele («facilitating one's long-range goals») bzw. zur Erreichung kurz- oder langfristiger externaler Belohnungen («helping [...] obtain immediate or long-range external rewards») zuweist (Eccles, 2005, S. 109). Im Fokus der Gedanken des Individuums steht somit das Ziel und weniger die Aktivität, die klar als Mittel zum Zweck wahrgenommen wird: z. B. «I'll need good mathematics/English skills for my later life (training, studies, work)», «Good grades in mathematics can be of great value to me later» (Trautwein et al., 2012, S. 777). Bei den Zielen kann es sich durchaus um Aspekte handeln, welche das Individuum als persönlich sehr bedeutsam erachtet wie z. B. Karriereziele. Eccles (2005, S. 112) schreibt, dass utility value inhaltlich denn auch der Konzeption der extrinsischen Motivation nahekomme, wie sie von der Selbstbestimmungstheorie konzipiert wird (vgl. Deci & Ryan, 1985; Ryan & Deci, 2002, 2016). Neben der oben angesprochenen integriert regulierten Motivation beschreibt diese auf dem Kontinuum zwischen Amotivation und intrinsischer Motivation noch drei weitere Formen der extrinsischen Motivation, die sich jeweils nach dem Grad der Internalisierung äußerer Regulation und folglich nach dem Grad wahrgenommener Autonomie oder Selbstbestimmung bei der Handlungsdurchführung unterscheiden. Identifiziert regulierte Motivation (identified regulation) stellt einen Handlungsantrieb dar, der auf einer bewussten persönlichen Akzeptanz oder Anerkennung des Handlungsziels beruht, auch wenn dieses (noch) nicht voll den eigenen Werten und Bedürfnissen entspricht: «When [people] identif[y] with an action or the value it expresses, they, at least at a conscious level, are personally endorsing it [...]»

5.5 Subjektive Werteinschätzungen

(Ryan & Deci, 2002, S. 17). Ein Beispiel einer von Identifikation getragenen Aktivität wäre das Auswendiglernen einer Buchstabenliste durch ein Kind, weil es dies als relevant für sein eigentliches Ziel erachtet, das Schreiben zu erlernen (vgl. Ryan & Deci, 2000a, S. 62). Introjeziert regulierte Motivation (introjected regulation) ist demgegenüber eine Handlungsbereitschaft, die auf Werten beruht, welche vom Individuum zwar ebenfalls internalisiert, aber (vorderhand) in noch geringerem Maß ins Selbst integriert wurden: Der Ort der Verursachung (locus of causality), so Ryan und Deci (2002, S. 17), werde dabei vom Individuum als eher fremdbestimmt bzw. «quite controlling» wahrgenommen, insofern als diese der Selbstwertsicherung und der Erzielung von Stolz bzw. Anerkennung dienlichen Aktivitäten von andern ausgeführt würden. Der höchste Grad an Fremdregulation und ein damit einhergehender Eindruck, von außen kontrolliert zu werden (external locus of causality), herrscht bei Handlungen vor, die das Individuum allein zur Erfüllung äußerer Anforderungen oder zur Erzielung einer Belohnung bzw. Verhinderung einer Strafe ausführt. Solcherlei external regulierte Motivation (external regulation) «is the only kind of motivation recognized by operant theorists [...], and it is this type of extrinsic motivation that was typically contrasted with intrinsic motivation in early lab studies and discussions» (Ryan & Deci, 2000a, S. 62).

Anders als intrinsic value scheint die Zuschreibung von utility value nicht nur für die (freie) Wahl von Freizeitaktivitäten und von Fächern und Kursen (vgl. Bong 2001; Eccles & Harold, 1991; Harackiewicz et al., 2008; Simons et al., 2003; Updegraff et al., 1996), sondern auch für Leistungsergebnisse prädiktiv zu sein (Bong 2001; Cole et al., 2008; Durik et al., 2006). Wie dies die Selbstbestimmungstheorie postuliert, dürfte nicht jede Facette von utility value gleichermaßen effektiv zu sein: So konnten z. B. Simons et al. (2003) in einer sportbezogenen Interventionsstudie mit 660 belgischen Schülerinnen und Schülern auf der Sekundarstufe II zeigen, dass wenn diesen vor dem Training einer Basketballsequenz die Zweckmäßigkeit der Aufgabe für ihr zukünftiges Spiel deutlich gemacht wurde («practicing this skill is useful because you will use this and similar skills in the future. The tips you will receive can be personally beneficial», S. 151) – ihnen also das Warum der Prozedur mit Blick auf zukünftige als persönlich relevant erachtete Situationen klar wurde –, sie dann bei der Aufgabenbearbeitung eher eine Mastery- als eine Performance-Orientierung aufwiesen, von mehr Spaß und Interesse berichteten, engagierter und persistenter trainierten und bessere Leistungsergebnisse erzielten, als wenn sie dies lediglich zur Erlangung einer unmittelbaren Belohnung tun sollten («You will practice this skill only today and you will not repeat the practice this year. Nevertheless, you have to practice because you will be tested at the end of the session.», S. 151) oder ihnen vorab zwar eine allgemeine persönliche Wichtigkeit, aber kein klarer praktischer Nutzen signalisiert wurde («Practicing is not directly useful for your educational training, but the tips you will receive can be personally beneficial.», S. 151). Ähnlich positive Befunde bei Persistenz- und Leistungsmaßen zeigten sich bei klar kommunizierter zukünftiger praktischer Zweckmäßigkeit in einer Interventionsstudie in einem Ausbildungsgang für 184 angehende Krankenpfleger*innen (Simons, Dewitte & Lens, 2004). Bong (2001) konnte in einer längsschnittlichen Studie mit 168 koreanischen College-Studentinnen zeigen, dass die wahrgenommene Zweckmäßigkeit eines Bildungsganges die Selbstwirksamkeit der Teilnehmerinnen und subsequent deren Prüfungsleistungen prädiktierte. In Studien von Malka und Covington (2005) sowie Hulleman et al. (2010) mit Psychologie- und Mathematikstudierenden an der Universität prädiktierte die wahrgenommene Instrumentalität von Studieninhalten für die zukünftigen beruflichen Ziele das Engagement während des Unterrichts bzw. die Leistungsergebnisse. Ebenso gibt es Hinweise, dass sich Kinder und Jugendliche auf der Sekundarstufe I hinsichtlich ihrer Berufswahl, anders als bei der Wahl von Freizeitaktivitäten, weniger davon leiten lassen, was ihnen Spaß macht (intrinsic value), sondern stärker davon, als wie nützlich ihnen ein bestimmter beruflicher oder schulischer Bildungsgang für ihre längerfristigen Karriere- und Lebensziele erscheint. So wurden in einer Längsschnittstudie von Durik et al. (2006) die Berufsaspirationen von 600 Schülerinnen und Schülern lediglich vom wahrgenommenen utility value, nicht aber vom intrinsic value prädiktiert. Zusammengefasst deuten diese Befunde an, dass utility value, besonders in der Facette «erkannte praktische Zweckmäßigkeit für zukünftige als persönlich wichtig anerkannte Aktivitäten und Ziele» unmittelbar zu einem erhöhten Anregungsgrad, größerem Engagement und einer gesteigerten Beharrlichkeit bei sich einstellenden Schwierigkeiten führt und subsequent in besseren Leistungen resultiert (vgl. Greene, Miller, Crowson, Duke & Akey, 2004, S. 476; Hulleman et al., 2016, S. 252).

Fasst man die Befunde der Studien zusammen, welche die bisher erörterten Komponenten intrinsic value, attainment value und utility value nicht – wie das oft der Fall ist – zu einem gemeinsamen task value-Konstrukt zusammengeführt[21], sondern als Einzelkonstrukte ausgewertet haben, und lässt man den Einfluss der expectancy-Komponente beiseite (für Befunde unter Einbezug derselben, s. weiter unten), so ergibt sich folgendes Gesamtbild bezüglich deren Einflüsse auf das Lern- und Leistungshandeln:

---

[21] Da die drei Komponenten in etlichen Studien relativ hohe Interkorrelationen aufweisen (z. B. Trautwein et al., 2012), werden sie häufig zu einer gemeinsamen *task value*-Skala zusammengeführt (z. B. Anderman et al., 2001; Eccles, Wigfield, Harold & Blumenfeld, 1993; Jacobs et al., 2002).

5.5 Subjektive Werteinschätzungen

- Der von einem Individuum perzipierte intrinsic value ist primär ein starker Prädiktor für dessen (freie) Wahl von Kursen- und Studienfächern sowie von Freizeitaktivitäten.
- Die perzipierte persönliche Wichtigkeit (attainment value) vermag das Wahlverhalten eines Individuums, aber auch das kognitive Engagement, die Persistenz und die Leistungsergebnisse zu prädiktieren.
- Die in einer Aufgabe erkannte Zweckmäßigkeit (utility value) vermag zwar auch das Wahlverhalten eines Individuums vorauszusagen, scheint aber noch stärker als der perzipierte attainment value ein Prädiktor für dessen kognitives Engagement und dessen Beharrlichkeit bei der Aufgabenbearbeitung sowie – vermittelt darüber – für seine erzielten Leistungsergebnisse zu sein.

Die differentielle Voraussagekraft der drei positiv-valenten task value-Komponenten hinsichtlich des Leistungshandelns und der Leistungsergebnisse erklären sich Johnson und Sinatra (2013) folgendermaßen:

> For achievement related tasks that stress students' performance, an attainment value may be predictive of achievement because it may focus students on their task performance as a whole. Utility values on the other hand, focus students' interaction on those aspects of the task that are perceived as useful; and an intrinsic value focus a student on aspects of the task that are interesting to them but may or may not have direct relevance to performing well on the task itself. (Johnson & Sinatra, 2013, S. 52)

Mit anderen Worten scheinen sich Lernende je nach wahrgenommenem task value unterschiedlich in einer Aufgabe zu engagieren: Erkennen sie eine Aufgabe mit Blick auf ihr Selbstverständnis als wichtig, so erledigen sie diese gemäß ihres Selbstanspruchs in der für sie üblichen Qualität («es gehört sich für mich so») und haben dabei die Aktivität als Ganzes im Auge. Erkennen sie dahingegen eine praktische Zweckmäßigkeit einzelner Aspekte der Aktivität mit Blick auf zukünftige Lern- und Leistungssituationen, so scheint dies zumindest kurzfristig ein erhöhtes Engagement und einen zusätzlichen Effort zur Meisterung dieser zielführenden Aspekte auszulösen («es lohnt sich, diesen Aspekt gut zu beherrschen»). Steht der intrinsic value im Vordergrund, so beschäftigt man sich dahingegen genau mit denjenigen Aspekten, die spontan als interessant und vergnüglich erscheinen. Das Beherrschen der gesamten Aktivität steht dabei aber nicht zwingend im Fokus.

5.5.1.4 Perceived Cost: «Weil es mit Mühen, Hindernissen und/oder negativen Gefühlen verbunden ist»

Während die Formen extrinsischer Motivation der Selbstbestimmungstheorie immer eine Annäherungs- und eine Vermeidungskomponente aufweisen (externale Regulation bedeutet z. B., dass man eine Handlung entweder zur Erreichung einer Belohnung oder zur Verhinderung einer Bestrafung ausführt), ist utility value in der Konzeption von Eccles und Kolleginnen ebenso wie attainment value und intrinsic value stets mit einem positiven Anreiz verbunden – «the perceived [...] benefit of doing the task» (Wigfield & Eccles, 1992, S. 289). Negative Merkmale, die eine Aktivität in den Augen des Individuums aufweist, fassen sie unter subjektive Kosten (perceived cost) zusammen:

> The first three components are best thought of as attracting characteristics that affect the positive valence of the task. Cost, in contrast, is best thought of as those factors (such as anticipated anxiety and anticipated cost of failure) that affect the negative valence of the activity. (Eccles & Wigfield, 1995, S. 216)

Der Netto-Wert einer Aufgabe, der darüber entscheidet, ob das Individuum diese auch wirklich bearbeiten will bzw. welche Aufgabe es aus einer Auswahl letztlich wählt, hängt demnach auch von einer Kosten-Nutzen-Analyse ab: Je höher die relativen Kosten sind, desto eher entscheidet sich das Individuum gegen ein Engagement (vgl. Barron & Hulleman, 2015, S. 505; Wigfield & Eccles, 1992, S. 291–292). Eccles (2005, S. 113) postuliert drei Arten von Kosten: a) die erforderliche Anstrengung, die für eine erfolgreiche Bearbeitung nötig ist (effort cost), b) die Gelegenheitskosten (opportunity cost), also die fehlende Möglichkeit, durch die Bearbeitung einer vorliegenden Aufgabe andere, ebenfalls attraktive Aufgaben zu bearbeiten sowie c) die negativen affektiven Zustände (z. B. Angst, Ärger, Frustration, Stress), die sich allenfalls mit Schwierigkeiten bei der Bearbeitung oder im Falle eines Misserfolgs einstellen könnten (psychological cost).

Zu letzteren zählt Eccles (2005, S. 112) Dynamiken und Prozesse, die Covington (1992) im Kontext des Selbstwert-Konstrukts (self-worth, self-esteem) beschrieben hat: Kinder, Jugendliche und Erwachsene sind angesichts der Bedeutung, die fähigkeitsbezogene Evaluationen, soziale Vergleiche und Wettbewerbe in Unterricht, Schule und Arbeitsstellen genießen, ständig darauf bedacht, ein positives Selbstbild eigener Kompetenz zu etablieren bzw. aufrecht zu erhalten und entwickeln aus diesem Bedürfnis heraus sowohl negative Affekte und Emotionen als auch Strategien zum Schutz des eigenen «sense of competency, respect, and self-acceptance» (Covington, 1992, S. 74) (vgl. auch Abschnitt 5.3.3.1). So antizipieren sie etwa allfällige Frustration oder den Ärger über sich selbst bei

5.5 Subjektive Werteinschätzungen

einem möglichen schleppenden Vorankommen, bangen davor, bei einem Misserfolg von den Peers ausgelacht, von der Lehrkraft vor der Klasse beschämt oder von den Eltern ausgeschimpft zu werden, haben aber bei entsprechenden Gruppennormen vielleicht auch davor Angst, bei einem eventuellen Erfolg von den Peers als «Streber*in» bezeichnet und abgelehnt zu werden oder befürchten Diskriminierungen und Zurückweisungen beispielsweise bei der Wahl vermeintlich nicht-geschlechtsadäquater Aktivitäten (vgl. Eccles, 2005, S. 112; Heckhausen & Heckhausen, 2010, S. 454). Als Strategien zum Selbstwertschutz bieten sich gemäß Covington (1992, S. 74–103) und der Self-Enhancement-Theorie (zusf. Sedikides & Gregg, 2008) u. a. Ausflüchte, Ausreden, Abwertungen des bedrohlichen Faches oder der Lehrkraft, Handlungsaufschübe oder einfach das Meiden entsprechender Aktivitäten an (vgl. auch Wigfield & Cambria, 2010, S. 19–20). Die bei weitem am stärksten beforschte Facette von psychological cost ist Leistungsangst (general anxiety bzw. test anxiety), die, wie Wigfield, Eccles, et al. (2015, S. 8) die Befundlage zusammenfassen, bei Betroffenen wegen der zunehmenden Dichte an evaluativen Situationen im Unterricht und den damit einhergehenden sozialen Vergleichen und potentiellen Misserfolgserlebnissen über die Schuljahre zunimmt und, wie Zeidner (2014) zeigt (vgl. auch Pekrun & Götz, 2006; Rost, D. H., Schemer & Sparfeldt, 2018), zu mitunter starken Beeinträchtigungen in Lern- und Leistungssituationen führt:

> [...] anxious students tend to be easily distracted on cognitive tasks, experience difficulty in comprehending relatively simple instructions and questions, and also have difficulty organizing or recalling relevant information during the task. [...] high-anxious students express concern about the consequences of not performing cognitively at a satisfactory level and embarrassment at probable failure. (Zeidner, 2014, S. 583)

Trotz der erklärtermaßen großen Bedeutung der Kosten-Komponente insbesondere für Entscheidungen, die stets sowohl von positiven wie negativen Merkmalen der ins Auge gefassten Aktivität beeinflusst werden (vgl. Abschnitt 3.1), hat diese in der empirischen Forschung zum Erwartungs-Wert-Modell von Eccles und Kolleg*innen weit geringere Aufmerksamkeit erfahren als die anderen Wert-Komponenten (vgl. de Brabander & Martens, 2014, S. 30; Flake, Barron, Hulleman, McCoach & Welsh, 2015; Wigfield & Cambria, 2010, S. 5). Barron und Hulleman (2015) schreiben dies dem unklaren konzeptionellen Status zu, den perceived cost gegenüber den anderen Wert-Komponenten, aber auch bezüglich der Erwartungs-Komponente einnehme:

[...] the work of Eccles and her colleagues remains largely silent on how to effectively measure cost or how researchers should weight the positive and negative subcomponents of value into an overall measure. Instead, their work concentrates on evaluating the positive subcomponents. (Barron & Hulleman, 2015, S. 505)

Sie selber plädieren auf der Basis von neueren qualitativen und quantitativen Forschungsbefunden (zusf. Barron & Hulleman, 2015, S. 506–508), die cost als konzeptionell ähnlich zu wahrgenommener Aufgabenschwierigkeit begreifen, dafür, Kosten nicht wie Eccles und Kolleg*innen als Facette von value, sondern als dritte Hauptkomponente des Motivationsmodells zu betrachten – im Sinne eines «Expectancy-Value-Cost-Modells» – wobei Kosten in der Bedeutung von «zu schwierig», «zu umfangreich», «zu zeitraubend» sowie «zu bedrohlich» von Anfang an als Barriere bzw. als hinderlicher Aspekt einer Aufgabe konzipiert werden, die ein Zuviel an antizipiertem Aufwand, Verlust an Zeit oder vermuteten negativen Affekten ausdrücken:

[...] we recommend writing cost items that capture a negative appraisal from the outset (e.g., 'This class is too challenging.'). To agree that a class is too challenging suggests it has surpassed a critical threshold and that it is now overwhelming and is perceived to have cost. Measuring cost objectively as the amount of effort or task difficulty alone is not enough. To be perceived as cost, it must be perceived negatively by the respondent. (Barron & Hulleman, 2015, S. 507)

Neben den Fragen «Can I do this task?» und «Do I want to do this task and why?» (Wigfield, Eccles, et al., 2015, S. 3) stellt sich dem Individuum bei der Aufgabenwahl in dieser Perspektive eine dritte: «Am I free of barriers that prevent me from investing my time, energy, and resources into the activity?» (Barron & Hulleman, 2015, S. 508). Dieses, so argumentieren die Autoren, könne die beiden ersten Fragen zwar überzeugt mit «ja» beantworten, aber noch immer unmotiviert sein, die Aufgabe in Angriff zu nehmen, wenn die dritte von ihm mit «nein» beantwortet werde: «If we only ask two of these three questions, the scope of our models to predict and understand motivation will be limited» (Barron & Hulleman, 2015, S. 508). Erste vorläufige Befunde eigener Forschungsanstrengungen unter dieser Perspektive zeigten, so die Autoren, dass a) sich die expectancy-, value- und cost-Konstrukte faktorenanalytisch als klar distinkt erwiesen, b) expectancy und task value untereinander wie gewöhnlich positiv korrelierten, beide aber wie vorausgesagt negativ mit cost assoziiert seien, und c) sich die drei Konstrukte bei einer simultanen Berücksichtigung in Regressionen oder Pfad-Modellen so verhielten, dass expectancy der stärkste positive Prädiktor von Testleistungen, aber unverbunden mit fortgesetztem Interesse am Thema sei, dass task value sich dahingegen

5.5 Subjektive Werteinschätzungen

genau umgekehrt als stärkster Prädiktor für fortgesetztes individuelles Interesse am Thema, aber unverbunden mit den Testleistungen herausstelle und sich cost erwartungskonform sowohl für Testleistungen als auch fortgesetztes individuelles Interesse als negativer Prädiktor erweise (vgl. Barron & Hulleman, 2015, S. 507–508).

Wie beispielsweise auch Trautwein et al. (2012) an einer Stichprobe von über 2'500 Gymnasiastinnen und Gymnasiasten in Deutschland zeigen, entpuppt sich die task value-Komponente mit Blick auf Leistungsmaße (Testleistungen, Zeugnisnoten) tatsächlich meist nicht mehr als prädiktiv, sobald die expectancy-Komponente ebenfalls in die Prädiktionsmodelle einbezogen wird. In ihrer Studie ergab sich allerdings auch, dass die expectancy-Komponente zu einem noch stärkeren Prädiktor für die Testleistungen in Mathematik und Englisch wurde, sobald ein *expectancy x value product term* (im Sinne Atkinsons) in die Regressionsgleichungen integriert wurde[22]. Anders als die expectancy-Komponente fungiert die value-Komponente dahingegen konsistent als starker Prädiktor für das langfristige individuelle Interesse an Fächern und Fachinhalten (z. B. Harackiewicz et al., 2008), die Absicht, in der Zukunft ein Fach zu studieren (z. B. Crombie et al., 2005; Eccles et al., 1993) sowie für die tatsächliche Entscheidung, bestimmte sportliche und musische Freizeitaktivitäten und Lehrgänge (namentlich Schwerpunktfächer in der Sekundarstufe I und II sowie Studienfächer an einer Hochschule) zu wählen (z. B. Meece, Wigfield & Eccles, 1990; Simpkins, Fredricks & Eccles, 2012; Simpkins et al., 2015b) – sogar oft Jahre später (vgl. Durik et al., 2006; Musu-Gillette, Wigfield, Harring & Eccles, 2015) – oder für die Entscheidung von Erwachsenen, bestimmte berufliche Karrieren zu ergreifen (z. B. Farmer, Wardrop & Rotella, 1999). Ebenso ist der zugeschriebene Wert bei simultanem Einbezug beider Komponenten in der Regel der stärkere Prädiktor für das Lernengagement und die Persistenz (vgl. Nagengast et al., 2011; Trautwein & Lüdtke, 2007). Ferner erweisen sich subjektive task values ebenso wie expectancies als ausgeprägt fachspezifische Konstrukte, insofern als sie zwar untereinander domänenintern positiv assoziiert sind, aber bestenfalls moderat mit Kontroll- und Wert-Einschätzungen bzw. -Überzeugungen in anderen Domänen korrelieren (vgl. Denissen, Zarrett & Eccles, 2007). Wie oben bereits im Kontext des Internal/External-Frame-of-Reference-Modells von Marsh (1986b) erläutert

---

[22] Auch wenn dieser Erwartungs-*mal*-Wert-Interaktions-Term lediglich einen kleinen Teil der Varianz aufzuklären vermochte und der Effekt womöglich nur wegen der großen Stichprobe sichtbar wurde (ähnlich bei Nagengast et al., 2011), so macht dieser mit Blick auf die Überlegungen Atkinsons (vgl. Abschnitt 5.1) theoretisch durchaus Sinn: «if one does not value a task, then expecting to do well on it may not be a sufficient reason to engage in it» (Wigfield et al., 2016, S. 59).

(vgl. Abschnitt 5.3.2.2), sind vor allem zwischen Mathematik und Sprache die Korrelationen zwischen den Leistungstestergebnissen und Noten bedeutend höher als zwischen den korrespondierenden domänenbezogenen Kontroll- und Wert-Überzeugungen (vgl. Trautwein et al., 2012). Während bei kleinen Kindern die domänenspezifischen Kontroll- und Wert-Überzeugungen noch weitgehend unabhängig voneinander zu sein scheinen – «children might pursue some achievement activities in which they are interested regardless of how good or bad they think they are at the activity» (Wigfield, Eccles, et al., 2015, S. 9) –, werden die Assoziationen mit zunehmendem Alter bzw. höherer Klassenstufe laufend enger (z. B. Wigfield et al., 1997). Es ist denn auch nicht weiter erstaunlich, dass ebenso wie die Kontrollüberzeugungen auch die Wertüberzeugungen mit zunehmendem Alter bzw. Klassenstufe abnehmen (vgl. Jacobs et al., 2002; Wigfield et al., 1997). Dabei deuten die meisten Befunde darauf hin, dass die Kausalrichtung primär von den Kontroll-Überzeugungen zu den Wertüberzeugungen verläuft (zsf. Wigfield, Eccles, et al., 2015, S. 9): Kinder messen denjenigen Fächern und Aktivitäten einen höheren Wert zu, bei denen sie sich als erfolgreich und fähig erleben (u. a. Denissen et al., 2007; Marsh, Trautwein, Lüdtke, Köller & Baumert, 2005). So zeigten beispielsweise Jacobs et al. (2002) in einer Studie mit 761 Schülerinnen und Schülern, die vom Schuleintritt bis zur Vollendung der Sekundarstufe I begleitet wurden, dass Veränderungen in den Kompetenzüberzeugungen in Mathematik, sprachlichen Fächern sowie Sport über 40 % der Varianz in den Veränderungen des Wertes erklärte, den die Kinder und Jugendlichen diesen Fächern beimaßen. In Einklang mit den Postulaten der Selbstbestimmungstheorie (vgl. Ryan & Deci, 2002, 2016) scheinen sodann die Beziehungen der expectancy-Komponente zu den Wert-Facetten intrinsic value und attainment value stärker zu sein, als zu derjenigen des utility value (Eccles & Wigfield, 1995): «Thus the more intrinsic aspects of value (interest and importance) relate more closely to children's competence related beliefs» (Wigfield & Eccles, 2002).

5.6 Unterschiedliche Task Values: Implikationen für die Analyse elterlicher Bedeutsamkeitszuschreibungen gegenüber dem Kind

Nebst elterlichen Kontrollregulationen in Form von evaluativen Feedbacks (vgl. Abschnitte 5.3.3.2 und 5.4) interessiert in der vorliegenden Studie auch, wie die Eltern in der Zeit vor dem Übertrittsentscheid versucht haben, ihre Kinder für ein bestimmtes Lern- und Leistungshandeln durch verbale Bedeutsamkeitszuschreibungen zu motivieren. Entweder ausgelöst durch Bitten des Kindes nach

5.6 Unterschiedliche Task Values: Implikationen für die Analyse ...

Ratschlägen bei Schwierigkeiten mit Lernaufgaben und anderen Unterrichtsangeboten sowie mit Peers und Lehrkräften (z. B. «Papa, wie soll ich das am besten machen?») oder aber durch Probleme, die der Elternteil selbst im schulbezogenen Handeln des Kindes wahrnimmt (z. B. «Unsere Tochter erkennt noch immer nicht, dass es für unser Familienleben wichtig ist, dass sie nicht am Sonntagabend noch ihre Hausaufgaben für Montag erledigt»), übermitteln diese ihrem Kind als «interpreters of reality» (Jacobs & Bleeker, 2004, S. 7–8; Jacobs & Eccles, 2000, S. 426) (vgl. Abschnitt 2.2.2.4) in solcherlei Wertregulationen, Botschaften darüber, welche Relevanz sie mit Blick auf dessen Kompetenzentwicklung sowie auf anstehende Leistungsereignisse in bestimmten schulbezogenen Aktivitäten erkennen (vgl. Abschnitt 2.2, insb. Abbildung 2.1), und inwiefern sie möchten, dass das Kind sich entsprechend verhält. Dabei sehen sich die Eltern in solchen Kommunikationssituationen nicht nur mit der Schwierigkeit konfrontiert, a) die Aufmerksamkeit ihres Kindes auf diese spezifischen Aspekte zu lenken, sondern b) auch die von ihnen in diesen erkannte Bedeutsamkeit – den task value – deutlich zu machen und c) dies kommunikativ so zu gestalten, dass das Kind gewillt ist, entsprechend zu handeln (vgl. Abschnitt 5.7). Wie bei den Kontrollregulationen besteht das zu lösende Problem für die Eltern im Kern darin, ein aus der Perspektive ihres Kindes fremdzugeschriebenes Lern- oder Leistungsziel («X ist für dich bedeutsam» [X ist somit ein task]) mittels einleuchtenden Argumenten («..., weil du...» [task value]) und einem internalisierungsförderlichen Kommunikationsmodus so überzeugend darzulegen, dass es dem Appell («Merk dir das!») nicht nur Gehör schenkt, sondern sich das Ziel und dessen relative Bedeutung zu eigen macht – dass aus dem elterlichen task value ein subjective task value des Kindes wird.

Auf der Basis dieser Überlegungen lässt sich analog zum Vorgehen bei den Kontrollregulationen (vgl. Abschnitt 5.4) der folgende Frame konstruieren, mit dessen Hilfe sich die in den Interviews sprachlich unterschiedlich realisierten Handlungsepisoden im Hinblick auf die Analyse bezüglich der genannten drei Aspekte vereinheitlichen lassen:

«Merke dir: Es ist bedeutsam, dass du ... [schulischer task, den das Kind verwirklichen soll], weil du ... [vom Elternteil zum Ausdruck gebrachter task value]».

Die Leerstellen des Frames werden im Rahmen des Codierprozesses (vgl. Abschnitt 6.4.2) in möglichst großer Nähe zu den Originaläußerung der Elternteile über Interpretationsleistungen ergänzt. Das Ziel besteht darin, den propositionalen Gehalt der elterlichen Wertregulationen möglichst adäquat – so, wie ihn die Elternteile mit hoher Wahrscheinlichkeit dem Kind übermitteln wollten – zu rekonstruieren (vgl. Linke et al., 2004, S. 210 216). Am Beispiel der folgenden bereits in Abschnitt 1.2 kurz erläuterten wertbezogenen Handlungsepisode der Mutter S12 aus dem Interview G1 lässt sich illustrieren, wie das Framing einer wertbezogenen Interviewsequenz vonstattengeht:

I: Diskutieren Sie denn den Übertritt mit Ihrem Sohn?
S12: Ja, haben wir schon ziemlich oft darüber diskutiert (lacht).
I: Und wie spielt sich das dann ab?
S12: Ja, dass wir eben- also das letzte Mal nach dieser Rechnungsprüfung **war ich ziemlich auf 180 (lacht) und habe gesagt: «also so geht das nicht weiter, also jetzt müssen wir irgendetwas machen»**. Das war ein Abend – ich habe dann auch nicht mehr geschlafen und so; es hat mich total beschäftigt, vor allem, weil ich- ja, man ist ja auch so ausgeliefert, nicht wahr, man kann ja dann nicht irgendwie reagieren. Und- nein, **wir diskutieren mit ihm, dass das wichtig ist für die Zukunft, und dass man halt arbeiten muss**, obwohl – er ist ja selbständig, er macht es, aber eben, vielleicht – ich weiß es nicht – vielleicht zu wenig. Das kann ich zu wenig einschätzen. (Interview G1, 00:53:32)

Zur Füllung der ersten Leerstelle wird ermittelt, welches Lern- oder Leistungsziel (bzw. welchen task) der Elternteil gegenüber dem Kind als bedeutsam herausstreicht und zur Verwirklichung nahelegt. In der vorliegenden Sequenz findet sich dieses in der indirekten Rede, die von «wir diskutieren mit ihm» eingeleitet wird: «dass man halt arbeiten muss». Für die Übersetzung in den Frame stellt sich zunächst die Frage, was damit gemeint ist. Da die Mutter im Ko-Text von der Selbständigkeit des Arbeitens spricht und die Episode offenbar im Umfeld unbefriedigender Prüfungsnoten zustande kam, kann angenommen werden, dass sie mit «arbeiten» die Hausaufgabenerledigung und Prüfungsvorbereitungen zuhause meint. Sodann stellt sich die Frage, was sich am Arbeiten gemäß der Mutter verändern soll («so geht das nicht weiter»). Die Anmerkung «er macht es, aber eben, vielleicht – ich weiß es nicht – vielleicht zu wenig» lässt vermuten, dass sie gegenüber ihrem Sohn in erster Linie ein erhöhtes zeitliches Investment hervorstrich. Der erste Teil der geframten Aussage lautet demnach: «Es ist bedeutsam, dass du ein größeres Engagement bei Hausaufgaben und Prüfungsvorbereitungen zeigst».

Der zweite Teil des Frames, die Begründung bzw. der von den Eltern dem Kind dargelegte task value, der letztlich zum Ausdruck bringt, wie hoch das Ziel nach ihrer Meinung in der Präferenzordnung des Kindes rangieren sollte, findet sich im ersten Teil der indirekten Rede: «wir diskutieren mit ihm, dass das wichtig ist für die Zukunft». Auch hier stellt sich die Frage, worauf sie dabei genau anspielt:

5.6 Unterschiedliche Task Values: Implikationen für die Analyse ...

meint sie die weitere berufliche Zukunft oder meint sie die zu diesem Zeitpunkt – acht Monate vor dem Entscheid – noch unklare Zuteilung in die Sekundarstufe I? Der Ko-Text, insbesondere die diesen Abschnitt auslösende Frage der interviewenden Person, deutet stark auf Letzteres hin: es ist «wichtig» für den in naher Zukunft erfolgenden Übertrittsentscheid.

Nun stellt sich weiter die Frage, welche Bedeutsamkeit die Mutter ihrem Sohn hierbei zur Internalisierung anbietet. Was meint sie damit, wenn sie von «wichtig» spricht? Steht mit Blick auf die task value-Klassifikation der Arbeitsgruppe um Eccles (2005) die Nützlichkeit bzw. Zweckmäßigkeit (vgl. Abbildung 5.4) im Vordergrund («weil du so den Übertritt schaffen kannst»)? Oder überwiegt die Intention, dem Sohn im Sinne der Konzeption des attainment value dem vorliegenden task («größeres Engagements bei Hausaufgaben und Prüfungsvorbereitungen») eine Relevanz nahezulegen, die über eine bloße Mittel-Zweck-Relation hinausgeht und für etwas steht, was der Sohn aus ihrer Sicht als maßgeblich für sein Selbstbild – als identitätsrelevant – anerkennen sollte: «weil du das als zukünftiger Sekundarschüler einfach musst»? Das Team der Codierenden dieser Studie hätte aufgrund der Festlegungen im Kategoriensystem (vgl. Abbildung 5.4) im vorliegenden Beispiel wohl klar für Letzteres votiert: Das Verb *müssen* sowie das Adjektiv *wichtig* sind starke Indikatoren dafür, dass die Mutter hierbei von einem essenziellen Prinzip spricht, welches ihr Sohn beherzigen möge. Sodann hätten die Codierenden im Rahmen der inhaltlich strukturierenden qualitativen Inhaltsanalyse (vgl. Abschnitt 6.4.2) noch weiter danach differenziert, ob die Mutter ihrem Kind in der vorliegenden Bedeutsamkeitszuschreibung im Sinne persönlicher Identität (vgl. Abschnitt 5.5.1.2) eher einen internalen Lokus («weil du einfach so bist bzw. dich so sehen solltest») oder ob sie ihm im Sinne sozialer Identität, der Zugehörigkeit zu sozialen Gruppen (vgl. Jacobs & Eccles, 2000, S. 411–413), eher einen externalen Lokus nahelegt und somit auf Normen bzw. Rollenerwartungen (vgl. Abschnitt 1.2) verweist, denen es entsprechen soll («du als Junge», «du als unser Sohn», «du als angehender Gymnasiast», «du als Sportler» etc.). Im vorliegenden Beispiel handelt es sich um Letzteres: Die Mutter S12 dürfte ihrem Sohn signalisieren, dass es sich für ihn (in seiner Rolle) als angehender Sekundarschüler so gehöre.

Wie das weiter unten abgebildete Kategoriensystem (vgl. Abbildung 5.4) illustriert, ließen sich bei den Begründungen, die auf die Zweckmäßigkeit eines Ziels verweisen, ebenfalls ein internaler und ein externaler Lokus unterscheiden. Begründet der Elternteil mit internaler Zweckmäßigkeit, signalisiert er dem Kind, dass es die betreffende Aktivität als instrumentell zur Befriedigung seiner persönlichen kognitiven, motivational-affektiven und/oder behavioralen Ziele und Bedürfnisse erachten solle (z. B. «weil du es so besser verstehst», «weil du dich dann freuen kannst», «weil es dann leichter vonstatten geht»). Demgegenüber steht bei externaler Zweckmäßigkeit die Dienlichkeit eines Handelns zur Erlangung von sozial gesetzten Zielen bzw. zur Befriedigung sozialer Bedürfnisse und Motive im Vordergrund: z. B. «weil du dann bessere Noten hast», «weil du so den Übertritt schaffst», «weil du dann bewundert wirst».

Es stellt sich nun die Frage, inwiefern intrinsic value und perceived cost, die beiden weiteren von Eccles und Kolleg*innen postulierten Facetten des subjective task value, in verbalen Wertregulationen eine Rolle spielen und wie diese gegebenenfalls realisiert werden.

Es ist denkbar, dass Eltern auch den intrinsic value, den sie einer schulbezogenen Aktivität zuschreiben, verbal explizit gegenüber dem Kind zum Ausdruck bringen, indem sie den Spaß und/oder das situative Interesse, das sie selber empfinden oder aber beim Kind wahrzunehmen glauben, verbalisieren: «Es ist bedeutsam, dass du ... [task, den das Kind verwirklichen soll], weil du dabei Spaß empfindest/empfinden wirst» oder «..., weil du es spannend finden wirst». Allerdings wird bei dieser Facette, die von Eccles als genuin affektives Konstrukt konzipiert ist, welches in hohem Maß von «core aspects of the self, such as temperament, personality, motivational orientations» (Eccles, 2005, S. 111) beeinflusst ist und zunächst ohne größere rationale Erwägungen einfach empfunden wird, noch stärker als bei den anderen Wert-Facetten deutlich, dass Eltern dem Kind einen spezifischen task value, den sie selber erkennen, verbal zwar zur Internalisierung anbieten können, ihr Kind aber unter Umständen eine gänzlich andere Bedeutsamkeit im task wahrnimmt. Dies dürfte insbesondere dann zutreffen, wenn die Eltern Spaß nicht nur im Sinne eines assertiven Sprechakts (vgl. Abschnitt 2.2.2.4) laut denkend konstatieren («ich habe Spaß» bzw. «wir haben Spaß»), sondern als direktiven Sprechakt (vgl. Searle, 1976) bzw. als Appell realisieren («Merke dir!»). Spaß empfindet man spontan, ebenso wie situatives Interesse. Andere können einem allenfalls durch das augenscheinliche Vergnügen, das ihnen die Beschäftigung mit der Aufgabe offenbar bereitet, als animierende Modelle (vgl. Bandura, 1992) dienen («meiner Mutter bereitet das offenbar Spaß, also muss was dran sein»; vgl. *parents role modelling behavior*, Abbildung 4.1, Box F) oder aber durch ihre Einladung, ebenfalls mitzumachen, Spaß hervorrufen (*encouragement of various activities*, vgl. Abbildung 4.1, Box G). Mit verbalen Appellen aber, man soll es tun, weil es Spaß mache oder interessant sei, transformiert sich der von den Eltern konstatierte und zur Übermittlung gemeinte intrinsic value («Es ist für mich bedeutsam, weil es mir einfach Spaß macht. Das möchte ich auch meinem Kind nahebringen») in einen utility value bzw. eine Wertregulation, die mit internaler Zweckmäßigkeit (vgl. Abbildung 5.4) operiert, also dem

5.6 Unterschiedliche Task Values: Implikationen für die Analyse ...

Kind im Sinne eines Ratschlags als Mittel zum Zweck eines positiven affektiven Zustands präsentiert wird: «Es ist bedeutsam, dass du ... [task, den das Kind verwirklichen soll], weil du dabei Spaß empfinden wirst».

Bevor dem Problem noch eingehender Beachtung geschenkt wird, wonach sich task values im Zuge des Appellierens von den Kindern nicht so rezipiert werden, wie sie von den sendenden Eltern intendiert sind (vgl. Abschnitt 5.6.2), soll nun die Komponente perceived cost und deren Fremdregulation durch Eltern sowie das Kategoriensystem für die inhaltliche Analyse von fremdzugeschriebenen Wert-Begründungen (vgl. Abbildung 5.4) als Ganzes ins Blickfeld gerückt werden.

Als perceived cost werden von Eccles und Kolleg*innen negativ-valente Bedeutsamkeitseinschätzungen bezeichnet: Aspekte einer Aktivität, die einen diese grundsätzlich eher meiden lassen (vgl. Abschnitt 5.5.1.4). Eltern motivieren ihre Kinder nicht nur zu bestimmten Handlungsweisen. Auf der Grundlage ihrer Lebenserfahrung sowie ihrer ethisch-moralischen Vorstellungen versuchen sie auch, diese auf Fehler, Gefahren, Umwege, Nachteile, begrenzte Ressourcen – kurz auf Restriktionen (vgl. Esser, 1999a, S. 238) – aufmerksam zu machen (vgl. Abschnitte 2.1 und 2.2.2.4). Eltern dürften ihre Kinder im Rahmen ihres schulbezogenen Unterstützungshandelns vor solchen Restriktionen warnen («weil du sonst...»), selber solche deklarieren («weil du das nicht darfst») sowie allenfalls auch mit Konsequenzen drohen, wenn Restriktionen übertreten werden («weil du sonst ... gewärtigen musst»).

An der bereits mehrmals als Beispiel herangezogenen Handlungsepisode aus dem Interview G1 mit der Mutter S11 lässt sich dies illustrieren:

S11: Ich habe das Gefühl- er möchte es irgendwie noch nicht ganz wahrhaben. So kommt es mir vor. Er möchte vielleicht schon- er denkt: «Wenn ich mich jetzt ein bisschen engagiere, komme ich schon in die Sek A, aber es muss noch nicht, hat noch Zeit.» Ich weiß nicht, wo er steht mit seinem Kopf. Das frage ich mich manchmal auch. Aber... es nervt mich manchmal auch ein bisschen, **wenn ich sage: «K03, wach auf!»** (lacht) [...] Er muss ja kein Weltmeister werden. Er muss sich ja weiß Gott nicht übermäßig engagieren – er muss mir keine Sechsen [in der Schweiz die höchste Note] nach Hause bringen. **Aber ich sage: «K03, du bist fähig, Fünfen nach Hause zu bringen. Warum kommst du manchmal mit einer Viereinhalb oder Vier nach Hause? Nur weil du es ein bisschen locker genommen hast?»** Er: «Ja, ja, das nächste Mal dann». Das gibt es nicht. Hätte er mindestens Probleme, würde ich das akzeptieren, immerhin eine Vier, nicht wahr. Wenn er jetzt so einer wäre. Deswegen nervt es mich, wenn <u>auch</u> die Lehrerin und der Lehrer sagten: «Du kannst es, aber du willst es einfach nicht wahrhaben». (Interview G1, 00:40:52)

Nebst der in Abschnitt 5.4 erläuterten Kontrollregulation findet sich in dieser Sequenz auch folgende – bereits in den Frame übertragene – wertbezogene Regulation der Mutter:

Merke dir: Es ist bedeutsam, dass du dir der Notwendigkeit konstant guter Noten und eines entsprechenden Lernengagements bewusst wirst, weil du sonst den Übertritt in die Abteilung A nicht schaffen wirst.

Der task bzw. das schulbezogene Ziel, welches die Mutter ins Zentrum ihres Appells stellt, besteht in einer veränderten Einstellung, die ihr Sohn gegenüber dem Lernen und Leisten speziell in der Phase vor dem Übertritt einnehmen soll. In der im Weil-Satz ausgedrückten Begründung wird deutlich, dass sie ihn vor negativen Konsequenzen warnt, ihrem Sohn gegenüber also mit möglichen Kosten argumentiert, die sie wahrnimmt.

Wie lassen sich die von der Mutter S11 ausgedrückten Kosten charakterisieren? Eccles (2005, S. 113) postuliert drei Arten von Kostenüberlegungen, welche ein Individuum mit Blick auf eine anstehende Aufgabe anstellen kann (vgl. Abschnitt 5.5.1.4): a) erforderliche Anstrengungen (effort cost), b) Kosten, die sich aus Entgangenem ergeben (opportunity cost) sowie c) negative affektive Zustände (z. B. Angst, Ärger, Frustration, Stress) (psychological cost). Worum handelt es sich beim vorliegenden Beispiel?

Je mehr Beispiele von Episoden im Zuge der Entwicklung eines Kategoriensystems zur Analyse elterlicher Wertregulationen herangezogen wurden, desto klarer wurde, dass sich eine Klassifizierung der von den Eltern als Begründungen vorgebrachten Restriktionen mit den drei Facetten der Kosten-Komponente von Eccles und Kolleg*innen kaum trennscharf und reliabel bewerkstelligen lässt. Anstelle der Schaffung zusätzlicher Kostenfacetten entschied sich das Entwicklungsteam vor dem Hintergrund des expectancy-value-cost-Ansatzes von Barron und Hulleman (2015), die Kostenkomponente als gleichrangig zur Erwartungs- und Wert-Komponente zu verstehen (vgl. Abschnitt 5.5.1.4) und elterliche Begründungen, die Aussagen über Restriktionen beinhalteten, als negative Ausprägungen der positiven Wert-Komponenten attainment value und utility value zu konzipieren. Am Weil-Satz des obigen Beispiels, «weil du sonst den Übertritt in die Abteilung A nicht schaffen wirst», lässt sich dieses Prinzip verdeutlichen: Durch die beiden Wörter «sonst» und «nicht» wird in der geframten Begründung nicht nur die Restriktion, sondern auch die Instrumentalität bzw. der utility value deutlich: «Es ist bedeutsam, dass du X tust, um Y nicht zu erleben». Analog dazu hat sich gezeigt, dass die Elternteile nicht nur im Sinne des Eccles'schen Konstrukts des attainment value dem Kind positiv-valente identitätsbezogene Aspekte zur Begründung der Bedeutung einer Aktivität vor Augen führen («Es ist bedeutsam, dass du X tust, weil du das mit Blick auf soziale Normen und

Erwartungen einfach musst» bzw. «Es ist bedeutsam, dass du X tust, weil du das mit Blick auf deine Persönlichkeitsmerkmale kannst/tun solltest»), sondern auch negativ-valente, die signalisieren, dass ein anderes Handeln bzw. Leistungsziel aus externalen oder internalen Gründen ausgeschlossen sei («Es ist bedeutsam, dass du X tust, weil du Y mit Blick auf soziale Normen und Erwartungen einfach nicht darfst» bzw. «Es ist bedeutsam, dass du X tust, weil du Y mit Blick auf deine Persönlichkeitsmerkmale nicht kannst/tun solltest») (vgl. Abbildung 5.4)[23].

5.6.1 Die Vermittlung von Task Values: Ein Kategoriensystem

Abbildung 5.4 illustriert das Ergebnis der theorie- und datengeleiteten Entwicklung eines Kategoriensystems zur Codierung der verbalen elterlichen Wertregulationen entlang sogenannt wertbezogener Begründungstypen (vgl. auch Abschnitt 6.4.2.1). Wie sich zeigt, versuchten die Elternteile ihr Kind im Kontext eines unsicheren Übertritts von der Bedeutung bestimmter schulbezogener Aktivitäten zu überzeugen, indem sie ihnen im Sinne des Konstrukts des utility value entweder die Zweckmäßigkeit (Code «O» für Opportunität) oder im Sinne des Konstrukts des attainment value die Wesentlichkeit (Code «E» für Essentialität) einer bestimmten schulischen Aktivität bzw. eines bestimmten Lern- oder Leistungsziels argumentativ vor Augen führen. Wie Abbildung 5.4 weiter zeigt, besteht die Dimension «Aufgabenwert, den der Elternteil vom Kind erkannt haben möchte» nur aus diesen beiden Facetten. Wie oben vermutet, fanden sich im Datenmaterial keine Handlungsepisoden, die inhaltlich die Schaffung einer eigenständigen Facette zum intrinsic value-Konstrukt gerechtfertigt hätten. Sobald ein Elternteil die Bedeutsamkeit einer schulischen Aktivität gegenüber dem Kind mit Spaß begründet, wandelt sich der Charakter der Begründung durch die intendierte Fremdregulation und die damit einhergehende Verbalisierung bzw. Rationalisierung zu einem utility value («weil du dadurch Spaß haben wirst»), der mit Blick auf den Lokus, die zweite Dimension des Kategoriensystems, noch spezifizierter als internale Zweckmäßigkeit bezeichnet bzw. codiert werden kann.

---

[23]Gleichermaßen ließe sich *im Prinzip* (vgl. obige Ausführung zur Problematik von wertbezogenen Appellen) eine Begründung mit einem *intrinsic value* («Es ist bedeutsam, dass du X tust, weil du dabei Spaß empfindest/empfinden wirst» bzw. «..., weil du es spannend finden wirst») invers ausdrücken: «Es ist bedeutsam, dass du X tust, weil du von Y *abgestoßen bist/sein wirst*»). Die Bedeutung einer bestimmten Aktivität würde dann nicht mit Freude, Lust und Interesse, die diese bereite, begründet, sondern durch ebenso tiefsitzende *persönliche Aversionen,* die mit alternativen Aktivitäten verbunden wären.

Wie oben bereits erläutert, bezeichnet die Dimension Lokus (vgl. Abbildung 5.4) den Referenzbereich, auf den das Kind seine Aufmerksamkeit richten soll: bei einem internalen Lokus (Code «i») soll das Kind die Zweckmäßigkeit oder Wesentlichkeit mit Blick auf innere Zustände bez. seine Persönlichkeit erkennen, bei einem externalen Lokus (Code «e») auf äußere Anforderungen und Restriktionen.

Die dritte Dimension des Kategoriensystems, Valenz der Wertaussage (vgl. Abbildung 5.4) bezieht sich gemäß des oben bereits Erläuterten auf den approach- vs. avoidance-Aspekt (vgl. Abschnitt 5.1): In positiv-valenten bzw. appetitiven Begründungen (Code «+») signalisiert der Elternteil, dass das Kind sich zwecks Annäherung an einen angenehmen oder erwünschten Zielzustand mit einer Aktivität beschäftigen soll. Bei negativ-valenten bzw. aversiven Begründungen (Code «-») verweist der Elternteil auf Kosten und Restriktionen.

Aus den drei Dimensionen gehen die im Kategoriensystem dargestellten acht möglichen Begründungstypen bzw. Argumentationsstrategien hervor, welche die Elternteile bei der Kommunikation der Bedeutsamkeit einer schulbezogenen Aktivität oder eines Leistungsziels gegenüber dem Kind einsetzen:

- Positive externale Zweckmäßigkeit (Code: Oe+): «X ist bedeutsam, weil du so einen erwünschten sozialen Status erreichst.»
- Negative externale Zweckmäßigkeit (Code: Oe−): «X ist bedeutsam, weil du sonst mit einem unerwünschten sozialen Status konfrontiert bist.»
- Positive internale Zweckmäßigkeit (Code: Oi+): «X ist bedeutsam, weil du so kognitiv, emotional und/oder behavioral profitierst.»
- Negative internale Zweckmäßigkeit (Code: Oi−): «X ist bedeutsam, weil du sonst mit kognitiv, emotional und/oder behavioral negativen Folgen konfrontiert bist.»
- Positive externale Wesentlichkeit (Code: Ee+): «X ist bedeutsam, weil du das mit Blick auf soziale Normen einfach musst.»
- Negative externale Wesentlichkeit (Code: Ee−): «X ist bedeutsam, weil du etwas anderes mit Blick auf soziale Normen einfach nicht tun darfst.»
- Positive internale Wesentlichkeit (Code: Ei+): «X ist bedeutsam, weil du jemand bist, der das kann.»
- Negative internale Wesentlichkeit (Code: Ei−): «X ist bedeutsam, weil du nicht jemand bist, der andere Optionen hat.»

Diese dreidimensionale Taxonomie stellt der einzige uns bekannte Versuch einer Klassifikation der Strategien dar, mit denen Eltern versuchen, ihr Kind verbal

5.6 Unterschiedliche Task Values: Implikationen für die Analyse ... 241

		Aufgabenwert, den der Elternteil vom Kind erkannt haben möchte		
		Zweckmäßigkeit		**Wesentlichkeit**
		«weil es als Mittel zur Erreichung eines Ziels dient, das du hast oder haben solltest»		«weil dies unmittelbar mit Aspekten verbunden ist, die für dich identitätsrelevant sind»
		(Begründet wird gegenüber dem Kind mit der <u>Opp</u>ortunität eines bestimmten Handelns/Handlungsziels)		(Begründet wird gegenüber dem Kind mit der <u>Ess</u>entialität (Erfordernis/Notwendigkeit) eines bestimmten Handelns/Handlungsziels für die Entwicklung seines Selbst)

	Lokus			
	<u>ex</u>ternal	<u>in</u>ternal	<u>ex</u>ternal	<u>in</u>ternal
	«weil es der Erlangung sozial gesetzter Ziele bzw. der Befriedigung deiner sozialen Bedürfnisse und Motive (nicht) dienlich ist»	«weil es der Erlangung deiner kognitiven und/ oder motivational-affektiven und behavioralen Ziele/ Bedürfnisse (nicht) dienlich ist»	«weil es (nicht) den normativen Erwartungen entspricht, die signifikante Andere an dich haben» → «Es gehört sich für dich (nicht) so!»	«weil es (nicht) den Persönlichkeitsmerkmalen, Überzeugungen, Fähigkeiten entspricht, die signifikante Andere dir zuschreiben» → «Es entspricht dir (nicht)!» → «Es ist dir wesensgemäß (wesensfremd)»

Valenz des Wertaussage

positiv (+) — Der Elternteil formuliert die Begründung/ den Aufgabenwert appetitiv

	positive externale Zweckmäßigkeit Oe+	positive internale Zweckmäßigkeit Oi+	positive externale Wesentlichkeit Ee+	positive internale Wesentlichkeit Ei+
	«weil du so eine gute Note haben wirst» / «weil du so den Übertritt in die Sek A schaffst» / «weil du dann belohnt wirst» etc.	«weil du es so lernst» / «weil du es dann kannst» / «weil du dich dann gut fühlen wirst» etc.	«weil du das als 6. Klässler musst» / «weil du das als unser Kind musst» etc.	«weil du jemand bist, der das erreichen kann» / «weil du so bist bzw. dich so erkennen solltest» etc.
Ankerbeispiel:	«..., weil du so einen günstigen Übertrittsstatus erreichst» (H11)	«..., weil du so eine unbeschwertere Freizeit hast» (R12)	«..., weil du als Schülerin nicht umhinkommst, dich auf Prüfungen vorzubereiten» (S12)	«..., weil du es ja eigentlich schon kannst» (V11)

negativ (-) — Der Elternteil formuliert die Begründung/ den Aufgabenwert aversiv

	negative externale Zweckmäßigkeit Oe-	negative internale Zweckmäßigkeit Oi-	negative externale Wesentlichkeit Ee-	negative internale Wesentlichkeit Ei-
	«weil du sonst eine schlechte Note haben wirst» / «weil du sonst den Übertritt in die Sek A nicht schaffst» / «weil du sonst ausgelacht wirst» etc.	«weil du sonst nichts lernst» / «weil du es sonst nicht kannst» / «weil du dich sonst schlecht fühlen wirst» etc.	«weil du das nicht/keinesfalls darfst» / «weil du uns damit enttäuschen würdest» etc.	«weil du nicht jemand bist, der andere Optionen hat» / «weil du nicht so bist» / «weil du dich nicht so sehen solltest» etc.
Ankerbeispiel:	«..., weil du sonst nicht nach draußen gehen und Freunde treffen darfst» (S12)	«..., weil du sonst in der Sekundarstufe nicht folgen kannst» (S11)	«..., weil du den gleichen Fehler nicht mehrmals machen darfst» (M11)	«..., weil du zum jetzigen Zeitpunkt mit den Leistungsanforderungen der Sek A nicht klarkommen würdest» (V12)

Abbildung 5.4: Kategoriensystem «Elterliche Strategien der verbalen Wertvermittlung» (sog. «wertbezogene Begründungstypen»)

vom Wert schulischer Aktivitäten und Ziele (von tasks) zu überzeugen. Auf unserer Suche nach bestehenden Beschreibungs- und Analysesystemen, die an der einflussreichen Konzeption der task values orientiert wären, wurden wir auch in der Forschung zur Unterrichtskommunikation bzw. zum Lehrpersonenfeedback diesbezüglich nicht fündig, obwohl Schülerinnen und Schüler im Rahmen des Klassenunterrichts oder der Lernberatung[24] nicht selten verbal motiviert werden. Es kann angenommen werden, dass sich das vorliegende Schema auch zur Analyse verbaler Bedeutsamkeitszuschreibungen von Lehrkräften im Unterricht eignet (vgl. Abschnitt 8.4).

5.6.2 Die Vermittlung von Task Values: Welche Strategien sind erfolgsversprechend?

Wie bei den verbalen Kontrollregulationen (vgl. Abschnitt 5.4) drängt sich auch bei den elterlichen Wertregulationen die Frage auf, bei welchen dieser acht Argumentationsstrategien die Eltern sich berechtigte Hoffnungen machen können, dass sich ihr Kind bei deren Einsatz mit erhöhter Wahrscheinlichkeit von der Relevanz einer bestimmten Aktivität oder eines Ziels überzeugen lässt und bei welchen wohl weniger. Wie in diesem Kapitel zu zeigen sein wird, ist die Beantwortung dieser Frage angesichts einer beschränkten empirischen Befundlage schwierig und entsprechend tentativ. Die Zahl an Interventionsstudien zur Ermittlung der Effektivität relevanzsteigernder Strategien – sog. value interventions – nimmt zwar stetig zu, allerdings handelt es sich hierbei um ein junges Forschungsgebiet, dessen bisherigen Befunde mit der entsprechenden Vorsicht zu interpretieren sind (vgl. Hulleman & Barron, 2016, S. 163–164). Obwohl drei Theoriefamilien

---

[24] Hattie und Timperley (2007) haben auf der Grundlage der Metaanalyse von Kluger und DeNisi (1996) zu den Effekten verschiedener Feedbackarten eine multidimensionale Konzeption wirksamen Lehrpersonenfeedbacks vorgelegt (Hattie & Wollenschläger, 2014), die nicht nur darauf beruht, dass Schülerinnen und Schüler Informationen zum *aktuellen Leistungstand* bez. Aufgaben, Prozesse, Selbststeuerung und Persönlichkeitsmerkmale («How am I going?») – sog. *Feed Back* – erhalten, sondern in sog. *Feed Up- und Feed Forward-*Moves ebenso mit Informationen zu den *(nächsten) Lernzielen* in diesen Bereichen («Where am I going?») und *zielführenden Strategien* («Where to next?») versorgt werden (Hattie & Timperley, 2007, S. 86). Die beiden letzteren Moves dürften Gewichtungen im Sinne der *task values* durch die Feedback-Gebenden und -Erhaltenden beinhalten. Die in der vorliegenden Arbeit untersuchten elternberichteten Handlungsepisoden können denn auch als Ganzes als Schilderungen von *Rückmeldesituationen* verstanden werden, in denen die Eltern von ihren *Feed Back*-Moves (elterliche Kontrollregulationen) sowie – oft noch im gleichen Satz – von ihre *Feed Up-* und *Feed Forward*-Moves (elterliche Wertregulationen) berichten.

5.6 Unterschiedliche Task Values: Implikationen für die Analyse ...

– die Expectancy-Value-Theorie, die Interesse-Theorie sowie die Selbstbestimmungstheorie – die Bedeutung des Wert-Konstrukts thematisieren und ein breiter Konsens in der didaktischen Fachliteratur und unter Lehrkräften herrscht, wonach beispielsweise der Lebensweltbezug schulischer Inhalte (relevance to students' lives) wichtig sei (z. B. Helmke, 2015, S. 223–224; Lipowsky, 2015, S. 71; Woolfolk & Schönpflug, 2014, S. 408), ist mit entsprechender Forschung also noch immer kaum gesichert, welche spezifischen Merkmale didaktischer Maßnahmen und Settings die Wert-Wahrnehmung von Schülerinnen und Schülern tatsächlich positiv zu verändern vermögen. Solche «design-based studies» (Hulleman & Barron, 2016, S. 161) sind insbesondere selten, wenn es um verbalsprachliche Wert-Regulationen – also «directly communicated information» (Canning & Harackiewicz, 2015, S. 47) – geht und diese nicht im unterrichtlichen, sondern im häuslichen Kontext angesiedelt sind. Die im Folgenden herausgearbeiteten Empfehlungen für die Gestaltung von elterlichen Wertzuschreibungen haben denn auch bis zu einem gewissen Grad hypothetischen Charakter. Entlang der drei Ordnungskriterien, aus denen das Kategoriensystem aufgebaut ist, sollen auf der Grundlage der in den vergangenen Kapiteln dargestellten intraindividuellen Zusammenhänge zwischen task values und motivational-affektiven sowie behavioralen Prozessen Einschätzungen dazu vorgenommen werden, wie die wertbezogenen Botschaften der Eltern beschaffen sein sollten, damit Kinder diesen die nötige Aufmerksamkeit schenken, sie internalisieren und in entsprechendes Handeln umsetzen.

5.6.2.1 Die Dimension Valenz der Wertaussage

Die Dimension Valenz der Wertaussage verweist darauf, dass Eltern ihre verbalen Verhaltensförderungen im Sinne der Lerngesetze des operanten Konditionierens (vgl. Skinner, B. F., 1971, 1989) mit der sprachlichen Darbietung eines positiven oder eines negativen Verstärkers betreiben können. Im ersteren Fall (Code: «+») wird versucht, das Kind für eine veränderte Bedeutungszuschreibung hinsichtlich einer Aktivität oder eines Ziels zu gewinnen, indem ihm eine – aus der Perspektive der Eltern – appetitive Konsequenz (positive Zweckmäßigkeit) oder eine anzustrebende Sicht seiner Selbst (positive Wesentlichkeit) vor Augen geführt wird. Während bei positiver Zweckmäßigkeit (O+) sprachlich explizit angenehme äußere und innere Folgen (external: «weil du so Anerkennung erntest»; internal: «weil du dich so gut fühlen wirst») dargeboten werden, wird mit positiver Wesentlichkeit (E+) das Sich-Lohnende lediglich impliziert: Das Befolgen der vom sozialen Umfeld herangetragenen normativen Erwartungen (external: «weil du das aus Rollenerwägungen musst»; internal: «weil du dich auf diese Weise sehen solltest») – so wird dem Kind signalisiert – führt mittelbar zu Anerkennung und Wohlbefinden.

Mittels negativ formulierter Argumente (Code: «−») wird dem Kind eine veränderte Bedeutungszuschreibung hinsichtlich einer schulischen Aktivität oder eines Leistungsziels nahegelegt, indem ihm eine aversive Konsequenz vor Augen geführt wird, die es aus elterlicher Sicht zu meiden gilt. Bei negativer Zweckmäßigkeit sprachlich explizit (O−), bei negativer Wesentlichkeit Missachtung, Misserfolg und Leid wiederum lediglich insinuierend (E−), argumentieren die Eltern im Sinne von Geboten mit Kosten, die es zu vermeiden gelte, oder sprechen Verbote aus. Im Sinne eines negativen Verstärkers signalisieren sie dem Kind auf diese Weise die Alternativlosigkeit ihrer Bedeutungszuschreibung (negative Zweckmäßigkeit: «Es ist bedeutsam, dass du X tust/erreichst, weil du sonst eine schlechte Note haben wirst», «..., weil du dich sonst schlecht fühlen wirst»; negative Wesentlichkeit: «..., weil du das auf keinen Fall darfst», «..., weil du nicht jemand bist, der andere Möglichkeiten hat»).

Da die Eltern mit negativ formulierten Wertbegründungen die Akzeptanz ihres Kindes bezüglich der Richtigkeit oder Dringlichkeit ihrer Wert-Zuschreibung mit bedrohlichen, letztlich als zwingend dargestellten Gründen zu erreichen suchen, sind diese in motivational-affektiver Hinsicht als klar problematischer einzuschätzen als positiv formulierte Begründungen: Sofern das Kind die als positiv oder negativ präsentierten Argumente, wie von ihnen intendiert, tatsächlich als anziehend oder abschreckend interpretiert, dürften die Eltern mit ihren appetitiven Argumenten bei ihm positive Emotionen und mit ihren aversiven Argumenten negative Emotionen wecken (vgl. Frenzel & Stephens, 2017, S. 39–40; Pekrun, 2006, S. 319–324). Im Zusammenspiel mit einer mittleren Kontrollzuschreibung des Kindes bezüglich der betreffenden Aktivität dürfte bei einer positiven Wertzuschreibung Hoffnung und Zuversicht[25], bei einer negativen Wertzuschreibung dahingegen Angst und Zweifel[26] mit ungünstigen Folgen für die Informationsverarbeitung, die (intrinsische) Motivation, den Strategieeinsatz sowie die Persistenz evoziert werden (vgl. Abschnitt 5.5.1.4).

5.6.2.2 Die Dimension Lokus

Die Dimension Lokus – die den inneren und äußeren Referenzbereich bezeichnet, auf den der Elternteil die Aufmerksamkeit des Kindes in seiner Begründung lenkt – dürfte hinsichtlich ihrer Effekte namentlich von den motivationalen Tendenzen

---

[25]Z.B.: «Meine Mutter sagt, dass es bedeutsam ist, dass ich täglich 20 Minuten übe, *weil ich so bestimmt eine gute Note schreiben werde. Da es mir meist gelingt, mich selbständig aufzuraffen und an die Arbeit zu machen, kann ich auf ein gutes Gelingen hoffen.*»

[26]Z.B.: «Meine Mutter sagt, dass es bedeutsam ist, dass ich täglich 20 Minuten übe, weil *ich sonst den Übertritt nicht schaffe. Und da es mir manchmal schwerfällt mich aufzuraffen und an die Arbeit zu machen, fühle ich mich belastet und angespannt.*»

5.6 Unterschiedliche Task Values: Implikationen für die Analyse ...

des jeweiligen Kindes abhängen. Kinder, die eine mastery goal orientation (vgl. Dweck, 1986; Nicholls, 1984) aufweisen und mit einer individuellen Bezugsnorm vornehmlich darauf bedacht sind, ihre Kompetenzen zu entwickeln und die Lerngegenstände gründlich zu verstehen (vgl. Abschnitt 4.2.1.2), dürften sich vermutlich von internalen Gründen stärker angesprochen fühlen («weil du so kognitiv, emotional und/oder behavioral profitierst» bzw. «weil du sonst negative kognitive, emotionale und/oder behaviorale Folgen zu gewärtigen hast»; «weil du jemand bist, der das kann» bzw. «weil du jemand bist, der das andere nicht kann»). Eine hohe Lernzielorientierung geht vermutlich aber nicht nur mit einer höheren Salienz von internalen Argumenten einher, sondern auch mit diesbezüglich intensiver erlebten positiven und negativen Emotionen (siehe oben). Umkehrt kann vermutet werden, dass Kinder, die eine performance goal orientation aufweisen und – an einer sozialen Bezugsnorm orientiert – primär darauf ausgerichtet sind, sich vor andern als kompetent und leistungsfähig zu erweisen (bzw. ihre scheinbaren Defizite nicht sichtbar zu machen), stärker auf externale Argumente in der elterlichen Begründung aufmerksam werden. Ebenso dürften sie bei solchen Argumenten Hoffnung und Zuversicht sowie Angst und Zweifel intensiver erleben («weil du so einen erwünschten sozialen Status erreichst»; «weil du das mit Blick auf soziale Normen einfach musst» bzw. «weil du sonst mit einem unerwünschten sozialen Status konfrontiert bist»).

Welches Zwischenfazit lässt sich bezüglich der Frage nach effektiven elterlichen Strategien auf der Grundlage der bisher erörterten Mechanismen der Dimensionen Valenz und Lokus ziehen? Eltern sind grundsätzlich gut beraten, wenn sie ihre Wertzuschreibungen generell – im Sinne eines Argumentationsstils – mit positiven internalen Begründungen (Oi+/Ei+) zu unterstreichen suchen. Solche Begründungsmuster locken das Kind sprachlich mehr oder weniger explizit mit den angenehmen Folgen der angesprochenen Aktivität oder des Ziels, evozieren positive Emotionen, die bezüglich der Beachtung und Befolgung des Gesagten motivational günstig sein dürften, und lenken im Sinne der mastery goal orientation und eines incremental mindsets (vgl. Abschnitt 4.2.1.2) durch den Verweis auf innere Aspekte des Kindes dessen Blick auf seine persönlichen Bedürfnisse bzw. auf die Entwicklung seiner selbst- und sachbezogenen Kompetenzen. Zwar scheint es situativ – z. B. bei einer Überschätzung und Sich-in-falscher-Sicherheit-Wiegens des Kindes – durchaus angemessen und notwendig, mittels negativen, auf Gefahren und gesellschaftliche Restriktionen hinweisenden Argumenten die Dringlichkeit eines Beachtens der Bedeutungszuschreibung unmittelbar deutlich zu machen (z. B. «Merke dir: es ist bedeutsam, dass du dich wegen deiner sehr guten Note heute in Französisch nur kurz zurücklehnst und heute Abend trotzdem Englischwörter lernst, weil du sonst morgen eine ungenügende

Note im Vokabeltest haben wirst.»). Doch dürften die negativen Begründungstypen (Oe−/Oi−/Ee−/Ei−) wegen ihres angsterzeugenden Potentials und den zumindest langfristig damit einhergehenden negativen Folgen auf das psychische Wohlbefinden und das Handeln ungünstige Strategien der verbalen Wertvermittlung darstellen. Kinder mit einer ausgeprägten Wettbewerbsorientierung bzw. einer performance goal orientation dürften sich sodann von positiven externalen Argumenten (Oe+/Ee+) besonders angesprochen fühlen und der solcherlei herausgestrichenen Bedeutsamkeit eines bestimmten Handelns denn wohl auch in erhöhtem Maß Beachtung schenken. So sinnvoll der Einsatz dieser Strategien situativ ist, so problematisch dürfte es sein, wenn diese Argumentationsstrategie das dominante Stilelement der elterlichen Wertvermittlung darstellt: Insofern als die Eltern dauernd auf Belohnung durch soziale Anerkennung und gesellschaftliche Teilhabe verweisen, implizieren sie gleichzeitig aber auch immer wieder die autonomieeinschränkende Notwendigkeit, den Erwartungen anderer genügen zu müssen, und betonen den Wettbewerbscharakter von Lern- und Leistungssituationen, was im Zusammenspiel mit geringen entsprechenden Kontrollüberzeugungen zu Druck, Frustration und Hoffnungslosigkeit führen kann (vgl.Frenzel & Stephens, 2017, S. 41–42).

5.6.2.3 Die Dimension Aufgabenwert

Es stellt sich nun die Frage, welche Effekte von der Dimension Aufgabenwert, also der eigentlichen wertbezogenen Botschaft in den beiden Ausprägungen Zweckmäßigkeit (O) und Wesentlichkeit (E), auf Aufmerksamkeits-, Verarbeitungs- sowie motivational-affektive Prozesse beim Kind ausgehen: Unter welchen Bedingungen steigt die Wahrscheinlichkeit, dass das Kind den einer bestimmten schulischen Aktivität zugeschriebenen task value nicht nur zur Kenntnis nimmt, sondern in sein Überzeugungssystem integriert?

Argumentieren die Eltern mit Zweckmäßigkeit (…, weil du so etwas Erwünschtes erreichst bzw. «…, weil du so etwas Unerwünschtes vermeidest»), bringen sie den utility value zum Ausdruck, den sie persönlich der Aktivität bzw. dem Ziel zuschreiben. Begründen sie dahingegen mit der Wesentlichkeit eines bestimmten Handelns, signalisieren sie dem Kind, dass sie demselben einen attainment value und somit eine hohe Relevanz («…, weil du das musst» bzw. «…, weil du das andere auf keinen Fall darfst») beimessen. Die Wichtigkeit ergibt sich aus dem Umstand, dass ein Bezug zum Selbst bzw. zur persönlichen oder sozialen Identität des Kindes (vgl. Eccles, 2005, S. 109) hergestellt wird (vgl. Abschnitt 5.5.1.2). Auf Anhieb wird damit deutlich, dass bei einer Begründung mit Zweckmäßigkeit der Grad an Selbstbestimmung, der dem Kind zugestanden wird, grundsätzlich höher ausfällt und von diesem entsprechend als

5.6 Unterschiedliche Task Values: Implikationen für die Analyse ...

autonomiegewährendes Vorgehen (vgl. Abschnitt 2.2.2.4, insb. Tabelle 2.1) interpretiert werden dürfte. Wesentlichkeitsaussagen haben es dahingegen an sich, dass sie die Unumgänglichkeit eines Verhaltens signalisieren und mit Blick auf die Autonomiebedürfnisse des Kindes einen beschneidenden und somit problematischen Charakter aufweisen. Inwiefern das Kind hierbei intrusive Kontrolle (coersion) (vgl. Grolnick & Ryan, 1989; Skinner, E. A. et al., 2009) wahrnimmt (vgl. Abschnitt 2.2.2.4) und welche Reaktion es darauf zeigt, dürfte vor allem davon abhängen, inwieweit es die diesbezügliche Bedeutungseinschätzung bereits teilt, wie seine diesbezüglichen Kontrollüberzeugungen beschaffen sind und in welchem kommunikativen Modus die Bedeutungszuschreibung vermittelt wird.

Wie in Abschnitt 5.5.1.3 mit den berichteten belgischen Interventionsstudien von Simons et al. (2003, 2004) bereits deutlich wurde, steht in den bisherigen empirischen Untersuchungen zur verbalen Beeinflussung der Relevanz von schulischen Aktivitäten nahezu ausschließlich der utility value – also der Aspekt der Nützlichkeit – im Zentrum. Studien dazu, wie Lehrkräfte und Eltern verbal den attainment value, den intrinsic value und die Kostenüberlegungen von Kindern und Jugendlichen beeinflussen, fehlen bisher weitgehend (vgl. Lazarides et al., 2015, S. 54; Wigfield, Rosenzweig & Eccles, 2017, S. 126). Neben dem Umstand, dass sich der selbstperzipierte utility value in etlichen Studien nicht nur bezüglich des Interesses, des Engagements und der Persistenz, sondern ebenso bezüglich Leistungsergebnissen von Schülerinnen und Schülern als prädiktiv erwiesen hat (vgl. Abschnitt 5.5.1.3), dürfte die Fokussierung auf diese Facette auch dem oben angesprochenen didaktischen Prinzip des Lebensweltbezugs geschuldet sein, von dem man sich u. a. eine motivationsförderliche Funktion bezüglich der Unterrichtsinhalte verspricht. Nicht selten dürften Lehrkräfte die Schülerinnen und Schüler sprachlich-explizit auf die Nützlichkeit von Inhalten und Verfahren für deren Alltag aufmerksam machen. So berichten Hulleman und Barron (2016), die zusammen mit Harackiewicz und Mitarbeitenden in den letzten Jahren die bedeutendsten Untersuchungen zu den Gelingensbedingungen einer erfolgreichen Beeinflussung des utility value von Lernenden durchgeführt haben (vgl. Canning & Harackiewicz, 2015; Harackiewicz, Rozek, Hulleman & Hyde, 2012; Hulleman et al., 2010; Hulleman & Harackiewicz, 2009), wie ihre Erfahrungen als Dozierende von Statistikkursen für die Planung ihrer ersten diesbezüglichen Interventionsstudien leitend waren:

> Faced with the challenge of students who lack value for statistics, an obvious way was to help students discover how the statistical techniques they were learning applied to their lives in some way (utility value). This seemed more plausible than convincing

students that learning statistics was fun (intrinsic value) or an important part of their identity (attainment value). (Hulleman & Barron, 2016, S. 166)

Die Grundidee, die hier wohl nicht zuletzt vor dem Hintergrund der Selbstbestimmungstheorie, genauer der Organismic Integration Theory (vgl. Deci & Ryan, 1985; Ryan & Deci, 2002, 2016) (vgl. Abschnitt 5.5.1.2), durchscheint, dürfte darin bestehen, Menschen primär die Nützlichkeit einer Aktivität bzw. eines Ziels für ihre größeren Ziele verständlich zu machen und darauf zu zählen, dass mit den Erfolgserfahrungen und den damit steigenden Kompetenz- und Selbstwirksamkeitsüberzeugungen – bzw. mit zunehmendem Erleben eines hohen Grades von Eigenkompetenz und Selbstbestimmtheit (vgl. Ryan & Deci, 2016) – sich persönliche Wichtigkeit und Interesse beim Individuum selbstgeneriert einstellen.

Auf den folgenden Seiten werden drei experimentelle Interventionsstudien eingehender erörtert, mit denen Canning und Harackiewicz (2015) mehr Licht in die Frage zu bringen vermochten, welche Bedingungen direkt kommunizierte Zweckmäßigkeitsaussagen aufweisen müssen, damit sie sowohl bei Lernenden mit tiefen als auch bei solchen mit hohen Kontrollüberzeugungen (high confidence vs. low confidence students) zu einer Erhöhung ihres utility value in der betreffenden Domäne führen. Aus den Befunden der drei aufeinander aufbauenden Laborstudien sollen in der Folge Gestaltungsprinzipien für Zweckmäßigkeitsargumente herausgearbeitet und auf deren Basis schließlich auch solche für Wesentlichkeitsargumente abgeleitet werden.

In Studie 1 wurde 88 College-Studierenden verschiedener Fachrichtungen in einer Powerpoint-Präsentation eine neuartige mentale Technik zum Lösen komplexer Multiplikationsprobleme vermittelt, welche sie im Anschluss während drei Minuten einüben konnten. Diejenigen Studierenden, die nach dem Zufallsprinzip der Gruppe «direkt kommunizierter utility value» zugeteilt worden waren, erfuhren in der Präsentation zusätzlich, welchen Nutzen ihnen die Technik in Alltagshandlungen wie beispielsweise dem Einkaufen sowie in zukünftigen Tätigkeiten im Rahmen ihrer beruflichen Karriere bringen könne. Die Studierenden der Gruppe «selbstgenerierter utility value» wurden aufgefordert, sich selber diesbezügliche Beispiele zu überlegen und die Relevanz nach dem Üben in einem kleinen Essay zu beschreiben[27]. Die Studierenden der Kontrollgruppe sahen nur

---

[27] Es handelt sich dabei um eine auf Partizipation und Personalisierung zielende Interventionstechnik, die zu den sog. *saying-is-believing-* oder *self-persuasion*-Methoden gezählt werden kann (vgl. Canning & Harackiewicz, 2015, S. 48). Im Kern werden Individuen bei diesen Methoden dazu ermutigt, die von der Intervention anvisierte Botschaft anderen oder sich selbst auf der Grundlage eigener Erfahrungen zu erörtern und so einen Teil der Regulation selbst zu übernehmen. Durch *die erhöhte personale Passung der Botschaft* erhofft man sich

5.6 Unterschiedliche Task Values: Implikationen für die Analyse ...

die Präsentation der mathematischen Prozedur. Alle Teilnehmenden waren nach Abschluss der Einführungs- und Übungsphase (aber vor der Schreibaufgabe, vgl. Studie 2 unten) aufgefordert, in einem Fragebogen ihre Erfolgszuversicht einzuschätzen und danach zur Ermittlung der task performance sechzig Multiplikationsprobleme mit der neuen Technik zu lösen. Am Ende des Experiments wurden sie aufgefordert, in einem Fragebogen Auskunft über den von ihnen wahrgenommenen utility value – z. B. «This technique could be useful to me in my future career», «This technique could be useful to me in my daily life» – sowie über ihr situationales Interesse – u. a. «Using this multiplication technique is fun» – Auskunft zu geben (Canning & Harackiewicz, 2015, S. 53). Im Vergleich mit der Kontrollgruppe zeigte sich, dass bei den Studierenden mit hohen Kontrollüberzeugungen beide Interventionstechniken einen signifikanten Effekt auf den wahrgenommenen utility value hatten, wohingegen bei denjenigen mit tiefen Kontrollüberzeugungen beide Techniken zu keiner erhöhten Nützlichkeitseinschätzung führten. Die Autorinnen vermuten, dass weniger zuversichtliche Individuen die wertbezogene Information nicht aufnehmen könnten, wenn sie gedanklich mit Zweifeln an den eigenen Fähigkeiten beschäftigt seien: «It may be that for less confident individuals to internalize the utility of the math technique, they first need to believe they can succeed at the task» (Canning & Harackiewicz, 2015, S. 56).

Beim direkten Vergleich der beiden Interventionstechniken zeigten sich sodann bei den Studierenden mit geringer Kontrollüberzeugung sehr unterschiedliche Effekte hinsichtlich der Leistung und des Interesses: Anders als bei den selbstgenerierten Nützlichkeitseinschätzungen gingen die direkt kommunizierten Zuschreibungen bei ihnen mit schwächeren Leistungsergebnissen und geringerem Interesse einher: «Not only was directly communicated [utility value] information not helpful for participants with lower confidence, it actually seemed to lead

---

eine größere Überzeugungskraft derselben: «It encourages recipients to author the intervention message and to view their experience through its lens without feeling controlling or stigmatizing» (Walton, 2014, S. 80). Hulleman et al. (2010) konnten experimentell zeigen, dass es den Universitätsstudierenden der Interventionsgruppe, die den Auftrag hatten, laufend *die selbstperzipierte Nützlichkeit der Studieninhalte «für ihr Leben» in einem Logbuch zu formulieren,* konsistent besser gelang, ihr Anfangsinteresse über das Semester zu bewahren als den Studierenden der Kontrollgruppe. Ebenso bekundeten sie nach den Treatments ein größeres Interesse daran, ihr diesbezügliches Wissen weiter zu vertiefen. In Feldstudien auf der Sekundarstufe I (vgl. Hulleman & Harackiewicz, 2009) zeigte sich ferner, dass vor allem die Schülerinnen und Schüler mit tiefen Erfolgserwartungen von dieser schriftlichen *utility-value*-Intervention profitierten, indem sie zum zweiten Messzeitpunkt über signifikant höhere Leistungszuwächse und Interessewerte bezüglich der im Treatment fokussierten Naturwissenschaften verfügten als die *low-expectancy*-Lernenden der Kontrollgruppe.

these participants to react negatively to the information» (Canning & Harackiewicz, 2015, S. 56). Die Autorinnen vermuten, dass die Fremdregulation bei den wenig zuversichtlichen Studierenden blockierend auf den Lernprozess und die Interessenentwicklung eingewirkt haben könnte, weil sie von diesen mit zu hohen Erwartungen bzw. Anspruchsniveaus von außen und somit als Druck interpretiert worden sei: «Information about the utility of the technique coupled with a lack of confidence may put too much pressure on these individuals, without giving them a chance to process or cope with the [utility value] information by putting it in their own words» (Canning & Harackiewicz, 2015, S. 56).

Die schriftliche Wertbestimmung aus der eigenen Perspektive hat sich dahingegen für alle Studierenden der Interventionsgruppe «selbstgenerierter utility value», namentlich aber für diejenigen mit geringen Kontrollüberzeugungen, als förderlich bezüglich der Leistung erwiesen. Wie die Autorinnen meinen, könnte es sein, dass das Vorstellen und Beschreiben von zukünftigen Situationen, in denen die Aktivität nützlich ist – sich das Individuum vor dem inneren Auge also als jemand sieht, der zukünftig, nach einer Phase des Übens über die Technik verfügt und diese selbstgesteuert einsetzt – den Druck etwas mindert, kurzfristig unbedingt gut abschneiden zu müssen. Diese unbeschwertere Sichtweise scheint die Leistungserbringung durch einen stärkeren Fokus auf den Explorations- und Übungsaspekt («ich probiere es halt mal») befördert zu haben (vgl. Canning & Harackiewicz, 2015, S. 57). Notabene hatten auch die Untersuchungsleitenden die Instruktion für das Kurzessay so formuliert, dass die Teilnehmenden über ihre aktuell noch geringen Fähigkeiten im Umgang mit der Prozedur leichter hinwegsehen und den Blick für die Nützlichkeitsbeurteilung auf die Zukunft werfen konnten, wenn sie einen höheren Fähigkeitsgrad erreicht haben würden (man beachte im folgenden Zitat den Verständnis signalisierenden Einsatz von «of course»):

> Type a short essay (1 to 3 paragraphs in length) briefly describing the potential relevance of this technique to your own life. Of course, you'll probably need more practice with the technique to really appreciate its personal relevance, but for purposes of this short essay, please focus on how this technique could be useful to you in your own life, and give examples. (Canning & Harackiewicz, 2015, S. 52, Hervorhebung E.S.)

In Anbetracht des starken Effekts des selbst generierten utility values auf das Leistungsergebnis bei allen Studierenden dieser Interventionsgruppe erscheint es auf den ersten Augenblick sonderbar, dass die Maßnahme aber bei denjenigen mit geringer Kontrollüberzeugung zu keinem Effekt bezüglich deren perzipierten utility value und deren situationalem Interesse geführt hat. Canning und Harackiewicz mutmaßen, dass die Hauptursache hierfür darin liegen könnte, dass sich

5.6 Unterschiedliche Task Values: Implikationen für die Analyse ...

die wenig zuversichtlichen Studierenden während der Einführung in die Multiplikationstechnik den Nutzen derselben schlicht zu schlecht hätten vorstellen können:

> Perhaps students first need to hear about some examples of utility value from someone else and then be given the chance to come up with their own personalized examples. Directly communicated UV [utility value] information might be too threatening by itself for individuals who lack confidence [...], but once these individuals are given the chance to process the information in their own words, directly communicated UV might actually be helpful. (Canning & Harackiewicz, 2015, S. 57)

In Studie 2 prüften die Forscherinnen deshalb, ob eine Kombination der beiden Interventionsstrategien einen synergetischen Effekt auf den perzipierten utility value, das Interesse und die Leistung entfalte und ob eine solchermaßen kombinierte Interventionsstrategie tatsächlich für die Gruppe der wenig Zuversichtlichen am effektivsten sei. Die 113 teilnehmenden Studierenden wurden dazu nach dem Zufallsprinzip einer der folgenden vier Gruppen zugewiesen: «kombinierte utility value-Intervention», «nur direkt kommunizierter utility value», «nur selbstgenerierter utility value» sowie «weder das eine noch das andere» (Kontrollgruppe). Die Studierenden der kombinierten Intervention erhielten im Rahmen der Powerpoint-Präsentation die gleichen Nützlichkeitsinformationen wie die Gruppe «nur direkt kommunizierter utility value» und schrieben danach mit der gleichen Instruktion ein Kurzessay wie die Gruppe «nur selbstgenerierter utility value». Um zu untersuchen, ob Veränderungen bei den Kontrollüberzeugungen für die Effekte der utility value-Interventionen (mit)verantwortlich sein könnten, wurden diese nicht nur nach der Powerpoint-Präsentation mit den direkt kommunizierten Nützlichkeitsinformationen für den Alltag und die Karriere, sondern auch nach dem Schreiben der selbst-generierten Nutzenszenarien unmittelbar vor den Leistungsaufgaben erhoben.

Die kombinierte Strategie hat sich in den Analysen unabhängig von den ursprünglichen Kontrollüberzeugungen für alle Studierenden als kontrollförderlich erwiesen. Wie sich in der Prozessanalyse gezeigt hat, hat jeder Interventionsschritt einen eigentlichen «boost in perceived confidence» (Canning & Harackiewicz, 2015, S. 61) bewirkt. Besonders bedeutsam wirkte sich dies für diejenigen Studierenden aus, die ursprünglich über geringe Kontrollüberzeugungen verfügt haben. Während Studie 1 gezeigt hat, dass bei ihnen unabhängig von der eingesetzten Interventionsstrategie kein erhöhter utility value für die Multiplikationstechnik erzielt werden konnte und die Interessensentwicklung und Leistungserbringung durch alleiniges Direktvermitteln von Zweckmäßigkeit offenbar behindert wurden, konnten durch die Mediation der gesteigerten Kontrolleinschätzungen nun sowohl der utility value, das Interesse als auch die Leistungsergebnisse signifikant erhöht werden:

> Perhaps participants who are initially unsure of their ability can benefit from directly communicated UV [utility value] information, but need the opportunity to reflect on what they've learned. Giving these participants a chance to generate their own personal examples of UV after receiving some UV information from an external source might help them digest the material and put it in their own words. (Canning & Harackiewicz, 2015, S. 61)

Offenbar hatte namentlich für die Wenig-Zuversichtlichen a) die direkte Vermittlung der Nützlichkeit eine informative Funktion für die Genese eigener Nützlichkeitsvorstellungen und b) die Aufforderung, eigene Nützlichkeitsvorstellungen in Sprache zu fassen, eine angst- und druckmindernde Funktion. Dies ließ sich auch anhand der Inhaltsanalysen belegen, die an den Essays der Studierenden durchgeführt wurden (vgl. Canning & Harackiewicz, 2015, S. 60). U.a. zeigte sich hierbei, dass alle Studierenden signifikant seltener Wörter benutzten, die Besorgnis ausdrücken (z. B. to struggle with, to doubt), wenn sie die kombinierte Intervention erlebt hatten. Ferner offenbarten die Inhaltsanalysen auch, warum die kombinierte Strategie gerade bei den Studierenden mit geringen Kontrollüberzeugungen so erfolgreich gewesen sein mag: «This combination seemed to help participants who lacked confidence to write more about leisure activities such as shopping and eating out in restaurants, rather than how mental math can be useful in their career» (Canning & Harackiewicz, 2015, S. 62). Möglicherweise fühlten sich diese Studierenden also spezifisch durch die Karrierebeispiele in den direkt kommunizierten Nützlichkeitsbotschaften bedroht.

Um dies zu prüfen, wurden die 134 Teilnehmenden der Studie 3 zufällig zu einer der drei folgenden Bedingungsgruppen zugeteilt: «direkt kommunizierter utility value nur mit Alltags-/Freizeitbeispielen», «direkt kommunizierter utility value mit Alltags-/Freizeit- und Karrierebeispielen» sowie «weder das eine noch das andere» (Kontrollgruppe). Bei der ersten Gruppe wurden mit anderen Worten in der Powerpoint-Präsentation zur Einführung in die Multiplikationsmethode karriere- und studiumsbezogene Beispielbilder sowie entsprechende Nützlichkeitsaussagen – z. B. «most college graduates enter professions that require math, so mental math can be useful in your future career» (Canning & Harackiewicz, 2015, S. 62) – entfernt. Die verbleibenden Nützlichkeitsaussagen zur Multiplikationstechnik bezogen sich auf aktuelle Freizeitaktivitäten wie Banktransaktionen, das Einkaufen, Trinkgelder geben, aber auch auf zukünftige Situationen wie die Budgetplanung der Familie oder das Tätigen von finanziellen Investments.

5.6 Unterschiedliche Task Values: Implikationen für die Analyse ...

Tatsächlich ließ sich durch die Entfernung karriere- und studiumbezogener Beispiele und durch die alleinige Betonung von Alltagsbeispielen aus dem privaten Kontext das situationale Interesse und die Wahrnehmung von utility value bei denjenigen Studierenden, die ursprünglich an ihren diesbezüglichen Fähigkeiten zweifelten, in Relation zu denjenigen der Gruppe «direkt kommunizierter utility value mit Alltags-/Freizeit- und Karrierebeispielen» erhöhen – wiederum vermittelt über gesteigerte Kontrolleinschätzungen. Die anfänglich bereits Zuversichtlichen berichteten bei einer Fokussierung auf Alltagsbeispiele über einen höheren utility value, bezogen auf das Interesse hatten die unterschiedlichen Informationen bei ihnen keinen Effekt. Das Experiment zeitigte sodann keinerlei bedeutsamen Effekte auf die Leistungsergebnisse.

Wie Canning und Harackiewicz (2015, S. 65) schreiben, zeige sich, dass Lernende mit geringen Kontrollüberzeugungen für diejenigen Nützlichkeitsaussagen zur Multiplikationstechnik empfänglich seien, welche sich auf Aktivitäten bezögen, die gut in ihr Leben integriert seien und in ihrer Alltäglichkeit als besonders realistisch, aber auch bewältigbar erschienen. Das Studium und die zukünftige Karriere bildeten dahingegen Kontexte, die einerseits durch die druckerzeugenden Erwartungen und Vorgaben anderer geprägt seien, andererseits – je nach konkretem Studienfach –aber auch schlicht einen zu geringen Bezug zur mathematischen Technik hätten aufkommen lassen:

> In sum, it isn't the case that directly communicated relevance is always threatening for less confident individuals, but rather that [utility value] information needs to be tailored to the characteristics and needs of the individual, and accommodate those who have trouble imagining themselves succeeding at the task. (Canning & Harackiewicz, 2015, S. 65)

Trotz der zahlreichen Limitationen dieser drei experimentellen Studien[28] stellen sie angesichts des Fehlens einer breiten Befundlage einen wichtigen Schritt zur Klärung der Frage dar, unter welchen Bedingungen die Wahrscheinlichkeit steigt, dass verbale Bedeutsamkeitszuschreibungen von Dritten bei verschiedenen Rezipient*innen die intendierte Wirkung zu entfalten vermögen.

---

[28]Begrenzungen der Aussagekraft ergeben sich vor allem aus der Spezifität des Inhalts, auf den sich die Nützlichkeitsregulationen beziehen, aus der geringen Dauer der Interventionen (einmalig, ca. eine Stunde dauernd), aus der fehlenden Gleichzeitigkeit bzw. veränderten Reihenfolge der miteinander verglichenen Interventionen (die direkten *utility value*-Interventionen fanden stets *vor* den selbstgenerierten statt), aus dem Alter sowie dem lediglich rudimentär berücksichtigten Lebenskontext der Teilnehmenden (vgl. Canning & Harackiewicz, 2015, S. 66–68).

Damit elterlichen Wertregulationen, die auf Zweckmäßigkeitsargumenten beruhen (..., weil du so etwas Erwünschtes erreichst bzw. «..., weil du so etwas Unerwünschtes vermeidest»), vom Kind Aufmerksamkeit geschenkt wird und sich Änderungen in seinem utility value betreffend der entsprechenden schulischen Aktivitäten und Ziele ergeben, so lässt sich aus den Studien schließen, dürften die folgenden Bedingungen relevant sein:

a) Das Kind muss dem von den Eltern präsentierten Zweck selbst eine hohe Bedeutung beimessen

Wie die Interventionsstudien von Canning und Harackiewicz (2015), aber auch von Simons et al. (2003, 2004) gezeigt haben, müssen die Kinder grundsätzlich den Zweck – also das, was die Eltern als «Oberziel» (Esser, 2001, S. 263) deklarieren («...weil du damit Y erreichst») – auch selber tatsächlich als wertvolles Ziel erkennen («Ja, Y ist mir wichtig»). Je wichtiger dem Kind dieses Ziel ist, desto mehr Bedeutung dürfte es der von den Eltern in ihrem Appell als Mittel präsentierten schulbezogenen Aktivität (Merke dir: Es ist bedeutsam, dass du X tust») zuschreiben. Oder umgekehrt: Je gleichgültiger ihm dieser Zweck ist, desto weniger Beachtung und Engagement wird das Kind dem von den Eltern als Mittel dargelegten Handeln bzw. Ziel zukommen lassen und desto weniger wird es die Bedeutsamkeitseinschätzung bezüglich des betreffenden Handelns verändern («X ist für mich nicht bedeutsam, da ich Y nicht will»). Um mit einer Zuschreibung von Zweckmäßigkeit ihr Ziel einer veränderten Wertzuschreibung bezüglich eines bestimmten schulbezogenen Handelns (und subsequent ein verändertes diesbezügliches Handeln) zu erreichen, ist es für die Eltern mit anderen Worten wichtig, die eigentlichen – essenziellen – Ziele und Werte des Kindes zu kennen. Lassen sie es hierin an Passung fehlen, dürfte die Argumentationsstrategie der Zweckmäßigkeit ins Leere laufen.

b) Das Kind muss die Zweckmäßigkeitsaussage für glaubwürdig halten

Ebenso muss wohl die von den Eltern deklarierte Mittel-Zweck-Relation selber glaubwürdig sein. So dürften sich in den Studien 2 und 3 von Canning und Harackiewicz (2015) etliche Probandinnen und Probanden nicht von jenen direkten utility value-Botschaften angesprochen gefühlt haben, die einen Bezug zur zukünftigen Karriere herstellten, weil sie die deklarierte Nützlichkeit der mathematischen Prozedur für ihre Karriere oder ihr Studium schlichtweg bezweifelten. Eltern müssen demnach um realistische Argumentationen bemüht sein.

5.6 Unterschiedliche Task Values: Implikationen für die Analyse ...

c) Das Kind sollte über positive Kontrollüberzeugungen bezüglich der angesprochenen Aktivität sowie bezüglich des in der Begründung genannten Ziels verfügen

Im Einklang mit dem Postulat der Expectancy-Value-Theorie (vgl. Abschnitt 5.2), wonach task values das Denken und Handeln dann am stärksten beeinflussen, wenn auch die Erfolgserwartung bzw. die Kontrollüberzeugungen hoch sind (vgl. Jacobs & Eccles, 2000, S. 413), lässt sich aus den Befunden von Canning und Harackiewicz (2015) ableiten, dass die Eltern mit ihren Zweckmäßigkeitsaussagen grundsätzlich dann eine veränderte Wertzuschreibung und entsprechendes Interesse und Engagement herbeiführen können, wenn das Kind bezogen auf das im Appell ins Zentrum gestellte Mittel als auch bezogen auf den Zweck über positive Kontrolleinschätzungen verfügt. Wie die Ergebnisse der Studien 2 und 3 von Canning und Harackiewicz (2015) nahelegen, dürfte der angeführte Zweck (bedeutsam für die zukünftige Karriere) und der Umstand, dass es sich beim Mittel um eine mathematische Aufgabe handelte, je als Einzelfaktoren oder aber im Zusammenspiel bei etlichen Studierenden kompetenzbezogene Zweifel und damit einhergehend Ängste bzw. Druckempfinden ausgelöst haben. Es ist mit anderen Worten wichtig, dass Eltern es auch hierin nicht an Passung fehlen lassen: Sie sollten bei verbalen Wertregulationen mit der Zweckmäßigkeitsstrategie darauf achten, dass sich ihr Kind weder bezüglich des Mittels noch bezüglich des Zwecks überfordert und folglich zu stark unter Druck fühlt.

d) Das Kind sollte stets Möglichkeiten erhalten, Stellung zu den präsentierten Nützlichkeitsargumenten zu nehmen und ggf. selber plausiblere, noch attraktivere und weniger belastende Nutzenszenarien formulieren können

Die bisherigen Folgerungen für die Gestaltung wirksamer Zweckmäßigkeitszuschreibungen zeigen, wie wichtig es ist, dass die verbalen Ansprachen der Eltern sich gut in die bisherigen Kontroll- und Wertüberzeugungen des Kindes einpassen. Jacobs und Eccles (2000) streichen die fundamentale Bedeutung dieses Prinzips für die Regulation aller task values heraus:

> [...] children are unlikely to begin to value activities that do not match either their social identities or their personal identities. Similarly, they are unlikely to develop task values in contexts in which they feel incompetent, have no control, or feel unsupported. (Jacobs & Eccles, 2000, S. 411)

Der von Canning und Harackiewicz (2015) in Studie 2 berichtete eindrückliche Effekt der Kombination aus direkt kommuniziertem utility value und selbst formulierten utility value-Beispielen auf die Werteinschätzung, das Interesse und die Leistung bei allen Probandinnen und Probanden, namentlich aber bei den wenig zuversichtlichen, weist den Weg, wie das weiter oben von Canning und Harackiewicz (2015, S. 65) geforderte «tailor[ing] to the characteristics and needs of the individual» bewerkstelligt werden sollte: Wichtig ist, dass Eltern einen dialogisch-kokonstruktiven Ansatz (vgl. Abschnitt 2.2.2.3) wählen und dem Kind die Möglichkeit geben, auf ihre zweckbezogenen Argumente einzugehen, Widerspruch anzumelden, im Sinne eines kontingenten Scaffoldings (vgl. Belland, 2014; Reiser & Tabak, 2014; Wood et al., 1976) stichhaltigere und passendere Argumente bei ihnen anzufordern und zu erhalten und – von den Eltern explizit dazu ermutigt oder aber im Zuge der Diskussion dazu gedrängt – selbst Nutzenbeispiele zu formulieren und/oder ihre Befürchtungen zum Ausdruck zu bringen. Der Blick weitet sich dabei von der isolierten Betrachtung des elterlichen Regulations-Moves (ausgedrückt im Frame) zur ganzen Handlungsepisode: Die mehrfach angemahnte Passung von Wertregulation mit Nützlichkeitsargumenten hinsichtlich des Zwecks, des Mittels und der Kontrollüberzeugung verlangt von den Eltern ein Bemühen um einen dialogischen Kommunikationsmodus der grundsätzlich von gegenseitigem Argumentieren, Klären und Erklären geprägt ist. Eltern treten beim Motivieren durch Zweckrationalitäten als Beratende auf und dürften umso erfolgreicher in ihrem cognitive structuring[29] (vgl. Abschnitt 2.2.2.4, insb. Tabelle 2.1) sein, je besser ihnen durch ein dialogisches Vorgehen die Diagnose sowie der Anschluss an die Sprache, die Sichtweisen, Ziele und Kontrollbedürfnisse des Kindes gelingt.

An dieser Stelle fragt sich mit Blick auf die genannten Gestaltungsprinzipien, welches die Charakteristika von Wertzuschreibungen sind, bei denen die Eltern mit der Wesentlichkeit einer Aktivität bzw. eines Ziels argumentieren, wie diese auf das Kind wirken und wie diese Effekte durch Gestaltungsmaßnahmen allenfalls optimiert werden könnten. Wie oben erwähnt, beschränkt sich die relativ geringe Zahl an Experimenten zu verbalen Wertregulationen bisher auf utility value-bezogene Interventionen (vgl. Lazarides et al., 2015, S. 54; Wigfield et al.,

---

[29] Tharp und Gallimore (1988, S. 63): «[...] 'Cognitive structuring' refers to the provision of a structure for thinking and acting. It may be a structure for beliefs, for mental operations, or for understanding. It is an organizing structure that evaluates, groups and sequences perception, memory, and actions. In science, it is theory; in religion, it is theology; in games, it is rules. In everyday life, cognitive structures are like all of these, more or less formalized, more or less conscious.»

5.6 Unterschiedliche Task Values: Implikationen für die Analyse ...

2017, S. 126), so dass die folgenden Überlegungen in noch höherem Maß den Status von Hypothesen beanspruchen müssen.

Während Bedeutsamkeitszuschreibungen mit Zweckmäßigkeitsargumenten als Ratschlag verstanden werden können, den man grundsätzlich befolgen kann oder auch nicht, bergen Wesentlichkeitsargumente, wie bereits vorgebracht, eine weit bindendere Botschaft an das Kind: Mit Wesentlichkeitsargumenten werden die angesprochenen schulischen Aktivitäten und Ziele zur erwarteten Norm oder Pflicht erhoben. Dies wird besonders deutlich bei Wertregulationen mit externaler Wesentlichkeit (Ee), in denen Rollenerwartungen (vgl. Abschnitt 2.1) zum Ausdruck gebracht werden (z. B. «Es ist bedeutsam, dass du X tust, weil du das als angehende Oberstufenschülerin einfach musst» bzw. «weil du als Mädchen etwas anderes auf keinen Fall tun darfst»), ist aber ebenso ersichtlich, wenn mit internaler Wesentlichkeit (Ei) operiert und wertrational mit Bezug auf das personale Selbst argumentiert wird (z. B. «Es ist bedeutsam, dass du X tust, weil du (nicht) das Potential hast, es in die Abteilung A zu schaffen»). Die Unumgänglichkeit, Zwangsläufigkeit und Alternativlosigkeit, die zum Ausdruck gebracht wird, schränkt den Entscheidungs- und Handlungsspielraum des Kindes ein («Meine Mutter verlangt das von mir. Sie meint, dass es sich für mich so gehört»). Inwiefern dies von diesem als intrusive Kontrolle (coersion) (vgl. Grolnick & Ryan, 1989; Skinner, E. A. et al., 2009) interpretiert wird und welche äußere Reaktion es darauf zeigt (überzeugte vs. vordergründig-suggerierende Zustimmung, offene vs. verdeckte Ablehnung), dürfte in noch weit höherem Maß als bei Zweckmäßigkeitsargumenten davon abhängen, inwieweit es die signalisierte hohe Relevanz bereits teilt («Ist das wirklich so wichtig?»), wie hoch das Kind seine Kontrolle bezüglich des als essentiell charakterisierten Handlungsziels veranschlagt («Habe ich das, was meine Mutter als sehr wichtig bezeichnet, im Griff?»), aber auch in welchem kommunikativen Modus die Bedeutungszuschreibung vermittelt wird (vgl. Abschnitt 5.7).

Wesentlichkeitsargumente dürften wegen ihrer zugespitzten und auf das Kind bezogenen Aussage («weil du musst», «weil du nicht darfst», «weil du das doch (nicht) kannst») grundsätzlich eine hohe Salienz aufweisen. Gekoppelt mit einer prägnanten Darbietung des Appells (z. B. «Achtung! Es ist bedeutsam, dass du...») scheinen sie denn auch besonders angemessen zu sein, wenn es darum geht, die Aufmerksamkeit des Kindes auf Gefahren oder Fehler mit drastischen Folgen zu lenken, die ihm nicht bewusst zu sein scheinen. Je zutreffender dies aus der Sicht des Kindes ist («es war mir nicht bewusst»), je leichter es sich das Zwanghafte dieser Situationen erklären kann – und ihm gegenüber bestenfalls möglichst dialogisch auch geklärt wird («ich sehe es ein») –, je sporadischer und situationsangemessener sie eingesetzt werden («wenn meine Mutter sagt, es sei wichtig für mich, dann trifft dies in der Regel zu»), desto höher dürfte wohl die Wahrscheinlichkeit der unmittelbaren Internalisation und Befolgung einer mit Wesentlichkeit begründeten Wertzuschreibung sein.

Problematisch dürften Wesentlichkeitsargumente denn auch vor allem dann sein, wenn Eltern diese häufig, im Sinne eines festen Bestandteils ihres Motivierungsstils, verwenden: Falls die Kinder die entsprechenden Wertzuschreibungen bereits teilen, sie im Sinne integrierter und identifizierter Regulation (vgl. Deci & Ryan, 1985; Ryan & Deci, 2002, 2016) also als übereinstimmend mit ihren eigenen Selbstdefinitionen und selbstbezogenen Zielen wahrnehmen (vgl. Abschnitt 5.5.1.2), dürften sie das häufige elterliche Anmahnen lediglich als lästig oder allenfalls als Zeichen fehlenden Vertrauens interpretieren («das weiß ich längst»). Fällt die wahrgenommene Diskrepanz zwischen den wiederkehrend vermittelten elterlichen Wesentlichkeitsbotschaften und den eigenen task values dahingegen groß aus, dürfte das Kind die elterliche Regulation nicht als strukturgebende «guidance» (Skinner, E. A. et al., 2009, S. 65), sondern als, dirigierend, einschränkend und aufdringlich (vgl. Abschnitt 2.2.2.4, insb. Tabelle 2.1) im Sinne intrusiver Kontrolle (coersion) (vgl. Grolnick & Ryan, 1989; Skinner, E. A. et al., 2009) wahrnehmen und allenfalls ein vordergründiges, wenig nachhaltiges Zustimmen und Befolgen oder aber ein Auflehnen gegen die als anmaßend und autonomiegefährdend empfundenen, mit den eigenen Selbstbildern nicht übereinstimmenden Aussagen an den Tag legen. Der wahrgenommene Druck dürfte für die Kinder auch hier umso größer sein, je geringer ihre Kontrollüberzeugungen hinsichtlich der als wesentlich deklarierten schulischen Aktivitäten und Ziele ausfallen.

Welches Schlussfazit lässt sich nach der Erörterung der drei Dimensionen Valenz, Lokus und Aufgabenwert bezüglich der Effektivität der acht Begründungstypen für elterliche Bedeutsamkeitszuschreibungen ziehen (vgl. Abbildung 5.4)?

Wie bereits im Zwischenfazit festgehalten wurde, kann Eltern empfohlen werden, ihre Bedeutsamkeitszuschreibungen generell möglichst mit Argumenten zu begründen, die positiv-valente und internale Aspekte miteinander kombinieren (Begründungstypen Oi+ und Ei+: z. B. «weil du es dann kannst» bzw. «weil du es ja eigentlich schon kannst»). Mit solchen Begründungen heben sie die anziehenden Aspekte (besseres Verstehen, größeres Wissen, Spaß, bereits bestehende Kompetenzen) hervor, welche mit der angesprochenen Aktivität verbunden sind, sie lösen dadurch angenehme Emotionen (Hoffnung, Zuversicht) aus, die zusammen mit einer optimistischen Kontrolleinschätzung (bzw. einer entsprechenden Kontrollregulation durch die Eltern) zu günstigen motivationalen und behavioralen Folgen führen. Durch Betonung internaler Aspekte haben die Eltern sodann

5.6 Unterschiedliche Task Values: Implikationen für die Analyse ...

die Möglichkeit, einen individuellen Beurteilungsmaßstab einzusetzen und auf eine Lernzielorientierung ihres Kindes hinzuwirken («weil du dadurch immer besser wirst) (vgl. Abschnitt 4.2.1.2). Wie oben dargestellt, dürften Zweckmäßigkeitsargumente vom Kind als Ratschläge aufgefasst werden und signalisieren deshalb grundsätzlich Verhandelbarkeit und Entscheidungsfreiheit. Wesentlichkeitsargumente beinhalten dahingegen selbstbezogene Botschaften und dürften vom Kind deshalb kritischer hinsichtlich ihrer Glaubwürdigkeit und Realitätsnähe begutachtet werden. In diesem Sinne sollten Eltern den an sich produktiven Begründungstyp Ei+(«weil du ja eigentlich so bist», «weil du eigentlich das Potential hast») als Motivierungsstrategie gezielt einsetzen, wenn sie sich sicher sind, dass das Kind die Aussage wenigstens im Ansatz teilt. Der Begründungstyp Oi+(«weil du es so lernst», «weil du es dann kannst», «weil du dich dann gut fühlen wirst») scheint dahingegen eine Motivationsstrategie zu sein, die breit und häufig eingesetzt werden kann und sollte.

Mit negativ-valenten internalen Argumenten (Begründungstypen Oi− und Ei−: z. B. «weil du es sonst nicht kannst» bzw. «weil du nicht jemand bist, der das kann») heben Eltern gegenüber dem Kind dessen persönliche Grenzen und Kosten hervor, die sich ihm bezüglich seiner Kompetenzentwicklung, seinem emotionalen Befinden oder bezüglich seines Entwicklungspotentials stellen. Besonders der Begründungstyp negative internale Wesentlichkeit (Ei−) sollte von den Eltern so wenig wie möglich eingesetzt werden, insofern als sie dabei mit internal unkontrollierbaren Aspekten argumentieren (Es ist bedeutsam, dass du X machst, weil du mit deinen Persönlichkeitsmerkmalen keine andere Wahl hast). Die signalisierte Zwangslage dürfte beim Kind je nach eigener Wert- und Kontrolleinschätzung, vor allem bei einem häufigen Einsatz dieser Strategie, zu Frustration und Hilflosigkeit führen oder aber – beim Eindruck, die Eltern würden seine Kompetenzen verkennen – Ärger und Wut auslösen, was in Streit münden und eine Ablehnung elterlicher Wertregulationen nach sich ziehen dürfte (vgl. Abschnitt 5.7). Beim Einsatz des Begründungstyps negative internale Zweckmäßigkeit (Oi+) dürften Eltern nur dann mit ihrer Warnung zum Kind durchdringen und wie intendiert Angst und Druck auslösen, wenn das Kind dem genannten Zweck («weil du es sonst nicht kannst») selbst auch eine hohe Bedeutung beimisst. Da negative internale Aspekte angesprochen werden, die das Kind nach außen bis zu einem gewissen Grad verbergen kann, dürfte es andernfalls mit Gleichgültigkeit reagieren («na ja, dann kann ich es halt noch nicht so gut»). Beide Argumentationsstrategien, so ist den Eltern in Anbetracht der genannten Problematiken zu raten, sollten so sporadisch wie möglich eingesetzt werden.

Auch Negativ-valente externale Argumente (Begründungstypen Oe− und Ee−: z. B. «weil du sonst eine schlechte Note haben wirst» bzw. «weil du das als Schülerin keinesfalls darfst»), so lässt sich den Eltern ferner empfehlen, sollten sie in ihren Wertregulationen grundsätzlich so selten und situationsangemessen wie möglich verwenden, da sie negative Emotionen, im Zusammenspiel mit geringen Kontrolleinschätzungen namentlich Angst, auslösen. Es kann vermutet werden, dass die Elternteile der vorliegenden Studie vor allem den Begründungstyp Oe− gehäuft eingesetzt haben: Darum bemüht, das Kind zu motivieren und zu beraten, damit es mit Blick auf den Übertrittsentscheid eine möglichst günstige Leistungsentwicklung an den Tag legt, dürften sich etliche mit dem Umstand konfrontiert gesehen haben, dass sich dessen Lern- und Leistungshandeln ebenso wenig wie die Noten plötzlich verbesserten. Dies dürfte sie dazu veranlasst haben, Warnungen auszusprechen: «Es ist bedeutsam, dass du X tust, weil du sonst den Übertritt nicht schaffst». Auch wenn daraus kurzzeitig eine erhöhte Aufmerksamkeit und Leistungssteigerungen resultieren mögen, so dürften sich bei einem gehäuften Einsatz solcher Wertvermittlungsstrategien, die letztlich darauf beruhen, dass das Kind den hohen Wert des Zwecks teilt («Ich will in die Abteilung A») oder aber die Reaktionen des sozialen Umfelds bei einem Misserfolg fürchtet, Druck und Ängste einstellen, die sich langfristig negativ auf das Wohlbefinden, das Interesse und die vertiefte Beschäftigung mit den angesprochenen Aktivitäten auswirken.

Bedeutungszuschreibungen, die positiv valente und externale Aspekte kombinieren (Begründungstypen Oe+ und Ee+: z. B. «weil du so eine gute Note haben wirst» bzw. «weil du das als Schülerin musst»), dürften vermutlich von den allermeisten Eltern im Kontext der Schule am häufigsten eingesetzt werden. Veranlasst durch die von der Schule gesetzten Ereignisse (Hausaufgaben, Prüfungen, Zeugnisse, der Übertritt etc.) erteilen sie Ratschläge (Oe+) und machen Aussagen über an Rollen geknüpfte Handlungsmaximen (Ee+). Sofern das Kind selbst über hohe diesbezügliche Kontrollüberzeugungen verfügt und sich Erfolge und soziale Anerkennung einstellen, dürften sich daraus keine Probleme ergeben, vielmehr ist mit einer Interessensbildung und Übernahme der Bedeutsamkeitszuschreibungen zu rechnen (vgl. Abschnitt 5.5.1). Obwohl Eltern beim Einsatz dieser beiden Argumentationsstrategien nicht wie bei den negativen Begründungstypen explizit auf bedrohliche Aspekte hinweisen, dürfte der Bezug auf Erwartungen des Umfelds und Ereignisse, die den sozialen Vergleich zulassen, vom Kind vor allem dann aber dennoch als druckvoll und angsterzeugend wahrgenommen werden, wenn es die Wertzuschreibung der Eltern teilt, selber aber über geringe Kontrollüberzeugungen verfügt bzw. entsprechendes evaluatives Feedback von den Eltern erhält (vgl. Abschnitt 5.4.1).

In der folgenden empirischen Untersuchung wird sich weisen, inwiefern die Vermutung zutrifft, dass gerade in der unsicheren Übertrittssituation, in der die meisten der 20 Elternteile in Anbetracht ihrer Aspirationen und der eher mäßigen Leistungen ihrer Kinder selber unter erhöhtem Druck standen (vgl. Abschnitt 3.3) einen Stil verbaler Wertregulation pflegten, der auf einem dieser beiden letzteren Begründungstypen basierte. Trifft ebenso die Annahme zu, dass das generelle evaluative Feedback der Elternteile – ihr Stil verbaler Kontrollregulation – angesichts der bisherigen Leistungssituation ihrer Kinder eher moderat negative Ausprägungen aufweist («du hast es eher nicht im Griff»), so dürfte im Hinblick auf die affektiv-motivationale Lage der Kinder umso entscheidender gewesen sein, in welchem Maß der kommunikative Modus, in dem Elternteile ihre Appelle vermittelt haben, von Dialogizität, Adaptivität und Wärme geprägt war.

5.7 Die Bedeutung des Kommunikationsmodus und der Beziehungsqualität für die Internalisierung von kontroll- und wertbezogenen Botschaften durch das Kind

Abschließend soll dem Umstand nochmals eingehender Beachtung geschenkt werden, dass verbale Motivierungshandlungen der Eltern immer Appelle an das Kind sind, seine kontroll- und wertbezogenen Gedanken bezüglich bestimmter schulischer Aspekte (Aktivitäten und Ziele) in der einen oder anderen Art zu verändern. Diese spezifischen Aspekte, die die Eltern gemäß ihren grundlegenden soziokulturell geprägten Werten (vgl. Abschnitt 4.1), ihren allgemeinen bildungsbezogenen Überzeugungen (vgl. Abschnitt 4.2.1.2), kindspezifischen Aspirationen und Erwartungen (vgl. Abschnitt 2.2.2.4) sowie Wahrnehmungen des betreffenden Bildungssystems und seiner Akteure (vgl. Abschnitt 2.2) selber als bedeutsam erkennen (vgl. Abschnitt 2.1, Abbildung 2.1), werden vor dem Kind nicht nur als relevant deklariert («X ist bedeutsam», kategoriale Wertung), sondern auch hinsichtlich des Grads ihrer Relevanz («weil nützlich» oder «weil wesentlich», dimensionale Wertung) gekennzeichnet. Ebenso nehmen sie vor dem Kind (zusätzlich) ein Assessment dessen vor, ob («Du hast X im Griff», kategoriale Beurteilung) und in welchem Maß (weil mehr oder weniger internal, stabil und willentlich steuerbar, dimensionale Beurteilung) es bezüglich dieser Aspekte von gelingenden Ergebnissen ausgehen kann.

Vor allem bei denjenigen schulbezogenen Aspekten, denen die Eltern selber große Wichtigkeit (attainment value) beimessen, dürften sie darauf bedacht sein, dass das Kind ihre diesbezüglichen wert- und kontrollbezogenen Botschaften möglichst auf Anhieb wahrnimmt, versteht, in ihr Überzeugungssystem einbaut und entsprechend handelt. Wie in den vorangegangenen Kapiteln erörtert, sollten die Eltern aber wegen der engen Assoziationen zwischen Wert- und Kontrollüberzeugungen (vgl. Abschnitt 5.5.1.4) immer wachen Auges für kompetenzbezogene Äußerungen des Kindes (in Form sprachlicher und affektiver Expressionen) sein, wenn sie wertbezogene Regulationen vornehmen und umgekehrt.

So ist bei evaluativen Feedbacks nicht nur darauf zu achten, dass diese vom Kind als sachlich angemessen, argumentativ plausibel und glaubwürdig eingeschätzt werden (vgl. Schunk et al., 2014, S. 118), sondern seinem Bedürfnis nach Schutz des eigenen «sense of competency, respect, and self-acceptance» (Covington, 1992, S. 74) nachkommen (vgl. Abschnitt 5.5.1.4). Ferner sollten Eltern dabei kontrollbezogene Begründungen verwenden (vgl. Abschnitt 5.4.1), die Zuversicht und Hoffnung erzeugen und das Kind auf einen adaptiven Attributions-Emotions-Motivations-Performanz-Pfad (vgl. Perry & Hamm, 2017) bringen (vgl. Abschnitt 5.3.3.2). Bandura (1997, S. 104) gibt in dieser Hinsicht zu bedenken, dass es generell einfacher sei, mit destruktiven in geringschätzender Weise formulierten und/oder inhaltlich einseitig auf die Defizite abhebenden Rückmeldungen Selbstwirksamkeitsüberzeugungen zu untergraben, als diese mit konstruktivem Feedback allein nachhaltig zu heben:

> Devaluative Feedback not only creates social estrangement but undermines people's belief in themselves. Given the same level of performance, disparaging criticism lowers perceived efficacy and aspirations, whereas constructive criticism sustains aspirations and upholds or even bolsters a sense of personal efficacy [...]. (Bandura, 1997, S. 103–104)

Gleichermaßen wurde oben deutlich, dass Eltern bei der Formulierung ihrer Wertzuschreibungen darauf achten müssen, dass diese den Kontrollüberzeugungen der Kinder entsprechen. So ergaben sich in den Interventionsstudien von Canning und Harackiewicz (2015) deutliche Hinweise darauf, dass selbst Bedeutsamkeitszuschreibungen mit Zweckmäßigkeitsargumenten – welche grundsätzlich den Charakter von Ratschlägen aufweisen, eine moderate Wichtigkeit signalisieren und dem Bedürfnis der Rezipient*innen nach Selbstbestimmung bzw. Entscheidungsfreiheit entgegenkommen – zu Angst und Handlungsblockaden führen, wenn das Individuum bezüglich der konkret genannten Aktivität («X ist bedeutsam») oder des spezifisch genannten Handlungszwecks («damit du Y erreichst») lediglich ein geringes Vertrauen in seine eigenen Fähigkeiten aufweist. Die Experimente zeigten ferner auf, wie wichtig es im Hinblick auf die Internalisierung und Handlungsausführung ist, dass die Lernenden die Möglichkeit haben, ihre

5.7 Die Bedeutung des Kommunikationsmodus und ...

eigenen Überlegungen bezüglich des persönlichen Nutzens anzustellen und zu verbalisieren. Die für die Rezeption und Internalisation entscheidende Passung mit den Werten und dem inhaltlichen (Vor-)Wissen des Kindes, so lässt sich folgern, sollte über ein möglichst dialogisches Vorgehen sichergestellt werden (vgl. Abschnitt 5.6.2.3). Dies dürfte insbesondere bei Bedeutsamkeitszuschreibungen gelten, die der angesprochenen Aktivität bzw. dem angesprochenen Handlungsziel Wesentlichkeit zuschreiben und damit eine Notwendigkeit der Befolgung implizieren, die als Zwang interpretiert werden kann. Teilt das Kind den signalisierten hohen Wert (attainment value) nicht wenigstens in Ansätzen und vertraut es vor allem seinen diesbezüglichen Fähigkeiten nicht, so dürfte es Angst wegen der angedeuteten hohen Bedeutung noch intensiver erleben als bei Argumenten, die den utility value hervorheben (vgl. Frenzel & Stephens, 2017, S. 38–41).

Aus den in Abschnitt 5.5.1.3 berichteten Befunden der Interventionsstudien von Simons et al. (2003, 2004) lässt sich ferner schließen, dass es ratsam sein dürfte, dass Eltern die von ihnen wohl häufig eingesetzten, aber mit Zwang und Druck assoziierten externalen Wesentlichkeitsargumente («weil du musst», «weil du nicht darfst») grundsätzlich so sparsam wie nötig und so situationsangemessen wie möglich einsetzen (z. B. bei Gefahren oder sich abzeichnenden schwerwiegenden Fehlern) und an deren Stelle möglichst mit positiver Zweckmäßigkeit einer Aktivität argumentieren sollten. Das Erkennen eines persönlichen utility values geht mit erhöhtem Engagement und verbesserten Leistungsergebnissen einher (Johnson & Sinatra, 2013) (vgl. Abschnitt 5.5.1.3). Eltern können darauf hoffen, dass sich ihr Kind mit der Beschäftigung zunehmend stärker für die Aktivität interessiert und sich mit dem Gelingen nicht nur steigende Kontrollüberzeugungen ergeben, sondern auch eine steigende Identifizierung mit der Aktivität einsetzt und somit im Sinne der Organismic Integration Theory (vgl. Deci & Ryan, 1985; Ryan & Deci, 2002, 2016) (vgl. Abschnitt 5.5.1.2) die persönliche Wichtigkeit derselben steigt.

Eltern, so wird deutlich, «[...] walk a very fine line between being supportive and being overcontrolling» (Jacobs & Eccles, 2000, S. 430). Um mit ihren Wert- und Kontrollzuschreibungen erfolgreich zu sein, dürfte nicht nur entscheidend sein, wie die Eltern diese argumentativ gestalten – situationsangemessen, verständlich und glaubwürdig –, sondern auch in welchem kommunikativen Modus sie ihre Forderungen nach Internalisierung und Befolgung (in den Frames mit dem einleitenden «Merke dir!» ausgedrückt, vgl. Abschnitte 5.4.1 und 5.6.1) erheben (vgl. Grusec, 2011, S. 252). Gerade bei potentiell selbstwertgefährdenden und autonomieeinschränkenden Aussagen dürfte nicht nur bedeutsam sein, wie die veränderten Wert- und Kontrolleinschätzungen situativ vom Kind eingefordert werden, sondern wer die Person ist und in welchem «emotional climate» sie generell ihre Appelle an das Kind vornimmt (Darling & Steinberg, 1993, S. 493).

Appelle sind in der Sprechaktklassifikation von Searle (1976, S. 11) sog. Direktiva (directives), also Sprechhandlungen, mit denen Forderungen an das Gegenüber gerichtet werden bzw. mit denen dieses zu einer Handlung bewegt werden soll:

> [Directives] may be very modest 'attempts' as when I invite you to do it or suggest that you do it, or they may be very fierce attempts as when I insist that you do it. [...] The direction of fit is world-to-words and the sincerity condition is want (or wish or desire).The propositional content is always that the hearer H does some future action A. Verbs denoting members of this class are ask, order, command, request, beg, plead, pray, entreat, and also invite, permit, and advise. (Searle, 1976, S. 11)

Die Verben, die Searle hier als kennzeichnend für direktive Sprechakte aufzählt – insofern als sie alle sog. Welt-an-Wort-Anpassungen signalisieren –, illustrieren die Bandbreite, mit der Forderungen formuliert werden können: Sie reicht von «befehlen» bis zu «bitten», wobei auch eine explizite Bitte je nach situativen Bedingungen, der Mimik, Gestik und Proxemik der sprechenden Person sowie weiteren sprachlichen Markern[30] von der rezipierenden Person ebenfalls als eine bindende Aufforderung interpretiert werden kann. Kinder werden u. a. darauf achten, welche Emphase die Eltern in den Appell legen, um zu prüfen, inwiefern deren Aufforderung, ein verändertes Verhalten zu zeigen, zum Nennwert zu nehmen ist. Mit Blick auf Searles Worte im obigen Zitat stellt sich für das Kind (und die Forschenden), die Frage, ob es sich bei den Überzeugungsversuchen der Eltern nur um «modest attempts» oder um ernstzunehmende «fierce attempts» handelt.

Das Kind wird ferner registrieren, ob die Eltern auch bei seiner expliziten Ablehnung der Botschaft auf dieser insistieren oder ob sie diese relativieren, sobald ihnen sein Widerspruch und sein Trotz entgegenschlägt («Ich finde zwar, dass du... solltest – aber du musst es selber wissen.»). Letzteres dürfte bezogen auf die konkrete Situation, vor allem aber situationsübergreifend, wenn dies gehäuft dem Kommunikationsverhalten der Eltern bei Wert- und Kontrollzuschreibungen entspricht, das strukturgebende Potential (vgl. Abschnitt 2.2.2.4, insb. Tabelle 2.1) dieser Unterstützungsformen untergraben. Mangelt es den verbalen

---

[30]Solche sprachlichen Marker signalisieren u. a. Gefühle, die Dringlichkeit und das Verhältnis zwischen den Kommunikationspartnern im Sinne von Nähe/Distanz und sozialen Statusunterschieden (Sozialdeiktika) (vgl. Linke et al., 2004, S. 219–232).

5.7 Die Bedeutung des Kommunikationsmodus und ...

Regulationen an Konsistenz – widersprechen sich die Botschaften über die Zeit, widersprechen sich die Botschaften und die Prägnanz, mit der sie vertreten werden und/oder widersprechen sich die Botschaften und das eigene Handeln der Eltern (vgl. Farkas & Grolnick, 2010, S. 268; Pomerantz, Kim & Cheung, 2012, S. 423–424) – dürfte das Kind entsprechende Appelle als unstet, willkürlich und unglaubwürdig im Sinne von chaos (vgl. Skinner, E. A. et al., 2009, S. 221) (vgl. Abschnitt 2.2.2.4, insb. Tabelle 2.1) wahrnehmen. Dies dürfte nicht nur mit negativen Effekten hinsichtlich der Internalisierung und Befolgung der Regulationen einhergehen, sondern auch negative Auswirkungen auf die Autorität der Eltern haben (Apel, 2002, S. 117–120; Reichenbach, 2011, S. 26–30; Schäfer & Thompson, 2009; Sofsky & Paris, 1991). Ein Kennzeichen dafür, dass die Kinder ihre Eltern als valide Normsetzer und -beurteiler anerkennen – «dass wir es [...] mit Autorität zu tun haben» – besteht laut Krüger (1953, S. 54) darin, «dass eine Person irgendwie 'maßgebend' ist – dass sie anderen 'etwas zu sagen hat', während sich die anderen etwas von ihr 'sagen lassen' [...]».

Eltern dürften namentlich dann Aufmerksamkeit wecken und überzeugend wirken, wenn sie kommunikativ jene «ruhige Festigkeit» oder «Nicht-verletzende[] Geltendmachung des eigenen Standpunkts» an den Tag legen, die Aebli (1997, S. 273) als «Assertivität» bezeichnet: Wenn sie aktiv das Kind ansprechen und Stellung beziehen, sich nicht gleich seinem Widerspruch bzw. Nicht-Befolgen beugen und dabei ihre Gefühle in kontrollierter, das Gesicht des Kindes wahrenden Weise zum Ausdruck bringen[31]. Eine solchermaßen an den Tag gelegte Verbindlichkeit und Verantwortlichkeit, die insofern autoritätsförderlich und vertrauensbildend wirkt, als sich die Eltern als Expertinnen und Experten für den schulischen Realitätsbereich präsentieren (vgl. Sofsky & Paris, 1991, S. 27), bedingt allerdings, dass diese ihre Botschaften auf Nachfrage des Kindes mittels Anschlussargumenten u. a. in Form von Eigenerfahrungen zu plausibilisieren vermögen (vgl. Kapitel 4). Damit die Strukturgebung, die die Eltern mit ihrem festen Vertreten ihrer Überzeugungen sicherstellen, in den Augen des Kindes nicht als Zwang (coersion) bzw. als autokratisches Verhalten (vgl. Abschnitt 2.2.2.4, insb. Tabelle 2.1) erscheint, dürfte es denn auch wichtig sein, dass die Kontroll-

---

[31] Aebli (1997) spricht hierbei von *aktiver Assertivität* – «[...] es wagen, den anderen anzugehen und seine Aufmerksamkeit in Anspruch zu nehmen» (S. 275) –, von *reaktiver Assertivität* – «[...] fähig sein, Zumutungen und Forderungen, deren Befriedigung [einen] selbst schädigen oder dem anderen nicht wirklich dienen würde, abzulehnen, oder ihnen zumindest nur in Grenzen nachzukommen» (S. 274) – sowie von *expressiver Assertivität* (S. 275–276), der Fähigkeit, die eigenen Gefühle und Standpunkte unter gleichzeitiger Berücksichtigung der Bedürfnisse und Standpunkte des andern *kontrolliert* als sog. «Ich-Botschaften» (vgl. Gordon, 1972, S. 104–135) auszudrücken.

und Wertregulationen nicht monologisch bleiben, Widerspruch und Rückfragen des Kindes nicht ins Leere laufen oder auf stures Beharren treffen (vgl. Grusec, 2012).

Gerade in jenen heiklen schulbezogenen Situationen, in denen das Kind Misserfolge zu verkraften hat, die Eltern unrealistisch hohe Erfolgserwartungen des Kindes zu dämpfen versuchen oder in denen es von Ängsten geplagt wird – wenn also unter Berücksichtigung der psychologischen Bedürfnisse des Kindes ein realitätsnahes, Leistungen und Leistungsanforderungen sowie eigene Erwartungen benennendes verbales Handeln gefragt ist – dürfte ein hoher Grad an Dialogizität notwendig sein. Kinder sollten regelmäßig, besonders aber in solch delikaten Situationen, erleben, dass sich ihre Eltern bemühen, ihre Perspektiven einzunehmen, ihnen die Möglichkeit zu geben, die Situationen mit Bezug auf ihre persönlichen Überlegungen darzulegen, ihnen entsprechend angepasstere, plausiblere Erklärungen, Erläuterungen und Beispiele anzubieten und sich zurückzunehmen, wenn sie ihr Verstehen oder ein genügendes Maß an Internalisierung erkennen lassen. Wenn Eltern gegenüber ihrem Kind eine Haltung erkennen lassen, die die eigenen Kontroll- und Wertzuschreibungen im Sinne Vygotskijs (2002) und der Literatur zu Tutoring, Mentoring und Coaching (z. B. Chi, Siler, Jeong, Yamauchi & Hausmann, 2001; Collins, Brown & Newman, 1989; Graesser, Conley & Olney, 2012; Staub, 2004; Tharp & Gallimore, 1988) als psychologische oder semantische Werkzeuge versteht, die sich das Kind erst zu eigen machen und hinsichtlich ihrer Brauchbarkeit in seiner schulbezogenen Realität erproben muss, wenn sie ein Verständnis für entwicklungsbedingte Positionsbezüge des Kindes im Übergang zum Jugendalter erkennen lassen (vgl. Jacobs & Eccles, 2000, S. 415) und unter Beweis stellen, dass ihre eigenen Einschätzungen und Überzeugungen in den Gesprächen mit dem Kind wandeln (vgl. Simpkins & Fredricks, 2015, S. 926) –, dürften sie nicht nur für die akkurate Wahrnehmung der Botschaften, sondern ebenso die Wahrscheinlichkeit erhöht haben, dass diese vom Kind auch akzeptiert werden (vgl. Grusec, 2011, S. 252).

Damit «Akzeptanz» allerdings nicht nur situative Zustimmung und Befolgung des elterlichen Appells, sondern ein «inner indorsement» der ausgedrückten Botschaft bedeutet, reichen ein von hoher Assertivität und hoher Dialogizität geprägter Kommunikationsstil, der das Bedürfnis noch Kompetenz- und Autonomieerleben befriedigt, allein nicht aus: «Children will be most likely to internalize regulations when relatedness needs are met, meaning when they have a positive relationship with an involved, supportive parent» (Grolnick, 2003, S. 56).

Damit Kinder es wagen, ihre eigenen Sichtweisen und Befürchtungen frei zum Ausdruck zu bringen, damit sie auf die Botschaften und Argumente fokussiert bleiben und sich nicht stattdessen stärker mit dem Selbstwertschutz und Gedanken zur Beziehungsqualität beschäftigen (vgl. Wood et al., 1976, S. 98), ist es notwendig, dass die Kinder sich in der einzelnen Regulationsepisode, letztlich aber stabil über die wert- und kontrollbezogenen Gespräche hinweg, trotz seines Widerspruchs und Nachfragens, trotz seiner augenscheinlich geringen Einsicht und mitunter zum Ausdruck gebrachten negativen Affekte stets als Persönlichkeiten anerkannt und wertgeschätzt fühlen. Erleben die Kinder ihre Eltern (und den Rest der Familie) als sichere «refuling base» (Bodenmann, 2016, S. 88), die gerade auch in konfliktbehafteten Situationen im Sinne der Qualitätsdimension warmth (vgl. Abschnitt 2.2.2.4, insb. Tabelle 2.1) keinen Zweifel an ihrer Zuneigung und Achtung aufkommen lassen, indem sie auf herabsetzende und feindselige Äußerungen verzichten, von Kommunikationsverweigerung und «Missachtung» sowie von «Kälte» und «Härte» (Tausch & Tausch, 1998, S. 102) absehen und gegebenenfalls die Bereitschaft zeigen, sich freimütig zu entschuldigen, sollten sie situativ Verhaltensformen zeigen, die Skinner und Kolleg*innen (2009, S. 186) der rejection zuordnen (vgl. Abschnitt 2.2.2.4, insb. Tabelle 2.1), so schaffen sie jenen unterstützenden häuslichen Kontext, der die Internalisierung elterlicher schulbezogener Werte und Erwartungen beim Kind befördert (u. a. Grolnick & Ryan, 1989; Grolnick et al., 1991; Simpkins, Weiss, McCartney, Kreider & Dearing, 2006; zsf. Wigfield, Eccles, et al., 2015, S. 25).

5.8 Elterliche Wert- und Kontrollregulationen im Kontext eines unklaren Übertrittsentscheids: Fragestellungen und Aufbau der empirischen Untersuchung

Die Hauptziele der vorliegenden Studie bestehen einerseits in einer möglichst facettenreichen Deskription der Praktiken, mit denen die 20 Elternteile in den acht Monaten vor dem Übertrittsentscheid versucht haben, ihre Tochter oder ihren Sohn verbal-appellativ für schulische Aktivitäten und Ziele zu motivieren. Andererseits sollen die jeweiligen elterlichen Motivierungsstile auf der Basis von Fallbeispielen sowie mit Blick auf die in den vergangenen Kapiteln erörterten Befunde und Postulate hinsichtlich ihrer Chancen und Risiken für ein in motivational-affektiver Hinsicht produktives Bewältigen der zugespitzten Leistungssituation beurteilt werden.

Wie in den vergangenen Kapiteln erörtert, ist es unbestritten, dass Eltern während der Kindheit und bis weit ins Jugendalter hinein mit ihren vorgelebten sowie verbal und nonverbal zum Ausdruck gebrachten schulbezogenen Werten, Aspirationen und Leistungserwartungen einen starken Einfluss auf die Entwicklung von wert und kontrollbezogenen Einschätzungen und Überzeugungen bei ihrem

Sohn oder ihrer Tochter ausüben (vgl. Abschnitt 4). Immer wieder zeigt sich in Einklang mit den Postulaten der Selbstbestimmungstheorie, aber auch der Erziehungsstilforschung (vgl. Abschnitt 2.2.2.4), dass für die Entwicklung dieser für die Motivation zentralen schulbezogenen Überzeugungen ein autonomieförderlicher, strukturgebender sowie emotional zugewandter Unterstützungsstil aufseiten der Eltern notwendig ist. Angesichts der bisher fast ausschließlich auf quantitativen Designs beruhenden Untersuchungen ist allerdings wenig dazu bekannt, wie Eltern konkret vorgehen, wenn sie ihr Kind zu motivieren versuchen. Unklar ist insbesondere, wie sie ihre verbalen Praktiken gestalten, mit denen sie ihr Kind zu veränderten Einschätzungen schulischer Aktivitäten und Ziele bewegen möchten. Je älter die Kinder werden und je dringlicher den Eltern eine diesbezüglich angepasste Motivation erscheint, so kann angenommen werden, desto stärker setzen sie darauf, ihre eigenen schulbezogenen Wahrnehmungen und Überzeugungen dem Kind sprachlich explizit zu vermitteln. Gerade ein unsicherer Übertrittsentscheid dürfte denn auch bei vielen Eltern zu einem erhöhten Einsatz dieser verbal-appellativen Unterstützungsformen führen (vgl. Abschnitt 4.3).

Verbales Motivieren, so wurde in den vorangegangenen Abschnitten des Kapitels 5 deutlich, besteht aus der Perspektive von erwartungswert-theoretischen Konzeptionen der Lern- und Leistungsmotivation im Kern in sprachlichen Interventionen der Eltern, die darauf abzielen, die Wert- und die Kontrollzuschreibungen des Kindes so zu verändern, dass sie ihren eigenen Zielen und Gütemaßstäben bzw. denjenigen der Klassenlehrkräfte entsprechen (vgl. Abschnitt 2.2), deren Diagnose und Empfehlung im Übertrittsverfahren der Volksschule des Kantons Zürich ein großes Gewicht zukommt (vgl. Abschnitt 3.3).

In den Aussagen der 20 Elternteile, die sie im Rahmen eines ausführlichen, auf die schul- und kindbezogenen Ereignisse der letzten Monate zurückblickenden, kurz nach dem Übertrittsentscheid durchgeführten Interviews gemacht haben (vgl. Abbildung 6.1), wurden im Analyseschritt (A) – der sog. Basiscodierung – 194 wertbezogene und 104 kontrollbezogene Handlungsepisoden isoliert, in denen die Elternteile schildern, wie sie im Gespräch mit ihrem Kind Bedeutsamkeitszuschreibungen und evaluative Feedbacks bezüglich bestimmter schulischer Aspekte vorgenommen haben (vgl. Abschnitt 6.4.3).

Nach einer ausführlichen Darstellung des Untersuchungsdesigns werden in den folgenden Kapiteln die Ergebnisse der Analysen vorgestellt, die an den insgesamt 298 Handlungsepisoden durchgeführt wurden. Die Episoden wurden in mehreren Schritten, die sich hinsichtlich des Grades der Textnähe bzw. des Grades an Deutungs- und Interpretationsleistungen bei der Analyse unterscheiden (vgl. Abschnitt 6.4.2), mit Hilfe der beiden in Abschnitt 5.4.1 und Abschnitt 5.6.1 vorgestellten Frames zuerst fallübergreifend themenorientiert

5.8 Elterliche Wert- und Kontrollregulationen im Kontext ...

bezüglich der Häufigkeit bestimmter Gestaltungsmerkmale von Wert- und Kontrollregulationen untersucht und dann darauf aufbauend fallorientiert hinsichtlich des Auftretens bestimmter Merkmalsmuster bei den jeweiligen Elternteilen ausgewertet. Im letzten Analyseschritt (vgl. Abschnitt 6.4.4) wurden die Elternteile mittels statistischer Algorithmen aufgrund von Ähnlichkeiten und Unterschieden in den Merkmalsmustern ihres sprachlichen Handelns zu Clustern zusammengefasst, die einen bestimmten Stil verbaler Motivierung während der unsicheren Übertrittsphase repräsentieren.

Geordnet nach den Analyseschritten (B) bis (D) werden im Folgenden die Haupt- und Unterfragen der empirischen Studie dargestellt.

(B) Fallübergreifende, auf die Häufigkeit von Gestaltungsmerkmalen der Wert- und Kontrollregulationen ausgerichtete, mittels der niedrig-inferenten inhaltlich strukturierenden qualitativen Inhaltsanalyse (vgl. Kuckartz, 2018, S. 77–98) ausgewertete Fragestellungen:

1. Wie gestalten die 20 Elternteile im Kontext eines unklaren Übertrittsentscheids in die Sekundarstufe I ihre verbal-appellativen Wertregulationen bzw. Bedeutsamkeitszuschreibungen?
   1.1. Zu welchen konkreten lern- und leistungsthematischen Zielen berichten die Elternteile von eigenen wertbezogenen verbal-appellativen Regulationen gegenüber ihren Kindern?
   1.2. Wie verteilen sich die in den 194 wertbezogenen Episoden fokussierten Lern- und Leistungsziele, wenn sie nach Zielbereichen geordnet werden, die aus den vier Kompetenzklassen nach Erpenbeck und von Rosenstiel (2003) (vgl. Abschnitt 2.2.2.1) sowie der Kategorie «Leistungsergebnis» gebildet wurden?
   1.3. Welche konkreten Argumente führen die Elternteile in den 194 wertbezogenen Episoden den Kindern als Begründung der Bedeutsamkeit schulischer Lern- und Leistungsziele vor Augen?
   1.4. Wie verteilen sich die in den 194 Motivierungsepisoden eingesetzten Argumente, wenn sie nach Begründungstypen geordnet werden, die aus den Dimensionen Valenz (positiv vs. negativ), Aufgabenwert (Wesentlichkeit und Zweckmäßigkeit) sowie Lokus (internal vs. external) gebildet wurden (vgl. Abbildung 5.4)?
   1.5. Zu welchen Begründungstypen greifen die 20 Elternteile in den vorgefundenen Handlungsepisoden am häufigsten, wenn sie ihren Kindern die Bedeutsamkeit einer bestimmten Klasse von Lern- und Leistungszielen zu vermitteln suchen?

2. Wie gestalten die 20 Elternteile im Kontext eines unklaren Übertrittsentscheids in die Sekundarstufe I ihre verbal-appellativen Kontrollregulationen bzw. evaluativen Feedbacks?
   2.1. Zu welchen konkreten lern- und leistungsthematischen Zielen berichten die Elternteile von eigenen kontrollbezogenen verbal-appellativen Regulationen gegenüber ihren Kindern?
   2.2. Wie verteilen sich die in den 104 kontrollbezogenen Episoden fokussierten Lern- und Leistungsziele, wenn sie nach Zielbereichen geordnet werden, die aus den vier Kompetenzklassen nach Erpenbeck und von Rosenstiel (2003) sowie der Kategorie «Leistungsergebnis» gebildet wurden?
   2.3. Welche konkreten prozessualen und/oder strukturellen Merkmale führen die Elternteile in den 104 kontrollbezogenen Episoden den Kindern als Argumente zur Begründung für deren Kontrolle schulischer Lern- und Leistungsziele vor Augen?
   2.4. Wie verteilen sich die in den 104 Kontrollepisoden gesamthaft eingesetzten 140 Argumente, wenn sie nach Begründungstypen geordnet werden, die aus den Dimensionen Valenz (positiv vs. negativ), Lokus (internal vs. external), Stabilität (stabil vs. variabel) sowie Willentliche Beeinflussbarkeit (hoch vs. tief) (vgl. Abbildung 5.3) gebildet wurden?
   2.5. Bezüglich welcher Lern- und Leistungsziele attestieren die Elternteile ihren Kindern in den vorgefundenen Handlungsepisoden auf der Basis der vor Augen geführten Begründungen eine hohe bzw. eine geringe Kontrolle (vgl. Tabelle 5.2)?

(C) Fallspezifische, auf die Merkmale des individuellen Regulationsstils ausgerichtete, mittels der höher-inferenten evaluativen qualitativen Inhaltsanalyse (vgl. Kuckartz, 2018, S. 98–115) ausgewertete Fragestellungen:

3. Welche Eigenschaften weist der individuelle Stil des verbal-appellativen wert- und kontrollbezogenen Handelns der 18 in diese Analysen aufgenommenen Elternteile[32] während der unsicheren Übertrittszeit auf?
   3.1. Welches waren die individuell dominanten Argumentationselemente, mit denen die einzelnen Elternteile die Bedeutsamkeitszuschreibungen ihres Kindes zu regulieren suchten?

---

[32]Wie in Abschnitt 6.4.1.3 näher erläutert wird, wurden die Elternteile S12 und Z21 aufgrund zu weniger Textstellen für die *stilbezogenen* Analysen der Fragestellungen 3 und 4 ausgeschlossen.

5.8 Elterliche Wert- und Kontrollregulationen im Kontext ...

3.2. Welches waren die individuell dominanten Argumentationselemente, mit denen die einzelnen Elternteile die Kontrolleinschätzungen ihres Kindes zu regulieren suchten?

3.3. Welches waren die individuell dominanten kommunikativen Stilelemente, mit denen die einzelnen Elternteile ihr Kind von eigenen Wert- und Kontrollzuschreibungen zu überzeugen suchten?

3.4. In welchem emotionalen Klima fanden die individuellen elterlichen Wert- und Kontrollregulationen statt, gemessen an den selbstberichteten Reaktionen auf Erfolge und Misserfolge des Kindes während der Übertrittszeit?

(D) Gruppenspezifische, auf die Identifikation der zwischen den 18 Elternteilen vorherrschenden Ähnlichkeiten und Unterschiede in ihrem verbalen Motivierungshandeln ausgerichtete, mittels der Hauptkomponentenanalyse, des k-means Clustering sowie Konfigurations- und Zusammenhangsanalysen ausgewertete Fragestellungen:

4. Wie lässt sich das schulbezogene verbale Motivierungshandeln der 18 Elternteile gruppieren und was sind die Charakteristika jedes Motivierungstyps?

4.1. Auf welche latenten «grundlegenden Dimensionen elterlichen verbalen Motivierens bei einem unklaren Übertrittsentscheid» lassen sich die manifesten wert- und kontrollbezogenen sowie kommunikations- und beziehungsbezogenen Stilelemente der 18 Elternteile verdichten?

4.2. Wie gruppieren sich die 18 Elternteile bezüglich dieser «grundlegenden Dimensionen des schulbezogenen verbalen Motivierens bei einem unklaren Übertrittsentscheid»?

4.3. Welches sind die Charakteristika des jeweiligen gruppenspezifischen Motivierungsstils – der ermittelten «Typen verbal-appellativen Motivierens bei einem unsicheren Übertritt»?

4.4. Welche Zusammenhänge zeigen sich zwischen einer Reihe von Eltern-, Kind- und Familienmerkmalen und den gebildeten Typen (vgl. Abschnitt 4.3)?

Eine nähere Erörterung der Fragestellungen erfolgt jeweils an der entsprechenden Stelle im Ergebnisteil. Im abschließenden Kapitel 8 werden die Befunde zusammengefasst und mit Blick auf die eingangs formulierten Zielsetzungen diskutiert: Jeder der ermittelten gruppenspezifischen elterlichen Motivierungsstile soll mit Bezug auf die erörterten Forschungsbefunde und theoretischen Postulate, aber auch mit Blick auf einzelne Fallbeispiele hinsichtlich der Potentiale und Gefahren eingeschätzt werden, die mit ihm betreffend motivational-affektiver Aspekte bei den Kindern verbunden sind. Es handelt sich dabei um ein hypothesengenerierendes Vorgehen, wobei das Diskussionskapitel nicht nur mit Schlussfolgerungen für die weitere Forschung, sondern mit ebensolchen für die pädagogische Praxis aufwartet. Im Folgenden wird nun das Design der Untersuchung ausführlich erläutert.

Open Access Dieses Kapitel wird unter der Creative Commons Namensnennung 4.0 International Lizenz (http://creativecommons.org/licenses/by/4.0/deed.de) veröffentlicht, welche die Nutzung, Vervielfältigung, Bearbeitung, Verbreitung und Wiedergabe in jeglichem Medium und Format erlaubt, sofern Sie den/die ursprünglichen Autor(en) und die Quelle ordnungsgemäß nennen, einen Link zur Creative Commons Lizenz beifügen und angeben, ob Änderungen vorgenommen wurden.

Die in diesem Kapitel enthaltenen Bilder und sonstiges Drittmaterial unterliegen ebenfalls der genannten Creative Commons Lizenz, sofern sich aus der Abbildungslegende nichts anderes ergibt. Sofern das betreffende Material nicht unter der genannten Creative Commons Lizenz steht und die betreffende Handlung nicht nach gesetzlichen Vorschriften erlaubt ist, ist für die oben aufgeführten Weiterverwendungen des Materials die Einwilligung des jeweiligen Rechteinhabers einzuholen.

Untersuchungsdesign 6

Die vorliegende Untersuchung ist Bestandteil des qualitativen Projektteils des Forschungsprojekts «TRANSITION – Elterliche Unterstützung und motivational-affektive Entwicklung beim Übertritt in die Sekundarstufe I»[1] (vgl. Buff et al., 2008). Das in Kooperation zwischen der Pädagogischen Hochschule Zürich und dem Institut für Erziehungswissenschaft der Universität Zürich mit einer Laufzeit von Oktober 2008 bis Oktober 2013 durchgeführte Projekt verfolgte im Kern das Ziel, die Entwicklung der für das Lern- und Leistungshandeln zentralen motivational-affektiven Merkmale von Kindern und Jugendlichen im Zusammenspiel mit der Entwicklung von Merkmalen des elterlichen schulbezogenen Unterstützungshandelns spezifisch im Kontext der Statuspassage von der Primar- in die Sekundarstufe zu beschreiben und zu erklären.

Angesiedelt im öffentlichen Schulwesen des Kantons Zürich (vgl. Abschnitt 3.3), wurden die interessierenden Größen im quantitativ ausgerichteten Projektteil zwischen Ende 2008 und Mitte 2010 ab dem zweiten Drittel

---

[1] Das Forschungsprojekt wurde vom Schweizerischen Nationalfonds SNF gefördert (Projektnummer: 100014–122409).

Elektronisches Zusatzmaterial Die elektronische Version dieses Kapitels enthält Zusatzmaterial, das berechtigten Benutzern zur Verfügung steht https://doi.org/10.1007/978-3-658-33062-0_6.

der 6. Klasse des Kindes (vor dem Übertritt) in vier Erhebungswellen[2] und während der 7. und 8. Klasse (nach dem Übertritt) in weiteren drei Erhebungswellen jeweils zwischen den Eltern und Kindern getrennt mittels inhaltlich möglichst paralleler Fragebögen erhoben. Das Sample des quantitativen Projektteils, das sich von der ersten bis zur letzten Erhebungswelle von 490 Eltern-Kind-Dyaden auf 396 verringerte, bildete eine Teilstichprobe der Zürcher Längsschnittstudie (vgl. Angelone et al., 2013; Moser et al., 2011; Moser & Hollenweger, 2008; Moser et al., 2005; Tomasik, Oostlander & Moser, 2018), welche bei rund 2000 Schülerinnen und Schülern, die im Jahr 2003 in die erste Klasse der Primarschule eintraten, mittels Leistungstest und Befragungen den Verlauf des Lernstandes in Mathematik und Deutsch sowie die Entwicklung motivational-affektiver Merkmale in dreijährigem Intervall in fünf Erhebungswellen bis nach dem Berufseintritt nachzeichnete und zu individuellen Merkmalen wie u. a. der sozialen Herkunft in Beziehung setzte. Die an der TRANSITION-Studie beteiligten Schülerinnen und Schüler hatten mit anderen Worten an den Erhebungen in der ersten und dritten Klasse (2003, 2006) teilgenommen und beteiligten sich während der Erhebungszeit ebenfalls an der Lernstandserhebung in der sechsten Klasse kurz vor dem Übertritt im Jahr 2009. In definiertem Umfang durften die Daten der beiden Forschungsprojekte verknüpft werden[3].

6.1 Das Setting der Erhebungen des qualitativen Projetteils

Mit der Absicht, die interessierenden Konstrukte sowie weitere den Übertritt betreffende Aspekte noch handlungs- und beobachtungsnaher aus der Perspektive von jenen Eltern und Kindern zu untersuchen, die aufgrund der schulischen Leistungen mit einem unklaren Übertrittsentscheid konfrontiert waren, wurden im qualitativ ausgerichteten Projektteil der TRANSITION-Studie bei einer aus 20 Eltern-Kind-Dyaden (vgl. Abschnitt 4.3) bestehenden sowie den zehn Klassenlehrkräften, auf die sich die Kinder verteilten, im Verlauf des Übertrittsverfahrens

---

[2]Zwei Erhebungswellen während der 6. Klasse waren – wie die übrigen drei nach dem Übertritt auch – auf das Fach Mathematik im Allgemeinen bezogen *(generalisierte Ebene)*. In den beiden anderen Erhebungswellen während der 6. Klasse wurden die interessierenden Konstrukte im Umfeld von zwei aufeinanderfolgenden Mathematikprüfungen erhoben (situationsspezifische Ebene) (vgl. Buff et al., 2008)

[3]Unser Dank gebührt der *Bildungsdirektion des Kantons Zürich* und dem *Institut für Bildungsevaluation der Universität Zürich*, die als Auftraggeberin bzw. als ausführendes Institut den *Zürcher Längsschnitt* verantworten.

6.1 Das Setting der Erhebungen des qualitativen Projetteils

– das heißt in den rund acht Monaten vor der definitiven Zuteilung des Kindes zu einer Abteilung der Sekundarschule (vgl. Abschnitt 3.3) – eine Reihe von Interviews durchgeführt. Auf der Basis möglichst paralleler Leitfäden (vgl. Abschnitt 6.3.1) wurde jeweils immer der gleiche Elternteil (17 Mütter, drei Väter) und das jeweilige Kind (zehn Mädchen, zehn Jungen) von der gleichen Person (sechs Frauen, vier Männer, allesamt Studierende oder Mitarbeitende des Instituts für Erziehungswissenschaft der Universität Zürich) getrennt voneinander und grundsätzlich jeweils möglichst zeitnah zu einem übertrittsrelevanten Ereignis befragt. Das längsschnittliche, getrennte und parallele Befragen der in Familie und Schule aufeinander bezogenen Akteure sollte mit Blick auf die Validität der Interviewäußerungen (vgl. Flick, 2007, S. 492–499) die Wahrscheinlichkeit erhöhen, dass sich zwischen den Interviewpartner*innen ein «Arbeitsbündnis» entwickelt, in dem die Fragenden «eine vertrauensvolle, nicht-strategische Gesprächssituation [...] ermöglichen» und die Befragten «wahrheitsgemäß, angemessen und richtig über sich [...] erzählen» (Legewie, 1987, S. 146). Die Klassenlehrkräfte (sechs Frauen, vier Männer; Alter: M = 45.5 Jahre, SD = 11.6 Jahre; Unterrichtserfahrung zwischen 1 und 35 Jahren) wurden nach den gleichen Prinzipien und bezüglich der gleichen Inhalte zu drei Zeitpunkten interviewt. Ausfälle waren bei den Probandinnen und Probanden der «Fallstudienstichprobe» bis zum Ende der Erhebungszeit des qualitativen Projetteils keine zu verzeichnen, was daran gelegen haben mag, dass die Kinder für ihre Teilnahme damit belohnt wurden, dass sie das Handy, mit dem sie für die getrennt von den Eltern durchgeführten situationsspezifischen Interviews ausgestattet worden waren, mit Einwilligung ihrer Eltern behalten durften und ihnen ein Gesprächsguthaben von CHF 100 darauf geladen wurde bzw. ein Geldbetrag gleicher Höhe ausbezahlt wurde, sofern sie bis zum Ende der qualitativen Erhebungen dabeiblieben.

Abbildung 6.1 illustriert die Zeitpunkte, die Anzahl, die Form und inhaltliche Ausrichtung der Interviews, die mit den drei Akteuren Elternteil (E), Kind (K) und Klassenlehrkraft (L) entlang der übertrittsrelevanten Ereignisse, wie sie das Übertrittsverfahren der Volksschule des Kantons Zürich vorsieht (vgl. auch Abschnitt 3.3, Tabelle 3.1), durchgeführt wurden. Zu Beginn und am Ende der Erhebungszeit wurden mit allen drei Akteuren zuhause bzw. in der Schule längere face-to-face-Gespräche geführt, dazwischen eine Reihe von situationsspezifischen kürzeren Gesprächen, die mit den Elternteilen und den Kindern, zu einem Zeitpunkt mit den Klassenlehrkräften, telefonisch geführt wurden:

Das Interview G1, das die interessierenden Aspekte auf generalisierter Ebene erhob, dauerte bei den Elternteilen im Mittel M = 60 Minuten (SD = 15 Minuten), bei den Kindern M = 43 Minuten (SD = 13 Minuten) und bei den

Lehrkräften M = 85 Minuten (SD = 15 Minuten). Wie die entsprechenden Erhebungen bei den Eltern und Kindern im quantitativen Projektteil wurden diese Interviews zwischen Anfang November und Anfang Dezember 2008 durchgeführt, umfassten im Fall der Eltern die Themenbereiche «Ihr Kind in der Freizeit», «Ihr Kind und die Schule», «Zuhause lernen» sowie «Der Übertritt in die Oberstufe» und verfolgten die Ziele, die Akteure kennenzulernen, ihre Sichtweisen auf Schule, Unterricht, Übertritt und die jeweils anderen Akteure auszuloten und ihre Erwartungen bezüglich der kommenden Monate formulieren zu lassen (Fürrer Auf der Maur, 2012).

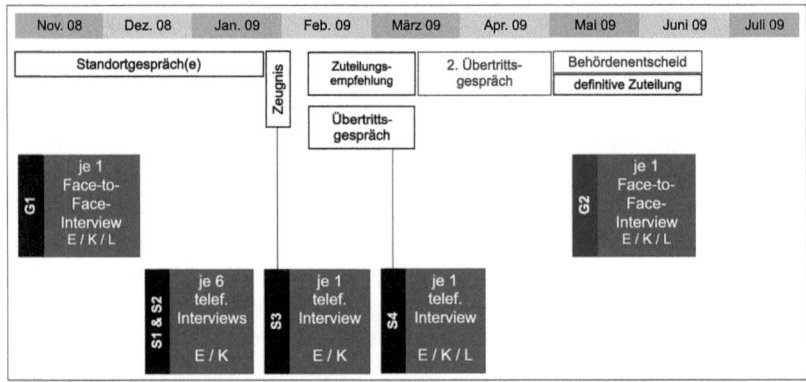

Abbildung 6.1 Überblick über die Erhebungen und die Erhebungszeitpunkte im qualitativen Projektteil der TRANSITION-Studie

Zwischen Anfang Dezember und Ende Januar, wiederum im gleichen Zeitfenster wie entsprechende Fragebogenerhebungen im quantitativen Projektteil, wurden die Elternteile und ihre Kinder bei zwei Mathematikprüfungen je zweimal während der Vorbereitung und je einmal nach Erhalt des Prüfungsergebnisses telefonisch befragt (vgl. Abbildung 6.1). Diese insgesamt sechs situationsspezifischen Interviews S1 und S2 dauerten bei den Elternteilen durchschnittlich M = 14 Minuten (SD = 6 Minuten), bei den Kindern M = 13 Minuten (SD = 5 Minuten) und verfolgten das Ziel, die Lern- und Unterstützungsprozesse vor der Prüfung sowie die Reaktionen auf mehr oder weniger erwartete Erfolge und Misserfolge in den 20 Familien zu erheben (vgl. Ulmann, 2012; Zaugg, 2014).

Die ebenfalls telefonisch geführten Interviews S3 erfassten die Gespräche, die die Eltern mit ihren Kindern bezüglich des Halbjahreszeugnisses geführt hatten,

6.1 Das Setting der Erhebungen des qualitativen Projetteils 277

das Ende Januar 2009 ausgestellt wurde (vgl. Abbildung 6.1). Die Ziele dieser Interviews bestanden wiederum darin, bei den Befragten möglichst detailreiche Schilderungen der selbst gezeigten und beobachteten verbalen und emotionalen Reaktionen auf die Zeugnisergebnisse zu initiieren sowie explizite Deutungen des eigenen Handelns und desjenigen, das beim Gegenüber wahrgenommen wurde, hervorzurufen. Die Befragungen dauerten bei den Elternteilen im Schnitt $M = 30$ Minuten ($SD = 13$ Minuten) und bei den Kindern $M = 20$ Minuten ($SD = 8$ Minuten).

Die Interviews S4 wurden unmittelbar nach den Übertrittsgesprächen, anlässlich derer die Klassenlehrkräfte den Kindern und ihren Eltern die Gesamtbeurteilung erläuterten sowie letzteren ihre Übertrittsempfehlungen zur Unterschrift vorlegten, um deren Zustimmung zuhanden der Schulbehörden zu beglaubigen (vgl. Abschnitt 3.3), mit den drei Akteuren durchgeführt (vgl. Abbildung 6.1). Die zwischen Ende Januar und Mitte März 2009 telefonisch geführten Befragungen dauerten bei den Elternteilen im Durchschnitt $M = 25$ Minuten ($SD = 9$ Minuten), bei den Kindern $M = 17$ Minuten ($SD = 7$ Minuten) und bei den Lehrkräften $M = 30$ Minuten ($SD = 10$ Minuten). Das Ziel bestand darin, möglichst detailgetreue Schilderungen eigener Handlungen, Gedanken und Gefühle während des Übertrittsgesprächs sowie Begründungen dafür bei den Eltern, Kindern und Klassenlehrkräften hervorzurufen (vgl. Dellios, 2013; Haymoz, 2014).

Die face-to-face-Interviews G2 wurden wiederum mit den Elternteilen und Kindern zuhause bzw. mit den Klassenlehrkräften in den Schulen durchgeführt. Die Gespräche wiesen einen retrospektiven Charakter auf und fanden nach den erfolgten Übertrittsentscheiden statt (vgl. Abschnitt 3.3). Die Interviews verfolgten denn auch das Ziel, bei den Beteiligten bilanzierende, möglichst präzise, an konkreten Ereignissen der vergangenen Monate in Familie und Schule festgemachte Beschreibungen und Beurteilungen des eigenen Handelns, Denkens und Fühlens, des Handels der anderen Akteure sowie Aussagen über die mutmaßlichen Gründe hierfür hervorzubringen. Von Interesse waren ferner veränderte Sichtweisen, die sich seit dem ersten Interview G1 eingestellt hatten (vgl. Curschellas Widmer, 2015; Good, 2014). Es kann davon ausgegangen werden, dass die im Interview G2 gemachten Aussagen, vor allem was das eigene Handeln betrifft, grundsätzlich eine höhere Validität aufweisen, als jene des ersten face-to-face-Interviews: Nicht nur war den Akteuren, wie vor jedem Interview, nochmals bewusst gemacht worden, dass den jeweils anderen Beteiligten fast durchgängig Fragen zu den gleichen Aspekten gestellt wurden, sondern auch der Umstand, dass sie in der Zwischenzeit in den acht telefonischen Interviews situationsnah einen Einblick in ihr mitunter problembeladenes Familien- und Schulleben gewährt hatten, dürfte zu einem höheren Realitätsbezug und einem Ansprechen auch eigener Fehler und Unzulänglichkeiten beigetragen haben[4]. Bis zu diesem abschließenden Interview hatte bereits jede/r einzelne Beteiligte während mindestens 85 Minuten dem/der immer gleichen Interviewer*in Auskunft gegeben: Die Elternteile durchschnittlich $M = 193$ Minuten ($SD = 58$ Minuten; Min.: 120 Minuten, Max.: 361 Minuten), die Kinder $M = 151$ Minuten ($SD = 44$ Minuten; Min.: 85 Minuten, Max.: 252 Minuten) und die Lehrkräfte $M = 146$ Minuten ($SD = 26$ Minuten; Min.: 115 Minuten, Max.: 207 Minuten). Die Anzahl, aber insbesondere auch die Inhalte der Fragen, die sich mehrheitlich um mittlerweile gemachte und z. T. bereits einmal versprachlichte Erfahrungen drehten, sowie der Umstand, dass die interviewende Person in den vergangenen Monaten stetig über die Entwicklungen in der Familie und im Unterricht des Kindes informiert war und nun gezielt nachfragen konnte, dürften die Hauptgründe dafür sein, dass die Interviews G2 durchgängig bei allen Beteiligten die längsten waren: Die Gespräche mit den Elternteilen dauerten im Mittel $M = 84$ Minuten ($SD = 27$ Minuten), diejenigen mit den Kindern $M = 59$ Minuten ($SD = 16$ Minuten) und diejenigen mit den Klassenlehrkräften $M = 96$ Minuten ($SD = 24$ Minuten). Für die inhaltsanalytischen Untersuchungen der vorliegenden Studie wurden einzig die verbalen Daten der Elterninterviews G2 herangezogen.

6.2 Stichprobe

Die 20 Eltern-Kind-Dyaden des qualitativen Projektteils der TRANSITION-Studie wurden im Verlauf von September und Oktober 2008 aus der Gruppe derjenigen rekrutiert, die sich bereits für die Teilnahme an den quantitativen Erhebungen entschieden hatten. Das maßgebliche Kriterium für eine Anfrage waren die Ergebnisse, die das Kind in den Leistungstests in Deutsch, Wortschatz, Lesen sowie Mathematik im Rahmen der Zürcher Längsschnittstudie am Ende der dritten Klasse der Primarschule erzielt hatte. Kinder, deren gemittelte Ergebnisse aus den vier Tests um den Wert von 630 Punkten (+/− 50 Punkte) lagen (der Gesamtmittelwert der Studie lag bei 650 Punkten), erwiesen sich – wie sich in den Gesprächen mit den telefonisch kontaktierten Eltern relativ bald zeigte – offenbar mit einiger Wahrscheinlichkeit als Schülerinnen und Schüler, die nun – rund zwei Jahre später – vor einer unklaren Zuteilung zur Abteilung A, B bzw. C der Sekundarschule (vgl. Abschnitt 3.3) standen. Die meisten Eltern und Kinder

---

[4]Vgl. Noack (2008, S. 471) für eingehende Erläuterungen dazu, wie sich das Interaktionsgeschehen in Familien möglichst realitätsnah bzw. möglichst verzerrungsfrei mittels Interviews erfassen lässt.

bekundeten anlässlich dieses ersten telefonischen Screenings ihre Bereitschaft, an diesen zusätzlichen aufwändigen Erhebungen teilzunehmen, so dass in kurzer Zeit eine entsprechende Liste erstellt werden konnte, die rund sechzig Eltern-Kind-Paare umfasste. In einer zweiten Runde wurde das Sample auf die angestrebten 20 Dyaden reduziert: Nun wurde darauf geachtet, dass sich mindestens zwei Kinder pro Klasse fanden, die über eine Klassenlehrkraft verfügten, welche sich nicht nur bereit erklärte, an den drei Interviews G1, S4 und G2 teilzunehmen, sondern auch selber bestätigte, dass es sich bei den betreffenden Kindern bezüglich des Übertritts um uneindeutige Fälle handelte. Ebenso wurden nun sprachlichen Erwägungen (gute Verständlichkeit der Interviewpartner*innen), einer möglichst gleichmäßigen geschlechtlichen Verteilung der Kinder sowie einer breiten Abdeckung unterschiedlicher soziodemografischer Merkmale der Familien Rechnung getragen.

Die 20 Kinder mit ihren Elternteilen (D11, D12, S11, S12 etc.) verteilten sich auf zehn Klassen (D1, E1, H1, M1, R1, S1, V1, Z1, Z2, Z3), die sich wiederum auf acht Schulhäuser (D, E, H, M, R, S, V, Z) in den Kantonsbezirken Bülach, Horgen, Meilen, Uster und Zürich verteilten.

Unmittelbar nach den Interviews G1 füllten die Elternteile des Fallstudiensamples einen Fragebogen aus, der die sozialstrukturellen Merkmale der Familie erfasste. Die so gewonnenen Daten ergänzten die rund fünf Jahre zuvor im Rahmen der ersten Welle der Zürcher Längsschnittstudie (vgl. Moser et al., 2005) bei den Eltern erhobenen Angaben bzw. dienten zur Validierung derselben.

In Abschnitt 4.3 wurden die Merkmale des teilnehmenden Elternteils (vgl. Tabelle 4.1), seines Partners bzw. seiner Partnerin (vgl. Tabelle 4.2), der Familie (vgl. Tabelle 4.3) sowie des Kindes (vgl. Tabelle 4.4) detailliert dargestellt und erläutert.

6.3 Die Interviews G2 mit den Elternteilen

Das Hauptziel des qualitativen Teils des Forschungsprojekts TRANSITION bestand darin, die in Familien und zwischen Familien und Schulen ablaufenden Anpassungs- und Gestaltungsprozesse hinsichtlich der Anforderungen des vom Bildungssystem vorgegebenen Übertrittsverfahrens (vgl. Abschnitt 2.2) speziell bei einer erschwerten Zuteilungsempfehlung zu einem Schultyp möglichst detailliert zu beschreiben und fall- bzw. typenspezifisch zu erklären (vgl. Gläser & Laudel, 2010, S. 26). Die im Realitätsbereich der Familien gefundenen Mechanismen sollten sodann mit Blick auf die Daten und Befunde des quantitativen Projektteils sowie auf theoretische Überlegungen hinsichtlich ihres

Geltungsbereichs eingeschätzt werden. Um das Ziel zu verwirklichen, nicht nur Wahrnehmungen, Einschätzungen und Überzeugungen der Akteure, sondern auch deren konkretes Handeln zuhause und in der Schule zu erfassen, wäre es prinzipiell wünschenswert gewesen, ein Erhebungssetting zu realisieren, das sowohl aus Interviews, Dokumentenanalysen, Fragebögen als auch aus Beobachtungsdaten bestanden hätte (vgl. Döring & Bortz, 2016, S. 215). Der Umstand, dass auch im qualitativen Projektteil mit einem relativ großen Sample gearbeitet und die Daten im Längsschnitt erhoben werden sollten, aber insbesondere in Anbetracht dessen, dass sich die angesprochenen Anpassungsprozesse – namentlich in Form von Gesprächen, die gerade zwischen den Eltern und Kindern fast ausschließlich in informellem Rahmen stattfinden – über die Monate laufend in einer Vielzahl von häuslichen und außerhäuslichen Aktivitäten vollziehen, führte bei der Konzeption des Forschungsprojekts zum Entschluss, aus ökonomischen und praktischen Gründen auf teilnehmende Beobachtungen oder Videografien zu verzichten (vgl. Deppermann, 2013, Kapitel 2). Stattdessen sollten auch die handlungsbezogenen Daten über eine Kombination mehrerer situativer und generalisierter Einzelinterviews mit der stets gleichen befragenden Person sowie mit zwischen den Handlungspartnern möglichst kongruenten Leitfäden erhoben werden. Alle Leitfäden sollten so beschaffen sein, dass sich die Befragten explizit immer wieder aufgefordert sahen, die angesprochenen Situationen bzw. das eigene und fremde Handeln detailliert zu beschreiben (z. B. «Was hätte ich sehen können, wenn ich dabei gewesen wäre?»), und die Interviewenden daran erinnert wurden, das Gegenüber Bezüge zu früher bereits berichteten Ereignissen und Handlungen herstellen zu lassen (z. B. «Was war jetzt anders, als Sie letztes Mal im Februar...?»).

Eine inhaltliche Kongruenz bestand somit nicht nur zwischen den kind-, eltern- und lehrpersonbezogenen Leitfäden zu einem bestimmten Erhebungszeitpunkt, sondern über alle Erhebungszeitpunkte hinweg: In jedem Interview wurden den Probandinnen und Probanden Fragen gestellt, die vor dem Hintergrund der interessierenden Konstrukte Aspirationen, Erwartungen, Ziele, Kontroll- und Werteinschätzungen, Emotionen, kind- und bildungsbezogene Überzeugungen sowie dem Bestreben entstanden waren, das lern- und leistungsbezogene (Unterstützungs-)Handeln der drei Akteure möglichst facettenreich zu erfassen.

Im Rahmen eines Forschungsseminars des Fachbereichs Pädagogische Psychologie und Didaktik im Frühjahrssemester 2008 wurden vom Autor erste Fassungen von Leitfäden für generalisierte und situationsspezifische Interviews mit Eltern, Kindern und Lehrkräften entwickelt und zusammen mit den Studierenden im Feld erprobt. Ebenso wurde Wissen über Fragetechniken (vgl. Gläser & Laudel, 2010,

S. 120–142) erarbeitet und die eigenen Fertigkeiten anhand der Audiofiles der entstandenen Interviews reflektiert und erweitert.

Die meisten der zehn Interviewer*innen ließen sich aus der Gruppe der Seminarteilnehmenden gewinnen. Vor Beginn der Erhebungen durchliefen alle nochmals eine kurze Schulung und besprachen vor jedem neuen Interviewdurchgang die Eigenheiten des jeweiligen Leitfadens, wie die einzelnen Fragen zu stellen seien (vgl. Abschnitt 6.3.1) sowie allfällige inhaltliche und soziale Probleme, die sich bei den vorangegangenen Gesprächen mit ihren beiden Eltern-Kind-Dyaden ergeben hatten. Von sämtlichen Interviews wurde mittels entsprechender Aufzeichnungsgeräte ein digitales Audiofile erstellt (vgl. Kuckartz, 2018, S. 164–166).

In der vorliegenden Studie zur Rekonstruktion des Motivierungshandelns der 20 Elternteile in der Übertrittsphase wurde zur Beantwortung der Fragestellungen in Anbetracht der oben erläuterten Erhebungsbedingungen und der in Abschnitt 6.1 dargestellten Merkmale der verschiedenen Erhebungsschritte auf die verbalen Daten des Interviews G2 mit den Elternteilen zurückgegriffen. Im Folgenden wird der betreffende Leitfaden hinsichtlich seines Aufbaus und seiner Inhalte näher erörtert.

6.3.1 Der Leitfaden und die Durchführung des Interviews

Wie bereits deutlich wurde, kommt der Konstruktion des Leitfadens eine zentrale Bedeutung zu hinsichtlich der thematischen Strukturierung des Gesprächs und der Fokussierung der Befragten auf bestimmte Ereignisse, Probleme und Sachverhalte. Leitfadengesteuerte Interviews werden zu den semi- bzw. teilstrukturierten Formen gezählt, mit denen verbale Daten erhoben werden (vgl. Misoch, 2015, S. 65–66). In Abgrenzung zu standardisierteren Formen des Interviews, in denen die Interviewenden «based on the same research logic as questionnaires» (Brinkmann, 2018, S. 579) möglichst wortgetreu die genau vorgegebenen Fragen und Informationen – und nur diese – übermitteln, orientieren sich leitfadengesteuerte Interviews bei klar unterschiedlichen Rollen zwischen der befragenden und der befragten Person in stärkerem Maß an Alltagsgesprächen:

> Compared to more structured interviews, semistructured interviews can make better use of the knowledge-producing potentials of dialogues by allowing much more leeway for following up on whatever angles are deemed important by the interviewee, and the interviewer has a greater chance of becoming visible as a knowledge-producing participant in the process itself, rather than hiding behind a preset interview guide. (Brinkmann, 2018, S. 579)

In Abgrenzung zu gering strukturierten, sog. narrativen Interviews, in denen sich die Rolle der befragenden Person nach dem Gestalten und dem Stellen einer einleitenden Frage vor allem auf das Zuhören und auf gelegentliches verständlichkeitsförderliches Nachfragen beschränkt – die inhaltliche Strukturierung somit weitestgehend bei der erzählenden Person liegt –, erlauben es leitfadengesteuerte Interviews der befragenden Person gemäß ihrer Forschungsinteressen und zwecks der besseren späteren Vergleichbarkeit der Daten, in deutlich stärkerem Maß in den Gesprächsverlauf einzugreifen: «It is […] an interview with the purpose of obtaining descriptions of the life world of the interviewee in order to interpret the meaning of the described phenomena» (Brinkmann & Kvale, 2015, S. 6).

Damit eine möglichst freie Beschreibung lebensweltlicher Phänomene durch die befragte Person geleistet wird, sind bei der Konstruktion und beim Einsatz des Leitfadens eine Reihe von Bedingungen zu beachten. Laut Patten (1990, S. 295) sollten die Fragen mindestens die Merkmale «open-ended, neutral, singular, and clear» aufweisen:

Aus dem für qualitative Ansätze grundlegenden methodologischen Prinzip der Offenheit (vgl. Helfferich, 2005, S. 100–103; Lamnek & Krell, 2016, S. 33–34) folgt, dass die Fragen trotz der Ausrichtung des Leitfadens auf die interessierenden Konstrukte und Fragestellungen so formuliert werden, dass sie möglichst erzählanregend wirken und «das Unglaubwürdige, das Unerwartete und das scheingar Irrelevante» (Reinders, 2005, S. 30) zutage treten lassen:

> The truly open-ended question does not presuppose which dimension of feeling or thought will be salient for the interviewee. The truly open-ended question allows the person being interviewed to select from among that person's full repertoire of possible responses. Indeed, in qualitative inquiry one of the things the evaluator is trying to determine is what dimensions, themes, and images/ words people use among themselves to describe their feelings, thoughts, and experiences. (Patten, 1990, S. 296)

Vorsicht ist laut Gläser und Laudel (2010, S. 128–130) vor allem beim Einsatz dichotomer (ja/nein) und unterstellender Fragen angebracht, insofern sie dem Gegenüber den Eindruck vermitteln können, dass das Abfragen von Wissen oder das Prüfen vorab festgelegter Hypothesen im Mittelpunkt stehe. Misoch (2015, S. 67) fordert, dass das Prinzip der Offenheit ferner auch in der Gestaltung und Handhabung des Leitfadens zum Ausdruck kommen sollte: Neue Informationen aus dem Feld müssten laufend in der Entwicklung der (weiteren) Leitfäden ihren Widerhall finden, ebenso solle die interviewende Person sensibel und flexibel auf den Gesprächsverlauf reagieren, indem sie die Reihenfolge der Fragen laufend anpasse – allerdings ohne zentrale Fragen und Themen zu vernachlässigen.

Neutralität bedeutet, dass «Fragen nicht so formuliert werden [sollten], dass sie [den] Befragten eine bestimmte Antwort nahelegen» (Gläser & Laudel, 2010, S. 135). Suggestivfragen sind in dieser Hinsicht generell zu vermeiden, ebenso sollte insbesondere der Wortlaut von Meinungsfragen und illustrativen Beispielen mit Bedacht gewählt werden, da bereits die Betonung bestimmter Wörter (z. B. «Inwiefern haben Sie dem zugestimmt?») sozial erwünschte Antworten generieren kann. Neutralisierende Formulierungen («Jetzt hört man ja immer wieder, dass ...») und das Andeuten, dass man bereits in anderen Interviews von ähnlichem problematischem Verhalten gehört habe, sind Techniken, die das Elizitieren von Sachverhalten fördern, die dem Individuum eigentlich als peinlich und sozial unerwünscht erscheinen mögen (vgl. Gläser & Laudel, 2010, S. 134–135). Damit wird deutlich, dass Interviews bei der Durchführung, aber ebenso bei der Auswertung, stets auch als kommunikative Ereignisse in den Blick zu nehmen sind, bei denen es sich nicht nur um eine blosse Übermittlung von Propositionen handelt, sondern um situierte Arrangements, in denen zwei Handelnde mit spezifischen Selbst- und Fremdzuschreibungen aufeinandertreffen, negotiativ ein gemeinsam geteiltes Verständnis herzustellen versuchen, dauernd soziale Positionierungen vornehmen sowie ein stetiges Eindrucksmanagement betreiben (vgl. Deppermann, 2013; Mey & Mruck, 2018).

Einfachheit und Klarheit sind zwei weitere grundlegende Qualitätsmerkmale von Fragen, welche die Konzentration der Interviewten sicherstellen, ihrer Verwirrung entgegenwirken, Spannungen zwischen den Gesprächspartner*innen verhindern sowie die spätere Auswertung erleichtern (vgl. Patten, 1990, S. 306): Fragen sollten stets nur einen Aspekt fokussieren, eine einfache syntaktische Struktur aufweisen und sich bezüglich des Vokabulars an der Alltagssprache und am Sprachniveau der Befragten anpassen (vgl. Gläser & Laudel, 2010, S. 140–142; Misoch, 2015, S. 67).

Tabelle 6.1 illustriert die vier Themenblöcke des umfangreichen Leitfadens für die Elterninterviews G2 sowie die Fragen und die ihnen unterliegenden Konstrukte und Konzepte. Alle fettgedruckten Fragen ohne Aufzählungszeichen sind Einleitungsfragen und alle fettgedruckten Fragen mit Aufzählungszeichen (bullet points) sind sog. Sondierungsfragen, Erzählanregungen, die meist mit Fragepronomen eingeleitet werden. Alle Fragen dieser beiden Kategorien sollten von den Interviewenden aus Gründen der Standardisierung gestellt werden. Nicht-fettgedruckte Fragen mit Spiegelstrichen waren solche, deren Einsatz fakultativ war und insbesondere in Phasen gestellt werden konnten, in denen die Gesprächspartner*innen von sich aus kaum illustrative, episodische Schilderungen der Sachverhalte in ihre Antworten einbauten, oder in denen sie sich einsilbig oder verschlossen zeigten. Die Reihenfolge, in der Themenblöcke und deren einzelne Abschnitte bearbeitet werden sollten, war den Interviewenden freigestellt. Im Hinblick auf die Auswertung waren sie aber dazu angehalten, die Fragen eines Abschnitts hintereinander zu stellen.

Die in der rechten Spalte aufgeführten Fachausdrücke sollten sodann gegenüber den Befragten nicht gebraucht werden, dienten der befragenden Person aber dazu, zu entscheiden, inwiefern das Ziel der betreffenden Frage erreicht wurde oder ob allenfalls eine entsprechende Nachfrage notwendig sei.

Vor dem Interview fand ein Briefing der Befragten statt, in dem diese über die voraussichtliche Dauer des Gesprächs («ca. 80 Minuten»), über die Ziele («In diesem letzten persönlichen Gespräch geht es mir darum, von Ihnen nochmals bilanzierend zu erfahren, wie Sie Ihr Kind und wie Sie die Beziehung zu seiner Klassenlehrkraft während des Übertrittsverfahrens in den letzten Monaten erlebt haben. Wie Sie feststellen werden, interessieren mich insbesondere Veränderungen, die sich seit unserem letzten Gespräch hier bei Ihnen zu Hause im letzten November ergeben haben.»), mittels zweier Tischvorlagen über die Themen des Gesprächs sowie die jeweiligen Termine und Schritte des konkret erlebten Übertrittsverfahrens sowie nochmals darüber informiert wurden, dass das Gespräch aufgezeichnet werde, «aber weder das Kind noch seine Klassenlehrperson» erfahre, was der Elternteil im Gespräch erzähle.

Die interviewende Person verfasste nach dem Gespräch ein Protokoll, das die Dauer, den Ort, allfällige Störungen und Unterbrechungen sowie ihre Eindrücke festhielt, die sich bei ihr während des Interviews in inhaltlicher, sozialer und emotionaler Hinsicht eingestellt hatten. Ebenso wurden allfällige relevante Aussagen notiert, die von der befragten Person gemacht wurden, nachdem das Aufzeichnungsgerät bereits ausgeschaltet worden war (vgl. Gläser & Laudel, 2010, S. 192–193).

6.3.2 Die Transkription und Anonymisierung der Interviewdaten

Alle Audiodateien der 20 Interviews mit den Elternteilen wurden nach Abschluss der Erhebungen durch zehn Studierende, die eine eingehende Schulung durchlaufen hatten, entlang eines Notationssystems vollständig transkribiert (vgl. Gläser & Laudel, 2010, S. 193–196). Die mit zwei Ausnahmen[5] in Schweizerdeutsch

---

[5] Die Interviews mit dem Vater M11 und der Mutter R11 wurden in deutscher Standardsprache geführt.

6.3 Die Interviews G2 mit den Elternteilen

Tabelle 6.1 Fragenkatalog des Leitfadens für das Interview G2 mit den Elternteilen

A) Ihr Kind in der Freizeit	Konstrukte
Bereits anlässlich unseres letzten persönlichen Gesprächs hier bei Ihnen im letzten November haben wir von den Hobbys Ihrer Tochter / Ihres Sohnes gesprochen. Ich möchte als erstes nochmals auf dieses Thema zu sprechen kommen.	
Könnten Sie mir erzählen, wie Ihre Tochter / Ihr Sohn in letzter Zeit seine Freizeit verbringt? – Was macht er / sie jeweils am Mittwochnachmittag?	*(Außerschulische) Interessen*
• Was halten Sie von diesen Freizeitbeschäftigungen?	*Beteiligung der Eltern und anderer Familienmitglieder / elterliche Valenzen / nicht-schulbezogenes elterliches Unterstützungsverhalten*
• Was meinen Sie: Wie haben sich die Freizeitaktivitäten Ihres Kindes in den letzten Monaten verändert? Falls VERÄNDERUNGEN: • Worauf führen Sie die Veränderungen zurück?	*Elternperzipierte Veränderungen im Freizeitverhalten des Kindes* *Elterliche Attribuierung bez. des veränderten kindlichen Freizeitverhaltens*
• Welchen Einfluss hatte das Übertrittsverfahren der letzten Monate auf die Freizeitgestaltung Ihres Kindes?	*Übertrittsbezogene Einflüsse auf das Freizeitverhalten des Kindes / Grad an Leistungsdruck / Elterliche Unterstützungsmaßnahmen*
Sie haben anlässlich unseres letzten persönlichen Gesprächs Ihr Kind in wenigen Sätzen beschrieben. Darf ich Sie bitten, nun – rund acht Monate später – dies nochmals zu tun? – Welches sind typische Eigenschaften Ihrer Tochter / Ihres Sohnes?	*Wahrnehmung des Kindes: Leistungsfähigkeit / generalisierte affektiv-motivationale Merkmale / Erwartungen / Biografisches*
Wie würden Sie Ihre Rolle als Mutter / Vater charakterisieren? [Bei Schlagwörtern unbedingt nachfragen! Was muss ich mir unter ... vorstellen?] • Was ist Ihrer Erfahrung nach in der Erziehung von [Name Kind] wichtig zu beachten? Bei mehreren Kindern: • Welche Unterschiede gibt es in dieser Hinsicht zwischen Ihren Kindern?	*Definition der eigenen Elternrolle / Erziehungsstil / Beliefs bezogen auf Bildung und Erziehung allgemein sowie spezifisch bezüglich Kind*

B) Ihr Kind und die Schule	Konstrukte
Wie läuft es Ihrem Kind momentan in der Schule?	*Allgemeine Einschätzung: Kompetenz- und Wertüberzeugungen, soziale Eingebundenheit, affektiv-motivationale Lage*
Wie fühlt sie / er sich zurzeit in ihrer / seiner Klasse? • Worauf stützen Sie Ihren Eindruck?	*Soziale Eingebundenheit des Kindes in der Klasse*
Inwiefern hat die Übertrittsentscheidung etwas daran verändert, wie es Ihrer Tochter / Ihrem Sohn in ihrer / seiner Klasse geht?	*Einfluss des gefallenen Übertrittsentscheids bezüglich sozialer Eingebundenheit / Andere Bezugspersonen unter den Peers*

(Fortsetzung)

Tabelle 6.1 (Fortsetzung)

Wie würden Sie das Verhältnis zwischen Ihrem Kind und seiner Klassenlehrerin / seinem Klassenlehrer beschreiben?	Verhältnis des Kindes zur Klassenlehrkraft:
• Worauf stützen Sie Ihren Eindruck?	Instruktionsqualität, Interaktions- und Unterstützungsqualität
• Was denken Sie: Wie hat das Übertrittsverfahren, so wie es abgelaufen ist, die Beziehung Ihres Kindes mit seiner Klassenlehrerin / seinem Klassenlehrer verändert?	Einfluss des Übertrittsverfahrens auf das Verhältnis zur Lehrkraft
– Welchen Einfluss hat der Übertrittsentscheid auf die Beziehung?	
Wenn Sie auf die gesamte Primarschulzeit Ihres Kindes zurückblicken: Was kommt Ihnen da spontan Positives in den Sinn?	Schulische Biographie des Kindes: Wichtige positive und negative Ereignisse in der Primarschulzeit
Was kommt Ihnen Negatives in den Sinn, wenn Sie auf die Primarschulzeit Ihres Kindes zurückblicken?	
Wie Sie wissen, interessiert uns speziell das Fach Mathematik: Könnten Sie mir möglichst genau schildern, wie sich die Beziehung Ihres Kindes zu diesem Fach seit der ersten Klasse entwickelt hat? • Welche Gründe sehen Sie dafür?	Elternperzipierte Entwicklung der Kompetenz- und Wertüberzeugungen (Interesse, Relevanz) des Kindes hinsichtlich Mathematik / kausale Attributionen durch Elternteil
Wie hat sich Ihre Beziehung zum Fach Mathematik in den letzten Jahren entwickelt? Falls VERÄNDERUNGEN: • Warum ist das so?	Entwicklung elterlicher Valenzen bzw. Kompetenzeinschätzungen bez. Mathematik / Gründe
Wie muss ich mir das vorstellen: Bei welchen Gelegenheiten wird die Mathematik bei Ihnen zuhause zum Thema?	Eltern-Kind-Kommunikation über Mathematik
• Was hält Ihre Tochter / Ihr Sohn nun – am Ende der 6. Klasse – von Mathematik?	Einschätzung der aktuellen Valenz- und Kompetenzüberzeugungen des Kindes in Mathematik
Was halten Sie von ihren / seinen aktuellen Mathematikleistungen? • Welche Noten hat Ihr Kind momentan in Mathematik? • Sind Sie zufrieden?	Leistungen in Mathematik / Elterliche Leistungserwartungen und Valenzen bezüglich Mathematik
• Wie haben sich die Leistungen Ihrer Tochter / Ihres Sohnes im Fach Mathematik in den letzten Monaten verändert? Falls VERÄNDERUNGEN: • Worauf führen Sie die Veränderungen zurück?	Veränderungen bei Mathematikleistungen in der Übertrittszeit und Gründe dafür
Woran liegt es Ihrer Meinung nach, dass Ihr Kind momentan diese Noten in Mathematik erzielt?	Elterliche Attribuierung aktueller Leistungsbeurteilungen in Mathematik
Was hält Ihre Tochter / Ihr Sohn von ihren / seinen aktuellen Noten in Mathematik? • Ist sie / er zufrieden?	Elternperzipierte Valenzen des Kindes bezüglich Mathematik / Bedeutung von Mathematiknoten vor dem Übertritt in die Sekundarschule
Wie merken Sie das?	
Was halten Sie von den Leistungen Ihrer Tochter / Ihres Sohnes in den anderen Kernfächern: • In Deutsch? – Was hat sich in den letzten Monaten verändert? • In Französisch? – Was hat sich in den letzten Monaten verändert?	Leistungen in anderen übertrittsrelevanten Fächern / Elterliche Leistungserwartungen und Valenzen bezüglich dieser Fächer / Veränderungen während Selektionsphase

(Fortsetzung)

6.3 Die Interviews G2 mit den Elternteilen

Tabelle 6.1 (Fortsetzung)

Wie muss ich mir das vorstellen: Wie läuft das zurzeit bei Ihnen ab, wenn sie / er eine gute Note in Mathematik nach Hause bringt? • Was ist für Sie eine «gute Note» in Mathematik? • Für Ihren Mann / Ihre Frau? • Wie läuft das so ab, wenn sie / er eine schlechte Note in Mathematik nach Hause bringt?	*Eltern-Kind-Kommunikation und Wertinduktion / Transmissionsmechanismen / Maßnahmen bei ungenügenden Leistungen / Zuwendung / Prozess- vs. Produktfokussierung*
– Was würde ich beobachten können, was sie / er sagt und wie Sie reagieren?	

C) Zuhause lernen	**Konstrukte**
Wie erleben Sie Ihre Tochter / Ihren Sohn momentan beim Erledigen der Hausaufgaben?	*Elternperzipiertes Verhalten des Kindes bei Hausaufgaben / Emotionen / Elterliche Unterstützung*
• Wie beurteilen Sie ihre / seine Einstellung den Hausaufgaben gegenüber?	*Elternperzipierte Valenzen bezüglich Hausaufgaben: Interesse (Fächer, Aufgabentypen)*
• Wie hat sich ihr / sein Hausaufgabenverhalten in den letzten Monaten verändert? Falls VERÄNDERUNGEN: • Warum ist das so?	*Veränderungen bez. Hausaufgabenverhalten und elternperzipierte Gründe dafür*
Was hat sich an der Art der Hausaufgaben, die die Klassenlehrerin aufgibt, in den letzten Monaten verändert? • Was hat sich an der Menge der Hausaufgaben in den letzten Monaten verändert? Falls VERÄNDERUNGEN bei Menge und Art der Hausaufgaben: • Worauf führen Sie das zurück?	*Einblick der Eltern in Hausaufgaben / elternperzipierte Veränderungen in der Hausaufgabengestaltung der Lehrkraft und elternperzipierte Gründe dafür*
Wie würden Sie Ihre Einstellung den Hausaufgaben gegenüber beschreiben?	*Elterliche Valenzen bezüglich Hausaufgaben: Relevanz (Fächer, Aufgaben-typen), Interesse, Nutzen, Kosten*
Wie ist es nun am Ende der 6. Klasse, wenn Ihr Kind in einer Hausaufgabe mal nicht mehr weiterweiß: Was macht es da?	*Unterstützungsangebot und Nutzung*
• Hat sich da in den letzten Monaten etwas verändert?	*Veränderung bez. Nutzung von Unterstützung*
• Bittet es auch Sie oder Ihren Mann / Ihre Frau um Hilfe?	*Fachliche Kompetenz der Eltern* *Didaktische Kompetenz der Eltern*
Falls JA: • Wie muss ich mir Ihre Hilfe vorstellen? • Was ist Ihnen dabei wichtig? • Wo können Sie besonders gut helfen? • Wo nicht? Wenn NEIN: Warum nicht?	*Autonomieförderung, Kontrolle, Zuwendung, Prozess- vs. Produktfokussierung*
Wenn Sie weiter zurückschauen, wie hat sich Ihre Rolle bei den Hausaufgaben seit der ersten Klasse verändert? Welche Gründe sehen Sie für diese Veränderungen?	*Veränderungen bei Beliefs und Verhalten des Elternteils hinsichtlich Hausaufgaben im Verlauf der Primarschulzeit und Gründe dafür*

(Fortsetzung)

Tabelle 6.1 (Fortsetzung)

Macht sie / er die Hausaufgaben manchmal mit jemandem zusammen?	*Beteiligte Personen*
Falls JA: • Mit wem? • Bei welchen Gelegenheiten?	
Nimmt Ihr Kind nun / noch immer Nachhilfe in Anspruch? Falls JA: • Bei wem? • Bei welchen Gelegenheiten? • Warum haben Sie sich für Nachhilfe entschieden? Nützt die Nachhilfe?	*Hausaufgabenhilfe / Nachhilfestunden:* *Ausgestaltung / Valenzen / Erfolg*
Wie reagieren Sie, wenn sie / er keine Lust hat, Hausaufgaben zu machen?	*Unterstützungsverhalten:* *Autonomieunterstützung / Kontrolle /* *Prozess- vs. Produktfokussierung*
Gab es auch bei Ihnen in den letzten Monaten manchmal Streit wegen den Hausaufgaben? Falls JA: • Wie muss ich mir das vorstellen: Woran entzündete er sich normalerweise? • Wie verlief der Streit in der Regel?	*Autonomieförderung, Kontrolle,* *Zuwendung, Prozess- vs.* *Produktfokussierung*

D) Der Übertritt in die Oberstufe

Konstrukte

Ihre Tochter / Ihr Sohn und Sie haben nun die Phase hinter sich gebracht, in der es darum ging zu entscheiden, in welchem Sekundarschultyp es nach den Sommerferien weitergehen soll. Wenn Sie die letzten Monate Revue passieren lassen, welche Erlebnisse kommen Ihnen da spontan in den Sinn?	*Übertrittsbezogene Ereignisse:* *Probleme, Lösungen, Emotionen,* *«home-based» und «school-based»* *Unterstützungssituationen*
• Wie muss ich mir das vorstellen: Bei welchen Gelegenheiten wurde der Übertritt in den letzten Monaten bei Ihnen zuhause zum Thema? • Was haben Sie mit Ihrem Kind bezogen auf den Übertritt immer wieder besprochen?	*Eltern-Kind-Kommunikation bez.* *Übertritt / elterliche Erwartungen* *bezüglich Übertritt / elterliche* *Unterstützung*
• Was geht Ihnen spontan durch den Kopf, wenn Sie «Sekundarschule A» hören? • Was geht Ihnen durch den Kopf, wenn Sie «Sekundarschule B» hören? • Wie hat sich Ihr Bild der beiden Sekundarschularten in den letzten Monaten verändert?	*Elterliche Konzepte und Valenzen, die* *sich mit den Oberstufenschultypen* *verbinden / elterliche Aspirationen und* *Erwartungen* *Veränderungen bez. Valenzen* *(besonders bei den Eltern, deren Kinder* *es nicht in die statushöhere Stufe* *geschafft haben)*
• Was denken Sie: Welches Bild hat Ihr Kind von der Sek A / Sek B [Sekundartyp nehmen, den das Kind <u>BESUCHEN</u> wird!]? • Wie merken Sie das? • Welche Rolle spielen die Schulkameradinnen und -kameraden dabei?	*Elternperzipierte Valenzzuschreibungen* *des Kindes bez. der Sekundarschultypen* *und Eltern-Kind-Kommunikation darüber*
• Welches Bild hat Ihre Tochter / Ihr Sohn von der Sek A / Sek B [Sekundartyp nehmen, den das Kind <u>NICHT</u> besuchen wird!]? • Wie merken Sie das? • Welche Rolle spielen die Schulkameradinnen und -kameraden dabei?	

(Fortsetzung)

6.3 Die Interviews G2 mit den Elternteilen

Tabelle 6.1 (Fortsetzung)

Wie hat sich das Bild Ihres Kindes von den beiden Sekundarschularten, Sek A und Sek B, in den letzten Monaten gewandelt?	Elternperzipierte Veränderungen bei Valenzen des Kindes bez. Sekundarschultypen
• Was geht Ihnen spontan durch den Kopf, wenn Sie «Sekundarschule C» hören?	Elterliche Valenzen bez. Sek C und Gymnasium
Was geht Ihnen durch den Kopf, wenn Sie «Gymnasium» hören?	
Wie muss ich mir das vorstellen: Was bedeutet es für Ihr Kind, dass es nach den Ferien eine / ein Sek-A-Schüler*in / Sek-B-Schüler*in ist?	Bewältigung der Entscheidung: Annehmen und Umgang mit dem neuen Merkmal Sek-A- / Sek-B-Schüler*in
• Was konnten Sie beobachten: Wie spricht Ihr Kind darüber, z.b. mit Verwandten oder Freunden, die zu Ihnen zu Besuch kommen und dann das Thema anschneiden?	
Was bedeutet es für Sie, dass Ihr Kind nach den Sommerferien in die Sek A /Sek B geht?	Bewältigung, Erwartungen, Aspirationen des Elternteils
Wenn Sie bilanzieren: Wie haben Sie die folgenden Übertrittsereignisse erlebt [GRAFIK ÜBERTRITTSVERFAHREN vorlegen und durchgehen]?	Evaluation des Übertrittsverfahrens, so wie es von der Lehrkraft realisiert wurde
• Was meinen Sie zusammengefasst zum Übertrittsverfahren, wie Sie es zusammen mit Ihrer Tochter / Ihrem Sohn sowie Ihrem Mann / Ihrer Frau seit letztem November erlebt haben?	
Was würden Sie heute anders machen?	
Wie haben Sie die Zusammenarbeit mit der Klassenlehrerin/dem Klassenlehrer während des Übertrittsverfahrens erlebt?	Bilanz der Zusammenarbeit mit der Klassenlehrkraft
• Was hätte die Klassenlehrerin / der Klassenlehrer bezogen auf den Übertritt aus Ihrer Sicht besser machen können?	Elternperzipiertes Verbesserungspotential bzw. Valenzen bez. Übertritt bei Lehrkraft
• Wie würden Sie die Haltung der Lehrperson gegenüber dem Übertrittsverfahren beschreiben?	
• Wie haben Sie das gemerkt?	
Was hat sich in der Beziehung zwischen Ihnen und der Lehrperson in den letzten Monaten verändert?	Veränderung im Verhältnis zur Lehrkraft
• Was hat sich in der Beziehung Ihres Kindes und der Klassenlehrerin / dem Klassenlehrer in den letzten Monaten verändert?	Elternperzipierte Veränderung im Verhältnis Lehrkraft-Kind Eltern-Kind-Kommunikation bez. Lehrkraft
• Wie merken Sie das?	
Wenn Sie nun am Ende der Primarschulzeit Ihres Kindes zurückblicken: Was finden Sie wichtig für eine gute Zusammenarbeit zwischen Eltern und Lehrpersonen?	Elterliche Erfahrungen und Valenzen bez. Zusammenarbeit mit Lehrkraft
Was für eine Schülerin / was für ein Schüler waren Sie selber?	Eigene Schulerfahrungen des Elternteils
• Was kommt Ihnen in den Sinn, wenn Sie an Ihren eigenen Übertritt in die Oberstufe zurückdenken?	Eigene Übertrittserfahrungen des Elternteils
• Was hat sich seither in der Beziehung zwischen Lehrpersonen und Kindern verändert?	Elternperzipierte Veränderungen im Verhältnis Kinder-Eltern, Kinder-Lehrkraft sowie Eltern-Lehrkraft
• Was hat sich seither in der Beziehung zwischen Eltern und Lehrpersonen verändert?	
• Was hat sich Ihrer Meinung nach seither in der Beziehung zwischen Eltern und Kindern verändert?	

(Fortsetzung)

Tabelle 6.1 (Fortsetzung)

Inwiefern haben Ihre eigenen schulischen und beruflichen Erfahrungen in den letzten Monaten, in denen es um die Übertrittsentscheidung ging, eine Rolle gespielt?	Bedeutung eigener übertrittsbezogener Erfahrungen und Überzeugungen für das Handeln während des Übertrittsverfahrens
Was möchte Ihr Kind einmal werden? Wie stellen Sie sich dazu?	Berufswunsch des Kindes, Career Guidance nach der Übertrittsentscheidung
Möchten Sie noch etwas Wichtiges sagen, was wir bisher nicht besprochen haben?	
Herzlichen Dank für das interessante Gespräch!	

geführten Gespräche wurden in Anbetracht des pädagogisch-psychologischen Forschungsinteresses und der nachfolgenden primär inhaltlichen Analysen möglichst nahe am Wortlaut in die deutsche Standardsprache und -orthografie übertragen. Auch wenn damit ein an konventionellen Textdarstellungen orientiertes Format gewählt wurde und auf die in konversations- und diskursanalytischen Studien gebräuchliche möglichst ungeglättete Verschriftlichung selbst von laut- und parasprachlichen Phänomenen (vgl. Misoch, 2015, S. 254–256) verzichtet wurde, so sollten die an den Vorschlägen von Kuckartz (2010, S. 43) orientierten Transkriptionsregeln dennoch sicherstellen, dass ein möglichst umfassendes Verständnis des vom Individuum Formulierten und Gemeinten möglich blieb:

- Es wird grundsätzlich wörtlich und möglichst nah an der ursprünglichen Satzstellung transkribiert.
- Unübersetzbare schweizerdeutsche Ausdrücke werden zwischen zwei Schrägstriche /XY/ gesetzt.
- Alle genannten Personen, Ortschaften, Jahres-, Monats- und Tagesdaten werden in Kapitalen verschriftlicht, damit sie zu einem späteren Zeitpunkt zwecks Anonymisierung leichter aufgefunden werden können.
- Längere Pausen werden durch drei Punkte in runden Klammern (…) markiert.
- Direkte Reden in den Äußerungen der Sprechenden werden mit Doppelpunkt sowie Anführungs- und Schlusszeichen markiert (z. B. «Da meinte sie dann nur: "Ich finde das unfair".»)
- Unverständliche Stellen werden mittels (unverst.) gekennzeichnet. Andere Anmerkungen werden in eckigen Klammern festgehalten (z. B. [Briefing des Interviewpartners]).
- Wort- oder Satzabbrüche werden durch Trennstriche gekennzeichnet.
- Eingeworfene Äußerungen der jeweils anderen Person werden in runde Klammern gesetzt.
- Lautäußerungen (insb. Lachen) werden in runden Klammern festgehalten.

– Redebeiträge der interviewenden Person werden einleitend jeweils mit «I» gekennzeichnet.
– Redebeiträge des Elternteils werden einleitend mit seinem Kürzel gekennzeichnet (z. B. Z11).

Die Transkription erfolgte mit der Software f4, die ein Textfile in Zeilendarstellung generiert, den jeweiligen Zeitpunkt der Äußerung im originalen Audiofile (time code) erkennt und diesen jeweils am Ende der betreffenden Zeile schriftlich festhält.

Als letzter Schritt der Aufbereitung der Daten wurden diese mittels eines Schlüssels systematisch und möglichst ohne den Sinngehalt der Aussagen zu verändern anonymisiert (vgl. Fuß & Karbach, 2014, S. 95–98): Namen von Personen, Ortschaften, Gebäude und Institutionen wurden durch kodifizierte Kürzel (z. B. Mutter Z11, das Schulhaus 1 von H) oder ihre Funktionsbezeichnungen (z. B. die Schulleiterin, ihr älterer Bruder, ihre jüngere Schwester) maskiert.

6.4 Auswertungsstrategien

Vor dem Hintergrund der beiden Forschungsziele, a) das kontroll- und wertbezogene verbale Handeln von Eltern gegenüber dem Kind im Kontext eines unklaren Übertrittsentscheids möglichst mehrdimensional und facettenreich zu beschreiben und b) unterschiedliche Stile elterlicher verbaler Motivierung zu identifizieren und anhand der Merkmale der Eltern-Kind-Dyaden und der Forschungsliteratur hinsichtlich ihrer Potenziale und Gefahren zu beurteilen, wurde für die Auswertung ein mehrschrittiges Vorgehen gewählt, das sich an der «Typologischen Analyse» von Kuckartz (2010, S. 99–107) orientiert. Ausgehend von textnahen, sog. niedrig-inferenten Analysen des selbstberichteten elterlichen Handelns (Analyseschritt B) und dann voranschreitend zu höher-inferenten[6], auf Schätzverfahren beruhenden Analysen, die das Typische des individuellen elterlichen Sprechhandelns bezüglich mehrerer Dimensionen fokussieren (Analyseschritt C), werden die Elternteile schließlich gemäß der Ähnlichkeiten und Unterschiede in ihrem Motivierungshandeln während der Übertrittszeit gruppiert (Analyseschritt D), um dann schließlich zur detaillierteren Herausarbeitung der Charakteristika der jeweiligen Motivierungsstile wieder auf die konkreten Äußerungen einzelner Elternteile

---

[6]Die Termini «niedrig-inferent» und «höher-inferent» verweisen auf den unterschiedlichen Grad an Deutung bzw. Schlussfolgerung, der notwendig ist, «um den zu kodierenden Ereignis- oder Verhaltensaspekt korrekt zu erfassen» (Pauli, 2012, S. 49).

zurückzukommen. Tabelle 6.2 stellt die Eckpunkte der auf das Datenmaterial applizierten Analysen in einem Überblick dar. In den folgenden Kapiteln werden die vier Analyseschritte, die jeweiligen Phasen, aus denen sie bestanden, sowie die Überlegungen und Maßnahmen zur Sicherstellung einer gehaltvollen und validen Untersuchung eingehend erläutert.

6.4.1 Analyseschritt A: Basiscodierung

Die Basiscodierung, der erste Analyseschritt, hatte zum Ziel, in den 20 Interviewtranskripten alle Textstellen zu isolieren, in denen die Elternteile über ihr eigenes schulbezogenes Unterstützungshandeln während der Übertrittszeit berichteten. Gemäß der in Abschnitt 2.2 dargelegten Bestimmung umfasst dieses alle Handlungen der Elternteile, «die darauf gerichtet [waren], die von ihnen als bedeutsam beurteilten Kompetenzen und Laufbahnschritte beim Kind zu fördern und/oder das Denken und Handeln der schulischen Akteure im Interesse des Kindes zu optimieren». In einem für die strukturierende qualitative Inhaltsanalyse typisch zyklisch-iterativen Vorgehen (vgl. Kuckartz, 2018, S. 100–117; Mayring, 2015, S. 97–103) wurden theorie- und datengeleitet Kategorien und Codierregeln herausgearbeitet (vgl. Steiner, Curschellas Widmer, Dellios, Godenzi & Reusser, 2010), die es erlaubten, alle Stellen zu extrahieren, in denen die Eltern schilderten, wie sie gegenüber ihrem Kind verbal a) auf dessen Bedeutsamkeitseinschätzungen, b) auf dessen Kontrolleinschätzungen, c) auf dessen emotionales Erleben nach Erfolgen oder Misserfolgen sowie d) mittels instruktionalen Techniken auf dessen Lernverhalten Einfluss zu nehmen versuchten. Ebenso wurden alle Stellen markiert, in denen sie davon berichteten, wie sie sich bemühten, sprachlich e) die Bedeutsamkeitseinschätzungen der Klassenlehrkraft im Interesse ihres Kindes zu regulieren (Steiner & Reusser, 2011, 2014, 2015). Insgesamt konnten so in den 20 Transkripten 631 Handlungsepisoden isoliert werden, wobei sich diese inhaltlich, bezogen auf die genannten fünf Handlungszwecke der Eltern, wie folgt verteilten: a) 194 Episoden mit wertbezogener Regulation, b) 104 Episoden mit kontrollbezogener Regulation, c) 40 Episoden mit emotionsbezogener Regulation nach einem Erfolg oder Misserfolg, d) 126 Episoden lernthematischer Regulation sowie e) 167 Episoden, die wertbezogene Regulationen thematisierten, welche an die Klassenlehrkräfte gerichtet waren (vgl. Steiner, 2015).

Für die vorliegende Studie zum verbalen Motivierungshandeln der Eltern wurden lediglich die in der Basiscodierung extrahierten Handlungsepisoden des Typs

6.4 Auswertungsstrategien

Tabelle 6.2 Überblick über die Analyseschritte

Analyseschritt A: Basiscodierung	**Extraktion aller elterlichen Schilderungen eigener schulbezogener Regulationshandlungen bezüglich a) Werteinschätzungen und b) Kontrolleinschätzungen, c) Emotionen und d) Lernverhalten des Kindes sowie bezüglich e) Werteinschätzungen der Klassenlehrkraft.** - Bei a) und b) im gleichen Analysedurchgang: Codierung der Gesprächssituation, in der die verbale Wert- oder Kontrollregulation zustande kam (lern- vs. leistungsbezogen) und der Thematik, um die sich das häusliche Gespräch drehte (Hausaufgaben vs. Prüfungsvorbereitung vs. Unterricht vs. Lernen allgemein vs. Übertritt vs. Prüfungsergebnisse). - Strukturierende qualitative Inhaltsanalyse (vgl. Kuckartz, 2018, S. 100–117; Mayring, 2015, S. 97–103): Intercoder-Übereinstimmung bezüglich Textstellen mit a) wert- und b) kontrollbezogene Regulationen nach insgesamt vier Transkripten: ICR = .89 und ICR = .83.
Analyseschritt B: Feincodierung	**Theorie- und datengeleitete Dimensionalisierung der interessierenden Konstrukte und fallübergreifende Analyse aller in der Basiscodierung extrahierten a) wertbezogenen und b) kontrollbezogenen Textsegmente der 20 Elternteile.** - Schaffung entsprechender Frames (vgl. Abschnitte 5.4 und 5.6) zur geordneten Paraphrasierung der Originalstellen. - Strukturierende qualitative Inhaltsanalyse (vgl. Kuckartz, 2018, S. 100–117; Mayring, 2015, S. 97–103): Analyse jeder Handlungsepisode durch zwei Codier*innen bezüglich aller Auswertungskategorien und bilaterale konsensuelle Klärung von Diskrepanzen; bei bleibender Unstimmigkeit Konsenssuche im Gesamtteam (vgl. Guest, MacQueen & Namey, 2012, S. 89–92; Hopf & Schmidt, 1993, S. 61–63). Adhoc-Intercoder-Übereinstimmung von rund 80 %.
Analyseschritt C: Ratings	Angelehnt an die Kategorien sowie die Ergebnisse der Feincodierung: **Entwicklung von Einschätzungsdimensionen und anschließende fallspezifische höher-inferente Einschätzung von insgesamt sieben wert-, kontroll- und zuwendungsbezogenen Unterstützungsdimensionen bei 18 Elternteilen.** - Evaluative qualitative Inhaltsanalyse (vgl. Kuckartz, 2018, S. 123–142; Mayring, 2015, S. 106–114) jeweils aller a) wertbezogenen, b) kontrollbezogenen und c) emotionsbezogenen in der Basiscodierung extrahierten Originalstellen sowie aller entsprechenden Frames: Ratings auf jeweils vier bzw. zwei Ausprägungen durch drei Rater*innen, Interrater-Reliabilität nach Fleiss (1971) zwischen κ = 0.70 und κ = 0.90.
Analyseschritt D: Typenbildung	**Gruppierung der 18 Elternteile gemäß ihren Ausprägungen auf drei «grundlegenden Dimensionen des verbalen Motivierens während der unsicheren Übertrittszeit».** - Dimensionsreduktion mittels Hauptkomponentenanalyse und Varimax-Rotation: dreifaktorielle Lösung, aufgeklärte Varianz von 76.0 %. - Gruppierung der Fälle mittels k-means Clustering auf Basis der Faktorwerte: vier «Typen elterlichen verbal-appellativen Motivierungshandelns bei einem unklaren Übertrittsentscheid». - Konfigurations- und Zusammenhangsanalysen unter Zuzug von Merkmalen der Elternteile, des Kindes und der Familie (vgl. Abschnitt 4.3).

a), b) und c) in die weiteren Analysen einbezogen. Die Schilderung des analytischen Vorgehens beschränkt sich in der Folge auf diese drei Arten extrahierter Textsegmente.

Die 194 wertbezogenen und die 104 kontrollbezogenen Episoden bildeten die Analyseeinheiten (units of analysis) (vgl. Kuckartz, 2010, S. 30–31) für die fallübergreifenden inhaltlich strukturierenden Untersuchungen zur Beantwortung der Fragestellungen 1 und 2 ebenso wie für die fallspezifischen Fragestellungen 3.1 bis 3.3 (vgl. Abschnitt 5.8), die mit dem Verfahren der evaluativen qualitativen Inhaltsanalyse bearbeitet wurden (vgl. Abschnitt 6.4.3). Die 40 emotionsbezogenen Episoden wurden für die Beantwortung der fallspezifischen Fragestellung 3.4 herangezogen und einer ebenfalls auf Ratings beruhenden evaluativen Inhaltsanalyse unterzogen (vgl. Abschnitt 6.4.3.4).

6.4.1.1 Selektion von Textsegmenten mit Aussagen zur emotionalen Zuwendung nach Erfolgen und Misserfolgen

Im Rahmen der Basiscodierung wurden für die Selektion der emotionsbezogenen Handlungsepisoden jeweils die Antworten der 20 Elternteile auf die beiden folgenden Hauptfragen (kursiv) sowie die Nachfragen des letzten Abschnitts des Themenblocks B des Leifadens (vgl. Tabelle 6.1) benutzt:

- *Wie muss ich mir das vorstellen: Wie läuft das zurzeit bei Ihnen ab, wenn [Ihre Tochter/Ihr Sohn] eine gute Note in Mathematik nach Hause bringt?*
- Was ist für Sie eine «gute Note» in Mathematik?
- Für Ihren Mann/Ihre Frau?
- *Wie läuft das so ab, wenn sie/er eine schlechte Note in Mathematik nach Hause bringt?*
- Was würde ich beobachten können, was sie/er sagt und wie Sie reagieren?

Die extrahierten Antworten der 20 Elternteile sind im Wortlaut in Tabelle 9.5 im Anhang dokumentiert. Tabelle 6.3 zeigt, in welcher Ausführlichkeit die Elternteile auf die genannten Aufforderungen nach den Situations- bzw. Handlungsschilderungen nach einem Erfolg oder einem Misserfolg bei Mathematikprüfungen reagiert haben. Die isolierten Textsegmente bestehen im Durchschnitt aus $M = 396$ Wörtern ($SD = 160$ Wörter), wobei die Mutter D11 mit Abstand am ausführlichsten (716 Wörter) und die Mütter R12 und Z11 am kürzesten auf die betreffenden Fragen geantwortet haben.

Mit Blick auf die semantische Validität (semantic validity), der Gültigkeit der Rekonstruktion der Interviewäußerungen durch die Codierenden (vgl. Krippendorff, 2013, S. 338–345), ist es notwendig, dass die extrahierten Textsegmente

6.4 Auswertungsstrategien

Tabelle 6.3 Überblick über die Segmentgröße der emotionsbezogenen Handlungsepisoden

ID Elternteile	D 11	D 12	E 11	E 12	H 11	H 12	M 11	M 12	R 11	R 12	S 11	S 12	V 11	V 12	Z 11	Z 12	Z 21	Z 22	Z 31	Z 32
Segmentgröße in Wörtern	716	345	434	343	546	466	355	664	309	169	327	453	517	530	181	195	156	264	449	497

möglichst reichhaltige und differenzierte Aussagen der Elternteile bezüglich des jeweils im Fokus stehenden Konstrukts beinhalten. Zwar reichen mitunter wenige besonders aussagekräftige Ausdrücke und Wendungen für eine sichere Codierung der betreffenden Stelle, doch steigt die Wahrscheinlichkeit, solche deutlichen Aussagen und Indikatoren vorzufinden, je umfangreicher die Analyseeinheit ist. Die vorliegenden Ausschnitte sollten es ermöglichen, die emotionale Zuwendung von Eltern nach Erfolgen und Misserfolgen im Rahmen von Ratings einschätzen zu können. Wie sich bei der Ermittlung der Intercoder-Reliabilität zeigte, gelangten die drei Codierer*innen zu einem hohen Grad an Konkordanz bezüglich des zu beurteilenden Konstrukts bei so unterschiedlich ausführlichen Stellen wie den folgenden der Mütter R12 und Z31 (vgl. Abschnitt 7.3.4):

I: Wie muss ich mir das vorstellen, wie läuft das zurzeit bei Ihnen ab, wenn sie eine gute Note in Mathematik nach Hause bringt? 00:26:46–0
R12: Ja, dann hat sie neben der Unterschrift eine ganz große Sonne (lacht). 00:26:51–3
I: Was ist für Sie eine gute Note? 00:26:53–7
R12: Also, wenn sie eine Vier heimbringt, ist das für mich eine gute Note. Und dann können wir uns dann beide wirklich freuen. 00:27:02–6
I: Wie läuft das so ab, wenn sie eine schlechte Note mit nach Hause bringt? 00:27:11–4
R12: Ja, ich, also ich frag einfach, ob sie das Ganze nicht verstanden hätte oder ob jetzt,- ihr reicht es vielfach zeitlich nicht. Einfach, ja sie braucht einfach mehr Zeit und dann, wenn sie unter Zeitdruck ist, denke ich immer, kommt sie ins Hasten und macht dann noch Flüchtigkeitsfehler, darum. Aber, ich meine, ich schimpf jetzt nicht, ich lasse es so stehen, wie es ist, fertig. Und dann habe ich halt auch schon einen Grumpy [Emoticon, das Ärger ausdrückt] gemacht, nicht nur eine Sonne. 00:27:41–6 (R12, vgl. Anhang, Tabelle 9.5)
I: Ja, und- Wie muss ich mir das jetzt vorstellen, wie läuft das im Moment bei Ihnen, wenn er eine gute Mathenote nach Hause bringt? 00:30:24–8
Z31: Dann kommt er zur Tür rein und sagt: «Mami, du kannst mir einen /Fünfliber/ [fünf Franken] geben.» (lachen) Dann sage ich: «Wofür? Ich zahle nichts, wenn ich es nicht gesehen habe.» Und dann sagt er: «Ja, da die Prüfung- oder.» Das ist eigentlich alles (lachen). 00:30:42–2
I: Ja, das hat sich demnach nicht verändert? 00:30:44–1
Z31: Nein, das hat sich nicht verändert (lachen) (I: Hat er nicht vergessen.) Das hat er nicht vergessen. Nein. 00:30:48–8
I: Ja, was ist denn für Sie eine gute Note in der Mathe bei K19? 00:30:53–8
Z31: Also, bei K19 ist für mich eine gute Note eine Fünf. Aber wenn er eine Vier nach Hause bringt, ist das für mich auch noch gut. Einfach nicht eine Drei. Aber- ja. Also ab einer Vier ist es für mich eigentlich gut. 00:31:07–4
I: Und wie ist das für Ihren Mann? 00:31:08–6
Z31: Keine Ahnung. (lachen) Der weiß das jeweils gar nicht (lachen). 00:31:15–5
I: Und wie läuft das denn ab, wenn er eine schlechte Mathenote nach Hause bringt? 00:31:19–5
Z31: Ah, dann frage ich ihn einfach: «Was- warum?» Und dann sagt er immer: «Du musst nicht diskutieren, Mami. Unterschreib jetzt.» (lachen) Und dann- Ja, sage ich jeweils:

6.4 Auswertungsstrategien

«Hast du nicht zugehört?» Und dann sagt er: «Ja, bin nicht drausgekommen» oder «das war so schwierig», oder-. Ja, je nachdem, wie dann einfach gerade die Situation ist und was dann dort auch war. Weil meistens hat es ja noch einen Hintergrund von Herrn L10 [Klassenlehrer], dass er vielleicht noch etwas zu dem Ganzen sagt. Dass halt nicht alles auf den Blättern steht, was man machen muss, sondern, dass er vielleicht halt zuerst irgendetwas erklärt und dann sagt: «So jetzt macht ihr», oder. Und eben, wenn man dann halt da nicht richtig zugehört hat, dann weiß man dann halt nicht, was man machen muss. Und dann, wenn es so ist, dann sagt er meistens: «Ja, du musst jetzt nicht diskutieren. Unterschreibe jetzt.» (lachen) Und sonst sagt er: «Ja, Mami, ich bin nicht drausgekommen. Es war sehr schwierig.» oder «Ja, Herr L10 hat es sehr streng benotet» oder so. Ja- 00:32:11–7
I: Und er zeigt Ihnen ja dann die Prüfung, oder- ? 00:32:13–8
Z31: Die Prüfung, ja. Wir müssen immer jede Prüfung unterschreiben. 00:32:16–2
I: Ja. Und Sie schauen es mit ihm dann an oder-? 00:32:18–0
Z31: Ich schaue sie dann an. Ja. Und eben, meistens- Also, dann wenn er quasi schuld ist, blöd gesagt, dann- wenn ich es dann so anschaue, dann sagt er: «Du musst jetzt nicht so genau schauen. Unterschreibe jetzt.» (lachen). (Z31, vgl. Anhang, Tabelle 9.5)

6.4.1.2 Selektion von Textstellen mit Aussagen zu verbalen Wert- und Kontrollregulationen

Bedeutend aufwändiger gestaltete sich die Extraktion der wert- und kontrollbezogenen Handlungsepisoden. Im Rahmen der Basiscodierung dienten hier nicht die Antworten auf einzelne Fragen, sondern die gesamten Transkripte der 20 Interviews G2 mit den Elternteilen als Analyseeinheiten. Jedes Transkript wurde von einer der beiden weiblichen Codiererinnen oder einem der beiden männlichen Codierer mithilfe der Analysesoftware MAXQDA10 nach den festgelegten Regeln bearbeitet. Die vier analysierenden Personen waren zuvor nicht nur an der Entwicklung des Kategoriensystems beteiligt gewesen, sondern hatten an der Probecodierung eines weiteren Interviews sowie an der Überprüfung der Intercoder-Übereinstimmung an einem weiteren Interview teilgenommen.

Die in einem Codiermanual (vgl. Steiner et al., 2010) festgehaltenen Kategorien und Anweisungen für die Basiscodierung wurden von einem fünfköpfigen Team zuerst an einigen, bezüglich Länge und Antwortverhalten möglichst unterschiedlichen Transkripten der Elterninterviews G1 (vgl. Abschnitt 6.1) umrissen und erprobt sowie schließlich in mehreren Zyklen an den Transkripten der Interviews G2 mit den Elternteilen D11 und D12 verfeinert und detailliert ausgearbeitet. Die beiden Interviews wurden wegen der Kontraste im Antwortverhalten der beiden Mütter zur Kategorienentwicklung herangezogen: Wie sich bereits bei der Transkription der beiden umfangreichen Interviews gezeigt hatte, antwortete die Mutter D11 mitteilungsfreudig und facettenreich auf die gestellten Fragen und schilderte ihr Handeln sowie dasjenige der anderen interessierenden Akteure ungefragt immer wieder in anschaulichen Vignetten. Die Mutter D12 dahingegen äußerte sich einsilbiger und musste von der interviewenden Person oftmals mit Nachfragen um Konkretisierungen sowie um Situationsschilderungen gebeten werden.

Die im Codiermanual ausführlich erörterten und entlang der Empfehlungen von Früh (2005, S. 141–173) entwickelten Codieranweisungen für die Basiscodierung der Interviews können bezogen auf die beiden hier interessierenden Kategorien Wertregulation und Kontrollregulation wie folgt vereinfacht zusammengefasst werden: Grundsätzlich war die codierende Person dazu aufgefordert, das Transkript Satz für Satz zu lesen bis sie zu einer Textstelle kam, in welcher der Elternteil von einer eigenen verbalen Handlung gegenüber dem Kind berichtete. An der Textoberfläche signalisiert durch die Personalpronomen «ich», «wir» oder gelegentlich auch durch das Indefinitpronomen «man» sowie durch ein Verb des Redens (verbum discendi: z. B. sagen, fragen, behaupten, meinen, antworten, besprechen, motivieren, aber auch Wendungen wie «die Äußerung fallen lassen», «zum Thema machen», «ich musste ihn korrigieren» (V12), «da haben wir schon Diskussionen gehabt, dass…» (V11), «Wir haben Streit /'Disput' gehabt, dass…» (R12), «man muss ihn ermuntern zu… (V12), «man muss ihn manchmal holen, indem man…» (V11), «wir haben auch mehr geschaut, dass er…» (S11), «ich erzwinge, dass sie…» (R12), «wir versuchen ihm mitzugeben, dass er…» (V12) (vgl. Steiner et al., 2010, S. 27), wird in der darauf folgenden indirekten (in den Interviews wie in der Alltagskommunikation oft im Indikativ realisiert: z. B. «Ich sagte ihm, er darf das jetzt nicht tun») oder direkten Rede bzw. im darauf folgenden Infinitiv- oder dass-Satz (z. B. «ich forderte ihn auf, … zu tun», «wir fanden, dass er… soll/könne») dem Kind eine wert- oder kontrollbezogene Botschaft übermittelt:

> Die Kategorie [**Wertregulation**] umfasst alle Äußerungen des Elternteils (E) über eigene Unterstützungshandlungen gegenüber dem Kind (K) bezüglich dessen Werteinschätzungen […] mit Blick auf laufende, vergangene oder zukünftige […] Lernaktivitäten oder vergangene bzw. zukünftige Leistungsnachweise und -ergebnisse (Prüfungen, Zeugnis, Übertrittsgespräche) […]. (Steiner et al., 2010, S. 50)

Die wichtigste Strategie zur Ermittlung, ob es sich bei einer vom Elternteil berichteten verbalen Handlung tatsächlich um eine wertbezogene Regulation handelte, bestand darin, zu prüfen, ob sich die in der direkten oder indirekten Rede bzw. als Infinitiv- oder dass-Satz realisierte Äußerung des Elternteils in einen Satz von der Art «Es ist bedeutsam, dass du…» umformulieren ließ.

6.4 Auswertungsstrategien

> Die Kategorie [**Kontrollregulation**] umfasst alle Äußerungen des Elternteils (E) über eigene Unterstützungshandlungen gegenüber dem Kind (K) bezüglich dessen Kontrolleinschätzungen mit Blick auf Lernaktivitäten oder Leistungsnachweise (Prüfungen, Zeugnis, Übertrittsgespräche) bzw. -ergebnisse […]. (Steiner et al., 2010, S. 53)

Das zentrale Prüfverfahren, ob es sich bei einer Stelle tatsächlich um eine kontrollbezogene Regulation handelt, bestand hier im Versuch, die in der direkten oder indirekten Rede bzw. als Infinitiv- oder dass-Satz ausgedrückten Äußerung in einen Satz von der Art «Du hast … gut/schlecht im Griff» umzuformulieren. Aus diesen Prüfverfahren entstand im Verlauf der Basiscodierung die Idee, für die Feincodierung bzw. Dimensionalisierung dieser Stellen die oben bereits erläuterten Frames (vgl. Abschnitte 5.4 und 5.6) zur Paraphrasierung der Originalstellen entlang der interessierenden Konstrukte zu entwickeln (vgl. Abschnitt 6.4.2).

Gemäß des thematischen Codierens, bei dem der inhaltlich-semantische Zusammenhang eines Textabschnitts die Grenzen der Codiereinheit bestimmt (vgl. Früh, 2005, S. 91–92; Kuckartz, 2018, S. 104) war die analysierende Person in der Basiscodierung aufgefordert, auf der Grundlage der Codierregeln so viel Ko-Text um die als verbale Wert- oder Kontrollregulation erkannte Äußerung mitzuextrahieren, wie notwendig war, um diese in den weiteren Verarbeitungsschritten auch unabhängig vom übrigen Text des Transkripts verstehen und als eigenständige Analyseeinheit behandeln zu können. Insbesondere mussten Antworten auf Nachfragen der interviewenden Person, selbstinitiierte Paraphrasierungen, Präzisierungen und Zusammenfassungen durch die Elternteile, Begründungen sowie Handlungsketten, aber auch Aussagen über die Ereignisse, die diese Regulationen ausgelöst hatten, mitcodiert werden (vgl. Steiner et al., 2010, S. 6–18). Häufig war es notwendig, die vorangegangene Hauptfrage der interviewenden Person, manchmal auch Äußerungen des Elternteils, die bereits einige Fragen zuvor erfolgt waren und auf die nun rekurriert wurde, in die Codings einzubeziehen. Entscheidend blieb, dass pro Textsegment jeweils eine Wert- oder Kontrollregulation in all ihren zur Verfügung stehenden Aspekten isoliert wurde. Grundsätzlich konnten in einem Satz, namentlich aber einem Turn des Elternteils, auch mehrere individuelle Wert- oder Kontrollregulationen berichtet werden. Für jede Regulation musste entschieden werden, wie viel Ko-Text zu extrahieren war, damit diese möglichst umfassend als «Einzelereignis» verstanden werden konnte.

Die folgenden Ankerbeispiele vermitteln einen Eindruck von solchermaßen extrahierten Fundstellen, wobei die eigentliche Aussage über die verbale Wertregulation fett hervorgehoben und der Satzteil mit dem verbum dicendi, der bei der Analyse als Indikator für einen möglichen Appell gedient hat, unterstrichen ist:

I: Woran entzündet sich dieser Streit denn eigentlich? [01:06:17–9]
D11: Meistens, dass sie- oder zu spät ist. Dass sie mitten in der Nacht herausfindet, dass sie noch- und dann auch wach liegt und weiß, dass sie etwas vergessen hat und nicht weiß, was. Und sie findet dann um elf heraus, dass sie am Tag darauf noch eine Prüfung hat, weil sie es nicht aufgeschrieben hat. Das kann dann schon einmal hoch zu und hergehen. Aber Streit ist dann eher so die Angst, weil sie dann um sechs aufstehen und auf die Prüfung lernen muss. (I: Und wie verläuft das so normalerweise?) Wenn es echt zu Streit kommt, ist es meistens, weil sie einfach zu spät dran ist. **Und dann gibt es Streit in dem Sinne, dass wir finden, dasssie sich die Zeit etwas besser einteilen sollte. Weil sie gewusst hat, dass es viel ist.** (I: Und dann steht sie früher auf?) Sie steht dann früher auf und macht es dann auch. (I: Und kann dann wenigstens gut schlafen?) Ja, und dann schläft sie meistens ein und dann steht sie um halb sieben auf und lernt. (M010, vgl. Anhang, Tabelle 9.1)

I: Was ist Ihnen dabei wichtig, wenn Sie das machen? Haben Sie so Grundsätze? [00:55:20–0]
D11: Also, wenn ich mit ihr arbeite, sollte sie sagen können, dass sie dabei etwas gelernt hat, dass sie etwas mehr begreift. Ob sie es dann hundertprozentig begreift oder nicht- **und es darf keinen Stress geben, das ist ganz klar mit K01 besprochen. Wenn wir Streit bekommen über die Hausaufgaben, dann ist es direkt beendet. Beiden gegenüber. Weil dafür bin ich nicht da und dafür ist sie nicht da, das bringt es dann nicht.** (I: Dann brechen Sie ab?) Dann brechen wir ab und teilweise schreibe ich es dann ein. (M014, vgl. Anhang, Tabelle 9.1)

I: Was haben Sie mit Ihrem Sohn bezogen auf den Übertritt seit dem letzten November immer wieder besprochen? [00:58:21–7]
D12: **Wir haben ihm schon gesagt,** das hat auch Frau L01 [seine Klassenlehrerin] gesagt, **wenn er in die Sek A will, dann muss er sich einfach an die Arbeit machen und etwas tun.** Gut sie hat dann, glaube ich, auch das Gefühl gehabt, ich sitze zuhause und habe nichts anderes zu tun als schauen, dass die Kinder lernen und üben. Und das ist nicht so. Das ist ja eigentlich auch nicht der Sinn davon. Gut, sie hat jetzt ja auch selbst gesagt, er sei sehr selbstständig. **Ja, wir haben es ihm auch gesagt, er müsse einfach mehr ran, sonst geht es nicht.** Aber eben, wenn er jetzt mit wenig Aufwand so weit ist, dann sollte man ja meinen können, dass wenn er sich mehr einsetzt, das ist ja meistens so, dann sind die Noten besser. Also das sehe ich auch. Je mehr man macht, desto besser sind die Noten. Und wenn man nichts tut, dann sind sie eben nicht so gut. (M021, vgl. Anhang, Tabelle 9.1)

Die folgenden drei Ankerbeispiele illustrieren Fundstellen, die in der Basiscodierung als verbale Kontrollregulationen codiert wurden:

I: **Was haben Sie** mit Ihrer Tochter in dieser Zeit bezogen auf den Übertritt **immer wieder besprochen**? 01:14:28–5
D11: **Dass wir eigentlich nicht überrascht sind und dass es das ist, was wir uns erhofft haben. Dass wir positiv sind, in dem Sinne, dass es tatsächlich so auf der Kante steht, dass sie viel A-Geschehen drin hat, wo sie eigentlich**

6.4 Auswertungsstrategien

auch den Übertritt in Richtung Sek A machen könnte, dass es aber auch zur Unterstützung ihres Lerndrucks ist, dass sie im Moment sicher keine A-Schülerin ist, aber eher eine B-Schülerin. Dass sie da auch etwas mehr Zeit mitbekommt, sich entwickeln zu können und ihren Weg zu machen. (F003, vgl. Anhang, Tabelle 9.3)
I: Wie muss ich mir das vorstellen, bei welchen Gelegenheiten ist der Übertritt in den letzten Monaten bei Ihnen zuhause zum Thema geworden? 00:56:17–2
D12: Ja, vor dem Gespräch und ja schon, wenn er eine Note nach Hause gebracht hat. Eben dort, als er besser gewesen ist, da habe ich selbst gefunden, er könne nun ja wirklich in die Sek A. Ich weiß ja, eine 4.5- wobei eben manchmal entscheiden sie heute anders. Bei meiner Tochter, sie hat nämlich eine 4.5 gehabt und die Lehrerin hat gefunden, sie sei diesem Druck nicht gewachsen. Heute schauen sie auch noch aufs Kind, den Typ des Kindes, wie belastbar es ist oder so. Also ob es dann mit einem riesigen Krampf diese Note hinbekommt oder locker. (unverst.) locker hat. (F014, vgl. Anhang, Tabelle 9.3)
I: Über das Fach Französisch, darüber haben wir [vorhin] geredet. 00:46:10–4
S11: Sicher ist er auch dort schlechter geworden. Er hat dann scheinbar auch zwei Prüfungen nicht unterschreiben lassen. Ich habe gesagt: «K03, warum?» «Weil sie schlecht waren.» Habe ich gesagt: «Haben wir dich je geschlagen oder so runtergemacht oder wie auch immer?» **Klar diskutieren wir, klar bin ich im ersten Moment sauer: «Jetzt Herrgott nochmal.» Klar habe ich ihm schon immer gesagt: «Hast du geübt K03? Bist du sicher? Willst du es mir nochmals sagen?»** «Nein, ich habe es geübt, ich kann es.» Es ist eine andere Methode, Französisch zu lernen als Englisch. In Englisch hat er ein Büchlein, im Französisch haben sie ein Buch. Also das große Heft und nicht das kleine Büchlein, das er sonst hatte wie im Englisch – und das ist also – **da habe ich manchmal gesagt: «Ja, aber jetzt hast du mir gesagt- hast es geübt und es war doch nicht so.» Habe ich gesagt letzte Woche: «Ja K03, warum bist du denn nicht zu uns gekommen?»** «Ja, ich habe gemeint, vielleicht lasse ich sie doch, sonst bringe ich immer alles heim, wenn ich jetzt zwei Mal etwas nicht mache, macht es nichts.» **Habe ich gesagt: «Nein, das geht nicht.»** (F018, vgl. Anhang, Tabelle 9.3)

Nach der Erstellung des Kategoriensystems, der Ausarbeitung von Codierregeln sowie nach mehrmaligen gemeinsamen Durchgängen durch schwierige Stellen in den beiden Interviews mit den Elternteilen D11 und D12, codierte jede der vier beteiligten Personen im Hinblick auf ihre Aufgabe, die Basiscodierung der übrigen Interviews möglichst in Einzelarbeit durchzuführen, das gesamte Interview mit dem Elternteil D11 trainingshalber allein nochmals vollständig durch und verglich anschließend ihre Codierung in der QDA-Software mit der zuvor gemeinsam erstellten Codierung. Zur Feststellung der Intercoder-Reliabilität (ICR), welche nicht nur die Sorgfalt und Gleichförmigkeit des Vorgehens der Analysierenden misst, sondern auch ein Maß für die Eindeutigkeit und Verlässlichkeit des Kategoriensystems ist (vgl. Früh, 2005, S. 177; Guest et al., 2012, S. 89), codierten die vier Personen anschließend unabhängig voneinander die gesamten Transkripts der Interviews mit den Elternteilen S12 und H12 durch und berechneten darauf nach der von Früh (2005, S. 179–183) beschrieben Methode[7] u. a. die Übereinstimmung für die in der vorliegenden Studie interessierenden Konstrukte. Die Übereinstimmung unter den vier Codierenden betrug bei den wertbezogenen Textsegmenten $ICR_{wert} = .89$ und bei den kontrollbezogenen Segmenten $ICR_{konroll} = .83$. Nach Früh (2005, S. 181) sind diese Werte unter den vorliegenden textlichen Bedingungen als «gute bis sehr gute Qualitätsstandards» für die Codierung zu bewerten.

6.4.1.3 Ausschluss von Fällen für die Analysen, die den elterlichen Motivierungsstil fokussieren

Tabelle 6.4 stellt die Eckwerte der im Rahmen der Basiscodierung insgesamt 298 extrahierten wert- und kontrollbezogenen Textsegmente aus den 20 Interviewtranskripten dar, die in vollem Wortlaut im Anhang dokumentiert sind (vgl. Tabelle 9.1 und Tabelle 9.3). Schon bei der ersten Durchsicht fällt auf, dass sich doppelt so viele Schilderungen von wertbezogenen Regulationen (194 Episoden) isolieren ließen wie von kontrollbezogenen Regulationen (104 Episoden). Im Durchschnitt erzeugten die Elternteile $M = 9.7$ wertbezogene Episoden (SD = 4.1 Episoden, Median = 9 Episoden) und $M = 5.2$ kontrollbezogene Episoden (SD = 2.1 Episoden, Median = 5 Episoden) in ihren Interviews.

Für die fallübergreifenden Analysen zu den Fragestellungen 1 und 2, in denen es um die Auftretenshäufigkeit von Inhalten und Überzeugungsstrategien in den wert- und kontrollbezogenen Regulationen der 20 Eltern geht (vgl. Abschnitt 5.8),

---

[7] Konkret verglichen jeweils je zwei Personen ihre in einem Codierbogen eingetragenen – von Zeitmarke zu Zeitmarke des Transkript vergebenen – Codes hinsichtlich der Übereinstimmung und berechneten danach pro Kategorie die Intercoder-Reliabilität gemäß der Formel $ICR = 2Ü/(C_1 + C_2)$, wobei $Ü$ = Anzahl übereinstimmender Codes der beiden Codierer*innen, C_1 = Anzahl vergebene Codes von Codierer*in 1 und C_2 = Anzahl vergebene Codes von Codierer*in 2 (vgl. Früh, 2005, S. 179). Dies wiederholte sich so lange, bis jede Person mit allen anderen den bilateralen ICR-Wert ermittelt und in einer Gesamtmatrix eingetragen hatte. Aus den jeweils drei Werten pro Person wurde ihr mittlerer ICR errechnet und daraus der Gesamt-ICR als Mittelwert der vier individuellen Mittelwerte bestimmt (vgl. Früh, 2005, S. 180–183).

ergeben sich daraus kaum Probleme: In 194 wertbezogenen und immerhin 104 kontrollbezogenen Episoden dürfte sich ein differenziertes und facettenreiches Bild davon skizzieren lassen, wie Eltern ihre Bedeutsamkeitszuschreibungen und ihre evaluativen Feedbacks gestaltet haben.

Problematischer hinsichtlich der Stichprobengültigkeit (sampling validity) (vgl. Krippendorff, 2013, S. 336–345) ist die teilweise geringe Anzahl an extrahierten Stellen dahingegen mit Blick auf die fallspezifischen Fragestellungen 3.1 bis 3.4 (vgl. Abschnitt 5.8), in denen die individuellen Regulations-Stile der Elternteile im Fokus stehen: «As samples become smaller, the sampling error reduces the sampling validity up to the point at which the resemblance of the sample and the universe is no longer certain» (Krippendorff, 1981, S. 162). Auch wenn es immer darauf ankommt, welches die konkreten Äußerungen sind, die in einer bestimmten Textsequenz vom Elternteil gemacht werden – es gibt bei jedem Elternteil einzelne Textstellen, in denen er auf die zu codierenden Konstrukte bedeutend expliziter, eindeutiger und facettenreicher zu sprechen kommt, als in manchen anderen –, so erscheint es doch unmittelbar plausibel, dass Ratings des «elterlichen Stils der verbalen Regulation» – also der typischen Art und Weise des verbalen Regulierens der einzelnen Elternteile während der Übertrittszeit – umso gegenstandsangemessener vorgenommen werden können, je mehr diesbezügliche Stellen zuvor extrahiert werden konnten bzw. je textreicher diese Stellen ausfallen.

Während davon auszugehen ist, dass sich der elterliche Stil des kontrollbezogenen Regulationshandelns mit durchschnittlich fünf Episoden ganz allgemein weniger valide oder repräsentativ (vgl. Guest et al., 2012, S. 83) als der elterliche wertbezogene Regulationsstil mit immerhin durchschnittlich fast zehn selbstberichteten Episoden ermitteln ließ – und die Befunde zu kontrollbezogenen Regulationsstilen also entsprechend vorsichtiger interpretiert werden sollten –, so zeigen sich solcherlei Probleme vor allem auf der Ebene der individuellen Elternteile: Es gilt, die Minimalwerte festzulegen, die die Elternteile bezüglich der Segment- bzw. Episodenmenge und bezüglich der Textlänge aufweisen müssen, damit sie in die Analysen einbezogen werden, die den Stil der wert- und/oder kontrollbezogenen Regulation des jeweiligen Elternteils ermitteln sollen.

In Tabelle 6.4 fallen bei einem genaueren Blick erst einmal die Elternteile auf, die hinsichtlich der Menge an produzierten wert- und kontrollbezogenen Episoden als «positive Ausreißer» zu bezeichnen sind: Der Vater V12 hat mit insgesamt 34 Episoden mit großem Abstand sowohl am meisten wert- als auch am meisten kontrollbezogene Regulationen geschildert. Insgesamt ist bei ihm Text im Umfang von 5227 Wörtern in die weiteren Analysen eingeflossen – bei einer durchschnittlichen Zahl von 400 Wörtern pro DIN A4-Seite mit Schriftgrad 12 entspricht dies etwas mehr als 13 Seiten Text. Ebenfalls deutlich über dem Mittel

Tabelle 6.4 Überblick über die Anzahl und Größe der als wert- und kontrollbezogene Handlungsepisoden codierten Textsegmente

ID Elternteile	D11	D12	S11	S12	H11	H12	M11	M12	R11	R12	S11	S12	V11	V12	Z11	Z12	Z21	Z22	Z31	Z32
Total Anzahl Segmente	24	13	16	19	18	14	16	13	14	12	15	12	12	34	15	11	6	14	11	10
Gesamtumfang des in der Basiscodierung extrahierten Texts in Wörtern	3604	2077	3187	3261	3265	2479	2597	2417	1990	2069	1801	1807	2122	5257	1898	1457	1387	2828	1934	2562
Gesamtumfang des in der Basiscodierung extrahierten Texts in DIN A4-Seiten*	9.0	5.2	8.0	8.2	8.2	6.2	6.5	6.1	5.0	5.2	4.5	3.9	5.3	13.1	4.8	3.7	3.5	7.1	4.8	6.4
Anzahl wertbezogene Episoden	16	7	9	13	12	9	13	8	9	8	11	9	8	22	9	7	4	9	6	5
Anzahl kontrollbezogene Episoden	8	6	7	6	6	5	3	5	5	4	4	3	4	12	6	4	2	5	4	5
Gesamtumfang wertbezogene Textsegmente in DIN A4-Seiten*	6.3	2.7	4.5	5.1	5.4	3.9	4.9	3.8	3.2	3.4	3.1	3.1	3.5	8.7	3.0	2.3	2.6	4.3	2.0	3.3
Gesamtumfang kontrollbezogene Textsegmente in DIN A4-Seiten*	2.7	2.5	3.5	3.1	2.8	2.3	1.6	2.3	1.8	1.8	1.4	0.8	1.8	4.4	1.8	1.4	0.9	2.8	2.8	3.1

* Eine DIN A4-Seite entspricht 400 Wörtern mit Arial, Schriftgrad 12, Zeilenabstand 1.3

6.4 Auswertungsstrategien

von M = 14.9 Episoden (SD = 5.9 Episoden, Median = 14 Episoden) liegt die Mutter D11 mit insgesamt 24 Episoden bzw. einer gesamten Textgröße von 3604 Wörtern (ca. 9 DIN A4-Seiten). Lässt man die Werte dieser beiden Elternteile, deren Segmentmenge sich über dem Wert einer Standardabweichung vom Mittelwert der 20 Fälle bewegt, zur Einschätzung der übrigen 18 Elternteile beiseite, so zeigen sich folgende Streuungsmaße: Die durchschnittliche Anzahl der produzierten wert- und kontrollbezogenen Episoden beträgt nun M = 13.3 Episoden (SD = 3.2 Episoden). Sodann produzierten die 18 Elternteile durchschnittlich mindestens M = 6.7 wert- oder kontrollbezogene Episoden (SD = 2.8 Episoden) und 3.5 DIN A4-Seiten kontroll- oder wertbezogener Text (SD = 0.9 Seiten).

Für die Entscheidung, ob ein Fall bei den höher-inferenten Analysen ausgeschlossen bleiben sollte, wurde einerseits die Anzahl der Episoden, andererseits der Gesamtumfang der extrahierten Textsequenzen pro Elternteil genauer in Augenschein genommen: Wie die Zeilen «Anzahl wertbezogene Episoden» und «Anzahl kontrollbezogene Episoden» in Tabelle 6.4 offenbaren, lag bei Vater M11 sowie den beiden Müttern S12 und Z21 namentlich die Menge an kontrollbezogenen Stellen unter 3.9 Episoden, was einer Standardabweichung vom Mittelwert der Mindestanzahl an Episoden entsprach. Ein Blick auf die untersten Zeile in Tabelle 6.4 zeigt aber, dass der Umfang der kontrollbezogenen Stellen lediglich bei den beiden Müttern mit 0.8 bzw. 0.9 DIN A4-Seiten sehr gering ausfiel, dass der Vater M11 mit etwas mehr als anderthalb Seiten Text aber doch recht ausführlich und – wie die Originalstellen bewiesen – reichhaltig von seinem kontrollbezogenen Handeln erzählt hat. Sodann äußerte er sich in 13 Episoden detailliert über seine wertbezogenen Regulationen, was ein weiteres starkes Argument war, ihn trotz der geringen Zahl an kontrollbezogenen Stellen im Sample zu belassen. Aufgrund der genannten Kriterien wurden schließlich die Episoden der beiden Mütter S12 und Z21 von der evaluativen qualitativen Inhaltsanalyse ausgeschlossen. Die beiden Elternteile leben mit ihren Familien in eher unterprivilegierten Verhältnissen (vgl. Tabelle 4.3), S12 ist die Mutter eines Jungen, Z21 die Mutter eines Mädchens (vgl. Tabelle 4.4).

An dieser Stelle sei nochmals betont, dass die betreffenden 18 Textsegmente der zwei Elternteile vollumfänglich in die fallübergreifenden Analysen zur Beantwortung der Hauptfragestellungen 1 und 2 einflossen, welche das Spektrum und die Verteilung der Gestaltungsmerkmale der verbalen wert- und kontrollbezogenen Regulierungen der Eltern fokussierten. Ausgeschlossen blieben sie lediglich in den stilbezogenen fallspezifischen Analysen zur Beantwortung der Hauptfragestellung 3 sowie bei der Gruppierung der Elternteile gemäß ihren Ähnlichkeiten und Unterschiede im Motivierungsstil bei einem unsicheren Übertritt (Hauptfragestellung 4).

6.4.2 Analyseschritt B: Dimensionalisierung der interessierenden Konstrukte und Feincodierung der wert- und kontrollbezogenen Episoden

Das Ziel des nächsten Auswertungsschrittes – desjenigen der Feincodierung – bestand darin, die extrahierten wert- und kontrollbezogenen Textsegmente mit Blick auf die Fragestellungen 1 und 2 (vgl. Abschnitt 5.8) einer differenzierteren, «das Wie» der Regulation betreffenden Codierung zu unterziehen (vgl. Kuckartz, 2010, S. 110) und fallübergreifend a) die ganze Bandbreite an Gestaltungsmerkmalen herauszuarbeiten, welche die selbstgeschilderten verbalen Motivierungshandlungen der Eltern aufwiesen, sowie b) die Häufigkeiten der verschiedenen Gestaltungsmerkmale zu ermitteln. Dazu wurden gemäß den oben eingehend erläuterten Überlegungen (vgl. Abschnitte 5.4 und 5.6) die beiden folgenden Frames zur geordneten Paraphrasierung der sich zum Teil bezüglich ihrer Ausführlichkeit und Deutlichkeit stark unterscheidenden Originalstellen (vgl. Anhang, Tabelle 9.1 und Tabelle 9.3) entwickelt:

«Merke dir: Es ist bedeutsam, dass du … [(A) schulischer task, den das Kind verwirklichen soll], weil du … [(B) vom Elternteil zum Ausdruck gebrachter task value]».

«Merke dir: Du hast … [(A) schulischer task] … [(C) Grad der Kontrolle] im Griff, weil du … [(B) vom Elternteil vorgebrachte attributionale Argumente].»

Die beiden Frames ließen einerseits das Episodische der Schilderungen deutlicher hervortreten (indem alle Stellen einheitlich in die Form von Appellen in du-Form und direkter Rede gebracht wurden) und boten den Codierenden andererseits eine heuristische Struktur an, entlang derer sich die elterlichen Situationsschilderungen vergegenwärtigen, möglichst textsensitiv nach den interessierenden Aspekten absuchen sowie schließlich unter bestmöglicher Wahrung des propositionalen Gehaltes reformulieren ließen.

Im Entwicklungsteam, das in dieser Phase vier Personen umfasste, wurden nun entlang der Regeln der inhaltlich strukturierenden Inhaltsanalyse (vgl. Kuckartz, 2018, S. 97–123) an einer Auswahl von ungefähr jeweils 20 % der wert- und kontrollbezogenen Episoden in mehreren Rückkoppelungsschlaufen theorie- und textbasiert die Hauptkategorien sowie deren Dimensionen bzw. Ausprägungen festgelegt und in einem Codierleitfaden definiert. Nachdem die Analysekategorien für die verbalen Bedeutsamkeitszuschreibungen festgelegt waren und sie sich in mehrmaligen Materialdurchläufen bei insgesamt rund 40 Episoden als konsistent und angemessen facettenreich erwiesen hatten (vgl. Kuckartz, 2018, S. 205),

6.4 Auswertungsstrategien

wurden zuerst die restlichen 80 % der wertbezogenen Episoden vollständig codiert und die Befunde aufbereitet, bevor in kongruenter Weise die Entwicklung und Erprobung eines Klassifikationssystem für die evaluativen Feedbacks der Eltern an rund 25 Episoden sowie der anschließenden Codierung der übrigen rund 80 % der kontrollbezogenen Episoden in Angriff genommen wurde.

Für die Kategoriensysteme bei den Kontrollregulationen wurden so viele Kategorien wie möglich aus dem Manual zur Codierung der Wertregulationen leicht adaptiert übernommen. Da die Komponenten A beider Frames (vgl. oben) schulische Ziele benannten, die die Elternteile ihrem Kind gegenüber als bedeutsam herausstrichen bzw. zu denen sie ihrem Kind evaluatives Feedback gaben, konnte z. B. das diesbezügliche Kategoriensystem, das für die Analyse der Wertregulationen geschaffen worden war, mit leichten Anpassungen im Bereich der Ankerbeispiele auch für die Codierung der Kontrollregulationen verwendet werden (vgl. Tabelle 6.6 und Tabelle 6.8). Ebenso verhielt es sich bei den Kategoriensystemen «Thematik der Gesprächssequenz» (vgl. Tabelle 6.5 und Tabelle 6.7).

Die Erarbeitung des Kategoriensystems, aber auch die Codierung erfolgten zwecks größerer Übersichtlichkeit im Tabellenkalkulationsprogramm Microsoft Excel. Jeder der 194 wertbezogenen und 104 kontrollbezogenen Episoden wurde im entsprechenden Datenblatt jeweils eine Zeile zugewiesen: In der ersten Spalte wurde die jeweilige Episode mit einer Identifikationsnummer versehen, in der zweiten Spalte wurde die in der Basiscodierung selektionierte Originalstelle abgebildet (vgl. Anhang, Tabelle 9.1 und Tabelle 9.3), in der dritten Spalte hielten die Codierenden ihre geframten Reformulierungen dieser Originalstellen fest und in den folgenden Spalten trugen sie ihre jeweiligen Codierungen ein. Für jede Kategorie standen in der Regel mindestens zwei Spalten zur Verfügung: In der ersten trugen die Codierenden den Wortlaut des von ihnen an der entsprechenden Stelle im Frame eingesetzten Fillings ein – der auf den Frame angepassten, von ihnen reformulierten Aussage des Elternteils zur entsprechenden Kategorie (vgl. Anhang, Tabelle 9.2 und Tabelle 9.4) – und in der zweiten verzeichneten sie den Code, den sie der entsprechenden Aussage zuwiesen. In der obersten Zeile dieser jeweils zweiten Spalten wurden die Codierenden nochmals über die Ausprägungen der jeweiligen Kategorie und die für die Textstelle konkret zu vergebenden Codes informiert und an die entsprechenden Codierregeln erinnert. In der letzten Spalte der Zeile hielten die Codierenden im Sinne eines Memos allfällige Überlegungen und Schwierigkeiten fest, die sich ihnen beim Formulieren der geframten Aussage und/oder beim Codiervorgang selber gestellt hatten.

Grundsätzlich erfolgte die Feincodierung derjenigen Episoden, die nicht bereits in die Entwicklung der beiden Kategoriensysteme einbezogen worden waren, sowie die Ermittlung der Güte der Codezuweisungen durch die Analysierenden nach dem Prinzip des von Hopf und Schmidt (1993, S. 61–63) erörterten Verfahrens des konsensuellen Codierens (vgl. auch Kuckartz, 2010, S. 91), das in ähnlicher Form auch von Guest et al. (2012, S. 89) beschrieben wird und bei ihnen unter dem Term des «sujective assessment» bzw. des «percent agreements» firmiert: Jede der rund 230 Episoden, die bis zu diesem Zeitpunkt noch nicht im Team gemeinsam analysiert worden war, wurde nun zweimal von verschiedenen Personen hinsichtlich aller Kategorien analysiert. Das Textmaterial wurde dabei so unter die vier Codierenden aufgeteilt, dass jedes Teammitglied mit jedem der drei anderen Mitglieder jeweils eine Menge von ca. 40 Episoden unabhängig voneinander codierte. Jede Person beurteilte mit anderen Worten insgesamt rund 120 Stellen, aber jeweils ein Drittel davon mit einem anderen Partner bzw. einer anderen Partnerin, um der Problematik «fester Paare» (Kuckartz, 2018, S. 211) – eines intern zunehmend gleichförmigeren, aber bezogen auf das Gesamtteam unter Umständen sich verselbständigenden Codierverhaltens der Zweierteams – zu begegnen. Jede Person vergab in der Regel pro Episode zuerst die Codes für alle zur Verfügung stehenden Auswertungskategorien und notierte ihre allfälligen Kommentare und Schwierigkeiten zum betreffenden Textsegment, bevor sie sich auf der nächsten Zeile der Tabelle der Codierung der nächsten Episode zuwandte. Im Rahmen der zweiwöchentlich stattfindenden Teamsitzungen verglichen die jeweiligen Zweierteams ihre Übereinstimmung bezüglich der vergebenen Codes und diskutierten die Differenzen unter Einbezug der jeweiligen Memos und Notizen, bis sie zu einer gemeinsam geteilten Interpretation der jeweiligen Textstelle und einer entsprechend konsensuellen Codierung fanden. Konkret wurden immer zuerst die individuell vergebenen Codes verglichen. Die genaue Formulierung der entsprechenden Fillings wurde erst relevant, wenn die Partnerin oder der Partner eine andere Codierung vorgenommen hatte. In diesem Fall wurde mit Blick auf die Originalstelle eine gemeinsame Reformulierung der geframten Aussage gesucht und der revidierte Code in der Tabelle verzeichnet. Die Zellen der Tabelle, die zuerst diskrepante Codierungen aufgewiesen hatten, wurden farblich hervorgehoben, so dass sich bei jeder Sitzung für jede Auswertungskategorie die prozentuale Adhoc-Übereinstimmung in den Zweierteams ermitteln und im Gesamtteam vergleichen ließ. Der nach jedem Durchgang zwischen den Zweierteams ermittelte prozentuelle Übereinstimmungsgrad diente dem Autor und den übrigen Teammitgliedern in dieser Phase des Analyseprozesses als laufende Kontrollgröße bezüglich der Codierkonsistenz. Die farbliche Hervorhebung der Diskrepanzen beim Erstvergleich machte transparent, wo Codedefinitionen und Codierregeln diskutiert und verfeinert werden mussten (vgl. Guest et al., 2012, S. 90): Nachdem die gemeinsame Entwicklung der Kategoriensysteme und das

6.4 Auswertungsstrategien

damit einhergehende Training einmal abgeschlossen war, betrug die durchschnittliche Adhoc-Übereinstimmung zwischen den jeweiligen Zweierteams bezüglich aller Kategorien über die gesamte Codierphase fast zu jedem Messzeitpunkt um 80 %, was gemäß Guest und Kolleginnen (2012, S. 89) als gute Übereinstimmung bewertet werden kann. Lag der im Zweierteam ermittelte Wert bezüglich einer Kategorie zu tief oder konnte im Zweierteam keine Einigung bezüglich der Codierung bestimmter Stellen erzielt werden, so wurde mit den von Hopf und Schmidt (1993, S. 61–63) beschriebenen Vorgehensweisen im Gesamtteam eine Lösung für die betreffenden Episoden gesucht bzw. v. a. zu Beginn der Codierphase noch Anpassungen bei den Codieranweisungen vorgenommen.

Im Zuge der Dokumentation der Feincodierungen (vgl. Überblick in Tabelle 9.2 und Tabelle 9.4 im Anhang) übernahm der Autor für jede Episode jeweils eine der beiden Versionen, mit denen die Codierenden die Originalstelle im Frame reformuliert hatten und nahm zwecks größerer Verständlichkeit gegebenenfalls leichte sprachliche Änderungen vor. Die von den Zweierteams vergebenen Codes wurden vom Autor im Zuge der Dokumentation der Studie unverändert übernommen.

6.4.2.1 Kategoriensysteme für die Feincodierung wertbezogener Episoden

Die folgenden beiden Tabellen dokumentieren die Kategoriensysteme, die für die strukturierende Inhaltsanalyse der elterlichen Bedeutsamkeitszuschreibungen im Zuge der Beantwortung der fallübergreifenden Hauptfragestellung 1 bzw. der untergeordneten Fragestellungen 1.1 bis 1.6 (vgl. Abschnitt 5.8) eingesetzt wurden und auf die Ergebnisdarstellungen in Abschnitt 7.1 Bezug nehmen. Tabelle 6.5 illustriert die Codes, Definitionen und Ankerbeispiele für die Codierung der «Themen der Gesprächssequenzen, in denen die Wertregulationen auftraten». Tabelle 6.6 dokumentiert das Kategoriensystem «Zielbereiche, auf die sich die elterlichen Wertregulationen beziehen», welches in enger Anlehnung an die Klassifikation von Kompetenzen entwickelt wurde, die Erpenbeck und von Rosenstiel (2003) vorgeschlagen haben (vgl. Abschnitt 2.2.2.1). Nicht noch einmal aufgeführt ist das Kategoriensystem «Elterliche Strategien der verbalen Wertvermittlung» (vgl. Abbildung 5.4), welches für die Analysen im Zusammenhang mit den Fragestellungen 1.3 und 1.4 eingesetzt wurde. Dessen Entwicklung und Komponenten wurden in Abschnitt 5.6 mit Bezug zur Theorie des Subjective Task Value (vgl. Eccles, 2005) bereits detailliert erörtert.

Tabelle 6.5 Kategoriensystem «Thema der Gesprächssequenz, in der die Wertregulation auftrat»

(HA) Hausaufgaben

Erläuterung	Ankerbeispiel
In der in den Frame zu übertragenden Bedeutsamkeitszuschreibung geht es um einen fachlichen oder überfachlichen Aspekt der Hausaufgaben des Kindes. → In der Frage oder in der Antwort des Elternteils werden Hausaufgaben explizit angesprochen oder es kann erschlossen werden, dass der Elternteil sich bei seiner Wertregulation auf Hausaufgaben beziehen muss.	I: Wie reagieren Sie, wenn K01 keine Lust hat, Hausaufgaben zu machen? D11: Eigentlich immer gleich. Wie früher, denke ich. Es kann einmal sein, dass wenn ich merke, dass sie geladen nach Hause kommt und sagt: «Ich mache sicher keine Hausaufgaben!» Dass ich ihr dann tatsächlich sage, sie soll jetzt eine Stunde lang springen gehen und ein Heft lesen und sie dann eine Stunde später machen. Dann sage ich: «Hey, es ist jetzt fünf Uhr, es ist jetzt Zeit.» (I: Und dann geht es auch besser?) Dann geht es meistens besser […]

(PV) Prüfungsvorbereitung

Erläuterung	Ankerbeispiel
In der in den Frame zu übertragenden Bedeutsamkeitszuschreibung geht es um einen fachlichen oder überfachlichen Aspekt der häuslichen Vorbereitung des Kindes auf eine Prüfung. → In der Frage oder in der Antwort des Elternteils wird die anstehende Prüfung explizit angesprochen oder es kann erschlossen werden, dass der Elternteil sich bei seiner Wertregulation auf eine Prüfungsvorbereitung beziehen muss.	Z31: Aber- Gut, ich sage ihm manchmal, ja, er hätte sich ein bisschen mehr anstrengen müssen, dann hätte er die Prüfung auch geschafft. Sage ich. Aber ich war nicht an der Prüfung. Weil er sagt: «Nein, Mami, es war sehr schwierig.» Ja.

(U) Unterricht

Erläuterung	Ankerbeispiel
In der in den Frame zu übertragenden Bedeutsamkeitszuschreibung geht es um einen fachlichen oder überfachlichen Aspekt des Handelns des Kindes im Unterricht. → In der Frage oder in der Antwort des Elternteils wird explizit ein unterrichtliches Geschehen angesprochen oder es kann erschlossen werden, dass der Elternteil sich bei seiner Wertregulation auf das Handeln des Kindes im Unterricht beziehen muss.	I: Warum geht es plötzlich besser? M12: Vielleicht, weil ich ihm gesagt habe beim letzten Zeugnis: «Du musst dich ein wenig in den Po kneifen, also, also, du musst dir etwas mehr Mühe geben.» Aber ich glaube sowieso nicht, dass er das macht (lacht). Eigentlich glaube ich nicht, dass er das macht, denn er ist immer gleich, er- Ich kann es dir nicht sagen.

(Fortsetzung)

6.4 Auswertungsstrategien

Tabelle 6.5 (Fortsetzung)

(L) Lernen allgemein	
Erläuterung In der in den Frame zu übertragenden Bedeutsamkeitszuschreibung geht es um einen Aspekt des Wissenserwerbs oder der Wissensanwendung des Kindes. → In der Frage oder in der Antwort des Elternteils wird explizit der Wissenserwerb oder die Wissensanwendung des Kindes angesprochen oder es kann erschlossen werden, dass der Elternteil sich bei seiner Wertregulation auf generelle Aspekte des Lernens des Kindes beziehen muss (u. a. Strategieentwicklung und Strategieeinsatz).	**Ankerbeispiel** I: Was hat sich denn im Deutsch in den letzten Monaten verändert? S12: […]. Aber ja, es geht ihm auch gut – was er jetzt mehr noch liest, zu Hause wieder, da liest er ein Buch – also da hatten wir so eine Diskussion und haben gesagt: «Und jetzt wird einfach ein Buch gelesen» - und das macht er wieder […]
(P) Prüfungsergebnisse	
Erläuterung In der in den Frame zu übertragenden Bedeutsamkeitszuschreibung geht es um die Noten von Prüfungen oder des Zeugnisses des Kindes. → In der Frage oder in der Antwort des Elternteils wird explizit das Thematisieren von Prüfungsergebnissen des Kindes angesprochen oder es kann erschlossen werden, dass der Elternteil sich bei seiner Wertregulation auf Aspekte der Ergebnisse von Prüfungen oder von Zeugnissen des Kindes bezieht.	**Ankerbeispiel** I: Und was passiert, wenn Ihr Sohn eine schlechte Note nach Hause bringt? M11: Dann passiert nichts, aber ich sage: «Wieso? Schau, wo du [was] falsch gemacht hast. Und nächstes Mal nicht gleiche Fehler machen. Immer besser, wenn du eine Fehler gemacht hast, okay. Aber muss- verstehst du, wo dieser Fehler ist? Was ist das Richtige? Und nächstes Mal machst du nicht diesen Fehler. Das ist sehr komisch, wenn ich einen Fehler mache und nächstes Mal mache ich den gleichen Fehler.» Das ist sehr schlimm, wenn das Kind so machen. Ich sage immer: «Okay, kein Problem, das ist fertig, vergiss das. Aber vergiss die Fehler nicht. Vergiss die Prüfung, fertig. Du kannst nicht zurück, aber vergesse nicht die Fehler.» Das sage ich.
(Ü) Übertritt	
Erläuterung In der in den Frame zu übertragenden Bedeutsamkeitszuschreibung geht es um einen Aspekt der Ergebnisse einer oder mehrerer Prüfungen des Kindes. → In der Frage oder in der Antwort des Elternteils wird explizit das Thematisieren von Prüfungsergebnissen des Kindes angesprochen oder es kann erschlossen werden, dass der Elternteil sich bei seiner Wertregulation auf Aspekte der Ergebnisse von Prüfungen des Kindes bezieht.	**Ankerbeispiel** I: Und was besprachen Sie mit Ihrer Tochter bezogen auf den Übertritt immer wieder? Z11: (…) Ja, dass sie, dass sie das nicht aufgeben soll. Dass sie nicht irgendwie sagen soll: ja also «Ich schaffe es sowieso nicht. Und ich bin sowieso zu blöde. Ich, ich komme sowieso besser in die Sek B. Ist besser.» Dass wir sagten: «Doch jetzt. Komm jetzt. Du, du bist genug gut für die Sek A. Ganz sicher.»

Tabelle 6.6 Kategoriensystem «Zielbereiche, auf die sich die Wertregulationen beziehen»

(A) Personale Kompetenzen	
Erläuterung	**Ankerbeispiel und entsprechendes Filling im Frame**
«Dispositionen einer Person, reflexiv selbstorganisiert zu handeln, d. h. sich selbst einzuschätzen, produktive Einstellungen, Werthaltungen, Motive und Selbstbilder zu entwickeln, eigene Begabungen, Motivationen, Leistungsvorsätze zu entfalten und sich im Rahmen der Arbeit und außerhalb kreativ zu entwickeln und zu lernen.» (Erpenbeck & von Rosenstiel, 2003, S. XVI, Hervorhebung E.S.) → Die elterliche Wertregulation fokussiert auf die Fähigkeiten des Kindes, sich und die Umwelt gemessen an elterlichen Werten stabil angemessen einzuschätzen: etwas in bestimmter Weise einschätzen, wertschätzen können; zu etwas stehen können; sich für etwas entscheiden können. Es geht m.a.W. um die (Selbst-)Einschätzungen, Selbstbilder und um Einstellungen des Kindes.	I: Und was besprachen Sie mit Ihrer Tochter bezogen auf den Übertritt immer wieder? Z11: (…) Ja, dass sie, dass sie das nicht aufgeben soll. Dass sie nicht irgendwie sagen soll: ja eben, «Ich schaffe es sowieso nicht. Und ich bin sowieso zu blöde. Ich, ich komme sowieso besser in die Sek B. Ist besser.» Dass wir sagten: «Doch jetzt. Komm jetzt. Du, du bist genug gut für die Sek A. Ganz sicher.» → Es ist bedeutsam, dass <u>du nicht zweifelst und glaubst, dass du es in die Sek A schaffen kannst</u>, weil du…
(B) Aktivitäts- und umsetzungsorientierte Kompetenzen	
Erläuterung	**Ankerbeispiel und entsprechendes Filling im Frame**
«Dispositionen einer Person, aktiv und gesamtheitlich selbstorgansiert zu handeln und dieses Handeln auf die Umsetzung von Absichten, Vorhaben und Plänen zu richten … Diese Dispositionen erfassen damit das Vermögen, die eigenen Emotionen, Motivationen, Fähigkeiten und Erfahrungen und alle anderen Kompetenzen – personale, fachlich-methodische und sozial-kommunikative – in die eigenen Willensantriebe zu integrieren und Handlungen erfolgreich zu realisieren.» (Erpenbeck & von Rosenstiel, 2003, S. XVI, Hervorhebung E.S.) → Die elterliche Wertregulation fokussiert auf die Fähigkeiten des Kindes, seine Pläne umzusetzen, dranzubleiben und zu einem guten Ende zu bringen («to get things done»).	R12: Also am Anfang ist es problemlos gewesen und dann ist es ihr sehr gut gelaufen auch. Und dann-, weil es ihr sehr gut gelaufen ist, hat sie es nicht mehr nötig gehabt, sich hinsetzen zu müssen, hat sie das Gefühl gehabt. Und ja: «Ja, ich kann dann schon!». Und ich denke mir, das ist für sie verhängnisvoll geworden. Weil,- also heute haben wir Mathe miteinander gemacht und dann, wo sie nicht gerade begriffen hat, wollte sie das Zeug hinschmeißen und ich hab gesagt: «So funktioniert das nicht. Jetzt fangen wir wieder von vorne an und jetzt denke mal fertig.» Und ich glaub,- ja weil es ihr am Anfang so einfach gelaufen ist und sie nachher das Gefühl hatte, ja es geht ja sowieso, da hat sie begonnen abzuhängen. → Es ist bedeutsam, dass <u>du auch bei Schwierigkeiten an den Hausaufgaben dranbleibst</u>, weil du…

(Fortsetzung)

6.4 Auswertungsstrategien

Tabelle 6.6 (Fortsetzung)

(C) Fachlich-methodische Kompetenzen	
Erläuterung «Dispositionen einer Person, bei der Lösung von sachlich-gegenständlichen Problemen geistig und physisch selbstorganisiert zu handeln, d. h. mit fachlichen und instrumentellen Kenntnissen, Fertigkeiten und Fähigkeiten kreativ Probleme zu lösen, Wissen sinnorientiert einzuordnen und zu bewerten; das schließt Dispositionen ein, Tätigkeiten, Aufgaben und Lösungen selbstorganisiert zu gestalten, sowie die Methoden selbst kreativ weiterzuentwickeln.» (Erpenbeck & von Rosenstiel, 2003, S. XVI, Hervorhebung E.S.) → Die elterliche Wertregulation fokussiert auf deklarative und prozedurale Wissenskomponenten beim Kind hinsichtlich der Bewältigung von Aufgaben: es auf bestimmte Weise machen können. Es geht darum, dass das Kind weiß, worum es geht und wie man etwas machen soll («to know things and to know how to get things done»)	**Ankerbeispiel und entsprechendes Filling im Frame** I: Wie reagieren Sie, wenn er keine Lust hat, Hausaufgaben zu machen? S11: Es gibt schon den Moment, wo man sagt: «Du, wenn du's nicht machen willst, dann hörst du jetzt auf, dann hat es keinen Zweck, wenn du da am Tisch sitzt, dann hör auf, leg es weg und mach etwas anderes. Also wenn du's machst, mach es richtig.» → Es ist bedeutsam, dass du die Hausaufgaben sorgfältig machst, weil du…
(D) Sozial-kommunikative Kompetenzen	
Erläuterung «Dispositionen einer Person, kommunikativ und kooperativ selbstorganisiert zu handeln, d. h. sich mit anderen kreativ auseinander- und zusammenzusetzen, sich gruppen- und beziehungsorientiert zu verhalten, und neue Pläne, Aufgaben und Ziele zu entwickeln.» (Erpenbeck & von Rosenstiel, 2003, S. XVI, Hervorhebung E.S.) → Die elterliche Wertregulation fokussiert auf soziale Aspekte des Denkens und Handelns des Kindes: auf bestimmte Weise kommunizieren/mit anderen arbeiten können. Es geht darum, dass das Kind in einer bestimmten Art mit andern bei der Bewältigung von Aufgaben handelt.	**Ankerbeispiel und entsprechendes Filling im Frame** I: Wie würden Sie das Verhältnis zwischen Ihrer Tochter und der Klassenlehrerin beschreiben? Z22: Ich denke nicht schlecht. Sie [die Tochter] hat ja Auflagen von uns, weil die ganze Klasse teilweise aufmüpfig, frech ist und sie hat die Auflage von uns, nicht unanständig zu sein. Das weiß sie, da werde ich stinksauer, wenn sie gegenüber der Lehrerin oder anderen Leuten unanständig ist. Weil sie ein Vollgastyp ist, ist das bei ihr schon ein Thema, man muss sie immer wieder darauf hinweisen: «Da bist du nicht dabei. Anstand, da musst du nicht cool sein, nichts. Einfach anständig sein und dein Zeug machen. Wenn du Fragen hast, fragen.» Aber ich sage grundsätzlich nicht schlecht. → Es ist bedeutsam, dass du den Respekt deiner Lehrkraft gegenüber beibehältst, weil du…

(Fortsetzung)

Tabelle 6.6 (Fortsetzung)

(E) Leistungsergebnisse	
Erläuterung	**Ankerbeispiel und entsprechendes Filling im Frame**
Die elterliche Wertregulation gegenüber dem Kind fokussiert auf die Bedeutsamkeit eines bestimmten Leistungsereignisses bzw. eines bestimmten Leistungsergebnisses. **Anders als bei den Kategorien (A) bis (D) geht es hier nicht um einen Handlungsaspekt beim Kind, sondern um ein bestimmtes Leistungsziel, dem das Kind erhöhte Bedeutsamkeit zumessen soll.**	I: Was haben Sie denn mit Ihrem Kind bezogen auf den Übertritt immer wieder besprochen? S11: Ja, erstens, dass es für ihn schöner wäre, wenn er mit seinen Freunden zusammen wäre dann nachher in der Schule, weil ja alle ins A kommen, <u>und einfach, dass es halt wichtig ist, dass er mal dort beginnt, auch wenn er nachher ins B kommt oder was auch immer, aber dass es wichtig ist, dass er ins A kommt.</u> Es ist ein extremer Druck, den wir auch weitergegeben haben. → Es ist bedeutsam, dass <u>du den Übertrittsentscheid für die Sekundarschule A erreichst</u>, weil du…

6.4.2.2 Kategoriensysteme für die Feincodierung kontrollbezogener Episoden

Tabelle 6.7 und Tabelle 6.8 illustrieren die beiden Kategoriensysteme «Thema der Gesprächssequenz, in der die Kontrollregulation auftrat» und «Zielbereiche, auf die sich die elterlichen Wertregulationen beziehen». Sie wurden für die Analysen zur Beantwortung der fallübergreifenden Fragestellungen 2.1 bis 2.5 (vgl. Abschnitt 5.8) eingesetzt, welche in den Ergebnisdarstellungen in Abschnitt 7.2 erörtert werden. In Anbetracht der Parallelität, die zwischen den wertbezogenen Fragestellungen 1.1 bis 1.4 und den kontrollbezogenen Fragestellungen 2.1 und 2.4 besteht, unterscheiden sich die Kategoriensysteme hauptsächlich bezüglich der Ankerbeispiele. Die Labels, die Definitionen sowie die Codes sind weitestgehend kongruent zu denjenigen der im letzten Abschnitt dargestellten Instrumente (vgl. Tabelle 6.5 und Tabelle 6.6). Das Kategoriensystem «Elterliche Strategien der verbalen Kontrollvermittlung» (vgl. Abbildung 5.4 und Abbildung 5.3) sowie die «Matrix zur Recodierung der positiv- und negativ-valenten Begründungstypen» (vgl. Tabelle 5.2), die für die Fragestellungen 2.3 bis 2.5 zentralen Analyseinstrumente, werden hier nicht noch einmal dargestellt, nachdem deren Komponenten und die dahinterliegenden Prinzipien vor dem Hintergrund der attributionalen Theorie der Leistungsmotivation und -emotion Weiners (1986, 2012) detailliert ausgeführt wurden (vgl. Abschnitt 5.4).

6.4 Auswertungsstrategien

Tabelle 6.7 Kategoriensystem «Thema der Gesprächssequenz, in der die Kontrollregulation auftrat»

(HA) Hausaufgaben	
Erläuterung In dem in den Frame zu übertragenden evaluativen Feedback geht es um einen fachlichen oder überfachlichen Aspekt der Hausaufgaben des Kindes. → In der Frage oder in der Antwort des Elternteils werden Hausaufgaben explizit angesprochen oder es kann erschlossen werden, dass der Elternteil sich bei seiner Kontrollregulation auf Hausaufgaben beziehen muss.	**Ankerbeispiel** I: Wie ist der Streit in der Regel verlaufen? 01:00:26–5 H11: Es ist einfach, dass ich sage: «K05 machst du-. Wieso machst du jetzt nicht? Du hast ein bisschen Zeit.» (unverst.) «jetzt habe ich keinen Bock.» Dann sage ich: «Ja, aber K05.» Ich glaube, dass es im Moment auch das Alter ist. Die haben im Moment nicht so-. Ich weiß nicht-. Die pubertierenden Kinder so-. Die haben Zeit, dass sie-. Vielleicht verändert sich auch das Gehirn, ich es weiß nicht. Und manchmal hat sie wirklich kein Bock, und ich weiß nicht wieso. (lächelt) Ja-. Vielleicht muss man es auch lernen, die Zeit einzuteilen. Das ist auch etwas anderes.
(PV) Prüfungsvorbereitung	
Erläuterung In dem in den Frame zu übertragenden evaluativen Feedback geht es um einen fachlichen oder überfachlichen Aspekt der häuslichen Vorbereitung des Kindes auf eine Prüfung. → In der Frage oder in der Antwort des Elternteils wird die anstehende Prüfung explizit angesprochen oder es kann erschlossen werden, dass der Elternteil sich bei seiner Kontrollregulation auf eine Prüfungsvorbereitung beziehen muss.	**Ankerbeispiel** I: […] Und wie muss ich mir das vorstellen, weshalb gab es jeweils so kleinere Reibereien? Z12: Ja, weil sie eben vielleicht das Gefühl hatte: «Ja, ja, das- Ich aktiviere jetzt mein Kurzzeitgedächtnis, weil morgen diese Prüfung ist. Jetzt büffle ich das alles noch rein. Und muss das morgen können und nachher vergesse ich es wieder.» Sie hat ein bisschen diese Lernstrategie. Und, äh- Und ich wäre eben mehr dafür, dass sie die Woche durch immer ein bisschen etwas machen würde. Aber schlussendlich- Ja, sie muss damit zurechtkommen. Also- Ja. I: Und wie verläuft so eine kleinere Reiberei? 00:39:15–6 Z12: Ja, dass sie natürlich mich auch wieder kontern will. Immer noch etwas sagt. Und am Schluss muss ich sagen: «Halt. Stopp. Jetzt sagst du einfach nichts mehr. Jetzt machst du das, was ich sage. Fertig.»

(Fortsetzung)

Tabelle 6.7 (Fortsetzung)

(U) Unterricht	
Erläuterung	Ankerbeispiel
In dem in den Frame zu übertragenden evaluativen Feedback geht es um einen fachlichen oder überfachlichen Aspekt des Handelns des Kindes im Unterricht. → In der Frage oder in der Antwort des Elternteils wird explizit ein unterrichtliches Geschehen angesprochen oder es kann erschlossen werden, dass der Elternteil sich bei seiner Kontrollregulation auf das Handeln des Kindes im Unterricht beziehen muss.	I: Reden Sie manchmal darüber? R11: Ja, ja, sehr oft. Aber sie findet das in Ordnung. Ich hab' natürlich den Verdacht, dass sie dann vielleicht mit der Klassengemeinschaft oder der Konstellation ihrer Freundinnen, vielleicht für sie nicht so glücklich ausfällt. Aber da bestreitet sie, «was ich nur immer hab' und das könnte sie dann überhaupt nicht verstehen», also muss ich dann mit ihrer Aussage, dass es für sie in Ordnung ist, muss ich mich dann, ja, dann auch zufriedengeben. Oder dann auch sagen, ja oder besser gesagt, wenn sie das so sagt, das ist für sie in Ordnung so und es ist alles bestens, dann wird das wohl auch so stimmen.

(L) Lernen allgemein	
Erläuterung	Ankerbeispiel
In dem in den Frame zu übertragenden evaluativen Feedback geht es um einen Aspekt des Wissenserwerbs oder der Wissensanwendung des Kindes. → In der Frage oder in der Antwort des Elternteils wird explizit der Wissenserwerb oder die Wissensanwendung des Kindes angesprochen oder es kann erschlossen werden, dass der Elternteil sich bei seiner Kontrollregulation auf generelle Aspekte des Lernens des Kindes beziehen muss (u. a. Strategieentwicklung und Strategieeinsatz).	I: Hatte sie einmal Nachhilfeunterricht, jetzt unmittelbar vor-? S12: Nein. Sie hat immer geschrien: «Ich muss Nachhilfe haben, alle Kinder gehen zur Nachhilfe!» «Wer ist alle?» «Ja die und die und die!» «Ihr seid 25 Kinder, das sind drei.» «Ja aber weißt du…» Dann sage ich: «Und wieso gehen die zur Nachhilfe? Ah, eine Mami dieser Kinder ist konstant im Spital, weil sie krankheitsbedingte Ausfälle hat und bei drei Kindern ist einfach niemand mehr da, die müssen sich so überbrücken. Das andere Kind ist einfach – muss fremdbetreut werden – also es sind andere Rahmenbedingungen.» Sag ich: «Hey, in einem Haus, das eine Million Franken gekostet hat, musst du doch nicht mit irgendwelchen Mittagstischlern, bei denen abends auch niemand zu Hause ist.» […]

(P) Prüfungsergebnisse	
Erläuterung	Ankerbeispiel
In dem in den Frame zu übertragenden evaluativen Feedback geht es um die Noten von Prüfungen oder des Zeugnisses des Kindes. → In der Frage oder in der Antwort des Elternteils wird explizit das Thematisieren von Prüfungsergebnissen des Kindes angesprochen oder es kann erschlossen werden, dass der Elternteil sich bei seiner Kontrollregulation auf Aspekte der Ergebnisse von Prüfungen oder von Zeugnissen des Kindes bezieht.	I: Was ist für Ihre Frau eine gute Note in Mathe? V12: Sie ist mit ein bisschen weniger zufrieden. Sie sagt auch eine 4.5, ist für sie auch, sagt sie: «Ist gut gewesen, K14!». Ich bin halt der, der noch ein wenig stichelt und sagt: «Nein, gut wäre, wenn du noch eine halbe höher wärst. Eine Fünf wäre gut.»

(Fortsetzung)

6.4 Auswertungsstrategien

Tabelle 6.7 (Fortsetzung)

(Ü) Übertritt	
Erläuterung	**Ankerbeispiel**
In dem in den Frame zu übertragenden evaluativen Feedback geht es um einen Aspekt der Ergebnisse einer oder mehrerer Prüfungen des Kindes. → In der Frage oder in der Antwort des Elternteils wird explizit das Thematisieren von Prüfungsergebnissen des Kindes angesprochen oder es kann erschlossen werden, dass der Elternteil sich bei seiner Kontrollregulation auf Aspekte der Ergebnisse von Prüfungen des Kindes bezieht.	V11: Er hat auch immer von sich gesagt: «Ich komme sowieso in die Sek C.» Und ich habe immer gesagt: «Du K13, du gehst in die 4. Klasse, das wissen wir noch überhaupt nicht. Du kannst noch so viele Fortschritte machen.» Als wir bei Frau L07 [der Klassenlehrerin] waren und sie ihm dann gesagt hat, so und so. Da habe ich wirklich auch gesehen, so wie er stolz ist auf sich, dass er das geschafft hat. Ich glaube er hat das selber lange gar nicht geglaubt.

Tabelle 6.8 Kategoriensystem «Zielbereiche, auf die sich die Kontrollregulationen beziehen»

(A) Personale Kompetenzen	
Erläuterung	**Ankerbeispiel und entsprechendes Filling im Frame**
«Dispositionen einer Person, reflexiv selbstorganisiert zu handeln, d. h. sich selbst einzuschätzen, produktive Einstellungen, Werthaltungen, Motive und Selbstbilder zu entwickeln, eigene Begabungen, Motivationen, Leistungsvorsätze zu entfalten und sich im Rahmen der Arbeit und außerhalb kreativ zu entwickeln und zu lernen.» (Erpenbeck & von Rosenstiel, 2003, S. XVI, Hervorhebung E.S.) → Die elterliche Kontrollregulation fokussiert auf die Fähigkeiten des Kindes, sich und die Umwelt stabil angemessen einzuschätzen: etwas in bestimmter Weise einschätzen bzw. wertschätzen können; zu etwas stehen können; sich für etwas entscheiden können. Es geht m.a.W. um die (Selbst-)Einschätzungen, Selbstbilder und um Einstellungen des Kindes.	I: [...] Hat es in den letzten Monaten Streit bei Hausaufgaben gegeben? H12: (...) Ja, /pfff/ ja. Also, Streit-. Doch, ja. Weil ich manchmal einfach finde, dass er ein extremer Minimalist ist, aber immer findet, er sei super. [...] Das ist so unser Thema, was einfach immer wieder kommt. <u>Und alle Ausreden und Hintertürchen und (unverst.)</u> «Komm jetzt, hör auf!» Irgendwie ist es so-. Das sind dann die Gründe. Wenn er dann eben findet-, ja. →Du hast das angemessene Einschätzen der Qualität deiner Hausaufgabenerledigung schlecht im Griff, weil du...
(B) Aktivitäts- und umsetzungsorientierte Kompetenzen	

(Fortsetzung)

Tabelle 6.8 (Fortsetzung)

Erläuterung	Ankerbeispiel und entsprechendes Filling im Frame
«Dispositionen einer Person, aktiv und gesamtheitlich selbstorgansiert zu handeln und dieses Handeln auf die Umsetzung von Absichten, Vorhaben und Plänen zu richten ... Diese Dispositionen erfassen damit das Vermögen, die eigenen Emotionen, Motivationen, Fähigkeiten und Erfahrungen und alle anderen Kompetenzen – personale, fachlich-methodische und sozial-kommunikative – in die eigenen Willensantriebe zu integrieren und Handlungen erfolgreich zu realisieren.» (Erpenbeck & von Rosenstiel, 2003, S. XVI, Hervorhebung E.S.) → Die elterliche Kontrollregulation fokussiert auf die Fähigkeiten des Kindes, seine Pläne umzusetzen, dranzubleiben und zu einem guten Ende zu bringen («to get things done»).	I: Gab es in den letzten Monaten mal Streit wegen den Hausaufgaben? V12: [...] Wir haben ihm auch gesagt, dass es vermutlich so sein wird, dass das Aufgabenpensum [in der Oberstufe] steigen wird. «Und wenn du mit diesem bisschen schon Mühe hast.» «Bisschen sagst du dem!» Er findet immer- ich habe mal sein Pensum ein wenig angeschaut und studiert oder auch bei Elternabenden und so. Dann musste ich sagen: «Ich glaube, wir hatten früher mehr Hausaufgaben.» → Du hast das angemessene Engagement für deine Hausaufgaben schlecht im Griff, weil ...

(C) Fachlich-methodische Kompetenzen

Erläuterung	Ankerbeispiel und entsprechendes Filling im Frame
«Dispositionen einer Person, bei der Lösung von sachlich-gegenständlichen Problemen geistig und physisch selbstorganisiert zu handeln, d. h. mit fachlichen und instrumentellen Kenntnissen, Fertigkeiten und Fähigkeiten kreativ Probleme zu lösen, Wissen sinnorientiert einzuordnen und zu bewerten; das schließt Dispositionen ein, Tätigkeiten, Aufgaben und Lösungen selbstorganisiert zu gestalten, sowie die Methoden selbst kreativ weiterzuentwickeln.» (Erpenbeck & von Rosenstiel, 2003, S. XVI, Hervorhebung E.S.) → Die elterliche Kontrollregulation fokussiert auf deklarative und prozedurale Wissenskomponenten beim Kind hinsichtlich der Bewältigung von Aufgaben: es auf bestimmte Weise machen können. Es geht darum, dass das Kind weiß, worum es geht und wie man etwas machen soll («to know things and to know how to get things done»)	I: Wie beurteilst du seine Einstellung den Hausaufgaben gegenüber? M12: Nicht immer gut, ganz ehrlich gesagt, nicht immer. Also, ich bin schon ab und zu am Motzen und sage: «/Gopf/, also, du kannst dir schon etwas Mühe geben.» Aber dadurch, dass er eben immer mit dieser Hetzerei-, die haben das so intus- Ich weiß auch nicht, wie die anderen das machen, aber der schludert- nein, er macht das enorm schnell und damit hat sich diese Sache erledigt. Aber das- früher war das nie so. Das ist dieser unsägliche Druck, den er [der Lehrer] immer gemacht hat: «Ihr müsst jetzt- und schnell- und fünf- und zehn Minuten- und eine Viertelstunde.» Also weißt du, irgendwie- → Du hast das sorgfältige Erledigen der Hausaufgaben schlecht im Griff, weil...

(Fortsetzung)

6.4 Auswertungsstrategien

Tabelle 6.8 (Fortsetzung)

(D) Sozial-kommunikative Kompetenzen	
Erläuterung «Dispositionen einer Person, kommunikativ und kooperativ selbstorganisiert zu handeln, d. h. sich mit anderen kreativ auseinander- und zusammenzusetzen, sich gruppen- und beziehungsorientiert zu verhalten, und neue Pläne, Aufgaben und Ziele zu entwickeln.» (Erpenbeck & von Rosenstiel, 2003, S. XVI, Hervorhebung E.S.) → Die elterliche Kontrollregulation fokussiert auf soziale Aspekte des Denkens und Handelns des Kindes: auf bestimmte Weise kommunizieren/mit anderen arbeiten können. Es geht darum, dass das Kind in einer bestimmten Art mit andern bei der Bewältigung von Aufgaben handelt.	**Ankerbeispiel und entsprechendes Filling im Frame** R12: Also erstens, wenn sie A mit den Hausaufgaben kommt und dann natürlich ein- eine längere Zeitspanne ist, wenn sie es einfach nicht versteht und sie es denn nicht versteht und sie es auch noch doof findet, dann artet es oftmals ein – ich sage immer: «Jetzt machen wir wieder eine Schlaufe». Und diese Schlaufe geht vielleicht zehn Minuten und dann gehen wir wieder weiter. Auf diese Schlaufe können wir verzichten. Die zehn Minuten, die können wir gescheiter verbringen. Schreikrampf, Heulkrampf, alles schlimm, alles tragisch, alle müssen sich aufregen, alle müssen sich wieder abregen. Da sind wir gewesen, alle Taschentücher wieder einpacken, alle Brillen wieder putzen, weiter. Also auf diese Schlaufe kann ich verzichten. → Du hast <u>das produktive Bearbeiten von Hausaufgaben mit den Eltern</u> schlecht im Griff, weil…
(E) Leistungsergebnisse	
Erläuterung Die elterliche Kontrollregulation fokussiert darauf, inwiefern das Kind ein Leistungsereignis erfolgreich bewältigen kann bzw. das angestrebte Ergebnis erzielen kann. **Anders als bei den Kategorien (A) bis (D) geht es hier nicht um ein Zielverhalten des Kindes, sondern um ein bestimmtes Leistungsziel, das dieses in einem bestimmten Ausmaß «im Griff hat».**	**Ankerbeispiel und entsprechendes Filling im Frame** I: […] Was haben Sie mit K06 bezogen auf den Übertritt immer wieder besprochen? […] H12: Dass ich es als wichtig erachte, dass er in die Sek A kommt. <u>Und dass ich das Gefühl habe, dass es für ihn auch machbar ist. Er hat das am Anfang auch-, allgemein hat er es am Anfang nicht- nicht so ernst genommen. Und ich glaube, auch durch unsere Gespräche, aber auch dank Frau L03 (…) hat es für ihn eine andere Bedeutung erhalten.</u> → Du hast <u>den Übertritt in die Sek A</u> gut im Griff, weil…

6.4.3 Analyseschritt C: Fallspezifische Ratings bezüglich ausgewählter Dimensionen des elterlichen verbalen Motivierungshandelns

Mit Blick auf die fallspezifische Fragestellung 3 (vgl. Abschnitt 5.8) richtete sich das Interesse im nächsten Analyseschritt auf das Typische und Charakteristische des verbal-appellativen wert- und kontrollbezogenen Handelns der 18 individuellen Elternteile, die in diese weiterführenden stilbezogenen Untersuchungen einbezogen wurden (vgl. Abschnitt 6.4.1.3). Nachdem die fallübergreifenden Analysen Aufschluss darüber gegeben hatten, welche Gestaltungsmerkmale die sprachlich vermittelten Zuschreibungen grundsätzlich aufwiesen – auf welche schulischen Ziele sie sich vor allem bezogen und welche Argumente hauptsächlich verwendet wurden –, richtete sich das Augenmerk im vorliegenden Analyseschritt darauf, a) welche Argumentationselemente jeder einzelne Elternteil in seinen Wert- und Kontrollregulationen während der unsicheren Übertrittszeit typischerweise verwendet hatte (Teilfragestellungen 3.1 und 3.2), b) welche Merkmale für den Kommunikationsmodus kennzeichnend waren, in welchem er dem Kind seine wert- und kontrollbezogenen Botschaften vermittelt hatte (Teilfragestellung 3.3), und c) welchen Grad an emotionaler Zuwendung er in der Regel gegenüber dem Kind an den Tag legte (Teilfragestellung 3.4), was sich daran ermessen lässt, wie sensibel, empathisch und selbstwertdienlich er im Sinne von warmth (vgl. Skinner, E. A. et al., 2009, S. 186) auf Erfolge und Misserfolge des Kindes in der zugespitzten schulischen Situation reagiert hatte (vgl. Abschnitt 5.7).

Zur Ermittlung der elterntypischen Stilelemente der Wert-, Kontroll- und Emotionsregulation wurden die entsprechenden Originaltextstellen jedes Elternteils nach dem Verfahren, das von Kuckartz (2018, S. 123–142) als «evaluative qualitative Inhaltsanalyse» und von Mayring (2015, S. 106–114) als «skalierende Strukturierung» bezeichnet wird, bezüglich insgesamt sieben Dimensionen[8] einem Rating unterzogen:

> Anders als bei der inhaltlich strukturierenden Inhaltsanalyse, bei der meistens die Identifizierung von Themen und Subthemen, deren Systematisierung und Analyse der wechselseitigen Relationen im Mittelpunkt stehen, geht es [bei der evaluativen Inhaltsanalyse] um die Einschätzung, Klassifizierung und Bewertung von Inhalten

---

[8]Die sieben Dimensionen werden im Folgenden auch als «Bewertungskategorien» und im Zuge der auf sie applizierten statistischen Verfahren auch als «Variablen» bezeichnet (vgl. Abschnitt 6.4.4 und Abschnitt 7.4).

6.4 Auswertungsstrategien

durch die Forschenden: Das qualitative Material wird – in der Regel fallbezogen – eingeschätzt und es werden Kategorien gebildet, deren Ausprägungen meist ordinaler Art sind. (Kuckartz, 2018, S. 123)

In möglichst enger inhaltlicher Anlehnung an die Kategorien und Dimensionen, denen die Textstellen in der Feincodierung zugeordnet worden waren, und mit den Ergebnissen dieser Analysen vor Augen (z. B. «Welche Begründungstypen kamen fallübergreifend besonders häufig vor?» bzw. «Welche waren mit Blick auf das typische bzw. generalisierte Handeln während der Übertrittszeit eher unbedeutend?») schuf das Forschungsteam, das zu diesem Zeitpunkt aus drei Personen bestand, für jede Bewertungskategorie eine Einschätzungsskala, die jeweils aus vier Ausprägungen (tief – eher tief – eher hoch – hoch) bestand und für jede Ausprägung Beurteilungskriterien festlegte, die bei der Lektüre der entsprechenden Textstellen aufmerksamkeitsleitend waren[9]. Je nach zu spezifisch zu beurteilender Dimension waren die Codierenden aufgefordert, a) jeweils sämtliche wert-, kontroll- oder emotionsbezogenen Originalsegmente des entsprechenden Elternteils (vgl. Tabelle 6.3 und Tabelle 6.4) zu lesen, danach b) die geframten Reformulierungen derselben Segmente sowie die entsprechenden Codierungen aus den vorangegangenen Analyseschritten nochmals zu studieren und nun c) mit Blick auf die Codieranweisungen bzw. Definitionen der verschiedenen Ausprägungen eine Einschätzung des Elternteils bezüglich der betreffenden Dimension vorzunehmen.

Die auf der Grundlage der Ergebnisse der Feincodierung sowie der in Kapitel 5 erörterten Postulate und Befunde der Motivationsforschung geschaffenen Kategoriensysteme wurden im Team iterativ verfeinert und erprobt: Jedes Mitglied nahm zuerst eigenständig mit der jeweils vorliegenden Version des Kategoriensystems ein Rating an den Textstellen eines Elternteils vor, auf den man sich zuvor geeinigt hatte (meist handelte es sich wiederum um den Elternteil D11, vgl. Abschnitt 6.4.2), verglich das eigene Ergebnis daraufhin mit demjenigen der Kolleginnen und Kollegen und brachte Vorschläge für Optimierungen von Definitionen und Codieranweisungen ein. Das jeweilige Kategoriensystem wurde nach diesem ersten Durchgang angepasst und dann für die Beurteilung der

---

[9]Wie an entsprechender Stelle in den Abschnitten 6.4.3.1 und 6.4.3.3 erläutert wird, wurden zwei Kategoriensysteme, die ursprünglich vier Ausprägungen aufwiesen und, wie sich später zeigte, zwei unabhängige Dimensionen in sich vereinigt hatten, nach bereits erfolgtem Rating voneinander getrennt. Daraus resultierten vier Kategoriensysteme mit je zwei Ausprägungen (2 = eher tief, 3 = eher hoch). Die nachträgliche Dichotomisierung der Skala ging mit einer Recodierung der Befunde des Ratings einher.

Textsegmente eines weiteren Elternteils – den umfangreichen des Vaters V12 – angewandt. Nach zwei Diskussions- und Anpassungsrunden wurden mit Hilfe des revidierten Kategoriensystems sämtliche Textstellen der übrigen Elternteile durch die drei Codierenden in individueller Arbeit hinsichtlich der betreffenden Beurteilungskategorie eingeschätzt. Als Arbeitsgrundlage dienten die tabellarischen Übersichten, die bereits bei der Feincodierung zum Einsatz gekommen waren (vgl. Abschnitt 6.4.2). Die Excel-Datenblätter präsentierten den drei Rater*innen sämtliche Originalstellen, geframten Reformulierungen und bisherigen Codierungen für jeden Elternteil in kompakter und einheitlicher Form. Die Einschätzungen wurden jeweils in der Zeile der letzten Originalstelle eines Elternteils in die entsprechende Spalte eingetragen und in der nächsten Spalte im Hinblick auf allfällige Klärungsgespräche bei divergierenden Beurteilungen in einem Memo kurz begründet. Ebenso markierten die Rater*innen diejenigen Episoden eines jeden Elternteils, denen sie bei der Einschätzung erhöhtes Gewicht beigemessen hatten, insofern als in ihnen der fokussierte Aspekt besonders prägnant und deutlich zum Ausdruck gebracht wurde.

In wöchentlichen Treffen wurde jeweils zuerst die Übereinstimmung unter den drei Rater*innen in Form von Fleiss' Kappa[10] bestimmt und dann die abweichenden Beurteilungen unter Einbezug der Originaläußerungen des entsprechenden Elternteils so lange diskutiert, bis eine gemeinsam geteilte Bewertung vorgenommen werden konnte. Um die Anzahl der Ratings zu erhöhen, auf deren Basis die Interrater-Übereinstimmung ermittelt wurde, wurden jedes Mal auch die Textsequenzen der beiden von den weiteren Analysen eigentlich ausgeschlossenen Elternteile S12 und Z11 einer Einschätzung bezüglich der betreffenden Beurteilungsdimension unterzogen. Die Konkordanz zwischen den Codierenden konnte so immer auf der Grundlage von 18 Fällen ermittelt werden. Wie im folgenden Kapitel noch detaillierter dargestellt, lag die Interrater-Übereinstimmung bei sämtlichen Beurteilungskategorien bei einem Wert von mindestens $\kappa = 0.70$. Die auf Anhieb durchgängig substanziellen Konkordanzen dürften namentlich auch dadurch erzielt worden sein, dass die Rater*innen sich an den Ergebnissen der Feincodierung orientieren konnten: Sie hatten vor Augen, welche Ausprägungen der einzelnen Kategorien am häufigsten in den Episoden des jeweiligen Elternteils in den strukturierenden Inhaltsanalysen codiert worden waren und hatten so im Kern vor allem zu entscheiden, welche Einzelepisoden für die entsprechende

---

[10] *Fleiss' Kappa* (vgl. Fleiss, 1971) ist ein gebräuchliches Maß zur Ermittlung der Konkordanz der Urteile mehrerer Rater/-innen bei kategorialen Daten. Landis und Koch (1977, S. 165) schlagen folgende Benchmarks vor: Bei Kappa-Werten von *.41 - .60* liege eine *moderate*, bei *.61 - .80* eine *substanzielle* und bei *.81 – 1.00* eine *(fast) perfekte Übereinstimmung* vor. Die Werte wurden mit dem Online-Tool von Geertzen (2012) ermittelt.

6.4 Auswertungsstrategien

Dimension des generalisierten Handelns des Elternteils während der Übertrittsphase besonders aussagekräftig waren und inwiefern die jeweiligen Ausprägungen mit Blick auf das Kategoriensystem und auf die übrigen Episoden auch tatsächlich stärker zu gewichten waren (vgl. Abschnitt 6.4.3.1 sowie die Erläuterungen in den tabellarischen Ergebnisdarstellungen in Abschnitt 7.3). Zwei der drei beurteilenden Personen waren sodann bereits an den Feincodierungen beteiligt gewesen und die dritte Person war mit diesem höher-inferenten inhaltsanalytischen Verfahren aus ihrer Arbeit an einer eigenen Untersuchung im Rahmen der TRANSITION-Studie vertraut. In den folgenden vier Kapiteln werden die Kategoriensysteme vorgestellt, die für die fallspezifischen Ratings hinsichtlich der sieben Dimensionen elterlicher verbaler Wert- und Kontrollregulation eingesetzt worden sind.

6.4.3.1 Kategoriensysteme zur höher-inferenten Einschätzung des elterlichen Stils der Wertzuschreibung

Der individuelle elterliche Stil der Bedeutsamkeitszuschreibung während der Phase vor dem Übertrittsentscheid wurde an drei Dimensionen festgemacht. In Anlehnung an das in der Feincodierung eingesetzte Kategoriensystem «Elterliche Strategien der verbalen Wertvermittlung» (vgl. Abbildung 5.4) beurteilten die Rater*innen auf der Basis der Episoden der einzelnen Elternteile, a) mit welchem Aufgabenwert diese die Bedeutsamkeit gegenüber ihrem Kind vornehmlich begründet hatten (Wesentlichkeit vs. Zweckmäßigkeit) sowie b) welche Valenz (positiv vs. negativ) und c) welchen Lokus (internal vs. external) deren wertbezogenen Argumente in der Regel aufgewiesen hatten (vgl. Abschnitt 5.6).

Wie Tabelle 6.9 und Tabelle 6.10 zeigen, bestehen die beiden Kategoriensysteme a) «Einschätzung des Grads an Wesentlichkeit, mit dem die Elternteile ihre Bedeutsamkeitszuschreibungen begründet haben» und b) «Grad der positiven Valenz, die die Elternteile in die wertbezogenen Argumente gelegt haben» lediglich aus den zwei Ausprägungen eher tief (2) und eher hoch (3). Ursprünglich waren die beiden Dimensionen Teil eines gemeinsamen Kategoriensystems namens «wertbezogener Argumentationsmodus» mit vier Ausprägungen gewesen. Aus theoretischen Erwägungen wurden die beiden Dimensionen nach bereits erfolgtem Rating voneinander getrennt, was mit einer Dichotomisierung der Skalen bzw. einer Recodierung der Befunde einherging. Ein eher tiefer Grad an Wesentlichkeit (2) bedeutet demzufolge ein Vorherrschen von Zweckmäßigkeitsargumenten und ein eher hoher Grad an Wesentlichkeit (3) repräsentiert die Dominanz solcher Argumente in den (hervorstechenden) Wertepisoden des jeweiligen Elternteils (vgl. Tabelle 6.9). Gleichermaßen bezeichnet ein eher tiefer Grad an positiver Valenz (2), dass die zentralen Wertepisoden des entsprechende Elternteils vom Argument hoher Kosten geprägt waren, während bei einem eher hohen Grad (3) die angenehmen bzw. als erstrebenswert markierten Anforderungen und Konsequenzen betont wurden. Die Dimension «Grad an Kindbezug, den die Elternteile in die wertbezogenen Argumente gelegt haben» (vgl. Tabelle 6.11) besteht aus vier Ausprägungen, die auf der Grundlage der in der Feincodierung erzielten Befunde konzipiert wurden (vgl. Abschnitt 7.2.2.3) und Unterschiede im Ausmaß repräsentieren, mit dem sich die Elternteile in ihrer Argumentation auf internale bzw. kindinhärente Aspekte beziehen. In den dritten Spalten der Kategoriensysteme werden Indikatoren genannt, die in den Originaläußerungen und in den geframten Reformulierungen jeweils vorkommen und dominieren sollten, damit die Stellen eines Elternteils der jeweiligen Ausprägung zugeordnet werden können. In der zweiten Spalte wird sodann für jede Ausprägung die idealtypische Botschaft formuliert, auf die man die Wertregulationen des Elternteils bei einer adäquaten Zuordnung im Kern verdichten könnte.

Für den Rating-Vorgang waren die drei Codierenden angehalten, sich neben den Kategoriensystemen an folgenden Fragen zu orientieren und sich die Antworten nicht nur zu überlegen, sondern in ihrem Fall-Memo (vgl. Abschnitt 6.4.3) schriftlich festzuhalten: 1.) Welches sind bezogen auf die Übertrittsphase die zentralen Episoden des Elternteils? 2.) Welches sind dabei diejenigen Episoden, die wegen ihrer prägnanten Schilderung von Kommunikationssituationen zwischen dem Elternteil und dem Kind bzw. wegen der Deutlichkeit der zum Ausdruck gebrachten elterlichen Überzeugung nochmals besonders zu gewichten sind? Welchen Begründungstyp bzw. welche Begründungstypen weisen diese Episoden laut den Ergebnissen der Feincodierung auf? 3.) Inwiefern sind diese Begründungstypen repräsentativ für das Argumentieren des Elternteils, wenn man alle, also auch die weniger zentralen Episoden, in den Blick nimmt? 4.) Im Fall, dass sich zwischen den prägnanten übertrittsbezogenen Episoden und den übrigen weniger bedeutsamen klare Unterschiede bezüglich der Begründungstypen zeigen: Welche Tendenzen im Argumentieren sind stärker zu gewichten? Warum?

Die Codierenden wurden aufgefordert, nicht nur ihr Urteil in Form des entsprechenden Codes und in Form des erläuternden Memos festzuhalten, sondern auch den folgenden generalisierten Frame für jeden Elternteil in engem Bezug zu den konkret eingesetzten Argumenten zu vervollständigen und zu notieren:

«Es ist bedeutsam, dass du jetzt (während der Übertrittszeit) diesem Aspekt deines Lern- und Leistungshandelns mehr Aufmerksamkeit schenkst, weil du...» (vgl. Tabelle 7.10).

6.4 Auswertungsstrategien

Die nach Fleiss ermittelte Interrater-Übereinstimmung bei drei Codierenden betrug für die vierstufige Skala des ursprünglichen Kategoriensystems «wertbezogener Argumentationsmodus» κ = 0.78. Nach der Aufteilung des Kategoriensystems entlang der beiden Dimensionen und der damit einhergehenden Dichotomisierung der Skala betrug sie für das Kategoriensystem «Einschätzung des Grads an Wesentlichkeit» (vgl. Tabelle 6.9) κ = 0.70 und für das Kategoriensystem «Einschätzung des Grads an positiver Valenz» (vgl. Tabelle 6.10) κ = 0.90.

Beim vierstufigen Kategoriensystem «Einschätzung des Grades an Kindbezug der Argumentation» (vgl. Tabelle 6.11) konnte zwischen den drei Rater*innen sodann eine Konkordanz von κ = 0.77 erzielt werden.

Tabelle 6.9 Kategoriensystem zur «Einschätzung des Grads an Wesentlichkeit, mit dem die Elternteile in der Regel die Bedeutsamkeit schulischer Ziele begründet haben»

Betonung von Wesentlichkeit	Idealtypische Botschaft des Elternteils	Erläuterung
(2) eher tief	«Es ist bedeutsam, dass du jetzt diesem Aspekt deines Lern- und Leistungshandeln Aufmerksamkeit schenkst, weil du daraus Nutzen ziehst im Hinblick auf Ziele, die dir und/oder deinem sozialen Umfeld wichtig sind.» («Mach es, um (nicht) zu…»)	Die Begründungstypen Oe−/Oe+/Oi−/Oi+ (Zweckmäßigkeit, Code: «O») sind dominant in stark zu gewichtenden Stellen (→ Ergebnisse der Feincodierung der betreffenden Stellen beachten!). Der Grundtenor der elterlichen Argumentation ist beratend oder warnend. Das wertbezogene Regulationshandeln des Elternteils ist dadurch gekennzeichnet, dass dem Kind die positiven oder negativen Folgen eines entsprechenden Lern- und Leistungshandelns vermittelt werden.
(3) eher hoch	«Es ist bedeutsam, dass du jetzt diesem Aspekt deines Lern- und Leistungshandeln Aufmerksamkeit schenkst, weil du das in deiner Rolle als… einfach musst.» («Mach es, weil sich das so gehört/sich das andere nicht gehört bzw. weil du es für dich machen musst/anders nicht machen darfst …»)	Die Begründungstypen Ee−/Ee+/Ei−/Ei+ (Wesentlichkeit, Code: «E») sind dominant in stark zu gewichtenden Stellen (→ Ergebnisse der Feincodierung der betreffenden Stellen beachten!). Der Grundtenor der elterlichen Argumentation ist normativ-bindend. Das wertbezogene Regulationshandeln des Elternteils ist dadurch gekennzeichnet, dass dem Kind Rollenerwartungen und Fremdbilder seiner selbst («weil du dich so sehen solltest») als Begründungen vermittelt werden.

Tabelle 6.10 Kategoriensystem zur «Einschätzung des Grads an positiver Valenz, den die Elternteile in der Regel in ihre wertbezogenen Argumente gelegt haben»

Betonung positiver Valenz	Idealtypische Botschaft des Elternteils	Erläuterung
(2) eher tief	«Es ist bedeutsam, dass du jetzt diesem Aspekt deines Lern- und Leistungshandeln Aufmerksamkeit schenkst, weil das andere nicht den Erwartungen entspricht/weil du sonst mit Kosten konfrontiert bist.» («sonst ist es unangenehm», «es ist problembehaftet, entspricht keinesfalls der Norm»)	Negative Begründungstypen (Code: «–») in stark zu gewichtenden Stellen überwiegen (→ Ergebnisse der Feincodierung der betreffenden Stellen beachten!). Der Grundtenor der elterlichen Argumentation ist warnend-fernhaltend, das Unangenehme und Problematische (z. B. Oe–/Ee–) hervorhebend. Das wertbezogene Regulationshandeln des Elternteils ist dadurch gekennzeichnet, dass dem Kind die Kosten, die mit einem abweichenden Verhalten/Handeln verbunden sind, bzw. die Erwartungswidrigkeit eines alternativen Handelns («weil du das andere auf keinen Fall darfst!») vor Augen geführt werden.
(3) eher hoch	«Es ist bedeutsam, dass du jetzt diesem Aspekt deines Lern- und Leistungshandeln Aufmerksamkeit schenkst, weil dies den Erwartungen/der Norm entspricht/weil du so angenehme Folgen generierst.» («so ist es angenehm» bzw. «das ist die erwünschte Norm»)	Positive Begründungstypen (Code: «+») in stark zu gewichtenden Stellen überwiegen (→ Ergebnisse der Feincodierung der betreffenden Stellen beachten!). Der Grundtenor der elterlichen Argumentation ist lockend, das Angenehme, mitunter «Problemlose» (z. B. Ee+) hervorhebend. Das wertbezogene Regulationshandeln des Elternteils ist dadurch gekennzeichnet, dass dem Kind die positiven Folgen oder die positiv formulierten normativen Erwartungen eines entsprechenden Lern- und Leistungshandelns vor Augen geführt werden.

6.4.3.2 Kategoriensystem zur höher-inferenten Einschätzung des elterlichen Stils der Kontrollzuschreibung

Tabelle 6.12 illustriert das Kategoriensystem «Einschätzung des Stils elterlicher Kontrollzuschreibung», welches auf der Basis des für die Feincodierung entwickelten Kategoriensystems «Elterliche Strategien der Kontrollvermittlung» (vgl. Abbildung 5.3), der «Matrix zur Recodierung der Begründungstypen in Bezug

Tabelle 6.11 Kategoriensystem zur «Einschätzung des Grads an Kindbezug, den die Elternteile in der Regel in ihre wertbezogenen Argumente gelegt haben»

Betonung internaler Aspekte	Idealtypische Botschaft des Elternteils	Erläuterung
(1) tief	«Es ist bedeutsam, dass du jetzt diesem Aspekt deines Lern- und Leistungshandeln Aufmerksamkeit schenkst, weil das von deinem sozialen Umfeld erwartet wird/du so Ziele erreichst, die von deinem sozialen Umfeld als wichtig erachtet werden.» («Strebe vor allem das sozial Angesehene an/vermeide vor allem alles sozial Geringgeachtete»)	Externale Begründungstypen (Code: «e») sind gegenüber internalen in den Episoden des Elternteils klar in der Mehrheit und alle stark zu gewichtenden Episoden sind in der Feincodierung mit einem externalen Begründungstyp codiert worden. Es wird vom Elternteil typischerweise mit dem Übertritt, guten Noten und interpersonalen Erwartungen/Normen argumentiert, Bedürfnisse des Kindes spielen in den Argumentationen eine klar untergeordnete Rolle.
(2) eher tief	«Es ist bedeutsam, dass du jetzt diesem Aspekt deines Lern- und Leistungshandeln Aufmerksamkeit schenkst, weil das von deinem sozialen Umfeld erwartet wird/du so Ziele erreichst, die von deinem sozialen Umfeld als wichtig erachtet werden, UND weil es auch dir persönlich entspricht und dich weiterbringt.» («Strebe vor allem das sozial Angesehene an, achte aber auch auf deine Bedürfnisse und dein Wohlbefinden»)	Externale Begründungstypen (Code: «e») sind in den stark zu gewichtenden Episoden klar im Vordergrund. In den übrigen Episoden des Elternteils werden auch internale Begründungstypen eingesetzt (→ vgl. Ergebnisse der Feincodierung!), diese sind mengenmäßig vielleicht sogar in der Mehrheit, aber im Vordergrund stehen über alle Episoden hinweg nicht Bedürfnisse des Kindes, sondern der Übertritt, Notenwerte und Erwartungen, die es zu erfüllen, und Normen, die es einzuhalten gilt. Es wird vom Elternteil typischerweise mit dem Übertritt, guten Noten und interpersonalen Erwartungen/Normen argumentiert, Bedürfnisse des Kindes spielen in den Argumentationen zwar eine untergeordnete Rolle, werden aber durchaus thematisiert.

(Fortsetzung)

Tabelle 6.11 (Fortsetzung)

Betonung internaler Aspekte	Idealtypische Botschaft des Elternteils	Erläuterung
(3) eher hoch	«Es ist bedeutsam, dass du jetzt diesen Aspekt deines Lern- und Leistungshandeln Aufmerksamkeit schenkst, weil dir das eigentlich entspricht/dir persönlich nützt UND weil dies auch von deinem sozialen Umfeld erwartet wird/du so Ziele erreichst, die von deinem sozialen Umfeld als wichtig erachtet werden.» («Achte vor allem auf deine Bedürfnisse und dein Wohlbefinden, strebe aber auch das sozial Angesehene an»)	Internale Begründungstypen (Code: «i») sind in den stark zu gewichtenden Episoden klar im Vordergrund. In den übrigen Episoden des Elternteils werden auch externale Begründungstypen eingesetzt ($\to$ vgl. Ergebnisse der Feincodierung), diese sind mengenmäßig vielleicht sogar in der Mehrheit, aber im Vordergrund stehen über alle Episoden hinweg nicht sozial gesetzte Ziele und Normen, sondern die kognitive Entwicklung, das Wohlbefinden des Kindes sowie seine Bedürfnisse und Wünsche. Es wird vom Elternteil typischerweise mit Bedürfnissen des Kindes, seiner Entwicklung sowie angenehmen oder unangenehmen Emotionen argumentiert. Soziale Normen und sozial gesetzte Ziele (Übertritt, Noten etc.) spielen in den Argumentationen zwar eine untergeordnete Rolle, werden aber durchaus thematisiert.
(4) hoch	«Es ist bedeutsam, dass du jetzt diesem Aspekt deines Lern- und Leistungshandeln Aufmerksamkeit schenkst, weil dir das eigentlich entspricht/dir persönlich nützt.» («Achte vor allem auf deine Bedürfnisse und dein Wohlbefinden, das ist entscheidend»)	Internale Begründungstypen (Code: «i») sind gegenüber externalen in den Episoden des Elternteils klar in der Mehrheit und alle stark zu gewichtenden Episoden sind in der Feincodierung mit einem internalen Begründungstyp codiert worden. Es wird vom Elternteil typischerweise mit Bedürfnissen des Kindes, seiner Entwicklung sowie angenehmen oder unangenehmen Emotionen argumentiert. Soziale Normen und sozial gesetzte Ziele (Übertritt, Noten etc.) spielen in den Argumentationen eine klar untergeordnete Rolle.

6.4 Auswertungsstrategien

auf ihre Kontrollförderlichkeit» (vgl. Tabelle 5.2) sowie den in der Feincodierung erzielten diesbezüglichen Befunden zur Auftretenshäufigkeit der einzelnen Begründungstypen (vgl. Abschnitt 7.2.3.4) geschaffen wurde. Für jede der vier Ausprägungen der während der Übertrittszeit von den Eltern dem Kind typischerweise signalisierten Kontrolle nennt das Kategoriensystem Indikatoren in Form der Begründungstypen, die in den wichtigen Episoden des Elternteils dominieren sollten (vgl. dritte Spalte), sowie die idealtypische Botschaft, auf die sich dessen kontrollbezogenen Appelle bei einem entsprechenden Rating im Kern verdichten lassen müssten (vgl. zweite Spalte). Mit anderen Worten ist das Kategoriensystem so angelegt, dass der Grad der vom Elternteil generell vermittelten Kontrolle einem bestimmten attributionalen Argumentationsstil entspricht, der durch die Dominanz einzelner Begründungstypen gekennzeichnet ist.

Die Codierenden waren aufgefordert, nebst dem Kategoriensystem wiederum die im vorangegangenen Kapitel formulierten Fragen als heuristische Hilfsmittel zu verwenden. Im Tabellenblatt sollten sie sodann wieder nicht nur ihr fallspezifisches Urteil, sondern ebenfalls ihre Gedanken festhalten, die zur Entscheidung für eine der vier Ausprägungen geführt hatten. Außerdem sollten sie auch hier mit möglichst engem Bezug auf die konkreten Argumente des Elternteils jeweils den folgenden generalisierten Frame vervollständigen:

«Du hast die Bewältigung der Lern- und Leistungsanforderungen während der Übertrittsphase eher schlecht im Griff, weil du ...».

Die Interrater-Übereinstimmung nach Fleiss belief sich zwischen den drei Codierenden auf $\kappa = 0.73$.

6.4.3.3 Kategoriensysteme zur höher-inferenten Einschätzung des elterlichen Kommunikationsstils bei Wert- und Kontrollregulationen

Der individuelle Stil, mit dem die Elternteile ihrem Kind die wert- und kontrollbezogenen Botschaften übermittelt haben – ihr Modus des Appellierens (vgl. Abschnitt 5.7) –, wird mittels der beiden Dimensionen a) «Grad der Diskursivität» und b) «Grad der Assertivität» erfasst.

Die in Tabelle 6.13 und Tabelle 6.14 abgebildeten Kategoriensysteme bestehen wiederum lediglich aus zwei Ausprägungen. Sie waren ursprünglich Teil eines gemeinsamen Kategoriensystems «Grad der Direktivität» mit vier Ausprägungen, wurden aber unter dem Eindruck der in Abschnitt 5.7 erörterten kommunikationstheoretischen Überlegungen nach bereits erfolgtem Rating voneinander getrennt, was eine Dichotomisierung der Skalen und eine Recodierung der Befunde zur Folge hatte. Auf der Grundlage der in der Basiscodierung extrahierten Originalepisoden hatten die Rater*innen bei a) zu entscheiden, ob der

Tabelle 6.12 Kategoriensystem zur «Einschätzung des Stils elterlicher Kontrollzuschreibung»

Zugeschriebene Kontrolle	Idealtypische Botschaft des Elternteils	Erläuterung
(1) tief	«Du hast die Bewältigung der Lern- und Leistungsanforderungen während der Übertrittszeit sehr schlecht im Griff, weil du ungünstige dispositionale Eigenschaften besitzt.» («dir fehlt klar das Potential!»)	Der Begründungstyp KBs- sticht dominant in stark zu gewichtenden Episoden des Elternteils heraus (→ Ergebnisse der Feincodierung der betreffenden Stellen beachten!). Der Grundtenor der elterlichen Argumente in wichtigen Episoden ist deutlich pessimistisch bezüglich der Ergebniskontrolle, weil die Handlungskontrolle des Kindes wegen fehlenden Talents/fehlender Intelligenz etc. (bei gleichzeitigem «entity mindset», vgl. Abschnitt 4.2.1.2) rundweg angezweifelt wird (vgl. Abschnitt 5.3). Der Elternteil stellt gegenüber dem Kind dessen Problembewältigungsfähigkeit hinsichtlich lern- und leistungsbezogener Aspekte durch die Betonung von negativen stabil-dispositionalen Merkmalen klar in Frage.
(2) eher tief	«Du hast die Bewältigung der Lern- und Leistungsanforderungen während der Übertrittszeit eher schlecht im Griff, weil du es bei den bestehenden ungünstigen dispositionalen Eigenschaften dauernd an der nötigen Anstrengung mangeln lässt.» («bei mangelndem Potential stabil geringe Eigenleistung!»)	Der Begründungstyp KHs- ist dominant in stark zu gewichtenden Episoden. Die Begründungstypen KBs-/KBv- können in den Argumentationen vorkommen (→ Ergebnisse der Feincodierung der betreffenden Stellen beachten!). Der Grundtenor der elterlichen Argumente in wichtigen Episoden ist pessimistisch bezüglich der Ergebniskontrolle, weil die Handlungskontrolle des Kindes wegen fehlender Anstrengung stabil als mangelhaft gekennzeichnet wird. Die Zuschreibung fehlenden Talents/fehlender Intelligenz o.ä. (bei gleichzeitigem «entity mindset») als kindbezogene Überzeugung des Elternteils ist evtl. erkennbar, aber nicht dominant. Der Elternteil stellt gegenüber dem Kind dessen Problembewältigungsfähigkeit hinsichtlich lern- und leistungsbezogener Aspekte durch die starke Betonung stabil fehlender Anstrengung sowie durch den gelegentlichen Einsatz des Arguments negativer Bedingungen beim Kind selber deutlich in Frage.

(Fortsetzung)

6.4 Auswertungsstrategien

Tabelle 6.12 (Fortsetzung)

Zugeschriebene Kontrolle	Idealtypische Botschaft des Elternteils	Erläuterung
(3) eher hoch	«Du hast die Bewältigung der Lern- und Leistungsanforderungen während der Übertrittszeit eher gut im Griff, weil du dich zwar dauernd zu wenig anstrengst, dabei aber über die notwendigen günstigen dispositionalen Eigenschaften verfügst.» («stabil geringe Eigenleistung bei eigentlich bestehendem Potential!»)	Der Begründungstyp KHs- ist dominant in stark zu gewichtenden Stellen. Die Begründungstypen KBs+/KBv+/KBv– kommen in den Argumentationen vor. (→ Ergebnisse der Feincodierung der betreffenden Stellen beachten!). Der Grundtenor der elterlichen Argumente in wichtigen Episoden ist optimistisch bezüglich der Ergebniskontrolle, weil die Handlungskontrolle des Kindes zwar als stabil mangelhaft gekennzeichnet wird, aber die Veränderlichkeit dieses Umstands bei günstigen Anlagen, Überzeugungen, Einstellungen als möglich dargestellt wird («incremental mindset» vgl. Abschnitt 4.2.1.2). Der Elternteil stellt gegenüber dem Kind dessen Problembewältigungsfähigkeit hinsichtlich lern- und leistungsbezogener Aspekte grundsätzlich nicht in Frage bzw. betont diese wenigstens ansatzweise, indem mit positiven Bedingungen bei Kind argumentiert wird. Die stabil fehlende Anstrengung des Kindes wird aber deutlich bemängelt.
(4) hoch	«Du hast die Bewältigung der Lern- und Leistungsanforderungen gut im Griff, weil du dich zwar (noch) nicht stabil angemessen anstrengst, aber über die notwendigen günstigen dispositionalen Eigenschaften verfügst.» («variabel geringe Eigenleistung bei eigentlich bestehendem Potential!»)	Der Begründungstyp KHv- ist dominant in stark zu gewichtenden Stellen. Die Begründungstypen KBs+/KBv+/KBv– kommen in den Argumentationen vor. (→ Ergebnisse der Feincodierung der betreffenden Stellen beachten!). Der Grundtenor der elterlichen Argumente in wichtigen Episoden ist deutlich optimistisch bezüglich der Ergebniskontrolle, weil die Handlungskontrolle des Kindes als lediglich variabel mangelhaft gekennzeichnet wird und die Veränderlichkeit dieses Umstands betont wird («incremental mindset»). Der Elternteil betont gegenüber dem Kind dessen grundsätzliche Problembewältigungsfähigkeit hinsichtlich lern- und leistungsbezogener Aspekte, allerdings bemängelt er die noch fehlende Stabilität im Handeln des Kindes.

betreffende Elternteil bei seinen wert- und kontrollbezogenen Appellen gewöhnlich eher monologisch (dies entspricht einem eher tiefen Grad an Diskursivität) oder verhandelnd-dialogisch (dies entspricht einem eher hohen Grad an Diskursivität) vorgegangen war. Bei b) hatten sie sodann auf der gleichen Datengrundlage eine Einschätzung der Festigkeit vorzunehmen, mit der die Elternteile während der unsicheren Übertrittszeit ihre wert- und kontrollbezogenen Überzeugungen gegenüber dem Kind vertreten hatten. Ein eher tiefer Grad an Assertivität repräsentiert das Relativieren der eigenen Position, sobald beim Kind Widerspruch wahrgenommen wird, und ein eher hoher Grad steht für das standfeste, konsistente Vertreten der eigenen als zutreffend oder produktiv wahrgenommenen wert- und kontrollbezogenen Überzeugungen, selbst wenn der Elternteil damit Widerspruch und Konflikte mit dem Kind heraufbeschwört (vgl. Abschnitt 5.7). In der dritten Spalte wird jede Ausprägung detailliert erläutert und in der zweiten Spalte wird die idealtypische Botschaft wiedergegeben, die der Elternteil mit der betreffenden Ausprägung des Kommunikationsmodus dem Kind gegenüber ausdrückt.

Die Übereinstimmung zwischen den drei Rater*innen betrug für die vierstufige Skala des ursprünglichen Kategoriensystems «Grad der Direktivität» $\kappa = 0.75$. Nach der Aufteilung des Kategoriensystems entlang der beiden Dimensionen und der damit einhergehenden Dichotomisierung der Skala betrug der Kappa-Wert nach Fleiss für das Kategoriensystem «Einschätzung des Grads an Diskursivität» (vgl. Tabelle 6.13) $\kappa = 0.89$ und für das Kategoriensystem «Einschätzung des Grads an Assertivität» (vgl. Tabelle 6.14) $\kappa = 0.75$.

6.4.3.4 Kategoriensystem zur höher-inferenten Einschätzung der emotionalen Zuwendung der Elternteile gegenüber dem Kind

«Emotionale Zuwendung» ist die dritte kommunikationsbezogene Dimension, die in Abschnitt 5.7 als relevant für die Internalisierung der elterlichen wert- und kontrollbezogenen Botschaften durch das Kind herausgearbeitet worden ist. In einer vertrauensvoll-fürsorglichen Beziehung, die bei Fehlern, Misserfolgen, Widerspruch und vermeintlich fehlender Einsicht des Kindes frei von «Kälte» und «Härte» (Tausch & Tausch, 1998, S. 102) ist und diesem stets den Eindruck gibt, als Persönlichkeit anerkannt und wertgeschätzt zu sein, ermöglicht es dem Kind, sich im Rahmen der verbalen Wert- und Kontrollregulationen weniger auf den Selbstwertschutz und die Gesichtswahrung zu konzentrieren und sich stattdessen mit den Botschaften und Argumenten zu befassen, die Eltern gegebenenfalls angstfrei nach weiteren Erklärungen zu fragen und ihnen seine abweichende Sichtweise zu übermitteln (vgl. auch Abschnitt 2.2.2.3). Die Einschätzung des

6.4 Auswertungsstrategien

Tabelle 6.13 Kategoriensystem zur «Einschätzung der Diskursivität der elterlichen Wert- und Kontrollregulationen»

Diskursivität	Idealtypischer Kommunikationsmodus	Erläuterung
(2) eher tief	«So sehe ich das (und damit ist das Thema abgeschlossen)»	In den Originalstellen ist erkennbar, dass der Elternteil während der Übertrittsphase wenig gewillt ist, seine lern- und leistungsbezogenen Wert- und Kontrollzuschreibungen mit dem Kind zu verhandeln. Es findet kaum Kommunikation zwischen den beiden statt und/oder das Kind erscheint primär als Empfänger der Regulationen und erzeugt mit seinen allfälligen Einwänden kaum Resonanz beim Elternteil. Der Elternteil zeigt in direkten Reden oder in den Situationsschilderungen gegenüber der interviewenden Person, dass er seine Wert- und Kontrollzuschreibungen mit dem Kind nicht weiter diskutieren möchte. Gegenseitiges Verständnis steht klar für den appellierenden Elternteil in den stark zu gewichtenden Episoden nicht im Vordergrund (vgl. Abschnitt 5.7). Die wert- und kontrollbezogenen Episoden des Elternteils erscheinen monologisch. Widersprüche, Präzisierungen, Argumentationen spielen in den Episoden allgemein eine untergeordnete Rolle.
(3) eher hoch	«So sehe ich das. Was meinst du dazu?»	In den Originalstellen ist erkennbar, dass der Elternteil während der Übertrittsphase gewillt ist, seine lern- und leistungsbezogenen Wert- und Kontrollzuschreibungen mit dem Kind zu verhandeln, d. h. ihm diese bei Bedarf zu erklären und auf die Rückfragen des Kindes zu antworten. Das Kind erscheint als lernender Partner, der die Sichtweise des Elternteils u. U. nicht auf Anhieb versteht/verstehen kann. Der Elternteil zeigt in direkten Reden oder in den Situationsschilderungen gegenüber der interviewenden Person, dass er genau registriert, wie sein Kind auf seine Wert- und Kontrollzuschreibung reagiert und er sein verbales Handeln entsprechend anpasst, indem er seine Einschätzung genauer erläutert. Gegenseitiges Verstehen und Verständnis wird in den stark zu gewichtenden Episoden erkennbar angestrebt. In den wert- und kontrollbezogenen Episoden des Elternteils sind Dialoge, Widersprüche, Präzisierungen, Argumentationen allgemein deutlich erkennbar.

Tabelle 6.14 Kategoriensystem zur «Einschätzung der Assertivität der elterlichen Wert- und Kontrollregulationen»

Assertivität	Idealtypischer Kommunikationsmodus	Erläuterung
(2) eher tief	«Das ist meine Überzeugung, aber wenn du es anders siehst, ist es halt so. Du musst es selber wissen, ich beuge mich, um des Friedens willen.»	In den Originalstellen ist erkennbar, dass der Elternteil während der Übertrittsphase wenig gewillt ist, seine wert- und kontrollbezogenen Einschätzungen/Überzeugungen standfest und verbindlich zu vertreten. Dem Kind wird implizit oder explizit signalisiert, dass der Elternteil keine Energie, Lust und/oder Zeit hat, für seine Position einzutreten und gegebenenfalls Konflikte mit ihm in Kauf zu nehmen. Der Elternteil zeigt in direkten Reden oder in den Situationsschilderungen gegenüber der interviewenden Person, dass er seine Wert- und Kontrollzuschreibungen u. U. nicht konsequent vertritt, sondern «um in Ruhe gelassen zu werden» und/oder aus Angst vor Konflikten mit dem Kind ggf. auf das feste Vertreten der eigenen Meinung verzichtet. Aus der Sicht des Kindes dürfte der Elternteil wegen der signalisierten unsteten Positionierung, evtl. seiner Gleichgültigkeit, seinem Kleinbeigeben und/oder seiner kognitiven Abwesenheit als Ratgeber/Normsetzer wenig Sachautorität genießen (vgl. Abschnitt 5.7). Der Elternteil bringt in den in den stark zu gewichtenden Episoden ein geringes Engagement hinsichtlich des Überzeugens zum Ausdruck: D12: Ja, eben im Moment bin ich selbst im Stress. Ich sollte auch noch lernen. Dann mag ich auch nicht mehr dahinter sein. (I: Selber Hausaufgaben?) Ja genau. Also ich sage es schon, aber ich mache nicht so einen Druck. Manchmal bringt das auch nichts, wenn er nicht will, dann will er nicht.
(3) eher hoch	«Ich will dich überzeugen!»	In den Originalstellen ist erkennbar, dass der Elternteil während der Übertrittsphase gewillt ist, seine wert- und kontrollbezogenen Einschätzungen/Überzeugungen insistierend und verbindlich zu vertreten. Dem Kind wird implizit oder explizit bedeutet, dass der Elternteil es als seine elterliche Pflicht erachtet, für die eigenen Meinungen und Überzeugungen einzutreten und gegebenenfalls Konflikte mit ihm in Kauf zu nehmen. Der Elternteil zeigt in direkten Reden oder in den Situationsschilderungen gegenüber der interviewenden Person, dass er bei seinen Wert- und Kontrollzuschreibungen um Konsistenz und Konsequenz bemüht ist (vgl. Abschnitt 5.7). Der Elternteil bringt in den in den stark zu gewichtenden Episoden ein hohes Engagement hinsichtlich des Überzeugens zum Ausdruck.

Grades an emotionaler Zuwendung wurde durch die Rater*innen auf der Grundlage der in der Basiscodierung isolierten Antworten der Eltern vorgenommen, die sie auf die Fragen nach ihren typischen Reaktionen auf Prüfungserfolge und -misserfolge des Kindes gegeben hatten (vgl. Abschnitt 6.4.1.1).

Das in Tabelle 6.15 dargestellte Kategoriensystem besteht aus vier Ausprägungen, die vor allem Unterschiede zwischen den Elternteilen in der Bereitschaft der Perspektivenübernahme und dem damit verbundenen Verständnis für die emotionalen Bedürfnisse und die Selbstwertpflege des Kindes bei Misserfolgen und Erfolgen repräsentieren. Die dritte Spalte des Kategoriensystems nennt die zentralen Merkmale für jede Ausprägung und die zweite Spalte wiederum die idealtypische Botschaft, die der Elternteil mit seiner Reaktion auf die Prüfungsergebnisse vermittelt. Nebst ihrem Urteil hielten die Codierenden in einem Memo wiederum die Gründe für ihre diesbezügliche Einschätzung fest.

Die drei Rater*innen erzielten eine Interrater-Übereinstimmung nach Fleiss von $\kappa = 0.76$.

6.4.4 Analyseschritt D: Typenbildung mittels Dimensionsreduktion und Clusteranalyse

Mit dem Ziel, a) das mehrdimensionale verbale Motivierungshandeln nicht nur singulär und abgeschlossen auf der Ebene eines individuellen Elternteils zu beschreiben, zu verstehen und gemäß seiner Motivationsförderlichkeit zu bewerten, sondern auch vergleichend in Relation zum Handeln der anderen Elternteile, und b) gleichzeitig die nach den Ratings der sieben Dimensionen (vgl. Abschnitt 6.4.3.1 bis Abschnitt 6.4.3.4) zutage tretende Vielfalt an Merkmalskonstellationen nach bestimmten Kriterien auf ein verständnisförderliches Maß zu reduzieren, bestand der nächste Analyseschritt darin, die 18 Elternteile hinsichtlich ihres Motivierungsstils in einem transparenten Verfahren zu gruppieren (vgl. Fragestellung 4, Abschnitt 5.8) und eine Typologie schulbezogener verbalappellativer Motivierung von Eltern bei einem unklaren Übertrittsentscheid zu entwickeln:

> Jede Typologie ist das Ergebnis eines Gruppierungsprozesses, bei dem ein Objektbereich anhand eines oder mehrerer Merkmale in Gruppen bzw. Typen eingeteilt wird, so dass sich die Elemente innerhalb eines Typus möglichst ähnlich sind (interne Homogenität) und sich die Typen voneinander möglichst stark unterscheiden (externe Heterogenität). Mit dem Begriff Typus werden die gebildeten Teil- oder Untergruppen bezeichnet, die gemeinsame Eigenschaften aufweisen und anhand der spezifischen Konstellation dieser Eigenschaften beschrieben und charakterisiert werden können [...]. (Kluge, 1999, S. 27Hervorhebungen im Original)

Tabelle 6.15 Kategoriensystem zur «Einschätzung des Grads an emotionaler Zuwendung, den die Elternteile bei schulischen Erfolgen und Misserfolgen des Kindes gezeigt haben»

Emotionale Zuwendung	Idealtypische Botschaft des Elternteils	Erläuterung
(1) tief	«Ich bin enttäuscht/verärgert, (weil ich mich durch deine Leistungen persönlich betroffen fühle)! Sei selbstkritisch und rede nichts schön!»	Grundsätzlich kühl-enttäuschte oder aber wütend-vorwurfsvolle Reaktion, die eine negative persönliche Betroffenheit des Elternteils anzeigt. Klar nicht selbstwertdienliche Reaktionen auf die Leistungsergebnisse: Bei Erfolgen reagiert der Elternteil nicht einfach nur mit Freude, sondern mahnt auch eine sachlich-nüchterne, kritisch-distanzierte Betrachtung der Prüfung an. Bei Misserfolgen spendet der Elternteil dem Kind kaum Trost, macht Vorwürfe und bringt seine Enttäuschung zum Ausdruck.
(2) eher tief	«Es sind deine Leistungen. Sei vor allem selbstkritisch und rede nichts schön!»	Grundsätzlich eher nüchterne, distanzierte, nicht selbstwertdienliche Reaktionen auf die Leistungsergebnisse: Bei Erfolgen reagiert der Elternteil mit Lob und Freude, markiert aber auch Distanz, indem er analytisch-kritisch bleibt. Bei Misserfolgen spendet der Elternteil dem Kind kaum Trost, bleibt analytisch und lässt selbstwertdienliche Ausflüchte des Kindes nicht gelten.
(3) eher hoch	«Es sind deine Leistungen. Ich freue mich, wenn du gute Noten hast und drücke bei deinen selbstwertdienlichen Ausflüchten auch mal beide Augen zu.»	Grundsätzlich nüchterne, aber warme, selbstwertdienliche Reaktionen auf die Leistungsergebnisse: Bei Erfolgen reagiert der Elternteil mit Lob und Freude. Bei Misserfolgen bleibt der Elternteil nüchtern und lässt selbstwertdienliche Ausflüchte des Kindes stehen.
(4) hoch	«Ich freue mich mit dir und muntere dich gegebenenfalls auf. Ich versuche, deine Perspektive einzunehmen, und lasse deine selbstwertdienlichen Ausflüchte stehen.»	Grundsätzlich um Verstehen bemühte, warme, selbstwertdienliche Reaktionen auf die Leistungsergebnisse: Bei Erfolgen reagiert der Elternteil mit Freude und Interesse. Bei Misserfolgen tröstet der Elternteil und lässt selbstwertdienliche Ausflüchte des Kindes stehen.

Konkret ging es darum, die Elternteile so zu gruppieren, dass sie innerhalb ihres Clusters möglichst große Ähnlichkeit in der Merkmalskonstellation ihres Motivierungsstils aufwiesen – und sich so das Typische bzw. Wesentliche ihres Handelns

6.4 Auswertungsstrategien

offenbarte –, andererseits so, dass die Gruppen untereinander eine maximale Distanz bezüglich ihrer Merkmalscharakteristik aufwiesen und so kontrastierend das Trennende zwischen den Gruppen und ihren jeweiligen Mitgliedern deutlich zutage trat (vgl. Kelle & Kluge, 2010, S. 93–96; Kluge, 1999, S. 28).

Entlang des Vorgehens, das Kuckartz (2018, S. 143–161) als «typenbildende qualitative Inhaltsanalyse» bezeichnet, wurde dazu zuerst der Merkmalsraum festgelegt, der insofern konstituierend für jede Typologie ist, als damit der inhaltliche Bezug definiert wird, der zwischen allen Gruppen bzw. den ihnen angehörenden Elementen besteht: «Alle Typen müssen […] anhand der gleichen Merkmale charakterisiert werden können; die Differenz zwischen den Typen entsteht lediglich durch die unterschiedlichen Merkmalsausprägungen, die jeden Typus im Vergleich zu den anderen Gruppen kennzeichnen» (Kluge, 1999, S. 30). In der vorliegenden Studie bot es sich prinzipiell an, die im Rahmen der evaluativen qualitativen Inhaltsanalyse erarbeiteten sieben Dimensionen bzw. Variablen mit ihren jeweils zwei oder vier Ausprägungen als Merkmalsset für die Typenbildung heranzuziehen (vgl. Kuckartz, 2018, S. 154–155). Die Qualität der Daten bot grundsätzlich kein Hindernis, mittels clusteranalytischer Verfahren die 16 unterschiedlichen Merkmalskombinationen, die sich aus den sieben Dimensionen bei den 18 Elternteilen konkret ergeben hatten (vgl. Abschnitt 7.3.5), zu Gruppen zu ordnen. Da allerdings absehbar war, dass sich in Anbetracht der angedeuteten Komplexität der so gebildeten polythetischen Typologie die Interpretation und Darstellung der Ergebnisse schwierig gestalten dürfte, wurde vor dem Einsatz eines statistischen Klassifikationsverfahrens zuerst geprüft, inwiefern sich das kleine Variablenset für eine explorative Faktorenanalyse eignen würde, um die sieben Dimensionen auf zwei oder drei, die Interpretation und Darstellbarkeit des elterlichen Handelns vereinfachende Faktoren zu verdichten, und erst dann mit den resultierenden Faktorwerten eine Gruppierung der Elternteile mittels des Verfahrens k-means Clustering vorzunehmen. Wie sich mit Blick auf die Kennwerte zeigte, erwies sich dieses Vorgehen als vertretbar (vgl. Abschnitt 6.4.4.1).

Auf der Grundlage der in der Faktorenanalyse extrahierten «grundlegenden Dimensionen des schulbezogenen verbalen Motivierens» (vgl. Fragestellung 4.1, Abschnitt 5.8) sowie auf der Basis der in den vorangegangenen fallspezifischen Analysen erarbeiteten Befunde wurden die in der Clusteranalyse erzeugten «Typen elterlicher schulbezogener verbal-appellativer Motivierung bei einem unklaren Übertritt» (vgl. Fragestellung 4.2) schließlich hinsichtlich ihrer Charakteristika (vgl. Fragestellung 4.3) und ihrer Zusammensetzung bezüglich einer Reihe von Merkmalen der Eltern, der Kinder bzw. der Familien (vgl. Fragestellung 4.4) genauer untersucht.

In den drei folgenden Kapiteln werden die zur Bildung der Typologie eingesetzten statistischen Methoden – die explorative Faktorenanalyse und das Verfahren k-means Clustering – sowie die den abschließenden Konfigurations- und Zusammenhangsanalysen zugrundeliegenden Überlegungen näher erörtert.

6.4.4.1 Dimensionsreduktion mittels explorativer Faktorenanalyse

Die explorative Faktorenanalyse ist der Sammelbegriff für eine Reihe von multivariaten Verfahren zur Analyse der Struktur eines Variablensatzes, welche darauf beruhen, dass die Variablen auf eine kleine Zahl voneinander möglichst unabhängigen Faktoren reduziert werden, welche die «überlappenden Anteile» repräsentieren, die jeweils zwischen mehreren Variablen des Datensatzes bestehen:

> Statistisch drückt sich dies in Korrelationen zwischen den Variablen aus. Die exploratorische Faktorenanalyse (EFA) versucht, die Beziehungszusammenhänge in einem großen Variablenset insofern zu strukturieren, als sie Gruppen von Variablen identifiziert, die hoch miteinander korreliert sind und diese von weniger korrelierten Gruppen trennt. (Backhaus, Erichson, Plinke & Weiber, 2018, S. 386)

Als Faktoren werden mit anderen Worten die latenten Variablen bezeichnet, die nicht durch die direkte Messung, sondern lediglich rechnerisch aus der Interkorrelation der erhobenen Variablen ermittelt werden (vgl. Diehl & Kohr, 2004, S. 338). Sie stellen die Konstrukte dar, die den jeweils hoch untereinander korrelierenden Variablen einer Gruppe zugrunde liegen. «Werden die Variablen vom Einfluss des Faktors bereinigt, ergeben sich partielle Korrelationen, die diejenigen Variablenzusammenhänge erfassen, die nicht durch den Faktor erklärt werden können» (Bortz & Schuster, 2010, S. 386). Aus den jeweiligen Restkorrelationen – so das Prinzip der Faktorenanalyse – werden sukzessiv weitere, von den bereits errechneten unabhängigen Faktoren extrahiert, bis lediglich ein messfehlerbedingter Rest übrigbleibt (vgl. Bortz & Schuster, 2010, S. 386).

Als Minimalbedingung für den Einsatz faktorenanalytischer Verfahren gilt die Faustregel, wonach die Anzahl der Proband*innen mindestens dreimal so hoch sein soll, wie die Zahl der herangezogenen Variablen (vgl. Rudolf & Müller, 2012, S. 311), was im vorliegenden Fall knapp nicht erfüllt wird. Da die Korrelationsmatrix der sieben Variablen nach dem Kaiser-Meyer-Olkin-Kriterium (KMO) – der auf der Grundlage der Anti-Image-Korrelationmatrix ermittelten Prüfgröße zur Ermittlung der Stichprobeneignung (measure of sampling adequacy) – einen MSA-Wert von .524 auswies (vgl. Anhang, Abbildung 9.1), wurde der Einsatz des Verfahrens dennoch als vertretbar erachtet.

6.4 Auswertungsstrategien

Weniger als rechnerisches, denn «als Problem der Verwertbarkeit der Ergebnisse von Faktorenanalysen» stellt laut Diehl und Kohr (2004, S. 374) der Einsatz ordinalskalierter und dichotomisierter Variablen bei Faktorenanalysen dar:

> Der Effekt des Einbezugs qualitativ-dichotomer Daten in eine Faktorenanalyse ist äußerst schwierig zu beurteilen; dies hängt damit zusammen, dass der Produkt-Moment-Korrelationskoeffizient dichotomer Daten, der allgemein als Phi-Koeffizient bezeichnet wird [...], nicht wie bei quantitativen Daten in allen Fällen zwischen 0 und 1 variieren kann – er ist durch die Randverteilungen der Variablen im Variationsbereich eingeschränkt. Wenn nun keine Strukturierung der dichotomen Variablen vorliegt, die man in eine Faktorenanalyse einbezieht, so können artifizielle Schwierigkeitsfaktoren extrahiert werden, deren Interpretation leicht zu Fehlschlüssen führen kann [...]. (Diehl & Kohr, 2004, S. 373–374)

Die Autoren mahnen entsprechend zur Vorsicht bei der Interpretation der solchermaßen gewonnenen Ergebnisse von Faktorenanalysen (vgl. auch Bortz & Schuster, 2010, S. 397; Rudolf & Müller, 2012, S. 311).

Die zentrale Arbeitsgrundlage besteht in der Korrelationsmatrix der einbezogenen Variablen. Aus ihr soll eine möglichst geringe Zahl an Faktoren gewonnen werden und zwar so, «dass möglichst wenig Information über die Beziehung der gemessenen Variablen untereinander verloren geht» (Diehl & Kohr, 2004, S. 338). Sodann sollen die extrahierten Faktoren in einem weiteren Schritt mittels Rotationsverfahren so formiert werden, «dass sich eine möglichst einfache, sinnvolle und interpretierbare Struktur ergibt» (Diehl & Kohr, 2004, S. 339). Letzteres bemisst sich namentlich daran, dass es mit Blick auf die Kennzahlen zu den Varianzanteilen und Korrelationen der jeweiligen Variablen (Kommunalitäten und Faktorladungen) gelingt, die Faktoren inhaltlich zu bestimmen und zu benennen.

In der vorliegenden Untersuchung wurde die Faktorextraktion mittels der Hauptkomponentenanalyse (principal components analysis, PCA) mit der Software IBM SPSS Statistics 25 vorgenommen (vgl. Output im Anhang, Abbildung 9.1). Die Besonderheit dieser Methode besteht im Vergleich zum oben geschilderten allgemeinen Verfahrensprinzip darin, dass die Faktoren a) wechselseitig voneinander unabhängig sind und b) sukzessiv maximale Varianz aufklären sollen – und deshalb als Hauptkomponenten bezeichnet werden (vgl. Bortz & Schuster, 2010, S. 390). Gemäß dieser Kriterien wird in diesem Verfahren die Gesamtvarianz der Ausgangsvariablen – im vorliegenden Fall mit sieben Dimensionen nimmt diese nach der z-Standardisierung den Wert 7 an – durch Drehung vollumfänglich auf die Hauptkomponenten umverteilt, welche laufend maximale Varianz aufklären und dabei orthogonal bzw. unkorreliert zueinander stehen (vgl.

Rudolf & Müller, 2012, S. 311–312). Daraus resultieren gleich viele Hauptkomponenten wie Ausgangsvariablen, wobei die ersten Faktoren den Großteil und die weiteren Faktoren einen immer geringeren Teil der Gesamtvarianz erfassen. Auf der Grundlage der Eigenwerte – der Angaben, wieviel von der Gesamtvarianz aller Variablen durch die jeweiligen Faktoren bzw. Komponenten erklärt werden (vgl. Bortz & Schuster, 2010, S. 393) –, wird im nächsten Schritt mittels des «Scree-Tests» und dem «Kaiser-Guttman-Kriterium» die Anzahl weiterverwendeter Faktoren festgelegt. Während ersterer «die Größe der in Rangreihe gebrachten Eigenwerte als Funktion ihrer Rangnummern» (Bortz & Schuster, 2010, S. 415) darstellt und so die relevanten grafisch von den irrelevanten Eigenwerten zu unterscheiden hilft, besagt letzteres, dass nur diejenigen Faktoren weiter berücksichtigt werden sollten, deren Eigenwerte größer als 1 sind – größer also, als der Wert, den die z-standardisierten Ausgangsvariablen aufweisen (vgl. Bortz & Schuster, 2010, S. 415). Wie Rudolf und Müller (2012, S. 317) betonen, müssen inhaltliche Überlegungen und die Berücksichtigung dieser Indikatoren Hand in Hand gehen, weil nur so später das endgültige Faktorenmuster interpretiert werden kann. In der vorliegenden Untersuchung wurde aufgrund der Kennzahlen (vgl. Anhang, Abbildung 9.1) eine dreifaktorielle Lösung gewählt (vgl. Abschnitt 7.4.1).

Da das Ergebnis der nun mit einer begrenzten Zahl an Faktoren durchgeführten Hauptkomponentenanalyse inhaltlich oft nur schwer sinnvoll deutbar ist (namentlich weil zahlreiche Variablen hohe Faktorladungen auf der ersten Komponente aufweisen), werden zur weiteren Vereinfachung der Faktorenstruktur zusätzlich Rotationsverfahren eingesetzt (vgl. Backhaus et al., 2018, S. 417–420; Bortz & Schuster, 2010, S. 418). Diese verteilen die aufgeklärte Varianz so um, dass a) «auf jedem Faktor einige Variablen möglichst hoch und andere möglichst niedrig laden […]» und b) «auf verschiedenen Faktoren unterschiedliche Variablen hohe Faktorladungen aufweisen» (vgl. Rudolf & Müller, 2012, S. 318). Bei der in der vorliegenden Untersuchung eingesetzten orthogonalen Rotationstechnik Varimax wird die erwünschte Einfachstruktur (simple structure) dadurch erreicht, dass «die Faktoren so rotiert [werden], dass die Varianz der quadrierten Ladungen pro Faktor maximiert wird» (Backhaus et al., 2018, S. 420), ohne dass die Gesamtvarianzaufklärung der Faktoren verändert wird.

Bei der Interpretation lautet die zu beantwortende Frage bei der Hauptkomponentenanalyse: «Wie lassen sich die auf einen Faktor hoch ladenden Variablen durch einen Sammelbegriff zusammenfassen?» (Backhaus et al., 2018, S. 413, Hervorhebungen im Original). Die Kommunalitäten, die Angaben zum Anteil der Varianz der entsprechenden Variablen, der durch die Faktoren gemeinsam aufgeklärt wird, sowie die Faktorladungen, die angeben, wie stark die jeweiligen Variablen mit dem entsprechenden Faktor korrelieren (vgl. Bortz & Schuster,

2010, S. 293), dienen hierbei als wichtigstes Hilfsmittel: Je höher die diesbezüglichen Werte einer Variable ausfallen, desto gewichtiger ist deren Beitrag zur inhaltlichen Bestimmung des entsprechenden Faktors (vgl. Abschnitt 7.4.1).

Nach der Festlegung der Faktorenzahl und deren inhaltlichen Bestimmung richtete sich in der vorliegenden Analyse die Aufmerksamkeit auf die Faktorwerte, die darüber Auskunft gaben, in welchem Ausmaß die in den drei Hauptkomponenten verdichteten Merkmale bei den einzelnen Elternteilen aufgetreten waren. Die Faktorwerte ermöglichten somit die Bestimmung der Position jedes Elternteils im dreidimensionalen Raum, der durch die Komponenten aufgespannt wurde, und bildeten die Grundlage zur Identifizierung von Gruppen unter den Elternteilen bezüglich der Gemeinsamkeiten und Unterschiede, die sie in ihrem verbal-appellativen Motivierungshandeln während der Übertrittszeit gezeigt hatten.

6.4.4.2 Gruppierung der Elternteile gemäß ihrem Stil verbaler Motivierung mit k-means Clustering

Clusteranalyse ist ein Sammelbegriff für eine Reihe von Algorithmen, die dem Aufsuchen von Subgruppen in einem Datensatz dienen: «Die durch einen festen Satz von Merkmalen beschriebenen Objekte (Personen oder andere Untersuchungsobjekte) werden nach Maßgabe ihrer Ähnlichkeit [bzw. ihrer Unähnlichkeit oder Distanz] in Gruppen (Cluster) eingeteilt, wobei die Cluster intern möglichst homogen und extern möglichst gut voneinander separierbar sein sollen» (Bortz & Schuster, 2010, S. 453). Während die explorative Faktorenanalyse ein heuristisches Verfahren zur Reduktion der Anzahl Variablen darstellt, dient die Clusteranalyse der Reduktion der Anzahl Objekte bzw. Fälle, die zur Mustererkennung in Betracht gezogen werden müssen (vgl. Wendler & Gröttrup, 2016, S. 677; Wiedenbeck & Züll, 2010, S. 525).

Die clusteranalytischen Verfahren lassen sich einerseits nach den Gruppierungsprinzipien und andererseits nach den eingesetzten Distanz- bzw. Ähnlichkeitsmaßen (proximity measures) unterscheiden. Bei den häufig eingesetzten agglomerativen hierarchischen Verfahren repräsentieren die Objekte zu Beginn je ein eigenes Cluster. Nachdem die paarweisen Distanzen zwischen ihnen allen ermittelt sind, werden sukzessive jeweils jene beiden fusioniert, die die geringste Distanz bzw. größte Ähnlichkeit aufweisen, wobei sich die Clusterzahl stetig um 1 reduziert, bis schließlich alle Objekte in einem gemeinsamen Cluster zusammengefasst sind. Bei den selten eingesetzten divisiven hierarchischen Verfahren ist das Vorgehen umgekehrt: Aus einem anfänglichen Gesamtcluster werden hier schrittweise Teilcluster aufgeteilt bis keine weitere Verfeinerung mehr möglich ist und homogene Gruppen resultieren (vgl. Bortz & Schuster, 2010, S. 459). In

Baumdiagrammen, sog. Dendogrammen, lassen sich bei hierarchischen Verfahren die Reihenfolge und die Distanzmaße der Fusionierungen bzw. der Aufteilungen der Cluster visualisieren und ermöglichen so neben anderen Prüfverfahren die Festlegung einer angemessenen Zahl an Gruppen. Abgesehen vom Umstand, dass die Anzahl der Cluster nicht vorab festgelegt werden muss, besteht ein weiterer Vorteil hierarchischer Algorithmen darin, dass die Position der Objekte im Datensatz keine Rolle spielt und zu Beginn alle gleichermaßen von der Prozedur erfasst werden. Die Nachteile sind insbesondere darin zu sehen, dass die einmal vollzogene Zuordnung eines Objekts zu einem Cluster in diesem hierarchisierenden Verfahren nicht mehr rückgängig gemacht bzw. justiert werden kann. Ebenso gestaltet sich der sukzessive paarweise Vergleich der Distanzen zwischen allen Objekten vor allem bei großen Datensätzen als zeitaufwändig. Und schließlich gilt als weitere Einschränkung, dass die stetigen Variablen in normalverteilter Form vorliegen sollten (vgl. Wendler & Gröttrup, 2016, S. 591). Diesen drei Einschränkungen lässt sich mit dem Einsatz nicht-hierarchischer partitionierender Gruppierungsmethoden begegnen. Bei diesen Verfahren besteht das grundlegende Prinzip darin, dass eine bestimmte Anzahl k Cluster vorgegeben wird und jedes Objekt einem dieser initialen Gruppen zugeordnet wird. Danach werden nach festgelegten Kriterien die Zuordnungen der Objekte zu den Clustern so lange verändert, bis die Qualität der Klassifizierung der Objekte nicht mehr weiter verbessert werden kann (vgl. Bortz & Schuster, 2010, S. 461). Bei k-means, dem Verfahren, welches im vorliegenden Projekt zum Einsatz kam, muss zuerst die Anfangspartition mit k Clustern erzeugt werden, was mit einer Festlegung der Werte für k und für die initialen Clusterzentren einhergeht. IBM SPSS Statistics 25 und IBM SPSS Modeler 18, die Softwarepakete, die dafür herangezogen wurden, übernehmen Letzteres, wobei die initialen Zentren ausgehend von den Werten des ersten Eintrages im Datensatz ermittelt werden. Die Position der Objekte im Datenfile spielt hier demnach eine Rolle. Bortz und Schuster (2010, S. 466) empfehlen, unterschiedliche Startpartitionen zu erzeugen, «welche die Reihenfolge der Cluster und der Objekte innerhalb der Cluster variieren», um dann jene Lösung auszuwählen, welche sich am häufigsten ergibt. Sodann muss der Parameter k – die für den Datensatz passende Anzahl Cluster – von den Anwender*innen selbst experimentell ermittelt werden. Dazu führt man die Prozedur je nach Größe des Datensatzes seriell mit zwei bis ca. acht Clustern durch und entscheidet sich danach aufgrund der Silhouettenwerte der verschiedenen Lösungen sowie inhaltlicher Überlegungen für die angemessenste Clusterzahl. Ausgehend von den definierten initialen Clusterzentren berechnet die eingesetzte Software die quadrierte euklidische Distanz zwischen allen Objekten und jedem Clusterzentrum und ordnet erstere jeweils jenem Schwerpunkt zu, zu

6.4 Auswertungsstrategien

dem diese die geringste Distanz aufweisen. Die durch die Verschiebung veränderten Clusterschwerpunkte werden nun neu berechnet und die Objekte wiederum nach denselben Kriterien den jeweils aktuellen Zentren zugeordnet. Die Prozedur endet, wenn entweder eine vorab festgelegte Zahl an Iterationen erreicht ist oder sich bei der Berechnung der Clusterschwerpunkte keine Änderung mehr ergibt (vgl. Bortz & Schuster, 2010, S. 461; Wendler & Gröttrup, 2016, S. 640–641).

Die Faktorwerte, die nach der Hauptkomponentenanalyse in z-standardisierter Form für jeden Elternteil vorlagen, dienten im vorliegenden Projekt als Datengrundlage für die Gruppierung der Fälle nach dem k-means-Verfahren (vgl. Abschnitt 7.4.2). Die Festlegung der Anzahl Cluster ebenso wie die Suche nach der angemessensten Startpartition erfolgten in der oben beschriebenen experimentellen Weise: Zur Lösung des letzteren Problems wurde die Reihenfolge der Fälle im Datensatz variiert und schließlich die anfängliche, nach der Fallnummer geordnete Reihenfolge beibehalten, nachdem sich deren Lösung in fast jedem Durchlauf des Algorithmus bestätigt hatte. Zur Festlegung der Clusterzahl wurde die Software IBM SPSS Modeler 18 hinzugezogen. Die Qualität der Modelle mit unterschiedlichen Werten für k ist in diesem Programm an der Silhouette Ranking Measure ablesbar, einem Maß für die Kohäsion in den Clustern und die Trennung zwischen den Clustern, welches auf der Basis des Silhouettenkoeffizienten[11] ermittelt wird (vgl. Wendler & Gröttrup, 2016, S. 612). Werte bis 0.25 werden als «schlecht», solche bis 0.50 als «mittel» und solche darüber als «gut» ausgewiesen.

Abbildung 6.2 visualisiert die Veränderung der Silhouettenwerte in einem Liniendiagramm, die k-means für den vorliegenden Datensatz in Abhängigkeit der gewählten Clusterzahl zwischen 2 und 10 ausgibt (für die exakten Silhouettenwerte pro Clusterzahl vgl. Tabelle 9.6 im Anhang): Es zeigt sich, dass ab einer Clusterzahl von $k = 3$ zwar grundsätzlich eine qualitativ hochwertige Gruppierung der Fälle vorliegt (Silhouettenwert von 0.5377), sich Kohäsion und Separation aber mit einer Clusterzahl von $k = 4$ weiter steigern lassen (0.5968), bevor diese bei $k = 5$ Clustern wieder zurückgehen (0.5642), und erst bei einer Clusterzahl von $k = 7$ schließlich wieder höher ausfallen (0.6126) als bei einer Zahl von $k = 4$.

---

[11] «The ranking measure is actually a modified silhouette coefficient, which combines the concepts of cluster cohesion (favoring models which contain tightly cohesive clusters) and cluster separation (favoring models which contain highly separated dusters). The average Silhouette coefficient is simply the average over all cases of the following calculation for each individual case: $(B - A) / \max(A, B)$, where A is the distance from the case to the centroid of the cluster which the case belongs to; and B is the minimal distance from the case to the centroid of every other cluster.» (IBM, 2019, S. 70)

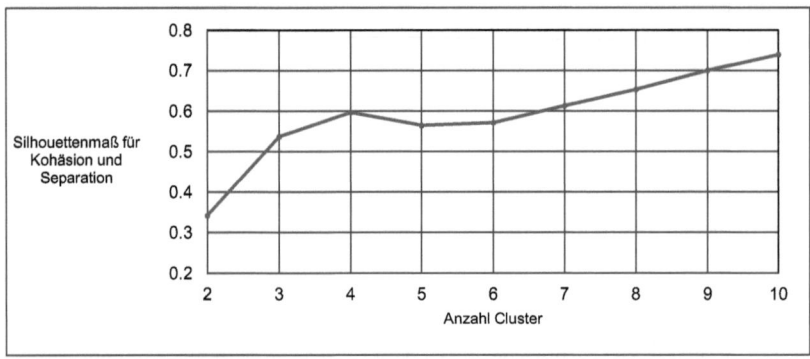

Abbildung 6.2 Verlauf der Silhouettenwerte in Abhängigkeit der Clusterzahl

Eine Lösung mit vier Typen schulbezogener verbal-appellativer Motivierung von Eltern bei einem unklaren Übertrittsentscheid erwies sich nicht nur bezüglich des «Ellenbogen-Prinzips» und inhaltliche Überlegungen, sondern auch mit Blick auf weitere Kennzahlen als geeignetste und plausibelste Lösung (vgl. Anhang, Abbildung 9.2): Die in drei Iterationen stabilisierte Lösung mit besagter Eingangspartitionierung weist relativ ausgeglichene Indices zwischen 2.134 und 2.676 für die Distanzen zwischen den Clusterzentren auf und die ANOVA-Tabelle belegt, dass alle drei grundlegenden Dimensionen bzw. Komponenten einen signifikanten Einfluss darauf ausgeübt haben, in welche Gruppe die Elternteile einsortiert wurden. Die Cluster weisen sodann verhältnismäßig ausgeglichene Fallzahlen auf: Während Cluster 4 mit sechs Elternteilen einen Drittel der Fälle beinhaltet, verteilen sich die restlichen Zweidrittel auf die übrigen drei Cluster 1, 2 und 3 mit Fallzahlen von fünf, vier und drei Elternteilen (vgl. Abschnitt 7.4.2).

6.4.4.3 Konfigurations- und Zusammenhangsanalysen bezüglich Merkmalen der Eltern, des Kindes und der Familie und den Typen des elterlichen verbalen Motivierens

Im letzten Analyseschritt ging es darum zu überprüfen, inwiefern sich bei den vier gruppenspezifischen Motivierungsstilen bestimmte Bedingungsmuster erkennen ließen (vgl. Fragestellung 4.4). Von Interesse war, wie die Cluster bezüglich einzelner Charakteristiken der Eltern-Kind-Dyaden konfiguriert waren und ob zwischen diesen Merkmalen und den Typen schulbezogenen verbal-appellativen Motivierens, welche die jeweiligen Elternteile in der Übertrittszeit praktiziert hatten, Zusammenhänge feststellbar waren.

6.4 Auswertungsstrategien

Zur Aufdeckung allfälliger Kontingenzen zwischen der (nominalskalierten) Clusterzugehörigkeit und weiterer kategorialer Merkmale der Eltern (vgl. Tabelle 3.2, Tabelle 4.1, Tabelle 4.2 und Tabelle 4.5), der Kinder (vgl. Tabelle 4.4) oder der ganzen Familie (vgl. Tabelle 4.3) wurden Kreuztabellierungen vorgenommen. Mit Kontingenztabellen lassen sich die absoluten und relativen Häufigkeiten der Ausprägungskombinationen grafisch darstellen und bezüglich allfälliger Zusammenhänge explorieren. Die nichtparametrische Chi-Quadrat-Teststatistik ermöglicht es sodann, auf der Grundlage der Differenz zwischen den empirisch beobachteten und den erwarteten Häufigkeiten Aussagen über das Vorliegen und die Stärke eines statistischen Zusammenhangs zu treffen (vgl. Eckstein, 2012, S. 153). Die Erwartungswerte in den einzelnen inneren Tabellenzellen, die sich aus der Randverteilung und der Gesamtzahl der Fälle (Zeilensumme * Spaltensumme / Gesamtsumme) berechnen lassen (vgl. Backhaus et al., 2018, S. 347), drücken aus, wie häufig die betreffende Ausprägungskombination auftreten müsste, wenn Unabhängigkeit bzw. kein Zusammenhang zwischen beiden Variablen vorläge (vgl. Akremi & Baur, 2010, S. 173). Aus den Residuen der tatsächlichen Häufigkeiten und den Häufigkeiten der Indifferenzmatrix – so die Logik des Chi-Quadrat-Unabhängigkeitstests – lässt sich Größe und Art des statistischen Zusammenhangs ermessen: «Je größer die Residuen im Verhältnis zur Gesamtzahl der Befragten sind, desto größer ist der Zusammenhang» (Akremi & Baur, 2010, S. 174).

In Anbetracht der kleinen Stichprobe von weniger als 20 Fällen sowie geringen und teilweise unausgewogenen Zellbesetzungen musste in der vorliegenden Untersuchung allerdings (zusätzlich) auf die wesentlich voraussetzungsfreieren, nicht auf der asymptotischen Prüfverteilung beruhenden exakten Tests nach Freeman-Hallmann zurückgegriffen werden (vgl. Hartung, Elpelt & Klösener, 2009, S. 414; Janssen & Laatz, 2017, S. 816), welche von der Software IBM SPSS 25 angeboten werden und sich grundsätzlich auf beliebige Tabellenformate anwenden lassen (vgl. Mehta & Patel, 1996). Im Gegensatz zum Chi-Quadrat-Test basieren exakte Tests nicht auf bekannten theoretischen Verteilungen, sondern es wird die Wahrscheinlichkeit berechnet, mit der Kontingenztabellen mit gleichen Randsummen und gleichem Tabellenformat wie die tatsächlich beobachtete durch Zufall (Nullhypothese) auftreten. Bei genügend kleinem p-Wert wird die Nullhypothese H0 verworfen (vgl. Hartung et al., 2009, S. 414):

> Im ersten Schritt wird die Prüfgröße χ2 für alle denkbar möglichen Kreuztabellen berechnet, die die gleiche Zeilen- und Spaltenanzahl und die gleichen Randsummenhäufigkeiten haben wie die als Stichprobe vorliegende empirische Kreuztabelle. Im nächsten Schritt werden alle Tabellen identifiziert, deren Prüfgröße χ2 gleich

bzw. größer ist als die der vorliegenden empirischen Tabelle. Die Häufigkeiten dieser Tabellen reflektieren noch stärkere Abweichungen von der H0-Hypothese als die der empirischen Tabelle. Für jede dieser so bestimmten Tabellen wird dann die (hypergeometrische) Wahrscheinlichkeit ihres Auftretens berechnet. Die exakte Wahrscheinlichkeit P ergibt sich als Summe dieser Einzelwahrscheinlichkeiten. (Janssen & Laatz, 2017, S. 813–814)

Der p-Wert ist somit die Wahrscheinlichkeit, mit der durch Zufall die empirische oder eine noch unwahrscheinlichere Kontingenztabelle mit gleichen Randsummen auftritt. Bei einem p-Wert kleiner oder gleich dem Signifikanzniveau von $\alpha = .05$ wird die Alternativhypothese H_1 angenommen, andernfalls wird die H0 beibehalten.

Bei sehr kleinen Stichproben besteht allerdings ein großes Risiko, einen β-Fehler bzw. einen Fehler zweiter Art zu begehen. Damit ist gemeint, dass man fälschlicherweise eine Nullhypothese beibehält und die eigentlich zutreffende Alternativhypothese verwirft:

[Mit der Verwendung exakter Tests] ist das Risiko erster Art [d.h. fälschlicherweise eine H_1 anzunehmen] exakt unter Kontrolle, aber das Risiko für einen Fehler zweiter Art bleibt dasselbe. Die Konsequenz daraus ist: Ergibt eine kleine Stichprobe ein signifikantes Ergebnis für H_1, ist das Risiko eines Fehlers erster Art ebenso gering als hätten wir eine große Stichprobe untersucht. Müssen wir dagegen H0 beibehalten, kann man bei großen und mittleren Stichproben von einem geringen Fehlerrisiko zweiter Art ausgehen, bei kleinen dagegen ist dieses Fehlerrisiko sehr groß. Man sollte daher, wenn die deskriptiven Daten einer Untersuchung mit geringer Fallzahl für eine Hypothese sprechen, nicht voreilig die Hypothese verwerfen, wenn diese nicht signifikant abzusichern ist. Die Praxis, statistisch nicht signifikante Ergebnisse aus kleinen Stichproben nicht zu publizieren, lässt viele relevante Forschungsergebnisse verschwinden. (Janssen & Laatz, 2017, S. 318–319)

Den Bedenken wurde in der vorliegenden Studie so zu begegnen versucht, dass wenigstens beim Vorliegen vergleichsweise kleiner, aber über dem α-Niveau liegender p-Werte zusätzlich in den zugrundeliegenden qualitativen Originaldaten danach gesucht wurde, ob die Elternteile in den entsprechenden Interviewstellen selbst explizit einen Zusammenhang zwischen dem betreffenden Merkmal und ihrem eigenen Motivierungshandeln hergestellt hatten. Sodann wurden bei knapp nicht signifikanten Ergebnissen des exakten Tests auch die Werte des auf der Chi-Quadrat-Statistik beruhenden Assoziationsmaßes Cramers V in Augenschein genommen: Ein zwar knapp nicht signifikanter, aber starker Zusammenhang konnte bei der vorliegenden kleinen Stichprobe als Hinweis gedeutet werden,

6.4 Auswertungsstrategien

dass relevante unterschiedliche Verteilungsmuster zwischen den Clustern vorlagen, denen nochmals genauer nachgegangen werden sollte. Cramers V ist ein Index, der für beliebig große Tabellen ermittelt werden kann, bei einer fehlenden Assoziation den Wert 0 aufweist und stets verhältnismäßig einfach interpretierbar bleibt, weil er – anders als der Phi-Koeffizient – den Maximalwert von 1 nicht überschreitet (vgl. Backhaus et al., 2018, S. 351; Janssen & Laatz, 2017, S. 269–270). Generell gilt die Faustregel, «dass ein Wert größer als 0.3 eine Stärke der Abhängigkeit anzeigt, die mehr als trivial ist» (Backhaus et al., 2018, S. 350).

Mit Blick auf die Befunde, welche die empirische Forschung zum Zusammenhang zwischen verschiedenen Bedingungsmerkmalen und dem Motivierungshandeln von Eltern erarbeitet hat (vgl. Abschnitt 4.2), wurden die folgenden 15 Variablen bezüglich der vier Cluster auf Unabhängigkeit untersucht (vgl. Abschnitt 7.4.3):

1. Merkmale der Elternteile
a) Geschlecht
H0: Es gibt keinen Zusammenhang zwischen dem Geschlecht der Elternteile und dem Typ ihres verbal-appellativen Motivierungshandelns.
b) Wöchentlicher außerhäuslicher Beschäftigungsgrad (vgl. Tabelle 4.1)
(tief: 0–15h, vs. mittel: 16–29h, vs. hoch: >31h)
H0: Es gibt keinen Zusammenhang zwischen dem Grad an wöchentlicher außerhäuslicher Arbeitszeit der Elternteile und dem Typ ihres verbal-appellativen Motivierungshandelns.
c) Schulabschluss (vgl. Tabelle 4.1)
(Sekundarstufe I, Grundanforderungen vs. Sekundarstufe I, Erweiterte Anforderungen vs. Sekundarstufe II)
H0: Es gibt keinen Zusammenhang zwischen dem Schulabschluss der Elternteile und dem Typ ihres verbal-appellativen Motivierungshandelns.
d) Valenz der unmittelbaren Zuteilung zur erwünschten Abteilung (vgl. Tabelle 3.2)
(tief vs. hoch vs. sehr hoch)
H0: Es gibt keinen Zusammenhang zwischen dem Grad der Valenz der Elternteile bezüglich einer unmittelbaren Zuteilung ihres Kindes zur aspirierten Abteilung und dem Typ ihres verbal-appellativen Motivierungshandelns.
e) Kontrolleinschätzung bezüglich unmittelbarer Zuteilung zur erwünschten Abteilung (vgl. Tabelle 3.2)
(tief vs. hoch)
H0: Es gibt keinen Zusammenhang zwischen dem Grad der Kontrolleinschätzung der Elternteile bezüglich einer unmittelbaren Zuteilung ihres Kindes zur

aspirierten Abteilung und dem Typ ihres verbal-appellativen Motivierungshandelns.

f) Wahrnehmung des wert- und kontrollbezogenen Regulationsbedarfs beim Kind (vgl. Tabelle 4.5)
(tief vs. hoch)
H0: Es gibt keinen Zusammenhang zwischen der Wahrnehmung der Elternteile eines wert- und kontrollbezogenen Regulationsbedarfs beim Kind und dem Typ ihres verbal-appellativen Motivierungshandelns.

g) Überzeugung, dass Begabung in Mathematik veränderbar sei (vgl. Tabelle 4.5)
(unterdurchschnittlich vs. durchschnittlich; $M = 2.76$, $SD = .47$)
H0: Es gibt keinen Zusammenhang zwischen dem Grad der Überzeugung der Elternteile, wonach Begabung in Mathematik durch geeignete didaktische Maßnahmen und Wissenszuwachs veränderbar sei, und dem Typ ihres verbal-appellativen Motivierungshandelns.

h) Überzeugung, dass geringe Begabung in Mathematik durch Anstrengung kompensierbar sei (vgl. Tabelle 4.5)
(unterdurchschnittlich vs. durchschnittlich; $M = 2.29$, $SD = .42$)
H0: Es gibt keinen Zusammenhang zwischen dem Grad der Überzeugung der Elternteile, wonach geringe Begabung in Mathematik durch willentliche Anstrengung des Kindes veränderbar sei, und dem Typ ihres verbal-appellativen Motivierungshandelns.

2. Merkmale der Kinder

a) Geschlecht (vgl. Tabelle 4.4)
H0: Es gibt keinen Zusammenhang zwischen dem Geschlecht der Kinder und dem Typ des verbal-appellativen Motivierungshandelns der Elternteile.

b) Noten in Mathematik (vgl. Tabelle 4.4)
(«ungenügend» bis «genügend» vs. «mäßig» bis «gut»)
H0: Es gibt keinen Zusammenhang zwischen den Zeugnisnoten der Kinder in Mathematik und dem Typ des verbal-appellativen Motivierungshandelns der Elternteile.

c) Noten in Deutsch (vgl. Tabelle 4.4)
(«ungenügend» bis «genügend» vs. «mäßig» bis «gut»)
H0: Es gibt keinen Zusammenhang zwischen den Zeugnisnoten der Kinder in Mathematik und dem Typ des verbal-appellativen Motivierungshandelns der Elternteile.

d) Definitive Zuteilung in eine der beiden Abteilungen der Sekundarschule (vgl. Tabelle 3.2)
(Abteilung B vs. Abteilung A)

6.4 Auswertungsstrategien

H0: Es gibt keinen Zusammenhang zwischen dem Typ des verbal-appellativen Motivierungshandelns der Elternteile und der definitiven Zuteilung ihrer Kinder zu einer der beiden Abteilungen der Sekundarschule.

3. Merkmale der Familien
a) Lernvoraussetzungen (vgl. Tabelle 4.3)
(eher unterprivilegiert vs. eher privilegiert)
H0: Es gibt keinen Zusammenhang zwischen den ökonomischen, kulturellen und sozialen Ressourcen der Familie und dem Typ des verbal-appellativen Motivierungshandelns der Elternteile.
b) Migrationsstatus (vgl. Tabelle 4.3)
(alle Familienmitglieder in der Schweiz geboren vs. Kind und ein Elternteil in der Schweiz geboren vs. Kind und Eltern im Ausland geboren)
H0: Es gibt keinen Zusammenhang zwischen dem Migrationsstatus der Familie und dem Typ des verbal-appellativen Motivierungshandelns der Elternteile.
c) Soziokulturelles Milieu (vgl. Tabelle 4.3)
(vorstädtisch vs. städtisch)
H0: Es gibt keinen Zusammenhang zwischen dem soziokulturellen Milieu der Familie (Wohnort) und dem Typ des verbal-appellativen Motivierungshandelns der Elternteile.

Im Hinblick auf die abschließende Erörterung und Diskussion der ermittelten vier Typen verbal-appellativen Motivierungshandelns (vgl. Abschnitt 8.2) wurden die Konfigurationen der einzelnen Cluster hinsichtlich derjenigen Eltern-, Kind- und Familienmerkmale, bei denen ein signifikanter Zusammenhang zur Clusternummer statisch abgesichert werden konnte, ferner in einer tabellarischen Übersicht dargestellt (vgl. Tabelle 7.20). Anders als die Kreuztabellen gewährt diese Zusammenstellung einen Einblick in den konkreten Beitrag, den die individuellen Eltern-Kind-Dyaden an der Merkmalskonfiguration ihres jeweiligen Clusters geleistet hatten.

Open Access Dieses Kapitel wird unter der Creative Commons Namensnennung 4.0 International Lizenz (http://creativecommons.org/licenses/by/4.0/deed.de) veröffentlicht, welche die Nutzung, Vervielfältigung, Bearbeitung, Verbreitung und Wiedergabe in jeglichem Medium und Format erlaubt, sofern Sie den/die ursprünglichen Autor(en) und die Quelle ordnungsgemäß nennen, einen Link zur Creative Commons Lizenz beifügen und angeben, ob Änderungen vorgenommen wurden.

Die in diesem Kapitel enthaltenen Bilder und sonstiges Drittmaterial unterliegen ebenfalls der genannten Creative Commons Lizenz, sofern sich aus der Abbildungslegende nichts anderes ergibt. Sofern das betreffende Material nicht unter der genannten Creative Commons Lizenz steht und die betreffende Handlung nicht nach gesetzlichen Vorschriften erlaubt ist, ist für die oben aufgeführten Weiterverwendungen des Materials die Einwilligung des jeweiligen Rechteinhabers einzuholen.

Ergebnisse 7

In Abschnitt 5.8 wurden die Fragestellungen formuliert, denen im vorliegenden Ergebnisteil nachgegangen werden soll: Die Abschnitte 7.1 und 7.2 und die entsprechenden Unterkapitel stellen die Ergebnisse der fallübergreifenden, niedrig-inferenten Analysen zu den Gestaltungsmerkmalen der von den 20 Eltern berichteten Wert- und Kontrollregulationen vor (Fragestellungen 1 und 2). In Abschnitt 7.3 und dessen untergeordneten Kapiteln werden die Befunde der auf Ratings beruhenden fallspezifischen Analysen hinsichtlich der Stilelemente erörtert, die die 18 individuellen Elternteile in ihren verbalen Wert- und Kontrollregulationen erkennen ließen (Fragestellung 3). Abschnitt 7.4 und seine Unterkapitel stellen schließlich die auf einer Hauptkomponentenanalyse beruhende und mittels des k-means-Clustering-Verfahrens gebildete «Typologie elterlichen verbal-appellativen Motivierungshandelns während der unsicheren Übertrittszeit» vor (Fragestellung 4) und erläutern die Charakteristika jedes der dabei identifizierten Typen. Zu Beginn jedes Kapitels wird jeweils nochmals kurz an die zur Klärung der entsprechenden Fragestellungen entwickelten Kategoriensysteme und Einschätzungsskalen erinnert (vgl. Abschnitt 6.4.2 und Abschnitt 6.4.3). Am Schluss der einzelnen Kapitel werden sodann die wichtigsten Ergebnisse der jeweiligen Analysen in einem farblich hervorgehobenen Feld nochmals prägnant zusammengefasst.

Elektronisches Zusatzmaterial Die elektronische Version dieses Kapitels enthält Zusatzmaterial, das berechtigten Benutzern zur Verfügung steht
https://doi.org/10.1007/978-3-658-33062-0_7.

7.1 Gestaltungsmerkmale der verbalen Bedeutsamkeitszuschreibungen der Eltern

Das vorliegende Kapitel legt das Augenmerk auf die verbal-appellativen Handlungen, mit denen die 20 Eltern nach eigenen Aussagen versucht haben, die Werteinschätzung des Kindes bezüglich schulischer Aktivitäten zu justieren. Die Hauptfragestellung 1 lautet:

Wie gestalten die 20 Elternteile im Kontext eines unklaren Übertrittsentscheids in die Sekundarstufe I ihre verbal-appellativen Wertregulationen bzw. Bedeutsamkeitszuschreibungen?

In den 194 extrahierten diesbezüglichen Episoden deklarieren die Elternteile gegenüber ihrem Kind, welche schulbezogenen Ziele (z. B. die Hausaufgaben zeitig erledigen, den Übertritt in die Abteilung A schaffen) es als bedeutsam erachten soll und bringen auf der Grundlage ihrer eigenen task values mehr oder weniger deutlich zum Ausdruck, inwiefern die betreffenden Ziele bedeutsam seien (vgl. Abschnitt 5.6).

Der Frame zur Paraphrasierung der wertbezogenen Originalstellen (vgl. Abschnitt 6.4.2) lautete:

«Merke dir: Es ist bedeutsam, dass du ... [(A) schulischer task, den das Kind verwirklichen soll], weil du ... [(B) vom Elternteil zum Ausdruck gebrachter task value]».

Mit Großbuchstaben und mit Klammern sind diejenigen Komponenten des Frames hervorgehoben, die variabel sind und mit Blick auf die wörtlichen Äußerungen des Elternteils im Zuge des Codierprozesses so verbalisiert werden mussten, dass sie das vom Elternteil Gemeinte (die Intentionen, die ihren Originaläußerungen zugrunde lagen) möglichst angemessen abbildeten. Anhand der wertbezogenen Originalstelle M163 (vgl. Anhang, Tabelle 9.1) aus dem Interview mit dem Elternteil Z11 sei dies nochmals illustriert (vgl. auch die Beispiele in Abschnitt 5.6).

Die Originalstelle lautete:

I: Wie reagieren Sie, wenn K15 mal keine Lust hat, die Hausaufgaben zu machen?
Z11: Hm. (...) Ja, dann sage ich: **«Jetzt machst du halt mal eine Pause, rasch. Oder machst halt eine halbe Stunde mal etwas anderes. Und dann machst du halt nachher weiter.»** Anstatt zum Beispiel jetzt eben manchmal sie /halt/ auch- Sie sagt ja dann nicht, dass sie keine Lust hat, sondern es ist dann einfach, dass sie dann irgendwie zwei Stunden im Zimmer sitzt. Und wenn du hoch gehst, dann ist sie immer noch an den Hausaufgaben. Obwohl sie eigentlich sagte, sie habe überhaupt nicht so viele Hausaufgaben, /oder/. Und dann, wenn ich dann frage: «Ja, ähm. Jetzt hast du doch gesagt, du hättest nicht

7.1 Gestaltungsmerkmale der verbalen ... 353

viele Hausaufgaben. Und jetzt bist du schon seit zwei Stunden da in diesem Zimmer und machst Hausaufgaben?» Dann heißt es: «Ja. Nein. Ich habe eben noch ein bisschen Musik gehört.» Oder so was. Ja. **Dann sag ich manchmal auch: «Dann mach doch wenigstens einfach eine halbe Stunde überhaupt nichts. Oder mach einfach irgendetwas, worauf du Lust hast. Und dann sitzt du dann wirklich an die Hausaufgaben.»** Weil sonst kann es nämlich bis zu drei- drei, vier Stunden gehen und dann ist aber immer noch nicht fertig, /oder/. (Z11, Episode M163, vgl. Anhang, Tabelle 9.1)

In den Frame übersetzt lautet die fett hervorgehobene elterliche Wertregulation[1] der Episode M163 folgendermaßen (vgl. Anhang, Tabelle 9.2):

«Merke dir: Es ist bedeutsam, dass du deine Hausaufgaben in klare Arbeits- und Pausenphasen unterteilst (A), weil du sonst stundenlang dran bist (B).»

Es ist das im Beispiel unterstrichene und mit der Originalstelle korrespondierende «Füllmaterial» (Filling) der variablen Komponenten A und B, an dem die Inhaltsanalysen zur Beantwortung der meisten Teilfragen zur Hauptfragestellung 1 ansetzten.

Zu Komponente A:

1.1. Zu welchen konkreten lern- und leistungsthematischen Zielen berichten die Elternteile von eigenen wertbezogenen verbal-appellativen Regulationen gegenüber ihren Kindern?
1.2. Wie verteilen sich die in den 194 wertbezogenen Episoden fokussierten Lern- und Leistungsziele, wenn sie nach Zielbereichen geordnet werden, die aus den vier Kompetenzklassen nach Erpenbeck und von Rosenstiel (2003) (vgl. Abschnitt 2.2.2.1) sowie der Kategorie «Leistungsergebnis» gebildet wurden?

Zu Komponente B:

1.3. Welche konkreten Argumente führen die Elternteile in den 194 wertbezogenen Episoden den Kindern als Begründung der Bedeutsamkeit schulischer Lern- und Leistungsziele vor Augen?
1.4. Wie verteilen sich die in den 194 Motivierungsepisoden eingesetzten Argumente, wenn sie nach Begründungstypen geordnet werden, die aus den

---

[1]Man beachte, dass sich im selben Textsegment auch die Kontrollregulation F080 findet, welche sich an folgender Aussage festmachen lässt: «*Ja, ähm. Jetzt hast du doch gesagt, du hättest nicht viele Hausaufgaben. Und jetzt bist du schon seit zwei Stunden da in diesem Zimmer und machst Hausaufgaben?*» (vgl. Anhang, Tabelle 9.3 und Tabelle 9.4).

Dimensionen Valenz (positiv vs. negativ), Aufgabenwert (Wesentlichkeit und Zweckmäßigkeit) sowie Lokus (internal vs. external) gebildet wurden (vgl. Abbildung 5.4)?

In einem weiteren Schritt wurden die 194 geframten Aussagen als Ganzes untersucht und die Häufigkeit bestimmter Kombinationen der Ausprägungen von Komponente A und Komponente B analysiert:

1.5. Zu welchen Begründungstypen greifen die 20 Elternteile in den vorgefundenen Handlungsepisoden am häufigsten, wenn sie ihren Kindern die Bedeutsamkeit einer bestimmten Klasse von Lern- und Leistungszielen zu vermitteln suchen?

Den Fragestellungen 1.1 und 1.2 widmet sich das Abschnitt 7.1.1. Die Fragestellungen 1.3 und 1.4 werden im Abschnitt 7.1.2 erörtert und die Befunde zur Frage 1.5 werden in Abschnitt 7.1.3 vorgestellt.

7.1.1 Lern- und leistungsbezogene Ziele, auf die die elterlichen Wertregulationen fokussieren

Zu welchen konkreten lern- und leistungsthematischen Zielen berichten die Elternteile von eigenen wertbezogenen verbal-appellativen Regulationen gegenüber ihren Kindern?

Wie verteilen sich die in den 194 wertbezogenen Episoden fokussierten Lern- und Leistungsziele, wenn sie nach Zielbereichen geordnet werden, die aus den vier Kompetenzklassen nach Erpenbeck und von Rosenstiel (2003) (vgl. Abschnitt 2.2.2.1) sowie der Kategorie «Leistungsergebnis» gebildet wurden?

Tabelle 7.1 und Tabelle 7.2 gewähren einen Überblick über die für die beiden Fragestellungen relevanten Befunde, die mittels strukturierender qualitativer Inhaltsanalysen in den Originaläußerungen sowie in den Fillings der Komponente A der geframten 194 wertbezogenen Episoden ermittelt wurden. In der zweiten Spalte der Tabelle 7.1 sind alle schulischen Ziele («Fokussierte Ziele») aufgelistet, die die Elternteile in lernthematischen Wertregulationen fokussiert haben. In Tabelle 7.2 sind an gleicher Stelle sodann alle Ziele aufgeführt, welche von den Elternteilen in verbalen Wertregulationen ins Blickfeld gerückt wurden, die einen leistungsthematischen Bezug aufwiesen.

Als «lernthematisch» werden hier jene Wertregulationen bezeichnet, die ein Ziel im Bereich der Hausaufgaben (HA), der Prüfungsvorbereitungen (PV), des

7.1 Gestaltungsmerkmale der verbalen ...

Unterrichts (U) oder aber des Lernens allgemein bzw. des Wissenserwerbs und der Wissensanwendung (L) fokussierten (vgl. Tabelle 7.1, Spalte 4). Als «leistungsthematisch» werden demgegenüber jene Wertregulationen bezeichnet, deren fokussierte Ziele sich auf Prüfungsergebnisse (P) oder aber auf den Übertritt (Ü) des Kindes bezogen (vgl. Tabelle 7.2, Spalte 4). Die Codierung der Thematik der Wertregulationen erfolgte mit Hilfe des in Abschnitt 6.4.2.1 dargestellten Kategoriensystems (vgl. Tabelle 6.5).

Wie in der letzten Zeile der Tabelle 7.2 ersichtlich, thematisierten die 194 Wertregulationen mengenmäßig in absteigender Reihenfolge Ziele im Bereich der Hausaufgaben (HA, 86 Episoden, 44.3 %), des Übertritts (Ü, 41 Episoden, 21.1 %), der Prüfungsergebnisse (P, 29 Episoden, 14.9 %), des Unterrichts (U, 18 Episoden, 9.3 %), des Vorbereitens von Prüfungen (PV, elf Episoden, 5.7 %) sowie des Lernens allgemein (L, neun Episoden, 4.7 %). Damit wurde in fast Zweidritteln aller codierten Wertregulationen ein Aspekt des Lernens (124 Episoden, 64.0 %) und in rund einem Drittel ein Aspekt des Leistens thematisiert (70 Episoden, 36.0 %).

Mit verbalen Wertregulationen versuchen die Eltern, die Bedeutsamkeitseinschätzung ihres Kindes hinsichtlich bestimmter schulischer Ziele – bestimmter Handlungsweisen und bestimmter Leistungsergebnisse, die sie selber als erstrebenswert erachten und/oder von denen sie glauben, dass schulische Akteure sie als erwünscht erachten (vgl. Abschnitt 2.2) – verbal zu optimieren. Die Handlungsweisen, auf die diese Optimierungsversuche abzielen, lassen sich als Ausdruck von Kompetenzen bzw. von Dispositionen selbstorganisierten Handelns des Kindes verstehen (vgl. Abschnitt 2.2.2.1) und somit Kompetenzklassen zuweisen.

Zur Klärung der Frage, welchen Kompetenzbereichen sich die von den Elternteilen konkret angestrebten Handlungen zuordnen lassen, wurde auf der Basis der von Erpenbeck und von Rosenstiel (2003, S. XV–XVII) vorgeschlagenen Klassifikation ein Kategoriensystem geschaffen: Wie in Tabelle 6.6 ersichtlich (vgl. Abschnitt 6.4.2.1), definiert dieses «Zielbereiche, auf die sich die Wertregulationen beziehen» und besteht neben den von den beiden Autoren vorgeschlagenen vier Kompetenzbereichen (A: Personale Kompetenzen; B: Aktivitäts- und umsetzungsorientierte Kompetenzen; C: Fachlich-methodische Kompetenzen und D: Sozial-kommunikative Kompetenzen) aus einer fünften Kategorie (E: Leistungsergebnis), da Wertregulationen nicht nur auf Handlungs-, sondern auch auf Leistungsziele fokussieren können.

Auf der Grundlage dieses Kategoriensystems wurden die Fillings der Komponente A des Frames – d. h. die fokussierten lern- und leistungsthematischen Ziele der einzelnen Episoden – einer Feincodierung unterzogen. Die Zuweisungen zu

Tabelle 7.1 Ziele, welche die Elternteile in lernthematischen Wertregulationen fokussierten

Nr.	Fokussiertes Ziel	Anzahl Nennungen	Thema der Wertregulation*	Zielbereich**	Elternteil
1.01	sich bewusst sein, dass man für die Erledigung von Hausaufgaben selbst verantwortlich ist	1	HA	A	S12
1.02	die Wahrheit sagen bezüglich der Hausaufgabenerledigung	1	HA	A	R12
1.03	sich bewusst sein, dass Strukturen und Erwartungen der Klassenlehrkraft zum eigenen Vorteil sind	1	U	A	R12
1.04	jetzt (vor der Sekundarstufe) positive Einstellung gegenüber Hausaufgaben entwickeln	1	HA	A	M12
1.05	sich des eigenen Lernerfolgs bewusst sein und ihn genießen	1	HA	A	S11
1.06	dranbleiben an den Hausaufgaben, bis man die Sache begriffen hat	1	HA	B	D11
1.07	dranbleiben an den Hausaufgaben und sich konzentrieren, wenn die Eltern helfen	1	HA	B	Z22
1.08	mit Eltern üben, bis man es kann	1	PV	B	Z22

(Fortsetzung)

7.1 Gestaltungsmerkmale der verbalen … 357

Tabelle 7.1 (Fortsetzung)

Nr.	Fokussiertes Ziel	Anzahl Nennungen	Thema der Wertregulation*	Zielbereich**	Elternteil
1.09	auch bei Schwierigkeiten an Hausaufgaben dranbleiben	2	HA	B	R12/R12
1.10	zuvor abgemachte Zeit für den Arbeitsbeginn einhalten	1	HA	B	D11
1.11	daran denken, die Aufgabenhefte nach Hause zu bringen	1	HA	B	D12
1.12	sich mehr anstrengen	1	PV	B	Z31
1.13	sich mehr anstrengen und nicht so faul sein	1	HA	B	Z31
1.14	sich jetzt vor dem Übertritt mehr engagieren und die Freizeit etwas zurückstecken	1	HA	B	Z12
1.15	Hausaufgaben immer machen und nicht vergessen	1	HA	B	H11
1.16	auch am Wochenende mit Schulstoff beschäftigen	1	HA	B	R11
1.17	Hausaufgaben immer und möglichst sofort erledigen	1	HA	B	V12
1.18	bemüht sein, die Hausaufgaben in der zur Verfügung stehenden Zeit zu erledigen	2	HA	B	S12/Z31

(Fortsetzung)

Tabelle 7.1 (Fortsetzung)

Nr.	Fokussiertes Ziel	Anzahl Nennungen	Thema der Wertregulation*	Zielbereich**	Elternteil
1.19	im Unterricht immer dranbleiben und Anschluss nicht verlieren	4	U	B	S11/H11/M11/M11
1.20	sich im Unterricht Aufträge für Hausaufgaben merken	1	U	B	D11
1.21	sich im Unterricht mehr anstrengen und nicht minimalistisch sein	2	U	B	V12/Z11
1.22	dranbleiben und lernen	1	U	B	H11
1.23	Einsatz zeigen und sich nicht zu schnell zufriedengeben	1	HA	B	H12
1.24	sich auch in den Ferien einsetzen und Basisstoff in Mathematik und Französisch vorwärts und rückwärts üben	2	PV	B	Z22/Z22
1.25	sich in Mathematik engagieren	2	L	B	V12/Z11
1.26	angemessenes, wenn auch nicht überzogenes Engagement zeigen	1	HA	B	S12
1.27	immer Engagement zeigen	2	HA	B	H11/Z12
1.28	mehr Engagement zeigen	6	HA	B	H11/H12/M11/R11/V12/Z21
1.29	mehr üben	1	PV	B	Z31

(Fortsetzung)

Tabelle 7.1 (Fortsetzung)

Nr.	Fokussiertes Ziel	Anzahl Nennungen	Thema der Wertregulation*	Zielbereich**	Elternteil
1.30	Mathematikaufgaben engagierter und vollständig machen	1	HA	B	H12
1.31	in Französisch engagieren	1	HA	B	V12
1.32	jetzt (vor Übertritt) an Mehrarbeit gewöhnen	1	HA	B	M11
1.33	jetzt (vor Übertritt) mehr Engagement zeigen	1	HA	B	M11
1.34	bemüht sein, die Hausaufgaben immer zu machen	3	HA	B	M11/S12/V12
1.35	bemüht sein, die Hausaufgaben in bester Qualität zu Ende zu bringen	1	HA	B	V12
1.36	auch wenn man sich zuerst ausruht, die Hausaufgaben auf jeden Fall machen	1	HA	B	M11
1.37	bei Hausaufgaben sich auch in den Fächern engagieren, die man nicht attraktiv findet	1	HA	B	Z12
1.38	auch dann engagiert bleiben, wenn Hausaufgaben keine Lust bereiten	1	HA	B	V11
1.39	im Unterricht mehr engagieren	2	U	B	H11/M12

(Fortsetzung)

Tabelle 7.1 (Fortsetzung)

Nr.	Fokussiertes Ziel	Anzahl Nennungen	Thema der Wertregulation*	Zielbereich**	Elternteil
1.40	Hausaufgaben aus eigenem Antrieb erledigen	2	HA	B	D12/Z11
1.41	sich an die Arbeit machen und mehr engagieren	1	HA	B	D12
1.42	sich aufraffen und an die Arbeit machen	1	HA	B	M12
1.43	Hausaufgaben immer selbstverantwortlich erledigen (auch am Ende der Übertrittszeit)	1	HA	B	V11
1.44	sich einen Stoß geben und selbstverantwortlich die Eltern bei Hausaufgabenproblemen um Hilfe bitten	1	HA	B	V12
1.45	bemüht sein, die Hausaufgaben vor dem Fernsehschauen zu erledigen	1	HA	B	Z12
1.46	Hausaufgaben sofort machen und nicht aufschieben bis zum letzten Moment	1	HA	B	V12
1.47	mehr lesen, v. a. Bücher und nicht Hefte	1	L	C	S11
1.48	hin und wieder ein Buch lesen	1	L	C	S12

(Fortsetzung)

7.1 Gestaltungsmerkmale der verbalen ... 361

Tabelle 7.1 (Fortsetzung)

Nr.	Fokussiertes Ziel	Anzahl Nennungen	Thema der Wertregulation*	Zielbereich**	Elternteil
1.49	mehr lesen und sich Gedanken über den Inhalt machen	1	L	C	V12
1.50	bei Prüfungen möglichst alle Gedanken aufschreiben	1	U	C	D11
1.51	in Fächern, in denen man schwach ist, mehr zum Abfragen kommen	1	PV	C	D12
1.52	auch bei Hilfestellungen der Eltern möglichst viel selber arbeiten	1	HA	C	D11
1.53	Aufgaben selbständig lösen	2	HA	C	S11/S12
1.54	Hausaufgaben selbstgesteuert vollständig erledigen	1	HA	C	S11
1.55	möglichst selbständig, ohne Hilfe der Eltern, machen	2	HA	C	V11/Z32
1.56	Hausaufgaben sorgfältig/redlich machen	2	HA	C	M12/S11
1.57	in Domänen, in denen man schwach ist, mehr üben	1	PV	C	V11
1.58	Hausaufgaben immer vollständig und sorgfältig machen (auch nach Übertrittszeit)	1	HA	C	V11

(Fortsetzung)

Tabelle 7.1 (Fortsetzung)

Nr.	Fokussiertes Ziel	Anzahl Nennungen	Thema der Wertregulation*	Zielbereich**	Elternteil
1.59	bei Hausaufgaben selbständig Hilfe bei Eltern holen, wenn man Bedarf hat	5	HA	C	S11/V11/V12/Z22/Z22
1.60	bei Prüfungsvorbereitungen selbständig Hilfe bei Eltern holen, wenn man Bedarf hat	1	PV	C	Z11
1.61	Hausaufgaben eigenständig machen und nicht abschreiben	1	HA	C	R11
1.62	alle Aufgaben erledigen	1	HA	C	S11
1.63	bei Hausaufgaben die in der Schule üblichen Darstellungsweisen und Regeln einhalten	1	HA	C	S11
1.64	sich zuerst selber sorgfältig auf die Prüfung vorbereiten, bevor man die Eltern um Hilfe bittet	1	PV	C	Z12
1.65	sich auch am Wochenende aufraffen und eine Stunde lernen	1	PV	C	R11
1.66	die Zeit bei Hausaufgaben (am Wochenende) besser einteilen	2	HA	C	D11/S11
1.67	bei Hausaufgaben kontinuierlich und sequenziert arbeiten	2	HA	C	D11/H11

(Fortsetzung)

7.1 Gestaltungsmerkmale der verbalen ...

Tabelle 7.1 (Fortsetzung)

Nr.	Fokussiertes Ziel	Anzahl Nennungen	Thema der Wertregulation*	Zielbereich**	Elternteil
1.68	die Lesekompetenz durch regelmäßiges Lesen eines Buches erhöhen	1	L	C	S12
1.69	jetzt auf die Schule konzentrieren und nicht aufs Spielen	1	L	C	S12
1.70	Hausaufgaben zu Beginn des Wochenendes sogleich beginnen	2	HA	C	Z11/Z11
1.71	Hausaufgaben vor Sonntag erledigen	1	HA	C	Z11
1.72	die Lehrkraft bei Problemen mit dem Stoff fragen	1	HA	C	Z32
1.73	die Lehrkraft fragen, wenn Kind und Eltern bei den Hausaufgaben nicht weiterwissen	1	HA	C	S12
1.74	bei Hausaufgaben selbständig nach Lösungen für Probleme suchen und nicht nur auf die Eltern abstützen (z. B. auch Kolleg*innen fragen)	1	HA	C	H12
1.75	Hausaufgaben sogleich erledigen	1	HA	C	S11
1.76	Hilfe bei Hausaufgabenproblemen zuerst bei den Eltern suchen und nicht gleich andere Familien belästigen	1	HA	C	S11

(Fortsetzung)

Tabelle 7.1 (Fortsetzung)

Nr.	Fokussiertes Ziel	Anzahl Nennungen	Thema der Wertregulation*	Zielbereich**	Elternteil
1.77	den Wochenplan kontinuierlich abarbeiten	1	HA	C	S11
1.78	die Hausaufgaben kontinuierlich portionenweise und nicht im letzten Moment in einem Rutsch erledigen	1	HA	C	V12
1.79	kontinuierlich auf Prüfungen vorbereiten und nicht kurzfristig vor dem Ereignis oberflächlich	1	PV	C	Z12
1.80	sich sofort an die Arbeit machen und nicht aufschieben, wenn die Hausaufgaben keine Lust bereiten	1	HA	C	H11
1.81	sich bald an die Arbeit machen, wenn die Hausaufgaben keine Lust bereiten	1	HA	C	Z32
1.82	während begrenzter Zeit zuerst etwas Angenehmes machen und erst dann pünktlich an die Arbeit machen, wenn die Hausaufgaben keine Lust bereiten	1	HA	C	D11

(Fortsetzung)

7.1 Gestaltungsmerkmale der verbalen ... 365

Tabelle 7.1 (Fortsetzung)

Nr.	Fokussiertes Ziel	Anzahl Nennungen	Thema der Wertregulation*	Zielbereich**	Elternteil
1.83	in der Nähe von den Eltern die Hausaufgaben machen und nicht im eigenen Zimmer wie normal, wenn die Hausaufgaben keine Lust bereiten	1	HA	C	D11
1.84	die Hausaufgaben möglichst vor dem Rausgehen erledigen, wenn diese keine Lust bereiten	1	HA	C	R12
1.85	Hausaufgaben in klare Arbeits- und Pausenphasen einteilen (und dann fokussiert machen bzw. Pause machen), wenn diese keine Lust bereiten	1	HA	C	Z11
1.86	(ruhig bleiben) und nicht streiten beim gemeinsamen Arbeiten	2	HA	D	D11/S12
1.87	bei Unzufriedenheit/Konflikten mit der Lehrkraft sie darauf ansprechen	1	U	D	D11
1.88	weiterem Streit mit Klassenkamerad*innen aus dem Weg gehen	1	U	D	Z31
1.89	Gemeinheiten der andern nicht an sich heranlassen	1	U	D	Z22
1.90	die Lehrkraft fair beurteilen	1	U	D	H11

(Fortsetzung)

Tabelle 7.1 (Fortsetzung)

Nr.	Fokussiertes Ziel	Anzahl Nennungen	Thema der Wertregulation*	Zielbereich**	Elternteil
1.91	den Respekt gegenüber der Lehrkraft beibehalten	2	U	D	D11/Z22
1.92	lediglich bei Gruppenprojekten mit Kolleg*innen zusammen Hausaufgaben machen	1	HA	D	S12
1.93	zu Hause erzählen, wie es einem sozial/emotional in der Klasse geht	2	L	D	S12/R11
Total lernthematische Wertregulationen		124	HA: 86 L: 9 PV: 11 U: 18	A: 5 B: 59 C: 49 D: 11	

* Thema der Wertregulation: HA (Hausaufgaben), PV (Prüfungsvorbereitung), U (Unterricht), L (Lernen allgemein), vgl. Tabelle 6.5.
** Zielbereiche: A = personale Kompetenzen, B = aktivitäts- und umsetzungsbezogene Kompetenzen, C = fachlich-methodische Kompetenzen, D = sozial-kommunikative Kompetenzen, E = Leistungsergebnisse, vgl. Tabelle 6.6.

7.1 Gestaltungsmerkmale der verbalen ... 367

Tabelle 7.2 Ziele, welche die Elternteile in leistungsthematischen Wertregulationen fokussierten

Nr.	Fokussiertes Ziel	Anzahl Nennungen	Thema der Wertregulation*	Zielbereich**	Elternteil
2.01	sich als begabt in Mathematik ansehen	1	P	A	S12
2.02	auf die Sekundarschule A aspirieren/sich als zukünftige/r Sek-A-Schüler*in sehen	5	Ü	A	D12/D12/H12/ H12/V12
2.03	es akzeptieren, zukünftig eine Sek-B-Schüler*in zu sein	3	Ü	A	D11/R12/V12
2.04	genügende Noten (in Mathematik) als Erfolg sehen	1	P	A	D11
2.05	wissen, dass man trotz schlechten Noten von den Eltern akzeptiert wird	1	Ü	A	M12
2.06	wissen, dass die Eltern die eigene Wahl für die Sek A oder Sek B akzeptieren	1	Ü	A	M12
2.07	sich Gedanken dazu machen/sich darauf einstellen, was in der Sekundarstufe auf einen zukommt	1	Ü	A	M12

(Fortsetzung)

Tabelle 7.2 (Fortsetzung)

Nr.	Fokussiertes Ziel	Anzahl Nennungen	Thema der Wertregulation*	Zielbereich**	Elternteil
2.08	sich Gedanken dazu machen, welche Kolleg*innen und Lehrkräfte man in der Oberstufe haben wird	1	Ü	A	M12
2.09	sich mit besseren Schüler*innen vergleichen und nicht nur mit schwächeren	1	P	A	D11
2.10	an die Chance eines Übertritts in die Sek A glauben	1	Ü	A	V11
2.11	nicht zweifeln und glauben, dass man es in die Sek A schaffen kann	1	Ü	A	Z11
2.12	den Übertritt als wichtiges Ereignis im Leben ansehen	1	Ü	A	H11
2.13	das Zeugnis (wie auch andere Übertrittsereignisse) als wichtig in diesem Jahr betrachten	1	Ü	A	D11
2.14	nicht nachlassen und ein bisschen mehr geben	1	P	B	V12

(Fortsetzung)

Tabelle 7.2 (Fortsetzung)

Nr.	Fokussiertes Ziel	Anzahl Nennungen	Thema der Wertregulation*	Zielbereich**	Elternteil
2.15	bei den in der Prüfung gemachten Fehlern dranbleiben, bis man versteht, worin das Problem lag	1	P	B	S12
2.16	sich wenigstens bei Fächern, die einen interessieren, beständig gut auf die Prüfung vorbereiten	1	P	B	V12
2.17	alles geben für bessere Noten	2	Ü	B	S11/Z21
2.18	Ziele setzen und dann lernenderweise stetig auf das Ziel hinarbeiten	1	Ü	B	S12
2.19	mehr Engagement zeigen	1	P	B	Z21
2.20	trotz Abneigung gegen Mathematik engagiert üben	1	P	B	Z32
2.21	bemüht sein, weiterhin gute Noten zu machen (selbst wenn es schon recht klar ist, wie man vermutlich eingestuft ist)	3	P	B	R12/S12/V12

(Fortsetzung)

Tabelle 7.2 (Fortsetzung)

Nr.	Fokussiertes Ziel	Anzahl Nennungen	Thema der Wertregulation*	Zielbereich**	Elternteil
2.22	weiterhin engagiert bleiben (selbst wenn es schon klar ist, wohin man kommt)	1	P	B	S11
2.23	das Beste geben, zu dem man fähig ist	2	Ü	B	D12/V12
2.24	nicht lange schlechten Noten nachstudieren	1	P	C	M11
2.25	beim Ausfüllen von Prüfungen aufmerksamer sein und Regeln genau befolgen	1	P	C	R11
2.26	Fehlern nachgehen und zu verstehen versuchen	2	P	C	M11/M11
2.27	sich überlegen, woran es lag, dass eine schlechte Note resultierte	1	P	C	V12
2.28	jeweils zur Lehrkraft gehen, wenn die Eltern es nicht erklären können	1	P	C	S11

(Fortsetzung)

7.1 Gestaltungsmerkmale der verbalen ... 371

Tabelle 7.2 (Fortsetzung)

Nr.	Fokussiertes Ziel	Anzahl Nennungen	Thema der Wertregulation*	Zielbereich**	Elternteil
2.29	wenn die Noten nicht stimmen, bei Prüfungsvorbereitungen vermehrt Hilfe bei den Eltern suchen	1	P	C	M11
2.30	auch misslungene Prüfungen dem Vater zeigen	1	P	D	R11
2.31	über Noten und andere schulische Belange mit den Eltern sprechen	1	P	D	V12
2.32	spezifische Notenwerte (4.5/5.0)	3	P	E	S11/V12/Z32
2.33	gute Noten	1	P	E	Z31
2.34	gute Noten	3	Ü	E	H11/H12/Z22
2.35	bessere Noten	2	P	E	R11/R12
2.36	bessere Noten	9	Ü	E	S11/S12/H11/ H12/M11/M11/R11/S12/Z21
2.37	Übertrittsentscheid für die Sekundarschule A (selbst wenn du nachher zurückgestuft werden solltest!)	7	Ü	E	S12/S12/S11/ S11/S12/V11/ V12

(Fortsetzung)

Tabelle 7.2 (Fortsetzung)

Nr.	Fokussiertes Ziel	Anzahl Nennungen	Thema der Wertregulation*	Zielbereich**	Elternteil
2.38	Übertrittsentscheid für die Sekundarschule A und sich da halten können	1	Ü	E	H12
2.39	Übertrittsentscheid für die Sekundarschule A – notfalls im zweiten Anlauf	1	Ü	E	S12
2.40	Übertrittsentscheid wenigstens für Sekundarschule B	1	Ü	E	Z12
Total leistungsthematische Wertregulationen		**70**	P: 29 Ü: 41	A: 19 B: 14 C: 7 D: 2 E: 28	
Total Wertregulationen (Zusammenzug Tabelle 7.1 und Tabelle 7.2)		**194**	HA: 86 L: 9 P: 29 PV: 11 U: 18 Ü: 41	A: 24 B: 73 C: 56 D: 13 E: 28	

*Thema der Wertregulation: HA (Hausaufgaben), PV (Prüfungsvorbereitung), U (Unterricht), L (Lernen allgemein), P (Prüfungsergebnisse), Ü (Übertritt), vgl. Tabelle 6.5.
** Zielbereiche: A = personale Kompetenzen, B = aktivitäts- und umsetzungsbezogene Kompetenzen, C = fachlich-methodische Kompetenzen, D = sozial-kommunikative Kompetenzen, E = Leistungsergebnisse, vgl. Tabelle 6.6.

den fünf Kategorien sowie deren jeweilige Häufigkeiten werden in der Tabelle 7.1 und der Tabelle 7.2 in der dritten und fünften Spalte ausgewiesen.

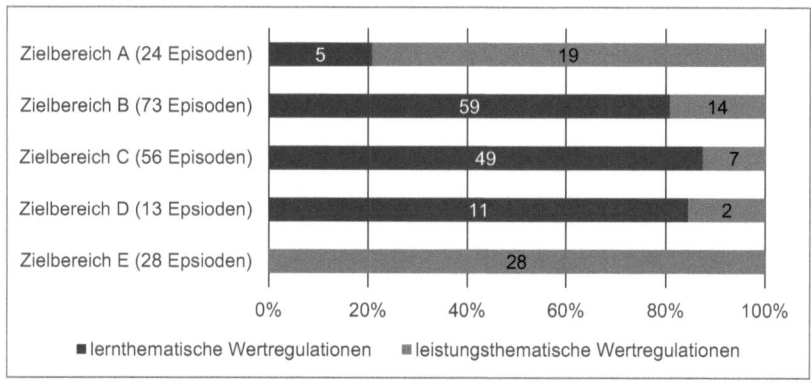

Abbildung 7.1 Zielbereiche und ihr Auftreten in lern- und leistungsthematischen Wertregulationen Zielbereiche: A = personale Kompetenzen, B = aktivitäts- und umsetzungsorientierte Kompetenzen, C = fachlich-methodische Kompetenzen, D = sozial-kommunikative Kompetenzen, E = Leistungsergebnisse

7.1.1.1 Ziele im Bereich personaler Kompetenzen

Abbildung 7.1 macht deutlich, dass in 24 der insgesamt 194 wertbezogenen Handlungsepisoden (12.4 % overall) ein Handeln des Kindes im Bereich personaler Kompetenzen (Zielbereich A) Gegenstand einer Wertregulation durch die Elternteile war. Personale Kompetenzen bezeichnen laut Erpenbeck und von Rosenstiel (2003, S. XV) Dispositionen selbstorganisierten Handelns, das sich «reflexiv auf die handelnde Person selbst bezieht», was u. a. beinhaltet, dass sich diese in Relation zur sozialen und materialen Umwelt in tragfähiger, stabiler Weise einzuschätzen weiß, funktionale Kontroll- und Wertüberzeugungen entfaltet und entsprechende Entscheidungen fällt (vgl. Kategoriensystem in Tabelle 6.6).

Mit 19 Stellen (79,2 % intra) finden sich wertbezogene Aussagen des Elternteils zu einem Handeln des Kindes, das Ausdruck personaler Kompetenzen ist, mehrheitlich in leistungsthematischen Gesprächen, in denen die Elternteile mit ihrem Kind ein Prüfungsergebnis oder dessen Übertrittsstatus erörtern. Gruppiert man die in Tabelle 7.2 aufgeführten diesbezüglichen Handlungsweisen[2], so zeigt sich, dass die Elternteile in zwölf Episoden versuchen, die Qualität der leistungsbezogenen Selbsteinschätzung des Kindes zu optimieren («Sieh dich leistungsmäßig so!»):

«Es ist bedeutsam, dass du dich als zukünftige/r Sek-A-Schüler*in siehst» (5 Episoden), «Es ist bedeutsam, dass du es akzeptierst, zukünftig ein/e Sek-B-Schüler*in zu sein» (3 Episoden), «Es ist bedeutsam, dass du dich als begabt in Mathematik ansiehst» (1 Episode) «Es ist bedeutsam, dass du dich mit besseren Schüler*innen vergleichst und nicht nur mit schwächeren» (1 Episode), «Es ist bedeutsam, dass du an die Chance eines Übertritts in die Sek A glaubst» (1 Episode), «Es ist bedeutsam, dass du nicht zweifelst und daran glaubst, dass du es in die Sek A schaffen kannst» (1 Episode).

In drei Episoden mahnen die Elternteile eine veränderte Situationsbewertung an («Bewerte die Situation so!»):

«Es ist bedeutsam, dass du genügende Noten (in Mathematik) als Erfolg siehst» (1 Episode), «Es ist bedeutsam, dass du weißt, dass du von uns trotz schlechter Noten akzeptiert wirst» (1 Episode), «Es ist bedeutsam, dass du weißt, dass wir deine Wahl für Sek A oder Sek B akzeptieren» (1 Episode).

In zwei Episoden intendieren die Elternteile, die Einstellung des Kindes gegenüber Leistungsereignissen in ihrem Sinne positiv zu verändern («Sei Leistungsereignissen gegenüber so eingestellt!»):

---

[2]Diese zwecks besserer Übersichtlichkeit und Nachvollziehbarkeit durchgeführte Gruppierung der geframten elterlichen Aussagen erfolgte nicht entlang eines elaborierten Kategoriensystems in einem aufwändigen Codierprozess, sondern während der Niederschrift des Textentwurfs durch den Autor im Jahr 2016. Die im Lauftext dargelegten Erläuterungen charakterisieren jeweils die Dimensionen, nach denen die geframten Aussagen der Komponente A des Frames gruppiert wurden. Für die Zuordnung erwiesen sich namentlich die in Klammern aufgeführten paraphrasierten Appelle, welche die Erläuterungen der jeweiligen Dimension jeweils abschließen, als besonders aufschlussreich (z. B. «Sieh dich leistungsmäßig *so*!», «Bewerte die Situation *so*!» etc.). Im Zuge der Niederschrift der Endfassung des vorliegenden Forschungsberichts im Jahr 2019 wurden sämtliche *geframten Aussagen der fünf Zielbereiche A bis D* nochmals den zuvor geschaffenen Gruppen zugeordnet und die Qualität der Zuordnungen überprüft, indem *Cohens Kappa* für die Intracoder-Übereinstimmung (vgl. Kuckartz, 2018, S. 207) berechnet wurde. Die Werte werden in den kommenden Kapiteln jeweils ausgewiesen. Im vorliegenden Fall konnte für die 18 Zeilen mit *Zielbereich A* in Tabelle 7.1 und Tabelle 7.2 eine vollständige Übereinstimmung der Zuordnungen zu den insgesamt vier Gruppen erzielt werden *($\kappa = 1.00$)*.

7.1 Gestaltungsmerkmale der verbalen ...

«Es ist bedeutsam, dass du den Übertritt als wichtiges Ereignis im Leben ansiehst» (1 Episode), «Es ist bedeutsam, dass du das Zeugnis (wie auch andere Übertrittsereignisse) in diesem Jahr als wichtig ansiehst» (1 Episode).

Und in zwei Episoden versuchen die Elternteile, ihren Kindern die Bedeutung einer Beschäftigung mit der zukünftigen Schul- bzw. Unterrichtssituation nahezubringen («Stell dich so auf deine zukünftige Position ein!»):

«Es ist bedeutsam, dass du dir Gedanken dazu machst, was auf dich in der Sekundarstufe zukommt» (1 Episode), «Es ist bedeutsam, dass du dir Gedanken darüber machst, welche Kolleg*innen und Lehrkräfte du in der Oberstufe haben wirst» (1 Episode).

In lernthematischen Episoden, im Rahmen von Gesprächen über Hausaufgaben oder den Unterricht, berichten Eltern an fünf Stellen (20.8 % intra) von Wertregulationen im Umfeld von Handlungsweisen ihrer Kinder, die sich personalen Kompetenzen zuordnen lassen (vgl. Tabelle 7.1). In vier Episoden wird eine veränderte Einstellung gegenüber Situationen des häuslichen und schulischen Lernens angemahnt bzw. empfohlen («Stell dich so auf Lernen und Unterricht ein!»):

«Es ist bedeutsam, dass du dir bewusst bist, dass du selbst für die Erledigung der Hausaufgaben verantwortlich bist» (1 Episode), «Es ist bedeutsam, dass du die Wahrheit sagst bezüglich der Hausaufgabenerledigung» (1 Episode), «Es ist bedeutsam, dass du dir bewusst bist, dass die Strukturen und Erwartungen der Lehrkraft zu deinem eigenen Nutzen sind» (1 Episode), «Es ist bedeutsam, dass du jetzt (vor der Sekundarstufe) eine positive Einstellung gegenüber Hausaufgaben entwickelst» (1 Episode).

In einer Episode empfehlen die Eltern ihrem Kind auch hier eine veränderte Situationsbewertung («Bewerte die Situation so!»):

«Es ist bedeutsam, dass du dir des eigenen Lernerfolgs bewusst bist und ihn jetzt auch mal genießt» (1 Episode).

7.1.1.2 Ziele im Bereich aktivitäts- und umsetzungsorientierter Kompetenzen

Wertregulationen bezüglich schulbezogenen Handelns, das sich aktivitäts- und umsetzungsorientierten Kompetenzen bzw. dem Zielbereich B zuordnen lässt, finden sich in 73 Episoden und haben mit 37.6 % somit den größten Anteil an der Gesamtzahl von 194 wertbezogenen elterlichen Handlungsepisoden (vgl.

Abbildung 7.1). Eltern nehmen mit solcherlei Bedeutsamkeitszuschreibungen die Bereitschaft ihres Kindes in den Blick, «aktiv und selbstorganisiert zu handeln und dieses Handeln auf die Umsetzung [seiner] Absichten, Vorhaben und [Pläne] zu richten» (Erpenbeck & von Rosenstiel, 2003, S. XVI). Die Kinder werden mit solchen verbalen Regulationen zu einem tatsächlichen Realisieren der gesetzten Ziele bewegt und aufgefordert, sich der Bedeutung von Engagement, Persistenz und Willen klar zu werden (vgl. Kategoriensystem in Tabelle 6.6).

Mehrheitlich (59 Episoden, 80.8 % intra, vgl. Abbildung 7.1) wurden aktivitäts- und umsetzungsorientierte Aussagen in lernthematischen Gesprächssequenzen verzeichnet – solchen also, die auf Hausaufgaben (HA), Prüfungsvorbereitungen (PV), Unterricht (U) sowie auf Wissenserwerb und -anwendung (L) bezogen waren. Versucht man die in Tabelle 7.1 aufgeführten entsprechenden aktivitäts- und umsetzungsorientierten Handlungsweisen wiederum noch weiter zu ordnen[3], so zeigt sich, dass in 28 Episoden dem Kinde empfohlen wird, sich stärker zu bemühen («Zeige Engagement!»/«Widme dich der Sache!»/«Bemüh dich ernsthaft!»):

«Es ist bedeutsam, dass du bei Hausaufgaben mehr Engagement zeigst» (6 Episoden), «Es ist bedeutsam, dass du die Hausaufgaben immer machst» (3 Episoden), «Es ist bedeutsam, dass du dich im Unterricht mehr engagierst» (2 Episoden), «Es ist bedeutsam, dass du dich auch in den Ferien einsetzt und den Basisstoff in Mathematik und Französisch vorwärts und rückwärts übst» (2 Episoden), «Es ist bedeutsam, dass du dich in Mathematik engagierst» (2 Episoden), «Es ist bedeutsam, dass du bei Hausaufgaben immer Engagement zeigst» (2 Episoden), «Es ist bedeutsam, dass du Einsatz zeigst und dich nicht zu schnell zufrieden gibst» (1 Episode), «Es ist bedeutsam, dass du ein angemessenes, wenn auch nicht übertriebenes Engagement bei Hausaufgaben zeigst» (1 Episode), «Es ist bedeutsam, dass du mehr übst» (1 Episode), «Es ist bedeutsam, dass du Mathematikaufgaben engagierter und vollständiger machst» (1 Episode), «Es ist bedeutsam, dass du dich bei Französischhausaufgaben engagierst» (1 Episode), «Es ist bedeutsam, dass du dich jetzt vor dem Übertritt an Mehrarbeit gewöhnst» (1 Episode), «Es ist bedeutsam, dass du jetzt vor dem Übertritt mehr Engagement zeigst» (1 Episode), «Es ist bedeutsam, dass du deine Hausaufgaben in bester Qualität zu Ende bringst» (1 Episode), «Es ist bedeutsam, dass du deine Hausaufgaben auf jeden Fall machst» (1 Episode), «Es ist bedeutsam, dass du dich auch in den Fächern engagierst, die du nicht attraktiv findest» (1 Episode), «Es ist bedeutsam, dass du auch dann engagiert bleibst, wenn dir Hausaufgaben keine Lust bereiten» (1 Episode).

---

[3]Cohens Kappa für die Intracoder-Übereinstimmung (vgl. Fußnote 2) der Zuordnung der 45 Zeilen mit *Zielbereich B* in Tabelle 7.1 und Tabelle 7.2 zu den vier oben beschriebenen Gruppen betrug $\kappa = 0.79$, was nach Landis und Koch (1977, S. 165) als «substanzielle» Konkordanz bezeichnet werden kann. Die Zuordnungen des ersten Zeitpunkts wurden beibehalten.

7.1 Gestaltungsmerkmale der verbalen ...

In 18 Episoden wird im Kontext von Gesprächen über Hausaufgaben (HA), Prüfungsvorbereitungen (PV) und über Unterricht (U) die Sicht des Kindes auf dessen Anstrengung reguliert. Dabei wird die Bedeutung eines angemessenen persönlichen Ressourceneinsatzes hervorgehoben («Sei fleißig!»/«Streng dich an!»/«Verwirkliche!»):

«Es ist bedeutsam, dass du im Unterricht immer dranbleibst und den Anschluss nicht verlierst» (4 Episoden), «Es ist bedeutsam, dass du bemüht bist, die Hausaufgaben in der zur Verfügung stehenden Zeit zu erledigen» (2 Episoden), «Es ist bedeutsam, dass du dich im Unterricht mehr anstrengst und nicht so minimalistisch bist» (2 Episoden), «Es ist bedeutsam, dass du dich mehr anstrengst (und nicht so faul bist)» (2 Episoden), «Es ist bedeutsam, dass du die zuvor abgemachte Zeit für den Beginn der Hausaufgaben einhältst» (1 Episode), «Es ist bedeutsam, dass du daran denkst, deine Aufgabenhefte nach Hause zu bringen» (1 Episode), «Es ist bedeutsam, dass du dich jetzt vor dem Übertritt mehr engagierst und die Freizeit etwas zurücksteckst» (1 Episode), «Es ist bedeutsam, dass du die Hausaufgaben immer machst und nicht vergisst» (1 Episode), «Es ist bedeutsam, dass du dich auch am Wochenende mit dem Schulstoff beschäftigst» (1 Episode), «Es ist bedeutsam, dass du die Hausaufgaben immer und möglichst sofort erledigst» (1 Episode), «Es ist bedeutsam, dass du dir im Unterricht die Arbeitsaufträge für zu Hause merkst» (1 Episode), «Es ist bedeutsam, dass du dranbleibst und lernst» (1 Episode).

In acht Episoden wird im Rahmen von Gesprächen über Hausaufgaben mehr Wille eingefordert («Mach dich an die Arbeit»/«Überwinde dich»/«Gib dir einen Stoß!»):

«Es ist bedeutsam, dass du deine Hausaufgaben aus eigenem Antrieb erledigst» (2 Episoden), «Es ist bedeutsam, dass du dich aufraffst und an die Arbeit machst» (2 Episoden), «Es ist bedeutsam, dass du Hausaufgaben immer selbstverantwortlich erledigst» (1 Episode), «Es ist bedeutsam, dass du dir einen Stoß gibst und uns selbstverantwortlich bei Problemen mit Hausaufgaben um Hilfe bittest» (1 Episode), «Es ist bedeutsam, dass du bemüht bist, die Hausaufgaben vor dem Fernsehschauen zu erledigen» (1 Episode), «Es ist bedeutsam, dass du Hausaufgaben sofort erledigst und nicht aufschiebst bis zum letzten Moment» (1 Episode).

Und in fünf Episoden wird im Zuge von Gesprächen über Hausaufgaben (HA) oder Prüfungsvorbereitungen (PV) dem Kind gegenüber die Bedeutung von Ausdauer beim Arbeiten hervorgehoben («Bleib dran!»/«Mach weiter!»/«Halte durch!»):

«Es ist bedeutsam, dass du auch bei Schwierigkeiten an den Hausaufgaben dranbleibst» (2 Episoden), «Es ist bedeutsam, dass du mit uns übst, bis du es kannst» (1 Episode), «Es ist bedeutsam, dass du an den Hausaufgaben dranbleibst und dich konzentrierst, wenn wir dir helfen» (1 Episode), «Es ist bedeutsam, dass du an den Hausaufgaben dranbleibst, bis du die Sache begriffen hast» (1 Episode).

14 der 73 wertbezogenen Handlungsepisoden (19.2 % intra, vgl. Abbildung 7.1) mit einem aktivitäts- und umsetzungsbezogenen Fokus wurden in einer leistungsthematischen Gesprächssituation generiert und standen somit entweder in Bezug zu Prüfungsergebnissen (P) oder zum anstehenden Übertritt (Ü) (vgl. Tabelle 1.2). Das Sich-Bemühen des Kindes wurde hier in acht Episoden durch die Elternteile thematisiert («Zeige Engagement!»/«Widme dich der Sache!»/«Bemüh dich ernsthaft!»):

«Es ist bedeutsam, dass du bemüht bist, weiterhin gute Noten zu machen» (3 Episoden), «Es ist bedeutsam, dass du das Beste gibst, was du kannst» (2 Episoden), «Es ist bedeutsam, dass du mehr Engagement beim Vorbereiten zeigst» (1 Episode), «Es ist bedeutsam, dass du trotz deiner Abneigung gegen Mathematik engagiert übst» (1 Episode), «Es ist bedeutsam, dass du weiterhin engagiert bleibst (auch wenn schon klar ist, in welche Abteilung der Sekundarstufe du kommst» (1 Episode).

In vier leistungsthematischen Episoden wurde der Aspekt Anstrengung Gegenstand der elterlichen Wertregulation («Sei fleißig!»/«Streng dich an!»/«Verwirkliche!»):

«Es ist bedeutsam, dass du alles gibst für bessere Noten» (2 Episoden), «Es ist bedeutsam, dass du dich wenigstens bei Fächern, die dich interessieren, beständig gut auf die Prüfung vorbereitest» (1 Episode), «Es ist bedeutsam, dass du dir ein Ziel setzt und dann beständig auf dieses Ziel hinarbeitest» (1 Episode).

Und der Aspekt Ausdauer wurde schließlich in zwei leistungsthematischen Wert-Episoden angesprochen («Gib nicht auf!»/«Mach weiter!»/«Bleib dran!»):

«Es ist bedeutsam, dass du nicht nachlässt und ein bisschen mehr gibst» (1 Episode), «Es ist bedeutsam, dass du bei den in der Prüfung gemachten Fehlern dranbleibst, bis du verstehst, worin das Problem lag» (1 Episode).

7.1.1.3 Ziele im Bereich fachlich-methodischer Kompetenzen

Mit 56 wertbezogenen Handlungsepisoden (28.9 % overall) fokussierten die Elternteile am zweithäufigsten ein Handeln des Kindes, welches sich dem Zielbereich C zuordnen lässt (vgl. Abbildung 7.1). Bei fachlich-methodischen Kompetenzen handelt es sich laut Erpenbeck und von Rosenstiel (2003, S. XVI) um

7.1 Gestaltungsmerkmale der verbalen ...

«die Dispositionen einer Person, bei der Lösung von sachlich-gegenständlichen Problemen geistig und physisch selbstorganisiert zu handeln». Eltern probieren mit diesbezüglichen Wertregulationen, ihren Kindern die Bedeutung bestimmter fachlicher und instrumenteller Fähigkeiten und Fertigkeiten zur Bewältigung von schulischen Aufgabestellungen deutlich zu machen. Bittend, empfehlend oder anmahnend versuchen sie, ihr Kind von der Bedeutung des Einsatzes bestimmter Lernstrategien zu überzeugen, verstanden als «Verhaltensweisen und Gedanken, die Lernende aktivieren, um ihre Motivation und den Prozess des Wissenserwerbs zu beeinflussen und zu steuern» (Friedrich & Mandl, 2006, S. 1). Wie in Abbildung 7.1 ersichtlich, traten solcherlei elterliche Wertregulationen mit 49 von 56 Episoden vor allem in lernthematischen Gesprächen (12.5 % intra) auf.

Ein genauerer Blick auf die von den Elternteilen fokussierten Handlungsweisen in Tabelle 7.1 zeigt, dass sich diese mit 24 Episoden mehrheitlich den Stütz- oder Ressourcenstrategien zuordnen lassen[4] – Lernstrategien also, die insbesondere «die Planung der Arbeitszeit, die Schaffung einer geeigneten Studienumgebung und das Lernen in Arbeitsgruppen» betreffen und damit «die eigentlichen Informationsverarbeitungsprozesse indirekt unterstützen» (Wild, K.-P., 2010, S. 483). Die Tabelle offenbart ferner, dass Wertregulationen mit diesem Fokus von den Elternteilen im Zuge von Gesprächen über das Lernen allgemein (L), über den Unterricht (U) sowie über Hausaufgaben (HA) und Prüfungsvorbereitungen (PV) realisiert wurden («Arbeite strukturiert – auch mit andern!»):

«Es ist bedeutsam, dass du deine Hausaufgaben zu Beginn des Wochenendes sogleich beginnst bzw. erledigst» (3 Episoden), «Es ist bedeutsam, dass du die Zeit bei Hausaufgaben (am Wochenende) besser einteilst» (2 Episoden), «Es ist bedeutsam, dass du bei Hausaufgaben kontinuierlich und sequenziert arbeitest» (2 Episoden), «Es ist bedeutsam, dass du dich bald an die Arbeit machst und sie nicht aufschiebst, wenn dir die Hausaufgaben keine Lust bereiten» (2 Episoden), «Es ist bedeutsam, dass du dich auch am Wochenende aufraffst und eine Stunde auf die Prüfung lernst» (1 Episode), «Es ist bedeutsam, dass du deine Lesekompetenz durch regelmäßiges Lesen eines Buches erhöhst» (1 Episode), «Es ist bedeutsam, dass du dich jetzt auf die Schule konzentrierst und nicht aufs Spielen» (1 Episode), «Es ist bedeutsam, dass du bei Problemen mit dem Stoff die Lehrkraft fragst» (1 Episode), «Es ist bedeutsam, dass du die Lehrkraft fragst, wenn du und wir bei den Hausaufgaben nicht weiterwissen» (1 Episode), «Es ist bedeutsam, dass du bei Problemen bei den Hausaufgaben selbständig nach Lösungen

---

[4]Die Gruppierung der Episoden erfolgte hier entlang der Taxonomie von Denk- und Lernstrategien nach Friedrich und Mandl (1992, S. 8–16) (vgl. Fußnote 120). Cohens Kappa für die Intracoder-Übereinstimmung der 45 Zeilen mit *Zielbereich C* in Tabelle 7.1 und Tabelle 7.2 zu den drei Gruppen betrug $\kappa = 0.83$, was nach Landis und Koch (1977, S. 165) als *sehr hoher Konkordanzwert* bezeichnet werden kann. Die Zuordnungen des ersten Zeitpunkts wurden beibehalten.

suchst (evtl. auch mit Kolleg*innen) und dich nicht einfach auf uns abstützt» (1 Episode), «Es ist bedeutsam, dass du Hausaufgaben sogleich erledigst» (1 Episode), «Es ist bedeutsam, dass du bei Hausaufgabenproblemen zuerst Hilfe bei uns suchst und nicht gleich andere Familien damit belästigst» (1 Episode), «Es ist bedeutsam, dass du den Wochenplan kontinuierlich abarbeitest» (1 Episode), «Es ist bedeutsam, dass du die Hausaufgaben kontinuierlich portionenweise und nicht im letzten Moment in einem Rutsch erledigst» (1 Episode), «Es ist bedeutsam, dass du dich kontinuierlich auf Prüfungen vorbereitest und nicht kurzfristig vor dem Ereignis oberflächlich» (1 Episode), «Es ist bedeutsam, dass du zuerst etwas Angenehmes machst und dich dann pünktlich zur vereinbarten Zeit an die Arbeit machst, wenn dir die Hausaufgaben keine Lust bereiten» (1 Episode), «Es ist bedeutsam, dass du in meiner Nähe die Hausaufgaben machst und nicht in deinem Zimmer, wenn du keine Lust dazu hast» (1 Episode), «Es ist bedeutsam, dass du die Hausaufgaben möglichst vor dem Rausgehen erledigst, wenn dir diese keine Lust bereiten» (1 Episode), «Es ist bedeutsam, dass du deine Hausaufgaben in klare Arbeits- und Pausenphasen einteilst, besonders wenn dir diese keine Lust bereiten» (1 Episode).

Handlungsweisen im Bereich fachlich-methodischer Kompetenzen, die sich Kontroll- bzw. metakognitiven Strategien zuordnen lassen – Strategien also, die die Planung, Evaluierung und Anpassung des eigenen Lernens betreffen (vgl. Wild, K.-P., 2010, S. 483) –, sind in 21 Episoden Gegenstand elterlicher Wertregulation. Sie finden sich in Gesprächen über Hausaufgaben (HA), Prüfungsvorbereitungen (PV), den erlebten Unterricht (U) sowie über das Lernen allgemein (L) (vgl. Tabelle 7.1) («Plane, arbeite, prüfe und optimiere selbständig und sorgfältig!»):

«Es ist bedeutsam, dass du bei Hausaufgabenproblemen bzw. Prüfungsvorbereitungen selbständig Hilfe bei uns Eltern holst» (6 Episoden), «Es ist bedeutsam, dass du deine Aufgaben selbständig (ohne Hilfe von uns) löst» (4 Episoden), «Es ist bedeutsam, dass du deine Hausaufgaben sorgfältig machst» (2 Episoden), «Es ist bedeutsam, dass du in Fächern, in denen du schwach bist, mehr zum Abfragen kommst bzw. mehr übst» (2 Episoden), «Es ist bedeutsam, dass du deine Hausaufgaben selbstgesteuert vollständig erledigst» (2 Episoden), «Es ist bedeutsam, dass du auch bei unseren Hilfestellungen möglichst viel selbst erarbeitest» (1 Episode), «Es ist bedeutsam, dass du deine Hausaufgaben immer vollständig und sorgfältig erledigst» (1 Episode), «Es ist bedeutsam, dass du Hausaufgaben eigenständig machst und nicht abschreibst» (1 Episode), «Es ist bedeutsam, dass du bei Hausaufgaben die in der Schule üblichen Darstellungsweisen und Regeln einhältst» (1 Episode), «Es ist bedeutsam, dass du dich zuerst selber sorgfältig auf die Prüfung vorbereitest, bevor du uns um Hilfe bittest» (1 Episode).

In lediglich vier lernthematischen Episoden versuchen Elternteile mit ihren Wertregulationen, die Bedeutung von Verhaltensweisen hervorzuheben, die als

7.1 Gestaltungsmerkmale der verbalen ...

eigentliche Informationsverarbeitungsstrategien bezeichnet werden können, insofern als sie die «mentale Auseinandersetzung mit dem jeweiligen Lehrstoff, sein Verstehen und Behalten» (Friedrich & Mandl, 1997, S. 249) thematisieren:

«Es ist bedeutsam, dass du mehr liest, vor allem Bücher und nicht nur Hefte» (1 Episode), «Es ist bedeutsam, dass du hin oder wieder ein Buch liest» (1 Episode), «Es ist bedeutsam, dass du mehr liest und dir Gedanken über den Inhalt machst» (1 Episode), «Es ist bedeutsam, dass du bei Prüfungen möglichst alle Gedanken aufschreibst» (1 Episode).

Leistungsthematische Wertregulationen, die ein Verhalten des Kindes im Bereich fachlich-methodischer Kompetenzen thematisieren, finden sich lediglich in sieben Episoden (12.5 % intra) (vgl. Abbildung 7.1). Tabelle 7.2 offenbart mit Blick auf die von den Elternteilen fokussierten Handlungsweisen, dass sich diese in vier Episoden Kontroll- bzw. metakognitiven Strategien zuordnen lassen und im Rahmen von Prüfungsbesprechungen (P) zustande kamen («Plane, arbeite, prüfe und optimiere selbständig und sorgfältig!»):

«Es ist bedeutsam, dass du Fehlern, die du in Prüfungen gemacht hast, nachgehst und zu verstehen suchst» (2 Episoden), «Es ist bedeutsam, dass du beim Ausfüllen von Prüfungen aufmerksamer bist und die Regeln genau befolgst» (1 Episode), «Es ist bedeutsam, dass du dir überlegst, woran es lag, dass in der Prüfung eine schlechte Note resultierte» (1 Episode).

Die übrigen drei diesbezüglichen Wertregulationen fokussierten auf Verhaltensweisen der Kinder, die Stütz- oder Ressourcenstrategien bezeichnen und ebenfalls im Rahmen von Gesprächen über Prüfungsergebnisse (P) zustande kamen («Arbeite strukturiert – auch mit andern!»):

«Es ist bedeutsam, dass du nicht lange schlechten Noten nachstudierst» (1 Episode), «Es ist bedeutsam, dass du jeweils zur Lehrkraft gehst, wenn wir es dir nicht erklären können» (1 Episode), «Es ist bedeutsam, dass du bei Prüfungsvorbereitungen vermehrt zu uns kommst, da die Noten momentan nicht stimmen» (1 Episode).

7.1.1.4 Ziele im Bereich sozial-kommunikativer Kompetenzen

In lediglich 13 der 194 wertbezogenen Handlungsepisoden (6.7 % overall) finden sich Regulationen, in denen die Eltern Handlungsweisen des Zielbereichs D gegenüber ihrem Kind ansprachen (vgl. Abbildung 7.1). Bei sozial-kommunikativen Kompetenzen handelt es sich laut Erpenbeck und von Rosenstiel (2003, S. XVI) um «die Dispositionen, kommunikativ und kooperativ selbstorganisiert zu handeln». Ein entsprechendes Verhalten des Kindes wird nur in zwei leistungsthematischen Episoden verbal reguliert (15.4 % intra) – beide Motivierungshandlungen wurden im Rahmen von Gesprächen über vorliegende Prüfungsergebnisse (P) realisiert (vgl. Tabelle 7.2):

«Es ist bedeutsam, dass du auch misslungene Prüfungen deinem Vater vorlegst» (1 Episode), «Es ist bedeutsam, dass du über Noten und andere schulische Belange mit uns sprichst» (1 Episode).

11 der 13 Wertregulationen (84.6 % intra), die sozial-kommunikative Verhaltensweisen der Kinder fokussierten, finden sich in lernthematischen Episoden (vgl. Abbildung 7.1). Mit Blick auf Tabelle 7.1 wird deutlich, dass sich diese weiter inhaltlich gruppieren lassen[5]. Die kooperative Hausaufgabenbearbeitung wird in drei Episoden thematisiert:

«Es ist bedeutsam, dass du ruhig bleibst und nicht mit uns streitest bei der gemeinsamen Hausaufgabenbearbeitung» (2 Episoden), «Es ist bedeutsam, dass du lediglich bei Gruppenprojekten mit Kolleg*innen zusammen Hausaufgaben machst» (1 Episode).

In weiteren drei Episoden finden sich Wertregulationen, die die Gestaltung der Beziehung mit der Lehrkraft fokussieren:

«Es ist bedeutsam, dass du den Respekt gegenüber der Lehrkraft beibehältst» (2 Episoden), «Es ist bedeutsam, dass du die Lehrkraft fair beurteilst» (1 Episode).

In drei weiteren Episoden wird von den Elternteilen die Bedeutsamkeit bestimmter Konfliktbewältigungsstrategien in Schule und Unterricht thematisiert:

«Es ist bedeutsam, dass du die Lehrkraft darauf ansprichst, wenn du mit ihrem Handeln nicht einverstanden bist» (1 Episode), «Es ist bedeutsam, dass du weiterem Streit mit deinen Klassenkamerad*innen aus dem Weg gehst» (1 Episode), «Es ist bedeutsam, dass du die Gemeinheiten der andern nicht an dich heranlässt» (1 Episode).

Und schließlich finden sich zwei diesbezügliche Episoden mit Wertregulationen, die das Informieren der Eltern über Prozesse in Schule und Unterricht durch das Kind zum Thema machen:

---

[5]Bei der wiederholten Zuordnung der zehn Zeilen mit *Zielbereich D* in Tabelle 7.1 und Tabelle 7.2 zu den vier Gruppen (vgl. Fußnote 120) konnte vollständige Intracoder-Übereinstimmung erzielt werden *($\kappa = 1.00$)*.

«Es ist bedeutsam, dass du uns erzählst, wie es dir sozial und emotional in der Klasse geht» (2 Episoden).

7.1.1.5 Leistungsziele

In 28 der 194 wertbezogenen Handlungsepisoden (14.4 % overall) finden sich Regulationen, die den Zielbereich E fokussieren. Im Zentrum der elterlichen Wertregulationen steht in diesen Episoden nicht ein schulbezogenes Handeln des Kindes, sondern das Erreichen bestimmter Leistungsergebnisse. Solcherlei Wertregulationen finden sich lediglich in leistungsthematischen Episoden, in denen es um den Übertritt (Ü) oder um vorliegende Prüfungsergebnisse (P) ging (vgl. Tabelle 7.2):

«Es ist bedeutsam, dass du bessere Noten erreichst» (11 Episoden), «Es ist bedeutsam, dass du den Übertrittsentscheid für die Sekundarschule A erreichst (selbst wenn du nachher abgestuft werden solltest)» (7 Episoden), «Es ist bedeutsam, dass du gute Noten erreichst» (4 Episoden), «Es ist bedeutsam, dass du eine 4,5 bzw. eine 5,0 erreichst (spezifische Notenwerte)» (3 Episoden), «Es ist bedeutsam, dass du den Übertrittsentscheid für die Sekundarschule A erreichst und dich dann da halten kannst» (1 Episode), «Es ist bedeutsam, dass du den Übertrittsentscheid für die Sekundarschule A erreichst – notfalls im zweiten Anlauf» (1 Episode), «Es ist bedeutsam, dass du wenigstens den Übertrittsentscheid für die Sekundarschule B erreichst» (1 Episode).

7.1.1.6 Zusammenfassung I: In elterlichen Wertregulationen fokussierte Ziele

Mit Blick auf die schulischen tasks, welche die Eltern in den einzelnen Werteinschätzungen gegenüber ihren Kindern nach eigenen Aussagen ins Zentrum gesetzt hatten (Komponente A des Frames, vgl. Abschnitt 7.1), wurde in den vergangenen Abschnitten den Fragestellungen 1.1 und 1.2 nachgegangen:

Zu welchen konkreten lern- und leistungsthematischen Zielen berichten die Elternteile von eigenen wertbezogenen verbal-appellativen Regulationen gegenüber ihren Kindern?

Wie verteilen sich die in den 194 wertbezogenen Episoden fokussierten Lern- und Leistungsziele, wenn sie nach Zielbereichen geordnet werden, die aus den vier Kompetenzklassen nach Erpenbeck und von Rosenstiel (2003) sowie der Kategorie «Leistungsergebnis» gebildet wurden?

In den 20 Interviews findet sich zusammengefasst ein breites Spektrum an schulbezogenen Handlungs- und Leistungszielen, denen die Kinder in den Augen der Elternteile nicht die angemessene Bedeutung zumessen. Elterliche Wert-Regulationen finden sich mehrheitlich in berichteten Eltern-Kind-Gesprächen, die einen Aspekt des Lernens thematisierten (124 Episoden, 63,9 %). Genauer ging es in 86 Episoden (44.3 %) um das Handeln der Kinder bei Hausaufgaben (HA), in 18 Episoden (9.3 %) um das Handeln im Unterricht (U), in elf Episoden (5.7 %) um das Handeln bei Prüfungsvorbereitungen (PV) und in neun Episoden (4.6 %) um das Lernen allgemein (L) (vgl. Tabelle 7.1). Wertregulationen in Eltern-Kind-Gesprächen, die thematisch einen Leistungsbezug aufweisen, lassen sich in insgesamt 70 Episoden (36.1 %) festmachen. Dabei drehte sich das Gespräch in 43 Episoden (22.2 %) um den Übertritt in die Sekundarstufe (Ü) und in 27 Episoden (13.9 %) um vorliegende Prüfungsergebnisse des Kindes (P) (vgl. Tabelle 7.2).

Die Zuordnung der in den Bedeutsamkeitszuschreibungen fokussierten konkreten Handlungs- und Leistungsziele zu fünf Zielbereichen (vgl. Abbildung 7.1) zeigte sodann, dass die Elternteile mehrheitlich von Wertregulationen berichteten, die sich aktivitäts- und umsetzungsorientierter Kompetenzen zuordnen lassen (73 Episoden, 37.6 % overall), wobei sich diese großmehrheitlich in lernthematischen Gesprächssequenzen fanden (59 Episoden, 80.8 % intra). Demgegenüber fanden sich solcherlei verbale Motivierungen lediglich in 14 leistungsthematischen Episoden (19.2 % intra) (vgl. Abbildung 7.1). Den Kindern wurde dabei die Bedeutung eines angemessenen Engagements bezüglich des Lernens und des Übertritts (36 Episoden), des persönlichen Ressourceneinsatzes im Sinne von Anstrengung und Fleiß (22 Episoden), von Volition/Wille bei der Hausaufgabenerledigung (acht Episoden) sowie von Ausdauer trotz auftretender Schwierigkeiten (sieben Episoden) nahegebracht.

Am zweithäufigsten waren Stellen, in denen die Eltern von verbalen Wertregulationen bei Handlungsweisen ihrer Kinder berichteten, die sich fachlich-methodischen Kompetenzen zuordnen lassen (56 Episoden, 28.9 % overall), wobei diese überwiegend in lernthematischen Gesprächssequenzen vorkamen (49 Episoden, 87.5 % intra) und sich lediglich in sieben leistungsthematischen Episoden (12.5 % intra) finden ließen (vgl. Abbildung 7.1). Werden diese Handlungsweisen als Lernstrategien verstanden und nach der Taxonomie von Friedrich und Mandl (1992) geordnet, so zeigt sich, dass die Elternteile ihren Kindern vor allem deutlich zu machen versuchten, dass es bedeutsam sei, beim Lernen auf materiale und soziale Angebote zurückzugreifen und die Zeit gut einzuteilen, also auf Stütz- bzw. Ressourcenstrategien zurückzugreifen (27 Episoden), das Lernen zu planen, zu überwachen und zu evaluieren, also Kontroll- bzw. metakognitive Strategien einzusetzen (25 Episoden), sowie Handlungsweisen an den

7.1 Gestaltungsmerkmale der verbalen ...

Tag zu legen, die Informationsverarbeitungsstrategien zugeordnet werden können (vier Episoden). Am dritthäufigsten (28 Episoden, 14.4 %) konnten Wertregulationen identifiziert werden, in denen die Elternteile kein bestimmtes schulbezogenes Handeln, sondern ein Leistungsziel fokussierten (vgl. Abbildung 7.1). Konkret versuchten sie, die Aufmerksamkeit des Kindes auf die Bedeutung bestimmter Notenwerte bzw. einfach «guter» oder «besserer Noten» (18 Episoden) oder aber auf die Signifikanz des Erreichens eines bestimmten Sekundarschultyps zu lenken (zehn Episoden).

Am vierthäufigsten wiesen die Elternteile in ihren Wertregulationen auf Handlungsweisen hin, die sich personalen Kompetenzen zuordnen lassen (24 Episoden, 12.4 % overall). Mit 19 Episoden (72.2 % intra) handelte es sich mehrheitlich um leistungsthematische Gesprächssequenzen (vgl. Abbildung 7.1). Die datengeleitete Gruppierung der entsprechenden Handlungsweisen ergibt, dass die Elternteile hierbei in erster Linie versuchten, ihren Kindern die Bedeutung einer angemesseneren leistungsbezogenen Kompetenzeinschätzung (zwölf Episoden), einer adäquateren leistungsbezogenen Situationsbewertung (drei Episoden), einer positiven Einstellung gegenüber Leistungsereignissen (zwei Episoden) sowie einer realitätsnahen gedanklichen Beschäftigung mit dem bevorstehenden Alltag in der Sekundarstufe (zwei Episoden) näher zu bringen.

Am geringsten fiel der Anteil an verbalen Wertregulationen aus, die ein Handeln fokussierten, das sich sozial-kommunikativen Kompetenzen zuordnen lässt (13 Episoden, 6.7 % overall), wobei sich diese mit zwei Ausnahmen ausschließlich in lernthematischen Gesprächssequenzen finden ließen (elf Episoden, 84.6 % intra) (vgl. Abbildung 7.1). Hierbei haben die Elternteile dem Kind gegenüber die Bedeutung des Informierens über Unterrichts- und Schulereignisse (vier Episoden) sowie von angemessenen Handlungsweisen bei der kooperativen Hausaufgabenbearbeitung (drei Episoden), der Beziehungsgestaltung zu Lehrkräfte (drei Episoden) und des Umgangs mit Konflikten in Schule und Unterricht (drei Episoden) dargelegt.

Aus einem globaleren Blickwinkel zeigt sich, dass die Elternteile vor allem von eigenen Wertregulationen berichten, die im Rahmen von häuslichen Gesprächen über Hausaufgaben und Prüfungsvorbereitungen sowie Gesprächen über den Übertritt erfolgten. Bezüglich der Hausaufgabenerledigung und der inhaltlich sehr ähnlichen Aktivität der Prüfungsvorbereitung, die zusammen mit 97 Episoden genau die Hälfte aller 194 untersuchten Episoden bilden, stehen primär fachlich-methodische Kompetenzen des Kindes, insbesondere Ressourcen- und metakognitive Strategien im Fokus der elterlichen Wertregulationen: So berichten die Elternteile in 24 Episoden, wie sie gegenüber ihren Kindern die Bedeutung des Zeitpunkts und der Zeiteinteilung des Lernens, des kontinuierlichen Arbeitens, der angemessenen Prioritätensetzung zwischen Hausaufgaben und Freizeit oder des Nutzens von Lehrkräften, Peers und ihnen selber als Informations- und Unterstützungsquellen hervorgehoben haben. Fast ebenso häufig (21 Episoden) strichen sie die Bedeutung des Planens, Überwachens und Evaluierens des eigenen Lernens vor dem Kind heraus: Konkret wird in den entsprechenden Episoden zu erhöhter Selbständigkeit, Sorgfalt, Eigenständigkeit, Regelkonformität und Vollständigkeit bei der Hausaufgabenerledigung oder dem Vorbereiten auf Prüfungen motiviert. Auch aktivitäts- und umsetzungsorientierte Kompetenzen der Kinder stehen im Kontext von Hausaufgaben und Prüfungsvorbereitungen im Zentrum elterlicher Wertregulationen: In 24 Episoden wurde die Bedeutung eines angemessenen Engagements beim häuslichen Lernen hervorgehoben («Raff dich auf!»), in je acht Episoden diejenige von Anstrengung («Bleib dran!»/«Sei fleißig!») und Wille («Überwinde dich und mach dich an die Arbeit!») sowie in fünf Episoden diejenige von Ausdauer («Halte durch!»). Eine eher untergeordnete Rolle bei den berichteten Wertregulationen im Kontext von Gesprächen über Hausaufgaben und Prüfungsvorbereitungen spielten Handlungsweisen im Bereich sozial-kommunikativer und personaler Kompetenzen: In vier Episoden wird die Bedeutung einer streitfreien Kommunikation mit den Eltern oder Peers während des gemeinsamen häuslichen Lernens betont und in drei weiteren Episoden die Bedeutung einer positiven Einstellung gegenüber Hausaufgaben herausgestrichen.

Bezüglich des Übertritts, des anderen großen Themas in den Familien (43 der 70 leistungsthematischen Episoden), zeigt sich, dass den Kindern in der Entscheidungsfindungsphase zwar stark die Bedeutung des Erreichens bestimmter Leistungsziele – guter oder besserer Noten (zwölf Episoden), des erwünschten Sekundarschultyps (zehn Episoden) – oder eines angemessenen Engagements – das Beste geben, zu dem man fähig ist o.ä. (fünf Episoden) – deutlich gemacht wurde, dass es den Elternteilen aber auch stark darum ging, die Bedeutung einer angemessenen Selbstpositionierung des Kindes gegenüber dem Übertrittsgeschehen zu betonen («Sieh dich so!»/«Sieh das Verfahren so!»): In insgesamt 16 Episoden, die dem Zielbereich personaler Kompetenzen zugeordnet wurden (vgl. Tabelle 7.2), versuchen die Eltern das Kind davon zu überzeugen, dass es bedeutsam sei, auf einen bestimmten Sekundarschultyp zu aspirieren, den Status als zukünftige/r Sek-B-Schüler*in zu akzeptieren, den Übertritt bzw. bestimmte Übertrittsereignisse wie Prüfungen, das Zeugnis und Gespräche mit der Lehrkraft als wichtig zu erkennen und sich allmählich auf die Anforderungen der Sekundarstufe einzustellen.

Fasst man die Befunde zu den schulischen Zielen zusammen, welche die 20 Elternteile während der unsicheren Übertrittszeit zum Gegenstand ihrer Bedeutungszuschreibungen gemacht haben, so ergibt sich bezüglich Hausaufgaben und Prüfungsvorbereitungen folgende verdichtete prototypische Aussage:

«Es ist bedeutsam, dass du die Zeit einteilst, uns und andere Hilfsquellen nutzt und dich aufraffst und engagierst».

Hinsichtlich des Übertritts lautet sie:

«Es ist bedeutsam, dass du dich als zukünftige/r Sek-A-Schüler*in siehst, laufend gute Noten machst und das Ziel Abteilung A der Sekundarschule auch wirklich erreichst».

7.1.2 In elterlichen Wertregulationen vorgebrachte Begründungen

In den folgenden Abschnitten wird nun den Fragestellungen 1.3 und 1.4 (vgl. Abschnitt 5.8) nachgegangen und untersucht, mit welchen Begründungen die Elternteile ihr Kind von der Bedeutsamkeit der schulischen Handlungs- und Leistungsziele zu überzeugen versuchen:

Welche konkreten Argumente führen die Elternteile in den 194 wertbezogenen Episoden den Kindern als Begründung der Bedeutsamkeit schulischer Lern- und Leistungsziele vor Augen?

Wie verteilen sich die in den 194 Motivierungsepisoden eingesetzten Argumente, wenn sie nach Begründungstypen geordnet werden, die aus den Dimensionen Valenz (positiv vs. negativ), Aufgabenwert (Wesentlichkeit und Zweckmäßigkeit) sowie Lokus (internal vs. external) gebildet wurden (vgl. Abbildung 5.4)?

Tabelle 7.3 und Tabelle 7.4 dokumentieren die einzelnen Argumente, welche die 20 Elternteile in den 194 Wertregulationen ihren Kindern gegenüber mit der Absicht eingesetzt haben, diesen den task value bestimmter schulischer Handlungs- oder Leistungsziele zu verdeutlichen (vgl. Abschnitt 5.6). Es handelt sich um die Fillings der Komponente B des Frames zu den Wertregulationen (vgl. Abschnitt 7.1).

Die kursorische Durchsicht der in den beiden Tabellen aufgeführten konkreten Argumente zeigt erstens, dass die Elternteile die Bedeutung schulischer Handlungs- und Leistungsziele großmehrheitlich mit appetitiv formulierten Argumenten unterstrichen und damit versuchten, das Kind verbal gleichsam auf diese Ziele hinzustoßen (z. B. Argument 1.34: «weil du das als angehende/r Sek-Schüler*in musst») oder hinzulocken (z. B. Argument 2.01: «weil du so gute/bessere Noten machst»). Aber es finden sich immer auch wieder aversiv formulierte Argumente, in denen die Elternteile ihr Kind von der Bedeutsamkeit der von ihnen genannten Ziele zu überzeugen versuchen, indem sie es mittels Warnungen, Strafandrohungen bzw. der Schilderung eines Bedrohungsszenarios gleichsam vor einer gegenteiligen Zielvorstellung wegzuziehen (z. B. Argument 2.44: «weil du den Übertritt in die Sek A auf gar keinen Fall aufs Spiel setzen darfst») oder es von dieser abzuschrecken versuchen (z. B. Argument 2.41: «weil du sonst enttäuscht sein wirst, wenn du dein Ziel Sek A nicht erreicht haben wirst»). Im Kategoriensystem «Wertbezogene Begründungstypen», das auf der Grundlage von Eccles' Konzeption von task values (vgl. Eccles, 2005) acht elterliche Strategien der verbalen Wertvermittlung definiert (vgl. Abbildung 5.4), wird diese Dimension als «Valenz der Wertaussage» bezeichnet und umfasst die beiden Ausprägungen positiv (+) und negativ (−) (vgl. ausführliche Erörterung in Abschnitt 5.6.2.1).

Zweitens wird deutlich, dass die Elternteile durchgängig mit dem task value a) Nützlichkeit (utility value) oder aber b) mit persönlicher Wichtigkeit im Sinne des Konzepts des attainment value argumentiert haben (vgl. Abschnitt 5.5.1). Im Fall a) wird in positiv-valenten Stellen mit der Zweckmäßigkeit (Opportunität) eines bestimmten Verhaltens oder Leistungsziels zur Erreichung eines anderen, noch stärker interessierenden Ziels bzw. in negativ-valenten Stellen mit deren Zweckmäßigkeit zur Verhinderung eines nicht erwünschten Ergebnisses oder Zustands argumentiert (z. B. Argument 1.01: «weil du so mehr Punkte machst» bzw. Argument 1.63 «weil du sonst spät dran bist, Angst hast und am Montagmorgen sehr früh aufstehen musst»). Im Fall b) wird die Wesentlichkeit (Essentialität) eines bestimmten Handlungs- oder Leistungsziels herausgestrichen, indem dieses vor dem Kind unmittelbar mit dessen Selbst bzw. seiner persönlichen oder sozialen Identität argumentativ verbunden wird (vgl. Abschnitt 5.5.1.2): In positiv-valenten Wesentlichkeitsargumenten wird das persönlich Erstrebenswerte oder persönlich Erreichbare betont (z. B. Argument 1.31: «weil du das mit deinem Berufswunsch

7.1 Gestaltungsmerkmale der verbalen ... 389

Tabelle 7.3 Begründungen, welche die Elternteile in lernthematischen Wertregulationen vorbrachten

Nr.	Argumente	Begründungstyp*	Anzahl Nennungen	Elternteil
1.01	weil du so mehr Punkte machst	Oe+	1	D11
1.02	weil du so einen günstigen Übertrittsstatus erreichen kannst	Oe+	3	H11/H11/S12
1.03	weil du so gute/bessere Noten machst	Oe+	2	M12/M11
1.04	weil du so dann evtl. von der Sek B in die Sek A aufsteigen kannst	Oe+	2	M11/M11
1.05	weil du es später vielleicht (beruflich) einsetzen/brauchen kannst	Oe+	2	V12/Z12
1.06	weil du so die Aufnahmeprüfung eher bestehen kannst	Oe+	1	Z31
1.07	weil du nur so den guten Notenschnitt halten kannst	Oe+	1	R11
1.08	weil du so ein besseres Ergebnis deiner Arbeit erzielst	Oe+	1	S11
1.09	weil du dann Unterstützung (bei der Prüfungsvorbereitung) von uns bekommst	Oe+	1	Z12
1.10	weil du von der fordernden Art der Lehrkraft beim Lernen profitieren kannst	Oi+	1	H11

(Fortsetzung)

Tabelle 7.3 (Fortsetzung)

Nr.	Argumente	Begründungstyp*	Anzahl Nennungen	Elternteil
1.11	weil du so lernen kannst, dich selbständig mit Inhalten auseinanderzusetzen	Oi+	1	R12
1.12	weil du dich so dann erholt an die Hausaufgaben machen kannst	Oi+	1	D11
1.13	weil du mit meiner Hilfe zu einem Ende kommst	Oi+	1	D11
1.14	weil du so fachlich besser werden kannst	Oi+	5	D12/S11/H12/S12/V12
1.15	weil du damit Alltagsprobleme lösen kannst	Oi+	2	V12/Z11
1.16	weil du so erfährst, dass du erfolgreich sein kannst	Oi+	1	R12
1.17	weil du dann noch mehr üben kannst (um schließlich besser zu werden)	Oi+	1	D12
1.18	weil du so in der Schule (fachlich-inhaltlich) dranbleibst	Oi+	1	V11
1.19	weil du nur so einen optimalen Lerngewinn hast	Oi+	1	R11
1.20	weil du bei der Lehrkraft eine expertenhafte Erklärung für den Sachverhalt bekommst	Oi+	1	S12

(Fortsetzung)

7.1 Gestaltungsmerkmale der verbalen ... 391

Tabelle 7.3 (Fortsetzung)

Nr.	Argumente	Begründungstyp*	Anzahl Nennungen	Elternteil
1.21	weil du da ggf. Hilfe bekommst (und dich dann besser fühlst)	Oi+	2	S12/R11
1.22	weil du so eine unbeschwertere Freizeit hast	Oi+	2	H11/R12
1.23	weil du dann noch etwas nach draußen gehen kannst	Oi+	1	Z32
1.24	weil du das als unser Kind musst	Ee+	5	S11/R11/Z22/Z22/Z22
1.25	weil du deine Versprechen einhalten musst	Ee+	1	D11
1.26	weil du nicht umhinkommst, dich auf Prüfungen vorzubereiten	Ee+	1	R11
1.27	weil du das einfach musst, da ich momentan nicht auch noch Energie dafür habe	Ee+	1	D12
1.28	weil du akzeptieren musst, dass Schulisches nicht zu meinen Aufgaben gehört	Ee+	2	Z32/Z32
1.29	weil du das selber machen musst, da deine Geschwister meine Hilfe nötiger haben	Ee+	1	V11
1.30	weil du das als Sek-A-Anwärter*in einfach musst	Ee+	4	D12/S11/H11/Z21

(Fortsetzung)

Tabelle 7.3 (Fortsetzung)

Nr.	Argumente	Begründungstyp*	Anzahl Nennungen	Elternteil
1.31	weil du das mit deinem Berufswunsch einfach musst	Ee+	1	S12
1.32	weil du das als Schüler*in musst	Ee+	14	D11/S12/S12/H11/ H11/M11/M12/M12/S11/S11/V11/ V11/V12
1.33	weil du dafür verantwortlich bist	Ee+	2	S11/Z11
1.34	weil du das als angehende/r Sek-Schüler*in musst	Ee+	1	V12
1.35	weil du das als Sek-Schüler*in können musst	Ee+	2	D11/Z22
1.36	weil du ein systematisches Vorgehen entwickeln musst	Ee+	1	R12
1.37	weil du es verstehen musst	Ee+	2	Z22/Z22
1.38	weil du es verstehen und behalten können sollst	Ee+	1	Z12
1.39	weil du das Fähigkeitspotential hast, es in die Sek A zu schaffen	Ei+	1	H11
1.40	weil du eigentlich intelligent genug bist für die Sek A	Ei+	1	Z11
1.41	weil du dazu mental stark genug bist	Ei+	1	Z22
1.42	weil du es ja eigentlich kannst	Ei+	1	V12

(Fortsetzung)

7.1 Gestaltungsmerkmale der verbalen ... 393

Tabelle 7.3 (Fortsetzung)

Nr.	Argumente	Begründungstyp*	Anzahl Nennungen	Elternteil
1.43	weil du eigentlich auch fähig bist, die Aufnahmeprüfung ins Gymnasium zu schaffen	Ei+	1	Z31
1.44	weil du eigentlich mehr in Mathematik kannst	Ei+	1	Z31
1.45	weil du jemand bist, der das braucht	Ei+	2	S11/V11
1.46	weil du das ja eigentlich schon kannst	Ei+	1	V11
1.47	weil du das als ADS-Kind brauchst	Ei+	1	D11
1.48	weil du sonst wegen der fehlenden Hausaufgaben Probleme mit der Lehrkraft haben wirst	Oe−	1	D11
1.49	weil du sonst in der Prüfung schlecht abschneiden wirst	Oe−	1	Z11
1.50	weil du sonst in der Oberstufe von der Sek B noch in die Sek C hinunterfallen könntest	Oe−	1	V12
1.51	weil du es sonst nicht auf Anhieb in die Sek A schaffst	Oe−	1	S12
1.52	weil du sonst gezwungen sein wirst, in die Schule zurückzugehen und die Hausaufgaben zu holen	Oe−	1	D11

(Fortsetzung)

Tabelle 7.3 (Fortsetzung)

Nr.	Argumente	Begründungstyp*	Anzahl Nennungen	Elternteil
1.53	weil du sonst noch mehr Probleme mit deiner Lehrkraft und deinen Mitschüler*innen hast	Oe–	1	Z31
1.54	weil du sonst den Übertritt in die Sek A nicht schaffst	Oe–	2	H12/Z12
1.55	weil du sonst sofort mit einem Absacken deiner Noten konfrontiert sein wirst	Oe–	1	Z12
1.56	weil du die Aufgaben sonst am Wochenende mit Stress fertigmachen musst	Oe–	1	S11
1.57	weil du sonst nicht nach draußen gehen und Freunde treffen darfst	Oe–	2	S12/Z31
1.58	weil du sonst das, was wir vorhaben, nicht mitmachen darfst	Oe–	1	Z12
1.59	weil du von uns sonst wieder aufs Zimmer geschickt wirst und nicht mit uns zusammen fernsehen darfst	Oe–	1	V12
1.60	weil du sonst auf unsere Hilfe verzichten musst	Oe–	1	S12
1.61	weil du sonst von uns zu einer Pause gezwungen wirst und dann später weiterarbeiten musst	Oe–	1	S11

(Fortsetzung)

7.1 Gestaltungsmerkmale der verbalen … 395

Tabelle 7.3 (Fortsetzung)

Nr.	Argumente	Begründungstyp*	Anzahl Nennungen	Elternteil
1.62	weil du sonst nicht mit der größeren Menge an Hausaufgaben in der Sekundarstufe umgehen können wirst	Oi–	1	M12
1.63	weil du sonst spät dran bist, Angst hast und am Montagmorgen sehr früh aufstehen musst	Oi–	1	D11
1.64	weil du sonst den Anschluss an den schwierigen/umfangreichen Stoff in der Sekundarstufe nicht haben wirst	Oi–	2	M11/Z22
1.65	weil du sonst deine Freizeit nicht genießen kannst	Oi–	1	V12
1.66	weil du sonst stundenlang an den Hausaufgaben bist	Oi–	1	Z11
1.67	weil du sonst (am Sonntagabend) zu viele Hausaufgaben auf einmal hast	Oi–	2	Z11/Z11
1.68	weil du sonst in der Sekundarstufe nicht mitkommen wirst	Oi–	2	S11/M11
1.69	weil du sonst schlechte Gefühle mit dir herumträgst	Oi–	1	D11

(Fortsetzung)

Tabelle 7.3 (Fortsetzung)

Nr.	Argumente	Begründungstyp*	Anzahl Nennungen	Elternteil
1.70	weil du sonst schlechte Bedingungen für dein Lernen schaffst	Oi–	1	D11
1.71	weil du sonst nicht optimal auf deine Bedürfnisse beim Lernen Rücksicht nimmst	Oi–	1	S12
1.72	weil du sonst deine privaten und beruflichen Chancen/Optionen einschränkst	Oi–	1	H11
1.73	weil du die Familie mit deinen hausaufgabenbezogenen Aktionen keinesfalls stressen darfst	Ee–	2	S11/H12
1.74	weil du nicht so minimalistisch sein darfst	Ee–	1	H12
1.75	weil du nicht einfach etwas hinschreiben darfst, ohne es verstanden zu haben	Ee–	1	V12
1.76	weil du diesen Grundsatz von uns als unser Kind keinesfalls verletzten darfst	Ee–	2	R12/V12
1.77	weil du keinesfalls glauben darfst, dass man alle Probleme allein lösen müsse	Ee–	2	S11/V12

(Fortsetzung)

7.1 Gestaltungsmerkmale der verbalen ... 397

Tabelle 7.3 (Fortsetzung)

Nr.	Argumente	Begründungstyp*	Anzahl Nennungen	Elternteil
1.78	weil du keinesfalls unser Sonntagsprogramm beeinträchtigen darfst	Ee–	1	Z11
1.79	weil du deine Freizeitaktivitäten nicht zu Ungunsten schulischer Aktivitäten betreiben darfst	Ee–	1	S12
Total Argumente		14 Oe+ 21 Oi+ 39 Ee+ 10 Ei+ 16 Oe– 14 Oi– 10 Ee–	124	

* wertbezogene Begründungstypen: Oe+ (externale Zweckmäßigkeit, positiv-valent), Oi+ (internale Zweckmäßigkeit, positiv-valent), Ee+ (externale Wesentlichkeit, positiv-valent), Ei+ (internale Wesentlichkeit, positiv-valent), Oe– (externale Zweckmäßigkeit, negativ-valent), Oi– (internale Zweckmäßigkeit, negativ-valent), Ee– (externale Wesentlichkeit, negativ-valent), vgl. Abbildung 5.4.

Tabelle 7.4 Begründungen, welche die Elternteile in leistungsthematischen Wertregulationen vorbrachten

Nr.	Argumente	Begründungstyp*	Anzahl Nennungen	Elternteil
2.01	weil du so gute/bessere Noten machst	Oe+	2	V12/Z32
2.02	weil du dann einen Laptop von uns als Belohnung erhältst	Oe+	1	H12
2.03	weil du dann einen Fünfliber (Fünf-Franken-Stück) bekommst	Oe+	1	Z31
2.04	weil du so die Einteilung in die Sekundarstufe positiv beeinflussen kannst	Oe+	1	D11
2.05	weil du dann vielfältigere berufliche Optionen haben wirst	Oe+	3	V12/V12/V12
2.06	weil du dann dort (Sek A) mit all deinen Freunden zusammen sein kannst	Oi+	1	S11
2.07	weil du dir so deinen Wunsch nach der Sek A doch noch erfüllen kannst	Oi+	1	M11
2.08	weil du dich so fachlich verbessern kannst	Oi+	1	V12
2.09	weil du es mit meiner Hilfe dann verstehen kannst	Oi+	1	M11
2.10	weil du dich da (fachlich) ideal entwickeln kannst	Oi+	1	D11

(Fortsetzung)

7.1 Gestaltungsmerkmale der verbalen … 399

Tabelle 7.4 (Fortsetzung)

Nr.	Argumente	Begründungstyp*	Anzahl Nennungen	Elternteil
2.11	weil du dich auf die nächste Prüfung fokussieren musst	Ee+	1	M11
2.12	weil du dort mit erhöhten Arforderungen klarkommen musst	Ee+	1	M12
2.13	weil du das als unser Kind musst	Ee+	3	R11/R11/V12
2.14	weil du das aus meiner Sicht in der Übertrittsphase einfach unbedingt musst	Ee+	6	S12/R12/S11/S12/ S12/S12
2.15	weil du mich nur so beeindrucken kannst (das erwarte ich eigentlich von dir)	Ee+	2	V12/Z32
2.16	weil du das als Sek-A-Anwärter*in einfach musst	Ee+	4	S12/S11/Z21/Z22
2.17	weil du uns einfach informieren musst (damit wir dich ggf. unterstützen können)	Ee+	1	V12
2.18	weil du das ehrlicherweise ja eigentlich musst	Ee+	1	D11
2.19	weil du dich auf deine nähere Zukunft vorbereiten musst	Ee+	1	M12
2.20	weil du immer um ein Verständnis der Sache bemüht sein musst	Ee+	1	S12

(Fortsetzung)

Tabelle 7.4 (Fortsetzung)

Nr.	Argumente	Begründungstyp*	Anzahl Nennungen	Elternteil
2.21	weil du dich nicht von uns unter Druck gesetzt fühlen sollst	Ee+	1	M12
2.22	weil du das mit den besser gewordenen Noten aus unserer Sicht einfach musst	Ee+	1	D12
2.23	weil du es schaffen kannst, wenn du willst	Ei+	1	H12
2.24	weil du das Potential zu Leistungsverbesserungen hast	Ei+	1	V11
2.25	weil du eigentlich intelligent genug bist	Ei+	1	Z11
2.26	weil du schon bald beständig ein sehr hohes Leistungsniveau haben kannst	Ei+	1	V12
2.27	weil du es mit deinen Fähigkeiten/deinem Einsatz geschafft hast	Ei+	1	D11
2.28	weil du interesse- und fähigkeitsmäßig erstmal dahin passt	Ei+	1	R12
2.29	weil du eigentlich zufriedenstellende Noten hast	Ei+	1	S12
2.30	weil du sonst später (aus der Sek B) Schwierigkeiten haben wirst, es jemals in die Sek A zu schaffen	Oe−	1	D12

(Fortsetzung)

7.1 Gestaltungsmerkmale der verbalen ... 401

Tabelle 7.4 (Fortsetzung)

Nr.	Argumente	Begründungstyp*	Anzahl Nennungen	Elternteil
2.31	weil du sonst den Übertritt in die Sek A nicht schaffst	Oe–	6	S11/H11/H11/H12/ S12/Z21
2.32	weil du sonst den Anschluss in der Sek A nicht finden wirst	Oe–	1	D12
2.33	weil du sonst später von der Sek A in die Sek B abgestuft werden kannst	Oe–	1	S11
2.34	weil du sonst später Einschränkungen bei der Berufswahl haben wirst	Oe–	1	H12
2.35	weil du sonst einen beschwerlichen zweiten Bildungsweg vor dir hast	Oe–	1	S12
2.36	weil du sonst in die Sek C kommst (wo diejenigen sind, die nicht arbeiten wollen/können)	Oe–	2	M11/Z12
2.37	weil du sonst in eine Privatschule geschickt wirst (was dir peinlich wäre)	Oe–	1	V11
2.38	weil du mich sonst enttäuschst	Oe–	1	R12
2.39	weil du sonst schlechte Prüfungen schreibst	Oe–	1	S11
2.40	weil du sonst sofort eine halbe Note schlechter abschneidest	Oe–	1	R11

(Fortsetzung)

Tabelle 7.4 (Fortsetzung)

Nr.	Argumente	Begründungstyp*	Anzahl Nennungen	Elternteil
2.41	weil du sonst enttäuscht sein wirst, wenn du dein Ziel Sek A nicht erreicht haben wirst	Oi–	1	S12
2.42	weil du sonst ist ganze Arbeit, die du seit der 1. Klasse geleistet hast, entwertest	Oi–	1	H11
2.43	weil du sonst in der Sekundarstufe nicht mitkommen wirst	Oi–	1	Z21
2.44	weil du den Übertritt in die Sek A auf gar keinen Fall aufs Spiel setzen darfst	Ee–	3	H12/R11/S11
2.45	weil du keinesfalls das Gefühl haben sollst, wir wollten dich unter Druck setzen	Ee–	1	M12
2.46	weil du den gleichen Fehler nicht mehrmals machen darfst	Ee–	2	M11/M11
2.47	weil du zum jetzigen Zeitpunkt mit den erhöhten Leistungsanforderungen der Sek A nicht klarkommen würdest	Ei–	1	V12

(Fortsetzung)

7.1 Gestaltungsmerkmale der verbalen …

Tabelle 7.4 (Fortsetzung)

Nr.	Argumente	Begründungstyp*	Anzahl Nennungen	Elternteil
	Total Argumente	8 Oe+ 5 Oi+ 23 Ee+ 7 Ei+ 17 Oe− 3 Oi− 6 Ee− 1 Ei−	70	

* wertbezogene Begründungstypen: Oe+ (externale Zweckmäßigkeit, positiv-valent), Oi (internale Zweckmäßigkeit, positiv-valent), Ee+ (externale Wesentlichkeit, positiv-valent), Ei+ (internale Wesentlichkeit, positiv-valent), Oe− (externale Zweckmäßigkeit, negativ-valent), Oi− (internale Zweckmäßigkeit, negativ-valent), Ee− (externale Wesentlichkeit, negativ-valent), Ei− (internale Wesentlichkeit, negativ-valent), vgl. Abbildung 5.4.

einfach musst» bzw. Argument 2.10: «weil du das Potential zu Leistungsverbesserungen hast»), in negativ-valenten Wesentlichkeitsargumenten wird das persönlich Verwerfliche oder Unerreichbare herausgestrichen (z. B. Argument 2.26: «weil du den gleichen Fehler nicht mehrmals machen darfst» bzw. Argument 2.03: «weil du zum jetzigen Zeitpunkt mit den erhöhten Leistungsanforderungen der Sek A nicht klarkommen kannst»). Im Kategoriensystem als «Aufgabenwert» bezeichnet (vgl. Abbildung 5.4), besteht die Dimension aus den beiden Ausprägungen Zweckmäßigkeit (O) und Wesentlichkeit (E) (vgl. ausführliche Erörterung in Abschnitt 5.6.2.3).

In den Tabellen wird ferner ein dritter Aspekt deutlich: Eltern halten dem Kind im Sinne der Lokus-Dimension sowohl bei den Zweckmäßigkeits- als auch bei den Wesentlichkeitsargumenten Gründe vor Augen, die entweder auf äußere oder aber auf innere Ziele, Bedürfnisse oder Motive weisen. So wird bei positiver oder negativer externaler Zweckmäßigkeit (Oe+/Oe−; vgl. Abbildung 5.4) mit bestehender bzw. fehlender Dienlichkeit eines bestimmten schulbezogenen Handelns für sozial gesetzte Ziele oder soziale Bedürfnisse des Kindes argumentiert (z. B. Argument 1.08: «weil du dann Unterstützung (bei der Prüfungsvorbereitung) von uns bekommst» bzw. Argument 2.34: «weil du sonst später Einschränkungen bei der Berufswahl haben wirst»). Bei positiver oder negativer internaler Zweckmäßigkeit (Oi+/Oi−) operieren die Eltern demgegenüber mit Argumenten, die vorhandene oder fehlende Nützlichkeit mit Blick auf das innere Funktionieren des Kindes – sei es in kognitiver, emotionaler oder motivationaler Hinsicht – in den Mittelpunkt stellen (z. B. Argument 1.19: «weil du nur so einen optimalen Lerngewinn hast» bzw. Argument 1.70: «weil du sonst schlechte Bedingungen für dein Lernen schaffst»). Bei positiver oder negativer externaler Wesentlichkeit (Ee+/Ee−) versuchen die Elternteile, ihr Kind mit dem Hinweis auf normative Erwartungen zu motivieren, die Bezugspersonen an es richten. Die Bedeutsamkeit eines schulischen Ziels wird vor dem Kind mit anderen Worten an konforme oder abweichende Merkmale sozialer Rollen gekoppelt: (z. B. Argument 2.16: «weil du das als Sek-A-Anwärter*in einfach musst» bzw. Argument 1.76: «weil du diesen Grundsatz [als unser Kind] keinesfalls verletzen darfst»). Im Falle positiver und negativer internaler Wesentlichkeit (Ei+/Ei−) wird die Bedeutsamkeit schulischer Ziele mit vorhandenen oder nicht vorhandenen Persönlichkeitsmerkmalen, Überzeugungen und Fähigkeiten des Kindes gekoppelt: (z. B. Argument 2.23: «weil du es schaffen kannst, wenn du willst» bzw. Argument 2.47: «weil du zum jetzigen Zeitpunkt mit den erhöhten Leistungsanforderungen der Sek A nicht klarkommen würdest»). Detailliertere Ausführungen zur Dimension «Lokus» finden sich in Abschnitt 5.6.2.2.

7.1 Gestaltungsmerkmale der verbalen ... 405

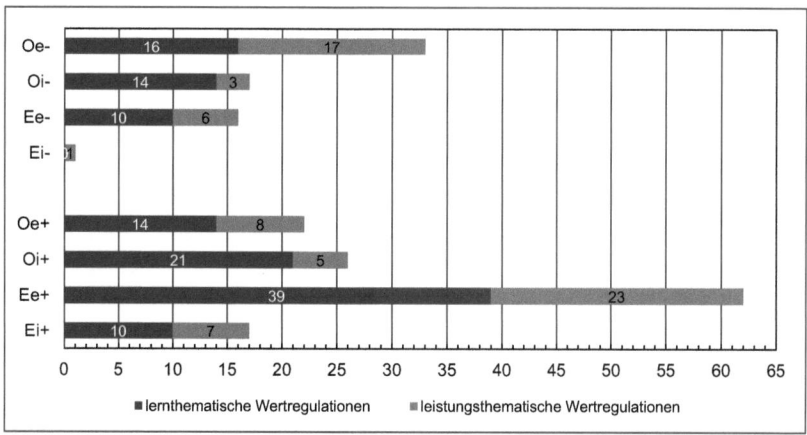

Abbildung 7.2 Anzahl Argumente pro Begründungstyp in lern- und leistungsthematischen Wertregulationen. (Begründungstypen: negative externale Zweckmäßigkeit (Oe−), negative internale Zweckmäßigkeit (Oi−), negative externale Wesentlichkeit (Ee−), negative internale Wesentlichkeit (Ei−), positive externale Zweckmäßigkeit (Oe+), positive internale Zweckmäßigkeit (Oi+), positive externale Wesentlichkeit (Ee+), positive internale Wesentlichkeit (Ei+).)

Abbildung 7.2 gewährt eine Übersicht über die Ergebnisse der Feincodierung der in den 124 lern- und 70 leistungsthematischen Wertregulationen von den Eltern angeführten Argumente entlang der aus der Kombination der drei Dimensionen Valenz der Wertaussage, Lokus und Aufgabenwert gebildeten acht Begründungstypen: negative oder positive externale Zweckmäßigkeit (Oe−/Oe+), negative oder positive internale Zweckmäßigkeit (Oi−/Oi+), negative oder positive externale Wesentlichkeit (Ee−/Ee+), negative oder positive internale Wesentlichkeit (Ei−/Ei+) (vgl. Abbildung 5.4).

Es zeigt sich, dass die überwiegende Mehrheit der von den Elternteilen vorgebrachten Begründungen für die Bedeutsamkeit schulischer Handlungs- und Leistungsziele aus positiv-valenten Argumenten besteht. 127 (65.5 %) der insgesamt 194 Argumente betonen appetitive Aspekte (+), gegenüber 67 Argumenten (34.5 %), die aversive Aspekte (−) hervorheben. Sodann zeigt sich, dass die Elternteile die beiden Aufgabenwerte Zweckmäßigkeit (O) (98 Argumente, 50.5 %) und Wesentlichkeit (E) (96 Argumente, 49.5 %) zu gleichen Teilen zur Begründung herangezogen haben, wobei sich die Argumente großmehrheitlich auf externale Aspekte (e) beziehen (133 Argumente, 68.6 %). Mit internalen Aspekten wird in 61 Begründungen (31.4 %) argumentiert.

7.1.2.1 Positiv-valente Argumente zur Verdeutlichung des Werts

Positive externale Wesentlichkeit (Ee+) ist mit 62 Argumenten (32.0 % overall) der mit Abstand am häufigsten auftretende Begründungstyp (vgl. Abbildung 7.2). Sowohl bei den lernthematischen (39 von 124 Argumenten, 31.5 % intra) als auch bei den leistungsthematischen Wertregulationen (23 von 70 Argumenten, 32.9 % intra) spielten diese Art von Argumenten die wichtigste Rolle. Die Elternteile haben demnach die Bedeutsamkeit von schulbezogenen Handlungs- und Leistungszielen vor ihren Kindern am häufigsten damit begründet, dass deren Erreichen von signifikanten Anderen erwartet würden. Für wie bedeutsam die Elternteile diese Ziele erachten, wird im geframten Weil-Satz an den verwendeten Verben deutlich: «müssen», «nicht umhinkommen», «verantwortlich sein»: «Wesentlichkeit» bedeutet hier, dass das Kind aus der Sicht der Eltern kaum Entscheidungsspielraum hat, sondern sich bewusst sein sollte, dass es geradezu verpflichtet sei, das spezifische Ziel anzustreben bzw. zu erreichen (vgl. Abschnitt 5.6.2.3).

Ein genauerer Blick[6] auf die in Tabelle 7.3 und Tabelle 7.4 dargestellten konkreten Argumente offenbart, dass in gesamthaft 24 Episoden gegenüber dem Kind mit der Wesentlichkeit argumentiert wird, die sich aus dessen Rolle als Schüler bzw. Schülerin ergibt (Argumente 1.26/1.32–1.33/1.36–1.38 und 2.11/2.18/2.20: z. B. «weil du das als Schüler*in musst»/«weil du dafür verantwortlich bist»/«weil du es (den Inhalt) verstehen musst»).

In 21 Episoden begründen die Elternteile mit Notwendigkeiten, die sich aus der momentanen Rolle des Kindes als «Person, die sich in der schulischen Statuspassage befindet» ergeben (Argumente 1.30–1.31/1.34–1.35 und 2.12/2.14/2.16/2.19/2.22: z. B. «weil du das als Sek-A-Anwärter*in einfach musst»/«weil du das mit deinem Berufswunsch einfach musst»/«weil du dort (in der Sekundarschule) mit erhöhten Anforderungen klarkommen musst»/«weil du das aus meiner Sicht in der Übertrittsphase einfach unbedingt musst»).

---

[6]Die Gruppierung der Argumente innerhalb der einzelnen Begründungstypen erfolgte wie bei den Zielen der Wertregulationen (vgl. Abschnitt 7.1.1.1) im Rahmen der Erstellung des Entwurfs des Textes im Jahr 2016. Während der Niederschrift der Endfassung im Jahr 2019 wurden alle Argumente durch den Autor ein zweites Mal zu den bestehenden Gruppen zugeordnet. Sodann wurde mittels *Cohens Kappa* die Intrarater-Übereinstimmung erhoben (vgl. Fußnote 120). Bei der wiederholten Zuordnung der 27 Zeilen mit Argumenten des *Begründungstyps Ee+* in Tabelle 7.3 und Tabelle 7.4 zu den drei Gruppen wurde vollständige Konkordanz erzielt $(\kappa = 1.00)$.

7.1 Gestaltungsmerkmale der verbalen ...

In weiteren 17 Episoden wird gegenüber dem Kind auf Notwendigkeiten verwiesen, die sich aus seiner/ihrer Rolle als Sohn oder Tochter ergeben: (Argumente 1.24–1.25/1.27–1.29 und 2.13/2.15/2.17/2.21: z. B. «weil du das als unser Kind musst»/«weil du deine Versprechen einhalten musst»/«weil du uns (Eltern) einfach informieren musst»).

Positive internale Zweckmäßigkeit (Oi+) war mit 26 Argumenten (13.4 % overall) der am dritthäufigsten auftretende Begründungstyp (vgl. Abbildung 7.2), der allerdings bei lernthematischen Episoden (21 Argumente, 16.9 % intra) eine größere Rolle spielte als bei leistungsthematischen Episoden (fünf Argumente, 7.1 % intra). Die Elternteile stellen mit solchen Argumenten die von ihnen gegenüber dem Kind als bedeutsam gekennzeichneten Handlungs- und Leistungsziele als nützlich für kognitive, motivational-affektive und behaviorale Prozesse beim Kind selber dar. Die Wertregulationen wirken durch solcherlei Argumente beratend und signalisieren dem Kind Wahlfreiheit, indem sie Folgen skizzieren, von denen der Elternteil zwar glaubt, dass sie für das Kind appetitiv wirken, dabei aber lediglich als Optionen dargestellt werden, was sich in der häufigen Verwendung des Verbes «können» im Weil-Satz der geframten Aussage widerspiegelt (vgl. Abschnitt 5.6.2.3).

Die konkreten Argumente, die diesem Begründungstypus zugeordnet wurden[7], lassen sich inhaltlich folgendermaßen gruppieren (vgl. Tabelle 7.3 und Tabelle 7.4): In insgesamt 15 Episoden finden sich Argumente, die positive kognitive Folgen hervorheben (Argumente 1.10–1.11/1.14/1.16–1.20 und 2.08–2.10: z. B. «weil du so fachlich besser werden kannst»/«weil du nur so einen optimalen Lerngewinn hast»).

In acht Episoden werden positive motivational-affektive Folgen als Begründung für die Bedeutsamkeit spezifischer schulischer Handlungs- und Leistungsziele angeführt (Argumente 1.12/1.21–1.23 und 2.06–2.07: z. B. «weil du so eine unbeschwerte Freizeit hast»/«weil du dich so dann erholt an die Hausaufgaben machen kannst»).

In drei Episoden wurde dem Kind gegenüber mit positiven behavioralen Folgen argumentiert (Argumente 1.13/1.15: «weil du mit meiner Hilfe zu einem Ende kommst»/«weil du damit Alltagsprobleme lösen kannst»).

Positive externale Zweckmäßigkeit (Oe+) war mit 22 Argumenten der am vierthäufigsten auftretende Begründungstyp (11.3 % overall) und fand sich in 14

---

[7]Cohens Kappa für die Intracoder-Übereinstimmung der Zuordnung der 19 Zeilen mit Argumenten des *Begründungstyps Ee+* in Tabelle 7.3 und Tabelle 7.4 zu den drei genannten Gruppen betrug $\kappa = 0.81$, was einer sehr hohen Übereinstimmung entspricht (vgl. Landis & Koch, 1977, S. 165). Die Zuordnungen des ersten Zeitpunkts wurden beibehalten.

lernthematischen (11.3 % intra) und acht leistungsthematischen Wert-Episoden (11.4 %). Mit dieser Art von Argumenten stellen die Elternteile die von ihnen als bedeutsam erachteten Verhaltens- und Leistungsziele als instrumentell zur Erreichung positiver, vom sozialen Umfeld gesetzten und beeinflussten Folgen im Sinne von Belohnungen dar. Wie schon beim Begründungstyp positive internale Zweckmäßigkeit (Oi+) geben diese Argumente den entsprechenden Wertregulationen einen beratenden Charakter und signalisieren den Kindern ein gewisses Maß an Wahlfreiheit, was sich auch hier in der häufigen Verwendung des Verbes «können» oder der Zukunftsform («wirst haben») im Weil-Satz der geframten Aussage zeigt (vgl. Abschnitt 5.6.2.3).

Inhaltlich lassen sich die diesem Begründungstyp zugeordneten konkreten Argumente folgendermaßen gruppieren[8] (vgl. Tabelle 7.3 und Tabelle 7.4): In insgesamt zwölf Episoden finden sich Argumente, die positive Folgen für die schulische und berufliche Karriere hervorheben (Argumente 1.02/1.04–1.06 und 2.04–2.05: z. B. «weil du so einen günstigeren Übertrittsstatus erreichen kannst»/«weil du dann vielfältigere berufliche Optionen haben wirst»).

In sieben Episoden werden positive Noten und Prüfungsergebnisse als Folgen in Aussicht gestellt (Argumente 1.01/1.03/1.07–1.08 und 2.01: z. B. «weil du so bessere Noten haben wirst»/«weil du nur so den guten Notenschnitt halten kannst»).

Sodann locken die Elternteile in drei Episoden mit handfesten Belohnungen und Unterstützungsleistungen als Folge des Erreichens eines bestimmten Handlungs- oder Leistungsziels (Argumente 1.09 und 2.02–2.03: «weil du dann Unterstützung bei der Prüfungsvorbereitung von uns bekommst», «weil du dann einen Laptop von uns erhältst»/«weil du dann ein Fünf-Franken-Stück bekommst»).

Positive internale Wesentlichkeit (Ei+) ist mit 17 Argumenten (8.8 % overall) derjenige der vier positiv-valenten Begründungstypen, der am seltensten von den Eltern eingesetzt wurde und mit einem Anteil von 8.8 % auch insgesamt von untergeordneter Bedeutung ist. Er trat in zehn lernthematischen (8.1 % intra) und in 7 leistungsthematischen Episoden auf (10.0 % intra). Die Elternteile begründen die Bedeutsamkeit von schulbezogenen Handlungs- und Leistungszielen in solchen Episoden gegenüber ihren Kindern damit, dass diese deren Persönlichkeitsmerkmalen, Überzeugungen oder Fähigkeiten entsprechen würden und drücken damit mehr oder weniger explizit – in den geframten Weil-Sätzen

---

[8]Bei der wiederholten Zuordnung (vgl. Fußnote 124) der 14 Zeilen mit Argumenten des *Begründungstyps Oe+* in Tabelle 7.3 und Tabelle 7.4 zu den drei Gruppen konnte eine vollständige Intrarater-Übereinstimmung *($\kappa = 1.00$)* erzielt werden.

insbesondere durch die häufige Verwendung des Adverbs «eigentlich» erkennbar – die Erwartung aus, dass das Kind diese von seinem eigenen Selbstbild abweichende alternative positive Sichtweise seiner Selbst übernehmen sollte (vgl. Abschnitt 5.6.2.3).

Der Blick auf die konkreten dem Begründungstyp Ei+ zugeordneten Argumente[9] (vgl. Tabelle 7.3 und Tabelle 7.4) zeigt, dass in 14 Episoden die Wesentlichkeit eines bestimmten schulbezogenen Ziels gegenüber dem Kind mit seinen eigentlich bestehenden Fähigkeiten erklärt wurde (Argumente 1.39–1.44/1.46 und 2.23–2.29: z. B. «weil du eigentlich intelligent genug bist für die Sek A»/«weil du eigentlich mehr kannst in Mathematik»).

In drei Episoden begründen die Elternteile die Bedeutsamkeit der Ziele gegenüber dem Kind sodann mit seinen spezifischen persönlichen Bedürfnissen (Argumente 1.45/1.47: «weil du jemand bist, der das braucht»/«weil du das als ADS-Kind brauchst»).

7.1.2.2 Negativ-valente Argumente zur Verdeutlichung des Werts

Oben wurde bereits erwähnt, dass sich in den insgesamt 194 Episoden lediglich 67 negativ-valente Begründungen fanden (34.5 % overall). Abgesehen von negativer externaler Zweckmäßigkeit (Oe−) spielen die Begründungstypen allesamt eine untergeordnete Rolle, insofern als sie anteilsmäßig die letzten drei Rangplätze belegen (vgl. Abbildung 7.2).

Negative externale Zweckmäßigkeit (Oe−) ist mit 33 Argumenten (17.0 % overall) also der einzige negative Begründungstyp, der eine wichtigere Rolle spielt, insofern als er über alles gesehen am zweithäufigsten von den Eltern eingesetzt wurde (vgl. Abbildung 7.2). 16 Argumente fanden sich in lernthematischen (12.9 % intra) und 17 Argumente in leistungsthematischen Episoden (24.3 % intra). Mit Argumenten negativer externaler Zweckmäßigkeit streichen die Elternteile die Bedeutsamkeit bestimmter Handlungs- und Leistungsziele heraus, indem sie die aversiven Folgen bzw. die Kosten eines Nicht-Befolgens oder Nicht-Erreichens skizzieren. Charakteristisch für die geframten Weil-Sätze dieses Begründungstyps ist das Adverb «sonst»: Die Elternteile locken hier nicht mit der Aussicht auf Belohnungen und angenehmen Bedingungen wie bei positiver externaler Zweckmäßigkeit (Oe+), sondern warnen vor negativen Konsequenzen in Form aversiver äußerer Bedingungen oder drohen mit Bestrafung (also negative Konsequenzen, die von ihnen oder den Lehrkräften intentional herbeigeführt

---

[9]Bei der wiederholten Zuordnung (vgl. Fußnote 124) der 16 Zeilen mit Argumenten des *Begründungstyps Ei +*in Tabelle 7.3 und Tabelle 7.4 zu den zwei Gruppen wurde maximale Intrarater-Übereinstimmung ($\kappa = 1.00$) erzielt.

werden). Mal eher beratend, mal eher drohend sollen die Kinder mit solcherlei Begründungen von alternativen Handlungs- und Leistungszielen, als den von ihnen genannten, abgehalten werden. Der Handlungsspielraum präsentiert sich für das Kind somit als eingeschränkt (vgl. Abschnitt 5.6.2.3).

Gruppiert man die diesbezüglichen konkreten Argumente von Tabelle 7.3 und Tabelle 7.4[10], so zeigt sich, dass die Elternteile in 16 Episoden auf negative Konsequenzen für den Übertritt oder für die anschließende berufliche Karriere verwiesen haben (Argumente 1.50–1.51/1.54 und 2.30–2.31/2.33–2.36: z. B. «weil du sonst den Übertritt in die Sek A nicht schaffst», «weil du sonst in die Sek C kommst – wo diejenigen sind, die nicht arbeiten wollen/können»).

In zehn Episoden wird das Verabreichen von Strafen durch die Eltern oder die Lehrkraft angedroht (Argumente 1.48/1.52/1.56–1.61 und 2.37: z. B.: «weil du sonst nicht nach draußen gehen und Freunde treffen darfst»/«weil du sonst (durch mich) gezwungen sein wirst, in die Schule zurückzugehen und die Hausaufgaben zu holen»).

In fünf weiteren Episoden werden dem Kind bei einer Nicht-Befolgung negative Konsequenzen für seine Leistungsentwicklung und seine Noten vor Augen gehalten (Argument 1.49/1.55 und 2.32/2.39–2.40: z. B. «weil du sonst sofort eine halbe Note schlechter abschneidest»/«weil du sonst mit einem Absacken deiner Noten konfrontiert sein wirst»).

Ferner werden ihm gegenüber in zwei Episoden negative Konsequenzen für seine Beziehung zu Mitakteuren (Eltern, Lehrkraft, Peers) skizziert (Argumente 1.53 und 2.38: «weil du sonst noch mehr Probleme mit der Lehrkraft und deinen Mitschüler*innen hast»/«weil du mich sonst enttäuschst»).

Negative internale Zweckmäßigkeit (Oi−) befindet sich mit 17 Argumenten (8.8 % overall) zusammen mit dem oben bereits erläuterten Begründungstyp positive internale Wesentlichkeit (Ei+) auf dem fünften Rangplatz. In 14 lernthematischen (11.3 % intra) und in lediglich drei leistungsthematischen Episoden (4.3 % intra) (vgl. Abbildung 7.2) versuchen die Elternteile hierbei die Bedeutsamkeit schulischer Handlungs- und Leistungsziele gegenüber ihren Kindern zu verdeutlichen, indem sie diese vor den aversiven Folgen auf das eigene kognitive, motivational-affektive oder behaviorale Funktionieren für den Fall warnen, dass diese das entsprechende Ziel nicht verfolgten bzw. erreichten. Entsprechend ist wie schon bei externaler negativer Wesentlichkeit (Oe−) das Adverb «sonst» charakteristisch für die geframten Weil-Sätze dieses Begründungstyps, allerdings

---

[10]Cohens Kappa für die Intracoder-Übereinstimmung der Zuordnung der 25 Zeilen mit Argumenten des *Begründungstyps Oe−* in Tabelle 7.3 und Tabelle 7.4 zu den vier genannten Gruppen betrug $\kappa = 0.94$, was einer sehr hohen Übereinstimmung entspricht (vgl. Landis & Koch, 1977, S. 165). Die Zuordnungen des ersten Zeitpunkts wurden beibehalten.

7.1 Gestaltungsmerkmale der verbalen ...

wirken die Argumente weit weniger drohend (Bestrafung als intentional herbeigeführte negative Konsequenz fehlt hier), insofern als eben die Warnung im Vordergrund steht: Die Kinder sollen die von den Eltern als bedeutsam erachteten Ziele beachten, um vor möglicherweise sonst eintreffenden persönlichen Schwierigkeiten und negativen Emotionen verschont zu bleiben. Die Kinder dürften solcherlei Argumente primär als beratend und nicht als drohend interpretieren (vgl. Abschnitt 5.6.2.3).

Die diesem Begründungstyp zugeordneten konkreten Argumente lassen sich inhaltlich folgendermaßen gruppieren[11] (vgl. Tabelle 7.3 und Tabelle 7.4): In acht Episoden finden sich Argumente, die negative affektiv-motivationale Folgen hervorheben (Argumente 1.63/1.65–1.67/1.69 und 2.41–2.42: z. B. «weil du sonst stundenlang an den Hausaufgaben bist»/«weil du sonst enttäuscht sein wirst, wenn du dein Ziel Sek A nicht erreicht haben wirst»).

In weiteren acht Episoden wird vor kognitiven Problemen und Schwierigkeiten gewarnt (Argumente 1.62/1.64/1.68/1.70–1.71 und 2.42: z. B. «weil du sonst den Anschluss an den schwierigen Stoff in der Sekundarstufe nicht haben wirst»/«weil du sonst nicht optimal auf deine Bedürfnisse beim Lernen Rücksicht nimmst»)

In einer Episode argumentiert der Elternteil dem Kind gegenüber mit negativen Konsequenzen bezüglich dessen Entscheidungsoptionen (Argument 1.72: «weil du sonst deine privaten und beruflichen Chancen/Optionen einschränkst»).

Negative externale Wesentlichkeit (Ee−) ist mit 16 Argumenten (8.2 % overall) auf dem zweitletzten Rangplatz (vgl. Abbildung 7.2) und wurde in zehn lernthematischen (8.1 % intra) und in sechs leistungsthematischen Wertregulationen eingesetzt (8.6 % intra). Demnach haben die 20 Elternteile nach eigenen Angaben die Bedeutsamkeit von schulbezogenen Handlungs- und Leistungszielen vor ihren Kindern selten mit dem Argument untermauert, wonach diese andernfalls Rollenerwartungen von Bezugspersonen verletzen würden. Anders als beim Begründungstyp positive externale Wesentlichkeit (Ee+) wird hier im geframten Weil-Satz nicht mit dem Verb «müssen» operiert, sondern mit dem inversen «nicht dürfen» bzw. «keinesfalls dürfen». «Wesentlichkeit» bedeutet aber auch hier, dass die Eltern dem Kind kaum Entscheidungsspielraum zugestehen, ihm vielmehr seine Verpflichtung bewusst machen, das spezifische schulbezogene Ziel anzustreben bzw. zu erreichen (vgl. Abschnitt 5.6.2.3).

---

[11]Bei der wiederholten Zuordnung der 13 Zeilen mit Argumenten des *Begründungstyps Oi−* in Tabelle 7.3 und Tabelle 7.4 zu den drei Gruppen wurde vollständige Konkordanz ($\kappa = 1.00$) erzielt (vgl. Fußnote 124).

Der Blick auf die konkreten Argumente in Tabelle 7.3 und Tabelle 7.4 zeigt, dass in gesamthaft zehn Episoden gegenüber dem Kind mit der negativen Wesentlichkeit argumentiert wird, die sich aus dessen Rolle als Sohn oder Tochter ergibt (Argumente 1.73/1.76–1.78 und 2.45–2.46: z. B. «weil du diesen Grundsatz von uns keinesfalls verletzen darfst»/«weil du keinesfalls unser Sonntagsprogramm beeinträchtigen darfst»).

In sechs Episoden begründen die Elternteile mit negativer Wesentlichkeit, die sich aus der Rolle als Schüler oder Schülerin ergeben (Argumente 1.74–1.75/1.79 und 2.44: z. B. «weil du den Übertritt in die Sek A auf gar keinen Fall aufs Spiel setzen darfst»/«weil du nicht einfach hinschreiben darfst, ohne es verstanden zu haben»).

Negative internale Wesentlichkeit (Ei−) trat lediglich in einem Argument auf (0.5 % overall), das Teil einer leistungsthematischen Wertregulation war (1.4 % intra).

Der Elternteil begründet in dieser Episode die Bedeutsamkeit des schulbezogenen Ziels («es akzeptieren, zukünftig ein Sek-B-Schüler zu sein») gegenüber dem Kind damit, dass dieses sich «als momentan nicht fähig für die erhöhten Leistungsanforderungen der Sek A» erkennen sollte (Argument 2.47).

7.1.2.3 Zusammenfassung II: In elterlichen Wertregulationen vorgebrachte Begründungen

Mit Blick auf die Komponente B des Frames, den task value einfasst, mit dem die Elternteile die Bedeutsamkeit spezifischer schulischer Ziele gegenüber dem Kind begründet haben (vgl. Abschnitt 7.1), wurden in den vergangenen Abschnitten die Befunde zu den beiden Fragestellungen 1.3 und 1.4 erläutert (vgl. Abschnitt 5.8):

Welche konkreten Argumente führen die Elternteile in den 194 wertbezogenen Episoden den Kindern als Begründung der Bedeutsamkeit schulischer Lern- und Leistungsziele vor Augen?

Wie verteilen sich die in den 194 Motivierungsepisoden eingesetzten Argumente, wenn sie nach Begründungstypen geordnet werden, die aus den Dimensionen Valenz (positiv vs. negativ), Aufgabenwert (Wesentlichkeit und Zweckmäßigkeit) sowie Lokus (internal vs. external) gebildet wurden (vgl. Abbildung 5.4)?

Mit den Begründungen haben die Elternteile in den 194 Wertregulationen versucht, ihr Kind von der Bedeutsamkeit eines bestimmten schulbezogenen Handlungs- oder Leistungsziels zu überzeugen und es zur Erreichung desselben zu motivieren. Die Analyse der Begründungen offenbart, dass die Elternteile gleichermaßen mit der Zweckmäßigkeit eines bestimmten Ziels als auch mit der

7.1 Gestaltungsmerkmale der verbalen ...

Wesentlichkeit des Erreichens desselben argumentieren: In insgesamt 98 von 194 Argumenten (50.5 % overall) operierten sie mit dem Aufgabenwert Zweckmäßigkeit (O) und in 98 Argumenten (49.5 % overall) mit dem Aufgabenwert Wesentlichkeit (E) (vgl. Abbildung 7.2), wobei Zweckmäßigkeitsargumente leicht häufiger in lernthematischen Episoden (65 Argumente, 52.4 % intra) und Wesentlichkeitsargumente leicht häufiger in leistungsthematischen Episoden vorkommen (37 Argumente, 52.9.% intra).

Fast zwei Drittel der Begründungen, konkret 127 der 194 Argumente, sind positiv-valent (vgl. Abbildung 7.2) und thematisieren somit appetitive Konsequenzen (O+) (weil du dann etwas Erstrebenswertes erreichst) oder eine positiv formulierte Anforderung an das Selbst des Kindes (E+) (weil du so sein solltest bzw. dich so sehen solltest) (vgl. Abbildung 5.4), wobei 84 Argumente in lernthematischen Episoden (67.7 % intra) und 43 in leistungsthematischen Episoden auftraten (61.4 % intra). Von den 14 negativ-valenten Argumenten (O−/E−) fanden sich 40 in lernthematischen (32.3 % intra) und 26 in leistungsthematischen Wertregulationen (37.1 % intra).

Zieht man als letzte Dimension noch den Lokus (internal vs. external) hinzu, so zeigt sich ein großer Überhang der Argumente, die auf Aspekte außerhalb des Kindes verweisen: 133 Argumente wiesen einen externalen Lokus auf (68.6 % overall), gegenüber 61 Argumenten mit internalem Lokus (31.4 %). 79 der 133 externalen Argumente fanden sich in lernthematischen (63.7 % intra) und 54 in leistungsthematischen Wertregulationen (77.1 % intra). Bei den 61 Argumenten mit internalem Lokus stammten 45 aus lernthematischen (36.3 % intra) und 16 aus leistungsthematischen Wertregulationen (22.9 % intra). Der große Überhang von Argumenten mit externalem Lokus lässt sich darauf zurückführen, dass allein die beiden Begründungstypen Ee+ und Oe− in gesamthaft 95 Wertregulationen vorkamen und somit gemeinsam knapp die Hälfte aller untersuchten 194 Argumente abdeckten. Die beiden am häufigsten vorkommenden Begründungstypen, die sich untereinander wiederum annähernd im Verhältnis 2:1 unterscheiden (62 Begründungen mit Ee+ gegenüber 33 Begründungen mit Oe−), seien hier nochmals kurz erläutert:

Dem Begründungstyp positive externale Wesentlichkeit (Ee+) konnten 62 Argumente (32.0 % overall) zugeordnet werden. Mit anderen Worten wurde in jeder dritten Wertregulation die Bedeutsamkeit eines bestimmten schulbezogenen Handelns oder eines Leistungsereignisses dem Kind gegenüber mit sozialen Normen begründet. Die in den geframten Weil-Sätzen zutage tretenden, für den Begründungstypus charakteristischen Formulierungen «nicht umhinkommen», «müssen» und «verantwortlich sein» verweisen auf die von den Elternteilen hervorgehobenen Anforderungen, die sie als wesentlich erachten im Zusammenhang mit der jeweils im Fokus stehenden Rolle des Kindes als Schüler/-in, als Person in einem Statusübergang oder als Tochter bzw. Sohn (vgl. Tabelle 7.3 und Tabelle 7.4). Dem Kind wird in den Wertregulationen, die diesen Begründungstyp beinhalten, verbal ein Rollenmerkmal klarer gemacht und zugleich immer auch angedeutet, dass es diesbezüglich kaum Entscheidungs- bzw. Handlungsspielraum vorfinde, wenn es nicht in Konflikt mit signifikanten Personen und Institutionen geraten möchte (vgl. Abschnitt 5.6.2.3).

Auf der Grundlage der in Abschnitt 7.1.2.1 dargestellten Gruppierung nach jeweils inhaltlich ähnlichen Argumenten lässt für den Begründungstyp Ee+ die folgende verdichtete prototypische Aussage generieren:

«weil du das als Schüler*in – insbesondere in der Übertrittsphase – einfach musst» (in 45 von 62 Argumenten).

Der Begründungstyp negative externale Zweckmäßigkeit (Oe−) kommt mit 33 Argumenten (17.0 % overall) am zweithäufigsten vor. Die Eltern begründen die Bedeutsamkeit von Handlungs- und Leistungszielen mit deren Instrumentalität zur Verhinderung andernfalls von außen drohender aversiver Konsequenzen, vor allem in Form eines nicht wunschgemäßen Übertrittsentscheids, aber auch in Form von Bestrafungen durch die Eltern, von schlechter werdenden Prüfungs- und Zeugnisnoten oder von Problemen in den Beziehungen zu Lehrkräften und Peers (vgl. Tabelle 7.3 und Tabelle 7.4). Charakteristisch für diesen Begründungstyp ist denn auch das Adverb «sonst»: Die elterlichen Wertregulationen funktionieren hier über Bedrohungsszenarien. Zwar signalisiert der Einsatz von Zweckmäßigkeitsargumenten stets die Absicht, beraten zu wollen (vgl. Abschnitt 5.6.2.3), doch dürften die meisten Kinder die verbalisierten aversiven Konsequenzen durchaus als Einschränkung ihres Entscheidungs- bzw. Handlungsspielraums auffassen und sehr wohl wahrnehmen, dass die Eltern die Bedeutsamkeit des entsprechenden Handlungs- oder Leistungsziels als hoch veranschlagen. In welchem Maß diese negativ-valenten Begründungen aufseiten der Kinder zu negativen Emotionen wie Angst oder aber Ärger führen, dürfte v. a. davon abhängig sein, inwiefern sie dem im jeweiligen Argument genannten Zweck (z. B. den Übertritt in die Abteilung A

7.1 Gestaltungsmerkmale der verbalen ...

der Sekundarschule schaffen) selber eine hohe Bedeutung beimessen, und davon, für wie wahrscheinlich sie das Eintreffen der angedrohten negativen Konsequenzen halten (vgl. Abschnitt 5.6.2.1). Der Begründungstyp Oe− fand sich fast gleich häufig in lernthematischen (16 Argumente, 8.2 % intra) und leistungsthematischen Wertregulationen (17 Argumente, 8.8 % intra).

> Für den Begründungstyp Oe− lassen sich die konkreten Aussagen auf der Basis der oben geschilderten Gruppierung inhaltlich ähnlicher Argumente auf folgende prototypische Aussage verdichten:

> *«weil du sonst den gewünschten Übertrittsentscheid nicht erreichst»* (in 16 von 33 Argumenten).

Deutlich wird also, dass die Elternteile in 95 von 194 Wertregulationen mit Begründungstypen operiert haben, die den Kindern mehr oder weniger explizit einen geringen oder eher geringen Entscheidungsspielraum hinsichtlich der Befolgung eines Verhaltens- oder Leistungsziels signalisiert haben: «Es ist bedeutsam, dass du das Ziel erreichst, weil du einfach musst» und «Es ist bedeutsam, dass du das Ziel erreichst, weil du sonst negative Konsequenzen gewärtigen musst» sind im Kern die beiden Strategien der verbalen Wertvermittlung, die in knapp der Hälfte aller untersuchten Episoden zum Einsatz kamen. Mit den beiden Argumentationsstrategien weisen die Elternteile gegenüber dem Kind explizit auf bedrohliche Aspekte und die Erwartungen des sozialen Umfelds hin. Die Kinder dürften die Argumente vor allem dann als druckvoll und angsterzeugend wahrgenommen haben, wenn sie die Wertzuschreibung der Eltern teilten, selber aber über geringe diesbezügliche Kontrollüberzeugungen verfügten bzw. von den Eltern entsprechendes negatives evaluatives Feedback erhielten (vgl. Abschnitt 5.6.2.3).

Bei den beiden Begründungstypen Oi+ und Oe+, die am dritt- und vierthäufigsten vorkamen und gemeinsam einen Anteil von knapp einem Viertel der Wertregulationen ausmachten, eröffnet sich demgegenüber für das Kind insofern ein wesentlich größerer Spielraum für eigene Entscheidungen, als beide ein appetitiv-beratendes Moment in sich tragen:

Dem Begründungstyp positive internale Zweckmäßigkeit (Oi+) konnten 26 Argumente zugeordnet werden (13.4 % overall). Die Elternteile stellen mit diesen Argumenten die von ihnen als bedeutsam erkannten Handlungs- und Leistungsziele gegenüber dem Kind als nützlich für seine kognitiven, motivationalaffektiven und behavioralen Prozesse dar. Typisch ist denn auch die Verwendung des Verbs «können»: Das Kind wird verbal für ein bestimmtes Handeln oder eine bestimmte Leistung motiviert, indem ihm die positiven Möglichkeiten geschildert werden, die sich bei der Erreichung des betreffenden Ziels eröffnen. Konkret locken die Elternteile das Kind vor allem mit der Aussicht, etwas besser zu verstehen, aber auch mit angenehmen emotionalen Zuständen sowie günstigen Handlungsergebnissen. Zumindest vordergründig signalisieren die Elternteile eine geringe Verbindlichkeit, indem sie beratend die Instrumentalität des fokussierten Handlungs- oder Leistungsziels zur Erlangung eines größeren, dem Kind wohl wichtigeren Ziels hervorheben (vgl. Abschnitt 5.6.2.3).

Der Begründungstyp Oi+ fand sich vor allem in lernthematischen Wertregulationen (lernthematisch: 21 Argumente, 16.9 % intra; leistungsthematisch: fünf Argumente, 2.6 % intra) und lässt sich mit Blick auf die Inhalte der konkreten Argumente auf folgende prototypische Aussage verdichten:

«weil du so fachlich besser werden kannst» (in 15 von 26 Argumenten).

Der Begründungstyp positive externale Zweckmäßigkeit (Oe+) umfasst 22 Argumente (11.3 % overall) und unterscheidet sich inhaltlich nur dadurch vom Begründungstyp Oi+, als hier nicht internale, sondern externale positive Konsequenzen als Zwecke in Form handfester Belohnungen, günstiger Beurteilungen, Zugangsberechtigungen, Lob oder Hilfestellungen präsentiert werden. Auch hier kann der beratende Charakter am oft verwendeten Verb «können» festgemacht werden, wobei sich die verheißenen Befähigungen primär auf die schulische Karriere beziehen, aber auch gute Noten oder eben handfeste Belohnungen in Aussicht gestellt werden.

Der Begründungstyp Oe+ trat häufiger in lernthematischen (14 Argumente, 7.2 % intra) als in leistungsthematischen Episoden (8 Argumente, 4.1 %

7.1 Gestaltungsmerkmale der verbalen ...

intra) auf und lässt sich mit Blick auf die Häufigkeiten der Argumente auf folgende prototypische Aussage reduzieren:

«*weil du so eine günstige Ausgangslage für den Übertritt und deine Berufswahl erreichen kannst*» (in 12 von 22 Argumenten).

Im verbleibenden Viertel der untersuchten Wertregulationen wenden die Eltern zur Verdeutlichung der Bedeutsamkeit des jeweiligen Verhaltens- oder Leistungsziels einen der übrigen vier Begründungstypen positive internale Wesentlichkeit (Ei+) (17 Argumente, 8.8 % overall), negative internale Zweckmäßigkeit (Oi−) (17 Argumente, 8.8 % overall), negative externale Wesentlichkeit (Ee−) (16 Argumente, 8.2 % overall) oder negative internale Wesentlichkeit (Ei−) (1 Argument, 0.5 % overall) an, die jeder für sich, wie oben ausführlich erläutert, eigene Implikationen für die Motivation und Emotion der Kinder bergen, für den Blick aufs Ganze wegen ihrer geringen Anteile aber an dieser Stelle von untergeordneter Bedeutung sind.

7.1.3 Die Bedeutsamkeit schulischer Ziele aus der Sicht der Eltern

Während in den vorangehenden Kapiteln die beiden Komponenten A und B des Frames

«Merke dir: Es ist bedeutsam, dass du ... [(A) schulischer task, den das Kind verwirklichen soll], weil du ... [(B) vom Elternteil zum Ausdruck gebrachter task value]»

gesondert analysiert wurden, rücken mit der Fragestellung 1.5 (vgl. Abschnitt 5.8) nun die Kombinationen aus den von den Elternteilen fokussierten schulischen Zielbereichen (Komponente A) und von ihnen vorgebrachten Begründungen (Komponente B) und somit die vollständigen Wertregulationen ins Blickfeld:

Zu welchen Begründungstypen greifen die 20 Elternteile in den vorgefundenen Handlungsepisoden am häufigsten, wenn sie ihren Kindern die Bedeutsamkeit einer bestimmten Klasse von Lern- und Leistungszielen zu vermitteln suchen?

Geordnet nach den acht Begründungstypen (vgl. Abbildung 5.4) gewährt die Abbildung 7.3 einen Überblick über die in den 194 Wert-Episoden vorgefundenen Kombinationen und der Häufigkeit ihres Auftretens. Im Folgenden wird entlang der fünf Zielbereiche, auf die die Elternteile in ihren Wertregulationen fokussiert haben, genauer untersucht, wie die 20 Elternteile nach eigenen Schilderungen ihre verbalen Bedeutsamkeitszuschreibungen gestaltet haben.

7.1.3.1 Die Bedeutsamkeit von Zielen im Bereich aktivitäts- und umsetzungsorientierter Kompetenzen

Wie in Abschnitt 7.1.1 dargestellt, fokussierten die Elternteile in 73 Wertregulationen Handlungsweisen der Kinder, die sich aktivitäts- und umsetzungsorientierten Kompetenzen zuordnen lassen. Wertregulationen mit Zielbereich B haben demnach mit 37.6 % den größten Anteil an der Gesamtzahl von 194 wertbezogenen elterlichen Handlungsepisoden. Mit Blick auf Lern- und Leistungsaktivitäten berichteten die Elternteile in solchen Episoden, wie sie ihren Kindern die Bedeutung eines angemessenen Engagements (36 Episoden), des persönlichen Ressourceneinsatzes im Sinne von Anstrengung und Fleiß (22 Episoden) sowie von Volition (acht Episoden) und Persistenz (sieben Episoden) klarzumachen versuchten (vgl. Abschnitt 7.1.1.2).

Abbildung 7.3 illustriert nun, dass die Elternteile derlei Wertregulationen in über der Hälfte der Fälle (41 Episoden, 56.2 % intra) vor allem mit dem Begründungstyp positive externale Wesentlichkeit (Ee+) (27 Episoden, 37.0 % intra) oder aber mit dem Begründungstyp positive externale Zweckmäßigkeit (Oe+) (14 Episoden, 19.2 % intra) zu unterstreichen versuchten. Wie in Abschnitt 7.1.1.2 erläutert, begründen sie die Bedeutsamkeit des Handlungsziels demnach gegenüber dem Kind vornehmlich mit Verpflichtungen, die sich aus seiner Rolle als Schüler/-in, als Person in einem biografischen Übergang oder als Sohn bzw. Tochter ergeben oder aber mit externalen positiven Konsequenzen des Verhaltens in Form von Belohnungen, von günstigen Beurteilungen, von Zugangsberechtigungen, von Lob oder von Hilfestellungen (vgl. Tabelle 7.1 und Tabelle 7.2). Die geschilderten Kombinationen Zielbereich B und Begründungstyp Ee+ sowie Zielbereich B und Begründungstyp Oe+ sind über alles gesehen die am häufigsten (13.9 % overall) und am dritthäufigsten (7.2 % overall) auftretenden Wertregulationen. Aber auch die am vierthäufigsten vorkommende Kombination findet sich in Wertregulationen, die den Zielbereich B fokussieren: In 11 Episoden (15.1 % intra bzw. 5.7 % overall) zeigen die Elternteile auf Handlungsziele, die sich aktivitäts- und umsetzungsorientierten Kompetenzen zuordnen lassen, und wählen dabei den Begründungstyp negative externale Zweckmäßigkeit (Oe−) zur Verdeutlichung der Bedeutung der jeweiligen Ziele. Diese werden mit anderen

7.1 Gestaltungsmerkmale der verbalen ... 419

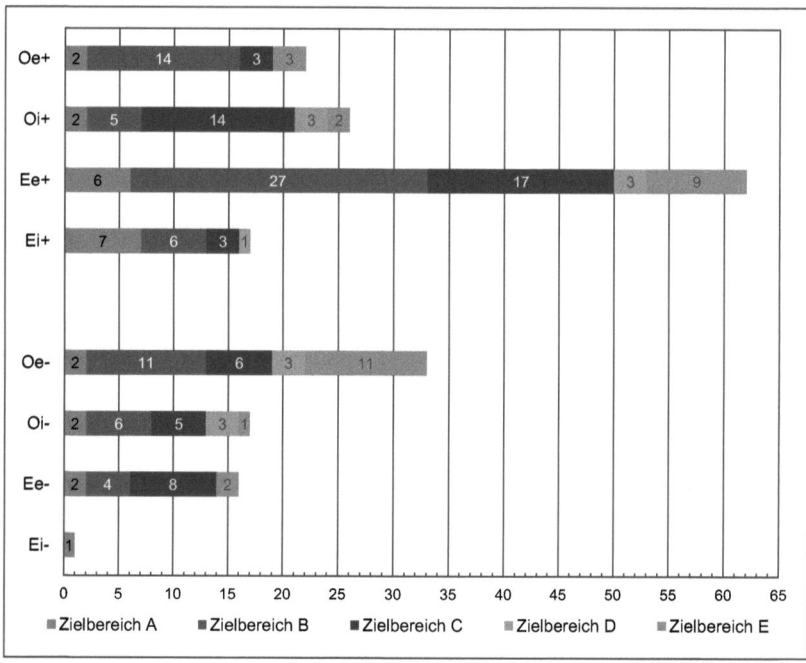

Abbildung 7.3 Anzahl der Wertregulationen geordnet nach Kombination des Zielbereichs und des Begründungstyps. (Zielbereiche: A = personale Kompetenzen, B = aktivitäts- und umsetzungsorientierte Kompetenzen, C = fachlich-methodische Kompetenzen, D = sozial-kommunikative Kompetenzen, E = Leistungsergebnisse. Begründungstypen: positive externale Zweckmäßigkeit (Oe+), positive internale Zweckmäßigkeit (Oi+), positive externale Wesentlichkeit (Ee+), positive internale Wesentlichkeit (Ei+), negative externale Zweckmäßigkeit (Oe−), negative internale Zweckmäßigkeit (Oi−), negative externale Wesentlichkeit (Ee−), negative internale Wesentlichkeit (Ei−).)

Worten als nützlich zur Verhinderung andernfalls von außen drohender aversiver Konsequenzen dargestellt – seien dies nicht wunschgemäße Übertrittsentscheide, Bestrafungen durch die Eltern, schlechter werdende Noten oder aber Probleme in den Beziehungen zu den Lehrkräften und Peers (vgl. Tabelle 7.1 und Tabelle 7.2). Den restlichen Anteil von 21 Wertregulationen (28.7 % intra), die ein Handeln aus dem Zielbereich B thematisieren, teilen sich die Kombinationen Zielbereich B und Begründungstyp Ei+ (sechs Episoden, 8.2 % intra), Zielbereich B und Begründungstyp Oi− (sechs Episoden, 8.2 % intra), Zielbereich B und Begründungstyp Oi+ (fünf Episoden, 6.8 % intra) sowie Zielbereich B und Begründungstyp Ee−

(vier Episoden, 5.5 % intra). Über alles gesehen kommt diesen Kombinationen mit den Rangplätzen acht und höher geringe Bedeutung zu.

7.1.3.2 Die Bedeutsamkeit von Zielen im Bereich fachlich-methodischer Kompetenzen

In 56 Wertregulationen (28.9 % overall) fokussieren die Eltern auf Handlungsweisen der Kinder, die sich fachlich-methodischen Kompetenzen bzw. dem Zielbereich C zuordnen lassen (vgl. Abschnitt 7.1.1). Konkret machen die Eltern ihrem Kind dabei deutlich, inwiefern es wichtig sei, dass es beim Lernen auf materiale und soziale Unterstützungsangebote zurückgreife und seine Zeit angemessen einteile, also Stütz- bzw. Ressourcenstrategien einsetze (27 Episoden), sein Lernen plane, überwache und evaluiere, also Kontroll- bzw. metakognitive Strategien benutze (25 Episoden) sowie geeignete Informationsverarbeitungsstrategien gebrauche (vier Episoden) (vgl. Abschnitt 7.1.1.3).

Abbildung 7.3 offenbart, dass die Elternteile die Bedeutsamkeit solcher Ziele mehrheitlich (31 Episoden, 55.4 % intra) entweder mit dem Begründungstyp positive externale Wesentlichkeit (Ee+) (17 Episoden, 30.4 % intra) oder mit dem Begründungstyp positive internale Zweckmäßigkeit (Oi+) (14 Episoden, 25.0 % intra) zu untermauern suchten. Damit begründen sie die Bedeutsamkeit solcher Handlungsziele gegenüber dem Kind zwar wiederum vornehmlich mit Verpflichtungen, die sich aus seiner Rolle als Schüler/-in, als Person einer biografischen Übergangsphase oder als Familienmitglied ergeben, aber fast ebenso oft verknüpfen sie ihre Bedeutsamkeitsaussagen, die Lernstrategien fokussieren, mit Argumenten, welche positive internale Folgen betonen, wie etwas besser zu verstehen, angenehme emotionale Zustände zu erleben oder günstige Handlungsergebnisse vorzufinden (vgl. Tabelle 7.1und Tabelle 7.2). Die beiden Kombinationen Zielbereich C und Begründungstyp Ee + sowie Zielbereich C und Begründungstyp Oi+ sind über alles gesehen die am zweit- (8.8 % overall) und am dritthäufigsten (7.2 % overall) auftretenden Wertregulationen (den dritten Rangplatz teilt sich letztere mit der Kombination Zielbereich B und Begründungstyp Oe+, vgl. oben). Den restlichen Anteil von 44.6 % an den Wertregulationen mit einem Handlungsziel im Bereich fachlich-methodischer Kompetenzen teilen sich die folgenden Kombinationen, denen mit Blick auf das Gesamte mit Rangplätzen von sechs und höher bzw. Anteilen von 4.1 % (overall) und tiefer geringe Bedeutung zukommt: Zielbereich C und Begründungstyp Ee− (acht Episoden, 14.3 % intra), Zielbereich C und Begründungstyp Oe− (sechs Episoden, 10.7 % intra), Zielbereich C und Begründungstyp Oi− (fünf Episoden, 8.9 % intra), Zielbereich C und Begründungstyp Oe+ (drei Episoden, 5.4 % intra) sowie Zielbereich C und Begründungstyp Ei+ (drei Episoden, 5.4 % intra).

7.1.3.3 Die Bedeutsamkeit von Leistungszielen

Der Zielbereich E stand in insgesamt 28 Episoden (14.4 % overall) im Zentrum der verbalen Wertregulationen (vgl. Abschnitt 7.1.1). Die Elternteile waren dabei bemüht, die Aufmerksamkeit des Kindes auf die Bedeutung von Leistungsergebnissen in Form von bestimmten Notenwerten bzw. «guter/besserer Noten» (18 Episoden) oder auf die Bedeutung des Erreichens eines bestimmten Sekundarschultyps zu richten (zehn Episoden).

Wie in Abbildung 7.3 ersichtlich, unterstrichen die Elternteile die Signifikanz solcher Ziele mehrheitlich (20 Episoden, 71.4 % intra) entweder mit dem Begründungstyp negative externale Zweckmäßigkeit (Oe−) (elf Episoden, 39.3 % intra) oder wiederum mit dem Begründungstyp positive externale Wesentlichkeit (Ee+) (neun Episoden, 32.1 % intra). Damit begründen sie die Bedeutsamkeit von Leistungszielen gegenüber dem Kind zwar wiederum häufig mit normativen Erwartungen des sozialen Umfelds, aber sogar leicht häufiger argumentierten sie mit den negativen Folgen, die ein Nichterreichen des Leistungsziels mit sich brächte (vgl. Tabelle 7.2). Über alles gesehen sind die beiden Kombinationen Zielbereich E und Begründungstyp Oe− sowie Zielbereich E und Begründungstyp Ee+ die am viert- (5.7 % overall) und am fünfthäufigsten (4.6 % overall) auftretenden Wertregulationen (wobei sich erstere den vierten Rangplatz mit der Kombination Zielbereich B und Begründungstyp Oe− teilt, vgl. Abschnitt 7.1.3.1). Die übrigen Kombinationen zwischen Begründungstypen und dem Zielbereich E decken lediglich einen Anteil von 28.6 % intra bzw. acht Episoden ab und haben am Gesamten mit einzelnen Anteilen unter 5.4 % eine geringe Bedeutung: Zielbereich E und Begründungstyp Oe+ (drei Episoden, 10.7 % intra), Zielbereich E und Begründungstyp Oi+ (zwei Episoden, 7.1 % intra), Zielbereich E und Begründungstyp Ee− (zwei Episoden, 7.1 % intra) sowie Zielbereich E und Begründungstyp Oi− (eine Episode, 3.6 % intra).

7.1.3.4 Die Bedeutsamkeit von Zielen im Bereich personaler Kompetenzen

In insgesamt 24 Wertregulationen (12.4 % overall) sprechen die Elternteile gegenüber ihrem Kind Verhaltensweisen an, die sich personalen Kompetenzen bzw. dem Zielbereich A zuordnen lassen (vgl. Abschnitt 7.1.1). Konkret versuchten sie, die Bedeutung einer angemessenen leistungsmäßigen Selbsteinschätzung (zwölf Episoden), einer aus ihrer Sicht adäquaten leistungsbezogenen Situationsbewertung, (drei Episoden), einer positiven Einstellung gegenüber Leistungsereignissen (zwei Episoden) sowie einer realitätsnahen Vorstellung des bevorstehenden Alltags in der Sekundarstufe I (zwei Episoden) zu vermitteln.

Abbildung 7.3 verdeutlicht nochmals den geringen Anteil, den diese verbalen Wertregulationen an den insgesamt 194 Episoden einnehmen (ab Rangplatz sieben). Sie offenbart aber auch, dass sich zwar auch hier zwei Kombinationen als klar dominant erweisen, sich aber nur bei diesen Zielen Kombinationen mit allen acht Begründungstypen ergeben haben. Mehrheitlich (13 Episoden, 54.3 % intra) unterstrichen die Elternteile die Bedeutsamkeit personaler Verhaltensziele entweder mit dem Begründungstyp positive internale Wesentlichkeit (Ei+) (sieben Episoden, 29.2 % intra) oder mit dem Begründungstyp positive externale Wesentlichkeit (Ee+) (sechs Episoden, 25.1 % intra). Mit letzterem begründen sie die Bedeutsamkeit solcher Verhaltensziele gegenüber dem Kind wie bereits bei allen bisher erläuterten Zielbereichen mit Verpflichtungen, die sich aus seiner Rolle als Schüler/-in, als Person mit unsicherer Zuteilung oder als Familienmitglied ergeben, mit ersterem verknüpfen sie die personalen Ziele aber auch mit Argumenten, die die Notwendigkeit betonen, Aspekte an sich selbst wie eigentlich vorhandene Fähigkeiten oder spezifische Bedürfnisse als etwas Positives zu erkennen (vgl. Tabelle 7.1und Tabelle 7.2). Den restlichen Anteil von 45.7 % teilen sich die folgenden Kombinationen: Zielbereich A und Begründungstyp Oe+ (zwei Episoden, 8.3 % intra), Zielbereich A und Begründungstyp Oi+ (zwei Episoden, 8.3 % intra), Zielbereich A und Begründungstyp Oe− (zwei Episoden, 8.3 % intra), Zielbereich A und Begründungstyp Oi− (zwei Episoden, 8.3 % intra), Zielbereich A und Begründungstyp Ee− (zwei Episoden, 8.3 % intra) sowie Zielbereich A und Begründungstyp Ei− (eine Episode, 4.2 % intra).

7.1.3.5 Die Bedeutsamkeit von Zielen im Bereich sozial-kommunikativer Kompetenzen

Wertregulationen, in denen die Elternteile mit ihren Kindern über Verhaltensweisen sprechen, die sich sozial-kommunikativen Kompetenzen bzw. dem Zielbereich D zuordnen lassen, finden sich lediglich in 13 Episoden (6.7 % overall). Wie in Abschnitt 7.1.1.4 erläutert, thematisieren sie in diesen Handlungsepisoden konkret die Bedeutung ihres Informiert-Werdens über Unterrichts- und Schulereignisse (vier Episoden), die Bedeutung angemessener Handlungsweisen bei der kooperativen Hausaufgabenbearbeitung (drei Episoden), die Bedeutung der Beziehungspflege mit den Lehrkräften (drei Episoden) sowie des Umgangs mit Konflikten in Schule und Unterricht (drei Episoden). In Abbildung 7.3 lässt sich kein eindeutiger Trend dazu erkennen, mit welchen Begründungen die Elternteile die Bedeutsamkeit solcherlei Handlungsweisen zu untermauern suchten: Mit jeweils drei Episoden (23.1 % intra) lassen sich die Kombinationen Zielbereich D und Begründungstyp Ee+, Zielbereich D und Begründungstyp Oe−, Zielbereich

7.1 Gestaltungsmerkmale der verbalen ... 423

D und Begründungstyp Oi+ sowie Zielbereich D und Begründungstyp Oi− verzeichnen. Die Kombination Zielbereich D und Begründungstyp Ei+ trat in einer Episode auf (7.7 % intra). Alle Kombinationen spielen für das Gesamtbild mit Rangplätzen von elf und höher eine untergeordnete Rolle.

7.1.3.6 Zusammenfassung III: Die Gestaltung der Bedeutsamkeitszuschreibungen durch die Eltern

Wurden zuvor die in den elterlichen Wertregulationen im Zentrum stehenden schulischen Ziele und die den Kindern dabei dargebotenen Begründungen getrennt voneinander analysiert (vgl. Abschnitte 7.1.1 und 7.1.2), so stand in den vergangenen Abschnitten die Gestaltung der Bedeutungszuschreibungen durch die 20 Elternteile als ganze Aussagen im Fokus und damit die Frage nach der Verteilung der möglichen Kombinationen zwischen Zielbereichen und Begründungstypen:

Zu welchen Begründungstypen greifen die 20 Elternteile in den vorgefundenen Handlungsepisoden am häufigsten, wenn sie ihren Kindern die Bedeutsamkeit einer bestimmten Klasse von Lern- und Leistungszielen zu vermitteln suchen?

Zusammenfassend werden nochmals die fünf wichtigsten Kombinationen in der Rangfolge ihrer Anteile am Gesamt der elterlichen wertbezogenen Handlungsepisoden aufgeführt und jeweils ein verdichtetes prototypisches sowie ein konkretes Beispiel zur Illustration der entsprechenden Bedeutsamkeitsaussage präsentiert. Die fünf Kombinationen finden sich in 103 Episoden und decken somit 53.1 % der 194 Episoden ab. Der übrige Anteil von 46.9 % setzt sich aus Kombinationen zusammen, die jeweils aus acht oder weniger Episoden bestehen und somit jeweils einen Einzelanteil von höchstens 4.1 % am Gesamt ausmachen (vgl. Abbildung 7.3).

Wertaussagen mit der Kombination Zielbereich B und Begründungstyp Ee+
Das am häufigsten auftretende Muster einer schulbezogenen elterlichen Bedeutsamkeitszuschreibung setzt sich aus der Kombination Zielbereich B (aktivitäts- und umsetzungsorientierte Kompetenzen) und Begründungstyp Ee+ (positive externale Wesentlichkeit) zusammen und findet sich in 27 Episoden (13.9 % overall). Wie in Abbildung 7.1 ersichtlich, fanden sich Wertregulationen, die auf ein Handeln fokussieren, das sich dem Zielbereich B zuordnen lässt, vor allem im Rahmen von lernthematischen Eltern-Kind-Gesprächen, in denen es in erster Linie um Hausaufgaben und deren Erledigung ging. Das am häufigsten thematisierte Handlungsziel bestand in diesen 27 Handlungsepisoden im erhöhten Engagement bzw. Sich-Bemühen des Kindes (Engagement: zwölf Episoden; Anstrengung: sieben Episoden; Ausdauer: vier Episoden; Wille: vier Episoden) (vgl. Abschnitt 7.1.1.2). Der Begründungstyp positive externale Wesentlichkeit

(Ee+) hebt sodann Anforderungen an das Kind hervor, die sich aus seinen Rollen als Schüler/-in, als Person in einer biografischen Übergangsphase oder als Familienmitglied aus der Sicht der Elternteile ergaben (vgl. Abschnitt 7.1.2.1). In den 27 hier im Fokus stehenden Wertregulationen wurde in elf Episoden mit der Rolle als Schüler/-in, in weiteren elf Episoden mit der Rolle als Person in der Übertrittsphase sowie in fünf Episoden mit der Rolle als Sohn oder Tochter argumentiert. Das konkret am häufigsten eingesetzte Argument bei Bedeutsamkeitszuschreibungen, die das Engagement des Kindes thematisierten, war dabei dasjenige, wonach ein bestimmtes Verhalten verbindlich sei, wenn man sich in einer Übertrittsphase befinde. In acht der 27 Wertregulationen mit der Kombination Zielbereich B und Begründungstyp Ee+ fand sich dieses Argumentationsmuster (Episoden M021, M035, M051, M102, M118, M141, M171, M178, vgl. Anhang, Tabelle 9.2). Mit solchen Begründungen lässt der Elternteil dem Kind durchblicken, dass er selber dem Handlungsziel eine hohe Bedeutung zumisst (subjective attainment value) (vgl. Abschnitt 5.5.1.2) und signalisiert ihm, dass grundsätzlich wenig Entscheidungsspielraum bestehe und das bezeichnete Handlungsziel internalisiert bzw. realisiert werden müsse (vgl. Abschnitt 5.6.2.3).

> Die verdichtete prototypische Bedeutsamkeitszuschreibung mit der bei den 20 Elternteilen am häufigsten auftretenden Kombination Zielbereich B und Begründungstyp Ee+ lautet demnach:

> *«Merke dir: Es ist bedeutsam, dass du bei Hausaufgaben ein angemessenes Engagement an den Tag legst, weil du das als Schüler/-in – insbesondere in der unsicheren Übertrittsphase! – einfach musst.»*

Ein Beispiel für das in dieser Ziel-Begründungs-Kombination häufigste Aussagemuster findet sich beim Elternteil V12 bei der geframten Episode M141 (vgl. Anhang, Tabelle 9.2):

> *«Merke dir: Es ist bedeutsam, dass du bemüht bist, die Hausaufgaben in bester Qualität zu Ende zu bringen, weil du das als angehender Sek-Schüler einfach musst».*

7.1 Gestaltungsmerkmale der verbalen ... 425

Wertaussagen mit der Kombination Zielbereich C und Begründungstyp Ee+
Das am zweithäufigsten auftretende Aussagemuster besteht aus der Kombination Zielbereich C (fachlich-methodischen Kompetenzen) und Begründungstyp Ee+ (positive externale Wesentlichkeit) und findet sich in 17 Episoden (8.8 % overall). Auch diese Wertregulationen traten mit einer Ausnahme im Rahmen von lernthematischen Gesprächen auf (vgl. Abbildung 7.1), in denen es primär um den Umgang mit Hausaufgaben ging. Das in diesen 17 Handlungsepisoden am häufigsten thematisierte Handlungsziel lässt sich Kontroll- bzw. metakognitiven Strategien zuordnen – Strategien also, die die Planung, Evaluierung und Anpassung des eigenen Lernens betreffen (Kontrollstrategien: elf Episoden; Stütz- bzw. Ressourcenstrategien: sechs Episoden) (vgl. Abschnitt 7.1.1.3). Beim Begründungstyp positive externale Wesentlichkeit (Ee+) stehen, wie im letzten Abschnitt dargestellt, Argumente im Zentrum, die Rollenerwartungen signalisieren: In elf der 17 Wertregulationen mit der Kombination Zielbereich C und Begründungstyp Ee+ wurde mit der Rolle als Schüler/-in argumentiert, in fünf Episoden mit der Rolle als Sohn oder Tochter und lediglich in einer Episode mit der Rolle als Person in einer (unsicheren) Übergangsphase (vgl. Abschnitt 7.1.2.1). So waren denn auch Wertregulationen, die Kontrollstrategien thematisierten, am häufigsten an das Argument gekoppelt, dass man dies als Schüler/-in einfach müsse. In sieben der 17 Wertregulationen mit der Kombination Zielbereich C und Begründungstyp Ee+ fand sich dieses Argumentationsmuster (Episoden M009, M027, M038, M087, M107, M110, M180, vgl. Anhang, Tabelle 9.2).

> Die verdichtete prototypische Wertregulation mit der in den 194 Episoden am zweithäufigsten auftretenden Kombination Zielbereich C und Begründungstyp Ee + lautet demnach:

> *«Merke dir: Es ist bedeutsam, dass du dein häusliches Lernen planst, laufend evaluierst und anpasst, weil du das als Schüler/-in einfach musst.»*

> Ein konkretes Beispiel findet sich beim Elternteil S11 bei der geframten Episode M107 (vgl. Tabelle 9.2):

> «*Merke dir: Es ist bedeutsam, dass du deine Hausaufgaben selbstgesteuert vollständig erledigst, weil du das als Schüler musst.*»

Auf dem dritten Rangplatz finden sich zwei Kombinationen mit jeweils 14 Episoden und einem Anteil von 7.2 %:
Wertaussagen mit der Kombination Zielbereich B und Begründungstyp Oe+
Die Kombination aus Zielbereich B (aktivitäts- und umsetzungsorientierter Kompetenzen) und Begründungstyp Oe+ (positive externale Zweckmäßigkeit) fand sich wiederum vor allem im Rahmen von lernthematischen Eltern-Kind-Gesprächen (vgl. Abbildung 7.1), die sich meist um Hausaufgaben drehten und in elf von 14 Episoden das Sich-Bemühen des Kindes thematisierten (Engagement: elf Episoden, Anstrengung: zwei Episoden, Ausdauer: eine Episode) (vgl. Abschnitt 7.1.1.2). Mit dem Begründungstyp positive externale Zweckmäßigkeit (Oe+) heben die Elternteile den instrumentellen Wert der Handlungsziele zur Erreichung belohnender sozial-gesellschaftlicher Ziele hervor (vgl. Abbildung 5.4). Mit anderen Worten weisen diese Argumente einen beratend-appetitiven Charakter auf und signalisieren den Kindern ein gewisses Maß an Wahlfreiheit (vgl. Abschnitt 5.6.2.3). Konkret verwiesen die Elternteile in neun von 14 Episoden auf positive Effekte des betreffenden Handelns auf die schulische Karriere und in den übrigen fünf Episoden auf positive Folgen für Prüfungsergebnisse und Noten (vgl. Abschnitt 7.1.2.1). Entsprechend waren denn auch Wertregulationen, die das Engagement des Kindes thematisierten, am häufigsten an das Argument gekoppelt, dass sich dadurch positive Folgen für die Zuteilung zum erwünschten Sekundarschultyp ergäben. In sieben der 14 Wertregulationen mit der Kombination Zielbereich B und Begründungstyp Oe+ konnte dieses Argumentationsmuster verzeichnet werden (Episoden M052, M071, M117, M139, M147, M166, M187, vgl. Anhang, Tabelle 9.2).

Wertaussagen mit der Kombination Zielbereich C und Begründungstyp Oi+ Auch Wertregulationen, die eine Kombination aus Zielbereich C (fachlich-methodischen Kompetenzen) und Begründungstyp Oi+ (positive internale Zweckmäßigkeit) aufweisen, traten in zwölf der 14 Episoden im Rahmen von lernthematischen Gesprächen zum Thema Hausaufgaben auf (vgl. Abbildung 7.1) und fokussierten mehrheitlich ein Handeln, das sich Ressourcen- oder Stützstrategien zuordnen lässt, wie das Einteilen des häuslichen Lernens oder die Optimierung der Lernumgebung (Ressourcen- bzw. Stützstrategien: sieben Episoden, metakognitive bzw. Kontrollstrategien: vier Episoden, Informationsverarbeitungsstrategien: drei Episoden) (vgl. Abschnitt 7.1.1.3). Mit dem Begründungstyp

7.1 Gestaltungsmerkmale der verbalen ...

positive internale Zweckmäßigkeit (Oi+) unterstrichen die Elternteile die Bedeutung der jeweiligen Ziele gegenüber ihren Kindern, indem sie diese als nützlich für dessen Wissenszuwachs, dessen Wohlbefinden oder dessen Handlungsergebnisse darstellten (vgl. Abbildung 5.4). Konkret verhießen die Elternteile ihrem Kind in neun der 14 Episoden, dadurch etwas besser verstehen zu können, in vier Episoden betonten sie positive motivational-affektive Folgen und in einer Episode hoben sie positive behaviorale Effekte hervor. Wertregulationen, welche die Bedeutung von Stütz- bzw. Ressourcenstrategien thematisierten, waren am häufigsten an das Argument gekoppelt, wonach sich dadurch positive kognitive Effekte erzielen ließen (vgl. Abschnitt 7.1.2.1). Der Umstand, dass dieses Argumentationsmuster aber konkret nur in vier der 14 Wertregulationen mit der Kombination Zielbereich B und Begründungstyp Oe+ auftrat (Episoden M012, M054, M103, M193, vgl. Anhang, Tabelle 9.2), belegt die große Vielfalt, mit der bei dieser Kombination von den Eltern argumentiert wurde.

Die verdichteten prototypischen Wertregulationen der beiden am dritthäufigsten auftretenden Kombinationen Zielbereich B und Begründungstyp Oe+ sowie Zielbereich C und Begründungstyp Oi+ lauten demnach:

«Merke dir: Es ist bedeutsam, dass du bei Hausaufgaben ein angemessenes Engagement an den Tag legst, weil du so eine günstige Ausgangslage für den Übertritt erreichen kannst.»

«Merke dir: Es ist bedeutsam, dass du deine Hausaufgaben strukturiert erledigst, weil du dich dann besser fühlst.»

Ein konkretes Beispiel für die Kombination Zielbereich B und Begründungstyp positive externale Zweckmäßigkeit (Oe+) findet sich beim Elternteil S11 bei der geframten Episode M117 (vgl. Anhang, Tabelle 9.2):

> «Merke dir: Es ist bedeutsam, dass du bemüht bist, die Hausaufgaben immer zu machen, weil du so einen günstigen Übertrittsstatus erreichen kannst.»

Ein konkretes Beispiel für die Kombination Zielbereich C und Begründungstyp positive internale Zweckmäßigkeit (Oi+) findet sich beim Elternteil R12 bei der geframten Episode M103:

> «Merke dir: Es ist bedeutsam, dass du die Hausaufgaben möglichst vor dem Rausgehen erledigst, wenn dir diese keine Lust bereiten, weil du dann eine unbeschwertere Freizeit hast.»

Auch auf dem vierten Rangplatz finden sich wiederum zwei Kombinationen mit jeweils elf Episoden und einem Anteil von 5.7 %. Beide Kombinationen beinhalten den Begründungstyp negative externale Zweckmäßigkeit (Oe−):

Wertaussagen mit der Kombination Zielbereich B und Begründungstyp Oe− Die Kombination aus Zielbereich B (aktivitäts- und umsetzungsorientierter Kompetenzen) und Begründungstyp Oe− (negative externale Zweckmäßigkeit) trat primär in lernthematischen Eltern-Kind-Gesprächen auf (vgl. Abbildung 7.1), die sich meist um Hausaufgaben drehten und meist das Sich-Bemühen des Kindes fokussierten (Engagement: fünf Episoden, Anstrengung: vier Episoden, Wille: zwei Episoden) (vgl. Abschnitt 7.1.1.2). Mit dem Begründungstyp negative externale Zweckmäßigkeit (Oe−) weisen die Elternteile den von ihnen genannten Handlungszielen einen instrumentellen Wert zur Verhinderung andernfalls von außen drohenden aversiven Konsequenzen zu (vgl. Abbildung 5.4). In fünf der elf Episoden argumentieren sie mit drohenden Strafen, in vier Episoden warnen sie vor einem nicht wunschgemäßen Übertrittsentscheid und in zwei Episoden vor negativen Konsequenzen für die Leistungsentwicklung (vgl. Abschnitt 7.1.2.2). Wertregulationen, welche die Bedeutung eines erhöhten Engagements des Kindes thematisierten, gingen am häufigsten einher mit dem Argument, wonach andernfalls negative Konsequenzen bezüglich des Übertrittsentscheids drohten. Der Umstand, dass auch hier lediglich drei der elf Wertregulationen mit der Kombination Zielbereich B und Begründungstyp Oe− dieses Argumentationsmuster

7.1 Gestaltungsmerkmale der verbalen ...

aufwiesen (Episoden M025, M062, M138, vgl. Anhang, Tabelle 9.2), belegt auch hier die Bandbreite an Argumenten, die die Elternteile eingesetzt haben.

Wertaussagen mit der Kombination Zielbereich E und Begründungstyp Oe− Die Kombination aus Zielbereich E (Leistungsergebnisse des Kindes) und Begründungstyp Oe− (negative externale Zweckmäßigkeit) ist die häufigste Kombination, wenn die Elternteile nicht die Bedeutung eines bestimmten schulbezogenen Handlungsziels thematisierten, sondern ein Leistungsziel in den Blick nahmen (vgl. Tabelle 6.6). Solcherlei Wertregulationen finden sich lediglich in Eltern-Kind-Gesprächen, in denen es um den Übertritt allgemein oder um vorliegende Prüfungsergebnisse ging (vgl. Abbildung 7.1) und meist wurde konkret die Bedeutung besserer Noten thematisiert (bessere Noten: sieben Episoden, Übertrittsentscheid für die Sek A: zwei Episoden, gute Noten: eine Episode, Übertrittsentscheid für die Sek B: eine Episode) (vgl. Abschnitt 7.1.1.5). Wie oben bereits erläutert, verdeutlichten die Elternteile mit dem Begründungstyp negative externale Zweckmäßigkeit (Oe−) die Bedeutsamkeit von Zielen, indem sie diese als nützlich zur Verhinderung negativer äußerer Konsequenzen darstellten (vgl. Abbildung 5.4). Konkret wurde in neun von elf Episoden mit der Gefahr eines nicht wunschgemäßen Übertrittsentscheids argumentiert, in einer Episode wurde mit Strafe gedroht und in einer weiteren Episode mit negativen Folgen auf die Beziehung zu den Eltern (vgl. Abschnitt 7.1.2.2). Das am häufigsten vorkommende Argument bei Wertregulationen, die die Bedeutung besserer Noten thematisierten, war denn auch dasjenige, wonach sonst allenfalls negative Konsequenzen für den Übertrittsentscheid resultieren würden. In neun der elf Wertregulationen mit der Kombination Zielbereich E und Begründungstyp Oe− fand sich dieses Argumentationsmuster (Episoden M032, M057, M065, M079, M122, M174, vgl. Anhang, Tabelle 9.2).

Die verdichteten prototypischen Wertregulationen der beiden am vierthäufigsten auftretenden Kombinationen Zielbereich B und Begründungstyp Oe− sowie Zielbereich E und Begründungstyp Oe− lauten demnach:

«Merke dir: Es ist bedeutsam, dass du bei Hausaufgaben ein angemessenes Engagement an den Tag legst, weil du sonst nicht den gewünschten Übertrittsentscheid erreichst.»

«*Merke dir: Es ist bedeutsam, dass du bessere Noten erreichst, weil du sonst nicht den gewünschten Übertrittsentscheid erreichst.*»

Ein konkretes Beispiel für die Kombination Zielbereich B und Begründungstyp negative externale Zweckmäßigkeit (Oe−) findet sich beim Elternteil H12 bei der geframten Episode M062 (vgl. Anhang, Tabelle 9.2):

«*Merke dir: Es ist bedeutsam, dass du Mathematikaufgaben engagierter und vollständiger machst, weil du sonst den Übertritt in die Sek A nicht schaffst.*»

Ein konkretes Beispiel für die Kombination Zielbereich E und Begründungstyp negative externale Zweckmäßigkeit (Oe−) findet sich beim Elternteil S12 bei der Episode M122:

«*Merke dir: Es ist bedeutsam, dass du bessere Noten machst, weil du sonst den Übertritt in die Sek A nicht schaffst.*»

Wertaussagen mit der Kombination Zielbereich E und Begründungstyp Ee + Auf dem fünften Rangplatz befindet sich schließlich die Kombination «Leistungsergebnisse des Kindes» und Begründungstyp «positive externale Wesentlichkeit» (neun Episoden, 4.6 % overall) (vgl. Abbildung 7.1). Es handelt sich dabei um Wertregulationen, in denen ein Leistungsziel des Kindes im Fokus steht (vgl. Tabelle 6.6). Anders als bei der oben dargestellten Kombination Zielbereich E und Begründungstyp Oe− sind hier aber nicht bessere Noten das häufigste Thema der Wertregulationen, sondern der Übertrittsentscheid für die Abteilung A der Sekundarschule (Übertrittsentscheid für die Sek A: vier Episoden, spezifische Notenwerte: drei Episoden, gute Noten: eine Episode, bessere Noten: eine

7.1 Gestaltungsmerkmale der verbalen ... 431

Episode) (vgl. Abschnitt 7.1.3.3). Der Begründungstyp positive externale Wesentlichkeit (Ee+) bezog sich hier in vier der neun Episoden auf die Rolle des Kindes als Person in einer biografischen Übergangsphase, in drei Episoden wurde mit der Rolle als Sohn oder Tochter argumentiert und in zwei Episoden mit der Rolle als Schüler*in. Das dominante Argument bei Wertregulationen, die die Bedeutung eines Übertritts in die Sek A thematisierten, war denn auch dasjenige, wonach sich dies in der momentanen Phase der Schulkarriere einfach anbiete bzw. zwingend sei. Dieses Argumentationsmuster fand sich konkret in zwei der neun Wertregulationen mit der Kombination Zielbereich E und Begründungstyp Ee+(Episoden M044, M115, vgl. Anhang, Tabelle 9.2).

Die verdichtete idealtypische Wertregulation mit der am fünfthäufigsten auftretenden Kombination Zielbereich E und Begründungstyp Ee+ lautet somit:

«Merke dir: Es ist bedeutsam, dass du den Übertrittsentscheid für die Sekundarschule A erreichst, weil du das in diesem Abschnitt deiner Schulkarriere einfach musst.»

Ein konkretes Beispiel findet sich beim Elternteil S12 bei der Episode M044 (vgl. Anhang, Tabelle 9.2):

«Merke dir: Es ist bedeutsam, dass du die Abteilung A erreichst, weil du das aus meiner Sicht jetzt einfach musst.»

7.2 Gestaltungsmerkmale der evaluativen Feedbacks der Eltern

Analog zum Vorgehen bei den elterlichen Wertregulationen werden im vorliegenden Kapitel die Befunde der fallübergreifenden Analysen vorgestellt, denen die 104 in der Basiscodierung extrahierten kontrollbezogenen Episoden unterzogen wurden. In diesen Interviewpassagen schildern die 20 Eltern, wie sie während der Übertrittszeit mittels verbaler Feedbacks versucht haben, die Kontrolleinschätzung ihrer Kinder bezüglich schulischer Ziele zu regulieren (vgl. Abschnitt 5.4). Die diesbezügliche Hauptfragestellung 2 lautet (vgl. Abschnitt 5.8):

Wie gestalten die 20 Elternteile im Kontext eines unklaren Übertrittsentscheids in die Sekundarstufe I ihre verbal-appellativen Kontrollregulationen bzw. evaluativen Feedbacks?

Als zentrales Hilfsmittel für die inhaltsanalytischen Untersuchungen diente der in Abschnitt 5.4 eingehend erörterte Frame, mit dem die kontrollbezogenen Originalstellen in ein einheitliches Format gebracht wurden (vgl. Abschnitt 6.4.2):

«Merke dir: Du hast ... [(A) schulischer task] ... [(C) Grad der Kontrolle] im Griff, weil du ... [(B) vom Elternteil vorgebrachte attributionale Argumente].»

Die mit den Großbuchstaben versehenen Klammern bezeichnen die drei variablen Komponenten dieses Frames, welche im Zuge des Codierprozesses mit Blick auf die Originaläußerung des jeweiligen Elternteils so mit Ausrücken angefüllt werden mussten, dass sie die jeweilige Äußerungsabsicht der Elternteile möglichst angemessen wiedergaben. Mit Hilfe der kontrollbezogenen Originalstelle F018 (vgl. Anhang, Tabelle 9.3) aus dem Interview mit dem Elternteil S11 sei dies nochmals veranschaulicht:

Die Originalstelle lautete:

I: Über das Fach Französisch, darüber haben wir [vorhin] geredet.
S11: Sicher ist er auch dort schlechter geworden. Er hat dann scheinbar auch zwei Prüfungen nicht unterschreiben lassen. Ich habe gesagt: «K03, warum?» «Weil sie schlecht waren.» Habe ich gesagt: «Haben wir dich je geschlagen oder so runtergemacht oder wie auch immer?» **Klar diskutieren wir, klar bin ich im ersten Moment sauer: «Jetzt Herrgott nochmal.» Klar habe ich ihm schon immer gesagt: «Hast du geübt K03? Bist du sicher? Willst du es mir nochmals sagen?»** «Nein, ich habe es geübt, ich kann es.» Es ist eine andere Methode, Französisch zu lernen als Englisch. In Englisch hat er ein Büchlein, im Französisch haben sie ein Buch. Also das große Heft und nicht das kleine

7.2 Gestaltungsmerkmale der evaluativen Feedbacks der Eltern 433

Büchlein, das er sonst hatte wie im Englisch – und das ist also – **da habe ich manchmal gesagt: «Ja, aber jetzt hast du mir gesagt- hast es geübt und es war doch nicht so.» Habe ich gesagt letzte Woche: «Ja K03, warum bist du denn nicht zu uns gekommen?»** «Ja, ich habe gemeint, vielleicht lasse ich sie doch, sonst bringe ich immer alles heim, wenn ich jetzt zwei Mal etwas nicht mache, macht es nichts.» **Habe ich gesagt: «Nein, das geht nicht.»** (S11, Episode F018, vgl. Anhang, Tabelle 9.3)

In den Frame übersetzt lautet die fett hervorgehobene elterliche Kontrollregulation in Episode F018 folgendermaßen (vgl. Anhang, Tabelle 9.4):

«Merke dir: Du hast das selbständige und geplante Vorbereiten auf Prüfungen (A) eher schlecht (B) im Griff, weil du trotz gegenteiliger Behauptungen manchmal deine Aufgaben nicht erledigst (C).»

Die Inhaltsanalysen zur Beantwortung der folgenden Teilfragen zur Hauptfragestellung 2 setzten an dem im Beispiel unterstrichenen und mit der Originalstelle korrespondierende «Füllmaterial» (Filling) der Komponenten A und C an (vgl. Abschnitt 5.8).

Zu Komponente A:

2.1. Zu welchen konkreten lern- und leistungsthematischen Zielen berichten die Elternteile von eigenen kontrollbezogenen verbal-appellativen Regulationen gegenüber ihren Kindern?
2.2. Wie verteilen sich die in den 104 kontrollbezogenen Episoden fokussierten Lern- und Leistungsziele, wenn sie nach Zielbereichen geordnet werden, die aus den vier Kompetenzklassen nach Erpenbeck und von Rosenstiel (2003) sowie der Kategorie «Leistungsergebnis» gebildet wurden?

Zu Komponente B:

2.3. Welche konkreten prozessualen und/oder strukturellen Merkmale führen die Elternteile in den 104 kontrollbezogenen Episoden den Kindern als Argumente zur Begründung für deren Kontrolle schulischer Lern- und Leistungsziele vor Augen?
2.4. Wie verteilen sich die in den 104 Kontrollepisoden gesamthaft eingesetzten 140 Argumente, wenn sie nach Begründungstypen geordnet werden, die

aus den Dimensionen Valenz (positiv vs. negativ), Lokus (internal vs. external), Stabilität (stabil vs. variabel) sowie Willentliche Beeinflussbarkeit (hoch vs. tief) (vgl. Abbildung 5.3) gebildet wurden?

Die Ausprägungen der Komponente C, bei der es um den Grad der dem Kind signalisierten Kontrolle geht, wurden entlang der in Abschnitt 5.4.1 vorgestellten «Recodierungsmatrix» (vgl. Tabelle 5.2) aus den in Komponente B ermittelten Begründungstypen abgeleitet:

2.5. Bezüglich welcher Lern- und Leistungsziele attestieren die Elternteile ihren Kindern in den vorgefundenen Handlungsepisoden auf der Basis der vor Augen geführten Begründungen eine hohe bzw. eine geringe Kontrolle?

Fragestellungen 2.1 und 2.2 werden in Abschnitt 7.2.1 erörtert, den Fragestellungen 2.3 und 2.4 widmet sich Abschnitt 7.2.2 und die Befunde zur Fragestellung 2.5 werden in Abschnitt 7.2.3 vorgestellt.

7.2.1 Lern- und leistungsbezogene Ziele, auf die die elterlichen Kontrollregulationen fokussieren

Zu welchen konkreten lern- und leistungsthematischen Zielen berichten die Elternteile von eigenen kontrollbezogenen verbal-appellativen Regulationen gegenüber ihren Kindern?

Wie verteilen sich die in den 104 kontrollbezogenen Episoden fokussierten Lern- und Leistungsziele, wenn sie nach Zielbereichen geordnet werden, die aus den vier Kompetenzklassen nach Erpenbeck und von Rosenstiel (2003) (vgl. Abschnitt 2.2.2.1) sowie der Kategorie «Leistungsergebnis» gebildet wurden?

Tabelle 7.5 und Tabelle 7.6 dokumentieren die für die beiden Fragestellungen relevanten Befunde, die mit der strukturierenden qualitativen Inhaltsanalyse aus den Originaläußerungen sowie aus den Fillings der Komponente A der geframten 104 kontrollregulationsbezogenen Episoden gewonnen wurden. In der zweiten Spalte der Tabelle 7.5 sind diejenigen schulischen Ziele («Fokussierte Ziele») aufgelistet, welche die Elternteile in 60 primär lernthematischen Episoden (57.7 %) mit ihren Kontrollregulationen fokussiert haben. In Tabelle 7.6 sind sodann diejenigen Ziele aufgeführt, welche in 44 Gesprächsbeiträgen (42.3 %) von den Eltern fokussiert wurden, die einen leistungsthematischen Charakter aufwiesen. Wie schon bei den Wertregulationen (vgl. Abschnitt 7.1.1.1) bezeichnen

7.2 Gestaltungsmerkmale der evaluativen Feedbacks der Eltern 435

«lernthematische» Kontrollregulationen jene Gesprächssituationen, in denen die Elternteile Ziele im Bereich der Hausaufgaben (HA), dem Vorbereiten von Prüfungen (PV), dem Unterricht (U) oder aber des Lernens allgemein bzw. des Erwerbs und Anwendens von Wissen (L) fokussierten (vgl. Tabelle 7.5, Spalte 4). Als «leistungsthematisch» werden demgegenüber jene elterlichen Kontrollregulationen bezeichnet, bei denen sich die fokussierten Ziele auf Prüfungsergebnisse (P) oder auf den Übertritt des Kindes (Ü) bezogen (vgl. Tabelle 7.6, Spalte 4). Die Thematik der Kontrollregulationen wurde mittels des in Abschnitt 6.4.2.2 dargestellten Kategoriensystems (vgl. Tabelle 6.7) erhoben.

Wie die letzte Zeile von Tabelle 7.6 dokumentiert, thematisierten die Elternteile in den 104 verbalen Kontrollregulationen mengenmäßig in absteigender Reihenfolge Ziele im Bereich der Hausaufgaben (HA, 41 Episoden, 39.4 %), des Übertritts (Ü, 31 Episoden, 29.8 %), der Prüfungsergebnisse (P, 13 Episoden, 12.5 %), des Unterrichts (U, neun Episoden, 8.7 %) sowie des Vorbereitens von Prüfungen (PV, fünf Episoden, 4.8 %) und des Lernens allgemein (L, fünf Episoden, 4.8 %). Damit wurde in 60 Episoden, in denen die Elternteile von eigenem evaluativem Feedback gegenüber ihrem Kind berichteten, ein Aspekt des Lernens (57.7 %) und in 44 Episoden ein Aspekt des Leistens thematisiert (42.3 %).

Mit verbalen Kontrollregulationen bzw. evaluativen Feedbacks versuchen die Eltern, die Einschätzung der Kinder bezüglich des Ausmaßes eigener Kontrolle über schulische Ziele – bestimmter erwünschter Handlungsweisen (z. B. «Du bearbeitest Hausaufgaben zu wenig selbständig!») oder Leistungsergebnisse (z. B. «Du schaffst es gut in die Sek A!») zu adjustieren.

Zur Klärung der Frage, bezüglich welcher Kompetenzbereiche die Elternteile mit ihren berichteten evaluativen Feedbacks Optimierungen beim Kind hinsichtlich seiner Kontrolleinschätzung zu erzielen versuchten (vgl. Fragestellung 2.2), wurden die in der Komponente A des Frames genannten Handlungsweisen analog zum Vorgehen bei den Wertzuschreibungen (vgl. Abschnitt 7.1.1) nach den Regeln des Kategoriensystems «Zielbereiche, auf die sich die Kontrollregulationen beziehen» (vgl. Tabelle 6.8) entweder den von Erpenbeck und von Rosenstiel (2003, S. XV–XVII) vorgeschlagenen vier Kompetenzbereichen «Personale Kompetenzen» (Zielbereich A), «Aktivitäts- und umsetzungsorientierte Kompetenzen» (Zielbereich B), «Fachlich-methodische Kompetenzen» (Zielbereich C) und «Sozial-kommunikative Kompetenzen» (Zielbereich D) oder aber der fünften Kategorie «Leistungsergebnis» (Zielbereich E) einer Feincodierung unterzogen. Die Zuweisungen zu den fünf Kategorien sowie die jeweiligen Häufigkeiten sind in Tabelle 7.5 und Tabelle 7.6 in der dritten und fünften Spalte ersichtlich.

Tabelle 7.5 Ziele, welche die Elternteile in lernthematischen Kontrollregulationen fokussierten

Nr.	Fokussiertes Ziel	Anzahl Nennungen	Thema der Wertregulation*	Zielbereich**	Elternteil
1.01	Hausaufgaben als Pflicht ansehen	2	HA	A	H11/H12
1.02	Aufwand bei schwierigeren Mathematikhausaufgaben richtig einschätzen	1	HA	A	R12
1.03	eigenen Bedarf nach Nachhilfe angemessen einschätzen	1	L	A	S12
1.04	Qualität des eigenen Lernens angemessen einschätzen	1	L	A	H12
1.05	bemüht sein, Hausaufgaben immer vollständig zu erledigen	1	HA	B	D11
1.06	pflichtbewusst Hausaufgaben erledigen	1	HA	B	H12
1.07	sich überwinden und an die Hausaufgaben setzen	2	HA	B	D11/V12
1.08	sich engagieren bei Hausaufgaben	2	HA	B	V12/V12
1.09	sich aufraffen und dranbleiben bei der Hausaufgabenerledigung	2	HA	B	M12/S11
1.10	sich bemühen, Hausaufgaben und Freizeitaktivitäten auszubalancieren	4	HA	B	M11/S11/S12/V11

(Fortsetzung)

7.2 Gestaltungsmerkmale der evaluativen Feedbacks der Eltern 437

Tabelle 7.5 (Fortsetzung)

Nr.	Fokussiertes Ziel	Anzahl Nennungen	Thema der Wertregulation*	Zielbereich**	Elternteil
1.11	engagiert im Unterricht mitmachen	1	U	B	Z22
1.12	produktiv mit Schwierigkeiten bei Hausaufgaben umgehen	2	HA	C	S12/S11
1.13	Hausaufgaben zeitlich sinnvoll einteilen	6	HA	C	D11/S11/S12/ V12/Z11/Z32
1.14	Hausaufgaben effizient bearbeiten	2	HA	C	S11/Z11
1.15	Hausaufgaben/Wochenplan selbständig bearbeiten	7	HA	C	S12/H11/H11/ V11/V12/V12/ Z11
1.16	Hausaufgaben sorgfältig erledigen	1	HA	C	M12
1.17	Hausaufgaben verstehensorientiert machen	1	HA	C	Z22
1.18	Problem analysieren und erkennen bei Mathematikaufgaben	1	L	C	Z32
1.19	Beträge im Alltag im Kopf ausrechnen	1	L	C	Z12
1.20	Sprache mittels der Grammatik analysieren	1	L	C	D12

(Fortsetzung)

Tabelle 7.5 (Fortsetzung)

Nr.	Fokussiertes Ziel	Anzahl Nennungen	Thema der Wertregulation*	Zielbereich**	Elternteil
1.21	selbständig auf Prüfungen vorbereiten	1	PV	C	H11
1.22	selbständig und geplant auf Prüfungen vorbereiten	1	PV	C	S11
1.23	produktiv auf Prüfungen vorbereiten	3	PV	C	D12/Z12/Z32
1.24	produktiv mit schwierigen Aufgaben in Prüfungen umgehen	1	U	C	Z12
1.25	mit den Freunden produktiv Hausaufgaben bearbeiten	2	HA	D	R11/V12
1.26	mit den Eltern produktiv Hausaufgaben bearbeiten	2	HA	D	D11/S12
1.27	Eltern bei Schwierigkeiten mit Hausaufgaben aufsuchen/informieren	2	HA	D	S11/Z11
1.28	Eltern vollumfänglich und ehrlich über Hausaufgaben informieren	1	HA	D	R12
1.29	mit den Klassenkamerad*innen klarkommen	2	U	D	S11/R11

(Fortsetzung)

7.2 Gestaltungsmerkmale der evaluativen Feedbacks der Eltern

Tabelle 7.5 (Fortsetzung)

Nr.	Fokussiertes Ziel	Anzahl Nennungen	Thema der Wertregulation*	Zielbereich**	Elternteil
1.30	eine produktive Beziehung zur Lehrkraft pflegen	2	U	D	H11/Z22
1.31	mit Pöbeleien/Mobbing der Klassenkamerad*innen umgehen	1	U	D	Z22
1.32	mit Konflikten mit der Lehrkraft und mit Klassenkamerad*innen umgehen	2	U	D	D11/Z31
Total lernthematische Kontrollregulationen		**60**	HA: 41 L: 5 PV: 5 U: 9	A: 5 B: 13 C: 28 D: 14	

* Thema der Kontrollregulation: HA (Hausaufgaben), PV (Prüfungsvorbereitung), U (Unterricht), L (Lernen allgemein), vgl. Tabelle 6.7.
** Zielbereiche: A = personale Kompetenzen, B = aktivitäts- und umsetzungsbezogene Kompetenzen, C = fachlich-methodische Kompetenzen, D = sozial-kommunikative Kompetenzen, E = Leistungsergebnisse, vgl. Tabelle 6.8.

Tabelle 7.6 Ziele, welche die Elternteile in leistungsthematischen Kontrollregulationen fokussierten

Nr.	Fokussiertes Ziel	Anzahl Nennungen	Thema der Wertregulation*	Zielbereich**	Elternteil
2.01	die Gründe für schlechtes Prüfungsergebnis angemessen einschätzen	1	P	A	R11
2.02	Noten von 4.5 als Erfolg einschätzen	1	P	A	V12
2.03	zu eigenen Leistungsergebnissen stehen	1	P	A	R11
2.04	eigene Leistung angemessen einschätzen	1	P	A	D11
2.05	selber entscheiden, ob private oder öffentliche (und lokale) Sekundarschule	1	Ü	A	D11
2.06	selber über allfällige Zurückstufung in die Sek B entscheiden können	1	Ü	A	D12
2.07	Übertrittsstatus/-chancen angemessen einschätzen	3	Ü	A	D11/D12/V11
2.08	sich adäquat als Sek-B-Schüler*in einschätzen	1	Ü	A	R12
2.09	Anforderungsgrad der Sek B angemessen einschätzen	1	Ü	A	V12
2.10	Berufsmöglichkeiten mit Sek-B-Abschluss angemessen einschätzen	2	Ü	A	V12/Z12

(Fortsetzung)

7.2 Gestaltungsmerkmale der evaluativen Feedbacks der Eltern

Tabelle 7.6 (Fortsetzung)

Nr.	Fokussiertes Ziel	Anzahl Nennungen	Thema der Wertregulation*	Zielbereich**	Elternteil
2.11	beständig (wenigstens) bei Fächern, die man interessant findet, reüssieren	1	P	B	V12
2.12	sich selber Erfolgserlebnisse ermöglichen	1	P	B	R12
2.13	Leistungen steigern	1	P	B	V12
2.14	für stabil gute Leistungen (in Schlüsselfächern) sorgen	3	P	B	V11/Z31/Z32
2.15	von den Eltern erwartete(n) Noten/Notenschnitt erreichen	2	P	B	M12/Z32
2.16	angemessen mit der Übertritts-/Prüfungssituation umgehen	1	Ü	B	Z31
2.17	sich im Hinblick auf die Sek A beim Lernen / im Unterricht engagieren	5	Ü	B	D12/S11/S11/S12/Z21
2.18	sich für das selbst gesteckte Ziel Sek A engagieren	1	Ü	B	Z21
2.19	sich produktiv auf Prüfungen vorbereiten	1	P	C	Z22
2.20	mit neuer sozialer Situation in kommender Sekundarschule umgehen	1	Ü	D	M12

(Fortsetzung)

Tabelle 7.6 (Fortsetzung)

Nr.	Fokussiertes Ziel	Anzahl Nennungen	Thema der Wertregulation*	Zielbereich**	Elternteil
2.21	Übertrittsentscheid für die Sek A	10	Ü	E	D12/S11/H11/ H12/H12/R11/ S12/S12/Z11/ Z11/
2.22	Übertrittsentscheid für die Sek B	3	Ü	E	M11/M11/M12
2.23	Aufnahme ins Gymnasium	1	Ü	E	Z31
	Total leistungsthematische Kontrollregulationen	**44**	**P: 13** **Ü: 31**	A: 13 B: 15 C: 1 D: 1 E: 14	
	Total Kontrollregulationen (Zusammenzug Tabelle 7.5 und Tabelle 7.6)	**104**	HA: 86 L: 9 P: 29 PV: 11 U: 18 Ü: 41	A: 18 B: 28 C: 29 D: 15 E: 14	

* Thema der Kontrollregulation: HA (Hausaufgaben), PV (Prüfungsvorbereitung), U (Unterricht), L (Lernen allgemein), P (Prüfungsergebnisse), Ü (Übertritt), vgl. Tabelle 6.7.
** Zielbereiche: A = personale Kompetenzen, B = aktivitäts- und umsetzungsbezogene Kompetenzen, C = fachlich-methodische Kompetenzen, D = sozial-kommunikative Kompetenzen, E = Leistungsergebnisse, vgl. Tabelle 6.8.

7.2 Gestaltungsmerkmale der evaluativen Feedbacks der Eltern   443

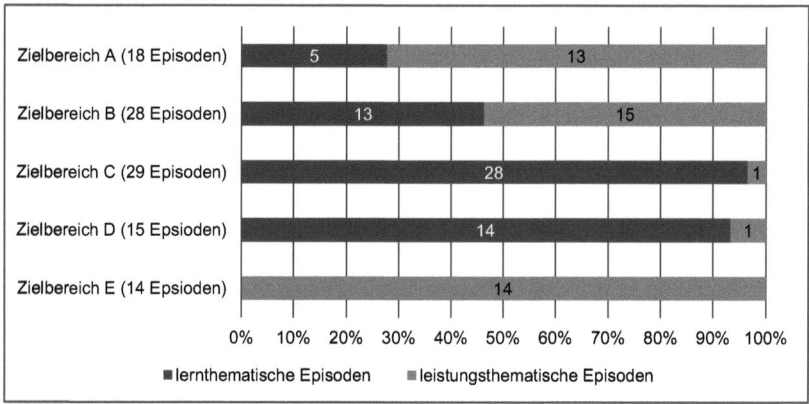

Abbildung 7.4 Zielbereiche und ihr Auftreten in lern- und leistungsthematischen Kontrollregulationen. (Zielbereiche: A = personale Kompetenzen, B = aktivitäts- und umsetzungsorientierte Kompetenzen, C = fachlich-methodische Kompetenzen, D = sozial-kommunikative Kompetenzen, E = Leistungsergebnisse)

7.2.1.1 Ziele im Bereich personaler Kompetenzen

Abbildung 7.4 zeigt, dass in 18 der insgesamt 104 kontrollbezogenen Handlungsepisoden (17.3 % overall) ein Handeln des Kindes im Bereich personaler Kompetenzen (Zielbereich A) Gegenstand einer entsprechenden Regulation durch die Elternteile war. Bei personalen Kompetenzen handelt es sich laut Erpenbeck und von Rosenstiel (2003, S. XVI) um die Fähigkeiten von Individuen, «reflexiv selbstorganisiert zu handeln, d. h. sich selbst einzuschätzen, produktive Einstellungen, Werthaltungen, Motive und Selbstbilder zu entwickeln, eigene Begabungen, Motivationen, Leistungsvorsätze zu entfalten und sich im Rahmen der Arbeit und außerhalb kreativ zu entwickeln und zu lernen.» (vgl. Kategoriensystem in Tabelle 6.8).

Mit 13 Stellen (72,2 % intra) finden sich kontrollbezogene Aussagen des Elternteils zu einem Handeln des Kindes, das Ausdruck personaler Kompetenzen ist, wie schon bei den Wertregulationen (vgl. Abbildung 7.1), mehrheitlich in leistungsthematischen Situationen, wo Eltern mit ihrem Kind über ein Prüfungsergebnis oder über dessen Übertrittsstatus sprechen (vgl. Abbildung 7.4). Gruppiert man die in Tabelle 7.6 aufgeführten diesbezüglichen Handlungsweisen[12], so zeigt

---

[12]Die Gruppierung der Lern- und Leistungsziele innerhalb der einzelnen Zielbereiche erfolgte wie bei den Wertregulationen (vgl. Abschnitt 7.1.1.1) im Rahmen der Erstellung des Entwurfs

sich, dass in zehn Episoden die Qualität der Situationseinschätzung des Kindes durch die Elternteile beurteilt wird:

«Du hast das angemessene Einschätzen der Übertrittschancen bzw. deines Übertrittsstatus gut/schlecht im Griff» (4 Episoden), «Du hast das angemessene Einschätzen der Berufsmöglichkeiten mit einem Sek-B-Abschluss gut/schlecht im Griff» (2 Episoden), «Du hast das adäquate Einschätzen des Anforderungsgrades der Sek B gut/schlecht im Griff» (1 Episode), «Du hast das angemessene Einschätzen der Bedeutung deiner Leistungsergebnisse gut/schlecht im Griff» (2 Episoden), «Du hast das angemessene Einschätzen der Gründe für deine Leistungsergebnisse gut/schlecht im Griff» (1 Episode).

In zwei Episoden wird den Kindern sodann Klarheit darüber verschafft, wie groß ihre Entscheidungsfreiheit sei:

«Du hast das Entscheiden, ob du nach dem Übertritt eine öffentliche oder private Sekundarschule besuchen möchtest, gut/schlecht im Griff» (1 Episode), «Du hast das Entscheiden, ob du allenfalls nach der Probezeit in der Sek A in die Sek B zurückgestuft werden möchtest, gut/schlecht im Griff» (1 Episode).

In einer Episode wurde dem Kind sodann Feedback dazu gegeben, inwiefern es ethische Grundprinzipien befolgt:

«Du hast das Stehen zu deinen eigenen Leistungsergebnissen gut/schlecht im Griff» (1 Episode).

In lernthematischen Situationen, bei Schilderungen von Gesprächen mit den Kindern im Kontext von Hausaufgaben oder Prüfungsvorbereitungen, berichten Eltern lediglich in fünf Episoden (27.8 % intra) von eigenen kindbezogenen Handlungsbeurteilungen, die sich personalen Kompetenzen zuordnen lassen (vgl. Tabelle 7.5). In drei Episoden wird die Qualität der Situationseinschätzung beurteilt:

«Du hast das richtige Einschätzen des zeitlichen Aufwands bei schwierigen Mathematikaufgaben gut/schlecht im Griff» (1 Episode), «Du hast das Einschätzen des eigenen Bedarfs nach Nachhilfe gut/schlecht im Griff» (1 Episode), «Du hast das angemessene Einschätzen der Qualität des eigenen Lernens gut/schlecht im Griff» (1 Episode).

---

des Textes im Jahr 2016. Wiederum wurden alle Argumente durch den Autor drei Jahre später ein zweites Mal den bestehenden Gruppen zugeordnet. Danach wurde mittels *Cohens Kappa* die Intrarater-Übereinstimmung erhoben (vgl. Fußnote 120). Bei der wiederholten Zuordnung der 14 Zeilen mit Zielen des *Zielbereichs A* in Tabelle 7.5 und Tabelle 7.6 zu den drei Gruppen wurde eine vollständige Konkordanz erreicht *($\kappa = 1.00$)*.

7.2 Gestaltungsmerkmale der evaluativen Feedbacks der Eltern   445

In zwei Episoden wird auch hier das Einhalten ethischer Grundprinzipien beurteilt:

«Du hast das Erkennen der Hausaufgaben als Pflicht gut/schlecht im Griff» (2 Episoden).

7.2.1.2 Ziele im Bereich aktivitäts- und umsetzungsorientierter Kompetenzen

Kontrollregulationen bei Handlungsweisen, die sich dem Bereich aktivitäts- und umsetzungsorientierter Kompetenzen (Zielbereich B) zuordnen lassen, finden sich in 28 Episoden und haben mit 26.9 % somit den zweitgrößten Anteil an der Gesamtzahl von 104 kontrollbezogenen elterlichen Handlungsepisoden (vgl. Abbildung 7.4). Laut Erpenbeck und von Rosenstiel (2003, S. XVI) werden damit die Dispositionen einer Person bezeichnet, «aktiv und selbstorganisiert zu handeln und dieses Handeln auf die [erfolgreiche] Umsetzung von Absichten, Vorhaben und Plänen zu richten». Eltern beurteilen in diesbezüglichen verbalen Handlungen vor dem Kind, inwieweit dieses das Übersetzen seiner Wünsche und Ziele in konkrete Handlungspläne im Griff hat, inwiefern es diese engagiert umzusetzen versucht sowie mit Persistenz und Wille auch schwierige Bedingungen meistert (vgl. Kategoriensystem in Tabelle 6.8). Mehrheitlich (15 Episoden, 53.6 % intra) wurden solche aktivitäts- und umsetzungsorientierten Aussagen in leistungsthematischen Gesprächssequenzen verzeichnet – also solchen, die direkt auf das Übertrittsgeschehen oder auf Prüfungsergebnisse bezogen waren (vgl. Abbildung 7.4). Gruppiert man die in Tabelle 7.6 aufgeführten entsprechenden aktivitäts- und umsetzungsorientierten Handlungsweisen[13], so zeigt sich, dass in acht Episoden das Sich-Bemühen des Kindes beurteilt wird:

«Du hast das angemessene Umgehen mit der Übertrittssituation gut/schlecht im Griff» (1 Episode), «Du hast das angemessene Engagement beim Lernen/im Unterricht gut/schlecht im Griff» (5 Episoden), «Du hast das Reüssieren wenigstens bei den dich interessierenden Fächern gut/schlecht im Griff» (1 Episode), «Du hast das angemessene Engagement für das selbst gesteckte Ziel Sek A gut/schlecht im Griff» (1 Episode).

---

[13] Bei der wiederholten Zuordnung der 15 Zeilen mit Lern- und Leistungszielen des *Zielbereichs B* in Tabelle 7.5 und Tabelle 7.6 zu den vier Gruppen betrug Cohens Kappa $\kappa = 0.66$, was einer «substanziellen» Übereinstimmung entspricht (vgl. Landis & Koch, 1977, S. 165). Die Zuordnungen des ersten Zeitpunkts wurden beibehalten.

In sieben Episoden wird im Kontext von Prüfungsbesprechungen oder von Gesprächen über den Übertritt die Sicht des Kindes auf dessen Anstrengung reguliert. Beurteilt wird in diesen Aussagen weniger die motivationale und kognitive Ausrichtung auf ein Ziel, sondern der Ressourceneinsatz des Kindes:

«Du hast das Dir-Ermöglichen von Erfolgserlebnissen gut/schlecht im Griff» (1 Episode), «Du hast das Steigern deiner Leistungen gut/schlecht im Griff» (1 Episode), «Du hast das Sorgen für stabil solide Leistungen in Schlüsselfächern gut/schlecht im Griff» (3 Episoden), «Du hast das Herbeiführen des von den Eltern erwarteten Notenschnitts gut/schlecht im Griff» (2 Episoden).

Fast ebenso viele der 28 kontrollbezogenen Handlungsepisoden mit einem aktivitäts- und umsetzungsbezogenen Fokus wurden in einer Gesprächssituation generiert, die lernthematisch war (13 Episoden, 46.2 %) und damit meist in Bezug zu Hausaufgaben stand (vgl. Tabelle 7.5). Das Sich-Bemühen des Kindes wurde hier in neun Episoden durch die Elternteile beurteilt:

«Du hast das Bemüht-Sein, die Hausaufgaben immer vollständig zu erledigen gut/schlecht im Griff» (1 Episode), «Du hast das pflichtbewusste Erledigen der Hausaufgaben gut/schlecht im Griff» (1 Episode), «Du hast das angemessene Engagement bei Hausaufgaben und im Unterricht gut/schlecht im Griff» (2 Episoden), «Du hast das Bemüht-Sein, Hausaufgaben und Freizeitaktivitäten auszubalancieren, gut/schlecht im Griff» (4 Episoden).

Die Ausdauer des Kindes wurde in zwei lernthematischen Episoden beurteilt:

«Du hast das Aufraffen und Dranbleiben bei Hausaufgaben gut/schlecht im Griff» (2 Episoden).

Ebenso wurde in zwei lernthematischen Episoden der Aspekt Wille Gegenstand der elterlichen Kontrollregulation:

«Du hast das Dich-Überwinden und an die Hausaufgaben-Setzen gut/schlecht im Griff» (2 Episoden).

7.2.1.3 Ziele im Bereich fachlich-methodischer Kompetenzen

Mit 29 kontrollbezogenen Episoden (27.9 % overall) fokussierten die Elternteile am häufigsten ein Handeln des Kindes, welches sich dessen fachlich-methodischen Kompetenzen (Zielbereich C) zuordnen lässt (vgl. Abbildung 7.4). Bei fachlich-methodischen Kompetenzen geht es laut Erpenbeck und von

7.2 Gestaltungsmerkmale der evaluativen Feedbacks der Eltern

Rosenstiel (2003, S. XVI) um die Befähigung von Individuen, «bei der Lösung von sachlich-gegenständlichen Problemen geistig und physisch selbstorganisiert zu handeln». Eltern intendieren mit anderen Worten, die Kontrolleinschätzung des Kindes hinsichtlich seines deklarativen und prozeduralen Wissens zur erfolgreichen Bearbeitung von schulischen Aufgabestellungen zu regulieren und beurteilen namentlich, wie gut ihr Kind Lernstrategien einsetzt (vgl. Abschnitt 7.1.1.3). Abbildung 7.4 macht deutlich, dass solcherlei Kontrollregulationen im Kontext leistungsthematischer Gespräche nur in einer der 29 diesbezüglichen Episoden (3.4 % intra) auftraten. In der betreffenden Episode gibt der Elternteil vor dem Hintergrund der Taxonomie von Lernstrategien nach Friedrich und Mandl (1992) ein Urteil zu einem Handeln des Kindes ab, das sich Kontroll- bzw. metakognitiven Strategien zuordnen lässt (vgl. Abschnitt 7.1.1.3):

«Du hast das produktive Vorbereiten auf Prüfungen gut/schlecht im Griff» (1 Episode).

Kontrollregulationen, die einen fachlich-methodischen Fokus aufweisen, finden sich mit 28 Stellen also fast ausschließlich in lernthematischen Episoden (96.6 % intra) (vgl. Abbildung 7.4). Ein genauerer Blick auf die von den Elternteilen fokussierten Handlungsweisen in Tabelle 7.5 zeigt[14], dass sich diese mit 18 Episoden mehrheitlich ebenfalls den Kontroll- bzw. metakognitiven Strategien zuordnen lassen:

«Du hast das effiziente Bearbeiten der Hausaufgaben gut/schlecht im Griff» (2 Episoden), «Du hast das selbständige Bearbeiten der Hausaufgaben/des Wochenplans gut/schlecht im Griff» (7 Episoden), «Du hast das sorgfältige Erledigen der Hausaufgaben gut/schlecht im Griff» (1 Episode), «Du hast das verstehensorientierte Erledigen der Hausaufgaben gut/schlecht im Griff» (1 Episode), «Du hast das selbständige und geplante Vorbereiten auf Prüfungen gut/schlecht im Griff» (2 Episoden), «Du hast das produktive Vorbereiten auf Prüfungen gut/schlecht im Griff» (3 Episoden), «Du hast das produktive Umgehen mit schwierigen Aufgaben in Prüfungen gut/schlecht im Griff» (1 Episode), «Du hast das Erkennen und Analysieren von Problemen bei Mathematikaufgaben gut/schlecht im Griff» (1 Episode).

Handlungsweisen im Bereich von Stütz- oder Ressourcenstrategien werden in acht Episoden beurteilt:

---

[14]Bei der wiederholten Zuordnung der 14 Zeilen mit Handlungsweisen des *Zielbereichs C* in Tabelle 7.5 und Tabelle 7.6 zu den drei Gruppen von Lernstrategien betrug Cohens Kappa κ = *0.73*, was einer «substanziellen» Konkordanz entspricht (Landis & Koch, 1977, S. 165). Die Zuordnungen des ersten Zeitpunkts wurden beibehalten.

«Du hast das zeitlich sinnvolle Einteilen der Hausaufgaben gut/schlecht im Griff» (6 Episoden) und «Du hast den produktiven Umgang mit Schwierigkeiten bei Hausaufgaben gut/schlecht im Griff» (2 Episoden).

Nur in zwei kontrollbezogenen Episoden lassen sich demgegenüber Beurteilungen des Einsatzes von kognitiven Lernstrategien finden:

«Du hast das (alltägliche) Ausrechnen von Beträgen im Kopf gut/schlecht im Griff» (1 Episode) und «Du hast das Analysieren von Sprache mittels der Grammatik gut/schlecht im Griff» (1 Episode).

7.2.1.4 Ziele im Bereich sozial-kommunikativer Kompetenzen

In lediglich 15 der 104 kontrollbezogenen Handlungsepisoden (14.4 % overall) finden sich Regulationen, die auf sozial-kommunikative Kompetenzen (Zielbereich D) des Kindes Bezug nehmen. Bei sozial-kommunikativen Kompetenzen handelt es sich laut Erpenbeck und von Rosenstiel (2003, S. XVI) um «die Dispositionen kommunikativ und kooperativ selbstorganisiert zu handeln». Lediglich in einer leistungsthematischen Episode (6.7 % intra) wird ein entsprechendes Handeln des Kindes verbal reguliert (vgl. Abbildung 7.4). In der betreffenden Episode beurteilt der Elternteil die Beziehungsgestaltung des Kindes in Unterricht und Schule (vgl. Tabelle 7.6):

«Du hast das Klarkommen mit den neuen Kamerad*innen und Lehrkräften in der nahen Sekundarstufe gut/schlecht im Griff» (1 Episode).

14 der 15 kontrollbezogenen Handlungsepisoden (93.3 % intra), die sozial-kommunikative Handlungsweisen der Kinder thematisieren, kommen im Kontext lernthematischer Gesprächssituationen zustande (vgl. Abbildung 7.4). Mit Blick auf Tabelle 7.5 wird deutlich, dass sich diese weiter inhaltlich gruppieren lassen[15]. Die kooperative Hausaufgabenbearbeitung wird in vier Episoden thematisiert:

«Du hast das produktive Bearbeiten der Hausaufgaben mit Freunden gut/schlecht im Griff» (2 Episoden), «Du hast das produktive Bearbeiten der Hausaufgaben mit uns, den Eltern, gut/schlecht im Griff» (2 Episoden).

---

[15] Bei der wiederholten Zuordnung der neun Zeilen mit Zielen des *Zielbereichs D* in Tabelle 7.5 und Tabelle 7.6 zu den vier Gruppen wurde maximale Übereinstimmung erzielt *($\kappa = 1.00$)*.

7.2 Gestaltungsmerkmale der evaluativen Feedbacks der Eltern 449

Evaluatives Feedback zum Informations- und Hilfesuchverhalten des Kindes erfolgt in drei Episoden:

«Du hast das Aufsuchen/Informieren von uns, den Eltern, bei Schwierigkeiten mit den Hausaufgaben gut/schlecht im Griff» (2 Episoden), «Du hast das vollumfängliche und ehrliche Informieren über den Stand der Hausaufgabenerledigung uns gegenüber gut/schlecht im Griff» (1 Episode).

In vier Episoden wird die Beziehungsgestaltung in Unterricht und Schule von den Elternteilen beurteilt:

«Du hast das Klarkommen mit Klassenkamerad*innen gut/schlecht im Griff» (2 Episoden), «Du hast das Pflegen einer produktiven Beziehung zur Lehrkraft gut/schlecht im Griff» (2 Episoden).

Schließlich wird in drei weiteren Episoden die Konfliktbewältigung in Schule und Unterricht verbal beurteilt:

«Du hast das Umgehen mit Pöbeleien/Mobbing durch die Klassenkamerad*innen gut/schlecht im Griff» (1 Episode) und «Du hast das Umgehen mit Konflikten mit der Lehrkraft oder den Klassenkamerad*innen gut/schlecht im Griff» (2 Episoden).

7.2.1.5 Leistungsziele

In 14 der 104 kontrollbezogenen Handlungsepisoden (13.5 % overall) wird von den Elternteilen thematisiert, inwiefern das Kind ein Leistungsereignis bzw. ein Leistungsergebnis im Griff habe. Im Fokus steht in diesen evaluativen Feedbacks also nicht direkt ein schulisches Handlungsziel des Kindes, sondern die Situationseinschätzung bezüglich eines Leistungsziels (vgl. Abschnitt 7.1.1.5). Solche Kontrollregulationen fanden sich entsprechend lediglich in leistungsthematischen Episoden (vgl. Abbildung 7.4):

«Du hast das Erreichen des Übertrittsentscheids für die Sek A gut/schlecht im Griff» (10 Episoden), «Du hast das Erreichen des Übertrittsentscheids für die Sek B gut/schlecht im Griff» (3 Episoden), «Du hast das Erreichen einer Aufnahme ins Gymnasium gut/schlecht im Griff» (1 Episode).

7.2.1.6 Zusammenfassung IV: In elterlichen Kontrollregulationen fokussierte Ziele

In den vergangenen Abschnitten standen die schulischen tasks im Zentrum, auf die die 20 Elternteile in ihren evaluativen Feedbacks das Hauptaugenmerk gelegt hatten. Mit Blick auf die Komponente A des Frames (vgl. Abschnitt 7.2) wurden die Befunde der Analysen zu den beiden Fragestellungen 2.1 und 2.2 vorgestellt:

Zu welchen konkreten lern- und leistungsthematischen Zielen berichten die Elternteile von eigenen kontrollbezogenen verbal-appellativen Regulationen gegenüber ihren Kindern?

Wie verteilen sich die in den 104 kontrollbezogenen Episoden fokussierten Lern- und Leistungsziele, wenn sie nach Zielbereichen geordnet werden, die aus den vier Kompetenzklassen nach Erpenbeck und von Rosenstiel (2003) sowie der Kategorie «Leistungsergebnis» gebildet wurden?

Es zeigt sich, dass die Elternteile in den Interviews von einem breiten Spektrum an schulbezogenen Handlungsweisen der Kinder berichten, die sie in der Zeit vor dem Übertrittsentscheid mit Blick auf die Kontrolleinschätzungen ihrer Kinder mittels Feedbacks zu optimieren oder bewahren suchten: z. B. «Du hast das zeitlich sinnvolle Einteilen deiner Hausaufgaben gut/schlecht im Griff». Elterliche Kontrollregulationen sind mehrheitlich in Eltern-Kind-Gesprächen zu verzeichnen, die sich um eine Lernaktivität des Kindes drehten (60 Episoden, 57.7 %). Dabei bewerteten die Elternteile gegenüber ihren Kindern in 41 Episoden (39.4 %) bestimmte Aspekte dessen Handelns bei Hausaufgaben (HA), in neun Episoden (8.7 %) dessen Handeln im Unterricht (U) sowie in je fünf Episoden (4.8 % intra) dessen Handeln bei Prüfungsvorbereitungen (PV) und beim Lernen allgemein (L) (vgl. Tabelle 7.5). In etwas geringerem Maß konnten kontrollbezogene Regulationen in berichteten Eltern-Kind-Gesprächen identifiziert werden, die eine Leistungsaktivität des Kindes thematisieren (44 Episoden, 42.3 %). Dabei ging es in 31 Fällen (29.8 %) um dessen Handeln im Kontext des Übertritts (Ü) und in 13 Episoden (12.5 %) um einen Aspekt dessen Handelns im Zusammenhang mit Prüfungsergebnissen (vgl. Tabelle 7.6).

Die Codierung der in den Feedbacks fokussierten konkreten Handlungs- und Leistungsziele entlang der fünf Zielbereiche A bis E (vgl. Kategoriensystem in Tabelle 6.8) zeigte sodann, dass die Elternteile mehrheitlich von evaluativen Feedbacks bezüglich Handlungsweisen ihrer Kinder berichteten, die sich fachlich-methodischen Kompetenzen (Zielbereich C) zuordnen lassen (29 Episoden, 27.9 % overall), wobei diese mit einer Ausnahme nur in lernthematischen Gesprächssequenzen vorkamen (in 28 der 29 Episoden, 96.6 % intra) (vgl. Abbildung 7.4). Werden diese Handlungsweisen als Lern- und (Selbst-)Motivierungstechniken verstanden und nach der Taxonomie von Friedrich und

7.2 Gestaltungsmerkmale der evaluativen Feedbacks der Eltern 451

Mandl (1992) Lernstrategien zugeordnet (vgl. Abschnitt 7.2.1.3), so zeigt sich, dass die Elternteile in solchen Episoden vor allem beurteilen, inwiefern die Kinder ihr Lernen angemessen planten, überwachten und evaluierten – mit anderen Worten Kontroll- bzw. metakognitive Strategien einsetzten (19 Episoden) – und inwiefern sie angemessen auf materiale und soziale Unterstützungsmöglichkeiten zurückgriffen und die eigene Zeit gut einteilten, also produktive Stütz- bzw. Ressourcenstrategien einsetzten (acht Episoden). Lediglich in zwei Episoden wurden von ihnen Handlungsweisen beurteilt, die kognitiven Lernstrategien zugeordnet werden können.

Am zweithäufigsten waren Stellen, in denen die Eltern von verbalen Kontrollregulationen bezüglich schulbezogener Handlungsweisen ihrer Kinder berichteten, die sich aktivitäts- und umsetzungsorientierten Kompetenzen (Zielbereich B) zuordnen lassen (28 Episoden, 26.9 % overall), wobei sich diese ungefähr in gleichem Umfang in lernthematischen (in 15 der 28 Episoden, 53.6 % intra) wie in leistungsthematischen Gesprächssequenzen fanden (13 der 28 Episoden, 46.2 %) (vgl. Abbildung 7.4). Beurteilt wurde dabei gegenüber den Kindern, inwiefern sie ein angemessenes Engagement bezüglich des Lernens und des Übertritts zeigten (17 Episoden), inwiefern sie sich angemessen anstrengten (sieben Episoden), inwiefern sie genug Ausdauer zeigten (zwei Episoden) und inwiefern sie den nötigen Willen aufbrachten, innere und äußere Widerstände zu überwinden und sich an die Erledigung der Hausaufgaben zu machen (zwei Episoden) (vgl. Abschnitt 7.2.1.2).

Am dritthäufigsten konnten kontrollbezogene Regulationen identifiziert werden, welche die Elternteile nach eigenen Aussagen bei Handlungen des Kindes einsetzten, die sich personalen Kompetenzen (Zielbereich A) zuordnen lassen (18 Episoden, 17.3 % overall). Mit 13 Episoden (72.2 % intra) handelte es sich dabei mehrheitlich um lernthematische Gesprächssequenzen (vgl. Abbildung 7.4). Die Gruppierung der fokussierten Handlungsziele ergibt, dass die Elternteile in erster Linie beurteilen, inwiefern das Kind eine äußere oder innere Situation angemessen einschätze (13 Episoden), dass sie diesem aber auch zu verdeutlichen suchten, wie groß seine Entscheidungsfreiheit bezüglich der eigenen schulischen Zukunft sei (zwei Episoden) und inwiefern es ethisch-normative Prinzipien befolge (drei Episoden) (vgl. Abschnitt 7.2.1.1).

Am vierthäufigsten fanden sich in den 104 Episoden Kontrollregulationen von Handlungsweisen, die sozial-kommunikativen Kompetenzen (Zielbereich D) zugeordnet werden können (15 Episoden, 14,4 % overall), wobei sich diese wiederum mit einer Ausnahme ausschließlich in lernthematischen Gesprächssequenzen finden (14 Episoden, 93.3 % intra) (vgl. Abbildung 7.4). Die weitergehende Gruppierung der Handlungsziele ergibt, dass die Elternteile hierbei dem Kind gegenüber beurteilen, inwiefern dieses seine Beziehungen zu Klassenkamerad*innen und/oder der Lehrkraft produktiv gestalte (fünf Episoden), inwiefern es in angemessener Form mit den Eltern und mit Peers an seinen Hausaufgaben arbeite (vier Episoden), inwiefern sein Hilfesuchverhalten bei Hausaufgabenproblemen genüge (drei Episoden) und inwiefern es Konflikte mit Klassenkamerad*innen im Griff habe (drei Episoden) (vgl. Abschnitt 7.2.1.4).

Am geringsten fiel der Anteil an Episoden aus (14 Episoden, 13.5 %), in denen die Elternteile gegenüber den Kindern beurteilten, inwiefern sie ein bestimmtes Leistungsziel im Griff hätten. Diesbezügliche Kontrollregulationen, die nur im Rahmen von leistungsthematischen Gesprächen auftraten (vgl. Abbildung 7.4), fokussierten das Erreichen des Übertrittsentscheids für die Abteilung A der Sekundarschule (zehn Episoden), das Erreichen des Entscheids für die Abteilung B (drei Episoden) sowie das Erreichen einer Aufnahme ins Gymnasium (eine Episode) (vgl. Abschnitt 7.2.1.5).

Aus einer höheren Warte betrachtet, zeigt sich, dass die Elternteile primär von Kontrollregulationen berichten, die im Kontext von Hausaufgaben und häuslichen Gesprächen über den Übertritt sowie – in geringerem Maß – in Gesprächen über Prüfungsergebnisse und Erlebnisse in Unterricht und Schule erfolgten. Bezüglich der Hausaufgabenerledigung und Prüfungsvorbereitungen – mit 47 Episoden das Hauptthema in den 60 lernthematischen Episoden (vgl. Tabelle 7.5) – steht in erster Linie die Selbststeuerung des Lernens durch das Kind im Fokus der elterlichen Feedbacks. In 18 Episoden beurteilen die Eltern Handlungsweisen des Kindes, die das Planen, Überwachen und Evaluieren des eigenen Lernens betreffen und somit als Kontroll- bzw. metakognitive Lernstrategien betrachtet werden können: Konkret wird in den entsprechenden Stellen beurteilt, wie effizient, selbständig, sorgfältig, verstehensorientiert und analytisch die Hausaufgabenerledigung oder das Lernen auf anstehende Prüfungen erfolgt. Ebenso beurteilen sie in weiteren zehn Episoden das Ressourcenmanagement des Kindes: Die Zeiteinteilung bei längerfristigen Aufgabestellungen sowie das Zurückgreifen auf Hilfsmittel wie das Wörterbuch oder das Internet werden hier thematisiert. Auch die Motivation der Kinder steht im Kontext von Hausaufgaben im Zentrum elterlicher Feedbacks: In neun Episoden wurde das Engagement des Kindes beim häuslichen Lernen beurteilt, in je zwei Episoden der Wille (sich überwinden und an die Arbeit machen) und die Anstrengung (dranbleiben). Eine untergeordnete Rolle spielten in den elterlichen evaluativen Feedbacks im Kontext von Hausaufgaben und Prüfungsvorbereitungen Handlungsweisen des Kindes, die die Verarbeitung des Lernstoffs betrafen: Konkret fanden sich lediglich zwei Stellen, in denen die Elternteile das Memorieren, Organisieren oder Elaborieren der im Rahmen von Hausaufgaben zu internalisierenden Informationen durch das Kind beurteilt hätten

7.2 Gestaltungsmerkmale der evaluativen Feedbacks der Eltern 453

(«Du hast das Ausrechnen von Beträgen im Kopf gut/schlecht im Griff» und «Du hast das Analysieren von Sprache mittels Grammatik gut/schlecht im Griff»). In etwas stärkerem Maß wurden gemäß den Aussagen der Elternteile soziale Aspekte bei Hausaufgaben und Prüfungsvorbereitungen in den evaluativen Feedbacks thematisiert: In sieben Episoden wird die Qualität der Zusammenarbeit mit Eltern oder Freunden sowie das Hilfesuchverhalten des Kindes beurteilt.

Bezüglich des Übertritts, des anderen häufigen schulbezogenen Gesprächsgegenstandes in den Familien (31 der 44 leistungsthematischen Episoden), zeigt sich (vgl. Tabelle 7.6), dass vor allem die Wahrscheinlichkeit der Zuteilung zum erwünschten Sekundarschultypus bzw. das Erfüllen der diesbezüglichen Bedingungen im Fokus der elterlichen Kontrollregulationen steht (in 14 der 31 spezifisch übertrittsbezogenen Episoden). In eine ähnliche Richtung zielen evaluative Feedbacks, die am zweithäufigsten bei übertrittsbezogenen Stellen zu verzeichnen waren: In neun der 31 entsprechenden Episoden beurteilen die Elternteile die Angemessenheit der Situationseinschätzung durch die Kinder. Sie versuchen diesen dabei u. a. klar zu machen, dass sie den Anforderungsgrad der Abteilung A verkennen oder deren Bedeutung für die eigene berufliche Zukunft unterschätzen würden. Auch Anstrengung und Engagement stehen in neun Episoden im Zentrum des Feedbacks zum übertrittsbezogenen Verhalten des Kindes (vgl. Tabelle 7.6).

Hinsichtlich der anderen beiden schulbezogenen Themen in den Elternhäusern zeigt sich ferner folgendes: In den Episoden, die sich mit Prüfungsergebnissen beschäftigen, wird vor allem das Engagement und die Anstrengung des Kindes im Vorfeld beurteilt (in sechs von 13 entsprechenden Episoden) (vgl. Tabelle 7.6). In den Episoden, in denen das Handeln des Kindes im Unterricht zum Gesprächsgegenstand wird, fokussieren die Eltern in ihren Kontrollregulationen vor allem soziale Aspekte (in sechs von acht entsprechenden Episoden): Beurteilt wird die Gestaltung der Beziehung zu Lehrkräften und zu Klassenkamerad*innen sowie der Umgang mit Konflikten mit diesen Personengruppen (vgl. Tabelle 7.5).

> Fasst man die Befunde zu den schulischen Zielen zusammen, welche die 20 Elternteile während der unsicheren Übertrittszeit zum Gegenstand ihrer evaluativen Feedbacks gemacht haben, so ergibt sich bezüglich Hausaufgaben und Prüfungsvorbereitungen folgende verdichtete prototypische Aussage:

> «*Du hast das Erfüllen der Bedingungen für den Übertritt in die Abteilung A der Sekundarschule sowie das Einschätzen der Anforderungen und der Tragweite dieses Übertritts gut/schlecht im Griff.*»

> «*Du hast das Erfüllen der Bedingungen für den Übertritt in die Abteilung A der Sekundarschule sowie das Einschätzen der Anforderungen und der Tragweite dieses Übertritts gut/schlecht im Griff.*»

7.2.2 In elterlichen Kontrollregulationen vorgebrachte Begründungen

Mit der Darstellung der Befunde zu den Fragestellungen 2.3 und 2.4 (vgl. Abschnitt 5.8) richtet sich das Augenmerk nun auf die attributionalen Argumente, mit denen die 20 Elternteile ihren Kindern gegenüber zum Ausdruck bringen wollten, inwiefern diese ihrer Meinung nach die angesprochenen schulischen tasks beherrschen würden (vgl. Abschnitt 5.4):

Welche konkreten prozessualen und/oder strukturellen Merkmale führen die Elternteile in den 104 kontrollbezogenen Episoden den Kindern als Argumente zur Begründung für deren Kontrolle schulischer Lern- und Leistungsziele vor Augen?

Wie verteilen sich die in den 104 Kontrollepisoden gesamthaft eingesetzten 140 Argumente, wenn sie nach Begründungstypen geordnet werden, die aus den Dimensionen Valenz (positiv vs. negativ), Lokus (internal vs. external), Stabilität (stabil vs. variabel) sowie Willentliche Beeinflussbarkeit (hoch vs. tief) (vgl. Abbildung 5.3)

Tabelle 7.7 und Tabelle 7.8 dokumentieren die insgesamt 140 Einzelargumente, welche die Elternteile nach eigenen Angaben in den 104 Kontrollregulationen den Kindern gegenüber mit der Absicht eingesetzt haben, diesem vor Augen zu führen, warum es ein bestimmtes Lern- und Leistungsziel gut bzw. unzureichend im Griff habe (vgl. Abschnitt 5.4). Es handelt sich um die Fillings der Komponente B des Frames (vgl. Abschnitt 7.2) und stellen damit immer Paraphrasierungen

7.2 Gestaltungsmerkmale der evaluativen Feedbacks der Eltern 455

der Originalaussagen dar, die jeweils im Zuge der Feincodierung erfolgten (vgl. Abschnitt 6.4.2).

In Tabelle 7.7 wird deutlich, dass bei 13 der 60 lernthematischen Kontrollepisoden (21.7 % intra) von den Eltern nicht nur ein Argument zur Begründung herangezogen wurde (z. B. «weil du bei Schwierigkeiten ständig einfach aufgibst, statt um Hilfe zu bitten»), sondern zwei (z. B. «weil du trotz gegenteiliger Behauptungen manchmal deine Aufgaben nicht erledigst und weil du das Übungsmaterial manchmal nicht nach Hause bringst»). Analog dazu zeigt sich in Tabelle 7.8, dass in 23 der 44 leistungsthematischen Kontrollregulationen (52.3 % intra), also jeder zweiten Kontrollregulation, die ein Prüfungsereignis oder den Übertrittsstatus betraf, von einer Begründungskette mit zwei Argumenten berichtet wurde.

Geht man die konkreten Argumente in den beiden Tabellen durch, so widerspiegeln sich auf Anhieb drei Eindrücke, die sich bereits bei einer ersten Sichtung des Datenmaterials nach der Basiscodierung ergaben: Erstens werden fast immer das Kind, genauer sein Handeln, seine Persönlichkeitsmerkmale oder die Zustände, in denen es sich befindet, thematisiert und lediglich in wenigen Argumenten prozessuale oder strukturelle Merkmale anderer Akteure oder aber der Situation zum Inhalt der Begründungen gemacht. Zweitens zeigt sich, dass die Elternteile nur in verhältnismäßig kleiner Zahl positive Argumente formulieren (vgl. farblich hervorgehobene Argumente in Tabelle 7.7 und Tabelle 7.8). Und drittens wird deutlich, dass bei den lernthematischen Kontrollregulationen in Tabelle 7.7 fast ausschließlich Argumente auftreten, die eine Stabilität der Zustände und Handlungsweisen behaupten («weil du ständig/immer/nie/generell...»), bei den leistungsthematischen Kontrollregulationen in Tabelle 7.8 dahingegen aber mindestens so oft die Variabilität oder die sich anbahnenden Veränderungen bei strukturellen Bedingungen und Handlungsweisen dem Kind gegenüber hervorgehoben werden («weil du manchmal noch/hin und wieder/zunehmend...»).

Ausgehend von diesen Impressionen und den in Abschnitt 5.3.3.2 dargelegten Überlegungen zu attributionalem Feedback wurden die 140 Einzelargumente mit Hilfe des Kategoriensystems «Kontrollbezogene Begründungstypen» (vgl. Abbildung 5.3) entlang der Dimensionen Lokus (internal vs. external), zeitliche Stabilität (stabil vs. variabel), willentliche Beeinflussbarkeit (hoch, da dem Handeln unterliegend, vs. tief, da strukturellen Bedingungen unterliegend) und Valenz des Arguments (positiv vs. negativ) einer Analyse unterzogen.

Die Übersicht in Abbildung 7.5 illustriert, dass die überwiegende Mehrheit der Begründungen in den 104 Kontrollregulationen aus negativ-valenten Argumenten bestehen. 101 (72.1 %) der insgesamt 140 Einzelargumente sind negativ gefärbt

Tabelle 7.7 Begründungen, welche die Elternteile in lernthematischen Kontrollregulationen vorbrachten

Nr.*	Erstargumente	Begründungstyp**	Anzahl Nennungen	Elternteil
1.01(h)	weil du bei dem Bisschen an Hausaufgaben schon Mühe hast, sie zu erledigen	KHs–	1	V12
1.02	weil du im Vergleich zu deinen Kollegen ständig nur das Nötigste für die Schule tust	KHs–	1	V12
1.03(j)	weil du lange im Zimmer an wenigen Hausaufgaben sitzt und anderes machst	KHs–	1	Z11
1.04	weil du dir dauernd für die Hausaufgaben zu wenig Zeit nimmst	KHs–	1	M12
1.05	weil du dir im Vergleich zu Fußball und Fernsehen generell zu wenig Zeit einräumst für Lesen und andere schulische Aktivitäten	KHs–	1	S12
1.06	weil du generell Freizeitaktivitäten prioritär behandelst	KHs–	1	V12
1.07(c)	weil du dich generell nicht aufraffst	KHs–	1	H11
1.08	weil du bei Schwierigkeiten ständig einfach aufgibst, statt um Hilfe zu bitten	KHs–	3	D11/R12/Z11
1.09	weil du ständig zuerst die Freunde fragst statt uns Eltern	KHs–	1	S11
1.10	weil du generell bereits bei der ersten Schwierigkeit um Hilfe ersuchst	KHs–	1	Z32
1.11	weil du ständig die zur Verfügung stehenden Ressourcen (Duden, PC, Strom, Beine, Stuhl) schlecht nutzt	KHs–	1	S12
1.12	weil du dauernd gegen das Prinzip verstößt, dass man nicht erst am Sonntagabend die Hausaufgaben erledigt	KHs–	2	S11/Z11
1.13	weil du ständig Hausaufgaben im letzten Moment erledigst und nicht portionenweise	KHs–	1	V12

(Fortsetzung)

7.2 Gestaltungsmerkmale der evaluativen Feedbacks der Eltern 457

Tabelle 7.7 (Fortsetzung)

Nr.*	Erstargumente	Begründungstyp**	Anzahl Nennungen	Elternteil
1.14	weil du entgegen deiner Beteuerungen die Hausaufgaben früh morgens machst	KHs–	1	R12
1.15	weil du die Freiheit, die wir dir zugestehen, generell schlecht nutzt und die Hausaufgaben auf die letzten 5 Minuten aufschiebst	KHs–	1	V12
1.16	weil du ständig die Hausaufgaben im letzten, ungünstigsten Moment erledigst	KHs–	1	Z32
1.17	weil du generell versuchst, kurz vor der Prüfung "noch alles schnell einzubüffeln", statt den Stoff kontinuierlich zu verarbeiten	KHs–	1	Z12
1.18	weil du kaum je eine Planung machst	KHs–	1	D11
1.19	weil du ständig abschreibst und so suboptimal lernst	KHs–	1	R11
1.20(d)	weil du ständig nicht selbständig an Hausaufgaben sitzt	KHs–	1	H12
1.21	weil du ständig ohne Aufforderung nicht rechtzeitig vom Spielen kommst	KHs–	1	D11
1.22	weil du ständig weinst und zumachst, wenn ich etwas in der Materie "bohren" möchte	KHs–	1	Z22
1.23	weil du ständig beim gemeinsamen Arbeiten einen Heulkrampf kriegst	KHs–	1	S12
1.24	weil du generell grammatikalische Regeln nicht sicher anwendest	KHs–	1	D12
1.25	weil du generell die schlechten Rahmenbedingungen derjenigen, die Nachhilfe haben, nicht in deine Überlegungen einbeziehst	KHs–	1	S12

(Fortsetzung)

Tabelle 7.7 (Fortsetzung)

Nr.*	Erstargumente	Begründungstyp**	Anzahl Nennungen	Elternteil
1.26	weil du ständig nicht in Betracht ziehst, dass die Lehrkraft so handelt, weil sie dich unterstützen will und dich gerne mag	KHs–	1	H11
1.27(a)	weil du trotz gegenteiliger Behauptungen manchmal deine Aufgaben nicht erledigst	KHv–	1	S11
1.28(g)	weil du manchmal dein Wochenplan-Soll nicht erfüllst	KHv–	1	V11
1.29	weil du noch zu wenig intensiv auf Prüfungen lernst	KHv–	1	D12
1.30	weil du dich in letzter Zeit beim Gamen gehen lässt	KHv–	1	V11
1.31	weil du hin und wieder einfach etwas komplett Falsches hinschreibst, ohne es verstanden zu haben	KHv–	1	V12
1.32	weil du meine Hilfe manchmal nicht annimmst und Streit auslöst	KHv–	1	D11
1.33	weil du hin und wieder nicht reagierst, wenn du in einem Geschäft zu wenig Geld zurückerhältst	KHv–	1	Z12
1.34	weil die Lehrkraft hinsichtlich der Anforderungen von Prüfungen ständig ungenau informiert	AHs–	1	Z32
1.35(k)	weil deine Kolleg/-innen ständig pöbeln, wenn du dich im Unterricht meldest	AHs–	1	Z22
1.36	weil du ein extremer Minimalist bist	KBs–	1	H12
1.37	weil dir der eigene Antrieb fehlt (weil du phlegmatisch bist)	KBs–	1	Z11
1.38	weil du so tickst, dass alles überdramatisch ist ("Schreikrampf, Heulkrampf, alles schlimm, alles tragisch")	KBs–	1	S12
1.39	weil du noch für längere Zeit in der Pubertät (und somit unkonzentriert) bist	KBs–	1	H11

(Fortsetzung)

7.2 Gestaltungsmerkmale der evaluativen Feedbacks der Eltern 459

Tabelle 7.7 (Fortsetzung)

Nr.*	Erstargumente	Begründungstyp**	Anzahl Nennungen	Elternteil
1.40(e)	weil du Hausaufgaben als unnötig erachtest (es ist deine stabile Haltung)	KBs–	1	M12
1.41	weil du jetzt noch kindlich denkst und dich verhältst (und den Ernst der Lage nicht erkennen kannst – Reifung!)	KBv–	1	H11
1.42	weil du noch nicht immer selber erkennen kannst, wann für dich der günstige Zeitpunkt ist, um Hausaufgaben zu machen (Entwicklungsphase, Reifung)	KBv–	1	S11
1.43	weil du deine Kollegen momentan als wichtiger erachtest (Entwicklungsphase)	KBv–	1	H11
1.44	weil du manchmal trotz Erreichens des Ziels noch im Stressmodus verbleibst	KBv–	1	S11
1.45	weil es manchmal Streit unter den Mädchen gibt	ABv–	1	R11
1.46	weil du selbst mit Fieber in die Schule gehen willst	KHs+	1	S11
1.47(f)	weil du bei Schwierigkeiten mit Aufgaben schnell und häufig mich fragst	KHs+	1	S11
1.48(i)	weil du generell zur abgemachten Zeit zu Hause bist	KHs+	1	V12
1.49(l)	weil du die Gemeinheiten der Klassenkameraden nicht an dich heranlässt	KHs+	1	Z22
1.50	weil du dich normalerweise kurz hinlegst, wenn du müde bist, und dich dann ausgeruht an die Hausaufgaben machst	KHs+	1	M11
1.51	weil du dich generell anständig benimmst und insofern auf uns Eltern hörst	KHs+	1	Z22

(Fortsetzung)

Tabelle 7.7 (Fortsetzung)

Nr.*	Erstargumente	Begründungstyp**	Anzahl Nennungen	Elternteil
1.52	weil du dich hin und wieder beim Vorbereiten so anstrengst, dass du den Stoff auch verstehst	KHv+	1	Z12
1.53(m)	weil wir Eltern dir generell vertrauen	AHs+	1	Z31
1.54(b)	weil dir die Lehrkraft immer einen Wochenplan zur Verfügung stellt	AHs+	1	S12
1.55	weil du die nun bez. Hausaufgaben eigentlich positiv eingestellt bist (also keine Unlust mehr zeigst)	KBs+	1	H12
1.56	weil du gereift bist (und dich deshalb nicht mehr ablenken lässt)	KBs+	1	S11
1.57	weil die 6. Klasse bald vorbei ist	ABs+	1	D11
Zweitargumente				
1.58(c)	und weil du generell nicht kontinuierlich auf ein Ende hin arbeitest	KHs−	1	H11
1.59(d)	und weil du generell nicht alles unternimmst, um deine Probleme bei den Hausaufgaben selbständig zu lösen	KHs−	1	H12
1.60(j)	und weil du deine Hausaufgaben leider nicht unterbrichst und für eine bestimmte Zeit etwas Angenehmes tust, um sie dann wieder konzentriert aufzunehmen	KHs−	1	Z11
1.61(g)	und weil du hin und wieder einfach abhängst, wenn du es nicht verstehst, statt zu mir zu kommen	KHv−	1	V11
1.62(a)	und weil du das Übungsmaterial manchmal nicht mit nach Hause bringst	KHv−	1	S11
1.63(k)	und weil deine Klassenlehrkraft das Pöbeln gegen aktive Schüler/-innen generell nicht unterbindet	AHs−	1	Z22

(Fortsetzung)

7.2 Gestaltungsmerkmale der evaluativen Feedbacks der Eltern

Tabelle 7.7 (Fortsetzung)

Nr.*	Erstargumente	Begründungstyp**	Anzahl Nennungen	Elternteil
1.64(e)	und weil du generell faul bist	KBs–	1	M12
1.65(h)	und weil du irrtümlicherweise ständig der Überzeugung bist, du hättest viel zu tun	KBs–	1	V12
1.66(b)	und weil du an den Wochenplan immer diszipliniert einhältst	KHs+	1	S12
1.67(i)	und weil du deine Hausaufgaben trotz gemeinsamen Freizeitaktivitäten mit Freunden generell vollständig erledigst	KHs+	1	V12
1.68(l)	und weil du von uns Eltern immer unterstützt (allerdings nicht verhätschelt) wirst	AHs+	1	Z22
1.69(m)	und weil wir Eltern uns für dich bei der Lehrkraft einsetzen	AHs+	1	Z31
1.70(f)	und weil du nun akzeptiert hast, dass man nicht alles auf Anhieb selber wissen, können und verstehen muss	KBs+	1	S11

(Fortsetzung)

Tabelle 7.7 (Fortsetzung)

Nr.*	Erstargumente	Begründungstyp**	Anzahl Nennungen	Elternteil
	Total Argumente (Erst- und Zweitargumente)*	32 KHs– 9 KHv– 3 AHs– 7 KBs– 4 KBv– 1 ABv– 8 KHs+ 1 KHv+ 4 AHs+ 3 KBs+ 1 ABs+	73	

* 13 der gesamthaft 60 Begründungen bestehen aus einer Argumentenkette mit zwei Gliedern. Die jeweils zusammengehörenden Glieder sind mit einem Kleinbuchstaben in Klammern vermerkt.
** Begründungstypen: KHs– (negatives stabiles Handeln des Kindes), KHv– (negatives variables Handeln des Kindes), AHs– (negatives stabiles Handeln anderer [der Lehrkraft, der Eltern, der Klassenkamerad/-innen]), KBs– (negative stabile Bedingung beim Kind), KBv– (negative variable Bedingung beim Kind), ABv– (negative variable Bedingungen der Situation bzw. bei der Lehrkraft, den Eltern oder den Klassenkamerad/-innen), KHs+ (positives stabiles Handeln des Kindes), KHv+ (positives variables Handeln des Kindes), AHs+ (positives stabiles Handeln anderer), KBs+ (positive stabile Bedingung beim Kind), ABs+ (positive stabile Bedingung der Situation bzw. bei der Lehrkraft, den Eltern oder den Klassenkamerad/-innen), vgl. Abbildung 5.3.

7.2 Gestaltungsmerkmale der evaluativen Feedbacks der Eltern 463

Tabelle 7.8 Begründungen, welche die Elternteile in leistungsthematischen Kontrollregulationen vorbrachten

Nr.*	Erstargumente	Begründungstyp**	Anzahl Nennungen	Elternteil
2.01	weil du ständig nur das Nötigste tust	KHs–	1	Z31
2.02	weil du generell zu wenig für einen Übertritt in die Sek A tust	KHs–	1	D12
2.03	weil du immer mal wieder vorgibst mehr zu üben, als du tatsächlich übst	KHs–	1	S11
2.04(m)	weil du dich generell zu wenig bei Hausaufgaben engagierst	KHs–	1	M12
2.05	weil du dich generell zu wenig anstrengst	KHs–	1	Z31
2.06	weil du ständig wieder Gründe nicht in erster Linie bei eigenem Handeln (aufmerksam sein!), sondern bei situativen Faktoren suchst	KHs–	1	R11
2.07(q)	weil du generell nicht berücksichtigst, dass sich die Unterrichtssituation noch ändern kann	KHs–	1	V11
2.08	weil du ständig nicht bedenkst, dass mit einer Sek B nur schon die Lehrstellensuche schwieriger ist	KHs–	1	V12
2.09(s)	weil du ständig fälschlicherweise denkst, man könne sich in der Sek B zurücklehnen und müsse noch weniger machen	KHs–	1	V12

(Fortsetzung)

Tabelle 7.8 (Fortsetzung)

Nr.*	Erstargumente	Begründungstyp**	Anzahl Nennungen	Elternteil
2.10	weil du ständig deine schlechte Leistung durch den Vergleich mit anderen aufzuwerten versuchst	KHs–	1	D11
2.11	weil du dich noch unregelmäßig engagierst (nämlich nur bei Einzelthemen, die dich unmittelbar interessieren)	KHv–	1	V12
2.12(g)	weil du dich seit Kurzem zu wenig bei Hausaufgaben engagierst	KHv–	1	S12
2.13(t)	weil du in letzter Zeit zu wenig arbeitest (obwohl du es könntest)	KHv–	1	Z21
2.14(v)	weil du bei Problemen manchmal nicht zu uns kommst	KHv–	1	Z22
2.15(r)	weil du dich manchmal nicht so vorbereitest, dass du den Stoff verstanden hast	KHv–	1	V11
2.16	weil du dir noch («ohne weiteres eigentlich möglich») zu wenig Mühe gibst	KHv–	1	Z11
2.17	weil du die Prüfungen manchmal lediglich deiner Mutter vorlegst	KHv–	1	R11
2.18	weil du manchmal zu optimistisch denkst, was die Berufschancen betrifft	KHv–	1	Z12

(Fortsetzung)

7.2 Gestaltungsmerkmale der evaluativen Feedbacks der Eltern 465

Tabelle 7.8 (Fortsetzung)

Nr.*	Erstargumente	Begründungstyp**	Anzahl Nennungen	Elternteil
2.19	weil ich dir immer wieder sagen muss, dass «gut» noch eine halbe Note höher wäre	AHs–	1	V12
2.20	weil es deiner Art entspricht, dich zu wenig mit der Sache auseinanderzusetzen	KBs–	1	R12
2.21(w)	weil du generell Mathematik nicht magst	KBs–	1	Z32
2.22(f)	weil du noch nicht begreifst, dass du dich jetzt nicht auf den Lorbeeren ausruhen und dir auch schlechte Noten leisten kannst	KBv–	1	S11
2.23	weil du dem Tempo und dem Leistungsdruck in der Sek A noch nicht gewachsen bist	KBv–	1	D11
2.24	weil du noch nicht begreifst, worauf es beim Übertritt ankommt	KBv–	1	R11
2.25	weil du bisher noch so tickst, dass dich bereits Noten zwischen 4.5 und 5.25 freuen	KBv–	1	Z32
2.26	weil du zeitweise nicht mehr magst («faul bist»)	KBv–	1	Z31
2.27	weil du es zeitweise zu lasch nimmst («easy»)	KBv–	1	S12

(Fortsetzung)

Tabelle 7.8 (Fortsetzung)

Nr.*	Erstargumente	Begründungstyp**	Anzahl Nennungen	Elternteil
2.28(i)	weil deine Noten in letzter Zeit abgefallen sind (Zustand wird betont)	KBv–	2	H12/S12
2.29(e)/(h)	weil du manchmal schlechte Noten hast (Zustand wird betont)	KBv–	2	S11/H11
2.30(b)	weil du keine unmittelbaren Vergleichsmöglichkeiten in der Familie hast	ABs–	1	D12
2.31(u)	weil du bemüht bist, dein eigenes Ziel nie aus den Augen zu verlieren	KHs+	1	Z21
2.32(l)	weil du für den Moment mehr und besser arbeitest	KHv+	1	M11
2.33	weil du im Schnitt in letzter Zeit nirgends schlechtere, sondern überall etwas bessere Noten erreicht hast (Eigenleistung des Kindes wird betont)	KHv+	1	V12
2.34(d)	weil wir Eltern uns diesbezüglich für dich bei der Lehrkraft einsetzen	AHv+	1	D12
2.35(n)	weil du so beschaffen bist, dass du mehr leistest, wenn du nicht unter Druck bist	KBs+	1	M12
2.36	weil du es bei deiner Intelligenz schaffen kannst	KBs+	1	Z11
2.37(j)	weil du nun auf einem Stand bist, auf dem du es schaffen kannst, wenn du willst bzw. dich anstrengst	KBv+	1	H12

(Fortsetzung)

7.2 Gestaltungsmerkmale der evaluativen Feedbacks der Eltern

Tabelle 7.8 (Fortsetzung)

Nr.*	Erstargumente	Begründungstyp**	Anzahl Nennungen	Elternteil
2.38(c)	weil du jetzt einen Notenschnitt von über 4.5 hast (Zustand wird betont)	KBv+	1	D12
2.39(a)	weil wir Eltern finden, dass diese Entscheidung grundsätzlich dir zusteht (und wir uns danach richten)	ABs+	1	D11
2.40(k)/(p)	weil die Sek B eine gute Ausgangslage für den Aufstieg in die Sek A ist	ABs+	2	M11/R12
2.41(o)	weil du vermutlich wieder eine lässige Klasse in der Sek B haben wirst	ABs+	1	M12
Zweitargumente				
2.42(b)	und weil du im Hinblick auf die Sek A ständig zu wenig für die Schule tust	KHs–	1	D12
2.43(e)	und weil du dich nur gerade so stark engagierst, wie dir unbedingt nötig erscheint	KHs–	1	S11
2.44(i)	und weil du dich in Mathematik generell zu wenig engagierst	KHs–	1	H12
2.45(m)	und weil du generell zu wenig sorgfältig arbeitest bei Hausaufgaben	KHs–	1	M12
2.46(q)	und weil du dich gegen den Gedanken wehrst, dass du dich noch verbessern könntest	KHs–	1	V11

(Fortsetzung)

Tabelle 7.8 (Fortsetzung)

Nr.*	Erstargumente	Begründungstyp**	Anzahl Nennungen	Elternteil
2.47(s)	und weil du nicht bedenkst, dass man auch von der Sek B in die Sek C absteigen kann	KHs–	1	V12
2.48(v)	und weil du manchmal nicht so lernst, dass du es auch verstanden hast	KHv–	1	Z22
2.49(r)	und weil du manchmal die Prüfungen unkonzentriert ausfüllst	KHv–	1	V11
2.50(w)	und weil du generell kein Problem damit hast, schlechte Noten zu haben	KBs–	1	Z32
2.51(h)	und weil du hin und wieder eine schlechte Arbeitsmoral aufweist	KBv–	1	H11
2.52(g)	und weil du seit Kurzem blockiert bist, indem du alles mit Selbstzweifeln machst	KBv–	1	S12
2.53(t)	und weil du hin und wieder schlechte Noten hast (Zustand wird betont)	KBv–	1	Z21
2.54(f)	und weil du in der Oberstufe schnell in die Sek B abgestuft werden könntest, wenn die Noten nicht stimmen	ABs–	1	S11
2.55(u)	*und weil du gut mit der druckvollen Situation umgehst*	*KHs+*	*1*	*Z21*
2.56(k)	*und weil du dich anstrengst, wenn du willst*	*KHv+*	*1*	*M11*
2.57(p)	*und weil du ohne den Leistungsdruck der Sek A glücklicher bist*	*KBs+*	*1*	*R12*

(Fortsetzung)

Tabelle 7.8 (Fortsetzung)

Nr.*	Erstargumente	Begründungstyp**	Anzahl Nennungen	Elternteil
2.58(l)	und weil du in letzter Zeit genügende Noten hast (Zustand wird betont)	KBv+	1	M11
2.59(n)	und weil wir Eltern (übereinstimmend mit dir) Leistungsdruck auch nicht mögen	ABs+	1	M12
2.60(j)	und weil deine Klassenlehrkraft auch überzeugt ist, dass du es erreichen könnest	ABs+	1	H12
2.61(o)	und weil die Lehrkraft dir entspricht	ABs+	1	M12
2.62(c)	und weil im Übertrittsverfahren nebst dem Notendurchschnitt von 4.5 die Persönlichkeitsmerkmale entscheidend sind	ABs+	1	D12
2.63(a)	und weil der Schulweg in die Privatschule lang ist (spricht für einen Besuch der örtlichen Oberstufe)	ABs+	1	D11
2.64(d)	und weil das Verfahren wohl so angelegt ist, dass die Lehrkraft auf ihren Entscheid zurückkommen kann	ABs+	1	D12

(Fortsetzung)

Tabelle 7.8 (Fortsetzung)

Nr.*	Erstargumente	Begründungstyp**	Anzahl Nennungen	Elternteil
Total Argumente (Erst- und Zweitargumente)*		16 KHs– 10 KHv– 1 AHs– 3 KBs– 13 KBv– 2 ABs– 2 KHs+ 3 KHv+ 1 AHv+ 3 KBs+ 3 KBv+ 10 ABs+	67	

* 23 der gesamthaft 44 Begründungen bestehen aus einer Argumentenkette mit zwei Gliedern. Die jeweils zusammengehörenden Glieder sind mit einem Kleinbuchstaben in Klammern vermerkt.

** Begründungstypen: KHs– (negatives stabiles Handeln des Kindes), KHv– (negatives variables Handeln des Kindes), AHs– (negatives stabiles Handeln anderer [der Lehrkraft, der Eltern, der Klassenkamerad/-innen]), KBs– (negative stabile Bedingung beim Kind), KBv– (negative variable Bedingung beim Kind), ABs– (negative stabile Bedingungen der Situation bzw. bei der Lehrkraft, den Eltern, den Klassenkamerad/-innen), KHs+ (positives stabiles Handeln des Kindes), KHv+ (positives variables Handeln des Kindes), AHv+ (positives variables Handeln anderer), KBs+ (positive stabile Bedingung beim Kind), KBv+ (positive variable Bedingung beim Kind), ABs+ (positive stabile Bedingung der Situation bzw. bei der Lehrkraft, den Eltern, den Klassenkamerad/-innen), vgl. Abbildung 5.3.

7.2 Gestaltungsmerkmale der evaluativen Feedbacks der Eltern 471

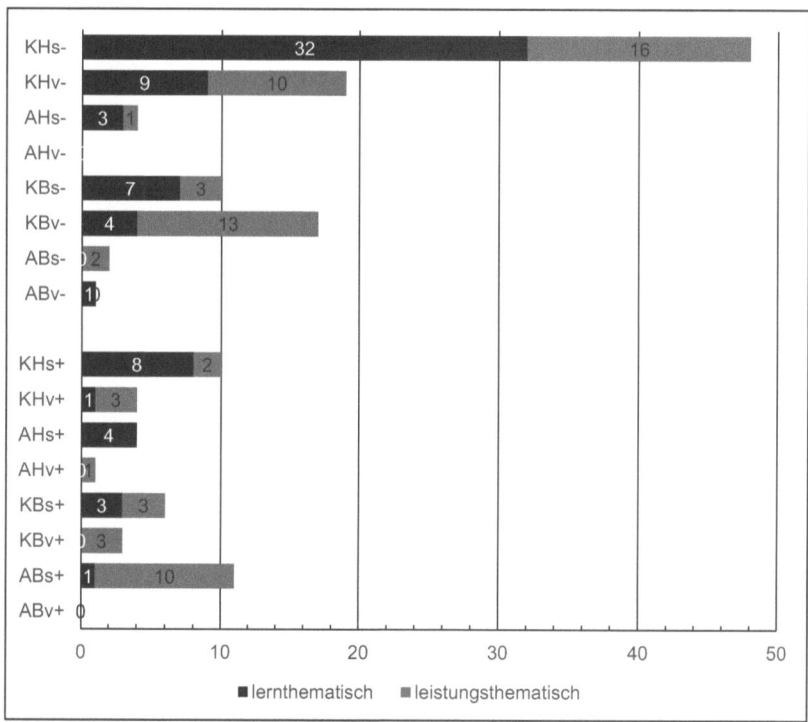

Abbildung 7.5 Anzahl Argumente pro Begründungstyp in lern- und leistungsthematischen Kontrollregulationen. (Begründungstypen: negatives oder positives Handeln des Kindes, stabil oder variabel (KHs−/KHv−/KHs+/KHv+); negatives oder positives Handeln anderer, stabil oder variabel (AHs−/AHv−/AHs+/AHv+); negative oder positive Bedingungen beim Kind, stabil oder variabel (KBs−/KBv−/KBs+/KBv+); negative oder positive Bedingungen bei anderen bzw. der Situation, stabil oder variabel (ABs−/ABv−/ABs+/ABv+).)

(−), gegenüber 39 Argumenten (27.9 %), in denen die Elternteile positive Aspekte (+) hervorheben.

Sodann zeigt sich, dass die Argumente fast immer direkt auf das Kind (K) gemünzt sind. In 117 der 140 Einzelargumente (83.6 % overall) werden dessen eigene Mittel zur Zielerreichung, also internale Aspekte, thematisiert und in lediglich 23 Argumenten (16.4 % overall) werden Merkmale anderer Akteure bzw. der Situation (A), also externale Aspekte, hervorgehoben.

Bei den 117 Argumenten, die internale Aspekte (K) thematisieren, fokussieren 81 (69.2 % intra) das Handeln des Kindes (67 Argumente KH−/14 Argumente KH+) und lediglich 36 (30.7 % intra) sprechen Bedingungen an, die beim Kind herrschen (27 Argumente KB−/neun Argumente KB+).

Bei den 23 Argumenten, die externale Aspekte (A) thematisieren, setzen neun (39.1 intra) beim Handeln anderer Akteure an (vier Argumente AH-/fünf Argumente AH+) und 13 betonen die Bedingungen, die in der konkreten Lern- oder Leistungssituation herrschen (drei Argumente AB−/zehn Argumente AB+).

Mit Blick auf die Stabilität der in den Argumenten behaupteten Sachverhalte (s)/(v) sowie darauf, ob die betreffenden Argumente in einer lernthematischen oder aber in einer leistungsthematischen Kontrollregulation benutzt wurden, werden im Folgenden die verschiedenen Begründungstypen eingehender erörtert.

7.2.2.1 Negativ-valente Argumente zur Verdeutlichung der Kontrolle

Stabiles negatives Handeln des Kindes (KHs−) ist mit 48 Argumenten (34.3 % overall) der am häufigsten auftretende Begründungstyp (vgl. Abbildung 7.5). Vor allem bei den lernthematischen Kontrollregulationen spielten solcherlei Argumente mit Abstand die wichtigste Rolle: In 32 der 73 Argumente (43.8 % intra), die in einer lernthematischen Kontrollregulation auftraten, wurde dem Kind seine ungenügende Kontrolle eines Zielbereichs mit seinem stabil ungenügenden Handeln begründet. Aber auch bei den leistungsthematischen Kontrollregulationen kam dieser Begründungstyp mit einem Anteil von 16 von 67 diesbezüglichen Einzelargumenten (23.9 % intra) am häufigsten vor.

Ein genauerer Blick[16] auf die konkreten Argumente in Tabelle 7.7 und 7.8 offenbart, dass in gesamthaft 14 Episoden die stabil zu geringe Intensität des Lernhandelns des Kindes als Grund angeführt wurde (Argumente 1.01–1.07 und 2.01–2.04/2.42–2.44: z. B. «weil du im Vergleich zu deinen Kollegen ständig nur das Nötigste tust»/«weil du dir im Vergleich zu Fußball und Fernsehen generell zu wenig Zeit einräumst für Lesen und andere schulische Aktivitäten»).

In neun Episoden begründen die Elternteile mit der stabil mangelhaften Qualität der Einschätzung der lern- oder lernthematischen Situation durch das Kind (Argumente 1.25–1.26 und

---

[16]Die Gruppierung der Argumente innerhalb der einzelnen Begründungstypen erfolgte wiederum im Rahmen der Erstellung des Textentwurfs im Jahr 2016 (vgl. Fußnote 120). Bei der wiederholten Zuordnung der 46 Zeilen mit Argumenten des *Begründungstyps KHs−* in Tabelle 7.7 und Tabelle 7.8 im Jahr 2019 zu den acht Gruppen betrug Cohens Kappa $\kappa = 0.87$, was einer *sehr hohen Übereinstimmung* entspricht (vgl. Landis & Koch, 1977, S. 165). Die Zuordnungen des ersten Zeitpunkts wurden beibehalten.

7.2 Gestaltungsmerkmale der evaluativen Feedbacks der Eltern

2.06–2.10/2.46–2.47: z. B. «weil du ständig nicht in Betracht ziehst, dass die Lehrkraft so handelt, weil sie dich unterstützen will und dich gerne mag»/«weil du jeweils versuchst, deine schlechte Leistung durch den Vergleich mit andern aufzuwerten»). Mit einem Anteil an sieben Episoden findet sich diese argumentative Figur auffallend häufig bei leistungsthematischen Situationen.

In sechs Episoden wurde gegenüber dem Kind mit dessen stabil zu geringen Nutzung von zusätzlichen Ressourcen bei Hausaufgabenschwierigkeiten argumentiert (Argumente 1.08–1.11: z. B. «weil du bei Schwierigkeiten ständig einfach aufgibst, statt uns Eltern um Hilfe zu bitten»).

In weiteren sechs Episoden wird auf die stabil schlechte Wahl des Zeitpunkts der Hausaufgabenerledigung durch das Kind verwiesen (Argumente 1.12–1.16: z. B. «weil du die Hausaufgaben ständig im letzten Moment erledigst»).

In fünf Episoden wird mit dem stabil unangemessenen methodischen Handeln des Kindes argumentiert (Argumente 1.17–1.19/1.58 und 2.45: z. B. «weil du generell versuchst, kurz vor der Prüfung 'noch alles schnell einzubüffeln', statt den Stoff kontinuierlich zu verarbeiten»).

In weiteren fünf Episoden führen die Elternteile den stabil zu geringen Grad an Selbststeuerung durch das Kind als Grund an (Argumente 1.20–1.21/1.59–1.60 und 2.05: z. B. «weil du ohne Aufforderung kaum je rechtzeitig vom Spielen kommst»).

In zwei Episoden wird sodann auf die stabil mangelhafte Qualität der Zusammenarbeit beim Lernhandeln verwiesen (Argumente 1.22–1.23: z. B. «weil du ständig beim gemeinsamen Arbeiten früher oder später einen Heulkrampf kriegst»).

Und schließlich wird in einer Episode mit der stabil mangelhaften Qualität des Transfers schulischer Inhalte auf Alltagssituationen durch das Kind argumentiert (Argument 1.24: «weil du generell grammatikalische Regeln nicht sicher anwendest»).

Variables negatives Handeln des Kindes (KHv−) war mit 19 Argumenten (13.6 % overall) der am zweithäufigsten auftretende Begründungstyp (vgl. Abbildung 7.5). Bei leistungsthematischen Feedbacks traten solcherlei Argumente leicht häufiger auf (zehn Episoden, 14.9 % intra) als bei lernthematischen Kontrollregulationen (neun Episoden, 12.3 % intra).

Die konkreten Argumente, die diesem Begründungstypus zugeordnet wurden, lassen sich folgendermaßen gruppieren (vgl. Tabelle 7.7 und Tabelle 7.8)[17]: In insgesamt sieben Episoden finden sich Argumente, die die variabel zu geringe Intensität des Lernhandelns durch das Kind

---

[17] Bei der wiederholten Zuordnung der 19 Zeilen mit Argumenten des *Begründungstyps KHv−* in Tabelle 7.7 und Tabelle 7.8 zu den sieben genannten Gruppen betrug Cohens Kappa $\kappa =$

hervorheben (Argumente 1.27–1.30 und 2.11–2.13: z. B. «weil du zu wenig auf Prüfungen lernst»/«weil du dich in letzter Zeit beim Gamen gehen lässt»).

In vier Episoden wird von den Elternteilen variabel unangemessenes methodisches Handeln durch das Kind als Grund angeführt (Argumente 1.31 und 2.15/2.48–2.49: z. B. «weil du hin und wieder einfach etwas komplett Falsches hinschreibst, ohne es verstanden zu haben»/«weil du manchmal nicht so lernst, dass du es auch verstanden hast»).

In zwei Episoden wurde dem Kind gegenüber mit dessen variabel zu geringen Nutzung von zusätzlichen Ressourcen bei Hausaufgabenschwierigkeiten argumentiert (Argumente 1.61 und 2.14: z. B. «weil du hin und wieder einfach abhängst, wenn du es nicht verstehst, statt zu mir zu kommen»).

In weiteren zwei Episoden wird auf die variabel mangelhafte Qualität der Zusammenarbeit beim lern- oder leistungsbezogenen Handeln verwiesen (Argumente 1.33 und 2.17: «weil du meine Hilfe manchmal nicht annimmst und Streit auslöst»/«weil du die Prüfungen manchmal lediglich deiner Mutter vorlegst»).

Ebenfalls in zwei Episoden führt der Elternteil den variabel zu geringen Grad an Selbststeuerung durch das Kind als Grund an (Argument 1.62 und 2.16: z. B. «weil du das Übungsmaterial manchmal nicht nach Hause bringst»).

In einer Episode wird vom Elternteil mit der variabel mangelhaften Qualität des Transfers schulischer Inhalte auf Alltagssituationen als Argument operiert (Argument 1.33: «weil du hin und wieder nicht reagierst, wenn du in einem Geschäft zu wenig Geld zurückerhältst»).

Und in einer weiteren Episode begründet ein Elternteil seine Beurteilung mit der variablen mangelhaften Qualität der Einschätzung der leistungsbezogenen Situation durch das Kind (Argument 2.18: «weil du manchmal zu optimistisch denkst, was die Berufschancen betrifft»).

Stabiles negatives Handeln anderer Akteure (AHs−) war mit vier Argumenten ein selten auftretender Begründungstyp (2.9 % overall) und mit variablem negativem Handeln anderer Akteure (AHv−) wurde in keiner der 104 Feedbackepisoden argumentiert (vgl. Abbildung 7.5).

Bei den drei lernthematischen Kontrollregulationen[18], war es zweimal das Handeln der Klassenlehrkraft und einmal das Handeln von Klassenkamerad/-innen, welches den Kindern als

---

0.93, was einer sehr hohen Konkordanz entspricht (vgl. Landis & Koch, 1977, S. 165). Die Zuordnungen des ersten Zeitpunkts wurden beibehalten.

[18]Bei der zweiten Zuordnung der vier Zeilen mit Argumenten des *Begründungstyps AHs−* in Tabelle 7.7 und Tabelle 7.8 zu den drei Gruppen wurde maximale Übereinstimmung erzielt ($\kappa = 1.00$).

7.2 Gestaltungsmerkmale der evaluativen Feedbacks der Eltern 475

negative Gründe für deren mangelnde Kontrolle vor Augen gehalten wurde (Argumente 1.34 und 1.63: «weil deine Klassenlehrkraft hinsichtlich der Anforderungen von Prüfungen ständig ungenau informiert»/«weil deine Klassenlehrkraft generell das Pöbeln gegen aktive Schüler/-innen nicht unterbindet» bzw. Argument 1.35: «weil deine Kolleg/-innen ständig pöbeln, wenn du dich im Unterricht meldest»). In der einzigen leistungsbezogenen Episode argumentiert der Elternteil mit seinem eigenen stabilen Handeln (Argument 2.19: «weil ich dir immer wieder sagen muss, dass ‚gut' noch eine halbe Note höher wäre»).

Nebst dem negativen Handeln werden ungünstige Bedingungen, die beim Kind herrschen, von den Elternteilen am häufigsten als Argumente für dessen geringe Kontrolle eines schulischen Zielbereiches angeführt (vgl. Abbildung 7.5). Dabei treten variable negative Bedingungen (KBv−) als Argumente deutlich häufiger auf (und sind mit 17 Argumenten, 12.1 % overall, die am dritthäufigsten ermittelte Einzelkategorie) als stabile negative Bedingungen beim Kind (KBs−) (zehn Argumente, 7.1 % overall).

Stabile negative Bedingungen beim Kind (KBs−) wurden vor allem in lernthematischen Kontrollregulationen zur Begründung herangezogen (sieben Argumente, 9.6 % intra) und fanden sich in leistungsthematischen evaluativen Feedbacks nur selten (drei Argumente, 4.5 % intra).

Ein genauerer Blick auf die geframten Argumente in Tabelle 7.7 und Tabelle 7.8[19] offenbart, dass in fünf Episoden mit ungünstigen Persönlichkeitsmerkmalen des Kindes argumentiert wird (Argumente 1.36–1.38/1.64 und 2.20, z. B. «weil du ein Minimalist bist»).

In vier Episoden stehen ungünstige stabile Einstellungen bzw. Haltungen des Kindes im Zentrum der Begründung (Argumente 1.40/1.65 und 2.21/2.50 z. B. «weil du generell kein Problem damit hast, schlechte Noten zu haben»).

In einer Episode wird mit dem gerade erst erfolgten Eintritt des Kindes in die schwierige Phase der Pubertät argumentiert (Argument 1.39, «weil du noch für längere Zeit in der Pubertät sein wirst»).

Variable negative Bedingungen beim Kind (KBv−) werden demgegenüber vor allem in leistungsbezogenen Kontrollregulationen als Gründe für die fehlende Kontrolle genannt (13 Argumente, 19.4 % intra) und finden sich mit vier Argumenten in lernthematischen Kontrollregulationen nur selten (5.5 % intra). Mit

---

[19] Auch bei der wiederholten Zuordnung der zehn Zeilen mit Argumenten des *Begründungstyps KBs−* in Tabelle 7.7 und Tabelle 7.8 zu den drei genannten Gruppen wurde vollständige Konkordanz erreicht ($\kappa = 1.00$).

anderen Worten haben die Elternteile bei leistungsbezogenen evaluativen Feedbacks solcherlei Argumente, die andeuten, dass sie in absehbarer Zeit am Zustand des Kindes eine Veränderung erwarten («erst hin und wieder», «noch hin und wieder»), am zweithäufigsten eingesetzt (vgl. Abbildung 7.5).

Konkret[20] wird in sieben Episoden mit der noch bzw. zeitweise herrschenden negativen Einstellung des Kindes argumentiert (Argumente 1.43–1.44 und 2.25–2.27/2.51–2.52, z. B. «weil du bisher noch so tickst, dass dich bereits Noten zwischen 4.5 und 5.25 freuen»/«weil du hin und wieder eine schlechte Arbeitsmoral aufweist»).

In fünf Episoden wird mit der noch fehlenden Reife des Kindes argumentiert (1.41–1.42 und 2.22–2.24, z. B. «weil du dem Tempo und dem Leistungsdruck in der Sek A noch nicht gewachsen bist»/«weil du noch kindlich denkst und dich entsprechend verhältst») und in weiteren fünf Episoden wird die ungünstige momentane Leistungsfähigkeit des Kindes als Grund genannt (Argumente 2.28–2.29/2.53, z. B. «weil deine Noten in letzter Zeit abgefallen sind»).

Ungünstige Bedingungen bei anderen Akteuren bzw. der Situation spielen bei der Argumentation der Elternteile eine untergeordnete Rolle (vgl. Abbildung 7.5).

Stabile negative Bedingungen bei andern oder der Situation (ABs−) als Begründung findet sich mit zwei Argumenten (1.4 % overall) lediglich in leistungsbezogenen Kontrollregulationen (3.0 % intra):

Argumente 2.30/2.54: «weil du keine unmittelbaren Vergleichsmöglichkeiten in der Familie hast»/«weil du in der Oberstufe schnell in die Sek B abgestuft werden könntest, wenn die Noten nicht stimmen».

Variable negative Bedingungen bei andern oder der Situation (ABv−) als Grund für die fehlende Kontrolle findet sich lediglich in einem Argument (0.7 % overall) eines lernthematischen evaluativen Feedbacks (1.4 % intra):

Argument 1.45: «weil es manchmal Streit unter den Mädchen gibt».

---

[20] Bei der wiederholten Zuordnung der 15 Zeilen mit Argumenten des *Begründungstyps KBv−* in Tabelle 7.7 und Tabelle 7.8 zu den drei Gruppen betrug Cohens Kappa $\kappa = 0.90$, was einer sehr hohen Konkordanz entspricht (vgl. Landis & Koch, 1977, S. 165). Die Zuordnungen des ersten Zeitpunkts wurden beibehalten.

7.2.2.2 Positiv-valente Argumente zur Verdeutlichung der Kontrolle

Wie oben erwähnt, finden sich in den 140 Einzelargumenten lediglich 39 positiv-valente Argumente (+) (27.9 % overall) – also solche, die dem Kind signalisieren, dass es das entsprechende Lern- oder Leistungsziel in genügendem Maß im Griff habe (vgl. Abbildung 7.5). Anders als bei den negativ-valenten Argumenten, ist die Verteilung zwischen denjenigen, die das Handeln und denjenigen, die Bedingungen thematisieren, bedeutend ausgeglichener: In 20 Argumenten (14,3 % overall) werden positive Bedingungen (KB+/AB+) in den Vordergrund gestellt und in 19 Argumenten (13.6 % overall) das positive Handeln (KH+/AH+). Abbildung 7.5 zeigt, dass zwei Begründungstypen den Großteil der Einzelargumente auf sich vereinigen: stabil positives Handeln des Kindes (KHs+) mit zehn Argumenten (7.1 % overall) und stabil positive Bedingungen bei anderen Akteuren oder der Situation (ABs+) mit elf Argumenten (7.9 % overall). Während erstere vor allem in lernthematischen evaluativen Feedbacks eine Rolle spielen, finden sich letztere vor allem in leistungsthematischen Kontrollregulationen. Im Folgenden werden wiederum die einzelnen positiv-valenten Begründungstypen mithilfe der jeweiligen konkreten Argumente genauer charakterisiert und bezüglich ihres Auftretens in lern- bzw. leistungsthematischen Episoden untersucht.

Stabiles positives Handeln des Kindes (KHs+) ist mit zehn Argumenten (7.1 % overall) der am zweithäufigsten auftretende positiv-valente Begründungstyp (vgl. Abbildung 7.5). Acht Argumente fanden sich in lernthematischen evaluativen Feedbacks (11.0 % intra) und lediglich zwei Argumente in leistungsthematischen Kontrollregulationen (3.0 % intra).

Der Blick auf die konkreten Argumente in Tabelle 7.7 und Tabelle 7.8 zeigt[21], dass in insgesamt sieben Episoden die Elternteile den stabil hohen Grad an Selbststeuerung des Kindes als Grund anführen (Argumente 1.48–1.50/1.66–1.67 und 2.31/2.55: z. B. «weil du den Wochenplan immer diszipliniert einhältst»/«weil du dein eigenes Ziel nie aus den Augen zu verlierst»).

In einer Episode wird mit der stabil hohen Intensität des Lernhandelns des Kindes argumentiert (Argument 1.46: «weil du selbst mit Fieber in die Schule gehen willst»).

In einer weiteren Episode wird dem Kind gegenüber mit dessen stabil häufigen Nutzung von zusätzlichen Ressourcen bei Hausaufgabenschwierigkeiten argumentiert (Argument 1.47: «weil du bei Schwierigkeiten mit Aufgaben schnell und häufig mich fragst»).

---

[21] Bei der wiederholten Zuordnung der zehn Zeilen mit Argumenten des *Begründungstyps KHs +* in Tabelle 7.7 und Tabelle 7.8 zu den vier genannten Gruppen wurde vollständige Konkordanz erreicht *($\kappa = 1.00$).*

Ferner wird in einer Episode auf die stabil hohe Qualität der Zusammenarbeit beim Lernhandeln verwiesen (Argument 1.51: «weil du dich generell anständig benimmst und insofern auf uns Eltern hörst»).

Variables positives Handeln des Kindes (KHv+) ließ sich in vier Argumenten (2.9 % overall) verzeichnen (vgl. Abbildung 7.5), wobei sich drei Argumente in leistungsthematischen evaluativen Feedbacks (4.5 % intra) und lediglich ein Argument in einer lernthematischen Kontrollregulation finden ließ (1.4 % intra):

In zwei Episoden[22] führt der Elternteil den variabel hohen Grad an Selbststeuerung des Kindes als Grund an (Argument 2.33 und 2.56: «weil du im Schnitt in letzter Zeit nirgends schlechtere, sondern überall etwas bessere Noten erreicht hast»/«weil du dich anstrengst, wenn du willst»).

In einer Episode wird mit variabel angemessenem methodischem Handeln des Kindes argumentiert (Argumente 1.52: «weil du dich hin und wieder beim Vorbereiten so anstrengst, dass du den Stoff auch verstehst»).

Ferner findet sich in einer Episode das Argument einer variabel hohen Intensität des Lernhandelns des Kindes (Argument 2.32: «weil du für den Moment mehr und besser arbeitest»).

Stabiles positives Handeln anderer Akteure (AHs+) war in vier Argumenten zu verzeichnen (2.9 % overall), die allesamt in lernthematischen Kontrollregulationen (5.5 % intra) auftraten (vgl. Abbildung 7.5):

Einmal wurde das stabil positive Handeln der Klassenlehrkraft als Grund angeführt (Argument 1.54: «weil dir die Lehrkraft immer einen Wochenplan zur Verfügung stellt»).

In drei Argumenten begründeten die Elternteile sodann die hohe Kontrolle eines schulischen Zielbereichs gegenüber den Kindern damit, dass sie sie stets unterstützen würden (Argumente 1.53/1.68–1.69: z. B. «weil wir uns für dich bei der Lehrkraft immer einsetzen»).

Variables positives Handeln anderer Akteure (AHv+) trat lediglich in einem Argument auf (0.7 % overall), das Teil einer leistungsthematischen Kontrollregulation war (1.5 % intra) (vgl. Abbildung 7.5):

---

[22] Auch bei der wiederholten Zuordnung der jeweils vier Zeilen mit Argumenten des *Begründungstyps KBs+*, des *Begründungstyps KHv+* und des *Begründungstyps KBs+* zu den jeweils genannten drei Gruppen wurde vollständige Konkordanz erzielt *($\kappa = 1.00$)*.

7.2 Gestaltungsmerkmale der evaluativen Feedbacks der Eltern 479

Das Argument bestand in der Zusicherung problemspezifischer Unterstützung durch den Elternteil: (Argument 2.34: «weil wir Eltern uns diesbezüglich für dich bei der Lehrkraft einsetzen»).

Stabile positive Bedingungen beim Kind (KBs+) wurden zu gleichen Teilen in lernthematischen (drei Argumente, 4.1 % intra) als auch in leistungsthematischen Kontrollregulationen (drei Argumente, 4.5 % intra) zur Begründung herangezogen (gesamthaft sechs Argumente, 4.3 % overall) (vgl. Abbildung 7.5):

In drei Episoden werden stabil günstige Einstellungen des Kindes im Zentrum als Grund genannt (Argumente 1.55/1.70 und 2.57, z. B. «weil du nun akzeptiert hast, dass man nicht alles auf Anhieb selber wissen, können und verstehen muss»).

In zwei Episoden wird mit günstigen Persönlichkeitsmerkmalen des Kindes argumentiert (Argumente 2.35–2.36, z. B. «weil du es mit deiner Intelligenz schaffen kannst»).

Ferner wird in einer Episode mit einem vom Kind vollzogenen Entwicklungsschritt argumentiert (Argument 1.56, «weil du gereift bist – und dich nun nicht mehr ablenken lässt»).

Variable positive Bedingungen beim Kind (KBv+) ließen sich nur in leistungsthematischen Kontrollregulationen als Begründungen für eine hohe Kontrolle schulischer Zielbereiche finden (drei Argumente, 4.5 % intra) (vgl. Abbildung 7.5):

In allen drei Begründungen argumentieren die Elternteile mit der momentan günstigen Leistungsfähigkeit des Kindes (Argumente 2.37–2.38/2.58, z. B. «weil du nun auf einem Stand bist, auf dem du es schaffen kannst, wenn du willst bzw. dich anstrengst»/«weil du in letzter Zeit genügende Noten hast»).

Stabil positive Bedingungen bei anderen Akteuren oder der Situation (ABs+) war derjenige Begründungstyp, der mit elf Argumenten (7.9 % overall) in positivvalenten Kontrollregulationen am häufigsten auftrat, wobei dies mit der Ausnahme einer lernthematischen Episode (1.4 % intra) durchgängig auf leistungsthematische Episoden zutraf (zehn Argumente, 14.9 % intra) (vgl. Abbildung 7.5):

Argumente 1.57 und 2.39–2.41/2.95–2.64: z. B. «weil die 6. Klasse bald vorbei ist»/«weil wir Eltern Leistungsdruck auch nicht mögen»/«weil deine Klassenlehrkraft auch überzeugt ist, dass du es schaffen kannst»/«weil das Verfahren wohl so angelegt ist, dass die Lehrkraft auf ihren Entscheid zurückkommen kann».

7.2.2.3 Zusammenfassung V: In elterlichen Kontrollregulationen vorgebrachte Begründungen

Mit Blick auf die Komponente B des Frames (vgl. Abschnitt 7.2), welche die attributionalen Argumente einfasst, mit dem die Elternteile dem Kind signalisiert haben, in welchem Maß es die angesprochenen schulischen Ziele im Griff habe (vgl. Abschnitt 5.4.1), wurden in den vergangenen Abschnitten die Befunde zu den beiden Fragestellungen 2.3 und 2.4 erläutert (vgl. Abschnitt 5.8):

Welche konkreten prozessualen und/oder strukturellen Merkmale führen die Elternteile in den 104 kontrollbezogenen Episoden den Kindern als Argumente zur Begründung für deren Kontrolle schulischer Lern- und Leistungsziele vor Augen?

Wie verteilen sich die in den 104 Kontrollepisoden gesamthaft eingesetzten 140 Argumente, wenn sie nach Begründungstypen geordnet werden, die aus den Dimensionen Valenz (positiv vs. negativ), Lokus (internal vs. external), Stabilität (stabil vs. variabel) sowie willentliche Beeinflussbarkeit (hoch vs. tief) gebildet wurden (vgl. Abbildung 5.3)?

In den 104 Kontrollregulationen haben die Elternteile mit insgesamt 140 Argumenten versucht, den Kindern gegenüber zu unterstreichen, warum diese ein bestimmtes lern- oder leistungsbezogenes Ziel genügend bzw. ungenügend im Griff hätten. Die Analyse der Argumente offenbart, dass die 20 Elternteile diesen dabei in überwiegendem Maß deren eigenes Handeln (KH) vor Augen führen. In insgesamt 81 von 140 Argumenten (57.9 % overall) weisen sie sowohl in lernthematischen Episoden (50 Argumente, 68.5 % intra) als auch in leistungsthematischen Episoden (31 Argumente, 46.3 % intra) auf prozessuale Merkmale hin, die bei den Kindern selbst liegen und von diesen grundsätzlich willentlich beeinflussbar sind (vgl. Abschnitt 5.3.3.2).

Die überwiegende Mehrheit, genauer 67 dieser 81 Argumente, ist negativvalent (vgl. Abbildung 7.5) und thematisiert somit einen hinderlichen Aspekt im Handeln des Kindes (KH−), wobei 41 Argumente in lernthematischen Episoden (56.1 % intra) und 26 in leistungsbezogenen Episoden auftraten (38.8 % intra). Von den 14 positiv-valenten Argumenten (KH+) fanden sich neun in lernthematischen (12.4 % intra) und fünf in leistungsbezogenen Kontrollregulationen (7.5 % intra).

7.2 Gestaltungsmerkmale der evaluativen Feedbacks der Eltern

Berücksichtigt man als letzte Dimension auch noch die Stabilitätsdimension (stabil vs. variabel), so präsentiert sich folgendes Bild bei den vier Begründungstypen KHs−/KHv−/KHs+/KHv+:
Dem Begründungstyp stabiles negatives Handeln des Kindes (KHs−) ließen sich 48 Einzelargumente zuordnen (34.3 % overall). In jedem dritten Argument wurde mit anderen Worten ein Aspekt des Handelns des Kindes thematisiert, der zwar als dauerhaft problembehaftet dargestellt wird, aber grundsätzlich durch das Kind willentlich veränderbar wäre und somit für dieses nicht gänzlich unkontrollierbar ist (vgl. Abschnitt 5.3.3.2). Würde das Kind den angesprochenen Handlungsaspekt optimieren, könnte es das entsprechende Lern- oder Leistungsziel in den Griff bekommen. In lernthematischen Episoden fanden sich 32 (43.8 % intra) und in leistungsthematischen Episoden 16 dieser Argumente (23.9 % intra).

Auf der Grundlage der oben detailliert dargestellten Gruppierung nach jeweils ähnlichen Handlungsaspekten, die in den Einzelargumenten thematisiert wurden (vgl. Tabelle 7.7 und Tabelle 7.8), lässt sich für den Begründungstyp KHs− die folgende verdichtete prototypische Aussage generieren:

«weil du ständig zu wenig intensiv und kontinuierlich arbeitest und vor der ernsten Situation die Augen verschließt» (in 23 von 48 Argumenten).

Der Begründungstyp variables negatives Handeln des Kindes (KHv−) kommt mit 19 Einzelargumenten (13.6 % overall) am zweithäufigsten vor. Die Elternteile argumentieren hierbei mit mangelhaften Handlungsmerkmalen des Kindes, die hin und wieder auftreten. Mit der explizit angesprochenen Variabilität des Auftretens des mangelhaften Handelns − «weil du es manchmal (noch) falsch machst» − bringen sie gegenüber ihrem Kind implizit aber immer auch zum Ausdruck, dass es diesbezüglich oft bereits angemessen handle: «weil du es manchmal (bereits) richtig machst». Deutlicher als bei Begründungen mit stabilem negativem Handeln (KHs−) wird dem Kind hier signalisiert, dass es ein bestimmtes lern- oder leistungsbezogenes Ziel mit erhöhter Aufmerksamkeit und dem notwendigen Willen in den Griff kriegen könne bzw. ab und an bereits unter Kontrolle habe (vgl. Abschnitt 5.3.3.2). In lernthematischen Episoden fanden sich neun Argumente

(12.3 % intra) und in leistungsthematischen Episoden zehn Argumente dieser Art (14.9 % intra).

Auf der Basis der oben eingehend dargestellten Gruppierung entlang jeweils ähnlicher Argumente tritt die folgende verdichtete prototypische Hauptaussage für den Begründungstyp KHv− zutage:

«weil du manchmal zu wenig intensiv arbeitest bzw. ein schlechtes Vorgehen wählst» (in elf von 19 Argumenten).

Dem Begründungstyp stabiles positives Handeln des Kindes (KHs+) wurden zehn Einzelargumente zugeordnet (7.1 % overall). Damit liegt er auf dem fünften Rangplatz aller 16 Begründungstypen. Bei den positiven Begründungen finden sich lediglich beim Begründungstyp stabil positive Bedingungen bei anderen Akteuren oder der Situation (ABs+) mehr Einzelargumente (elf Argumente, 7.9 % overall). Die Elternteile begründen hier ihr Urteil einer hohen Kontrolle eines lern- oder leistungsbezogenen Ziels gegenüber den Kindern mit den beständig günstigen Handlungsweisen, die diese an den Tag legten. Implizit bringen sie damit auch zum Ausdruck, dass die Kinder – solange sie diese weitgehend verinnerlichten Handlungsmuster einsetzten – die entsprechenden Ziele erreichen dürften und dass es somit Grund zur Zuversicht gebe (vgl. Abschnitt 5.3.3.2). Dieser Begründungstyp fand sich vor allem in lernthematischen Kontrollregulationen (lernthematisch: acht Argumente, 11.0 % intra; leistungsbezogen: zwei Argumente, 3.0 % intra).

Die verdichtete prototypische Aussage des Begründungstyps KHs+ lautet:

«weil du beständig selbstgesteuert deine Arbeiten erledigst» (in sieben von zehn Argumenten).

7.2 Gestaltungsmerkmale der evaluativen Feedbacks der Eltern

Der Begründungstyp variables positives Handeln des Kindes (KHv+) umfasst vier Einzelargumente (2.9 % overall) und liegt damit zusammen mit zwei weiteren Begründungstypen lediglich auf dem siebten Rangplatz. Die Elternteile signalisieren ihren Kindern durch den Einsatz dieses Begründungstyps, dass diese ein bestimmtes lern- oder leistungsbezogenes Ziel zwar grundsätzlich im Griff hätten, sich ihrer Sache aber nicht sicher sein könnten, da es noch «Aussetzer» gebe und sie die erfolgversprechenden Handlungsweisen noch nicht vollständig automatisiert auf die entsprechenden Situationen anwenden würden (vgl. Abschnitt 5.3.3.2). Dieser Typus trat hauptsächlich in leistungsthematischen Episoden auf (lernthematisch: ein Argument, 1.4 % intra; leistungsthematisch: drei Argumente, 4.5 % intra).

Die verdichtete prototypische Aussage des Begründungstyps KHv+ lautet:

«weil du hin und wieder selbstgesteuert deine Arbeiten erledigst» (in zwei von vier Argumenten).

Begründungstypen, in denen mit dem negativen oder positiven Handeln anderer Akteure (AH−/AH+) argumentiert wurde, spielten mit insgesamt neun von 140 Argumenten (6.4 % overall) eine sehr untergeordnete Rolle. Falls mit dem Handeln anderer argumentiert wurde, dann war dies mit einer Ausnahme (AHv+) mit der Aussage großer Stabilität verbunden (AHs−/AHs+) und fast immer Teil einer lernthematischen Kontrollregulation (lernthematisch: sieben Argumente, 9.6 % intra; leistungsbezogen: zwei Argumente, 3.0 % intra). Das Handeln anderer kann grundsätzlich willentlich beeinflusst werden (vgl. Abschnitt 5.3.3.2). Das Kind könnte versuchen, das stabile negative Handeln (AHs−) der Lehrkraft (zwei Argumente) oder der Peers (ein Argument) durch eigenes Handeln zu optimieren, allerdings stehen dem in der Realität mitunter Machtverhältnisse gegenüber, die das wenig wahrscheinlich erscheinen lassen. Elternteile, die so argumentieren, drücken ihrem Kind gegenüber somit vermutlich aus, es habe ein bestimmtes lern- oder leistungsbezogenes Ziel eher schlecht im Griff. Argumentieren die Elternteile mit stabilem positivem Handeln anderer (AHs+) − konkret ihrem eigenen Handeln (drei Argumente) oder demjenigen der Lehrkraft (ein Argument) − so vermitteln sie dem Kind ebenfalls, es habe die Situation nur in begrenztem Maß unter Kontrolle: Zwar ist die Wahrscheinlichkeit eher hoch, dass die Akteure ihr Handlungsmuster beibehalten, es ist aber nicht ausgeschlossen, dass sie unter bestimmten Bedingungen eine Handlungsänderung vollziehen, die sich für das Kind als günstig erweist. Da keine eindeutige inhaltliche Tendenz bei den Einzelargumenten erkennbar ist, wird auf die Formulierung verdichteter Hauptaussagen bei diesen Begründungstypen verzichtet.

In insgesamt 36 von 140 Argumenten, das heißt jedem vierten Argument (25.7 % overall), begründeten die Elternteile ihre Kontrolleinschätzungen mit strukturellen Merkmalen des Kindes (KB), wobei auch hier die überwiegende Mehrheit der Argumente, genauer 27 der 36 Argumente, negativ-valent ist und somit eine hinderliche Bedingung, die beim Kind herrscht (KB−), thematisiert. Generell ist dieser Argumentationsansatz vor allem in leistungsthematischen Episoden anzutreffen (lernthematisch: 14 Argumente, 19.1 % intra; leistungsbezogen: 22 Argumente, 32.8 % intra) und da besonders ausgeprägt in Verbindung mit negativen variablen Bedingungen (KBv−) (vgl. Abbildung 7.5). Im Einzelnen zeigt sich folgendes Bild bei den vier Begründungstypen KBs−/KBv−/KBs+/KBv+:

Dem Begründungstyp stabile negative Bedingungen beim Kind (KBs−) gehören zehn Einzelargumente an (7.1 % overall). Damit steht dieser problematische attributionale Argumentationsansatz (vgl. Abschnitt 5.3.3.2) zusammen mit dem Begründungstyp KHs+ auf dem fünften Rangplatz, gehört somit nicht zu den Hauptbegründungsstrategien der Elternteile, kann aber gleichzeitig auch nicht als «marginal auftretende» Strategie bezeichnet werden. Da hier Elternteile gegenüber ihrem Kind dessen fehlende Kontrolle eines schulischen Ziels mit in ihm liegenden, sich negativ bemerkbarmachenden stabilen Umständen erklären, bringen sie gleichzeitig auch zum Ausdruck, dass sie wenig Hoffnung hätten, dass sich dies auf absehbare Zeit ändere. Fehlende Talente/Intelligenz, ungünstige Persönlichkeitsmerkmale (u. a. Pathologien), aber bis zu einem gewissen Grad auch festgefahrene Überzeugungen und Einstellungen, werden als etwas Starres dargestellt, das den Gestaltungsspielraum des Kindes einschränkt und sich allenfalls langfristig willentlich verändern ließe. «Du hast ein bestimmtes Lern- oder Leistungsziel sehr schlecht im Griff» (vgl. Tabelle 5.2) lautete mit anderen Worten die Botschaft derjenigen Elternteile, die entsprechende Argumente gegenüber ihren Kindern einsetzen. Dass den Elternteilen zumindest intuitiv klar war, wie problematisch dieser Erklärungsansatz für das Selbstbild des Kindes sein dürfte, kommt vermutlich im Umstand zum Ausdruck, dass von den zehn Einzelargumenten lediglich drei in leistungsthematischen Episoden (4.5 % intra) auftraten: In Gesprächen über ein erwartetes bzw. bereits eingetroffenes Prüfungsergebnis oder über den Übertrittsstatus, erscheint es grundsätzlich als kontraproduktiv den Emotionen Hoffnungslosigkeit oder Frustration Vorschub zu leisten (vgl.

7.2 Gestaltungsmerkmale der evaluativen Feedbacks der Eltern 485

Abschnitt 5.3.3.2). Tatsächlich handelt es sich bei den drei Argumenten um Aussagen über ungünstige Einstellungen bzw. Motivlagen des Kindes der Leistungssituation gegenüber («weil es deiner Art entspricht, dich zu wenig mit der Sache auseinanderzusetzen»/«weil du Mathematik generell nicht magst»/«weil du generell kein Problem damit hast, schlechte Noten zu haben»), die zwar als verfestigt dargestellt werden, bei denen eine Wende zum Besseren den Kindern aber wenigstens langfristig nicht so aussichtslos erscheinen dürfte, wie wenn die Elternteile beispielsweise mit fehlenden fachlichen Talenten argumentiert hätten. In lernthematischen Kontrollregulationen trat der Begründungstyp mit sieben Einzelargumenten auf (9.6 % intra), wobei in vier Argumenten Persönlichkeitsmerkmale angesprochen wurden («weil du ein Minimalist bist»/«weil du phlegmatisch bist»/«weil du cholerisch und überdramatisch bist»). Solche selbstwertmindernden Aussagen im Kontext von Hausaufgaben dürften von den Elternteilen oft aus Ärger oder Frustration gemacht worden sein und mögen mit der leisen Hoffnung verbunden gewesen sein, beim Kind eine Gegenreaktion in Form optimierter Lernhandlungen zu erzeugen (vgl. Abschnitt 5.7).

> Die verdichtete prototypische Aussage des Begründungstyps KBs− lautet:

«weil du über ungünstige Persönlichkeitsmerkmale verfügst bzw. eine dauerhaft schlechte Einstellung der Sache gegenüber aufweist» (in neun von zehn Argumenten).

Der Begründungstyp variable negative Bedingungen beim Kind (KBv−) umfasst 17 Einzelargumente (12.1 % overall) und ist somit nach den Begründungstypen KHs− und KHv− die am dritthäufigsten eingesetzte Strategie der Elternteile, mit der sie den Kindern gegenüber die geringe Kontrolle eines lern- oder leistungsbezogenen Ziels zu erklären suchten. Charakteristisch für diesen Begründungstyp ist es, dass eine hinderliche Bedingung beim Kind als temporär (noch) auftretend dargestellt wird. Die Botschaft lautet somit: «Zwar wirst du zeitweise von diesen Umständen geplagt, aber wenigstens nicht immer bzw. zunehmend weniger. Du hast das Lern- oder Leistungsziel zwar lediglich mäßig im Griff, doch ist die Situation nicht aussichtslos.» Gerade in leistungsthematischen Episoden haben die Elternteile fast ebenso häufig wie zum Begründungstyp KHs− zu diesem Begründungstyp gegriffen (13 Argumente, 19.4 % intra).

Wie beim Typus KBs– ist die signalisierte willentliche Beeinflussbarkeit zwar gering, gleichzeitig erscheint die Lage durch das angedeutete lediglich sporadische Auftreten der hindernden Faktoren nicht gänzlich hoffnungslos und ein Misserfolg zum Vornherein erwartbar (vgl. Abschnitt 5.3.3.2): Persönliches Engagement bezogen auf anstehende Prüfungen oder den Übertritt ist in diesem Lichte betrachtet nicht völlig zwecklos, sondern potentiell lohnend. In lernthematischen Episoden trat der Begründungstyp demgegenüber selten auf (vier Argumente, 5.5 % intra).

Die verdichtete prototypische Aussage des Begründungstyps KBv– lautet:

«weil du ab und zu (noch) eine unzureichende Einstellung hast bzw. noch kindlich-unreif denkst» (in 12 von 17 Argumenten).

Die Begründungstypen stabile positive Bedingungen beim Kind (KBs+) und variable positive Bedingungen beim Kind (KBv+) spielten mit insgesamt neun Argumenten (6.4 % overall) eine untergeordnete Rolle. Elternteile bringen ihren Kindern gegenüber mit diesen Argumenten zum Ausdruck, dass diese ein Lern- oder Leistungsziel in hohem (KBv+) oder sehr hohem Maß (KBs+) im Griff hätten (vgl. Tabelle 5.2), da sie wenigstens zeitweise über Ressourcen verfügten, die per se zu einem erfolgreichen Vollzug der entsprechenden Aktivität führten. Eine eindeutige inhaltliche Tendenz ist bei den Einzelargumenten nicht erkennbar. Somit wird auf die Formulierung einer aus dem Material verdichteten prototypischen Aussage für die beiden Begründungstypen verzichtet.

Von den vier Begründungstypen, die Bedingungen bei anderen Akteuren oder der Situation (AB) ins Zentrum setzen, kam lediglich der Kategorie stabile positive Bedingungen bei anderen Akteuren oder der Situation (ABS+) eine größere Bedeutung zu. Mit elf Einzelargumenten (7.9 % overall) liegt sie auf dem vierten Rangplatz. Dieser Begründungstyp trat dabei fast ausschließlich in leistungsthematischen Episoden (zehn Argumente, 14.9 % intra) auf. Im Sinne der sog. Situations-Ergebnis-Erwartungen (situation-outcome expectancies) (vgl. Abschnitt 5.3.3) geben die Elternteile ihrem Kind zu verstehen, dass es ein kommendes oder bereits eingetroffenes Prüfungsergebnis bzw. das Erreichen des Übertrittsziels gut im Griff habe, weil die Umstände per se schon günstig seien. Obwohl Eigenleistung bei solchen Argumenten zwar irrelevant erscheint – und kaum ein selbstwirksamkeitsförderlicher Effekt aus ihnen hervorgehen dürfte –, drücken die Elternteile dank der angedeuteten Stetigkeit des Eintreffens der positiven Bedingungen ein hohes Maß an Kontrolle hinsichtlich des Leistungsziels aus. Solch beruhigende Argumente scheinen für die Elternteile in lernthematischen Episoden nicht das probate Mittel zu sein: In solchen Gesprächskontexten trat lediglich ein diesbezügliches Argument auf (1.4 % intra).

> Die verdichtete prototypische Aussage des Begründungstyps KBs+ lautet:

> *«weil das Übertrittsverfahren günstige Merkmale aufweist»* (in sechs von elf Argumenten).

7.2.3 Der Grad an Kontrolle schulischer Ziele aus der Sicht der Eltern

In den beiden vorangehenden Kapiteln wurden die Fillings der Komponenten A und B des Frames

«Merke dir: Du hast ... [(A) schulischer task] ... [(C) Grad der Kontrolle] im Griff, weil du ... [(B) vom Elternteil vorgebrachte attributionale Argumente].»

einer eingehenden Analyse unterzogen. Mit der Fragestellung 2.5 (vgl. Abschnitt 5.8) rücken nun die Komponente C und mit ihr die Kontrollregulationen als Ganzes ins Blickfeld:
 Bezüglich welcher Lern- und Leistungsziele attestieren die Elternteile ihren Kindern in den vorgefundenen Handlungsepisoden auf der Basis der vor Augen geführten Begründungen eine hohe bzw. eine geringe Kontrolle?
 Komponente C erfasst das Ausmaß an Kontrolle, das die Elternteile in ihren evaluativen Feedbacks ihrem Kind bezüglich bestimmter Lern- oder Leistungsziele (Komponente A) zugemessen haben, wobei sich dieses in den attributionalen Argumenten der Begründung (Komponente B) manifestiert (vgl. Abschnitt 5.4.1).

In einer ersten Annäherung lässt sich das Ausmaß an signalisierter Kontrolle in Form dichotomer Bewertungen («du hast es gut im Griff» vs. «du hast es schlecht im Griff») an der positiven oder negativen Valenz der Argumente ermitteln («weil du über das Erfolgsmerkmal verfügst» vs. «weil du nicht darüber verfügst»).

Abbildung 7.6 stellt die 104 Kontrollregulationen als Kombinationen von Zielbereichen (Komponente A) und Begründungen (Komponente B) dar, wobei die Begründungen in 68 Kontrollregulationen aus einem Einzelargument und bei 36 Kontrollregulationen aus zwei Einzelargumenten bestanden. Die Einzelargumente sind jeweils in Form des Begründungstyps dargestellt, dem sie zugeordnet wurden (vgl. Abschnitt 7.2.2).[23]

Die Abbildung illustriert, dass die 20 Elternteile großmehrheitlich von evaluativen Feedbacks berichtet haben, in denen sie das Handeln bzw. die Situation ihrer Kinder bemängelt haben: In 80 der 104 Kontrollregulationen (76.9 %) appellierten sie an ihre Kinder, zu beachten, dass sie bestimmte schulische Ziele nicht im Griff hätten (−). Lediglich in 24 Kontrollregulationen (23.1 %) drücken sie eine positive Einschätzung aus (+).

7.2.3.1 Positiv-valente Kontrollregulationen

Die meisten der 24 positiven Kontrollzuschreibungen bezogen sich mit sieben entsprechenden Episoden (29.2 % intra) auf ein Ziel im Bereich sozial-kommunikativer Kompetenzen (Zielbereich D), wobei sich in vier dieser sieben Begründungen Argumente fanden, die das stabile Handeln des Kindes (KHs+) betrafen (vgl. Abbildung 7.6). Als typisches Beispiel hierfür kann das folgende geframte evaluative Feedback F094 des Elternteils Z22 gelten (vgl. Tabelle 9.4):

«Du hast das Pflegen einer produktiven Beziehung zu deiner Klassenlehrkraft gut im Griff, weil du dich generell anständig benimmst und insofern auf uns Eltern hörst.»

Am zweithäufigsten, in sechs Kontrollepisoden (25.0 % intra), traten positive evaluative Feedbacks auf, die sich auf ein Leistungsergebnis (Zielbereich E) bezogen (vgl. Abbildung 7.6). Meist waren sie mit einer Begründung gekoppelt, die als Erstargument ein positives stabiles oder variables Bedingungsmerkmal des Kindes hervorhob (KBs+ oder KBv+) und mit einem zweiten Argument verbunden war, welches das stabile positive Bedingungsmerkmal eines anderen Akteurs bzw. der Situation (ABs+) thematisierte. Ein typisches Beispiel für diese Kombination findet sich in der Episode F037 bei Elternteil H12 (vgl. Tabelle 9.4):

---

[23] Tabelle 9.4 im Anhang stellt alle 104 geframten Kontrollregulationen im Wortlaut dar.

7.2 Gestaltungsmerkmale der evaluativen Feedbacks der Eltern 489

«Du hast den Übertrittsentscheid für die Sek A gut im Griff, weil du nun auf einem Stand bist, auf dem du es schaffen kannst, wenn du willst, und weil deine Klassenlehrkraft auch überzeugt ist, dass du es erreichen kannst.»

Positive evaluative Feedbacks, die sich auf ein Ziel im Bereich aktivitäts- und umsetzungsorientierter Kompetenzen (Zielbereich B) bezogen, finden sich in fünf Kontrollepisoden (17.9 % intra). In drei dieser fünf Episoden bestand die Begründung mindestens in einem Argument im positiven variablen oder stabilen Handeln des Kindes (KHs+ oder KHv+) (vgl. Abbildung 7.6). Das evaluative Feedback F089 von Elternteil Z21 verdeutlicht dies beispielhaft (vgl. Tabelle 9.4):

«Du hast das angemessene Engagement im Unterricht im Hinblick auf den Übertritt gut im Griff, weil du dein selbstgewähltes Ziel Sek A nie aus den Augen verlierst und du gut mit der druckvollen Situation umgehst.»

Mit jeweils drei entsprechenden Stellen (16.7 % intra) findet sich positives evaluatives Feedback bezogen auf Ziele in den Bereichen personaler Kompetenzen (Zielbereich A) und sachlich-methodischer Kompetenzen (Zielbereich C). Positive Kontrollregulationen zu personalen Kompetenzen beinhalteten in allen drei Episoden Begründungen, die mindestens aus einem Argument bestanden, welches stabile positive Bedingungsmerkmale bei anderen Akteuren bzw. der Situation (ABs+) thematisierte. In keiner dieser Begründungen spielte das Handeln des Kindes (KHs+ oder KHv+) eine Rolle (vgl. Abbildung 7.6). Ein Beispiel hierfür findet sich in der Episode F053 des Elternteils R12 (vgl. Tabelle 9.4):

«Du hast das entspannte Einschätzen deiner selbst als Sek B-Schülerin gut im Griff, weil die Sek B schließlich eine gute Ausgangslage für den Aufstieg in die Sek A bietet und du (vorerst) ohne den Leistungsdruck, der in der Sek A herrscht, glücklicher bist.»

Alle drei positiven evaluativen Feedbacks, die Ziele im Bereich fachlich-methodischer Kompetenzen (Zielbereich C) fokussierten, basierten dahingegen auf Begründungen, die in mindestens einem Argument das positive stabile oder variable Handeln des Kindes (KHs+ oder KHv+) betonten (vgl. Abbildung 7.6). Die Kontrollepisode F058 von Elternteil S11 illustriert dies beispielhaft (vgl. Tabelle 9.4):

«Du hast das produktive Umgehen mit Schwierigkeiten bei Hausaufgaben gut im Griff, weil du in solchen Fällen schnell und häufig mich fragst und weil du mittlerweile akzeptiert hast, dass man nicht alles auf Anhieb selber wissen, können und verstehen muss.»

7.2.3.2 Negativ-valente Kontrollregulationen

Bei den insgesamt 80 negativen evaluativen Feedbacks zeigt sich ein eindeutiges Bild: Alle Kontrollregulationen, die sich auf ein Ziel aus dem Bereich von Kompetenzen des Kindes bezogen (Zielbereiche A, B, C, D), beinhalteten in rund 75 % der Fälle mindestens ein Argument, das das stabile oder negative Handeln des Kindes (KHs− oder KHv−) thematisierte (53 von insgesamt 72 kompetenzbezogenen Kontrollregulationen) (vgl. Abbildung 7.6). Mit anderen Worten wurde die fehlende Kontrolle schulischer Fähigkeitsbereiche dem Kind gegenüber in überwiegendem Maß mit dessen eigenem ungenügendem Handeln und damit mit einem willentlich kontrollierbaren Faktor begründet: «Du beherrschst etwas schulisch Bedeutsames schlecht, weil du ständig oder (noch) hin und wieder relevante Handlungen zu wenig oder nicht in der angemessenen Qualität ausführst», so lautet der Grundtenor dieser kompetenzbezogenen Feedbacks.

Bezog sich das evaluative Feedback aber auf ein Leistungsergebnis (Zielbereich E), wie dies lediglich in insgesamt acht negativen Kontrollregulationen (10 % intra) der Fall war, dann wurde nur in zwei Episoden hauptsächlich mit dem stabil oder variabel negativen Handeln des Kindes (KHs− oder KHv−) argumentiert (vgl. Abbildung 7.6). In sechs Episoden wurde in jeweils mindestens einem Einzelargument mit einem variabel negativen Bedingungsmerkmal des Kindes (KBv−) operiert, was sich konkret auf zeitweise auftretende oder noch bestehende körperliche Handicaps wie fehlende Reife, schlechte Laune, Krankheiten oder aber auf noch bestehende Einstellungen und Überzeugungen bezog (vgl. Tabelle 7.8). Bei nicht erreichten oder erreichbaren Leistungszielen auf variable also noch bestehende durch das Kind selber schlecht beeinflussbare Merkmale seiner selbst zu attribuieren, kann als Bemühen der Elternteile interpretiert werden, ihren Kindern selbstwertdienliche Erklärungen für den nahen oder eingetroffenen Misserfolg anzubieten, es zu trösten oder aber auf einen späteren Zeitpunkt zu vertrösten, wenn die hinderlichen Bedingungen nicht mehr existieren und ein Erfolg z. B. in Form eines Aufstiegs in den gewünschten Schultypus eher möglich erscheinen als zum aktuellen Zeitpunkt (vgl. Abschnitt 5.3.3.2). «Momentan manchmal schlechte Noten haben» oder «manchmal in einem Zustand sein, aus dem ungenügende Leistungen resultieren», sind hier die am häufigsten eingesetzten attributionalen Einzelargumente. Ein typisches Beispiel findet sich in der Episode F051 des Elternteils R11 (vgl. Tabelle 9.4):

«Du hast den Übertrittsentscheid für die Sek A schlecht im Griff, weil du noch nicht begreifen kannst, worauf es beim Übertritt ankommt.»

7.2 Gestaltungsmerkmale der evaluativen Feedbacks der Eltern 491

Die meisten negativen Feedbacks – konkret 26 der insgesamt 80 negativen Kontrollregulationen (32.5 % intra) – bezogen sich aber auf ein Ziel im Bereich sachlich-methodischer Kompetenzen (Zielbereich C). Dabei wurden nur in einem Feedback das ungünstige Handeln der Klassenlehrkraft (AHs−) und in vier evaluativen Feedbacks stabile oder variable negative Bedingungsmerkmale des Kindes (KBs− oder KBv−) verantwortlich gemacht. In allen übrigen 21 diesbezüglichen evaluativen Feedbacks aber wurde das negative Handeln des Kindes in jeweils mindestens einem Einzelargument als Grund benannt: In 15 Kontrollregulationen das stabil negative Handeln des Kindes (KHs−) und in sechs Kontrollregulationen das variable negative Handeln des Kindes (KHv−) (vgl. Abbildung 7.6). Ein typisches Beispiel für die ersteren ist das folgende Feedback in der Episode F006 des Elternteils D11(vgl. Tabelle 9.4):

«Du hast das zeitlich sinnvolle Einteilen deiner Hausaufgaben schlecht im Griff, weil du kaum je eine Planung machst».

Am zweithäufigsten, mit 23 Kontrollregulationen (28.8 % intra), traten negative Feedbacks auf, die sich auf ein Ziel im Bereich aktivitäts- und umsetzungsbezogener Kompetenzen (Zielbereich B) beziehen (vgl. Abbildung 7.6), wobei die angeführten Begründungen bei keinem anderen Zielbereich auch nur annähernd so mannigfaltig ausfallen wie bei dieser Kategorie, bei der konkret das Engagement, die Anstrengung oder der Wille des Kindes bei der Bewältigung von Hausaufgaben und Arbeiten im Unterricht beurteilt wird (vgl. Tabelle 7.5). Zwar wird auch hier hauptsächlich mit dem stabil oder variabel negativen Handeln des Kindes begründet – in zehn diesbezüglichen Episoden findet sich jeweils mindestens ein Einzelargument des Begründungstyps KHs− und in sieben Episoden mindestens ein attributionales Argument des Begründungstyps KHv−, doch zeigen sich meist in Verbindung mit einem zweiten Einzelargument auch Begründungen, die an stabilen oder variablen negativen Bedingungsmerkmalen des Kindes (KBs− und/oder KBv−) oder aber am stabil negativen Handeln anderer (AHs−) bzw. an stabilen negativen Bedingungen der Situation (ABs−) ansetzen. Episode F016 des Elternteils S11 ist ein typisches Beispiel für die Kombination von Zielbereich B und einer Begründung, die mit dem negativen stabilen Handeln des Kindes (KHs−) argumentiert (vgl. Tabelle 9.4):

«Du hast das angemessene Engagement bei Hausaufgaben schlecht im Griff, weil du immer mal wieder vorgibst mehr zu üben, als du tatsächlich übst.»

Mit 15 Stellen (18.8 % intra) findet sich negatives evaluatives Feedback am dritthäufigsten bezogen auf Ziele im Bereich personaler Kompetenzen (Zielbereich A), wobei elf dieser Kontrollregulationen Begründungen enthalten, die mindestens aus einem Argument bestanden, welches das negative Handeln des Kindes – meist in seiner stabilen Form – thematisierte. In den übrigen vier diesbezüglichen Kontrollregulationen wurde zweimal mit noch bestehenden negativen Bedingungsmerkmalen des Kindes (KBv−) und je einmal mit einem stabilen negativen Bedingungsmerkmal des Kindes (KBs−) und dem stabilen negativen Handeln anderer (AHs−) argumentiert. Ein typisches Beispiel für die am häufigsten auftretende Kombination aus Zielbereich A und Begründungstyp KHs− findet sich in Episode F010 des Elternteils D12 (vgl. Tabelle 9.4):

«Du hast das angemessene Einschätzen deines aktuellen Übertrittstatus schlecht im Griff (du schätzt diesen zu hoch ein!), weil du generell zu wenig für einen gesicherten Übertritt in die Sek A unternimmst.»

Während bei den positiven Feedbacks der größte Anteil auf Kontrollregulationen entfällt, die sich auf Ziele im Bereich sozial-kommunikativer Kompetenzen (Zielbereich D) beziehen (29.2 % intra), weisen diese bei den negativen Feedbacks mit acht Stellen (10.0 %) – gleichauf mit den evaluativen Feedbacks zu Leistungszielen – den geringsten Anteil auf. Auch hier zeigt sich das Bild, dass in sechs dieser acht Rückmeldungen mit dem negativen Handeln des Kindes argumentiert wird – wiederum überwiegend in seiner stabilen Form (KHs−) – und dass in einzelnen wenigen Episoden mit dem Argument stabil negativer Merkmale beim Kind (KBs−) und negativen Bedingungsmerkmalen bei anderen Akteuren bez. der Situation (ABv−) operiert wurde. Ein typisches Beispiel für die am häufigsten auftretende Kombination aus Zielbereich D und einem Einzelargument des Begründungstyps KHs− findet sich in Episode des Elternteils Z11:

«Du hast das Aufsuchen von uns Eltern bei Schwierigkeiten mit Hausaufgaben schlecht im Griff, weil du in solchen Situationen ständig einfach aufgibst, statt um Hilfe zu bitten.»

7.2.3.3 Graduelle Unterschiede zugeschriebener Kontrolle
In einer zweiten Annäherung soll das in Fragestellung 2.5 angesprochene Ausmaß an zugeschriebener Kontrolle durch die Eltern in Form gradueller Bewertungen («du hast es mehr oder weniger gut bzw. mehr oder weniger schlecht im Griff») untersucht werden.

7.2 Gestaltungsmerkmale der evaluativen Feedbacks der Eltern 493

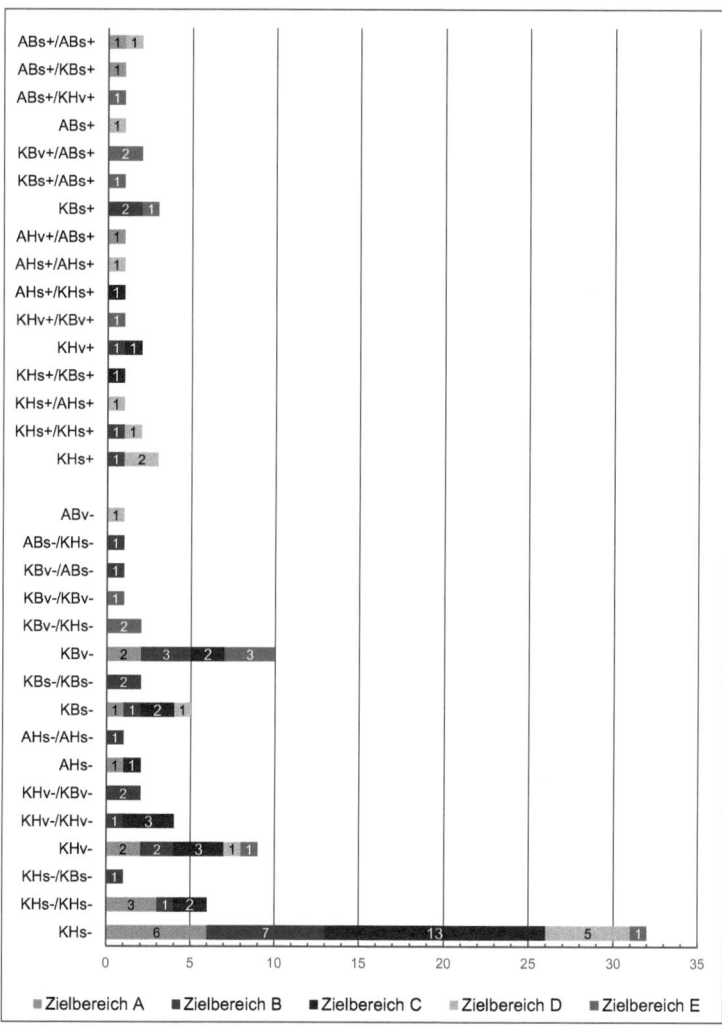

Abbildung 7.6 Anzahl der Kontrollregulationen geordnet nach Kombination des Zielbereichs und der Begründungstypen. (Zielbereiche: A = personale Kompetenzen, B = aktivitäts- und umsetzungsorientierte Kompetenzen, C = fachlich-methodische Kompetenzen, D = sozial-kommunikative Kompetenzen, E = Leistungsergebnisse. Begründungstypen: negatives oder positives Handeln des Kindes, stabil oder variabel (KHs−/KHv−/KHs+/KHv+); negatives oder positives Handeln anderer, stabil oder variabel (AHs−/AHv−/AHs+/AHv+); negative oder positive Bedingungen beim Kind, stabil oder variabel (KBs−/KBv−/KBs+/KBv+); negative oder positive Bedingungen bei anderen bzw. der Situation, stabil oder variabel (ABs−/ABv−/ABs+/ABv+).)

Wie in Abschnitt 5.4.1 eingehend erläutert, besteht die der Graduierung zugrundeliegende Überlegung darin, dass sich jeder Begründungstyp danach gewichten lässt, inwiefern das entsprechende Argument vom Kind gemäß der Befunde zur Kontrollförderlichkeit von Attributionen und attributionalem Feedback (vgl. Abschnitt 5.3.3.2) mit hoher Wahrscheinlichkeit als sehr positiv, positiv oder eher positiv bzw. als eher negativ, negativ oder sehr negativ interpretiert wird. Auf der Basis der Matrix zur Recodierung der positiv- und negativvalenten Begründungstypen (vgl. Tabelle 5.2) wurden die Begründungen der 104 verbal-appellativen Kontrollregulationen bzw. die jeweilige Kontrollaussage in der Komponente C des Frames (vgl. Abschnitt 7.2) diesbezüglich einer Recodierung unterzogen. Bei jenen 15 Begründungen, die aus zwei positiv-valenten Argumenten zusammengesetzt sind (vgl. Tabelle 7.7 und Tabelle 7.8), wurde jeweils dasjenige stärker gewichtet, das den höheren Kontrollgrad aufweist. Bei den 21 Begründungen, die aus zwei negativ-valenten Argumenten bestehen, wurde umgekehrt dasjenige stärker gewichtet, das den niedrigeren Kontrollgrad zum Ausdruck bringt (vgl. Tabelle 7.9, zweite Spalte: «dominanter Begründungstyp»). Damit wurde sichergestellt, dass in den aus zwei Argumenten bestehenden Begründungen jeweils jenem Argument ein größeres Gewicht beigemessen wurde, das internale, den Adressaten der Kontrollregulation direkt betreffende Aspekte betonte.

Tabelle 7.9 dokumentiert die Ergebnisse der Zuordnung der Begründungen der 104 evaluativen Feedbacks zu den in der Recodierungsmatrix definierten sechs Ausprägungen zugeschriebener Kontrolle (vgl. Tabelle 5.2):

Bei den 24 positiv-valenten evaluativen Feedbacks der Elternteile zeigt sich, dass diese knapp mehrheitlich (13 Kontrollregulationen, 54,2 % intra) eine sehr hohe zugeschriebene Kontrolle gegenüber dem Kind zum Ausdruck brachten. Indem sie ihm in acht der 13 Episoden dessen eigenes stabil günstiges Handeln (KHs+) oder aber in den übrigen fünf der 13 Episoden dessen günstige Persönlichkeitsmerkmale (KB+) vor Augen führten, signalisierten die Elternteile ihrem Kind hierbei, dass es ein schulisches Ziel «sehr gut im Griff» habe.

In den übrigen elf positiven evaluativen Feedbacks (54.2 % intra) attestierten die Elternteile dem Kind eine hohe Kontrolle des jeweiligen Ziels («du hast es gut im Griff») (vgl. Tabelle 7.9). Entweder argumentierten sie hierbei, dass es stabil günstige Bedingungen (ABs+) vorfinde (in sechs der elf Episoden), dass es manchmal/in letzter Zeit günstig handle (KHv+) (in vier der elf Episoden) oder ein stabil günstiges Handeln anderer (AHs+) – konkret seiner Klassenlehrkraft – vorfinde (in einer der elf Episoden).

Nach der Graduierung der 80 negativ-valenten evaluativen Feedbacks zeigt sich, dass die Elternteile in 14 Kontrollregulationen dem Kind eine sehr geringe Kontrolle spezifischer schulischer Ziele attestierten (17.5 % intra) (vgl. Tabelle 7.9). «Du hast ein schulisches Ziel sehr schlecht im Griff» war in acht der 14 Kontrollregulationen assoziiert mit der Aussage: «weil du stabil ungünstige Merkmale aufweist» (KBs−). In drei der 14 Episoden wurde das stabil ungünstige Handeln anderer (AHs−) – konkret wurden hierbei die Lehrkräfte genannt – als Grund angeführt und in den restlichen drei der 14 diesbezüglichen Episoden wurden dem Kind die misslichen Bedingungen, welche es vorfindet (ABs−), vor Augen geführt.

Eine geringe Kontrolle («du hast es schlecht im Griff») ist mit 53 der 80 negativen evaluativen Feedbacks die bei weitem häufigste Ausprägung (66.3 % intra). In 40 der 53 Kontrollregulationen wird dem Kind dessen eigenes stabil ungünstiges Handeln (KHs−) als Grund genannt und in 13 der 53 Kontrollregulationen sind es Zustände, in denen es sich manchmal (noch) befindet (KBv−, z. B. noch zu kindlich denkend).

Eine eher geringe Kontrolle attestieren die Elternteile ihrem Kind in 13 der 80 negativen Kontrollregulationen (16.3 % intra). Dabei lautet die Kernbotschaft bei allen «Du hast es eher schlecht im Griff, weil du manchmal (noch) ungünstig handelst» (KHv−).

7.2.3.4 Zusammenfassung VI: Die Gestaltung der evaluativen Feedbacks durch die Eltern

Mit der fallübergreifenden Fragestellung 2.5 (vgl. Abschnitt 5.8) stand in den vergangenen Abschnitten die Komponente C des Frames und damit der Grad der der durch die Elternteile zugeschriebenen Kontrolle im Fokus der Analysen:

Bezüglich welcher Lern- und Leistungsziele attestieren die Elternteile ihren Kindern in den vorgefundenen Handlungsepisoden auf der Basis der vor Augen geführten Begründungen eine hohe bzw. eine geringe Kontrolle?

Zusammenfassend soll nochmals ein Schlaglicht auf die wichtigsten Gestaltungsmuster geworfen werden, mit denen die 20 Elternteile die Kontrolleinschätzung ihrer Kinder während der unsicheren Übertrittszeit laut ihren eigenen Schilderungen zu beeinflussen suchten.

Wie in Abschnitt 7.2.3 dargestellt, haben die 20 Elternteile ihren Kindern in 80 der insgesamt 104 Kontrollregulationen (76.9 %) negatives evaluatives Feedback zu deren Lern- und Leistungshandeln gegeben («Merke dir: Du hast ein bestimmtes lern- und leistungsbezogenes Ziel schlecht im Griff, weil…»). In lediglich 24 der 104 untersuchten Kontrollregulationen (23.1 %) berichteten die Elternteile von positiv-valenten verbalen Kontrollregulationen («Merke dir: Du hast ein bestimmtes lern- und leistungsbezogenes Ziel gut im Griff, weil…») Unter Bezugnahme

Tabelle 7.9 Grad an zugeschriebener Kontrolle – abgeleitet aus den 140 attributionalen Argumenten der 104 evaluativen Feedbacks

Konfiguration der Begründung*	Dominanter Begründungstyp**	Ausprägung der Kontrollaussage*** (Grad des «im-Griff-Habens»)	Anzahl Kontrollregulationen mit ident. Begründungstyp
ABs+/ABs+	ABs+	gut	2
ABs+/KBs+	KBs+	sehr gut	1
ABs+/KHv+	KHv+	gut	1
ABs+	ABs+	gut	1
KBv+/ABs+	ABs+	gut	2
KBs+/ABs+	KBs+	sehr gut	1
KBs+	KBs+	sehr gut	3
AHv+/ABs+	ABs+	gut	1
AHs+/AHs+	AHs+	gut	1
AHs+/KHs+	KHs+	sehr gut	1
KHv+/KBv+	KHv+	gut	1
KHv+	KHv+	gut	2
KHs+/KBs+	KHs+	sehr gut	1
KHs+/AHs+	KHs+	sehr gut	1
KHs+/KHs+	KHs+	sehr gut	2
KHs+	KHs+	sehr gut	3
ABv–	ABv–	sehr schlecht	1
ABs–/KHs–	ABs–	sehr schlecht	1
KBv–/ABs–	ABs–	sehr schlecht	1
KBv–/KBv–	KBv–	schlecht	1
KBv–/KHs–	KHs–	schlecht	2
KBv–	KBv–	schlecht	10
KBs–/KBs–	KBs–	sehr schlecht	2
KBs–	KBs–	sehr schlecht	5
AHs–/AHs–	AHs–	sehr schlecht	1
AHs–	AHs–	sehr schlecht	2
KHv–/KBv–	KBv–	schlecht	2
KHv–/KHv–	KHv–	eher schlecht	4
KHv–	KHv–	eher schlecht	9
KHs–/KBs–	KBs–	sehr schlecht	1

(Fortsetzung)

7.2 Gestaltungsmerkmale der evaluativen Feedbacks der Eltern

Tabelle 7.9 (Fortsetzung)

Konfiguration der Begründung*	Dominanter Begründungstyp**	Ausprägung der Kontrollaussage*** (Grad des «im-Griff-Habens»)	Anzahl Kontrollregulationen mit ident. Begründungstyp
KHs−/KHs−	KHs−	schlecht	6
KHs−	KHs−	schlecht	32
Total Kontrollregulationen pro Ausprägung		sehr gut	13
		gut	11
		eher gut	0
		eher schlecht	13
		schlecht	53
		sehr schlecht	14

* 36 der gesamthaft 104 Begründungen bestehen aus zwei attributionalen Argumenten.
** dominanter Begründungstyp: Bei positiv-valenten Begründungen («du hast es im Griff»), die aus zwei Gliedern bestehen, wurde jeweils derjenige Begründungstyp stärker gewichtet, der den höheren Kontrollgrad zum Ausdruck bringt (z. B. ABs+/KBs+ → KBs+). Bei negativ-valenten Begründungen mit zwei Gliedern («du hast es nicht im Griff») wurde dahingegen derjenige Begründungstyp stärker gewichtet, der den tieferen Kontrollgrad zum Ausdruck bringt (z. B. KHs−/KBs− → KBs−). Begründungstypen: KHs− (negatives stabiles Handeln des Kindes), KHv− (negatives variables Handeln des Kindes), AHs− (negatives stabiles Handeln anderer [der Lehrkraft, der Eltern, der Klassenkamerad/-innen]), KBs− (negative stabile Bedingung beim Kind), KBv− (negative variable Bedingung beim Kind), ABs− (negative stabile Bedingungen der Situation bzw. bei der Lehrkraft, den Eltern, den Klassenkamerad/-innen), KHs+ (positives stabiles Handeln des Kindes), KHv+ (positives variables Handeln des Kindes), AHv+− (positives variables Handeln anderer), KBs+ (positive stabile Bedingung beim Kind), KBv+ (positive variable Bedingung beim Kind), ABs+ (positive stabile Bedingung der Situation bzw. bei der Lehrkraft, den Eltern, den Klassenkamerad/-innen).

auf die verwendeten attributionalen Argumente wurde der Grad der jeweils zugeschriebenen Kontrolle für jede der 104 Kontrollepisoden auf einer sechsstufigen Skala von «sehr schlecht im Griff» bis «sehr gut im Griff» (vgl. Recodierungsmatrix, Tabelle 5.2) noch nuancierter ermittelt (vgl. Abschnitt 7.2.3.3). Entlang der Ausprägungen zugeschriebener Kontrolle werden im Folgenden nochmals die am häufigsten aufgetretenen Aussagemuster in Form ihrer jeweiligen Kombination aus Zielbereich und Begründung zusammenfassend erläutert und ein verdichtetes prototypisches sowie ein konkretes Beispiel zur Illustration der entsprechenden Kontrollaussage präsentiert.

Die Zuschreibung sehr hoher Kontrolle Eine sehr hohe Kontrolle («Du hast es sehr gut im Griff!») attestieren die Elternteile ihren Kindern in 13 der 104 untersuchten evaluativen Feedbacks (12.5 % overall), was dem größten Anteil an den insgesamt 24 positiv-valenten Kontrollregulationen entspricht (54.2 % intra) (vgl. Tabelle 7.9). Eine sehr hohe zugeschriebene Kontrolle ergibt sich aus dem Umstand, dass die Elternteile entweder mit dem stabilen günstigen Handeln des Kindes (KHs+, in acht Episoden) und/oder aber mit dessen stabil günstigen Merkmalen (KBs+, in fünf Kontrollregulationen) argumentiert haben. Ein Blick auf Abbildung 7.6 enthüllt die Kombinationen, die sich zwischen Zielbereich (Komponente A des Frames), zugeschriebenem Grad der Kontrolle (Komponente C des Frames) und (dominanter) Begründung (Komponente B des Frames) ergeben. Es zeigt sich, dass den Kindern in den 13 Episoden hauptsächlich bezüglich zweier Zielbereiche eine sehr hohe Kontrolle durch die Elternteile attestiert wurde: In vier Episoden bezüglich Handlungsweisen des Zielbereichs B (aktivitäts- und umsetzungsorientierte Kompetenzen) und in vier weiteren Episoden bezüglich Handlungsweisen des Zielbereichs D (sozial-kommunikative Kompetenzen).

In den vier Episoden, die den Zielbereich B betrafen – es handelt sich um die Kontrollregulationen F036, F039, F056 und F089 (vgl. Anhang, Tabelle 9.4) –, wurde zweimal mit dem stabil günstigen Handeln des Kindes (KHs+) und zweimal mit stabil günstigen Bedingungsmerkmalen des Kindes (KBs+) argumentiert. Die drei Kontrollregulationen F036, F039, F056 traten in einem lernthematischen Gesprächskontext auf, in dem es um die Hausaufgabenerledigung ging, und das evaluative Feedback F089 in einem leistungsthematischen, welches sich um das angemessene Engagement im Unterricht angesichts des Übertrittsentscheids drehte.

In den vier Episoden mit Zielbereich D wurde dahingegen stets mit dem Begründungstyp KHs+ argumentiert. Abbildung 7.5 zeigt, dass diese evaluativen Feedbacks nur in lernthematischen Gesprächen auftraten. Ein Blick auf die vier betreffenden Episoden F020, F078, F094 du F095 offenbart sodann, dass die Gespräche sich nur in einem Fall um die Hausaufgaben, sonst aber um Geschehnisse in Unterricht und Schule drehten und dass dabei jedes Mal die Kommunikation des Kindes mit den Klassenkamerad*innen oder der Lehrkraft bewertet wurde.

> Das prototypische evaluative Feedback mit sehr hoher Kontrollzuschreibung bestand demnach entweder aus der Kombination Zielbereich B und

7.2 Gestaltungsmerkmale der evaluativen Feedbacks der Eltern

Argumenten des Begründungstyps KHs+ oder KBs+ und lautete verdichtet in geframter Form:

«Merke dir: Du hast das notwendige und angemessene Engagement bei den Hausaufgaben und im Unterricht sehr gut im Griff, weil du nun reifer geworden bist und die richtige Einstellung aufweist.»

Oder es bestand aus der Kombination Zielbereich D und Begründungstyp KH+ und lautete dann in verdichteter Form:

«Merke dir: Du hast die Kommunikation mit deinen Klassenkamerad*innen und deiner Klassenlehrkraft sehr gut im Griff, weil du ihnen gegenüber trotz manchmal schwieriger Umstände klug, engagiert und erwartungskonform handelst.»

Ein Beispiel für die erstere Ziel-Kontroll-Begründungs-Kombination, das zwei Argumente aufweist, findet sich beim Elternteil Z21 in der geframten Episode F089 (vgl. Tabelle 9.4):

«Merke dir: Du hast das angemessene Engagement beim Lernen im Hinblick auf den Übertritt sehr gut im Griff, weil du stets bemüht bist, dein Ziel nicht aus den Augen zu verlieren, und weil du souverän mit der druckvollen Situation umgehen kannst.»

Die geframte Episode F094 des Elternteils Z22 illustriert letztere Kombination exemplarisch:

«Merke dir: Du hast das Pflegen einer produktiven Beziehung zu deiner Klassenlehrkraft sehr gut im Griff, weil du dich generell anständig benimmst und insofern auf uns Eltern hörst.»

Die Zuschreibung hoher Kontrolle Eine hohe Kontrolle («Du hast es gut im Griff») attestieren die Elternteile ihren Kindern in elf der 104 Kontrollregulationen (10.6 % overall) (vgl. Tabelle 7.9), was einem Anteil von 45.8 % an den insgesamt 24 positiven Feedbacks entspricht. Eine hohe Kontrolle signalisieren die Elternteile, indem sie ihrem Kind sein manchmal günstiges Handeln (KHv+), die günstigen Zustände, in denen es sich manchmal befindet (KBv+), die stabil günstigen Bedingungen, die es vorfindet (ABs+) oder aber das stabil günstige Handeln anderer (AHs+) vor Augen führen (vgl. Abschnitt 7.2.3.3).

Abbildung 7.6 zeigt, dass eine hohe Kontrolle mehrheitlich in evaluativen Feedbacks zum Ausdruck gebracht wurde, die das Erreichen eines Leistungsziels (Zielbereich E, vier Episoden) oder sozial-kommunikative Kompetenzen (Zielbereich D, drei Episoden) zum Gegenstand machten.

In den vier leistungsthematischen Kontrollepisoden F014, F037, F040 und F041, in denen der Zielbereich E – konkret das Erreichen der aspirierten Abteilung der Sekundarschule – fokussiert wurde (vgl. Anhang, Tabelle 9.4), argumentierten die Elternteile zweimal mit dem manchmal günstigen Handeln des Kindes (KHv+) und zweimal mit dem günstigen Zustand, in dem sich dieses für den Moment befinde (KBv+). In drei dieser Episoden brachten sie sodann als Zweitargument die stabil günstigen äußeren Bedingungen (ABs+) vor, mit denen das Kind rechnen könne.

In den drei Episoden F008, F045 und F089, in denen von den Elternteilen im Rahmen von zwei lern- und einem leistungsthematischen Gespräch ein Aspekt des Zielbereichs D – konkret der Umgang mit schwierigen sozialen Konstellationen in der Schule – bewertet wurde, argumentierten die Eltern im Sinne positiver Situations-Ergebnis-Erwartungen (situation-outcome expectancies) (vgl. Abschnitt 5.3.3) zweimal mit den stabil günstigen Bedingungen, die das Kind vorfinde (ABs+) und einmal mit dem stabil günstigen Handeln anderer (AHs+) (vgl. Anhang, Tabelle 9.4).

7.2 Gestaltungsmerkmale der evaluativen Feedbacks der Eltern 501

Das prototypische evaluative Feedback mit hoher Kontrollzuschreibung setzte sich also entweder aus der Kombination von Zielbereich E und Argumenten der Begründungstypen KHv+ und KBv+ zusammen und lautete dann in verdichteter Form:

«Merke dir: Du hast das Erreichen des erwünschten Übertrittsentscheids gut im Griff, weil du dich (wenigstens) in letzter Zeit angestrengt hast und momentan auf einem Leistungsstand bist, der ausreichend sein sollte.»

Oder es bestand aus der Kombination von Zielbereich D und Argumenten der Begründungstypen AHs+ und ABs+ und lautete dann in verdichteter Form:

«Merke dir: Du hast den Umgang mit Konflikten mit deiner Klassenlehrkraft oder deinen Klassenkamerad*innen gut im Griff, weil du ohnehin bald einen Klassenwechsel erlebst und wir Eltern uns ggf. für dich einsetzen.»

Die Episode F040 des Elternteils M11 illustriert dies für die erstere Ziel-Kontroll-Begründungs-Kombination (vgl. Tabelle 9.4):

«Merke dir: Du hast den Übertrittsentscheid für die erwünschte Abteilung der Sekundarschule gut im Griff, weil du momentan mehr und besser arbeitest und du im Augenblick auf einem genügenden Notenstand bist.»

Die Kontrollepisode F008 des Elternteils D11 stellt ein Beispiel für die letztere Kombination dar:

«Merke dir: Du hast den Umgang mit Konflikten mit deiner Klassenlehrkraft und deinen Klassenkamerad*innen gut im Griff, weil die 6. Klasse ja bald zu Ende ist.»

Die Zuschreibung eher tiefer Kontrolle Eine eher tiefe Kontrolle («Du hast es eher schlecht im Griff») attestieren die Elternteile ihren Kindern in 13 der 104 untersuchten evaluativen Feedbacks (12.5 %) (vgl. Tabelle 7.9), was dem geringsten Anteil an den insgesamt 80 negativen Kontrollregulationen entspricht (16.3 % intra). Eine eher geringe Kontrollzuschreibung ergibt sich aus dem Umstand, dass die Eltern ihrem Kind gegenüber mit dessen zeitweise (noch) ungünstigen Handeln argumentieren (vgl. Abschnitt 7.2.3.3). Zwar führen die Elternteile negative Aspekte seines Handelns ins Feld, doch gibt es für das Kind Grund zum Optimismus, weil sich diese nach Meinung des Elternteils nur zeitweise zeigen und – da Handeln grundsätzlich kontrollierbar ist – bald schon ganz verschwunden sein könnten (vgl. Abschnitt 5.3.3.2).

Abbildung 7.6 offenbart, dass eine eher geringe Kontrolle meist (sechs von 13 Episoden) in Feedbacks zum Ausdruck gebracht wurde, in denen die Eltern fachlich-methodische Kompetenzen (Zielbereich C) des Kindes bewerteten. Die fünf Episoden F013, F018, F066, F077 und F086 traten in lernthematischen Gesprächskontexten auf, in denen es zweimal um die Hausaufgabenerledigung (HA), zweimal um die Prüfungsvorbereitungen (PV) und einmal um die Wissensanwendung im Alltag (L) ging. Das evaluative Feedback F093 trat in einer leistungsthematischen Episode auf, in der es um Prüfungsergebnisse ging. Vier dieser sechs Kontrollregulationen bestanden aus einem, zwei Kontrollregulationen aus zwei Argumenten des Begründungstyps KHv– (vgl. Anhang, Tabelle 9.4).

Das prototypische evaluative Feedback mit eher tiefer Kontrollzuschreibung setzte sich demnach aus der Kombination Zielbereich C und einem oder zwei Argumenten des Begründungstyps KHv– zusammen und lautete in verdichteter Form:

7.2 Gestaltungsmerkmale der evaluativen Feedbacks der Eltern 503

«Merke dir: Du hast das wirksame Vorbereiten deiner Prüfungen und das produktive Bearbeiten deiner Hausaufgaben eher schlecht im Griff, weil du hin und wieder noch zu unsorgfältig und zu unselbständig arbeitest.»

Die geframte Episode F066 des Elternteils V11 ist ein Beispiel für diese Ziel-Kontroll-Begründungs-Kombination mit zwei Argumenten (vgl. Tabelle 9.4):

«Merke dir: Du hast das selbständige Bearbeiten des Wochenplans eher schlecht im Griff, weil du manchmal dein Soll nicht erfüllst und weil du hin und wieder einfach abhängst, wenn du es nicht verstehst, statt zu mir zu kommen.»

Die Zuschreibung tiefer Kontrolle Eine tiefe Kontrollzuschreibung («Du hast es schlecht im Griff») bringen die Elternteile ihren Kindern gegenüber in 53 der 104 untersuchten Feedbacks (51.0 %) zum Ausdruck (vgl. Tabelle 7.9). Dies entspricht über der Hälfte aller Kontrollregulationen und rund Zweidrittel der insgesamt 80 negativen Kontrollregulationen (66.1 % intra). Die Zuschreibung tiefer Kontrolle leitet sich daraus ab, dass die Elternteile ihren Kindern in diesen Feedbacks den manchmal (noch) ungünstigen Zustand, in dem sie sich befänden (KBv−), ihr stabil ungünstiges Handeln (KHs−) oder das ungünstige Handeln anderer, das sie manchmal vorfänden (AHv), vor Augen führen (vgl. Recodierungsmatrix, Tabelle 5.2). Bei allen drei negativen Begründungstypen signalisieren sie dem Kind, dass Anlass für etwas Hoffnung und Zuversicht bestehe: Entweder, weil die Elternteile mit KHs− und AHv− Argumenten ins Feld führen, die grundsätzlich willentliche Beeinflussbarkeit implizieren, oder weil sie mit dem Gebrauch des Begründungstyps KBv− andeuten, dass der unvorteilhafte Zustand zwar gegenwärtig noch manchmal auftrete, sich dies mit zunehmender biologischer, geistiger und sozialer Entwicklung des Kindes aber ändern könnte (vgl. Abschnitt 5.3.3.2).

Die hohe Bedeutung des Kontrollgrades tief ergibt sich vor allem aus dem Umstand, dass der Begründungstyp KHs− dieser Kontrollausprägung zugeordnet werden kann. Wie in Abschnitt 7.2.3.2 bereits erläutert wurde, handelt es sich bei KHs− («weil du stabil ungünstig handelst») um den von den Elternteilen bei weitem am häufigsten eingesetzten Begründungstyp. Er findet sich in 40 der 53 evaluativen Feedbacks als dominantes Element der Begründung.

Abbildung 7.6 zeigt, dass die Elternteile ihren Kindern eine tiefe Kontrolle mehrheitlich in evaluativen Feedbacks attestiert haben, die entweder einen Aspekt seiner fachlich-methodischen Kompetenzen (Zielbereich C, 17 Episoden) oder seiner aktivitäts- und umsetzungsorientierten Kompetenzen (Zielbereich B, 13 Episoden) betrafen. Mit anderen Worten machten die Elternteile in 30 der 53 diesbezüglichen Kontrollepisoden (56.7 % intra) ein Lern- oder Leistungsziel dieser beiden Kompetenzbereiche zum Gegenstand ihrer Bewertung.

Die 17 Kontrollregulationen[24], in denen ein Aspekt des Zielbereichs C im Fokus stand, traten ausschließlich in lernthematischen Gesprächskontexten auf und drehten sich mit Ausnahme von zwei Episoden, welche die Prüfungsvorbereitung (PV) und das Lernen allgemein (L) ansprachen, um das Erledigen von Hausaufgaben (HA) (vgl. Anhang, Tabelle 9.4). In 15 der 17 Kontrollepisoden operierten die Elternteile dabei mit dem Argument, das Kind handle diesbezüglich stabil ungünstig (KHs−). Das Argument eines manchmal (noch) ungünstigen Zustands, in dem sich das Kind befände (KBv−), diente in den übrigen beiden Episoden als Begründung für das elterliche Urteil (vgl. Anhang, Tabelle 9.4).

Die 13 evaluativen Feedbacks[25], die einen Aspekt des Zielbereichs B fokussierten, traten fast zu gleichen Teilen in leistungsthematischen wie in lernthematischen Gesprächen (sechs Episoden) auf: Während es in den sieben leistungsthematischen Episoden viermal um den Übertritt (Ü) und dreimal um Prüfungs- und Zeugnisnoten (P) ging, richteten sich die elterlichen Regulationen bei den sechs lernthematischen Episoden durchgängig auf einen Aspekt der Hausaufgabenerledigung (HA) (vgl. Anhang, Tabelle 9.4). In neun der 13 Feedbacks unterstrichen die Elternteile ihr Urteil wiederum mit dem Argument des Begründungstyps KHs−. In den vier übrigen Episoden argumentierten sie mit dem Begründungstyp KBv− (vgl. Anhang, Tabelle 9.4).

> Das prototypische evaluative Feedback mit tiefer Kontrollzuschreibung bestand demnach entweder aus der Kombination von Zielbereich C und

---

[24]Es handelt sich dabei um die Episoden F006, F012, F017, F024, F026, F029, F030, F044, F059, F075, F076, F079, F080, F087, F092, F102 und F103 (vgl. Tabelle 9.4).

[25]Konkret handelt es sich um die Episoden F004, F005, F016, F023, F043, F057, F060, F070, F072, F090, F096, F097 sowie F101 (vgl. Tabelle 9.4).

7.2 Gestaltungsmerkmale der evaluativen Feedbacks der Eltern 505

Argumenten der Begründungstypen KHs— und KBv— und lautete dann in verdichteter Form (vgl. Abschnitte 7.2.1.6 und 7.2.2.3):

«Merke dir: Du hast das selbständige, sorgfältige, effiziente und lernproduktive Erledigen deiner Schularbeiten schlecht im Griff, weil du ständig zu wenig intensiv und kontinuierlich arbeitest und weil du ab und zu noch eine unzureichende Einstellung hast.»

Oder es bestand aus der Kombination von Zielbereich B und Argumenten der Begründungstypen KHs— und KBv— und lautete:

«Merke dir: Du hast das angemessene Engagement bei Hausaufgaben und das Erbringen der für den Übertritt notwendigen Leistungen schlecht im Griff, weil du ständig zu wenig intensiv und kontinuierlich arbeitest und weil du ab und zu noch eine unzureichende Einstellung hast.»

Die Episode F080 des Elternteils Z11 illustriert dies für die erstere Kombination, wobei dieses Feedback zwei Argumente des Typs KHs— aufweist (vgl. Tabelle 9.4):

«Merke dir: Du hast das effiziente Bearbeiten deiner Schularbeiten schlecht im Griff, weil du ständig stundenlang an eigentlich wenigen Hausaufgaben

> *sitzt, aber anderes machst, und weil du deine Hausaufgaben leider nie unterbrichst und für eine bestimmte Zeit mal was Angenehmes machst, um sie dann umso konzentrierter wieder aufzunehmen.»*

Die geframte Kontrollepisode F072 des Elternteils V12 stellt ein Beispiel für die letztere Kombination dar:

> *«Merke dir: Du hast das angemessene Engagement bei Hausaufgaben schlecht im Griff, weil im Vergleich zu deinen Kollegen ständig nur das Nötigste für die Schule tust.»*

Die Zuschreibung sehr tiefer Kontrolle Eine sehr tiefe Kontrolle («Du hast es sehr schlecht im Griff») attestieren die Elternteile ihren Kindern in 14 der 104 untersuchten evaluativen Feedbacks (13.5 % overall). Somit ist dies nicht nur innerhalb der 80 negativen Kontrollregulationen der am zweithäufigsten auftretende Kontrollgrad (17.5 % intra), sondern auch über alle untersuchten Kontrollregulationen hinweg (vgl. Tabelle 7.9). Die Zuschreibung sehr tiefe Kontrolle lässt sich aus dem Umstand ableiten, dass die Elternteile in diesen Feedbacks mit ungünstigen stabilen Persönlichkeitsmerkmalen des Kindes (KBs−), mit schlechten Bedingungen, die dieses manchmal vorfinde (ABv−), mit dem stabil ungünstigen Handeln anderer (AHs−) oder mit ungünstigen Bedingungen, die das Kind ständig vorfinde (ABs−), argumentieren. Alle vier negativen Begründungstypen signalisieren dem Kind, dass es Grund zu Pessimismus gebe, was die Entwicklung der in den Feedbacks jeweils fokussierten schulischen Ziele betrifft. Gemäß den Postulaten und Befunden der Attributionsforschung dürfte sich insbesondere der Einsatz von Argumenten des Begründungstyps KBs− («weil du stabil ungünstige Persönlichkeitsmerkmale aufweist») als problematisch für den Selbstwert und die Selbstwirksamkeitsüberzeugungen des Kindes erweisen (vgl. Abschnitt 5.3.3.2). Zwar stellen sich bei den drei anderen Begründungstypen ABv−, AHs− und ABs− die situativen Bedingungen als recht ausweglos dar, doch stellt der Begründungstyp KBs− dispositionale Merkmale des Kindes selber in Frage. Während sich das Kind aversiven Situationen in Unterricht und Schule,

7.2 Gestaltungsmerkmale der evaluativen Feedbacks der Eltern 507

wenn auch nicht sofort, so doch mit einem Klassen- und/oder Lehrpersonenwechsel, spätestens aber mit dem Schulstufenwechsel entziehen kann, so stellt sich die Lage bei einem Einsatz von Begründungstyp KBs− auch längerfristig hoffnungsloser dar, da hier die fehlenden Mittel zum erfolgreichen Handeln bei ihm selber verortet werden (vgl. Abschnitt 5.3.2).

Bei einem Anteil von sieben an den 14 Episoden wurde eine sehr tiefe Kontrolle mehrheitlich in Feedbacks zum Ausdruck gebracht, in denen die Eltern aktivitäts- und umsetzungsorientierte Kompetenzen (Zielbereich B) des Kindes beurteilten (vgl. Abbildung 7.6). Die sieben Episoden F011, F015, F042, F054, F071, F091 und F100 traten viermal in leistungsthematischen Gesprächskontexten auf, in denen es zweimal um das Engagement im Hinblick auf den Übertritt (Ü) und zweimal um den Einsatz für gute Prüfungsergebnisse (P) ging. Dreimal trat die vorliegende Kombination in lernthematischen Gesprächen auf, in denen es zweimal um das Engagement bei Hausaufgaben (HA) und einmal um den angemessenen Einsatz im Unterricht (U) ging. In drei dieser sieben Kontrollregulationen setzten die Elternteile mindestens ein Argument des problematischen Begründungstyps KBs− ein, in zwei Episoden wurde mit den Begründungstypen ABs− und in einer Episode mit dem Begründungstyp AHs− argumentiert (vgl. Anhang, Tabelle 9.4).

> Das prototypische evaluative Feedback mit sehr tiefer Kontrollzuschreibung bestand demnach aus der Kombination Zielbereich B und mindestens einem Argument des Begründungstyps KBs− und lautete in verdichteter Form:

> *«Merke dir: Du hast das angemessene Engagement bei Hausaufgaben und das Erbringen der für den Übertritt notwendigen Leistungen schlecht im Griff, weil du problematische Persönlichkeitsmerkmale und stabil fragwürdige Einstellungen aufweist.»*

Die geframte Episode F042 mit zwei Argumenten des Elternteils M12 ist ein typisches Beispiel für diese Ziel-Kontroll-Begründungs-Kombination (vgl. Tabelle 9.4):

«Merke dir: Du hast das Sich-Aufraffen und Dranbleiben bei der Erledigung deiner Hausarbeiten sehr schlecht im Griff, weil du der festen Überzeugung bist, Hausaufgaben seien völlig unnötig und weil du darüber hinaus sowieso faul bist.»

7.3 Elternspezifische Stilelemente des verbal-appellativen otivierungshandelns während der unsicheren Übertrittsphase

Standen in den vorangegangenen Kapiteln fallübergreifende Befunde zu den Zielen und Argumenten der Wert- und Kontrollregulationen der 20 Elternteile im Zentrum, so liegt das Augenmerk in den kommenden Abschnitten auf den Charakteristika des wert- und kontrollbezogenen Sprechhandelns, das die individuellen Elternteile gemäß eigner Erzählung während der rund achtmonatigen Entscheidungsfindungsphase an den Tag gelegt hatten. Mit anderen Worten stehen die elternspezifischen Stilelemente – jene Merkmale, die das Typische oder Dominante des diesbezüglichen Handelns der einzelnen 18 einbezogenen Elternteile[26] ausmachten – im Fokus der Analysen zur Hauptfragestellung 3 (vgl. Abschnitt 5.8):

Welche Eigenschaften weist der individuelle Stil des verbal-appellativen wert- und kontrollbezogenen Handelns der 18 in diese Analysen aufgenommenen Elternteile während der unsicheren Übertrittszeit auf?

In den Unterkapiteln werden jene Facetten des individuellen Stils genauer in den Blick genommen, die sich in Untersuchungen laut den Erörterungen in den Abschnitten 5.4, 5.6 und 5.7 in inhaltlicher und kommunikativer Hinsicht als besonders relevant zur Erreichung der motivationsbezogenen Ziele herausgestellt haben, die die Eltern mit ihren Appellen bezweckten.

In Anlehnung an die drei Dimensionen Aufgabenwert, Lokus und Valenz der Wertaussage des zur Feincodierung der Wertepisoden eingesetzten Kategoriensystems «Elterliche Strategien der verbalen Wertvermittlung» (vgl. Abbildung 5.4) stehen in Abschnitt 7.3.1 die Befunde zur Fragestellung 3.1 im Zentrum:

---

[26]Wie in Abschnitt 6.4.1.3 näher erläutert, wurden die Elternteile S12 und Z21 aufgrund zu weniger Textstellen nicht für die weiterführenden *stilbezogenen* Analysen der Hauptfragestellungen 3 und 4 berücksichtigt. Gleichwohl wurden ihre Episoden ebenfalls bezüglich aller Dimensionen in die Ratings und in die Ermittlung der Interrater-Übereinstimmung einbezogen.

Welches waren die dominanten Argumentationselemente, mit denen die einzelnen Elternteile die Bedeutsamkeitszuschreibungen des Kindes zu regulieren suchten?

Analog dazu fokussiert der Abschnitt 7.3.2 auf der Grundlage der «Kontrollbezogenen Begründungstypen» (vgl. Abbildung 5.3) auf die Frage 3.2 nach den elterntypischen attributiven Argumenten, mit denen diese dem Kind in einem generalisierten Sinn dessen Kontrolle signalisiert haben:

Welches waren die individuell dominanten Argumentationselemente, mit denen die einzelnen Elternteile die Kontrolleinschätzungen des Kindes zu regulieren suchten?

In Abschnitt 7.3.3 stehen Facetten des Kommunikationsmodus und deren Ausprägungen im Brennpunkt, die für das motivationsbezogene Sprechhandeln der einzelnen Elternteile während der Übertrittszeit kennzeichnend waren. Die Forschungsfrage 3.3 lautet:

Welches waren die dominanten kommunikativen Stilelemente, mit denen die einzelnen Elternteile das Kind von ihren eigenen Wert- und Kontrollzuschreibungen zu überzeugen suchten?

In Abschnitt 5.7 ist sodann die Bedeutung einer vertrauensvollen, selbstwertförderlichen, von Anteilnahme an Freud und Leid gekennzeichneten Eltern-Kind-Beziehung für die Akzeptanz der elterlichen Wert- und Kontrollregulationen herausgearbeitet worden (vgl. Grolnick, 2003; Grusec, 2011, S. 257; zsf. Wigfield, Eccles, et al., 2015, S. 25). Fragestellung 3.4 widmet sich diesem Aspekt:

In welchem emotionalen Klima fanden die individuellen elterlichen Wert- und Kontrollregulationen statt, gemessen an den selbstberichteten Reaktionen auf Erfolge und Misserfolge des Kindes während der Übertrittszeit?

Die Befunde der höher-inferenten Analysen zum elternspezifischen Grad an emotionaler Zuwendung werden in Abschnitt 7.3.4 vorgestellt.

7.3.1 Elternspezifischer Stil der wertbezogenen Argumentation

Die Ergebnisse der fallübergreifenden Analysen bezüglich der Verteilung der im Kategoriensystem «Elterliche Strategien der verbalen Wertvermittlung» (vgl. Abbildung 5.4) dargelegten acht Begründungstypen zeigten, dass in den insgesamt 194 Wertepisoden der Begründungstyp positive externale Wesentlichkeit (Ee+, «..., weil du das in Anbetracht von Rollenüberlegungen einfach musst») mit Abstand am häufigsten auftrat (62 Episoden, 32.0 %), gefolgt vom Begründungstyp negative externale Zweckmäßigkeit (Oe−, «..., weil du sonst negative

Konsequenzen bezüglich sozial gesetzter Ziele gewärtigen musst») mit einem Anteil von 33 Episoden (17 %) und dem Begründungstyp positive innere Zweckmäßigkeit (Oi+, «..., weil du so positive Effekte auf dein Wohlbefinden und deinen Wissenserwerb erzielst») mit einem Anteil von 26 Episoden (13.4 %) (vgl. Abschnitt 7.1.2). Doch welches Bild zeigt sich bei den individuellen Elternteilen, wenn man auf der Suche nach dem typischen Muster ihrer wertbezogenen Argumentation jenen Episoden höheres Gewicht beimisst, in denen sie ihr Sprechhandeln besonders prägnant schildern und/oder dabei zum Ausdruck bringen, dass diese Episode die Situation während der Übertrittszeit mustergültig illustriere (vgl. Abschnitt 6.4.3)? Im vorliegenden Kapitel werden die Befunde der evaluativen Inhaltsanalysen zur diesbezüglichen Forschungsfrage 3.1 vorgestellt (vgl. Abschnitt 5.8):

Welches waren die dominanten Argumentationselemente, mit denen die einzelnen Elternteile die Bedeutsamkeitszuschreibungen des Kindes zu regulieren suchten?

Tabelle 7.10 dokumentiert, wie die drei Rater*innen die 18 individuellen Elternteile bezüglich der drei Stilelemente des wertbezogenen Argumentierens a) Betonung von Wesentlichkeit, b) Betonung positiver Aspekte und c) Betonung kindbezogener bzw. internaler Aspekte auf der Basis der Einschätzungskriterien der entsprechenden Kategoriensysteme in Tabelle 6.9, Tabelle 6.10 sowie Tabelle 6.11 beurteilt haben. In der Spalte «Erläuterung» werden die jeweiligen Ratings auf der Basis der schriftlich festgehaltenen Notizen und Begründungen der Beurteilenden ausführlich – u. a. mit Verweisen auf die Originalaussagen der Elternteile (vgl. Anhang, Tabelle 9.1) sowie auf die im Rahmen der Feincodierung erzeugten geframten Paraphrasierungen (vgl. Anhang, Tabelle 9.2) – erörtert. Insbesondere wird ersichtlich, welchen Episoden die Beurteilenden mit Blick auf die Übertrittssituation, aber auch auf die Merkmale der Familie (vgl. Tabelle 4.3), des Kindes (vgl. Tabelle 4.4) und der kindbezogenen Bildungsaspirationen der Eltern (vgl. Tabelle 3.2) besonderes Gewicht beigemessen haben. Zum Abschluss der fallspezifischen Erläuterungen wird sodann jeweils illustriert, wie die typische wertbezogene Argumentation des jeweiligen Elternteils lautet, wenn sie unter Berücksichtigung der Gewichtung und nach der Lektüre der Originalstellen und der in der Feincodierung erzeugten geframten Paraphrasierungen mit Hilfe des folgenden generalisierten wertbezogenen Frames rekonstruiert wird:

«Es ist bedeutsam, dass du jetzt (während der Übertrittsphase) so handelst, weil du ...».

7.3 Elternspezifische Stilelemente des verbal-appellativen ... 511

Diese falltypischen generalisierten Argumentationen wurden im Untersuchungsteam nach der Ermittlung der Interrater-Übereinstimmung und der gegenseitigen Darlegung der Überlegungen, die den jeweiligen Ratings zugrunde lagen, gemeinsam generiert. Durch den Autor wurden bei der Niederschrift leichte sprachliche Anpassungen vorgenommen.

Der Blick auf die Ergebnisse der Ratings zum dichotom gefassten Stilelement a) Betonung von Wesentlichkeit (vgl. Tabelle 7.10, Spalte 2) offenbart, dass die zehn Elternteile D12, E12, M12, R11, R12, S11, V11, Z11, Z22 und Z32 laut ihren Erzählungen ihr Kind vom Wert bestimmter schulischer Ziele oder Handlungsweisen während der unsicheren Übertrittszeit typischerweise so zu überzeugen suchten, indem sie ihm diese angesichts der Situation, in der es sich befinde, als «wesentlich» (Ausprägung 3) darstellten (vgl. Kategoriensystem in Tabelle 6.9).

Die acht Elternteile D11, E11, H11, H12, M11, V12, Z12 und Z31 operierten demgegenüber typischerweise mit Zweckmäßigkeitsargumenten (Ausprägung 2).

Bezüglich des ebenfalls dichotom repräsentierten Stilelements b) Betonung positiver Aspekte (vgl. Tabelle 7.10, Spalte 3) zeigt sich, dass die 12 Elternteile D12, E12, M11, M12, R11, R12, S11, V11, Z11, Z22, Z31 und Z32 gemäß ihren Schilderungen ihr Kind typischerweise mit positiv formulierten Zielen und Konsequenzen (Ausprägung 3) zu motivieren suchten, während die sechs Elternteile D11, E11, H11, H12, V12, Z12 ihrem Kind dazu typischerweise die negativen Konsequenzen (Ausprägung 2) vor Augen führten, die andernfalls zu erwarten seien.

Beim Stilelement c) Betonung kindbezogener bzw. internaler Aspekte (vgl. Tabelle 7.10, Spalte 4), welches auf einer vierstufigen Skala einzuschätzen war, zeigt sich, dass die sechs Elternteile H12, M12, S11, Z12, Z22 und Z32 in ihren Wertregulationen laut ihren Schilderungen gewöhnlich deutlich externale Aspekte (Ausprägung 1) als Begründung anführten und somit dem Kind gegenüber vor allem auf soziale Normen und das sozial Anerkannte verwiesen (vgl. Kategoriensystem in Tabelle 6.11). Die acht Elternteile D12, E11, E12, H11, M11, R11, V12 und Z31) argumentierten gemäß ihren Erzählungen zwar typischerweise auch vor allem mit den genannten externalen Aspekten, allerdings finden sich bei ihnen auch Episoden, in denen sie gegenüber ihrem Kind auch dessen Bedürfnisse sowie die Konsequenzen für dessen kognitive Entwicklung und dessen Wohlbefinden als Argumente einsetzen (Ausprägung 2). Zwar nicht ausschließlich, aber doch mehrheitlich mit solcherlei internalen bzw. kindbezogenen Argumenten (Ausprägung 3) operierten gemäß ihren Erzählungen die vier Elternteile D11, R12, V11 und Z11, wenn sie ihr Kind während der Übertrittszeit zu motivieren versuchten.

Tabelle 7.10 Elternspezifische Stilelemente der Argumentation bei Bedeutsamkeitszuschreibungen

Elternteil	Betonung der Wesentlichkeit[1]	Betonung positiver Aspekte[2]	Betonung internaler Aspekte[3]	Erläuterung und geframte generalisierte Argumentation des Elternteils
D11*	2	2	3	In den meisten der 16 Episoden der Mutter D11 (vgl. Anhang, Tabelle 9.1) kommt zum Ausdruck, wie diese versucht, «gerade Linien» (M011) in die schulischen Aktivitäten ihrer Tochter K01 zu bringen. K01 leidet an der Aufmerksamkeitsdefizitstörung (ADS), erhält diesbezüglich keine Medikation und hat insgesamt eine konfliktreiche Primarschulzeit hinter sich (vgl. Tabelle 4.4): «[...] bei K01 muss ich sehr geradlinig arbeiten. Oder sie auch. [...] Bei K01 muss ich [...] überlegen, was habe ich [...] ihr letzte Woche gesagt, wo liegt die Grenze. und die muss ich einhalten, viel strikter [als bei ihrer Schwester]. Bei K01 kann ich auch nicht zu viel aufs Mal. Wenn ich will, dass sie irgendwo etwas ändert oder etwas macht, dann muss ich einen Auftrag aufs Mal geben und nicht mehr. [...] Ich denke, das hat mit dem ADS von K01 zu tun, dass sie einfach nicht zu viele Informationen aufs Mal haben kann.» Anders als bei den meisten Eltern-Kind-Paaren der Stichprobe steht weniger der Übertritt im Vordergrund der Gespräche zwischen der Mutter und der Tochter – eine Zuteilung zur Abteilung B steht während der Erhebungszeit relativ früh fest (vgl. Tabelle 3.2) –, sondern das geordnete Lernen zuhause und während des Unterrichts. Die Episoden M001, M010, M012 bis M016 sind vor diesem Hintergrund stark zu gewichten, weil diese die konfliktbehafteten Situationen prägnant schildern: Die Mutter D11 versucht gerade in zugespitzten Situationen (Streit bei Hausaufgaben, Probleme im Unterricht, auch mit der Lehrkraft) immer wieder, das Kind mit Zweckmäßigkeitsargumenten (O, in neun der 16 Episoden) zu überzeugen (vgl. Anhang, Tabelle 9.2). Manchmal beratend (O+, in vier der neun Episoden mit Zweckmäßigkeitsargumenten), mehrheitlich aber vor negativen Konsequenzen warnend oder solche androhend (Ich schick dich sonst zurück in die Schule, wenn du das Material wieder vergisst nach Hause zu bringen!, vgl. M007) (O–, in fünf der neun Episoden) zeigt die Mutter mehrheitlich – und im Vergleich zu anderen Elternteilen auffallend häufig – auf internale Aspekte (i → Grad 3): weil du sonst Angst hast und morgen früh aufstehen musst (M010), weil du sonst schlechte Gefühle mit dir herumträgst (M015) und weil du sonst schlechte Bedingungen für dein Lernen schaffst (M016). Zusammengefasst sticht **Oi–** hervor. «**Es ist bedeutsam, dass du jetzt (während der Übertrittsphase) so handelst, weil du sonst negative Konsequenzen für dein Lernen und dein Wohlbefinden haben wirst.**»

(Fortsetzung)

7.3 Elternspezifische Stilelemente des verbal-appellativen ...

Tabelle 7.10 (Fortsetzung)

Elternteil	Betonung der Wesentlich- keit[1]	Betonung positiver Aspekte[2]	Betonung internaler Aspekte[3]	Erläuterung und geframte generalisierte Argumentation des Elternteils
D12	3	3	2	Bei Mutter D12 sind die Episoden M017, M018, M020 und M021 (vgl. Anhang, Tabelle 9.1) stark zu gewichten, weil diese zwar meist in indirekter Rede, aber trotzdem prägnant das wertbezogene Regulationshandeln im Kontext des Übertritts und bei Hausaufgaben schildern. Der Übertritt wurde während der Erhebungszeit vor allem bei häuslichen Prüfungsbesprechungen zwischen der Mutter und dem Sohn K02 zum Thema (vgl. M017). Nachdem die Zuteilung lange in der Schwebe stand, plädierte die Klassenlehrerin L01 aufgrund besser werdender Leistungen vor allem im Fach Mathematik kurz vor dem Übertrittsgespräch für eine Zuteilung zur Abteilung A, was von D12 begrüßt wurde, erlebte sie doch mit der älteren Tochter zur selben Zeit, dass die Lehrstellensuche für Sek-B-Absolvent*innen beschwerlich war. Unsicher war sich allerdings K02: Während er am Übertrittsgespräch äußerte, er wolle lieber in die Abteilung B eingeteilt werden, änderte er seine Meinung aufgrund der Ermutigungen durch die Lehrkraft und die Eltern. Als sich darauf seine Noten verschlechterten und der Sohn einen gestressten Eindruck machte, wurde auch die Mutter wieder unsicher, ob der Entscheid und ihre Motivierungsversuche richtig gewesen seien. Kurz vor dem Übertritt gewann K02 schließlich doch die Gewissheit, dass er es in der Abteilung A versuchen wolle: «Ja, jetzt hat es gändert. Er hat es wahrscheinlich auch von uns gehört. Umgekehrt geht es nicht, vom B aufsteigen. Also vor allem bei ihm, das ist ein bisschen eine Illusion» (M018). Zwar sind in den Episoden von D12 Zweckmäßigkeitsargumente der Mutter und dem Sohn K02 zum Thema (vgl. M017). In fünf der sieben Episoden operiert die Mutter D11 sodann mit positiven Argumenten (E) (vgl. Anhang, Tabelle 9.1), sonst liegt der Fokus aber bei allen Episoden auf sozial gesetzten Normen und Erwartungen (e → Grad 2): Das musst du halt einfach machen! Zusammengefasst sticht **E**e+ hervor: «**Es ist bedeutsam, weil du das jetzt (während der Übertrittsphase) so handelst, weil du das als Schüler im Übertritt einfach musst.**»

(Fortsetzung)

Tabelle 7.10 (Fortsetzung)

Elternteil	Betonung der Wesentlichkeit[1]	Betonung positiver Aspekte[2]	Betonung internaler Aspekte[3]	Erläuterung und geframte generalisierte Argumentation des Elternteils
E11	2	2	2	Die Mutter E11 erzählt episodisch-anschaulich und setzt in den meisten Fundstellen die direkte Rede ein: «Dann sag ich: «...», «Wir haben gesagt: «...» (vgl. Anhang, Tabelle 9.1). Sehr hohe Aspirationen für die Abteilung A aufweisend (vgl. Tabelle 3.2), nimmt sie ihren Sohn K03 als zu unbekümmert bezüglich des Übertritts wahr (vgl. M025) und thematisiert dessen Bedeutung und ein entsprechendes Handeln während der Erhebungszeit gegenüber ihrem Sohn immer wieder: «Vielleicht wäre es weniger gewesen, wenn die Noten immer nur gut gewesen wären oder anders, aber sicher weniger. Aber wir haben das schon oft thematisiert» (M024). In den prägnant geschilderten Episoden M024, M025, M026, M030, M031, M032 wird mit einer Ausnahme stets mit Zweckmäßigkeit (O) argumentiert (vgl. Anhang, Tabelle 9.2). Mit vier von neun Episoden gibt es bei diesem Elternteil aber auch einen starken Einsatz von Wesentlichkeitsargumenten. Das Rating-Team hat sich nach längerer Diskussion wegen des inhaltlichen Gewichts der entsprechenden Stellen (sie thematisieren den Übertritt) für Zweckmäßigkeit entschieden. Negative Argumente (−) überwiegen klar gegenüber positiven in den Episoden mit direkter Rede und leicht (5:4) über alle neun Episoden hinweg: Die Mutter E11 will ihren Sohn deutlich von bisherigen Handlungs- und Sichtweisen abbringen. Sie warnt ihn in den Episoden mit direkter Rede eindringlich, z. B.: «[Da] habe ich gesagt 'K03, du kannst nicht...'» (M025). Zwar bringt der Elternteil zwei internale Argumente ein (sonst kommst du in der Sekundarstufe nicht mit bzw. so wirst du fachlich besser, vgl. M024, M026), sonst liegt der Fokus aber bei allen Episoden auf externalen Aspekten (e → Grad 2), z. B.: sonst droht dir später der Abstufung, vgl. M025, M031, M032). Zusammengefasst sticht Oe− hervor. **«Es ist bedeutsam, dass du jetzt (während der Übertrittsphase) so handelst, weil du sonst negative Konsequenzen für deinen Übertritt gewärtigen musst.»**
E12	3	3	2	Die Mutter E12 schildert Kommunikationssituationen recht ausführlich (vgl. Anhang, Tabelle 9.1). In sieben von 13 Stellen argumentiert sie mit Wesentlichkeit (E). Auch in den besonders prägnanten Episoden M035, M038, M039, M044, M045 (vgl. Anhang, Tabelle 9.2), in denen es um den Übertritt und das Lernen zuhause geht, operiert E12, die sehr hohe Aspirationen für die Abteilung A aufweist (vgl. Tabelle 3.2), mehrheitlich mit diesem Begründungstyp. Dabei werden in diesen Argumenten klar mehrheitlich Rollenanforderungen hervorgehoben: «weil du dies als Schülerin» (vgl. M033, M036, M038) bzw. als Schülerin im Übertritt mit dem Berufswunsch Kindergärtnerin (vgl. M035, M037, M043) einfach musst». In Episode M038 wird besonders deutlich, wie die Mutter S12 sich abgrenzt und auf die Pflichten der Tochter als Schülerin verweist: «Dann sage ich: 'Du hast einen Duden, du hast einen PC, du hast einen Stuhl, bedien' dich selber.' Das heißt, ich bin ja nicht nur begleitende Aufgabenhilfe. Ich habe ja mein Leben auch noch. Dann sag ich: "Ich geh dir das schon raussuchen. Aber dann kochst du bitte die Lasagne fertig, rufst die Oma an und deckst den Tisch"». Auch über alle Episoden hinweg werden in neun von 13 Stellen externale Aspekte betont. Internale, auf optimale Bedingungen beim Lernen, auf emotionale Bedürfnisse und das häuslichen Lernens und des Fähigkeitsselbstkonzept des Kindes bezogene Argumente finden sich in Bezug des Übertritts und des Fähigkeitsselbstkonzept des Kindes bezogene Argumente finden sich in Bezug des Übertritts in vier Episoden M034, M041, M042, M03 (e → Grad 2). In sämtlichen zentralen Episoden mit Wesentlichkeitsargumenten, aber auch über die meisten der 13 Episoden hinweg, hebt der Elternteil die positive Norm bzw. gesellschaftlich anerkannte Standards (+) hervor. Es gehört sich so! Zusammengefasst sticht Ee+ hervor. **«Es ist bedeutsam, dass du jetzt (während der Übertrittsphase) so handelst, weil du das als Schülerin im Übertritt mit deinem Berufswunsch einfach musst.»**

(Fortsetzung)

7.3 Elternspezifische Stilelemente des verbal-appellativen ... 515

Tabelle 7.10 (Fortsetzung)

Elternteil	Betonung der Wesentlichkeit[1]	Betonung positiver Aspekte[2]	Betonung internaler Aspekte[3]	Erläuterung und geframte generalisierte Argumentation des Elternteils
H11	2	2	2	Die Mutter H11 erzählt in leicht gebrochenem Deutsch episodisch-anschaulich und setzt in fast jeder extrahierten Textstelle die direkte Rede ein (vgl. Anhang, Tabelle 9.1). Sehr hohe Aspirationen für die Abteilung A aufweisend (vgl. Tabelle 3.2), argumentiert sie in acht von 12 Episoden mit Zweckmäßigkeit (O), wobei in fünf dieser acht Wertregulationen die Nützlichkeit des entsprechenden Handelns im Hinblick auf das Übertritt in die Abteilung A hervorgehoben wird (vgl. Anhang, Tabelle 9.2). Auch in zwei der vier Episoden mit Wesentlichkeitsargumenten geht es direkt um den Übertritt, der das wichtige Thema der Mutter H11 während der Erhebungszeit ist. Besonders prägnant wird dies in der Episode M046 dargestellt: «ich habe sie immer [...] mehr oder weniger daran erinnert, dass sie-. Eben, dass sie schauen muss, was sie macht. Jetzt ist es wirklich ernst oder. Die ganze Arbeit, welche sie von der 1. Klasse bis jetzt hatte-. Jetzt wird es ernst-.» (unverst.) Und dass sie das immer im Hinterkopf, in den Hintergedanken [hat], oder.» (vgl. auch M047/M052/M057, M048 und M052). Wie in diesem Zitat überwiegt wie bei den anderen übertrittsbezogenen Wertregulationen mit Zweckmäßigkeitsargumenten das Warnen vor diesbezüglich negativen Folgen (−): «sonst gefährdest du den Übertritt in die Abteilung A!» Während in vier der 12 Episoden interne Aspekte betont werden (Wissenserwerb und Freizeit), werden der Tochter K05 in allen anderen Episoden sozial gesetzte Ziele − namentlich der Übertritt − als Gründe für die Bedeutung eines bestimmten schulbezogenen Handelns vor Augen geführt (e → Grad 2). Zusammengefasst sticht **Oe−** hervor: «**Es ist bedeutsam, dass du jetzt (während der Übertrittsphase) so handelst, weil du sonst den Übertritt in die Abteilung A gefährdest.**»
H12	2	2	1	Bei der Mutter H12 überwiegen die Zweckmäßigkeitsargumente (O) leicht (5:4) (vgl. Anhang, Tabelle 9.2). In acht von neun Wertepisoden geht es dabei direkt um den Übertritt, der bei K06 über die ganze Erhebungszeit in der Schwebe lag (vgl. M064, Anhang, Tabelle 9.1). Der Übertritt ist das zentrale schulbezogene Thema in den acht Monaten vor dem Entscheid (vgl. M058) zwischen der alleinerziehenden Mutter (vgl. Tabelle 4.1), die wenig Zeit für Hausaufgabenhilfe hat (vgl. M063), und ihrem ältesten Sohn (e → Grad 1). Die Mutter formuliert in der zentralen Episode M059, dass sie aufgrund eigener Erfahrungen einen Übertritt in die Abteilung A als wichtig erachte, da sonst später beruflich allenfalls Einschränkungen zu erwarten seien: «Und wäre ich nicht in die Sek gekommen, hätte ich die Ausbildung nicht machen können, welche ich jetzt habe und-. Ohne diese Ausbildung wäre ich unglücklich, glaube ich. Weil das so meine Berufung ist. Und das habe ich versucht K06 zu vermitteln. Dabei versucht die H12 zwar auch, dem Sohn einen positiven «Ansporm» (M066) zu geben: weil es für dich auch «machbar ist» (M061), weil «es Spaß machen kann, wenn man [...] eine Knacknuss gelöst hat, [...] es selber hinbekommen hat» (M058). Sodann verspricht sie ihm einen eigenen Laptop, wenn er es in die Abteilung A schaffe (M066). Mehrheitlich − in sechs der neun Wertepisoden − hebt sie aber klar negative Aspekte (−) hervor und warnt ihren Sohn vor den ungünstigen Folgen eines bestimmten Handelns oder ungenügender Noten für die aspirierten Übertritt in die Abteilung A. Zusammengefasst sticht **Oe−** hervor: «**Es ist bedeutsam, dass du jetzt (während der Übertrittsphase) so handelst, weil du sonst den Übertritt in die Abteilung A verpasst, die dir deutlich bessere berufliche Optionen eröffnet.**»

(Fortsetzung)

Tabelle 7.10 (Fortsetzung)

Elternteil	Betonung der Wesentlich- keit[1]	Betonung positiver Aspekte[2]	Betonung internaler Aspekte[3]	Erläuterung und geframte generalisierte Argumentation des Elternteils
M11	2	3	2	Der Vater M11, der mit seiner Familie vom Nahen Osten in die Schweiz geflohen ist (vgl. Tabelle 4.1), spricht gebrochen Deutsch, verwendet aber in fast jeder Episode die direkte Rede (vgl. Anhang, Tabelle 9.1). Gegenüber dem Sohn K07 argumentiert er klar mehrheitlich mit der Zweckmäßigkeit (O) bestimmter Verhaltensweisen und Leistungsergebnisse (vgl. Anhang, Tabelle 9.2). In acht der 13 Wertepisoden wird deren Nützlichkeit für das Verhindern einer Zuteilung für die Abteilung C (vgl. M079) vor allem aber zur Erreichung (+) eines baldigen Aufstiegs von der Abteilung B in die Abteilung A hervorgehoben: «K07, wenn du in die Oberstufe gehst, hast du noch eine Chance, um mehr gut zu sein, mehr zu arbeiten, mehr lernen wegen- gibst du die ersten drei, vier Monate sehr gute Noten, kannst du nach weiter oben gehen, in die Sek A. Aber dann musst du auch aufpassen, wenn du ganz schlechte Noten- kommst du unten in diese Sek C.» (vgl. M069/M078/M079). Nachdem während der Übertrittszeit lange nicht klar war, ob K07 in die Abteilung C eingeteilt werde, hat die Klassenlehrkraft dem Vater M11 gegen Ende derselben signalisiert, dass es für die Abteilung B reiche. M11 gibt dem Sohn vor diesem Hintergrund in mehreren Episoden zu verstehen, dass bessere Noten und ein hohes Engagement bei Hausaufgaben und im Unterricht (vgl. M067, M070) notwendig seien, um das Ziel Abteilung A zum ersten Umteilungstermin «in drei, vier Monate[n]» (M067) doch noch zu erreichen. Auch wenn M11 immer wieder interne Aspekte hervorhebt (leistungsmäßig den Anschluss haben, inhaltlich mitkommen können, Erfolge feiern können, vgl. M067, M068, M070, M078), so sind externale Aspekte – namentlich in Form des Übertritts – in neun der 13 Episoden im Vordergrund (e → Grad 2). Zusammengefasst sticht Oe+ hervor: «**Es ist bedeutsam, dass du jetzt (während der Übertrittsphase) so handelst, weil du auf diese Weise den Aufstieg in die Abteilung A vielleicht doch noch schaffst (und den Abstieg in die Abteilung C verhinderst).**»

(Fortsetzung)

7.3 Elternspezifische Stilelemente des verbal-appellativen ... 517

Tabelle 7.10 (Fortsetzung)

Elternteil	Betonung der Wesentlichkeit[1]	Betonung positiver Aspekte[2]	Betonung internaler Aspekte[3]	Erläuterung und gefärbte generalisierte Argumentation des Elternteils
M12	3	3	1	Die Mutter M12 argumentiert in sechs von acht Episoden mit Wesentlichkeit (E) und betont dabei immer Rollenerwartungen, also externale Aspekte (e) (vgl. Anhang, Tabelle 9.2). Anders als bei den meisten anderen Eltern geht es bei diesem Elternteil aber nicht um den Übertritt im engeren Sinne und darum, welche Pflichten ein Kind habe, das sich in dieser Statuspassage befinde. Vielmehr hebt M12 die Erwartungen hervor, die ihr Sohn K08 als Mitglied der Familie (So musst du es aus unserer Sicht einfach sehen!, vgl. M081, M082) sowie grundsätzlich als Schüler zu erfüllen habe (So musst du als Schüler halt einfach sein!, vgl. M083, M084, M086, M087). Die Mutter M12 und ihr Mann wollen auf keinen Fall «Druck auf das Kind ausüben. Das möchten wir nicht» (M081, vgl. Anhang, Tabelle 9.1) und gehen ihrem Sohn zu verstehen, dass der Übertritt für sie kein zentrales Thema sei: «Wir haben ihm einfach gesagt, dass es für uns in Ordnung ist. Also, wir möchten K08 nicht soklar hätte ich Freude gehabt, weißt du, irgendwie- also, für ihn wäre das natürlich super gewesen, aber wir pushen ihn nicht, also dass er: 'Du musst jetzt in diese Sek A oder ins Gymnasium.' Es bräuchte nichts, weil äh, K08 hat ganz schlechte Erfahrungen mit seinen Schulkollegen, bei denen die Eltern ums Verrecken wollen, dass diese Kinder in diese Sek gehen und kaum Sek A-Schüler sind, noch an eine Gymnasiumsprüfung müssen. Also, das ist grauenhaft. Also, argumentiert sie machen wir nicht.» (M082) (vgl. auch «Valenz der unmittelbaren Zuteilung zur aspirierten Abteilung zum Zeitpunkt G1» in Tabelle 3.2). Dennoch argumentiert der Elternteil mit Ausnahme der Episode M080, in der ein Zweckmäßigkeitsargument mit internalem Lokus vorkommt, durchgehend mit externalen Argumenten (e → Grad 1). In fünf der sechs dominanten Wesentlichkeitsargumenten hebt der Elternteil die positive Norm bzw. gesellschaftlich anerkannte Standards (+) hervor – es gehört sich als Schüler halt so! Zusammengefasst sticht **Ee+** hervor: «**Es ist bedeutsam, dass du jetzt (während der Übertrittsphase) so handelst, weil du das als unser Sohn und als Schüler einfach musst.**»

(Fortsetzung)

Tabelle 7.10 (Fortsetzung)

Elternteil	Betonung der Wesentlichkeit[1]	Betonung positiver Aspekte[2]	Betonung internaler Aspekte[3]	Erläuterung und geframte generalisierte Argumentation des Elternteils
R11	3	3	2	Die Mutter R11 schildert einige Kommunikationssituationen ausführlicher (vgl. M093, M094 und M096) und verwendet in den meisten der neun Wertregulationen die direkte Rede, um eigene Ansprachen und Appelle zu verdeutlichen (vgl. Anhang, Tabelle 9.1). In den Episoden dieses Elternteils finden sich leicht mehrheitlich (5:4) Wesentlichkeitsargumente (E) (vgl. Anhang, Tabelle 9.2). Sehr hohe Aspirationen für die Abteilung A aufweisend (vgl. Tabelle 3.2), besteht das wichtige schulbezogene Thema während der Übertrittszeit für die Mutter R11 und ihren Mann – anders als für die Tochter K09, die «das sowieso [...] relativ gesehen [hat] oder entspanner wie wir Eltern» (M093) – darin, die anfangs gute Ausgangslage für den Übertritt in die Abteilung A nicht durch schlechte Leistungen zu gefährden: «[...] wie sie dann von den Schulleistungen doch recht abgefallen ist, dass ich dann schon befürchtet hab', dass ja eventuell dann die Sek A gefährdet ist und das wollte ich dann auf, auf gar keinen Fall.» (M095). Aus diesem Grund war es das zentrale Anliegen von R11, der Tochter klar zu machen, «dass es schwierig ist; natürlich ist es schwieriger gute Noten zu halten als wie sich von ganz schlechten nach oben zu verbessern. Und wäre natürlich schön, wenn sie sich das ein bisschen mehr zu Herzen nimmt und da, ja wieder ein bisschen mehr für die Schule tut oder dann auch zu wissen, worauf es ankommt» (M089). Vor diesem Hintergrund wird die Tochter K09 in den meisten Wesentlichkeitsargumenten auf ihre Rolle als Mitglied der Familie (So musst du als unser Kind einfach sein!, vgl. M088, M094, M096) oder auf ihre Rolle als Schülerin, die unbedingt den Übertritt in die Abteilung A schaffen sollte (vgl. M091, M095) hingewiesen. Externale Aspekte (e) überwiegen nicht nur in den Wesentlichkeitsargumenten, sondern über alle Wertregulationen hinweg (in sieben von neun Episoden) (e → Grad 2). Die beiden Wertbegründungen mit internalem Lokus heben auf den optimalen Lerngewinn ab, welchen das Kind erziele, wenn es entsprechend handle (vgl. M090, M092). R11 setzt sodann mit einer Ausnahme (M092) in allen Wertepisoden positive Argumente ein und betont in den Wesentlichkeitsargumenten somit die positive Norm bzw. gesellschaftlich anerkannte Standards (+) – so muss es sein! Zusammengefasst sticht Ee+ hervor. «**Es ist bedeutsam, dass du jetzt (während der Übertrittsphase) so handelst, weil du das als unsere Tochter, die unbedingt den Übertritt in die Abteilung A schaffen sollte, einfach musst.**»

(Fortsetzung)

7.3 Elternspezifische Stilelemente des verbal-appellativen ...

Tabelle 7.10 (Fortsetzung)

Elternteil	Betonung der Wesentlich-keit[1]	Betonung positiver Aspekte[2]	Betonung internaler Aspekte[3]	Erläuterung und geframte generalisierte Argumentation des Elternteils
R12	3	3	3	Die Mutter R12, die für ihre Tochter K10 die Abteilung B der Sekundarschule anstrebt (vgl. Tabelle 3.2), argumentiert in vier Episoden mit der Wesentlichkeit und in ebenso vielen mit der Zweckmäßigkeit eines bestimmten Handelns (vgl. Anhang, Tabelle 9.2). Die Episode M099 bildet die Kernfundstelle, insofern als sie die Inhalte anderer aufnimmt und in prägnanter Form wiedergibt, was dem Elternteil während der Übertrittszeit wichtig war, der Tochter K10 zu signalisieren (vgl. Anhang, Tabelle 9.1): Sich als jemanden zu erkennen und zu akzeptieren, der interesse- und fähigkeitsbezogen (erstmal) in die Abteilung B gehöre: «[...] eben, was ich ihr gesagt habe: "Hinauf kannst du immer und eh ja' [...] dass sie eigentlich weiß, wo ihr Platz ist und ich denke mir, sie fühlt sich doch wohler so. Anstatt jetzt [...] den Druck haben [zu müssen], weiß ich wohin eingestuft zu werden und es stimmt nicht mit ihrem Inneren überein» (M099). Der in dieser Episode ausgedrückte Begründungstyp Ei+ (positive internale Wesentlichkeit) widerspiegelt sich in den übrigen sieben Wertregulationen: So setzt der Elternteil R12 in fünf weiteren Episoden lockende bzw. die positive Norm betonende Argumente (+) ein (vgl. M089, M100, M101, M102 und M103) und argumentiert grundsätzlich kindbezogen, indem sie in drei weiteren Episoden internale – den Wissenserwerb und emotionale Bedürfnisse betreffende – Aspekte betont (i → Grad 3) (vgl. M098, M100 und M103). Zusammengefasst sticht Ei + hervor: **«Es ist bedeutsam, dass du jetzt (während der Übertrittsphase) so handelst, weil du dich interesse- und fähigkeitsmäßig als Persönlichkeit erkennen musst, die sich momentan in der Abteilung B wohler fühlt.»**

(Fortsetzung)

Tabelle 7.10 (Fortsetzung)

Elternteil	Betonung der Wesentlich-keit[1]	Betonung positiver Aspekte[2]	Betonung internaler Aspekte[3]	Erläuterung und geframte generalisierte Argumentation des Elternteils
S11	3	3	1	Die Mutter S11 argumentiert in sieben von elf Episoden mit Wesentlichkeit (E), wobei sie dabei mit der Ausnahme der Wertregulation M105 immer Rollenerwartungen (e) zum Ausdruck bringt (vgl. Anhang, Tabelle 9.2). S11 und ihr Mann sind zu Beginn der achtmonatigen Untersuchungszeit von der Klassenlehrkraft L05 mit dem Bescheid überrascht worden, dass ihr Sohn K11 Gefahr laufe, in die Abteilung B eingeteilt zu werden (vgl. M106). Ab diesem Zeitpunkt ist der Übertritt «allgemein, [...] also vor und nach jeder Prüfung» (M106) zum zentralen Thema für die Eltern geworden, die sehr hohe Bildungsaspirationen aufweisen (vgl. Tabelle 3.2). Wie sie in der Schlüsselepisode M115 (vgl. Anhang, Tabelle 9.1) ausdrückt, hat S11 in der Folge mit K11 «immer wieder besprochen, [...] dass es halt wichtig ist, dass er mal dort beginnt, auch wenn er nachher ins B kommt oder was auch immer, aber dass es wichtig ist, dass er ins A kommt.» Und sie fügt an: «Es ist ein extremer Druck, den wir auch weitergegeben haben» (M115). In diesem Kontext bringen ihre externalen Wesentlichkeitsargumente Pflichten und Erwartungen zum Ausdruck, die an ihren Sohn in seiner Rolle als Schüler in der Statuspassage gestellt werden: weil du den Übertritt in die Abteilung A auf keinen Fall aufs Spiel setzen darfst bzw. weil du das in der Übertrittsphase einfach musst! (M106, M115), weil du das als Schüler einfach musst!! (M107, M110) sowie weil du das als Sek-A-Anwärter einfach musst! Über alle elf Episoden finden sich internale Argumente demgegenüber nur in zwei Episoden, die inhaltlich eher marginalen Stellenwert haben (M105, M114) (e → 1). Sodann überwiegen positiv-valente Argumente (+) in den 11 Episoden klar (im Verhältnis 7:4). Zusammengefasst sticht **Ee + hervor**. «Es ist bedeutsam, dass du jetzt (während der Übertrittsphase) so handelst, weil du das als Schüler, der unbedingt den Übertritt in die Abteilung A schaffen sollte, einfach musst.»

(Fortsetzung)

7.3 Elternspezifische Stilelemente des verbal-appellativen ...

Tabelle 7.10 (Fortsetzung)

Elternteil	Betonung der Wesentlich-keit[1]	Betonung positiver Aspekte[2]	Betonung internaler Aspekte[3]	Erläuterung und geframte generalisierte Argumentation des Elternteils
V11	3	3	3	Die Mutter V11 hat hohe Bildungsaspirationen für ihre drei Kinder (vgl. Tabelle 3.2): «Ich weiß, mir ist es wirklich wichtig, dass alle Kinder in die Sek A kommen. Wenn sie ins [Gymnasium] wollen, noch besser. Aber dass sie in die Sek A kommen, das ist mir wirklich wichtig» (M132, vgl. Anhang, Tabelle 9.1). Gleichzeitig fühlt sie sich stark gefordert bei der Unterstützung ihrer Kinder. Erforderte bis vor Kurzem ihr Sohn K13, der an der Aufmerksamkeitsdefizitstörung (ADS) leidet und eine Medikation erhält (vgl. Tabelle 4.4), ihre besondere Aufmerksamkeit, so ist es während der Erhebungszeit dessen kleinere Schwester: «Alle haben so ihre Probleme in der Schule. Im Moment bin ich extrem bei der Jüngsten dran. Zum Glück. […] Es wechselt sich immer. Es sind nie alle drei. Aber jemand ist immer. Lange war es K13. K13 habe ich wie so ein wenig gehen lassen. Gehen lassen nicht im Sinn, dass ich nicht schaue. Aber so, dass ich ihm eigentlich machen lasse.» (M128). In der Vergangenheit gab es große Konflikte zwischen V11 und dem Sohn. Die Mutter hat sich professionelle Hilfe geholt und begleitet ihn seither deutlicher aus «dem Hintergrund […], die [ihre] Hilfe zur Verfügung stell[t], wenn es die braucht.» (M131). In diesem Kontext weist V11 vor allem Wertregulationen mit Wesentlichkeitsargumenten (E) auf (sechs von acht Episoden) und je vier Regulationen mit internalem und externalem Lokus (vgl. Anhang, Tabelle 9.2). Bei der Lektüre der Episoden wird klar, dass die V11 mit ihren Wertregulationen zwar auch auf Rollenerwartungen abhebt (vgl. M126, M127), aber dem Sohn K13 vor allem signalisiert, dass er sich als jemanden sehen soll, der das Potenzial zu Leistungsverbesserungen hat (M125), der seine schulischen Stärken und Schwächen genau kennt und letztere mit gezieltem Üben und Mehrarbeit angeht (M129), sowie als jemanden, der große Fortschritte gemacht hat, was das selbstständige Fragen nach bedarfsgerechter Unterstützung durch die Mutter anbelangt (M131) (i 3). In sieben von acht Wertepisoden setzt der Elternteil sodann positiv-valente Argumente (+) ein und betont damit gegenüber K13 dessen Pflichten (Ee +), vor allem aber auch die positiven Seiten seiner Persönlichkeit und seines Handelns (Ei +). Zusammengefasst sticht **Ei +** hervor: «**Es ist bedeutsam, dass du jetzt** (während der Übertrittsphase) **so handelst, weil du dich vor dem Hintergrund unserer familiären Situation als jemanden erkennen musst, der bei Bedarf selbstständig Hilfestellungen einfordert, gezielt an seinen noch schulischen Schwächen arbeitet und der in letzter Zeit vor allem bewiesen hat, dass er das auch kann!»**

(Fortsetzung)

Tabelle 7.10 (Fortsetzung)

Elternteil	Betonung der Wesentlichkeit[1]	Betonung positiver Aspekte[2]	Betonung internaler Aspekte[3]	Erläuterung und geframte generalisierte Argumentation des Elternteils
V12*	2	2	2	In den 22 Episoden von Vater V12 finden sich gleich viele Wertregulationen mit Zweckmäßigkeitsargumenten (O) wie solche mit Wesentlichkeitsargumenten (E) (vgl. Anhang, Tabelle 9.2). Beim Durchlesen der Stellen im Original (vgl. Anhang, Tabelle 9.1) wird aber deutlich, dass sich der Vater immer wieder beratend, mahnend und warnend zeigt und seinem Sohn, der an einer leichten Legasthenie leidet (vgl. M148, ebenso Tabelle 4.4), die Nützlichkeit von Lernen, Arbeitsmethoden und Unterricht für das Lösen von Alltagsproblemen (M137), für die persönliche Entwicklung (M148, M151), das persönliche Wohlbefinden (M160, M161, M163), vor allem aber für die Berufswahl und das spätere Arbeitsleben (M131, M139, M147) facettenreich darstellt. Zweckmäßigkeitsargumente (O) und der externale Aspekt des Übertritts stechen somit hervor (e → 2). Im Verlauf der Übertrittszeit sind sich die Eltern, die Klassenlehrerin L07 und der Sohn K14 einig, dass letzterer erst einmal in die Abteilung B übertreten soll: «Ich denke auch die Einstufung, die hat K14 auf eine Art auch wieder beruhigt. Es ist jetzt klar gewesen. Wir haben ihm zuvor gesagt: 'Das Ziel wäre ja sicher B.' Wir haben ja auch gesehen, dass das A wahrscheinlich eher eine Stufe zu hoch ist. Und für ihn selber hatten wir auch das Gefühl, dass er ein wenig gefestigt und beruhigt ist. Jetzt ist das klar. Es war dann eher ein bisschen die Gefahr, dass er– ich habe ihm dann mal gesagt: 'Das heißt jetzt nicht, dass du wegen dem zurücklehnen musst und noch weniger machst.'» (M134). Der Appell am Schluss bringt die verbalen Wertregulationen von V12 während der Übertrittszeit auf den Punkt: Auch wenn Zweckmäßigkeitsargumente herausstechen, wird K14 während seiner Pflichten als Schüler (Fe) erinnert und es wird ihm signalisiert, dass er sich als jemanden erkennen müsse, der das Potential zu mehr habe als das, womit er sich zufriedengebe (Ei). V12 strebt für seinen Sohn den Aufstieg in die Abteilung A an und warnt ihn (−) namentlich in den zentralen übertrittsbezogenen Episoden M134 und M147 vor einem Lockerlassen: «[Wir haben] die Wichtigkeit [immer wieder besprochen], dass man sich- einfach versucht, ein Potential zu nutzen. Wir haben jetzt mal gesagt: 'Jetzt bist du in dieser Sek B eingestuft. Mathe und Französisch in der zweiten Stufe, von 1–3.' Dass sein Ziel jetzt sein sollte, dass er dort versucht, nicht einfach zu verharren oder zu sinken, sondern wirklich sich Mühe gibt und die Zeit möglichst optimal nutzt. Weil später irgendwann, das Spektrum der Möglichkeiten wird einfach weiter, je mehr er da-». V12 warnt in dieser Schlüsselstelle seinen Sohn eindringlich vor den Folgen für seine Berufswahl, falls er nach dem Übertritt nicht die Umstufung (vgl. Abschnitt 3.3) in die Abteilung A anstrebe: «[Sek B] genügt für ihn. Er will ja irgendetwas Handwerkliches lernen und das würde das ja beschreiben, hat er mir mal gesagt. Sie hatten das in der Schule auch ein wenig behandelt. Da hat er gesagt: 'Eben Sek B, das ist genau das, was man braucht, wenn man nachher Handwerker werden will.' Dann musste ich ihn dann korrigieren und sagen: 'Das reicht noch für Handwerker.' Ich will nicht einem handwerklichen Beruf hätte hätte zu bessere [Chancen].' […] Wenn man ihm halt zum hundertsten Mal sagt, dass es gut wäre, wenn er und so weiter. Und dann ist das so sein Ding, um das Gespräch zu beenden: 'Ich bin jetzt dort und damit kann ich ja später eine Lehre [machen]'». V11 hat stark den Eindruck, bezüglich seines zentralen Anliegens einer Orientierung auf die Abteilung A hin und eines entsprechenden Engagements kaum an K14 durchzudringen. Obwohl über alle Episoden hinweg positive Argumente überwiegen, stehen in den zentralen übertrittsbezogenen Regulationen negativ-valente Argumente (sonst… bzw. du darfst keinesfalls) im Vordergrund. Zusammengefasst sticht Oe− hervor: «Es ist bedeutsam, dass du jetzt (während der Übertrittsphase) so handelst, weil du sonst den Anschluss an die Leistungsanforderung für die Abteilung A verpasst, in die du nach dem Übertritt in die Abteilung B möglichst bald aufsteigen solltest, weil sie dir ein deutlich größeres berufliches Spektrum eröffnet.»

(Fortsetzung)

7.3 Elternspezifische Stilelemente des verbal-appellativen ... 523

Tabelle 7.10 (Fortsetzung)

Elternteil	Betonung der Wesentlich-keit[1]	Betonung positiver Aspekte[2]	Betonung internaler Aspekte[3]	Erläuterung und geframte generalisierte Argumentation des Elternteils
Z11	3	3	3	Unter den neun wertbezogenen Episoden sind M155 und M156 zentral, insofern als die Mutter Z11 in diesem prägnant schildert, was sie und ihre Tochter K15 bezogen auf den Übertritt immer wieder besprochen haben (vgl. Anhang, Tabelle 9.1): «Ja, [...] dass sie nicht aufgeben soll. Dass sie nicht irgendwie sagen soll: 'Ja eben, ich schaffe es sowieso nicht. Und ich bin sowieso zu blöde. Ich, ich komme sowieso besser in die Sek B. Ist besser.' Dass wir sagten: 'Doch jetzt. Komm jetzt. Du, du bist genug gut für die Sek A. Ganz sicher'.» (M155). Die Mutter und ihr Mann argumentieren hier mit einem positiv-valenten internalen Wesentlichkeitsargument (Ei+) und signalisieren der Tochter, dass sie das kognitive Potential für die Abteilung A mitbringe und nicht aufgeben soll. Mit dem gleichen Begründungstyp agiert Z11 auch in der zweiten stark zu gewichtenden Episode M156. Allerdings bringt sie hier gegenüber ihrer Tochter zusätzlich zum Ausdruck, was dazu notwendig sei: «Wirklich noch, noch viel sprachen wir, /oder/, über das. [...] auch mal mit K15. /oder/, dass wir sagten: 'Also du.' eben, wenn sie sich ein bisschen Mühe geben würde, dass sie halt wirklich auch in die Sek A kommen würde, ohne Weiteres. Ja.». In den übrigen Werteepisoden wird klar, was Z11 unter mehr Mühe geben versteht. Sie schildert, wie sie versucht hat, das Handeln ihrer Tochter bezüglich Hausaufgaben und Prüfungsvorbereitungen zu regulieren: Um Hilfe bitten bei Schwierigkeiten (M159), Hausaufgaben nicht im letzten Moment machen (M160, M161, M162) und diese aus eigenem Antrieb erledigen (M158). Obwohl Zweckmäßigkeitsargumente und negativ-valente Aspekte über alle Episoden leicht häufiger auftreten (je 5:4, vgl. Anhang, Tabelle 9.2), steht bei diesem Elternteil wegen des Gewichts von M155 und M156 positive Wesentlichkeit (E+) im Vordergrund. Sodann betont Z11 – wenn auch nicht ausschließlich (vgl. M158 und M162) – nicht nur in den Schlüsselepisoden, sondern über alle Fundstellen hinweg internale Aspekte (i → 3). Zusammengefasst sticht Ei+ hervor. «Es ist bedeutsam, dass du jetzt (während der Übertrittsphase) so handelst, weil du dich als jemanden erkennen musst, der klar die kognitiven Bedingungen für die Abteilung A erfüllt und es schaffen kann, wenn er sein Arbeitsverhalten verbessert.»

(Fortsetzung)

Tabelle 7.10 (Fortsetzung)

Elternteil	Betonung der Wesentlich-keit[1]	Betonung positiver Aspekte[2]	Betonung internaler Aspekte[3]	Erläuterung und geframte generalisierte Argumentation des Elternteils
Z12	2	2	1	Bei den Wertepisoden der Mutter Z12 fällt auf Anhieb auf (vgl. Anhang, Tabelle 9.2), dass sie mit einer Ausnahme (vgl. M169) durchgängig mit Zweckmäßigkeit (O) argumentiert und in jeder Episode auf externale Aspekte abhebt (e → 1). In vier der sieben Episoden setzt sie sodann negativ-valente Argumente (−) ein. Mit anderen Worten warnt die Mutter Z12 typischerweise ihre Tochter K16 vor negativen Konsequenzen hinsichtlich eines sozial gesetzten Ziels: Sonst musst du mit dem Absacken deiner Noten rechnen! (vgl. M165), sonst störst du die Familienaktivitäten! (vgl. M167) oder sonst musst du mit negativen Folgen für den Übertritt rechnen! (vgl. M164, M170). Die beiden Episoden M165 und M170 sind dabei mit Blick auf die Übertrittsthematik die Schlüsselstellen (vgl. Anhang, Tabelle 9.1): «Was wir auch schon sagten: "Hey, wenn du jetzt nicht mehr lernst und all das hinwirfst, dann wärst du ein Sek-C-Kandidat. Und dort sind wirklich die, die, [...] nicht arbeiten können und vielleicht die einen auch, die nicht arbeiten wollen"» (M170). In der Schulgemeinde Z besteht Z noch eine Sekundarschule mit drei Abteilungen (vgl. Abschnitt 3.3) und der Mutter ist es wichtig, dass die Tochter mindestens die vom Anspruchsniveau her mittlere Abteilung B erreicht (vgl. Tabelle 3.2). Z12 bespricht mit K16 immer wieder, «dass man nicht absackt, sondern im Tempo weitermacht [und...] genau gleich noch lernen muss» (M164), weil sie sonst den Anschluss verpasse – auch nach erfolgtem Übertritt in die Abteilung B, in die K16 eingeteilt wurde (vgl. Tabelle 3.2). Zusammengefasst sticht **Oe─** hervor: «**Es ist bedeutsam, dass du jetzt (während der Übertrittsphase) so handelst, weil du sonst den Anschluss verlierst und nicht in die Abteilung B, sondern sogar in die wenig förderliche und allgemein verpönte Abteilung C eingeteilt wirst.**»

(Fortsetzung)

7.3 Elternspezifische Stilelemente des verbal-appellativen ... 525

Tabelle 7.10 (Fortsetzung)

Elternteil	Betonung der Wesentlichkeit[1]	Betonung positiver Aspekte[2]	Betonung internaler Aspekte[3]	Erläuterung und gefremte generalisierte Argumentation des Elternteils
Z22	3	3	1	In sieben von neun Wertepisoden argumentiert Vater Z22 mit dem Begründungstyp positive externale Wesentlichkeit (Ee+) (vgl. Anhang, Tabelle 9.2). Die typische Begründung für die Bedeutsamkeit eines schulbezogenen Lern- oder Leistungsziels besteht bei diesem Elternteil mit anderen Worten in der Botschaft, «weil es deine Pflicht ist und von deiner sozialen Umwelt so erwartet wird». Die Tochter K18 wird dabei in ihrer Rolle als Familienmitglied angesprochen (weil sich das für dich als unser Kind so gehört): Sich konzentrieren, wenn man dir hilft! (M175), mit mir üben, bist es sitzt! (M176), den Schulstoff auch wirklich verstehen! (M180), immer Respekt gegenüber den Lehrkräften zeigen! (M182). In den übrigen Wesentlichkeitsargumenten mit externalem Lokus fokussiert der Vater Z22, der sehr hohe Aspirationen für die Abteilung A aufweist (vgl. Tabelle 3.2), auf den Übertritt und verweist seine Tochter auf ihre Rolle als Anwärterin bzw. zukünftige Schülerin der Abteilung A (weil du das als angehende Sek-A-Schülerin einfach mussl): Defizite in Mathematik und Französisch aufarbeiten und mit mir in den Ferien «rückwärts und vorwärts» üben – «das muss sitzen!» (M178) sowie gute Noten machen! («Du weißt, die Noten müssen stimmen." Wenn die Noten nicht stimmen, muss ich schwer diskutieren», M183, vgl. Anhang, Tabelle 9.1). Auch in M177, der einzigen Episode mit Zweckmäßigkeitsargument, warnt Z22 die Tochter K18 davor, es sich in der letzten Phase vor dem Übertritt nicht zu locker zu nehmen, und bereits jetzt (und in den Sommerferien, vgl. M178) «die Themen aufzuarbeiten, die im A vertieft werden oder nochmals kommen [...] Weil brutal Material und eine rechte Datenflut auf sie zukommt, die sie verarbeiten muss». In der einzigen Episode mit internalem Lokus bezieht sich Z22 auf soziale Schwierigkeiten, die K18 mit Mitschüler*innen gehabt hat («dass dich nicht auf sie ein, das gibt es einfach, das hat mit dem Leben an sich zu tun, dass einfach nicht alle so sind, wie du sie gerne hättest und generell nicht zu dir passen»), und anerkennt ihre mentale Stärke (Ei+): «das ist schon so und mit dem kann sie sensationell umgehen. Ich glaube, ich hätte das nicht geschafft in ihrem Alter». Zusammengefasst sticht **Ee+** hervor. **«Es ist bedeutsam, dass du jetzt (während der Übertrittsphase) so handelst, weil du das als unsere Tochter und als angehende Schülerin der anspruchsvollen Abteilung A einfach unbedingt musst!»**

(Fortsetzung)

Tabelle 7.10 (Fortsetzung)

Elternteil	Betonung der Wesentlichkeit[1]	Betonung positiver Aspekte[2]	Betonung internaler Aspekte[3]	Erläuterung und geframte generalisierte Argumentation des Elternteils
Z31	2	3	2	Die Mutter Z31 argumentiert in den sechs Wertepisoden mehrheitlich (4:2) mit der Zweckmäßigkeit (O) bestimmter Handlungsweisen und Leistungsziele vor allem für den Nutzen in sozialer Hinsicht (4:2, e → 2). Internale Aspekte treten in den beiden Episoden auf (vgl. Anhang, Tabelle 9.2), in denen die Mutter mit Blick auf die Aufnahmeprüfung ins Langgymnasium, zu der Z31 ihren Sohn gedrängt hat (vgl. Abschnitt 3.3), mit positiver Wesentlichkeit (Ei +) argumentiert: weil du dich als jemanden erkennen solltest, a) der eigentlich fähig ist, die Eintrittsprüfung fürs Gymnasium zu schaffen! (M184) und b) der eigentlich gut in Mathematik ist! (M185). Z31 agiert über alle Episoden hinweg mehrheitlich (4:2) mit positiv-valenten Argumenten (+). Auch in der zentralen übertrittsbezogenen Episode M187 versucht sie ihrem Sohn die Zweckmäßigkeit des Übens mit den positiven Effekten auf das Ergebnis der Aufnahmeprüfung schmackhaft zu machen (vgl. Anhang, Tabelle 9.1): «Und bereite dich dann noch ein bisschen darauf vor. Mach noch ein paar Blätter. Lass es im Internet heraus». In den weiteren Argumenten mit dem Begründungstyp äußere Zweckmäßigkeit (Oe) wird vor Streit gewarnt (weil du sonst noch mehr Probleme mit den Kolleg*innen und der Lehrkraft hast) (vgl. M188), vor Bestrafung gewarnt (weil du sonst meine Erlaubnis nicht erhältst, noch nach draußen zu gehen und deine Freunde zu treffen) (vgl. M186) und mit Belohnung gelockt (weil du dann ein Fünf-Franken-Stück von mir erhältst, wenn du eine sehr gute Note schaffst) (vgl. M189). Zusammengefasst sticht Oe + hervor: «Es ist bedeutsam, dass du jetzt (während der Übertrittsphase) so handelst, weil du auf diese Weise vermutlich sogar die Aufnahmeprüfung ins Gymnasium schaffen könntest.»

(Fortsetzung)

7.3 Elternspezifische Stilelemente des verbal-appellativen ... 527

Tabelle 7.10 (Fortsetzung)

Elternteil	Betonung der Wesentlichkeit[1]	Betonung positiver Aspekte[2]	Betonung internaler Aspekte[3]	Erläuterung und geframte generalisierte Argumentation des Elternteils
Z32	3	3	1	Die Mutter Z32 argumentiert gegenüber ihrer Tochter K20 in drei von fünf Episoden mit positiver externaler Wesentlichkeit (Ee+) (vgl. Anhang, Tabelle 9.2); Weil du das einfach musst! In den beiden zentralen Episoden M192 und M193 hebt sie dabei auf die Pflichten ihrer Tochter als Schülerin ab, indem sie ihr deutlich macht, dass sie akzeptieren müsse, dass die Beschäftigung mit Hausaufgabenproblemen nicht zu den Aufgaben von Eltern gehören würden (vgl. Anhang, Tabelle 9.1): «[...] ich kann nicht mehr machen, als zu sagen: 'Setz dich hin. Mach. Wenn du Hilfe brauchst, geh zum Lehrer'» (M192). Wie Episode M193 zeigt, hat sie diese Botschaft seit den ersten Schuljahren vermittelt: «Ja, in der ersten Klasse hat man noch ein wenig geholfen. Also, war man noch dabei. 'Mami, schau da. Schau.' Und nachher ist die Selbständigkeit dagewesen. Wenn sie fertig war, kam sie es jeweils zeigen. 'Mami, schau da. Schau.' Und dann habe ich es angeschaut und gesagt: 'Ja, ist gut.' Auch wenn es Fehler drin hatte. Das muss nicht ich verbessern. Das muss der Lehrer verbessern (lachen). [...] Ja, aber sonst- sonst, wenn da immer die Eltern- Wenn jetzt ich da alles verbessern würde- verbessert hätte, dann hätte sie ja eine Sechs im Zeugnis, oder. (unverst.) Das müssen sie lernen. Aus den Fehlern müssen sie eben auch lernen. [...] Ist immer weniger geworden und immer weniger. Und dann geht es auch viel schneller. Wenn sie selber arbeitet, geht es eben schneller. Dann schaut niemand über die Schulter.» (M191). In der Episode M194 signalisiert sie ihrer Tochter ferner mit dem gleichen Begründungstyp, dass es eigentlich ihre Aufgabe als Schülerin wäre, noch bessere Noten zu schreiben und gibt ihr zu verstehen, dass sie bei einer 4.5 wenig beeindruckt sei: «[...] ist gut super. Könnte zwar besser sein, aber-». Die Botschaft mit externaler Ausrichtung: Als Schülerin hast du selbständig und ausgerichtet auf gute Noten zu sein und hast du es zu akzeptieren, dass es nicht zu meinen Aufgaben gehört, dir da weiterzuhelfen, drückt selbst in der Episode M193 durch («es gehört nicht nicht»), in der Z32 Tochter das sofortige Erledigen der Hausaufgaben damit als zweckmäßig darzustellen versucht, weil so noch Zeit bliebe unbeschwert Freunde zu treffen. (e → 1). Zusammengefasst sticht Ee+ hervor: «**Es ist bedeutsam, dass du jetzt (während der Übertrittsphase) so handelst, weil du es als deine Pflicht als Schülerin akzeptieren und einsehen musst, dass es eigentlich nicht zu meinen Aufgaben als Elternteil gehört, dich dabei zu unterstützen.**»

[1] Einschätzung des «Grads an Wesentlichkeit, mit dem die Elternteile in der Regel ihre Bedeutsamkeit der Ziele begründet haben» (vgl. Kategoriensystem in Tabelle 6.9) mit zwei Ausprägungen (nachträgliche Dichotomisierung, vgl. Abschnitt 6.4.3.1): 2 = eher niedrig (entspricht der Betonung von Zweckmäßigkeit (O)) und 3 = eher hoch (entspricht der Betonung von Wesentlichkeit (E)).
[2] Einschätzung des «Grads an positiver Valenz, den die Elternteile in der Regel in ihre wertbezogenen Argumente gelegt haben» (vgl. Kategoriensystem in Tabelle 6.10) mit zwei Ausprägungen (nachträgliche Dichotomisierung, vgl. Abschnitt 6.4.3.1): 2 = eher niedrig (entspricht der Betonung negativer Aspekte (–)) und 3 = eher hoch (entspricht der Betonung positiver Aspekte (+)).
[3] Einschätzung des «Grads an Kindbezug, den die Elternteile in der Regel in ihre wertbezogenen Argumente gelegt haben» (vgl. Kategoriensystem in Tabelle 6.11) mit vier Ausprägungen: 1 = niedrig (entspricht «ausgeprägtes Hervorheben externaler Aspekte (e)», also von außen gesetzter Ziele, Erwartungen und Anforderungen»), 4 = hoch (entspricht «ausgeprägtes Hervorheben internaler Aspekte (i)», also von innerliehen, beim Kind liegenden Konsequenzen und Bedürfnissen»).
* An den beiden Fällen D11 und V12 wurde das Kategoriensystem für die Ratings erprobt und verfeinert. Anders als bei den übrigen Fällen, erfolgte hier die fallspezifische Einschätzung der drei Dimensionen somit auf Anhieb im Team (vgl. Abschnitt 6.4.3).

Die Ausprägung 4, ein fast ausschließliches Argumentieren mit kindbezogenen Aspekten, wurde von den Rater*innen bei keinem Elternteil erkannt.

Fasst man schließlich die Merkmalskonfigurationen ins Auge, die sich aus den drei Dimensionen im Sinne der wertbezogenen Begründungstypen (vgl. Kategoriensystem in Abbildung 5.4) ergeben, so zeigt sich, dass wie bei den fallübergreifenden Analysen der Begründungstyp positive externale Wesentlichkeit (Ee+, «..., weil du das in Anbetracht von Rollenüberlegungen einfach musst») auch bei den individuellen Elternteilen am häufigsten auftrat: Gemäß der Einschätzung der Rater*innen war dieses Argumentationsmuster bei den sieben Elternteilen D12, E12, M12, R11, S11, Z22 und Z32 die bevorzugte Strategie, mit der sie das Kind vom Wert schulischer Ziele und Handlungsweisen zu überzeugen suchten (38.9 % overall).

Ebenfalls kongruent zu den Befunden der fallübergreifenden Analysen (vgl. Abbildung 7.2) war der Begründungstyp negative externale Zweckmäßigkeit (Oe−, «..., weil du sonst negative Konsequenzen bezüglich sozial gesetzter Ziele gewärtigen musst») in den fallspezifischen Untersuchungen das am zweithäufigsten eingesetzte Begründungsmuster: Die fünf Elternteile E11, H11, H12 V12 und Z12 setzten dieses typischerweise in ihren Wertregulationen ein (27.8 % overall).

Am dritthäufigsten trat in den fallspezifischen Analysen der Begründungstyp positive internale Wesentlichkeit (Ei+, «..., weil du das mit deinen Persönlichkeitsmerkmalen und deinen Bedürfnissen einfach musst!») auf: Bei den drei Elternteilen R12, V11 und Z11 wurde dieses Argumentationsmuster, welches in den fallübergreifenden Analysen nur eine marginale Rolle spielte (vgl. Abschnitt 7.1.2.3), als dominant identifiziert (16.7 % overall).

Der Begründungstyp positive externale Zweckmäßigkeit (Oe+, «..., weil du so positive Konsequenzen bezüglich sozial gesetzter Ziele erreichen kannst», war sowohl bei den fallübergreifenden als auch bei den vorliegenden fallspezifischen Analysen die vierthäufigste Wertvermittlungsstrategie: Bei den beiden Elternteilen M11 und Z31 wurde dieses Argumentationsmuster im Rahmen der Ratings als charakteristisch für deren Vorgehen während der unsicheren Übertrittszeit erkannt (11.1 % overall).

Der Begründungstyp positive innere Zweckmäßigkeit (Oi+, «..., weil du so positive Effekte auf dein Wohlbefinden und deinen Wissenserwerb erzielst»), in den fallübergreifenden Analysen als dritthäufigste Strategie ermittelt (vgl. Abbildung 7.2), konnte in den Ratings lediglich beim Elternteil D11 als dominantes Argumentationsmuster ausgemacht werden (5.6 % overall).

7.3.2 Elternspezifische Zuschreibung von Kontrolle während der Übertrittsphase

Wie in Abschnitt 7.2 erläutert, zeigten die fallübergreifenden Analysen der insgesamt 104 evaluativen Feedbacks, dass die Elternteile überwiegend von negativ-valenten Kontrollregulationen (80 Episoden, 76.9 %) berichteten, in denen sie ihren Kindern gegenüber – die sich alle im Zeugnis mit einem Notenschnitt zwischen 4.0 und 4.5 in den Kernfächern begnügen mussten (vgl. Abschnitt 4.3) – zum Ausdruck brachten, sie hätten bestimmte lern- oder leistungsbezogene Ziele «nicht im Griff» (vgl. Abbildung 7.6). Nach dieser ersten dichotomen Betrachtungsweise wurde unter Bezugnahme auf die verwendeten attributionalen Argumente (vgl. Kategoriensystem in Abbildung 5.3) der Grad der jeweils zugeschriebenen Kontrolle in einem zweiten Schritt (vgl. Abschnitt 7.2.3.3) auf einer sechsstufigen Skala von «sehr schlecht im Griff» bis «sehr gut im Griff» noch nuancierter ermittelt (vgl. Recodierungsmatrix, Tabelle 5.2). Nach der Graduierung der Kontrollregulationen zeigte sich, dass die Zuschreibung einer geringen

Kontrolle (Ausprägung 2: «du hast es schlecht im Griff») in 53 der 104 Episoden (51.0 % overall) auftrat und damit die bei weitem häufigste Einschätzung war, die die Eltern gemäß ihren eigenen Erzählungen den Kindern gegenüber zum Ausdruck gebracht hatten (vgl. Tabelle 7.9). Mit Blick auf die dabei eingesetzten attributionalen Argumente offenbart sich, dass den Kindern in 40 dieser 53 Kontrollregulationen (75.5 % intra) deren eigenes stabil ungünstiges Handeln (KHs−) und in den übrigen 13 Kontrollregulationen (24.5 % intra) Zustände genannt werden, in denen sich diese manchmal (noch) befänden (KBv−, z. B. noch zu kindlich denkend). Am zweithäufigsten, in 14 der 104 Kontrollregulationen (13.5 % overall), trat in den fallübergreifenden Analysen die Ausprägung 1 («du hast es sehr schlecht im Griff») auf, wobei diese Kontrollzuschreibung vornehmlich mit dem Begründungstyp KBs− («weil du stabil ungünstige Merkmale aufweist») assoziiert war (in acht dieser 14 Episoden, 57.1 % intra) (vgl. Abschnitt 7.2.3.3). Am dritthäufigsten, mit je 13 Episoden (12.5 % overall) waren evaluative Feedbacks zu verzeichnen, in denen die Elternteile ihren Kindern entweder eine eher geringe Kontrolle (Ausprägung 3: «du hast es eher schlecht im Griff») oder aber eine sehr hohe Kontrolle (Ausprägung 6: «du hast es sehr gut im Griff») spezifischer schulischer Ziele attestiert hatten. Die 13 Zuschreibungen eher geringer Kontrolle gingen stets mit dem Begründungstyp KHv− («weil du manchmal − noch − ungünstig handelst») einher und die Zuschreibungen sehr hoher Kontrolle beruhten mehrheitlich darauf, dass die Elternteile ihrem Kind bezüglich des jeweiligen Ziels ein stabil günstiges Handeln (KHs+) attestierten (in acht der 13 Episoden, 61.5 % intra) (vgl. Abschnitt 7.2.3.3).

Im vorliegenden Kapitel soll nun ebenfalls der Frage nachgegangen werden, welche typischen Muster kontrollbezogener Argumentation bei den individuellen Elternteilen feststellbar sind, wenn man jenen Episoden höheres Gewicht beimisst, in denen sie ihr Sprechhandeln besonders detailliert schildern und/oder dabei erkennbar ist, dass die jeweilige Episode mit Blick auf den generalisierten übertrittsbezogenen Frame (s. unten) von besonderer Bedeutung ist (vgl. Abschnitt 6.4.3). Die diesbezügliche, mit der evaluativen Inhaltsanalyse bearbeitete Forschungsfrage 3.2 lautet (vgl. Abschnitt 5.8):

Welches waren die individuell dominanten Argumentationselemente, mit denen die einzelnen Elternteile die Kontrolleinschätzungen ihres Kindes zu regulieren suchten?

Gemäß den oben dargestellten Ergebnissen der fallübergreifenden Analysen wurde für die höher-inferente Einschätzung des individuellen Stils der Kontrollzuschreibung eine vierstufige Skala geschaffen (vgl. Kategoriensystem in Tabelle 6.12), bei der die einzelnen Ausprägungen jeweils eine bestimmte Konstellation an negativ-valenten Begründungstypen repräsentieren: tief (1): «weil du

7.3 Elternspezifische Stilelemente des verbal-appellativen ...

ungünstige dispositionale Eigenschaften aufweist» (KBs− dominiert klar in den zentralen Episoden); eher tief (2): «weil du es bei den bestehenden ungünstigen dispositionalen Eigenschaften dauernd an der nötigen Anstrengung mangeln lässt» (KHs− ist dominant in den zentralen Episoden, KBs− und KBv− können in den Argumentationen vorkommen), eher hoch (3): «weil du dich zwar dauernd zu wenig anstrengst, dabei aber eigentlich über die nötigen dispositionalen Eigenschaften verfügst» (KHs− ist dominant in den zentralen Episoden, KBs+, KBv+und KBv− können in den Argumentationen vorkommen); hoch (4): «weil du dich zwar (noch) nicht stabil angemessen anstrengst, aber über die notwendigen günstigen dispositionalen Eigenschaften verfügst» (KHv− ist dominant in den zentralen Episoden, KBs+, KBv+und KBv− können in den Argumentationen vorkommen).

Tabelle 7.11 illustriert in der zweiten Spalte, wie die drei Rater*innen die 18 individuellen Elternteile bezüglich deren Stils der Kontrollzuschreibung während der Übertrittszeit auf der Grundlage der genannten Einschätzungskriterien beurteilt haben. Mit Bezügen zu den Notizen und Memos der Rater*innen, zu den Originalaussagen der Elternteile (vgl. Anhang, Tabelle 9.3) sowie zu den im Rahmen der Feincodierung erzeugten geframten Paraphrasierungen (vgl. Anhang, Tabelle 9.4) werden die fallspezifischen Einschätzungen in der dritten Spalte genauer erläutert. Wie schon bei den wertbezogenen Argumentationsmustern (vgl. Tabelle 7.10) werden diese Erörterungen jeweils mit der ausformulierten typischen Argumentation des jeweiligen Elternteils abgeschlossen, die mit Hilfe des folgenden generalisierten kontrollbezogenen Frames auf der Grundlage der vorhandenen Daten rekonstruiert wurde:

«Du hast die Bewältigung der Lern- und Leistungsanforderungen während der Übertrittsphase schlecht/eher schlecht/eher gut/gut im Griff, weil du...»

Diese falltypischen generalisierten Argumentationen wurden wieder jeweils nach der Ermittlung der Interrater-Übereinstimmung und der gegenseitigen Darlegung der den jeweiligen Ratings zugrundeliegenden Überlegungen gemeinsam formuliert. Durch den Autor wurden bei der Niederschrift leichte sprachliche Anpassungen vorgenommen.

Wie Tabelle 7.11 offenbart, bündeln sich alle Ratings in der Mitte der Skala. Obwohl es vorab mit Blick auf die Befunde der fallübergreifenden Analysen durchaus möglich schien, dass einzelne Elternteile die Ausprägungen 1 oder 4 aufweisen könnten, zeigte sich, dass kein Elternteil seinem Kind während der Übertrittszeit generell eine tiefe Kontrolle schulischer Ziele (Ausprägung 1) attestierte, indem er typischerweise mit dem für Kompetenzüberzeugungen und

Selbstwert abträglichen Begründungstyp KBs− (ungünstige dispositionale Merkmale) (vgl. Abschnitt 5.3.3.2) argumentierte («Du hast die Bewältigung der Lern- und Leistungsanforderungen während der Übertrittszeit schlecht im Griff, weil du diesbezüglich ungünstige Persönlichkeitsmerkmale besitzt»). Ebenso wenig bedienten sich die 18 Elternteile generell des in Ausprägung 4 repräsentierten Argumentationsmusters, in dem der Begründungstyp KHv− (variabel ungünstiges Handeln) in Kombination mit den Begründungstypen KBs+ (günstige dispositionale Merkmale), KBv+ (variabel günstige persönliche Bedingungen) oder KBv− (variabel ungünstige persönliche Bedingungen) dominant ist («Du hast die Bewältigung der Lern- und Leistungsanforderungen gut im Griff, weil du dich zwar (noch) nicht stabil angemessen anstrengst, aber grundsätzlich über die notwendigen günstigen Persönlichkeitsmerkmale verfügst»). Offenbar erachtete es kein beteiligter Elternteil als opportun und/oder gerechtfertigt, seinem Kind in der fraglichen Phase diesen Grad an Anerkennung seiner positiven Entwicklung zurückzumelden.

Die Hälfte der beteiligten Elternteile – D11, E11, E12, H11, H12, R11, V12, Z22 und Z32 – wies gemäß der eigenen Erzählungen ein Feedbackmuster auf, das dem Kind eine eher tiefe Kontrolle (Ausprägung 2) signalisiert, indem es generell auf Argumenten mit dem Begründungstyp KHs− (stabil ungünstiges Lern- und Leistungshandeln: z. B. «nur das Nötigste tun», «zu wenig Wille aufbringen», «dauernd unachtsam sein bei Prüfungen», «Freizeit und Schule schlecht trennen») in Kombination mit den Begründungstypen KBs− (ungünstige dispositionale Merkmale: z. B. «die Funktionsstörung ADS haben», «phlegmatisch sein») oder KBv− (variabel ungünstige persönliche Bedingungen: z. B. «Angstblockaden haben») beruht. Zusammengefasst lautete die Beurteilung dieser Elternteile: «Du hast die Bewältigung der Lern- und Leistungsanforderungen während der Übertrittszeit eher schlecht im Griff, weil du es bei deinen schon bestehenden (eher) ungünstigen Merkmalen ständig am nötigen Engagement mangeln lässt.» (vgl. Tabelle 6.12). Die neun Elternteile betonen somit internal unkontrollierbare als auch internal kontrollierbare Aspekte (vgl. Abschnitt 5.4). Für den Aufbau von positiven Kompetenzüberzeugungen dürfte letzterer Aspekt ein Lichtblick für die Kinder sein: Sich stabil zu wenig engagieren bedeutet nicht, dass sich das in Zukunft nicht ändern könnte. Dahingegen dürften die Verweise dieser Elternteile auf stabil negative internale Aspekte ungünstige Effekte auf

7.3 Elternspezifische Stilelemente des verbal-appellativen ...

Tabelle 7.11 Elternspezifischer Stil der Zuschreibung von Kontrolle

Elternteil	Zugeschriebene Kontrolle[1]	Erläuterung und geframte generalisierte Argumentation des Elternteils
D11*	2	Die Episode F003 (vgl. Anhang, Tabelle 9.3) ist stark zu gewichten, weil diese eine Ansprache der Mutter D11 an die Tochter K01 im Sinne einer Gesamtbeurteilung hinsichtlich des Übertritts enthält. Die evaluative Botschaft gegenüber der Tochter, die an der Funktionsstörung ADS leidet (vgl. Tabelle 4.4 und Tabelle 7.10), lautet: Dem Leistungsdruck in der Abteilung A wärst du noch nicht gewachsen (KBv−). In den übrigen mit Blick auf den generalisierten Frame stark zu gewichtenden Episoden F001, F004, F005, F006 und F007 (vgl. Anhang, Tabelle 9.4) schildert D11 Kontrollregulationen im Kontext von Prüfungsbesprechungen und von mitunter konfliktreichen (vgl. Tabelle 7.10) Hausaufgabensituationen. In vier dieser fünf Episoden moniert die Mutter das ungenügende Handeln (KHs− bzw. einmal KHv−): sich mit jenen Klassenkamerad*innen vergleichen, die ungenügendere Noten haben; bei Schwierigkeiten einfach aufgeben, statt um Hilfe fragen; sich ohne Aufforderung nicht rechtzeitig an die Hausaufgaben setzen; bei langfristigen Hausaufgaben kaum je eine Planung machen; die Hilfe der Mutter manchmal nicht annehmen und Streit auslösen → Grad 2: «Du hast die Bewältigung der Lern- und Leistungsanforderungen während der Übertrittsphase eher schlecht im Griff, weil du eine Aufmerksamkeitsdefizitstörung hast. Mit Handeln wirst du es schaffen, aber jetzt während der Übertrittszeit handelst du noch nicht angemessen.»
D12	3	Die Episode F010 (vgl. Anhang, Tabelle 9.4) ist stark zu gewichten, weil die Mutter D12 darin dem Sohn K02 eine klare Botschaft zu seiner Leistungsbereitschaft beim häuslichen Lernen übermittelt: Du strengst dich zu wenig an für den Übertritt! (KHs− → 3). Auch der Episode F014 kommt erhöhtes Gewicht zu (vgl. Anhang, Tabelle 9.4): Es wird recht prägnant von einer Ansprache berichtet, in der die Mutter K02 klar machen will, dass er auf Grund seiner Noten (D12 nimmt diese als Indikator für Begabung) «ja nun wirklich in die Sek A könne» → Grad 3: «**Du hast die Bewältigung der Lern- und Leistungsanforderungen während der Übertrittsphase eher gut im Griff, weil du das Potential für die Sek A hast (Begabung), dich aber ständig zu wenig anstrengst.**»

(Fortsetzung)

Tabelle 7.11 (Fortsetzung)

Elternteil	Zuge-schriebene Kon-trolle[1]	Erläuterung und geframte generalisierte Argumentation des Elternteils
E11	2	Die Episoden F015 und F021 (vgl. Anhang, Tabelle 9.4) sind stark zu gewichten, weil sie die zusammenfassende Meinung und die zentrale Botschaft von Mutter E11 gut wiedergeben: Kognitiv hat der Sohn K03 aus der Sicht von E11 das Potential für die Abteilung A der Sekundarschule, aber er nimmt aus ihrer Sicht, den Übertritt stets zu wenig ernst und ist phlegmatisch («K03 ist so einer- [... Er] hat das Gefühl, er könne sich zurücklehnen. Die Arme so hin. Als könnte er sonnenbaden den ganzen Tag» (F015, vgl. Anhang, Tabelle 9.3). Auch beim Lernen zuhause und in der Schule engagiert er sich durchwegs nur so stark, wie gerade nötig (vgl. F016, F018) und verschiebt die Erledigung seiner Hausarbeiten immer wieder auf den letzten Moment (F017). Der Elternteil E11 macht dem Sohn deutlich, dass diese Haltung in der Zukunft (Abteilung A) ins Verderben führen könne (F021) → Grad 2: «**Du hast die Bewältigung der Lern- und Leistungsanforderungen während der Übertrittsphase eher schlecht im Griff, weil du zwar intelligent, aber phlegmatisch bist und deshalb immer mal wieder nur das Nötigste machst (was dir in der Abteilung A noch zum Verhängnis werden könnte!).**»
E12	2	Die Episoden F022, F024, F026 (vgl. Anhang, Tabelle 9.4) sind stark zu gewichten, weil sie die Kontrollregulationen der Mutter E12 (und des Vaters) im Umgang mit den stetigen Selbstzweifeln der Tochter K04 (KBs−): «als sie einfach im Hirn oben einen Stress hatte», Episode F023, vgl. Anhang, Tabelle 9.3) illustrieren, wenn letztere in den daraus erwachsenden Ängsten und Frustrationen die ganze Familie involviert (F022, F024, F026). Die Blockaden «das Theater») haben in der fünften Klasse angefangen und waren ein stabiles Merkmal des Kindes bis zum kürzlich erfolgreichen Übertrittsentscheid für die Abteilung A (vgl. Episode F023). Das Kind strengte sich aus der Sicht von E12 zu wenig an, den Rest der Familie mit seinen Selbstzweifeln nicht zu behelligen → Grad 2: «**Du hast die Bewältigung der Lern- und Leistungsanforderungen während der Übertrittsphase eher schlecht im Griff, weil du dich mit deinen stetigen Selbstzweifeln blockierst und uns alle immer wieder übermäßig involvierst, wenn du besonders gestresst bist.**»

(Fortsetzung)

7.3 Elternspezifische Stilelemente des verbal-appellativen ... 535

Tabelle 7.11 (Fortsetzung)

Elternteil	Zugeschriebene Kontrolle[1]	Erläuterung und geframte generalisierte Argumentation des Elternteils
H11	2	Die Mutter H11 nimmt ihre Tochter K05 als pubertierend (F031, vgl. Anhang, Tabelle 9.4) wahr (stabiles dispositionales Merkmal, KBs−) und betont deren noch fehlende Reife (KBv−), was mit sich bringe, dass K05 den Ernst der Lage nicht erkennen könne (F030) und Peers wichtiger als Schule erachte (F028). Daneben zeige sie stabil wenig Willen und arbeite wenig zielgerichtet (F029) → Grad 2: «**Du hast die Bewältigung der Lern- und Leistungsanforderungen während der Übertrittsphase eher schlecht im Griff, weil du nun in der Pubertät bist und somit den Ernst der Lage nicht sehen kannst und entsprechend suboptimal handelst.**»
H12	2	Für Mutter H12 ist ihr Sohn K06 «ein extremer Minimalist» (dispositionales Merkmal, KBs−), während er «aber immer findet, er sei super». Dies ist «unser Thema, was einfach immer wieder kommt» (F034, F035, vgl. Anhang, Tabelle 9.3). K06 kann den Übertritt in die Abteilung A nach Ansicht von H12 aber grundsätzlich schaffen, wenn er den nötigen Willen aufbringt und sich anstrengt (F037, vgl. Anhang, Tabelle 9.4). In letzter Zeit hat K06 zwar bewiesen, dass er sich engagiert und seine Einstellung gegenüber den Hausaufgaben verändert (KBv+) (vgl. F036), doch war das während der Übertrittszeit nicht immer so, was sich in den Noten niedergeschlagen hat (KBv−/KHs−) (vgl. F038). Die Zuteilung war laut H12 generell stark vom Wohlwollen der Klassenlehrkraft abhängig (ABs+) (vgl. F037) – was die Handlungskontrolle (vgl. generalisierter Frame) aber nicht erhöht → Grad 2. «**Du hast die Bewältigung der Lern- und Leistungsanforderungen während der Übertrittsphase eher schlecht im Griff, weil du dich zwar in letzter Zeit richtig eingestellt hast, du aber grundsätzlich ein extremer Minimalist bist und vom Wohlwollen deiner Klassenlehrkraft abhängig bist.**»

(Fortsetzung)

Tabelle 7.11 (Fortsetzung)

Elternteil	Zugeschriebene Kontrolle[1]	Erläuterung und geframte generalisierte Argumentation des Elternteils
M11	3	Der Vater M11 stellt im Verlauf der Übertrittszeit seinen Wunsch zurück, wonach sein Sohn bereits zu diesem Zeitpunkt in die Abteilung A eingeteilt werde. Er ist letztlich froh, dass sich laut der Klassenlehrkraft abzeichnet, dass dieser wenigstens die Abteilung B und nicht die Abteilung C besuchen wird, welche es in dieser Schulgemeinde gibt (vgl. F040, Anhang, Tabelle 9.4). Vor diesem Hintergrund – der sich für das Rating bezüglich der signalisierten Handlungskontrolle während der Übertrittszeit leicht einschränkend auswirkt – bringt M11 in allen Episoden dem Sohn gegenüber zum Ausdruck, dass dessen Kontrolle bezüglich der Bewältigung der Anforderungen für den Übertritt eher hoch sei: In letzter Zeit seien die Noten genügend und er arbeite mehr und besser für die Schule (KBv+/KHv+) (vgl. F040,). Sodann habe er den nötigen Willen aufgebracht und sich angestrengt (KHv+). Diese Entwicklungen stellt M11 vor seinem Sohn als gute Voraussetzungen für einen baldigen Aufstieg in die Abteilung A dar (vgl. F041) → Grad 3: «**Du hast die Bewältigung der Lern- und Leistungsanforderungen während der Übertrittsphase eher gut im Griff, weil du zwar noch nicht ganz reif bist für die Abteilung A – diese ist mir vorerst aber auch nicht so wichtig –, du aber in letzter Zeit optimal lernst und gute Noten nach Hause bringst. Du schaffst dir so eine gute Ausgangslage für einen späteren Aufstieg in die Sek A!**»

(Fortsetzung)

7.3 Elternspezifische Stilelemente des verbal-appellativen … 537

Tabelle 7.11 (Fortsetzung)

Elternteil	Zuge-schriebene Kontrolle[1]	Erläuterung und geframte generalisierte Argumentation des Elternteils
M12	3	Die Mutter M12 findet grundsätzlich, dass ihr Sohn faul und minimalistisch sei (KBs−) (vgl. F042, Anhang, Tabelle 9.4), was sie in der Kombination mit geringem Engagement (KHs−) und geringer Sorgfalt (KHs−) bei Hausaufgaben (vgl. F043, F044) – manchmal – kritisiert: «Also, ich bin schon ab und zu am Motzen und sage: 'Gopf/, also, du kannst dir schon etwas Mühe geben.' Aber dadurch, dass er eben immer mit dieser Hetzerei-, die haben das so intus- Ich weiß auch nicht, wie die anderen das machen, aber der schludert- nein, er macht das enorm schnell und damit hat sich diese Sache erledigt. Aber das- früher war das nie so. Das ist dieser unsägliche Druck, den er [der Klassenlehrer L04] immer gemacht hat» (F044, vgl. Anhang, Tabelle 9.3). In dieser Stelle kommt zum Ausdruck, dass die Mutter und ebenso der Vater Druck verabscheuen und K08 keinesfalls – wie in der Schlüsselepisode F046 ausgedrückt – «pushen möchten», weil dies bei ihm das Gegenteil bewirke: «Und das machen wir nicht. Ich merke, je mehr wir ihn in Ruhe lassen, desto mehr leistet er. Er ist so eine. Wenn du beginnst zu drücken, dann macht er wie den Schirm zu. Das ödet ihn dann an und dann hat er keine Freude mehr» (F046). Die Mutter M12 bringt gegenüber K08 einen hohen Grad an Kontrolle zum Ausdruck, indem sie ihm signalisiert, dass beide Elternteile dieses stabile Merkmal seiner Persönlichkeit befürworten (KBs+) und Druck selber nicht gut finden (ABs+). Für die Mutter ist der Übertritt gegenüber dem Kindswohl zweitrangig. Aus der Sicht des Sohnes ist seine Handlungskontrolle bezüglich des Übertrittsgeschehens zweitrangig, weil die Gesamtsituation mit diesen verminderten Leistungsanforderungen schon einen hohen Grad an Sicherheit vermittelt → Grad 3: **«Du hast die Bewältigung der Lern- und Leistungsanforderungen während der Übertrittsphase eher gut im Griff, weil du zwar faul bist, dich zu wenig anstrengst und bei Leistungsdruck blockierst, was aber hier nicht so ins Gewicht fällt, weil wir Eltern Leistungsdruck ebenso verabscheuen und von dir nicht erwarten, dass du gegen deinen Willen die Abteilung A anstrebst.»**

(Fortsetzung)

Tabelle 7.11 (Fortsetzung)

Elternteil	Zuge-schriebene Kon-trolle[1]	Erläuterung und geframte generalisierte Argumentation des Elternteils
R11	2	Die Episoden F047 und F051 (vgl. Anhang, Tabelle 9.4) sind stark zu gewichten, weil sie die kontrollbezogene Botschaft von Mutter R11 auf den Punkt bringen. Sehr hohe Aspirationen für ihrer Tochter K09 aufweisend (vgl. Tabelle 3.2), attestiert sie ihrer Tochter eine tiefe Kontrolle bezüglich der Anforderungen des Übertrittsverfahrens, da sie noch zu wenig einschätzen könne, «worauf es ankommt» (KBv–) (M051, vgl. Anhang, Tabelle 9.3). Daneben mache sie dauernd externale Gründe – anstelle des eigenen ungünstigen Handelns (fehlende Aufmerksamkeit, KHs–, vgl. F047) – für die zeitweise nicht genügenden Noten verantwortlich: «Es wurde keine Zeit [gegeben], war dann zu wenig', oder sie hat die Aufgabe nicht verstanden» (M047) → Grad 2: «Du hast die Bewältigung der Lern- und Leistungsanforderungen während der Übertrittsphase eher schlecht im Griff, weil du noch nicht einsiehst, wie wichtig der Übertritt ist, und dauernd unachtsam bist bei den jetzt wichtigen Prüfungen sowie die Gründe für die schlechten Noten nicht in deinem eigenen Handeln suchst.»

(Fortsetzung)

7.3 Elternspezifische Stilelemente des verbal-appellativen ...   539

Tabelle 7.11 (Fortsetzung)

Elternteil	Zugeschriebene Kontrolle[1]	Erläuterung und geframte generalisierte Argumentation des Elternteils
R12	3	Die Mutter R12 findet in der Schlüsselepisode F054 (vgl. Anhang, Tabelle 9.4), dass es nicht der Persönlichkeit von Tochter K10 entspreche, sich mit «Sitzleder» und «geduldig mit sich selber» vertieft mit schulischen Inhalten auseinanderzusetzen (KBs—): «Weil ich denke mir, ja grundsätzlich, wenn sie sich, wenn sie sich würde,- mit was auch immer ein wenig mehr auseinandersetzen würde, dann nachher hätte sie auch mehr Erfolgserlebnisse. Aber ich denke mir, das ist einfach ihre Art». Daneben moniert R12 gegenüber K10, dass sie bei Schwierigkeiten mit Hausaufgaben ständig einfach aufgebe, statt systematisch vorzugehen (KHs—): «Weil,- also heute haben wir Mathe miteinander gemacht und dann, wo sie es nicht gerade begriffen hat, wollte sie das Zeug hinschmeißen und ich hab gesagt: 'So funktioniert das nicht. Jetzt fangen wir wieder von vorne an und jetzt denke mal fertig.'» (F052). Die in drei von vier elterlichen Regulationen zugeschriebene tiefe Kontrolle relativiert sich allerdings bezüglich der Anforderungen des Übertritts, da der Elternteil möchte, dass sich die Tochter grundsätzlich als Persönlichkeit sieht, die interessen- und fähigkeitsbezogen (noch) nicht die Abteilung A besuchen sollte (vgl. Tabelle 7.10). In Episode F053 drückt sie aus, dass sie ihre Tochter, die ihre Sicht übernommen hat, darin bestärkt. Aus der Sicht von K10 ist ihre Handlungskontrolle bezüglich des Übertrittsgeschehens zweitrangig, weil die Gesamtsituation durch die verminderten Erwartungen der Mutter schon einen hohen Grad an Sicherheit vermittelt → Grad 3: «**Du hast die Bewältigung der Lern- und Leistungsanforderungen während der Übertrittsphase eher gut im Griff, weil du dich zwar beständig zu wenig mit schulischen Inhalten auseinandersetzt und bei Schwierigkeiten vorschnell aufgibst, dies hier aber nicht so ins Gewicht fällt, weil ich es grundsätzlich richtig finde, dass du die zu dir passende – weniger anforderungsreiche – Abteilung B besuchen möchtest.**»

(Fortsetzung)

Tabelle 7.11 (Fortsetzung)

Elternteil	Zuge-schriebene Kontrolle[1]	Erläuterung und geframte generalisierte Argumentation des Elternteils
S11	3	Die Mutter S11 attestiert ihrem Sohn K11 (vgl. Anhang, Tabelle 9.3), dass er gereift sei, den Ernst der Lage erfasst habe (KBv+) und anders als früher nun meist konzentriert an seinen Hausaufgaben arbeite (KHv+): «[…] ich muss vielleicht eben weniger drücken und so und sagen: 'Mach, jetzt und konzentrier dich'. Jetzt ist es wirklich mehr aufgabenbezogen und vorher musste man mehr schauen, dass er's überhaupt macht und dass er nicht irgendwie immer wieder beginnt zu spielen daneben» (F056). Ebenso habe er nun erkannt, dass er nicht alles selber können und bewältigen müsse (KBs+), sondern bei Hausaufgabenproblemen aktiv andere um Hilfestellungen bitten könne (KHs+): «[…] jetzt fragt er wirklich gleich, wenn er etwas nicht versteht, dann fragt er. Und das ist vielleicht auch so, dass er sich wohler fühlt, und dass er auch weiß, dass er nicht alles verstehen muss, es ist normal, wenn man einmal etwas nicht versteht, und deshalb darf er auch fragen. Vorher hatte er vielleicht das Gefühl, er müsste es verstehen, und er wollte deshalb auch nicht fragen, also ich weiß es nicht, aber-» (F058). Nebst diesen Zuschreibungen hoher Kontrolle merkt S11 gegenüber K11 allerdings kritisch an, dass er hin und wieder noch immer nicht zwischen Arbeits-, Freizeit- und Ruhephasen unterscheiden könne und bei Hausaufgaben von ihr manchmal entsprechend reguliert werden müsse (KBv−) (F057, F059, vgl. Anhang, Tabelle 9.4) → Grad 3: **«Du hast die Bewältigung der Lern- und Leistungsanforderungen während der Übertrittsphase eher gut im Griff, weil du zwar Aktivitäts- und Erholungsphasen manchmal noch schlecht ausbalancierst, sonst aber gereift bist und beim Erledigen deiner Hausaufgaben nur noch hin und wieder ungünstig handelst.»**

(Fortsetzung)

7.3 Elternspezifische Stilelemente des verbal-appellativen … 541

Tabelle 7.11 (Fortsetzung)

Elternteil	Zugeschriebene Kontrolle[1]	Erläuterung und geframte generalisierte Argumentation des Elternteils
V11	3	Die Mutter V11 schildert in der Episode F063 eine direkt übertrittsbezogene Kommunikationssituation mit ihrem Sohn K13 und in den übrigen vier Episoden recht anschaulich Dialoge im Kontext von Hausaufgaben und inhaltlichen Problemen bei Prüfungen (vgl. Anhang, Tabelle 9.3). Während sie ihrem Sohn, der an der Funktionsstörung ADS leidet und eine diesbezügliche Medikation erhält (vgl. Tabelle 4.4), bereits vor der Übertrittszeit attestiert hat, dass er das Potential für die Abteilung A habe und «noch so viele Fortschritte machen» könne (KBs+/KHs+), bescheinigt sie ihm in den lernbezogenen Episoden (vgl. Tabelle 9.4), dass er sich noch ab und zu beim Gamen gehen lasse (KHv−) (F064), dass er sich manchmal (noch) nicht genügend auf Prüfungen vorbereite (KHv−) oder diese unkonzentriert ausfülle (KHv−) (F065) sowie dass er manchmal das Wochenplan-Soll nicht erfülle (KHv−) und in solchen Fällen manchmal noch einfach «abhängt», statt sie um Hilfe zu bitten (KHv−) (F066). Alle bemängelten Handlungsaspekte treten nach den Aussagen von V11 noch gelegentlich (v) auf. Generell könne er auf sein erfolgreiches Handeln stolz sein (er hat den Übertritt in die Abteilung A geschafft) (vgl. F063) → Grad 3: «Du hast die Bewältigung der Lern- und Leistungsanforderungen während der Übertrittsphase eher gut im Griff, weil du zwar noch hin und wieder Freizeit und Hausaufgaben schlecht ausbalancierst und dazu bei Problemen nicht zu mir kommst, aber sonst deine schulischen Arbeiten gut verrichtest und dazu auch fähig bist (was du lange nicht geglaubt hast).»

(Fortsetzung)

Tabelle 7.11 (Fortsetzung)

Elternteil	Zugeschriebene Kontrolle[1]	Erläuterung und geframte generalisierte Argumentation des Elternteils
V12	2	Der Vater V12 bescheinigt seinem Sohn K14 in den zwölf kontrollbezogenen Episoden mit der Ausnahme dreier positiv-valenter Argumente fast durchgängig ein stabil ungünstiges Handeln (KHs−, acht Einzelargumente) oder ein variabel ungünstiges Handeln (KHv−, zwei Einzelargumente) (vgl. Tabelle 9.4). Die beiden Argumente der Episoden F067 und F071, welche dispositionale Merkmale von K14 benennen (du bist ein Minimalist, was Leistungsziele betrifft und du bist ein Minimalist, was den Einsatz bei Hausaufgaben betrifft), bringen zum Ausdruck, dass V12 grundsätzlich die Einstellung seines Sohnes gegenüber Schule und Lernen missbilligt und das an den vielen Aspekten des Handelns bei Hausaufgaben festmacht, die in den einzelnen Episoden in den evaluativen Feedbacks thematisiert werden (vgl. F070, F071, F072, F073, F075, F076). Bezogen auf den Übertritt sind vor allem die Kontrollregulationen F068 (weil du ständig fälschlicherweise denkst, in der Abteilung B könne man sich zurücklehnen) und F069 (weil du ständig nicht bedenkst, dass die Lehrstellensuche mit einer Sek B schwieriger wird) relevant. → Grad 2: «**Du hast die Bewältigung der Lern- und Leistungsanforderungen während der Übertrittsphase eher schlecht im Griff, weil du zu geringe Aspirationen für die in beruflicher Hinsicht wichtige Abteilung A aufweist und (noch) in vielerlei Hinsicht uninspiriert und unproduktiv deine Hausaufgaben erledigst.**»

(Fortsetzung)

7.3 Elternspezifische Stilelemente des verbal-appellativen ...

Tabelle 7.11 (Fortsetzung)

Elternteil	Zuge-schriebene Kontrolle[1]	Erläuterung und geframte generalisierte Argumentation des Elternteils
Z11	3	Die Mutter Z11 schildert in der Schlüsselepisode F084 (vgl. Anhang, Tabelle 9.3) eine nach eigenen Aussagen immer wiederkehrende übertrittsbezogene Kommunikationssituation mit ihrer Tochter K15, in der letztere zu verstehen gibt, dass sie nicht glaube, es in die Abteilung A zu schaffen («Ich schaffe es sowieso nicht. Und ich bin sowieso zu blöde»). Z11 und ihr Mann entgegnen in dieser Schlüsselstelle, dass sie sehr wohl die dafür notwendige Intelligenz mitbringe (stabiles dispositionales Merkmal, KBs+): «Doch jetzt. Komm jetzt. Du, du bist genug gut für die Sek A. Ganz sicher» (F084). In der weiteren direkt übertrittsbezogenen Episode F083 betonen die beiden Eltern, dass ein Übertritt in die Abteilung A «ohne Weiteres» möglich sei, dass sie sich dazu aber noch zu wenig Mühe gebe (KHv−). Der Elternteil attestiert ihrer Tochter in Episode F081 zwar, es fehle ihr im Vergleich zum Bruder an «Eigenantrieb» (KBs−), doch relativiert sie dies, indem sie betont, es sei im Vergleich zu früher bedeutend «lockerer» geworden: «Denn man muss nicht mehr immer sagen. Man muss nicht mehr immer helfen» (M079). In den übrigen, eher untergeordneten Episoden (vgl. Tabelle 9.4) werden hausaufgabenbezogene Handlungsweisen von K15 evaluiert, die verbesserungswürdig seien: in letzter Minute machen (F079), eine ungünstige Zeiteinteilung vornehmen (F080) und bei Schwierigkeiten einfach aufgeben, statt um Hilfe bitten (F082) → Grad 3: «Du hast die Bewältigung der Lern- und Leistungsanforderungen während der Übertrittsphase eher gut im Griff, weil du genug intelligent bist für die Abteilung A, dich aber (noch) zu wenig anstrengst.»

(Fortsetzung)

Tabelle 7.11 (Fortsetzung)

Elternteil	Zuge-schriebene Kontrolle[1]	Erläuterung und geframte generalisierte Argumentation des Elternteils
Z12	3	Die Mutter Z12 war sich bereits zum Zeitpunkt G1, zu Beginn der achtmonatigen Erhebungszeit, recht sicher, dass ihre Tochter K16 vermutlich in die Abteilung B eingeteilt werde (vgl. Tabelle 3.2). Ihr war es wichtig, dass es aber nicht Abteilung C werde, die es an ihrem Wohnort auch gibt. Da sich im Verlauf dieser Phase gezeigt hat, dass letzteres eher ausgeschlossen ist, sind Überlegungen zur Handlungskontrolle bezüglich des Übertritts aus der Sicht von K16 zweitrangig, weil die Gesamtsituation durch die erfüllten Erwartungen der Mutter schon einen hohen Grad an Kontrolle vermittelt. In der Episode F085 (vgl. Anhang, Tabelle 9.3) beruhigt Z12 ihre Tochter auch bezüglich der allenfalls erschwerten Lehrstellensuche und versichert ihr ihre diesbezügliche Hilfe («Wenn es geht, sicher unterstütze ich dich auch»), bescheinigt ihr aber auch, dass sie das Erfüllen ihrer Berufswünsche noch zu optimistisch sehe (KHv−): «Ich wollte es ihr einfach ein bisschen realistisch zeigen» (F085). In den beiden Episoden F087 und F088, welche das Vorbereiten auf Prüfungen thematisieren, attestiert der Elternteil der Tochter einerseits, dass sie sich meist zu oberflächlich vorbereite (alles ins «Kurzzeitgedächtnis [...] reinbüffeln») (KHs−), gleichzeitig konstatiert sie ihr gegenüber aber auch, dass sie sich zunehmend auch anstrenge, den Prüfungsstoff zu verstehen (KHv+) → Grad 3: «**Du hast die Bewältigung der Lern- und Leistungsanforderungen während der Übertrittsphase eher gut im Griff, weil du ja weisst, dass ich mit einer Zuteilung zur Abteilung B grundsätzlich zufrieden bin und dir schon signalisiert habe, dass ich dir auch bei der vermutlich deutlich erschwerten Lehrstellensuche behilflich sein werde.**»

(Fortsetzung)

7.3 Elternspezifische Stilelemente des verbal-appellativen ...   545

Tabelle 7.11 (Fortsetzung)

Elternteil	Zuge- schrie- bene Kon- trolle[1]	Erläuterung und geframte generalisierte Argumentation des Elternteils
Z22	2	In den kontrollbezogenen Episoden von Vater Z22, der hohe Aspirationen für die Abteilung A aufweist (vgl. Tabelle 3.2) und im Hinblick auf die anforderungsreichen Inhalte in der Sekundarstufe mit seiner Tochter K18 bereits vorab die Grundlagen in Mathematik und Französisch repetieren will (vgl. Tabelle 7.10), sind vor allem F092 und F093 besonders zu gewichten, insofern als sie Situationen des gemeinsamen Lernens und Sprechens über die Gründe für Leistungsergebnisse thematisieren (vgl. Tabelle 9.4). Im Bemühen, ein tieferes Verständnis der mathematischen Inhalte bei seiner Tochter zu erzeugen, attestiert der Vater seiner Tochter in Episode F092 (vgl. Anhang, Tabelle 9.3) eine diesbezüglich geringe Kontrolle (KHs–), als sie seine Erwartungen unzureichend erfüllt («wenn sie es nicht versteht, obwohl sie dort echt Mühe hat»), was bei K18 zu Frustration und bei Z22 zu einer heftigen Reaktion führt: «[...] dann wird sie teilweise missmutig. Dass sie fast anfängt zu weinen, wenn ich dort ein wenig bohren möchte, schauen, ob sie es verstanden hat. Dann macht sie vielfach zu, dann muss ich wirklich sagen: 'Jetzt setz dich hin und jetzt wird das gemacht, fertig'.» (F092). K18 meidet offenbar die Lernunterstützung ihres Vaters (KHv–) («sie geht nicht mehr zur Mutter», F092), was von ihm wiederum zusammen mit der manchmal fehlenden Verstehensorientierung beim Lernen (KHv–) anlässlich der Besprechung von misslungenen Prüfungen moniert wird: «'Wieso kommst du nicht? Was ist das Problem? Wie ich schon gesagt habe, du musst wissen, wieso. Du kannst nicht nur Hausaufgaben machen und erledigen. Du arbeitest für dich und nicht für die Lehrerin. Die Hausaufgaben sind eigentlich da, damit du das Thema vertiefen kannst und dass du es schlussendlich begriffen hast'» (F093). Positive Kontrollzuschreibungen finden sich lediglich bezüglich des Umgangs mit Peers und der Lehrkraft (vgl. F094, F095) → Grad 2: **«Du hast die Bewältigung der Lern- und Leistungsanforderungen während der Übertrittsphase eher schlecht im Griff, weil du beim Lernen meist noch zu wenig verstehensorientiert vorgehst und mich nicht selbständig aufsuchst, wenn du es nicht verstehst.»**

(Fortsetzung)

Tabelle 7.11 (Fortsetzung)

Elternteil	Zuge-schriebene Kontrolle[1]	Erläuterung und geframte generalisierte Argumentation des Elternteils
Z31	3	Die Mutter Z31 hat ihren Sohn K19 – wie die Klassenlehrkraft L19 meint, auch aus taktischen Gründen, um sich die Zuteilung zur Abteilung A im Vornherein zu sichern (vgl. Abschnitt 3.3) – für die Aufnahmeprüfung zum Langgymnasium sowie für die entsprechenden ausserschulischen Vorbereitungskurse angemeldet. K19 besteht die im März 2009 stattfindende Prüfung nicht. Er und seine Mutter sind aber zuversichtlich, sich dafür die Zuteilung zur Abteilung A gesichert zu haben. Tatsächlich gibt sich die noch in der fünften Klasse diesbezüglich sehr skeptische Klassenlehrkraft geschlagen und empfiehlt notgedrungen und mit dem Gefühl, ausgetrickst worden zu sein (sie wurde erst kurz vor der Aufnahmeprüfung darüber informiert, dass K19 daran teilnimmt), die Zuteilung zur Abteilung A. Bezüglich der Übertrittssituation hat sich somit spätestens im Frühjahr alles geklärt und die subjektive Kontrolle von K19 dürfte durch den Kniff von Z31 zu diesem Zeitpunkt grundsätzlich hoch sein: 'Also er geht jetzt ganz normal mit dieser Situation um. Er muss jetzt auch nicht damit prahlen: 'Ich komme in die Sek A' oder so.» (F097, vgl. Anhang, Tabelle 9.3). Z31 zeigt sich ihrem Sohn gegenüber aber auch überzeugt, dass er in der Prüfung hätte reüssieren können, wenn er sich mehr angestrengt hätte (KHs−) (F097) und wenn er – wie bei gewöhnlichen Prüfungen auch – bei der Vorbereitung keinen Durchhänger gehabt hätte: «weil er [zeitweise] einfach zu faul ist und nicht mehr mag» (KHv−) (F096). → Grad 3: «**Du hast die Bewältigung der Lern- und Leistungsanforderungen während der Übertrittsphase eher gut im Griff, weil du zwar erfolglos an der Aufnahmeprüfung zum Gymnasium teilgenommen hast – für das du eigentlich schon das Potential hättest, wenn du dich nicht immer wieder zu wenig anstrengen würdest! –, dir dadurch aber nun wohl die Zuteilung zur Abteilung A gesichert hast.**»

(Fortsetzung)

7.3 Elternspezifische Stilelemente des verbal-appellativen ...   547

Tabelle 7.11 (Fortsetzung)

Elternteil	Zugeschriebene Kontrolle[1]	Erläuterung und geframte generalisierte Argumentation des Elternteils
Z32	2	Die Mutter Z32 attestiert ihrer Tochter K20 in den fünf kontrollbezogenen Episoden generell eine eher tiefe Kontrolle bezüglich ihres häuslichen Lernens und der Leistungserbringung (vgl. Anhang, Tabelle 9.4): Sie moniert gegenüber K20, dass sie das Erledigen ihrer Hausaufgaben ständig verschiebe und im letzten Moment angehe (KHs−) (F102), sodann gebe sie zu schnell auf und ersuche dann um Hilfe (KHs−) («Dann probiere ich es. [...] Dann lache ich manchmal auch: 'Schau einmal diese Rechnung an. Das ist ganz einfach'.») (F103, vgl. Anhang, Tabelle 9.3). Bezüglich der Leistungserbringung im Rahmen von Prüfungen bescheinigt Z32 ihrer Tochter, dass sie eigentlich ein grösseres Potential habe, als sie bisher zeige (KBv−) (F101), dass das Vorbereiten auf die Prüfungen aber auch schwierig sei, weil sie eine Lehrkraft habe, die nicht valide prüfe (AHs−). Sie erläutert: «Es liegt nicht am Lernen, weil wir wissen ja manchmal nicht genau, was für Prüfungen kommen. Es wird ihnen schon gesagt, aber dann gibt es doch wieder eine andere Rechnungsprüfung, oder. Da kann man nicht sagen, du musst jetzt lernen. Das geht gar nicht» (F104). → Grad 2: **«Du hast die Bewältigung der Lern- und Leistungsanforderungen während der Übertrittsphase eher schlecht im Griff, weil du – obwohl du eigentlich das Potential hast und es wahrscheinlich könntest – bei den Hausaufgaben ständig zu schnell aufgibst und dich nicht selber ans Problemlösen machst. Sodann hast du auch eine Lehrkraft, die Prüfungen macht, auf die man sich schlecht gezielt vorbereiten kann.»**

[1] Einschätzung des «Grads an zugeschriebener Kontrolle» (vgl. Kategoriensystem in Tabelle 6.12 mit vier Ausprägungen 1 = tief (KBs− ist dominant), 2 = eher tief (KHs− in Kombination mit KBs−/KBv− ist dominant), 3 = eher hoch (KHs− in Kombination mit KBs+/KBv+/KBv− ist dominant), 4 = hoch (KHv− in Kombination mit KBs+/KBv+/KBv− ist dominant) (vgl.).
* An den beiden Fällen D11 und V12 wurde das Kategoriensystem für die Ratings erprobt und verfeinert. Anders als bei den übrigen Fällen, erfolgte hier die fallspezifische Einschätzung somit auf Anhieb im Team (vgl. Abschnitt 6.4.3).

das Selbstbild zeitigen: Während bei Zuschreibungen auf einschränkend wirkende physiologische Prozesse wie «Aufmerksamkeitsdefizitstörung» (D11) oder «Pubertät» (H11) wenigstens eine selbstwertdienliche Note mitschwingt, dürften Verweise auf psychische Merkmale, die das Kind vermutlich als «charakterliche Mängel» (E11: «phlegmatisch», E12: «von ständigen Selbstzweifeln und Blockaden geplagt», H12: «Minimalist») oder als «begrenzte Fähigkeit, die Situation angemessen erfassen zu können» (R11, V12, Z22, Z32) interpretiert, weder selbstwirksamkeitsförderlich noch selbstwertdienlich wirken (vgl. Abschnitt 5.3.3.2).

Die übrigen neun Elternteile D12, M11, M12, R12, S11, V11, Z11, Z12 und Z31, attestierten ihrem Kind generell eine eher hohe Kontrolle schulischer Ziele (Ausprägung 3). Dabei zeigen sich innerhalb dieser Gruppe zwei charakteristische Muster der Kontrollzuschreibung: Die vier Elternteile D12, S11, V11 und Z11 argumentieren mit einer Kombination aus günstigen Persönlichkeitsmerkmalen oder kindbezogenen Bedingungen (KBs+, z. B. «du bist fähig für die Sek A», «du bist gereift»; KBv+: «du hast in letzter Zeit die richtige Einstellung gegenüber Hausaufgaben»; KBv−: z. B. «noch fehlende Reife») und dysfunktionalem Lern- und Leistungshandeln (KHs−, z. B. «du strengst dich dauernd zu wenig an», «du hängst ständig ab, statt um Hilfe zu bitten», KHv−, z. B. «du lässt dich ab und zu noch beim Gamen gehen»). Die vier Elternteile der anderen Teilgruppe – M11, M12, R12, Z12 und Z31 – signalisieren ihrem Kind eine eher hohe Kontrolle der schulischen Situation, indem sie ihm zwar ebenfalls ein ungenügendes Lern- und Leistungshandeln (KHs−) attestieren, dabei allerdings zum Ausdruck bringen, dass dieses (wenigstens momentan) genüge, weil a) sie als Eltern selber für die Sekundarschulstufe B plädierten (R12, Z12), b) ihnen (momentan) die Abteilung A nicht so wichtig sei (M11), c) sie Leistungsdruck selber verabscheuten und es keinesfalls «pushen» möchten (M12) sowie d) eine Zuteilung zur Abteilung A sowieso so gut wie sicher sei, nachdem es schließlich an der Aufnahmeprüfung zum Gymnasium teilgenommen habe (Z31). Während bei der ersten Teilgruppe, wie vorab bei der Schaffung der Ratingskala so antizipiert (vgl. Kategoriensystem in Tabelle 6.12), die eher hohe Kontrollzuschreibung vor allem durch günstige kindinterne Merkmale zustande kommt und die von der Attributionsforschung vielfach bestätigten positiven emotionalen und motivationalen Effekte zeitigen dürfte (vgl. Abschnitt 5.3.3.2), besteht bei der zweiten Teilgruppe das ausschlaggebende Moment in der günstigen externalen Zuschreibung: «weil wir als deine Eltern keine (übertrieben) hohen Erwartungen an dich haben» bzw. «weil wir dich im Übertrittsverfahren so unterstützen, dass eine Zuteilung zur gewünschten Abteilung relativ unabhängig von deinem Leistungshandeln wahrscheinlich ist». Das Feedbackmuster der Eltern dieser zweiten Teilgruppe dürfte in der generell zugespitzten Lage des unklaren Übertrittsentscheids zwar affektiv entlastend gewirkt haben («ich darf grundsätzlich scheitern»), allerdings beinhaltet die Botschaft auch ein potentiell selbstwirksamkeits- und selbstwertschädliches Element, das mit dem folgenden Gedankengang verbunden ist: «Es liegt weniger an meinen Fähigkeiten und an meinen Anstrengungen, dass ich die Herausforderungen der Übertrittszeit meistere, sondern ist primär dem Umstand zu verdanken, dass meine Eltern keine allzu hohen Erwartungen an mich haben bzw. dass sie sich findig Schwachstellen in den schulischen Verfahrensregeln zu Nutzen machen».

7.3.3 Elternspezifischer Kommunikationsmodus

Das vorliegende Kapitel berichtet die Ergebnisse der Ratings zum individuellen Kommunikationsstil, den die 18 Elternteile in ihren Schilderungen eigener Bedeutungszuschreibungen und evaluativer Feedbacks während der Übertrittszeit erkennen lassen. Die diesbezügliche, mit der evaluativen Inhaltsanalyse bearbeitete Forschungsfrage 3.3 lautet (vgl. Abschnitt 5.8):

Welches waren die individuell dominanten kommunikativen Stilelemente, mit denen die einzelnen Elternteile ihr Kind von eigenen Wert- und Kontrollzuschreibungen zu überzeugen suchten?

Wie in Abschnitt 5.7 dargelegt, ist es wichtig, dass die Eltern in ihrem Bestreben, beim Kind eine handlungswirksame Internalisierung ihrer wert- und kontrollbezogenen Botschaften zu erreichen, darum bemüht sind, eine möglichst große Passung mit den bestehenden Werten, Zielen und Selbstbildern des Kindes herzustellen und gleichzeitig die Verbindlichkeit ihrer Botschaften auch dann unter Beweis stellen, wenn das Kind diesen wenig Aufmerksamkeit schenkt. Während ersteres durch ein möglichst diskursives, um Intersubjektivität bemühtes kommunikatives Handeln erreicht wird (z. B. «Es ist meines Erachtens bedeutsam, dass du ... – wie siehst du das?» bzw. «Meiner Meinung nach hast du das schlecht im Griff – erzähl mir, wie erlebst du das?»), erweist sich die Verbindlichkeit des Standpunktes der Eltern in dem Maß, wie sie Standfestigkeit bzw. Assertivität unter Beweis stellen und ihre Realitätswahrnehmungen gegenüber dem Kind nicht nur aktiv vorbringen, sondern auch bei Widerspruch und nicht sofortigem Befolgen der als zutreffend und produktiv wahrgenommenen kontroll- und wertbezogenen Überzeugungen für beide Seiten gesichtswahrend mit angemessener Hartnäckigkeit vertreten («ich will dich überzeugen!») (vgl. Aebli, 1997, S. 273–275).

Der individuelle Modus des Appellierens («Merke dir», vgl. Abschnitt 5.7) der 18 Elternteile wurde durch die Rater*innen auf der Grundlage des Wortlauts der in der Basiscodierung extrahierten Wert- und Kontrollepisoden (vgl. Anhang, Tabelle 9.1 und Tabelle 9.3) mittels der beiden Kategoriensysteme «Einschätzung der Diskursivität» (vgl. Tabelle 6.13) und «Einschätzung der Assertivität» (vgl. Tabelle 6.14) mit Bezug zu je zwei Ausprägungen beurteilt[27]. Bei einem eher tiefen Grad an Diskursivität (2) lässt der Elternteil erkennen, dass er bei seinen Wert- und Kontrollregulationen eher monologisch vorging. Nachfragen, Gegenargumente, Präzisierungen und Plausibilisierungen spielen in den stark zu gewichtenden Episoden eine untergeordnete Rolle («So sehe ich das – und damit ist das Thema abgeschlossen»). Das Kind erscheint somit primär als Empfänger der entsprechenden wert- und kontrollbezogenen Botschaften und erzeugt mit seinen allfälligen Einwänden kaum Resonanz bei seiner Mutter oder seinem Vater. Ein eher hoher Grad an Diskursivität (3) repräsentiert demgegenüber ein dialogisch-verhandelndes Vorgehen. In den stark zu gewichtenden Textstellen ist erkennbar, dass der Elternteil an der Sichtweise des Kindes interessiert ist und seine Regulationen darauf anpasst, indem er sie durch Paraphrasen und Beispiele zu erklären sucht. Das Kind erscheint als lernender Partner, der die elterliche Sichtweise mitunter nicht auf Anhieb verstehen kann (vgl. Kategoriensystem in Tabelle 6.13). Eine eher tiefe Assertivität (2) wurde den Wert- und Kontrollregulationen eines Elternteils dann zugeschrieben, wenn dieser in den Originalstellen zum Ausdruck brachte, dass er wenig gewillt gewesen sei, seine Überzeugungen

---

[27] Tatsächlich bildeten die beiden Kategoriensysteme mit je zwei Ausprägungen während des Ratings ein gemeinsames Kategoriensystem «Grad der Direktivität» mit vier Ausprägungen (vgl. Abschnitt 6.4.3.3). Die aufgrund von theoretischen Erwägungen durchgeführte Dichotomisierung und Recodierung der Befunde erfolgte erst nach Abschluss der höher-inferenten Einschätzungen.

7.3 Elternspezifische Stilelemente des verbal-appellativen ...

gegenüber dem Kind standfest zu vertreten und dafür gegebenenfalls auch Konflikte in Kauf zu nehmen («Das ist meine Überzeugung, aber wenn du es anders siehst, ist es halt so. Du musst es selber wissen, ich beuge mich, um des Friedens willen»). Bei der Einschätzung einer eher hohen Assertivität (3) berichtete der Elternteil von einem Regulationshandeln, das von Verbindlichkeit, Konsistenz und Konsequenz gekennzeichnet war: Dem Kind wurde vom Elternteil implizit und explizit signalisiert, dass er für seine diesbezüglichen Meinungen und Überzeugungen eintritt und gegebenenfalls auch bei Widerreden nicht aufgibt («Ich will dich überzeugen!») (vgl. Kategoriensystem in Tabelle 6.14).

Tabelle 7.12 dokumentiert die Ergebnisse der Beurteilung des elternspezifischen Kommunikationsstils bei Wert- und Kontrollregulationen während der Übertrittszeit auf der Grundlage der genannten Einschätzungskriterien. Mit Bezügen zu den Notizen der Rater*innen sowie zu den entsprechenden Stellen in den Originalaussagen der Elternteile (vgl. Anhang, Tabelle 9.1 und Tabelle 9.3) werden die fallspezifischen Einschätzungen der Diskursivität (Spalte 2) und der Assertivität (Spalte 3) in der vierten Spalte wie schon in den vergangenen Kapiteln eingehender erläutert und mit einer zusammenfassenden (verbalen) Charakterisierung des jeweiligen fallspezifischen Kommunikationsmodus abgeschlossen.

Tabelle 7.12 belegt, dass zehn von 18 Elternteilen bei der Wert- und Kontrollregulation während der unsicheren Übertrittszeit einen Kommunikationsstil pflegten, der aus der Kombination einer eher hohen Diskursivität (3) und einer eher hohen Assertivität (3) bestand (55.6 % overall). Die zehn Elternteile D11, E12, H12, M11, R11, S11, V12, Z1, Z12 und Z31 kommunizierten ihre wert- und kontrollbezogenen Botschaften demnach typischerweise so, dass sie diese auf die Sichtweisen ihres Kindes abzustimmen versuchten und diese selbst- und/oder kindinitiiert dialogisch erörterten – sie besprachen und erwiderten (D11), hakten nach (E12), gerieten sich mit dem Kind in die Haare (H12), fragten nach, entgegneten und kommentierten (R11, Z11), passten ihre Erklärungen an (M11), sie gingen auf Einwände ein (S11), saßen zusammen und diskutierten am Tisch oder am Abend im Zimmer (V12), reagierten auf die konternden Bemerkungen ihrer Kinder (Z12) und forderten die Kinder augenzwinkernd heraus (Z31). Dabei ließen diese zehn Elternteile im Sinne von Assertivität erkennen, dass es ihnen wichtig ist, dass ihr Kind die wert- oder kontrollbezogene Botschaft nicht nur zur Kenntnis nimmt, sondern in sein Überzeugungssystem übernimmt und sein Handeln entsprechend danach ausrichtet (vgl. Abschnitt 4.1.2).

Tabelle 7.12 Elternspezifischer Kommunikationsstil bei Wert- und Kontrollregulationen

Elternteil	Diskursivität[1]	Assertivität[2]	Erläuterung und Zusammenfassung
D11*	3	3	Diskursivität: Die Episode F008 (vgl. Anhang, Tabelle 9.3) belegt den eher hohen Grad an Diskursivität von D11 besonders deutlich: «[Sie] beruhigt sich bei uns, wenn wir ihr sagen…». F002 illustriert das verhandelnde Vorgehen und die Mitsprache, die D11 und ihr Mann zusammen mit K01 und ihrer Schwester praktizieren. Generell ist eine hohe Dialogizität vor allem in allen wertbezogenen Episoden (vgl. Anhang, Tabelle 9.1) erkennbar: Ständig wird verhandelt, «besprochen», «erwidert», «motiviert» und mitunter gestritten. Assertivität: In den Episoden M012/F005 und M014/F007 schildert D11 ihr verbindliches Einfordern, bestehende Abmachungen einzuhalten, besonders prägnant: «Hey, es ist fünf Uhr, es ist jetzt Zeit [, wie vereinbart die Hausaufgaben in Angriff zu nehmen]», «das ist ganz klar mit K01 besprochen: Wenn wir [Streit] bekommen [beim gemeinsamen Hausaufgabenerledigen], dann ist es direkt beendet. […] Weil dafür bin ich nicht da und dafür ist sie nicht da […]». In M007 besteht D11 darauf, dass K01 nochmals in die Schule zurückgeht und dort wie vereinbart die Materialien für die Hausaufgaben holt. In M011 erklärt D11 eindrücklich ihre Überlegungen zu einem strukturierten, reflektierten und konsequenten «Steuern und Begleiten» der Tochter, die an einer Aufmerksamkeitsdefizitstörung (ADS) leidet. **Die Mutter übermittelt ihre wert- und kontrollbezogenen Einschätzungen und Überzeugungen mit dem festen Willen, ihre Tochter zu überzeugen. Sie bemüht sich dabei aktiv, ständig die Sichtweise ihrer Tochter einzubeziehen.**
D12	2	2	Diskursivität: Generell entsteht beim Lesen der wertbezogenen Episoden (vgl. Anhang, Tabelle 9.1) der Eindruck, dass D12 und ihr Sohn nur so wenig wie nötig über Schule sprechen (wenig über die Abteilung M019 deutlich). Von Entgegnungen, Diskussionen oder Kontroversen ist allenfalls in M020 die Rede, aber auch hier kann bei K02 eher von einem «ausweichenden Gehorchen», denn von einem «überzeugten Zustimmen» oder von einem «Verhandeln» gesprochen werden. Die Mutter D12 zeigt wenig Energie und Lust, die persönliche Sicht ihres Sohnes zu ermitteln (vgl. M018). Selbst wenn es darum geht, K02 die Entscheidung selbst zu überlassen, ob er nach dem Übertritt lieber die Abteilung A oder B besuchen möchte, erfährt man wenig von ausgiebigen gemeinsamen Erörterungen (vgl. F009, F010, F011). Streit existiert kaum, man lässt sich gegenseitig in Ruhe. Assertivität: In Episode M020/F013 spricht die Mutter D12 explizit an, dass sie ihre wert- und kontrollbezogenen Überzeugungen nicht konsequent und fest vertreten will: «Dann mag ich auch nicht mehr dahinter sein. […] Also ich sage es schon, aber ich mache nicht so einen Druck. Manchmal bringt das auch nichts, wenn er nicht will, dann will er nicht. (I: Dann lassen Sie ihn einfach?) Also von dem her habe ich eine zu wenig autoritäre Erziehung oder so. Ja, dann lasse ich ihn eben». In vielen Episoden wird der eigene Appell an das Kind relativiert: «ich habe/wir haben SCHON gesagt, ABER…» ist die dominante Art des Appellierens. **Die wert- und kontrollbezogenen Einschätzungen werden durch die Mutter relativiert: «ich finde, dass du, …, aber du musst es selber wissen». Der Sohn kann entscheiden, wobei ein intensives Erörtern und Verhandeln nicht berichtet wird.**

(Fortsetzung)

7.3 Elternspezifische Stilelemente des verbal-appellativen ... 553

Tabelle 7.12 (Fortsetzung)

Elternteil	Diskursivität[1]	Assertivität[2]	Erläuterung und Zusammenfassung
E11	2	3	Diskursivität: Generell, vor allem aber in den vielen episodisch erzählten Interviewsequenzen M024, M025, M026, M030, M031, M032 (vgl. Anhang, Tabelle 9.1), ist deutlich ein unidirektionales Kommunikationsverhalten feststellbar: Mutter E11 macht die Appelle und bringt (warnende) Argumente ein. Der Sohn K03 nimmt dies zur Kenntnis, wobei er die Hauptaussagen der Mutter meistens negiert oder ignoriert, ein eigentliches Argumentieren von seiner Seite findet aber nicht statt. Man gewinnt den Eindruck, er habe dies aufgegeben, weil er mit seiner Sichtweise bei E11 nicht durchdringt, da diese auf ihren Einschätzungen/Überzeugungen beharrt und heftig reagiert, wenn er gegen ihre Normen verstößt bzw. ihr nicht zustimmt: z. B. «Das ertrage ich dann nicht» (M029), «jetzt Herrgott nochmal» (F018, vgl. Tabelle 9.3), «es war Larifarizeug» (M031), «da war ich schon mehrmals sauer» (F017). Assertivität: E11 vertritt mit Verve ihre Überzeugungen und bleibt dran, weil sie ihren Sohn später nicht «durch die Welt tragen kann» (M028) und es ihr «ums Prinzip» geht (F017). In ihrer Wahrnehmung sieht der Sohn den Ernst der Lage nicht (z. B. M024) und sie dringt nicht zu ihm durch (vgl. F015/M025, F017), was sie dazu veranlasst, immer wieder auf bestimmte Aspekte zu sprechen zu kommen: «Da habe ich gesagt: 'So, jetzt muss ich noch einmal mit dir reden.» (F015/M025), «Was ich immer wieder verlangt habe...» (F016/M028). **Die wert- und kontrollbezogenen Einschätzungen werden von der Mutter stetig, mit Verve und dem festen Willen übermittelt, den Sohn zu überzeugen (bei gleichzeitigem Eindruck der Mutter, mit ihren Apellen nicht durchzudringen). Verhandelt wird kaum – weil die Mutter dies nicht zulässt und der Sohn dies nicht will (bzw. aufgegeben hat?).**
E12	3	3	Diskursivität: Generell wird in den wert- und kontrollbezogenen Episoden (vgl. Anhang, Tabelle 9.1 und Tabelle 9.3) viel von Gesprächen berichtet, es wird mit beiden Elternteilen «diskutiert» (M036), das Kind wird aufgefordert zu erzählen, es wird «nachgehakt» (M042) und die Tochter bekommt «Heulkrämpfe», mit denen der Elternteil umgehen muss (M040/F024). F022 ist eine prägnante Episode, in der mehrere Turns einer Diskussion zwischen der Mutter E12 und der Tochter K04 veranschaulicht werden. Assertivität: Die Mutter E12 (ebenso wie der Mann) vertritt ihre Einschätzungen und Überzeugungen klar und stetig – «Ich sage immer» (M040/F024), «sie hat immer geschrien, [...], sag ich:...» (F022) – und mit z. T. etwas deftiger Sprache (M038/F026). Der Elternteil findet die Tochter mitunter schwierig – sie macht ein «Theater» (F023) oder ist «in einer Schlaufe» gefangen (M038/F026), wenn sie aus Angst oder Frust heult und schreit, was sie die Hausaufgaben nicht verstehe. Auch in diesen wiederkehrenden konfliktbehafteten Situationen vertritt E12 mit Festigkeit die eigene Position. **Die wert- und kontrollbezogenen Einschätzungen werden von der Mutter stetig mit dem festen Willen übermittelt, die Tochter zu überzeugen. Dabei wird mit der Tochter, die ihre Ängste und ihre Wut mitunter deutlich zum Ausdruck bringt, intensiv argumentiert.**

(Fortsetzung)

Tabelle 7.12 (Fortsetzung)

Elternteil	Diskursivität[1]	Assertivität[2]	Erläuterung und Zusammenfassung
H11	3	2	**Diskursivität:** Generell werden in den wert- und kontrollbezogenen Episoden (vgl. Anhang, Tabelle 9.1 und Tabelle 9.3) etliche dialogische Situationen geschildert, besonders deutlich in den Episoden M053/F029, M054 und M055/F032. Die Mutter H11 berät ihre Tochter K05 bzw. warnt sie, diese entgegnet deutlich und lehnt wert- und kontrollbezogene Einschätzungen auch rundweg ab: «Jetzt habe ich keinen Bock» (M053/F029). **Assertivität:** Die Mutter H11 vertritt ihre Einschätzungen und Überzeugungen zwar stetig – «es ist immer ein Thema» (M056), «wir haben immer gesagt» (M057), aber nicht fest, sondern weicht vor der Reaktion ihrer Tochter, die «in der Pubertät» ist, zurück, wenn sich diese ihr widersetzt. Die eigene Position wird (um des Friedens willen?) relativiert: Du solltest, aber ja – wenn du jetzt nicht möchtest o. ä. **Die wert- und kontrollbezogenen Einschätzungen werden durch die Mutter zwar stetig übermittelt. Wenn sich die Tochter aber nicht überzeugen lassen möchte, weicht sie Konflikten jedoch aus, bleibt nicht verbindlich, sondern gibt dem Kind nach. Dabei wird aber sehr dialogisch vorgegangen. Die Tochter hält nicht mit ihrer Meinung zurück und die Mutter berücksichtigt diese.**
H12	3	3	**Diskursivität:** In Episode M063/F035 (vgl. Anhang, Tabelle 9.1 und Tabelle 9.3) schildert die Mutter H12 anschaulich, wie Dialoge zwischen ihr und dem Sohn K06 in Situationen ablaufen, in denen die Mutter beruflich «im Stress» ist. Sie geraten sich «kurz in die Haare» und «finden [dann] eigentlich, dass es nichts bringt». Es ist in den wert- und kontrollbezogenen Episoden durchgängig von (wiederkehrenden) Gesprächen, Streit, Nachhaken die Rede. K06 bringt dabei seine Sichtweise zum Ausdruck und H12 setzt sich aktiv mit dessen Standpunkten auseinander. **Assertivität:** Die Mutter H12 vertritt ihre Einschätzungen und Überzeugungen stetig und mit Festigkeit – auch wenn der Sohn seine «Spielchen» treibt (M063/F035) oder «trotzt und /täubelet/ [Dialekt für wütend schmollen]» (M065/F038). Sie zeigt sich in Episode F036 – «dadurch, dass sich alles etwas verbessert hat» – aber auch flexibel: ‹'Gut, dann machst du es am Morgen.' Aber das sind so Ausnahmefälle. Und wenn es Ausnahmefälle sind, dann habe ich auch kein Problem damit.» **Die wert- und kontrollbezogenen Einschätzungen werden von der Mutter mit dem festen Willen übermittelt, den Sohn zu überzeugen und dabei ständig dessen Sichtweise einzubeziehen.**
M11	3	3	**Diskursivität:** In den Episoden M072, M073/F039 und F040 (vgl. Anhang, Tabelle 9.1 und Tabelle 9.3) schildert der Vater M11, der gebrochen Deutsch spricht, dialogische Szenen mit seinem Sohn K07, in denen dieser vor allem Antwort gibt. In der Episode M073/F039 wird aber auch deutlich, dass M11 die Entgegnungen seines Sohnes ernst nimmt und sich ggf. anpasst: «Okay, lass du– nachher machst du» (K07) drückt aus, dass er müde sei und seine Hausaufgaben nicht sofort machen wolle). Generell ist ein beratendes Begleiten und aktives Auseinandersetzen mit der Sichtweise des Kindes erkennbar (z. B. M077). **Assertivität:** Der Vater M11 vertritt seine Einschätzungen und Überzeugungen stetig («viele Male sage ich zum Beispiel», vgl. M072/F039) und mit Verbindlichkeit. Letzteres kommt besonders in den Hinweisen «aber vergiss es nicht!» (M073, M074), mit denen die Appelle verstärkt werden, zum Ausdruck. **Der Vater bringt seine wert- und kontrollbezogenen Einschätzungen und Überzeugungen stetig und insistierend ein, wobei er die Bedürfnisse des Sohnes beständig wahrnimmt und berücksichtigt.**

(Fortsetzung)

7.3 Elternspezifische Stilelemente des verbal-appellativen … 555

Tabelle 7.12 (Fortsetzung)

Elternteil	Diskursivität[1]	Assertivität[2]	Erläuterung und Zusammenfassung
M12	3	2	Diskursivität: Generell werden in den wert- und kontrollbezogenen Episoden (vgl. Anhang, Tabelle 9.1 und Tabelle 9.3) zwar nur marginal dialogische Situationen detailliert geschildert (Ausnahme M080/F042), trotzdem kommt in jeder Hinsicht zum Ausdruck, dass die Mutter M12 stets an der Sichtweise ihres Sohnes K08 interessiert ist: Es wird besprochen und angeregt diskutiert (Dialekt: /chifle/, vgl. M080/F042). Assertivität: Die Mutter M12 vertritt ihre Einschätzungen und Überzeugungen zwar stetig und «motz!» manchmal (vgl. M080/F042, M087), aber wenn der Sohn K08 sich weigert oder den Appell nicht zur Kenntnis nimmt, dann lässt ihn M12 und bleibt nicht fest in ihrer Position: «Aber ich glaube sowieso nicht, dass er das macht (lacht). Eigentlich glaube ich nicht, dass ich das macht, denn er ist immer gleich, er- Ich kann es dir nicht sagen» (M086/F043), oder: «Wenn du beginnst zu drücken, dann macht er wie den Schirm zu. Das ödet ihn dann an und dann hat er keine Freude mehr» (M082/F046). Ebenso relativiert M12 wie evaluativen Feedbacks, indem sie andere – in Episode F044 den Klassenlehrer L04 – für Handlungsaspekte, die sie gegenüber K08 kritisiert, verantwortlich macht: «Aber dadurch, dass er eben immer mit dieser Hetzerei-, die haben das so intus-. Ich weiß doch auch nicht, wie die anderen das machen, aber der schludert- nein, er macht das enorm schnell und damit hat sich diese Sache erledigt. Aber das- früher war das nie so. Das ist dieser unsägliche Druck, den er [der Klassenlehrer L04] immer gemacht hat.» **Die wert- und kontrollbezogenen Einschätzungen werden von der Mutter zwar stetig übermittelt, wenn sich der Sohn aber nicht überzeugen lassen möchte, weicht sie zurück und relativiert. Es soll keinesfalls Druck gemacht werden, weil dieser das Gegenteil des Intendierten bewirke. Die Mutter geht dialogisch vor und nimmt laufend auf die Bedürfnisse ihres Sohnes Rücksicht.**
R11	3	3	Diskursivität: In den Episoden M092/F047 und M093/F050 (vgl. Anhang, Tabelle 9.1 und Tabelle 9.3) werden Kommunikationssituationen geschildert, in denen Dialoge anschaulich werden: Die Mutter R11 entgegnet – «dann sag' ich: …» (M092) und die Tochter K09 «bestreitet» die Aussagen der Mutter (F050). Generell entsteht der Eindruck der von z. T. intensiven Diskussionen im Kontext von Hausaufgaben und Prüfungsvorbereitungen sowie von Leistungsergebnissen des Kindes. Assertivität: Die Mutter R11 vertritt ihre Einschätzungen und Überzeugungen stetig, prägnant und mit Festigkeit, was mitunter daran liegen dürfte, dass sie und ihr Mann sehr hohe Aspirationen haben (vgl. M095 und «Valenz der Anforderungen der Mutter – anders als K09 – nicht aspirierten Abteilung zum Zeitpunkt G1» in Tabelle 3.2). Die Eltern sind nach den Angaben der Mutter mehr zu Herzen» als K09 – nicht «entspannt». Sie drängt ihre Tochter beharrlich, ihre Appelle «ein bisschen mehr zu Herzen» zu nehmen (M089). **Die Mutter übermittelt ihre wert- und kontrollbezogenen Einschätzungen der Tochter mit dem festen Willen, sie zu überzeugen. Die Ansichten der Tochter werden zur Kenntnis genommen und mit ihr z. T. heftig diskutiert.**

(Fortsetzung)

Tabelle 7.12 (Fortsetzung)

Elternteil	Diskursivität[1]	Assertivität[2]	Erläuterung und Zusammenfassung
R12	3	2	Diskursivität: In den beiden wert- und kontrollbezogenen Episoden M097/F055 und M098 (vgl. Anhang, Tabelle 9.1 und Tabelle 9.3) gibt es dialogische Situationen, die detailliert mit Hilfe direkter Reden beschrieben werden. Episode M097/F055 veranschaulicht «einen Disput», der schon mehrmals entbrannt ist, weil die Tochter K10 bezüglich der Hausaufgabenmenge angelogen hat. Für ein reges Diskutieren und Verhandeln zwischen Mutter und Tochter spricht auch die Aussage von R12 in Episode M099, wonach K10 grundsätzlich alles zur Sprache bringe, was sie anders sehe als sie selbst, «aber wenn sie nicht darüber redet, ist sie eigentlich zufrieden, so wie es ist». Assertivität: Die Mutter R12 bringt ihre schulbezogenen Einschätzungen und Überzeugungen zum Ausdruck, bleibt aber nicht fest, wenn die Tochter sich weigert oder den Appell nicht zur Kenntnis nimmt: «ich kann das nicht erzwingen» (M100), «ich lasse das so stehen» und «[...] lasse sie eigentlich machen» (M103). Lediglich bezüglich des Lügens (aber nicht des schulbezogenen Inhalts der Lüge!) zeigt R12 ein hohes Maß an Assertivität: «Ich habe gesagt, nur so lernt sie entweder zu sagen, 'Ok, Mama, tut mir leid, ich habe es vergessen'' oder was für eine Ausrede dann immer kommt. Aber ich wollte einfach nicht haben, dass sie mir sagt, sie hätte keine und geht sie [die Hausaufgaben] dann so heimlich machen. Das möchte ich nicht. Ich will.- ja auch wenn sie mir noch sagt: 'Ich habe jetzt kein Bock', akzeptiere ich das, aber ich akzeptiere es nicht, angelogen zu werden» (F055). **Die wert- und kontrollbezogenen Einschätzungen werden zwar stetig übermittelt. Wenn die Tochter diese aber nicht hören möchte, weicht die Mutter Konflikten aus und gibt nach. Das gilt allerdings nur bezüglich schulischer Aspekte. Wenn es um grundlegende Erziehungsziele geht (z. B. Ehrlichkeit), scheint die Mutter verbindlich zu bleiben. Es wird grundsätzlich dialogisch vorgegangen. Die Tochter artikuliert ihre Meinung und die Mutter geht auf diese ein.**
S11	3	3	Diskursivität: In den Episoden M109/F058, M110 und M112 (vgl. Anhang, Tabelle 9.1 und Tabelle 9.3) veranschaulicht die Mutter S11 Dialoge: Ihr Sohn K11 fragt nach, er hadert und beklagt sich über die Hausaufgaben, deren Sinn er nicht versteht, und wehrt sich gegen falsche Einschätzungen. Die Mutter S11 geht darauf ein und argumentiert. Manchmal gibt es auch «Diskussionen» (M110) zwischen den Eltern und dem Sohn. Assertivität: Die Mutter S11 und ihr Mann, die beide hohe kindbezogene Bildungsaspirationen aufweisen (vgl. «Valenz der unmittelbaren Zuteilung zur aspirierten Abteilung zum Zeitpunkt G1» in Tabelle 3.2) und nach eigenen Aussagen «extrem[en] Druck» an ihren Sohn «weitergegeben haben» (M115), vertreten ihre wert- und kontrollbezogenen Einschätzungen stetig und mit Festigkeit: «logisch bleibt man dran» (M105). **Die Mutter übermittelt ihre wert- und kontrollbezogenen Einschätzungen und Überzeugungen stetig und insistierend. Der Sohn bringt sich aktiv ein und die Mutter argumentiert und diskutiert mit ihm.**

(Fortsetzung)

7.3 Elternspezifische Stilelemente des verbal-appellativen …

Tabelle 7.12 (Fortsetzung)

Elternteil	Diskursivität[1]	Assertivität[2]	Erläuterung und Zusammenfassung
V11	3	2	Diskursivität: In allen kontrollbezogenen und in den meisten wertbezogenen Episoden (vgl. Anhang, Tabelle 9.1 und Tabelle 9.3) schildert die Mutter V11 Dialoge mit ihrem Sohn K13 in direkter oder indirekter Rede. Sie fragt nach (M130), er warnt sie vor (F065). Früher gab es starke Konflikte zwischen den beiden (M129), was sich nun gelegt hat (V11 stellt eine Verbindung zur Medikation des ADS von K13 her). In allen Episoden versucht V11 den Standpunkt ihres Sohnes zu verstehen. Assertivität: V11 ist mit der schulbezogenen Unterstützung der kleinen Schwester beschäftigt und hat die Unterstützung ihres Sohnes K13 «ein stückweit […] delegiert» (M129) an professionelle Nachhilfe und schulische Förderstunden: «K13 habe ich wie so ein wenig gehen lassen. Gehen lassen nicht im Sinn, dass ich nicht schaue. Aber so, dass ich ihn eigentlich machen lasse» (M128). Sie drückt über alle Episoden hinweg Aufmerksamkeit, aber auch etwas Distanz gegenüber der Situation ihres Sohnes aus. Gelegentliche Überforderung mit der familiären Situation ist erkennbar. In ihren lernbezogenen Wert- und Kontrollregulationen zeigt sich die Mutter V11 wenig insistierend: «Ich sage ihm schon: 'Jetzt solltest du nicht abhängen.' Aber […] ich sage es immer nur halbherzig. Ich verstehe ihn» (M126). Festigkeit markiert sie deutlich bezüglich ihrer Bildungsaspirationen: «Und ich habe ihm halt immer gesagt: 'Schau, wenn du in die Sek B kommst, dann gehst du in eine Privatschule (lacht). Ich lasse dich nicht in die Öffentliche [Sekundarschule gehen]' Auch ein wenig das Gemeine von mir. Das habe ich ihm in der 5. Klasse sicher mehr als einmal gesagt» (M132). Die Mutter übermittelt zwar stetig ihre Überzeugungen, wenn der Sohn die Wert- und Kontrollappelle nicht zur Kenntnis nimmt, insistiert sie aber manchmal nur «halbherzig» – außer, wenn es um den Übertritt in die Abteilung A geht. Dieser ist dem Elternteil sehr wichtig. Es wird grundsätzlich dialogisch-verhandelnd vorgegangen.
V12*	3	3	Diskursivität: In den insgesamt 34 wert- und kontrollbezogenen Episoden (vgl. Anhang, Tabelle 9.1 und Tabelle 9.3) des Vaters V12 finden sich eine Vielzahl von Dialogen mit dem Sohn K14. In der Episode M141 beschreibt V12 die Bedingungen, unter denen die Gespräche in der Bauernfamilie zustande kommen – Gespräche, die sich namentlich um die Bedeutung eines Übertritts in die Abteilung A drehen, die K14 nur geringe Aspirationen aufweist: «Bei uns finden sehr viele Diskussionen am Tisch. Oder bei den Mahlzeiten, dann wir gegessen haben. […] mindestens drei-, viermal am Tag sitzen wir zusammen an diesem Tisch. Und das Gefühl hatte, am Abend, wenn es darum gegangen ist, in seinem Zimmer, beim Lernen, beim Hausaufgaben machen. Wenn er das Gefühl hatte, es reiche jetzt, das sei jetzt genug». Assertivität: Der Vater V12 will seinen Sohn, der immer noch «eher ein Minimalist» (M136) sei, beständig «ermuntern» (M136) und «motivieren» (M135, M137, M139). Ebenso findet er, dass man K14 «schon ein wenig Druck oder […] Ultimaten setzen» müsse (M135). Auch «überwachen» sei nötig: «Wenn man ihm zu viele Freiheiten lässt, dann ist es eben genau das. Er macht's in den letzten fünf Minuten und so. Wir probieren […] immer, ihm möglichst auf eine gerechte Art, ihn immer wieder zu motivieren oder sanften Druck auszuüben, dass er es wirklich macht» (M135). V12 und seine Frau insistieren auf der Kenntnisnahme bzw. Befolgung ihrer wert- und kontrollbezogenen Appelle. Der Vater übermittelt seine wert- und kontrollbezogenen Einschätzungen und Überzeugungen stetig und insistierend. Der Sohn diskutiert mit und es findet eine ernsthafte Auseinandersetzung mit seinen Argumenten statt.

(Fortsetzung)

Tabelle 7.12 (Fortsetzung)

Elternteil	Diskursivität[1]	Assertivität[2]	Erläuterung und Zusammenfassung
Z11	3	3	Diskursivität: Mutter Z11 schildert in den meisten wert- und kontrollbezogenen Episoden (vgl. Anhang, Tabelle 9.1 und Tabelle 9.3) dialogische Szenen. Besonders illustrativ (direkte Rede, mehrere Turns) in M157, M161, M162 und M163/F080: Der Elternteil sagt, schimpft, fragt und die Tochter K15 entgegnet in den meisten Szenen. V12 nimmt die Antworten zur Kenntnis und kommentiert sie (z. B. M163). Streit gibt es – wenigstens bezüglich der Hausaufgaben – selten (vgl. M161). In der Schlüsselepisode M155/F084 schildert Z12, wie sie und ihr Mann auf die von K15 zum Ausdruck gebrachte geringe Selbstwirksamkeitsüberzeugungen sowie auf deren Angst und Frustration eingehen. Assertivität: Die Mutter V12 und ihr Mann, die hohe kindbezogene Bildungsaspirationen aufweisen (vgl. Tabelle 3.2) bleiben vor allem bezüglich des Übertrittsthemas dran und versuchen bei «verschiedensten Gelegenheiten» (F083), ihrer Tochter K15 Vertrauen in deren Fähigkeiten zuzusprechen, den Übertritt erfolgreich («ganz sicher», M155/F084) bewältigen zu können, wenn sie Einsatz zeige. Die eigenen Einschätzungen werden auch in den hausaufgabenbezogenen Episoden insistierend vertreten («man muss öfters mal sagen...», M158; ebenso: M160/F079, M161, M163/F0809). **Die wert- und kontrollbezogenen Einschätzungen und Überzeugungen werden von der Mutter stetig und insistierend übermittelt. Die Tochter gibt Antworten oder äussert Ängste, welche die Mutter argumentativ aufnimmt.**
Z12	3	3	Diskursivität: Die Mutter Z12 schildert mehrere dialogische Szenen in ihren wert- und kontrollbezogenen Episoden (vgl. Anhang, Tabelle 9.1 und Tabelle 9.3). Am prägnantesten sind F185 und M168/F087 (direkte Rede, mehrere Turns). In M168/F87 wird geschildert, wie die Tochter K16 ihre Mutter auffordert, sie abzufragen, und wie daraus «Reibereien» entstehen. Die Mutter Z12 mahnt an, die Tochter «kontert», worauf erstere darauf eingeht. In Episode F185 schildert Z12 sodann eine Verhandlungssequenz zum Thema Berufswahl: K16 stellt eine Behauptung auf; Z12 entgegnet, worauf erstere widerspricht – Z12 meint zu dieser Sequenz abschliessend: «ich wollte es ihr ein bisschen realistisch zeigen». Assertivität: Die Mutter Z12 zeigt in mehreren Episoden, dass sie insistierend ihre Einschätzungen vertritt. Besonders deutlich wird dies in Episode M168/F087, in der sie Widerspruch durch K16 zwar zulässt und deren Argumente diskutiert, aber an einem bestimmten Punkt auch beharrlich bleibt: "Halt. Stopp. Jetzt sagst du einfach nichts mehr. Jetzt machst du das, was ich sage. Fertig'». Schluss muss ich sagen: 'Ja, dass sie natürlich mich auch wieder kontern will. Immer noch etwas sagt. Und am **Die wert- und kontrollbezogenen Einschätzungen und Überzeugungen werden von der Mutter stetig und insistierend übermittelt. Die Tochter bittet die Mutter um Rat und Hilfestellungen, diese nimmt die Meinungen des Kindes auf und argumentiert mit ihm.**

(Fortsetzung)

7.3 Elternspezifische Stilelemente des verbal-appellativen ... 559

Tabelle 7.12 (Fortsetzung)

Elternteil	Diskursivität[1]	Assertivität[2]	Erläuterung und Zusammenfassung
Z22	2	3	Diskursivität: Besonders in den wert- und kontrollbezogenen Episoden (vgl. Anhang, Tabelle 9.1 und Tabelle 9.3), die Szenen illustrieren, in denen sich der Vater Z22 mit seiner Tochter K18 über Hausaufgaben oder über die Gründe von Prüfungsergebnissen unterhält (M175/F092, M176, M177, M178), wird sichtbar, dass die Tochter «echt Mühe hat, wenn ich draufschaue», «missmutig» wird und «fast anfängt zu weinen, wenn ich dort ein wenig bohren möchte» und sich schließlich zurückzieht («dann macht sie vielfach zu») (M175) oder es aber vermeidet, ihren Vater aufzusuchen, obwohl sie eigentlich Bedarf nach Hilfe hätte («sie geht mehr zur Mutter») (M175). Zumindest die leistungsbezogene Kommunikation zwischen den beiden erscheint unidirektional und auf Seiten des Vaters Z22 wenig sensibel und adaptiv zu sein. Die Tochter K18 scheint darauf mit Angst und Vermeidung zu reagieren. Assertivität: Die Gründe für das Meideverhalten von K18 dürften in der Art und Weise liegen, wie der Vater Z22 seine Tochter zu überzeugen sucht und wie er reagiert, wenn sie seinen Erwartungen nicht entspricht. Dabei setzt er Zwang ein, was besonders in Episode M176 deutlich wird: Er möchte seine Tochter dazu drängen, u. a. während den Sommerferien den Basisstoff in Mathematik gemeinsam mit ihm aufzuarbeiten: «Die wird weinen. Die wird weinen. Ja am Anfang, weil ein gewisser Druck von mir kommt. Da wird sie hundertprozentig weinen und ich hoffe, dass sie das einsieht, dann ist das kein Thema mehr. Wenn die Einsicht da ist, dann geht es los bei ihr». Zwang zur Aufarbeitung der Fehler wird auch bei ungenügenden Prüfungsergebnissen erkennbar: «Also schon klar, auch bei schlechten Noten bin ich nicht der, der sie streichelt» (M180). Z22 bleibt in einem solchen Fall besonders beharrlich dran und belässt es nicht bei Aufforderungen und evaluativen Feedbacks, sondern setzt auf enge Begleitung «Wenn es ungenügend wird, dann bin ich da, dann suche ich Aufgaben im Internet zum Thema oder habe schon selber Blätter gemacht.» (M177). Der Vater übermittelt seine wert- und kontrollbezogenen Einschätzungen und Überzeugungen stetig, beharrlich und wenn nötig auch mit Zwang. Zumindest wenn es um Leistungen geht, wird kaum verhandelt – der Vater geht dann auf die Gegenargumente der Tochter kaum ein oder diese entzieht sich ihm und meidet den Kontakt.

(Fortsetzung)

Tabelle 7.12 (Fortsetzung)

Elternteil	Diskursivität[1]	Assertivität[2]	Erläuterung und Zusammenfassung
Z31	3	3	Diskursivität: Mutter Z31 schildert in fast jeder ihrer wert- und kontrollbezogenen Episoden (vgl. Anhang, Tabelle 9.1 und Tabelle 9.3) eine kurze dialogische Szene – besonders prägnant in den Episoden M184/F097, M185/F096 und M189. Die Mutter fordert ihren Sohn K19 in manchen Stellen augenzwinkernd heraus («'Wofür? Zahle nichts [Fünf-Franken-Stück für gute Prüfungsnoten], wenn ich es nicht gesehen habe», M189), der Sohn agiert auf ähnlich spielerische Weise, wenn sie eine verbale Regulation nach einer misslungenen Prüfung initiiert: «Nein. Aber, wenn ich dann sage: 'Aber hey!' Dann sagt er: 'Ja, unterschreib jetzt.' (lachen) So. So quasi, du musst jetzt nicht noch diskutieren, sondern nur jetzt unterschreiben» (M185/F096). Ein stetiger, von Vertrauen gekennzeichneter Austausch zwischen den beiden lässt sich sodann in der ausführlich geschilderten Episode F098 deutlich erkennen, in der es um disziplinarische Probleme von K19 in der Schule und um Beschuldigungen geht, denen er sich von Seiten seiner Peers und einiger Lehrkräfte ausgesetzt sieht: «ja, jetzt geht es dann langsam auf Mobbing zu». Assertivität: Die Mutter Z31 zeigt in mehreren Episoden, dass sie gewillt ist, ihre Einschätzungen und Überzeugungen resolut kund zu tun, wenn sie es für nötig erachtet: schimpfen, «hey,....» (F185). Sodann zeigt sie sich besonders in Episode M186 insistierend, als der Sohn keine Lust bekundet, Hausaufgaben zu machen: «Dann muss ich sagen: 'Okay, wenn die Hausaufgaben nicht gemacht sind, gibt es auch das andere nicht'». **Die wert- und kontrollbezogenen Einschätzungen und Überzeugungen werden von der Mutter stetig und insistierend übermittelt. Die Mutter und ihr Sohn interagieren mitunter spielerisch miteinander, Bedürfnisse und Meinungen des Kindes werden vom Elternteil zur Kenntnis genommen und berücksichtigt.**

(Fortsetzung)

7.3 Elternspezifische Stilelemente des verbal-appellativen ...

Tabelle 7.12 (Fortsetzung)

Elternteil	Diskursivität[1]	Assertivität[2]	Erläuterung und Zusammenfassung
Z32	2	2	**Diskursivität:** Generell drängt sich beim Lesen der wert- und kontrollbezogenen Episoden (vgl. Anhang, Tabelle 9.1 und Tabelle 9.3) der Eindruck auf, dass die Mutter Z32 und ihre Tochter K20 nur das Nötigste in Sachen Schule bereden. Dies zeigt sich einerseits deutlich in den Situationsbeschreibungen, wie beispielsweise in der Episode M194, in der K20 der Mutter eine Prüfung vorlegt: «'Mami, da musst du unterschreiben.' Fertig. Mehr wird da gar nicht darüber geredet, oder warum, wieso- [...] und dann unterschreibt man es noch». Andererseits wird es in den verbalen Wertregulationen von Z32 deutlich, in denen sie ihre Tochter auffordert, zu akzeptieren, dass sie als Mutter (nicht mehr) nicht für das Schulische zuständig sei, sondern die Lehrkraft bzw. sie selber (vgl. M190/F100, M191). Anders als zu Beginn der Schulzeit, meldet sich die Tochter offenbar kaum mehr bei ihrer Mutter (M191), wenn sie Hausaufgabenprobleme hat, sondern kontaktiert Peers (F103). Die Mutter bemerkt die Veränderung: «Es [] ist immer weniger geworden und weniger» und kann sich oder will sich nicht zu den Gründen dafür äußern: «(...) Das ist schwierig zu sagen. Das- Das kann ich- Das kann ich jetzt nicht sagen». **Assertivität:** Die Mutter Z32 deutet an mehreren Stellen an, dass sie kaum auf ihren wert- und kontrollbezogenen Einschätzungen insistiert, wenn die Tochter K20 die Appelle missachtet. Besonders deutlich wird dies in Episode M103/F102, in der sie schildert, wie sie ihre Tochter mit einem Zweckmäßigkeitsargument auffordert, die Hausaufgaben sofort zu erledigen («Mach es jetzt, dann hast du es dann fertig»), sich die Tochter lachend weigert («Hähähä») und Z32 auf die entsprechende Nachfrage der interviewenden Person meint: «Ja, widerwillig [macht sie dann] manchmal. Oder dann lasse ich sie sein». In der gleichen Episode relativiert die Mutter ihren Appell bzw. rechtfertigt sich gegenüber der befragenden Person für ihre Inkonsistenz: «Es ist zwar- Man sollte jeweils nach Hause kommen, man sollte sie [...] eigentlich machen. Aber sie hat Wochenende – auch – wie wir ja auch in dem Sinn, oder. Da sollten sie auch noch können- selber einteilen können, wenn sie die Hausaufgaben machen wollen. Zwar wäre es gut, wenn es machen würde, aber- ich lasse sie jetzt einfach einmal- ein bisschen draußen». Weitere Stellen, in denen die Mutter einen defensiven bzw. eher hilflosen Eindruck hinterlässt, wenn die Tochter sich nicht gewillt zeigt, ihre Appelle zu berücksichtigen, finden sich namentlich in Episode M190: «Dann kommt es bei ihr manchmal auch noch auf die Laune an», «Ich kann nicht mehr machen, als zu sagen...», «Einfach, wenn sie nicht flucht [merkt ich, dass sie zufrieden ist]». **Die Mutter relativiert ihre wert- und kontrollbezogenen Einschätzungen:** «ich finde, dass du ..., aber du musst es selber wissen – wenn du nicht willst, ist es halt so». Ein intensives Erörtern und Verhandeln von Positionen zwischen der Mutter und der Tochter wird nicht berichtet – beide scheinen sich schulbezogenen Diskussionen zu entziehen.

[1] Einschätzung der «Diskursivität der elterlichen Wert- und Kontrollregulationen» (vgl. Kategoriensystem in Tabelle 6.13) mit zwei Ausprägungen (nachträgliche Dichotomisierung, vgl. Abschnitt 6.4.3.3); 2 = eher niedrig und 3 = eher hoch.
[2] Einschätzung der «Assertivität der elterlichen Wert- und Kontrollregulationen» (vgl. Kategoriensystem in Tabelle 6.14) mit zwei Ausprägungen (nachträgliche Dichotomisierung, vgl. Abschnitt 6.4.3.3); 2 = eher niedrig und 3 = eher hoch.
* An den beiden Fällen D11 und V12 wurde das Kategoriensystem für die Ratings erprobt und verfeinert. Anders als bei den übrigen Fällen, erfolgte hier die fallspezifische Einschätzung somit auf Anhieb im Team (vgl. Abschnitt 6.4.3).

Die Verbindlichkeit ihrer wert- und kontrollbezogenen Appelle beweisen sie gegenüber dem Kind, indem sie ein entsprechendes Handeln einforderten (D11), indem sie dranblieben (S11) und es stetig aufforderten, das Gesagte nicht zu vergessen (M11) oder «ein bisschen mehr zu Herzen» zu nehmen (R11), indem sie es ihm auch dann sagten, wenn das Kind «ein Theater» machte und schrie (E12) oder «seine Spielchen» spielte (H12) oder sich verweigerte (D11, Z32, Z12). Diese Eltern waren sich bei aller Verbindlichkeit aber meist nicht blind für die emotionale Situation ihres Kindes, sondern zeigten einhergehend mit ihrem dialogischen, um Intersubjektivität bemühten Vorgehen ein angemessenes Maß an situationaler Flexibilität – «gut, dann machst du es morgen» (H12) – und insistierten nur so lange, bis das Kind zurückmeldete, «es reiche jetzt, das sei genug» (V12).

Vier Elternteile– es handelt sich um die Mütter H11, M12, R12 und V11 – praktizierten einen Kommunikationsstil, der aus der Kombination einer eher hohen Diskursivität (3) und einer eher geringen Assertivität (2) bestand (22.2 % overall). Wie die Elternteile der ersten Gruppe zeigten sie sich in den geschilderten Regulationssituationen als verhandelnde Partner ihrer Kinder und waren darum bemüht, ihre eigenen Sichtweisen bei Bedarf zu erklären und auf die Entgegnungen oder Rückfragen des Kindes einzugehen. Im Vergleich zur ersten Gruppe insistierten sie allerdings weit weniger auf einer Beachtung und Befolgung ihres Appells (ich sage es schon, aber…): Die drei Mütter H11, M12 und R12 zeigten sich – zwar verärgert und missmutig, aber um des Friedens willen – gewillt, bei Widerständen ihres Kindes, die eigene Position zu relativieren (H11: die Tochter «hat keinen Bock» und ist «in der Pubertät»; M12: «aber ich glaube sowieso nicht, dass [mein Sohn] das macht», «wenn du beginnst zu drücken, macht er wie den Schirm zu»; R12: «ich lasse sie eigentlich machen»). Die Mutter V11 zeigte sich dahingegen wenig assertiv («ich sage es ihm nur halbherzig», «ich lasse ihn machen»), nicht weil sie Konflikte scheute, sondern weil es ihr in der betreffenden Phase wegen der schulischen Probleme der kleinen Schwester an Zeit gefehlt habe, ihre Überzeugungen gegenüber dem Sohn noch konsequenter zu vertreten.

7.3 Elternspezifische Stilelemente des verbal-appellativen ...

Zwei der 18 Elternteile – es handelt sich um die beiden Mütter D12 und Z32 – zeigten einen Kommunikationsstil bei ihren schulbezogenen Wert- und Kontrollregulationen, der von eher geringer Diskursivität (2) und eher geringer Assertivität (2) geprägt war (11.1 % overall). Beide Elternteile sprachen grundsätzlich so wenig wie nötig über schulische Aspekte mit ihrem Kind, von angeregten, bisweilen hitzigen Diskussionen im Kontext von wert- oder kontrollbezogenen Regulationen des Elternteils ist bei ihnen kaum die Rede (Z32: «mehr wird da gar nicht darüber geredet»). Auch zeigten sich beide wenig insistierend, wenn ihre Kinder den Appellen keine Beachtung schenkten. Während D12 als Grund dafür die Ausbildung anführte, in der sie sich befand («Dann mag ich nicht mehr so dahinter sein [...] wenn er nicht will, dann will er nicht [...], dann lasse ich ihn eben»), zeigte sich Z32 eher resigniert, defensiv und hilflos angesichts der z. T. lachend vorgetragenen Weigerungen des Kindes: «Ich kann nicht mehr machen, als zu sagen...». Beide Elternteile brachten fehlende Energie für Diskussionen und ein festes Vertreten der eigenen Überzeugungen und Meinungen zum Ausdruck.

Die übrigen beiden Elternteile – die Mutter E11 und der Vater Z22 – zeigten einen Kommunikationsstil, der eine eher tiefe Diskursivität (2) mit eher hoher Assertivität (3) koppelte (11.1 % overall). Beide Elternteile beschreiben wiederholt deutlich unidirektionale Regulationssituationen, in denen sie heftig reagierten, wenn die Kinder ihre schulbezogenen Normen verletzten oder sich ihnen widersetzten (D11: «da war ich schon mehrmals sauer», «das ertrag ich dann nicht», «jetzt Herrgott nochmal»; Z22: «auch bei schlechten Noten bin ich nicht der, der sie streichelt»). Während der Sohn von D11 einsilbig zu bleiben schien, weil er mit seinen Argumenten bei seiner Mutter nicht durchdrang und/oder weil er bei ihr die genannten Reaktionen erzeugte, versuchte die Tochter von Z22, seine Gegenwart gänzlich zu meiden, wenn sie glaubte, seine Erwartungen nicht zu erfüllen: «sie [hat] echt Mühe [...], wenn ich draufschaue», «dann macht sie vielfach zu» und «geht mehr zur Mutter». Der Vater Z22 versuchte denn auch, die Einsicht seiner Tochter zu erzwingen: «Dass sie fast anfängt zu weinen, wenn ich dort ein wenig bohren möchte», «Die wird weinen. Ja am Anfang, weil ein gewisser Druck von mir kommt». Dahingegen vertrat E11 ihre Überzeugungen gegenüber dem Sohn, bei dem sie glaubt, auf relative Gleichgültigkeit hinsichtlich ihrer Appelle zu stoßen, lediglich mit großer Hartnäckigkeit: «Es geht ums Prinzip», «Da habe ich gesagt: 'Jetzt muss ich nochmal einmal mit dir reden'», «was ich immer wieder verlangt habe …». Anders als die Tochter von Z22, die sein bedrängendes Insistieren offenkundig fürchtete, schien der Sohn von E12 das wiederholte energische Pochen seiner Mutter auf einer Übernahme ihrer Sichtweisen eher als lästig und ärgerlich wahrzunehmen.

7.3.4 Emotionale Zuwendung

Im Folgenden stehen die Ergebnisse der Ratings zur emotionalen Zuwendung im Fokus, welche die 18 Elternteile ihrem Kind in leistungsbezogenen häuslichen Situationen während der Übertrittszeit zuteilwerden ließen. Die diesbezügliche, mit der evaluativen Inhaltsanalyse bearbeitete Forschungsfrage 3.4 lautet (vgl. Abschnitt 5.8):

In welchem emotionalen Klima fanden die individuellen elterlichen Wert- und Kontrollregulationen statt, gemessen an den selbstberichteten Reaktionen auf Erfolge und Misserfolge des Kindes während der Übertrittszeit?

Wie in Abschnitt 5.7 dargelegt, ist es wichtig, dass die Eltern in ihrem Bestreben, beim Kind eine nachhaltig handlungswirksame Internalisierung ihrer wert- und kontrollbezogenen Botschaften zu erreichen, nicht nur darum bemüht sind, seine Aufmerksamkeit zu erregen, möglichst an seinen bestehenden Werten und Zielen anzuknüpfen, bei ihm Zuversicht und Hoffnung zu erzeugen und gleichzeitig sachlich angemessen, plausibel und glaubwürdig zu argumentieren, sondern auch einen Modus des Appellierens an den Tag zu legen, der dem Bedürfnis des Kindes nach Schutz des eigenen «sense of competency, respect, and self-acceptance» (Covington, 1992, S. 74) nachkommt. In einer anerkennend-fürsorglichen Beziehung, die frei von Herabsetzung, Feindseligkeit, «Missachtung», «Kälte» und «Härte» sei (Tausch & Tausch, 1998, S. 102) – «when relatedness needs are met» (Grolnick, 2003, S. 56) – so die Argumentation, würden die Eltern jenen sicheren und entlastenden häuslichen Kontext schaffen, der es dem Kind erlaube, angstfrei seine Sichtweisen, Fragen und Befürchtungen

7.3 Elternspezifische Stilelemente des verbal-appellativen ...

zum Ausdruck zu bringen und sich mit den wert- und kontrollbezogenen Botschaften seiner Eltern und Geschwister zu identifizieren (u. a. Grolnick & Ryan, 1989; Grolnick et al., 1991; Grusec, 2011, S. 251–253; Schunk & DiBenedetto, 2016, S. 41; Simpkins et al., 2006; zsf. Wigfield, Eccles, et al., 2015, S. 25).

Als Indikator für das emotionale Klima, in dem die Wert- und Kontrollregulationen der Eltern stattfanden, dienten die im Rahmen der Basiscodierung extrahierten Antworten der 18 Elternteile (vgl. Anhang, Tabelle 9.5), die sie auf die Fragen nach ihren typischen Reaktionen auf Erfolge und Misserfolge ihres Kindes bei Mathematikprüfungen gegeben hatten (vgl. Abschnitt 6.4.1.1). Schon bei der ersten Durchsicht der Interviews war die Vielfalt an Formen und Intensitäten von Zurückweisung (rejection) und Wärme (warmth) (vgl. Abschnitt 2.2.2.4, insb. Tabelle 2.1) deutlich geworden, mit denen die Eltern vor dem Hintergrund des uneindeutigen Übertrittsstatus nach eigenen Angaben auf die Prüfungsergebnisse reagiert hatten.

Auf der Grundlage des Kategoriensystems «Grad an emotionaler Zuwendung» (vgl. Tabelle 6.15) beurteilten die drei Rater*innen die Qualitäten der elterlichen Reaktion auf Prüfungserfolge und -misserfolge bezüglich vier Ausprägungen: Ein tiefer Grad an emotionaler Zuwendung (1) repräsentiert eine klar nicht-selbstwertdienliche, kühl-enttäuschte oder persönliche Betroffenheit ausdrückende, verärgerte Reaktion auf einen Misserfolg sowie eine relativ freudlose, um kritische Distanz («gut, aber...») bedachte Reaktion des Elternteils auf ein Ergebnis des Kindes, das dieses als Erfolg taxiert. U. a. wird zum Ausdruck gebracht, dass die elterlichen Leistungserwartungen nicht voll erfüllt sind. Ein eher tiefer Grad an emotionaler Zuwendung (2) bezeichnet eine nüchterne, wenig selbstwertdienliche Reaktion des Elternteils auf einen Misserfolg, bei der kaum Trost im Spiel ist und Ausflüchte des Kindes (z. B. Attribution auf externale, unkontrollierbare Gründe, vgl. Abschnitt 5.3.3.1) nicht gutgeheißen werden. Erfolgreiche Prüfungen werden hierbei zwar mit Lob und Freude bedacht, aber auch von einer kritischen Analyse der vorgelegten Arbeit begleitet. Ein eher hoher Grad an emotionaler Zuwendung (3) bezeichnet eine nüchterne, aber warme, selbstwertdienliche Reaktion auf die Prüfungsergebnisse: Bei einem Misserfolg werden Ausflüchte des Kindes stehen gelassen, bei Erfolgen reagiert der Elternteil mit Lob und Freude. Ein sehr hoher Grad an emotionaler Zuwendung (4) repräsentiert eine sichtbar um ein Verstehen der Position des Kindes bemühte, warme, selbstwertdienliche Reaktion auf die Leistungsergebnisse: Bei Misserfolgen tröstet der Elternteil und macht Mut, bei Erfolgen freut er sich mit und zeigt Interesse (vgl. Kategoriensystem in Tabelle 6.15).

Tabelle 7.13 illustriert die Ergebnisse der höher-inferenten Einschätzung der elternspezifischen emotionalen Zuwendung bei schulischen Erfolgen und

Tabelle 7.13 Elternspezifische emotionale Zuwendung nach einem Erfolg oder Misserfolg

Elternteil	Grad der emotionalen Zuwendung	Erläuterung und Zusammenfassung
D11*	4	Bei Erfolg: Die Mutter D11 freut sich gemeinsam mit der Tochter K01, wenn diese einen Erfolg erzielt, und nimmt sich Zeit, die Prüfung anzusehen. Es ist ein deutliches persönliches Involvement erkennbar (vgl. Anhang, Tabelle 9.5): «Wir freuen uns doppelt mit K01 zusammen, wenn sie mit guten Noten nach Hause kommt in Mathematik. [...] Lustig ist, dass sie pubertär gesehen nach Hause kommt und von ihren Noten erzählt, sondern etwas beiläufig erzählt, sie habe zwei Noten, die eine 5.5, die andere 4. Und die 4 sei von Mathematik. Ja, wir versuchen dann aber beide das schon positiv aufzufangen und zu sagen, dass es super sei, es auch anzuschauen, wenn sie nach Hause kommt. [...] Ja, wenn ein Prüfungsblatt dabei ist, zu schauen, was gut und was weniger gut gelaufen ist. Auch in der Begleitung von, sie solle mehr aufschreiben, damit könne sie mehr Punkte machen. Wenn du versuchst nachzudenken, dann kann man es sehen, wenn du es aufschreibst. Und, ja.» Bei Misserfolg: «Wir sind beide nicht so Schwarzseher, dass wir das Gefühl haben, wenn sie eine Ungenügende nach Hause bringt, dass die Welt zusammenstürzt und versuchen das dann auch mit ihr zu erleben» (vgl. Anhang, Tabelle 9.5): D11 reagiert «nicht so dramatisch», sondern erlebt die Situation mit K01 mit: «Je nach dem, es liegt etwas daran, was sie selbst so für ein Gefühl gehabt hat in der Prüfung. Wenn sie das Gefühl gehabt hat, es sei gut gelaufen und es ist trotzdem nicht so eine gute Note kann es sein, dass sie sagt: 'Das kotzt mich an.' Und dann ist sie auch traurig. Es kann auch sein, dass sie sehr böse über etwas ist. Eine Beurteilung, die sie nicht fair findet oder wir versuchen sie zu motivieren, mit der Lehrperson zu besprechen.» **Die Mutter freut sich zusammen mit der Tochter über einen Erfolg und muntert diese bei einem Misserfolg auf, indem sie diesen entdramatisiert. Sie versucht generell die Perspektive ihrer Tochter einzunehmen und deren Emotionen «mitzuerleben». Selbstwertdienliche Ausflüchte des Kindes werden augenzwinkernd stehen gelassen.**

(Fortsetzung)

7.3 Elternspezifische Stilelemente des verbal-appellativen ...

Tabelle 7.13 (Fortsetzung)

Elternteil	Grad der emotionalen Zuwendung	Erläuterung und Zusammenfassung
D12	3	Bei Erfolg: «Ja also ich lobe ihm und habe Freude, 'super!' und so» D12 zeigt Freude und Stolz und lobt ihren Sohn K02, sie bleibt dabei nüchtern. Bei Misserfolg: «Ja, also das ist nicht so eine große Belastung. Also ich sage einfach, es gebe später Probleme. Vor allem in der Sek A. Ich schimpfe [mit ihm] nicht oder so, was bringt das? Es ist ja sowieso schon zu spät. [...] Also [er reagiert] so locker, ja, er hat schon nicht gerade Freude. Er redet sich heraus, alle seien schlecht gewesen». D12 schimpft nicht; die Ausreden des Sohnes werden selbstwertdienlich stehen gelassen. **Die Mutter reagiert grundsätzlich nüchtern, freut sich über die Erfolge ihres Sohnes und lobt ihn. Bei Misserfolgen lässt sie seine selbstwertdienlichen Ausflüchte stehen.**
E11	2	Bei Erfolg: Der Vater belohnt gute Noten des Sohns K03 mit Geld. Die Mutter E11 sieht dies nüchtern und zweifelt: «Man macht es ja [eigentlich] für sich. Aber [mein Mann] hat gesagt: 'Nein, er soll jetzt da unterstützt werden.' Okay. Und ich denke, wenn er dann sein Zeug hat, hat er nachgelassen. Ich finde einfach – das versuche ich ihnen mitzugeben» (vgl. Anhang, Tabelle 9.5). Die Mutter E11 reagiert auch bei guten Noten rational-distanziert und etwas zweifelnd. Sie freut sich nicht einfach mit. Bei Misserfolg: Die Ausreden des Sohnes K03 werden als «Larifarizeug» bezeichnet. Es wird mit ihm «dann diskutiert». E11 beschreibt eigene vorwurfsvolle Rückfragen, in denen sie sich nach den Gründen für den Misserfolg erkundigt: «Wieso hast du jetzt diese Note bekommen?» (vgl. Anhang, Tabelle 9.5). Dabei zeigt sie aber keine größere persönliche Betroffenheit (Wut oder persönliche Schmach). **Die Mutter reagiert nüchtern-kritisch auf die Erfolge des Sohnes, bei Misserfolgen lässt sie seine selbstwertdienlichen Ausflüchte nicht stehen und fragt mitunter vorwurfsvoll nach den bei ihm liegenden Ursachen für das unbefriedigende Ergebnis.**

(Fortsetzung)

Tabelle 7.13 (Fortsetzung)

Elternteil	Grad der emotionalen Zuwendung	Erläuterung und Zusammenfassung
E12	2	Bei Erfolg: Lob und Analyse zusammen mit der Tochter K04: «dann wird es diskutiert»: Der Vater ist federführend, die Mutter E12 aber beteiligt. Es sei wichtig, «das Ganze nochmals durch[zu]kauen»: «Das hast du gut gemacht. Aber das konntest du doch.» (vgl. Anhang, Tabelle 9.5). Bei Misserfolg: Vorwürfe v. a. des Vaters, denen die Mutter E12 etwas schlichtend, etwas überfordert oder sich raushaltend begegnet: «Wenn sie nicht so gut ist, sagt er schon ein bisschen: 'Das hättest du doch gewusst, warum machst du es jetzt?'». K04 scheint unter Druck zu stehen und vor allem die Reaktion des Vaters zu fürchten: «'Ich weiß schon, Papi wird schimpfen.' Und dann sage ich, könnt ihr das selber regeln? Ich bin gerade – die vier Platten, der Ofen, alles ist an und dann, je nachdem, wenn mein Mann vielleicht auch nicht so gut drauf ist, sagt er: 'Hä? Wieso?' Und dann – meistens beginnt sie dann zu heulen und du verstehst gar nicht, wieso. Und dann – oder sie heult auch nicht oder druckst herum» (vgl. Anhang, Tabelle 9.5). E12 fordert wie ihr Mann K04 auf, selbstkritisch zu sein, selbstwertdienliches, beruhigendes Handeln ist auch für die Mutter, trotz Angst der Tochter vor der Reaktion des Vaters, nicht erkennbar. Sie bleibt sachlich-nüchtern. **Die Mutter reagiert mit Lob, aber nüchtern-analytisch auf die Erfolge der Tochter. Bei Misserfolgen bleibt sie auch bei Angstäußerungen des Kindes distanziert. Ein selbstkritisches Hinterfragen der Gründe für den Misserfolg durch die Tochter steht im Vordergrund.**

(Fortsetzung)

Tabelle 7.13 (Fortsetzung)

Elternteil	Grad der emotionalen Zuwendung	Erläuterung und Zusammenfassung
H11	3	Bei Erfolg: Die Mutter H11 freut sich mit der Tochter und lobt sie: «'Gut, K05, super.' Ich sage immer, dass es toll ist, wie sie das gemacht hat. 'Du musst [es] weiter so machen'» (vgl. Anhang, Tabelle 9.5). Bei Misserfolg: H11 zeigt Mitgefühl, aber auch etwas Enttäuschung. «'Schade, K05. Wieso, ja-? Das nächste Mal versuchen wir es nochmals.' Oder, was kannst du machen? Das bringt nichts. Am Anfang haben wir noch diskutiert, 'wieso, warum-'. Das bringt nichts. Sie ist selber schon gestresst und hat schon gesehen, dass es nicht gut ist. Und-. 'Nach vorne schauen, weiter', muss man sagen. 'Das ist nur die erste und die nächste kommt sicher' (lächelt). Oder?» Es wird ermutigt und nicht nachgehakt, weil dies das Kind nicht als selbstwertdienlich erlebt. Die Mutter reagiert grundsätzlich freundlich-verständnisvoll, freut sich über die Erfolge der Tochter und lobt sie. Bei Misserfolgen lässt sie selbstwertdienliche Ausflüchte der Tochter bewusst stehen, zeigt aber auch ihre Enttäuschung und somit ihre nicht erfüllten Erwartungen.

(Fortsetzung)

Tabelle 7.13 (Fortsetzung)

Elternteil	Grad der emotionalen Zuwendung	Erläuterung und Zusammenfassung
H12	3	Bei Erfolg: Die Mutter H12 reagiert sehr überschwänglich («Dann gibt es einen Kuss auf den Mund.») und hört den Erzählungen von Sohn K06 zu. Sie freut sich mit ihm. Bei Misserfolg: K06 zeigt seiner Mutter H12 die Prüfung erst, wenn sie im Stress ist, und dann kaum Zeit hat, näher darauf einzugehen- Es ist dann «so ein bisschen erledigt»: «Weil es nicht mehr so oft vorkommt, ist es für mich auch lockerer. Also, ich-. Ich schaue es mit ihm schnell an. (…) Geschickterweise zeigt er es mir auch immer dann, wenn ich am Kochen bin. Somit ist es dann wieder vergessen (lacht). […] Oder sonst gerade mit den anderen beiden Kindern im Stress bin. Ja, das ist immer so ein bisschen dann, wenn er dann mit der Note rausrückt. Oder früh am Morgen, wenn man eh pressieren muss.». K06 hat Prüfungsangst und «wenig Selbstvertrauen». H12 lässt die selbstwertdienlichen Sprüche des Sohns («alle waren schlecht», «ich hatte einen Blackout») dann meist – etwas distanziert mit Augenrollen – stehen (vgl. Anhang, Tabelle 9.5). Der Elternteil zeigt sich persönlich involviert, bei Erfolgen ist die Freude groß, bei Misserfolgen wird aber auch die Ernüchterung durch die etwas distanzierte Reaktion deutlich erkennbar. **Die Mutter reagiert überschwänglich auf die Erfolge des Sohnes. Bei Misserfolgen lässt sie die selbstwertdienlichen Ausflüchte des Sohnes zwar stehen, gibt ihm aber auch ihre Enttäuschung zu spüren, indem sie mit ihrem nüchternen Umgang mit dem Resultat gänzlich anders reagiert als bei einem Erfolg.**

(Fortsetzung)

7.3 Elternspezifische Stilelemente des verbal-appellativen ...

Tabelle 7.13 (Fortsetzung)

Elternteil	Grad der emotionalen Zuwendung	Erläuterung und Zusammenfassung
M11	3	Bei Erfolg: Der Vater M11 belohnt gute Noten des Sohnes K07 mit Geld, freut sich mit ihm und lobt ihn (nicht an der Textoberfläche markiert, aber nicht anders denkbar, wenn der Sohn lächelt: «'K07, wenn du eine Note [von] Fünf bis Sechs hast, hast du zehn Franken für jede Prüfung', und zuerst geht er zu seiner Mutter und sagt und dann bringt er vor mich. Weil ich bin nicht zu Hause. Dann bin ich zu Hause und dann, wenn ich komme, bringt. Aber so lachend und zufrieden.» (vgl. Anhang, Tabelle 9.5). Bei Misserfolg: M11 ist sachlich, ruhig und analysierend: «'Okay, kein Problem, das ist fertig, vergiss das. Aber vergiss die Fehler nicht. Vergiss die Prüfung, fertig. Du kannst nicht zurück, aber vergesse nicht die Fehler.' Das sage ich.» **Der Vater freut sich über die Erfolge des Sohnes und lobt ihn. Bei Misserfolgen bleibt er sehr sachlich und analysiert die Gründe. Selbstwertdienlich zeigt er gegenüber dem Sohn Verständnis dafür, dass Prüfungen misslingen können, dabei mahnt er aber nüchtern an, sich nochmals mit dem Stoff zu befassen, um Fehler nicht zu wiederholen.**

(Fortsetzung)

Tabelle 7.13 (Fortsetzung)

Elternteil	Grad der emotionalen Zuwendung	Erläuterung und Zusammenfassung
M12	3	Bei Erfolg: Die Mutter M12 freut sich mit dem Sohn K08 deutlich mit: «Ich höre es schon, wenn ich in der Küche bin (lacht). Ja, dann kommt er und dann sagt er das. Ja, dann freue ich mich natürlich und er sich auch» (vgl. Anhang, Tabelle 9.5). Bei Misserfolg: M12 drückt ihr Bedauern aus und lässt die selbstwertdienliche Begründung von K08 vordergründig stehen, fragt aber kritisch nach dem Lernengagement im Vorfeld der Prüfung: «'Mama, ich habe eine schlechte Nachricht.' Sage ich: 'Was?' Sagt er: 'Ich habe einen Abschiffer gemacht in- ich habe eine schlechte Note gemacht.' Sage ich: 'Oh, wo denn?' Zuerst frage ich mal wo. Dann sagt er: 'Ja', vielleicht 'in Deutsch', oder 'in Mathe.' Sage ich: 'Oh je, schade.' Sage ich, dass es schade ist. Und dann frage ich jeweils: 'Hättest du darauf lernen können?' Sagt er: 'Nein nein.' Nein, weil er- (lacht) er kann ja nie darauf lernen. Also, er sagt es jeweils nicht. Aber ähm- ja. Dann ist- also ich hänge ihn nicht deswegen.» **Die Mutter reagiert überschwänglich auf die Erfolge des Sohnes. Bei Misserfolgen lässt sie seine selbstwertdienlichen Ausflüchte nicht einfach stehen, sondern fragt etwas vorwurfsvoll nach seinem vorangegangenen Lernengagement. Darauf lässt es die Mutter aber dann auch beruhen.**

(Fortsetzung)

7.3 Elternspezifische Stilelemente des verbal-appellativen ... 573

Tabelle 7.13 (Fortsetzung)

Elternteil	Grad der emotionalen Zuwendung	Erläuterung und Zusammenfassung
R11	1	Bei Erfolg: Die Mutter R11 «würde» sich «riesig freuen» über eine gute Note, aber dies kommt aus ihrer Perspektive nicht vor: «Das ist die falsche Frage. [...] Ich würde mich riesig freuen, wenn meine K09 eine gute Note nach Hause bringen würde. [...] Eine gute Note, also ich wäre sehr zu- oder sag mal, ich wäre zufrieden, wenn sie eine 4–5 nach Hause bringt. Dann sag ich immer: 'Im Rahmen, alles ok'» (vgl. Anhang, Tabelle 9.5). Die Tochter erreichte im ersten Halbjahreszeugnis in Mathematik die Note 4 (vgl. Tabelle 4.4). Die Mutter hat deutlich höhere Erwartungen und wirkt auch bei Noten um 4.5 deutlich enttäuscht. Bei Misserfolg: R11 reagiert vorwurfsvoll, kühl und persönlich betroffen, indem sie gegenüber der Tochter K09 deutlich ihre Enttäuschung zum Ausdruck bringt. Deren selbstwertdienlichen Begründungen werden nicht akzeptiert: «Ja, dann sagen wir schon: 'Das geht aber dann schon keine Zeit [gegeben]„ war das keine- dann fragen wir natürlich nach: 'Woran hat's gelegen?',„Ja, es wurde keine Zeit [gegeben]', 'Ja, und warum hast du jetzt dann zu wenig', oder sie hat die Aufgabe nicht verstanden. Dann hab ich gesagt. 'Ja, und warum hast du jetzt da die letzte Mathearbeit, hättest bestimmt eine halbe Note besser gehabt.' Dann vergisst sie dann die Bezeichnungen. Dann sag ich. 'Du, wenn du nur eine Zahl hinschreibst ohne Quadratzentimeter oder Quadratmeter, gibt jedes Mal einen Punktabzug und das nicht zu knapp.' Und wenn sie das halt eben vier-, fünfmal macht, dann ist es halt eben eine Note schlechter. Und das finde ich und das finde ich dann so, so schade, dass sie da nicht aufmerksam ist» (vgl. Anhang, Tabelle 9.5). **Die Mutter zeigt ihrer Tochter generell, dass sie deutlich höhere Leistungserwartungen hat. Sie reagiert auch bei Noten um 4.5 kühl. Bei Misserfolgen zeigt sich die Mutter verzweifelt, vorwurfsvoll und verärgert und lässt selbstwertdienliche Ausflüchte des Kindes nicht gelten.**

(Fortsetzung)

Tabelle 7.13 (Fortsetzung)

Elternteil	Grad der emotionalen Zuwendung	Erläuterung und Zusammenfassung
R12	3	Bei Erfolg: Die Mutter R12 freut sich mit der Tochter K10 zusammen: «Und dann können wir uns dann beide wirklich freuen» (ab Note 4). Sie zeichnet eine lachende Sonne auf das Prüfungsblatt neben die Note (vgl. Anhang, Tabelle 9.5). Bei Misserfolg: R12 versucht sich einzufühlen und die Gründe für die Misserfolge zu erfahren, zeigt sich darüber hinaus aber nicht weiter engagiert. Sie lässt die Erklärungen von K10 stehen und fragt nicht näher nach: «Ja, ich, also ich frag einfach, ob sie das Ganze nicht verstanden hätte oder ob jetzt, - ihr reicht es vielfach zeitlich nicht. Einfach, ja sie braucht einfach mehr Zeit und dann, wenn sie unter Zeitdruck ist, denke ich immer, kommt sie ins Hasten und macht dann noch Flüchtigkeitsfehler, darum. Aber, ich meine, ich schimpf jetzt nicht, ich lasse es so stehen, wie es ist, fertig. Und dann habe ich halt auch schon einen Grumpy gemacht, nicht nur eine Sonne» (vgl. Anhang, Tabelle 9.5). **Die Mutter freut sich deutlich über die Erfolge der Tochter. Bei Misserfolgen zeigt sie sich verständnisvoll, indem sie ihr selber entlastende Gründe für das Ergebnis nennt. Gleichwohl zeigt sie sich mitunter enttäuscht und signalisiert dies auch deutlich gegenüber dem Kind.**

(Fortsetzung)

7.3 Elternspezifische Stilelemente des verbal-appellativen ... 575

Tabelle 7.13 (Fortsetzung)

Elternteil	Grad der emotionalen Zuwendung	Erläuterung und Zusammenfassung
S11	3	Bei Erfolg: Die Mutter S11 freut sich intensiv mit dem Sohn K11: «Dann sind wir alle happy (lacht), super, und cool und schön und so» (vgl. Anhang, Tabelle 9.5). Bei Misserfolg: S11 diskutiert und analysiert mit K11 die Fehler wohlwollend, auch wenn die Enttäuschung über das Ergebnis deutlich gemacht wird (vgl. Ausruf zu Beginn des Zitats): «'Oh, Scheiße, oh nein' und so, und dann wird es aber durchgeschaut, also wird die Prüfung durchgeschaut, wo denn – ja, was er nicht verstanden hat oder warum – einfach irgendwie auch für ihn zum Merken: 'He, das sind ja Flüchtigkeitsfehler' oder: 'He, da hast du die Frage falsch verstanden' oder; 'He, da hast du's falsch ausgerechnet', also zum Wissen, wo der Fehler liegt, also sie wird durchgeschaut» (vgl. Anhang, Tabelle 9.5). **Die Mutter reagiert überschwänglich auf die Erfolge des Sohnes. Bei Misserfolgen zeigt sie sich unmittelbar enttäuscht, analysiert dann aber verständnisvoll mit ihm zusammen die Prüfung, indem sie sowohl den Fehlern sachlich auf den Grund geht als auch selber selbstwertdienliche Ursachen (Flüchtigkeit, Zeitdruck) anführt.**

(Fortsetzung)

Tabelle 7.13 (Fortsetzung)

Elternteil	Grad der emotionalen Zuwendung	Erläuterung und Zusammenfassung
V11	3	Bei Erfolg: Die Mutter V11 freut sich gemeinsam mit dem Sohn K13 über das Ergebnis: «Das freut mich natürlich. 'Finde das super, hast du toll gemacht.' Ich lobe immer» (vgl. Anhang, Tabelle 9.5). Bei Misserfolg: V11 diskutiert die Fehler, bleibt dabei aber sachlich-nüchtern; sie schimpft nur bei zu wenig Einsatz für die Schule sowie wenn K13 während der Vorbereitungsphase zu sehr mit Computerspielen und mit Fernsehen beschäftigt war: «Ich sage etwas, wenn ich finde, aber schau, du musst mehr. Aber wenn ich sehe, jemand ist wirklich dran und jetzt ist halt etwas danebengegangen, dann sage ich nie was. Das finde ich nicht tragisch. Vielleicht wenn ich bei jemandem sehe, die sind nur am Herumhängen und nur am Computer und am Fernsehen und Schule ist einerlei. Dann bin ich schon dran. Wenn das nicht so ist, habe ich keinen Grund» (vgl. Anhang, Tabelle 9.5). **Die Mutter reagiert überschwänglich auf die Erfolge des Sohnes. Bei Misserfolgen macht sie ihre unmittelbare Enttäuschung deutlich, zeigt sich dann aber bei der gemeinsamen Prüfungsanalyse verständnisvoll, indem sie den Fehlern sowohl sachlich-kritisch als auch selbstwertdienlich (Flüchtigkeit, Zeitdruck) auf den Grund geht.**

(Fortsetzung)

7.3 Elternspezifische Stilelemente des verbal-appellativen ...

Tabelle 7.13 (Fortsetzung)

Elternteil	Grad der emotionalen Zuwendung	Erläuterung und Zusammenfassung
V12*	3	Bei Erfolg: Der Vater V12 erfährt davon durch den Sohn K14 oft nichts und vergisst mitunter nachzufragen: «Häufig ist es noch so, dass wir das nicht mal groß merken, weil irgendeinmal liegt dann vielleicht so ein Prüfungsblatt auf seinem Pult. Er teilt sich immer noch nach wie vor relativ wenig mit. Man macht jetzt halt die Sachen und mal geht's besser und mal geht es weniger gut. Aber eigentlich möchten wir ja gerne die Gelegenheiten, wenn wir es dann sehen, dass wir ihn auch ein wenig loben und bestätigen und sagen: 'Siehst du K14, es geht.' Ich vermisse es auch ein Stück weit, ein wenig. Aber vergesse selber auch, muss ich ehrlicherweise sagen, ein wenig mehr nachzufragen. Und teilweise blockt er dann auch ab» (vgl. Anhang, Tabelle 9.5). Bei Misserfolg: Der Vater V12 ermutigt und motiviert K14 und schimpft nicht: «Ich probiere, wenn ich es nicht vergesse, bis zum nächsten Mal, probiere ich natürlich schon darauf-, oder am Abend noch schnell: 'Du K14, was habt ihr durchgenommen, hast du es denn nicht verstanden? Ging es zu schnell, oder?-' und er spricht dann schon darüber. Immer hat er nicht eine Erklärung gerade bereit. Sicher wird er nicht irgendwie beschimpft oder so irgendetwas, sondern wir probieren ihn zu motivieren, dass es nächstes Mal besser macht» (vgl. Anhang, Tabelle 9.5). **Dem Vater ist es ein Anliegen, den Sohn zu loben und zu ermuntern, falls dieser ihm die erfolgreichen Prüfungen überhaupt vorlegt. Bei Misserfolgen zeigt er sich verständnisvoll, indem er dem Sohn selber entlastende Gründe für das Ergebnis nennt und nicht schimpft. Gleichwohl zeigt er an, dass er von ihm bessere Leistungen erwartet.**

(Fortsetzung)

Tabelle 7.13 (Fortsetzung)

Elternteil	Grad der emotionalen Zuwendung	Erläuterung und Zusammenfassung
Z11	2	Bei Erfolg: Die Mutter Z11 freut sich, aber mit nüchterner Distanz: «Ja. Ja, dann loben wir sie. Sagen: 'Das ist gut. Super gemacht'» (vgl. Anhang, Tabelle 9.5). Bei Misserfolg: Der Elternteil reagiert gegenüber der Tochter K15 vorwurfsvoll und verärgert, weil diese offenbar trotz fehlendem Verständnis während der Vorbereitungszeit nicht um Unterstützung gebeten hat: «Ja, dann fragen wir sie, wieso. Oder eben ich frage sie, wieso dass sie jetzt dort das hat. Oder, ob, ob sie nicht drauskam. Hm. Wenn sie nicht drauskam, frage ich: 'Ja, wieso hast du denn nicht etwas gesagt?'» (vgl. Anhang, Tabelle 9.5). **Die Mutter reagiert lobend, aber nüchtern auf die Erfolge der Tochter. Bei Misserfolgen zeigt sie sich enttäuscht und fragt mitunter vorwurfsvoll und wenig selbstwertdienlich nach den Gründen.**
Z12	3	Bei Erfolg: Die Mutter Z12 lobt ihre Tochter K16, aber mit nüchterner Distanz: «Also wir– Weder gut noch schlecht. Also wenn sie eine Gute hat, ist es, äh- loben wir sie, klar. Aber, äh, wir belohnen sie nicht mit weiß was für Geldbeträgen oder so» (vgl. Anhang, Tabelle 9.5). Bei Misserfolg: Z12 schimpft nicht mit K16, Probleme werden gemeinsam angeschaut (sachliche Auseinandersetzung). Dabei betont die Mutter auch die positiven Aspekte: «Das Gleiche ist aber auch, wenn sie schlechte Noten hat, wird sie nicht irgendwie fertig gemacht oder quasi hinuntergedrückt und gesagt: 'Nein, was hast du jetzt da wieder gemacht?' Sondern es wird die Situation angeschaut, äh- Man schaut auch an, wenn sie es gut gemacht hat: 'Ah, siehst du jetzt, dort hattest du keine Probleme. Das, das ist dir jetzt reingegangen.' Ja. Eher so» (vgl. Anhang, Tabelle 9.5). **Die Mutter lobt bei Erfolgen ihre Tochter, reagiert aber nicht überschwänglich oder belohnt sie zusätzlich. Bei Misserfolgen verzichtet die Mutter auf Vorwürfe und analysiert die Prüfung mit der Tochter zusammen. Dabei weist sie nicht nur auf die Fehler, sondern selbstwertdienlich auch auf das Korrekte bzw. die Lernfortschritte hin.**

(Fortsetzung)

7.3 Elternspezifische Stilelemente des verbal-appellativen ...

Tabelle 7.13 (Fortsetzung)

Elternteil	Grad der emotionalen Zuwendung	Erläuterung und Zusammenfassung
Z22	1	Bei Erfolg: Der Vater Z22 freut sich nicht vorbehaltlos über Erfolge seiner Tochter K18, sondern sucht nach den noch vorkommenden Fehlern und betont diese vor dem Kind: «Klar, /smilen/ oder? (Lachen) «Gut gemacht.» Obwohl, gut gemacht, ich schaue schon noch die Fehler an, wenn ich die Prüfung sehe. Es ist, wissen Sie, es ist schwierig. Ich habe teilweise das Gefühl, dass wenn es nicht so gut ist, dass meine Frau sie leicht in Schutz nimmt. Meine Frau kennt mich auch, sie weiß, dass ich leistungsorientiert bin und auftische (klopft auf den Tisch), was nicht gut ist. Da nehme ich keine Rücksicht. Das soll sie spüren» (vgl. Anhang, Tabelle 9.5). Bei Misserfolg: Z22 thematisiert die Fehler ohne Rücksicht auf den emotionalen Zustand von K18, spendet kaum Trost und macht ihr Vorwürfe. Die Tochter meldet sich daher nicht von sich aus beim Vater und wird von der Mutter bei Misserfolgen geschützt: «Bei einer schlechten Note wäre ganz klar die Frage: 'Wieso kommst du nicht? Was ist das Problem? Wie ich schon gesagt habe, du musst wissen, wieso. Du kannst nicht nur Hausaufgaben machen und erledigen. Du arbeitest für dich und nicht für die Lehrerin. Die Hausaufgaben sind eigentlich da, damit du das Thema vertiefen kannst und dass du es schlussendlich begriffen hast.' Also schon klar, auch bei schlechten Noten bin ich nicht der, der sie streichelt. Überhaupt nicht: 'Oh, du Arme, einen schlechten Tag gehabt?' und so, nein gar nicht. Das wird dann eher von der Frau gemacht» (vgl. Anhang, Tabelle 9.5). **Der Vater zeigt seiner Tochter generell, dass er sehr hohe Leistungserwartungen hat. Er geht auch bei den erfolgreichen Prüfungen den Fehlern nach und weist vorwurfsvoll auf diese hin. Bei Misserfolgen zeigt er sich verärgert. Selbstwertdienliches Schonen des Kindes ist explizit nicht seine Sache.**

(Fortsetzung)

Tabelle 7.13 (Fortsetzung)

Elternteil	Grad der emotionalen Zuwendung	Erläuterung und Zusammenfassung
Z31	3	Bei Erfolg: Die Mutter Z31 freut sich mit ihrem Sohn K19, belohnt ihn für gute Noten auch mit Geld und spielt sein Spiel mit: «Dann kommt er zur Tür rein und sagt: 'Mami, du kannst mir einen /Fünfliber/ geben.' (lachen) Dann sage ich: 'Wofür? Ich zahle nichts, wenn ich es nicht gesehen habe.' Und dann sagt er: 'Ja, da die Prüfung- oder.' Das ist eigentlich alles (lachen)» (vgl. Anhang, Tabelle 9.5). Bei Misserfolg: Z31 fragt zwar nach den Gründen und schaut sich die Prüfung genauer an, hakt aber nicht nach, sondern lässt seine selbstwertdienlichen Ausflüchte stehen: «Ich schaue [die Prüfung] dann an. Ja. Und eben, meistens- Also, dann wenn er quasi schuld ist, blöd gesagt, dann- wenn ich es dann so anschaue, dann sagt er: 'Du musst jetzt nicht so genau schauen. Unterschreibe jetzt.' (lachen). Und dann- Ja, sage ich jeweils: 'Hast du nicht zugehört?' Und dann sagt er: 'Ja, bin nicht drausgekommen' oder 'das war so schwierig oder-'» (vgl. Anhang, Tabelle 9.5). Die Mutter freut sich deutlich über die Erfolge des Sohnes, lobt ihn und belohnt gute Noten mit kleinen Geldbeträgen. Bei Misserfolgen analysiert sie die Prüfung, fragt den Sohn nach den Gründen, lässt dann aber seine selbstwertdienlichen Ausflüchte stehen.

(Fortsetzung)

7.3 Elternspezifische Stilelemente des verbal-appellativen ...

Tabelle 7.13 (Fortsetzung)

Elternteil	Grad der emotionalen Zuwendung	Erläuterung und Zusammenfassung
Z32	2	Bei Erfolg: Die Mutter Z32 zeigt sich grundsätzlich distanziert, sie lobt zwar die Tochter K20, relativiert das Lob aber gleich wieder («super, aber...»): «Sie sagt es gerade, wenn sie zur Türe hereinkommt. 'Ich habe eine 5- oder eine 4–5.' Sie sagt es und dann, 'Mami, da musst du unterschreiben.' Fertig. Mehr wird da gar nicht darüber geredet, oder warum, wieso- [...] 'ist gut. Super. Könnte zwar besser sein, aber-' Dann schaut man es (unverst.) an und dann unterschreibt man es noch. Und dann ist das Thema schon wieder ab- (unverst.) abgeschrieben» (vgl. Anhang, Tabelle 9.5). Bei Misserfolg: Z32 reagiert mit kühler Distanz und macht K20 bei der Durchsicht der Prüfung Vorwürfe: «Ich sage auch: 'Schau, es könnte ja jetzt-' Wenn sie eine schlechte- 'Warum? Wieso?' 'Ich weiß auch nicht wieso.' Und dann schaue ich sie noch schnell an. Sind es nur blöde Fehler, so Flüchtigkeitsfehler. Und dann- Meistens ist es ja schon korrigiert, also schon verbessert. Und dann kann man es dann eben vergleichen, was sie gemacht hat. Dann sage ich: '(unverst.) Hast du wieder (unverst.) Komma falsch gemacht. Und da wieder dieses.' Mehr als zu sagen, das nächste Mal musst du es besser machen- Es liegt nicht am Lernen» (vgl. Anhang, Tabelle 9.5). **Die Mutter reagiert lobend auf Erfolge, relativiert das Lob aber, indem sie signalisiert, dass ihre Leistungserwartungen noch etwas höher liegen. Auch bei Misserfolgen reagiert sie mit kühler Distanz und macht selbstwertmindernde Vorwürfe hinsichtlich der gemachten Fehler.**

[1] Einschätzung des «Grads an emotionaler Zuwendung» (vgl. Kategoriensystem in Tabelle 6.15) mit vier Ausprägungen 1 = tief (kühl-enttäuschtes, grundsätzlich klar nicht-selbstwertdienliches Reagieren des Elternteils auf Leistungsergebnisse), 2 = eher tief (kühl-nüchternes, nicht rundweg selbstwertdienliches Reagieren des Elternteils), 3 = eher hoch (warm-nüchternes, grundsätzlich selbstwertdienliches Reagieren des Elternteils), 4 = hoch (warm-mitlerlebendes, klar selbstwertdienliches Reagieren des Elternteils) (vgl. Tabelle 6.15).

* An den beiden Fällen D11 und V12 wurde das Kategoriensystem für die Ratings erprobt und verfeinert. Anders als bei den übrigen Fällen, erfolgte hier die fallspezifische Einschätzung somit auf Anhieb im Team (vgl. Abschnitt 6.4.3).

Misserfolgen während der Übertrittszeit auf der Grundlage der genannten Beurteilungskriterien. In der dritten Spalte werden die Ratings wiederum unter Einbezug der Notizen und Memos der Rater*innen sowie mit Zitaten aus den entsprechenden Stellen in den Originalaussagen der Elternteile (vgl. Anhang, Tabelle 9.5) eingehender erläutert und mit einer zusammenfassenden Charakterisierung des jeweiligen fallspezifischen Kommunikationsmodus abgeschlossen.

Tabelle 7.13 illustriert, dass jede Ausprägung der vierstufigen Einschätzungsskala mindestens einmal auftrat, wobei rund Zweidrittel der untersuchten Elternteile erfreulicherweise einen eher hohen oder sogar hohen Grad an emotionaler Zuwendung an den Tag legten.

Elf von 18 Elternteile – es handelt sich um D12, H11, H12, M11, M12, R12, S11, V11, V12, Z12 und Z31 – zeigten gemäß ihren Schilderungen einen eher hohen Grad an emotionaler Zuwendung (3) (61.1 % overall). Diese Eltern bekundeten grundsätzlich Interesse an der Sichtweise ihrer Kinder und versuchen Verständnis für deren Situation aufzubringen, was insbesondere darin zum Ausdruck kommt, dass sie ihm Raum gewährten für dessen gesichtswahrenden Ausflüchte und Entschuldigungen. Auch wenn sich die Elternteile mitunter darüber ärgerten, dass das Kind ihnen in der Vorbereitungsphase auf die Prüfung seine inhaltliche und lernorganisatorische Überforderung nicht signalisiert und um Unterstützung gebeten hätte, bemühten sie sich um eine selbstwertdienliche Kommunikation im Umgang mit den Misserfolgen, indem sie nach ihren initialen diesbezüglichen Wert- und/oder Kontrollregulationen die Rechtfertigungen und Ausreden des Kindes – mitunter augenrollend und etwas belustigt (H12, M12, V12, Z32) – stehen ließen und deswegen nicht weiter bedrängten (z. B. Mutter D12: «Ich schimpfe [mit ihm] nicht oder so, was bringt das? Es ist ja sowieso schon zu spät […]»; Mutter H11: «Am Anfang haben wir noch diskutiert, 'wieso, warum-'. Das bringt nichts. Sie ist selber schon gestresst und hat schon gesehen, dass es nicht gut ist.»). Ebenso setzten sich einige bei der gemeinsamen Prüfungsdurchsicht nicht nur sachlich mit den Fehlern auseinander (H11, V11, Z12), sondern wiesen auch lobend, beruhigend oder trostspendend auf sichtbare Lernfortschritte hin oder nannten vor dem Kind selbst entlastende external-unkontrollierbare Ursachen, die zum Misserfolg beigetragen hätten (R12, S11, V11, V12, Z12). Alle elf Elternteile zeigten auch bei Erfolgen eine sachlich-nüchterne Distanz zu den Leistungsereignissen, insofern sie ihr Kind lobten, Freude zeigten und darauf

7.3 Elternspezifische Stilelemente des verbal-appellativen ...   583

verzichteten, die positive Sicht des Kindes zu relativieren, indem sie etwa noch höhere Leistungserwartungen zum Ausdruck brachten, selbst wenn sie solche hegten.

Die vier Elternteile E11, E12, Z11 und Z32 zeigten gemäß ihren Erzählungen einen eher tiefen Grad an emotionaler Zuwendung (2) (22.2 % overall). Auf Ergebnisse, die das Kind als Erfolge sah, reagierten diese Elternteile rational-distanziert, indem sie diese zwar lobten, dabei aber nüchtern blieben (Z11), sich zweifelnd hinsichtlich der Qualität des Ergebnisses äußerten (E11), die Fehler analysierten und mit leichten Vorwürfen reagierten (Mutter E12: «Aber das konntest du doch!») – generell also den Erfolg in Frage stellten oder relativierten, wie dies die Mutter Z32 illustriert: «[...] ist gut. Super. Könnte zwar besser sein [...]». Bei Misserfolgen reagierten sie generell vorwurfsvoll (Mutter E11: «Wieso hast du jetzt diese Note bekommen?», Mutter Z11: «Ja, wieso hast du denn nicht etwas gesagt?», Mutter Z32: «Hast wieder [die] Kommas falsch gemacht. Und da wieder dieses.») und ließen selbstwertdienliche Ausflüchte des Kindes nicht gelten (Mutter E11: «Larifarizeug»). Sachlich-nüchtern forderten sie von ihrem Kind eine selbstkritische Reaktion ein (E12).

Die beiden Elternteile R11 und Z22 legten in ihren Situationsschilderungen einen tiefen Grad an emotionaler Zuwendung (1) nach Erfolgen und Misserfolgen ihres Kindes (11.1 % overall) an den Tag. Prüfungsergebnisse in Mathematik, die das Kind als Erfolg betrachtete, wurden von beiden Elternteilen kritisch kommentiert und es wurde von beiden deutlich gemacht, dass ihnen diese grundsätzlich kaum je zu genügen vermochten (Mutter R11: «Ich würde mich freuen, wenn meine [Tochter] eine gute Note nach Hause bringen würde», Vater Z22: «[...] sie weiß, dass ich leistungsorientiert bin und auftische [...], was nicht gut ist». Bei Misserfolgen ließen sie persönliche Betroffenheit erkennen, insofern als sie deutlich Ärger und Enttäuschung zum Ausdruck brachten (R11: «Das geht aber dann schon noch etwas, etwas besser.») und Vorwürfe machten (Z22: «Wieso kommst du nicht? Was ist das Problem?»). Beide Elternteile deuten an, dass sie selbstwertschützende Strategien in solchen Situationen nicht gelten ließen und nicht bereit waren, positive Aspekte in den misslungenen Prüfungen zu finden und das Kind so zu trösten. Vater Z22 spricht die in den Situationsschilderungen zum Ausdruck kommende Unerbittlichkeit explizit an: «Also schon klar, auch bei schlechten Noten bin ich nicht der, der sie streichelt. Überhaupt nicht: 'Oh, du Arme, einen schlechten Tag gehabt?' und so, nein gar nicht». Die Tochter entzog sich ihrem Vater denn auch und suchte offenbar Wärme und Trost bei ihrer Mutter («Das wird eher von der Mutter gemacht»).

Der Mutter D11 attestierten die drei Rater*innen als einzigem Elternteil einen hohen Grad an emotionaler Zuwendung (4) (5.6 % overall). Der Elternteil bemühte sich nach eigenen Angaben sowohl in der Erfolgs- als auch in der Misserfolgssituation, die Emotionen des Kindes «mitzuerleben» und «positiv aufzufangen». Bei einem Erfolg spielte sie die Spiele der Tochter beim Mitteilen der Note mit und freute sich «doppelt» mit dem Kind, das im ersten Halbjahreszeugnis die Note 3.5 in Mathematik aufwies (vgl. Tabelle 4.4). Die Prüfung wurde jeweils gemeinsam analysiert und dabei nicht nur darauf geachtet, «was weniger gut gelaufen ist», sondern es wurden ebenso die Fortschritte betont und es wurde mit dem an ADS leidenden Kind (vgl. Tabelle 4.4) thematisiert, mit welchen Strategien die Prüfung optimaler hätte bewältigt werden können. Ähnlich selbstwirksamkeitsförderlich und gesichtswahrend ging die Mutter D11 mit den Misserfolgen des Kindes um. Sie versuchte zu entdramatisieren und der Trauer oder dem Ärger des Kindes entgegenzuwirken, indem sie die Bedeutung der Prüfung relativierte (die Welt stürzt deswegen nicht zusammen) und Handlungsstrategien zur besseren Kontrollierbarkeit der Situation vermittelte (mit der Lehrkraft sprechen, wenn eine Beurteilung als unfair erachtet wird).

7.3.5 Zusammenfassung VII: Elternspezifischer Stil des verbalen Motivierens während der Übertrittsphase

Mit der fallspezifischen Fragestellung 3 (vgl. Abschnitt 5.8) standen in den vergangenen Kapiteln Charakteristika des wert- und kontrollbezogenen Sprechhandelns der 18 Elternteile im Fokus der Analysen:
Welche Eigenschaften weist der individuelle Stil des verbal-appellativen wert- und kontrollbezogenen Handelns der 18 in diese Analysen aufgenommenen Elternteile während der unsicheren Übertrittszeit auf?

Zur Ermittlung des elterntypischen Stils des verbalen Motivierens während der Übertrittszeit wurden die in der Basiscodierung extrahierten Wert- und Kontrollepisoden sowie die Textsegmente mit Aussagen zur emotionalen Zuwendung jedes Elternteils nach dem Verfahren der evaluativen qualitativen Inhaltsanalyse (vgl. Abschnitt 6.4.3).bezüglich sieben Einschätzungsdimensionen einem Rating unterzogen: a) Der elterntypische Stil der Wertzuschreibung wurde mittels der drei argumentationsbezogenen Dimensionen Betonung der Wesentlichkeit (Aufgabenwert), Betonung internaler Aspekte (Lokus bzw. Kindbezug) und Betonung positiver Aspekte (Valenz der Wertaussage) erfasst (vgl. Abschnitt 7.3.1), b) der elterntypische Grad an zugeschriebener Kontrolle wurde auf der Grundlage des als dominant erkannten Musters attributionaler Argumente ermittelt (vgl. Abschnitt 7.3.1), c) der elterntypische Kommunikationsstil, in den die Elternteile gewöhnlich ihre wert- und kontrollbezogenen Botschaften zur Erzeugung von Aufmerksamkeit und Verständnis auf Seiten des Kindes gegossen hatten, wurde mittels der beiden Dimensionen Grad an Diskursivität und Grad an Assertivität erhoben (vgl. Abschnitt 7.3.3) und d) die Qualität der Eltern-Kind-Beziehung, die laut der Theorie- und Befundlage einen maßgeblichen Einfluss darauf ausüben dürfte, wie schnell und nachhaltig das Kind die elterlichen Wert- und Kontrollbotschaften ins eigene Überzeugungssystem integriert (vgl. Abschnitt 5.7), wurde über die Dimension Grad an emotionaler Zuwendung nach Erfolgen und Misserfolgen des Kindes bei Mathematikprüfungen erfasst.

Die Tabelle 7.14 stellt den aus den genannten Dimensionen gebildeten individuellen Stil des verbal-appellativen wert- und kontrollbezogenen Handelns für jeden Elternteil in der Zusammenschau dar. Die numerisch ausgedrückten Merkmalskonfigurationen werden zur besseren Anschaulichkeit des jeweiligen elterlichen Handlungsmusters mit den in den obigen Ergebnisdarstellungen bereits vorgestellten generalisierten wert- und kontrollbezogenen Argumentationen sowie mit den zusammenfassenden Charakterisierungen des jeweiligen Kommunikationsmodus und der jeweiligen emotionalen Zuwendung ergänzt.

Die tabellarische Darstellung offenbart, dass unter den 18 Elternteilen bezüglich der sieben Dimensionen 16 verschiedene Merkmalskonfigurationen existierten. Lediglich die Elternteile R12 und V11 sowie die Elternteile M11 und Z31 wiesen während der Übertrittszeit je kongruente Motivierungsstile auf. Diese seien im Folgenden kurz erläutert, um zu demonstrieren, wie die numerischen Merkmalsstrings (z. B. 3-3-3-3-3-2-3 bei den Elternteilen R12 und V11) versprachlicht werden müssen:

Die Mütter R12 und V11 argumentierten bei Wertzuschreibungen typischerweise mit der Wesentlichkeit (Ausprägung 3: eher hoher Grad an Wesentlichkeit) eines bestimmten schulischen Handelns oder Leistungsziels, formulierten dies positiv-valent (Ausprägung 3: eher starke Betonung positiver Aspekte) – «weil du das einfach musst!» – und stellten ferner gewöhnlich einen Bezug zum Kind (Ausprägung 3: eher starke Betonung internaler Aspekte) her – «weil du das musst und auch kannst» bzw. «weil du das auch für dich musst». In evaluativen Feedbacks signalisierten sie ihrem Kind eine eher hohe Kontrolle (Ausprägung 3) der schulischen Situation, insofern als sie dessen schulisches Engagement zwar noch bemängelten, sich ihm gegenüber über dessen generelle Einstellung bezüglich des selbständigen Lernens und bezüglich des Übertritts zufrieden äußerten. Ihre wert- und kontrollbezogenen Botschaften vermittelten sie normalerweise verstehensorientiert, indem sie diese mit dem Kind diskutierten und verhandelten (Ausprägung 3: eher hoher Grad an Diskursivität), wobei sie aus Angst vor Konflikten (R12) oder aus Zeitgründen (V11) kaum insistierten (Ausprägung 2: eher tiefer Grad an Assertivität), wenn das Kind den Appellen geringe Aufmerksamkeit schenkte. Beide Elternteile waren darum bemüht, ein eher warm-verständnisvolles, angstfreies Klima (Ausprägung 3: eher hoher Grad an emotionaler Zuwendung) zu schaffen, was u. a. darin zum Ausdruck kommt, dass sie dem Kind bei schulischen Misserfolgen Raum für selbstwertdienliche Ausflüchte gewährten.

Der Vater M11 und die Mutter Z31, die beiden anderen Elternteile mit kongruentem Motivierungsstil während der Übertrittszeit, argumentierten demgegenüber in ihren Wertzuschreibungen gewöhnlich mit der Zweckmäßigkeit eines bestimmten schulischen Handelns oder Leistungsziels (Ausprägung 2: eher tiefer Grad an Wesentlichkeit) zur Erreichung anderer positiv-valenter Zustände (Ausprägung 3: eher starke Betonung positiver Aspekte) – «weil du so das erwünschte Ziel erreichst» –, wobei sie mit letzterem vor allem den Übertritt in die aspirierte Abteilung (Ausprägung 2: eher geringe Betonung internaler, kindbezogener Aspekte) meinten. Auch sie signalisierten ihren Kindern generell eine eher hohe Kontrolle (Ausprägung 3) der schulischen Situation, insofern als sie gegenüber dem Kind die positive Leistungsentwicklung (M11) bzw. das Leistungspotential lobten (Z31), auch wenn die Übertrittsziele nicht auf Anhieb erreicht wurden.

Beide Elternteile diskutierten und verhandelten ihre Bedeutsamkeitszuschreibungen und evaluativen Feedbacks mit ihren Kindern (Ausprägung 3: eher hoher Grad an Diskursivität) und signalisierten deren Verbindlichkeit, indem sie diese bei Bedarf wiederholten und auch bei Widerspruch oder Nichtbeachtung durch das Kind nicht einfach relativierten (Ausprägung 3: eher hoher Grad an Assertivität). Auch diese beiden Eltern zeigten einen eher hohen Grad an emotionaler Zuwendung (Ausprägung 3) nach Leistungsereignissen, was jenen grundsätzlich vertrauensvollen, eher angstfreien Gesprächskontext ermöglicht, der «the child's openness to parental socialization» (Darling & Steinberg, 1993, S. 493) bzw. die Internalisierung und Befolgung der Botschaften durch das Kind fördern dürfte (vgl. Abschnitt 2.3 und Abschnitt 5.7).

7.4 Eine Typologie des schulbezogenen verbalen Motivierens von Eltern im Kontext eines unklaren Übertrittsentscheids

Nachdem in den vorangegangenen Kapiteln die Befunde zu fallübergreifenden und zu fallspezifischen Merkmalen erörtert worden sind, liegt das Augenmerk in diesem abschließenden Ergebniskapitel auf gruppenspezifischen Charakteristika des verbalen Motivierungshandelns der 18 Elternteile, die in die stilbezogenen Untersuchungen einbezogen wurden. Die im Zentrum stehende Hauptfrage 4 (vgl. Abschnitt 5.8) lautet:

Wie lässt sich das schulbezogene verbale Motivierungshandeln der 18 Elternteile gruppieren und was sind die Charakteristika jedes Motivierungstyps?

Als Typologie bezeichnet man «eine mehrdimensionale konzeptionelle Klassifikation, die Untersuchungseinheiten nach theoretischen Gesichtspunkten zu vollst[ändig] versch[iedenen], sich gegenseitig ausschließenden Klassen zuordnet» (Herzberg, 2014, S. 1585). In diesem Analyseschritt ging es mit anderen Worten darum, die zutage getretene Vielfalt der Motivierungsstile der 18 Elternteile (vgl. Abschnitt 7.3.5) zu ordnen und inhaltlich sinnvoll zu strukturieren, um dann anhand der gruppenspezifischen Charakteristika und mit Blick auf die bisher erarbeiteten Daten zu den jeweiligen Eltern-Kind-Dyaden die Chancen und Risiken jedes der extrahierten «Typen des elterlichen verbal-appellativen Motivierungshandelns bei einem unklaren Übertrittsentscheid» für die Lern- und Leistungsmotivation von Kindern herausarbeiten zu können (vgl. Diskussionskapitel).

Mit der Absicht, die sieben Ausgangsdimensionen elterlichen verbalen Motivierens auf zwei oder drei «grundlegende Dimensionen» zu verdichten, an

Tabelle 7.14 Elternspezifischer Stil des verbalen Motivierens während der Übertrittszeit

Elternteil	Betonung der Wesentlichkeit	Betonung positiver Aspekte	Betonung internaler Aspekte	Zugeschriebene Kontrolle	Diskursivität	Assertivität	Emotionale Zuwendung	Geframte generalisierte Aussagen/Charakterisierung des kommunikativen Vorgehens
Mutter D11	eher tief (2)	eher tief (2)	eher hoch (3)					«Es ist bedeutsam, dass du jetzt (während der Übertrittsphase) so handelst, weil du sonst negative Konsequenzen für dein Lernen und dein Wohlbefinden haben wirst.»
				eher tief (2)				«Du hast die Bewältigung der Lern- und Leistungsanforderungen während der Übertrittsphase eher schlecht im Griff, weil du eine Aufmerksamkeitsdefizitstörung hast. Mit Handeln wirst du es schaffen, aber jetzt während der Übertrittszeit handelst du noch nicht angemessen.»

(Fortsetzung)

7.4 Eine Typologie des schulbezogenen verbalen Motivierens ...   589

Tabelle 7.14 (Fortsetzung)

Elternteil	Betonung der Wesentlichkeit	Betonung positiver Aspekte	Betonung internaler Aspekte	Zugeschriebene Kontrolle	Diskursivität	Assertivität	Emotionale Zuwendung	Geframte generalisierte Aussagen/Charakterisierung des kommunikativen Vorgehens
					eher hoch (3)	eher hoch (3)		Die Mutter übermittelt ihre wert- und kontrollbezogenen Einschätzungen und Überzeugungen mit dem festen Willen, ihre Tochter zu überzeugen. Sie bemüht sich dabei aktiv, ständig die Sichtweise ihrer Tochter einzubeziehen.
							hoch (4)	Die Mutter freut sich zusammen mit der Tochter über einen Erfolg und muntert diese bei einem Misserfolg auf, indem sie diesen entdramatisiert. Sie versucht generell die Perspektive ihrer Tochter einzunehmen und deren Emotionen «mitzuerleben». Selbstwertdienliche Ausflüchte des Kindes werden augenzwinkernd stehen gelassen.

(Fortsetzung)

Tabelle 7.14 (Fortsetzung)

Elternteil	Betonung der Wesentlichkeit	Betonung positiver Aspekte	Betonung internaler Aspekte	Zugeschriebene Kontrolle	Diskursivität	Assertivität	Emotionale Zuwendung	Geframte generalisierte Aussagen/Charakterisierung des kommunikativen Vorgehens
Mutter D12	eher hoch (3)	eher hoch (3)	eher tief (2)					«Es ist bedeutsam, dass du jetzt (während der Übertrittsphase) so handelst, weil du das als Schüler im Übertritt einfach musst.»
				eher hoch(3)				«Du hast die Bewältigung der Lern- und Leistungsanforderungen während der Übertrittsphase eher gut im Griff, weil du das Potential für die Sek A hast (Begabung), dich aber ständig zu wenig anstrengst.»
					eher tief (2)	eher tief (2)		Die wert- und kontrollbezogenen Einschätzungen werden durch die Mutter relativiert: «ich finde, dass du, … aber du musst es selber wissen». Der Sohn kann entscheiden, wobei ein intensives Erörtern und Verhandeln nicht berichtet wird.

(Fortsetzung)

7.4 Eine Typologie des schulbezogenen verbalen Motivierens …

Tabelle 7.14 (Fortsetzung)

Elternteil	Betonung der Wesentlichkeit	Betonung positiver Aspekte	Betonung internaler Aspekte	Zugeschriebene Kontrolle	Diskursivität	Assertivität	Emotionale Zuwendung	Geframte generalisierte Aussagen/Charakterisierung des kommunikativen Vorgehens
							eher hoch (3)	Die Mutter reagiert grundsätzlich nüchtern, freut sich über die Erfolge ihres Sohnes und lobt ihn. Bei Misserfolgen lässt sie seine selbstwertdienlichen Ausflüchte stehen.
Mutter E11	eher tief (2)	eher tief (2)	eher tief (2)					«Es ist bedeutsam, dass du jetzt (während der Übertrittsphase) so handelst, weil du sonst negative Konsequenzen für deinen Übertritt gewärtigen musst.»
				eher tief (2)				«Du hast die Bewältigung der Lern- und Leistungsanforderungen während der Übertrittsphase eher schlecht im Griff, weil du zwar intelligent, aber phlegmatisch bist und deshalb immer mal wieder nur das Nötigste machst (was dir in der Abteilung A zum Verhängnis werden könnte!).»

(Fortsetzung)

Tabelle 7.14 (Fortsetzung)

Elternteil	Betonung der Wesentlichkeit	Betonung positiver Aspekte	Betonung internaler Aspekte	Zugeschriebene Kontrolle	Diskursivität	Assertivität	Emotionale Zuwendung	Geframte generalisierte Aussagen/Charakterisierung des kommunikativen Vorgehens
					eher tief (2)	eher hoch (3)		Die wert- und kontrollbezogenen Einschätzungen werden von der Mutter stetig, mit Verve und dem festen Willen übermittelt, den Sohn zu überzeugen (bei gleichzeitigem Eindruck der Mutter, mit ihren Apellen nicht durchzudringen). Verhandelt wird kaum – weil die Mutter dies nicht zulässt und der Sohn dies nicht will (bzw. aufgegeben hat?).
							eher tief (2)	Die Mutter reagiert nüchtern-kritisch auf die Erfolge des Sohnes, bei Misserfolgen lässt sie seine selbstwertdienlichen Ausflüchte nicht stehen und fragt mitunter vorwurfsvoll nach den bei ihm liegenden Ursachen für das unbefriedigende Ergebnis.

(Fortsetzung)

7.4 Eine Typologie des schulbezogenen verbalen Motivierens ... 593

Tabelle 7.14 (Fortsetzung)

Elternteil	Betonung der Wesentlichkeit	Betonung positiver Aspekte	Betonung internaler Aspekte	Zugeschriebene Kontrolle	Diskursivität	Assertivität	Emotionale Zuwendung	Geframte generalisierte Aussagen/Charakterisierung des kommunikativen Vorgehens
Mutter E12	eher hoch (3)	eher hoch (3)	eher tief (2)					«Es ist bedeutsam, dass du jetzt (während der Übertrittsphase) so handelst, weil du das als Schülerin im Übertritt mit deinem Berufswunsch einfach musst.»
				eher tief (2)				«Du hast die Bewältigung der Lern- und Leistungsanforderungen während der Übertrittsphase eher schlecht im Griff, weil du dich mit deinen stetigen Selbstzweifeln blockierst und uns alle immer wieder übermäßig involvierst, wenn du besonders gestresst bist.»

(Fortsetzung)

Tabelle 7.14 (Fortsetzung)

Elternteil	Betonung der Wesentlichkeit	Betonung positiver Aspekte	Betonung internaler Aspekte	Zugeschriebene Kontrolle	Diskursivität	Assertivität	Emotionale Zuwendung	Geframte generalisierte Aussagen/Charakterisierung des kommunikativen Vorgehens
					eher hoch (3)	eher hoch (3)		Die wert- und kontrollbezogenen Einschätzungen werden von der Mutter stetig mit dem festen Willen übermittelt, die Tochter zu überzeugen. Dabei wird mit der Tochter, die ihre Ängste und ihre Wut mitunter deutlich zum Ausdruck bringt, intensiv argumentiert.
							eher tief (2)	Die Mutter reagiert mit Lob, aber nüchtern-analytisch auf die Erfolge der Tochter. Bei Misserfolgen bleibt sie auch bei Angstäußerungen des Kindes distanziert. Ein selbstkritisches Hinterfragen der Gründe für den Misserfolg durch die Tochter steht im Vordergrund.

(Fortsetzung)

7.4 Eine Typologie des schulbezogenen verbalen Motivierens ... 595

Tabelle 7.14 (Fortsetzung)

Elternteil	Betonung der Wesentlichkeit	Betonung positiver Aspekte	Betonung internaler Aspekte	Zugeschriebene Kontrolle	Diskursivität	Assertivität	Emotionale Zuwendung	Geframte generalisierte Aussagen/Charakterisierung des kommunikativen Vorgehens
Mutter H11	eher tief (2)	eher tief (2)	eher tief (2)					«Es ist bedeutsam, dass du jetzt (während der Übertrittsphase) so handelst, weil du sonst den Übertritt in die Abteilung A gefährdest.»
				eher tief (2)				«Du hast die Bewältigung der Lern- und Leistungsanforderungen während der Übertrittsphase eher schlecht im Griff, weil du nun in der Pubertät bist und somit den Ernst der Lage nicht sehen kannst und entsprechend suboptimal handelst.»

(Fortsetzung)

Tabelle 7.14 (Fortsetzung)

Elternteil	Betonung der Wesentlichkeit	Betonung positiver Aspekte	Betonung internaler Aspekte	Zugeschriebene Kontrolle	Diskursivität	Assertivität	Emotionale Zuwendung	Geframte generalisierte Aussagen/Charakterisierung des kommunikativen Vorgehens
					eher hoch (3)	eher tief (2)		Die wert- und kontrollbezogenen Einschätzungen werden durch die Mutter zwar stetig übermittelt. Wenn sich die Tochter aber nicht überzeugen lassen möchte, weicht sie Konflikten jedoch aus, bleibt nicht verbindlich, sondern gibt dem Kind nach. Dabei wird aber sehr dialogisch vorgegangen. Die Tochter hält nicht mit ihrer Meinung zurück und die Mutter berücksichtigt diese.

(Fortsetzung)

7.4 Eine Typologie des schulbezogenen verbalen Motivierens ...

Tabelle 7.14 (Fortsetzung)

Elternteil	Betonung der Wesentlichkeit	Betonung positiver Aspekte	Betonung internaler Aspekte	Zugeschriebene Kontrolle	Diskursivität	Assertivität	Emotionale Zuwendung	Geframte generalisierte Aussagen/Charakterisierung des kommunikativen Vorgehens
							eher hoch (3)	Die Mutter reagiert grundsätzlich freundlich-verständnisvoll, freut sich über die Erfolge der Tochter und lobt sie. Bei Misserfolgen lässt sie selbstwertdienliche Ausflüchte der Tochter bewusst stehen, zeigt aber auch ihre Enttäuschung und somit ihre nicht erfüllten Erwartungen.
MutterH12	eher tief (2)	eher tief (2)	tief (1)					«Es ist bedeutsam, dass du jetzt (während der Übertrittsphase) so handelst, weil du sonst den Übertritt in die Abteilung A verpasst, die dir deutlich bessere berufliche Optionen eröffnet.»

(Fortsetzung)

Tabelle 7.14 (Fortsetzung)

Elternteil	Betonung der Wesentlichkeit	Betonung positiver Aspekte	Betonung internaler Aspekte	Zugeschriebene Kontrolle	Diskursivität	Assertivität	Emotionale Zuwendung	Geframte generalisierte Aussagen/Charakterisierung des kommunikativen Vorgehens
				eher tief (2)				«Du hast die Bewältigung der Lern- und Leistungsanforderungen während der Übertrittsphase eher schlecht im Griff, weil du dich zwar in letzter Zeit richtig eingestellt hast, du aber grundsätzlich ein extremer Minimalist bist und vom Wohlwollen deiner Klassenlehrkraft abhängig bist.»
					eher hoch (3)	eher hoch (3)		Die wert- und kontrollbezogenen Einschätzungen werden von der Mutter mit dem festen Willen übermittelt, den Sohn zu überzeugen und dabei ständig dessen Sichtweise einzubeziehen.

(Fortsetzung)

7.4 Eine Typologie des schulbezogenen verbalen Motivierens ...   599

Tabelle 7.14 (Fortsetzung)

Elternteil	Betonung der Wesentlichkeit	Betonung positiver Aspekte	Betonung internaler Aspekte	Zugeschriebene Kontrolle	Diskursivität	Assertivität	Emotionale Zuwendung	Geframte generalisierte Aussagen/Charakterisierung des kommunikativen Vorgehens
							eher hoch (3)	Die Mutter reagiert überschwänglich auf die Erfolge des Sohnes. Bei Misserfolgen lässt sie die selbstwertdienlichen Ausflüchte des Sohnes zwar stehen, gibt ihm aber auch ihre Enttäuschung zu spüren, indem sie mit ihrem nüchternen Umgang mit dem Resultat gänzlich anders reagiert als bei einem Erfolg.
VaterM11	eher tief (2)	eher hoch (3)	eher tief (2)					«Es ist bedeutsam, dass du jetzt (während der Übertrittsphase) so handelst, weil du auf diese Weise den Aufstieg in die Abteilung A vielleicht doch noch schaffst (und den Abstieg in die Abteilung C verhinderst).»

(Fortsetzung)

Tabelle 7.14 (Fortsetzung)

Elternteil	Betonung der Wesentlichkeit	Betonung positiver Aspekte	Betonung internaler Aspekte	Zugeschriebene Kontrolle	Diskursivität	Assertivität	Emotionale Zuwendung	Geframte generalisierte Aussagen/Charakterisierung des kommunikativen Vorgehens
				eher hoch (3)				«Du hast die Bewältigung der Lern- und Leistungsanforderungen während der Übertrittsphase eher gut im Griff, weil du zwar noch nicht ganz reif bist für die Abteilung A – diese ist mir vorerst aber auch nicht so wichtig –, du aber in letzter Zeit optimal lernst und gute Noten nach Hause bringst. Du schaffst dir so eine gute Ausgangslage für einen späteren Aufstieg in die Sek A!»

(Fortsetzung)

Tabelle 7.14 (Fortsetzung)

Elternteil	Betonung der Wesentlichkeit	Betonung positiver Aspekte	Betonung internaler Aspekte	Zugeschriebene Kontrolle	Diskursivität	Assertivität	Emotionale Zuwendung	Geframte generalisierte Aussagen/Charakterisierung des kommunikativen Vorgehens
					eher hoch (3)	eher hoch (3)		Der Vater bringt seine wert- und kontrollbezogenen Einschätzungen und Überzeugungen stetig und insistierend ein, wobei er die Bedürfnisse des Sohnes beständig wahrnimmt und berücksichtigt.
							eher hoch (3)	Der Vater freut sich über die Erfolge des Sohnes und lobt ihn. Bei Misserfolgen bleibt er sehr sachlich und analysiert die Gründe. Selbstwertdienlich zeigt er gegenüber dem Sohn Verständnis dafür, dass Prüfungen misslingen können, dabei mahnt er aber nüchtern an, sich nochmals mit dem Stoff zu befassen, um Fehler nicht zu wiederholen.

(Fortsetzung)

Tabelle 7.14 (Fortsetzung)

Elternteil	Betonung der Wesentlichkeit	Betonung positiver Aspekte	Betonung internaler Aspekte	Zugeschriebene Kontrolle	Diskursivität	Assertivität	Emotionale Zuwendung	Geframte generalisierte Aussagen/Charakterisierung des kommunikativen Vorgehens
Mutter M12	eher hoch (3)	eher hoch (3)	tief (1)					«Es ist bedeutsam, dass du jetzt (während der Übertrittsphase) so handelst, weil du das als unser Sohn und als Schüler einfach musst.»
				eher hoch (3)				«Du hast die Bewältigung der Lern- und Leistungsanforderungen während der Übertrittsphase eher gut im Griff, weil du zwar faul bist, dich zu wenig anstrengst und bei Leistungsdruck blockierst, was aber hier nicht so ins Gewicht fällt, weil wir Eltern Leistungsdruck ebenso verabscheuen und von dir nicht erwarten, dass du gegen deinen Willen die Abteilung A anstrebst.»

(Fortsetzung)

7.4 Eine Typologie des schulbezogenen verbalen Motivierens ... 603

Tabelle 7.14 (Fortsetzung)

Elternteil	Betonung der Wesentlichkeit	Betonung positiver Aspekte	Betonung internaler Aspekte	Zugeschriebene Kontrolle	Diskursivität	Assertivität	Emotionale Zuwendung	Geframte generalisierte Aussagen/Charakterisierung des kommunikativen Vorgehens
					eher hoch (3)	eher tief (2)		Die wert- und kontrollbezogenen Einschätzungen werden von der Mutter zwar stetig übermittelt, wenn sich der Sohn aber nicht überzeugen lassen möchte, weicht sie zurück und relativiert. Es soll keinesfalls Druck gemacht werden, weil dieser das Gegenteil des Intendierten bewirke. Die Mutter geht dialogisch vor und nimmt laufend auf die Bedürfnisse ihres Sohnes Rücksicht.
							eher hoch (3)	Die Mutter reagiert überschwänglich auf die Erfolge des Sohnes. Bei Misserfolgen lässt sie seine selbstwertdienlichen Ausflüchte nicht einfach stehen, sondern fragt etwas vorwurfsvoll nach seinem vorangegangenen Lernengagement. Darauf lässt es die Mutter aber dann auch beruhen.

(Fortsetzung)

Tabelle 7.14 (Fortsetzung)

Elternteil	Betonung der Wesentlichkeit	Betonung positiver Aspekte	Betonung internaler Aspekte	Zugeschriebene Kontrolle	Diskursivität	Assertivität	Emotionale Zuwendung	Geframte generalisierte Aussagen/Charakterisierung des kommunikativen Vorgehens
Mutter R11	eher hoch (3)	eher hoch (3)	eher tief (2)					«Es ist bedeutsam, dass du jetzt (während der Übertrittsphase) so handelst, weil du das als unsere Tochter, die unbedingt den Übertritt in die Abteilung A schaffen sollte, einfach musst.»
				eher tief (2)				«Du hast die Bewältigung der Lern- und Leistungsanforderungen während der Übertrittsphase eher schlecht im Griff, weil du noch nicht einsiehst, wie wichtig der Übertritt ist, und dauernd unachtsam bist bei den jetzt wichtigen Prüfungen sowie die Gründe für die schlechten Noten nicht in deinem eigenen Handeln suchst.»

(Fortsetzung)

Tabelle 7.14 (Fortsetzung)

Elternteil	Betonung der Wesentlichkeit	Betonung positiver Aspekte	Betonung internaler Aspekte	Zugeschriebene Kontrolle	Diskursivität	Assertivität	Emotionale Zuwendung	Geframte generalisierte Aussagen/Charakterisierung des kommunikativen Vorgehens
					eher hoch (3)	eher hoch (3)		Die Mutter übermittelt ihre wert- und kontrollbezogenen Einschätzungen der Tochter mit dem festen Willen, sie zu überzeugen. Die Ansichten der Tochter werden zur Kenntnis genommen und mit ihr z.T. heftig diskutiert.
							tief (1)	Die Mutter zeigt ihrer Tochter generell, dass sie deutlich höhere Leistungserwartungen hat. Sie reagiert auch bei Noten um 4,5 kühl. Bei Misserfolgen zeigt sich die Mutter verzweifelt, vorwurfsvoll und verärgert und lässt selbstwertdienliche Ausflüchte des Kindes nicht gelten.

(Fortsetzung)

Tabelle 7.14 (Fortsetzung)

Elternteil	Betonung der Wesentlichkeit	Betonung positiver Aspekte	Betonung internaler Aspekte	Zugeschriebene Kontrolle	Diskursivität	Assertivität	Emotionale Zuwendung	Geframte generalisierte Aussagen/Charakterisierung des kommunikativen Vorgehens
Mutter R12	eher hoch (3)	eher hoch (3)	eher hoch (3)					«Es ist bedeutsam, dass du jetzt (während der Übertrittsphase) so handelst, weil du dich interesse- und fähigkeitsmäßig als Persönlichkeit erkennen musst, die sich momentan in der Abteilung B wohler fühlt.»
				eher hoch (3)				«Du hast die Bewältigung der Lern- und Leistungsanforderungen während der Übertrittsphase eher gut im Griff, weil du dich zwar beständig zu wenig mit schulischen Inhalten auseinandersetzt und bei Schwierigkeiten vorschnell aufgibst, dies hier aber nicht so ins Gewicht fällt, weil ich es grundsätzlich richtig finde, dass du die zu dir passende – weniger anforderungsreiche – Abteilung B besuchen möchtest.»

(Fortsetzung)

7.4 Eine Typologie des schulbezogenen verbalen Motivierens ...

Tabelle 7.14 (Fortsetzung)

Elternteil	Betonung der Wesentlichkeit	Betonung positiver Aspekte	Betonung internaler Aspekte	Zugeschriebene Kontrolle	Diskursivität	Assertivität	Emotionale Zuwendung	Geframte generalisierte Aussagen/Charakterisierung des kommunikativen Vorgehens
					eher hoch (3)	eher tief (2)		Die wert- und kontrollbezogenen Einschätzungen werden zwar stetig übermittelt. Wenn die Tochter diese aber nicht hören möchte, weicht die Mutter Konflikten aus und gibt nach. Es wird grundsätzlich dialogisch vorgegangen. Die Tochter artikuliert ihre Meinung und die Mutter geht auf diese ein.
							eher hoch (3)	Die Mutter freut sich deutlich über die Erfolge der Tochter. Bei Misserfolgen zeigt sie sich verständnisvoll, indem sie ihr selber entlastende Gründe für das Ergebnis nennt. Gleichwohl zeigt sie sich mitunter enttäuscht und signalisiert dies auch deutlich gegenüber dem Kind.

(Fortsetzung)

Tabelle 7.14 (Fortsetzung)

Elternteil	Betonung der Wesentlichkeit	Betonung positiver Aspekte	Betonung internaler Aspekte	Zugeschriebene Kontrolle	Diskursivität	Assertivität	Emotionale Zuwendung	Geframte generalisierte Aussagen/Charakterisierung des kommunikativen Vorgehens
Mutter S11	eher hoch (3)	eher hoch (3)	tief (1)					«Es ist bedeutsam, dass du jetzt (während der Übertrittsphase) so handelst, weil du das als Schüler, der unbedingt den Übertritt in die Abteilung A schaffen sollte, einfach musst.»
				eher hoch (3)				«Du hast die Bewältigung der Lern- und Leistungsanforderungen während der Übertrittsphase eher gut im Griff, weil du zwar Aktivitäts- und Erholungsphasen manchmal noch schlecht ausbalancierst, sonst aber gereift bist und beim Erledigen deiner Hausaufgaben nur noch hin und wieder ungünstig handelst.»

(Fortsetzung)

7.4 Eine Typologie des schulbezogenen verbalen Motivierens … 609

Tabelle 7.14 (Fortsetzung)

Elternteil	Betonung der Wesentlichkeit	Betonung positiver Aspekte	Betonung internaler Aspekte	Zugeschriebene Kontrolle	Diskursivität	Assertivität	Emotionale Zuwendung	Geframte generalisierte Aussagen/Charakterisierung des kommunikativen Vorgehens
					eher hoch (3)	eher hoch (3)		Die Mutter übermittelt ihre wert- und kontrollbezogenen Einschätzungen und Überzeugungen stetig und insistierend. Der Sohn bringt sich aktiv ein und die Mutter argumentiert und diskutiert mit ihm.
							eher hoch (3)	Die Mutter reagiert überschwänglich auf die Erfolge des Sohnes. Bei Misserfolgen zeigt sie sich unmittelbar enttäuscht, analysiert dann aber verständnisvoll mit ihm zusammen die Prüfung, indem sie sowohl den Fehlern sachlich auf den Grund geht als auch selber selbstwertdienliche Ursachen (Flüchtigkeit, Zeitdruck) anführt.

(Fortsetzung)

Tabelle 7.14 (Fortsetzung)

Elternteil	Betonung der Wesentlichkeit	Betonung positiver Aspekte	Betonung internaler Aspekte	Zugeschriebene Kontrolle	Diskursivität	Assertivität	Emotionale Zuwendung	Geframte generalisierte Aussagen/Charakterisierung des kommunikativen Vorgehens
Mutter V11	eher hoch (3)	eher hoch (3)	eher hoch (3)					«Es ist bedeutsam, dass du jetzt (während der Übertrittsphase) so handelst, weil du dich vor dem Hintergrund unserer familiären Situation als jemanden erkennen musst, der bei Bedarf selbständig Hilfestellungen einfordert, gezielt an seinen noch schulischen Schwächen arbeitet und der in letzter Zeit vor allem bewiesen hat, dass er das auch kann!»

(Fortsetzung)

Tabelle 7.14 (Fortsetzung)

Elternteil	Betonung der Wesentlichkeit	Betonung positiver Aspekte	Betonung internaler Aspekte	Zugeschriebene Kontrolle	Diskursivität	Assertivität	Emotionale Zuwendung	Geframte generalisierte Aussagen/Charakterisierung des kommunikativen Vorgehens
				eher hoch (3)				«Du hast die Bewältigung der Lern- und Leistungsanforderungen während der Übertrittsphase eher gut im Griff, weil du zwar noch hin und wieder Freizeit und Hausaufgaben schlecht ausbalancierst und bei Problemen nicht zu mir kommst, aber sonst deine schulischen Arbeiten gut verrichtest und dazu auch fähig bist (was du lange nicht geglaubt hast).»

(Fortsetzung)

Tabelle 7.14 (Fortsetzung)

Elternteil	Betonung der Wesentlichkeit	Betonung positiver Aspekte	Betonung internaler Aspekte	Zugeschriebene Kontrolle	Diskursivität	Assertivität	Emotionale Zuwendung	Geframte generalisierte Aussagen/Charakterisierung des kommunikativen Vorgehens
					eher hoch (3)	eher tief (2)		Die Mutter übermittelt zwar stetig ihre Überzeugungen, wenn der Sohn die Wert- und Kontrollappelle nicht zur Kenntnis nimmt, insistiert sie aber manchmal nur «halbherzig» – außer, wenn es um den Übertritt in die Abteilung A geht. Dieser ist dem Elternteil sehr wichtig. Es wird grundsätzlich dialogisch-verhandelnd vorgegangen.

(Fortsetzung)

7.4 Eine Typologie des schulbezogenen verbalen Motivierens ...   613

Tabelle 7.14 (Fortsetzung)

Elternteil	Betonung der Wesentlichkeit	Betonung positiver Aspekte	Betonung internaler Aspekte	Zugeschriebene Kontrolle	Diskursivität	Assertivität	Emotionale Zuwendung	Geframte generalisierte Aussagen/Charakterisierung des kommunikativen Vorgehens
							eher hoch (3)	Die Mutter reagiert überschwänglich auf die Erfolge des Sohnes. Bei Misserfolgen macht sie ihre unmittelbare Enttäuschung deutlich, zeigt sich dann aber bei der gemeinsamen Prüfungsanalyse verständnisvoll, indem sie den Fehlern sowohl sachlich-kritisch als auch selbstwertdienlich (Flüchtigkeit, Zeitdruck) auf den Grund geht.

(Fortsetzung)

Tabelle 7.14 (Fortsetzung)

Elternteil	Betonung der Wesentlichkeit	Betonung positiver Aspekte	Betonung internaler Aspekte	Zugeschriebene Kontrolle	Diskursivität	Assertivität	Emotionale Zuwendung	Geframte generalisierte Aussagen/Charakterisierung des kommunikativen Vorgehens
Vater V12	eher tief (2)	eher tief (2)	eher tief (2)					«Es ist bedeutsam, dass du jetzt (während der Übertrittsphase) so handelst, weil du sonst den Anschluss an die Leistungsanforderung für die Abteilung A verpasst, in die du nach dem Übertritt in die Abteilung B möglichst bald aufsteigen solltest, weil sie dir ein deutlich größeres berufliches Spektrum eröffnet.»

(Fortsetzung)

7.4 Eine Typologie des schulbezogenen verbalen Motivierens ...

Tabelle 7.14 (Fortsetzung)

Elternteil	Betonung der Wesentlichkeit	Betonung positiver Aspekte	Betonung internaler Aspekte	Zugeschriebene Kontrolle	Diskursivität	Assertivität	Emotionale Zuwendung	Geframte generalisierte Aussagen/Charakterisierung des kommunikativen Vorgehens
				eher tief (2)				«Du hast die Bewältigung der Lern- und Leistungsanforderungen während der Übertrittsphase eher schlecht im Griff, weil du zu geringe Aspirationen für die in beruflicher Hinsicht wichtige Abteilung A aufweist und (noch) in vielerlei Hinsicht uninspiriert und unproduktiv deine Hausaufgaben erledigst.»
					eher hoch (3)	eher hoch (3)		Der Vater übermittelt seine wert- und kontrollbezogenen Einschätzungen und Überzeugungen stetig und insistierend. Der Sohn diskutiert mit und es findet eine ernsthafte Auseinandersetzung mit seinen Argumenten statt.

(Fortsetzung)

Tabelle 7.14 (Fortsetzung)

Elternteil	Betonung der Wesentlichkeit	Betonung positiver Aspekte	Betonung internaler Aspekte	Zugeschriebene Kontrolle	Diskursivität	Assertivität	Emotionale Zuwendung	Geframte generalisierte Aussagen/Charakterisierung des kommunikativen Vorgehens
							eher hoch (3)	Dem Vater ist es ein Anliegen, den Sohn zu loben und zu ermuntern, falls dieser ihm die erfolgreichen Prüfungen überhaupt vorlegt. Bei Misserfolgen zeigt er sich verständnisvoll, indem er dem Sohn selber entlastende Gründe für das Ergebnis nennt und nicht schimpft. Gleichwohl zeigt er an, dass er von ihm bessere Leistungen erwartet.
Mutter Z11	eher hoch (3)	eher hoch (3)	eher hoch (3)					«Es ist bedeutsam, dass du jetzt (während der Übertrittsphase) so handelst, weil du dich als jemanden erkennen musst, der klar die kognitiven Bedingungen für die Abteilung A erfüllt und es schaffen kann, wenn er sein Arbeitsverhalten verbessert.»

(Fortsetzung)

7.4 Eine Typologie des schulbezogenen verbalen Motivierens ...

Tabelle 7.14 (Fortsetzung)

Elternteil	Betonung der Wesentlichkeit	Betonung positiver Aspekte	Betonung internaler Aspekte	Zugeschriebene Kontrolle	Diskursivität	Assertivität	Emotionale Zuwendung	Geframte generalisierte Aussagen/Charakterisierung des kommunikativen Vorgehens
				eher hoch (3)				«Du hast die Bewältigung der Lern- und Leistungsanforderungen während der Übertrittsphase eher gut im Griff, weil du genug intelligent bist für die Abteilung A, dich aber (noch) zu wenig anstrengst.»
					eher hoch (3)	eher hoch (3)		Die wert- und kontrollbezogenen Einschätzungen und Überzeugungen werden von der Mutter stetig und insistierend übermittelt. Die Tochter gibt Antworten oder äußert Ängste, welche die Mutter argumentativ aufnimmt.

(Fortsetzung)

Tabelle 7.14 (Fortsetzung)

Elternteil	Betonung der Wesentlichkeit	Betonung positiver Aspekte	Betonung internaler Aspekte	Zugeschriebene Kontrolle	Diskursivität	Assertivität	Emotionale Zuwendung	Geframte generalisierte Aussagen/Charakterisierung des kommunikativen Vorgehens
							eher tief (2)	Die Mutter reagiert lobend, aber nüchtern auf die Erfolge der Tochter. Bei Misserfolgen zeigt sie sich enttäuscht und fragt mitunter vorwurfsvoll und wenig selbstwertdienlich nach den Gründen.
Mutter Z12	eher tief (2)	eher tief (2)	tief (1)					«Es ist bedeutsam, dass du jetzt (während der Übertrittsphase) so handelst, weil du sonst den Anschluss verlierst und nicht in die Abteilung B, sondern sogar in die wenig förderliche und allgemein verpönte Abteilung C eingeteilt wirst.»

(Fortsetzung)

Tabelle 7.14 (Fortsetzung)

Elternteil	Betonung der Wesentlichkeit	Betonung positiver Aspekte	Betonung internaler Aspekte	Zugeschriebene Kontrolle	Diskursivität	Assertivität	Emotionale Zuwendung	Geframte generalisierte Aussagen/Charakterisierung des kommunikativen Vorgehens
				eher hoch (3)				«Du hast die Bewältigung der Lern- und Leistungsanforderungen während der Übertrittsphase eher gut im Griff, weil du ja weißt, dass ich mit einer Zuteilung zur Abteilung B grundsätzlich zufrieden bin und dir schon signalisiert habe, dass ich dir auch bei der vermutlich deutlich erschwerten Lehrstellensuche behilflich sein werde.»

(Fortsetzung)

Tabelle 7.14 (Fortsetzung)

Elternteil	Betonung der Wesentlichkeit	Betonung positiver Aspekte	Betonung internaler Aspekte	Zugeschriebene Kontrolle	Diskursivität	Assertivität	Emotionale Zuwendung	Geframte generalisierte Aussagen/Charakterisierung des kommunikativen Vorgehens
					eher hoch (3)	eher hoch (3)		Die wert- und kontrollbezogenen Einschätzungen und Überzeugungen werden von der Mutter stetig und insistierend übermittelt. Die Tochter bittet die Mutter um Rat und Hilfestellungen, diese nimmt die Meinungen des Kindes auf und argumentiert mit ihm.
							eher hoch (3)	Die Mutter lobt bei Erfolgen ihre Tochter, reagiert aber nicht überschwänglich oder belohnt sie zusätzlich. Bei Misserfolgen verzichtet die Mutter auf Vorwürfe und analysiert die Prüfung mit der Tochter zusammen. Dabei weist sie nicht nur auf die Fehler, sondern selbstwertdienlich auch auf das Korrekte bzw. die Lernfortschritte hin.

(Fortsetzung)

7.4 Eine Typologie des schulbezogenen verbalen Motivierens ... 621

Tabelle 7.14 (Fortsetzung)

Elternteil	Betonung der Wesentlichkeit	Betonung positiver Aspekte	Betonung internaler Aspekte	Zugeschriebene Kontrolle	Diskursivität	Assertivität	Emotionale Zuwendung	Geframte generalisierte Aussagen/Charakterisierung des kommunikativen Vorgehens
Vater722	eher hoch(3)	eher hoch (3)	tief(1)					«Es ist bedeutsam, dass du jetzt (während der Übertrittsphase) so handelst, weil du das als unsere Tochter und als angehende Schülerin der anspruchsvollen Abteilung A einfach unbedingt musst!»
				eher tief(2)				«Du hast die Bewältigung der Lern- und Leistungsanforderungen während der Übertrittsphase eher schlecht im Griff, weil du beim Lernen meist noch zu wenig verstehensorientiert vorgehst und mich nicht selbständig aufsuchst, wenn du es nicht verstehst.»

(Fortsetzung)

Tabelle 7.14 (Fortsetzung)

Elternteil	Betonung der Wesentlichkeit	Betonung positiver Aspekte	Betonung internaler Aspekte	Zugeschriebene Kontrolle	Diskursivität	Assertivität	Emotionale Zuwendung	Geframte generalisierte Aussagen/Charakterisierung des kommunikativen Vorgehens
					eher tief(2)	eher hoch(3)		Der Vater übermittelt seine wert- und kontrollbezogenen Einschätzungen und Überzeugungen stetig, beharrlich und wenn nötig auch mit Zwang. Zumindest wenn es um Leistungen geht, wird kaum verhandelt – der Vater geht dann auf die Gegenargumente der Tochter kaum ein oder diese entzieht sich ihm und meidet den Kontakt.

(Fortsetzung)

7.4 Eine Typologie des schulbezogenen verbalen Motivierens ...

Tabelle 7.14 (Fortsetzung)

Elternteil	Betonung der Wesentlichkeit	Betonung positiver Aspekte	Betonung internaler Aspekte	Zugeschriebene Kontrolle	Diskursivität	Assertivität	Emotionale Zuwendung	Geframte generalisierte Aussagen/Charakterisierung des kommunikativen Vorgehens
							tief(1)	Der Vater zeigt seiner Tochter generell, dass er sehr hohe Leistungserwartungen hat. Er geht auch in den erfolgreichen Prüfungen den Fehlern nach und weist vorwurfsvoll auf diese hin. Bei Misserfolgen zeigt er sich verärgert. Selbstwertdienliches Schonen des Kindes ist explizit nicht seine Sache.

(Fortsetzung)

Tabelle 7.14 (Fortsetzung)

Elternteil	Betonung der Wesentlichkeit	Betonung positiver Aspekte	Betonung internaler Aspekte	Zugeschriebene Kontrolle	Diskursivität	Assertivität	Emotionale Zuwendung	Geframte generalisierte Aussagen/Charakterisierung des kommunikativen Vorgehens
Mutter/Z31	eher tief(2)	eher hoch (3)	eher tief(2)					«Es ist bedeutsam, dass du jetzt (während der Übertrittsphase) so handelst, weil du auf diese Weise vermutlich sogar die Aufnahmeprüfung ins Gymnasium schaffen könntest.»
				eher hoch(3)				«Du hast die Bewältigung der Lern- und Leistungsanforderungen während der Übertrittsphase eher gut im Griff, weil du zwar erfolglos an der Aufnahmeprüfung zum Gymnasium teilgenommen hast – für das du eigentlich schon das Potential hättest, wenn du dich nicht immer wieder zu wenig anstrengen würdest! –, dir dadurch aber nun wohl die Zuteilung zur Abteilung A gesichert hast.»

(Fortsetzung)

7.4 Eine Typologie des schulbezogenen verbalen Motivierens …

Tabelle 7.14 (Fortsetzung)

Elternteil	Betonung der Wesentlichkeit	Betonung positiver Aspekte	Betonung internaler Aspekte	Zugeschriebene Kontrolle	Diskursivität	Assertivität	Emotionale Zuwendung	Geframte generalisierte Aussagen/Charakterisierung des kommunikativen Vorgehens
					eher hoch(3)	eher hoch(3)		Die wert- und kontrollbezogenen Einschätzungen und Überzeugungen werden von der Mutter stetig und insistierend übermittelt. Die Mutter und ihr Sohn interagieren mitunter spielerisch miteinander, Bedürfnisse und Meinungen des Kindes werden vom Elternteil zur Kenntnis genommen und berücksichtigt.

(Fortsetzung)

Tabelle 7.14 (Fortsetzung)

Elternteil	Betonung der Wesentlichkeit	Betonung positiver Aspekte	Betonung internaler Aspekte	Zugeschriebene Kontrolle	Diskursivität	Assertivität	Emotionale Zuwendung	Geframte generalisierte Aussagen/Charakterisierung des kommunikativen Vorgehens
							eher hoch(3)	Die Mutter freut sich deutlich über die Erfolge des Sohnes, lobt ihn und belohnt gute Noten mit kleinen Geldbeträgen. Bei Misserfolgen analysiert sie die Prüfung, fragt den Sohn nach den Gründen, lässt dann aber seine selbstwertdienlichen Ausflüchte stehen.
Mutter Z32	eher hoch(3)	eher hoch (3)	tief(1)					«Es ist bedeutsam, dass du jetzt (während der Übertrittsphase) so handelst, weil du es als deine Pflicht als Schülerin akzeptieren und einsehen musst, dass es eigentlich nicht zu meinen Aufgaben als Elternteil gehört, dich dabei zu unterstützen.»

(Fortsetzung)

7.4 Eine Typologie des schulbezogenen verbalen Motivierens ... 627

Tabelle 7.14 (Fortsetzung)

Elternteil	Betonung der Wesentlichkeit	Betonung positiver Aspekte	Betonung internaler Aspekte	Zugeschriebene Kontrolle	Diskursivität	Assertivität	Emotionale Zuwendung	Geframte generalisierte Aussagen/Charakterisierung des kommunikativen Vorgehens
				eher tief (2)				«Du hast die Bewältigung der Lern- und Leistungsanforderungen während der Übertrittsphase eher schlecht im Griff, weil du obwohl du eigentlich das Potential hast und es wahrscheinlich könntest – bei den Hausaufgaben ständig zu schnell aufgibst und dich nicht selber ans Problemlösen machst. Sodann hast du auch eine Lehrkraft, die Prüfungen macht, auf die man sich schlecht gezielt vorbereiten kann.»

(Fortsetzung)

Tabelle 7.14 (Fortsetzung)

Elternteil	Betonung der Wesentlichkeit	Betonung positiver Aspekte	Betonung internaler Aspekte	Zugeschriebene Kontrolle	Diskursivität	Assertivität	Emotionale Zuwendung	Geframte generalisierte Aussagen/Charakterisierung des kommunikativen Vorgehens
					eher tief(2)	eher tief(2)		Die Mutter relativiert ihre wert- und kontrollbezogenen Einschätzungen: «ich finde, dass du, ..., aber du muss es selber wissen – wenn du nicht willst, ist es halt so». Ein intensives Erörtern und Verhandeln von Positionen zwischen der Mutter und der Tochter wird nicht berichtet – beide scheinen sich schulbezogenen Diskussionen zu entziehen.

(Fortsetzung)

7.4 Eine Typologie des schulbezogenen verbalen Motivierens ...

Tabelle 7.14 (Fortsetzung)

Elternteil	Betonung der Wesentlichkeit	Betonung positiver Aspekte	Betonung internaler Aspekte	Zugeschriebene Kontrolle	Diskursivität	Assertivität	Emotionale Zuwendung	Geframte generalisierte Aussagen/Charakterisierung des kommunikativen Vorgehens
							eher tief (2)	Die Mutter reagiert lobend auf Erfolge, relativiert das Lob aber, indem sie signalisiert, dass ihre Leistungserwartungen noch etwas höher liegen. Auch bei Misserfolgen reagiert sie mit kühler Distanz und macht selbstwertmindernde Vorwürfe hinsichtlich der gemachten Fehler.

denen die Ähnlichkeiten und Unterschiede im Handlungsstil der 18 Elternteile in der Typologie nach einem klaren Ordnungsschema einfach interpretierbar sein sollte, wurde in einer ersten Phase eine explorative Faktorenanalyse (vgl. Abschnitt 6.4.4.1) durchgeführt. Das Unterkapitel 7.4.1 berichtet die Ergebnisse zur dazugehörenden Forschungsfrage 4.1:

Auf welche latenten «grundlegenden Dimensionen elterlichen verbalen Motivierens bei einem unklaren Übertrittsentscheid» lassen sich die manifesten wert- und kontrollbezogenen sowie kommunikations- und beziehungsbezogenen Stilelemente der 18 Elternteile reduzieren?

Mit dem Ziel, die nun im mehrdimensionalen Raum gemäß ihren Faktorwerten positionierten Elternteile aufgrund der Ähnlichkeit ihres Motivierungshandelns zu Gruppen zusammenzufassen, wurden in der zweiten Phase mit Hilfe des k-means-Algorithmus Cluster bzw. Typen gebildet (vgl. Abschnitt 6.4.4.2). Der Abschnitt 7.4.2 widmet sich der diesbezüglichen Forschungsfrage 4.2:

Wie gruppieren sich die 18 Elternteile bezüglich der «grundlegenden Dimensionen des schulbezogenen verbalen Motivierens bei einem unklaren Übertrittsentscheid»?

Im gleichen Kapitel wird der Frage 4.3 nachgegangen, die sich unmittelbar an die Gruppierung der Fälle anschließt:

Welches sind die Charakteristika des jeweiligen gruppenspezifischen Motivierungsstils?

Die Eigenarten der resultierenden Typen werden mit Blick auf die Gemeinsamkeiten in den Handlungsstilen der ihnen zugeordneten Elternteile herausgearbeitet und jeder Typus wird auf dieser Grundlage mit einer prägnanten, seine Charakteristika zusammenfassenden Bezeichnung versehen.

In einem weiteren Sinne gehört zur Charakterisierung der Typen auch der Zuzug von «sekundären Informationen» (Kuckartz, 2018, S. 158), also Merkmalen der einem Cluster zugeordneten Eltern, die nicht selber in die Typenbildung eingeflossen sind, aber einen Zusammenhang mit den Charakteristika desselben aufweisen könnten. Neben Merkmalen der Eltern selbst gehören dazu auch solche ihres Kindes sowie ihrer Familie (vgl. Abschnitt 4.3). Die entsprechende Forschungsfrage 4.4 lautet:

Welche Zusammensetzung weisen die gebildeten Typen hinsichtlich einer Reihe von weiteren Eltern-, Kind- und Familienmerkmalen auf? (vgl. Abschnitt 4.3)

Die Ergebnisse der bivariaten Zusammenhangsanalysen zwischen 15 Bedingungsmerkmalen der Eltern-Kind-Dyaden und der Clusterzugehörigkeit des Elternteils – bzw. dem Typus seines verbal-appellativen Motivierungshandelns während der unsicheren Übertrittszeit – werden in Abschnitt 7.4.3 dargestellt.

7.4.1 Grundlegende Dimensionen des elterlichen verbalen Motivierens

Der erste Schritt in der Entwicklung einer Typologie bildet die Festlegung des Merkmalsraums. Da es mit Blick auf die Interpretierbarkeit des Ergebnisses keine Option war, alle sieben Dimensionen elterlichen verbalen Motivierungshandelns gleichgewichtet in die Typologie einzubeziehen – und sich somit wie immer bei der Bestimmung von Merkmalsräumen die Frage stellte, inwiefern einzelne Dimensionen größere Bedeutung trügen und anderen deshalb vorzuziehen seien (vgl. Abschnitt 6.4.4) –, wurde in der vorliegenden Untersuchung die Lösung über eine Dimensionsreduktion mittels der explorativen Faktorenanalyse gesucht. Diese zielt darauf, die jeweils korrelierenden manifesten Variablen eines Datensatzes auf eine geringe Anzahl von latenten Faktoren zu reduzieren, die möglichst viel der Varianz der ursprünglichen Variablen erfassen (vgl. Abschnitt 6.4.4.1). Die entsprechende Forschungsfrage lautet:

Auf welche latenten «grundlegenden Dimensionen elterlichen verbalen Motivierens bei einem unklaren Übertrittsentscheid» lassen sich die manifesten wert- und kontrollbezogenen sowie kommunikations- und beziehungsbezogenen Stilelemente der 18 Elternteile verdichten?

Wie bereits in Abschnitt 6.4.4.1 erörtert, erwies sich der Einsatz des faktorenanalytischen Verfahrens der Hauptkomponentenanalyse bei dem kleinen Variablensatz mit Blick auf die Interkorrelationen gerade noch als vertretbar, insofern als der Wert für die measure of sampling adequacy (MSA) nach dem Kaiser-Meyer-Olkin-Kriterium (KMO) mit .524 knapp über dem empfohlenen Minimalwert lag (vgl. Anhang, Abbildung 9.1).

Nach dem ersten Durchgang des Analyseverfahrens, in dem sieben, die Varianz vollständig erklärende Komponenten gebildet wurden, zeigte sich, dass die erste Komponente einen Varianzanteil von 2.37, die zweite 1.91 und die dritte 1.03 aufklärte – was insgesamt 76.0 % der Gesamtvarianz entsprach (vgl. Anhang, Abbildung 9.1). Die dritte Komponente hatte demnach einen deutlich kleineren Eigenwert als die beiden vorangehenden, lag aber anders als alle weiteren Komponenten noch knapp über dem Wert 1, was nach dem Kaiser-Guttman-Kriterium dafür sprach, im zweiten Durchgang drei Komponenten zu extrahieren. Auch der Augenschein des Screenplots (vgl. Anhang, Abbildung 9.1) stützte diese Entscheidung.

Wie die Abbildung 9.1 im Anhang zeigt, schwanken die Kommunalitäten nach der Extraktion der drei Komponenten um den Mittelwert .76. Bei der Interpretation der Lösung muss beachtet werden, dass die Variable Betonung internaler Aspekte bei der Wertregulation abfällt, insofern als sie mit .330 eine eher geringe Kommunalität aufweist, während sich die übrigen Werte zwischen .908 (Betonung positiver Aspekte bei der Wertregulation) und .681 (Betonung von Handlungskontrolle bei der Kontrollregulation) bewegen.

Tabelle 7.15 zeigt die dreifaktorielle, mit der Varimax-Rotation erzeugte Komponentenmatrix, bei der die Ladungen der Größe nach sortiert sind. Während sich im Anhang die Matrix mit allen Werten findet (vgl. Abbildung 9.1), werden hier zur besseren Übersicht bei den Komponenten 1 und 2 Koeffizienten unter dem Absolutwert von .40 und bei der Komponente 3 solche unter dem Absolutwert von .30 nicht angezeigt. So wird sichergestellt, dass im Hinblick auf die inhaltliche Deutung der drei Komponenten bei jeder zwar mindestens drei, dabei aber auch nur die substanziellsten Variablen im Blickfeld sind.

Tabelle 7.15 Wertematrix der Hauptkomponentenanaylse nach der Rotation mit der Varimax-Methode, Absolutwerte >.340

	Komponente		
	1	2	3
Betonung positiver Aspekte bei der Wertregulation	.933		
Betonung der Notwendigkeit bei der Wertregulation	.903		
Emotionale Zuwendung nach Prüfungsergebnissen	−.593	.591	−.438
Diskursivität der Wert- und Kontrollregulation		.803	
Betonung von Handlungskontrolle bei der Kontrollregulation		.671	−.340
Betonung internaler Aspekte bei der Wertregulation		.572	
Assertivität der Wert- und Kontrollregulation			.922

Es offenbart sich, dass die Variable Emotionale Zuwendung nach Prüfungsergebnissen auf allen drei Komponenten in relevanter Größenordnung lädt: Während die Ladungen auf Komponente 1 und 2 um ±.60 liegen, beträgt sie auf Komponente 3 nur knapp über −.40. Im Hinblick auf die inhaltliche Bestimmung der Komponenten ist bedeutsam, dass sie nur auf Komponente 2 positiv lädt. Sodann leistet gemäß der oben genannten Darstellungsbedingungen die Variable Betonung von Handlungskontrolle bei der Kontrollregulation nicht nur einen relativ

7.4 Eine Typologie des schulbezogenen verbalen Motivierens ...

substanziellen Beitrag zur Komponente 2, sondern auch einen kleinen negativen Beitrag zur Komponente 3.

Die Komponente 1 wird eindeutig von den beiden Variablen Betonung positiver Aspekte bei der Wertregulation und Betonung der Notwendigkeit bei der Wertregulation geprägt. Beide dichotom angelegten Variablen beziehen sich auf die Gestaltung der Argumentation bei der Bedeutsamkeitszuschreibung (vgl. Kategoriensysteme in Tabelle 6.9 und Tabelle 6.10): Wenn Eltern mit positivvalenten Wesentlichkeitsargumenten operieren, begründen sie die Bedeutsamkeit einer schulbezogenen Aktivität oder eines Leistungsziels vor dem Kind mit der erwarteten Norm: «Mach es so, weil sich das so gehört!». Zieht man die Tabelle 7.14 mit der Übersicht über die individuellen Stile des verbalen Motivierens der 18 Elternteile hinzu und konsultiert die geframten generalisierten Aussagen in der letzten Spalte bei denjenigen Elternteilen, die die Ausprägung 3 (eher hoch) bei den Dimensionen Betonung der Wesentlichkeit und Betonung positiver Aspekte aufweisen – es sind dies die neun Elternteile D12, E12, M12, R11, R12, S11, V11 und Z22 –, so wird klar, dass sie dabei fast durchgängig auf die Rolle des Kindes als Schüler oder Schülerin verwiesen haben: «Mach es, weil es sich für dich als Schüler*in im Übertritt) einfach so gehört» bzw. «Es ist bedeutsam, dass du jetzt so handelst, weil du das als Schüler*in im Übertritt einfach musst!». Offenbar geht der Verweis auf autonomieeinschränkende schulbezogene Rollenerwartungen einher mit einem tiefen oder eher tiefen Grad an emotionaler Zuwendung nach Erfolgen oder Misserfolgen bei Mathematikprüfungen bzw. einem nüchtern-analytischen bis kühlen und vor allem wenig selbstwertdienlichen Reagieren des Elternteils, wenn es um Leistungsaspekte geht (vgl. das Kategoriensystem in Tabelle 6.15 und die Charakterisierung des kommunikativen Vorgehens bei den sechs Elternteilen E11, E12, R11, Z11, Z22 und Z32 in der letzten Spalte der Tabelle 7.14). Die Komponente steht somit für eine Orientierung der Eltern an den von ihnen wahrgenommenen Zielen und Normen der Schule, die dem Kind mitunter mit nüchternem Realismus und wenig Rücksicht auf sein Bedürfnis, den eigenen Selbstwert zu schützen, klar gemacht werden.

Geringe Werte auf dieser Komponente stehen wegen der dichotomen Form der beiden Variablen «Betonung der Notwendigkeit bei der Wertregulation» und «Betonung positiver Aspekte bei der Wertregulation» für ein ausgeprägtes Argumentieren der Eltern mit negativer Zweckmäßigkeit eines alternativen schulbezogenen Handelns bezüglich erwünschter Zustände oder Ziele («Mach es so, weil du sonst...»). Dieses eher warnend-beratende (vgl. Abschnitt 5.6.2) Kosten hervorhebende wertbezogene Argumentieren der Eltern geht offenbar mit einem höheren Grad an emotionaler Zuwendung bzw. mit einem stärkeren Kindbezug einher.

> Zusammengefasst drückt die grundlegende Dimension 1 demnach die Orientierung der Eltern an den schulischen Normen, Pflichten und Erwartungen bei ihrem verbalen Motivierungshandeln aus.

> In der Kurzform wird die grundlegende Dimension 1 im Folgenden **«Normorientierung»** genannt.

Die Komponente 2 wird stark durch die Variable Diskursivität der Wert- und Kontrollregulation und – in leicht geringerem Ausmaß – durch die Variable Betonung von Handlungskontrolle bei der Kontrollregulation geprägt.

Erstere bezeichnet einen Kommunikationsmodus, bei dem die Elternteile bei ihren Wert- und Kontrollregulationen einen dialogisch-kokonstruktiven Ansatz (vgl. Abschnitt 2.2.2.3) verfolgen (vgl. Kategoriensystem in Tabelle 6.13), indem sie stetig darum bemüht sind, die diesbezüglichen Sichtweisen des Kindes zu erfahren, um ihm im Sinne eines kontingenten Scaffoldings (vgl. Belland, 2014; Reiser & Tabak, 2014; Wood et al., 1976) mit weiteren stichhaltigeren Argumenten ihre Botschaften verständlicher zu machen oder um ihre eigenen Sichtweisen, Erwartungen und Aspirationen anzupassen (vgl. Tabelle 7.14 mit der Übersicht über die individuellen Stile des verbalen Motivierens der 18 Elternteile).

Bei der zweiten handelt es sich um eine Variable, die die typische Botschaft der Elternteile bei Kontrollregulationen einfängt, welche diese mittels ihrer attributionalen Argumente unterstreichen (vgl. Kategoriensystem in Tabelle 6.12). Zieht man wieder die geframten generalisierten Aussagen in der Übersicht über die individuellen Motivierungsstile (vgl. Tabelle 7.14) derjenigen Elternteile zurate, die die Ausprägung 3 (eher hoch) bei der Dimension Betonung von Handlungskontrolle aufweisen, so zeigt sich, dass es zwei Stoßrichtungen der Argumentation gab: Die fünf Elternteile D12, S11, V11, Z11 und Z31, deren Kinder den Übertritt in die erwünschte Abteilung A schließlich geschafft haben (vgl. Tabelle 3.2), bemängelten gegenüber ihren Kindern deren zwar noch manchmal ungenügendes schulbezogenes Engagement, betonten ihnen gegenüber aber auch, dass sie die für die aspirierte Abteilung A nötige «Reife» und notwendigen intellektuellen Fähigkeiten aufweisen würden: «Du hast die Bewältigung der Lern- und Leistungsanforderungen während der Übertrittsphase eher gut im Griff, weil du die notwendige Begabung und Reife für die aspirierte Abteilung mitbringst, dich aber ständig/manchmal noch zu wenig anstrengst». Die vier Elternteile M11, M12, R12

7.4 Eine Typologie des schulbezogenen verbalen Motivierens ...

und Z12, die während der Erhebungszeit zunehmend zur Erkenntnis gelangten, dass ihr Kind in die Abteilung B eingeteilt würde (vgl. Tabelle 3.2), signalisierten diesem eine eher hohe Kontrolle, indem sie ihm sagten, es fehle ihm zwar (noch) an der notwendigen Leistungsorientierung, es handle aber angemessen, indem es sich nun (erst einmal) auf die Abteilung B hin orientiere und sich mit den persönlichen Folgen dieses Umstands auseinandersetze. Alle vier Elternteile brachten ihren Kindern gegenüber auch zum Ausdruck, dass sie keinen unnötigen Druck auszuüben gedachten: «Du hast die Bewältigung der Lern- und Leistungsanforderungen während der Übertrittsphase eher gut im Griff, weil du zwar (noch) nicht die erwünschte Einstellung gegenüber dem Lernen und Leisten aufweist, dich aber mit den Konsequenzen, die mit der Einteilung in die Abteilung B für dich einhergehen, angemessen auseinandersetzt und ich dir auch keinen unnötigen Leistungsdruck aufsetzen will».

Der semantische Gehalt der beiden stark positiv ladenden Variablen Diskursivität der Wert- und Kontrollregulation und Betonung von Handlungskontrolle bei der Kontrollregulation drückt mit anderen Worten ein Bemühen der Eltern aus, das Kind mit Blick auf dessen psychisches und soziales Wohlergehen möglichst gesichtswahrend und selbstwertdienlich, einen möglichst großen Entscheidungs- und Einflussraum gewährend sowie möglichst verstehens- und selbstwirksamkeitsförderlich verbal für schulische Aktivitäten und Ziele im Kontext des anstehenden Übertritts zu motivieren. Auch die beiden weniger stark ladenden und im ersteren Fall eine geringe Kommunalität aufweisenden Variablen Betonung internaler (kindbezogener) Aspekte bei der Wertregulation und Emotionale Zuwendung nach Prüfungsergebnissen gliedern sich inhaltlich gänzlich in diese Deutung der Komponente ein (vgl. Kategoriensysteme in Tabelle 6.11 und Tabelle 6.15).

> Zusammengefasst, so wird deutlich, drückt die «grundlegende Dimension 2» die Orientierung der Eltern an den sozialemotionalen und kognitiven Bedürfnissen des Kindes beim verbalen Motivierungshandeln aus.

> In der Kurzform wird die grundlegende Dimension 2 im Folgenden **«Kindorientierung»** genannt.

Die Komponente 3 wird eindeutig von der Variablen Assertivität der Wert- und Kontrollregulation geprägt, weist aber auch semantische Anteile der eher schwach und negativ auf ihr ladenden Variablen Emotionale Zuwendung nach Prüfungsergebnissen und Betonung von Handlungskontrolle bei der Kontrollregulation auf.

Assertivität wurde angelehnt an Aeblis Begriff (1997, S. 273–276) als aufmerksamkeitserzeugendes Überzeugenwollen («aktive Assertivität», S. 275) und standfestes, ruhiges Einstehen für die eigenen Überzeugungen auch bei Widerspruch durch das Kind («reaktive Assertivität» und «expressive Assertivität», S. 274–276) konzipiert: «Ich will dich überzeugen!» (vgl. Kategoriensystem in Tabelle 6.14). Der mit negativen Vorzeichen versehene Anteil der Variable Emotionale Zuwendung belegt, dass offenbar der für beide Seiten gesichtswahrende Aspekt, den die dritte Facette «expressive Assertivität» bei Aebli auch beinhaltet (vgl. Abschnitt 5.7), in den Ratings bei diesem Merkmal kaum berücksichtigt wurde. Der noch geringere, ebenfalls mit negativen Vorzeichen versehene Anteil der Variable Betonung von Handlungskontrolle bei der Kontrollregulation weist inhaltlich in eine ähnliche Richtung: Geringe Ausprägungen bei dieser Variablen bedeuten ein ungeschminktes Rückmelden des Elternteils dessen, was er als wahr erkennt. Komponente 3 drückt somit ein insistierendes auf die eigenen Überzeugungen fokussiertes Vorgehen der Elternteile aus: «Ich will dich unbedingt überzeugen – auch wenn du (vorerst) wenig Einsicht zeigst!».

Zusammengefasst drückt die «grundlegende Dimension 3» demnach das Bestreben der Eltern aus, eine möglichst umgehende Internalisierung ihrer eigenen wert- und kontrollbezogenen Überzeugungen und Einschätzungen beim Kind zu erreichen.

In der Kurzform wird die grundlegende Dimension 3 im Folgenden **«Durchsetzungsorientierung»** genannt.

Die Abbildung 7.7 illustriert die Faktorwerte, welche die 18 Elternteile bezüglich der drei Komponenten aufweisen. Da Faktorenanalysen mit z-transformierten Variablen operieren, geben die Werte jeweils an, inwieweit die Elternteile hinsichtlich der Komponente vom arithmetischen Mittelwert bzw. vom Erwartungswert abweichen. Der Grad der Abweichung ist farblich hervorgehoben, wobei

7.4 Eine Typologie des schulbezogenen verbalen Motivierens ... 637

Elternteile	Komponente		
	(1) Normorientierung	(2) Kindorientierung	(3) Durchsetzungsorientierung
D11	-1.63	0.72	0.18
D12	0.55	-0.46	-1.94
E11	-0.93	-1.49	0.33
E12	0.79	-0.07	1.13
H11	-1.41	-0.28	-0.95
H12	-1.36	-0.46	0.53
M11	-0.08	0.98	0.47
M12	0.52	0.26	-1.25
R11	1.2	-0.38	1.62
R12	0.65	1.13	-1.11
S11	0.63	0.52	0.3
V11	0.65	1.13	-1.11
V12	-1.3	-0.02	0.6
Z11	1.17	1.08	0.93
Z12	-1.06	0.25	0.25
Z22	1.1	-1.97	0.79
Z31	-0.08	0.98	0.47
Z32	0.58	-1.92	-1.24

z-Werte	< -1.0	-.2 bis -1.0	-.2 bis .2	.2 bis 1.0	>1.0
Grad der Abweichung von M	starkunterdurchschnittlich	unterdurchschnittlich	durchschnittlich	überdurchschnittlich	stark überdurchschnittlich

Abbildung 7.7 Faktorwerte der 18 Elternteile bezüglich der drei grundlegenden Dimensionen verbalen Motivierens bei einem unklaren Übertritt

ein Werte-Bereich von −.2 bis .2 als «durchschnittlich», Werte im Bereich von −.2 bis −1.0 als «unterdurchschnittlich» bzw. von .2 bis 1.0 als «überdurchschnittlich» (gelb) und Werte unterhalb einer Standardabweichung als «stark unterdurchschnittlich» sowie Werte oberhalb einer Standardabweichung als «stark überdurchschnittlich» deklariert wurden.

Bezüglich der grundlegenden Dimension Normorientierung zeigt sich, dass die Elternteile mehrheitlich positive Werte aufweisen (10 Elternteile, 55.6 % overall), was darauf hindeutet, dass sie ihr Kind gewöhnlich von der Bedeutsamkeit einer schulischen Aktivität oder eines Leistungsziels nüchtern zu überzeugen suchten, indem sie es darauf hinwiesen, dass dies von ihm in seiner Rolle als Schüler*in (im Übertritt) allgemein erwartet würde. Sie betonten mit anderen Worten, dass es sich um eine wesentliche Aufgabe handle, um deren Ausführung das Kind schlicht nicht umhinkäme: «Es ist bedeutsam, dass du jetzt (während der Übertrittsphase) so handelst, weil du das einfach musst!». Besonders ausgeprägt findet sich dieser Handlungsstil bei der Mutter R11 (1.2), der Mutter Z11 (1.17) sowie dem Vater Z22 (1.1).

Bezüglich der grundlegenden Dimension Normorientierung zeigt sich, dass die Elternteile mehrheitlich positive Werte aufweisen (10 Elternteile, 55.6 % overall), was darauf hindeutet, dass sie ihr Kind gewöhnlich von der Bedeutsamkeit einer schulischen Aktivität oder eines Leistungsziels nüchtern zu überzeugen suchten, indem sie es darauf hinwiesen, dass dies von ihm in seiner Rolle als Schüler*in (im Übertritt) allgemein erwartet würde. Sie betonten mit anderen Worten, dass es sich um eine wesentliche Aufgabe handle, um deren Ausführung das Kind schlicht nicht umhinkäme: «Es ist bedeutsam, dass du jetzt (während der Übertrittsphase) so handelst, weil du das einfach musst!». Besonders ausgeprägt findet sich dieser Handlungsstil bei der Mutter R11 (1.2), der Mutter Z11 (1.17) sowie dem Vater Z22 (1.1).

Acht Elternteile (44.4 % overall) weisen negative z-Werte auf, was damit einhergeht, dass sie bei ihren Wertregulationen gewöhnlich nicht mit Wesentlichkeitsargumenten, sondern mit Zweckmäßigkeitsargumenten agiert haben und damit im Vergleich zur ersten Gruppe grundsätzlich eher beratend vorgegangen sind (vgl. Abschnitt 5.6.2.3). Die beiden Elternteile M11 und Z31, die beide einen nur leicht vom arithmetischen Mittel abweichenden Wert aufweisen (−.08), handeln ähnlicher wie erstere Gruppe (und somit «durchschnittlicher») als der Rest der Elternteile mit negativen z-Werten, insofern als sie mit positiv-valenter Zweckmäßigkeit argumentierten und ihre Kinder somit mit angenehmen Konsequenzen eines bestimmten schulbezogenen Ziels lockend zu überzeugen suchten («Es ist bedeutsam, dass du jetzt so handelst, weil du so ein erwünschtes Ziel erreichst»). Ein Blick in die Übersichtstabelle mit den individuellen Motivierungsstilen der Elternteile (vgl. Tabelle 7.14) belegt, dass es sich bei diesem Ziel um den aspirierten Bildungsgang handelte. Die restlichen Elternteile mit negativen Werten setzten gewöhnlich negativ-valente Zweckmäßigkeitsargumente ein. Sie versuchten ihre Kinder somit von einem schulischen Ziel zu überzeugen, indem sie ihm die aversiven Konsequenzen vor Augen führten, die andernfalls drohten («Es ist bedeutsam, dass du jetzt so handelst, weil du sonst mit negativen Folgen rechnen musst»). Dabei sprachen sie vor allem Leistungsaspekte an: «Weil du sonst die Zuteilung zur erwünschten Abteilung der Sekundarschule nicht schaffst» oder

7.4 Eine Typologie des schulbezogenen verbalen Motivierens ...   639

«weil du sonst leistungsmäßig den Anschluss verpasst»). Eine Ausnahme bildet lediglich die Mutter D11, deren Handeln mit Abstand am stärksten vom Mittelwert abweicht (-1.63): Sie argumentierte gegenüber ihrer Tochter, die an der Aufmerksamkeitsdefizitstörung (ADS) leidet, ausgeprägt mit negativen Konsequenzen, die diese andernfalls für ihr Wohlbefinden und ihre Wissensentwicklung gewärtigen müsse.

Bei der grundlegenden Dimension Kindorientierung zeigt sich, dass die Hälfte der Elternteile positive z-Werte aufweisen, wobei sich letztere bei sechs Personen im Bereich zwischen dem Mittelwert und einer Standardabweichung bewegen und bei den drei Müttern R12 (1.13), V11 (1.13) und Z11 (1.08) stark überdurchschnittlich ausfallen. Nimmt man die Ergebnisse der Ratings bezüglich der vier diese Komponente prägenden Variablen Diskursivität der Wert- und Kontrollregulation, Betonung von Handlungskontrolle bei der Kontrollregulation, Emotionale Zuwendung nach Prüfungsergebnissen und Betonung internaler Aspekte bei der Wertregulation (vgl. Tabelle 7.15) in der Übersichtsdarstellung der Tabelle 7.14 in Augenschein, so zeigt sich, dass R12 und V11 bei jeder die Ausprägung 3 aufweisen, und der leicht tiefere z-Wert von Z11 darauf zurückzuführen ist, dass dieser Elternteil bei der Variable Emotionale Zuwendung nach Prüfungsergebnissen die Ausprägung 2 aufweist.

Die übrigen neun Elternteile weisen bezüglich dieser grundlegenden Dimension negative z-Werte auf, wobei die Mutter E12 ($-.07$) und der Vater V12 ($-.02$) nur äußerst gering vom arithmetischen Mittelwert abweichen. Wie der Blick in die Übersichtstabelle (vgl. Tabelle 7.14) beweist, ging bei der vorliegenden Stichprobe eine mittlere Kindorientierung mit der Ausprägung (3) bei der Variablen Diskursivität der Wert- und Kontrollregulation und mit der Ausprägung (2) bei den Variablen Betonung von Handlungskontrolle bei der Kontrollregulation und Betonung internaler Aspekte bei der Wertregulation einher (bei der Variablen Emotionale Zuwendung nach Prüfungsergebnissen wiesen die beiden Elternteile unterschiedliche Ausprägungen aus: (2) bei E12 und (3) bei V12. Die Mutter E11 (-1.49), vor allem aber der Vater Z22 (-1.97) und die Mutter Z32 (-1.92) wiesen eine ausgeprägt unterdurchschnittliche Kindorientierung in ihren Wert- und Kontrollregulationen während der Übertrittszeit auf. Die Ergebnisse der Ratings in der Übersichtstabelle (vgl. Tabelle 7.14) offenbaren, dass alle drei Elternteile auf allen vier Variablen grundsätzlich tiefe Ausprägungen erkennen ließen, wobei die divergenten z-Werte auf Unterschiede bei den beiden vierstufigen Variablen Emotionale Zuwendung nach Prüfungsergebnissen und Betonung internaler Aspekte bei der Wertregulation zurückzuführen sind, wo Z22 und Z32 mindestens einmal sogar die Ausprägung (1) aufweisen.

Bezüglich der grundlegenden Dimension Durchsetzungsorientierung zeigen 12 Elternteile (und somit Zweidrittel der Stichprobe) positive z-Werte: Ein Elternteil – es handelt sich um die Mutter D11(.18) – liegt dabei knapp über dem Erwartungswert, neun Elternteile liegen im Wertebereich zwischen .2 und 1.0 und die beiden Mütter E12 (1.13) und R11 (1.62) weisen ausgeprägt überdurchschnittliche Werte auf. Der Blick in die Übersichtstabelle mit den individuellen Motivierungsstilen der Elternteile (vgl. Tabelle 7.14) belegt, dass diese beiden Elternteile in den Ratings bei den die Komponente prägenden Variablen Assertivität bei der Wert- und Kontrollregulation und Betonung von Handlungskontrolle bei der Kontrollregulation je die Ausprägung 3 und 2 und bei der Variable Emotionale Zuwendung nach Prüfungsergebnissen ebenfalls den eher tiefen Grad (Ausprägung 2, E12) bzw. den tiefsten Grad (Ausprägung 1, R11) zugeschrieben bekommen haben. Dies spricht dafür, dass diese beiden Eltern äußerst darum bemüht waren, ihren Kindern die eigenen Überzeugungen insistierend-prägnant (Ausprägung 3 bei Assertivität: «ich will dich unbedingt überzeugen») und nüchtern-klar (Ausprägung 2 bei Handlungskontrolle: «du hast es eher schlecht im Griff») darzulegen, dabei aber aus dem Blick verloren zu haben scheinen, wann es genug ist und demütigend für das Kind zu werden droht (Ausprägung 1 und 2 bei Emotionaler Zuwendung: «ich bin enttäuscht!»). Die Mutter D11, deren diesbezügliches Handeln wie erwähnt am durchschnittlichsten ausfällt, zeigt ebenfalls die Ausprägungen 3 bei der die Komponente prägenden Variablen Assertivität der Wert- und Kontrollregulation sowie die Ausprägungen 2 und 4 bei den weniger substanziell beitragenden Variablen Betonung von Handlungskontrolle bei der Kontrollregulation und Emotionale Zuwendung nach Prüfungsergebnissen (vgl. Tabelle 7.14). Offenbar war sie bemüht, ihre eigenen Überzeugungen stetig (Ausprägung 3 bei Assertivität), wenn nötig nüchtern und mit deutlichen Worten (Ausprägung 2 bei Handlungskontrolle), aber mit der nötigen Sensibilität für den Selbstwert des Kindes (Ausprägung 4 bei Emotionaler Zuwendung) zu vermitteln.

Die übrigen sechs Elternteile (ein Drittel der Stichprobe) lassen negative z-Werte erkennen, was bei allen (erwartungsgemäß) insbesondere auf den niedrigen Grad an Assertivität bei der Wert- und Kontrollregulation (Ausprägung 2) zurückzuführen ist. In Anbetracht der schiefen Verteilung dieser Variablen weisen alle sechs Elternteile stark unterdurchschnittliche Ausprägungen auf dieser grundlegenden Dimension auf (z-Werte $\leq$ −.95). Mit Abstand den geringsten z-Wert (−1.94) erreicht die Mutter D12. Sie relativiert ihre eigenen Überzeugungen, wenn der Sohn Einspruch anmeldet oder nicht darauf eingeht (Ausprägung 2 bei Assertivität: «Das ist meine Meinung, aber wenn du es nicht so siehst... Es fehlt mir momentan die Energie, auf meiner Sicht zu insistieren»). Sodann konstatiert sie ihm beschwichtigend eine eher hohe Handlungskontrolle (Ausprägung 3: «Du hast es ja eigentlich eher gut im Griff») und ist darum bemüht, nicht selbstwertgefährdend vorzugehen und allenfalls Konflikte mit ihrem Sohn heraufzubeschwören (Ausprägung 3 bei Emotionaler Zuwendung) (vgl. Tabelle 7.14).

7.4.2 Vier Typen des elterlichen verbal-appellativen Motivierungshandelns im Kontext eines unklaren Übertrittsentscheids

Der zweite Schritt der Typenbildung, die eigentliche Gruppierung der Fälle aufgrund ihrer Ähnlichkeiten und ihrer Unterschiede, wurde mittels des Clustering-Verfahrens k-means (vgl. Abschnitt 6.4.4.2) auf der Basis der Faktorwerte vorgenommen, die die 18 Elternteile bezüglich der drei «grundlegenden Dimensionen» bzw. Komponenten aufwiesen (vgl. Abbildung 7.7). Die entsprechende Forschungsfrage 4.2 lautet:

Wie gruppieren sich die 18 Elternteile bezüglich der «grundlegenden Dimensionen des schulbezogenen verbalen Motivierens bei einem unklaren Übertrittsentscheid»?

Im Anschluss an die Gruppierung gilt es, die hervorgetretenen Typen elterlichen Motivierungshandelns auf ihre Eigenheiten zu untersuchen, zu beschreiben und zu benennen. Die diesbezügliche Forschungsfrage 4.3 lautet:

Welches sind die Charakteristika des jeweiligen gruppenspezifischen Motivierungsstils?

Abbildung 7.8 zeigt in einem Balkendiagramm wie sich die vier mit dem k-means-Algorithmus auf der Grundlage der Faktorwerte erzeugten Clusterzentren bezüglich der drei Hauptkomponenten positionieren (vgl. auch Anhang, Abbildung 9.2). Es wird auf Anhieb deutlich, dass sich die vier Zentren jeweils mindestens hinsichtlich eines Merkmals substanziell von den anderen drei unterscheiden: Cluster 1 wird durch den stark unterdurchschnittlichen Wert (-1.35) bei der Dimension Normorientierung geprägt. Auch der Post-hoc-Test mit der Scheffé-Prozedur belegt (vgl. Anhang, Abbildung 9.3), dass sich die Ausprägung der Normorientierung dieses Clusterzentrums auf dem 5 %-Niveau signifikant von denjenigen der übrigen Clusterschwerpunkten unterscheidet. Cluster 2 charakterisiert sich durch eine ebenso stark unterdurchschnittlich ausgeprägte Durchsetzungsorientierung (-1.35). Der Schwerpunkt unterscheidet sich in der Ausprägung dieser Dimension gemäß dem Scheffé-Test signifikant von denjenigen der anderen Cluster (vgl. Abbildung 9.3). Cluster 3 spezifiziert sich durch eine stark unterdurchschnittliche Kindorientierung (-1.79). Wiederum besteht ein statistisch signifikanter Unterschied des Schwerpunkts zu den Ausprägungen, welche die

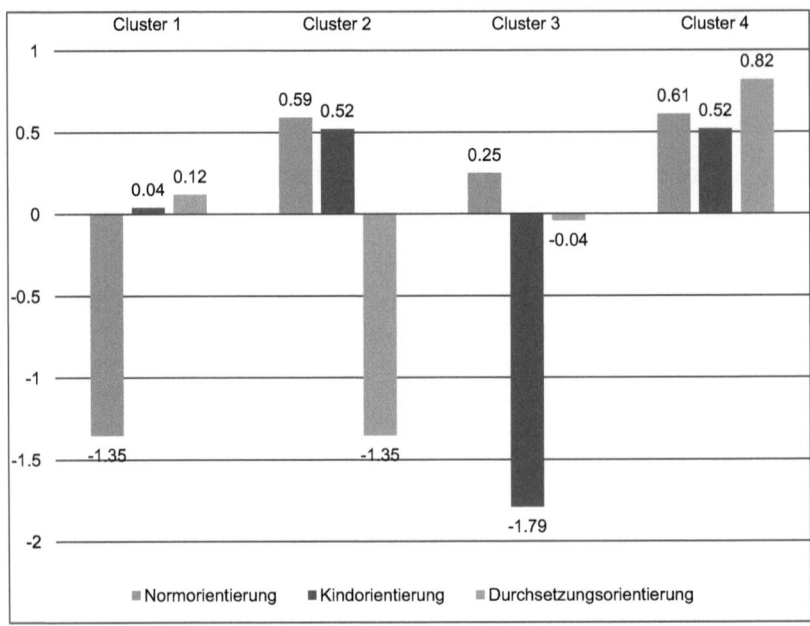

Abbildung 7.8 Ausprägungen der vier Clusterzentren auf den drei grundlegenden Dimensionen

übrigen drei Clusterzentren auf dieser Dimension aufweisen (vgl. Abbildung 9.3). Cluster 4 ist dadurch gekennzeichnet, dass sein Zentrum als einziges bei allen drei Dimensionen positive Werte aufweist. Während sich dessen Werte bei den Dimensionen Normorientierung und Kindorientierung mehr oder weniger mit denjenigen des

Clusterzentrums 2 decken, unterscheidet es sich gegenüber allen übrigen insbesondere durch seine überdurchschnittliche Ausprägung bei der Dimension Durchsetzungsorientierung (+.82). Wie das Ergebnis des Scheffé-Tests in Abbildung 9.3 belegt, fällt der Unterschied zu den entsprechenden Ausprägungen der Cluster 1 und 3 auf dem 5 %-Niveau allerdings nicht signifikant aus.

Tabelle 7.16 illustriert die den vier Clustern zugeordneten Elternteile, jeweils aufsteigend sortiert gemäß den Indices ihrer Abstände vom betreffenden Clusterzentrum, und stellt deren Ausprägungskonfigurationen hinsichtlich der sieben Stilmerkmale (vgl. Abschnitt 7.3.5) nochmals dar. Die unter den Elternteilen geteilten Merkmale innerhalb desselben Clusters sind hervorgehoben. Die Abbildung 7.9

7.4 Eine Typologie des schulbezogenen verbalen Motivierens ...

Tabelle 7.16 Clusterzugehörigkeit der 18 Elternteile mit Distanzangabe zum jeweiligen Clusterzentrum und individuellen Ausprägungen bei den sieben Stilvariablen

Cluster	Elternteil	Distanz	Stil des verbalen Motivierens während der Übertrittszeit*						
			W^1	P^2	I^3	K^4	D^5	A^6	Z^7
1	Z12	.386	2	2	1	3	3	3	3
	V12	.484	2	2	2	2	3	3	3
	H12	.645	2	2	1	2	3	3	3
	D11	.738	2	2	3	2	3	3	4
	H11	1.123	2	2	2	2	3	2	3
2	M12	.285	3	3	1	3	3	2	3
	R12	.664	3	3	3	3	3	2	3
	V11	.664	3	3	3	3	3	2	3
	D12	1.139	3	3	2	3	2	2	3
3	Z22	1.202	3	3	1	2	2	3	1
	Z32	1.255	3	3	1	2	2	2	2
	E11	1.272	2	2	2	2	2	3	2
4	S11	.522	3	3	1	3	3	3	3
	E12	.690	3	3	2	2	3	3	2
	Z11	.802	3	3	3	3	3	3	2
	M11	.895	2	3	2	3	3	3	3
	Z31	.895	2	3	2	3	3	3	3
	R11	1.339	3	3	2	2	3	3	1

* vgl. Tabelle 6.14:
[1] Betonung der **W**esentlichkeit (2: eher tief, 3: eher hoch).
[2] Betonung **p**ositiver Aspekte (2: eher tief, 3: eher hoch).
[3] Betonung **i**nternaler Aspekte (1: tief, 2: eher tief, 3: eher hoch, 4: hoch).
[4] Zugeschriebene **K**ontrolle (1: tief, 2: eher tief, 3: eher hoch, 4: hoch).
[5] **D**iskursivität (2: eher tief, 3: eher hoch).
[6] **A**ssertivität (2: eher tief, 3: eher hoch).
[7] Emotionale **Z**uwendung (1: tief, 2: eher tief, 3: eher hoch, 4: hoch).

stellt die vier Gruppen sodann in einem Streudiagramm dar. Die Position der sie umfassenden Fälle sowie die jeweiligen Clusterzentren werden dabei im dreidimensionalen Raum visualisiert, der durch die «grundlegenden Dimensionen» Normorientierung, Kindorientierung und Durchsetzungsorientierung aufgespannt wird. Zusammen mit den in den vorangehenden Kapiteln erarbeiteten fallspezifischen Kennwerten erlauben es die Darstellungen nun, die vier Cluster zu charakterisieren und als spezifische Typen des verbalen Motivierungshandelns zu benennen:

Cluster 1 umfasst die fünf Elternteile D11, H11, H12, V12 und Z12, wobei das Handeln der Mutter Z12 dem vom Clusterzentrum repräsentierten Handeln am ähnlichsten und dasjenige von Mutter H11 am unähnlichsten ist (vgl. Tabelle 7.16). Letztere wies mit anderen Worten am deutlichsten Merkmale auf, die typisch für das Handeln von Elternteilen eines anderen Clusters waren – in diesem

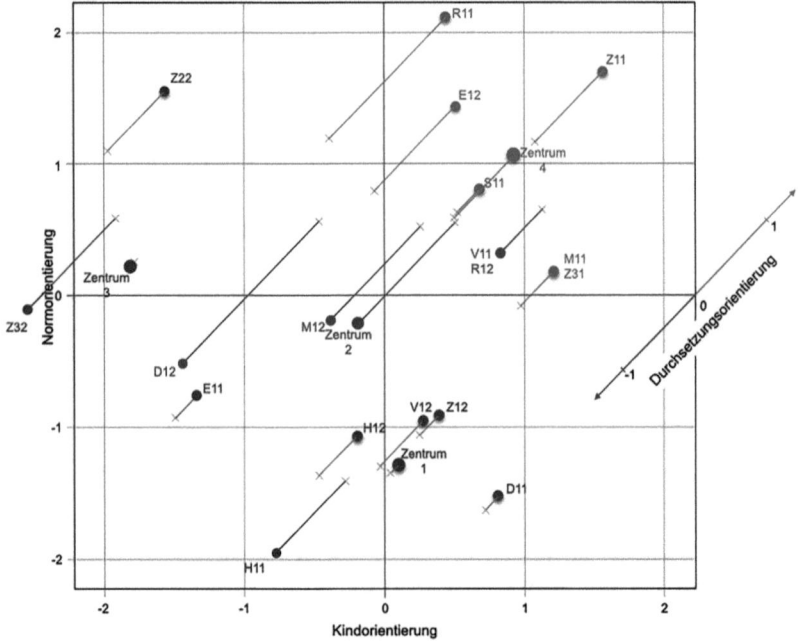

Abbildung 7.9 Visualisierung der vier Cluster mit den Positionen der Clusterzentren und der Elternteile im dreidimensionalen Raum

7.4 Eine Typologie des schulbezogenen verbalen Motivierens ...

Fall für dasjenige des Clusters 2. Die Position des Clusterzentrums in Abbildung 7.9 (Normorientierung: −1.35; Kindorientierung: .04; Durchsetzungsorientierung: .12) macht deutlich, dass das gemeinsame Merkmal des Motivierungshandelns bei diesen Elternteilen vor allem darin bestand, dass sie alle stark unterdurchschnittliche Faktorwerte (−1.06 bis −1.63, R = .57, SD = .21) bei der Dimension Normorientierung aufwiesen (vgl. Abbildung 7.7). Die insgesamt sehr durchschnittliche Ausprägung des Clusterzentrums auf den beiden Dimensionen Kindorientierung (0.04) und Durchsetzungsorientierung (0.12) (vgl. Abbildung 7.8) relativiert sich allerdings, wenn man die diesbezüglichen Werte der einzelnen Elternteile genauer unter die Lupe nimmt (vgl. Abbildung 7.7): Hinsichtlich der Kindorientierung liegen V12 (−0.02) und Z12 (0.25) nahe am Clusterzentrum, während H11 (−.28) und H12 (−.46) unterdurchschnittliche Werte und D11 (.72) einen deutlich überdurchschnittlichen Wert aufweisen. Die Standardabweichung der Werte auf dieser Dimension beträgt SD = .46. Konsultiert man die Überblicksdarstellung mit den individuellen Motivierungsstilen der fünf Elternteile (vgl. Tabelle 7.16) so zeigt sich, dass die Unterschiede bei der Dimension Kindorientierung in leicht unterschiedlichen Ausprägungen bei den beiden Variablen Betonung von Handlungskontrolle bei der Kontrollregulation und Emotionale Zuwendung nach Prüfungsergebnissen begründet liegen: Anders als die übrigen Elternteile schrieb die Mutter Z12 ihrer Tochter nicht eine eher tiefe (2), sondern eine eher hohe Kontrolle (3) der Übertrittssituation zu und anders als die anderen Elternteile legte die Mutter D11 im Kontext von Prüfungsbesprechungen nicht nur ein eher hohes (3), sondern ein hohes Maß (4) an emotionaler Zuwendung an den Tag. Allen fünf Elternteilen war dahingegen gemeinsam, dass sie ihre Wert- und Kontrollregulationen mit einem eher hohen Grad an Diskursivität (3) vermittelten.

Noch unterschiedlicher (SD = .63) fallen die Werte der fünf Elternteile bezüglich der Dimension Durchsetzungsorientierung aus: Hier liegen D11 (.18) und Z12 (.25) nahe am insgesamt ebenfalls sehr durchschnittlichen Wert des Clusterzentrums von .12, wohingegen H11 (−.95) eine deutlich unterdurchschnittliche und H12 (.53) sowie V12 (.60) überdurchschnittliche Ausprägungen aufweisen.

Mit anderen Worten besteht die Gemeinsamkeit dieser Elternteile klar in einem Motivierungshandeln, das von einer geringen Normorientierung geprägt ist (vgl. Abbildung 7.9): Anders als die überwiegende Mehrheit der Elternteile (vgl. Abschnitt 7.4.1) versuchten diese fünf Elternteile demnach ihre Kinder nicht von der Bedeutsamkeit schulischer Aktivitäten und Ziele zu überzeugen, indem sie ihnen vorwiegend positiv-valente Wesentlichkeitsargumente, also allgemein erwartete und somit unumgängliche Pflichten, vor Augen hielten («Mach es, weil du das als Schüler*in, die vor dem Übertrittsentscheid steht, einfach musst!»), sondern indem sie ihnen gegenüber negativ-valente Zweckmäßigkeitsargumente – also Kostenüberlegungen – vorbrachten: «Es ist bedeutsam, dass du das so machst, weil du sonst ein aspiriertes Ziel nicht erreichst». Wie die vorangegangenen Analysen zeigten, bestand das angesprochene Hauptziel außer beim Elternteil D11 vorwiegend im Erreichen der Zuteilung zur erwünschten Abteilung der Sekundarstufe (vgl. Abschnitt 7.4.1). Solange sie nicht drohend vorgebracht werden (z. B. «Mach es so, weil du sonst mit meiner Strafe rechnen musst») – was in den Schilderungen dieser Elternteile zwar vorkam (z. B. Mutter D11 in Episode M007, vgl. Anhang, Tabelle 9.2), aber nicht die Regel war –, haben negative Zweckmäßigkeitsargumente einen inhärent warnenden und beratenden Charakter, indem sie dem Kind mindestens zwei Handlungsoptionen und damit eine gewisse Wahlfreiheit signalisieren: «Mach es so wie bis anhin bzw. so, wie du es beabsichtigst, dann wird das negative Konsequenzen haben, oder mach es so, wie ich dir empfehle, dann kannst du letztere verhindern».

> Zusammengefasst bestand das Charakteristische des Motivierungsstils der Elternteile des Clusters 1 darin, dass sie bezüglich der grundlegenden Dimension «Normorientierung» anders handelten als die überwiegende Mehrheit der übrigen Elternteile (vgl. Abbildung 7.7 und Abbildung 7.9). Anders als diese begründeten sie die Bedeutsamkeit schulischer Ziele typischerweise nicht mit positiv-valenter Wesentlichkeit («…, weil du das einfach musst!») oder positiv-valenter Zweckmäßigkeit («…, weil du so reüssierst.»), sondern indem sie ihr Kind vor den aversiven Folgen bzw. den Kosten eines andern als dem von ihnen vorgeschlagenen Handelns für den Übertritt und die spätere Berufswahl warnten.

> Bezüglich der beiden anderen grundlegenden Dimensionen erweist sich diese Gruppe gemessen am Clusterzentrum als durchschnittlich (vgl. Abbildung 7.8). Allerdings bestehen hierbei zwischen den einzelnen Gruppenmitgliedern erhebliche Unterschiede (vgl. Abbildung 7.9): Die Mehrheit der Eltern weisen eine durchschnittliche oder überdurchschnittliche Durchsetzungsorientierung («Ich will dich überzeugen!») und eine unterdurchschnittliche Kindorientierung auf. Bei genauerem Hinsehen (vgl.

7.4 Eine Typologie des schulbezogenen verbalen Motivierens ...

Tabelle 7.16) zeigt sich hierbei allerdings, dass Letzteres an individuellen Unterschieden bei der Kontrollzuschreibung und der emotionalen Zuwendung, nicht aber am diskursiven Vorgehen liegt: Alle fünf Elternteile bemühten sich darum, die Sichtweisen ihres Kindes zu erfahren und ihre Ratschläge und Warnungen darauf anzupassen.

Der Typ 1 des verbalen Motivierens der Eltern während der unsicheren Übertrittszeit lässt sich deshalb als «Diskursives Warnen vor den Folgen» bezeichnen.

Der prototypische Kern des verbal-appellativen Motivierungsstils der fünf «diskursiv warnenden Eltern» D11, H11, H12, V12 und Z12 bestand in der folgenden Ansprache: «Ich rate dir, es so zu machen, weil du sonst negative Folgen für den Übertritt und deine Leistungsentwicklung gewärtigen musst. Wie siehst du das selber?». Die verbalen Kennzeichen dieses Motivierungstyps bestehen im Lexem «sonst» sowie in (Rück-)Fragen.

Das Handeln von Mutter Z12 ist innerhalb der Elterngruppe zwar dem vom Clusterzentrum repräsentierten Handeln am ähnlichsten und somit mit Blick auf die anderen Cluster am einzigartigsten. Am durchschnittlichsten innerhalb dieser Gruppe – so wird an den Merkmalsausprägungen in Tabelle 7.16 deutlich – handelte aber der Vater V12. Er kann deshalb als bester Repräsentant dieser Gruppe gelten (vgl. Abschnitt 8.2.1). Die Mutter H11 ist innerhalb der Gruppe die klar untypischste Vertreterin, weil ihr warnender Appell anders als bei den übrigen Elternteilen mit geringer Assertivität erfolgte (vgl. Tabelle 7.16): «Ich finde du solltest es so machen, weil du sonst mit negativen Konsequenzen für den Übertritt rechnen musst – aber wenn du nicht willst, ist es halt so». In dieser Hinsicht handelte sie sehr ähnlich wie die Eltern des Clusters 2 (vgl. Abbildung 7.9).

Cluster 2 setzt sich aus den vier Elternteilen D12, M12, R12 und V11 zusammen, wobei der Handlungsstil der Mutter M12 die größte Ähnlichkeit mit demjenigen des Clusterzentrums aufweist und derjenige der Mutter D12 klar die geringste (vgl. Tabelle 7.16). Die Abbildung 7.9 macht deutlich, dass ihr Handlungsstil etliche Merkmale besitzt, die sich auch in demjenigen der Mutter Z32 im angrenzenden Cluster 3 finden. Die z-Werte des Clusterzentrums (Normorientierung: .59; Kindorientierung: .52; Durchsetzungsorientierung: -1.35) lassen erkennen, dass sich das verbale Motivierungshandeln dieser Elternteile namentlich bezüglich der stark unterdurchschnittlichen Faktorwerte bei der Dimension Durchsetzungsorientierung (-1.94 bis -1.11, R = .83, SD = .40) substanziell von demjenigen der anderen Elternteile unterscheidet (vgl. Abbildung 7.7). Hinsichtlich der Dimension Normorientierung unterscheiden sich die vier Elternteile wenig von denjenigen der Clusters 3 und 4 (vgl. Abbildung 7.9), indem sie allesamt entweder äußerst durchschnittliche negative oder aber durchgängig positive Werte aufweisen (vgl. Abbildung 7.7). Auch untereinander sind sie sich bezüglich dieser Dimension äußerst ähnlich (R = .13, SD = .07). Ein Blick auf die konkreten Ausprägungen der diese Dimension prägenden Variablen Betonung positiver Aspekte bei der Wertregulation und Betonung der Notwendigkeit bei der Wertregulation in Tabelle 7.16 offenbart, dass alle vier Elternteile diesbezüglich die Ausprägungen eher hoch (3) zeigen. Mit anderen Worten bestand ein Charakteristikum des Motivierungsstils dieser Elternteile darin, dass sie üblicherweise mit Hinweisen auf Notwendigkeiten operierten («weil du das einfach musst»), wenn sie ihre Kinder von der Bedeutsamkeit schulischer Ziele und Aktivitäten zu überzeugen suchten.

Die intern höchste Heterogenität besteht bezüglich der Dimension Kindorientierung: Hier weisen das Clusterzentrum (.52) sowie die Mutter M12 (.26) überdurchschnittliche und die beiden Mütter R11 und V11 (1.13) stark überdurchschnittliche, die Mutter D12 ($-.46$) aber unterdurchschnittliche Werte auf (vgl. Abbildung 7.7). Der Blick auf die drei die Dimension Kindorientierung prägenden Variablen Diskursivität der Wert- und Kontrollregulation, Betonung von Handlungskontrolle bei der Kontrollregulation sowie Betonung internaler Aspekte bei der Wertregulation in Tabelle 7.16 macht deutlich, dass die Heterogenität vor allem auf die Unterschiede bezüglich des Grads zurückzuführen sind, in welchem die Elternteile bei den Wertregulationen auf innere («... weil du das für dich persönlich musst») oder äußere Notwendigkeiten («... weil du das aus Konformitätsgründen einfach musst») verwiesen (vgl. Abschnitt 5.6.2.2) und in etwas geringerem Maß auf Unterschiede, die zwischen ihnen bezüglich der Diskursivität ihres Vorgehens bestanden. Alle vier Elternteile attestierten ihren Kindern dahingegen aber eine eher hohe (3) Kontrolle der Übertrittssituation. Wie in

7.4 Eine Typologie des schulbezogenen verbalen Motivierens ...

Abschnitt 7.3.5 detailliert erläutert, waren alle vier Elternteile darum bemüht, dem Kind keinen zusätzlichen Druck wegen des Übertrittsverfahrens aufzusetzen. Die Mütter M12 und R12 signalisierten ihren Kindern, dass für sie die weniger anspruchsvolle Abteilung B vollends genüge und die beiden Mütter V11 und D12, sehr hohe oder hohe Aspirationen für die Abteilung A aufweisend (vgl. Tabelle 3.2), attestierten ihren Söhnen, dass sie stetig optimaler handelten.

Das verbale Motivierungshandeln dieser vier Elternteile unterscheidet sich von demjenigen der meisten anderen Elternteile vor allem hinsichtlich ihrer sehr geringen Durchsetzungsorientierung. Dies ging wegen des prägenden Einflusses der Variablen Assertivität bei der Wert- und Kontrollregulation und in geringerem Ausmaß wegen des Einflusses der negativ ladenden Variablen Emotionale Zuwendung nach Prüfungsergebnissen und Betonung von Handlungskontrolle bei der Kontrollregulation (vgl. Abschnitt 7.4.1) mit einem Appellieren einher, das dem Kind die folgende Botschaft vermittelte: «Ich möchte zwar, dass du das so siehst und so handelst, aber wenn du nicht willst, so sei's drum. Ich will dich nicht stressen, du hast die Übertrittssituation ja eher gut Griff» (eher tiefer Grad an Assertivität bei eher hohem Grad an emotionaler Zuwendung und zugeschriebener Kontrolle). Die vier Elternteile insistierten kaum, wenn sich das Kind augenscheinlich nicht von ihrer Sichtweise überzeugen lassen wollte, und waren darum bemüht, das emotionale Klima zwischen ihnen und dem Kind nicht zu stören, sondern das Kind zu beruhigen, indem sie ihm eine eher hohe Kontrolle der Situation attestierten. Wie sich gezeigt hat (vgl. Tabelle 7.12), bestanden auf der Seite der vier Elternteile unterschiedliche Gründe für deren geringe Durchsetzungsorientierung: So bekundete die Mutter D12 wegen einer eigenen anstrengenden Weiterbildung wenig Energie für Streitigkeiten mit ihrem Sohn, zu denen es im Zuge ihrer Wert- und Kontrollregulationen manchmal kam. Die Mutter M12 war sich mit ihrem Mann darin einig, dass sie ihrem Sohn keinesfalls einen Leistungsdruck auferlegen wollten. Zwar ärgerte sie sich, dass ihr Sohn «faul» (vgl. Episode M080 in Tabelle 9.1) sei und sich zu wenig anstrenge, machte aber auch die Erfahrung, dass dieser bei zu viel Druck «blockiere» und dann noch weniger mache. Auch die Mutter R12 ließ ihre Tochter entgegen ihrer eigenen Wünsche und Ansichten schulbezogen so handeln, wie es dieser beliebte, weil sie keinen Streit entfachen wollte. Mutter V11 führte dahingegen zeitliche Gründe an und meinte, dass sie die schulbezogene Betreuung ihres Sohnes an professionelle Nachhilfe und schulische Förderstunden «ein stückweit [...] delegiert» (vgl. Episode M129 in Tabelle 9.1) habe und momentan vor allem mit der Unterstützung der kleinen Schwester beschäftigt sei: «[Meinen Sohn] K13 habe ich wie so ein wenig gehen lassen. Gehen lassen nicht im Sinn, dass ich nicht schaue. Aber so, dass ich ihn eigentlich machen lasse» (vgl. Episode M128 in Tabelle 9.1).

Zusammengefasst bestand das kennzeichnende Merkmal des Motivierungsstils der Eltern des Clusters 2 darin, dass sie bezüglich der grundlegenden Dimension «Durchsetzungsorientierung» anders handeln als die überwiegende Mehrheit der übrigen Eltern (vgl. Abbildung 7.9). Ihre wert- und kontrollbezogenen Appelle wiesen eine geringe Verbindlichkeit auf: Der erhöhte Zeitaufwand und vor allem die potentiellen Konflikte, die mit einem steten Kommunizieren und Erklären der eigenen wert- und kontrollbezogenen Einschätzungen und Überzeugungen einhergehen, wurden von diesen Elternteilen aus Gründen beruflicher und/oder familiärer Überforderung, aus der Befürchtung, die Beziehung zum Kind zu belasten, sowie aus dem Eindruck heraus, dass das Kind angesichts des zunehmend gesicherten Übertrittsstatus wieder in Ruhe gelassen werden sollte, gescheut.

Alle Eltern dieses Clusters weisen sodann große Ähnlichkeit in ihrem Handeln bezüglich der Dimension Normorientierung auf, insofern als ihre schulbezogenen Wertregulationen in überdurchschnittlichem Maß von positiv-valenten Wesentlichkeitsargumenten geprägt waren («..., weil du das als Schüler*in im Übertritt einfach musst!») (vgl. Abbildung 7.9). Bezüglich der grundlegenden Dimension Kindorientierung weist die Mehrheit der Elternteile zwar überdurchschnittliche Werte auf – sie bemühten sich mehrheitlich darum, im Diskurs die eigene Sichtweise verständlich zu machen und diejenige des Kindes zu verstehen. Bemüht, keinen großen Druck bzw. Angst zu erzeugen, signalisierten sie ihm aber vor allem stetig, es habe die Übertrittssituation einigermaßen gut im Griff: Entweder indem sie sich mit dem Wunsch des Kindes, die Abteilung B der Sekundarschule zu besuchen, einverstanden erklärten (M12 und R12) oder aber dem Kind ein stetig verbessertes Engagement attestierten.

Der Typ 2 des verbalen Motivierens der Eltern während der unsicheren Übertrittszeit lässt sich deshalb als «Unverbindliches, beschwichtigendes Hinweisen auf die Notwendigkeiten» bezeichnen.

7.4 Eine Typologie des schulbezogenen verbalen Motivierens ...

Der Kern des Motivierungsstils der vier «unverbindlichen, an die Notwendigkeiten erinnernden Eltern» D12, M12, R12 und V11 bestand in der Botschaft: «Ich finde eigentlich, dass du das einfach musst, aber wenn du das nicht so siehst oder nicht willst, dann füge ich mich. Ich will dich nicht stressen». Das sprachliche Kennzeichen dieses Stils besteht denn auch im Lexem «eigentlich» bzw. in der Wendung «eigentlich...., aber...»: «Eigentlich erwarte ich», «Eigentlich möchte ich, dass du...» und «Eigentlich sollte ich sie/ihn daran erinnern, aber...» oder wie es die Mutter D12 in Episode M020 (vgl. Anhang, Tabelle 9.1) ausdrückt: «[...] Also ich sage es schon, aber ich mache nicht so einen Druck. Manchmal bringt das auch nichts, wenn er nicht will, dann will er nicht. [...]».

Das Handeln von Mutter M12 war innerhalb der Elterngruppe dem vom Clusterzentrum repräsentierten Handeln am ähnlichsten und grenzte sich somit am stärksten von demjenigen der Eltern anderer Cluster ab. Gemessen an der Durchschnittlichkeit ihrer Merkmalsausprägungen (vgl. Tabelle 7.16) sind beiden Mütter R12 und V11 die besten Vertreterinnen dieses Typs des verbal-appellativen Motivierens während der unsicheren Übertrittszeit (vgl. Abschnitt 8.2.2). Die Mutter D12 ist vor allem deshalb die untypischste Repräsentantin, weil sie anders als die übrigen Elternteile dieses Clusters eine eher geringe Diskursivität in ihren Wert- und Kontrollregulationen an den Tag legte (vgl. Tabelle 7.16).

Cluster 3 umfasst die drei Elternteile E11, Z22 und Z32. Das Clusterzentrum weist bezüglich der Dimension Normorientierung einen moderat überdurchschnittlichen Wert von .25 und bezüglich der Dimension Durchsetzungsorientierung einen sehr durchschnittlichen Wert von $-.04$ aus (vgl. Abbildung 7.8). Mit einem stark unterdurchschnittlichen Wert von -1.79 unterscheidet es sich statistisch signifikant von den anderen Clusterzentren bezüglich der Dimension Kindorientierung (vgl. Anhang, Abbildung 9.3). Gemessen an den Distanzen zum Clusterschwerpunkt ist der Vater Z22 der typischste Vertreter des vom Clusterzentrum repräsentierten Handelns und die Mutter E11 die untypischste. Die Distanzwerte zwischen 1.202 (Z22) und 1.272 (E11) machen allerdings deutlich, dass sich alle drei Elternteile in ähnlicher Größenordnung weit vom Clusterzentrum entfernt positionieren (vgl. Tabelle 7.16) und im Vergleich zu anderen

Clustern intern die größte Heterogenität zwischen den Elternteilen besteht. Der Blick auf das dreidimensionale Streudiagramm in Abbildung 7.9 offenbart, dass das gemeinsame Merkmal des verbalen Motivierungshandelns zwischen den drei Elternteilen denn auch klar in der stark unterdurchschnittlichen Kindorientierung besteht (-1.97 bis -1.49, $R = .48$, $SD = .26$). Bezüglich der Dimension Normorientierung ($-.93$ bis 1.10, $R = 2.03$, $SD = 1.05$) unterscheiden sich die beiden Elternteile Z22 und Z32 mit sehr überdurchschnittlichen bzw. überdurchschnittlichen Werten ($1.1/.58$, vgl. Abbildung 7.7) dahingegen deutlich von der Mutter E11, die mit $-.93$ einen unterdurchschnittlichen Wert aufweist und demnach ihren Sohn, wie die Eltern des Clusters 1, vor allem mit negativ-valenten Zweckmäßigkeitsargumenten von der Bedeutsamkeit schulischer Aktivitäten und Ziele zu überzeugen suchte (vgl. auch Tabelle 7.16). Der Vater Z22 und die Mutter Z32 argumentierten demgegenüber vor allem mit positiv-valenter Wesentlichkeit und unterschieden sich in dieser Hinsicht – ebenso wie das Clusterzentrum – nicht signifikant von den Elternteilen der Cluster 2 und 4 (vgl. Abbildung 7.8 und Abbildung 7.9). Bezüglich der Dimension Durchsetzungsorientierung (-1.24 bis $.79$, $R = 2.03$, $SD = 1.06$) sind sich dahingegen die beiden Elternteile E11 und Z22 mit überdurchschnittlichen Werten von $.33$ und $.79$ in ihrem Motivierungshandeln untereinander bedeutend ähnlicher als mit der Mutter Z32. Letztere weist einen stark unterdurchschnittlichen Wert von -1.24 auf und zeigte demnach eine ebenso große Unverbindlichkeit in ihren wert- und kontrollbezogenen Appellen wie die Eltern des Clusters 2 (vgl. Tabelle 7.16). Was das anbelangt, handelten die Mutter E11, namentlich aber der Vater Z22, ähnlich wie die Eltern des Clusters 4: Auch sie pochten beständig auf einer schnellen und umfassenden Internalisierung ihrer wert- und kontrollbezogenen Sichtweisen durch das Kind (vgl. Abbildung 7.7 und Abbildung 7.9).

Die Gemeinsamkeit zwischen den drei Elternteilen bestand demnach klar in der stark unterdurchschnittlichen Ausprägung ihrer Kindorientierung, was mit einer Geringachtung emotionaler und kognitiver Aspekte beim verbalen Motivierungshandeln einherging (vgl. Abschnitt 7.4.1). Bezüglich der die Dimension stark prägenden Variablen Diskursivität der Wert- und Kontrollregulation und Betonung von Handlungskontrolle bei der Kontrollregulation weisen alle drei Elternteile die Ausprägungen eher tief (2) auf (vgl. Tabelle 7.16): Die wert- und kontrollbezogenen Botschaften wurden demnach kaum mit dem Kind verhandelt und inhaltlich fielen letztere vergleichsweise wenig selbstwirksamkeits- und selbstwertförderlich aus. Auch bezüglich der beiden die Dimension etwas weniger prägenden vierstufigen Variablen Emotionale Zuwendung nach Prüfungsergebnissen und Betonung internaler Aspekte bei der Wertregulation zeigen die Elternteile durchgängig die Ausprägungen eher tief (2) oder tief (1) (vgl. Tabelle 7.16):

7.4 Eine Typologie des schulbezogenen verbalen Motivierens ...

Erfolge bei Mathematikprüfungen wurden durch die Elternteile relativiert, indem sie ihren Kindern zu verstehen gaben, dass ihre Leistungserwartungen eigentlich noch höher lägen, und bei Misserfolgen reagierten sie mit nüchtern-kühler Distanz oder – namentlich der Vater Z22 – mit Vorwürfen und sichtbarer Verärgerung. Gesichtswahrende Ausflüchte des Kindes ließen die drei Elternteile nach eigenen Angaben in solchen Situationen nicht gelten. Ferner machte sich die geringe Kindorientierung im Rahmen schulbezogener Wertregulationen bei ihnen so bemerkbar, dass sie gegenüber ihrem Kind kaum dessen Wohlergehen (z. B. «..., weil du das für dich einfach machen solltest – es entspricht dir» bzw. «..., weil du so mehr lernst und du dich gut fühlst, wenn du es beherrschst»), sondern vor allem ihre eigenen an es gerichteten Leistungs- und Rollenerwartungen ins Feld führten (z. B. «..., weil du das als Schülerin einfach musst» bzw. «..., weil du so die Zuteilung zur Abteilung A erreichst») (vgl. Tabelle 6.11).

> Zusammengefasst bestand das Charakteristische des Motivierungsstils der Eltern des Clusters 3 darin, dass sie bezüglich der grundlegenden Dimension «Kindorientierung» ausgeprägt unterdurchschnittliche Werte aufwiesen (vgl. Abbildung 7.8) und demnach im Unterschied zu den übrigen Elternteilen in ihrem Kommunikationsverhalten, aber auch in ihren Botschaften den psychischen und sozialen Bedürfnissen ihrer Kinder wenig Aufmerksamkeit zuteil werden ließen: Die wert- und kontrollbezogenen Regulationen dieser Elternteile waren geprägt von einem relativ unidirektionalen Übermitteln ihrer Einschätzungen und Überzeugungen. In ihren Schilderungen spielten aktive Erkundigungen nach den Sichtweisen des Kindes denn auch eine klar untergeordnete Rolle und die Passung der von ihnen kommunizierten Botschaften wurde von ihnen kaum kritisch hinterfragt. Zwar konstatierten diese Eltern mitunter mit leichtem Bedauern, dass sich ihre Kinder ihnen entzögen, wenn es um schulbezogene Aspekte gehe (vgl. Tabelle 7.12). Dies führte aber nicht dazu, dass sie verstehens-, selbstwirksamkeits- und selbstwertförderlicher vorgingen, indem sie ihre eigenen lern- und leistungsbezogenen Positionen vor und mit dem Kind hinterfragten oder ihm gegenüber in ihren evaluativen Feedbacks nicht nur ein realistisches, sondern auch ein zuversichtliches Bild von dessen Fähigkeiten und Fertigkeiten zeichneten (vgl. Tabelle 7.14). Ebenso ungeschminkt brachten sie ihre eigentlich höheren Leistungserwartungen bei Prüfungsergebnissen zum Ausdruck, die das Kind als Erfolg empfand (Z22: «klar /smilen/ oder? (Lachen) 'Gut gemacht.' Obwohl gut gemacht, ich schaue schon noch die

Fehler an, wenn ich die Prüfung sehe. [...] sie weiß, dass ich leistungsorientiert bin und auftische (klopft auf den Tisch), was nicht gut ist. Da nehme ich keine Rücksicht. Das soll sie spüren»; Z32: «Sie sagt es und dann, 'Mami, da musst du unterschreiben.' Fertig. Mehr wird da gar nicht darüber geredet, oder warum, wieso- [...] 'ist gut. Super. Könnte zwar besser sein, aber-'»). Bei Misserfolgen reagierten die Elternteile mit Vorwürfen und brachten ihre Enttäuschung oder Resignation zum Ausdruck. Die durchgängig wenig sensiblen und fürsorglichen Vorgehensweisen, die gemäß Skinner und Kolleg*innen (2009, S. 186) der Kerndimension «rejection» zuzuordnen sind (vgl. Tabelle 2.1), gingen mit einer Betonung externaler Aspekte bei der Wertregulation einher: «E11: «..., weil du sonst negative Konsequenzen für den Übertritt gewärtigen musst», Z22: «..., weil du das als unsere Tochter und angehende Schülerin der anspruchsvollen Abteilung A einfach unbedingt musst», Z32: «..., weil du das als deine Pflicht als Schülerin akzeptieren musst», vgl. Tabelle 7.10).

Hinsichtlich der beiden anderen grundlegenden Dimensionen zeigt sich zwischen den drei Elternteilen kein einheitliches Muster (vgl. Abbildung 7.9 und Tabelle 7.16): Bezüglich der Dimension Normorientierung handelten die beiden Elternteile Z22 und Z32 ähnlich wie die Elternteile der Cluster 2 und 4 (stark überdurchschnittliche bzw. überdurchschnittliche Werte), während das Handeln des Elternteils E11 demjenigen der Eltern des Clusters 1 (unterdurchschnittliche Werte) entsprach (vgl. Abbildung 7.7 und Abbildung 7.9). Bezüglich der Dimension Durchsetzungsorientierung gingen die beiden Elternteile E11 und Z22 mit ihren überdurchschnittlichen Werten ähnlich wie die Eltern des Clusters 4 vor, der Elternteil Z32 mit seinem stark unterdurchschnittlichen Wert handelte dahingegen ähnlich wie die Elternteile des Clusters 2 (vgl. Abbildung 7.7 und Abbildung 7.9).

7.4 Eine Typologie des schulbezogenen verbalen Motivierens ...

> **Der Typ 3 des verbalen Motivierens der Eltern während der unsicheren Übertrittszeit lässt sich deshalb als «Ungeschminktes und schonungsloses Vermitteln der negativen leistungsbezogenen Einschätzung» bezeichnen.**

> Der Kern des Motivierungsstils der drei «schonungslosen Eltern» E11, Z22 und Z32 bestand in der Botschaft «Ich sehe dein leistungsbezogenes Handeln vor dem Hintergrund des Übertritts sehr zu meinem Missfallen leider nicht rosig.» Diese Eltern versuchten zu motivieren, indem sie ihre eigene Realitätsdeutung «auftischten» (Vater Z22).

> Der Vater Z22 ist insgesamt der typischste Vertreter dieses Motivierungstyps (vgl. Abschnitt 8.2.3) und die Mutter E11 die untypischste (vgl. Tabelle 7.16).

Cluster 4 umfasst die sechs Elternteile E12, M11, R11, S11, Z11 und Z31, wobei der verbal-appellative Motivierungsstil der Mutter S11 demjenigen, den das Clusterzentrum repräsentiert, am ähnlichsten war. Die Mutter R11 ist klar die untypischste Vertreterin des diesbezüglichen Motivierungsstils (vgl. Tabelle 7.16). Das Clusterzentrum weist als einziges der vier Zentren bezüglich aller drei Dimensionen überdurchschnittliche Werte auf, wobei diejenigen der Normorientierung (.61) und der Kindorientierung (.52) annähernd identisch sind mit denjenigen des Zentrums 2 (.59/.52) (vgl. Abbildung 7.8). Anders als die drei übrigen Clusterzentren, die bezüglich der Dimension Durchsetzungsorientierung klar unterdurchschnittliche (Clusterzentrum 2: −1.35) oder sehr durchschnittliche Werte (Clusterzentrum 1: .12; Clusterzentrum 3: −.04) tragen, zeigt der Schwerpunkt des vorliegenden Clusters mit einem Wert von .82 eine deutlich überdurchschnittliche – wenn auch nicht signifikant unterschiedliche – Ausprägung bei dieser Dimension (vgl. Anhang, Abbildung 9.3). Wie Abbildung 7.7 und das Streudiagramm in Abbildung 7.9 offenbaren, ist denn auch das Merkmal einer überdurchschnittlichen (M11, S11, Z11, Z31) oder einer stark überdurchschnittlichen Durchsetzungsorientierung (E12, R11) der gemeinsame Nenner aller sechs Elternteile. Trotz des außergewöhnlich hohen Faktorwerts der Mutter R11 besteht hierin die größte Ähnlichkeit im motivationsbezogenen Handeln dieser Eltern (.30 bis 1.62, R = 1.32, SD = .50). Wirft man in der Übersicht über die individuellen Motivierungsstile in Tabelle 7.16 einen genaueren Blick auf die Ausprägungen, welche die sechs Elternteile bei den Variablen aufweisen, welche stark auf der Komponente 3 laden, so lässt sich erkennen, dass sie alle eine eher hohe Assertivität (3) bei ihren Wert- und Kontrollregulationen an den Tag legten, bezüglich der weniger prägenden Variablen Emotionale Zuwendung nach Prüfungsergebnissen und Betonung von Handlungskontrolle bei der Kontrollregulation aber eine beträchtliche Heterogenität in ihrem Handeln aufwiesen. Demnach war es diesen Elternteilen wichtig, dass das Kind ihren Bedeutsamkeitszuschreibungen und den Botschaften ihrer evaluativen Feedbacks die nötige Aufmerksamkeit schenkte. Insistierend und prägnant forderten sie die Befolgung ihrer Appelle ein.

Bezüglich der Dimension Normorientierung ist die interne Heterogenität leicht höher, auch wenn es hier keine eigentlichen Ausreißer gibt (R = 1.27, SD = .57). Wie Abbildung 7.7 und Abbildung 7.9 zeigen, handelten Vater M11 und Mutter Z31 – die bei allen drei Dimensionen die gleichen Ausprägungen zeigen –, mit negativem Vorzeichen sehr durchschnittlich (−.08). Anders als alle übrigen untersuchten Eltern argumentierten diese beiden Elternteile in ihren Bedeutsamkeitszuschreibungen gewöhnlich mit positiv-valenter Zweckmäßigkeit («..., weil du so eine gute Ausgangslage für den Übertritt schaffst») (vgl. Tabelle 7.14). Die Mütter S11 (.63) und E12 (.79), die überdurchschnittliche, sowie die Mütter R11 (1.20) und Z11 (1.17), die sogar sehr überdurchschnittliche Werte aufweisen, betonten in ihren Wertregulationen dahingegen Rollenerwartungen und Pflichten (z. B. R11: «..., weil du das als unsere Tochter, die unbedingt den Übertritt in die Abteilung A schaffen sollte, einfach musst.»). In der Übersicht über die individuellen Motivierungsstile in Tabelle 7.16 lässt sich erkennen, dass das gemeinsame Element der sechs Elternteile bezüglich der Dimension Normorientierung in den gleichen Ausprägungen liegen, die sie bei der faktorprägenden Variablen Betonung positiver Aspekte bei der Wertregulation zeigen: Alle versuchten ihr Kind vornehmlich mit positiv-lockend formulierten Normvorgaben und Zweckangaben von der Bedeutsamkeit einer schulischen Aktivität zu überzeugen.

Auch bezüglich der Dimension Kindorientierung war das Handlungsspektrum unter den Elternteilen dieser Gruppe relativ breit (R = 1.46, SD = .61): Während die Mutter R11 eine unterdurchschnittliche (−.38) und E12 eine sehr durchschnittliche Ausprägung mit negativem Vorzeichen (−.07) aufweisen, zeigen die Mutter S11 (.52) diesbezüglich durchschnittliche und die Elternteile M11 und Z31 (.98) sowie die Mutter Z11 (1.08) deutlich bis stark überdurchschnittliche Werte (R = 1.46, SD = .61). Während die sich am nächsten dem Clusterzentrum befindlichen Elternteile M11 und Z31 bei der die Dimension prägenden Variablen

7.4 Eine Typologie des schulbezogenen verbalen Motivierens ...

Diskursivität der Wert- und Kontrollregulation, Betonung von Handlungskontrolle bei der Kontrollregulation und Emotionale Zuwendung nach Prüfungsergebnissen jeweils die Ausprägung eher hoch (3) ausweisen, ging die Mutter R11 zwar ebenso diskursiv (3) vor, schrieb der Tochter aber eine eher geringe Kontrolle (2) der schulischen Situation während der Übertrittszeit zu und zeigte bei der Besprechung von Prüfungsergebnissen ein ausgesprochen geringes Maß an Zuwendung (1), indem sie ihr gegenüber deutlich zum Ausdruck brachte, dass sie ihren Leistungserwartungen nicht zu genügen vermöge. Bei Misserfolgen reagierte sie sodann mit Vorwürfen und war nicht bereit, selbstwertdienliche Ausflüchte ihrer Tochter zu tolerieren (vgl. Tabelle 7.13). In der Übersicht über die individuellen Motivierungsstile in Tabelle 7.16 zeigt sich denn auch, dass die Variable Diskursivität der Wert- und Kontrollregulation als einzige der auf der Komponente 2 stark ladenden Variablen (vgl. Tabelle 7.15) bei allen sechs Elternteilen die gleiche Ausprägung eher hoch (3) aufweist: Diese Eltern waren grundsätzlich darum bemüht, ihre Wert- und Kontrolleinschätzungen mit dem Kind zwecks besserer Verständlichkeit diskursiv-verhandelnd zu kommunizieren.

> Zusammengefasst besteht das kennzeichnende Merkmal des Motivierungsstils der Eltern des Clusters 4 darin, dass sie bei den drei Variablen, welche jede für sich jeweils eine der drei Dimensionen am stärksten prägt (vgl. Ergebnisse der Hauptkomponentenanalyse in Tabelle 7.15), die Ausprägung eher hoch (3) aufweisen.

> Bei der Dimension Normorientierung ist dies die Variable Betonung positiver Aspekte bei der Wertregulation. Die Ausprägung eher hoch (3) ging hier mit einer elterlichen Bedeutsamkeitsvermittlung einher, in der gewöhnlich nicht gewarnt, gedroht oder abgeschreckt wurde – indem der Elternteil das Nichterwünschte oder Verbotene oder aber die negativen Konsequenzen betonten –, sondern in der das Gebotene, vom sozialen Umfeld Erwartete und Erwünschte («..., weil du das als unser Sohn/als Schüler etc. einfach musst»/«..., weil sich das so gehört») oder aber die positiven Konsequenzen («..., weil du so den Übertritt in die gewünschte Abteilung schaffst») hervorgehoben wurden. Anders als die Elternteile des Clusters 1, die vor den Kosten eines alternativen schulbezogenen Handelns warnten und es mit angsterzeugenden Argumenten versuchten, zeigten sich diese Eltern

generell bestrebt, ihr Kind von der Bedeutsamkeit schulischer Ziele und Aktivitäten zu überzeugen, indem sie ihm mit positiv-valenten Argumenten das gesellschaftlich Erwartete und somit Anerkannte und Problemlose (positiv externale Wesentlichkeit) bzw. das unmittelbar Belohnende (positiv externale Zweckmäßigkeit) vor Augen hielten (vgl. Abschnitt 5.6.2.1). Die sechs Elternteile versuchten mit anderen Worten, ihr Kind mittels gewinnender Argumente zu überzeugen.

Die Dimension Kindorientierung wird von der Variable Diskursivität der Wert- und Kontrollregulation geprägt. Die sechs Elternteile zeigten sich generell bestrebt, ihre Bedeutsamkeitseinschätzungen und evaluativen Feedbacks zu begründen, die Sichtweise des Kindes aktiv zu erfragen, auf seine Einwände einzugehen und so die Passung ihrer Botschaft möglichst auf die Sichtweise des Kindes anzupassen (vgl. Tabelle 7.12).

Die Dimension Durchsetzungsorientierung, bei der alle Elternteile überdurchschnittliche Werte aufweisen, wird klar durch die Variable Assertivität der Wert- und Kontrollregulation geprägt. Die sechs Elternteile waren demnach nicht nur bestrebt, ihre Standpunkte dem Kind durch das diskursive Vorgehen inhaltlich verständlich zu machen, sondern insistierten auch auf der Internalisierung ihrer Botschaften und auf entsprechenden Verhaltensänderungen durch das Kind. Mit dem Ziel, dieses zu überzeugen, ließen diese Eltern nicht locker, zeigten sich standfest und wiederholten ihre diesbezüglichen Appelle immer wieder falls notwendig (vgl. Tabelle 7.14).

Der Typ 4 des verbalen Motivierens der Eltern während der unsicheren Übertrittszeit lässt sich deshalb als «Standfestes, diskursives Überzeugenwollen mittels gewinnender Argumente» bezeichnen.

7.4 Eine Typologie des schulbezogenen verbalen Motivierens ...

Der Kern des Motivierungsstils der sechs «insistierend-diskursiven gewinnenden Eltern» E12, M11, R11, S11, Z11 und Z31 bestand in der Ansprache: «Merk dir: Es ist wichtig, dass du das machst, weil das mit Anerkennung und Erfolg verbunden ist. Verstehst du, was ich meine?»

Das Handeln von Mutter S11 ist innerhalb der Elterngruppe dem vom Clusterschwerpunkt repräsentierten Handeln am ähnlichsten und unterscheidet sich somit am deutlichsten von demjenigen anderer Clusterzentren. Wie der Blick auf die Merkmalsausprägungen in Tabelle 7.16 beweist, handelte sie insgesamt auch am durchschnittlichsten und kann deshalb als beste Vertreterin dieses Typs des verbal-appellativen Motivierens bei einem unklaren Übertrittsentscheid gelten (vgl. Abschnitt 8.2.4). Die Mutter R11 handelte namentlich wegen ihrer geringen Kindorientierung klar am untypischsten in dieser Gruppe (vgl. Tabelle 7.16).

7.4.3 Zusammenhänge zwischen Merkmalen der Eltern-Kind-Dyaden und den Typen des elterlichen verbal-appellativen Motivierungshandelns im Kontext des unklaren Übertrittsentscheids

Mittels Kreuztabellen und statistischer Tests werden im letzten Analyseschritt eine Reihe von Hypothesen zum Zusammenhang zwischen Charakteristiken der Eltern, der Kinder oder den Familien (vgl. Abschnitt 4.3) und den vier Typen des verbal-appellativen Motivierens geprüft. Die diesbezügliche Fragestellung 4.4. lautet:

Welche Zusammenhänge zeigen sich zwischen einer Reihe von Eltern-, Kind- und Familienmerkmalen und den gebildeten «Typen elterlichen verbal-appellativen Motivierungshandelns bei einem unklaren Übertritt»?

Insgesamt werden 15 Merkmale der Eltern-Kind-Dyaden daraufhin untersucht, ob zwischen ihnen und den empirisch ermittelten elterlichen Motivierungstypen bivariate Zusammenhänge erkennbar sind. In dem in Abschnitt 4.3 vorgestellten «Modell motivations- und leistungsbezogener Sozialisation im Elternhaus» von Eccles und Kolleg*innen (in der Fassung von Simpkins et al., 2015a, S. 617) (vgl. Abbildung 4.1) lassen sich zehn dieser Merkmale den beiden distaleren, handlungsferneren Boxen A (Parent and family characteristics) und B (Child characteristics) zuordnen: Variablen 1a, 1b, 1c, 3a, 3b, 3c sowie Variablen 2a, 2b und 2c (vgl. unten). Fünf Merkmale können in die proximaleren, handlungsnaheren Boxen C (Parents' general beliefs) und D (Parents' child-specific beliefs) eingeordnet werden: Variablen 1d, 1e, 1 g, 1h sowie Variable 1f (vgl. unten). Die Variable Definitive Zuteilung (Merkmal 2e) stellt sodann einen Child Outcome (Box H) dar.

Im Folgenden werden die Befunde dieser Analysen präsentiert und kurz erörtert. Konkret werden die Ergebnisse der entsprechenden zweiseitigen Hypothesentests vorgestellt, welche mit dem exakten Test nach Freeman-Hallmann erfolgten (vgl. Abschnitt 6.4.4.3). Bei denjenigen Analysen, bei denen aufgrund der Kreuztabellierung ein statistisch signifikanter Zusammenhang bei einem Signifikanzniveau von $\alpha = .05$ bestätigt werden konnte, wird nebst den Testergebnissen auch die Kontingenztabelle aufgeführt, um einen besseren Einblick in das Zusammenhangsmuster zu gewinnen. Die Stärke der Zusammenhänge wurde mit dem auf der Chi-Quadrat-Teststatistik basierenden Assoziationsmaß Cramers V ermittelt. Dieses wird im Folgenden jeweils bei Ergebnissen, die statistische Signifikanz aufweisen, bzw. bei solchen, die diese knapp nicht aufweisen, als zusätzlicher Kennwert herangezogen (vgl. Abschnitt 6.4.4.3).

Am Ende des Kapitels gewährt Tabelle 7.20 einen detaillierteren, über die bloßen Häufigkeiten und Prozentanteile hinausgehenden Überblick über die Konfigurationen der vier Cluster bezüglich derjenigen Merkmale, bei denen sich statistisch signifikante Zusammenhänge ergeben haben. Anders als bei den Kontingenztabellen zeigt sich in dieser Übersicht, inwiefern die einzelnen Eltern-Kind-Dyaden zu den signifikanten Unterschieden beigetragen haben, die im Merkmalsmuster (bzw. in der Häufigkeitsverteilung der Ausprägungen der Merkmale) zwischen den Clustern bestehen.

7.4.3.1 Merkmale der Elternteile

a) Geschlecht (vgl. Tabelle 4.1)

Die Nullhypothese lautet: Es gibt keinen Zusammenhang zwischen dem Geschlecht der Elternteile und dem Typ ihres verbal-appellativen Motivierungshandelns.

Die Kreuztabellierung zwischen den Variablen Geschlecht des Elternteils und Clusternummer (2 × 4-Tabelle) sowie der exakte Test nach Freeman-Hallmann (n

7.4 Eine Typologie des schulbezogenen verbalen Motivierens ... 661

= 18, gültige Werte:18, zweiseitiger Test p = .853) zeigten, dass die Nullhypothese ($\alpha = .05$) beibehalten werden muss: Das Geschlecht der Elternteile wies in dieser Stichprobe keinen Zusammenhang mit dem Typ des von ihnen praktizierten verbal-appellativen Motivierungshandelns auf.

b) Wöchentlicher außerhäuslicher Beschäftigungsgrad (vgl. Tabelle 4.1) (tief: 0–15h, mittel: 16–29h, hoch: >31h)

Die Nullhypothese lautet: Es gibt keinen Zusammenhang zwischen dem Grad an wöchentlicher außerhäuslicher Arbeitszeit der Elternteile und dem Typ ihres verbal-appellativen Motivierungshandelns.

Die Kreuztabellierung zwischen den Variablen Beschäftigungsgrad und Clusternummer (3 × 4-Tabelle) sowie der exakte Test nach Freeman-Hallmann (n = 18, gültige Werte:18, zweiseitiger Test p = .826) zeigten, dass die Nullhypothese ($\alpha = .05$) beibehalten werden muss: Der wöchentliche außerhäusliche Beschäftigungsgrad der Elternteile wies in dieser Stichprobe keinen Zusammenhang mit dem Typ des von ihnen praktizierten verbal-appellativen Motivierungshandelns auf.

c) Schulabschluss (vgl. Tabelle 4.1) (Sekundarstufe I, Grundanforderungen vs. Sekundarstufe I, erweiterte Anforderungen vs. Sekundarstufe II)

Die Nullhypothese lautet: Es gibt keinen Zusammenhang zwischen dem Schulabschluss der Elternteile und dem Typ ihres verbal-appellativen Motivierungshandelns.

Die Kreuztabellierung zwischen den Variablen Schulabschluss und Clusternummer (3 × 4-Tabelle) sowie der exakte Test nach Freeman-Hallmann (n = 18, gültige Werte:18, zweiseitiger Test, p = .047) zeigten, dass die Nullhypothese ($\alpha = .05$) verworfen werden und die Alternativhypothese angenommen werden muss. Es handelt sich um eine Assoziation mittlerer Stärke (Cramers V = .586, p = .049)[28]: Der Bildungsgang, mit dem die Elternteile ihre eigene Schulzeit abgeschlossen hatten, wies in der vorliegenden Stichprobe einen mittelstarken Zusammenhang mit dem Typ des von ihnen praktizierten verbal-appellativen Motivierungshandelns auf.

---

[28] Wie es die Verteilungen in der Kreuztabelle vermuten lassen, zeigt sich, dass *bei einer Dichotomisierung der Variablen Schulabschluss (Grundanforderung vs. erweiterte Anforderungen)* der Zusammenhang zur Clusterzugehörigkeit noch ausgeprägter ist (Exakter Test, n = 18, gültige Werte:18, zweiseitig, p = .025; Cramers V = .703, p = .029).

Tabelle 7.17 Schulabschluss der Elternteile und Clusterzugehörigkeit, Kreuztabelle mit beobachteten und erwarteten Zellhäufigkeiten

Schulabschluss			Cluster 1	Cluster 2	Cluster 3	Cluster 4	Gesamt
Schulabschluss	Sek I Grundanforderungen	beobachtet	0	1	2	5	8
		erwartet	2.2	1.8	1.3	2.7	8.0
	Sek I erweiterte Anforderungen	beobachtet	3	3	1	1	8
		erwartet	2.2	1.8	1.3	2.7	8.0
	Sek II	beobachtet	2	0	0	0	2
		erwartet	.6	.4	.3	.7	2.0
Gesamt		beobachtet	5	4	3	6	18
		erwartet	5.0	4.0	3.0	6.0	18.0

7.4 Eine Typologie des schulbezogenen verbalen Motivierens ...

Die Kreuztabelle (vgl. Tabelle 7.17) macht deutlich, dass sich vor allem Cluster 1 und Cluster 4 stark unterscheiden, was den Schulabschluss der Elternteile betrifft: In Cluster 1 sind die Eltern, die in der Sekundarstufe I einen Bildungsgang mit Grundanforderungen (entspricht Abteilung B) besucht haben, deutlich untervertreten und diejenigen, die einen Bildungsgang mit erhöhten Anforderungen (entspricht Abteilung A) bzw. das Gymnasium besucht haben, übervertreten. In Cluster 4 verhält es sich umgekehrt: Hier sind diejenigen mit dem Abschluss eines Bildungsgangs mit Grundanforderungen klar übervertreten. Cluster 2 weist sodann eine Übervertretung von Elternteilen auf, die eine Sekundarschule mit erhöhten Anforderungen besucht haben, und Cluster 3 von solchen Eltern, die eine Sekundarschule mit Grundanforderungen abgeschlossen haben.

d) Valenz der unmittelbaren Zuteilung zur erwünschten Abteilung (vgl. Tabelle 3.2) (tief vs. hoch vs. sehr hoch)

Die Nullhypothese lautet: Es gibt keinen Zusammenhang zwischen dem Grad der Valenz der Elternteile bezüglich einer unmittelbaren Zuteilung ihres Kindes zur aspirierten Abteilung und dem Typ ihres verbal-appellativen Motivierungshandelns.

Die Kreuztabellierung zwischen den Variablen Valenz der Zuteilung und Clusternummer (3 × 4-Tabelle) sowie der exakte Test nach Freeman-Hallmann (n = 18, gültige Werte:18, zweiseitiger Test p = .527) zeigten, dass die Nullhypothese (α = .05) beibehalten werden muss: Die jeweilige, von den Elternteilen empfundene Wichtigkeit einer unmittelbaren Zuteilung des Kindes zur erwünschten Abteilung der Sekundarschule wies in dieser Stichprobe <u>keinen Zusammenhang</u> mit dem Typ des von ihnen praktizierten verbal-appellativen Motivierungshandelns auf.

e) Kontrolleinschätzung bezüglich der unmittelbaren Zuteilung zur erwünschten Abteilung (vgl. Tabelle 3.2) (tief vs. hoch)

Die Nullhypothese lautet: Es gibt keinen Zusammenhang zwischen dem Grad der Kontrolleinschätzung der Elternteile bezüglich einer unmittelbaren Zuteilung ihres Kindes zur aspirierten Abteilung und dem Typ ihres verbal-appellativen Motivierungshandelns.

Die Kreuztabellierung zwischen den Variablen Kontrolleinschätzung Zuteilung und Clusternummer (2 × 4-Tabelle) sowie der exakte Test nach Freeman-Hallmann (n = 18, gültige Werte:18, zweiseitiger Test p = 1.000) zeigten, dass die

Nullhypothese (α = .05) beibehalten werden muss: Der von den Elternteilen empfundene Grad an Kontrolle bezüglich einer unmittelbaren Zuteilung ihres Kindes zur aspirierterten Abteilung der Sekundarschule wies in dieser Stichprobe keinen Zusammenhang mit dem Typ des von ihnen praktizierten verbal-appellativen Motivierungshandelns auf.

f) Wahrnehmung des wert- und kontrollbezogenen Regulationsbedarfs beim Kind (vgl. Tabelle 4.5) (eher tief vs. eher hoch)

Die Nullhypothese lautet: Es gibt keinen Zusammenhang zwischen der Wahrnehmung der Elternteile eines wert- und kontrollbezogenen Regulationsbedarfs beim Kind und dem Typ ihres verbal-appellativen Motivierungshandelns.

Die Kreuztabellierung zwischen den Variablen Regulationsbedarf und Clusternummer (2 × 4-Tabelle) sowie der exakte Test nach Freeman-Hallmann (n = 18, gültige Werte:18, zweiseitiger Test, p = .053) zeigten, dass die Nullhypothese – auch wenn rein rechnerisch das α-Niveau auf drei Stellen hinter dem Komma verfehlt wurde – angesichts der kleinen Stichprobe und der β-Fehler-Problematik (vgl. Abschnitt 6.4.4.3) verworfen und die Alternativhypothese angenommen werden musste. Die Assoziation zwischen den beiden Variablen erwies sich sodann als sehr stark (Cramers V = .661, p = .053): Die Wahrnehmung der Eltern, inwiefern ihr Kind auf ihre wert- und kontrollbezogene Regulation (noch) angewiesen sei, stand in dieser Stichprobe in statistisch signifikantem und starkem Zusammenhang mit dem Typ des von ihnen praktizierten verbal-appellativen Motivierungshandelns.

Tabelle 7.18 Wahrgenommener wert- und kontrollbezogener Regulationsbedarf beim Kind und Clusterzugehörigkeit, Kreuztabelle mit beobachteten und erwarteten Zellhäufigkeiten

			Cluster 1	Cluster 2	Cluster 3	Cluster 4	Gesamt
Wahrgenommener Regulationsbedarf	eher tief	beobachtet	0	3	0	3	6
		erwartet	1.7	1.3	1.0	2.0	6.0
	eher hoch	beobachtet	5	1	3	3	12
		erwartet	3.3	2.7	2.0	4.0	12.0
Gesamt		beobachtet	5	4	3	6	18
		erwartet	5.0	4.0	3.0	6.0	18

7.4 Eine Typologie des schulbezogenen verbalen Motivierens ...

Tabelle 7.18 macht deutlich, dass die fünf Elternteile, die den Typus des Motivierungshandelns des Clusters 1 praktiziert haben, generell einen hohen wert- und kontrollbezogenen Regulationsbedarf bei ihrem Kind wahrgenommen haben. Die vier Elternteile, die bezüglich ihres verbal-appellativen Motivierungshandelns dem Cluster 2 angehörten, nahmen tendenziell einen geringen diesbezüglichen Regulationsbedarf bei ihrem Kind wahr. Alle drei Elternteile, die den von Cluster 3 repräsentierten Motivierungstyp zeigten, nahmen sodann einen hohen Regulationsbedarf bei ihrem Kind wahr, währenddessen bei den sechs Elternteilen des Clusters 4 diesbezüglich keine klare Tendenz ausgemacht werden kann.

g) Überzeugung, dass Begabung in Mathematik veränderbar sei (vgl. Tabelle 4.5) (unterdurchschnittlich vs. durchschnittlich; M = 2.76, SD = .47)

Die Nullhypothese lautet: Es gibt keinen Zusammenhang zwischen dem Grad der Überzeugung der Elternteile, wonach Begabung in Mathematik durch geeignete didaktische Maßnahmen und Wissenszuwachs veränderbar sei, und dem Typ ihres verbal-appellativen Motivierungshandelns.

Die Kreuztabellierung zwischen den Variablen Incremental Mindset und Clusternummer (2 × 4-Tabelle) sowie der exakte Test nach Freeman-Hallmann (n = 18, gültige Werte:18, zweiseitiger Test p = .707) zeigten, dass die Nullhypothese (α = .05) beibehalten werden muss: Das Ausmaß, in dem die Elternteile der Überzeugung waren, dass sich Begabung in Mathematik durch geeignete didaktische Maßnahmen verändern lasse, wies in dieser Stichprobe keinen Zusammenhang mit dem Typ des von ihnen praktizierten verbal-appellativen Motivierungshandelns auf.

h) Überzeugung, dass geringe Begabung in Mathematik durch Anstrengung kompensierbar sei (vgl. Tabelle 4.5) (unterdurchschnittlich vs. durchschnittlich; M = 2.29, SD = .42)

Die Nullhypothese lautet: Es gibt keinen Zusammenhang zwischen dem Grad der Überzeugung der Elternteile, wonach geringe Begabung in Mathematik durch willentliche Anstrengung des Kindes veränderbar sei, und dem Typ ihres verbal-appellativen Motivierungshandelns.

Die Kreuztabellierung zwischen den Variablen Kompensierbarkeit und Clusternummer (2 × 4-Tabelle) sowie der exakte Test nach Freeman-Hallmann (n = 18, gültige Werte:18, zweiseitiger Test p = .611) zeigten, dass die Nullhypothese (α = .05) beibehalten werden muss: Das Ausmaß, in dem die Elternteile der Überzeugung waren, dass sich Begabung in Mathematik durch willentliche Anstrengung des Kindes verändern lasse, wies in dieser Stichprobe keinen Zusammenhang mit dem Typ des von ihnen praktizierten verbal-appellativen Motivierungshandelns auf.

7.4.3.2 Merkmale der Kinder

a) Geschlecht (vgl. Tabelle 4.4)

Die Nullhypothese lautet: Es gibt keinen Zusammenhang zwischen dem Geschlecht der Kinder und dem Typ des verbal-appellativen Motivierungshandelns der Elternteile.

Die Kreuztabellierung zwischen den Variablen Geschlecht des Kindes und Clusternummer (2 × 4-Tabelle) sowie der exakte Test nach Freeman-Hallmann (n = 18, gültige Werte:18, zweiseitiger Test p = .741) zeigten, dass die Nullhypothese (α = .05) beibehalten werden muss: Das Geschlecht der Kinder wies in dieser Stichprobe keinen Zusammenhang mit dem Typ des von den Elternteilen praktizierten verbal-appellativen Motivierungshandelns auf.

b) Noten in Mathematik (vgl. Tabelle 4.4) («ungenügend» bis «genügend» vs. «mäßig» bis «gut»)

Die Nullhypothese lautet: Es gibt keinen Zusammenhang zwischen den Zeugnisnoten der Kinder in Mathematik und dem Typ des verbal-appellativen Motivierungshandelns der Elternteile.

Die Kreuztabellierung zwischen den Variablen Zeugnisnote Mathematik und Clusternummer (2 × 4-Tabelle) sowie der exakte Test nach Freeman-Hallmann (n = 18, gültige Werte:18, zweiseitiger Test p = .856) zeigten, dass die Nullhypothese (α = .05) beibehalten werden muss: Die Note, welche die Kinder im Halbjahreszeugnis im Fach Mathematik (Januar 2009) erreicht hatten, wies in dieser Stichprobe keinen Zusammenhang mit dem Typ des von den Elternteilen praktizierten verbal-appellativen Motivierungshandelns auf.

c) Noten in Deutsch (vgl. Tabelle 4.4) («ungenügend» bis «genügend» vs. «mäßig» bis «gut»)

Die Nullhypothese lautet: Es gibt keinen Zusammenhang zwischen den Zeugnisnoten der Kinder in Mathematik und dem Typ des verbal-appellativen Motivierungshandelns der Elternteile.

Die Kreuztabellierung zwischen den Variablen Zeugnisnote Deutsch und Clusternummer (2 × 4-Tabelle) sowie der exakte Test nach Freeman-Hallmann (n = 18, gültige Werte:18, zweiseitiger Test p = .895) zeigten, dass die Nullhypothese (α = .05) beibehalten werden muss: Die Note, welche die Kinder im Halbjahreszeugnis im Fach Deutsch (Januar 2009) erreicht hatten, wies in dieser Stichprobe <u>keinen Zusammenhang</u> mit dem Typ des von den Elternteilen praktizierten verbal-appellativen Motivierungshandelns auf.

d) Definitive Zuteilung in eine der beiden Abteilungen der Sekundarschule (vgl. Tabelle 3.2) (Abteilung B vs. Abteilung A)

Die Nullhypothese lautet: Es gibt keinen Zusammenhang zwischen dem Typ des verbal-appellativen Motivierungshandelns der Elternteile und der definitiven Zuteilung ihrer Kinder zu einer der beiden Abteilungen der Sekundarschule.

Die Kreuztabellierung zwischen den Variablen Definitive Zuteilung und Clusternummer (2 × 4-Tabelle) sowie der exakte Test nach Freeman-Hallmann (n = 18, gültige Werte:18, zweiseitiger Test p = .552) zeigten, dass die Nullhypothese (α = .05) beibehalten werden muss: Der Typ des von den Elternteilen praktizierten verbal-appellativen Motivierungshandelns wies in dieser Stichprobe <u>keinen Zusammenhang</u> mit der am Ende der Erhebungszeit erfolgten Zuteilung zu einer der beiden Abteilungen der Sekundarschule auf.

7.4.3.3 Merkmale der Familien

a) Lernvoraussetzungen (vgl. Tabelle 4.3) (eher unterprivilegiert vs. privilegiert)

Die Nullhypothese lautet: Es gibt keinen Zusammenhang zwischen den ökonomischen, kulturellen und sozialen Ressourcen der Familie und dem Typ des verbal-appellativen Motivierungshandelns der Elternteile.

Die Kreuztabellierung zwischen den Variablen Lernvoraussetzungen und Clusternummer (2 × 4-Tabelle) sowie der exakte Test nach Freeman-Hallmann (n = 18, gültige Werte:18, zweiseitiger Test p = .685) zeigten, dass die Nullhypothese (α = .05) beibehalten werden muss: Das ökonomische, kulturelle und soziale Kapital, über das die Familien verfügten (gemessen an einem dichotomisierten Index, vgl. Abschnitt 4.3), wies in dieser Stichprobe <u>keinen Zusammenhang</u> mit dem Typ des von den Elternteilen praktizierten verbal-appellativen Motivierungshandelns auf.

b) Migrationsstatus (vgl. Tabelle 4.3) (alle Familienmitglieder in der Schweiz geboren vs. Kind und ein Elternteil in der Schweiz geboren vs. Kind und Eltern im Ausland geboren)

Die Nullhypothese lautet: Es gibt keinen Zusammenhang zwischen dem Migrationsstatus der Familie und dem Typ des verbal-appellativen Motivierungshandelns der Elternteile.

Die Kreuztabellierung zwischen den Variablen Migration und Clusternummer (3 × 4-Tabelle) sowie der exakte Test nach Freeman-Hallmann (n = 18, gültige Werte:18, zweiseitiger Test p = .679) zeigten, dass die Nullhypothese (α = .05) beibehalten werden muss: Der Umstand, dass einzelne oder alle Mitglieder der Kernfamilie über Migrationserfahrungen verfügten, wies in dieser Stichprobe keinen Zusammenhang mit dem Typ des von den Elternteilen praktizierten verbal-appellativen Motivierungshandelns auf.

c) Soziokulturelles Milieu (vgl. Tabelle 4.3) (ländlich vs. vorstädtisch vs. städtisch)

Die Nullhypothese lautet: Es gibt keinen Zusammenhang zwischen dem soziokulturellen Milieu der Familie (gemessen am Wohnort) und dem Typ des verbal-appellativen Motivierungshandelns der Elternteile.

Tabelle 7.19 Soziokulturelles Milieu des Wohnorts Elternteile und Clusterzugehörigkeit, Kreuztabelle mit beobachteten und erwarteten Zellhäufigkeiten

			Cluster 1	Cluster 2	Cluster 3	Cluster 4	Gesamt
Soziokulturelles Milieu	ländlich	beobachtet	1	0	3	3	7
		erwartet	1.9	1.6	1.2	2.3	7.0
	vorstädtisch	beobachtet	1	3	0	3	7
		erwartet	1.9	1.6	1.2	2.3	7.0
	städtisch	beobachtet	3	1	0	0	4
		erwartet	1.1	0.9	0.7	1.3	4.0
Gesamt		beobachtet	5	4	3	6	18
		erwartet	5.0	4.0	3.0	6.0	18.0

7.4 Eine Typologie des schulbezogenen verbalen Motivierens ...

Die Kreuztabellierung zwischen den Variablen Soziokulturelles Milieu und Clusternummer (3 × 4-Tabelle) sowie der exakte Test nach Freeman-Hallmann (n = 18, gültige Werte:18, zweiseitiger Test, $p = .035$) zeigten, dass die Nullhypothese ($\alpha = .05$) verworfen werden und die Alternativhypothese angenommen werden muss. Es handelt sich um eine Assoziation großer Stärke (Cramers V = .612, $p = .029$): Das soziokulturelle Milieu des Wohnorts, an dem die Familien lebten, wies in der vorliegenden Stichprobe einen sehr starken Zusammenhang mit dem Typ des von den Elternteilen praktizierten verbal-appellativen Motivierungshandelns auf.

Tabelle 7.19 zeigt, dass sich Cluster 1 von den anderen Clustern insofern unterscheidet, als er deutlich von Familien aus dem städtischen Milieu überbesetzt ist. Der Typus 1 des verbal-appellativen Motivierungshandelns «Diskursives Warnen vor den Folgen» während der Übertrittszeit wurde mit anderen Worten überproportional von Elternteilen praktiziert, die mit ihren Familien in der Stadt Zürich wohnten. Cluster 2 weist dahingegen deutliche Überbesetzungen bei Familien aus dem vorstädtischen Milieu auf. Der Typus 2 des verbal-appellativen Motivierungshandelns «Unverbindliches, beschwichtigendes Hinweisen auf die Pflichten» wurde im vorliegenden Sample demnach überproportional von Elternteilen ausgeübt, die mit ihren Familien in einer der steuergünstigen, von vielen z. T. internationalen Dienstleistungsbetrieben und einer multiethnischen Bevölkerung geprägten Gemeinden in der unmittelbaren Agglomeration Zürichs lebten (vgl. Abschnitt 4.3). Der von Cluster 3 repräsentierte verbal-appellative Motivierungstyp «Ungeschminktes und schonungsloses Vermitteln der negativen leistungsbezogenen Einschätzung» wurde dahingegen lediglich von Elternteilen praktiziert, die mit ihren Familien in einer ländlichen Wohngemeinde mit verhältnismäßig hoher Steuerquote, und einem hohen Anteil an Gewerbe- und Landwirtschaftsflächen lebten (vgl. Abschnitt 4.3). Cluster 4 weist sowohl bezüglich des ländlichen als auch des vorstädtischen Milieus überbesetzte Zellen auf. Mit anderen Worten wurde der Typus 4 des verbal-appellativen Motivierungshandelns «Standfestes, diskursives Überzeugenwollen mittels gewinnender Argumente» überproportional von Elternteilen praktiziert, die mit ihren Familien in einem ländlichen oder vorstädtischen Milieu lebten.

Tabelle 7.20 Übersicht über die vier Typen des verbal-appellativen Motivierungshandelns und deren Konfiguration bezüglich der drei Merkmale, zu denen ein signifikanter Zusammenhang besteht

Typ	Elternteile	Schulabschluss[1]	Soziokulturelles Milieu[2]	Regulationsbedarf[3]
1 Diskursives Warnen vor den Folgen	D11	3	2	3
	H11	2	3	3
	H12	2	3	3
	V12	3	3	3
	Z12	2	1	3
2 Unverbindliches, beschwichtigendes Hinweisen auf die Pflichten	D12	2	2	3
	M12	1	2	2
	R12	2	2	2
	V11	2	3	2
3 Ungeschminktes und schonungsloses Vermitteln der negativen leistungsbezogenen Einschätzung	E11	2	1	3
	Z22	1	1	3
	Z32	1	1	3
4 Standfestes, diskursives Überzeugenwollen mittels gewinnender Argumente	E12	1	1	3
	M11	1	2	2
	R11	1	2	3
	S11	2	2	2
	Z11	1	1	3
	Z31	1	1	2

[1] Schulabschluss der Elternteile (1: Sekundarstufe I: Grundanforderungen, 2: Sekundarstufe I: erweiterte Anforderungen, 3: Sekundarstufe II).
[2] Soziokulturelles Milieu des Wohnortes der Familie (1: ländlich, 2: vorstädtisch, 3: städtisch).
[3] Von den Elternteilen wahrgenommener Bedarf an wert- und kontrollbezogenen Regulationen beim Kind (2: eher tief, 3: eher hoch).

7.4 Eine Typologie des schulbezogenen verbalen Motivierens ...

Zusammenfassend lässt sich festhalten, dass sich in der vorliegenden Stichprobe lediglich bei drei der untersuchten 18 Merkmale signifikante Unterschiede in der Häufigkeitsverteilung bezüglich der vier Typen verbal-appellativen Motivierens der Elternteile statistisch absichern ließen. Tabelle 7.20 vermittelt einen Überblick über die diesbezüglichen Konfigurationen der vier Cluster. Anders als bei den Kreuztabellen wird hierbei ersichtlich, inwiefern die einzelnen Eltern-Kind-Dyaden zu den unterschiedlichen Verteilungsmustern beitragen, die bezüglich der drei Merkmale zwischen den vier Typen verbal-appellativen Motivierungshandelns aufgedeckt werden konnten.

Zum einen handelt es sich um die beiden Merkmale Schulabschluss der Elternteile (Variable 1c) und Soziokulturelles Milieu der Familie (Variable 3c), welche im «Modell motivations- und leistungsbezogener Sozialisation im Elternhaus» von Eccles und Kolleg*innen (vgl. Simpkins et al., 2015a, S. 617) (vgl. Abbildung 4.1) der Box A (Parent and family characteristics) zugeordnet werden müssen. Versucht man sich den Zusammenhang dieser sozialstrukturellen Merkmale mit den vier Typen des verbal-appellativen Motivierungshandelns zu erklären, so dürfte sich dieser vermittelt oder moderiert über hier nicht näher identifizierbare elterliche Überzeugungen (Parents' general beliefs, Box C) entfalten (vgl. Abschnitt 4.2).

Wie Tabelle 7.20 nochmals verdeutlicht, haben im vorliegenden Sample die acht Elternteile, welche in der Sekundarstufe I selber den leistungsmäßig weniger anforderungsreichen Bildungsgang besucht haben, während der Übertrittszeit ihres Kindes großmehrheitlich (87.5 % intra) entweder den Typus 3 «Ungeschminktes und schonungsloses Vermitteln der negativen leistungsbezogenen Einschätzung» oder den Typus 4 «Standfestes, diskursives Überzeugenwollen mittels gewinnender Argumente» praktiziert. Auch innerhalb der beiden Cluster 3 und 4 finden sich mit E11 und S11 lediglich zwei Elternteile, die selber eine Sekundarschule mit erweiterten Anforderungen besucht haben. Die übrigen sechs Elternteile, die selber diesen anspruchsvolleren Bildungsgang besucht haben (75 % intra), zeigten während der Übertrittszeit den Typus 2 des verbal-appellativen Motivierungshandelns «Unverbindliches, beschwichtigendes Hinweisen auf die Pflichten» oder den Typus 1 «Diskursives Warnen vor den Folgen». Letzterer wurde auch von den beiden Elternteilen D11 und V12 praktiziert, die ihre eigene Grundausbildung als einzige mit einem Bildungsgang der Sekundarstufe II abgeschlossen haben.

Das soziokulturelle Milieu, gemessen am Wohnort, in dem die Familie lebte, zeigt beim vorliegenden Sample den deutlichsten Zusammenhang mit dem Typus des verbal-appellativen Motivierungshandelns der Elternteile. Allenfalls erklärbar über einen Habitus, der sich in den verschiedenen Nachbarschaften durch Kommunikationsprozesse unter den Eltern auf dem Land, in der stadtnahen Agglomeration und in der Stadt bezüglich des schulbezogenen Unterstützens unterschiedlich entwickelt und äußert (vgl. Abschnitt 4.1.2), zeigt sich, dass die große Mehrheit der sieben Elternteile, die mit ihren Familien auf dem Land lebten (85.7 % intra), entweder den Typus 3 «Ungeschminktes und schonungsloses Vermitteln der negativen leistungsbezogenen Einschätzung» oder den Typus 4 «Standfestes, diskursives Überzeugenwollen mittels gewinnender Argumente» praktiziert hatten. Die sieben Elternteile, die mit ihren Familien in der Vorstadt lebten, motivierten ihre Kinder ähnlich ausschließlich (85.7 % intra) entweder nach dem Typus 2 «Unverbindliches, beschwichtigendes Hinweisen auf die Pflichten» oder dem Typus 4 «Standfestes, diskursives Überzeugenwollen mittels gewinnender Argumente». Die vier Elternteile, die mit ihren Familien in der Stadt lebten, praktizierten demgegenüber mehrheitlich (75 % intra) den Typus 1 «Diskursives Warnen vor den Folgen».

7.4 Eine Typologie des schulbezogenen verbalen Motivierens ...

Zum anderen handelt es sich um das Merkmal Wahrnehmung des wert- und kontrollbezogenen Regulationsbedarfs beim Kind (Variable 1f), welches sich im Modell von Eccles et al. der unmittelbar handlungsrelevanten Box D (Parents' child-specific beliefs) zuordnen lässt. Tabelle 7.20 macht deutlich, dass die sechs Elternteile, die im Interview G2 zum Ausdruck brachten, ihre Wert- und Kontrollregulationen seien eigentlich (nur noch) eher selten notwendig (2), entweder mit dem Motivierungstyp 2 «Unverbindliches, beschwichtigendes Hinweisen auf die Pflichten» oder dem Motivierungstyp 4 «Standfestes, diskursives Überzeugenwollen mittels gewinnender Argumente» agierten. Die Eltern, die bei ihren Kindern einen eher hohen Bedarf an diesbezüglichen Einflussnahmen durch sie selber wahrnahmen, praktizierten demgegenüber fast ausschließlich (91.7 % intra) entweder den Typ 1 «Diskursives Warnen vor den Folgen», den Typ 3 «Ungeschminktes und schonungsloses Vermitteln der negativen leist5ungsbezogenen Einschätzung» oder den Typ 4 «Standfestes, diskursives Überzeugenwollen mittels gewinnender Argumente».

Open Access Dieses Kapitel wird unter der Creative Commons Namensnennung 4.0 International Lizenz (http://creativecommons.org/licenses/by/4.0/deed.de) veröffentlicht, welche die Nutzung, Vervielfältigung, Bearbeitung, Verbreitung und Wiedergabe in jeglichem Medium und Format erlaubt, sofern Sie den/die ursprünglichen Autor(en) und die Quelle ordnungsgemäß nennen, einen Link zur Creative Commons Lizenz beifügen und angeben, ob Änderungen vorgenommen wurden.

Die in diesem Kapitel enthaltenen Bilder und sonstiges Drittmaterial unterliegen ebenfalls der genannten Creative Commons Lizenz, sofern sich aus der Abbildungslegende nichts anderes ergibt. Sofern das betreffende Material nicht unter der genannten Creative Commons Lizenz steht und die betreffende Handlung nicht nach gesetzlichen Vorschriften erlaubt ist, ist für die oben aufgeführten Weiterverwendungen des Materials die Einwilligung des jeweiligen Rechteinhabers einzuholen.

Zusammenfassung und Diskussion der Ergebnisse 8

Auf dem letzten ausführlichen, retrospektiv angelegten Interview G2 mit den 20 Elternteilen (vgl. Abschnitt 6.3) basierend, verfolgte die vorliegende Studie das Ziel, die verschiedenen Formen, die das verbale Motivierungshandeln der Eltern gegenüber ihren Kindern im Kontext des unklaren Übertrittsentscheids angenommen hatte, möglichst facettenreich zu beschreiben und bezüglich der Effekte auf das lern- und leistungsbezogene Denken, Fühlen und Handeln der Kinder zu beurteilen. Im Fokus standen Interviewpassagen, in denen die Eltern eigene schulbezogene Bedeutsamkeitszuschreibungen und evaluative Feedbacks geschildert hatten (vgl. Abschnitt 6.4.1). Diese «wert- und kontrollbezogenen elterlichen Regulationen» wurden entlang des von Kuckartz (2010, S. 99–107) beschriebenen Verfahrens der «Typologischen Analyse» in mehreren Schritten in jeweils unterschiedlicher Nähe zum Originaltext mittels inhaltsanalytischen und deskriptiv-quantitativen Methoden untersucht (vgl. die Übersicht in Tabelle 6.2).

Im Folgenden werden entlang der vier Hauptfragestellungen (vgl. Abschnitt 5.8) die zentralen Ergebnisse nochmals aufgenommen und mit Blick auf die im Theorieteil dargelegten Postulate und früheren Forschungsbefunde diskutiert:

In Abschnitt 8.1 werden die Hauptbefunde der fallübergreifenden niedriginferenten Analysen zu den beiden Forschungsfragen 1 und 2, welche Gestaltungsmerkmale der 194 Bedeutsamkeitszuschreibungen und der 104 evaluativen Feedbacks in den Blick nahmen, nochmals dargelegt und kommentiert.

Elektronisches Zusatzmaterial Die elektronische Version dieses Kapitels enthält Zusatzmaterial, das berechtigten Benutzern zur Verfügung steht
https://doi.org/10.1007/978-3-658-33062-0_8.

© Der/die Autor(en) 2021
E. Steiner, *Schulbezogene Motivierungspraktiken von Eltern*,
https://doi.org/10.1007/978-3-658-33062-0_8

In Abschnitt 8.2 stehen die Ergebnisse der fallspezifischen höher-inferenten Analysen zu den Fragestellungen 3 und 4 nach den individuellen Stilen des verbalen Motivierens der 18 diesbezüglich untersuchten Elternteile bzw. nach der Typologie, zu der sich die Stilmerkmale verdichten ließen, nochmals im Mittelpunkt. Ein besonderes Augenmerk gilt hierbei den im letzten Analyseschritt herausgearbeiteten vier Typen des verbal-appellativen Motivierungshandelns, welche hinsichtlich der Bedingungen ihres Auftretens, aber auch hinsichtlich der Chancen und Risiken für das motivational-affektive Erleben des Kindes sowie für sein Lern- und Leistungshandeln kommentiert werden.

In Abschnitt 8.3 werden die zur Ermittlung der Befunde eingesetzten Erhebungs- und Analysemethoden kritisch erörtert und Folgerungen für die weitere Forschung zum verbalen Motivierungshandeln von Eltern im Lern- und Leistungskontext gezogen. Zum Schluss werden in Abschnitt 8.4 Konsequenzen für die pädagogische Praxis formuliert.

8.1 Gestaltungsmerkmale von elterlichen Wert- und Kontrollregulationen

Wie gestalten die 20 Eltern ihre verbalen Bedeutsamkeitszuschreibungen – «messages about their own values» (Jacobs & Eccles, 2000, S. 427) –, mit denen sie ihre Kinder von einer veränderten Sicht und einem veränderten Handeln in Bezug auf schulische Ziele zu motivieren suchen?

Wie gestalten sie ihre evaluativen Feedbacks, mit denen sie als «interpreters of reality» (Jacobs & Eccles, 2000, S. 426) auf die Attributionsprozesse ihrer Kinder und somit auf deren Kontrollüberzeugungen mit Bezug auf schulische Ziele Einfluss nehmen?

Die beiden fallübergreifenden Fragestellungen 1 und 2 nach den Gestaltungsmerkmalen der 194 Bedeutsamkeitszuschreibungen und der 104 evaluativen Feedbacks, welche sich in der Basiscodierung (Analyseschritt A, vgl. Abschnitt 6.4.1) der 20 Interviews hatten isolieren lassen, wurden im Rahmen der «Feincodierung» (Analyseschritt B) mittels der strukturierenden qualitativen Inhaltsanalyse (vgl. Kuckartz, 2018, S. 100–117) bearbeitet (vgl. Abschnitt 6.4.2). Zwei Gruppen von Gestaltungsmerkmalen standen bei Analysen der elterlichen Bedeutsamkeitszuschreibungen und evaluativen Feedbacks im Fokus: Einerseits interessierte, welche schulischen Ziele (vgl. Kategoriensysteme in Tabelle 6.6 und Tabelle 6.8) die Elternteile in Anbetracht des unklaren Übertrittsentscheids zum Gegenstand ihrer Wert- und Kontrollregulationen gemacht hatten. Andererseits sollten die für die Motivation und das affektive Erleben der Kinder relevanten Argumentationen, welche die Elternteile in diesen Regulationen eingesetzt hatten, mit Hilfe der beiden Kategoriensysteme «Elterliche Strategien der verbalen Wertvermittlung» (vgl. Abbildung 5.4) und «Elterliche Strategien der verbalen Kontrollvermittlung» (vgl. Abbildung 5.3) untersucht werden.

Während die Instrumente zur Codierung der fünf Zielbereiche theorie- und datengestützt auf der Grundlage der Taxonomie von Kompetenzen nach Erpenbeck und von Rosenstiel (2003) entwickelt wurden (vgl. Abschnitt 6.4.2.1), lag den 16 kontrollbezogenen Begründungstypen, die zur Codierung der Argumentationsstrukturen der evaluativen Feedbacks der Elternteile herangezogen wurden, das Klassifikationsschema kausaler Attributionen von Weiner (1994, S. 271) zugrunde (vgl. Abschnitt 5.4.1). Das Kategoriensystem zur Codierung der acht wertbezogenen Begründungstypen wurde an den Daten der vorliegenden Wertepisoden und auf der Basis der Theorie des Subjective Task Value von Eccles, Wigfield et al. (1992, 2005) entwickelt.

Zuerst werden im Folgenden die wichtigsten Erkenntnisse der diesbezüglichen Untersuchungen, die an den Wertepisoden durchgeführt wurden, zusammengefasst und kommentiert, danach diejenigen, die aus den Analysen der Kontrollepisoden hervorgegangen sind.

8.1.1 Fokussierte schulbezogene Ziele der elterlichen Wertregulationen

In den 20 Interviews fand sich ein breites Spektrum an schulischen Handlungs- und Leistungszielen, auf deren Bedeutung die Elternteile die Aufmerksamkeit des Kindes zu lenken suchten (vgl. Abschnitt 7.1.1). Die strukturierenden qualitativen Inhaltsanalysen, denen die 194 Wertepisoden auf der Grundlage der in Tabelle 6.5 und Tabelle 6.6 dargestellten Kategoriensysteme unterzogen wurden, offenbarten, dass die Elternteile vornehmlich von Wertregulationen berichteten, die im Rahmen von häuslichen Gesprächen über Hausaufgaben und Prüfungsvorbereitungen sowie von Gesprächen über den Übertritt erfolgt waren:

Die Hausaufgabenerledigung und die inhaltlich sehr ähnliche häusliche Aktivität der Prüfungsvorbereitung bilden zusammen mit 97 Episoden den Kontext für die Hälfte aller 194 untersuchten Wertepisoden (vgl. Tabelle 7.1).

- In diesen standen primär fachlich-methodische Kompetenzen des Kindes (Zielbereich C) und – noch spezifischer – insbesondere Ressourcenstrategien sowie metakognitive Strategien (vgl. Friedrich & Mandl, 1992) im Fokus der elterlichen Bedeutsamkeitszuschreibungen: So berichten die Elternteile in 24

Episoden, wie sie gegenüber ihren Kindern die Bedeutung des Zeitpunkts und der Zeiteinteilung des Lernens, des kontinuierlichen Arbeitens, der angemessenen Prioritätensetzung zwischen Hausaufgaben und Freizeit oder des Nutzens von Lehrkräften, Peers und ihnen selber als Informations- und Unterstützungsquellen hervorgehoben haben. Fast ebenso häufig (21 Episoden) strichen sie die Bedeutung des Planens, Überwachens und Evaluierens des eigenen Lernens heraus: Konkret werden die Kinder in den entsprechenden Episoden zu erhöhter Selbständigkeit, Sorgfalt, Eigenständigkeit, Regelkonformität und Vollständigkeit bei der Hausaufgabenerledigung oder dem Vorbereiten auf Prüfungen motiviert.

– Auch aktivitäts- und umsetzungsorientierte Kompetenzen der Kinder (Zielbereich B) stehen im Kontext von Hausaufgaben und Prüfungsvorbereitungen im Zentrum elterlicher Wertregulationen: In 24 Episoden wurde die Bedeutung eines angemessenen Engagements beim häuslichen Lernen hervorgehoben («Raff dich auf!»), in je acht Episoden diejenige von Anstrengung («Bleib dran!»/«Sei fleißig!») und Wille («Überwinde dich und mach dich an die Arbeit!») sowie in fünf Episoden diejenige von Ausdauer («Halte durch!»).

– Eine untergeordnete Rolle spielten bei diesen Wertregulationen dahingegen Handlungsweisen des Kindes im Bereich sozial-kommunikativer und personaler Kompetenzen (Zielbereiche D und A): In vier Episoden wird die Bedeutung einer streitfreien Kommunikation mit den Eltern oder Peers während des gemeinsamen häuslichen Lernens betont und in drei weiteren Episoden die Bedeutung einer positiven Einstellung gegenüber Hausaufgaben herausgestrichen.

Der Übertritt bildet das andere große Thema in den Eltern-Kind-Dyaden (in 43 der 70 leistungsthematischen Episoden, 61.4 % intra). Diesbezüglich zeigte sich (vgl. Tabelle 7.2), dass den Kindern in der Entscheidungsfindungsphase zwar stark die Bedeutung des Erreichens bestimmter Leistungsziele (Zielbereich E) – der Stellenwert guter oder besserer Noten (zwölf Episoden), des erwünschten Sekundarschultyps (zehn Episoden) – oder eines angemessenen Engagements – «das Beste geben, zu dem man fähig ist» o.ä. (fünf Episoden, Zielbereich B: aktivitäts- und umsetzungsorientierte Kompetenzen) – deutlich gemacht wurde, dass es den Elternteilen aber auch wichtig war, die Bedeutung einer angemessenen Selbstpositionierung des Kindes gegenüber dem Übertrittsgeschehen zu betonen («Sieh dich so!» bzw. «Sieh das Verfahren so!»): In insgesamt 16 Episoden, die dem Zielbereich personaler Kompetenzen (Zielbereich A) zugeordnet wurden, hatten die Eltern das Kind davon zu überzeugen versucht, dass es bedeutsam sei, auf einen

8.1 Gestaltungsmerkmale von elterlichen Wert- ...

bestimmten Sekundarschultyp zu aspirieren, den Status als zukünftige/r Sek-B-Schüler*in zu akzeptieren, den Übertritt bzw. bestimmte Übertrittsereignisse wie Prüfungen, das Zeugnis und Gespräche mit der Lehrkraft als wichtig zu erkennen und sich allmählich auf die Anforderungen der Sekundarstufe einzustellen.

Es fällt auf, dass die Elternteile somit hauptsächlich von Wertregulationen berichtet haben, die die Selbstregulation beim häuslichen Lernen und die Zielausrichtung des Kindes bezüglich des von ihnen aspirierten Bildungsganges fokussierten. Bedeutsamkeitszuschreibungen, die im engeren Sinn einen fachspezifischen Fokus aufwiesen und den Stellenwert diesbezüglicher Informationsverarbeitungsstrategien betonten, traten in den Interviews dahingegen nur in sehr geringem Umfang auf (vgl. Tabelle 7.5) und wurden in keiner Episode im Kontext gemeinsamer Problemlöseprozesse bei Hausaufgaben, sondern stets im Kontext von Alltagsgesprächen über schulische Kompetenzen und Lernprozesse berichtet (vgl. Elternteile E11, S11, S12 und V12). So meint z. B. die Mutter E11 in Episode M026 (vgl. Anhang, Tabelle 9.1): «[...] Also ich sage immer, er sollte mehr lesen. Aber er findet, er könne ja gut Deutsch, er müsse nicht mehr lesen. Er liest ja da seine Hefte und Zeug. Aber ich habe gesagt:‚Ich möchte, dass du ein Buch liest, das ist etwas anderes.'». Auch wenn es zu einem Teil der Ausrichtung des Interviews auf generalisierte Aspekte des Handelns und Wahrnehmens über die gesamten acht Monate der Übertrittszeit geschuldet sein mag, dass die Elternteile kaum von Situationen berichteten, in denen sie vor dem Kind spezifischere Informationsverarbeitungsstrategien hervorhoben, so widerspiegelt dies zum anderen Teil auch ihr Rollenverständnis, wenn es um die schulbezogene Unterstützung ihres Kindes geht: Das Erklären von Lösungswegen und von theoretischen Konzepten sowie das Vermitteln entsprechender domänenspezifischer Strategien erachteten die Eltern klar als Aufgabe der Lehrkraft. Auch die Mutter D11 und der Vater Z22, die sich bei Bedarf lustvoll der Hausaufgabenhilfe widmeten und sich Gedanken darüber machten, wie sie diese didaktisch optimieren könnten[1] – die also mehr taten als nur vor Prüfungen das Vokabular in den Fremdsprachen oder Begrifflichkeiten in den Sachfächern abzufragen –, trauen sich dies lediglich in ausgewählten Domänen zu und berichten von Konflikten mit dem Kind, die sich daran entzündeten, dass gegenseitige Erwartungen bezüglich des methodischen oder kommunikativen Vorgehens nicht erfüllt wurden.

---

[1] So berichtet die Mutter D11 in Episode M009 (vgl. Anhang, Tabelle 9.1): «Gestern habe ich auch einen alternativen Weg finden müssen, weil ich gemerkt habe, dass es bei K01 bildlich nicht vorhanden ist. Und Prozentrechnen, ohne sich davon ein Bild machen zu können, liegt einfach nicht drin. Und da musste ich den Schulweg verlassen und sagen, ich nehme die alten [Rechen-]Klötze [wieder] hervor».

Die in den Wertregulationen fokussierten Ziele zeigen, dass die 20 Elternteile bereit waren, die Rolle von Coaches zu übernehmen, die während der unsicheren Übertrittszeit darauf achteten, dass das Kind das Fernziel eines Übertritts in die aspirierte Abteilung nicht aus den Augen verlor, dass es sich der Bedeutung desselben für die eigene Entwicklung laufend klarer wurde und sich bewusst war, wie wichtig gute Noten dabei in den Kernfächern seien: Die verdichtete Bedeutsamkeitszuschreibung mit den in leistungsthematischen Gesprächen am häufigsten anvisierten Zielen lautet denn auch: «Es ist bedeutsam, dass du dich als zukünftige/r Sek-A-Schüler*in siehst, laufend gute Noten machst und das Ziel Abteilung A der Sekundarschule auch wirklich erreichst» (vgl. Abschnitt 7.1.1.6).

Im Kontext lernthematischer Situationen äußerte sich die sich selbst zugedachte Rolle der Eltern als Coaches in bewusstheitsstiftenden Hinweisen auf die Bedeutung eines besseren Umgangs mit Zeitressourcen und potentiellen Informations- und Unterstützungsquellen sowie im antreibenden Begleiten, wenn die Kinder in den jeweiligen Situationen die notwendige kognitive oder motivational-affektive Ausrichtung auf die Aufgaben nicht aufbrachten. Die verdichtete prototypische Bedeutsamkeitszuschreibung lautete hierbei: «Es ist bedeutsam, dass du die Zeit einteilst, uns und andere Hilfsquellen nutzt und dich aufraffst und engagierst» (vgl. Abschnitt 7.1.1.6). Wie das Kind dies bewerkstelligen soll, wurde ihm gegenüber oftmals nicht weiter ausgeführt.

8.1.2 In den elterlichen Wertregulationen eingesetzte Argumente

Bezogen auf die Argumentationsstrukturen der 194 Wertregulationen, die entlang des Achtfelderschemas des Kategoriensystems «Elterliche Strategien der verbalen Wertvermittlung» (vgl. Abbildung 5.4) hinsichtlich der drei Dimensionen Aufgabenwert (Zweckmäßigkeit vs. Wesentlichkeit), Valenz (positiv vs. negativ) und Lokus (internal vs. external) codiert wurden, zeigte sich, dass die Elternteile in 75 % der Episoden eines der folgenden vier Muster einsetzten:

- In jeder dritten Wertregulation begründeten die Elternteile die Bedeutsamkeit eines bestimmten schulbezogenen Handelns oder eines Leistungsereignisses gegenüber ihrem Kind mit sozialen Normen und entsprechenden interpersonalen Erwartungen: Konkret wiesen 62 Argumente (32.0 % overall) den Begründungstyp positive externale Wesentlichkeit (Ee+) auf (vgl. Tabelle 7.3 und Tabelle 7.4), wobei die Kinder am häufigsten (in 45 der 62 Argumente)

8.1 Gestaltungsmerkmale von elterlichen Wert- ...

an die Pflichten, die sich aus ihrer Rolle als Schüler*innen ergäben, erinnert wurden: «weil du das als Schüler*in – insbesondere in der aktuellen Übertrittsphase – einfach musst!».
- Am zweithäufigsten setzten die Elternteile den Begründungstyp negative externale Zweckmäßigkeit (Oe−) in ihren Wertregulationen ein (33 Argumente, 17.0 % overall): Sie begründeten die Bedeutsamkeit von Handlungs- und Leistungszielen mit deren Instrumentalität zur Verhinderung andernfalls von außen drohender aversiver Konsequenzen, vor allem in Form eines nicht wunschgemäßen Übertrittsentscheids, von schlechter werdenden Prüfungs- und Zeugnisnoten oder von Problemen in den Beziehungen zu Lehrkräften und Peers, aber auch in Form von Bestrafungen durch sie selber (Tabelle 7.3 und Tabelle 7.4). Mit anderen Worten operierten die Elternteile mit Warnungen, selten auch mit Drohungen, wenn sie den Kindern die Bedeutsamkeit von Zielen mit solchen Argumenten zu verdeutlichen suchten. Das am häufigsten eingesetzte Argument lautete hierbei: «weil du sonst den gewünschten Übertrittsentscheid nicht erreichst» (in 16 von 33 Argumenten).
- Am dritthäufigsten setzten sie den Begründungstyp positive internale Zweckmäßigkeit (Oi+) ein (26 Argumente, 13.4 % overall). Die Elternteile stellten mit diesen Argumenten die von ihnen als bedeutsam erkannten Handlungs- und Leistungsziele gegenüber dem Kind als nützlich für seine kognitive Entwicklung sowie für sein motivational-affektives Erleben dar. Das dabei am häufigsten eingesetzte Argument lautete sinngemäß: «weil du so fachlich besser werden kannst» (in 15 von 26 Argumenten).
- Der vierthäufigste Begründungstyp positive externale Zweckmäßigkeit (Oe+), der sich inhaltlich vom Begründungstyp Oi+nur dadurch unterscheidet, dass hier nicht internale, sondern externale positive Konsequenzen in Form handfester Belohnungen, günstiger Beurteilungen, Zugangsberechtigungen, Lob oder Hilfestellungen in Aussicht gestellt werden, wurde von den Elternteilen in 22 Argumenten (11.3 % overall) eingesetzt. Das prototypische Argument lautete hierbei: «weil du so eine günstige Ausgangslage für den Übertritt und deine Berufswahl erreichen kannst» (in 12 von 22 Argumenten).

Deutlich wird, dass die Elternteile mit den beiden Begründungstypen positive externale Wesentlichkeit (Ee+) und negative externale Zweckmäßigkeit (Oe−) in 95 von 194 Wertepisoden (49.0 % overall) eine Argumentationsstrategie eingesetzt haben, die den Kindern mehr oder weniger explizit einen geringen oder eher geringen Entscheidungsspielraum hinsichtlich der Befolgung eines Verhaltens- oder Leistungsziels signalisierte: «Es ist bedeutsam, dass du das Ziel erreichst, weil du einfach musst» und «Es ist bedeutsam, dass du das Ziel erreichst, weil du sonst negative Konsequenzen gewärtigen musst». Mit den beiden Argumentationsstrategien wiesen die Elternteile gegenüber dem Kind explizit auf die Erwartungen des sozialen Umfelds bzw. auf aversive Aspekte hin: Die für den Begründungstyp positive externale Wesentlichkeit (Ees+) charakteristischen Formulierungen «nicht umhinkommen», «müssen» und «verantwortlich sein» verweisen auf die von den Elternteilen hervorgehobenen Anforderungen, die sie als wesentlich erachteten im Zusammenhang mit der jeweils im Fokus stehenden Rolle des Kindes als Schüler/-in, als Person in einem Statusübergang oder als Tochter bzw. Sohn (vgl. Tabelle 7.3 und Tabelle 7.4). Dem Kind wurde verbal ein Rollenmerkmal und eine damit zusammenhängende Pflicht signalisiert, entsprechend zu handeln, – und somit immer auch angedeutet, dass es bei Zuwiderhandlung in Konflikt mit signifikanten Personen und Institutionen geraten würde (vgl. Abschnitt 5.6.2.3).

Für den Begründungstyp negative externale Zweckmäßigkeit (Oe−) ist das Adverb «sonst» charakteristisch. Hier funktionieren die Wertregulationen direkt über Bedrohungsszenarien. Zwar signalisiert der Einsatz von Zweckmäßigkeitsargumenten stets die Absicht, beraten zu wollen (vgl. Abschnitt 5.6.2.3), doch dürften die meisten Kinder die verbalisierten aversiven Konsequenzen durchaus als Einschränkung ihres Entscheidungs- bzw. Handlungsspielraums auffassen und vermutlich wahrnehmen, dass die Eltern die Bedeutsamkeit des entsprechenden Handlungs- oder Leistungsziels als hoch veranschlagen. In welchem Maß diese negativ-valenten Begründungen aufseiten der Kinder zu negativen Emotionen wie Angst oder aber Ärger führten, dürfte v. a. davon abhängig sein, inwiefern sie dem im jeweiligen Argument genannten Zweck (z. B. den Übertritt in die Abteilung A der Sekundarschule schaffen) selber eine hohe Bedeutung beimaßen, und davon, für wie wahrscheinlich sie das Eintreffen der angedrohten negativen Konsequenzen hielten (vgl. Abschnitt 5.6.2.1).

Bei den beiden Begründungstypen positive internale Zweckmäßigkeit (Oi+) und positive externale Zweckmäßigkeit (Oe+), die zusammen in knapp einem Viertel der Wertregulationen als Argumentationsstrategie eingesetzt wurden, eröffnete sich den Kindern dahingegen ein wesentlich größerer Spielraum für eigene Entscheidungen, weil beide ein appetitiv-beratendes Moment in sich tragen: Das Kind wurde verbal für ein bestimmtes Handeln oder eine bestimmte Leistung motiviert, indem ihm die positiven internalen bzw. externalen Konsequenzen geschildert wurden, die sich bei der Erreichung des betreffenden Ziels eröffnen würden. Zumindest vordergründig signalisierten die Elternteile eine geringe Verbindlichkeit, indem sie beratend mit der Instrumentalität des angesprochenen Handlungs- oder Leistungsziels zur Erlangung größerer, dem Kind wohl wichtigere Ziele zu locken wussten (vgl. Abschnitt 5.6.2.3).

8.1.3 Fokussierte schulbezogene Ziele der elterlichen Kontrollregulationen

Die strukturierenden qualitativen Inhaltsanalysen, denen die 104 Kontrollepisoden auf der Basis der Kategoriensysteme «Thema der Gesprächssequenz» (vgl. Tabelle 6.7) und «Zielbereiche» (vgl. Tabelle 6.8) unterzogen wurden, förderten zutage, dass die Elternteile vornehmlich von evaluativen Feedbacks gegenüber den Kindern berichten, die wie schon bei den Wertregulationen vor allem im Rahmen von häuslichen Gesprächen über Hausaufgaben und den Übertritt sowie – in geringerem Maß – in Gesprächen über Prüfungsergebnisse und über Erlebnisse in der Schule erfolgt waren.

Bezüglich der Hausaufgabenerledigung und Prüfungsvorbereitungen, die mit 47 Episoden das Hauptthema in den 60 lernthematischen Episoden bildeten (vgl. Tabelle 7.5), ergaben sich folgende Befunde:

- Am häufigsten standen Ziele im Fokus der elterlichen Feedbacks, die sich fachlich-methodischen Kompetenzen (Zielbereich C) zuordnen ließen: In 18 Episoden beurteilten die Elternteile Handlungsweisen des Kindes, die das Planen, Überwachen und Evaluieren des eigenen Lernens und somit metakognitive Lernstrategien (vgl. Friedrich & Mandl, 1992) betrafen: Konkret wurde in den entsprechenden Episoden beurteilt, wie effizient, selbständig, sorgfältig, verstehensorientiert und analytisch die Hausaufgabenerledigung oder das Lernen auf anstehende Prüfungen erfolgte. Ebenso beurteilten die Elternteile in weiteren zehn Episoden das Ressourcenmanagement des Kindes: Die Zeiteinteilung bei längerfristigen Aufgabestellungen sowie das Zurückgreifen auf Hilfsmittel wie das Wörterbuch oder das Internet wurden hierbei thematisiert. Eine untergeordnete Rolle spielten dahingegen die ebenfalls dem Zielbereich C zugeordneten Handlungsweisen des Kindes, die die Verarbeitung des Lernstoffs betrafen: Konkret fanden sich lediglich zwei Stellen, in denen die Elternteile das Memorieren, Organisieren oder Elaborieren der im Rahmen von Hausaufgaben zu internalisierenden Informationen durch das Kind beurteilt hätten («Du hast das Ausrechnen von Beträgen im Kopf gut/schlecht im Griff» und «Du hast das Analysieren von Sprache mittels Grammatik gut/schlecht im Griff»).
- Am zweithäufigsten standen im Kontext von Hausaufgaben motivationale Aspekte der Kinder und somit aktivitäts- und umsetzungsorientierte Kompetenzen (Zielbereich B) im Zentrum der elterlichen evaluativen Feedbacks: In neun Episoden wurde das Engagement des Kindes beim häuslichen Lernen beurteilt, in je zwei Episoden der Wille (sich überwinden und an die Arbeit machen) und die Anstrengung (dranbleiben).

– Am dritthäufigsten wurden bei Hausaufgaben und Prüfungsvorbereitungen gemäß den Aussagen der Elternteile sozial-kommunikative Aspekte (Zielbereich D) in den evaluativen Feedbacks thematisiert: In sieben Episoden wird die Qualität der Zusammenarbeit mit Eltern oder Freunden sowie das Hilfesuchverhalten des Kindes beurteilt.

Bezüglich des Übertritts, des anderen zentralen schulbezogenen Gesprächsgegenstandes in den Eltern-Kind-Dyaden (in 31 der 44 leistungsthematischen Episoden), zeigt sich (vgl. Tabelle 7.6) Folgendes:

– Im Fokus der elterlichen Kontrollregulationen stand vor allem (in 14 der 31 spezifisch übertrittsbezogenen Episoden) die Wahrscheinlichkeit der Zuteilung zum erwünschten Sekundarschultyp bzw. das Erfüllen der diesbezüglichen Bedingungen (Zielbereich E).
– Am zweithäufigsten fokussierten sie Ziele, die personalen Kompetenzen (Zielbereich A) zuzuordnen waren: In neun der 31 Episoden beurteilten die Elternteile die Angemessenheit der Situationseinschätzung durch die Kinder. Unter anderem versuchten sie ihnen dabei klar zu machen, dass sie den Anforderungsgrad der Abteilung A verkennen oder deren Bedeutung für die eigene berufliche Zukunft unterschätzen würden.
– Auch Anstrengung und Engagement – und somit Ziele im Bereich aktivitäts- und umsetzungsorientierter Kompetenzen (Zielbereich B) standen in neun Episoden im Zentrum des evaluativen Feedbacks zum übertrittsbezogenen Handeln des Kindes (vgl. Tabelle 7.6).

Hinsichtlich der anderen beiden schulbezogenen Themen in den Elternhäusern zeigt sich ferner, dass in den Episoden, die sich mit Prüfungsergebnissen beschäftigen, vor allem das Engagement und die Anstrengung des Kindes bei der Prüfungsvorbereitung (Zielbereich B) beurteilt wurde (in sechs von 13 entsprechenden Episoden) (vgl. Tabelle 7.6). In den Episoden, in denen das Handeln des Kindes im Unterricht zum Gesprächsgegenstand wird, fokussierten die Eltern in ihren Kontrollregulationen vor allem auf sozial-kommunikative Aspekte (Zielbereich D) (in sechs von acht entsprechenden Episoden): Beurteilt wurde von ihnen die Gestaltung der Beziehung zu Lehrkräften und zu den Klassenkamerad*innen sowie der Umgang mit Konflikten mit diesen Personengruppen (vgl. Tabelle 7.5).

Die Befunde machen deutlich, dass sich die 20 Elternteile hauptsächlich in Situationen, in denen das Kind allein oder zusammen mit ihnen an den Hausaufgaben saß, oder aber im Zuge gemeinsamer Gespräche über den Übertritt anschickten, bestimmte Aspekte seines Lern- und Leistungshandelns vor ihm zu evaluieren. Sofern sie das häusliche Lernen thematisierten, standen wiederum Aspekte der Selbstregulation im Zentrum der elterlichen Beurteilungen: seine metakognitiven Strategien, seine Ressourcenstrategien oder aber seine Motivation. Fasst man die von den 20 Elternteilen laut eigenen Erzählungen am häufigsten beurteilten Handlungsziele zu einer verdichteten prototypischen Aussage zusammen, so lautet diese: «Du hast das selbständige, sorgfältige, effiziente und lernproduktive Erledigen deiner Schularbeiten gut/schlecht im Griff».

In leistungsbezogenen Gesprächsanlässen, die sich vornehmlich um den Übertritt drehten, waren die Elternteile vor allem damit beschäftigt, dem Kind ein Bild davon zu vermitteln, inwieweit es zum jeweiligen Zeitpunkt die Anforderungen für die aspirierte Abteilung der Sekundarschule erfülle und wie angemessen seine eigene Einschätzung sei. «Du hast das Erfüllen der Bedingungen für den Übertritt in die Abteilung A der Sekundarschule sowie das Einschätzen der Anforderungen und der Tragweite dieses Übertritts gut/schlecht im Griff», lautete hier die verdichtete prototypische Aussage der 20 Elternteile.

Die Ähnlichkeiten der Ziele, die in den wert- und in den kontrollbezogenen Kommunikationssituationen anvisiert wurden, kann angesichts der Tatsache, dass es oft dieselben Textstellen waren, in denen beide Regulationstypen kombiniert auftauchten, kaum erstaunen. Wie in Abschnitt 5.6.2 erwähnt, können die untersuchten Handlungsepisoden mit Blick auf die Arbeiten von Hattie und Timperley (2007) sowie Kluger und DeNisi (1996) als Ganzes auch als Schilderungen von Rückmeldesituationen verstanden werden, in denen die Eltern von ihren Feed Back-Moves (elterliche Kontrollregulationen) sowie – oft noch im gleichen Satz – von ihren Feed Up- und Feed Forward-Moves (elterliche Wertregulationen) berichten: Bedeutsamkeitszuschreibungen wurden von den Eltern mehrheitlich in Situationen vorgenommen, in denen sie problematische Aspekte im Denken und Handeln des Kindes erkannten, und oftmals – wenn auch nicht immer – benannten sie das in ihren Augen Defizitäre explizit, indem sie ein entsprechendes negativ-valentes evaluatives Feedback abgaben (vgl. Abbildung 7.6). Ebenso finden sich auch einzelne elternberichtete Episoden, in denen beide Regulationsarten in positiv-valenten Gesprächssituationen kombiniert auftraten: Die Elternteile benannten einen Aspekt, den das Kind gut im Griff habe und betonten die Bedeutsamkeit, weiterhin entsprechend zu handeln.

Das Zusammenspiel von verbalen Wert- und Kontrollregulationen wurde in der vorliegenden Arbeit, die sich auf Handlungsschilderungen abstützt, nicht genauer untersucht. Mit Blick auf die Interaktionen, die zwischen den wert- und kontrollbezogenen Kognitionen bei Individuen bestehen (vgl. Kapitel 5), stellt das Beschreiben und Erklären des Zusammenspiels zwischen value interventions und evaluative feedback aber ein wichtiges Desiderat in der relativ jungen Motivierungsforschung dar (vgl. Hulleman & Barron, 2016).

8.1.4 In den elterlichen Kontrollregulationen eingesetzte Argumente

Die Analysen haben offengelegt, dass die 20 Elternteile in den von ihnen beschriebenen 104 Kontrollregulationen mit insgesamt 140 attributionalen Argumenten versucht haben, ihren Kindern gegenüber zu unterstreichen, warum diese ein bestimmtes lern- oder leistungsbezogenes Ziel genügend bzw. ungenügend im Griff hätten (vgl. Tabelle 7.7 und Tabelle 7.8). Diese Argumente wurden mit Hilfe des auf der Basis von Weiners Klassifikationsschema kausaler Attributionen (1994, S. 271) geschaffenen Kategoriensystems «Elterliche Strategien der verbalen Kontrollvermittlung» (vgl. Abbildung 5.3) hinsichtlich der vier Dimensionen Lokus (internal vs. external), Stabilität (stabil vs. variabel), willentliche Beeinflussbarkeit (tief vs. hoch) und Valenz des Arguments (positiv vs. negativ) codiert.

Die Untersuchung der 140 Argumente entlang dieser vier Dimensionen ergab,

- dass die 20 Elternteile ihren Kindern in überwiegendem Maß (in 117 Argumenten, 83.6 % overall) internale Aspekte, also solche, die bei diesen selber lagen, vor Augen gehalten hatten,
- dass die Mehrheit dieser internalen Aspekte (81 Argumente, 69.2 % intra) das Handeln des Kindes – also ein prozessualer, willentlich veränderbarer Faktor betraf,
- dass sie mehrheitlich (95 der 140 Argumente, 67.9 % overall) auf stabile Aspekte verwiesen und
- dass die überwiegende Mehrheit, nämlich 101 der140 Argumente (72.1 % overall), negativ gefärbt waren und somit auf Aspekte zeigten, die in den Augen der Elternteile problematisch waren.

Mit Blick auf die aus den vier Dimensionen gebildeten kontrollbezogenen Begründungstypen (vgl. Abbildung 5.3) traten in den 104 Kontrollregulationen großmehrheitlich (in 69 Episoden, 66.3 %) die folgenden drei Argumentationsmuster allein oder in Kombination auf (vgl. Abbildung 7.6):

- Bei weitem am häufigsten (in 48 von 140 Argumenten, 34.3 % overall) setzten die Elternteile den Begründungstyp stabiles negatives Handeln des Kindes (KHs-) ein. Somit wurde in jedem dritten Argument ein Aspekt des Handelns des Kindes thematisiert, der zwar als dauerhaft problembehaftet dargestellt wurde, aber grundsätzlich durch das Kind willentlich veränderbar und für dieses somit nicht gänzlich unkontrollierbar war (vgl. Abschnitt 5.3.3.2). Würde das Kind den angesprochenen Handlungsaspekt optimieren, so lautete die dabei transportierte Botschaft, könnte es das entsprechende Lern- oder Leistungsziel in den Griff bekommen. Gruppiert man die in Tabelle 7.7 und Tabelle 7.8 genannten konkreten Aussagen inhaltlich, ergibt sich für den Begründungstyp KHs- die folgende verdichtete prototypische Aussage der 20 Elternteile: «weil du ständig zu wenig intensiv und kontinuierlich arbeitest und vor der ernsten Situation des Übertritts die Augen verschließt» (in 23 von 48 Argumenten).
- Am zweithäufigsten (in 19 Argumenten, 13.6 % overall) fand sich der Begründungstyp variables negatives Handeln des Kindes (KHv-). Die Elternteile argumentierten hierbei mit mangelhaften Handlungsmerkmalen des Kindes, die hin und wieder aufträten. Mit der explizit angesprochenen Variabilität des Auftretens – «weil du es manchmal (noch) falsch machst» – brachten sie gegenüber ihrem Kind implizit aber immer auch zum Ausdruck, dass es ein bestimmtes lern- oder leistungsbezogenes Ziel mit erhöhter Aufmerksamkeit und dem notwendigen Willen in den Griff kriegen könne bzw. ab und an bereits unter Kontrolle habe (vgl. Abschnitt 5.3.3.2). Die verdichtete prototypische Aussage lautet hier: «weil du manchmal zu wenig intensiv arbeitest bzw. ein schlechtes Vorgehen wählst» (in elf von 19 Argumenten).
- Am dritthäufigsten (17 Argumente, 12.1 % overall) setzten die Elternteile den Begründungstyp variable negative Bedingungen beim Kind (KBv-) ein. Charakteristisch für diesen Begründungstyp ist es, dass ein hinderliches Bedingungsmerkmal beim Kind als temporär (noch) auftretend dargestellt wird. Die Botschaft lautet somit: «Zwar wirst du zeitweise von diesen Umständen geplagt, aber wenigstens nicht immer bzw. zunehmend weniger. Du hast das Lern- oder Leistungsziel zwar lediglich mäßig im Griff, doch ist die Situation nicht aussichtslos.» Diese Argumentationsstrategie signalisiert zwar eine geringe willentliche Beeinflussbarkeit des betreffenden Ziels oder Handlungsaspekts, gleichzeitig erscheint die Lage durch das angedeutete lediglich sporadische Auftreten der hindernden Faktoren nicht gänzlich hoffnungslos (vgl. Abschnitt 5.3.3.2). Das verdichtete prototypische Argument der Elternteile lautete hierbei: «weil du ab und zu (noch) eine unzureichende Einstellung hast bzw. noch kindlich-unreif denkst» (in 12 von 17 Argumenten).

Die Befunde zu den drei am häufigsten eingesetzten Strategien, mit denen die Elternteile gemäß eigener Erzählungen ihren Kindern zu verdeutlichen suchten, inwiefern diese die angesprochenen schulische Ziele im Griff hätten, lassen vermuten, dass ihnen wenigstens intuitiv klar war, wie heikel evaluative Feedbacks mit Blick auf den Selbstwert und somit bezüglich des emotionalen Erlebens und der Motivation sein können: Einerseits fühlten sie sich in ihrer Rolle als Eltern verpflichtet, den Kindern ein möglichst adäquates Bild ihrer Einschätzung seiner lern- und leistungsbezogenen Situation abzugeben – wobei die Evaluation derselben in 80 der 104 Kontrollregulationen (76.9 %) negativ ausfiel («Du hast es schlecht in Griff», vgl. Abschnitt 7.2.3.2). Andererseits vermieden es die Elternteile meist, den in motivationaler Hinsicht besonders problematischen Begründungstyp stabile negative Bedingungen beim Kind (KBs-) einzusetzen. Mit zehn von 140 Argumenten (7.1 % overall) gehörte dieser Begründungsansatz, bei dem die fehlende Kontrolle eines schulischen Ziels gegenüber dem Kind mit in ihm liegenden, sich negativ bemerkbar machenden dauerhaften Umständen erklärt wird[2], klar nicht zu den Kernstrategien der Elternteile. Sie vermieden es somit, maladaptive Attributions-Emotions-Motivations-Performanz-Pfade zu initiieren und zu fördern (vgl. Abschnitt 5.3.3.2), die bei negativ-valenten Ergebnissen oder Feedbacks in Selbst- oder Fremdattributionen auf willentlich nicht beeinflussbare, internale und stabile Faktoren ihren Ausgang nehmen, tiefe Kontrolleinschätzungen und entsprechende negative Emotionen erzeugen und mit unliebsamen Effekten auf den Selbstwert einhergehen, was wiederum in ungünstigen motivationalen Zuständen und in entsprechend ungenügenden Lernhandlungen resultiert, welche schließlich in erneute Misserfolge bzw. Kritik münden (vgl. Perry & Hamm, 2017, S. 71). Vielmehr setzten die Elternteile in ihren negativ-valenten Feedbacks solche attributionalen Argumente ein, die dem Kind wenigstens ein Mindestmaß an Zuversicht und Selbstwertschutz ermöglichten: So signalisiert der am häufigsten benutzte Begründungstyp stabiles negatives Handeln des Kindes (KHs-) zwar die Dauerhaftigkeit des ungünstigen Zustandes, gleichzeitig wird aber mit dem Handeln ein willentlich veränderbarer Aspekt angesprochen. Mit dem am zweithäufigsten eingesetzten Begründungstyp variables negatives Handeln des Kindes (KHv-) wird in Anbetracht der negativen Beurteilung, die der Elternteil vermitteln möchte, sogar optimal attribuiert, insofern als variable und willentlich veränderbare Faktoren angeführt werden, die sich immer wieder als zentrale Elemente eines adaptiven Zuschreibungs-Handlungs-Pfads (vgl.

---

[2]Die verdichtete prototypische Aussage der Elternteile lautete in neun der zehn diesbezüglichen Argumente: «weil du über ungünstige Persönlichkeitsmerkmale verfügst bzw. eine dauerhaft schlechte Einstellung der Sache gegenüber aufweist» (vgl. Abschnitt 7.2.2.3).

Abschnitt 5.3.3.2) erwiesen haben. Selbst beim Begründungstyp variable negative Bedingungen beim Kind (KBv-), der am dritthäufigsten eingesetzt wurde und der wegen der Attribuierung auf ein strukturelles, im Kind liegendes Merkmal und der damit einhergehenden geringen willentlichen Beeinflussbarkeit als problematischer Argumentationsansatz betrachtet werden muss, haben die Elternteile mit dem Aspekt der Veränderlichkeit («du verfügst insofern noch über hinderliche personale Merkmale, als du kindlichen Ideen nachhängst und dir die notwendige Reife fehlt») ein Element in ihre Argumentationen eingebaut, das eine günstige Entwicklung in naher Zukunft impliziert und somit trotz negativer Evaluation Zuversicht signalisiert.

8.2 Die vier Typen des verbal-appellativen Motivierungshandelns bei einem unklaren Übertritt: Bedingungen, Chancen, Risiken

Welcher individuelle Stil des verbal-appellativen Motivierens lässt sich bei denjenigen 18 Eltern feststellen, die nicht nur hinsichtlich der verbalen Gestaltungsmerkmale ihrer wert- und kontrollbezogenen Botschaften, sondern auch bezüglich der kommunikativen und affektiven Charakteristiken ihrer Appelle an das Kind in der unsicheren Übertrittszeit untersucht wurden?

Welche Typologie verbal-appellativen Motivierungshandelns im Kontext eines unklaren Übertrittsentscheids lässt sich schließlich aus den individuellen Stilen der Elternteile gewinnen und mit welchen Bedingungsmerkmalen, Chancen und Risiken sind die einzelnen Handlungstypen verbunden?

Zur Beantwortung der fallspezifischen Forschungsfrage 3 nach dem individuellen Stil des verbalen Motivierens, den die 18 Eltern während der Übertrittszeit praktiziert hatten, wurden jeweils alle Interviewstellen eines Elternteils, die wert- und kontrollbezogene Regulationen sowie die Schilderungen häuslicher Kommunikationssituationen nach einem Erfolg oder Misserfolg bei einer Mathematikprüfung enthielten (vgl. Abschnitt 6.4.1), einem höher-inferenten Rating bezüglich der folgenden sieben Qualitätsdimensionen unterzogen: a) Betonung von Wesentlichkeit, b) Betonung positiver Aspekte, c) Betonung internaler Aspekte, d) zugeschriebene Kontrolle, e) Diskursivität, f) Assertivität sowie g) emotionale Zuwendung (vgl. Abschnitt 6.4.3).

In Tabelle 7.14 wurde der aus den genannten Dimensionen gebildete individuelle Stil des verbal-appellativen wert- und kontrollbezogenen Handelns für jeden Elternteil in Form des jeweiligen numerischen Merkmalsstrings sowie in Textform als Fallprofile (vgl. Spalte 9 in Tabelle 7.14) dargestellt. Letztere stellen Verdichtungen der ausführlichen Fallrekonstruktionen dar, die zuvor bezüglich jeder der sieben Dimensionen in den Abschnitten 7.3.1 bis 7.3.4 entwickelt worden sind.

Die fallspezifischen Analysen haben gezeigt, dass unter den 18 Elternteilen bezüglich der sieben Dimensionen 16 verschiedene Merkmalskonfigurationen existierten. Lediglich die Elternteile R12 und V11 sowie die Elternteile M11 und Z31 wiesen während der Übertrittszeit je kongruente Motivierungsstile auf (vgl. Abschnitt 7.3.5).

Mit Blick auf die gruppenspezifische Fragestellung 4 wurden die 18 Profile bzw. die ihnen zugrundeliegenden sieben Dimensionen mittels der Hauptkomponentenanalyse zuerst einer Dimensionsreduktion unterzogen (vgl. Abschnitt 6.4.4.1). Dabei offenbarte sich, dass sich die untersuchten Elternteile nach drei grundlegenden Dimensionen ihres verbalen Motivierungshandelns positionieren ließen: nach dem Grad ihrer Normorientierung, nach dem Grad ihrer Kindorientierung sowie nach dem Grad ihrer Durchsetzungsorientierung (vgl. Abschnitt 7.4.1). Die anschließende Clusteranalyse (vgl. Abschnitt 6.4.4.2) zeigte ferner, dass in der Stichprobe vier Typen des verbal-appellativen Motivierungshandelns während der unsicheren Übertrittszeit unterschieden werden konnten: 1. Diskursives Warnen vor den Folgen, 2. Unverbindliches, beschwichtigendes Hinweisen auf die Notwendigkeiten, 3. Ungeschminktes und schonungsloses Vermitteln der negativen leistungsbezogenen Einschätzung sowie 4. Standfestes, diskursives Überzeugenwollen mittels gewinnender Argumente (vgl. Abschnitt 7.4.2).

Im Folgenden sollen die charakteristischen Merkmale jedes Handlungstyps am Beispiel eines jeweils besonders repräsentativen Fallprofils nochmals skizziert werden und mit Bezug zu den in Kapitel 5 erläuterten Zusammenhängen und Befunden, aber auch mit Blick auf die spezifischen Umstände der einzelnen Eltern-Kind-Dyaden, die ihnen zugeordnet sind, hinsichtlich ihrer mutmaßlichen Effekte auf die Motivation und das emotionale Erleben des Kindes diskutiert werden.

8.2.1 Motivierungstyp 1: Diskursives Warnen vor den Folgen

Die Gruppe von fünf Elternteilen, die den Motivierungstyp «Diskursives Warnen vor den Folgen während der Übertrittszeit» praktiziert hatte, setzte sich aus den Müttern D11, H11, H12, und Z12 sowie aus dem Vater V12 zusammen (vgl. Tabelle 7.16). Ihre Kinder waren die Mädchen K01, K05, K15 und die beiden Jungen K06 und K14 (vgl. Tabelle 4.4).

8.2 Die vier Typen des verbal-appellativen Motivierungshandelns ... 691

Das Charakteristische am Motivierungsstil dieser Elternteile bestand darin, dass sie bezüglich der grundlegenden Dimension «Normorientierung» anders handelten als die überwiegende Mehrheit der übrigen Elternteile (vgl. Abbildung 7.7 und Abbildung 7.9). Typischerweise begründeten sie die Bedeutsamkeit schulischer Ziele nicht mit positiv-valenter Wesentlichkeit, («..., weil du das einfach musst») oder positiv-valenter Zweckmäßigkeit («..., weil du so ein wichtiges Ziel erreichst»), sondern indem sie ihrem Kind die aversiven Folgen vor Augen hielten, die es im Falle des Nichtbefolgens des von ihnen als bedeutsam markierten Lern- oder Leistungsziels zu gewärtigen habe. Abgesehen von der Mutter D11, die ihrer Tochter K01 aversive Konsequenzen bezüglich internaler Aspekte nannte – («weil du so mehr lernst», «weil du dich dann besser fühlst» –, warnten die übrigen Elternteile ihre Kinder vor allem vor negativen Folgen für den (externalen) Übertrittsentscheid.

Ein weiteres Merkmal des verbalen Motivierungshandelns aller fünf Elternteile bestand darin, dass sie bei ihren Wert- und Kontrollregulationen grundsätzlich diskursiv vorgingen: Sie waren darum bemüht, ihre Zuschreibungen mit denjenigen ihres Kindes abzugleichen, dessen Sichtweise zu erfahren und die eigene bei Bedarf genauer zu erklären.

Hinsichtlich der übrigen Stilkomponenten zeigte sich, dass diese Eltern mit Ausnahme der Mutter Z12 ihren Kindern eine eher geringe Kontrolle der Übertrittssituation (2) zuschrieben, dass sie mit Ausnahme der Mutter H11 eine eher hohe Assertivität (3) an den Tag legten und durchgängig mit hoher (3) bis sehr hoher (4) emotionaler Zuwendung auf Erfolge oder Misserfolge des Kindes reagierten (vgl. Tabelle 7.16).

Der mit Blick auf die Ausprägungen seiner Stilmerkmale am durchschnittlichsten handelnde Elternteil dieser Gruppe war der Vater V12 (vgl. Abschnitt 7.4.2). Das verbal-appellative Handeln der Eltern des Motivierungstyps 1 lässt sich folglich an seinem Fallprofil gut illustrieren und diskutieren:

V12 führte zum Zeitpunkt der Erhebung zusammen mit seiner Frau einen landwirtschaftlichen Betrieb und besaß neben seinem Sohn K14 noch ein weiteres jüngeres Kind. Die vier Familienmitglieder sind in der Schweiz geboren und aufgewachsen. Der Vater V12 hat das Gymnasium mit der Matura abgeschlossen und die Mutter hat die Abteilung A der Sekundarschule besucht. Beide haben eine berufliche Ausbildung, der Vater V12 hat diese mit dem Meistertitel beendet, der ihn befähigt, Lehrlinge auszubilden (vgl. Tabelle 4.1. und Tabelle 4.2). Der Sohn K14, der im Halbjahreszeugnis der 6. Klasse in Mathematik die Note 4.5 und in Deutsch die Note 4.0 aufwies, litt an einer leichten Legasthenie (vgl. Tabelle 4.4). Er wurde am Ende der Erhebungszeit in die Abteilung B eingeteilt, war aber einer der beiden Kinder der Stichprobe, die bereits zum ersten «Umstufungstermin» in der Sekundarschule in die anspruchsvollere Abteilung A umgeteilt wurden (vgl. Abschnitt 3.3).

Bezüglich seiner Wertzuschreibungen wies der Vater V11 die für die Elterngruppe charakteristische Merkmalskombination Betonung von Zweckmäßigkeit (2), Betonung negativer Konsequenzen (2) sowie Betonung externaler Aspekte (2) auf (vgl. Tabelle 7.10): Er zeigte sich gegenüber seinem Sohn immer wieder beratend, mahnend und warnend und versuchte diesem die Nützlichkeit von Lernen, Arbeitsmethoden und Unterricht für das Lösen von Alltagsproblemen (Episode M137, vgl. Anhang, Tabelle 9.1), für die persönliche Entwicklung (M148, M151), für das persönliche Wohlbefinden (M160, M161, M163), namentlich aber für die Berufswahl und das spätere Arbeitsleben (M131, M139, M147) darzulegen. Im Verlauf der Übertrittszeit wurden sich die Eltern, die Klassenlehrerin L07 sowie K14 einig, dass letzterer erst einmal in die Abteilung B übertreten sollte:

«Ich denke auch die Einstufung, die hat K14 auf eine Art auch wieder beruhigt. Es ist jetzt klar gewesen. Wir haben ihm zuvor gesagt: 'Das Ziel wäre ja sicher B.' Wir haben ja auch gesehen, dass das A wahrscheinlich eher eine Stufe zu hoch ist. Und für ihn selber hatten wir auch das Gefühl, dass er ein wenig gefestigt und beruhigt ist. Jetzt ist das klar. Es war dann eher ein bisschen die Gefahr, dass er- ich habe ihm dann mal gesagt: 'Das heißt jetzt nicht, dass du wegen dem zurücklehnen musst und noch weniger machst.'» (M134).

Auch wenn Zweckmäßigkeitsargumente überwogen, wurde K14 wie in der zitierten Stelle auch immer wieder an seine Pflichten als Schüler erinnert und es wurde ihm signalisiert, dass er sich als jemanden erkennen müsse, der das Potential zu mehr habe als das, womit er sich zufriedengebe. Die Eltern V12 strebten für ihren Sohn den Aufstieg in die Abteilung A an und warnten ihn namentlich in den zentralen übertrittsbezogenen Episoden M134 und M147 vor einem Lockerlassen:

«[Wir haben] die Wichtigkeit [immer wieder besprochen], dass man sich- einfach versucht, sein Potential zu nutzen. Wir haben jetzt mal gesagt: 'Jetzt bist du in dieser Sek B eingestuft. Mathe und Französisch in der zweiten Stufe, von 1–3.' Dass sein Ziel jetzt sein sollte, dass er dort versucht, nicht einfach zu verharren oder zu sinken, sondern wirklich sich Mühe gibt und die Zeit möglichst optimal nutzt. Weil später irgendwann, das Spektrum der Möglichkeiten wird einfach weiter, je mehr er da-» (M147)

In seinen Kontrollregulationen bescheinigte der Vater V12 – wie dies mit der Ausnahme der Mutter Z12 alle Eltern dieser Gruppe taten (vgl. Tabelle 7.16) – seinem Sohn eine eher tiefe Kontrolle (2) der Übertrittssituation: Fast durchgängig argumentierte er gegenüber K14 mit dessen stabil ungünstigem Handeln oder mit dessen variabel ungünstigem Handeln (vgl. Tabelle 9.4). Die beiden Argumente der Episoden F067 und F071, welche dispositionale Merkmale von K14 benennen (du bist ein Minimalist, was Leistungsziele betrifft und du bist ein Minimalist, was den Einsatz bei Hausaufgaben betrifft), bringen zum Ausdruck, dass V12 grundsätzlich die Einstellung seines Sohnes gegenüber Schule und Lernen missbilligte und dies an den vielen Aspekten des Handelns bei Hausaufgaben festmachte, die er in den

8.2 Die vier Typen des verbal-appellativen Motivierungshandelns ... 693

einzelnen Episoden thematisierte (vgl. F070, F071, F072, F073, F075, F076). Bezogen auf den Übertritt sind vor allem die Kontrollregulationen F068 (weil du ständig fälschlicherweise denkst, in der Abteilung B könne man sich zurücklehnen) und F069 (weil du ständig nicht bedenkst, dass die Lehrstellensuche mit einer Sek B schwieriger wird) relevant, insofern als sie Ausdruck der bereits erwähnten Sorge von V12 sein dürften, wonach sein Sohn die Bedeutung, die von der jeweils besuchten Abteilung für die Berufswahl ausgehe, nicht erkennen wolle.

Mit Blick auf den Kommunikationsmodus, mit dem er in den 34 Episoden seine wert- und kontrollbezogenen Botschaften vermittelt hat, wies V12 – wie alle Eltern dieser Gruppe – einen eher hohen Grad an Diskursivität (3) und – wie alle Eltern außer der Mutter H11 – auch einen eher hohen Grad an Assertivität (3) aus (vgl. Tabelle 7.12): So finden sich in den Episoden eine Vielzahl von Dialogen mit dem Sohn K14, die in der Bauernfamilie oft beim Essen stattfanden und sich nicht selten um die Bedeutung des Übertritts in die Abteilung A drehten, für welche K14 nur geringe Aspirationen aufwies:

«Bei uns finden sehr viele Diskussionen am Tisch statt, bei den Mahlzeiten, wenn wir gegessen haben. [...] mindestens drei-, viermal am Tag sitzen wir zusammen an diesem Tisch. Oder am Abend, wenn es darum gegangen ist, in seinem Zimmer, beim Lernen, beim Hausaufgaben machen. Wenn er das Gefühl hatte, es reiche jetzt, das sei jetzt genug.» (M141)

Der Vater V12 und seine Frau insistierten auf der Kenntnisnahme bzw. Befolgung ihrer wert- und kontrollbezogenen Appelle: So wollte V12 seinen Sohn, weil dieser eben immer noch «eher ein Minimalist» (M136) sei, beständig «ermuntern» (M136) und «motivieren» (M135, M137, M139). Ebenso fand er, dass man K14 «schon ein wenig Druck oder [...] Ultimaten setzen» müsse (M135). Auch «überwachen» sei nötig:

«Wenn man ihm zu viele Freiheiten lässt, dann ist es eben genau das. Er macht's in den letzten fünf Minuten und so. Wir probieren [...] immer, ihn möglichst auf eine gerechte Art, ihn immer wieder zu motivieren oder sanften Druck auszuüben, dass er es wirklich macht.» (M135)

Der eher hohe Grad an emotionaler Zuwendung (3), den alle Eltern dieser Gruppe nach Erfolgen oder Misserfolgen ihres Kindes bei Mathematikprüfungen an den Tag legen, zeigte sich bei V12 im Misserfolgsfall darin, dass er mit seinem Sohn nicht schimpfte, sondern ihn in solchen Situationen zu ermutigen suchte und dessen selbstwertdienliche Erklärungen stehen ließ:

«Ich probiere, wenn ich es nicht vergesse, bis zum nächsten Mal, probiere ich natürlich schon darauf-, oder am Abend noch schnell: 'Du, K14, was habt ihr durchgenommen, hast du es denn nicht verstanden? Ging es zu schnell, oder?-' und er spricht dann schon darüber. Immer hat er nicht eine Erklärung gerade bereit. Sicher wird er nicht irgendwie beschimpft oder so irgendetwas, sondern wir probieren ihn zu motivieren, dass er es nächstes Mal besser macht» (vgl. Tabelle 9.5).

Deutlich wird am Beispiel von V12, dass die Eltern des Handlungstyps 1 grundsätzlich um eine zugewandte, warme Beziehung zu ihrem Kind bemüht waren, in der viel diskutiert, gefragt und gegenseitig erklärt wurde. Die Eltern schufen so jenen grundsätzlich vertrauensvollen familiären Gesprächskontext, der es den Kindern ermöglichte, ihre eigenen Sichtweisen und Befürchtungen frei zu äußern, und der es ihnen erlaubte, trotz ihrer Widerreden und dem Streit, zu dem sie die Eltern manchmal herausforderten, sich stets als Persönlichkeiten anerkannt, sicher und wertgeschätzt zu fühlen. Diese Eltern waren mit anderen Worten um jene Beziehungsqualität bemüht, die grundsätzlich «the child's openness to parental socialization» (Darling & Steinberg, 1993, S. 493) fördert und die wenigstens langfristig die Wahrscheinlichkeit erhöht, dass die elterlichen Appelle internalisiert und befolgt werden (vgl. Abschnitte 2.3 und 5.7). Mit dem stark dialogischen Vorgehen stellten diese Eltern sodann sicher, dass die Passung ihrer Botschaften möglichst hoch war und – «tailored to the characteristics and needs of the individual» (Canning & Harackiewicz, 2015, S. 65) – dass das Kind ihre Gründe möglichst gut nachvollziehen konnte (vgl. Abschnitte 5.6.2.3 und 5.7). Mit Blick auf die grundlegende Dimension Durchsetzungsorientierung zeigt sich ferner, dass es diesen Eltern mit der deutlichen Ausnahme von Mutter H11 (vgl. Abbildung 7.9) wichtig war, sich Gehör zu verschaffen und «schon [mit] ein wenig Druck oder [...] Ultimaten», wie es V12 in Episode M135 ausdrückte, darum besorgt waren, dass sich ihr Kind die Inhalte der wert- und kontrollbezogenen Appelle zu eigen machte.

Angesichts der hohen Beziehungsqualität und Verbindlichkeit, um die die Eltern offenkundig bemüht waren, überraschen auf den ersten Blick ihre durchschnittlichen Werte auf der grundlegenden Dimension Kindorientierung (vgl. Abbildung 7.9). Diese lassen sich allerdings dadurch erklären, dass diese Elternteile – wie es der Vater V12 mustergültig illustriert – beim Thema Übertritt, berufliche Zukunft und entsprechendem Lern- und Leistungshandeln Klartext reden und dem Kind diesbezüglich mit der Ausnahme von Mutter Z12 eine eher geringe Kontrolle (2) zuschreiben. So lautet das verdichtete evaluative Feedback des Vaters V12:

«Merke dir: Du hast die Bewältigung der Lern- und Leistungsanforderungen während der Übertrittsphase eher schlecht im Griff, weil du zu geringe Aspirationen für die in

8.2 Die vier Typen des verbal-appellativen Motivierungshandelns ...

beruflicher Hinsicht wichtige Abteilung A aufweist und (noch) in vielerlei Hinsicht uninspiriert und unproduktiv deine Hausaufgaben erledigst.» (vgl. Tabelle 7.14).

Daneben wurden die Werte auf der grundlegenden Dimension Kindorientierung auch dadurch vermindert, dass diese Elternteile mit Ausnahme der Mutter D11 die Ausprägungen tief (1) oder eher tief (2) bei der Komponente Betonung internaler Aspekte aufweisen und mit anderen Worten eben immer wieder externale schulische Aspekte als Zweck in ihren von Zweckmäßigkeitsargumenten geprägten Wertregulationen anführten.

Diese stellen insofern das eigentliche Alleinstellungsmerkmal dieser fünf Eltern dar, als es mit E11 sowie M11 und Z32 nur noch drei weitere Elternteile aus zwei anderen Clustern gab, für die es ebenfalls typisch war, mit Zweckmäßigkeitsargumenten («weil du so etwas Erwünschtes erreichst») zu argumentieren. Wie aus den in Abschnitt 5.6.2.3 vorgestellten Befunden experimenteller Studien zur value intervention (vgl. Canning & Harackiewicz, 2015; Harackiewicz et al., 2012; Hulleman et al., 2010; Hulleman & Harackiewicz, 2009) geschlossen werden kann, dürften Eltern bei einer Kombination eines diskursiven Vorgehens und einer Betonung von Zweckmäßigkeit selbst bei Kindern mit geringen Kontrollüberzeugungen in der betreffenden Domäne die günstigsten Effekte hinsichtlich der Internalisierung ihrer wertbezogenen Botschaften und der Befolgung ihrer diesbezüglichen Appelle erreichen. Gehen sie dialogisch vor, gelingt es ihnen besser, die jeweiligen Hauptziele der Kinder in der betreffenden Situation zu erfahren und den von ihnen vermittelten utility value entsprechend anzupassen: «Es ist bedeutsam, dass du das tust, weil du so den von dir genannten Wunschzustand erreichst». Die Passung der dargestellten Zweckmäßigkeit, die implizit ausgedrückte Wahlfreiheit (autonomy) gekoppelt mit dem beratenden Modus des elterlichen Vorgehens («Ich rate es dir so zu machen, weil du so die von dir gewünschten Ziele (eher) erreichst, aber du kannst es auch so machen wie bisher»), dürften diskursiv angepasste positiv-valente internale oder externale Zweckmäßigkeitsargumente zu den besten Strategien der Wertvermittlung machen (vgl. Abschnitt 5.6.2.3).

Indem sie ihrem Kind nun typischerweise die aversiven Konsequenzen bzw. die Kosten (vgl. Abschnitt 5.5.1.4) vor Augen hielten, die ihm drohten, wenn es die von ihnen als bedeutsam markierten Handlungs- und Leistungsziele nicht befolge, agierten die vorliegenden fünf Elternteile allerdings vornehmlich mit negativ-valenten Zweckmäßigkeitsargumenten und setzten negative Verstärkung (vgl. Skinner, B. F., 1971, 1989) als Mittel ein (vgl. Abschnitt 5.6.2.1): «Es ist geboten, dass du so handelst, wie ich dir empfehle, weil du sonst mit den von mir genannten Kosten rechnen musst». Zwar ist der beratende Charakter der

Zweckmäßigkeitsargumente für das Kind wohl noch immer erkennbar – die Eltern sprechen keine eigentlichen Verbote wie bei negativen Wesentlichkeitsargumenten aus («weil du das auf gar keinen Fall darfst»), allerdings ist die Wahlfreiheit bei den hier ausgesprochenen Geboten eingeschränkt, da faktisch eine Alternativlosigkeit zum Ausdruck gebracht wird und mit Druck und Angst vor den Folgen operiert wird.

Warum setzten diese fünf Elternteile, die sich mehrheitlich mit großer Reflexivität der Erziehungsaufgabe widmeten und die ansonsten in kommunikativer und emotionaler Hinsicht um jene förderlichen warmen, strukturgebenden und autonomiegewährenden Bedingungen besorgt waren, bei ihren schulbezogenen Bedeutsamkeitszuschreibungen auf Warnungen und Drohungen und brachten wenig selbstwertdienlich zum Ausdruck, dass das Kind die Lern- und Leistungsanforderungen der Übertrittsphase eher schlecht bewältige?

Die Antworten dürften sich in den Bedingungsmerkmalen finden lassen, bei denen ein signifikanter Zusammenhang mit dem Typus des Motivierungshandelns nachgewiesen werden konnte (vgl. Abschnitt 7.4.3). So zeigt sich in Tabelle 7.20, dass alle fünf Elternteile einen eher hohen (3) wert- und kontrollbezogenen Regulationsbedarf bei ihren Kindern wahrnahmen und offenbar der Meinung waren, mit ihren Appellen nicht in befriedigender Weise zu ihren Kindern durchzudringen. So meint Vater V12 in der Schlüsselstelle M154 (vgl. Anhang, Tabelle 9.1):

> «[Sek B] genügt für ihn. Er will ja irgendetwas Handwerkliches lernen und das würde das ja beschreiben, hat er mir mal gesagt. Sie hatten das in der Schule auch ein wenig behandelt. Da hat er gesagt: 'Eben Sek B, das ist genau das, was man braucht, wenn man nachher Handwerker werden will.' Dann musste ich ihn dann korrigieren und sagen: 'Das reicht noch für Handwerker.' Ich will nicht den Handwerker runtermachen, aber beim anderen hätte er einfach mehr Möglichkeiten, 'selbst eben für eine Lehrstelle in einem handwerklichen Beruf hättest du bessere [Chancen].' [...] Wenn man ihm halt zum hundertsten Mal sagt, dass es gut wäre, wenn er und so weiter. Und dann ist das so sein Ding, um das Gespräch zu beenden: 'Ich bin jetzt dort und damit kann ich ja später eine Lehre [machen]'.» (M154)

Der Umstand, dass alle fünf Elternteile mindestens die Abteilung A der Sekundarschule abgeschlossen hatten (D11 und V12 besaßen sogar die Hochschulreife) und alle mit ihren Familien in einem urbanen Umfeld lebten (D11 in der stadtnahen Agglomeration, H11, H12 und V12 in der Stadt), – so lassen es die Ergebnisse der Zusammenhangsanalysen vermuten – dürfte insofern für die genannten problematischeren Facetten ihres Motivierungsstils mitverantwortlich sein, als die

8.2 Die vier Typen des verbal-appellativen Motivierungshandelns ...

Valenz eines im Freundeskreis und der Nachbarschaft sozial akzeptablen Übertritts ihrer Kinder für diese Eltern hoch gewesen sein mag (vgl. Abschnitt 3.1.1). Tatsächlich zeigt ein Blick in die Tabelle 3.2 denn auch, dass es allen fünf Eltern dieser Gruppe zu Beginn der Erhebungszeit wichtig (2) bis sehr wichtig (3) war, dass ihr Kind zumindest nicht in die jeweils am geringsten anspruchsvolle und am wenigsten angesehene Abteilung der Sekundarschule eingeteilt wurde, die jeweils an ihrem Wohnort angeboten wurde. Für H11 und H12 sowie V12 war dies die Abteilung B, für D11 und Z12 die Abteilung C. Diese Gegebenheit mag dafür gesorgt haben, dass diese Eltern speziell in der Übertrittszeit in verstärktem Maß zu druckvolleren und potentiell Angst und Ärger erzeugenden Mitteln gegriffen haben mögen.

8.2.2 Motivierungstyp 2: Unverbindliches, beschwichtigendes Hinweisen auf die Notwendigkeiten

Die vier Mütter D12, M12, R12 und V11 praktizierten gegenüber ihren Kindern, den Jungen K02, K08, K13 und dem Mädchen K10 (vgl. Tabelle 4.4), das verbale Motivierungshandeln, das als «unverbindliches, beschwichtigendes Hinweisen auf die Notwendigkeiten» bezeichnet werden kann (vgl. Tabelle 7.16).

Sie handelten damit hinsichtlich der grundlegenden Dimension «Durchsetzungsorientierung» insofern anders als fast alle übrigen Elternteile (vgl. Abbildung 7.9), als ihre wert- und kontrollbezogenen Appelle eine geringe Verbindlichkeit aufwiesen: Schenkte das Kind ihren diesbezüglichen Sichtweisen kaum Beachtung oder weigerte es sich explizit, entsprechende Hinweise und Handlungsempfehlungen zu befolgen, beließen es diese Eltern typischerweise dabei. Sie insistierten kaum und waren darum bemüht, das emotionale Klima zwischen ihnen und dem Kind nicht zu stören.

Wie in Tabelle 7.16 ersichtlich ist, wiesen die vier Elternteile darüber hinaus bei einer Reihe von weiteren Stilelementen gleiche Ausprägungen auf: Typischerweise unterstrichen sie die Bedeutsamkeit der genannten Lern- und Leistungsziele mit positiv-valenten Wesentlichkeitsargumenten («weil du das einfach musst»), attestierten ihrem Kind eine eher hohe (3) Kontrolle der Übertrittssituation («Du hast die Bewältigung der Lern- und Leistungsanforderungen während dieser Phase eigentlich recht gut im Griff») und alle legten einen eher hohen Grad (3) an emotionaler Zuwendung an den Tag, was mit nüchternen, aber verständnisvollen und insbesondere mit selbstwertdienlichen Reaktionen nach Erfolgen und Misserfolgen bei Mathematikprüfungen einherging (vgl. Tabelle 6.15). Unterschiede im

Motivierungsstil existierten unter den Eltern dahingegen bezüglich den Dimensionen Diskursivität und Betonung internaler Aspekte: Während die übrigen drei Elternteile einen eher hohen Grad (3) an Diskursivität pflegten, beschränkten sich die schulbezogenen Gespräche zwischen der Mutter D12 und ihrem Sohn K02 auf das Minimum. Und während die Mütter R12 und V12 kindbezogen eine Verpflichtung sich selbst gegenüber betonten, indem sie mit dem Begründungstyp positive internale Wesentlichkeit argumentierten («weil du das mit deinen Persönlichkeitsmerkmalen so machen musst»), agierten die beiden Mütter D12 und M12 – letztere in ausgeprägter Weise – wie fast alle übrigen Eltern der Stichprobe mit dem Begründungstyp positive externale Wesentlichkeit («weil du das als Schüler*in im Übertritt einfach musst»). Zusammengefasst lässt sich das Motivierungshandeln dieser Elternteile in der folgenden Botschaft verdichten: «Ich finde eigentlich, dass du das einfach musst, aber wenn du das nicht so siehst oder nicht willst, dann füge ich mich. Ich will dich nicht stressen und schließlich hast du die Übertrittsituation ja eigentlich recht gut im Griff.»

Die beiden Mütter R12 und V11 mit ihren identischen Merkmalsausprägungen haben sich als die am durchschnittlichsten handelnden Elternteile dieser Gruppe herausgestellt (vgl. Abschnitt 7.4.2). Im Folgenden sei das verbal-appellative Handeln der Eltern des Motivierungstyps 2 am Fallprofil der Mutter R12 nochmals illustriert, bevor es hinsichtlich seiner Potentiale und Probleme für die Motivation der Kinder diskutiert wird:

Die Mutter R12, die selber die Abteilung A der Sekundarschule besucht hat und eine Berufslehre im Dienstleistungssektor absolviert hat, war zum Zeitpunkt der Erhebung auf Stellensuche und war eine von zwei alleinerziehenden Müttern in der Stichprobe (vgl. Tabelle 4.1). Sie lebte mit der Tochter K10 und einer älteren Tochter, die wie sie in der Schweiz geboren sind, in eher unterprivilegierten Verhältnissen in der städtischen Agglomeration (vgl. Tabelle 4.3). Über den Vater und inwiefern Kontakte zu ihm bestanden, machte R12 keine Angaben (vgl. Tabelle 4.2). Die Tochter K10 wies im ersten Halbjahreszeugnis der 6. Klasse in Mathematik die Note 3.5 und in Deutsch die Note 4.5 auf (vgl. Tabelle 4.4). Am Ende der Erhebungszeit wurde sie in die Abteilung B eingeteilt, was von der Mutter begrüßt wurde. Ähnlich wie die Mutter M12, die ebenfalls den gleichen Motivierungstyp praktizierte, war R12 bereits in einer frühen Phase der Erhebungszeit, spätestens aber mit dem angesprochenen Halbjahreszeugnis, zur Überzeugung gelangt, dass ihre Tochter in der weniger anforderungsreichen Abteilung B besser aufgehoben sei (vgl. Tabelle 3.2).

Bezüglich ihrer Wertzuschreibungen wies die Mutter R12 die für die Elterngruppe charakteristische Merkmalskombination Betonung von Wesentlichkeit (2) und Betonung positiver Aspekte (3) auf. Mit der Mutter V11 teilt sie sich sodann das Merkmal der Betonung internaler Aspekte (2) (vgl. Tabelle 7.10). Die Episode M099 (vgl. Anhang, Tabelle 9.1) bildet insofern die Kernfundstelle, als sie die Inhalte anderer Episoden aufnimmt und in prägnanter Form

8.2 Die vier Typen des verbal-appellativen Motivierungshandelns ...

wiedergibt, was R12 während der Übertrittszeit wichtig war, ihrer Tochter K10 zu signalisieren: Sich als jemanden erkennen und akzeptieren, der interesse- und fähigkeitsbezogen (erstmal) in die Abteilung B gehöre:

«[...] eben, was ich ihr gesagt habe: 'Hinauf kannst du immer und eh ja' [...] dass sie eigentlich weiß, wo ihr Platz ist und ich denke mir, sie fühlt sich doch wohler so. Anstatt jetzt [...] den Druck haben [zu müssen], weiß ich wohin eingestuft zu werden und es stimmt nicht mit ihrem Inneren überein» (M099).

Der in dieser Episode ausgedrückte Begründungstyp positive internale Wesentlichkeit widerspiegelte sich in den übrigen Wertregulationen: So setzte sie in fünf weiteren Episoden lockende bzw. die positive Norm betonende Argumente ein (vgl. M089, M100, M101, M102 und M103) und argumentierte grundsätzlich kindbezogen, indem sie in den drei Episoden M098, M100 und M103 internale, den Wissenserwerb und das emotionale Wohlbefinden betreffende Aspekte hervorhob.

Mit Blick auf die Kontrollregulationen ist die Episode F054 besonders aussagekräftig: Die Mutter meinte hier, dass es nicht der Persönlichkeit von K10 entspreche, sich mit «Sitzleder» und «geduldig mit sich selber» vertieft mit schulischen Inhalten auseinanderzusetzen:

«Weil ich denke mir, ja grundsätzlich, wenn sie sich, wenn sie sich würde,- mit was auch immer ein wenig mehr auseinandersetzen würde, dann nachher hätte sie auch mehr Erfolgserlebnisse. Aber ich denke mir, das ist einfach ihre Art».

R12 monierte denn gegenüber K10 auch, dass sie bei Schwierigkeiten mit Hausaufgaben ständig vorschnell aufgebe, statt ruhig und systematisch vorzugehen:

«Weil,- also heute haben wir Mathe miteinander gemacht und dann, wo sie es nicht gerade begriffen hat, wollte sie das Zeug hinschmeißen und ich hab gesagt: 'So funktioniert das nicht. Jetzt fangen wir wieder von vorne an und jetzt denke mal fertig.'» (F052).

Die bezüglich des häuslichen Lernens ausgedrückte tiefe Kontrolle relativierte sich allerdings, wenn sie mit ihrer Tochter auf den Übertritt zu sprechen kam. In Episode F053 bestärkte sie diesbezüglich ihre Tochter, sobald diese ihre eigene Sichtweise übernommen hatte, wonach sie bezüglich ihrer Interessen und ihrer Fähigkeiten (noch) nicht das Profil der Abteilung A erfülle (vgl. Tabelle 7.10). Die verdichtete kontrollbezogene Botschaft lautete denn auch:

«Du hast die Bewältigung der Lern- und Leistungsanforderungen während der Übertrittsphase eher gut im Griff, weil du dich zwar beständig zu wenig mit schulischen

Inhalten auseinandersetzt und bei Schwierigkeiten vorschnell aufgibst, dies hier aber nicht so ins Gewicht fällt, weil ich es grundsätzlich richtig finde, dass du die zu dir passende – weniger anforderungsreiche – Abteilung B besuchen möchtest.» (vgl. Tabelle 7.10).

Was den Kommunikationsmodus betraf, so wies dieser die Gruppencharakteristik einer eher tiefen Assertivität (2) auf (vgl. Tabelle 7.12): Zwar brachte R12 ihre schulbezogenen Einschätzungen und Überzeugungen zum Ausdruck, insistierte aber nicht, wenn die Tochter sich weigerte oder den Appell nicht zur Kenntnis nahm: «ich kann das nicht erzwingen» (M100), «ich lasse das so stehen» und «[…] lasse sie eigentlich machen» (M103). Lediglich bezüglich des Lügens (aber nicht des schulbezogenen Inhalts der betreffenden Lüge!) zeigt R12 ein hohes Maß an Assertivität:

«Ich habe gesagt, nur so lernt sie entweder zu sagen, 'Ok, Mama, tut mir leid, ich habe es vergessen' oder was für eine Ausrede dann immer kommt. Aber ich wollte einfach nicht haben, dass sie mir sagt, sie hätte keine und geht sie [die Hausaufgaben] dann so heimlich machen. Das möchte ich nicht. Ich will,- ja auch wenn sie mir noch sagt: 'Ich habe jetzt keinen Bock', akzeptiere ich das, aber ich akzeptiere es nicht, angelogen zu werden.» (F055)

Mit Blick auf die Diskursivität – R12 weist diesbezüglich, wie alle Elternteile der Gruppe mit Ausnahme der Mutter D12, einen eher hohen Grad (3) auf – fanden sich in der vollständigen Version der obigen Episode F055 ebenso wie in Episode M098 (vgl. Anhang, Tabelle 9.1 und Tabelle 9.3) dialogische Situationen, die detailliert mit Hilfe direkter Reden beschrieben wurden. Für ein reges Diskutieren und Verhandeln zwischen Mutter und Tochter sprach auch die Aussage von R12 in Episode M099, wonach K10 grundsätzlich alles zur Sprache bringe, was sie anders sehe als sie selbst, «aber wenn sie nicht darüber redet, ist sie eigentlich zufrieden, so wie es ist».

Der eher hohe Grad an emotionaler Zuwendung (3), den sämtliche Eltern dieser Gruppe nach Erfolgen oder Misserfolgen ihres Kindes bei Mathematikprüfungen an den Tag legten, zeigte sich bei V12 bei einem Erfolg (ab Note 4) in einem deutlichen Mitfreuen mit der Tochter: «Und dann können wir uns dann beide wirklich freuen». Sie zeichnete dann manchmal eine lachende Sonne neben die Note auf das Prüfungsblatt (vgl. Anhang, Tabelle 9.5). Bei Misserfolgen versuchte sich R12 einzufühlen und die Gründe hierfür zu erfahren. Ebenso ließ sie die selbstwertdienlichen Erklärungen ihrer Tochter stehen:

«Ja, ich, also ich frag einfach, ob sie das Ganze nicht verstanden hätte oder ob jetzt,- ihr reicht es vielfach zeitlich nicht. Einfach, ja sie braucht einfach mehr Zeit und dann, wenn sie unter Zeitdruck ist, denke ich immer, kommt sie ins Hasten und macht dann noch Flüchtigkeitsfehler, darum. Aber, ich meine, ich schimpf jetzt nicht, ich lasse es

8.2 Die vier Typen des verbal-appellativen Motivierungshandelns ...

so stehen, wie es ist, fertig. Und dann habe ich halt auch schon einen Grumpy gemacht, nicht nur eine Sonne.» (vgl. Anhang, Tabelle 9.5)

Am Beispiel von R12 wird deutlich, dass die Eltern des Handlungstyps 2 grundsätzlich um eine harmonische oder zumindest reibungsfreie Beziehung mit dem Kind bemüht waren. Außer wenn grundlegendere Werte wie Ehrlichkeit verletzt wurden, wollte man sich diese nicht trüben lassen – auch nicht durch den schulischen Alltag des Kindes und die Konflikte, die aus nicht gelingenden Hausaufgaben und misslungenen Prüfungen erwachsen. Das Alleinstellungsmerkmal dieser Gruppe, das in einer stark unterdurchschnittlichen Durchsetzungsorientierung bzw. in einer eher geringen (2) Assertivität bestand und sich bei den Eltern der anderen Clustern nur noch bei den beiden Müttern H11 und Z32 in ähnlicher Ausprägung fand (vgl. Abbildung 7.7), trägt am stärksten zum Gesamteindruck des Beschwichtigens bei: Alle vier Elternteile berichteten zumindest von vergangenen Konflikten mit ihren Kindern, die man als belastend empfand, und nannten in den Interviews Gründe dafür, warum ihnen diese momentan zu viel seien. So meint die Mutter D11 in der diesbezüglichen Schlüsselstelle M020 (vgl. Anhang, Tabelle 9.1) auf die Frage, ob es manchmal Streit bei Hausaufgaben gebe:

«Ja, eben im Moment bin ich selbst im Stress. Ich sollte auch noch lernen. Dann mag ich auch nicht mehr dahinter sein. (I: Selber Hausaufgaben?) Ja genau. Also ich sage es schon, aber ich mache nicht so einen Druck. Manchmal bringt das auch nichts, wenn er nicht will, dann will er nicht. (I: Dann lassen Sie ihn einfach?) Also von dem her, habe ich eine zu wenig autoritäre Erziehung oder so. Ja, dann lasse ich ihn eben.» (M020)

Der Mutter M12 und ihrem Mann war es wichtig, auf keinen Fall «Druck auf das Kind aus[zu]üben. Das möchten wir nicht» (M081), weil ihr Sohn K08 in diesen Monaten an der Juvenilen idiopathischen Arthritis litt, die mit gelegentlich großen Gelenkschmerzen einherging. Sie hatte ferner die Erfahrung machen müssen, dass sie bei ihrem Sohn mit Druck genau das Gegenteil des Intendierten bewirkte:

«Es brächte nichts, weil äh, K08 hat ganz schlechte Erfahrungen mit seinen Schulkollegen, bei denen die Eltern ums Verrecken wollen, dass diese Kinder in diese Sek gehen und kaum Sek A-Schüler sind, noch an eine Gymnasiumsprüfung müssen. Also, das ist grauenhaft. Also, grauenhaft. Und das machen wir nicht. Ich merke, je mehr wir ihn in Ruhe lassen, desto mehr leistet er. Er ist so einer. Wenn du beginnst zu drücken, dann macht er wie den Schirm zu. Das ödet ihn dann an und dann hat er keine Freude mehr. Ja.» (M082)

Insistierte sie auf ihren Appellen, so ihre Erfahrung, hätte er sich schlicht geweigert:

«[...] ich [habe] ihm gesagt [...] beim letzten Zeugnis: 'Du musst dich ein wenig in den Po kneifen, also, du musst dir etwas mehr Mühe geben.' Aber ich glaube sowieso nicht, dass er das macht (lacht). Eigentlich glaube ich nicht, dass er das macht, denn er ist immer gleich, er- Ich kann es dir nicht sagen.» (M085)

Die Mutter V11 war dahingegen zum Erhebungszeitpunkt nach eigenen Angaben stark mit der schulbezogenen Unterstützung der kleinen Schwester ihres Sohns K13 beschäftigt, mit dem sie in der Vergangenheit große schulbezogene Konflikte ausgetragen hatte, bis er eine Medikation für seine ADS-Problematik erhielt. Nun hatte sie die Unterstützung ihres Sohnes «ein stückweit [...] delegiert» (M129) und ihn für professionelle Nachhilfe und schulische Förderstunden angemeldet: «K13 habe ich wie so ein wenig gehen lassen. Gehen lassen nicht im Sinn, dass ich nicht schaue. Aber so, dass ich ihn eigentlich machen lasse» (M128). Sie drückte über alle Episoden hinweg Aufmerksamkeit, aber auch etwas Distanz gegenüber der Situation ihres Sohnes aus, was der gelegentlichen Überforderung mit der familiären Situation geschuldet sein mochte. In ihren lernbezogenen Wert- und Kontrollregulationen zeigte sich die Mutter V11 wenig insistierend: «Ich sage ihm schon: 'Jetzt solltest du nicht abhängen.' Aber [...] ich sage es immer nur halbherzig. Ich verstehe ihn» (M126). Allerdings markierte sie anders als die übrigen drei Elternteile eine große Verbindlichkeit, wenn es um den Übertritt ging:

«Und ich habe ihm halt immer gesagt: 'Schau, wenn du in die Sek B kommst, dann gehst du in eine Privatschule (lacht). Ich lasse dich nicht in die Öffentliche [Sekundarschule gehen].' Auch ein wenig das Gemeine von mir. Das habe ich ihm in der 5. Klasse sicher mehr als einmal gesagt.» (M132)

Die ansonsten zu Tage tretende Unverbindlichkeit und das Beschwichtigen der vier Eltern war, wie im Fallprofil von R12 illustriert, ferner durch ein zwar selbstwertdienliches, die wahrgenommenen Probleme im Lernen aber oft nicht klar benennendes evaluatives Feedback gekennzeichnet. Unter Vernachlässigung ihrer Rolle als «interpreters of reality» (Jacobs & Eccles, 2000, S. 426) nahmen sich diese Eltern auch hier zugunsten der Konfliktlosigkeit eher zurück. Bezüglich des Übertritts attestierten sie ihrem Kind, dass es diesen im Griff habe – einerseits, weil sich die Noten in den Monaten tatsächlich verbessert hatten (bei den Söhnen von D11 und V11), anderseits, weil die Eltern ihrem Kind bedeutet hatten, dass sie auf Druck verzichten würden und ihnen auch die Abteilung B genüge (bei M12 und R12). In diesem Licht reiht sich sodann auch das Argumentieren mit positiver Wesentlichkeit bei Wertregulationen («Mach es, weil du das einfach musst») in den ausweichenden Stil ein: Auf Notwendigkeiten verweisen überträgt die Verantwortung insofern dem Kind, als man selber nicht weiter zu erklären und zu beraten braucht, was Zeit benötigt und potentiell Widerspruch auslöst.

In motivationaler und lerntheoretischer Hinsicht ist der Handlungstyp 2 denn auch als problematisch zu kennzeichnen: Einerseits begegnen diese Eltern ihrem Kind mit Wärme, agieren betont selbstwertdienlich und sind mit Ausnahme von D11 in regem Dialog mit ihm, indem sie Interesse an den schulbezogenen Sichtweisen und Überzeugungen der Kinder zeigen (vgl. Tabelle 7.16). Sie stellen damit also eigentlich mehrheitlich gute Bedingungen für die Internalisierung ihrer wert- und kontrollbezogenen Appelle her (vgl. Abschnitt 5.7). Andererseits dürften sie durch das Relativieren ihrer diesbezüglichen Botschaften («Eigentlich finde ich, du müsstest ..., aber wenn du es anders siehst, dann...»), durch ihren Verzicht auf angepasste Zweckmäßigkeitsargumente (vgl. Abschnitt 8.2.1) sowie den Verzicht auf evaluative Feedbacks, die die erkannten Unzulänglichkeiten im Handeln klar benennen, (auch) in den Augen ihrer Kinder ihre Rolle als Strukturgebende nur unzureichend wahrnehmen (vgl. Skinner, E. A. et al., 2009, S. 186). Diese Eltern gewährten ihren Kindern ein relativ hohes Maß an Entscheidungsfreiheit (authonomy), ließen sie so weit wie möglich ihre eigenen Präferenzen wahrnehmen (vgl. Tabelle 2.1), aber vermieden es weitgehend, sperrig zu sein und von ihnen entwicklungsförderliche Zumutungen und Herausforderungen zu fordern, wenn diese entsprechende abschlägige Signale gaben. Zumindest was die schulische Domäne betraf, dürften die Wert- und Kontrollzuschreibungen der vier Eltern aus der Perspektive der Kinder nur begrenzt maßgeblich gewesen sein und die Eltern dürften diesbezüglich über wenig Autorität verfügt haben. Fehlen «modest amounts of power assertation», so lässt sich mit Grusec (2011, S. 257) schließen, so fehlt auf Seiten der Kinder «the motivation that focuses [their] attention and encourages them to listen and to engage in the learning process».

8.2.3 Motivierungstyp 3: Ungeschminktes und schonungsloses Vermitteln der negativen leistungsbezogenen Einschätzung

Die Gruppe von drei Elternteilen, die den Motivierungstyp «Ungeschminktes und schonungsloses Vermitteln der negativen leistungsbezogenen Einschätzung während der Übertrittszeit» praktiziert hatten, setzte sich aus den Müttern E11, und

Z32 sowie aus dem Vater Z22 zusammen (vgl. Tabelle 7.16). Ihre Kinder waren der Junge K03 sowie die Mädchen K18 und K20 (vgl. Tabelle 4.4).

Das Charakteristische am Motivierungsstil dieser Elternteile bestand darin, dass sie bei der grundlegenden Dimension «Kindorientierung» so ausgeprägt unterdurchschnittliche Werte aufwiesen wie sonst keine anderen Eltern der Stichprobe (vgl. Abbildung 7.9). Bezüglich der Stilkomponenten Diskursivität, Zugeschriebene Kontrolle, Emotionale Zuwendung und Betonung internaler Aspekte zeigten die drei Elternteile denn auch durchgängig die Ausprägung tief (1) oder eher tief (2) (vgl. Tabelle 7.16). Hinsichtlich der übrigen Komponenten Betonung von Wesentlichkeit, Betonung positiver Aspekte und Assertivität, die eher prägend sind für die Dimensionen Normorientierung und Durchsetzungsorientierung (vgl. Tabelle 7.15), unterschieden sich die Elternteile dahingegen in ihren Ausprägungen (vgl. Tabelle 7.16).

Gemessen an seinen Merkmalsausprägungen ist der Vater Z22 insgesamt der typischste Vertreter dieses Motivierungstyps (vgl. Abschnitt 7.4.2). Wie in den vorangegangenen Kapiteln soll im Folgenden das verbal-appellative Handeln der Eltern des Motivierungstyps 3 am Beispiel seines Fallprofils eingehender beschrieben und dann hinsichtlich möglicher Effekte auf die Lern- und Leistungsmotivation der Kinder diskutiert werden:

Der Vater Z22, der selber die Abteilung B der Sekundarschule besucht und eine Lehre in einem handwerklichen Beruf absolviert hat, ist verheiratet (vgl. Tabelle 4.1) und lebte zum Zeitpunkt der Erhebung mit seiner Frau, mit der Tochter K18 sowie einem älteren Sohn in eher privilegierten Verhältnissen in einer ländlichen Gemeinde des Kantons Zürich. Er und die übrigen Familienmitglieder sind in der Schweiz geboren und aufgewachsen (vgl. Tabelle 4.3). Die Tochter K18 wies im ersten Halbjahreszeugnis der 6. Klasse in Mathematik und in Deutsch die Note 4.5 auf (vgl. Tabelle 4.4). Am Ende der Erhebungszeit wurde sie in die Abteilung A eingeteilt, was den Eltern sehr wichtig gewesen war (vgl. Tabelle 3.2).

Bezüglich seiner Wertzuschreibungen wies der Vater Z22 die Merkmalskombination Betonung von Wesentlichkeit (3), Betonung positiver Aspekte (3) sowie Betonung externaler Aspekte (1) auf. Er teilte sich diese Merkmalskonfiguration mit der Mutter Z32, nicht aber mit der Mutter E11, die zwar ebenfalls eher externale Aspekte (2) betonte, sonst aber wie die Eltern der Gruppe 1 vornehmlich mit negativen Zweckmäßigkeitsargumenten agierte (vgl. Tabelle 7.10). Hinsichtlich des gruppenspezifischen Charakteristikums einer geringen Kindorientierung ist namentlich die geringe Betonung internaler Aspekte relevant:

Die typische Begründung für die Bedeutsamkeit eines schulbezogenen Lern- oder Leistungsziels bestand bei Z22 denn auch in der Botschaft, «weil es deine Pflicht ist und es von deiner sozialen Umwelt so erwartet wird». Die Tochter K18 wurde dabei in ihrer Rolle als Familienmitglied angesprochen (weil sich das für dich als unser Kind so gehört), wobei u. a. folgende Aspekte als bedeutsam markiert wurden: konzentrieren, wenn man dir hilft! (M175), mit mir

8.2 Die vier Typen des verbal-appellativen Motivierungshandelns ...

üben, bist es sitzt! (M176), den Schulstoff auch wirklich verstehen! (M180), immer Respekt gegenüber den Lehrkräften zeigen! (M182). In den weiteren Wesentlichkeitsargumenten mit externalem Lokus thematisierte Z22 den Übertritt und wies seine Tochter auf ihre Rolle als Anwärterin bzw. zukünftige Schülerin der Abteilung A hin (weil du das als angehende Sek-A-Schülerin einfach musst): Defizite in Mathematik und Französisch aufarbeiten und mit mir in den Ferien «rückwärts und vorwärts» üben – «das muss sitzen!» (M178) sowie gute Noten machen! («'Du weißt, die Noten müssen stimmen.' Wenn die Noten nicht stimmen, muss ich schwer diskutieren», M183, vgl. Anhang, Tabelle 9.1). Auch in M177, der einzigen Episode mit Zweckmäßigkeitsargument, warnte er seine Tochter K18 davor, es auch in der letzten Phase vor dem Übertritt zu locker zu nehmen, und forderte sie auf, in den letzten Wochen der 6. Klasse und in den Sommerferien (vgl. M178) «die Themen aufzuarbeiten, die im A vertieft werden oder nochmals kommen [...] Weil brutal Material und eine rechte Datenflut auf sie zukommt, die sie verarbeiten muss» (M177).

Verdichtet lautete die typische Botschaft von Z22, die gruppentypisch externale Aspekte, namentlich den Übertritt, betonte: «Es ist bedeutsam, dass du jetzt (während der Übertrittsphase) so handelst, weil du das als unsere Tochter und als angehende Schülerin der anspruchsvollen Abteilung A einfach unbedingt musst!» (vgl. Tabelle 7.14).

Bei der Komponente Zuschreibung von Kontrolle bezüglich der Lern- und Leistungsanforderungen während der Übertrittszeit wies Z22, wie alle Eltern dieser Gruppe, die Ausprägung eher tief (2) auf. Wie in Abschnitt 7.4.1 erläutert, stellt die Komponente die zweitwichtigste Facette der Grunddimension Kindorientierung dar – ein Umstand, der vermutlich der Tatsache geschuldet ist, dass Kontrollzuschreibungen unterschiedlich selbstwertdienlich gestaltet sein können:

Im Kontext seines Bemühens, beim gemeinsamen Bearbeiten von Hausaufgaben oder bei gemeinsamen Repetitionsrunden während der Schulferien ein tieferes Verständnis mathematischer Inhalte und Zusammenhänge bei seiner Tochter zu fördern, attestierte der Vater seiner Tochter in Episode F092 (vgl. Anhang, Tabelle 9.3) eine diesbezüglich geringe Kontrolle, was bei K18 zu Frustration und bei ihm wiederum zu heftigen Reaktionen führte:

«[...] Also Thema ist es schon sicher mal vor den Prüfungen, wenn ich erfahre, dass sie eine Prüfung hat. Dass wir mal reinschauen. Bei den Hausaufgaben, wenn sie es nicht versteht, obwohl sie dort echt Mühe hat, wenn ich draufschaue und so, dann wird sie teilweise missmutig. Dass sie fast anfängt zu weinen, wenn ich dort ein wenig bohren möchte, schauen, ob sie es verstanden hat. Dann macht sie vielfach zu, dann muss ich wirklich sagen: 'Jetzt setz dich hin und jetzt wird das gemacht, fertig.'» (F092)

K18 mied offenbar die Lernunterstützung ihres Vaters («sie geht mehr zur Mutter», F092), was von ihm wiederum zusammen mit der manchmal fehlenden Verstehensorientierung beim Lernen anlässlich der Besprechung von misslungenen Prüfungen moniert wurde:

«'Wieso kommst du nicht? Was ist das Problem? Wie ich schon gesagt habe, du musst wissen, wieso. Du kannst nicht nur Hausaufgaben machen und erledigen. Du arbeitest für dich und nicht für die Lehrerin. Die Hausaufgaben sind eigentlich da, damit du das Thema vertiefen kannst und dass du es schlussendlich begriffen hast'» (F093).

Die meist auf das stabil ungenügende Handeln des Kindes zeigenden evaluativen Feedbacks ließen sich folgendermaßen verdichten: «Merke dir: Du hast die Bewältigung der Lern- und Leistungsanforderungen während der Übertrittsphase eher schlecht im Griff, weil du beim Lernen meist noch zu wenig verstehensorientiert vorgehst und mich nicht selbständig aufsuchst, wenn du es nicht verstehst.»

Die Stilkomponente Diskursivität, bei der alle Eltern des Motivierungstyps 3 die Ausprägung eher tief (2) aufwiesen, stellt die wichtigste Facette der grundlegenden Dimension Kindorientierung dar (vgl. Tabelle 7.15). Die obigen Ausschnitte illustrieren, dass zumindest die lern- und leistungsbezogene Kommunikation zwischen ihm und seiner Tochter unidirektional und von seiner Seite wenig sensibel und adaptiv war. In Gesprächen über Hausaufgaben und Prüfungsergebnisse (M175/F092, M176, M177, M178) wurde sichtbar, dass die Tochter «echt Mühe hat, wenn ich draufschaue», «missmutig» wird und «fast anfängt zu weinen, wenn ich dort ein wenig bohren möchte» und sich schließlich zurückzog («dann macht sie vielfach zu», M175) oder es aber vermied, ihren Vater aufzusuchen, obwohl sie eigentlich Bedarf nach Hilfe hatte («sie geht mehr zur Mutter», M175).

Wie die Mutter E11, aber anders als die Mutter Z32 – die diesbezüglich ähnlich handelte wie die Eltern des Motivierungstyps 2 –, wies Z22 einen überdurchschnittlichen Wert bei der grundlegenden Dimension Durchsetzungsorientierung auf (vgl. Abbildung 7.7). Die Gründe für das Meideverhalten von K18 dürften in der Art und Weise gelegen haben, wie er seine Tochter zu überzeugen suchte und wie er reagierte, wenn sie seinen Erwartungen nicht entsprach. In solchen Situationen setzte Z22 mitunter Zwang ein, was besonders in Episode M176 deutlich wurde, in der er beschrieb, dass er seine Tochter dazu drängen wollte, während den Sommerferien den Basisstoff in Mathematik gemeinsam mit ihm aufzuarbeiten:

«Mathe können sie mich alles fragen, das mache ich auch gerne. Von einer anderen Seite her erklären, dass es klar wird. Auf die eine Seite freue ich mich, denn beim Junior, der ein Jahr weiter ist, habe ich jetzt die Themen mitbekommen [...]. Deshalb müssen gewisse Sachen knallhart sitzen. Die müssen dort loslegen. Ich weiß jetzt schon, sie wird weinen. Die wird weinen. Ja am Anfang, weil ein gewisser Druck von mir kommt. Da wird sie hundertprozentig weinen und ich hoffe, dass sie das einsieht, dass das sitzen muss. Wenn sie das einsieht, dann ist das kein Thema mehr. Wenn die Einsicht da ist, dann geht es los bei ihr. Weil sie ein Typ ist, der brutal, gnadenlos dranbleibt. Dass sie das noch hinbringt? Wie es so ist, man kann keinen Menschen motivieren, obwohl immer alle reden. Motivieren, motiviere ihn! Das kann kein Mensch. Man kann nur Anreize bieten, um einen Menschen zu optim... äh motivieren. Alle reden immer, du musst ihn motivieren, das sehen viele nicht ein. Aber der Anreiz, der einen Menschen

8.2 Die vier Typen des verbal-appellativen Motivierungshandelns ...

motiviert, das ist doch das, was es braucht. Und an dem bin ich noch am Suchen.» (M176)

Zwang zur Aufarbeitung der Fehler wurde sodann auch bei ungenügenden Prüfungsergebnissen erkennbar: Z22 blieb in einem solchen Fall besonders beharrlich dran und beließ es nicht bei Aufforderungen und evaluativen Feedbacks, sondern setzte auf enge Begleitung: «Wenn es ungenügend wird, dann bin ich da, dann suche ich Aufgaben im Internet zum Thema oder habe schon selber Blätter gemacht» (M177).

Mit Blick auf die Stilkomponente emotionale Zuwendung, einer weiteren Facette der Dimension Kindorientierung (vgl. Tabelle 7.15) zeigte sich denn in solchen prüfungsbezogenen Gesprächen auch, dass Z22 Fehler mit geringer Rücksicht auf den emotionalen Zustand seiner Tochter thematisierte, kaum Trost spendete und ihr Vorwürfe machte. Diese meldete sich daher bei Misserfolgen nicht von sich aus bei ihrem Vater und wurde in solchen Situationen von der Mutter gestützt:

«[...] Also schon klar, auch bei schlechten Noten bin ich nicht der, der sie streichelt. Überhaupt nicht: 'Oh, du Arme, einen schlechten Tag gehabt?' und so, nein gar nicht. Das wird dann eher von der Frau gemacht.» (vgl. Anhang, Tabelle 9.5).

Auch bei erfolgreichen Mathematikprüfungen freute sich Z22 nicht vorbehaltlos mit seiner Tochter, sondern suchte nach den Fehlern und betonte diese vor K18:

«Bei einer guten Note? [...] Klar, /smilen/oder? (Lachen) 'Gut gemacht.' Obwohl, gut gemacht, ich schaue schon noch die Fehler an, wenn ich die Prüfung sehe. Es ist, wissen Sie, es ist schwierig. Ich habe teilweise das Gefühl, dass wenn es nicht so gut ist, dass meine Frau sie leicht in Schutz nimmt. Meine Frau kennt mich auch, sie weiß, dass ich leistungsorientiert bin und auftische (klopft auf den Tisch), was nicht gut ist. Da nehme ich keine Rücksicht. Das soll sie spüren» (vgl. Anhang, Tabelle 9.5).

Es ist das von Z22 erwähnte «Auftischen», das den von einer geringen Kindorientierung geprägten Motivierungsstil dieser Eltern gut zusammenfasst: In Wertregulationen bringen sie die äußeren Realitäten in Form von Erwartungen, Normen, Pflichten und Anforderungen vor, in den Kontrollregulationen achten sie vor allem auf die Kommunikation einer deutlichen und realistischen Beurteilung des betreffenden Sachverhalts («Merke dir: Du hast dies eher schlecht im Griff»), in Prüfungsbesprechungen verhehlten sie auch bei Ergebnissen, die das Kind als Erfolg einschätzte nicht, dass sie eigentlich höhere Erwartungen hätten. Das seltene kindbezogene Argumentieren («weil du es für dich machen musst» bzw. «weil du so persönliche Ziele erreichen kannst»), die geringe Selbstwirksamkeits-

und Selbstwertdienlichkeit ihrer evaluativen Feedbacks sowie die Außerachtlassung emotionaler Bedürfnisse des Kindes im Umgang mit Leistungsergebnissen widerspiegelt sich schließlich in der geringen Dialogizität ihrer Wert- und Kontrollregulationen: Die drei Elternteile berichten kaum von Situationen, in denen ihre Kinder ihre Sichtweisen argumentativ vorbrachten oder in denen diese von ihnen aktiv danach gefragt worden wären, um eine möglichst große Passung ihrer Botschaften mit deren eigenen Einschätzungen herzustellen. Stattdessen berichteten auch die beiden Mütter von der gleichen Erfahrung wie Z22, wonach sich ihre Kinder ihnen entzögen und ihre schulbezogene Kommunikation mit ihnen auf das Minimum beschränkten. Wie die Zusammenhangsanalysen zeigten, nahmen denn auch alle Elternteile einen hohen Regulationsbedarf (3) bei ihren Kindern wahr, hatten also das Gefühl, mit ihren Botschaften nicht zu ihnen durchzudringen (vgl. Tabelle 7.20). Selbst wenn Persönlichkeitsmerkmale der Kinder ihren Anteil daran haben mochten, so dürfte die Heftigkeit, mit der die Mutter E11 auf das Nichtbefolgen ihrer Appelle reagiert hatte – z. B. «Das ertrage ich dann nicht» (M029), «jetzt Herrgott nochmal» (F018), «Larifarizeug» (M031), «da war ich schon mehrmals sauer» (F017) –, der Zwang, den Z22 auszuüben bereit war, sowie der resignative Ton und die geringe Durchsetzungsorientierung, die in den Schilderungen der Mutter Z32 zum Ausdruck kamen (vgl. M191, M194, F100), diese Tendenzen eher verstärkt als abgeschwächt haben.

Der Motivierungsstil des Handlungstyps 3 ist aus motivations- und emotionspsychologischer Sicht denn auch klar als problematisch zu taxieren. Mit ihrem unidirektionalen Kommunikationsverhalten und der damit einhergehenden fehlenden Diagnose dürfte es diesen Eltern schlecht gelungen sein, ihre wert- und kontrollbezogenen Botschaften so zu formulieren, dass sie eine möglichst gute Passung zu den bestehenden wertbezogenen Einschätzungen und Überzeugungen sowie zum jeweiligen Bedarf an selbstwirksamkeits- und selbstwertförderlichen Anmerkungen und Tönungen der Botschaften auf Seiten ihrer Kinder herstellen konnten. Die Sprachlosigkeit und Tränen, das fehlende Vertrauen und die Angst, welche in den Episoden der drei Elternteile anklingen, dürften aber auch stark dem Umstand geschuldet sein, dass diese Eltern gerade in den kritischen Momenten von Gesprächen über Leistungsergebnisse, in denen der Lernfortschritt der Kinder und deren Leistungsfähigkeit besonders im Brennpunkt und zur Disposition stehen, ihre erhöhten Erwartungen zum Ausdruck brachten und mit wenig Schonung auf das Ungenügen zeigten. Laut den Zusammenhangsanalysen mit einem eher tiefen Schulabschluss sowie mit einem ländlichen Milieu assoziiert (vgl. Tabelle 7.20), beinhaltet der Motivierungstyp 3 im Kern Verhaltensformen, die von Skinner und Kolleg*innen (2009, S. 186) der rejection zugeordnet werden (vgl. Abschnitt 2.2.2.4, insb. Tabelle 2.1). Es handelt sich dabei um Verhaltensformen, denen die bisherige Forschung zur Motivationsförderung klar einen hinderlichen Effekt auf die Internalisierung elterlicher schulbezogener Werte und Erwartungen bescheinigt (u. a. Grolnick & Ryan, 1989; Grolnick et al., 1991; Simpkins et al., 2006; zsf. Wigfield, Eccles, et al., 2015, S. 25).

8.2.4 Motivierungstyp 4: Standfestes, diskursives Überzeugenwollen mittels gewinnender Argumente

Die Gruppe von Elternteilen, die während der Übertrittszeit den Motivierungstyp 4 praktiziert hatte, setzte sich aus den fünf Müttern E12, R11, S11, Z11, und Z31 sowie dem Vater M11 zusammen (vgl. Tabelle 7.16). Ihre Kinder waren die beiden Mädchen K04 und K15 und die vier Jungen K07, K11, K13 und K19 (vgl. Tabelle 4.4).

Das Charakteristische am Motivierungsstil dieser Elternteile bestand darin, dass sie bei den drei Komponenten, welche jede für sich jeweils eine der drei grundlegenden Dimensionen Normorientierung, Kindorientierung und Durchsetzungsorientierung am stärksten prägte (vgl. Tabelle 7.15), die Ausprägung eher hoch (3) aufwiesen.

Die Stilkomponente Betonung positiver Aspekte bildete die prägendste Facette der Dimension Normorientierung. Die Ausprägung eher hoch (3) ging mit einer Bedeutsamkeitsvermittlung einher, in der die sechs Eltern das Kind zu überzeugen suchten, indem sie ihm mit positiv-valenten Argumenten das gesellschaftlich Erwartete und somit Anerkannte und Problemlose (positiv externale Wesentlichkeit: E12, R11, S11), das persönlich Gebotene (positiv internale Wesentlichkeit: Z11) oder ein lohnender gesellschaftlicher Zweck (positiv externale Zweckmäßigkeit: M11, Z31) vor Augen hielten (vgl. Abschnitt 5.6.2.1). Die sechs Elternteile versuchten mit anderen Worten, ihre Kinder mittels gewinnender Argumente zu überzeugen.

Die Komponente Diskursivität war die prägendste Facette der Dimension Kindorientierung. Die sechs Elternteile zeigten sich generell bestrebt, ihre Bedeutsamkeitseinschätzungen und evaluativen Feedbacks zu begründen, die Sichtweise des Kindes aktiv zu erfragen, auf seine Einwände einzugehen und so adaptiv die Passung ihrer wert- und kontrollbezogenen Botschaft mit den Einschätzungen und Überzeugungen der Kinder sicherzustellen (vgl. Tabelle 7.12).

Die Dimension Durchsetzungsorientierung, bei der die sechs Elternteile überdurchschnittliche Werte auswiesen, wurde klar durch die Facette Assertivität geprägt. Die sechs Elternteile koppelten demnach ihr diskursives Vorgehen mit dem Insistieren auf einer Beachtung und Befolgung ihrer Appelle. Mit dem festen Ziel, ihr Kind zu überzeugen, ließen diese Eltern nicht locker, zeigten sich standfest und wiederholten ihre Botschaften bei Bedarf (vgl. Tabelle 7.14).

Gemessen an den Ausprägungen, welche die Mutter S11 auf den sieben Stilkomponenten aufwies, war sie insgesamt die typischste Vertreterin dieser Gruppe (vgl. Abschnitt 7.4.2). An ihrem Fallprofil sollen die Kennzeichen des Handelns des Motivierungstyps 4 im Folgenden wieder eingehender illustriert und diskutiert werden:

Die Mutter S11 ist verheiratet und lebte zum Zeitpunkt der Erhebung mit ihrem aus einem anderen europäischen Land stammenden Mann, dem Sohn K11 und einem weiteren jüngeren Sohn in privilegierten Verhältnissen in einer ländlichen Gemeinde des Kantons Zürich. Sie hat die Abteilung B der Sekundarschule besucht und eine Lehre im Dienstleistungssektor absolviert, in dem sie auch zum Zeitpunkt der Erhebung noch tätig war (vgl. Tabelle 4.1). S11 und ihre Kinder sind im Gegensatz zu ihrem Mann in der Schweiz geboren und aufgewachsen (vgl. Tabelle 4.3). Ihr Sohn K11 wies im ersten Halbjahreszeugnis der 6. Klasse in Mathematik und in Deutsch die Note 4.5 auf (vgl. Tabelle 4.4). Am Ende der Erhebungszeit wurde er in die Abteilung A eingeteilt, was der Mutter, vor allem aber dem Vater, der ein Universitätsstudium in seinem Herkunftsland absolviert hat, sehr wichtig gewesen war (vgl. Tabelle 3.2).

Bezüglich ihrer Wertzuschreibungen wies die Mutter S11 die Merkmalskombination Betonung von Wesentlichkeit (3), Betonung positiver Aspekte (3) sowie Betonung externaler Aspekte (1) auf. Während sich bezüglich der beiden letzteren Komponenten übereinstimmende Ausprägungen zwischen allen Mitgliedern dieser Gruppe fanden – die übrigen hatten allerdings etwas weniger eindeutig (Ausprägung 2) mit externalen Aspekten argumentiert als S11 (Ausprägung 1) –, agierten der Vater M11 und die Mutter Z31, anders als S11 und die übrigen Elternteile, typischerweise mit dem Aufgabenwert Zweckmäßigkeit (vgl. Tabelle 7.16).

Die Mutter S11 argumentierte dahingegen meist mit Wesentlichkeit, wobei sie gegenüber ihrem Sohn K11 fast durchgängig Rollenerwartungen zum Ausdruck brachte (vgl. Anhang, Tabelle 9.2). S11 und ihr Mann waren zu Beginn der Untersuchungszeit von der Klassenlehrkraft L05 mit dem Bescheid überrascht worden, dass ihr Sohn Gefahr laufe, in die Abteilung B eingeteilt zu werden (vgl. M106). Ab diesem Zeitpunkt sei der Übertritt, so S11, «allgemein, [...] also vor und nach jeder Prüfung» (M106) zum zentralen Thema geworden:

«Ja, erstens [haben wir immer wieder besprochen], dass es für ihn schöner wäre, wenn er mit seinen Freunden zusammen wäre dann nachher in der Schule, weil ja alle ins A kommen, und einfach, dass es halt wichtig ist, dass er mal dort beginnt, auch wenn er nachher ins B kommt oder was auch immer, aber dass es wichtig ist, dass er ins A kommt. Es ist ein extremer Druck, den wir auch weitergegeben haben.»

8.2 Die vier Typen des verbal-appellativen Motivierungshandelns ...

In diesem Kontext brachten ihre externalen Wesentlichkeitsargumente Pflichten und Erwartungen zum Ausdruck, die an ihren Sohn in seiner Rolle als Schüler in der Statuspassage gestellt wurden: weil du den Übertritt in die Abteilung A auf keinen Fall aufs Spiel setzen darfst bzw. weil du das in der Übertrittsphase einfach musst! (M106, M115), weil du das als Schüler einfach musst! (M107, M110) sowie weil du das als Sek-A-Anwärter einfach musst!

Bezüglich der Komponente Kontrollzuschreibung zeigte sich, dass die Mutter S11 mit einer Reihe positiv-valenter Argumente, die stabile Bedingungen beim Kind oder dessen stabiles Handeln thematisierten, trotz des Drucks, den sie und ihr Mann erzeugten, immer wieder darum bemüht war, ihrem Sohn ihre Zuversicht und ihr Vertrauen auszudrücken, wonach er die Lern- und Leistungsanforderungen der Übertrittsphase meistern werde: So attestiert sie ihrem Sohn, dass er gereift sei und den Ernst der Lage erfasst habe, dass er anders als früher nun meist konzentriert an seinen Hausaufgaben arbeite «Jetzt ist es wirklich mehr aufgabenbezogen und vorher musste man mehr schauen, dass er's überhaupt macht und dass er nicht irgendwie immer wieder beginnt zu spielen daneben» (F056). Ebenso habe er nun erkannt, dass er nicht alles selber können und bewältigen müsse, sondern bei Hausaufgabenproblemen aktiv andere um Hilfe bitten könne (F058). Nebst diesen Zuschreibungen hoher Kontrolle merkte S11 gegenüber K11 aber auch kritisch an, dass er hin und wieder noch immer nicht zwischen Arbeits-, Freizeit- und Ruhephasen unterscheiden könne und in dieser Beziehung von ihr manchmal entsprechend reguliert werden müsse (F057, F059, vgl. Anhang, Tabelle 9.4).

Bezüglich der Komponente Diskursivität, welche die wichtigste Facette der grundlegenden Dimension Kindorientierung darstellt, wies S11 die gruppencharakteristische eher hohe (3) Ausprägung auf: In den Episoden F058, M110 und M112 illustrierte die Mutter S11 Dialoge zwischen ihr und ihrem Sohn. Dieser brachte sich aktiv ein, fragte nach, haderte und beklagte sich über die Hausaufgaben, deren Sinn er nicht verstand, und er wehrte sich gegen falsche Einschätzungen. Die Mutter S11 ging darauf ein und argumentierte. Ebenso berichtete sie von «Diskussionen» (M110) zwischen ihr, ihrem Mann und dem Sohn.

Wie in den obigen Ausschnitten bereits anklang, zeigte sich bezüglich der Komponente Assertivität, die die Dimension Durchsetzungsorientierung prägt, dass S11 und ihr Mann, nachdem sie einmal auf die Gefahr eines Übertritts in die nicht erwünschte Abteilung B aufmerksam gemacht worden waren, stetig und mit Festigkeit (vgl. insb. die Episode M115) ihre wert- und kontrollbezogenen Einschätzungen vertreten hatten: «logisch bleibt man dran» (M105).

Bezüglich der Komponente emotionale Zuwendung, bei der zwischen den einzelnen Elternteilen dieser Gruppe die größten Unterschiede bestanden (vgl. Tabelle 7.16), wies S11 die am häufigsten auftretende Ausprägung eher hoch (3) auf: Bei einem Erfolg in einer Mathematikprüfung freute sie sich intensiv mit K11: «Dann sind wir alle happy (lacht), super, und cool und schön und so» (vgl. Anhang, Tabelle 9.5). Bei einem Misserfolg diskutierte und analysierte sie mit ihrem Sohn die Fehler wohlwollend:

«'Oh, Scheiße, oh nein' und so, und dann wird es aber durchgeschaut, also wird die Prüfung durchgeschaut, wo denn – ja, was er nicht verstanden hat oder warum – einfach irgendwie auch für ihn zum Merken: 'He, das sind ja Flüchtigkeitsfehler' oder: 'He, da hast du die Frage falsch verstanden' oder; 'He, da hast du's falsch ausgerechnet', also zum Wissen, wo der Fehler liegt, also sie wird durchgeschaut» (vgl. Anhang, Tabelle 9.5).

Unmittelbar enttäuscht, analysierte sie zusammen mit ihrem Sohn die Prüfung, indem sie offenbar versuchte, sowohl den Fehlern sachlich auf den Grund zu gehen, als auch selber selbstwertdienliche Ursachen (Flüchtigkeit, Zeitdruck) anzuführen.

Dieser Ausschnitt vermag die Ausgewogenheit gut zu erfassen, die im verbalen Motivierungshandeln der Elternteile des Typs 4 über weite Strecken zu Tage trat: Einerseits versuchte die Mutter hier den schulischen Anforderungen Genüge zu tun, indem sie mit ihrem Sohn die Fehler analysierte («falsch verstanden», «falsch ausgerechnet», «wo der Fehler liegt») und so zu seinem Kompetenzerwerb beitrug, andererseits wurde sie dem Bedarf ihres Sohnes nach Selbstwertschutz gerecht, indem sie auch selber gesichtswahrende Ursachen wie «Flüchtigkeit» bzw. «Zeitdruck» nannte. Aus höherer Warte betrachtet, zeigt sich die Ausgewogenheit dieses Motivierungstyps auch darin, dass die Eltern dieser Gruppe als einzige aus der Stichprobe auf allen drei grundlegenden Dimensionen bei der jeweils zentralsten Facette Gemeinsamkeiten aufwiesen – und dabei bemerkenswerterweise jene Ausprägungen aufwiesen, die – wie in den vergangenen Abschnitten bereits mehrmals dargelegt – als motivationsförderlich bezeichnet werden können:

So behielten diese Eltern während der unsicheren Übertrittszeit

a) die schulischen Normen (Anforderungen, Standards und Erwartungen) im Blick, indem sie ihr Kind durch die Betonung diesbezüglich positiver Aspekte (belohnendes Ziel, das dadurch erreicht werden kann) dafür zu gewinnen suchten (Normorientierung),

b) gleichzeitig waren sie darum bemüht, die Perspektive des Kindes einzunehmen und ihre wert- und kontrollbezogenen Botschaften auf die in einem stark dialogischen Vorgehen gewonnenen Informationen über die Sichtweisen des Kindes anzupassen (Kindorientierung), und

c) ebenso verloren sie ihr eigenes Bedürfnis nicht aus den Augen, sich in ihrer Rolle als Eltern als selbstwirksam zu erleben und vom Kind als Autorität – als valide Normsetzer, als Beurteiler, als erfahrene Welterklärer und Berater etc. – anerkannt zu werden, indem sie mit eher hoher Assertivität auf eine Internalisierung ihrer Botschaften hinarbeiteten und dem Kind diesbezügliche Herausforderungen zumuteten.

Auch wenn die große Mehrheit der Elternteile dieser Gruppe vorwiegend die autonomiegefährdenden Wesentlichkeitsargumente einsetzte und noch stärker kindbezogene, internale Aspekte zur Plausibilisierung von Bedeutsamkeiten hätten verwenden können (vgl. Abschnitt 8.4), so erscheint dieser Motivierungstyp, der mit der Ausnahme von S11 nur von Eltern praktiziert wurde, die selber die Abteilung B der Sekundarschule besucht hatten (vgl. Tabelle 7.20), dabei aber durchgängig hohe (2) bis sehr hohe (3) Aspirationen für einen Übertritt ihres Kindes in die Abteilung A bekundeten (vgl. Tabelle 3.2), mit Blick auf die Motivationsförderung als der Kompletteste, der in der Stichprobe auftrat.

8.3 Schlussfolgerungen für die Forschung

Bevor im abschließenden Abschnitt 8.4 der pädagogischen Frage nach dem idealen verbalen Handeln von Eltern und anderen Erziehenden zur schulbezogenen Motivationsförderung nachgegangen wird, werden im Folgenden die methodischen Überlegungen, auf denen das Forschungsdesign dieser Studie beruhte, einer kritischen Beurteilung unterzogen und Folgerungen für zukünftige empirische Studien gezogen.

8.3.1 Mit leitfadengestützten Interviews verbale Handlungen von Eltern erfassen

Das Hauptziel dieser Studie bestand darin, eine Exploration in die verbalen motivationsbezogenen Unterstützungsprozesse im Elternhaus im Kontext eines unklaren Übertrittsentscheids zu unternehmen und das konkrete verbale Handeln der Eltern, über das bis anhin kaum Näheres bekannt war, hinsichtlich seiner motivationsförderlichen Gestaltung möglichst detailliert zu beschreiben und die dafür notwendigen Begriffe und Instrumente zu entwickeln.

Sprachliche Handlungen werden im Hinblick auf die Auswertung grundsätzlich am besten audiovisuell erfasst. Nach den ersten Versuchen, die Familien mit Videokameras oder Audioaufnahmegeräten auszustatten und sie elterliche Unterstützungen bei Hausaufgaben filmen zu lassen, wurde aus mehreren Gründen wieder davon Abstand genommen: Einerseits entfaltet sich der elterliche Einfluss auf die schulbezogene Motivation bei weitem nicht nur in eigentlichen Lehr-Lern-Situationen, sondern in vielen weiteren häuslichen Situationen, in denen Schule inzidentell zum Gesprächsinhalt wird und die Eltern ihre Wertüberzeugungen und Aspirationen, evaluativen Feedbacks und Erwartungen zum Ausdruck bringen (vgl. Abschnitt 2.2.2). Andererseits hatten die Gespräche mit den Kindern und Eltern, die anhand einer Anleitung selbständig probehalber diesbezügliche Videoaufnahmen angefertigt hatten, ergeben, dass sie sich an ihrem heimischen Esstisch in einer künstlichen Laborsituation gewähnt hatten und dass sie sich bei Hausaufgaben, die das Kind normalerweise alleine erledigte, zur Zusammenarbeit gezwungen sahen. Ebenso bleib bei einer Fokussierung auf Lehr-Lern-Situationen unklar, wie dem Einfluss des uneindeutigen Übertritts, der ein zentrales Forschungsinteresse der TRANSITION-Studie darstellte (vgl. Kapitel 3), Rechnung getragen werden sollte. Die genannten Schwierigkeiten führten dazu, dass die Lösung in leitfadengestützten Interviews gesucht wurde. Interviews sind ein etabliertes Mittel zur Erhebung von subjektiven Beobachtungen, Einschätzungen und Überzeugungen und ermöglichen es Forschenden, auch in Realitätsbereiche wie das Familienleben vorzustoßen, in die sie nur begrenzten Zugang haben (vgl. Misoch, 2015, S. 256). Allerdings eröffneten sich hierbei neue Schwierigkeiten, die namentlich die Validität der Selbstbeschreibungen eigenen Handelns betreffen:

So war erstens mit selbstwertdienlichen und sozial erwünschten Schilderungen der Eltern zu rechnen, was die Beschreibung ihres eigenen sozialen Handelns in der zugespitzten Situation des unsicheren Übertritts betraf. Dem Problem wurde insbesondere dadurch begegnet, dass mit den Kindern die unmittelbaren Interaktionspartner mit parallelen Fragen zu ihrer Wahrnehmung der betreffenden Unterstützungsaspekte und jeweils typischer Kommunikationssituationen befragt wurden. Auch wenn die Kinderinterviews erwartungsgemäß generell kürzer und weniger detailliert ausfielen, und z. T. beträchtliche Unterschiede zu den Schilderungen der Erwachsenen aufwiesen, so herrscht nach Abschluss einer Reihe von Studien im qualitativen Projektteil des Forschungsprojekts dennoch der Eindruck vor, dass das Vorgehen namentlich bei den Eltern viel dazu beigetragen hat, dass sie sich sachgemäßer, selbstkritischer und erklärender über ihr Handeln geäußert hatten. Die Maßnahme paralleler Interviews zur Erhöhung der Akkuratheit von Schilderungen eigener Handlungen ist unbedingt zu empfehlen.

Zweitens mussten die Fragen nach der Anzahl Interviews und damit verbunden nach der Situationsspezifität der Handlungsschilderungen gelöst werden. Führt man lediglich wenige Interviews durch – im vorliegenden Fall beispielsweise ein prospektiv ausgerichtetes zu Beginn und ein retrospektiv ausgerichtetes am Ende der Übertrittszeit –, so erfassen diese gezwungenermaßen vor allem generalisierte Aspekte des eigenen sozialen Handelns («normalerweise mache ich das so...»). Dabei besteht die Gefahr, dass situationsspezifisches oder untypisches, aber dennoch manchmal auftretendes Handeln, welches u. U. einen besonders starken und

8.3 Schlussfolgerungen für die Forschung

bleibenden Effekt auf die Interaktionspartner hat, aus dem Blickfeld der Befragten gerät. Mit dieser Überlegung und ebenso vor dem Hintergrund, dass es sich beim Übertritt um ein Verfahren handelte, das sich zeitlich erstreckte und unterschiedliche Ereignisse beinhaltete (vgl. Abbildung 6.1), wurde in der vorliegenden Studie das Vorgehen gewählt, dass möglichst unmittelbar nach übertrittsrelevanten Ereignissen (vgl. Abschnitt 6.1) kürzere telefonische handlungsnahe Interviews mit den Elternteilen und den Kindern geführt wurden. Lediglich zu Beginn und am Schluss fanden längere, die Wahrnehmung des eigenen Handelns auf einer generalisierteren Ebene erfassende Gespräche statt. Es gibt im Rückblick zahlreiche Hinweise dafür, dass das zweite dieser face-to-face-Interviews, welches die Datengrundlage für die vorliegende Studie bildete, hinsichtlich der Validität der Selbstberichte über das eigene Handeln durch das beschriebene Vorgehen deutlich profitiert hat: So ist es zum Beispiel fraglich, ob der Vater Z22 in diesem Interview so freimütig von seinem «Auftischen» von Forderungen an seine Tochter berichtet hätte (vgl. Abschnitt 8.2.3), wenn er und sie davor nicht anlässlich eines situationsspezifischen Interviews im Rahmen einer Prüfungsbesprechung seine drastischen Reaktionen nach einer ungenügenden Note seiner Tochter geschildert hätten (vgl. Ulmann, 2012). Stehen die entsprechenden ökonomischen Mittel zur Verfügung, ist ein Kombinieren von Interviews, die Schilderungen eigenen Handelns auf einer generalisierten, bilanzierenden Ebene erheben, mit solchen, die situationsspezifisch und sehr handlungsnah geführt werden, zur Erhöhung des Realitätsbezugs unbedingt zu empfehlen.

Drittens musste mit Blick darauf, dass in der vorliegenden Studie bestimmte Aspekte des Sprechhandelns im Zentrum stehen sollten, der Gestaltung des Leitfadens und der Durchführung der Interviews besondere Aufmerksamkeit geschenkt werden. Einerseits sollten die im Leitfaden formulierten Fragen dem für die qualitative Forschung grundlegenden methodologischen Prinzip der Offenheit (vgl. Helfferich, 2005, S. 100–103; Lamnek & Krell, 2016, S. 33–34) genügen und nicht zu direkt und zu eng gefasst sein – also abfragend und bestimmte Antworten naheleged (vgl. Gläser & Laudel, 2010, S. 135) – das interessierende motivationsbezogene sprachliche Handeln erheben, andererseits sollte dieses von den Proband*innen möglichst zahlreich, detailliert und episodisch erzählt werden. Nach entsprechenden Erprobungen wurden die in Tabelle 6.1 aufgeführten Fragen den 20 Elternteilen möglichst gemäß der Reihenfolge ihrer Auflistung und gemäß ihrer Gewichtung (Einleitungsfragen vs. Sondierungsfragen, vgl. Abschnitt 6.3.1) gestellt. Generell wurde die Reihenfolge der Fragen in den einzelnen Themenblöcken so gewählt, dass einleitend die Überzeugungen und Einschätzungen der Eltern zum entsprechenden Aspekt erfragt wurden und im Anschluss Fragen zur diesbezüglichen Kommunikation mit dem Kind – oft im Sinne von Sondierungsfragen – folgten. Mit diesem eher vorsichtigen Vorgehen war die Erwartung (und Hoffnung) verbunden, dass die Eltern möglichst von sich aus bereits im ersten Teil des jeweiligen Themenblocks auf ihre diesbezüglichen wert- und kontrollbezogenen Appelle gegenüber dem Kind zu sprechen kämen und dass die Interviewenden die diesbezüglich expliziteren Sondierungsfragen bei Bedarf eher akzentuierend einzusetzen könnten. Zwar hat sich gezeigt, dass sich in den Interviews letztlich insgesamt eine ansehnliche Zahl entsprechender Handlungsschilderungen fand, doch muss im Rückblick konstatiert werden, dass die inhaltsanalytische Auswertung – namentlich die Basiscodierung, vgl. unten – zeitlich ökonomischer hätte gestaltet werden können, wenn direkter und bereits in der Einleitung zum entsprechenden Themenblock nach dem entsprechenden Handeln gefragt worden wäre. So haben sich jene Fragestrategien und Aufforderungen, die in den oben erwähnten situationsspezifischen Interviews angesichts der besonderen Umstände – ca. 15 Minuten Zeit, telefonisch geführt und unmittelbar an ein Ereignis anknüpfend – unumgänglich waren, im Rückblick ebenfalls in den umfangreichen face-to-face-Interviews als besonders ergiebig zur Erfassung generalisierterer sprachlicher Handlungsformen erwiesen: z. B. «Was haben Sie mit Ihrem Kind diesbezüglich konkret besprochen?», «Wie reagierten Sie, als Ihr Kind…?», «Wie läuft das bei Ihnen ab, wenn…?», «Können Sie mir schildern, was ich hätte beobachten können, wenn ich dabei gewesen wäre?».

Bezüglich der Durchführung der Interviews hat sich sodann gezeigt, dass genügend Zeit in die Ausbildung, aber ebenso in das fortlaufende Coaching der Interviewenden während der Erhebungsphase investiert werden muss. Rückblickend lässt sich feststellen, dass es wichtig ist, dass in Studien mit einer vergleichsweise hohen Zahl an Proband*innen und einem längsschnittlichen Design wie der vorliegenden, die Befragenden in den periodisch stattfindenden Projektsitzungen nicht nur über Inhalte und Probleme der vorangegangenen und der nächstfolgenden Interviewwelle beraten, sondern sich auch immer wieder vergewissern, ob ihr Frageverhalten den Vorgaben entspricht und sich über die Zeit kongruent entwickelt[3]. Wie sich gezeigt hat, variierte die Länge der in der vorliegenden Studie untersuchten Interviews nicht nur zwischen den Proband*innen, sondern auch zwischen den Befragenden, die jeweils zwei Eltern-Kind-Dyaden betreut hatten, zum Teil beträchtlich. Gerade weil den Befragenden Spielraum zugestanden wurde, in welchem Maß sie die Sondierungsfragen einsetzen und wie

---

[3]Für weitergehende Überlegungen zur Qualitätssicherung in qualitativ ausgerichteten Projekten in großen Forschungsgruppen, vgl. Vasarik Staub, Galle, Stebler und Reusser (2019).

8.3 Schlussfolgerungen für die Forschung

stark sie bei einsilbigeren Interviewpartner*innen mit Nachfragen Präzisierungen zum konkreten Handeln elizitieren wollten, konnten letztlich die Erzählungen von zwei Elternteilen in den höher-inferenten Analysen wegen einer insgesamt zu geringen Episodenzahl nicht berücksichtigt werden (vgl. Abschnitt 6.4.1.3.).

Zusammengefasst ist demnach zu empfehlen, die Frageformen zur Erhebung des generalisierten (verbalen) Handelns in Interviews sprachlich an solchen zu orientieren, die zur Erfassung situationsspezifischen Handelns notwendig sind. Sodann sollte in längsschnittlichen Interviewstudien in großen Forschungsgruppen grundsätzlich darauf geachtet werden, dass unter den Interviewenden ein stetiges Vergleichen des eigenen Frageverhaltens stattfindet und sich die Techniken laufend erweitern, mit denen sie ihre Interviewpartner*innen in Nachfragen um Präzisierungen ihrer Handlungsschilderungen bitten.

8.3.2 Mit verschiedenen deskriptiven Methoden Selbstberichte eigenen verbalen Handelns auswerten

Die vorliegende Studie besaß ein aufwändiges, mehrschrittiges und multimethodisches Auswertungssetting, das sich an der «Typologischen Analyse» von Kuckartz (2010, S. 99–107) orientierte. Im Folgenden werden zentrale Aspekte und Probleme der vier Analyseschritte kritisch erörtert und daraus methodenbezogene Empfehlungen für die weitere empirische Forschung sowie Ideen für Anschlussstudien entwickelt.

8.3.2.1 Analyseschritt A: Basiscodierung

Im ersten Analyseschritt wurden die Transkripte der Interviews einer Basiscodierung unterzogen, in der alle Schilderungen eigener schulbezogener Regulationshandlungen der Eltern bezüglich der Werteinschätzungen, der Kontrolleinschätzungen, der in schulischen Situationen erlebten Emotionen und des Lernverhaltens der Kinder in einem vorwiegend induktiven Vorgehen erfasst wurden (vgl. Abschnitt 6.4.1). Bezugnehmend zur Diskussion im vorangehenden Kapitel zur Form, wie in Interviews das Handeln der Akteure erfragt werden soll, zeigte sich nun, dass ein direkteres Erfragen die Entwicklung eines Codiersystems und der nachfolgenden Analyse insofern beträchtlich erleichtert hätte, als bestimmte Fragen mit ihren jeweiligen Antworten zu Analyseeinheiten hätten bestimmt werden können. Im vorliegenden Fall dienten die ganzen, sehr umfangreichen Interviews als Basis für die Entwicklung eines Codiersystems und es musste über die Fragen hinweg nach den Stellen gesucht werden, in denen sich die interessierenden

Konstrukte finden ließen. Damit die strukturierende Inhaltsanalyse mit akzeptablen Intercoder-Übereinstimmungen durchgeführt werden konnte, musste allein zur Festlegung der Grenzen der zu extrahierenden Stellen in einem zeitaufwändigen iterativen Prozess eine verhältnismäßig große Zahl an Codierregeln festgelegt werden (vgl. Steiner et al., 2010). Das gewählte Verfahren ermöglichte zwar erst die nachfolgenden detailreichen niedrig-inferenten Analysen zu den Gestaltungsmerkmalen der solchermaßen extrahierten Wert- und Kontrollepisoden im Analyseschritt B. Es hätte sich jedoch hier bei begrenzteren personalen, zeitlichen und monetären Ressourcen die Möglichkeit geboten – allerdings mit den erwähnten Abstrichen bei den Fragestellungen 1 und 2 (vgl. Abschnitt 5.8) –, eine Abkürzung des Analyseprozesses vorzunehmen und direkt mit den höherinferenten Ratings der evaluativen qualitativen Inhaltsanalyse des Analyseschrittes C einzusetzen, indem nur die Antworten der Eltern auf bestimmte handlungsbezogene Fragen einer Einschätzung unterzogen worden wären. Dies lässt sich am Beispiel des Ratings zur Bestimmung des Grades an emotionaler Zuwendung (vgl. Abschnitt 6.4.3.4) illustrieren, für das lediglich die Antworten auf die letzten beiden Hauptfragen des Blocks B des Leitfadens (vgl. Tabelle 6.1) herangezogen wurden, in denen die Eltern um eine Beschreibung davon gebeten wurden, wie es bei ihnen zuhause ablaufe, wenn das Kind eine gute oder eine ungenügende Note nach Hause bringe (vgl. Abschnitt 6.4.1.1).

8.3.2.2 Analyseschritt B: Schaffung von Frames und von Kategoriensystemen zur Analyse der Wert- und Kontrollregulationen

Hätte die Extrahierung von Handlungsepisoden aus ökonomischen Gründen nicht in der aufwändigen komplexen Form durchgeführt werden können wie sie im vorliegenden Projekt in der Basiscodierung erfolgt ist, so wären zwei innovative Aspekte, die im Zuge des Analyseschrittes B Gestalt annahmen, nicht möglich gewesen: Zum einen hat sich nach der Basiscodierung gezeigt, dass die extrahierten Fundstellen (erwartungsgemäß) in unterschiedlicher Detailliertheit das kommunikative Geschehen zwischen Eltern und Kindern schilderten. Während die Elternteile ihre Appelle und die Reaktionen der Kinder in einzelnen Stellen mittels direkter Reden «nachspielten», äußerten sie in anderen primär ihre eigenen wert- und kontrollbezogenen Überzeugungen und zeigten lediglich mit wenigen Worten an (mittels der verba dicendi und Wendungen, die das Mitteilen signalisieren wie z. B.: «man muss ihn manchmal dazu ermuntern», vgl. Abschnitt 6.4.1.2), dass sie diese dem Kind weitergegeben hätten. Um die Vergleichbarkeit herzustellen, musste das Prinzip der Frames entwickelt werden (vgl. Abschnitt 6.4.2). Die Frames boten den Codierenden eine heuristische Struktur an, entlang derer sie sich

8.3 Schlussfolgerungen für die Forschung

die elterlichen Situationsschilderungen vergegenwärtigen, möglichst textsensitiv nach den interessierenden Aspekten absuchen sowie schließlich unter bestmöglicher Wahrung des propositionalen Gehaltes reformulieren konnten. Die hohen Ad-hoc-Interrater-Übereinstimmungen der strukturierenden qualitativen Inhaltsanalysen (vgl. Tabelle 6.2), die letztlich an den solchermaßen standardisierten reformulierten Aussagen durchgeführt wurden, zeigen, wie unmittelbar einleuchtend und hilfreich das Verfahren war, das die aus motivationstheoretischer Sicht interessierenden Aspekte besonders scharf hervortreten ließ und eine gemeinsame Diskussionsbasis bot, falls sich die beiden getrennt voneinander Codierenden in einem ersten Durchgang nicht einig waren.

Die zweite Innovation, die in diesem Untersuchungsschritt erzielt wurde, besteht im Kategoriensystem «Elterliche Strategien der verbalen Wertvermittlung» (vgl. Abbildung 5.4), welches die Analyse der motivationsrelevanten Argumentationen erlaubt, die die Eltern gegenüber dem Kind zur Veranschaulichung der Bedeutung einsetzten, die sie bestimmten schulischen Zielen zumaßen. Während im Rahmen der Forschung um Reattributionen und attributionsbasierte Interventionsstrategien (zsf. Perry & Hamm, 2017; Schunk et al., 2014, S. 115–119) auf der Basis von Weiners dreidimensionalem Klassifikationsschema (1994, S. 271) (vgl. Tabelle 5.1) seit langem ähnliche Instrumente für die Analyse von attributionalen Begründungen existieren, welche Erziehende in Kontrollregulationen gegenüber Kindern einsetzen (vgl. Abschnitt 5.3.3.2) – zur Schaffung des diesbezüglichen Kategoriensystems (vgl. Abbildung 5.3) war in der vorliegenden Studie entsprechend eine verhältnismäßig geringe Eigenleistung notwendig (vgl. Abschnitt 5.4.1) –, existierte mit Wissen des Autors bis anhin nichts Vergleichbares für die Analyse von Wertregulationen. Auf der Basis der Theorie um subjective task values (vgl. Eccles, 2005; Wigfield & Eccles, 1992) und den extrahierten Werteepisoden geschaffen, stellt das Kategoriensystem ein wichtiges Ergebnis der Studie dar, das ohne die oben beschriebene aufwändige Extraktion solcher Interviewstellen im Rahmen der Basiscodierung kaum möglich gewesen wäre. Das an motivationstheoretischen Konstrukten und an Interviewdaten entwickelte Analysesystem, das eine umfassende Begrifflichkeit zum Verständnis solcher Regulationen zur Verfügung stellt, muss in einem nächsten Schritt in weiteren Studien um die value intervention von Eltern und anderen Erziehenden validiert werden. Dabei stellt sich insbesondere die Frage, wie verschiedene Strategien der Wertvermittlung (vgl. Abbildung 5.3) auf Schülerinnen und Schüler mit unterschiedlichen Wert- und Kontrollüberzeugungen wirken. Entsprechende experimentelle Studien – fast immer im Kontext von Unterrichtssituationen durchgeführt (vgl. Abschnitt 5.6.2) – sind wie erwähnt noch immer sehr rar und sollten in Anbetracht der Alltäglichkeit und der mutmaßlichen Bedeutung solcher verbalen Regulationen unbedingt zahlreicher aufgelegt werden.

8.3.2.3 Analyseschritte C und D: Ratings zur Bestimmung des individuellen Motivierungsstils und Schaffung einer Taxonomie

Mit Bezug zu den Befunden der höher inferenten Ratings, welche jeweils bei allen individuellen Wert-, Kontroll- und Prüfungsbesprechungsepisoden der 18 Elternteile hinsichtlich der sieben Qualitätsdimensionen des verbalen Motivierens durchgeführt worden sind (vgl. Abschnitt 6.4.3), stellen sich namentlich die beiden folgenden Fragen:

a) Inwiefern vermochten die ermittelten Stile bzw. die im Analyseschritt D generierten Typen des verbal-appellativen Motivierungshandelns die tatsächlichen Praktiken der Elternteile während der Übertrittszeit darzustellen?

b) Inwiefern haben diese nicht nur situationsbedingt in der vorliegenden Stichprobe Gültigkeit, sondern lassen sich verallgemeinern und übertragen (vgl. Flick, 2019, S. 274–278)?

Beide Fragen betreffen letztlich die externale Validität, die sich in qualitativen Projekten mit den typisch geringen Fallzahlen normalerweise nicht wie in der quantitativen Forschung über die Zufalls- oder Quotenauswahl eines umfangreichen Samples sowie statistischer Inferenzschlüsse sicherstellen lässt, sondern wie Kuckartz (2018) meint, über eine «sorgfältige Fallauswahl» – diesbezüglich sei auf Abschnitt 6.2 verwiesen – sowie «Strategien [...], die allgemein geeignet sind, die Verallgemeinerbarkeit von empirischen Befunden zu erhöhen» (S. 218).

Zur Beantwortung der Frage a) nach der Realitätsnähe der erzielten Befunde besteht eine solche Strategie in der Gegenvalidierung der aus den generalisierten Interviews erzielten fallspezifischen Ergebnisse an denjenigen, die sich in anderen Studien desselben Forschungsprojekts ergeben haben: Dank des längsschnittlichen Settings des qualitativ ausgerichteten Teils der TRANSITION-Studie (vgl. Abbildung 6.1) und den Teilstudien, die in den letzten Jahren auf der Grundlage der situativen Interviews mit den Elternteilen, den Kindern sowie deren Klassenlehrkräfte fertiggestellt wurden (vgl. Curschellas Widmer, 2015; Dellios, 2013; Good, 2014; Haymoz, 2014; Ulmann, 2012; Zaugg, 2014), lässt sich die Gegenvalidierung insofern bewerkstelligen, als sich in ihnen weitere Selbst- und Fremdberichte zum verbalen Handeln der untersuchten 18 Elternteile finden lassen. Während die anekdotische Evidenz für eine große Übereinstimmung zwischen den diesbezüglichen Befunden der verschiedenen Analysen spricht, steht eine empirisch-systematische Überprüfung dieser Hypothese noch aus. Sie ließe sich ferner mit der Strategie des member checking koppeln (vgl. Kuckartz, 2018,

S. 218): Dabei werden die Eltern und ihre mittlerweile erwachsenen Kinder, die nun einen beträchtlichen zeitlichen Abstand zur damaligen aufwühlenden Übertrittssituation besitzen und die ihr (gegenseitiges) Handeln vermutlich nicht nur milder, sondern auch selbstkritischer zu sehen vermögen, mit den sie betreffenden Befunden konfrontiert und um eine Stellungnahme und Perspektivierung gebeten. Mit Blick auf die motivations- und emotionstheoretischen Konstrukte von besonderem Interesse wäre dabei die Perspektive der 18 damaligen Kinder. Die Interviews, die mit ihnen als 12-Jährige gemacht wurden, waren gerade hinsichtlich der in der vorliegenden Studie zentralen motivational-affektiven Konstrukte wenig ergiebig gewesen (vgl. Curschellas Widmer, 2015). Dieser Umstand machte es notwendig, dass die vorliegende Studie, welche diesbezügliche Interventionen der Eltern in den Blick nahm, sich auf primär deskriptive Aspekte beschränken musste und sich das elterliche Handeln nicht direkt an motivationsbezogenen Äußerungen der Kinder spiegeln ließ. Die Berichte über ihr damaliges Erleben der elterlichen Appelle und die Auswirkungen, welche sie den verbalen Wert- und Kontrollregulationen der Eltern für ihr lern- und leistungsbezogenes Handeln sowie für ihre weitere Schul- und Berufskarriere zumessen, wären dabei von primärem Interesse. Die Durchführung einer solchen Anschlussstudie wird vom Autor in Betracht gezogen.

Ferner besteht die Möglichkeit, die Ergebnisse – und dies betrifft nun auch die Frage b) nach deren Generalisierbarkeit – mittels integrativen Ansätzen der sog. Methodentriangulation (vgl. Denzin, 1978; Kelle, 2008) nicht nur hinsichtlich deren Konvergenz, sondern auch hinsichtlich deren Komplementarität (vgl. Kuckartz, 2014, S. 58) an den Befunden und Einschätzungen der Eltern und Kinder aus dem quantitativ ausgerichteten Projektteil der TRANSITION-Studie zu spiegeln und zu perspektivieren.

8.4 Schlussfolgerungen und Empfehlungen für die pädagogische Praxis

Die Bedeutung der vorliegenden Studie für die pädagogische Praxis besteht vor allem darin, dass sie eine Reihe von Begriffen, Konzepten und Qualitätskriterien hervorgebracht hat, die Eltern und weiteren Erziehenden als Instrumentarium zur Reflexion und Regulation ihrer schulbezogenen Kommunikation gegenüber ihrem Kind an die Hand gegeben werden kann.

Wie sich in früheren Weiterbildungsveranstaltungen mit Eltern gezeigt hat, lassen sie sich nach einer Einführung in die Grundlagen der Motivationstheorie, in der sie vor allem mit der Bedeutung von Wert- und Kontrollkognitionen für das

Lern- und Leistungshandeln ihrer Kinder bekannt gemacht werden (vgl. Kapitel 5), mit Interesse auf den nächsten Schritt ein, in welchem sie ihr Augenmerk ihrem eigenen verbalen Handeln widmen. Sie werden dabei mit dem Gedanken vertraut gemacht, dass sie als Eltern mit ihren alltäglichen schulbezogenen Erwartungsäußerungen, ihren Leistungsbewertungen, Aufforderungen, Wünschen, Korrekturen etc. letztlich immer auch die beiden genannten motivationsrelevanten Überzeugungssysteme beim Kind aktivieren und dass sie folglich mit ihren entsprechenden Äußerungen dessen situative Kontroll- und Werteinschätzungen so zu beeinflussen vermögen, dass sich beispielsweise Angstzustände verringern (z. B. «Schau, du hast perfekt auf die morgige Prüfung gelernt, indem du ... – Aber selbst, wenn du mal eine schlechtere Note nach Hause bringen solltest, bricht für uns Eltern deshalb doch keine Welt zusammen.») oder vergrößern (z. B. «Es ist dir hoffentlich klar, dass du morgen unbedingt reüssieren musst!»).

Bei einer entsprechenden vertieften Beschäftigung mit den in der vorliegenden Studie erarbeiten Kategorien, so wird an den genannten Beispielen klar, dürfte sich der Blick von Eltern auf die eigenen an das Kind gerichteten Appelle dahingehend schärfen lassen, damit es ihnen möglich wird, ihre Appelle – orientiert an ihren Zielen und am wahrgenommenen Bedarf des Kindes – gezielt sprachlich so zu formen, dass sich die Wahrscheinlichkeit erhöht, die erwünschten Veränderungen in der Wert- und Kontrolleinschätzung des Kindes zu bewirken. Damit Eltern dies gelingt, dürfte es ausreichen, wenn sie sich mit den Einschätzungskategorien vertraut machen, die im Rahmen der höher-inferenten Analyseschritte auf der Grundlage der erwartungs-werttheoretischen Konstrukte und den Interviewdaten entwickelt worden sind (vgl. Abschnitt 6.4.3).

Bevor sie sich mit den gestalterischen Aspekten ihrer schulbezogenen Wert- und Kontrollregulationen beschäftigen, dürfte es allerdings sinnvoll sein, dass sich die Eltern der eigenen motivationalen Orientierungen und Überzeugungen bewusst werden, denen ihr Regulationshandeln unterliegt (vgl. Abschnitt 4.1.2). Wie die Ergebnisse der Hauptkomponentenanalyse belegen, richtet sich der Blick von Eltern in zugespitzten schulischen Leistungssituationen mindestens in drei Richtungen, die in der vorliegenden Studie als «grundlegende Orientierungen» bezeichnet worden sind (vgl. Abschnitt 7.4.1). In einer ersten metakognitiven Annäherung an ihr Motivierungshandeln wäre es demnach angezeigt, dass sich die Eltern mit der Frage beschäftigen, wie sie sich persönlich auf den folgenden drei Dimensionen positionieren – sei es vor dem Hintergrund des Übertritts oder sei es allgemein mit Blick auf Anforderungen, welche die Schule an das Kind und an sie heranträgt:

8.4 Schlussfolgerungen und Empfehlungen für die pädagogische Praxis

A) Normorientierung: Bei dieser Dimension geht es um den Positionsbezug der Eltern gegenüber den von ihnen wahrgenommenen Normen, Standards und Erwartungen der Schule und ihrer Akteure und darum, welche Bedeutung sie diesen beimessen. Ihre diesbezüglichen Erfahrungen und Überzeugungen, so hat sich in der Studie gezeigt, sind insbesondere mit der Art assoziiert, wie sie dem Kind gegenüber die Bedeutsamkeit der schulischen Ziele vermitteln und wie emotional zugewandt sie darauf reagieren, wenn das Kind die entsprechenden Anforderungen nicht erfüllt (vgl. Tabelle 7.15).

Folgende Fragen dürften Eltern zur Analyse und Reflexion der eigenen Normorientierung behilflich sein:

Wie wichtig ist es Ihnen, dass Ihr Kind mit Blick auf sein Lernen und Leisten, auf sein Arbeitsverhalten und auf sein sozial-kommunikatives Verhalten dem Bild einer konformen Schülerin bzw. eines konformen Schülers entspricht? Welche Anforderungen stellt der Übertritt an Ihr Kind? Inwiefern sind Ihnen einzelne der genannten Anforderungen an das Kind wichtiger als andere? Wie würden Sie mit anderen Worten die Rolle einer Schülerin bzw. eines Schülers definieren und bezüglich welcher Aspekte gibt es Ihrer Ansicht nach Handlungs- und Entscheidungsspielraum für das Kind und für Sie als Eltern selber?

B) Kindorientierung: Bei dieser Dimension geht es um den Positionsbezug der Eltern gegenüber den von ihnen wahrgenommenen sozialen, emotionalen und kognitiven Bedürfnissen des Kindes und darum, welche Bedeutung sie diesen beimessen. Ihre diesbezüglichen Überzeugungen, Haltungen und Einschätzungen sind insbesondere damit assoziiert, wie dialogisch sie mit ihrem Kind kommunizieren und an dessen Sichtweise interessiert sind, in welchem Maß sie in Situationen, in denen sie gegenüber dem Kind Leistungsbewertungen vornehmen, dessen Bedürfnis nach Selbstwertschutz berücksichtigen und in welchem Maß sie ihr Kind mit Argumenten zu überzeugen suchen, die seine Interessen ins Zentrum stellen (vgl. Tabelle 7.15).

Zur Eruierung der eigenen Kindorientierung dürften den Eltern die folgenden Fragen hilfreich sein:

Was wissen Sie darüber, was Ihrem Kind an Schule und Unterricht a) Spaß macht, b) besonders wichtig ist, c) Mühe bereitet, d) Bauchschmerzen bereitet? Wie gehen Sie vor, wenn Sie dies erfahren möchten? Wie gehen Sie vor, wenn Sie mit dem Lernen und den Leistungen Ihres Kindes zufrieden sind? Wie gehen Sie vor, wenn Sie mit dem Lernen und den Leistungen Ihres Kindes nicht zufrieden sind? Worauf muss man bei Ihrem Kind achten, wenn man mit ihm über seine Fehler und seine Unzulänglichkeiten beim Lernen sprechen möchte? Inwiefern stellen Sie dem Kind den Nutzen, den Sie in einer schulischen Vorgabe oder Anforderung erkennen, aus seiner Perspektive dar?

C) Durchsetzungsorientierung: Bei dieser Dimension geht es um den Positionsbezug der Eltern gegenüber ihren eigenen Bedürfnissen, sich bei ihrer schulbezogenen Unterstützung als selbstwirksam und als vom Kind anerkannt zu erleben: Sei es, indem es ihren Appellen Beachtung schenkt, indem es die wert- und kontrollbezogenen Botschaften beherzigt sowie indem es diese zunehmend mit seinem veränderten Handeln erkennen lässt. Die diesbezüglichen Einschätzungen, Überzeugungen und Haltungen der Eltern sind insbesondere damit assoziiert, wie prägnant sie bei ihren wert- und kontrollbezogenen Appellen vorgehen, wie klar sie für ihre eigenen diesbezüglichen Positionen bei Widerspruch oder Nichtbeachtung durch das Kind einstehen und mit welcher Verbindlichkeit und Ausdauer sie auf einer diesbezüglichen Verhaltensregulation durch das Kind bestehen (vgl. Tabelle 7.15).

Zur Analyse und Reflexion der eigenen Durchsetzungsorientierung dürften die folgenden Fragen hilfreich sein:

Worin sehen Sie Ihre Aufgaben, wenn es um die Unterstützung Ihres Kindes geht? Wie wichtig ist es Ihnen, Ihr Kind von ihren schulbezogenen Einschätzungen und Sichtweisen zu überzeugen? Wie schaffen Sie es, die Aufmerksamkeit Ihres Kindes für Ihre Erwartungsäußerungen und Wünsche zu erhalten? Inwiefern schaffen Sie es, dass sich Ihr Kind Ihre diesbezüglichen Botschaften zu Herzen nimmt? In welchen Bereichen schaffen Sie das eher schlecht? Was unternehmen Sie dann?

Auf der zweiten Ebene des Instrumentariums zur Reflexion und Regulation des eigenen verbalen Motivierungshandelns – derjenigen der Stilkomponenten – finden sich die sieben Merkmale, mit denen in der Studie der individuelle Stil der Proband*innen analysiert wurde (vgl. Abschnitt 6.4.3). Sich einmal der eigenen Orientierungen beim schulbezogenen verbalen Motivieren bewusst, ermöglichen es die sieben Komponenten, bestimmten Aspekten desselben besondere Aufmerksamkeit zu schenken, sich diesbezüglich kritisch zu hinterfragen und allenfalls Intentionen und Strategien zur Verbesserung des eigenen Stils zu entwickeln. Die sieben Komponenten können mit anderen Worten der Evaluation, dem Monitoring und der Planung von Optimierungen dienen, womit ihnen die Rolle eigentlicher «Stellschrauben» zukommt. Zum Abschluss dieser Skizze einer Intervention, die sich an interessierte Eltern richtet, werden mit Blick auf die Komponenten Empfehlungen formuliert. Dazu werden die Konstrukte jeweils bezüglich ihrer förderlichen Form nochmals kurz inhaltlich bestimmt und hinsichtlich ihrer Funktionalität im Regulationsprozess erläutert.

8.4 Schlussfolgerungen und Empfehlungen für die pädagogische Praxis

Betonung von Zweckmäßigkeit bei Wertregulationen
Es ist Eltern grundsätzlich zu empfehlen, dass sie bei ihren Wertregulationen darauf achten, dem Kind die Zweckmäßigkeit eines bestimmten schulbezogenen Handelns für ein vom Kind selber als erstrebenswert anerkanntes «größeres» Ziel klarzumachen: «Es ist bedeutsam, dass du das machst, weil du so dein Ziel erreichst». Anders als Wesentlichkeitsargumente, die von den meisten der untersuchten Eltern gemäß ihren Erzählungen am häufigsten eingesetzt wurden («Es ist bedeutsam, dass du das machst, weil du das in deiner Rolle als Schüler*in einfach musst»), führen Bedeutsamkeitsregulationen mit Zweckmäßigkeitsargumenten dem Kind nicht den Zwang vor Augen, der sich aus dem Hinweis auf Rollen und Pflichten ergibt, sondern gewähren ihm zumindest die Wahl zwischen dem gewohnten und dem vom Elternteil empfohlenen alternativen Handeln. Betonen Eltern die Zweckmäßigkeit, nehmen sie somit eine beratende Funktion ein, formulieren Empfehlungen und signalisieren dem Kind, ohne die Verantwortung zu vernachlässigen, ihm Guidance zu geben (vgl. Skinner, E. A. et al., 2009, S. 65), dass sie ihm zutrauen, solche Entscheidungen selber zu treffen (vgl. Abschnitt 5.6.2.3). Eltern wirken somit autonomieförderlich – eine Handlungsqualität, die sich gemäß der Selbstbestimmungstheorie (vgl. Ryan & Deci, 2016) und einer konsistenten diesbezüglichen Befundlage positiv auf die Internalisierung solcher external-fremdregulierter Verhaltensformen auswirkt und diese zu internal-selbstregulierten bzw. – in der Terminologie von Eccles (2005) – zu attainment values werden lässt (vgl. Abschnitte 5.5.1.2 und 5.5.1.3).

Betonung positiver Aspekte bei Wertregulationen
Eltern ist es sodann zu empfehlen, ihre Kinder mit positiv-valenten Argumenten von der Bedeutsamkeit eines Handlungs- oder Leistungsziels zu überzeugen. Im Zuge der oben empfohlenen Zweckmäßigkeitsargumente betonen sie somit die belohnenden Konsequenzen und versuchen im Sinne der Lerngesetze des operanten Konditionierens (vgl. Skinner, B. F., 1971, 1989), das Kind für das erwünschte Handeln zu gewinnen. Setzen sie negativ-valente Argumente ein, wie dies die Eltern des Motivierungstyps 1 typischerweise taten (vgl. Abschnitt 8.2.1), so heben sie die Kosten eines anderen als von ihnen empfohlenen Handelns hervor, formulieren also ein Gebot («Es ist bedeutsam, dass du das machst, weil du sonst...») und schränken die von der Argumentationsstrategie der Zweckmäßigkeit signalisierte Entscheidungsfreiheit umgehend wieder ein (vgl. Abschnitt 5.6.2.1).

Betonung internaler Aspekte bei Wertregulationen
Bezüglich der Frage, ob Eltern eher internale oder eher externale Aspekte in ihren Wertregulationen einsetzen sollen, fällt die Antwort weniger eindeutig aus. Bei

den oben empfohlenen positiven Zweckmäßigkeitsargumenten bezeichnen internale Argumente appetitive Konsequenzen unmittelbar für das Kind selbst (z. B. «weil du dich dann besser fühlst» oder «weil du die Sache dann besser verstehst»). Externale positive Zweckmäßigkeitsargumente weisen dahingegen auf appetitive Konsequenzen im Bereich von Zielen hin, die Instanzen außerhalb des Kindes gesetzt haben und allgemein als erstrebenswert gehalten werden: «weil du dann den Übertritt in die Abteilung A schaffst». Wie die beiden unterschiedlichen Referenzbereiche auf die Motivation wirken, dürfte von den motivationalen Tendenzen des jeweiligen Kindes abhängen. Kinder, die eine mastery goal orientation (vgl. Dweck, 1986; Nicholls, 1984) zeigen und mit einer individuellen Bezugsnorm vornehmlich darauf bedacht sind, ihre Kompetenzen zu entwickeln und die Lerngegenstände gründlich zu verstehen (vgl. Abschnitt 4.2.1.2), dürften sich vermutlich von internalen Gründen stärker angesprochen fühlen. Umkehrt kann vermutet werden, dass Kinder, die eine performance goal orientation aufweisen und – an einer sozialen Bezugsnorm orientiert – primär darauf ausgerichtet sind, sich vor andern als kompetent und leistungsfähig zu erweisen (bzw. ihre scheinbaren Defizite nicht sichtbar zu machen), stärker auf externale Argumente in der elterlichen Begründung aufmerksam werden (vgl. Abschnitt 5.6.2.2).

Zugeschriebene Kontrolle

Es ist Eltern grundsätzlich zu empfehlen, dass sie in ihren evaluativen Feedbacks darauf achten, einen adaptiven Pfad einzuschlagen (vgl. Perry & Hamm, 2017, S. 71) und bei Handlungsaspekten des Kindes, zu denen sie ein negativvalentes Urteil abgeben möchten («Merke dir: Du hast es schlecht im Griff») auf kontrollierbare, variable Faktoren – fehlende Anstrengung, schlechte Strategien oder geringe Aufmerksamkeit – zu attribuieren, was beim Kind Zuversicht erzeugt («ich kann es in den Griff kriegen»). Dies wiederum führt zu günstigeren motivationalen Zuständen, welche die Wahrscheinlichkeit eines Erfolgs erhöhen. Möchten sie ein positiv-valentes Urteil abgeben («Merke dir: Du hast es gut im Griff»), sollte die Argumentation sowohl aus fähigkeits- als auch aus anstrengungsbezogener Information bestehen. Die Sequenzierung der beiden Ursachenzuschreibungen dürfte dabei zentral sein. Bei einer intermittierenden Darbietung, also der zufälligen Fremdzuschreibung mal der einen, mal der anderen Ursache, ergeben sich keine vorteilhafteren Effekte als bei der ausschließlichen Darbietung von lediglich einem der beiden Faktoren (vgl. Dresel, 2004, S. 202). So dürfte es ratsam sein, eine Feedbackstrategie zu wählen, bei der positiv-valente Urteile zeitlich separiert zu Beginn der Beschäftigung mit einem neuen Lernbereich erst mit Anstrengung und mit fortschreitendem Wissenserwerb schließlich mit Fähigkeit erklärt werden (vgl. Dresel & Ziegler, 2006).

8.4 Schlussfolgerungen und Empfehlungen für die pädagogische Praxis

Diskursivität bei Wert- und Kontrollregulationen

Es hat sich im Verlauf der Studie als zentral erwiesen, dass Eltern bei ihren verbalen Regulationen diskursiv-dialogisch vorgehen und sich ein möglichst adäquates Bild der schulbezogenen Sichtweisen, Vorlieben, Ängste und Wünsche des Kindes machen. So deuten die Ergebnisse der experimentellen Studien von Canning und Harackiewicz (2015) zu value interventions darauf hin, dass die oben für die Internalisierung und Interessenerzeugung als förderlich dargestellten Zweckmäßigkeitsargumente ihre produktive Wirkung nur dann entfalten, wenn das Kind a) dem von den Eltern präsentierten Zweck selbst tatsächlich eine hohe Bedeutung beimisst, b) die Zweckmäßigkeitsaussage für glaubwürdig hält und c) über möglichst positive Kontrollüberzeugungen bezüglich der angesprochenen Aktivität sowie bezüglich des genannten Zwecks verfügt (vgl. Abschnitt 5.6.2.3). Ebenso wirken positive Argumente lediglich dann als positive Verstärker, wenn das Kind diese auch wirklich als belohnend empfindet. Alle diese Bedingungen lassen sich von den Eltern umso besser erfüllen, je stärker sie mit ihm im Dialog sind, wenn sie selber ihre Zweckmäßigkeitsargumente erklären, das Kind Stellung nehmen lassen und wenn sie ihm entsprechend adaptiertere und plausiblere Erklärungen und Beispiele anzubieten haben und sich dann zurückzunehmen wissen, wenn es sein Verstehen oder ein genügendes Maß an Internalisierung erkennen lässt. Gerade in schwierigen Situationen mit Hausaufgaben, in Situationen, in denen das Kind Misserfolge zu verkraften hat oder in solchen, in denen die Eltern die unrealistisch hohen Erfolgserwartungen des Kindes zu dämpfen versuchen – wenn dem Kind also unter Berücksichtigung seiner psychologischen Bedürfnisse ein realitätsnahes, seine Leistungen benennendes Feedback gegeben werden soll, – dürfte ein hoher Grad an Dialogizität auch in Kontrollregulationen notwendig sein (vgl. Abschnitt 5.7).

Assertivität bei Wert- und Kontrollregulationen

Eltern ist unbedingt zu empfehlen, in ihren Wert- und Kontrollregulationen verbindlich aufzutreten und dem Kind gegenüber zwar ruhig, aber deutlich zum Ausdruck zu bringen, dass es ihnen wichtig ist, es von der Angemessenheit ihrer Sichtweise zu überzeugen. Eltern dürften nämlich vor allem dann, die für die Internalisierung und Befolgung der Wert- und Kontrollregulationen notwendige Aufmerksamkeit wecken und hinreichend überzeugend wirken, wenn sie einen angemessenen Grad an Assertivität aufweisen (vgl. Aebli, 1997, S. 273–275). Es gilt, das Kind aktiv anzusprechen, wenn einen etwas stört, erklärend Stellung zu beziehen und bei seinem Widerspruch oder seiner Weigerung, sein Verhalten anzupassen, nicht gleich klein beizugeben. Bei einer solchermaßen zum Ausdruck gebrachten Verbindlichkeit geben sich die Eltern als Expertinnen und Experten für den schulischen Realitätsbereich zu erkennen (vgl. Sofsky & Paris, 1991, S. 27), denen es wichtig ist, das Kind zu seinem Wohl aus der Perspektive der Erfahreneren zu beraten. Es zeigt sich aber auch hierbei die Bedeutung der Diskursivität: Damit die Strukturgebung, die die Eltern mit ihrem Insistieren auf ihren Überzeugungen sicherstellen, in den Augen des Kindes nicht als Zwang (coersion) (vgl. Tabelle 2.1) erscheint, dürfte es wichtig sein, dass die Eltern bei ihren Kontroll- und Wertregulationen nicht monologisch vorgehen, Widerspruch und Rückfragen des Kindes aufnehmen und auf stures Beharren verzichten (vgl. Abschnitt 5.7).

Emotionale Zuwendung

Eltern sollten sodann stets bedenken, dass eine Internalisierung der wert- und kontrollbezogenen Botschaften, die einem «inner indorsement» (Grolnick, 2003, S. 56) gleichkommt – also mehr ist als einfach eine vordergründige Beachtung und Befolgung derselben solange die Eltern anwesend sind –, nicht zu erreichen ist, wenn sie einen Kommunikationsstil pflegen, der zwar von hoher Diskursivität und hoher Assertivität geprägt ist, dem Kind aber gerade im Zuge von evaluativen Feedbacks und von Prüfungsbesprechungen die Möglichkeit verwehrt, sein Gesicht zu wahren und Vertrauen und Zuversicht zu fassen: «Children will be most likely to internalize regulations when relatedness needs are met, meaning when they have a positive relationship with an involved, supportive parent» (Grolnick, 2003, S. 56).

Erleben sich Kinder in einem liebevollen Elternhaus (warmth, vgl. Tabelle 2.1), in dem man sich trotz seines gelegentlichen Widerspruchs und Nachfragens und trotz seiner augenscheinlich geringen Einsicht grundsätzlich wohlwollend mit allen Facetten seiner Persönlichkeit auseinandersetzt, dann bringen sie den Mut auf, zu ihren Handlungen zu stehen und ihre Meinungen und Emotionen frei zu äußern. Ebenso wird ihnen so möglich, sich auf die elterlichen Argumente zu konzentrieren, indem sie sich nicht ständig mit dem Selbstwertschutz und mit Gedanken zur Beziehungsqualität auseinandersetzen müssen (vgl. Wood et al., 1976, S. 98). Nehmen Eltern also Abstand von Missachtungen, von feindseligen und erniedrigenden Äußerungen und entschuldigen sie sich bei ihm, wenn sie in Konfliktsituationen zu solchen Formen der rejection gegriffen haben (vgl. Skinner, E. A. et al., 2009, S. 186), so schaffen sie eine Beziehungsqualität, welche die Internalisierung elterlicher schulbezogener Werte und Erwartungen fördert (u. a. Grolnick & Ryan, 1989; Grolnick et al., 1991; Simpkins et al., 2006; zsf. Wigfield, Eccles, et al., 2015, S. 25).

Appelle, so lässt sich mit Grusec (2011) abschließend zusammenfassen, wirken umso nachhaltiger und überzeugender, je bestimmter und standfester die Eltern ihre Positionen vertreten (Assertivität), je verständnisförderlicher sie dabei

8.4 Schlussfolgerungen und Empfehlungen für die pädagogische Praxis

vorgehen (Diskursivität) und je stärker sie in eine vertrauensvoll-fürsorgliche Beziehung eingebettet sind (Emotionale Zuwendung):

> Thus, reasoning, a warm and affectionate parent-child relationship, and power assertion work together: Reasoning provides an understanding of rules and standards that promote their internalization, modest amounts of power assertion provide the motivation that focuses children's attention and encourages them to listen and to engage in the learning process, and warmth promotes acceptance of the parental message. (Grusec, 2011, S. 257)

Open Access Dieses Kapitel wird unter der Creative Commons Namensnennung 4.0 International Lizenz (http://creativecommons.org/licenses/by/4.0/deed.de) veröffentlicht, welche die Nutzung, Vervielfältigung, Bearbeitung, Verbreitung und Wiedergabe in jeglichem Medium und Format erlaubt, sofern Sie den/die ursprünglichen Autor(en) und die Quelle ordnungsgemäß nennen, einen Link zur Creative Commons Lizenz beifügen und angeben, ob Änderungen vorgenommen wurden.

Die in diesem Kapitel enthaltenen Bilder und sonstiges Drittmaterial unterliegen ebenfalls der genannten Creative Commons Lizenz, sofern sich aus der Abbildungslegende nichts anderes ergibt. Sofern das betreffende Material nicht unter der genannten Creative Commons Lizenz steht und die betreffende Handlung nicht nach gesetzlichen Vorschriften erlaubt ist, ist für die oben aufgeführten Weiterverwendungen des Materials die Einwilligung des jeweiligen Rechteinhabers einzuholen.

Literaturverzeichnis

Achtziger, A. & Gollwitzer, P. M. (2010). Motivation und Volition im Handlungsverlauf. In J. Heckhausen & H. Heckhausen (Hrsg.), *Motivation und Handeln* (4. Aufl., S. 309–336). Berlin: Springer.
Aebli, H. (1993). *Denken, das Ordnen des Tuns. Band 1: Kognitive Aspekte der Handlungstheorie* (2. Aufl.). Stuttgart: Klett-Cotta.
Aebli, H. (1994). *Denken, das Ordnen des Tuns. Band 2: Denkprozesse* (2. Aufl.). Stuttgart: Klett-Cotta.
Aebli, H. (1997). *Grundlagen des Lehrens. Eine Allgemeine Didaktik auf psychologischer Grundlage* (4. Aufl.). Stuttgart: Klett-Cotta.
Ainsworth, M. D., Blehar, M. C., Waters, E. & Wall, S. N. (1978). *Patterns of attachment. A psychological study of the strange situation.* Hillsdale (N.J.): Lawrence Erlbaum.
Akremi, L. & Baur, N. (2010). Kreuztabellen und Kontingenzanalyse. In L. Akremi, N. Baur & S. Fromm (Hrsg.), *Datenanalyse mit SPSS für Fortgeschrittene 1. Datenaufbereitung und uni- und bivariate Statistik* (S. 169–210). Wiesbaden: VS Verlag für Sozialwissenschaften.
Alexander, K. L., Entwisle, D. R. & Bedinger, S. D. (1994). When expectations work: Race and socioeconomic differences in school performance. *Social Psychology Quarterly, 57*(4), 283–299.
Anderman, E. M., Eccles, J. S., Yoon, K. S., Roeser, R. W., Wigfield, A. & Blumenfeld, P. C. (2001). Learning to value mathematics and reading: Relations to mastery and performance-oriented instructional practices. *Contemporary Educational Psychology, 26*(1), 76–95.
Anderson, K. J. & Minke, K. M. (2007). Parent involvement in education: Toward an understanding of parents' decision making. *Journal of Educational Research, 100*, 311–323.
Andre, T., Whigham, M., Hendrickson, A. & Chambers, S. (1999). Competency beliefs, positive affect, and gender stereotypes of elementary students and their parents about science versus other school subjects. *Journal of Research in Science Teaching, 36*(6), 719–747.
Angelone, D., Keller, F. & Moser, U. (2013). *Entwicklung schulischer Leistungen während der obligatorischen Schulzeit. Bericht zur vierten Zürcher Lernstandserhebung zuhanden der Bildungsdirektion des Kantons Zürich.* Zürich: Bildungsdirektion Kanton Zürich.
Apel, H. J. (2002). *Herausforderung Schulklasse. Klassen führen – Schüler aktivieren.* Bad Heilbrunn: Klinkhardt.

Arnold, K.-H. & Lindner-Müller, C. (2012). Kompetenz. In K.-P. Horn, H. Kemnitz, W. Marotzki & U. Sandfuchs (Hrsg.), *Klinkhardt Lexikon Erziehungswissenschaft* (Bd. 1, S. 229–231). Bad Heilbrunn: Klinkhardt UTB.

Atkinson, J. W. (1957). Motivational determinants of risk-taking behavior. *Psychological Review, 64*(6), 359–372.

Aunola, K., Nurmi, J.-E., Onatsu-Arvilommi, T. & Pulkkinen, L. (1999). The role of parents' self-esteem, mastery-orientation and social background in their parenting styles. *Scandinavian Journal of Psychology, 40*(4), 307–317.

Backhaus, K., Erichson, B., Plinke, W. & Weiber, R. (2018). *Multivariate Analysemethoden. Eine anwendungsorientierte Einführung* (15. Aufl.). Berlin: Springer Gabler.

Bandura, A. (1986). *Social foundations of thought and action: A social congitive theory.* Englewood Cliffs, NJ: Prentice Hall.

Bandura, A. (1992). Observational learning. In L. R. Squire (Hrsg.), *Encyclopedia of learning and memory* (S. 492–495). New York: Macmillan.

Bandura, A. (1994). Self-efficacy. In V. S. Ramachandran (Hrsg.), *Encyclopedia of human behavior* (Bd. 4, S. 71–81). New York: Academic Press.

Bandura, A. (1997). *Self-efficacy. The exercise of control.* New York, N.Y.: Freeman.

Bandura, A. (2006). Toward a Psychology of Human Agency. *Perspectives on psychological science, 1*(2), 164–180.

Bandura, A., Barbaranelli, C., Caprara, G. V. & Pastorelli, C. (1996). Multifaceted impact of self-efficacy beliefs on academic functioning. *Child Development, 67*(3), 1206–1222.

Barber, B. & Eccles, J. S. (1992). A developmental view of the impact of divorce and single parenting on children and adolescents. *Psychological Bulletin, 111*(1), 108–126.

Bargh, J. A., Gollwitzer, P. M. & Oettingen, G. (2010). Motivation. In S. T. Fiske, D. T. Gilbert & G. Lindzey (Hrsg.), *Handbook of Social Psychology* (Bd. 5, S. 268–316). Hoboken, N.J.: John Wiley & Sons.

Barron, K. E. & Hulleman, C. S. (2015). Expectancy-Value-Cost Model of Motivation. In J. D. Wright (Hrsg.), *International Encyclopedia of the Social & Behavioral Sciences* (2. Aufl., Bd. 8, S. 503–509). Amsterdam: Elsevier.

Battle, A. & Wigfield, A. (2003). College women's value orientations toward family, career, and graduate school. *Journal of Vocational Behavior, 62*(1), 56–75.

Battle, E. S. (1966). Motivational determinants of academic competence. *Journal of Personality and Social Psychology, 4*(6), 634–642.

Bauer, C. & Ramseier, E. (2011). *PISA 2009: Porträt des Kantons Bern (deutschsprachiger Teil).* Bern: Erziehungsdirektion des Kantons Bern.

Baumert, J. & Maaz, K. (2006). Das theoretische und methodische Konzept von PISA zur Erfassung sozialer und kultureller Ressourcen der Herkunftsfamilie. Internationale und nationale Rahmenkonzeptionen. In J. Baumert, P. Stanat & R. Watermann (Hrsg.), *Herkunftsbedingte Disparitäten im Bildungswesen. Vertiefende Analysen im Rahmen von PISA 2000* (S. 11–29). Wiesbaden: VS Verlag für Sozialwissenschaften.

Baumert, J., Maaz, K. & Trautwein, U. (2009). *Bildungsentscheidungen.* Wiesbaden: VS Verlag für Sozialwisschenschaften.

Baumert, J. & Schümer, G. (2001). Familiäre Lebensverhältnisse, Bildungsbeteiligung und Kompetenzerwerb. In J. Baumert, E. Klieme, M. Neubrand, M. Prenzel, U. Schiefele, W. Schneider, P. Stanat, K.-J. Tillmann & M. Weiss (Hrsg.), *PISA 2000. Basiskompetenzen von Schülerinnen und Schülern im internationalen Vergleich* (S. 323–407). Opladen: Leske + Budrich.

Baumert, J., Stanat, P. & Watermann, R. (2006). Schulstruktur und die Entstehung differenzieller Lern- und Entwicklungsmilieus. In J. Baumert, P. Stanat & R. Watermann (Hrsg.), *Herkunftsbedingte Disparitäten im Bildungswesen: Differenzielle Bildungsprozesse und Probleme der Verteilungsgerechtigkeit* (S. 95–188). Wiesbaden: VS Verlag für Sozialwissenschaften.

Baumert, J., Trautwein, U. & Artelt, C. (2003). Schulumwelten – institutionelle Bedingungen des Lehrens und Lernens. In J. Baumert, C. Artelt, E. Klieme, M. Neubrand, M. Prenzel, U. Schiefele, W. Schneider, K.-J. Tillmann & M. Weiss (Hrsg.), *PISA 2000 – Ein differenzierter Blick auf die Länder der Bundesrepublik Deutschland* (S. 261–333). Opladen: Leske + Budrich.

Baumert, J., Watermann, R. & Schümer, G. (2003). Disparitäten der Bildungsbeteiligung und des Kompetenzerwerbs. Ein institutionelles und individuelles Mediationsmodell. *Zeitschrift für Erziehungswissenschaft, 6*(1), 46–71.

Baumrind, D. (1967). Child care practices anteceding three patterns of preschool behavior. *Genetic Psychology Monographs, 75*(1), 43–88.

Baumrind, D. (1989). Rearing competent children. In W. Damon (Hrsg.), *Child development today and tomorrow* (S. 349–378). San Francisco: Jossey Bass.

Baumrind, D. (1991). Parenting style and adolescent development. In R. M. Lerner, A. C. Petersen & B.-G. Jeanne (Hrsg.), *Encyclopedia of adolescence* (Bd. 2, Series Parenting style and adolescent development, S. 746–758). New York: Garland.

Becker, D. & Birkelbach, K. (2017). Bildungsungleichheit durch Schul- und Schulklasseneffekte. In R. Becker (Hrsg.), *Lehrbuch der Bildungssoziologie* (3. Aufl., S. 179–210). Wiesbaden: Springer VS.

Becker, M., Lüdtke, O., Trautwein, U. & Baumert, J. (2006). Leistungszuwachs in Mathematik. Evidenz für einen Schereneffekt im mehrgliedrigen Schulsystem? *Zeitschrift für Pädagogische Psychologie, 20*(4), 233–242.

Becker, R. (2000). Klassenlage und Bildungsentscheidungen. Eine empirische Anwendung der Wert-Erwartungstheorie. *Kölner Zeitschrift für Soziologie und Sozialpsychologie, 52*(3), 450–474.

Becker, R. (2009). Wie können „bildungsferne" Gruppen für ein Hochschulstudium gewonnen werden? *Kölner Zeitschrift für Soziologie und Sozialpsychologie, 61*(4), 563–593.

Becker, R. (2010). Soziale Ungleichheit im Schweizer Bildungssystem und was man dagegen tun kann. In M. P. Neuenschwander & H.-U. Grunder (Hrsg.), *Schulübergang und Selektion. Forschungsbefunde – Praxisbeispiele – Umsetzungsperspektiven.* (S. 91–108). Zürich: Rüegger Verlag.

Becker, R. (2017a). Ausgewählte Klassiker der Bildungssoziologie. In R. Becker (Hrsg.), *Lehrbuch der Bildungssoziologie* (3. Aufl., S. 511–568). Wiesbaden: Springer VS.

Becker, R. (2017b). Entstehung und Reproduktion dauerhafter Bildungsungleichheiten. In R. Becker (Hrsg.), *Lehrbuch der Bildungssoziologie* (3. Aufl., S. 89–150). Wiesbaden: Springer VS.

Becker, R. & Beck, M. (2012). Herkunftseffekte oder statistische Diskriminierung von Migrantenkindern in der Primarstufe? In R. Becker & H. Solga (Hrsg.), *Soziologische Bildungsforschung. Kölner Zeitschrift für Soziologie und Sozialpsychologie* (Sonderhefte, Bd. 52, S. 137–163). Wiesbaden: Springer VS.

Becker, R. & Lauterbach, W. (2016). Bildung als Privileg – Ursachen, Mechanismen, Prozesse und Wirkungen. In R. Becker & W. Lauterbach (Hrsg.), *Bildung als Privileg. Erklärungen und Befunde zu den Ursachen der Bildungsungleichheit.* (5. Aufl., S. 3–53). Wiesbaden: Springer VS.

Becker, R. & Schubert, F. (2011). Die Rolle von primären und sekundären Herkunftseffekten für Bildungschancen von Migranten im deutschen Schulsystem. In R. Becker (Hrsg.), *Integration durch Bildung. Bildungserwerb von jungen Migranten in Deutschland* (S. 161–194). Wiebaden: VS Verlag für Sozialwissenschaften.

Belland, B. R. (2014). Scaffolding: Definition, current debates, and future directions. In M. J. Spector, D. M. Merrill, J. Elen & M. J. Bishop (Hrsg.), *Handbook of Research on Educational Communications and Technology* (4. Aufl., S. 505–518). New York: Springer.

Benner, A. D., Graham, S. & Mistry, R. S. (2008). Discerning direct and mediated effects of ecological structures and processes on adolescents' educational outcomes. *Developmental Psychology, 44*(3), 840–854.

Berk, L. E. (2005). *Entwicklungspsychologie* (3. Aufl.). München: Pearson Studium.

Bildungsdirektion Kanton Zürich. (2007). *Neues Volksschulgesetz: Sekundarstufe*. Verfügbar unter: https://vsa.zh.ch/internet/bildungsdirektion/vsa/de/schulstufen_schulen/schuls tufen/sekundar_i/_jcr_content/contentPar/downloadlist/downloaditems/merkblatt_org anisati.spooler.download.1392906115194.pdf/3375_0_merkblattsekfreltern.pdf [05.09. 2017].

Bildungsdirektion Kanton Zürich. (2009). *Die Schulen im Kanton Zürich 2008/09*. Verfügbar unter: https://www.bista.zh.ch/_pub/downloads/Schulen_Kt_ZH_2008_09.pdf [07.06 2018].

Bildungsdirektion Kanton Zürich. (2013a). *Beurteilung und Schullaufbahnentscheide: Über das Fördern, Notengeben und Zuteilen*. Verfügbar unter: https://www.eduzis.ch/docume nts/50/beurteilung_und_schullaufbahnentscheide.pdf [05.09. 2017].

Bildungsdirektion Kanton Zürich. (2013b). *Gymi – Gymnasium*. Verfügbar unter: https:// mba.zh.ch/internet/bildungsdirektion/mba/de/maturitaetsschulen/kantonale_mittelsch ulen/_jcr_content/contentPar/downloadlist_1/downloaditems/gymnasium.spooler.dow nload.1510566814281.pdf/MBA_GYMI_Broschuere_20171113.pdf [06.06 2018].

Bildungsdirektion Kanton Zürich. (2016). *Bildungsverläufe während der obligatorischen Schulzeit im Kanton Zürich. Verzögerungen, Beschleunigungen und Wechsel vom Kindergarten bis zum Abschluss der Sekundarstufe I*. Verfügbar unter: https://bi.zh.ch/internet/ bildungsdirektion/de/unsere_direktion/bildungsplanung/arbeitenundprojekte/bildungsv erlaufe_obligatorischen_schulzeit/_jcr_content/contentPar/downloadlist/downloaditems/ bericht_bildungsverl.spooler.download.1462349680047.pdf/Bildungsverlaeufe_2016. pdf [21.08 2018].

Bildungsdirektion Kanton Zürich. (2018). *Das Zeugnis für die 3. bis 6. Klasse der Primarstufe (2. Zyklus)*. Verfügbar unter: https://vsa.zh.ch/internet/bildungsdirektion/vsa/de/schulbetr ieb_und_unterricht/zeugnisse_kg_5ps.html [10.08. 2018].

Blackwell, L. S., Trzesniewski, K. H. & Dweck, C. S. (2007). Implicit theories of intelligence predict achievement across an adolescent transition: A longitudinal study and an intervention. *Child Development, 78*(1), 246–263.

Bleeker, M. M. & Jacobs, J. E. (2004). Achievement in Math and Science: Do mothers' beliefs matter 12 years later? *Journal of Educational Psychology, 97*(1), 97–109.

Bodenmann, G. (2016). *Lehrbuch Klinische Paar- und Familienpsychologie* (2. Aufl.). Bern: Hogrefe.

Bong, M. (2001). Role of self-efficacy and task-value in predicting college students' course performance and future enrollment intentions. *Contemporary Educational Psychology, 26*(4), 553–570.

Bong, M. & Skaalvik, E. M. (2003). Academic self concept and self-efficacy: How different are they really? *Educational Psychology Review, 15*(1), 1–40.
Bönsch, M. (2006). *Allgemeine Didaktik ein Handbuch zur Wissenschaft vom Unterricht.* Stuttgart: Kohlhammer.
Boockmann, B. & Steiner, V. (2006). Cohort Effects and the Returns to Education in West Germany. *Applied Economics, 38*(10), 1135–1152.
Bortz, J. & Schuster, C. (2010). *Statistik für Human- und Sozialwissenschaftler* (7. Aufl.). Berlin: Springer.
Bos, W., Voss, A. & Goy, M. (2009). Leistung und Leistungsmessung. In S. Andresen, R. Casale, T. Gabriel, R. Horlacher, S. Larcher Klee & J. Oelkers (Hrsg.), *Handwörterbuch Erziehungswissenschaft* (S. 563–576). Weinheim: Beltz.
Bos, W., Voss, A., Lankes, E.-M., Schwippert, K., Thiel, O. & Valtin, R. (2004). Schullaufbahnempfehlungen von Lehrkräften für Kinder am Ende der vierten Jahrgangsstufe. In W. Bos, E.-M. Lankes, M. Prenzel, K. Schwippert, R. Valtin & G. Walther (Hrsg.), *IGLU. Einige Länder der Bundesrepublik Deutschland im nationalen und internationalen Vergleich* (S. 191–220). Münster: Waxmann.
Boudon, R. (1974). *Education, opportunity and social inequality changing prospects in Western Society.* New York: John Wiley.
Boudon, R. (1980). *Die Logik des gesellschaftlichen Handelns. Eine Einführung in die soziologische Denk- und Arbeitsweise.* Neuwied: Luchterhand.
Bourdieu, P. (1976). *Entwurf einer Theorie der Praxis auf der ethnologischen Grundlage der kabylischen Gesellschaft.* Frankfurt a.M.: Suhrkamp.
Bourdieu, P. (1983). Ökonomisches Kapital, kulturelles Kapital, soziales Kapital. In R. Kreckel (Hrsg.), *Soziale Ungleichheiten* (S. 183–198). Göttingen: Schwartz.
Bourdieu, P. (1984). *Die feinen Unterschiede. Kritik der gesellschaftlichen Urteilskraft* (3. Aufl.). Frankfurt a.M.: Suhrkamp-Verlag.
Bourdieu, P. (1987). *Sozialer Sinn. Kritik der theoretischen Vernunft.* Frankfurt a.M.: Suhrkamp.
Bourdieu, P. (1989a). Antworten auf einige Einwände. In K. Eder (Hrsg.), *Klassenlage, Lebensstil und kulturelle Praxis* (S. 395–410). Frankfurt a.M.: Suhrkamp.
Bourdieu, P. (1989b). *Satz und Gegensatz. Über die Verantwortung des Intellektuellen.* Berlin: Wagenbach.
Bourdieu, P. (1996a). *Die verborgenen Mechanismen der Macht.* Hamburg: VSA.
Bourdieu, P. (1996b). On the family as a realized category. *Theory, Culture & Society, 13*(3), 19–26.
Bourdieu, P. (1998). *Praktische Vernunft. Zur Theorie des Handelns.* Frankfurt a.M.: Suhrkamp.
Bourdieu, P. (2001). *Wie die Kultur zum Bauern kommt. Über Bildung, Schule und Politik.* Hamburg: VSA-Verlag.
Bourdicu, P. (2015). *Zur Soziologie der symbolischen Formen* (11. Aufl.). Frankfurt a.M.: Suhrkamp.
Bourdieu, P. & Schwibs, B. (1992). *Rede und Antwort.* Frankfurt am Main: Suhrkamp.
Bowlby, J. (2009). Bindung: Historische Wurzeln, theoretische Konzepte und klinische Relevanz. In G. Spangler & P. Zimmermann (Hrsg.), *Die Bindungstheorie: Grundlagen, Forschung und Anwendung* (5. Aufl., S. 17–26). Stuttgart: Klett-Cotta.

Brademann, S. & Helsper, W. (2010). Schulische Übergänge und Peerbeziehungen. Die Bedeutung von Gleichaltrigen für den Übergang in die Sekundarstufe I. In A. Brake & H. Bremer (Hrsg.), *Alltagswelt Schule: Die soziale Herstellung schulischer Wirklichkeiten* (S. 67–96). Weinheim: Juventa Verlag.

Breen, R. & Goldthorpe, J. H. (1997). Explaining educational differentials: Towards a formal rational action theory. *Rationality and Society, 9*(3), 275–305.

Brezinka, W. (1971). *Von der Pädagogik zur Erziehungswissenschaft. Eine Einführung in die Metatheorie der Erziehung* (3. Aufl.). Weinheim: Beltz Verlag.

Brinkmann, S. (2018). The interview. In N. K. Denzin & Y. S. Lincoln (Hrsg.), *The SAGE handbook of qualitative research* (5. Aufl., S. 576–599). Los Angeles: Sage.

Brinkmann, S. & Kvale, S. (2015). *InterViews: Learning the craft of qualitative research interviewing* (3. Aufl.). Thousand Oaks, CA: Sage.

Bronfenbrenner, U. (1993). *Die Ökologie der menschlichen Entwicklung: Natürliche und geplante Experimente*. Frankfurt/Main: Fischer Taschenbuch.

Brühwiler, C., Abt Gürber, N. & Buccheri, G. (2011). *PISA 2009: Porträt des Kantons St.Gallen*. St. Gallen: Pädagogische Hochschule des Kantons St.Gallen (PHSG).

Brunstein, J. C. & Heckhausen, H. (2010). Leistungsmotivation. In J. Heckhausen & H. Heckhausen (Hrsg.), *Motivation und Handeln* (4. Aufl., S. 145–192). Heidelberg: Springer.

Buff, A. & Dinkelmann, I. (2012). Selbstvertrauen und Nutzen. In A. Buff & K. Reusser (Hrsg.), *TRANSITION – Elterliche Unterstützung und motivational-affektive Entwicklung beim Übertritt in die Sekundarstufe I. Information für die beteiligten Familien* (S. 8–9). Zürich: Pädagogische Hochschule Zürich und Universität Zürich.

Buff, A., Reusser, K. & Dinkelmann, I. (2017). Parental support and enjoyment of learning in mathematics: Does change in parental support predict change in enjoyment of learning? *ZDM – Mathematics Education, 49*(3), 423–434.

Buff, A., Reusser, K., Dinkelmann, I. & Steiner, E. (2008). *TRANSITION: Elterliche Unterstützung und motivational- affektive Entwicklung beim Übertritt in die Sekundarstufe I*. Verfügbar unter: https://forsbase.unil.ch/project/study-public-overview/12656/0 [05.11.2017].

Buff, A., Reusser, K., Dinkelmann, I. & Steiner, E. (2011). Unser Kind ist gut in Mathematik! – Zur Bedeutung elterlicher kindbezogener Kompetenzüberzeugungen hinsichtlich Selbstkonzept und Schulerfolg von Schülerinnen und Schülern. In F. Hellmich (Hrsg.), *Selbstkonzepte im Grundschulalter. Modelle, empirische Ergebnisse, pädagogische Konsequenzen* (S. 209–227). Stuttgart: Kohlhammer.

Busse, S. & Helsper, W. (2008). Schule und Familie. In W. Helsper & J. Böhme (Hrsg.), *Handbuch der Schulforschung* (2. Aufl., S. 439–464). Wiesbaden: VS Verlag für Sozialwissenschaften.

Canning, E. A. & Harackiewicz, J. M. (2015). Teach it, don't preach it: The differential effects of directly-communicated and self-generated utility-value information. *Motivation Science, 1*(1), 47–71.

Cattaneo, M. A. & Wolter, S. C. (2018). Ist Bildung eine rentable Investition? *Die Volkswirtschaft, 3/2018*, 42–44.

Chassé, K. A. & Rahn, P. (2005). Bewältigung durch Peerintegration im Übergang zu weiterführenden Schulen – Eine Perspektive moralischer Ökonomie benachteiligter Kinder. In M. Zander (Hrsg.), *Kinderarmut. Ein einführendes Handbuch für Forschung und soziale Praxis* (S. 142–160). Wiesbaden: VS Verlag für Sozialwissenschaften.

Chen, J. A. & Usher, E. L. (2013). Profiles of the sources of science self-efficacy. *Learning and Individual Differences, 24,* 11–21.
Chi, M. T. H., Siler, S. A., Jeong, H., Yamauchi, T. & Hausmann, R. G. (2001). Learning from human tutoring. *Cognitive Science, 25,* 471–533.
Chmielewski, A. K., Dumont, H. & Trautwein, U. (2013). Tracking effects depend on tracking type: An international comparison of students' mathematics self-concept. *American Educational Research Journal, 50*(5), 925–957.
Chomsky, N. (1983). *Aspekte der Syntax-Theorie* (3. Aufl.). Frankfurt a.M.: Suhrkamp.
Chrispeels, J. H. & Rivero, E. (2001). Engaging Latino families for student success: How parent education can reshape parents' sense of place in the education of their children. *Peabody Journal of Education, 76*(2), 119–169.
Cole, J. S., Bergin, D. A. & Whittaker, T. A. (2008). Predicting student achievement for low stakes tests with effort and task value. *Contemporary Educational Psychology, 33*(4), 609–624.
Coleman, J. S. (1990). *Foundations of social theory.* Cambridge, Mass.: Belknap Press of Harvard University Press.
Coleman, J. S., Campbell, E. Q., Hobson, C. J., McPartland, J., Mood, A. M., Weinfeld, F. D. et al. (1966). *Equality of Educational Opportunity.* Washington D.C.: U.S. Government Printing Office.
Coleman, P. K. & Karraker, K. H. (1997). Self-Efficacy and parenting quality: Findings and future applications. *Developmental Review, 18*(1), 47–85.
Collins, A., Brown, J. S. & Newman, S. E. (1989). Cognitive apprenticeship: Teaching the crafts of reading, writing, and mathematics. In L. B. Resnick (Hrsg.), *Knowing, learning, and instruction: Essays in honor of Robert Glaser* (S. 453–494). Hillsdale, NJ: Lawrence Erlbaum Associates.
Collins, A. & Kapur, M. (2014). Cognitive Apprenticeship. In K. R. Sawyer (Hrsg.), *The Cambridge Handbock of the Learning Sciences* (2. Aufl., S. 109–127). New York: Cambridge University Press.
Connell, J. P. & Wellborn, J. G. (1991). Competence, autonomy, and relatedness: A motivational analysis of self-system processes. In M. R. Gunnar & L. A. Sroufe (Hrsg.), *Minnesota Symposia on Child Psychology: Vol. 23. Systems and development* (S. 43–77). Hillsdale, NJ: Erlbaum.
Conroy, D. E. (2017). Achievement motives. In A. J. Elliot, C. Dweck & D. S. Yeager (Hrsg.), *Handbook of competence and motivation: Theory and application* (2. Aufl., S. 25–42). New York: The Guildford Press.
Coradi Vellacott, M., Hollenweger, J., Nicolet, M. & Wolter, S. C. (2003). *Soziale Integration und Leistungsförderung. Thematischer Bericht der Erhebung PISA 2000.* Neuchâtel: BFS/EDK.
Covington, M. V. (1992). *Making the grade a self-worth perspective on motivation and school reform.* Cambridge: Cambridge University Press.
Criblez, L. (2015). Switzerland. In W. Hörner, H. Döbert, L. R. Reuter & B. Kopp (Hrsg.), *The education systems of Europe* (2. Aufl., S. 797–823). Cham: Springer International Publishing.
Crombie, G., Sinclair, N., Silverthorn, N., Byrne, B. M., DuBois, D. L. & Trinneer, A. (2005). Predictors of young adolescents' math grades and course enrollment intentions: Gender similarities and differences. *Sex Roles, 52*(5/6), 351–367.

Csikszentmihalyi, M. (1988). The flow experience and its significance for human psychology. In M. Csikszentmihalyi & I. S. Csikszentmihalyi (Hrsg.), *Optimal experience* (S. 15–35). Cambridge MA: Cambridge University Press.

Curschellas Widmer, F. (2015). *„Meine Eltern helfen mir!" Wahrnehmung und Einschätzung elterlicher schulbezogener Unterstützung durch die Kinder vor dem Hintergrund eines unsicheren Übertritts in die Sekundarstufe I. (unver. Lizenziatsarbeit).* Zürich: Universität Zürich.

Dahrendorf, R. (2006). *Homo Sociologicus. Ein Versuch zur Geschichte, Bedeutung und Kritik der Kategorie der sozialen Rolle* (16. Aufl.). Wiesbaden: VS Verlag für Sozialwissenschaften.

Darling, N. & Steinberg, L. (1993). Parenting style as context: An integrative model. . *Psychological Bulletin, 113*(3), 487–496.

Davis-Kean, P. M. (2005). The influence of parent education and family income on child achievement: The indirect role of parental expectations and the home environment. *Journal of Family Psychology, 19*(2), 294–304.

de Brabander, C. J. & Martens, R. L. (2014). Towards a unified theory of task-specific motivation. *Educational Research Review, 11*, 27–44.

Dearing, E., Kreider, H., Simpkins, S. D. & Weiss, H. B. (2006). Family involvement in school and low-income children's literacy: Longitudinal associations between and within families. *Journal of Educational Psychology, 98*(4), 653–664.

Deci, E. L. & Ryan, R. M. (1985). *Intrinsic motivation and self-determination in human behavior.* New York: Plenum.

Deci, E. L. & Ryan, R. M. (1993). Die Selbstbestimmungstheorie der Motivation und ihre Bedeutung für die Pädagogik. *Zeitschrift für Pädagogik, 39*(2), 223–238.

Dellios, Z. (2013). *Praktiken von Lehrpersonen bei Übertrittsgesprächen im Kontext von kind- und elternbezogenen Einschätzungen und Überlegungen (unver. Lizenziatsarbeit).* Zürich: Universität Zürich.

Denissen, J. J. A., Zarrett, N. R. & Eccles, J. S. (2007). I like to do it, I'm able, and I know I am: Longitudinal couplings between domain-specific achievement, self-concept, and interest. *Child Development, 78*(2), 430–447.

Denzin, N. K. (1978). *The Research Act: A Theoretical Introduction to Sociological Methods* (2. Aufl.). New York: McGraw Hill.

Deppermann, A. (2013). Interview als Text vs. Interview als Interaktion [61 Absätze]. *Forum Qualitative Sozialforschung / Forum: Qualitative Social Research, 14*(3), Art.13.

Deslandes, R. & Bertrand, R. (2005). Motivation of parent involvement in secondary-level schooling. *The Journal of Educational Research, 98*(3), 164–175.

Deslandes, R., Potvin, P. & Leclerc, D. (1999). Family characteristics predictors of school achievement: Parent involvement as a mediator. *McGill Journal of Education, 34*(2), 133–151.

Deutsche Gesellschaft für Erziehungswissenschaft (DGfE). (2006). Anonymisierung von Daten in der qualitativen Forschung: Probleme und Empfehlungen. *Erziehungswissenschaft, 17*(32), 33–34.

Diefenbach, H. (2009). Die Theorie der Rationalen Wahl oder „Rational Choice"-Theorie (RTC). In D. Brock, R. Keller, D. Villányi, H. Diefenbach & M. Junge (Hrsg.), *Soziologische Paradigmen nach Talcott Parsons Eine Einführung* (S. 239–290). Wiesbaden: VS Verlag für Sozialwissenschaften / GWV Fachverlage GmbH.

Diehl, J. M. & Kohr, H. U. (2004). *Deskriptive Statistik* (13. Aufl.). Eschborn: Klotz.
Dinkelmann, I. & Buff, A. (2016). Children's and parents' perceptions of parental support and their effects on children's achievement motivation and achievement in mathematics. A longitudinal predictive mediation model. *Learning and Individual Differences, 50*(1), 122–132.
Dinkelmann, I., Buff, A., Steiner, E. & Reusser, K. (2013). *TRANSITION. Elterliche Unterstützung und motivational-affektive Entwicklung beim Übertritt in die Sekundarstufe I: Dokumentation der quantitativen Erhebungen auf generalisierter Ebene Nov. 2008 - Sept. 2010.* Zürich: Pädagogische Hochschule Zürich & Institut für Erziehungswissenschaften der Universität Zürich.
Ditton, H. (1987). *Familie und Schule als Bereiche kindlichen Lebensraums. Eine empirische Untersuchung.* Frankfurt/Main: P. Lang.
Ditton, H. (2016). Der Beitrag von Schule und Lehrern zur Reproduktion von Bildungsungleichheit. In R. Becker & W. Lauterbach (Hrsg.), *Bildung als Privileg. Erklärungen und Befunde zu den Ursachen der Bildungsungleichheit* (5. Aufl., S. 281–314). Wiebaden: Springer VS.
Ditton, H. (2017). Familie und Schule – eine Bestandesaufnahme der bildungssoziologischen Schuleffektforschung von James S. Coleman bis heute. In R. Becker (Hrsg.), *Lehrbuch der Bildungssoziologie* (3. Aufl., S. 257–279). Wiesbaden: Springer VS.
Ditton, H. & Krüsken, J. (2006). Der Übergang von der Grundschule in die Sekundarstufe I. *Zeitschrift für Erziehungswissenschaft, 9*(3), 348–372.
Ditton, H. & Krüsken, J. (2010). Effekte der sozialen Herkunft auf die Schulformwahl beim Übergang von der Primar- in die Sekundarstufe. In *Schulübergang und Selektion. Forschungsbefunde – Praxisbeispiele – Umsetzungsperspektiven.* (S. 35–59). Zürich.
Ditton, H., Krüsken, J. & Schauenberg, M. (2005). Bildungsungleichheit – der Beitrag von Familie und Schule. *Zeitschrift für Erziehungswissenschaft, 8*(2), 285–304.
Döbert, H. (2015). Germany. In W. Hörner, H. Döbert, L. R. Reuter & B. Kopp (Hrsg.), *The education systems of Europe* (2. Aufl., S. 305–334). Cham: Springer International Publishing.
Dollmann, J. (2011). Verbindliche und unverbindliche Grundschulempfehlungen und soziale Ungleichheiten am ersten Bildungsübergang. *Kölner Zeitschrift für Soziologie und Sozialpsychologie, 63*(4), 431–457.
Döring, N. & Bortz, J. (2016). Untersuchungsdesign. In N. Döring & J. Bortz (Hrsg.), *Forschungsmethoden und Evaluation in den Sozial- und Humanwissenschaften* (5. Aufl., S. 181–220). Berlin: Springer.
Dresel, M. (2004). *Motivationsförderung im schulischen Kontext.* Göttingen: Hogrefe.
Dresel, M. & Lämmle, L. (2017). Motivation. In T. Götz (Hrsg.), *Emotion, Motivation und selbstreguliertes Lernen* (2. Aufl., S. 79–142). Paderborn: Schöningh.
Dresel, M. & Ziegler, A. (2006). Langfristige Förderung von Fähigkeitsselbstkonzept und impliziter Fähigkeitstheorie durch computerbasiertes attributionales Feedback. *Zeitschrift für Pädagogische Psychologie in Erziehung und Unterricht, 20*(1/2), 49–63.
Drummond, K. V. & Stipek, D. (2004). Low-income parents' beliefs about their role in children's academic learning. *The Elementary School Journal, 104*(3), 197–213.
DUDEN. (2013). *Deutsches Universalwörterbuch* (7. Aufl., Series Deutsches Universalwörterbuch). Berlin: Bibliographisches Institut.
Durik, A. M., Vida, M. & Eccles, J. S. (2006). Task values and ability beliefs as predictors of high school literacy choices: A developmental analysis. *Journal of Educational Psychology, 98*(2), 382–393.

Dweck, C. S. (1986). Motivational processes affecting learning. *American Psychologist, 41*(10), 1040–1048.

Dweck, C. S. & Leggett, E. L. (1988). A social-cognitive approach to motivation and personality. *Psychological Review, 95*(2), 256–273.

Dweck, C. S. & Master, A. (2009). Self-theories and motivation: Students' beliefs about intelligence. In K. R. Wentzel & A. Wigfield (Hrsg.), *Handbook of motivation at school* (S. 123–140). New York: Routledge.

Ecarius, J., Köbel, N. & Wahl, K. (2011). *Familie, Erziehung und Sozialisation*. Wiesbaden: VS Verlag für Sozialwissenschaften.

Eccles, J. S. (1989). Bringing young women to math and science. In M. Crawford & M. Gentry (Hrsg.), *Gender and thought: Psychological perspectives* (S. 36–57). New York: Springer-Verlag.

Eccles, J. S. (2005). Subjective task value and the Eccles et al. model of achievement-related choices. In A. J. Elliot & C. S. Dweck (Hrsg.), *Handbook of competence and motivation* (S. 105–121). New York: Guilford.

Eccles, J. S. (2007). Families, schools, and developing achievement-related motivations and engagement. In J. E. Grusec & P. D. Hastings (Hrsg.), *Handbook of socialization. Theory and research* (1. Aufl., S. 665–691). New York: Guilford.

Eccles, J. S. & Harold, R. D. (1991). Gender differences in sport involvement: Applying the Eccles' expectancy-value model. *Journal of Applied Sport Psychology, 3*(1), 7–35.

Eccles, J. S. & Harold, R. D. (1993). Parent-school involvement during the early adolescent years. *Teachers College Record, 94*(3), 568–587.

Eccles, J. S. & Harold, R. D. (1996). Family involvement in children's and adolescent's schooling. In A. Booth & J. B. Dunn (Hrsg.), *Family-school links: How do they affect educational outcomes?* (S. 3–34). Mahwah, NJ: Lawrence Erlbaum Associates.

Eccles, J. S. & Wigfield, A. (1995). In the mind of the actor: The structure of adolescents' achievement task values and expectancy-related beliefs. *Personality and Social Psychology Bulletin, 21*(3), 215–225.

Eccles, J. S. & Wigfield, A. (2002). Motivational beliefs, values, and goals. *Annual Review of Psychology, 53*(1), 109–132.

Eccles, J. S., Wigfield, A., Harold, R. D. & Blumenfeld, P. C. (1993). Age and gender differences in children's self- and task perceptions during elementary school. *Child Development, 64*(3), 830–847.

Eccles-Parsons, J., Adler, T. F., Futtermann, R., Goff, S. B., Kaczala, C. M., Meece, J. L. et al. (1983). Expectancies, values, and academic behaviors. In J. T. Spence (Hrsg.), *Achievement and achievement motivation* (S. 75–146). San Francisco: Freeman.

Eckstein, P. P. (2012). *Angewandte Statistik mit SPSS. Praktische Einführung für Wirtschaftswissenschaftler* (7. Aufl.). Wiesbaden: Gabler Verlag.

EDK. (2014). *IDES-Dossier: Übertritt Primarstufe – Sekundarstufe I*. Verfügbar unter: https://www.edk.ch/dyn/15288.php [19.08. 2017].

EDK. (2016a). *Kantonsumfrage Übertritt: Instanzen*. Verfügbar unter: https://www.edudoc.ch/static/strukturdaten/pdf_rohdaten/042.pdf [04.10. 2017].

EDK. (2016b). *Kantonsumfrage Übertritt: Kriterien*. Verfügbar unter: https://www.edudoc.ch/static/strukturdaten/pdf_rohdaten/044.pdf [04.10. 2017].

EDK. (2017). *Das Bildungssystem Schweiz*. Verfügbar unter: https://www.edudoc.ch/static/web/bildungssystem/grafik_bildung_d.pdf [01.09. 2017].

Ehmke, T. & Jude, N. (2010). Soziale Herkunft und Kompetenzerwerb. In E. Klieme, C. Artelt, J. Hartig, N. Jude, O. Köller, M. Prenzel, W. Schneider & P. Stanat (Hrsg.), *PISA 2009. Bilanz nach einem Jahrzehnt* (S. 231–254). Münster: Waxmann.

Elbe, A.-M., Wenhold, F. & Müller, D. (2015). Zur Reliabilität und Validität der Achievement Motives Scale-Sport. *Zeitschrift für Sportpsychologie, 12*(2), 57–68.

Englund, M. M., Luckner, A. E., Whaley, G. J. L. & Egeland, B. (2004). Children's achievement in early elementary school: Longitudinal effects of parental involvement, expectations, and quality of assistance. *Journal of Educational Psychology, 96*(4), 723–730.

Epstein, J. L. (1990). School and Family Connections. *Marriage & Family Review, 15*(1), 99–126.

Erion, J. (2006). Parent tutoring: A meta-analysis. *Education and Treatment of Children, 29*(1), 79–106.

Erpenbeck, J. & von Rosenstiel, L. (2003). Einführung. In J. Erpenbeck & L. von Rosenstiel (Hrsg.), *Handbuch Kompetenzmessung* (S. IX–IL). Stuttgart: Schäffer-Pöschel.

Esser, H. (1990). „Habits", „Frames" und „Rational Choice". Die Reichweite von Theorien der rationalen Wahl (am Beispiel der Erklärung des Befragtenverhaltens). *Zeitschrift für Soziologie, 19*(4), 231–247.

Esser, H. (1999a). *Soziologie: allgemeine Grundlagen* (3. Aufl.). Frankfurt/Main: Campus.

Esser, H. (1999b). *Soziologie: spezielle Grundlagen. Situationslogik und Handeln* (Bd. 1). Frankfurt/Main: Campus Verlag.

Esser, H. (2000a). *Soziologie: spezielle Grundlagen. Die Konstruktion der Gesellschaft* (Bd. 2). Frankfurt/Main: Campus Verlag.

Esser, H. (2000b). *Soziologie: spezielle Grundlagen. Institutionen* (Bd. 5). Frankfurt/Main: Campus Verlag.

Esser, H. (2000c). *Soziologie: spezielle Grundlagen. Soziales Handeln* (Bd. 3). Frankfurt/Main: Campus Verlag.

Esser, H. (2001). *Soziologie: spezielle Grundlagen. Sinn und Kultur* (Bd. 6). Frankfurt/Main: Campus Verlag.

Exeler, J. & Wild, E. (2003). Die Rolle des Elternhauses für die Förderung selbstbestimmten Lernens. *Unterrichtswissenschaft, 31*(1), 6–22.

Fan, X. & Chen, M. (2001). Parent involvement and students' academic achievement: A meta-analysis. *Educational Psychology Review, 13*(1), 1–22.

Farkas, M. S. & Grolnick, W. S. (2010). Examining the components and concomitants of parental structure in the academic domain. *Motivation and Emotion, 34*(3), 266–279.

Farmer, H. S., Wardrop, J. L. & Rotella, S. C. (1999). Antecedent factors differentiating women and men in science/nonscience careers. *Psychology of Women Quarterly, 23*(4), 763–780.

Feather, N. T. (1988). Values, valences, and course enrollment: Testing the role of personal values within an expectancy-valence framework. *Journal of Educational Psychology, 80*(3), 381–391.

Feather, N. T. (1992). Values, valences, expectations, and actions. *Journal of Social Issues, 48*(2), 109–124.

Feltman, R. & Elliot, A. J. (2012). Approach and avoidance motivation. In N. M. Seel (Hrsg.), *Encyclopedia of the Sciences of Learning. Springer, Boston, MA* (S. 286–288). Boston, MA: Springer.

Fend, H. (2004). Was stimmt mit dem deutschen Bildungssystem nicht? Wege zur Erklärung von Leistungsunterschieden zwischen Bildungssystemen. In G. Schümer, K.-J. Tillmann & M. Weiss (Hrsg.), *Die Institution Schule und die Lebenswelt der Schüler. Vertiefende Analysen der PISA2000-Daten zum Kontext von Schülerleistungen* (S. 15–39). Wiesbaden: VS Verlag für Sozialwissenschaften.
Fend, H. (2006). *Neue Theorie der Schule. Einführung in das Verstehen von Bildungssystemen.* Wiesbaden: VS Verlag für Sozialwissenschaften.
Fend, H. (2008). *Schule gestalten. Systemssteuerung, Schulentwicklung und Unterrichtsqualität.* Wiesbaden: VS Verlag für Sozialwissenschaften.
Flake, J. K., Barron, K. E., Hulleman, C. S., McCoach, B. D. & Welsh, M. E. (2015). Measuring cost: The forgotten component of expectancy-value theory. *Contemporary Educational Psychology, 41*, 232–244.
Flammer, A. (2015). Self-efficacy. In N. J. Smelser & P. B. Baltes (Hrsg.), *International Encyclopedia of the Social & Behavioral Sciences* (2. Aufl., Bd. 21, S. 504–508). Amsterdam: Elsevier.
Fleiss, J. L. (1971). Measuring nominal scale agreement among many raters. *Psychological Bulletin, 76*, 378–382.
Flick, U. (2007). *Qualitative Sozialforschung. Eine Einführung.* Reinbek: Rowohlt Taschenbuch Verlag.
Flick, U. (2019). *Sozialforschung. Methoden und Anwendungen. Ein Überblick für die BA-Studiengänge* (4. Aufl.). Reinbek bei Hamburg: Rowohlt Taschenbuch Verlag.
Föllig-Albers, M. & Heinzel, F. (2007). Familie und Grundschule. In J. Ecarius (Hrsg.), *Handbuch Familie* (S. 300–320). Wiesbaden: VS Verlag für Sozialwissenschaften.
Försterling, F. (1986). *Attributionstheorie in der klinischen Psychologie.* München: Psychologie Verlags Union.
Försterling, F. (2001). *Attribution an introduction to theories, research, and applications.* Philadelphia: Psychology Press.
Fredricks, J. A. & Eccles, J. S. (2002). Children's competence and value beliefs from childhood through adolescence: Growth trajectories in two male sex-typed domains. *Developmental Psychology, 38*(4), 519–533.
Frenzel, A. C. & Stephens, E. J. (2017). Emotionen. In T. Götz (Hrsg.), *Emotion, Motivation und selbstreguliertes Lernen* (2. Aufl., S. 15–77). Paderborn: Verlag Ferdinand Schönigh.
Friedrich, F. H. & Mandl, H. (1992). Lern- und Denkstrategien – Ein Problemaufriss. In H. Mandl & F. H. Friedrich (Hrsg.), *Lern- und Denkstrategien. Analyse und Intervention* (S. 3–54). Göttingen: Hogrefe.
Friedrich, F. H. & Mandl, H. (1997). Analyse und Förderung selbstgesteuerten Lernens. In F. E. Weinert & H. Mandl (Hrsg.), *Psychologie der Erwachsenenbildung. Enzyklopädie der Psychologie, Serie I* (Bd. 4, S. 237–293). Göttingen: Hogrefe.
Friedrich, F. H. & Mandl, H. (2006). Lernstrategien: Zur Strukturierung des Forschungsfeldes. In H. Mandl & F. H. Friedrich (Hrsg.), *Handbuch Lernstrategien* (S. 1–23). Göttingen: Hogrefe.
Frome, P. M. & Eccles, J. S. (1998). Parents' influence on children's achievement-related perceptions. *Journal of Personality and Social Psychology, 74*(2), 435–452.
Früh, W. (2005). *Inhaltsanalyse. Theorie und Praxis.* Konstanz: UVK Verlagsgesellschaft.
Fuchs, B. (2008). Rhetorisch-argumentative Handlungsformen in der Pädagogik. In G. Mertens, U. Frost, W. Böhm & V. Ladenthin (Hrsg.), *Handbuch der Erziehungswissenschaft* (Bd. 1, S. 1024–1040). Paderborn: Schöningh.
Fuhrer, U. (2009). *Lehrbuch Erziehungspsychologie* (2., überarb. Aufl.). Bern: Hans Huber.

Fulmer, S. M. & Tulis, M. (2013). Changes in interest and affect during a difficult reading task: Relationships with perceived difficulty and reading fluency. *Learning and Instruction, 27*, 11–20.

Fürrer Auf der Maur, G. (2012). *Überlegungen von Lehrpersonen im Hinblick auf den Übertrittsentscheid bei Schülerinnen und Schülern im Grenzbereich zwischen Sekundarschule A und Sekundarschule B im Kanton Zürich (unver. Masterarbeit)*. Zürich: Universität Zürich.

Fuss, S. (2006). *Familie, Emotionen, Schulleistung. Eine Studie zum Einfluss des elterlichen Erziehungsverhaltens auf Emotionen und Schulleistungen von Schülerinnen und Schülern*. Münster: Waxmann.

Fuß, S. & Karbach, U. (2014). *Grundlagen der Transkription. Eine praktische Einführung* (2. Auflage Aufl.). Opladen: utb Verlag Barbara Budrich.

Gaskill, P. J. & Woolfolk Hoy, A. (2002). Self-efficacy and self-regulated learning: The dynamic duo in school performance. In J. Aronson (Hrsg.), *Improving academic achievement: Impact of psychological factors on education* (S. 185–208). New York: Academic Press.

Geertzen, J. (2012). *Inter-Rater Agreement with multiple raters and variables*. Verfügbar unter: https://nlp-ml.io/jg/software/ira [16. August 2013].

Giddens, A. (1988). Die „Theorie der Strukturierung". Ein Interview mit Anthony Giddens. Befragt durch B. Kiessling. *Zeitschrift für Soziologie, 17*(4), 286–295.

Gill, S. & Reynolds, A. J. (1998). Educational expectations and school achievement of urban african american children. *Journal of School Psychology, 37*(4), 403–424.

Gläser, J. & Laudel, G. (2010). *Experteninterviews und qualitative Inhaltsanalyse als Instrumente rekonstuierender Untersuchungen* (4. Aufl.). Wiesbaden: VS Verlag für Sozialwissenschaften.

Godenzi, E. (2011). *„Dann hat der Lehrer gesagt: ‚Jetzt sagen wir, wo ihr hinkommt.'" Die Bedeutung des Übertritts von der Primarschule in die Sekundarstufe I aus der Kinder-Perspektive. Eine qualitative Längsschnittuntersuchung (unver. Lizenziatsarbeit)*. Zürich: Universität Zürich.

Goldenberg, C., Gallimore, R., Reese, L. & Garnier, H. (2001). Cause or effect? A longitudinal study of immigrant Latino parents' aspirations and expectations, and their children's school performance. *American Educational Research Journal, 38*(3), 547–582.

Gomolla, M. (2010). Schulische Selektion und institutionelle Diskriminierung. In M. P. Neuenschwander & H.-U. Grunder (Hrsg.), *Schulübergang und Selektion. Forschungsbefunde – Praxisbeispiele – Umsetzungsperspektiven* (S. 61–90). Zürich: Rüegger.

Gonida, E. N., Karabenick, S. A., Makara, K. A. & Hatzikyriakou, G. A. (2014). Perceived parent goals and student goal orientations as predictors of seeking or not seeking help: Does age matter? *Learning and Instruction, 33*, 120–130.

Good, F. (2014). *Zusammenarbeit von Eltern und Lehrpersonen vor dem Hintergrund eines unsicheren Übertrittsentscheids. Bedingungen ihres Gelingens im Spiegel der Überzeugungen, Handlungen und Einschätzungen beider Akteure (unver. Masterarbeit)*. Zürich: Universität Zürich.

Gordon, T. (1972). *Familienkonferenz. Die Lösung von Konflikten zwischen Eltern und Kind*. Hamburg: Hoffmann und Campe.

Graesser, A. C., Conley, M. W. & Olney, A. (2012). Intelligent tutoring systems. In K. R. Harris, S. Graham & T. Urdan (Hrsg.), *APA Educational Psychology Handbook* (Bd. 3, S. 451–474). Washington, D.C.: American Psychological Association.

Graham, S. & Taylor, A. Z. (2016). Attribution theory and motivation in school. In K. R. Wentzel & D. B. Miele (Hrsg.), *Handbook of motivation at school* (Educational psychology handbook series, 2. Aufl., S. 11–33). New York: Routledge.

Graham, S. & Weiner, B. (2012). Motivation: Past, present, and future. In K. R. Harris, S. Graham & T. Urdan (Hrsg.), *APA Educational Psychology Handbook* (Bd. 1, S. 367–397). Washington, D.C.: American Psychological Association.

Green, C. L., Walker, J. M. T., Hoover-Dempsey, K. V. & Sandler, H. M. (2007). Parents' motivations for involvement in children's education: An empirical test of a theoretical model of parental involvement. *Journal of Educational Psychology, 99*(3), 532–544.

Greene, B. A., Miller, R. B., Crowson, H. M., Duke, B. L. & Akey, K. L. (2004). Predicting high school students' cognitive engagement and achievement: Contributions of classroom perceptions and motivation. *Contemporary Educational Psychology, 29*, 462–482.

Greitemeyer, T., Fischer, P. & Frey, D. (2006). Erwartungen und Soziales Schema. In H.-W. Bierhoff & D. Frey (Hrsg.), *Handbuch der Sozialpsychologie und Kommunikationspsychologie* (S. 336–345). Göttingen: Hogrefe.

Gresch, C., Baumert, J. & Maaz, K. (2010). Empfehlungsstatus, Übergangsempfehlung und der Wechsel in die Sekundarstufe I: Bildungsentscheidungen und soziale Ungleichheit. In K. Maaz, J. Baumert, C. Gresch & N. McElvany (Hrsg.), *Der Übergang von der Grundschule in die weiterführende Schule – Leistungsgerechtigkeit und regionale, soziale und ethnisch-kulturelle Disparitäten* (Bildungsforschung Nr. 34, S. 201–227). Berlin: BMBF.

Grob, U. & Maag Merki, K. (2001). *Überfachliche Kompetenzen. Theoretische Grundlegung und empirische Erprobung eines Indikatorensystems*. Bern: Peter Lang.

Grolnick, W. S. (2003). *The psychology of parental control. How well-meant parenting backfires*. Mahwah, NJ: Lawrence Erlbaum Associates.

Grolnick, W. S., Benjet, C., Kurowski, C. O. & Apostoleris, N. H. (1997). Predictors of parent involvement in children's schooling. *Journal of Educational Psychology, 89*(3), 538–548.

Grolnick, W. S., Friendly, R. W. & Bellas, V. M. (2009). Parenting and children's motivation at school. In K. R. Wentzel & D. B. Miele (Hrsg.), *Handbook of motivation at school* (1. Aufl., S. 279–300). New York: Routledge.

Grolnick, W. S., Kurowski, C. O., Dunlap, K. G. & Hevey, C. (2000). Parental resources and the transition to junior high. *Journal of Research on Adolescence, 10*(4), 465–488.

Grolnick, W. S. & Pomerantz, E. M. (2009). Issues and challenges in studying parental control: Toward a new conceptualization. *Child Development Perspectives, 3*(3), 165–170.

Grolnick, W. S., Price, C. E., Beiswenger, K. L. & Sauck, C. C. (2007). Evaluative pressure in mothers: Effects of situation, maternal and child characteristics on autonomy supportive versus controlling behavior. *Developmental Psychology, 43*(4), 991–1002.

Grolnick, W. S. & Ryan, R. M. (1989). Parent styles associated with children's self-regulation and competence in school. *Journal of Educational Psychology, 81*(2), 143–154.

Grolnick, W. S., Ryan, R. M. & Deci, E. L. (1991). Inner resources for school achievement: Motivational mediators of children's perception of their parents. *Journal of Educational Psychology, 83*(4), 508–517.

Grolnick, W. S. & Slowiaczek, M. L. (1994). Parents' involvement in children's schooling: A multidimensional conceptualization and motivational model. *Child Development, 65*(1), 237–252.

Gruschka, A. (2002). *Didaktik. Das Kreuz mit der Vermittlung. Elf Einsprüche gegen den didaktischen Betrieb* (Originalausg. Aufl.). Wetzlar: Büchse der Pandora.

Grusec, J. E. (2011). Socialization processes in the family: Social and emotional development. *Annual Review of Psychology, 62*, 243–269.
Grusec, J. E. (2012). Socialization and the role of power assertion. Commentary on Baumrind. *Human Development, 55*, 52–56.
Guest, G., MacQueen, K. M. & Namey, E. E. (2012). *Applied thematic analysis.* Thousand Oaks: Sage.
Gutman, L. M. & Eccles, J. S. (1999). Financial strain, parenting behaviors, and adolescents' achievement: Testing model equivalence between African American and European American single- and two-parent families. *70*(6), 1464–1476.
Haase, C. M. & Heckhausen, J. (2012). Motivation. In W. Schneider & U. Lindenberger (Hrsg.), *Entwicklungspsychologie* (8. Aufl., S. 477–496). Weinheim: Beltz Verlag.
Halle, T., Kurtz-Costes, B. E. & Mahoney, J. L. (1997). Family influences on school achievement in low-income, African American children. *Journal of Educational Psychology, 99*(2), 527–537.
Hanushek, E. A. & Wößmann, L. (2006). Does educational tracking affect performance and inequality? Differences-in-differences evidence across countries. *Economic Journal, 116*(March), C63–C76.
Harackiewicz, J. M., Durik, A. M., Barron, K. E., Linnenbrink-Garcia, L. & Tauer, J. M. (2008). The role of achievement goals in the development of interest: Reciprocal relations between achievement goals, interest and performance. *Journal of Educational Psychology, 100*(1), 105–122.
Harackiewicz, J. M., Rozek, C. S., Hulleman, C. S. & Hyde, J. S. (2012). Helping parents to motivate adolescents in mathematics and science: An experimental test of a utility-value intervention. *Psychological Science, 23*(8), 899–906.
Harter, S. (2006). The self. In N. Eisenberg, W. Damon & R. M. Lerner (Hrsg.), *Handbook of child psychology* (6. Aufl., Bd. 3, S. 505–570). Hoboken, NJ: John Wiley & Sons.
Hartig, J. & Klieme, E. (2006). Kompetenz und Kompetenzdiagnostik. In S. Karl (Hrsg.), *Leistung und Leistungsdiagnostik* (S. 127–142). Berlin: Springer.
Hartung, J., Elpelt, B. & Klösener, K.-H. (2009). *Statistik. Lehr- und Handbuch der angewandten Statistik* (15. Aufl.). München: Oldenbourg.
Hattie, J. (2009). *Visible learning a synthesis of over 800 meta-analyses relating to achievement.* London: Routledge.
Hattie, J. & Timperley, H. (2007). The power of feedback. *Review of Educational Research, 77*(1), 81–112.
Hattie, J. & Wollenschläger, M. (2014). A conceptualization of feedback In H. Ditton & A. Müller (Hrsg.), *Feedback und Rückmeldungen: Theoretische Grundlagen, empirische Befunde, praktische Anwendungsfelder* (S. 135–148). Münster: Waxmann.
Haymoz, R. (2014). *Emotionen, Handlungen und Einschätzungen von Eltern beim Übertrittsgespräch für die Sekundarstufe I im Kanton Zürich vor dem Hintergrund eines unsicheren Übertritts (unver. Masterarbeit).* Zürich: Universität Zürich.
Heckhausen, J. & Heckhausen, H. (2010). Motivation und Entwicklung. In J. Heckhausen & H. Heckhausen (Hrsg.), *Motivation und Handeln* (4. Aufl., S. 427–488). Berlin: Springer.
Heider, F. (1958). *The psychology of interpersonal relations.* New York: Wiley.
Helfferich, C. (2005). *Die Qualität qualitativer Daten. Manual für die Durchführung qualitativer Interviews* (2. Aufl.). Wiesbaden: VS.
Helmke, A. (2015). *Unterrichtsqualität und Lehrerprofessionalität Diagnose, Evaluation und Verbesserung des Unterrichts.* (6. Aufl.). Seelze: Klett.

Helmke, A. (2017). *Unterrichtsqualität und Lehrerprofessionalität Diagnose, Evaluation und Verbesserung des Unterrichts.* (7. Aufl.). Seelze: Klett.
Helmke, A. & Schrader, F.-W. (2010). Determinanten der Schulleistung. In D. H. Rost (Hrsg.), *Handwörterbuch pädagogische Psychologie* (4. Aufl., S. 90–102). Weinheim: Beltz.
Helmke, A. & Weinert, F. E. (1997). Bedingungsfaktoren schulischer Leistungen. In F. E. Weinert (Hrsg.), *Enzyklopädie der Psychologie – Pädagogische Psychologie. Band III: Psychologie des Unterrichts und der Schule* (S. 71–176). Göttingen: Hogrefe.
Herzberg, P. Y. (2014). Typologie. In M. A. Wirtz (Hrsg.), *Dorsch – Lexikon der Psychologie* (18. Aufl., S. 1585). Bern: Hogrefe Verlag.
Hidi, S. & Renninger, K. A. (2006). the four-phase-model of interest development. *Educational Psychologist, 41*(2), 111–127.
Higgins, E. T. (2007). Value. In A. W. Kruglanski & E. T. Higgins (Hrsg.), *Social psychology: Handbook of basic principles* (S. 454–472). New York NY: Guilford Press.
Hill, N. E. & Tyson, D. F. (2009). Parental involvement in middle school: A meta-analytic assessment of the strategies that promote achievement. *Developmental Psychology, 45*(3), 740–763.
Ho, E. S. C. & Vasarik Staub, K. (2019). Home and School Relationships in Switzerland and Hong Kong. In S. B. Sheldon & T. A. Turner-Vorbeck (Hrsg.), *The Wiley Handbook of Family, School, and Community Relationships in Education* (S. 291–314). Hoboken, NJ: John Wiley & Sons.
Hock, M. (2008). Erziehungsstile und ihre Auswirkungen. In W. Schneider & M. Hasselhorn (Hrsg.), *Handbuch der Pädagogischen Psychologie* (S. 491–500). Göttingen: Hogrefe.
Hollstein, B. (2007). Sozialkapital und Statuspassagen – Die Rolle von institutionellen Gatekeepern bei der Aktivierung von Netzwerkressourcen. In J. Lüdicke & M. Diewald (Hrsg.), *Soziale Netzwerke und soziale Ungleichheit. Zur Rolle von Sozialkapital in modernen Gesellschaften* (S. 53–83). Wiesbaden: VS Verlag.
Holodynski, M. & Oerter, R. (2008). Tätigkeitsregulation und die Entwicklung von Motivation, Emotion, Volition. In R. Oerter & L. Montada (Hrsg.), *Entwicklungspsychologie* (6. Aufl., S. 535–571). Weinheim: PVU Beltz.
Hong, Y.-y., Chiu, C.-y., Dweck, C. S., Lin, D. M.-S. & Wan, W. (1999). Implicit theories, attributions, and coping: A meaning system approach. *Journal of Personality and Social Psychology, 77*(3), 588–599.
Hoorens, V. (2012). Expectation. In V. S. Ramachandran (Hrsg.), *Encyclopedia of Human Behavior* (2. Aufl., S. 142–149). Oxford: Academic Press. https://doi.org/10.1016/B978-0-12-375000-6.00163-4
Hoover-Dempsey, K. V., Bassler, O. C. & Brissie, J. S. (1992). Explorations in parent-school relations. *Journal of Educational Research, 85*(5), 287–294.
Hoover-Dempsey, K. V., Battiato, A. C., Walker, J. M. T., Reed, R. P., Dejong, J. M. & Jones, K. P. (2001). Parental involvement in homework. *Educational Psychologist, 36*(3), 195–209.
Hoover-Dempsey, K. V. & Sandler, H. M. (1995). Parental involvement in children's education: Why does it make a difference? *Teachers College Record, 97*(2), 310–331.
Hoover-Dempsey, K. V. & Sandler, H. M. (1997). Why do parents become involved in their children's education? *Review of Educational Research, 67*(1), 3–42.
Hoover-Dempsey, K. V., Walker, J. M. T., Sandler, H. M., Whetsel, D. R., Green, C. L., Wilkins, A. S. et al. (2005). Why do parents become involved? Research findings and implications. *Elementary School Journal, 106*(2), 105–130.

Hopf, C. & Schmidt, C. (1993). *Zum Verhältnis von innerfamilialen sozialen Erfahrungen, Persönlichkeitsentwicklung und politischen Orientierungen. Dokumentation und Erörterung des methodischen Vorgehens in einer Studie zu diesem Thema.* Verfügbar unter: https://nbn-resolving.org/urn:nbn:de:0168-ssoar-456148 [24.07. 2019].

Hradil, S. (2005). *Soziale Ungleichheit in Deutschland* (8. Aufl.). Wiesbaden: VS.

Hradil, S. (2006). *Die Sozialstruktur Deutschlands im internationalen Vergleich* (2. Aufl.). Wiesbaden: VS Verlag für Sozialwissenschaften.

Hulleman, C. S. & Barron, K. E. (2016). Motivation interventions in education. Bridging theory, research, and practice In L. Corno & E. M. Anderman (Hrsg.), *Handbook of educational psychology* (3. Aufl., S. 160–171). New York: Routledge.

Hulleman, C. S., Barron, K. E., Kosovich, J. J. & Lazowski, R. A. (2016). Student motivation: Current theories, constructs, and interventions within an expectancy-value framework. In A. A. Lipnevich, F. Preckel & R. D. Roberts (Hrsg.), *Psychosocial skills and school systems in the 21st century. Theory, research, and practice* (S. 241–278). Zug: Springer International Publishing.

Hulleman, C. S., Godes, O., Hendricks, B. L. & Harackiewicz, J. M. (2010). Enhancing interest and performance with a utility value intervention. *Journal of Educational Psychology, 102*(4), 880–895.

Hulleman, C. S. & Harackiewicz, J. M. (2009). Promoting interest and performance in high school science classes. *Science, 236*(5958), 1410–1412.

Hume, D. (1978). *Ein Traktat über die menschliche Natur* (Bd. 2 und 3). Hamburg: Meiner.

Hume, D. (2006). *Eine Untersuchung über den menschlichen Verstand*. Stuttgart: Reclam.

Hurrelmann, K. (2006). *Einführung in die Sozialisationstheorie* (9. Aufl.). Weinheim: Beltz.

Ingenkamp, K. (1993). Der Prognosewert von Zensuren, Lehrergutachten, Aufnahmeprüfungen und Tests während der Grundschulzeit für den Sekundarschulerfolg. In R. Olechowski & E. Persy (Hrsg.), *Frühe schulische Auslese* (S. 68–85). Frankfurt a.M.: Peter Lang.

Izzo, C. V., Weissberg, R. P., Kasprow, W. J. & Fendrich, M. (1999). A longitudinal assessment of teacher perceptions of parent involvement in children's education and school performance. *American Journal of Community Psychology, 27*(6), 817–839.

Jacobs, J. E. & Bleeker, M. M. (2004). Girls' and boys' developing interests in math and science: Do parents matter? *New Directions for Child and Adolescent Development, 106*, 5–21.

Jacobs, J. E. & Eccles, J. S. (2000). Parents, task values, and real-life achievement-related choices. In C. Sansone & J. M. Harackiewicz (Hrsg.), *Intrinsic and extrinsic motivation: The search for optimal motivation and performance* (S. 405–439). San Diego, CA: Academic Press.

Jacobs, J. E., Lanza, S., Osgood, D. W., Eccles, J. S. & Wigfield, A. (2002). Changes in children's selfcompetence and values: Gender and domain differences across grades one through twelve. *Child Developmental Psychology, 73*(2), 509–527.

Jäger, W. & Meyer, H. J. (2007). *Sozialer Wandel in soziologischen Theorien der Gegenwart* (2. Aufl.). Wiesbaden: VS Verlag für Sozialwissenschaften.

Janssen, J. & Laatz, W. (2017). *Statistische Datenanalyse mit SPSS. Eine anwendungsorientierte Einführung in das Basissystem und das Modul Exakte Tests* (9. Aufl.). Berlin: Springer Gabler.

Jencks, C. & Bartlett, S. (1979). *Who gets ahead? the determinants of economic success in America*. New York: Basic Books.

Jencks, C., Smith, M., Krappmann, L. & Abel, J. (1973). *Chancengleichheit*. Reinbek bei Hamburg: Rowohlt.

Jeynes, W. H. (2003). A meta-analysis: The effects of parental involvement on minority children's academic achievement. *Education and Urban Society, 35*(2), 202–218.

Jeynes, W. H. (2005). A meta-analysis of the relation of parental involvement to urban elementary school student academic achievement. *Urban Education, 40*(3), 237–269.

Jeynes, W. H. (2007). The relationship between parental involvement and urban secondary school student achievement: A meta-analysis. *Urban Education, 42*(1), 82–110.

Jeynes, W. H. (2012). A meta-analysis of the efficacy of different types of parental involvement programs for urban students. *Urban Education, 47*(4), 706–742.

Johnson, M. L. & Sinatra, G. M. (2013). Use of task-value instructional inductions for facilitating engagement and conceptual change. *Contemporary Educational Psychology, 38*(1), 51–63.

Jones, E. & Nisbett, R. (1971). The actor and the observer: Divergent perceptions of the causes of behavior. In E. Jones, D. Kanouse, H. Kelley, R. Nisbett, S. Valins & B. Weiner (Hrsg.), *Attribution: Perceiving the causes of behavior* (S. 79–94). Morristown, NJ: General Learning Press.

Jussim, L. & Harber, K. D. (2005). Teacher expectations and self-fulfilling prophecies: Knowns and unknowns, resolved and unresolved controversies. *Personality and Social Psychology Review, 9*(2), 131–155.

Kappus, E.-N. (2015). Equity: Begriffsbestimmung und Grundsatzfragen für Schule und Bildung. In A. Haenni Hoti (Hrsg.), *Equity – Diskriminierung und Chancengerechtigkeit im Beildungswesen. Migrationshintergrund und soziale Herkunft im Fokus* (S. 9–26). Bern: Generalsekretariat EDK.

Keith, T. Z., Keith, P. B., Quirk, K. J., Sperduto, J., Santillo, S. & Killings, S. (1998). Longitudinal effects of parental involvemnet on high school grades: Similarities and differences across gender and ethnic groups. *Journal of School Psychology, 36*(3), 335–363.

Kelle, U. (2008). *Die Integration qualitativer und quantitativer Methoden in der empirischen Sozialforschung* (2. Aufl.). Wiesbaden: VS Verlag für Sozialwissenschaften.

Kelle, U. & Kluge, S. (2010). *Vom Einzelfall zum Typus. Fallvergleich und Fallkontrastierung in der qualitativen Sozialforschung* (2. Aufl.). Wiesbaden: VS Verlag für Sozialwissenschaften.

Keller, S. & Zavalloni, M. (1964). Ambition and Social Class: A Respecification. *Social Forces, 43*(1), 58–70.

Kelley, H. H. (1973). The process of causal attribution. *American Psychologist, 28*(2), 107–128.

Kelley, H. H. & Michela, J. L. (1980). Attribution theory and research. *Annual Review of Psychology, 31*(1), 457–501.

Kerckhoff, A. C., Raudenbush, S. W. & Glennie, E. (2001). Education, Cognitive Skill, and Labor Force Outcomes. *Sociology of Education, 74*(1), 1–24.

Kettunen, J. (1997). Education and Unemployment Duration. *Economics of Education Review, 16*(2), 163–170.

Kinlaw, C. R., Kurtz-Costes, B. & Goldman-Fraser, J. (2001). Mothers' achievement beliefs and behavior and their children's school readiness: A cultural comparison. *Journal of Applied Developmental Psychology, 22*(5), 493–506.

Klassen, R. M. & Usher, E. L. (2010). Self-efficacy in educational settings: Recent research and emerging directions. In T. C. Urdan & S. A. Karabenick (Hrsg.), *Advances in motivation and achievement: Vol. 16A. The decade ahead: Theoretical perspectives on motivation and achievement* (S. 1–33). Bingley, UK: Emerald Publishing Group.

Klauer, K. J. & Leutner, D. (2012). *Lehren und Lernen. Einführung in die Instruktionspsychologie* (2. Aufl.). Weinheim: Beltz.

Klebanov, P. K., Brooks-Gunn, J. & Duncan, G. J. (1994). Does neighborhood and family poverty affect mothers' parenting, mental health, and social support? *Journal of Marriage and the Family, 56*(2), 441–455.

Kleinbeck, U. (2010). Handlungsziele. In J. Heckhausen & H. Heckhausen (Hrsg.), *Motivation und Handeln* (4. Aufl., S. 285–307). Berlin: Springer.

Kleine, L., Paulus, W. & Blossfeld, H.-P. (2009). Die Formation elterlicher Bildungsentscheidungen beim Übergang von der Grundschule in die Sekundarstufe I. In J. Baumert, K. Maaz & U. Trautwein (Hrsg.), *Bildungsentscheidungen* (S. 103–125). Wiesbaden: VS Verlag für Sozialwissenschaften.

Klieme, E., Avenarius, H., Blum, W., Döbrich, P., Gruber, H., Prenzel, M. et al. (2007). *Zur Entwicklung nationaler Bildungsstandards. Eine Expertise* (2. Aufl.). Bonn: BMBF.

Kluge, S. (1999). *Empirisch begründete Typenbildung. Zur Konstruktion von Typen und Typologien in der qualitativen Sozialforschung*. Opladen: Leske + Budrich.

Kluger, A. N. & DeNisi, A. (1996). The effects of feedback Interventions on performance: A historical review, a meta-analysis, and a preliminary feedback intervention theory. *Psychological Bulletin, 119*(2), 254–284.

Köller, O. (2002). Des Schülers Leid, des Lehrers Freud. Schulnoten sind nötig und besser als ihr Ruf. *Klett ThemenDienst Schule – Wissen – Bildung, 16*, 7–10.

Köller, O. (2004). *Konsequenzen von Leistungsgruppierungen*. Münster: Waxmann.

Köller, O. & Baumert, J. (2001). Leistungsgruppierungen in der Sekundarstufe I. Ihre Konsequenzen für die Mathematikleistung und das mathematische Selbstkonzept der Begabung. *Zeitschrift für Pädagogische Psychologie, 15*(2), 99–110.

Köller, O. & Möller, J. (2010). Selbstwirksamkeit. In D. H. Rost (Hrsg.), *Handwörterbuch Pädagogische Psychologie* (4. Aufl., S. 767–774). Weinheim: Beltz.

Kost, J. (2013). Durchlässigkeit und Hochschulzugang in der Schweiz. *Zeitschrift für Bildungswissenschaften, 35*(3), 473–492.

Kramer, R.-T., Helsper, W., Thiersch, S. & Ziems, C. (2009). *Selektion und Schulkarriere. Kindliche Orientierungsrahmen beim Übergang in die Sekundarstufe I*. Wiesbaden: VS Verlag für Sozialwissenschaften.

Krapp, A. (2018). Interesse. In D. H. Rost, J. R. Sparfeldt & S. R. Buch (Hrsg.), *Handwörterbuch Pädagogische Psychologie* (5. Aufl., S. 286–297). Weinheim: Beltz.

Krapp, A., Hidi, S. & Renninger, K. A. (1992). Interest, learning and development. In K. A. Renniger, S. Hidi & A. Krapp (Hrsg.), *The role of interest in learning and development* (S. 3–25). Hillsdale, NJ: Erlbaum.

Krippendorff, K. (1981). *Content analysis: An introduction to its methodology* (2. Aufl.). Beverly Hills: SAGE Publications.

Krippendorff, K. (2013). *Content analysis: An introduction to its methodology* (3. Aufl.). Los Angeles: SAGE.

Kron, T. (2004). General Theory of Action? Inkonsistenzen in der Handlungstheorie von Hartmut Esser. *Zeitschrift für Soziologie, 33*(3), 186–205.

Kronig, W. (2007). *Die systematische Zufälligkeit des Bildungserfolgs. Theoretische Erklärungen und empirische Untersuchungen zur Lernentwicklung und zur Leistungsbewertung in unterschiedlichen Schulklassen.* Haupt, Bern.
Krüger, G. (1953). Das Problem der Autorität. In K. Piper (Hrsg.), *Offener Horizont. Festschrift für Karl Jaspers* (S. 44–62). München: Piper.
Krüger, H.-H., Köhler, S.-M., Pfaff, N. & Zschach, M. (2007). Die Bedeutung des Übergangs von der Grundschule in die Sekundarstufe I für Freundschaftsbeziehungen von Kindern. *Zeitschrift für Pädagogik, 53*(4), 509–521.
Krumm, V. (2010). Elternhaus und Schule. In D. H. Rost (Hrsg.), *Handwörterbuch Pädagogische Psychologie* (4. Aufl., S. 116–124). Weinheim: Beltz.
Kuckartz, U. (2010). *Einführung in die computergestützte Analyse qualitativer Daten.* (3. Aufl.). Wiesbaden: VS Verlag für Sozialwissenschaften.
Kuckartz, U. (2014). *Mixed Methods. Methodologie, Forschungsdesigns und Analyseverfahren.* Wiesbaden: Springer VS.
Kuckartz, U. (2018). *Qualitative Inhaltsanalyse. Methoden, Praxis, Computerunterstützung* (4. Aufl.). Weinheim: Beltz Juventa.
Kunter, M., Brunner, M., Baumert, J., Klusmann, U., Krauss, S., Blum, W. et al. (2005). Der Mathematikunterricht der PISA-Schülerinnen und -Schüler. Schulformunterschiede in der Unterrichtsqualität. *Zeitschrift für Erziehungswissenschaft, 8*(4), 502–520.
Lamnek, S. & Krell, C. (2016). *Qualitative Sozialforschung.* (6. Aufl.). Weinheim: Beltz.
Landis, J. R. & Koch, G. G. (1977). The Measurement of Observer Agreement for Categorical Data. *Biometrics, 33*(1), 159–174.
Lange, A. & Xyländer, M. (2011). Bildungswelt Familie: Disziplinäre Perspektiven, theoretische Rahmungen und Desiderate der empirischen Forschung. In A. Lange & M. Xyländer (Hrsg.), *Bildungswelt Familie. Theoretische Rahmung, empirische Befunde und disziplinäre Perspektiven* (S. 23–94). Weinheim: Juventa Verlag.
Lareau, A. (1996). Assessing parental involvement in schooling. In A. Booth & J. F. Dunn (Hrsg.), *Family-school links: How do they affect educational outcomes?* (S. 57–64). Mahwah, NJ: Lawrence Erlbaum Associates.
Lauterbach, W. (2011). Klassenlage und Bildungserfolg von Jugendlichen. In A. Lange & M. Xyländer (Hrsg.), *Bildungswelt Familie. Theoretische Rahmung, empirische Befunde und disziplinäre Perspektiven* (S. 296–309). Weinheim: Juventa Verlag.
Lazarides, R., Harackiewicz, J., Canning, E., Pesu, L. & Viljaranta, J. (2015). The role of parents in students' motivational beliefs and values. In C. M. Rubie-Davies, J. M. Stephens & P. Watson (Hrsg.), *Routledge International Handbook of Social Psychology of the Classroom* (S. 53–66). London: Routledge.
Legewie, H. (1987). Interpretation und Validierung biografischer Interviews. In G. Jüttemann & T. Thomae (Hrsg.), *Biographie und Psychologie* (S. 138–150). Berlin: Springer.
Lehmann, R. H., Peek, R. & Gänsfuß, R. d. (1997). *Aspekte der Lernausgangslage und der Lernentwicklung von Schülerinnen und Schülern, die im Schuljahr 1996/97 eine fünfte Klasse an Hamburger Schulen besuchten. Bericht über die Erhebung im September 1996 (LAU 5).* Berlin: Humboldt Universität.
Lepper, M. R. & Henderlong, J. (2000). Turning „play" into „work" and „work" into „play": 25 years of research on intrinsic versus extrinsic motivation. In C. Sansone & J. M. Harackiewicz (Hrsg.), *Intrinsic and extrinsic motivation: The search for optimal motivation and performance* (S. 257–307). San Diego, CA: Academic Press.

Lepper, M. R. & Woolverton, M. (2002). The wisdom of practice: lessons learned from the study of higly effective tutors. In J. Aronson (Hrsg.), *Improving Academic Achievement: Impact of Psychological Factors on Education* (S. 135–158). New York: Academic Press.

Lewin, K. (1926). *Vorsatz Wille und Bedürfnis. Mit Vorbemerkungen über die psychischen Kräfte und Energien und die Struktur der Seele.* Berlin: Springer.

Liem, A. D., Lau, S. & Nie, Y. (2008). The role of self-efficacy, task value, and achievement goals in predicting learning strategies, task disengagement, peer relationship, and achievement outcome. *Contemporary Educational Psychology, 33*(4), 486–512.

Lindenberg, S. (1985). An assessment of the new political economy: Its potential for the social sciences and for sociology in particular. *Sociological Theory, 3*(1), 99–114.

Linke, A., Nussbaumer, M., Portmann, P. R., Willi, U. & Berchtold, S. (2004). *Studienbuch Linguistik* (5. Aufl.). Tübingen: Niemeyer.

Linnenbrink-Garcia, L. & Patall, E. A. (2016). Motivation. In L. Corno & E. M. Anderman (Hrsg.), *Handbook of educational psychology* (3. Aufl., S. 91–103). New York: Routledge.

Lintorf, K. (2012). *Wie vorhersagbar sind Grundschulnoten? Prädiktionskraft individueller und kontextspezifischer Merkmale.* VS Verlag für Sozialwissenschaften, Wiesbaden.

Lipowsky, F. (2012). Hausaufgaben. In K.-P. Horn, H. Kemnitz, W. Marotzki & U. Sandfuchs (Hrsg.), *Klinkhardt Lexikon Erziehungswissenschaft* (Bd. 2, S. 25). Bad Heilbrunn: Klinkhardt UTB.

Lipowsky, F. (2015). Unterricht. In E. Wild & J. Möller (Hrsg.), *Pädagogische Psychologie* (S. 69–105). Heidelberg: Springer-Verlag.

Lipowsky, F., Rakoczy, K., Klieme, E., Reusser, K. & Pauli, C. (2004). Hausaufgabenpraxis im Mathematikunterricht – ein Thema für die Unterrichtsforschung? In J. Doll & M. Prenzel (Hrsg.), *Bildungsqualität von Schule. Lehrerprofessionalisierung, Unterrichtsentwicklung und Schülerförderung als Strategien der Qualitätsverbesserung* (S. 250–266). Münster: Waxmann.

Locke, E. A. & Latham, G. P. (2006). New Directions in Goal-Setting Theory. *Current Directions in Psychological Science, 15*(5), 265–268.

Lohaus, A., Vierhaus, M. & Maass, A. (2010). *Entwicklungspsychologie des Kindes- und Jugendalters für Bachelor.* Berlin: Springer.

Lorenz, F. & Wild, E. (2007). Parental involvement in schooling. Results concerning its structure and impact on student's motivation. In M. Prenzel (Hrsg.), *Studies on the educational quality of schools. The final report on the DFG Priority Programme* (S. 299–316). Münster: Waxmann.

Maag Merki, K. (2009). Kompetenz. In S. Andresen, R. Casale, T. Gabriel, R. Horlacher, S. Larcher Klee & J. Oelkers (Hrsg.), *Handwörterbuch Erziehungswissenschaft* (S. 492–506). Weinheim: Beltz.

Maaz, K., Hausen, C., McElvany, N. & Baumert, J. (2006). Stichwort: Übergänge im Bildungssystem. Theoretische Konzepte und ihre Anwendung in der empirischen Forschung beim Übergang in die Sekundarstufe. *Zeitschrift für Erziehungswissenschaft, 9*(3), 299–327.

Maaz, K. & Nagy, G. (2010). Der Übergang von der Grundschule in die weiterführenden Schulen des Sekundarschulsystems: Definition, Spezifikation und Quantifizierung primärer und sekundärer Herkunftseffekte. In K. Maaz, J. Baumert, C. Gresch & N. McElvany (Hrsg.), *Der Übergang von der Grundschule in die weiterführende Schule – Leistungsgerechtigkeit und regionale, soziale und ethnisch-kulturelle Disparitäten* (Bildungsforschung Nr. 34, S. 151–180). Berlin: BMBF.

Maaz, K., Trautwein, U., Lüdtke, O. & Baumert, J. (2008). Educational transitions and differential learning environments: How explicit between-school tracking contributes to social inequality in educational outcomes. *Child Development Perspectives, 2*(2), 99–106.

Mahoney, J. L., Vandell, D. L., Simpkins, S. D. & Zarrett, N. (2009). Adolescent out-of-school activities. In R. M. Lerner & L. Steinberg (Hrsg.), *Handbook of adolescent psychology* (3. Aufl., S. 228–269). Hoboken, NJ: Wiley.

Malka, A. & Covington, M. V. (2005). Perceiving school performance as instrumental to future goal attainment: Effects on graded performance. *Contemporary Educational Psychology, 30*(1), 60–80.

Mandl, H., Friedrich, F. H. & Hron, A. (1988). Theoretische Ansätze zum Wissenserwerb. In H. Mandl, h. Aebli & H. Spada (Hrsg.), *Wissenspsychologie* (S. 123–160). München: Psychologie Verlags Union.

Marsh, H. W. (1986a). Global self-esteem: Its relation to specific facets of self-concept and their importance. *Journal of Personality and Social Psychology, 51*(6), 1224–1236.

Marsh, H. W. (1986b). Verbal and math self-concepts: An internal/external frame of reference mode. *American Educational Research Journal, 23*(1), 129–148.

Marsh, H. W. & Craven, R. G. (2006). Reciprocal effects of self-concept and performance from a multidimensional perspective: Beyond seductive pleasure and unidimensional perspectives. *Perspectives on psychological science, 1*(2), 133–163.

Marsh, H. W., Hau, K.-T., Artelt, C., Baumert, J. & Peschar, J. L. (2009). OECD's brief self-report measure of educational psychology's most useful affective constructs: Cross-cultural, psychometric comparisons across 25 countries. *International Journal of Testing, 6*(4), 311–360.

Marsh, H. W. & Parker, J. W. (1984). Determinants of student self-concept: Is it better to be a relatively large fish in a small pond even if you don't learn to swim as well? *Journal of Personality and Social Psychology, 47*(1), 213–231.

Marsh, H. W., Trautwein, U., Lüdtke, O., Köller, O. & Baumert, J. (2005). Academic self-concept, interest, grades and standardized test scores: Reciprocal effects models of causal ordering. *Child Development, 76*(2), 397–416.

Marsh, H. W., Xu, M. & Martin, A. J. (2012). Self-concept: A synergy of theory, method, and application. In K. R. Harris, S. Graham & T. C. Urdan (Hrsg.), *APA educational psychology handbook. Vol. 1: Theories, constructs, and critical issues* (S. 427–258). Washington, DC: American Psychological Association.

Maslow, A. H. & Murphy, G. (1954). *Motivation and personality*. New York: Harper and Row.

Mayer, K. U. (1998). James S. Colemans Untersuchungen zum amerikanischen Bildungswesen und ihr Verhältnis zu seiner Handlungs- und Gesellschaftstheorie. In H.-P. Müller & M. Schmid (Hrsg.), *Norm, Herrschaft und Vertrauen. Beiträge zu James S. Colemans Grundlagen der Sozialtheorie* (S. 180–192). Opladen: Westdeutscher Verlag.

Mayring, P. (2015). *Qualitative Inhaltsanalyse. Grundlagen und Techniken* (12. Aufl.). Weinheim: Beltz.

McAllister, H. A. (1996). Self-serving bias in the classroom: Who shows it? Who knows it? *Journal of Educational Psychology, 88*(1), 123–131.

Meece, J. L., Wigfield, A. & Eccles, J. S. (1990). Predictors of math anxiety and its influence on young adolescents' course enrollment intentions and performance in mathematics. *Journal of Educational Psychology, 82*(1), 60–70.

Mehta, C. R. & Patel, N. R. (1996). *IBM SPSS Exact Tests*. Verfügbar unter: ftp://public.dhe. ibm.com/software/analytics/spss/documentation/statistics/21.0/en/client/Manuals/IBM_SPSS_Exact_Tests.pdf [21.10. 2019].

Melby, J. N., Conger, R. D., Fang, S.-A., Wickrama, K. A. S. & Conger, K. J. (2008). Adolescent family experiences and educational attainment during early adulthood. *Developmental Psychology, 44*(6), 1519–1536.

Mey, G. & Mruck, K. (2018). Qualitative Interviews in der psychologischen Forschung. In: Mey G., Mruck K. (eds) Handbuch Qualitative Forschung in der Psychologie. Springer Reference Psychologie. Springer, Wiesbaden. In G. Mey & K. Mruck (Hrsg.), *Handbuch Qualitative Forschung in der Psychologie* (Springer Reference Psychologie, S. 1–21). Wiesbaden: Springer.

Michaels, S. (2006). Narrative representations: an oral preparation for literacy with first graders. In J. Cook-Gumperz (Hrsg.), *The social construction of literacy* (2. Aufl., S. 110–137). Cambridge: Cambridge University Press.

Miller, D. T. & Ross, M. (1975). Self-Serving Biases in the Attribution of Causality: Fact or Fiction? *Psychological Bulletin, 82*(2), 213–225.

Minsky, M. (1975). A framework for representing knowledge. In P. H. Winston & B. Horn (Hrsg.), *The psychology of computer vision* (S. 211–277). New York, N.Y.: McGraw-Hill.

Misoch, S. (2015). *Qualitative Interviews*. Berlin: Walter de Gruyter.

Mollenhauer, K. (1972). *Theorien zum Erziehungsprozess. Zur Einführung in erziehungswissenschaftliche Fragestellungen*. München: Juventa.

Möller, J. (2008). Lernmotivation. In A. Renkl (Hrsg.), *Lehrbuch Pädagogische Psychologie*, (S. 263–298). Bern: Hogrefe.

Möller, J. (2018). Attributionen. In D. H. Rost, J. R. Sparfeldt & S. R. Buch (Hrsg.), *Handwörterbuch Pädagogische Psychologie* (5. Aufl., S. 30–36). Weinheim: Beltz.

Möller, J. & Köller, O. (2000). Spontaneous and reactive attributions according to academic achievement. *Social Psychology of Education, 4*(1), 67–86.

Möller, J., Pohlmann, B., Köller, O. & Marsh, H. W. (2009). A meta-analytic path analysis of the internal/external frame of reference model of academic achievement and academic self-concept. *Review of Educational Research, 79*(3), 1129–1167.

Möller, J. & Trautwein, U. (2015). Selbstkonzept. In E. Wild & J. Möller (Hrsg.), *Pädagogische Psychologie* (2. Aufl., S. 177–199). Berlin: Springer.

Moorman, E. A. & Pomerantz, E. M. (2010). Ability mindsets influence the quality of mothers' involvement in children's learning: An experimental investigation. *Developmental Psychology, 46*(5), 1354–1362.

Moroni, S., Dumont, H. & Trautwein, U. (2016). Keine Hausaufgaben ohne Streit? Eine empirische Untersuchung zu Prädiktoren von Streit wegen Hausaufgaben. *Psychologie in Erziehung und Unterricht, 63*(2), 107–121.

Moser, U. & Angelone, D. (2011). *PISA 2009: Porträt des Kantons Zürich*. Zürich: Institut für Bildungsevaluation (IBE).

Moser, U., Buff, A., Angelone, D. & Hollenweger, J. (2011). *Nach sechs Jahren Primarschule. Deutsch, Mathematik und motivational-emotionales Befinden am Ende der 6. Klasse*. Zürich: Bildungsdirektion Kanton Zürich.

Moser, U. & Hollenweger, J. (Hrsg.). (2008). *Drei Jahre danach. Lesen, Wortschatz, Mathematik und soziale Kompetenzen am Ende der dritten Klasse*. Oberentfelden: Sauerländer.

Moser, U., Stamm, M. & Hollenweger, J. (2005). *Für die Schule bereit? Lesen, Wortschatz, Mathematik und soziale Kompetenz beim Schuleintritt*. Oberentfelden: Sauerländer.

Muenks, K., Miele, D. B., Ramani, G. B., Stapleton, L. M. & Rowe, M. L. (2015). Parental beliefs about the fixedness of ability. *Journal of Applied Developmental Psychology, 41*(2), 78–89.

Müller, K. & Ehmke, T. (2016). Soziale Herkunft und Kompetenzerwerb. In K. Reiss, C. Sälzer, A. Schiepe-Tiska, E. Klieme & O. Köller (Hrsg.), *PISA 2015. Eine Studie zwischen Kontinuität und Innovation* (S. 285–316). Münster: Waxmann.

Müller, W. (1975). *Familie, Schule, Beruf Analysen zur sozialen Mobilität und Statuszuweisung in der Bundesrepublik*. Opladen: Westdeutscher Verlag.

Müller-Benedict, V. (2007). Wodurch kann die soziale Ungleichheit des Schulerfolgs am stärksten verringert werden? *Kölner Zeitschrift für Soziologie und Sozialpsychologie, 59*(4), 615–639.

Murphy, P. K. & Alexander, P. A. (2000). A motivated exploration of motivation terminology. *Contemporary Educational Psychology, 25*(1), 3–53.

Musu-Gillette, L. E., Wigfield, A., Harring, J. R. & Eccles, J. S. (2015). Trajectories of change in students' self-concepts of ability and values in math and college major choice. *Educational Research and Evaluation, 21*(4), 343–370.

Nagengast, B., Marsh, H. W., Scalas, L. F., Xu, M. K., Hau, K.-T. & Trautwein, U. (2011). Who took the ‚×' out of expectancy-value theory? A psychological mystery, a substantive-methodological synergy, and a cross-national generalization. *Psychological Science, 22*(8), 1058–1066.

Nakamura, J. & Csikszentmihalyi, M. (2009). The concept of flow. In C. R. Snyder & S. J. Lopez (Hrsg.), *Oxford handbook of positive psychology* (S. 89–105). New York: Oxford University Press.

Neuenschwander, M. P. (2007). Bedingungen und Anpassungsprozesse bei erwartungswidrigen Bildungsverläufen. In T. Eckert (Hrsg.), *Übergänge im Bildungswesen* (S. 83–102). Münster: Waxmann.

Neuenschwander, M. P. (2010). Selektionsprozesse beim Übergang in die Sekundarstufe I und II. In M. P. Neuenschwander & H.-U. Grunder (Hrsg.), *Schulübergang und Selektion. Forschungsbefunde – Praxisbeispiele – Umsetzungsperspektiven* (S. 15–34). Zürich: Rüegger.

Neuenschwander, M. P. (2011). Elternmitwirkung beim Übergang in die Sekundarstufe I. Pädagogische Führung (4), 131–133. *Pädagogische Führung: Zeitschrift für Schulleitung und Schulberatung*(4), 131–133.

Neuenschwander, M. P. (2013). Eltern-Lehrer-Zusammenarbeit in Transitionssituationen. In M. Schüpbach & A. Slokar (Hrsg.), *Kooperation als Herausforderung in Schule und Tagesschule* (S. 113–124). Bern: Haupt.

Neuenschwander, M. P. (2014). Selektionsentscheidungen beim Übergang in die Sekundarstufe I und in den Arbeitsmarkt im Vergleich. In M. P. Neuenschwander (Hrsg.), *Selektion in Schule und Arbeitsmarkt* (S. 63–98). Zürich: Rüegger.

Neuenschwander, M. P., Balmer, T., Gasser-Dutoit, A., Goltz, S., Hirt, U., Ryser, H.et al. (2005). *Schule und Familie - was sie zum Schulerfolg beitragen*. Bern: Haupt.

Neuenschwander, M. P., Vida, M., Garrett, J. L. & Eccles, J. S. (2007). Parents' expectations and students' achievement in two western nations. *International Journal of Behavioral Development, 31*(6), 594–602.

Neugebauer, M. (2010). Bildungsungleichheit und Grundschulempfehlung beim Übergang auf das Gymnasium: Eine Dekomposition primärer und sekundärer Herkunftseffekte. *Zeitschrift für Soziologie, 39*(3), 202–214.

Neumann, M., Milek, A., Maaz, K. & Gresch, C. (2010). Zum Einfluss der Klassenzusammensetzung auf den Übergang von der Grundschule in die weiterführenden Schulen. In K. Maaz, J. Baumert, C. Gresch & N. McElvany (Hrsg.), *Der Übergang von der Grundschule in die weiterführende Schule. Leistungsgerechtigkeit und regionale, soziale und ethnisch-kulturelle Disparitäten* (S. 229–251). Berlin: Bundesministerium für Bildung und Forschung (BMBF).

Neumann, M., Schnyder, I., Trautwein, U., Niggli, A., Lüdtke, O. & Cathomas, R. (2007). Schulformen als differenzielle Lernmilieus. Institutionelle und kompositionelle Effekte auf die Leistungsentwicklung im Fach Französisch. *Zeitschrift für Erziehungswissenschaft, 10*(3), 399–420.

Nicholls, J. G. (1984). Achievement motivation: Conceptions of ability, subjective experience, task choice, and performance. *Psychological Review, 91*(3), 328–346.

Niggli, A., Trautwein, U., Schnyder, I., Lüdtke, O. & Neumann, M. (2007). Elterliche Unterstützung kann hilfreich sein, aber Einmischung schadet: Familiärer Hintergrund, elterliches Hausaufgabenengagement und Leistungsentwicklung. *Psychologie in Erziehung und Unterricht, 54*(1), 1–14.

Nilshon, I. (1999). *Hausaufgaben und selbständiges Lernen*. München: Deutsches Jugendinstitut.

Noack, P. (2008). Interaktion in der Familie. In W. Schneider & M. Hasselhorn (Hrsg.), *Handbuch der Pädagogischen Psychologie* (S. 468–481). Göttingen: Hogrefe.

O'Connor, M. C. & Michaels, S. (1993). Aligning Academic Task and Participation Status through Revoicing: Analysis of a Classroom Discourse Strategy. *Anthropology and Education Quaterly, 24*(4), 318–335.

OECD. (2001). *Lernen für das Leben. Erste Ergebnisse der interntationalen Schulleistungsstudie PISA 2000*. Paris: OECD.

OECD. (2007). *No more failures. Ten steps to equity in education*. paris: OECD.

Oelkers, J. (2009). Erziehung. In S. Andresen, R. Casale, T. Gabriel, R. Horlacher, S. Larcher Klee & J. Oelkers (Hrsg.), *Handwörterbuch Erziehungswissenschaft* (S. 248–262). Weinheim: Beltz.

Oelkers, J. & Reusser, K. (2008). *Expertise: Qualität entwickeln – Standards sichern – mit Differenz umgehen*. Bonn/Berlin: BMBF.

Olson, M. A. & Kendrick, R. V. (2012). Attitude formation. In V. S. Ramachandran (Hrsg.), *Encyclopedia of Human Behavior* (2. Aufl., S. 230–235). Oxford: Academic Press. https://doi.org/10.1016/B978-0-12-375000-6.00163-4

Pajares, F. (1992). Teachers' beliefs and educational research: cleaning up a messy construct. *Review of Educational Research, 62*(3), 307–332.

Parsons, T. (1968). *Sozialstruktur und Persönlichkeit*. Frankfurt a. M.: Europäische Verlagsanstalt.

Parsons, T. (1991). *The Social System* (2. Aufl.). London: Routledge.

Parsons, T. & Shils, E. (1954). *Toward a general theory of action* (2. Aufl.). Cambridge, Mass.: Harvard University Press.

Patall, E. A., Cooper, H. & Robinson, J. C. (2008). Parent involvement in homework: A research synthesis. *Review of Educational Research, 78*(4), 1039–1101.

Patten, M. Q. (1990). *Qualitative evaluation and research methods*. Newburry Park: Sage.
Pauli, C. (2012). Kodierende Beobachtung. In H. de Boer & S. Reh (Hrsg.), *Beobachtung in der Schule – Beobachten lernen. Lehrbuch* (S. 45–63). Wiesbaden: VS/Springer.
Pekrun, R. (1988). *Emotion, Motivation und Persönlichkeit*. München: Psychologie Verlags Union.
Pekrun, R. (1997). Kooperation zwischen Elternhaus und Schule. In L. A. Vaskovics & H. Lipinski (Hrsg.), *Familiale Lebenswelten und Bildungsarbeit* (S. 51–79). Opladen: Leske + Budrich.
Pekrun, R. (2001). Familie, Schule und Entwicklung. In S. Walper & R. Pekrun (Hrsg.), *Familie und Entwicklung. Aktuelle Perspektiven der Familienpsychologie* (S. 84–105). Göttingen: Hogrefe.
Pekrun, R. (2006). The control-value theory of achievement emotions: Assumptions, corollaries, and implications for educational research and practice. *Educational Psychology Review, 18*(4), 315–341.
Pekrun, R., Frenzel, A. C., Goetz, T. & Perry, R. P. (2007). The control-value theory of achievement emotions: An integrative approach to emotions in education. In P. A. Schutz & R. Pekrun (Hrsg.), *Emotion in Education* (S. 13–36). Burlington MA: Elsevier.
Pekrun, R. & Götz, T. (2006). Emotionsregulation: Vom Umgang mit Prüfungsangst. In H. Mandl & F. H. Friedrich (Hrsg.), *Handbuch Lernstrategien* (S. 248–258). Göttingen: Hogrefe.
Pekrun, R. & Perry, R. P. (2014). Control-Value Theory of Achievement Emotions. In R. Pekrun & L. Linnenbrink-Garcia (Hrsg.), *International handbook of emotions in education* (S. 120–141). New York: Routledge.
Pekrun, R. & Stephens, E. J. (2010). Achievement Emotions: A Control-Value Approach. *Social and Personality Psychology Compass 4/4 (2010):, 4*(4), 238–255.
Perry, R. P., Chipperfield, J. G. & Stewart, T. L. (2010). Perceived control. In V. S. Ramachandran (Hrsg.), *Encyclopedia of Human Behavior* (2. Aufl., S. 42–48). Oxford: Elsevier.
Perry, R. P. & Hamm, J. M. (2017). An attribution perspective on competence and motivation. Theory and treatment interventions. In A. J. Elliot, C. Dweck & D. S. Yeager (Hrsg.), *Handbook of competence and motivation: Theory and application* (2. Aufl., S. 61–84). New York: The Guildford Press.
Perry, R. P., Hladkyj, S., Pekrun, R. H. & Pelletier, S. T. (2001). Academic control and action control in the achievement of college students: A longitudinal field study. *Journal of Educational Psychology, 93*(4), 776–789.
Pesu, L. A., Aunola, K., Viljaranta, J. & Nurmi, J.-E. (2016). The development of adolescents' self-concept of ability through grades 7–9 and the role of parental beliefs. *Frontline learning research, 4*(3), 92–109.
Peterson, C., Maier, S. F. & Seligman, M. E. P. (1993). *Learned helplessness a theory for the age of personal control*. New York NY: Oxford University Press.
Pino-Pasternak, D. & Whitebread, D. (2009). The role of parenting in children's self-regulated learning. *Educational Research Review, 5*(3), 220–242.
Pintrich, P. R. (2003). A motivational science perspective on the role of student motivation in learning and teaching contexts. *Journal of Educational Psychology, 95*(4), 667–686.
Plomin, R. & Deary, I. J. (2015). Genetics and intelligence differences: five special findings. *Molecular Psychiatry (2015) 20, 98–108, 20*(1), 98–108.

Pohlmann, S. (2009). *Der Übergang am Ende der Grundschulzeit. Zur Formation der Übergangsempfehlung aus der Sicht der Lehrkräfte.* Waxmann, Münster.
Pomerantz, E. M. & Eaton, M. M. (2001). Maternal intrusive support in the academic context: Transactional socialization processes. *Developmental Psychology, 37*(2), 174–186.
Pomerantz, E. M. & Grolnick, W. S. (2017). The role of parenting in children's motivation and competence. What underlies facilitative parenting? In A. J. Elliot, C. Dweck & D. S. Yeager (Hrsg.), *Handbook of competence and motivation: Theory and application* (2. Aufl., S. 566–585). New York: The Guildford Press.
Pomerantz, E. M., Grolnick, W. S. & Price, C. E. (2005). The role of parents in how children approach achievement. A dynamic process perspective. In A. J. Elliot & C. S. Dweck (Hrsg.), *Handbook of competence and motivation* (S. 259–278). New York: Guildford.
Pomerantz, E. M., Kim, E. M. & Cheung, C. S. (2012). Parents' involvement in children's learning. In K. R. Harris, S. Graham & T. C. Urdan (Hrsg.), *APA Educational Psychology Handbook* (Bd. 2, S. 417–440). Washington, DC: American Psychological Association.
Pomerantz, E. M., Moorman, E. A. & Litwack, S. D. (2007). The how, whom, and why of parents' involvement in children's academic lives: More is not always better. *Review of Educational Research, 77*(3), 373–410.
Pomerantz, E. M., Moorman Kim, E. & Cheung, C. S. (2012). Parents' involvement in children's learning. In K. R. Harris, S. Graham, T. C. Urdan, S. Graham, J. M. Royer & M. Zeidner (Hrsg.), *APA educational psychology handbook* (S. 417–440). Washington, DC: American Psychological Association.
Posner, G. J., Strike, K. A., Hewson, P. W. & Gertzog, W. A. (1982). Accommodation of a scientific conception: Toward a theory of conceptual change. *Science Education, 66*(2), 211–227.
Preiser, S. & Sann, U. (2010). Kontrollüberzeugungen. In D. H. Rost (Hrsg.), *Handwörterbuch Pädagogische Psychologie* (4. Aufl., S. 387–393). Weinheim: Beltz PVU.
Ramseier, E. & Brühwiler, C. (2003a). Herkunft, Leistung und Bildungschancen im gegliederten Bildungssystem: Vertiefte PISA-Analyse unter Einbezug der kognitiven Grundfähigkeiten. *Schweizerische Zeitschrift für Bildungswissenschaften, 25*(1).
Ramseier, E. & Brühwiler, C. (2003b). Zukunft, Leistung und Bildungschancen im gegliederten Bildungssystem: Vertiefte PISA-Analyse unter Einbezug der kognitiven Grundfähigkeiten. *Schweizerische Zeitschrift für Bildungswissenschaften, 25*(1), 23–58.
Reichenbach, R. (2011). *Pädagogische Autorität Macht und Vertrauen in der Erziehung.* Stuttgart: Kohlhammer.
Reinders, H. (2005). *Qualitative Interviews mit Jugendlichen führen.* München: R. Oldenbourg Verlag.
Reiser, B. J. & Tabak, I. (2014). Scaffolding. In K. R. Sawyer (Hrsg.), *The Cambridge Handbock of the Learning Sciences* (2. Aufl., S. 44–62). New York: Cambridge University Press.
Reusser, K. (2005). Problemorientiertes Lernen – Tiefenstruktur, Gestaltungsformen, Wirkung. *Beiträge zur Lehrerbildung, 23*(2), 159–182.
Reusser, K. (2008). Empirisch fundierte Didaktik – didaktisch fundierte Unterrichtsforschung. Eine Perspektive zur Neuorientierung der Allgmeinen Didaktik. In M. A. Meyer, M. Prenzel & S. Hellekamps (Hrsg.), *Perspektiven der Didaktik. Zeitschrift für Erziehungswissenschaft, Sonderheft 9* (S. 219–237). Wiesbaden: VS Verlag für Sozialwissenschaft.

Reusser, K. (2015). *Kinder, Eltern und Lehrpersonen beim Übertritt in die Sekundarstufe I*. Podiumsbeitrag an der Tagung TRANSITION – Wie erleben Kinder, Eltern und Lehrpersonen den Übertritt?, 28. März 2015, Zürich.

Reusser, K. & Pauli, C. (2010). Unterrichtsgestaltung und Unterrichtsqualität – Ergebnisse einer internationalen und schweizerischen Videostudie zum Mathematikunterricht: Einleitung und Überblick. In K. Reusser, C. Pauli & M. Waldis (Hrsg.), *Unterrichtsgestaltung und Unterrichtsqualität. Ergebnisse einer internationalen und schweizerischen Videostudie zum Mathematikunterricht* (S. 9–32). Münster: Waxmann.

Reusser, K. & Pauli, C. (2014). Berufsbezogene Überzeugungen von Lehrerinnen und Lehrern. In E. Terhart, H. Bennewitz & M. Rothland (Hrsg.), *Handbuch der Forschung zum Lehrerberuf* (2. Aufl., S. 642–661). Münster: Waxmann.

Reusser, K. & Pauli, C. (2015). Co-constructivism in Educational Theory and Practice. In J. D. Wright (Hrsg.), *International Encyclopedia of the Social & Behavioral Sciences* (2. Aufl., Bd. 3., S. 913–917). Oxford: Elsevier.

Rheinberg, F. (2001). Bezugsnormen und schulische Leistungsbeurteilung. In F. E. Weinert (Hrsg.), *Leistungsmessungen in Schulen* (S. 59–71). Weinheim: Beltz.

Rheinberg, F. (2006). *Motivation* (6. Aufl.). Stuttgart: Kohlhammer.

Rheinberg, F. & Fries, S. (2018). Bezugsnormorientierung. In D. H. Rost, J. R. Sparfeldt & S. R. Buch (Hrsg.), *Handwörterbuch Pädagogische Psychologie* (5. Aufl., S. 56–62). Weinheim: Beltz.

Rhyn, H. & Moser, U. (2002). Schülerinnen und Schüler beurteilen. In H. Rhyn (Hrsg.), *Beurteilung macht Schule. Leistungsbeurteilung von Kindern, Lehrpersonen und Schule* (S. 25–36). Bern: Verlag Paul Haupt.

Ridley, M. (2003). *Nature via nurture genes, experience and what makes us human*. London: Fourth Estate.

Rogoff, B. (2003). *The cultural nature of human development*. New York: Oxford University Press.

Rohan, M. J. (2000). A rose by any name? The values construct. *Personality and Social Psychology Review, 4*(3), 255–277.

Rokeach, M. (1973). *The nature of human values*. New York: The Free Press.

Rokeach, M. (1976). *Beliefs, attitudes and values: A theory of organization and change*. San Francisco: Jossey-Bass.

Rokeach, M. (1979). *Understanding human values individual and societal*. New York: Free Press.

Rolff, H.-G. (1997). *Sozialisation und Auslese durch die Schule*. Weinheim: Juventa-Verlag.

Rosenthal, R. & Jacobson, L. F. (1968). *Pygmalion in the classroom: Teacher expectations and student intellectual development*. New York: Holt.

Rosenzweig, C. (2001). *A meta-analysis of parenting and school success. The role of parents in promoting students' academic performance*. Referat Annual Meeting of the American Educational Research Association (AERA), April, 10–14, Seattle, WA.

Ross, L. (1977). The intuitive psychologist and his shortcomings: Distortions in the attribution process. In L. Berkowitz (Hrsg.), *Advances in experimental social psychology* (Bd. 10, S. 173–220). New York: Academic Press.

Rost, D. H., Schemer, F. J. & Sparfeldt, J. R. (2018). Leistungsängstlichkeit. In D. H. Rost, J. R. Sparfeldt & S. R. Buch (Hrsg.), *Handwörterbuch Pädagogische Psychologie* (5. Aufl., S. 424–439). Weinheim: Beltz.

Rost, J., Prenzel, M., Carstensen, C. H., Senkbeil, M. & Groß, K. (2004). Die Bedeutung der sozialen und familiären Herkunft für den Kompetenzerwerb und die Schullaufbahn. In J. Rost, M. Prenzel, C. H. Carstensen, M. Senkbeil & K. Groß (Hrsg.), *Naturwissenschaftliche Bildung in Deutschland. Methoden und Ergebnisse von PISA 2000* (S. 57–81). Wiesbaden: VS Verlag für Sozialwissenschaften.

Roth, T. & Siegert, M. (2015). Freiheit versus Gleichheit? Der Einfluss der Verbindlichkeit der Übergangsempfehlung auf die soziale Ungleichheit in der Sekundarstufe. *Zeitschrift für Soziologie, 44*(2), 118–136.

Rothermund, K. & Eder, A. (2011). *Motivation und Emotion.* Wiesbaden: VS Verlag für Sozialwissenschaften.

Rotter, J. B. (1982). Some problems and misconceptions related to the construct of internal versus external control of reinforcement. In J. B. Rotter (Hrsg.), *The development and application of Social Learning Theory. Selected papers* (S. 265–283). New York: Praeger Publishers.

Rowe, M. L., Ramani, G. B. & Pomerantz, E. M. (2016). Parental involvement and children's motivation and achievement. A Domain-Specific Perspective. In K. R. Wentzel & D. B. Miele (Hrsg.), *Handbook of motivation at school* (Educational psychology handbook series, 2. Aufl., S. 459–476). New York: Routledge.

Rudolf, M. & Müller, J. (2012). *Multivariate Verfahren. Eine praxisorientierte Einführung mit Anwendungsbeispielen in SPSS* (2. Aufl.). Göttingen: Hogrefe.

Ryan, R. M. & Deci, E. L. (2000a). Intrinsic and extrinsic motivations: Classic definitions and new directions. *Contemporary Educational Psychology, 25*(1), 54–67.

Ryan, R. M. & Deci, E. L. (2000b). Self-determination theory and the facilitation of intrinsic motivation, social development, and well-being. *American Psychologist, 55*(1), 68–78.

Ryan, R. M. & Deci, E. L. (2002). Overview of self-determination theory: An organismic dialectical perspective. In E. L. Deci & R. M. Ryan (Hrsg.), *Handbook of self-determination research.* Rochester, NY: University of Rochester Press.

Ryan, R. M. & Deci, E. L. (2016). Facilitating and hindering motivation, learning, and well-being in schools. Research and observations from self-determination theory. In K. R. Wentzel & D. B. Miele (Hrsg.), *Handbook of motivation at school* (Educational psychology handbook series, 2. Aufl., S. 96–119). New York: Routledge.

Ryan, R. M. & Moller, A. C. (2017). Competence as central, but not sufficient, for high-quality motivation: A self-determination theory perspective. In A. J. Elliot, C. Dweck & D. S. Yeager (Hrsg.), *Handbook of competence and motivation: Theory and application* (2. Aufl., S. 214–231). New York: The Guildford Press.

Sacher, W. (2006). Elternhaus und Schule: Bedingungsfaktoren ihres Verhältnisses, aufgezeigt an der bayrischen Studie vom Sommer 2004. *Bildung und Erziehung, 59*(3), 303–322.

Sacher, W. (2012). Erziehungs- und Bildungspartnerschaften in der Schule: zum Forschungsstand. In W. Stange, A. Henschel & C. Schmitt (Hrsg.), *Erziehungs- und Bildungspartnerschaften. Grundlagen und Strukturen von Elternarbeit* (S. 232–243). Wiesbaden: Springer VS.

Sacher, W. (2014). *Elternarbeit als Erziehungs- und Bildungspartnerschaft. Grundlagen und Gestaltungsvorschläge für alle Schularten* (2., vollständig überarbeitete Aufl.). Bad Heilbrunn: Verlag Julius Klinkhardt.

Sacher, W., Berger, F. & Guerrini, F. (2019). *Schule und Eltern – eine schwierige Partnerschaft. Wie Partnerschaft gelingt.* Stuttgart: W. Kohlhammer Verlag.

Sackmann, R. (2013). *Lebenslaufanalyse und Biografieforschung. Eine Einführung* (2. Aufl.). Wiesbaden: Springer VS.
Schäfer, A. & Thompson, C. (2009). Autorität – eine Einführung. In A. Schäfer & C. Thompson (Hrsg.), *Autorität* (S. 7–36). Paderborn: Schöningh.
Schank, R. C. & Abelson, R. P. (1977). *Scripts, plans, goals and understanding an inquiry into human knowledge structures*. Hillsdale, New Jersey: John Wiley and Sons.
Schiefele, U. (2009). Situational and individual interest. In K. R. Wentzel & A. Wigfield (Hrsg.), *Handbook of motivation at school* (S. 163–194). Mahwah, NJ: Erlbaum.
Schmalt, H.-D. & Heckhausen, H. (2010). Machtmotivation. In J. Heckhausen & H. Heckhausen (Hrsg.), *Motivation und Handeln* (4. Aufl., S. 211–236). Heidelberg: Springer.
Schneewind, K. A. (2010). *Familienpsychologie* (3. Aufl.). Stuttgart: Kohlhammer.
Schrader, F.-W. (2014). Lehrer als Diagnostiker. In E. Terhart, H. Bennewitz & M. Rothland (Hrsg.), *Handbuch der Forschung zum Lehrerberuf* (2. Aufl., S. 865–882). Münster: Waxmann.
Schröder, H. (2001). *Didaktisches Wörterbuch. Wörterbuch der Fachbegriffe von „Abbilddidaktik" bis „Zugpferd-Effekt"* (3. Aufl.). München: Oldenbourg.
Schultheiss, O. C., Strasser, A., Rösch, A. G., Kordik, A. & Graham, S. C. C. (2012). Motivation. In V. S. Ramachandran (Hrsg.), *Encyclopedia of Human Behavior* (2. Aufl., S. 650–656). Oxford: Elsevier.
Schümer, G. (2004). Zur doppelten Benachteiligung von Schülern aus unterprivilegierten Gesellschaftsschichten im deutschen Schulwesen. In G. Schümer, K.-J. Tillmann & M. Weiss (Hrsg.), *Die Institution Schule und die Lebenswelt der Schüler. Vertiefende Analysen der PISA-2000-Daten zum Kontext von Schülerleistungen* (S. 73–114). Wiesbaden: VS, Verlag für Sozialwissenschaften.
Schunk, D. H. (1983). Ability versus effort attributional feedback: Differential effects on self-efficacy and achievement. *Journal of Educational Psychology, 75*(6), 848–856.
Schunk, D. H. (1984). Sequential Attributional Feedback and Children's Achievement Behaviors. *Journal of Educational Psychology, 76*(6), 1159–1169.
Schunk, D. H. & Di Benedetto, M. K. (2015). Self-efficacy: Education aspects. In J. D. Wright (Hrsg.), *International Encyclopedia of the Social & Behavioral Sciences* (2. Aufl., Bd. 21, S. 515–521). Amsterdam: Elsevier.
Schunk, D. H. & DiBenedetto, M. K. (2016). Self-efficacy theory in education. In K. R. Wentzel & D. B. Miele (Hrsg.), *Handbook of motivation at school* (Educational psychology handbook series, 2. Aufl., S. 34–54). New York: Routledge.
Schunk, D. H., Meece, J. L. & Pintrich, P. R. (2014). *Motivation in education. Theory, research, and applications* (4. Aufl.). Upper Saddle River NJ: Pearson Education.
Schunk, D. H. & Pajares, F. (2009). Self-efficacy theory. In K. R. Wentzel & A. Wigfield (Hrsg.), *Handbook of motivation at school* (S. 35–53). New York NY: Routledge.
Schunk, D. H. & Rice, J. M. (1996). Extended attributional feedback: Sequence effects during remedial reading instruction. *Journal of Early Adolescence, 6*(1), 55–66.
Schütte, J. D. (2013). *Armut wird „sozial vererbt". Status Quo und Reformbedarf der Inklusionsförderung in der Bundesrepublik Deutschland*. Wiesbaden: Springer Fachmedien.
Schwartz, S. H. (1992). Universals in the content and structure of values: Theoretical advances and empirical tests in 20 countries. In M. P. Zanna (Hrsg.), *Advances in experimental social psychology* (Bd. 24, S. 1–65). San Diego: Academic.
Schwarzer, R. & Jerusalem, M. (2002). Das Konzept der Selbstwirksamkeit. In M. Jerusalem & D. Hopf (Hrsg.), *Selbstwirksamkeit und Motivationsprozesse in Bildungsinstitutionen* (S. 28–53). Weinheim: Beltz.

Scott-Jones, D. (1995). Parent-Child Interactions and School Achievement. In B. A. Ryan, G. R. Adams, T. P. Gullotta, R. P. Weissberg & R. L. Hampton (Hrsg.), *The Family-School Connection. Theory, Research, and Practice* (S. 75–107). Thousand Oaks: SAGE Publications.

Searle, J. R. (1976). A classification of illocutary acts. *Language in Society, 5*(1), 1–23.

Searle, J. R. (1979). *Expression and Meaning*. Cambridge: Cambridge University Press.

Sedikides, C. & Gregg, A. (2008). Self-enhancement: Food for thought. *Perspectives on Psychological Science, 3*(2), 102–116.

Seefeldt, C., Denton, K., Galper, A. & Younoszai, T. (1998). Former Head Start parents' characteristics, perceptions of school climate, and involvement in their children's education. *Elementary School Journal, 98*(4), 339–349.

Seligman, M. E. P. (1975). *Helplessness on depression, development, and death*. San Francisco CA: Freeman.

Senechal, M. & Young, L. (2008). The effect of family literacy interventions on children's acquisition of reading from kindergarten to grade 3: A meta-analytical review. *Review of Educational Research, 78*(4), 880–907.

Shavelson, R. J., Hubner, J. J. & Stanton, G. C. (1976). Self-concept: Validation of construct interpretations. *Review of Educational Research, 46*(3), 407–441.

Sheldon, S. B. (2002). Parents' social networks and beliefs as predictors of parent involvement. *Elementary School Journal, 102*(4), 301–316.

Sheldon, S. B. & Epstein, J. L. (2005). Involvement counts: Family and community partnerships and mathematics achievement. *The Journal of Educational Research, 98*(4), 196–206.

Shumow, L. & Lomax, R. L. (2002). Parenting efficacy: Predictor of parenting behavior and adolescent outcomes. *Parenting: Science and Practice, 2*(2), 127–150.

Shumow, L. & Miller, J. (2001). Parents' At-Home and At-School Academic Involvement with Young Adolescents. *Journal of Early Adolescence, 21*(1), 68–91.

Simons, J., Dewitte, S. & Lens, W. (2003). „Don't do it for me. Do it for yourself!" Stressing the personal relevance enhances motivation in physical education. *Journal of Sport and Exercise Psychology, 25*(2), 145–160.

Simons, J., Dewitte, S. & Lens, W. (2004). The role of different types of instrumentality in motivation, study strategies, and performance: Know why you learn, so you'll know what you learn! *British Journal of Educational Psychology Review, 74*(3), 343–360.

Simpkins, S. D. & Fredricks, J. A. (2015). Familial influences on motivation. In J. D. Wright (Hrsg.), *International Encyclopedia of the Social & Behavioral Sciences* (2. Aufl., Bd. 15, S. 921–927). Amsterdam: Elsevier.

Simpkins, S. D., Fredricks, J. A. & Eccles, J. S. (2012). Charting the Eccles' expectancy-value model from mothers' beliefs in childhood to youths' activities in adolescence. *Developmental Psychology, 48*(4).

Simpkins, S. D., Fredricks, J. A. & Eccles, J. S. (2015a). Families, schools, and developing achievement-related motivations and engagement. In J. E. Grusec & P. D. Hastings (Hrsg.), *Handbook of socialization. Theory and research* (2. Aufl., S. 614–636). New York: Guilford.

Simpkins, S. D., Fredricks, J. A. & Eccles, J. S. (2015b). *The role of parents in the ontogeny of achievement-related motivation and behavioral choices*. Boston: Wiley.

Simpkins, S. D., Weiss, H. B., McCartney, K., Kreider, H. M. & Dearing, E. (2006). Mother–child relationship as a moderator of the relation between family educational involvement and child achievement. *Parenting: Science and Practice, 6*(1), 49–57.

Singh, K., Bickley, P. G., Trivette, P., Keith, T. Z., Keith, P. B. & Anderson, E. (1995). The effects of four components of parental involvement on eighth-grade student achievement: Structural analysis of NELS-88 Data. *School Psychology Review, 24*(2), 299–317.

Skaalvik, E. M. (1994). Attribution of perceived achievement in school in general and in maths and verbal areas: Relations with academic self-concept and self-esteem. , 64, 133–143. *British Journal of Educational Psychology Review, 64*(1), 133–143.

SKBF. (2014). *Bildungsbericht Schweiz 2014*. Aarau: Schweizerische Koordinationsstelle Für Bildungsforschung.

SKBF. (2018). *Bildungsbericht Schweiz 2018*. Aarau: Schweizerische Koordinationsstelle Für Bildungsforschung.

Skinner, B. F. (1971). *Erziehung als Verhaltensformung. Grundlagen einer Technologie des Lehrens*. München-Neubiberg: E. Keimer Verlag.

Skinner, B. F. (1989). *Recent issues in the analysis of behavior*. Columbus: Merrill.

Skinner, E. A. (1995). *Perceived control, motivation, and coping*. Thousand Oaks, CA: Sage.

Skinner, E. A. (1996). A guide to costructs of control. *Journal of Personality and Social Psychology, 71*(3), 549–570.

Skinner, E. A., Chapman, M. & Baltes, P. B. (1988). Control, Means-Ends, and Agency Beliefs: A new conceptualization and Its measurement during childhood. *Jounal of Personality and Social Psychology, 54*(1), 117–133.

Skinner, E. A., Johnson, S. & Snyder, T. (2009). Six Dimensions of Parenting: A Motivational Model. *Parenting, 5*(2), 175–235.

Sofsky, W. & Paris, R. (1991). *Figurationen sozialer Macht. Autorität – Stellvertretung – Koalition*. Opladen: Leske + Budrich.

Sokolowski, K. & Heckhausen, H. (2010). Soziale Bindung: Anschlussmotivation und Intimitätsmotivation. In J. Heckhausen & H. Heckhausen (Hrsg.), *Motivation und Handeln* (4. Aufl., S. 193–210). Heidelberg: Springer.

Solzbacher, C. (2011). Zusammenarbeit von Elternhaus und Schule. In H. Macha & M. Witzke (Hrsg.), *Familie* (Handbuch der Erziehungswissenschaft 5, S. 245–264). Paderborn: Ferdinand Schöningh.

Spiegler, T. (2008). *Home Education in Deutschland: Hintergründe – Praxis – Entwicklung*. Wiesbaden: Verlag für Sozialwissenschaften.

Spinath, B. & Spinath, F. M. (2005). Development of self-perceived ability in elementary school: the role of parents' perceptions, teacher evaluations, and intelligence. *Cognitive Development, 20*(2), 190–204.

Spinath, B. & Steinmayr, R. (2008). Longitudinal analysis of intrinsic motivation and competence beliefs: Is there a relation over time? *Child Development, 79*(5), 1555–1569.

Spranger, P. (2011). *Handlungstheorie jenseits des Rationalismus. Plädoyer für die Überwindung des intellektualistischen ‚bias'*. edition sigma, Berlin.

Stange, W. (2012). Erziehungs- und Bildungspartnerschaften – Grundlagen, Strukturen, Begründungen. In W. Stange, A. Henschel & C. Schmitt (Hrsg.), *Erziehungs- und Bildungspartnerschaften. Grundlagen und Strukturen von Elternarbeit* (S. 12–39). Wiesbaden: Springer VS.

Staub, F. C. (2004). Transforming educational theory into usable knowledge: A case of co-constructing tools for lesson design and reflection. In B. Ralle & I. Eilks (Hrsg.), *Quality of practice-oriented research in science education* (S. 41–51). Aachen: Shaker.

Steiner, E. (2015). *Elterliches schulbezogenes Handeln bei einem unsicheren Übertrittsentscheid.* Referat an der Tagung TRANSITION – Wie erleben Kinder, Eltern und Lehrpersonen den Übertritt?, 28. März 2015, Zürich.

Steiner, E., Curschellas Widmer, F., Dellios, Z., Godenzi, E. & Reusser, K. (2010). *TRANSITION. Elterliche Unterstützung und motivational-affektive Entwicklung beim Übertritt in die Sekundarstufe I – Mikrogenetische Ebene: Manual zur Codierung der Elterninterviews.* Zürich: Institut für Erziehungswissenschaft, Universität Zürich & Pädagogische Hochschule Zürich.

Steiner, E. & Reusser, K. (2011). *Elterliche Regulation von Kompetenz- und Valenzüberzeugungen beim Kind im Kontext eines unsicheren Übertrittsentscheids.* Referat an der Tagung der Schweizerischen Gesellschaft für Lehrerinnen- und Lehrerbildung, 26. August 2011, Bern.

Steiner, E. & Reusser, K. (2014). *Elterliche Motivierungshandlungen im Kontext eines unsicheren Übertritts in die Sekundarstufe I* Referat am Kongress der Schweizerischen Gesellschaft für Bildungsforschung, 25. Juni 2014, Luzern.

Steiner, E. & Reusser, K. (2015). *An das Kind gerichtete lern- und leistungsbezogene Rückmeldungen der Eltern im Kontext eines unsicheren Übertritts in die Sekundarstufe I.* Referat am Kongress der Schweizerischen Gesellschaft für Bildungsforschung, 1. Juli 2015, St. Gallen.

Stern, E. & Neubauer, A. (2016). Intelligenz: kein Mythos, sondern Realität. *Psychologische Rundschau, 67*(1), 15–27.

Stiensmeier-Pelster, J. & Heckhausen, H. (2010). Kausalattribution von Verhalten und Leistung. In J. Heckhausen (Hrsg.), *Motivation und Handeln* (4., überarb. und erw. Aufl., S. 389–426). Berlin: Springer.

Stiensmeier-Pelster, J. & Schöne, C. (2008). Fähigkeitsselbstkonzept. In W. Schneider & M. Hasselhorn (Hrsg.), *Handbuch der Pädagogischen Psychologie* (S. 62–73). Göttingen: Hogrefe.

Stipek, D., Milburn, S., Clements, D. & Daniels, D. H. (1992). Parents' beliefs about appropriate education for young children. *Journal of Applied Developmental Psychology, 13*(3), 293–310.

Stocké, V. (2007). Explaining Educational Decision and Effects of Families' Social Class Position: An Empirical Test of the Breen-Goldthorpe Model of Educational Attainment. *European Sociological Review, 23*(4), 505–519.

Stocké, V. (2011). Der Beitrag der Theorie rationaler Entscheidung zur Erklärung von Bildungsungleichheit und Bildungsarmut. In G. Quenzel & K. Hurrelmann (Hrsg.), *Bildungsverlierer. Neue Ungleichheiten* (S. 73–95). Wiesbaden: VS Verlag für Sozialwissenschaften.

Tack, W. H. (2006). Kognitionswissenschaftliche Konzepte und Theorien. In K. Pawlik (Hrsg.), *Handbuch Psychologie. Wissenschaft – Anwendung – Berufsfelder* (S. 491–504). Heidelberg: Springer.

Tausch, R. & Tausch, A.-M. (1998). *Erziehungspsychologie. Begegnung von Person zu Person* (11. Aufl.). Göttingen: Hogrefe.

Terhart, E. (2014). Die Beurteilung von Schülern als Aufgabe des Lehrers: Forschungslinien und Forschungsergebnisse. In E. Terhart, H. Bennewitz & M. Rothland (Hrsg.), *Handbuch der Forschung zum Lehrerberuf* (2. Aufl., S. 883–904). Münster: Waxmann.

Tharp, R. G. & Gallimore, R. (1988). *Rousing minds to life teaching, learning, and schooling in social context*. Cambridge: Cambridge University Press.

Tiedemann, J. & Billmann-Mahecha, E. (2010). Wie erfolgreich sind Gymnasiasten ohne Gymnasialempfehlung? Die Kluft zwischen Schullaufbahnempfehlung und Schulformwahl der Eltern. *Zeitschrift für Erziehungswissenschaft, 13*(4), 649–660.

Tillmann, K.-J. (2000). *Sozialisationstheorien. Eine Einführung in den Zusammenhang von Gesellschaft, Institution und Subjektwerdung* (10. Aufl.). Reinbek bei Hamburg: Rowohlt Taschenbuch Verlag.

Tolman, E. C. (1932). *Purposive behavior in animals and men*. New York: The Century.

Tomasik, M. J., Oostlander, J. & Moser, U. (2018). *Von der Schule in den Beruf. Wege und Umwege in der nachobligatorischen Ausbildung*. Zürich: Bildungsdirektion Kanton Zürich.

Trautwein, U. (2007). The homework-achievement relation reconsidered: Differentiating homework time, homework frequency, and homework effort. *Learning and Instruction, 17*, 372–388.

Trautwein, U. (2008). Hausaufgaben. In W. Schneider & M. Hasselhorn (Hrsg.), *Handbuch der Pädagogischen Psychologie* (S. 563–573). Göttingen: Hogrefe.

Trautwein, U. & Köller, O. (2003). The relationship between homework and achievement – Still much of a mystery. *Educational Psychology Review, 15*(2), 115–145.

Trautwein, U., Köller, O. & Baumert, J. (2001). Lieber oft als viel: Hausaufgaben und die Entwicklung von Leistung und Interesse im Mathematik-Unterricht der 7. Jahrgangsstufe. *Zeitschrift für Pädagogik, 47*(5), 703–724.

Trautwein, U. & Lüdtke, O. (2007). Students' self-reported effort and time on homework in six school subjects: Between-students differences and within-students variation. *Journal of Educational Psychology, 99*(2), 432–444.

Trautwein, U., Lüdtke, O., Schnyder, I. & Niggli, A. (2006). Predicting homework effort: Support for a domain-specific, multilevel homework model. *Journal of Educational Psychology, 98*(2), 438–456.

Trautwein, U., Marsh, H. W., Nagengast, B., Lüdtke, O., Nagy, G. & Jonkmann, K. (2012). Probing for the multiplicative term in modern expectancy-value theory: A latent interaction modeling study. *Journal of Educational Psychology, 104*(3), 763–777.

Tyack, D. & Tobin, W. (1994). The „Grammar" of Schooling: Why Has It Been So Hard to Change? *American Educational Research Journal, 31*(3), 453–479.

Ulich, K. (1993). *Schule als Familienproblem. Konfliktfelder zwischen Schülern, Eltern und Lehrern*. Frankfurt/Main: Fischer Taschenbuch Verlag.

Ulmann, E. (2012). *Einschätzungen und Handlungen von Eltern und ihren Kindern bei Prüfungsbesprechungen vor dem Hintergrund eines unsichern Übertrittsentscheids (unver. Lizenziatsarbeit)*. Zürich: Universität Zürich.

Updegraff, K. A., Eccles, J. S., Barber, B. L. & O'Brien, K. M. (1996). Course enrollment as self-regulatory behavior: Who takes optional high school math courses? *Learning and Individual Differences, 8*(3), 239–259.

Usher, E. L. (2016). Personal Capability Beliefs. In L. Corno & E. M. Anderman (Hrsg.), *Handbook of educational psychology* (3. Aufl., S. 146–159). New York: Routledge.

Valentine, J. C., DuBois, D. L. & Cooper, H. (2004). The relations between self-beliefs and academic achievement: A systematic review. *Educational Psychologist, 39*(2), 111–133.
van Steensel, R., McElvany, N., Kurvers, J. & Herppich, S. (2011). How effective are family literacy programs? *Review of Educational Research, 81*(1), 69–96.
Vansteenkiste, M., Lens, W. & Deci, E. L. (2006). Intrinsic versus extrinsic goal contents in self-determination theory: Another look at the quality of academic motivation. *Educational Psychologist, 41*(1), 19–31.
Vansteenkiste, M., Ryan, R. M. & Deci, E. L. (2008). Self-Determination Theory and the Explanatory Role of Psychological Needs in Human Well-Being. In L. Bruni, F. Comim & M. Pugno (Hrsg.), *Capabilities and Happiness* (S. 187–223). New York, N.Y.: Oxford University Press.
Vasarik Staub, K. (2015). *Die Übergangsphase von der Primarschule ins Gymnasium aus Elternsicht. Eine qualitative Studie zur elterlichen Bildungsbeteiligung*. Wiesbaden: Springer VS.
Vasarik Staub, K., Galle, M., Stebler, R. & Reusser, K. (2019). Qualitätssicherung bei qualitativ inhaltsanalytischen Verfahren in großen Forschungsgruppen: Herausforderungen und Möglichkeiten in der Forschungspraxis am Beispiel der perLen-Studie [30 Absätze]. *Forum Qualitative Sozialforschung / Forum: Qualitative Social Research, 20*(3), Art. 33.
Vester, M., von Oertzen, P., Geiling, H., Hermann, T. & Müller, D. (2002). *Soziale Milieus im gesellschaftlichen Strukturwandel zwischen Integration und Ausgrenzung* (2. Aufl.). Frankfurt a.M.: Suhrkamp.
Villiger Hugo, C., Niggli, A., Wandeler, C. & Kutzelmann, S. (2011). Does family make a difference? Mid-term effects of a school/home-based intervention program to enhance reading motivation. *Learning and Instruction, 22*(2), 79–91.
Vosniadou, S. (2013). Conceptual change in learning and instruction: The framework theory approach. In S. Vosniadou (Hrsg.), *International handbook of research on conceptual change* (2. Aufl., S. 11–30). New York: Routledge.
Vygotskij, L. S. (2002). *Denken und Sprechen. Psychologische Untersuchungen*. Weinheim: Beltz.
Walton, G. M. (2014). The new science of wise psychological interventions. *Current Directions in Psychological Science, 23*(1), 73–82.
Wang, M. C., Haertel, G. D. & Walberg, H. j. (1993). Toward a Knowledge Base for School Learning. *Review of Educational Research, 63*(3), 249–294.
Watermann, R. & Baumert, J. (2006). Entwicklung eines Strukturmodells zum Zusammenhang zwischen sozialer Herkunft und fachlichen und überfachlichen Kompetenzen: Befunde national und international vergleichender Analysen. In J. Baumert, P. Stanat & R. Watermann (Hrsg.), *Herkunftsbedingte Disparitäten im Bildungswesen: differenzielle Bildungsprozesse und Probleme der Verteilungsgerechtigkeit. Vertiefende Analysen im Rahmen von PISA 2000* (S. 61–94). Wiesbaden: VS Verlag für Sozialwissenschaften.
Waters, E., Merrick, S., Treboux, D., Crowell, J. & Albersheim, L. (2000). Attachment security in infancy and early childhood: A twenty-year longitudinal study. *Child Development, 71*(3), 684–689.
Weiner, B. (1985). An attributional theory of achievement motivation and emotion. *Psychological Review, 92*(4), 548–573.
Weiner, B. (1986). *An attributional theory of motivation and emotion*. New York: Springer.
Weiner, B. (1994). *Motivationspsychologie* (3. Aufl.). Weinheim: Beltz.

Weiner, B. (2005). Motivation form an attributional perspective and the social psychology of perceived competence. In A. J. Elliot & C. S. Dweck (Hrsg.), *Handbook of competence and motivation* (S. 73–84). New York: Guilford.

Weiner, B. (2012). An attribution theory of motivation. In P. A. M. Van Lange, A. W. Kruglanski & E. T. Higgins (Hrsg.), *Handbook of theories of social psychology* (Bd. 1, S. 135–155). Thousand Oaks, CA: Sage.

Weinert, F. E. (2001). Vergleichende Leistungsmessung in Schulen – eine umstrittene Selbstverständlichkeit. In F. E. Weinert (Hrsg.), *Leistungsmessungen in Schulen* (S. 17–31). Weinheim: Beltz.

Weiss, L. H. & Schwarz, J. C. (1996). The relationship between parenting types and older adolescents' personality, academic achievement, adjustment, and substance use. *Child Development, 67*(5), 2101–2114.

Wells, G. (2006). The language experience of children at home and at school. In J. Cook-Gumperz (Hrsg.), *The social construction of literacy* (2. Aufl., S. 76–109). Cambridge: Cambridge University Press.

Wendler, T. & Gröttrup, S. (2016). *Data mining with SPSS Modeler. Theory, exercises and solutions*. Cham: Springer International Publishing.

Wendt, H., Stubbe, T. C. & Schwippert, K. (2012). Soziale Herkunft und Lesekompetenzen von Schülerinnen und Schülern. In W. Bos, I. Tarelli, A. Bremerich-Vos & K. Schwippert (Hrsg.), *IGLU 2011. Lesekompetenzen von Grundschulkindern in Deutschland im internationalen Vergleich* (S. 175–190). Münster: Waxmann.

Whitaker, M. C. & Hoover-Dempsey, K. V. (2013). School influences on parents' role beliefs. *The Elementary School Journal, 114*(1), 73–99.

Wiedenbeck, M. & Züll, C. (2010). Clusteranalyse. In C. Wolf & H. Best (Hrsg.), *Handbuch der sozialwissenschaftlichen Datenanalyse* (S. 525–552). Wiesbaden: VS Verlag für Sozialwissenschaften.

Wigfield, A. & Cambria, J. (2010). Students' achievement values, goal orientations, and interest: Definitions, development, and relations to achievement outcomes. *Developmental Review, 30*(1), 1–35.

Wigfield, A. & Eccles, J. S. (1992). The development of achievement task values. A theoretical analysis. *Developmental Review, 12*(3), 265–310.

Wigfield, A. & Eccles, J. S. (2002). The development of competence beliefs, expectancies for success, and achievement values from childhood through adolescence. In A. Wigfield & J. S. Eccles (Hrsg.), *Development of achievement motivation* (S. 91–120). San Diego CA: Academic Press.

Wigfield, A., Eccles, J. S., Fredricks, J. A., Simpkins, S. D., Roeser, R. W. & Schiefele, U. (2015). Development of achievement motivation and engagement. In R. M. Lerner (Hrsg.), *Handbook of child psychology and developmental science* (7. Aufl., Bd. 3, S. 1–44). Hoboken, NJ: Wiley & Sons.

Wigfield, A., Eccles, J. S., Schiefele, U., Roeser, R. W. & Davis-Kean, P. (2006). Development of achievement motivation. In N. Eisenberg (Hrsg.), *Handbook of child psychology* (6. Aufl., S. 933–1002). Hoboken, NJ: Wiley & Sons.

Wigfield, A., Eccles, J. S., Yoon, K. S., Harold, R. D., Arbreton, A. J. A., Freedman-Doan, C. et al. (1997). Change in children's competence beliefs and subjective task values across the elementary school years: A 3-year study. *Journal of Educational Psychology, 89*(3), 451–469.

Wigfield, A., Muenks, K. & Rosenzweig, E. Q. (2015). Children's achievement motivation in school. In C. M. Rubie-Davies, J. M. Stephens & P. Watson (Hrsg.), *Routledge International Handbook of Social Psychology of the Classroom* (S. 9–20). London: Routledge.

Wigfield, A., Rosenzweig, E. Q. & Eccles, J. S. (2017). Achievement values. Interactions, interventions, and future directions. In A. J. Elliot, C. Dweck & D. S. Yeager (Hrsg.), *Handbook of competence and motivation: Theory and application* (2. Aufl., S. 116–134). New York: The Guildford Press.

Wigfield, A., Tonks, S. M. & Lutz Klauda, S. (2016). Expectancy-value theory. In K. R. Wentzel & D. B. Miele (Hrsg.), *Handbook of motivation at school* (2. Aufl., S. 55–74). New York: Routledge.

Wild, E. (2004). Häusliches Lernen – Forschungsdesiderate und Forschungsperspektiven. *Zeitschrift für Erziehungswissenschaft, 7*(3), 37–64.

Wild, E. & Hofer, M. (2002). Familien mit Schulkindern. In M. Hofer, E. Wild & P. Noack (Hrsg.), *Lehrbuch Familienbeziehungen. Eltern und Kinder in der Entwicklung* (S. 216–240). Göttingen: Hogrefe.

Wild, E. & Hollmann, J. (2018). Eltern und Familie. In D. H. Rost, J. R. Sparfeldt & S. R. Buch (Hrsg.), *Handwörterbuch Pädagogische Psychologie* (5. Aufl., S. 100–109). Weinheim: Beltz.

Wild, E. & Lorenz, F. (2010). *Elternhaus und Schule.* Paderborn u.a.: Schöningh u.a.

Wild, E., Rammert, M. & Siegmund, A. (2006). Die Förderung selbstbestimmter Formen der Lernmotivation in Elternhaus und Schule. In M. Prenzel & L. Allolio-Näcke (Hrsg.), *Untersuchungen zur Bildungsqualität von Schule. Abschlussbericht des DFG-Schwerpunktprogramms* (S. 370–397). Münster: Waxmann.

Wild, E. & Remy, K. (2002). Quantität und Qualität der elterlichen Hausaufgabenbetreuung von Drittklässlern in Mathematik. In A. Renkel & M. Prenzel (Hrsg.), *Die Bildungsqualität von Schule: Schulische und außerschulische Bedingungen mathematischer, naturwissenschaftlicher und überfachlicher Kompetenzen.* (S. 276–290). Weinheim: Beltz.

Wild, E., Remy, K., Gerber, J., Exeler, J., Rammert, M., Siegmund, A. et al. (2005). *Die Förderung selbstbestimmter Formen der Lernmotivation in Eternhaus und Schule. Dokumentation der Skalen und Itemauswahl für den Schülerfragebogen.* Unveröffentlichtes Manuskript. Bielefeld: Universität Bielefeld.

Wild, E. & Walper, S. (2015). Familie. In E. Wild & J. Möller (Hrsg.), *Pädagogische Psychologie* (S. 227–259). Berlin: Springer.

Wild, K.-P. (2010). Lernstrategien und Lernstile. In D. H. Rost (Hrsg.), *Handwörterbuch Pädagogische Psychologie* (4. Aufl., S. 479–484). Weinheim: Beltz.

Wilder, S. (2014). Effects of parental involvement on academic achievement: a meta-synthesis. *Educational Review, 66*(3), 377–397.

Wong, P. T. & Weiner, B. (1981). When people ask „why" questions, and the heuristics of attributional search. *Journal of Personality and Social Psychology, 40*(4), 650–663.

Wood, D., Bruner, J. S. & Ross, G. (1976). The role of tutoring in problem solving. *Journal of child psychology and psychiatry, 17*(2), 89–100.

Wood, D. & Middleton, D. (1975). A study of assisted problem solving. *British Journal of Psychology, 66*(2), 181–191.

Woolfolk, A. & Schönpflug, U. (2014). *Pädagogische Psychologie* (12. Aufl.). Hallbergmoos: Pearson.

Yamamoto, Y. & Holloway, S. D. (2010). Parental expectations and children's academic performance in sociocultural context. *Educational Psychological Review, 22*(3), 189–214.

Yang, Y. (2003). Dimensions of socio-economic status and their relationship to mathematics and science achievement at individual and collective levels. *Scandinavian Journal of Educational Research, 47*(1), 21–41.

Yang, Y. & Gustafsson, J.-E. (2004). Measuring socioeconomic status at individual and collective levels. *Educational Research and Evaluation, 10*(3), 259–288.

Zaugg, M. (2014). *Einschätzungen und Handlungen von Eltern und Kindern im Umgang mit einer anstehenden Mathematikprüfung (unveröffentlichte Lizenziatsarbeit).* Zürich: Universität Zürich.

Zeidner, M. (2014). Test anxiety. In P. Emmelkamp & T. Ehring (Hrsg.), *The Wiley handbook of anxiety disorders* (S. 581–595). Chichester, West Sussex: John Wiley & Sons Ltd.,

Ziegler, A. & Finsterwald, M. (2008). Attributionstraining. In W. Schneider & M. Hasselhorn (Hrsg.), *Handbuch der Pädagogischen Psychologie* (S. 416–427). Göttingen: Hogrefe.

Zimmerman, B. J., Schunk, D. H. & Di Benedetto, M. K. (2017). The role of self-efficacy and related beliefs in self-regulation of learning and performance. In A. J. Elliot, C. Dweck & D. S. Yeager (Hrsg.), *Handbook of competence and motivation: Theory and application* (2. Aufl., S. 313–333). New York: The Guildford Press.

Open Access Dieses Buch wird unter der Creative Commons Namensnennung 4.0 International Lizenz (http://creativecommons.org/licenses/by/4.0/deed.de) veröffentlicht, welche die Nutzung, Vervielfältigung, Bearbeitung, Verbreitung und Wiedergabe in jeglichem Medium und Format erlaubt, sofern Sie den/die ursprünglichen Autor(en) und die Quelle ordnungsgemäß nennen, einen Link zur Creative Commons Lizenz beifügen und angeben, ob Änderungen vorgenommen wurden.

Die in diesem Buch enthaltenen Bilder und sonstiges Drittmaterial unterliegen ebenfalls der genannten Creative Commons Lizenz, sofern sich aus der Abbildungslegende nichts anderes ergibt. Sofern das betreffende Material nicht unter der genannten Creative Commons Lizenz steht und die betreffende Handlung nicht nach gesetzlichen Vorschriften erlaubt ist, ist für die oben aufgeführten Weiterverwendungen des Materials die Einwilligung des jeweiligen Rechteinhabers einzuholen.

MIX
Papier aus verantwortungsvollen Quellen
Paper from responsible sources
FSC® C105338

If you have any concerns about our products,
you can contact us on
ProductSafety@springernature.com

In case Publisher is established outside the EU,
the EU authorized representative is:
**Springer Nature Customer Service Center GmbH
Europaplatz 3, 69115 Heidelberg, Germany**

Printed by Libri Plureos GmbH
in Hamburg, Germany